Eichelmann
Deutschlands
Weine 2004

Gerhard Eichelmann

Eichelmann Deutschlands Weine 2004

Das unabhängige Standardwerk
720 Weingüter und 7200 Weine im Test

Dieses Buch wird erstellt von der Redaktion der Weinzeitschrift „Mondo – Weine der Welt". Diese Zeitschrift ist unabhängig und völlig werbefrei und erscheint sechs Mal im Jahr. Alle Weinbeschreibungen und Weinbewertungen in diesem Buch stammen vom Autor Gerhard Eichelmann. Er ist weder am Import, noch an der Verteilung oder Vermarktung von Weinen beteiligt.

Der Verlag übernimmt keine Gewähr für die angegebenen Preise oder die Verfügbarkeit der Weine bei den Weinerzeugern.

Redaktion:
Jutta Eichelmann
Gabriele Hoersch
Matthias Leistler

Anschrift der Redaktion:
Mondo - Weine der Welt
Bachstraße 27
69121 Heidelberg
info@mondo-heidelberg.de

Umschlaggestaltung: KMS Team, München
Herstellung: Maike Harmeier
Satz: Mondo, Heidelberg
Druck und Bindung: J. Gotteswinter GmbH, München

HALLWAG ist ein Unternehmen des GRÄFE UND UNZER VERLAGS, München, GANSKE VERLAGSGRUPPE
hallwag-leserservice@graefe-und-unzer.de

© 2003 GRÄFE UND UNZER VERLAG GmbH, München
Alle Rechte vorbehalten

ISBN 3-7742-0897-2

Ein Unternehmen der
GANSKE VERLAGSGRUPPE

Inhalt

Vorwort 7

Zum richtigen Gebrauch 8

Die Weingüter des Jahres 10

Zur Entstehung dieses Buches 16

Deutscher Wein. Anmerkungen 20

Die deutschen Weinregionen 23

Die letzten Jahrgänge 56

Die Rebsorten 59

Ökologisch arbeitende Betriebe 73

Die besten deutschen Weinerzeuger
und ihre Weine von A bis Z 75

Anhang

I. Schnäppchen 649
II. Die besten Weine 665
III. Verzeichnis der Weingüter 689
IV. Verzeichnis der Orte 698

Vorwort

Es hat mich überrascht, wie unterschiedlich Leser dieses Buch sehen und nutzen. Viele Zuschriften habe ich erhalten. „Danke für Ihren Schnäppchenführer!", hat einer geschrieben. Ein anderer hat sich am meisten über die „Bestenlisten" im Anhang gefreut, weil er auf einen Blick sehen kann, wer die besten Silvaner macht. „Mich interessiert vor allem Silvaner!" Wieder ein anderer fand es besonders toll, dass er bei sich in unmittelbarer Nachbarschaft auf Weingüter gestoßen ist, die er noch nicht kannte. „Ich dachte, ich kenne die Pfalz, dabei hatte ich von einigen sehr guten Betrieben noch nie einen Wein probiert." Ein Freund hat das Buch sogar komplett gelesen, nach seinen Worten „wie einen Roman" - wenn er nachts nicht mehr schlafen konnte, nachdem er seinem Sohn die Flasche gegeben hatte (Milch, nicht Wein).

Deutscher Wein wird immer besser, ständig gibt es unbekannte Winzer und Weine zu entdecken. Zu viele? Am Ende meines Verkostungsmarathons denke ich schon, dass es zu viele sind. Zu viele Weine von zu vielen Winzern. Wie viel leichter wäre die Arbeit für dieses Buch, wenn jedes deutsche Weingut wie in Bordeaux nur zwei Weine machen würde.

Bis in den Oktober hinein habe ich wieder Weine verkostet, bis zu letzt geschrieben, verändert. Auch einige 2003er Weine habe ich schon für dieses Buch verkostet. Ob es ein sehr guter Jahrgang wird, werde ich jetzt schon ständig gefragt. Ich beurteile einen Jahrgang erst dann, wenn ich die fertigen Weine im Glas habe, gebe ich zur Antwort.

Fertige Weine hatte ich auch dieses Jahr wieder reichlich im Glas. Danke an alle Winzer, die ihre Weine für die Verkostungen zur Verfügung stellten. Mein ganz spezieller Dank gilt meiner Frau Jutta, ohne deren Mitarbeit dieses Buch nicht zu Stande gekommen wäre. Und natürlich meinem Sohn.

„Armer Papa, wenn ich groß wäre, würde ich dir helfen!" Aber Frederic hilft auch klein schon, wo er nur kann. Weine ausgießen und Flaschen in den Glascontainer werfen macht mehr Spaß als Hausaufgaben.

Gerhard Eichelmann

Zum richtigen Gebrauch

In diesem Buch werden die besten deutschen Weinerzeuger und ihre Weine vorgestellt. Das Verzeichnis ist alphabetisch nach den Namen der Erzeuger geordnet, wobei der für die Alphabetisierung relevante Teil des Namens durch rote Schrift gekennzeichnet ist.

1. Im Namensfeld, mit dem jeder Eintrag beginnt, finden Sie die Angaben, in welcher Region der Betrieb Weine erzeugt, und eine Qualitätseinstufung in Form von Sternen.

Grundlage der Beurteilung ist die **Gesamtleistung des Erzeugerbetriebs** in den letzten drei Jahren. Es bedeuten:

★★★★★   Weltklasse, internationale Spitzenerzeuger
★★★★   Hervorragende Erzeuger
★★★   Sehr gute Erzeuger
★★   Gute Erzeuger
★   Überdurchschnittliche, zuverlässige Erzeuger

2. Nach dem Namensfeld folgen weitere **Angaben zum Erzeugerbetrieb** wie Adresse, Telefon- und Faxnummer, ggf. E-Mail-Adresse und Website im Internet. Dazu der Name des Inhabers, ggf. Geschäftsführer und Mitgliederzahl einer Genossenschaft, Größe der Rebfläche in Hektar, sowie zusätzliche Informationen, die für einen Besucher von Interesse sind (Öffnungszeiten, Weinstube, Gästezimmer u. Ä.).

Darüber hinaus bedeuten die Symbole

♣   ökologisch arbeitender Erzeugerbetrieb
◆   Erzeugerbetrieb ist in diesem Jahr neu im Buch

3. Die **Weine eines Erzeugers** werden aufgeführt in der Reihenfolge

- Sekte
- Weißweine (in der Abfolge trocken, halbtrocken, süß)
- Rosés/Weißherbste
- Rotweine

Hinweis: Die Schreibweise wurde vom jeweiligen Erzeuger übernommen: deshalb finden sich unterschiedliche Schreibweisen nebeneinander: Weißburgunder, Weissburgunder, Weißer Burgunder oder Weisser Burgunder.

4. Die **Vorstellung der einzelnen Weine** folgt dem Schema

- Jahrgang und Rebsorte (oder „Name") des Weins
- Ausbauart (trocken, halbtrocken)
- Zusatzbezeichnung (z.B. Goldkapsel)
- Prädikatsstufe (Kabinett, Spätlese, Auslese, Beerenauslese, Trockenbeerenauslese, Eiswein) oder weitere gesetzlich geregelte Bezeichnungen wie Classic, Selection, Erstes Gewächs
- Lage

Der Übersichtlichkeit zuliebe wird auf die Bezeichnung „Qualitätswein" oder „QbA" verzichtet. Ebenso wird bei roten Rebsorten auf den Zusatz „Rotwein" verzichtet.

Hinweis: Bisweilen ist eine betriebsinterne Klassifikation in Form von Sternen Bestandteil eines Weinnamens. Diese Sterne haben nichts mit einer Bewertung meinerseits zu tun.

5. Bei den **Weinbeschreibungen** wird zunächst der Eindruck im Bouquet geschildert, dann - mit einem Strichpunkt getrennt - der Eindruck im Mund. Aus Platzgründen werden nur Weine beschrieben, die mindestens mit 83 Punkten bewertet wurden. Haben Winzer überproportional viele Weine eingeschickt, kann diese Grenze auch höher liegen.

6. Die **Bewertung der Weine** erfolgt nach dem international üblichen 100-Punkte-System:

95 bis 100	großartig, Weltklasse
90 bis 94	hervorragend
85 bis 89	sehr gut
80 bis 84	gut
75 bis 79	durchschnittlich
70 bis 74	unterdurchschnittlich
60 bis 69	deutliche Mängel
50 bis 59	völlig ungenügend
87	gute oder besonders interessante Weine
87+	Wein mit Entwicklungspotenzial
87+?	Wein womöglich mit Entwicklungspotenzial
87*	Meines Erachtens hatte der Wein zum Zeitpunkt der Verkostung seinen Höhepunkt bereits überschritten.

7. **Preise**

5,20 €	Die angegebenen Preise sind Endverbraucherpreise ab Weingut, so wie sie uns von den Weinerzeugern übermittelt wurden.
4,70 €	Schnäppchen
ohne Preis	uns wurde kein Endverbraucherpreis mitgeteilt

Die Weingüter des Jahres

Wie im vergangenen Jahr möchte ich auch in diesem Jahr wieder einige Weingüter besonders auszeichnen, die mit außergewöhnlichen Kollektionen auf sich aufmerksam machten.

In vier Kategorien zeichne ich Weingüter des Jahres aus:

- Beste Rotweinkollektion des Jahres
- Beste Weißweinkollektion des Jahres
- Beste edelsüße Kollektion des Jahres
- Aufsteiger des Jahres

Dazu gibt es in diesem Jahr erstmals einen „Wein des Jahres". Der Wein des Jahres ist nun nicht einfach der am höchsten bewertete Wein in diesem Jahrgang, sondern ein Wein, der zum einen hohe Qualität bietet, zum anderen aufgrund seiner erzeugten Menge auch weithin verfügbar ist.

Die Weingüter des Jahres im vergangenen Jahr („Deutschlands Weine 2003") waren:

Beste Rotweinkollektion:

> **Weingut Bercher (Baden)**

Beste Weißweinkollektion:

> **Weingut Clüsserath-Weiler (Mosel-Saar-Ruwer)**

Beste edelsüße Kollektion:

> **Weingut Klaus Keller (Rheinhessen)**

Aufsteiger des Jahres:

> **Weingut Flick (Rheingau)**

Eichelmann Deutschlands Weine
WEINGUT DES JAHRES

BESTE ROTWEINKOLLEKTION

WEINGUT
KNIPSER
Lamersheim

AUS DER LAUDATIO:
Werner und Volker Knipser sind die ungekrönten Rotwein-Könige der Pfalz. Darüber vergisst man oft, dass auch ihre Weißweine Spitze sind. Trotzdem gilt die Gleichung: »Rotwein + Pfalz = Knipser«.

Eichelmann Deutschlands Weine
WEINGUT DES JAHRES

BESTE WEISSWEINKOLLEKTION

WEINGUT
ANDREAS LAIBLE
Durbach

AUS DER LAUDATIO:
Mehr als hundert Laible-Weine habe ich in den letzten fünf Jahren verkostet. Jeder einzelne davon hat mich überzeugt. Das ist eben Andreas Laible: das Streben nach Perfektion in jedem einzelnen Wein.

Eichelmann Deutschlands Weine
WEINGUT DES JAHRES

BESTE EDELSÜSSE KOLLEKTION

WEINGUT
KLAUS KELLER
Flörsheim-Dalsheim (Rheinhessen)

AUS DER LAUDATIO:

Was für eine Brillanz in jedem Wein! Edelsüße Weine, die nicht satt machen, sondern zum Trinken animieren. Die Weine von Klaus und Klaus Peter Keller sind konzentriert und doch filigran, in jedem Wein schmeckt man die Trauben, aus denen er gekeltert wurde.

Eichelmann Deutschlands Weine
WEINGUT DES JAHRES

AUFSTEIGER DES JAHRES

WEINGUT
RAINER SCHNAITMANN
Fellbach

AUS DER LAUDATIO:
Weiß wie rot hat Rainer Schnaitmann mächtig zugelegt. Ob Trollinger oder Riesling, Merlot oder Sauvignon Blanc, jeder Wein ist wunderschön klar und fruchtbetont. Seine Spätburgunder können sich mit den Besten im In- und Ausland messen.

Eichelmann Deutschlands Weine
WEIN DES JAHRES

WEIN DES JAHRES

RIESLING ERSTES GEWÄCHS KIEDRICH GRÄFENBERG
WEINGUT
Robert Weil

AUS DER LAUDATIO:
Ein faszinierend reintöniger Riesling mit mineralischen Noten, kraftvoll und herrlich nachhaltig. So soll Rheingau-Riesling sein!

Zur Entstehung dieses Buches

Auswahl der Weingüter

Bei in Deutschland etwa 14.000 Betrieben mit eigener Vermarktung, kann ein Buch über deutschen Wein natürlich nur eine kleine Auswahl der Weinerzeuger vorstellen. Wie kam also die Auswahl der hier vorgestellten Betriebe zustande?

Zunächst einmal wurde eine Vorauswahl getroffen. Das Gros der Betriebe, die in diese Vorauswahl kamen, wurde anhand der Verkostungsergebnisse in der Zeitschrift „Mondo - Weine der Welt" ausgewählt. Ergänzt wurden diese Betriebe durch Erzeuger, die mir von Freunden, aber auch von Lesern von Mondo empfohlen wurden. Dazu kamen weiterhin Betriebe, von denen ich auf verschiedenen Veranstaltungen, wie zum Beispiel Weinmessen, einzelne interessante Weine verkostet habe. So sind fast 900 Weinerzeuger in die Vorauswahl gekommen.

Von diesen Betrieben habe ich jeweils einen Querschnitt ihrer Kollektion verkostet, das heißt meist zwischen sechs und zwölf Weine je Erzeuger. Nach der Verkostung von fast 8.000 Weinen wurden dann alle diejenigen Betriebe für dieses Buch ausgewählt, die eine deutlich überdurchschnittliche Gesamtleistung boten. Die Betonung liegt auf **Gesamtleistung**. Denn es gab auch Betriebe mit allzu großen Schwankungen, die zwar einzelne sehr gute Weine hatten, aber auch allzu viele unbefriedigende Weine. Bei den in diesem Buch aufgeführten Betrieben werden alle verkosteten Weine vorgestellt, auch Weine mit schwächerer Bewertung. Es wird also keine Betriebsleistung durch Weglassen einzelner Weine „beschönigt". Schon im Vorjahr vorgestellte Weine sind nur dann wieder aufgeführt, wenn sie in diesem Jahr erneut verkostet wurden.

Verkostung der Weine

Das Gros der Weine wurde von Ende April bis Anfang Oktober in Blindproben in Heidelberg verkostet. Dabei werden die Weine nicht nach Erzeugern, sondern nach Rebsorten und Weintypen (z.B. trocken, halbtrocken, süß) gruppiert und verkostet, ohne dass der Erzeuger erkenntlich ist. Der Preis der Weine spielt für die Gruppierung keine Rolle. Bei allen so verkosteten Weinen werden die AP-Nummern (amtliche Prüfnummern) erfasst.

Weniger als zehn Prozent der Weine werden „offen" verkostet bei Besuchen bei Winzern (ich versuche in jedem Jahr - im Wechsel - möglichst viele Weingüter zu besuchen). Von diesen solchermaßen verkosteten Weinen wurden etwa 5 Prozent dann ein zweites Mal „blind" verkostet.

Ich versuche aktuelle Weine vorzustellen. Dies heißt nicht zwangsläufig den letzten Jahrgang, sondern Weine, die aktuell im Verkauf sind. Ganz bewusst habe ich deshalb von Erzeugern, die ihre Weine auf längere Reifung anlegen oder spät in den Verkauf bringen, auch Weine von zurückliegenden Jahrgängen mitverkostet. Ganz bewusst verzichte ich auch darauf, Fass- oder Tankproben vorzustellen.

Zusammenstellung der Verkostungen

Wenn die Weine bei uns eintreffen, werden sie ausgepackt. Anhand des - meist - beiliegenden Datenblattes wird jeder einzelne Wein überprüft ob Jahrgang stimmt, Lagenbezeichnung, AP-Nummer etc. (auf dem Datenblatt fragen wir auch die erzeugte Menge der Weine ab, die wir aber ebenso wie die AP-Nummern zwar erfassen, aber aus Gründen der Übersichtlichkeit nicht mit den Weinbeschreibungen und -bewertungen veröffentlichen). Dann wird der Restzucker auf dem Etikett vermerkt und der Wein kommt in eine „Box" zu anderen, vergleichbaren Weinen. Entscheidend für die Zuordnung der Weine sind zunächst Region, Rebsorte und Ausbauart. Beispiel: wir erhalten eine trockene Riesling Spätlese aus der Pfalz. Die Zuordnung ist klar. Region: Pfalz. Rebsorte: Riesling. Ausbauart: trocken. Nun wissen wir aber, dass wir mehr trockene Rieslinge aus der Pfalz erhalten, als wir in einer Verkostung probieren können. Deshalb erfolgt in einem solchen Fall eine weitere Unterscheidung. Hier, im Falle des trockenen Rieslings, anhand des Alkoholgehaltes, nicht anhand der Prädikatsstufe. Auch in einer Verkostung von trockenen Weinen werden die Proben immer nach aufsteigendem Alkoholgehalt gestellt. Das heißt ein Qualitätswein mit 12,5 Prozent Alkohol kann neben einer trockenen Auslese mit gleichem Alkoholgehalt stehen. Anders bei süßen Weinen. Bei süßen Weinen ist der Restzucker der Weine maßgeblich für die Anordnung in der Probe.

Betriebsbeurteilung

Die Betriebsbeurteilung in diesem Buch nimmt eine **Bewertung der aktuellen Leistungsfähigkeit der Weingüter anhand ihres Gesamtprogramms** vor. Von den meisten aufgeführten Weingütern konnten nur mehr oder weniger große Teile des Gesamtprogramms verkostet werden. Vom Gros der Betriebe wurden zwischen 6 und 12 Weine verkostet, das heißt nur ein Ausschnitt der Produktion. Diesen Ausschnitt ihrer Produktion haben die Betriebe selbst ausgewählt und mir zugeschickt bzw. vorgestellt (ein kleiner Teil der Weine, zwischen ein und zwei Prozent, wurde von uns am Markt zugekauft). Bei jeder Gesamtbeurteilung musste also berücksichtigt werden, inwieweit die verkosteten Weine tatsächlich - wie von mir gewünscht - einen Querschnitt des Gesamtprogramms der Weinerzeuger darstellen.

Da dieses Buch als Einkaufshilfe für Weinfreunde gedacht ist, geht es um die **aktuelle** Leistungsfähigkeit der Weinerzeuger, nicht um historische Verdienste oder frühere große Weine, die schon lange nicht mehr im Verkauf sind. Für diese Betriebsbeurteilung werden folglich nur die drei letzten Jahrgänge herangezogen, wobei die Leistung im aktuellen Jahrgang am stärksten gewichtet wird. Sicherlich kann ein Winzer mit einem schwierigen Jahrgang einmal weniger gut zurechtkommen. Aber wer drei Jahrgänge hintereinander „verhaut", der hat nichts in einem Buch der besten deutschen Erzeuger verloren.

Das heißt dann selbstverständlich auch, dass es von Jahr zu Jahr Veränderungen in der Betriebsbeurteilung geben kann, ja muss. Eine solche Betriebsbeurteilung will aktuell sein und stellt folglich nicht den Anspruch, eine auf Jahre hinaus gültige, starre Klassifikation zu sein, wie beispielsweise die berühmte Klassifikation der Weingüter in Bordeaux.

Neben der aktuellen Leistungsfähigkeit ist es wichtig, das **Gesamtprogramm** der Erzeuger zu betrachten, nicht einzelne Weine oder Weintypen. Leider befasst sich die Weinkritik in letzter Zeit immer mehr nur mit einzelnen Spitzenweinen, die herausgestellt werden (meist edelsüße Weine oder aber Barriqueweine). Ohne darauf zu achten, ob es diese Weine wirklich auch in „vernünftigen" Mengen gibt, und ob sie auch tatsächlich im Verkauf sind. Der Trend hin zu solchen „Mikro-Vinifikationen" ist Augenwischerei. Aber solange die gewünschte Wirkung erzielt wird, kann man es den Winzern nicht verdenken, dass sie versuchen mit solchen Weinen bekannt zu werden und Auszeichnungen zu gewinnen. Immer, wenn ich eindrucksvolle Weine verkoste, versuche ich vom Winzer zu erfahren, wie viele Flaschen es davon gibt. Und leider allzu oft bekomme ich Antworten wie „...ein Barrique".

Das Gesamtprogramm eines Weinerzeugers zu beurteilen heißt ein Urteil über seine sämtlichen Weine abzugeben, über trockene und süße, halbtrockene und edelsüße Weine. Wenn einer nur edelsüße Weine macht, und diese Weine sind alle Top - Spitze! Wenn einer aber zehn edelsüße Weine in Kleinstmengen erzeugt, die nicht einmal 5 Prozent seiner Produktion ausmachen, diese zehn dann alle verkosten läßt - Spitze? Das lässt sich wohl erst dann sagen, wenn man auch den Rest des Programms kennt.

Ich habe dieses Problem sehr oft mit Weinkennern diskutiert, die mir einzelne Winzer als die Topwinzer in einer Region empfohlen haben. Wenn ich dann eingeworfen habe, dass aber - als Beispiel - die trockenen Weine dieses Winzers alles andere als großartig seien, kam sehr häufig die Entgegnung: „ja klar, die trockenen, die kann man vergessen, aber die Auslesen sind großartig!" Worauf ich meist entgegnete: „aber wenn man 60 Prozent der Weine dieses Winzers „vergessen" kann, kann dies denn dann ein Top-Winzer sein?"

Beurteilt man einen Betrieb nun nach seinen Spitzen oder nach dem gesamten Programm? Ich habe mich entschieden, das Gesamtprogramm zu bewerten, es zumindest zu versuchen. Auch wenn nicht jedem Winzer dies gefallen wird. Aber die Größe eines Winzers zeigt sich an seinem kleinsten Wein.

In diesem Buch wird die Gesamtleistung der Erzeuger mit Sternen bewertet. Bei Betrieben, bei denen ich Zweifel hatte, ob die vorgestellten Weine tatsächlich einen Querschnitt des Programms darstellen, habe ich sehr „vorsichtig" und zurückhaltend bewertet (wenn beispielsweise ein Weingut zu 90 Prozent trockene Weine erzeugt, ich aber zu 90 Prozent edelsüße Weine zu verkosten bekommen habe).

Weinbeschreibungen

Bei den einzelnen Weinen wird zunächst der Eindruck im Bouquet beschrieben, dann - mit einem Semikolon getrennt - der Eindruck im Mund. Diese Eindrücke ändern sich mit der Entwicklung des Weines. Gerade der Eindruck im Bouquet kann zum Beispiel ein Jahr nach der Verkostung ein völlig anderer sein. Trotzdem halte ich Weinbeschreibungen für unverzichtbar, weil nur so dem, der sie liest, ein Anhalt dafür gegeben wird, ob der Wein ihm schmecken könnte. Oder trinken Sie Punkte? Nur durch Weinbeschreibungen bleibt Weinkritik nachvollziehbar. Und dadurch selbst „kritisierbar". Ein bloßes Bewerten ist meines Erachtens Unfug, denn es gibt keinerlei Möglichkeit, sich mit dieser Bewertung auseinander zusetzen. So wie auch eine Filmkritik, die nur eine numerische Bewertung gibt, sinnlos ist, und dem Leser keine Information darüber bietet, ob es sich lohnen könnte, den Film anzusehen.

Auf Angaben zur Lagerfähigkeit der einzelnen Weine verzichte ich ganz bewusst, da ich glaube, dass jeder Weinfreund selbst am besten weiß, in welchem Reifestadium er welchen Wein bevorzugt. Kauft man größere Mengen eines Weines, so empfiehlt es sich, hin und wieder eine Flasche davon zu öffnen, um die Entwicklung zu verfolgen und für sich entscheiden zu können, ob der optimale Trinkzeitpunkt gekommen ist.

Deutscher Wein. Anmerkungen

Zwei Themen sind es, die ich in diesem Jahr ein wenig vertiefen möchte. Zunächst folgen einige Anmerkungen zu deutschem Rotwein. Desweiteren möchte ich einmal das leidige Korkproblem thematisieren, polemisieren.

Rotwein

Deutscher Rotwein wird in der Spitze immer besser. Die Popularität von Rotwein in Deutschland zeigt sich daran, dass ich für diese Ausgabe des Buches etwa doppelt so viele Rotweine verkostet habe als für die vorletzte Ausgabe, die vor zwei Jahren erschienen ist. Die vielen Spitzenweine aber können nicht darüber hinwegtäuschen, dass viele der „einfachen" Rotweine oft erbärmlich schlecht sind. Die „Grundübel", die mir bei den Verkostungen in diesem Jahr besonders aufgefallen sind, möchte ich versuchen in wenigen Worten „dingfest" zu machen.

„Süße" Rotweine

Der kann's nicht lassen, werden sich diejenigen denken, die diese Seiten in den letzten Ausgaben gelesen haben. Immer muss er über zuviel Restsüße schimpfen. Ich hatte mir auch vorgenommen, es dieses Jahr sein zu lassen. Aber die süßen Rotweine haben mich dann gepackt. Besser gesagt: mich hat's geschüttelt und das war mehr als nur ein Kopfschütteln. Wenn ich Traubensaft trinken will, wozu brauche ich da dann Alkohol? Traubensaft kann man auch trinken ohne auf Promillegrenzen acht geben zu müssen - und wesentlich preiswerter dazu.

Man muss ja noch dankbar sein, wenn schon gleich die Warnung „halbtrocken" oder „feinherb" auf dem Etikett eines Rotweins erscheint. Bedenklicher finde ich es, dass selbst bei barriqueausgebauten Spitzenweinen immer häufiger mit Restsüße gearbeitet wird. Das mag ja in großen Verkostungen den gewünschten Effekt erzielen und gute Ergebnisse bringen. Ich habe die Erfahrung gemacht, dass gerade Rotweine mit deutlicher Restsüße schon am Tag nach der Verkostung, manchmal schon nach wenigen Stunden, deutlich verloren haben, eindimensional geworden sind, während andere, durchgegorene Rotweine sich über Tage hinweg halten und entwickeln. Wie sollen Weine, die schon nach wenigen Stunden die Segel streichen, gut altern?

„Stinkige" Rotweine

Stinker ohne Ende, in allen Variationen. Es gibt erstaunlich viele Weine, die einen solch intensiven Duft verbreiten, dass man sich überwinden muss, sie überhaupt zu verkosten. Oft ist der biologische Säureabbau daran schuld. Es ist schon arg, was einem da manchmal zugemutet wird: ich verlange Schmerzensgeld!

Da sind mir schon fast wieder die Winzer lieber, die ihre Rotweine wie ihren Riesling ausbauen: hohe Säure und viel Restsüße. Und möglichst früh auf die Flasche bringen. Die rege Nachfrage nach allem, was rot ist, treibt ja seltsame Blüten: mir scheint, dass die Weine eines Jahrgangs, die zuerst abgefüllt werden, bei der Mehrzahl der Winzer heute Rotweine sind. So dass diese Rotweine nicht nur dank ihrer Restsüße sondern auch dank der Kohlensäure mehr Ähnlichkeit mit Lambrusco aufweisen, denn mit „ernsthaftem" Rotwein.

„Schlechtes" Holz

Nicht nur mir armen Weinkritiker mutet man Arges zu. Es ist auch arg, was manchem Wein zugemutet wird. Und schade. Wie oft habe ich bei Verkostungen in diesem Jahr dieses „schade!" an den Rand meiner Verkostungsnotizen gekritzelt. Schade, dass man einen an sich guten Wein so verunstaltet hat. Schade, dass man an der falschen Stelle gespart hat.

Ich weiß ja, dass Winzer sparen müssen. Aber man muss ja auch nicht jeden Rotwein ins Barrique stecken. Nur damit man dann „Barrique" aufs Etikett schreiben kann, oder: „im Holzfass gereift". In Deutschland muss eben alles reglementiert werden. Dabei steht schon mehr als genug auf deutschen Weinetiketten. Auf Barrique und Holzfass kann man da gerne verzichten.

Lieber weniger Holz, dafür aber besseres. Diesen Rat aber beherzigt kaum ein Winzer. Jeder muss stolz seine vielen Barriques präsentieren.

„Wo kommt die viele Vanille her?"

Vanilleplätzchen hatten immer etwas mit Weihnachten zu tun. Heute wird diese Erinnerung hervorgerufen, wenn ich Rotweine verkoste. Vanille pur strömt da aus vielen Gläsern. Haben die Hersteller von Aromastoffen einen neuen Markt geöffnet? Es wurden ja auch in Deutschland schon künstliche Aromen in Weinen gefunden, obwohl diese bei uns verboten sind. In anderen Ländern ist das nicht so. Vanillenoten kommen sicherlich auch über Holzfässer in den Wein. Aber so extreme Vanillenoten, dass man darauf das Glas wechseln muss, weil die Vanille so nachhaltig ist, dass man sie selbst durch Ausspülen der Gläser mit heißem Wasser nicht mehr los wird?

Kork

Es gibt zwei kritische Momente im Leben eines Weines. Der erste ist der, wenn er ins Fass gesteckt wird: hat man ein „gutes" Fass, hat man das „richtige" Holz? Der zweite kritische Moment ist der, wenn der Wein auf die Flasche kommt und die Flasche mit einem Korken verschlossen wird.

„Zehn Prozent aller neuen Autos fahren nicht"

Ich frage mich manchmal, wie Winzer überhaupt noch ruhig schlafen können. Angesichts der Menge an verdorbenen Weinen. Kaum eine Probe, in der nicht wenigstens zehn Prozent der Weine betroffen sind. Man stelle sich vor, zehn Prozent aller neu ausgelieferten Autos würden nicht funktionieren, weil ein kleines Teilchen defekt ist? Undenkbar in unserer Industrie. Oder: zehn Prozent aller Eier wären verdorben.

Bei nahezu 50 Prozent aller Proben öffnen wir inzwischen die Konterflaschen (in der Regel werden uns zwei Flaschen je Wein geschickt). Das Ergebnis ist, dass in jedem fünften Fall klar zu erkennende sensorische Unterschiede zwischen den beiden Weinen bestehen, ohne dass dies allerdings immer eindeutig auf einen Korkfehler zurückgeführt werden kann. Bei all unseren Verkostungen geht die meiste Zeit darüber verloren, dass man sich Gedanken macht, ob ein Wein vom Kork beeinträchtigt sein könnte oder nicht. Gerade um diese oft langwierigen Diskussionen zu verkürzen, öffnen wir so viele Konterflaschen. Aber selbst dann - und bei all den anderen „verdächtigen" Weinen, die uns nur einmal vorliegen - wird immer weiter ausgiebig darüber diskutiert, welche Art Fehler ein Wein haben und woher die Abweichungen zwischen den beiden Flaschen rühren könnten.

Kutsche nach Hamburg

Immer wieder die gleichen Argumente sind es, die die Verfechter des Naturkorkens ins Feld führen. Das Argument Tradition wird immer wieder angeführt. Was vor zweihundert Jahren richtig war, das kann heute nicht ganz falsch sein. Wenn jemand vor zweihundert Jahren in einer geschäftlichen Angelegenheit von Frankfurt nach Hamburg reisen musste, dann hat er die Kutsche genommen oder ist zu Fuß gegangen.

Atmen können

Ein weiteres, häufig angeführtes Argument besagt, dass der Korken notwendig sei, damit der Wein atmen könne und sich so „auf der Flasche weiterentwickeln" kann. Es gibt Langzeituntersuchungen aus anderen Ländern, die zeigen, dass auch mit Schraubverschluss verschlossene Weine sich weiterentwickeln, ja in der Regel nach vielen Jahren sich weitaus frischer und klarer präsentieren als die mit Naturkorken verschlossenen Weine. Das „Atmen-können"-Argument lässt sich mit dem „Traditions-Argument" widerlegen: in vielen Schatzkammern traditionsreicher Weingüter kann man sehen, dass oft gerade die besten Weine zusätzlich mit Wachs versiegelt wurden.

Korkenromantik

Hand in Hand mit dem Traditions-Argument geht meist das Argument, dass die Zeremonie des Entkorkens einen „Hauch von Romantik" enthalte, wie es eine Freundin vor kurzem formulierte. Es ist doch undenkbar, dass der Sommelier im Restaurant eine Flasche mit Schraubverschluss öffnet oder den Kronkorken wie auf einer Bierflasche entfernt!

Warum nicht? Zumindest ich würde mich freuen, wenn ich in einem ruhigem Moment im Restaurant nicht auch dann noch unter dem strengen Blick eines Sommeliers mir Gedanken darüber machen muss, ob ein Wein vom Kork beeinträchtigt ist oder nicht.

Die deutschen Weinregionen

In diesem Kapitel werden die dreizehn deutschen Weinregionen in alphabetischer Reihenfolge vorgestellt. Zu jeder Region werden am Ende des jeweiligen Teilkapitels die in diesem Buch vorgestellten Betriebe aufgeführt. Ein „*" nach dem Erzeugernamen bedeutet, dass das Weingut zuletzt stark zugelegt hat und bald in der nächst höheren Kategorie sein könnte. Erzeuger, die Weine aus mehr als einer Weinbauregion erzeugen, finden sich unter der Region wieder, aus der die meisten der von ihnen produzierten Weine stammen. Im Anhang sind die Erzeuger nochmals alphabetisch nach Regionen gelistet.

Ahr   525 ha

Mit gut 500 Hektar Rebfläche ist die Weinbauregion Ahr recht klein. Die Weinberge erstrecken sich auf knapp 30 Kilometer zwischen Altenahr und Heimersheim. In den Weinbergen wachsen vor allem rote Reben, 87 Prozent. Womit die Ahr die deutsche Weinregion mit dem höchsten Rotweinanteil ist. Wichtigste Rebsorte ist der Spätburgunder, dann folgt Portugieser und an dritter Stelle ist schließlich Riesling zu finden, die wichtigste Weißweinsorte an der Ahr. Während der Spätburgunder weiter zulegt, gehen Riesling und Portugieser im Anbau zurück. In den letzten Jahren legte der Frühburgunder kräftig zu. Die frühreifende Sorte soll zur lokalen Spezialität werden.

Die Ahr ist ein junges Anbaugebiet. Natürlich hat das Tal eine lange Weinbaugeschichte, aber alles, was für Weininteressierte wichtig ist, passierte in den letzten zehn bis fünfzehn Jahren. Werner Näkel war der erste, der das Potenzial nutzte, um eigenständige, große deutsche Spätburgunder zu produzieren. Näkel fing in den achtziger Jahre an, seit Anfang der neunziger Jahre sind die Ergebnisse immer wieder großartig. Seitdem hat er - und mit ihm immer mehr Winzer - sich kontinuierlich gesteigert. Barriqueausbau bei den Spitzenweinen ist heute die Regel. Der Schiefer ist es, der die Weine von der Ahr so besonders macht. Aber anders als an der Mosel, setzt man ganz auf die roten Burgunder, nicht auf Riesling. Aber auch an der Ahr finden sich, sowohl trocken wie edelsüß, jedes Jahr beeindruckende Rieslinge.

Zu den vielen süßen Rotweinen die es an der Ahr gibt, kann man stehen wie man will. Viel mehr stört mich, dass man häufig auch in trockenen Rotweinen - meist unnötigerweise - allzu viel Restsüße findet, wodurch die Weine dann recht gefällig wirken. Dies rührt wohl daher, dass man an der Ahr in der Vergangenheit reichlich Erfahrung mit schwierigen Jahrgängen machte, in denen die Trauben nicht immer ganz ausreifen wollten. Neben der Restsüße stört mich an manchen Rotweinen, dass sie sehr deutlich von Botrytisnoten geprägt sind - solche Weine altern schlecht und machen oft recht früh schon keinen Spaß mehr.

Viele Weingüter füllen ihre Weine sehr früh ab, schon im Jahr nach der Ernte. Auch die Spitzenweine. Bisher lässt lediglich Gerhard Stodden die Weine länger im Fass und zeigt, dass sich dies positiv auf die Lagerfähigkeit der Weine auswirkt. Andere Spätburgunder von der Ahr haben oft schon nach vier bis fünf Jahren ihren Zenit überschritten. Auch Werner Näkel und Toni Nelles lassen die Weine etwas länger im Fass. Von diesen drei Winzern habe ich dieses Jahr 2001er Rotweine verkostet, bei allen anderen Weingütern lag der Schwerpunkt auf dem Jahrgang 2002.

Die Ahr ist ein junges Weinanbaugebiet, dessen Weine - fast unabhängig vom Jahrgang - stetig besser werden. Selbst in schwierigeren Jahren wie 1998 oder 2000 sind die Ergebnisse bei einigen Spitzenwinzern bemerkenswert. In guten Jahren kann man in dem kleinen Anbaugebiet eine Vielzahl von Weinen finden, die mit zur Spitze in Deutschland zählen. Werner Näkel hat in diesem Jahr eine hinreißende Kollektion mit einer Vielzahl hervorragender Weine, eine der herausragenden Kollektionen des Jahrgangs in Deutschland. Gerhard Stoddens 2001er sind kraftvoll und kantig, alle noch enorm jugendlich, Toni Nelles hat im Jahrgang 2001 faszinierend reintönige Weine. Kreuzberg, Burggarten und Adeneuer überzeugen auch 2002 wie gewohnt, auch wenn der Jahrgang an sich, obwohl sehr gut, nicht ganz an 2001 heranreicht. Wolfgang Hehle hat beeindruckende 2002er Rotweine, ebenso faszinierend ist aber, was er sonst produziert: Riesling trocken und edelsüß, Rosé und Chardonnay. Da bleibt nur das Bedauern darüber, dass die Ahr mit ihren 500 Hektar Weinbergen eben allzu klein ist......

Die besten Erzeuger

★★★★
Hervorragende Erzeuger

Weingut **Meyer-Näkel**

★★★
Sehr gute Erzeuger

Weingut J.J. **Adeneuer**
Weingut **Burggarten**
Weingut **Deutzerhof** - Cossmann-Hehle ★
Weingut **Kreuzberg**
Weingut **Nelles**
Weingut Jean **Stodden** ★

★★
Gute Erzeuger

Brogsitter's Weingüter und Privatkellerei
Winzergenossenschaft **Walporzheim**

★
Überdurchschnittliche, zuverlässiger Erzeuger

Ahr Winzer
Weingut Peter **Lingen** ★
Weingut **Maibachfarm** ★
Weingut **Sermann-Kreuzberg** ◆ ★
Weingut **Sonnenberg**

Baden 15.917 ha

Mit fast 16.000 Hektar Weinbergen ist Baden der Fläche nach das drittgrößte deutsche Anbaugebiet. Keine andere deutsche Weinbauregion ist aber so heterogen wie Baden: schließlich liegen ja auch 400 Kilometer zwischen Tauberfranken im Norden und dem Bodensee oder dem Markgräflerland im Süden. Im Vergleich zu manchen anderen deutschen Anbaugebieten ist Baden „von der Sonne verwöhnt". Die Trauben erreichen einen höheren Zuckergehalt (Oechsle), die daraus entstehenden Weine sind etwas höher im Alkohol.

Wichtigste Rebsorte in Baden ist der Spätburgunder, der knapp ein Drittel der gesamten Fläche einnimmt und weiter stark zulegt. Danach folgt Müller-Thurgau und dann erst - mit gehörigem Abstand - Grauburgunder, Riesling, Gutedel und Weißburgunder. Wobei die einzelnen badischen Weinbaubereiche jeweils eigene Spezialitäten haben. Im Markgräflerland ist dies der Gutedel, aber auch Rebsorten wie Nobling oder Freisamer findet man hier. Am Kaiserstuhl findet man neben den Burgundersorten auch Silvaner, Gewürztraminer und Muskateller als Spezialitäten. Im Kraichgau schließlich gibt es den Auxerrois und viele aus dem benachbarten Württemberg bekannten Rebsorten wie Lemberger oder Schwarzriesling.

Die Region Baden ist in insgesamt neun Bereiche eingeteilt. Ganz im Nordosten des Anbaugebietes liegt der Bereich **Tauberfranken** mit etwa 700 Hektar Weinbergen. Er umfasst den badischen Teil des Taubertals zwischen Wertheim und Bad Mergentheim, dessen andere Teile zu den Regionen Franken und Württemberg zählen. Die Böden hier bestehen meist aus Muschelkalk und Buntsandstein. Die Weine hier sind sehr „fränkisch" in ihrer Art, gleichen in ihrem Geschmacksprofil eher Frankenweinen, denn badischen Weinen. Wichtigste Rebsorte ist - wie im benachbarten Franken - der Müller-Thurgau. Auch die weiteren wichtigen Rebsorten erinnern mehr an Franken als an Baden, Silvaner und Bacchus vor allem. Dazu gibt es Kerner, Riesling und als wichtigste Rotweinsorte Schwarzriesling. Eine Spezialität hier ist die alte Rebsorte Tauberschwarz, die nur noch im Taubertal auf wenigen Hektar zu finden ist. Qualitativ hat der Bereich Tauberfranken erst in den letzten Jahren auf sich aufmerksam gemacht, vor allem durch einen Winzer, Konrad Schlör in Reicholzheim, der eindrucksvoll aufzeigt, dass Tauberfranken im Konzert der größeren, bekannteren badischen Weinbaubereiche mithalten kann.

Der Bereich **Badische Bergstraße** war früher mit dem Kraichgau in einem gemeinsamen Bereich zusammengefasst. Zu ihm zählen die Weinberge südlich und nördlich von Heidelberg. Im Norden schließt sich die eigene Weinbauregion Hessische Bergstraße an. Der Bereich umfasst knapp 400 Hektar Weinberge. Bundesweite Bekanntheit hat hier das Weingut Seeger in Leimen erlangt, vor allem mit seinen barriqueausgebauten Rotweinen. Aber auch Weißweine, vor allem Grauburgunder, können hier bemerkenswerte Weine ergeben.

Im Süden der Badischen Bergstraße liegt das **Kraichgau** mit etwa 1.300 Hektar Weinbergen. Aufgrund unterschiedlicher Böden im Kraichgau sind die Weine hier heterogener als in den anderen badischen Weinbaubereichen. Im Kraichgau wird recht viel Riesling angebaut, aber auch Müller-Thurgau, Grauburgunder und Weißburgunder sind weit verbreitet. Kraichgauer Spezialität ist der Auxerrois, der heute auch außerhalb des Kraichgaus immer häufiger zu finden ist. Anders als in Südbaden bietet das Kraichgau eine Vielfalt an roten Sorten: neben Spätburgunder findet man Lemberger, Portugieser, Schwarzriesling und Trollinger, in den letzten Jahren aber auch immer häufiger Sorten wie Regent oder Cabernet Sauvignon. Neben den schon länger bekannten Weingütern wie Heitlinger oder Burg Ravensburg haben in den letzten Jahren einige andere Winzer wie Bernd Hummel, Thomas Hagenbucher oder Ulrich Klumpp auch überregional Beachtung gefunden, mehr mit Rotweinen denn mit Weißweinen. Wobei es, wie eingangs gesagt, einen einheitlichen Kraichgauer Stil nicht gibt.

In der **Ortenau**, zwischen Baden-Baden und Lahr, gibt es etwa 2.600 Hektar Weinberge. Die Reben hier wachsen im Schutze des Schwarzwaldes und sind - anders als sonst in Baden - von Urgesteinsverwitterungsböden durchsetzt. Der Riesling, der hier traditionell auch Klingelberger genannt wird, ist die dominierende Rebsorte. Neben Riesling gibt es recht viel Spätburgunder, die wichtigste Rotweinsorte der Ortenau. Gerade die Rieslinge aber mit ihrem eigenständigen Profil haben in den letzten Jahren für Aufsehen gesorgt. An erster Stelle ist da Andreas Laible zu nennen, der jedes Jahr eine Vielzahl an bewundernswerten Rieslingen (und nicht nur Riesling!) erzeugt. Aber auch Schloss Neuweier macht seit einigen Jahren beeindruckende, herrlich mineralische Weine. Die besten Ortenauer Rieslinge gehören zur Spitze in Deutschland, aber auch die Spätburgunder werden immer interessanter. Mit Rotwein haben sich in der Ortenau vor allem Heinrich Männle und Schloß Ortenberg einen Namen gemacht. Und natürlich der Shooting Star der letzten Jahre, Jacob Duijn. Auch Weiß- und Grauburgunder bringen immer wieder sehr gute Ergebnisse, wie beispielsweise bei Hubert Doll vom Weingut Freiherr von und zu Franckenstein, der in diesem Jahr auch mit Riesling und Spätburgunder stark zugelegt hat. Noch wenig bekannt ist Ewald Kopp, der mich schon das dritte Jahr in Folge mit starken Burgundern, weiß wie rot, überrascht hat. Seine 2001er Spätburgunder gehören zum Besten, was der Jahrgang hervorgebracht hat. Nicht nur in der Ortenau, sondern in Deutschland.

Im **Breisgau**, zwischen Lahr und Freiburg, gibt es etwa 1.800 Hektar Weinberge. Die wichtigsten Rebsorten hier sind Müller-Thurgau, Grauburgunder und Spätburgunder. Anders als in den benachbarten Bereichen Kaiserstuhl und Ortenau, haben sich hier noch keine Weintypen mit „Wiedererkennungswert" etabliert. Während Bernhard Huber vor allem mit seinen Spätburgundern bekannt geworden ist, sind bei Hans Wöhrle vom Weingut der Stadt Lahr meist Chardonnay und die weißen Burgunder die interessantesten Weine.

Der **Kaiserstuhl** ist der größte und sicherlich auch bekannteste badische Bereich. Die Burgunder vom Kaiserstuhl gehören regelmäßig zu den Spitzenweinen in Deutschland. Egal ob Grauburgunder, Weißburgunder oder Spätburgunder, nirgendwo sonst in Deutschland gibt es eine solche Dichte an Topburgundern wie am Kaiserstuhl. Aber auch Riesling, Silvaner oder Muskateller sind hier immer wieder ganz hervorragend. In keinem anderen badischen Weinbaubereich gibt es eine solche Vielzahl an Spitzenwinzern wie hier am Kaiserstuhl. Joachim Heger und die Brüder Bercher gehören schon seit langem zur deutschen Winzerelite. Josef Michel und Reinhold & Cornelia Schneider gehören erst seit einigen Jahren zur absoluten Spitze. Der Name Keller steht für durchgegorene Weine, so wie der Name Karl-Heinz Johner für barriqueausgebauten Spätburgunder steht (worüber oft die genauso beeindruckenden Weißweine von Johner vergessen werden). Wolf-Dietrich Salwey wartet wie schon im Vorjahr mit einer hervorragenden Kollektion auf. Hans-Friedrich Abril gehört seit Jahren zu den zuverlässigen Größen, andere wie Thomas Rinker vom Weingut Knab oder das Weingut Otto Fischer haben sich erst in den letzten Jahren in den Vordergrund geschoben. Und Reinhold Pix und Manfred Schmidt (Hofgut Consequence) zeigen, dass auch erstklassige Öko-Weine am Kaiserstuhl entstehen können.

Der **Tuniberg** war bis 1990 ein Teil des Bereichs Kaiserstuhl. Spätburgunder spielt hier die wichtigste Rolle - mit immer besseren Ergebnissen. Grauburgunder, Chardonnay und Weißburgunder werden von Jahr zu Jahr interessanter. Wobei der Tuniberg - anders wie der Kaiserstuhl - bisher noch kein klares Profil zeigt.

Das **Markgräflerland** macht zur Zeit die rasantesten Fortschritte in ganz Baden. Die Spätburgunder werden immer besser. Gleiches gilt für Weißburgunder und Grauburgunder. Und in der Liste der besten Chardonnay in Deutschland finden sich jedes Jahr eine Reihe von Markgräfler Weinen mit vorne dabei. Die Nummer Eins unter den Rebsorten ist aber nach wie vor die Markgräfler Spezialität schlechthin, der Gutedel. Er hat in den letzten Jahren sehr gewonnen, vor allem durch die kühlere Vergärung. Immer mehr Winzer nutzen inzwischen Gutedel auch für edelsüße Weine. Immer mehr Winzer schicken sich an den besten Weingütern vom Kaiserstuhl Paroli zu bieten. Ullrich Bernhardt vom Privatweingut H. Schlumberger ist da zu nennen, Lothar Heinemann, Gerd Schindler (Weingut Lämmlin-Schindler) und Hermann Dörflinger. Und einige andere, zum Teil ganz junge Winzer wie Achim Jähnisch deuten an, dass in den nächsten Jahren mit ihnen zu rechnen ist.

Die Weinberge am **Bodensee** sind die südlichsten in Deutschland. Vor allem Müller-Thurgau und Spätburgunder gibt es hier, aber auch Silvaner, Gutedel, Kerner, Bacchus und andere mehr. Während man lange Spätburgunder vor allem für Weißherbste oder leichte Rotweine nutzte, zeigen inzwischen erste Betriebe, dass man am Bodensee sehr gute und gehaltvolle barriqueausgebaute Spätburgunder erzeugen kann. Aber auch bei den weißen Burgundern und beim Chardonnay gibt es inzwischen einzelne bemerkenswerte Weine. Manfred und Robert Aufricht sind da vor allen Dingen zu nennen..

In Baden spielen die Genossenschaften eine wichtige Rolle. Sie vermarkten etwa drei Viertel der Produktion. Dabei haben einige Genossenschaften in den letzten Jahren mit Weinen ihrer Prestigelinien immer wieder mit den besten Privatwinzern konkurrieren können. Wie schon im Vorjahr haben einige Genossenschaften bei ihren Basisweinen weiter zugelegt.

Bei all den regionalen Differenzen in Baden ist es natürlich schwierig, allgemeine Aussagen über die Jahre zu treffen. Generell und für alle Regionen kann man sagen, dass es schon lange kein Spitzenjahr mehr gegeben hat. Was aber die badischen Winzer nicht daran hindert Spitzenweine in bisher nicht gekannter Zahl zu erzeugen. Bei Weiß- und Grauburgunder, Spätburgunder und Chardonnay findet man Jahr für Jahr mehr Spitzenweine als in jeder anderen deutschen Weinbauregion. Und beim Riesling haben sich vor allem die Ortenauer aufgemacht den nördlicheren deutschen Weinbauregionen das Fürchten zu lehren.

Die besten Erzeuger

★★★★★
Weltklasse, internationale Spitzenerzeuger

Weingut **Bercher**
Weingut Jacob **Duijn**
Weingut Dr. **Heger**
Weingut Andreas **Laible**
Weingut **Michel**
Weingut Reinhold & Cornelia **Schneider**

★★★★
Hervorragende Erzeuger

Weingut Otto **Fischer**
Weingut Karl H. **Johner** ✭
Weingut Schwarzer Adler - Franz **Keller**
Weingut **Knab**
Weingut **Kopp**
Weingut Schloss **Neuweier**
Weingut H × **PIX** × R
Weingut **Salwey**
Weingut Konrad **Schlör**
Privat-Weingut H. **Schlumberger**
Weingut **Seeger**
Weingut Stadt Lahr - Familie **Wöhrle**

★★★
Sehr gute Erzeuger

Weingut **Abril**
Weingut **Aufricht**
HOFGUT **CONSEQUENCE**
Weingut Hermann **Dörflinger**
Weingut Freiherr von und zu **Franckenstein** ✭
Staatsweingut **Freiburg** & Blankenhornsberg
Weingut Thomas **Hagenbucher**
Weingut Ernst **Heinemann & Sohn** ✭
Weingut Klaus **Hermann**
Weingut Bernhard **Huber** ✭
Wein & Sektgut Bernd **Hummel**
Weingut Achim **Jähnisch**
Weingut Holger **Koch**
Weingut **Lämmlin-Schindler**
Weingut Heinrich **Männle**
Weingut Schloss **Ortenberg**
Weingut Leopold **Schätzle**
Weingut Markgraf v. Baden, Schloss **Staufenberg**
Weingut **Stigler** ✭

★★
Gute Erzeuger

Winzergenossenschaft **Achkarren**
Affentaler Winzergenossenschaft Bühl
Weingut L. **Bastian** ◆
Weingut Peter **Briem**
Ehrenstetter Winzerkeller
Weingut **Frick**
Weingut Freiherr von **Gleichenstein**
Weinhaus Joachim **Heger**
Weingut Albert **Heitlinger**
Weingut Friedrich **Kiefer**
Weingut Hügle - **Kirchberghof** ✶
Weingut **Klumpp** ✶
Winzergenossenschaft
   Königschaffhausen
Weingut **Kramer**, Inh. Harald Pfaff
Weingut Klaus-Martin **Marget**
   Heitersheim
Weingut Graf Wolff **Metternich** ✶
Gut **Nägelsförst**
Winzergenossenschaft **Oberbergen**
Winzergenossenschaft **Pfaffenweiler**
Weingut Burg **Ravensburg** ✶
Privat-Sektkellerei **Reinecker**
Winzergenossenschaft **Sasbach**
Biologisches Weingut **Schambachhof**
Weingut **Schindler** ✶
Weingut Claus **Schneider** ✶
Winzergenossenschaft **Varnhalt**
Weingut Fritz **Waßmer** ◆
Weingut Martin **Waßmer**
Winzergenossenschaft **Zell-Weierbach**
Weingut-Weinkellerei Julius **Zotz**

★
Überdurchschnittliche, zuverlässiger Erzeuger

Alde Gott Winzergenossenschaft
Winzergenossenschaft **Auggen**
Weinhaus L. **Bastian** ◆
Weingut Michael **Baumer** ✶
Weingut **Bercher-Schmidt** ◆
Weingut **Bimmerle**
Winzergenossenschaft **Burkheim**
Weingut **Engelhof** ◆
Weingut **Engist**
Öko Wein & Sektgut **Gretzmeier**
Wein- und Sektgut **Harteneck** ◆
Ökologisches Wein- und Sektgut
   Hermann **Helde & Sohn**
Winzerkeller **Hex vom Dasenstein**
Weingut **Huck-Wagner**
Weingut Felix und Kilian **Hunn** ✶
Weingut **Ingrosso**
Kalkbödele - Weingut der Gebrüder
   Mathis
Winzergenossenschaft **Kiechlinsbergen**
Weingut **Konstanzer** ◆
Weingut **Krebs**
Weingut **Landmann** ✶
Weingut Clemens **Lang**
Weingut Emil **Marget**
Staatsweingut **Meersburg**
Weingut & Brennerei **Mößner** ✶ ◆
Weingut Adam **Müller**
Weingut Gebr. **Müller** ✶ ◆
Weingut Eckhard **Probst**
Weingut Rainer **Schlumberger** ✶
Weingut **St. Remigius**
Weingut **Sonnenhof**, Michael
   Mattmüller
Thalsbach Weinkellerei
Weingut **Trautwein**
Winzergenossenschaft **Wasenweiler** ✶
Weingut Michael **Wiesler**
Weingut **Zimmermann** ◆

Franken 6.041 ha

„Fränkisch trocken" war früher einmal jedem Weinfreund in Deutschland ein Begriff. Als „fränkisch trocken" bezeichnete Weine hatten nicht einmal halb so viel Restzucker, wie es im deutschen Weingesetz für trockene Weine erlaubt ist. Heute aber findet man nur noch wenige Winzer in Franken, die ihre trockenen Weine grundsätzlich durchgegoren ausbauen. „Fränkisch trocken" hat praktisch keine Bedeutung mehr. Eine Chance vertan, sich am deutschen Markt zu profilieren. Also setzt man ganz auf den Bocksbeutel, der wieder einmal dahin kommen soll, wo er einmal war, nämlich als Wahrzeichen des Frankenweins für Qualität zu stehen.

Nicht nur die Flaschenform ist in Franken anders als in den anderen deutschen Anbaugebieten, auch die klimatischen Bedingungen in Franken sind anders. Franken hat ein ausgeprägteres Kontinentalklima als die weiter westlich gelegenen deutschen Anbaugebiete. Die Unterschiede zwischen relativ kalten Wintern und heißen Sommern sind hier ausgeprägter.

Franken ist in drei Weinbaubereiche eingeteilt. Zum westlichsten Bereich, dem so genannten Mainviereck, gehören nicht nur die Weinberge von Kreuzwertheim über Miltenberg bis Erlenbach, sondern auch die Weinberge nördlich von Aschaffenburg, in der Gegend von Alzenau. Hier herrschen Buntsandsteinböden vor. Einige Winzer hier haben auch im benachbarten badischen Tauberfranken Weinberge. Bekannt geworden ist dieser Teil Frankens in den letzten Jahren vor allem durch die Rotweine, die von hier kommen. Letztendlich vor allem durch einen Mann, Paul Fürst, der in Bürgstadt vom Centgrafenberg Jahr für Jahr Rotweine produziert, die zu den besten Rotweinen Deutschlands zählen. Einige andere, teilweise wenig bekannte Betriebe haben zuletzt kräftig zugelegt.

Der bekannteste fränkische Weinbaubereich ist das so genannte Maindreieck. Das Maindreieck reicht von Schweinfurt im Osten über Volkach und Würzburg bis Karlstadt und bezieht auch die Weinberge an Nebenflüssen des Mains, wie Saale und Wern, mit ein. Der Buntsandstein weicht nach Osten hin immer mehr Lehm-, Löss- und Muschelkalkböden. Hier liegen die bekanntesten fränkischen Weinbauorte: neben Würzburg als Mittelpunkt sind Orte wie Escherndorf, Randersacker, Sommerhausen, Sommerach oder Volkach jedem Weinliebhaber ein Begriff.

Der dritte fränkische Weinbaubereich ist der Bereich Steigerwald. Im Steigerwald herrschen Keuperböden vor. Die bekannteste Weinbaugemeinde hier ist Iphofen. Die Rieslinge und Silvaner vom Steigerwald sind bekannt, aber auch eine Reihe von Neuzüchtungen wie Rieslaner oder Scheurebe bringen hier immer sehr gute Ergebnisse. Und seit einigen Jahren findet man hier immer öfter auch rote Sorten und die weißen Burgunder.

Wichtigste Rebsorte in Franken ist der Müller-Thurgau mit einem Anteil von 37,5 Prozent. Und die Franken stehen zu ihrem „Müller". Es folgt die Rebsorte, für die Franken bekannt ist, der Silvaner, und dann Bacchus. Bacchus ist auch die Rebsorte, die in den letzten Jahren in der Fläche am meisten zugelegt hat - stärker als alle roten

Sorten! Ergänzt wird der Sortenspiegel mit Riesling, den Burgundersorten, Kerner, Scheurebe oder Rieslaner. Rote Sorten, traditionell am Untermain (Bereich Mainviereck) angebaut, erfreuen sich steigender Beliebtheit und nehmen inzwischen 13 Prozent der Rebfläche ein. Neben Spätburgunder und Frühburgunder ergibt Domina, sortenrein aber auch in Cuvées, dabei die interessantesten Ergebnisse.

Der traditionelle „fränkische Stil", die erdigen, recht bodengeprägten Weine, sind heute wenig gefragt. Dass es auch anders geht, zeigen viele aufstrebende Betriebe in ganz Franken, die heute wunderschön klare, fruchtbetonte Weine erzeugen. Nicht nur aus Silvaner und Riesling, nein, auch Müller-Thurgau, Bacchus, Kerner oder Scheurebe ergeben hier erstaunlich interessante Weine.

Im schwierigen Jahrgang 2000 war Franken von allen deutschen Anbaugebieten noch „am besten weggekommen". Der Jahrgang brachte viele sehr gute Weine, vor allem in den östlichen Teilen der Region, am Steigerwald beispielsweise. Nach Westen zu wurden die Bedingungen etwas problematischer und vor allem die Silvaner waren nicht immer so gut wie in den Jahren zuvor. Auch 2001 war das Bild wieder etwas uneinheitlich. Einige Betriebe konnten sich kräftig steigern, andere kamen nicht an ihre Vorjahresleistung heran. 2002 schließt da nahtlos an: während einige Weingüter kräftig zugelegt haben, scheinen andere zu stagnieren.

Einem Winzer wie Horst Sauer in Escherndorf scheinen Jahrgangsschwankungen überhaupt nichts auszumachen. Seine Weine sind Jahr für Jahr enorm zuverlässig, trocken wie edelsüß. Edelsüße Weine haben sonst keinen hohen Stellenwert in Franken, sind aber eine Spezialität von Horst Sauer. In Escherndorf gibt es noch eine Reihe weiterer bemerkenswerter Winzer wie Rainer Sauer, Clemens und Michael Fröhlich oder Egon Schäffer. Mehr Weingüter hat auch Würzburg nicht zu bieten, wo neben den drei großen traditionsreichen Gütern - Bürgerspital, Juliusspital und Hofkeller - Ludwig Knoll der Shooting Star der letzten Jahre ist.

Neben schon länger etablierten Betrieben wie Störrlein und Schmitt's Kinder in Randersacker, Schloss Sommerhausen in Sommerhausen, Glaser-Himmelstoß in Dettelbach, Bickel-Stumpf in Frickenhausen, der Zehnthof in Sulzfeld oder Johann Ruck in Iphofen drängen junge Winzer nach oben, manchmal aus Gemeinden, deren Namen selbst Insidern kaum bekannt sind: Jürgen Hofmann in Röttingen, Christoph Probst in Markt Nordheim, Harald Brügel in Greuth, Rudolf May in Retzstadt, Paul Weltner in Rödelsee, Rainer Müller in Volkach, Hugo Brennfleck in Sulzfeld oder Klaus Giegerich in Großwallstadt. Die Aufsteiger des Jahres in Franken sind das Weingut Zehnthof in Sulzfeld, Schloss Sommerhausen in Sommerhausen und das Weingut am Stein von Ludwig Knoll in Würzburg. Und natürlich Paul Fürst, der nicht nur beim Rotweinen das Maß der Dinge ist, sondern auch mit seinen Weißburgunder neue Maßstäbe setzt.

Die besten Erzeuger

★★★★★

Weltklasse, internationale Spitzenerzeuger

Weingut Rudolf **Fürst**
Weingut Horst **Sauer**

★★★★

Hervorragende Erzeuger

Weingut **Glaser-Himmelstoß** ★
Weingut Am Stein - Ludwig **Knoll**
Weingut Johann **Ruck**
Weingut Rainer **Sauer**
Weingut **Schmitt's Kinder**
Weingut Schloss **Sommerhausen**
Weingut **Zehnthof**

★★★

Sehr gute Erzeuger

Weingut **Bickel-Stumpf**
Weingut **Brennfleck**, Inh. Hugo Brennfleck
Weinbau Heinrich **Brügel**
Bürgerspital zum Heiligen Geist
Weingut Ignaz **Bunzelt**
Fürstlich **Castell'sches** Domänenamt
Weingut Clemens **Fröhlich**
Weingut Michael **Fröhlich**
Staatlicher **Hofkeller Würzburg**
Weingut **Hofmann**
Weingut **Juliusspital** Würzburg
Weingut Max **Markert**
Weingut Max **Müller I**
Weingut Werner **Probst**
Weingut **Schwab**
Weingut Josef **Störrlein**
Weingut Wolfgang **Weltner**
Weingut Hans **Wirsching**

★★

Gute Erzeuger

Winzerhof Johann **Arnold**
Weingut **Baldauf** ◆
Bocksbeutel-Hof Escherndorf
Weingut **Emmerich**
Weingut Walter **Erhard**
Weingut Klaus **Giegerich**
Weingut Dr. **Heigel**
Weingut **Hirn**
Weingut O. **Knapp**
Weingut Fürst **Löwenstein**
Weingut Rudolf **May** ★
Weingut Götz **Meintzinger** & Söhne
Weingut Ewald **Neder**
Weingut Bruno **Reiss**
Weingut **Römmert**
Weingut **Rudloff** ◆
Weingut Egon **Schäffer**
Weingut Christoph **Steinmann**
Winzerkeller **Sommerach**
Weingut Josef **Walter** ◆

★

Überdurchschnittliche, zuverlässiger Erzeuger

Weingut **Augustin** ★
Weingut Heinz **Braun** ◆
Weingut Josef **Deppisch**
Weingut Martin **Göbel**
Weingut Familie **Hart** ★
Weingut Werner **Höfling**
Weingut Wolfgang **Kühn** ★
Weingut **Mend**
Weingut Roman **Schneider**
Konrad **Schwarz** - Weingut Am Ölspiel
Weingut Friedel **Simon**

Hessische Bergstraße 452 ha

Der Großteil der Weinberge an der Hessischen Bergstraße liegt zwischen Heppenheim und Zwingenberg an den Hängen des Odenwaldes. Dazu gibt es aber auch bei Groß-Umstadt und Roßdorf einige Weinberge, die ebenfalls zur Region Hessische Bergstraße zählen.

Die meisten Trauben an der Hessischen Bergstraße werden von der Genossenschaft in Heppenheim, Bergsträsser Winzer genannt, verarbeitet. Wichtigste Rebsorte ist der Riesling, der über die Hälfte der Fläche einnimmt, in den letzten Jahren aber zurückgegangen ist. Es folgen Müller-Thurgau und Grauburgunder, dann Spätburgunder und Silvaner. Daneben gibt es nennenswerte Mengen an Kerner, Weißburgunder, Dornfelder, Ehrenfelser und Scheurebe.

Bisher war die Hessische Bergstraße für ihre Rieslinge bekannt, vor allem die edelsüßen. Weiß- und Grauburgunder haben in den letzten Jahren deutlich an Kontur gewonnen. Gleiches gilt für Rotweine, die nicht nur immer mehr an Bedeutung gewinnen, sondern auch Jahr für Jahr interessantere Ergebnisse bringen.

Das führende Weingut an der Hessischen Bergstraße ist heute Simon-Bürkle, ein Weingut, das in den letzten Jahren stetig zugelegt hat. Dahinter folgt das bekannteste Weingut der Region, die Domäne Bergstraße (früher als Staatsweingut Bergstraße bekannt), die sich in Besitz des Landes Hessen befindet, wo man nach einer kleinen Schwächephase zuletzt wieder deutlich zugelegt hat. Das Weingut der Stadt Bensheim bietet seit Jahren zuverlässige Qualität. In Roßdorf, westlich von Darmstadt, macht Werner Edling als einziger Winzer am Ort beachtenswerte Weine. Dazu stelle ich in diesem Jahr zwei Weingüter neu vor, das Weingut Rothweiler und das Weingut Tobias Georg Seitz.

Die besten Erzeuger

★★★
Sehr gute Erzeuger

Weingut **Simon-Bürkle**

★★
Gute Erzeuger

Domäne **Bergstraße** ★
Weingut der Stadt **Bensheim**

★
Überdurchschnittliche, zuverlässiger Erzeuger

Bergsträsser Winzer
Weingut **Edling**
Weingut **Rothweiler** ◆
Weingut Tobias Georg **Seitz** ◆

Mittelrhein 505 ha

Die Winzer am Mittelrhein waren in den letzten Jahren nicht gerade vom Wetter begünstigt. Aber 2001 und 2002 waren bessere Jahrgänge und es gab in diesen Jahrgängen endlich wieder tolle Rieslinge, trocken wie edelsüß.

Nur das benachbarte Rheingau hat einen ähnlich hohen Rieslinganteil wie der Mittelrhein. Über 70 Prozent der Weinberge sind hier mit Riesling bepflanzt, Tendenz fallend. Es folgen Spätburgunder, Müller-Thurgau und Kerner. Auch am Mittelrhein ist der Trend hin zu den Burgundersorten und zu Rotwein augenfällig. Gerade die Hinwendung zu Rotweinsorten finde ich bedenklich, denn die Stärke des Mittelrheins sind die vielen guten Rieslinge, zu meist moderaten Preisen. Bislang ist die Region noch den Beweis schuldig geblieben, dass sie überzeugende Rotweine erzeugen kann. Was ich probieren konnte, war meist „roter Wein", aber kein „Rotwein".

Viele der Weinberge befinden sich in schwer zu bewirtschaftenden Steillagen. Mit ein Grund dafür, dass die Rebfläche stetig abgenommen hat. Ich will ja gar nicht fünfzig Jahre zurückgehen, als es noch 1.200 Hektar Weinberge am Mittelrhein gab. Allein der Rückgang in den letzten Jahren ist sehr bedenklich. Viele der Feierabendwinzer bewirtschaften ihre Weinberge nicht mehr und finden weder Käufer noch Pächter für ihre kleinen Parzellen in Steillagen. In den letzten Jahren wurden jeweils über 20 Hektar Weinberge aufgegeben. Was in absoluten Zahlen vernachlässigbar zu sein scheint, ist bei prozentualer Betrachtung dramatisch. Allein in den letzten zehn Jahren sind so fast 200 Hektar Weinberge verschwunden.

Im südlichen Teil des Anbaugebietes, bei Bacharach, herrschen Schieferböden vor. Der größte Teil der Reben findet sich auf der linken Seite des Rheins, meist an Südhängen in den Seitentälern. Nördlich von Oberwesel, von St. Goarshausen bis auf die Höhe von Boppard, finden man die meisten Reben am rechten Rheinufer. Beim Rheinknick oberhalb von Boppard findet man, linksrheinisch als Südlage, den Bopparder Hamm, den größten zusammenhängenden Weinberg am Mittelrhein. Hier herrschen wie in Bacharach Schieferböden vor. Nördlich von Koblenz, ganz im Norden des Anbaugebietes, wachsen die Reben an Südhängen am rechten Ufer des Rheins. Hier, z.B. bei Hammerstein und Leutesdorf, gibt es schwere Lössböden.

Die letzten Jahrgänge am Mittelrhein waren schwierig, wie schon eingangs gesagt. Nach einem guten Jahrgang 2001 folgt ein in etwa gleichwertiger Jahrgang 2002 nach. Innerhalb der Region haben sich die „Gewichte" in den letzten Jahren stetig verschoben, von Bacharach nach Boppard. Dort, genau genommen in Spay, sitzen die beiden Winzer, die in den letzten Jahren am meisten für Furore gesorgt haben: Matthais Müller und Florian Weingart. Ein weiterer Aufsteiger hat ebenfalls seine Weinberge im Bopparder Hamm, nämlich Jens Didinger. Aber auch die bekannten Bacharacher Weingüter Peter Jost und Jochen Ratzenberger haben sehr gute Kollektionen, ebenso Jörg Lanius in Oberwesel. Mit Gotthard Emmerich in Leutesdorf und dem Weingut Fendel in Niederheimbach stelle ich zwei Weingüter neu vor.

Die besten Erzeuger

★★★★

Hervorragende Erzeuger

Weingut **Weingart**
Weingut Matthias **Müller**

★★★

Sehr gute Erzeuger

Weingut Bernhard **Didinger**
Weingut Toni **Jost** - Hahnenhof
Weingut **Lanius-Knab**
Weingut **Ratzenberger**

★★

Gute Erzeuger

Weingut **Heilig Grab**
Weingut Martina & Dr. Randolf **Kauer**
Weingut Albert **Lambrich**
Wein- und Sektgut Goswin **Lambrich**
Weingut **Selt**

★

Überdurchschnittliche, zuverlässiger Erzeuger

Weingut Gotthard **Emmerich** ◆
Weingut **Fendel** ◆ ✶
Weingut Peter **Hohn**
Weingut Ewald **Kemmer**
Weingut **Mohr** & Söhne
Weingut Hermann **Ockenfels**
Weingut Bernhard **Praß** ✶
Weingut Gutsausschank Brennerei
   Zum **Rebstock**
Weingut **Scheidgen**
Weingut Rugard **Zahn**

Mosel-Saar-Ruwer   9.828 ha

Denkt man an die Mosel, denkt man an Riesling. Schaut man in die Rebsortenstatistik, dann ist man ganz überrascht zu sehen, dass es an Mosel, Saar und Ruwer „nur" 56 Prozent Riesling gibt. Dazu 17 Prozent Müller-Thurgau, 8 Prozent Elbling und 6 Prozent Kerner. Bei Neuanpflanzungen zur Zeit besonders beliebt sind aber Weißburgunder und Chardonnay - und natürlich rote Sorten wie Dornfelder oder Spätburgunder.

„Moselrotwein". Fährt man die Mosel entlang, springen einem ständig diese Schilder ins Auge. Jedes Jahr bekomme ich mehr Rotweine von der Mosel zu verkosten. Viel Weine sind belanglos. Verkostet man allerdings die Weine von Markus Molitor, dann kommt die Überzeugung, dass Mosel und Rotwein nicht zusammenpasst, doch arg ins Wanken. Dieses Jahr noch stärker als im vergangenen.

Die Fläche insgesamt geht stark zurück. In den letzten beiden Jahren wurden 1.200 Hektar Weinberge aufgegeben. 10 Prozent der Rebfläche. Und das betrifft leider nicht die ehemaligen Wiesen an der Mosel, sondern gute Steillagen.

An der **Obermosel** ist Elbling die wichtigste Rebsorte. Aber auch Riesling, Müller-Thurgau und die Burgundersorten (speziell auch Auxerrois) sind hier zu finden. Doch anders als im benachbarten Luxemburg findet man so gut wie keine bemerkenswerten weißen Burgunder hier. Der Elbling wird nach wie vor als Rebsorte der Obermosel propagiert - auch wenn niemand bisher den Beweis erbringen konnte, dass aus Elbling sehr gute Weine entstehen können. Wobei ich in diesem Jahr doch einige interessante Elblinge verkostet habe, trocken wie auch als Sekt. Durch drei „Neuzugänge" hat sich die Zahl der Weingüter von der Obermosel in diesem Jahr verdoppelt.

An der **Saar** sind viele renommierte Weingüter zuhause. Die Qualität der Saarweine aber hat in den letzten Jahren nur selten ihrem Renommee entsprochen. Immer mehr gute Steillagen werden aufgegeben. Es gibt aber Lichtblicke: Markus Molitor, der sich viereinhalb Hektar Weinberge im Niedermenniger Herrenberg gekauft hat und schon in seinem ersten Jahr großartige Weine produziert hat. Oder das Weingut Van Volxem, das mit nur drei Jahrgängen schon zu den besten Weingütern an der Saar zu rechnen ist. Oder das Weingut Willems-Willems, das ich in diesem Jahr zum ersten Mal vorstelle.

An der **Ruwer** geht die Rebfläche ebenfalls zurück. Auch hier gibt es aber einen Lichtblick: zu den etablierten Weingütern von Schubert-Maximin Grünhaus und Karlsmühle gesellte sich das Weingut Erben von Beulwitz als dritte Kraft, mit der wie schon im Vorjahr besten Kollektion des Jahrgangs, und beim Karthäuserhof scheint die kleine Schwächephase endgültig überwunden: vier Spitzenbetriebe in diesem kleinen Gebiet!

An der **Mittelmosel** sind in den letzten Jahren so viele beeindruckende Rieslinge entstanden wie noch nie zuvor. Der Druck ist groß - vom Markt, der Konkurrenz - und je größer der Druck, desto mehr müssen die Winzer sich anstrengen - und umso bessere Weine produzieren sie. Das funktioniert nicht nur hier so. In Gemeinden wie Trittenheim und Leiwen gibt es eine Vielzahl von Winzern, die erstaunliche Rieslinge erzeugen. Und 2001 war ein großes Jahr, für die gesamte mittlere Mosel. Mit so vielen großartigen Rieslingen wie noch nie. Trocken wie edelsüß. 2002 kommt insgesamt da nicht ganz heran, auch wenn es wieder eine Vielzahl an Spitzenweinen gibt.

Auch die **Untermosel** - Terrassenmosel hört man hier lieber - hat im letzten Jahrzehnt erstaunliche Fortschritte gemacht und produziert Jahr für Jahr - und inzwischen auch in problematischen Jahren - Rieslinge, die zu den besten in der Region zählen. Trocken wie edelsüß. Auf einen guten Jahrgang 2001 folgt ein nahezu vergleichbarer, nur ein klein wenig schwächerer Jahrgang 2002 Ungeachtet der Jahrgangsschwankungen aber machen immer mehr Betriebe stetig bessere Weine: Reinhard & Beate Knebel haben wieder eine großartige Kollektion, ebenso Clemens Busch und Ulrich Franzen. Der von mir im vergangenen Jahr erstmals vorgestellte Rüdiger Kröber hat mich wieder begeistert.

Bei vielen Verbrauchern hat sich „Mosel = süß" festgesetzt. Und auch von Experten höre ich oft dieses Urteil, dass Mosel zwar mit Süßweinen Spitze sei, die trockenen Rieslinge aber nicht zu den besten deutschen Rieslingen zählen. Das stimmt so überhaupt nicht. Denn in den letzten Jahren hat die Mosel mehr hervorragende trockene Rieslinge hervorgebracht als jede andere deutsche Region. Was zum einen an den guten Jahrgängen mit wunderbar reifen Trauben liegt, zum anderen an einer engagierten, nachrückenden Winzergeneration, die verstanden hat, dass man trockenen Wein nicht einfach so nebenher machen kann, quasi als Nebenprodukt der süßen Weine. So wird man zukünftig den Satz „der ist mir zu schade für trocken" vielleicht etwas seltener von Mosel-Winzern zu hören bekommen.

2000 war ein äußerst problematisches Jahr. Umso erstaunlicher waren die Weine, die viele Spitzenwinzer zustandegebracht hatten. 2001 war ein gutes bis hervorragendes Jahr. Hervorragend vor allem an der Mittelmosel, wo zwei Dutzend Weingüter großartigen Kollektionen hatten. Auch 2002 ist ein sehr gutes Jahr, reicht aber nicht ganz an 2001 heran. Trotzdem haben viele Winzer sich weiter gesteigert, viele neue Weingüter drängen nach. Man kann nicht genug wiederholen: nirgendwo in Deutschland gibt es zur Zeit so viele Spitzenwinzer wie an der Mosel. Und nirgendwo in Deutschland ist die Diskrepanz zwischen Spitzenqualität und Spitzenpreisen so augenfällig wie hier. Hier kann man hervorragende Rieslinge für wenig Geld bekommen.

Auch in diesem Jahr hat Mosel-Saar-Ruwer wieder die meisten Neuzugänge in meinem Buch: 24 Weingüter stelle ich zum ersten Mal vor.

Die besten Erzeuger

★★★★★

Weltklasse, internationale Spitzenerzeuger

Weingut Joh. Jos. **Christoffel-Erben**
Weingut **Clüsserath-Weiler**
Weingut **Franz-Josef Eifel**
Weingut **Grans-Fassian**
Weingut **Immich-Batterieberg**
Weingut **Molitor** - Haus Klosterberg
Weingut Josef **Rosch**

★★★★

Hervorragende Erzeuger

Weingut Erben von **Beulwitz**
Weingut Clemens **Busch**
Galerie - Riesling Weingut **Clüsserath-Eifel**
Weingut Bernhard **Eifel**
Weingut **Eifel-Pfeiffer**
Weingut Reinhold **Franzen**
Weingut Willi **Haag**
Weingut Reinhold **Haart**
Weingut Kurt **Hain**
Weingut **Kees-Kieren**
Weingut **Kirsten**
Weingut Reinhard & Beate **Knebel** ✯
Weingut Rüdiger **Kroeber**
Weingut Carl **Loewen** ✯
Weingut Dr. **Loosen**
Weingut **Milz-Laurentiushof**
Weingut **Mönchhof**, Robert Eymael
Weingut Dr. **Pauly-Bergweiler**
Weingut S. A. **Prüm**
Weingut **Reh**
Weingut **Römerhof**
Weingut Willi **Schaefer**
Weingut Heinz **Schmitt**
C.v. **Schubert'sche** Gutsverwaltung Grünhaus
Weingut **Selbach-Oster**
Weingut Wwe Dr. H. **Thanisch**, Erben Thanisch
Weingut **Van Volxem**
Weingut **Vollenweider**

★★★

Sehr gute Erzeuger

Weingut **Bastgen**
Weingut Ansgar **Clüsserath**
Weingut Ernst **Clüsserath**
Sekt- und Weingut Stephan **Fischer**
Weingut Forstmeister **Geltz-Zilliken** ✯
Weingut Fritz **Haag** ✯
Weingut Albert **Kallfelz**
Weingut **Karlsmühle**
Weingut **Karthäuserhof** ✯
Weingut Heribert **Kerpen**
Weingut Sybille **Kuntz**
Weingut **Molitor - Rosenkreuz**
Weingut Martin **Müllen**
Weingut von **Othegraven** ✯
Weingut Walter **Rauen**
Weingut **REBENHOF**, Johannes Schmitz
Weingut Franz-Josef **Regnery**
Weingut Hans **Resch**
Weingut Richard **Richter**
Weingut Heinrich **Schmitges**
Weingut **Studert-Prüm** - Maximinhof
Weingut **Vereinigte Hospitien**
Geheimrat J. **Wegeler Erben**
Weingut Dr. F. **Weins-Prüm**

★★

Gute Erzeuger

Weingut **Bauer**
Weingut **Becker-Steinhauer** ◆
Weingut C.H. **Berres**
Weingut Klaus **Berweiler-Merges**
Bischöfliche Weingüter Trier
Weingut Heribert **Boch**
Weingut Frank **Brohl**
Weingut Dietmar **Clüsserath - Hilt**
Weingut **Dostert**
Weingut Franz **Friedrich-Kern**
Stiftung **Friedrich-Wilhelm-Gymnasium**
Weingut Leo **Fuchs** ✯
Weingut **Geller-Steffen** ◆

Weingut Michael **Goerg**
Weinhof **Herrenberg**
Weingut **Heymann-Löwenstein**
Weingut von **Hövel**
Weingut **Hoffmann-Simon** ◆ ✩
Weingut **Kanzlerhof**
Reichsgraf von **Kesselstatt**
Weingut **Köwerich**
Weingut **Laurentiushof**
Weingut **Lehnert-Veit**
Weingut Schloss **Lieser**
Lubentiushof - Weingut Andreas Barth ✩
Weingut Gebr. **Ludwig** ◆
Weingut Hans-Josef **Maringer**
Weingut Werner **Müller**
Weingut **Paulinshof** ✩
Weingut Johannes **Peters**
Weingut Joh. Jos. **Prüm**
Weingut Johann Peter **Reinert**
Weingut Max Ferd. **Richter**
Weingut Edmund **Reverchon**
Weingut Schloss **Saarstein** ✩
Weingut **St. Nikolaus-Hof**
Weingut **Sankt Urbans-Hof**
Weingut Martin **Schömann** ◆
Gebrüder **Simon** - Weingut -
Weingut **Später-Veit**
Weingut **Steffens-Keß** ◆
Weingut Peter **Terges**
Weingut Ludwig **Thanisch** & Sohn
Wwe. Dr. H. **Thanisch**,
  Erben Müller-Burggraef ◆
Weingut Josef **Thielmann**
Weingut **Weis-Diel** ◆
Weingut O. **Werner** & Sohn
Weingut **Willems-Willems** ◆ ✩
Weingut Ewald **Willwert**

★

Überdurchschnittliche, zuverlässiger Erzeuger

Weingut **Ackermann** ◆
Weingut Hubertus M. **Apel** ◆ ✩
Weingut **Brauneberger Hof** ✩
Weingut **Dahmen-Kuhnen**
Weingut **Deutschherrenhof** ◆ ✩
Weingut Michael **Dixius** ◆ ✩
Markus **Fries** -Weingut-
Weingut Reiner **Fries** ◆ ✩
Weingut Reinhold **Fuchs** ✩
Weingut Theo **Grumbach**, Inh. Hermann Grumbach
Weingut **Hauth-Kerpen**
Weingut Freiherr von **Heddesdorff** ◆
Weingut Rainer **Heil**
Weingut Ernst **Hein**
Weingut Bernd **Hermes** ◆
Weingut Matthias **Hild** / Johann Hild KG ✩
Klostergut **Himmeroder Hof**
Weingut Klaus **Junk** ✩
Weingut **Knebel-Lehnigk** ◆ ✩
Weingut **Kranz-Junk**
Weingut **Lenz-Dahm**
Weingut **Lorenz**
Weingut **Melsheimer** ◆ ✩
Weingut Peter **Mentges**
Weingut Ingo **Norwig**
Weingut **Ollinger-Gelz** ◆
Weingut **Pauly-Bohn**
Weingut Karl O. **Pohl**
Wein- & Sektgut **Probsthof**
Weingut Familie **Rauen** ◆ ✩
Weingut Niko **Schmitt** ◆
Weingut **Schmitt-Weber** ◆
Alois **Schneiders** Weingut Josefshof
Weingut **Staffelter Hof**
Weingut Ernst **Steffens** ◆

Nahe   4.297 ha

Lange Jahre wurde die Nahe unterschätzt. Die Weine waren ohne Persönlichkeit, bestenfalls süß und süffig. Viel Wein wanderte in die berühmt-berüchtigte „Liebfraumilch". Vor 1971 gab es die Anbauregion in ihrer heutigen Form sogar überhaupt nicht.

Es ist schon erstaunlich, welchen Aufschwung die Weine von der Nahe in den letzten zehn Jahren genommen haben. Noch in den achtziger Jahren gab es nur eine Handvoll Erzeuger mit guten Qualitäten. Heute brauchen die Top-Weine von hier den Vergleich mit keinem anderen deutschen Anbaugebiet zu scheuen. Die besten edelsüßen Rieslinge von der Nahe gehören Jahr für Jahr zur Spitze in Deutschland. Die besten trockenen Rieslinge zeichnen sich durch sehr klare mineralische Noten aus.

Aber gibt es ein klares Profil? Weiß der Verbraucher, was einen Nahewein ausmacht? Es gibt unterschiedliche Böden: Rotliegendes, Lehm, Porphyr, Quarzit, Schiefer, Kies, Löss. Alles auf kleinstem Raum. Am Boden also kann man den Nahewein nicht festmachen. Aber an den Rebsorten: Riesling. Aus Riesling werden die besten Naheweine gemacht, auch wenn Riesling erst seit kurzem auf Platz eins der Rebsortenstatistik steht und „nur" ein Viertel der Rebfläche einnimmt. In der Statistik folgen Müller-Thurgau und Silvaner, zwei Sorten, mit denen es (zur Zeit) schwer fällt Renommee zu erlangen. Die weißen Burgunder kommen quantitativ und bisher auch qualitativ erst weit dahinter, noch abgeschlagener die roten Sorten. Auch wenn Rotwein boomt, wie überall in Deutschland.

Vor allem die edelsüßen Rieslinge einer Handvoll Erzeuger zählen seit einigen Jahren zur deutschen Spitze. Helmut Dönnhoff ist da an erster Stelle zu nennen. Aber auch Werner Schönleber, Peter Crusius, Armin Diel, die Gutsverwaltung Niederhausen-Schloßböckelheim und neuerdings Harald Hexamer und Schäfer-Fröhlich zählen zur edelsüßen Elite in Deutschland. Auch Tesch erzeugt tolle edelsüße Rieslinge, steht aber doch eher für trockenen Nahewein, wie auch Kruger-Rumpf. Wobei im Jahrgang 2002 die besten trockenen Weine wie schon im Jahr zuvor Werner Schönleber gemacht hat. Leider sind herausragende trockene Rieslinge in manchen Jahren rar gesät. Im Jahrgang 2002 gibt es viele Spitzenweine, trocken wie edelsüß.

Hinter der Spitze aber tut sich nicht viel. Sicher, da gibt es einige Weingüter, die in den letzten Jahren merklich zugelegt haben, wie Bamberger, Schäfer-Fröhlich, Göttelmann, Joh. Bapt. Schäfer oder Schweinhardt. Aber dahinter kommt nicht allzu viel nach. Pfalz, Rheinhessen und am stärksten die Mosel, scheinen einen unerschöpflichen Fundus von begabten Winzern zu haben, die ständig neu ins Rampenlicht treten. An der Nahe war dies bisher nicht der Fall. Vielleicht wird sich aber dies schon in nächster Zukunft ändern. Immerhin sieben Weingüter stelle ich in diesem Jahr neu vor, so viele Neuzugänge wie noch nie.

Im Jahrgang 2000 merkte man, dass die Vorliebe der meisten Spitzenwinzer den edelsüßen Weinen gilt. Die besten edelsüßen Rieslinge gehörten wieder zur Spitze in Deutschland. Die trockenen Rieslinge aber waren im allgemeinen schwächer ausgefallen als im Jahr zuvor. Die Ausnahme war Martin Tesch, der als einziger Nahewinzer in diesem Jahr hervorragende trockene Rieslinge erzeugt hatte, trockene Rieslinge, die zur Spitze in Deutschland zählten. 2001 brachte fast überall in Deutschland meist deutlich bessere Weine als der Jahrgang 2000. Nicht so an der Nahe. Trockene Spitzenweine waren rar, die edelsüßen Weine erreichten nicht immer die Brillanz früherer Jahre. Ein uneinheitliches Bild insgesamt: manche Betriebe hatten zugelegt, andere waren schwächer geworden.

Auch 2002 ist das Bild wieder uneinheitlich. Die Spitzenweingüter haben trocken wie edelsüß hervorragende Rieslinge auf die Flasche gebracht. Einige andere Betriebe aber konnten die Leistungen der Vorjahre nicht wiederholen. Dönnhoff und Emrich-Schönleber sind die Spitzenbetriebe, Schäfer-Fröhlich und Kruger-Rumpf drängen stark nach oben. Diel überzeugt rundum, Schweinhardt hat weiter zugelegt während Tesch und Crusius ihre Stellung behaupten. Weiter im Aufwärtstrend sind Hahnmühle, Hexamer und Göttelmann.

Die besten Erzeuger

★★★★★

Weltklasse, internationale Spitzenerzeuger

Weingut Hermann **Dönnhoff**
Weingut **Emrich-Schönleber**

★★★★

Hervorragende Erzeuger

Weingut Dr. **Crusius**
Schlossgut **Diel**
Weingut **Kruger-Rumpf** ★
Weingut **Schäfer-Fröhlich** ★
Weingut Bürgermeister Willi **Schweinhardt** Nachf.
Weingut **Tesch**

★★★

Sehr gute Erzeuger

Wein- und Sektgut Karl-Kurt **Bamberger** & Sohn
Weingut **Göttelmann** ★
Weingut **Hahnmühle** ★
Weingut Helmut **Hexamer**
Weingut **Korrell** - Johanneshof
Weingut Joh. Bapt. **Schäfer**
Weingut Wilhelm **Sitzius**

★★
Gute Erzeuger
Weingut Carl **Adelseck**
Staatsweingut **Bad Kreuznach**
Weingut Gebr. **Kauer**
Weingut **Montigny**
Gutsverwaltung **Niederhausen-Schloßböckelheim** ★
Weingut **Rapp**
Weingut **Rohr**
Prinz zu **Salm-Dalberg'sches** Weingut ★
Weingut Jakob **Schneider**
Weingut Meinolf **Schömehl**

★
Überdurchschnittliche, zuverlässiger Erzeuger
Weingut Konrad **Closheim** ◆
Weingut Karl-Josef **Eckes**
Weingut **Edelberg** ★ ◆
Weingut **Emmerich-Koebernik**
Weingut Helmut **Enk**
Weingut **Graf-Binzel** ★ ◆
Weingut Johannes **Haas**
Weingut **Lersch** ◆
Weingut **Lindenhof** ★ ◆
Weingut **Schauß** & Sohn ★
Weingut **Schmitt-Peitz**
Weingut Rudolf **Sinß** ★ ◆
Weingut Udo **Weber**
Weingut **Welker-Emmerich** ◆
Weingut **Wilhelmy**

Pfalz   23.357 ha

Die Pfalz ist nach Rheinhessen das zweitgrößte deutsche Anbaugebiet mit etwa einem Viertel der gesamten deutschen Rebfläche. In der Pfalz spiegelt sich sehr deutlich der Umbruch wider, der zur Zeit in Deutschland in den Weinbergen stattfindet: weg von weißen Sorten und hin zu roten Sorten.

Mit Ausnahme von Weißburgunder, Grauburgunder und Chardonnay, sowie einiger Spezialitäten wie Rieslaner oder Auxerrois, nehmen alle weißen Sorten im Anbau ab. Auch der Riesling. Alle roten Sorten haben starke Zuwachsraten, allen voran der Dornfelder. In der Pfalz gibt es inzwischen über ein Drittel rote Sorten in den Weinbergen, und dieser Anteil wird in den kommenden Jahren noch stark zunehmen. Nicht nur Dornfelder, selbst der oft geschmähte Portugieser gewinnt dazu, aber auch Spätburgunder und internationale Sorten wie Cabernet Sauvignon oder Merlot. Recht häufig findet man reinsortige Dunkelfelder (auch barriqueausgebaut) in der Pfalz, eine Sorte, die einst als Deckrotwein eingesetzt wurde. Sehr interessant und beachtenswert ist der Sankt Laurent, einst eine Südpfälzer Spezialität, heute aber auch im Norden der Pfalz, sowie in Rheinhessen und anderen deutschen Anbaugebieten immer häufiger zu finden.

Bei den weißen Sorten führt in der Anbaustatistik Riesling, gefolgt von Müller-Thurgau, Kerner, Silvaner und Weißburgunder. Bei allen nimmt der Anbau ab. Das betrifft auch andere einst vielangebaute Neuzüchtungen wie Morio-Muskat,

Huxelrebe, Bacchus, Optima oder Faberrebe. Hingegen versuchen immer mehr Winzer sich mit Weiß- und Grauburgunder, sowie Chardonnay zu profilieren.

Das Leiningerland, der nördlichste Teil der Pfalz, hat bisher noch kein klares Profil. Was kein Nachteil sein muss, im Gegenteil. Es ist eine Chance, nämlich die, sich von der Mittelhaardt abzugrenzen. Ob mit Weiß- oder Rotwein, Riesling oder eher den Burgundersorten, wird die Zukunft zeigen. Wobei die besten Betriebe hier sich über den eigenen Namen profilieren.

Die Weine der Mittelhaardt waren lange Zeit für das Renommee der ganzen Region Pfalz maßgeblich. Von Herxheim über Kallstadt nach Bad Dürkheim und dann weiter über Wachenheim, Forst, Deidesheim und Ruppertsberg bis nach Bad Neustadt reihen sich weltberühmte Weinorte und Lagen aneinander. Die Mittelhaardt und die Weingüter hier stehen für Riesling. Viele der renommierten Betriebe waren Anfang der neunziger Jahren nur noch ein Schatten ihrer selbst. Dann setzten sie konsequent auf Qualität und produzierten wieder Weine, die zu den besten in der Pfalz gehörten. Allerdings scheinen die problematischen Jahre 1999 und 2000 vorerst einmal den Elan mancher dieser Betriebe wieder gebremst zu haben.

Anders in der Südpfalz. Dort geht es seit mehr als einem Jahrzehnt stetig bergauf. Früher haben die meisten Winzer in der Südpfalz vom Fassweinverkauf gelebt. Inzwischen aber kommen Jahr für Jahr mehr Spitzenweine aus diesem Teil der Pfalz. Jedes Jahr gibt es mehr bemerkenswerte Weißburgunder und Grauburgunder, Spätburgunder und Chardonnay. Aber auch faszinierende Rieslinge kann die Südpfalz erzeugen, wie eine Reihe von Winzern in den Jahrgängen 2001 und 2002 bewiesen haben. Neben den genannten Sorten gibt es als Spezialitäten - das Elsass lässt grüßen - Muskateller, Gewürztraminer und Auxerrois.

1999 war ein sehr schwieriges Jahr in der Pfalz. Insbesondere für Riesling. Vor allem im Norden des Anbaugebietes konnten einige der renommierten Betriebe nicht ihre Leistungen aus dem Vorjahr bestätigen. Und im Süden der Pfalz war der Jahrgang für Weißburgunder besonders schwierig, wo die brillanten Weine des Vorjahres unerreicht blieben. Viele sehr gute Rotweine gab es im Jahrgang 1999, wie schon in den beiden Jahren zuvor (wobei da vielleicht - mehr noch als der Jahrgang - die zunehmende Erfahrung der Winzer, beispielsweise im Umgang mit Barrique, eine Rolle spielt). Im Jahrgang 2000 hat es dann schon wieder die renommierten Lagen an der Mittelhaardt besonders schwer getroffen. Essigfäule war hier ein großes Problem. Insgesamt besser war der Jahrgang in der Südpfalz ausgefallen, vor allem für Riesling und Grauburgunder.

2001 ist die Südpfalz schon wieder etwas besser weggekommen als der nördliche Teil der Region. Vor allem die Rieslinge aus dem Süden sind ganz erstaunlich in diesem Jahr. Aber auch für die Burgundersorten war es ein sehr gutes Jahr. An der Mittelhaardt war der Jahrgang gut. Vor allem die Basisweine sind deutlich besser als in den beiden Jahren zuvor.

Nicht nur durch die Südpfälzer ist in die Spitze der Region viel Bewegung gekommen. Auch im nördlichen Teil der Pfalz rücken neue Namen nach vorne. Bernd Philippi vom Weingut Koehler-Ruprecht ist ja schon lange ein Begriff. Kein anderer in der Pfalz macht so eigenwillige und eigenständige Weine wie er. Einige andere sind jedes Jahr stärker geworden: Mosbacher in Forst und die Brüder Knipser in Laumersheim sind da an erster Stelle zu nennen. Andere haben ihre Stellung gefestigt, wie Christmann in Gimmeldingen, Schumacher in Herxheim, Bergdolt in Duttweiler, Pfleger und Petri in Herxheim, Spindler in Forst. Auch die bekannten großen Namen wie Reichsrat von Buhl, Bürklin-Wolf und Bassermann-Jordan haben zugelegt oder sich stabilisiert. Andere Namen, die man sich merken sollte, sind Egon Müller, Brenneis-Koch, Corbet, Kuhn, Egon Schmitt und der Leiningerhof von Volker Benzinger. Alles in der nördlichen Hälfte der Pfalz.

Im Süden tut sich noch mehr. Neben Wehrheim in Birkweiler und Rebholz in Siebeldingen haben sich Becker, Bernhart und Jülg in Schweigen, Theo Minges in Flemlingen, Siegrist in Leinsweiler und die Brüder Lergenmüller fest etabliert. Andere rücken nach, wie der Öko-Winzer Heiner Sauer, Gies-Düppel, Gnägy, Scheu, Frank Meyer oder Karl Pfaffmann. Viele weitere ´präsentiere ich in diesem Buch, von denen ich überzeugt bin, dass man in den kommenden Jahren noch von ihnen hören wird. 17 Neuzugänge aus der gesamten Pfalz stelle ich in diesem Jahr vor.

Jahr für Jahr kommen auch viele der besten deutschen Sekte aus der Pfalz. Andres & Mugler und Lukas Corbet haben jeweils verschiedene faszinierende Sekte im Programm, andere wie der Wilhelmshof, Bernd Grimm oder Reichsrat von Buhl überzeugen ebenfalls immer wieder.

Die besten Erzeuger

★★★★★

Weltklasse, internationale Spitzenerzeuger

Weingut **Knipser**
Weingut **Koehler-Ruprecht**
Weingut Georg **Mosbacher**

★★★★

Hervorragende Erzeuger

Sektkellerei **Andres & Mugler**
Weingut Friedrich **Becker**
Weingut **Bergdolt** St. Lamprecht
Weingut Reichsrat von **Buhl**
Weingut **Christmann**
Weingut **Gies-Düppel**
Weingut Theo **Minges**
Weingut **Müller-Catoir** ✷
Weingut **Pfeffingen** - Fuhrmann-Eymael
Weingut Jakob **Pfleger**
Weingut Ökonomierat **Rebholz**
Weingut **Schumacher**
Weingut Heinrich **Spindler**
Weingut Dr. **Wehrheim** ✷

★★★

Sehr gute Erzeuger

Weingut Michael **Andres**
Weingut Geh. Rat Dr. v. **Bassermann-Jordan**
Wein- und Sektgut **Bernhart**
Weingut **Brenneis-Koch**
Weingut Dr. **Bürklin-Wolf** ✷
Weingut **Corbet** ✷
Weingut Dr. **Deinhard**
Weingut Familie **Gnägy**
Weingut Walter **Hensel**
Weingut **Jülg**
Weingut Philipp **Kuhn**
Weingut **Leiningerhof**, Fam. Benzinger ✷
Weingut **Lergenmüller** ✷

Weingut **Lucashof**
Weingut Herbert **Meßmer**
Weingut Eugen **Müller** ✷
Weingut Castel **Peter**
Weingut **Petri**
Weingut Karl **Pfaffmann**
Weingut St. **Annaberg**
Weingut Heiner **Sauer**
Weinhof **Scheu** ✷
Weingut Egon **Schmitt**
Weingut **Scholler**
Weingut **Siegrist** ✷
Weingut **Wilhelmshof** ✷

★★

Gute Erzeuger

Weingut **Bärenhof**
Weingut Gerhard **Beck**
Weingut Kurt **Darting**
Weingut **Dengler-Seyler**
Weingut **Eymann**
Weingut **Fader** - Kastanienhof
Weingut **Fitz-Ritter**
Weingut **Fluch-Gaul**
Weingut Bernd **Grimm** ✷
Weingut Bruno **Grimm & Sohn**
Weingut Ernst **Karst** & Sohn ◆
Weingut Karl-Heinz **Kaub**
Weingut Familie **Kranz**
Weingut **Langenwalter**
Weingut Bruno **Leiner**
Weingut Jürgen **Leiner**
Stiftsweingut Frank **Meyer** ✷
Wein- und Sekthaus G.L. **Möller**
Weingut Herbert **Müller Erben**
Weingut **Müller-Ruprecht**
Weingut **Münzberg** ✷
Weingut Georg **Naegele**
Weingut Ludi **Neiss**
Weingut Rolf **Pfaffmann**
Weingut Karl **Schaefer**
Weingut Klaus **Schneider**
Weingut Georg **Siben Erben**

Weingut **Siener**
Weingut **Theodorhof**
Weingut **Ullrichshof**, Familie Faubel ◆
Weingut **Wageck-Pfaffmann**
Weingut Fritz **Walter**
Weingut **Weegmüller** ★
Weingut Karl **Wegner** & Sohn ★
Weingut **Weik**
Weingut **Wilker**

Weingut M. **Schädler** ★ ◆
Weingut Reinhard & Esther **Schmitt**
Weingut Martin **Schwab** ◆
Weingut Dr. **Steiner** - Johanneshof
Weingut Markus **Stentz** ★
Weingut Jürgen **Stentz** ★
Weingut **Studier**
Fritz **Völcker'sche** Gutsverwaltung ◆
Winzerhof am Teufelsberg,
    Fam. H **Wadle** ◆
Geheimrat J. **Wegeler** Erben ◆
Wein- und Sektgut Ernst **Weisbrodt**
Weingut Hubert & Pirmin **Wilhelm** ◆
Weingut Helmut **Wolf**
Weingut August **Ziegler**

★

Überdurchschnittliche, zuverlässiger Erzeuger

Weingut **Ackermann**
Weingut Peter **Argus**
Weingut **Bach-Frobin**
Weingut Gebrüder **Bart**
Weingut Fred **Becker**
Wein- und Sektgut
    Bergdolt-Reif & **Nett** ◆
Weingut **Cuntz-Scheu**
Weingut **Dicker** - Achim Doll
Weingut **Doppler-Hertel** ◆
Weingut **Fippinger-Wick**
Weingut Wilhelm **Gabel**
Weingut Karl-Heinz **Gaul** ★ ◆
Weingut Matthias **Gaul**,
    St. Stephanshof ◆
Weingut **Gehrig** ★ ◆
Weingut Christian **Heußler** ◆
Weingut **Hollerith**
Wein- und Sektgut **Immengarten** Hof ◆
Weingut **Janson** Bernhard
Staatsweingut mit **Johannitergut**
Weingut **Kaiserberghof** ◆
Winzergenossenschaft **Kallstadt**
Weingut **Kassner-Simon**
Wein- u. Sektgut **Kissel**
Weingut Gerhard **Klein** ★
Wein- und Sektgut Bernhard **Koch** ★
Weingut Dr. **Kopf** ◆
Weingut **Margarethenhof**, Franz Lucas
Weingut Edmund **Meyer** & Sohn
Weingut Ernst **Minges**
Weingut Fritz **Müller** ★
Weingut K. **Neckerauer**
Weingut **Pfirmann** ◆

Rheingau   3.193 ha

Denkt man an das Rheingau, fallen einem nur zwei Rebsorten ein: Riesling und Spätburgunder. Mit 78 bzw. 12,5 Prozent Anteil dominieren sie die Weinberge. Wobei Riesling Jahr für Jahr abnimmt und Spätburgunder zu. Neben Riesling und Spätburgunder bringt es allein der Müller-Thurgau auf mehr als ein Prozent der Rheingauer Rebfläche. Immer häufiger angepflanzt wird zur Zeit Weißburgunder.

Im letzten Jahrzehnt hat man im Rheingau am meisten mit edelsüßem Riesling von sich reden gemacht. Und mit dem Begriff „Erstes Gewächs". Bei dem sich ebenfalls der Rheingauer Trend hin zu mehr Süße zeigt. Denn in der Praxis handelt es sich bei den Ersten Gewächsen fast ausschließlich um - nach bisherigem Verständnis - halbtrockene Weine. Oft weisen diese vorgeblich „trockenen" Weine ganz deutlich edelsüßen Charakter auf.

2000 war ein sehr problematisches Jahr, auch für edelsüße Weine. Wobei man innerhalb des Rheingaus nochmals differenzieren muss: mir scheint, dass es ein ausgeprägtes „Ost-West-Gefälle" im Jahrgang 2000 gab und im westlichen Rheingau im allgemeinen relativ bessere Weine erzeugt wurden. Viele der von mir verkosteten edelsüßen Rieslinge waren von Kaffeenoten geprägt, wie man sie sonst eher bei gereifteren Weinen findet. Auch die trockenen Weine kommen nicht ganz an die beiden Vorjahre heran. Zu sehr sind viele von Botrytisnoten geprägt, hatten zu oft schon im Frühjahr 2002 ihren Höhepunkt überschritten. Von einem Ersten Gewächs aber sollte man in Sachen Haltbarkeit doch etwas mehr erwarten dürfen.

2001 war endlich wieder einmal ein wenig problematisches Jahr. Die trockenen und halbtrockenen Rieslinge waren wesentlich klarer und saftiger als in den Jahren zuvor. Auch edelsüße Rieslinge gab es wieder ganz hervorragende, allerdings fehlte bei manchen Weingütern doch ein wenig die Reintönigkeit in den Weinen. 2000 konnte man dies ja noch entschuldigen, aber im Jahrgang 2001? Im Jahrgang 2002 zeigt sich das gleiche Bild: neben brillanten edelsüßen Rieslingen gibt es einfach zu viele Weine, denen es an Reintönigkeit mangelt. Ähnlich ist das Bild auch beim trockenen Riesling: neben hervorragenden, kraftvollen Rieslingen mit den von mir so geliebten mineralischen Noten (Rheingau!) gibt es allzu viele Weine, denen es an Klarheit und Ausdruck fehlt. Restsüße kann dies nicht cachieren.

Beim Spätburgunder hat der Jahrgang 1999 wesentlich fruchtbetontere und klarere Weine erbracht als die Jahre zuvor. 2000 reicht da nicht ganz heran, 2001 brachte wieder bessere, reintönigere Weine, ebenso der Jahrgang 2002.

Peter Jakob Kühn erzeugt seit einigen Jahren sowohl trockene als auch edelsüße Spitzenweine. Wilhelm Weil wiederholt seine großartige Leistung aus dem Jahrgang 2001 und stellt eindrucksvoll unter Beweis, dass vom Gutsriesling bis zur Trockenbeerenauslese höchstes Niveau möglich ist. Bernhard Breuer präsentiert gleichermaßen hervorragende trockene und edelsüße Weine. Johannes Leitz kann die tolle Vorjahresleistung bestätigen. Schloss Schönborn, Querbach, Prinz und Flick haben sich in der Spitzengruppe fest etabliert, die Weingüter Spreitzer und Jung haben weiter zugelegt. Besonders freut es mich, dass ich in diesem Jahr gleich fünf Weingüter aus dem Rheingau neu vorstellen kann.

Die besten Erzeuger

★★★★★
Weltklasse, internationale Spitzenerzeuger

Weingut Peter Jakob **Kühn**
Weingut Robert **Weil**

★★★★
Hervorragende Erzeuger

Weingut Georg **Breuer** ★
Weingut Joachim **Flick**
Weingut Jakob **Jung**
Weingut Josef **Leitz**
Weingut **Prinz**
Weingut Wilfried **Querbach**
Domänenweingut Schloss **Schönborn**
Weingut Josef **Spreitzer**

★★★
Sehr gute Erzeuger

Weingut Carl **Ehrhard** ★
Weingut Oek. Rat J. **Fischer** Erben
Weingut Graf von **Kanitz**
Weingut August **Kesseler**
Weingut Hans **Lang**
Langwerth von Simmern'sches Rentamt
Weingut Wilhelm **Mohr** Erben
Weingut Johannes **Ohlig**

★★
Gute Erzeuger

Wein- und Sektgut **Barth**
Weingut des **Bistums** Limburg
Weingut Dr. **Corvers-Kauter** ★
Diefenhardt'sches Weingut ★
Staatsweingüter Kloster **Eberbach**
Weingut August **Eser** ★
Weingut Friedr. **Fendel** Erben

Weingut Alexander **Freimuth**
Weingut **George** - J.&J. Wagenitz
Weingut Stefan **Gerhard**
Weingut Prinz von **Hessen**
Weingut Emmerich **Himmel** ◆
Weinbaudomäne Schloss **Johannisberg**
Weingut **Johannishof**
Weingut Freiherr zu **Knyphausen** ★
Weingut J. **Koegler**, Hof Bechtermünz
Weingut Franz **Künstler**
Weingut Fürst **Löwenstein** ★
Weingut Robert **König**
Weingut Heinz **Nikolai**
Schloss **Reinhartshausen**
Weingut Schloss **Vollrads**
Geheimrat J. **Wegeler Erben**
Domdechant **Werner'sches** Weingut

★
Überdurchschnittliche, zuverlässiger Erzeuger

Domaine **Assmannshausen**
Weingut **Egert** ★
Winzergenossenschaft **Frauenstein** ◆
Weingut Paul **Laquai**
Weingut Karl-Joh. **Molitor** ◆
Weingut Fritz **Rothenbach**
Weingut Ernst **Rußler**
Wein- und Sektgut F.B. **Schönleber** ◆
Weingut **Sohns**
Weingut **Troitzsch-Pusinelli**
Weingut Landeshauptstadt **Wiesbaden** ★ ◆
Winzer von Erbach

Rheinhessen 26.296 ha

Der schlafende Riese ist erwacht. Rheinhessen ist das größte deutsche Anbaugebiet mit über einem Viertel der gesamten deutschen Rebfläche. Viele Jahre als Fassweinlieferant verschrien (auch heute verkaufen viele Winzer ihre Weine noch als Fassware), hat sich in den letzten Jahren ein dramatischer Wandel - hin zu mehr Qualität - in Rheinhessen vollzogen. Der Anstoß dazu ging aber nicht von den wenigen etablierten Winzern an der Rheinfront aus, sondern von vordem unbekannten Winzern und Gemeinden im rheinhessischen „Niemandsland".

Zwei Faktoren scheinen mir maßgeblich für diesen erfolgreichen Wandel. Einmal der Erfolg von Klaus Keller in Flörsheim-Dalsheim, der vielen Winzern gezeigt hat, dass rheinhessischer Wein in Deutschland Spitze sein kann. Wichtig war aber auch die Initiative der „Selection Rheinhessen": die Winzer haben gesehen und geschmeckt, dass man bei Ertragsbeschränkung bessere Weine machen kann. Und sie haben gemerkt, dass man diese bessere Qualität auch besser bezahlt bekommt.

Der Wandel in Rheinhessen hat sich auch in den Weinbergen vollzogen. Hier, wie in anderen deutschen Regionen auch, hat man in den letzten Jahren begonnen, viele der Neuzüchtungen wieder nach und nach aus den Rebgärten zu eliminieren. Der Trend zu internationalen Sorten und Rotweinsorten brachte aber neue Rebsorten ins Land. In den nächsten Jahren werden sicherlich innerhalb Rheinhessens einzelne Regionen sich mit speziellen Weintypen und/oder Rebsorten stärker profilieren.

Wichtigste Rebsorte mit einem Anteil von 19 Prozent ist Müller-Thurgau, gefolgt vom Silvaner mit knapp 11 Prozent. Dichtauf folgt schon der Dornfelder, der inzwischen den Riesling vom dritten Platz in der Rebsortenstatistik verdrängt hat. Der Dornfelder boomt in Rheinhessen wie nirgendwo in Deutschland. Auf den nächsten Plätzen folgen Kerner, Portugieser, Scheurebe, Bacchus und Spätburgunder, die es alle auf deutlich mehr als 1.000 Hektar in Rheinhessen bringen. Hinzu kommen Huxelrebe, die fast schon etwas wie eine rheinhessische Spezialität geworden ist, Faberrebe und immer öfter auch Weiß- und Grauburgunder. Chardonnay, Gewürztraminer und die Burgundersorten legen zu, alle anderen weißen Sorten nehmen im Anbau ab. Anders die roten Sorten, die alle, teils dramatisch, zulegen. Stärker noch als Dornfelder haben Regent und St. Laurent zugelegt. Immer häufiger findet man auch Frühburgunder, Cabernet Sauvignon und Merlot. Die Rotweinfläche in Rheinhessen hat sich in den letzten zehn Jahren mehr als verdoppelt, der Anteil an der gesamten Rebfläche beträgt inzwischen gut ein Viertel, Tendenz weiter stark steigend.

Bei der Vielzahl von fast 3000 Erzeugern, die in Rheinhessen selbst Wein vermarkten, ist es nicht einfach, alle interessanten Winzer zu finden. Wie schon in den Vorjahren habe ich Weine von recht vielen mir zuvor nicht bekannten Winzern probiert. Und wie in den vergangenen Jahren war dies nicht immer eine Freude. Aber ich fand doch auch wieder einige schöne Überraschungen darunter, Weingüter mit zuverlässigen und in der Regel sehr preiswerten Weinen. Vierzehn Betriebe habe ich im vergangenen Jahr neu vorgestellt, in diesem Jahr nun stelle ich siebzehn Betriebe zum ersten Mal vor.

An der Spitze in Rheinhessen: Klaus Keller. Die Weine, die er mit Sohn Klaus Peter erzeugt, sind einfach phänomenal, trocken wie edelsüß. Ein zweites Weingut ist ebenfalls in die deutsche Winzerelite aufgestiegen, ebenfalls Vater und Sohn, Günter und Philipp Wittmann in Westhofen. Dahinter hat mich in diesem Jahr Gerhard Gutzler besonders beeindruckt.

Viele der besten Weingüter in Rheinhessen sind außerhalb der Region noch weit gehend unbekannt. Angenehm für den Verbraucher, der diese kennt, denn die Preise sind oft konkurrenzlos günstig. Starke, stetig bessere Leistungen haben Weingüter wie Manz und Gröhl in Weinolsheim, Michel-Pfannebecker in Flomborn, Karlheinz Keller in Worms-Pfiffligheim oder Keth in Offstein in den letzten Jahren gezeigt. Andere Namen, die man sich merken sollte, sind Riffel, Milch, Schembs oder Wagner-Stempel.

Heyl zu Herrnsheim hält als einer der wenigen etablierten Betriebe von der Rheinfront seine Spitzenposition. Heyl zu Herrnsheim zeigt, wie auch Wittmann, dass ökologisch arbeitende Weingüter Spitzenweine erzeugen können. Auch Klaus Knobloch mischt als Ökoweingut oben mit.

Die besten Erzeuger

★★★★★

Weltklasse, internationale Spitzenerzeuger

Weingut Klaus **Keller**
Weingut **Wittmann**

★★★★

Hervorragende Erzeuger

Weingut Destillerie **Gutzler** ★
Weingut **Manz**
Weingut **Michel-Pfannebecker**

★★★

Sehr gute Erzeuger

Weingut **Goehring**
Weingut Hans-Ernst **Gröhl**
Weingut **Gunderloch** ★
Weingut Freiherr **Heyl zu Herrnsheim**
Weingut Karlheinz **Keller**
Weingut Georg Jakob + Matthias **Keth**
Weingut **Kissinger** ★
Weingut Klaus **Knobloch**
Wein- und Sektgut Axel **Kreichgauer**
Weingut Karl-Hermann **Milch**
Weingut **Posthof** - Doll & Göth
Weingut **Riffel**
Weingut **Schales**
Weingut Adolf **Schembs** Erben
Weingut **Scherner-Kleinhanss**
Weingut Heinrich **Seebrich**
Weingut **Seehof**, Ernst Fauth
Weingut **Wagner-Stempel**

Die deutschen Weinregionen

★★
Gute Erzeuger

Weingut Brüder Dr. **Becker**
Weingut **Bendehof**
Brenner'sches Weingut
Weingut Kurt & Karin **Dautermann**
Weingut Frieder **Dreißigacker**
Weingut Kurt **Erbeldinger** und Sohn
Weingut **Gallé** ◆
Weingut **Gehring**
Weingut Johann **Geil** I Erben
Weingut K. F. **Groebe**
Weingut **Goldschmidt** ✯
Weingut Heinrich **Groh**
Weingut **Hedesheimer Hof**
Weingut **Hiestand**
Weingut **Hirschhof**
Weingut Georg **Jung**
Weingut **Johanninger**
Johannishof & Weingut der Stadt Mainz ✯
Weingut **Kapellenhof**
Weingut **Kühling-Gillot** ✯
Weingut **Landgraf**
Weingut **Lorch** - Westerheymer Hof
Weingut **Neef-Emmich**
Weingut Jakob **Neumer**
Weingut **Peth-Wetz** ✯
Weingut Gunter **Rauh**
Weingut **Sander**
Weingut Eugen **Schönhals**
Weingut **Stallmann-Hiestand**
Weingut **Steitz**
Weingut **Teschke**
Weingut **Weedenbornhof**
Weidenhof H.G. Schweickardt & Sohn
Weingut Eckhard **Weitzel**
Weingut Dirk **Wendel**
Weingut Arndt F. **Werner**

★
Überdurchschnittliche, zuverlässiger Erzeuger

Weingut **Ahnenhof** Hermann Müller Erben
Wein- und Sektgut Ch.W. **Bernhard**
Weingut Dr. **Booß**
Weingut **Dätwyl** ◆
Weingut **Deheck** ◆
Weingut **Dittewig-Bogen**
Weingut Udo & Timo **Eppelmann** ◆
Weingut **Espenhof**
Weingut Manz, **Evangelische Kirche** von Hessen und Nassau ◆
Weingut Wilfried **Finkenauer** ◆
Weingut **Fischborn-Schenk**
Weingut **Fogt** ◆
Weingut **Geil**
Geil's Sekt- und Weingut ✯ ◆
Weingut Louis **Guntrum**
Weingut **Hauck** ✯
Weingut Dr. **Heyden**
Wein- und Sektgut **Hofmann** ◆
Weingut **Julianenhof** ◆
Weingut **Julius** ◆
Margarethenhof - Weingut Bunn
Weingut **Marx**
Weingut J. **Mett**
Cisterzienser Weingut **Michel** ✯
Staatliche Weinbaudomäne **Oppenheim**
Weingut Heinfried **Peth**
Weingut Wolfgang **Peth**
Weingut **Russbach**
Weingut **Schloßmühlenhof**
Weingut W. **Schoeneck** ◆
Weingut **Scultetus-Brüssel** ◆
Weingut Dr. Alex **Senfter** ✯ ◆
Weingut **Stauffer**
Weingut P.J. **Valckenberg** ✯
Weingut E. **Weidenbach**
Weingut Willi **Weinbach** ◆
Weingut Klaus **Wendel**
Weingut Hermann **Wendel**
Weingut Hans **Wernersbach** ◆
Weingut Schloss **Westerhaus** ✯ ◆
Weingut **Winter**
Weingut Peter **Wolf**

Saale-Unstrut 648 ha

Die meisten Weinberge im Weinbaugebiet Saale-Unstrut liegen in den Tälern der beiden gleichnamigen Flüsse. Daneben gibt es noch nennenswerten Weinbau bei Höhnstedt am Süßen See (Zwischen Halle und Lutherstadt Eisleben). Das Gros der Weinberge liegt im Bundesland Sachsen-Anhalt, aber auch die 38 Hektar Weinberge in Thüringen gehören zum Anbaugebiet Saale-Unstrut. Die wichtigsten Weinbauorte sind Naumburg und Freyburg. Die Mitglieder der dortigen Genossenschaft bewirtschaften mehr als die Hälfte der gesamten Rebfläche. Dazu gibt es etwa drei Dutzend selbstvermarktende Betriebe.

Absatzprobleme gibt es nicht, folglich sind die Preise auch für sehr einfache Weine recht hoch. Was aber sicherlich eine gute Ausgangsposition für neugegründete Weingüter ist und die Chance bietet, sich über Qualität zu profilieren. Viele der kleinen privaten Betriebe haben erst in den letzten Jahren ihre ersten Weine auf den Markt gebracht.

Die Rebfläche im Anbaugebiet Saale-Unstrut nimmt stetig zu. Wichtigste Rebsorte ist Müller-Thurgau, gefolgt von Weißburgunder und Silvaner. Während aber Müller-Thurgau und Weißburgunder zulegen, nimmt der Anteil des Silvaners ab. Dazu gibt es vor allem noch Kerner, Riesling, Bacchus, Traminer, Grauburgunder und Gutedel. An roten Sorten, die zur Zeit stark zulegen und inzwischen auf 22 Prozent der Fläche angebaut werden, gibt es insbesondere Portugieser, Dornfelder, Spätburgunder, Zweigelt und Lemberger.

Die Erträge im Anbaugebiet Saale-Unstrut sind auf Grund des Kontinentalklimas mit oft strengen Frösten recht starken Schwankungen unterworfen. Die meisten Weine werden trocken ausgebaut.

Zu den beiden Weingütern, die ich schon in vorangegangenen Ausgaben vorgestellt hatte, Winzerhof Gussek und dem Thüringer Weingut Bad Sulza, gesellen sich zwei weitere hinzu, Lützkendorf und das Landesweingut Kloster Pforta.

Die besten Erzeuger

★★★
Sehr gute Erzeuger

Winzerhof **Gussek**

★★
Gute Erzeuger

Thüringer Weingut Bad Sulza

★
Überdurchschnittliche, zuverlässige Erzeuger

Weingut U. **Lützkendorf** ◆
Landesweingut Kloster **Pforta** ◆

Sachsen 449 ha

Das Haupt-Weinbaugebiet in Sachsen liegt entlang der Elbe, flussabwärts von Pillnitz. Die wichtigsten Zentren sind Radebeul und Meißen. Daneben gibt es kleinere Weinbauflächen an der Schwarzen Elster, die im Bundesland Brandenburg liegen. Der größte Teil der Weinberge wird von Nebenerwerbswinzern bewirtschaftet, die in der Winzergenossenschaft Meißen zusammengeschlossen sind.

Seit der Wiedervereinigung wächst die Rebfläche in Sachsen kontinuierlich. Absatzprobleme gibt es keine, und so ist es nicht verwunderlich, dass man für sächsischen Wein hohe Preise zahlen muß und man ihn selten außerhalb der Region findet.

Die wichtigsten Rebsorten sind Müller-Thurgau, Riesling und Weißburgunder. Es folgen an weißen Sorten Grauburgunder, Traminer, Kerner, Elbling, Goldriesling, Scheurebe und Bacchus. Aber auch rote Sorten findet man immer häufiger, allen voran Spätburgunder und Dornfelder. Die Weine werden überwiegend trocken ausgebaut.

Neben Schloss Proschwitz und dem ökologisch arbeitenden Weingut HofLössnitz stelle ich seit dem vergangenen Jahr mit dem Sächsischen Staatsweingut Schloss Wackerbarth einen dritten Betrieb vor.

Die besten Erzeuger

★

Überdurchschnittliche, zuverlässiger Erzeuger

Weingut **HofLössnitz** ★
Weingut Schloss **Proschwitz** - Prinz zur Lippe
Sächsisches Staatsweingut Schloss **Wackerbarth**

Württemberg   11.418 ha

Württemberg ist der Fläche nach das fünftgrößte deutsche Weinbaugebiet. Hier werden drei Viertel der Ernte über Genossenschaften vermarktet. Neben der Ahr ist Württemberg das einzige deutsche Anbaugebiet, in dem mehr rote als weiße Trauben angebaut werden, 68 Prozent. Wichtigste rote Rebsorte ist der Trollinger, der knapp ein Viertel der Fläche einnimmt. Weitere bedeutende Rotweinsorten sind Lemberger (in Österreich Blaufränkisch genannt), Schwarzriesling (der „Pinot Meunier" der Champagne) und Spätburgunder. Hinzu kommen Spezialitäten wie Samtrot, Clevner oder Muskattrollinger. Vor allem im Remstal findet man immer häufiger auch Zweigelt und Merlot.

Bei den weißen Sorten dominiert der Riesling, der knapp 20 Prozent der gesamten Rebfläche einnimmt, aber in den letzten Jahren an Boden verloren hat. Hinzu kommen Müller-Thurgau, Kerner und Silvaner. In letzter Zeit findet man auch immer häufiger Weiß- und Grauburgunder, sowie Chardonnay. Auch Sauvignon Blanc wird inzwischen von einigen Weingütern angebaut, vor allem im Remstal. Während alle roten Sorten zulegen, nimmt der Anteil der meisten weißen Sorten ab.

Vor allem mit ihren Rotweinen haben Württemberger Winzer in den vergangenen Jahren für Furore gesorgt. Mit Spätburgunder und Lemberger, mehr noch aber mit Cuvées. Dazu kristallisieren sich Zweigelt und Merlot immer mehr als interessante Spezialitäten heraus, vor allem im Remstal. Bei den Weißweinen haben Württemberger Rieslinge es schwer. Nicht wegen ihrer Qualität, sondern vor allem deshalb, weil sie nicht dem von Rhein und Mosel geprägten Geschmacksbild entsprechen. Außerhalb Württembergs wenig bekannt sind die edelsüßen Württemberger. Ich habe noch nie zuvor so viele hervorragende edelsüße Weine - nicht nur, aber überwiegend aus Riesling - aus Württemberg verkostet, wie in den Jahrgängen 2000 und 2001. 2002 kommt da nicht ganz heran.

Vor allem im Remstal haben die Winzer in den vergangenen Jahren stark zugelegt. Hans Haidle in Stetten, Gert Aldinger in Fellbach und Jürgen Ellwanger in Winterbach gehören zur Elite in Württemberg. Hinzu kommt Rainer Schnaitmann, mein Aufsteiger des Jahres. Aber auch Heid, Medinger und Beurer haben weiter stark zugelegt. Alle aus dem Remstal. Hartmann Dippon vom Schlossgut Hohenbeilstein hat auch in diesem Jahr wieder tolle Rotweine, Ernst Dautel glänzt gleichermaßen rot wie weiß. Hans-Peter Wöhrwag und Albrecht Schwegler bieten Jahr für Jahr überzeugende Qualität, ebenso das Staatsweingut Weinsberg. Graf Adelmann und Drautz-Able sind stark im Kommen, ebenso Wachtstetter in Pfaffenhofen. Nicht zu vergessen eine Genossenschaft: die Weinmanufaktur Untertürkheim hat für mich die stärkste Kollektion aller Genossenschaften in Deutschland.

Die besten Erzeuger

★★★★
Hervorragende Erzeuger

Weingut Gerhard **Aldinger**
Weingut **Dautel**
Weingut Jürgen **Ellwanger**
Weingut Karl **Haidle**, Inh. Hans Haidle
Schlossgut **Hohenbeilstein**
Weingut Rainer **Schnaitmann**

★★★
Sehr gute Erzeuger

Weingut Graf **Adelmann**
Weingut **Beurer**
Weingut **Drautz-Able**
Weingut **Heid** ✶
Weingut **Kistenmacher-Hengerer**
Weingut **Medinger**
Weingut Albrecht **Schwegler**
Weingärtnergenossenschaft **Untertürkheim**
Weinbau **Wachtstetter**
Staatsweingut **Weinsberg**
Weingut **Wöhrwag** ✶

★★
Gute Erzeuger

Weingut **Amalienhof** - Gerhard Strecker
Weingut Fritz **Currle**
Weingut Bernhard **Ellwanger**
Weingut G.A. **Heinrich** ✶
Weingut Fürst zu **Hohenlohe-Öhringen**
Weingut Wolfgang **Klopfer**
Weingut **Kuhnle**
Weingut des Grafen **Neipperg**
Weingut **Schäfer-Heinrich**
Weingut **Siglinger**
Weingut **Sonnenhof**, Bezner-Fischer
Weingut Herzog von **Württemberg**
Weingut **Zimmerle** ✶

★
Überdurchschnittliche, zuverlässiger Erzeuger

Weingärtnergenossenschaft **Bad Cannstatt**
Weingut **Birkert**
Weingärtnergenossenschaft **Brackenheim**
Weingut **Drautz-Hengerer**
Weingut **Eberbach-Schäfer**
Weingärtner **Flein-Talheim**
Weingut **Forsthof**
Weingut **Gemmrich**
Weingut **Heinrich** ✶
Weingut **Konzmann** ◆
Weingut **Keck**
Weingärtnergenossenschaft **Lauffen** ✶
Weingut Reinhard **Schäfer**
Weingut Martin **Schropp** ◆
Weingut Heinz J. **Schwab** ◆
Weingut Karl **Seyffer**
Weingut **Steinbachhof** ◆ ✶
Weingut der Stadt **Stuttgart**
Weingut Andreas **Stutz**
Weingut **Ungerer** ◆
Weingut **Zipf**

Die letzten Jahrgänge

Pauschale Urteile über Jahrgänge werden den Weinen nie gerecht. Genauso wenig Jahrgangstabellen. Da immer wieder Anfragen zu meiner Einschätzung von Jahrgängen kommen, zeige ich auf den folgenden Seiten in tabellarischer Form eine - zwangsläufig grobe - Einschätzung der vergangenen fünf Jahrgänge in Deutschland.

In dieser Tabelle habe ich differenziert

- nach Bereichen bzw. Teil-Regionen, da ich glaube, dass man beispielsweise eine Region wie Baden - 400 Kilometer zwischen Nord und Süd - nicht pauschal beurteilen kann. Aber selbst auf relativ kleinem Raum zeigen sich immer wieder gravierende Jahrgangsunterschiede (z.B. Mittelrhein, Jahrgang 2000).
- nach Rebsorten, da Witterungsbedingungen für manche Rebsorten besser als für andere sein können oder sich Witterungsverläufe im Herbst manchmal für „frühe", dann wieder für „späte" Sorten vorteilhaft auswirken können
- nach Weintypen, da Witterungsbedingen, die beispielsweise für edelsüße Weine erwünscht sind, die Erzeugung trockener Weine schwieriger werden lassen.

Dazu noch einige Erläuterungen und Einschränkungen:

- die folgenden Jahrgangseinschätzungen sind das Ergebnis meiner Verkostungen und nicht Ergebnis dessen, was Winzer sagen
- die Einschätzung eines Jahrgangs gibt keine Einschätzung der Haltbarkeit der Weine dieses Jahrgangs wieder
- die Einschätzung des Jahrgangs beruht auf der Summe aller Weine des Jahrgangs, nicht einzelner Spitzen
- Jahrgangstabellen geben immer nur eine grobe Annäherung und werden dem einzelnen Wein nie gerecht. Basis für Kaufentscheidung sollte immer das Urteil über den einzelnen Wein sein, nicht das Urteil über den Jahrgang
- bei Rotweinen stellen die Einschätzungen des aktuellen Jahrgangs eine erste Annäherung dar. Fundiertere Aussagen lassen sich erst machen, wenn die besten Rotweine des Jahrgangs auf der Flasche sind.
- Rotweine sind in den vergangenen Jahren in Deutschland deutlich besser geworden. Dies liegt nicht allein an guten Jahrgängen. Dies liegt vor allem auch daran, dass deutsche Winzer immer mehr Erfahrung in der Vinifikation von Rotweinen gewinnen. Es ist manchmal schwierig, dieses Mehr an Know-how vom eigentlichen Niveau des Jahrgangs zu unterscheiden.

Die letzten Jahrgänge

Region Bereich/Teil-Region	Weintyp/Rebsorte	1997	1998	1999	2000	2001	2002
Ahr	Spätburgunder	★★★★	★★★	★★★★	★★	★★★★	★★★
Baden							
Tauberfranken	Weißweine	★★	★★★	★★★	★★★★	★★★	★★★★
	Rote Burgunder	★★★	★★★	★★★	★★	★★★	★★★
Badische Bergstraße	Grauburgunder	★★★	★★★	★★	★★	★★★★	★★★★
	Spätburgunder	★★★★	★★★	★★★★	★★★	★★★	★★★
Kraichgau	Riesling	★★★	★★	★★	★★	★★★★	★★★
	Weißburgunder	★★★	★★★	★★	★★	★★★	★★★
	Rote Burgunder	★★★	★★★	★★★★	★★	★★★	★★★
Ortenau	Riesling	★★★	★★★★	★★★★	★★★	★★★★	★★★★
	Spätburgunder	★★★	★★★	★★★	★★	★★★★	★★★
Breisgau	Weißweine	★★★	★★★	★★★★	★★	★★★★	★★★
	Spätburgunder	★★★	★★★	★★★★	★★	★★★	★★★
Kaiserstuhl	Silvaner	★★★★	★★★	★★★	★★	★★	★★★
	Riesling	★★	★★	★★★	★★★	★★★★	★★★
	Weißburgunder	★★★★	★★★	★★★	★★	★★★	★★★★
	Grauburgunder	★★★	★★★★	★★★★	★★★	★★★★	★★★★
	Spätburgunder	★★★★	★★★	★★★★	★★★	★★★	★★★
Tuniberg	Weiße Burgunder	★★★	★★	★★★	★★	★★	★★★
	Spätburgunder	★★★★	★★★	★★★★	★★	★★★	★★★
Bodensee	Weißweine	★★★	★★	★★	★★★	★★★	★★★
	Spätburgunder	★★	★★★	★★★	★★★	★★★	★★★
Franken	Silvaner	★★★	★★★	★★★★	★★★	★★★★	★★★★
	Riesling	★★★	★★★	★★★★	★★★★	★★★★	★★★
	Spätburgunder	★★★	★★★	★★★★	★★	★★★	★★★
Hess. Bergstraße	Riesling trocken	★★★	★★★	★★	★★	★★★★	★★★
	Riesling süß	★★★★	★★★	★★★	★★★	★★★	★★★
Mittelrhein							
„Bacharach"	Riesling trocken	★★	★★★	★★	★	★★★★	★★★
	Riesling süß	★★★	★★★★	★★★	★★	★★★★	★★★★
„Boppard"	Riesling trocken	★★	★★★	★★	★★★	★★★★	★★★★
	Riesling süß	★★★	★★★★	★★★	★★★★	★★★	★★★★

Die letzten Jahrgänge

Region / Bereich/Teil-Region	Weintyp/Rebsorte	1997	1998	1999	2000	2001	2002
Mosel-Saar-Ruwer							
Obermosel	Elbling	★★	★★	★★★	★★	★★★★	★★★★
Saar	Riesling trocken	★★	★	★★★	★	★★★	★★★★
	Riesling süß	★★★	★★	★★★★	★	★★	★★★★
Ruwer	Riesling trocken	★★★	★★★	★★★★	★★★	★★★	★★★
	Riesling süß	★★	★★★★	★★★★	★★	★★★★	★★★
Mittelmosel	Riesling trocken	★★★	★★★★	★★★★★	★★★	★★★★★	★★★
	Riesling süß	★★★★	★★★★	★★★	★★★	★★★★★	★★★
Untermosel	Riesling trocken	★★★	★★	★★★★	★★★	★★★	★★★★
	Riesling süß	★★★	★★★	★★★★	★★★★	★★★	★★★
Nahe	Riesling trocken	★★	★★★★	★★★★	★★★	★★★	★★★★
	Riesling süß	★★★	★★★★	★★★★	★★★★	★★★★	★★★★
Pfalz							
Leiningerland	Weiße Burgunder	★★★	★★★★	★★★	★★	★★★★	★★★
	Spätburgunder	★★★★	★★★	★★★	★★	★★★★	★★★
Mittelhaardt	Riesling trocken	★★★	★★★★	★★	★★	★★★	★★★
	Spätburgunder	★★★★	★★★	★★★★	★★★	★★★	★★★
Südpfalz	Riesling trocken	★★★	★★★★	★★	★★★★	★★★★★	★★★★
	Weißburgunder	★★★★	★★★★★	★★	★★★	★★★★	★★★
	Grauburgunder	★★★★	★★★★	★★★	★★★★	★★★★	★★★★
	Spätburgunder	★★★★	★★★★	★★★★	★★★	★★★★	★★
Rheingau	Riesling trocken	★★	★★★	★★★	★	★★★★	★★★
	Riesling süß	★★★	★★★	★★★	★★	★★★	★★
	Spätburgunder	★★	★★	★★★	★★	★★★	★★
Rheinhessen	Riesling trocken	★★★★	★★★	★★★	★★★	★★★★	★★★★
	Weißburgunder	★★★	★★★★	★★★★	★★	★★★	★★★
	Silvaner	★★	★★★	★★	★★	★★★★	★★★
	Dornfelder	★★★★	★★★	★★★	★★	★★★	★★★
	Spätburgunder	★★★	★★★	★★★★	★	★★★	★★★
Saale-Unstrut		★★	★★	★★	★★★	★★★★	★★★
Sachsen		★★	★★	★★	★★★	★★★	★★★
Württemberg	Riesling trocken	★★★★	★★★★	★★★★	★★★	★★★	★★★★
	Lemberger	★★★★	★★★	★★★★	★★	★★★	★★★
	Rote Burgunder	★★★	★★★	★★★★	★★	★★★	★★★

Die Rebsorten

Dieses Verzeichnis enthält nur solche Rebsorten, die mir in den letzten Jahren reinsortig oder in Cuvées „auf die Zunge" gekommen sind. Darüber hinaus gibt es noch etwa 50 weitere Rebsorten, die früher ab und an in Deutschland zu finden waren (oft Neuzüchtungen, die im Versuchsanbau zu finden waren, dann aber züchterisch nicht weiter verfolgt wurden).

(r) kennzeichnet rote Rebsorten

(w) kennzeichnet weiße Rebsorten

Acolon (r) Weinsberger Neuzüchtung aus Lemberger und Dornfelder. Eine der neuen Sorten, die Rotweine im „Cabernettyp" erbringen sollen. Findet recht schnelle Verbreitung, insbesondere in Württemberg, Rheinhessen und der Pfalz. Reinsortige Weine erinnern im Bouquet ein wenig an rote Johannisbeeren. Wird häufig für Cuvées genutzt.

Albalonga (w) In den fünfziger Jahren in Würzburg als Kreuzung aus Rieslaner und Silvaner gezüchtet. Kaum verbreitet, findet man sie am ehesten noch in Franken (z.B. Staatlicher Hofkeller, Weingut Göbel) oder Rheinhessen (z.B. Weingut Göhring), wo sie manchmal ganz exzellente edelsüße Weine ergibt.

André (r) In den sechziger Jahren in der ehemaligen Tschechoslowakei aus Blaufränkisch und Sankt Laurent gekreuzt. Einige wenige Hektar in Sachsen und Saale-Unstrut, häufiger in Mähren zu finden. Die wenigen von mir bisher verkosteten Weine wiesen eine deutliche Säure auf.

Auxerrois (w) Rebsorte aus der Burgunderfamilie, die bis vor wenigen Jahren vor allem im Kraichgau und in der Südpfalz anzutreffen war, in geringerem Umfang auch an der Obermosel. Außerhalb Deutschlands vor allem im Elsaß verbreitet, wo sie früher oft einfach als „Pinot Blanc" bezeichnet wurde, heute immer häufiger als „Pinot Blanc Auxerrois". Auch in Luxemburg von Bedeutung. Findet sich heute vereinzelt in fast allen deutschen Anbaugebieten - mit steigender Beliebtheit. Bei reifen Trauben ergeben sich recht stoffige Weine mit ausgeprägtem Bouquet und Frucht (meist markanter als beim verwandten Weißburgunder).

Bacchus (w) In den sechziger Jahren am Geilweilerhof durch Kreuzung von (Silvaner x Riesling) mit Müller-Thurgau entstanden, hat Bacchus in kurzer Zeit in fast allen deutschen Weinbaugebieten Einzug gehalten. Größere Anbauflächen gibt es in Rheinhessen (etwa die Hälfte der zur Zeit 3000 Hektar) und der Pfalz, aber nur in Franken hat er ein eigenständiges Profil entwickelt mit interessanten Weinen. In Franken ist Bacchus die Rebsorte, die in den letzten 5 Jahren am stärksten an Fläche zugelegt hat (vor allen roten Sorten!). Dabei profitiert Bacchus sehr von kühler, langsamer Vergärung, die ausgeprägte Aromen zu Tage bringt, manchmal Anklänge an Johannisbeeren. Wird auch in Franken - leider - selten trocken ausgebaut.

Blauburger (r) Österreichische Neuzüchtung aus Portugieser und Blaufränkisch. In Österreich auf etwa 1000 Hektar im Anbau, in Deutschland einige wenige Hektar im Versuchsanbau. Ergibt recht samtige Weine bei zurückhaltender Frucht.

Blauer Silvaner (w) Eine Mutation des Grünen Silvaners, die sich von diesem lediglich durch die Rotfärbung der Beeren unterscheidet. Sehr selten zu finden, z.b. bei Schloss Sommerhausen in Franken.

Bronner (w) Pilzresistente Neuzüchtung aus Freiburg, gekreuzt aus Merzling und Rondo. Etwa drei Hektar im Versuchsanbau.

Cabernet Cubin (r) Weinsberger Neuzüchtung aus Lemberger und Cabernet Sauvignon, die - obwohl erst seit 1998 im Versuchsanbau - zur Zeit rasche Verbreitung findet. Stellt hohe Anforderungen an die Lage und ergibt kraftvolle Rotweine. Bisher überwiegend für Cuvées verwendet, oft mit überzeugenden Ergebnissen (z.b. beim Weingut Hensel), aber auch reinsortig sehr interessant (z.b. bei Stallmann-Hiestand).

Cabernet Dorio (r) Weinsberger Neuzüchtung aus Dornfelder und Cabernet Sauvignon, die deutliche Cabernet Sauvignon-Noten hervorbringen soll. Bisher selten reinsortig zu finden, da meist in Cuvées verwendet - mit guten Ergebnissen.

Cabernet Dorsa (r) Wie der Cabernet Dorio eine Weinsberger Neuzüchtung aus Dornfelder und Cabernet Sauvignon. Im Bouquet Anklänge an rote Beeren (Johannisbeeren), ergibt fruchtbetonte, (bisher) meist unkomplizierte Weine. Sehr beliebt auch in Cuvées.

Cabernet Franc (r) Recht selten in Deutschland findet man diese Rebsorte, die ihre Hauptverbreitungsgebiete in Frankreich hat, an der Loire (Bourgeuil, Chinon, Saumur) und in Bordeaux (wo sie meist als komplementäre Sorte zu Cabernet Sauvignon und Merlot in die Cuvées eingeht).

Cabernet Mitos (r) Weinsberger Neuzüchtung aus Lemberger und Cabernet Sauvignon, die Weine im Cabernettyp erbringen soll. Bisher meist in Cuvées verwendet. Reinsortig erste interessante Weine.

Cabernet Sauvignon (r) Einer der Stars der internationalen Weinszene, der von Bordeaux bis Kalifornien in fast allen Weinregionen zu finden ist. In Deutschland erst seit wenigen Jahren im Anbau, vor allem in Baden, der Pfalz und Rheinhessen. Zunehmend bessere Ergebnisse. Braucht eine lange Vegetationsperiode, weshalb er in manchen Jahren nicht ganz ausreift. Zeigt dann Anklänge an grüne Paprika. Reife Cabernets weisen hingegen deutliche Cassisaromen auf. Zunehmend bessere Ergebnisse, vor allem am Kaiserstuhl, in der Pfalz und in Rheinhessen.

Carmina (r) Wie Domina eine Kreuzung aus Portugieser und Spätburgunder. Zuletzt noch beim Fürstlich Castell'schen Domänenamt in Cuvées verwendet, inzwischen ausgehauen.

Chardonnay (w) Die vielleicht international renommierteste Weißweinsorte hat weltweite Verbreitung gefunden. In den letzten Jahren hat ihr Anbau in Deutschland stark zugenommen (sie wurde erst vor wenigen Jahren für deutsche Anbaugebiete zugelassen). Vor allem in Baden, der Pfalz und in Rheinhessen hat sie starke Zuwachsraten zu verzeichnen, aber auch in allen anderen deutschen Weinbaugebieten ist sie immer häufiger anzutreffen. Man mag stehen zu der Sorte wie man will, anerkennen muss man, dass sie sehr gute Weine ergeben kann. Auch in Deutschland. Jahr für Jahr gibt es mehr bemerkenswerte deutsche Chardonnay, vom Kaiserstuhl und aus der Pfalz vor allem.

Clevner (r) Eine Mutation des Spätburgunders, die seit dem Mittelalter in Württemberg bekannt ist (insbesondere in der Gegend um Heilbronn). Wird neuerdings immer öfter auch als Frühburgunder bezeichnet. Im Geschmack jedoch weniger markant als der Frühburgunder (von der Ahr oder von Fürst aus Bürgstadt), was sicherlich mit an den Böden liegt. Der Württemberger Clevner ähnelt mehr dem Spätburgunder. Bitte beachten: in der Ortenau wird der Rote Traminer auch als Clevner bezeichnet.

Dakapo (r) In den siebziger Jahren in Geisenheim aus Deckrot und Portugieser gekreuzt. Wird (bisher) meist als Deckrotwein verwendet, ist gelegentlich aber auch sortenrein zu finden.

Deckrot (r) In Freiburg aus Grauburgunder und Färbertraube gekreuzt. Wird ausschließlich zur Farbaufbesserung anderer Rotweine verwendet (und ist sicherlich für manch dunklen badischen Spätburgunder verantwortlich).

Domina (r) In den zwanziger Jahren am Geilweilerhof aus Portugieser und Spätburgunder gezüchtet. Erfreut sich steigender Beliebtheit in verschiedenen deutschen Anbaugebieten. Etwa drei Viertel der zur Zeit rund 200 Hektar sind in Franken zu finden. Von dort kommen auch die bisher interessantesten Weine, sowohl reinsortig, als auch in Cuvées, oft mit Spätburgunder (z.B. bei Fürst, Ruck, Störrlein). Außerhalb Frankens auch immer häufiger zu finden, ohne jedoch bisher so überzeugende Weine wie in Franken zu erbringen.

Dornfelder (r) Diese bereits in den fünfziger Jahren entstandene Weinsberger Kreuzung aus Helfensteiner und Heroldrebe hat ihre Eltern an Beliebtheit weit hinter sich gelassen und „boomt" zur Zeit in Deutschland. Auch wenn „Connaisseurs" die Nase rümpfen - Dornfelder kann sehr interessante Weine erbringen, vor allem auch barriqueausgebaut. Allerdings führt die Beliebtheit der Rebsorte dazu, dass immer höhere Hektarerträge erzeugt werden - was bei Dornfelder leicht möglich ist - und die Weine immer früher abgefüllt werden. In diesem Jahr waren unter der Vielzahl der verkosteten Dornfelder einige erstaunliche Weine, aus der Pfalz meist, aber auch aus Rheinhessen und Württemberg.

Dunkelfelder (r) Einst auf Grund seiner dunklen Farbe als Deckrotwein genutzt, findet man ihn in letzter Zeit immer häufiger auch reinsortig ausgebaut. Vor allem in der Pfalz, aber auch in Rheinhessen, zeigt er, dass er, gerade auch barriqueausgebaut, gute Ergebnisse bringen kann.

Ehrenfelser (w) In den zwanziger Jahren in Geisenheim aus Riesling und Silvaner gezüchtet. Stark rückläufig im Anbau (noch gut 200 Hektar). Ergibt fruchtbetonte Weine mit feiner Säure und eignet sich gut für edelsüße Weine.

Elbling (w) auch: **Weißer Elbling**. In früheren Jahrhunderten weit verbreitet, findet man Elbling heute vor allem an der Obermosel und in Sachsen. Die Weine sind recht neutral im Geschmack und oft säurebetont. Wird häufig zu Sekt verarbeitet. (Anmerkung: warum nicht lancieren als „deutsche Antwort auf Prosecco"!)

Faberrebe (w) In den zwanziger Jahren in Alzey aus Weißburgunder und Müller-Thurgau gezüchtet. Sie ergibt interessante Weine mit dezentem Muskatbouquet. Recht häufig in den Weinbergen in Rheinhessen (über 1.000 Hektar) und der Pfalz zu finden, seltener als Rebsortenbezeichnung auf Etiketten. Meist süß oder edelsüß zu finden, selten einmal trocken ausgebaut.

Färbertraube (r) Wird fast ausschließlich als Deckrotwein verwendet.

Findling (w) Eine Mutation des Müller-Thurgau. Kann faszinierende edelsüße Weine ergeben, jedoch selten zu finden.

Freisamer (w) 1916 in Freiburg aus Silvaner und Graubrgunder gezüchtet. Heute fast nur in Südbaden - insbesondere im Markgräflerland - zu finden, auch als Sekt. Als Cuvée-Bestandteil im „Malterer" von Bernhard Huber.

Frühburgunder (r) Mutation aus dem Blauen Spätburgunder. Führte lange Jahre nur ein Außenseiterdasein (am ehesten noch am Untermain und an der Ahr zu finden war), erfreut sich zur Zeit aber steigender Beliebtheit, eigentlich in allen deutschen Anbaugebieten. Frühburgunder ergibt sehr eigenständige Weine - mit Wiedererkennungswert!. Jahr für Jahr interessantere Weine von der Ahr, ganz faszinierend der „R" von Fürst (grandios im Jahrgang 1999)! Erste interessante Weine auch in Rheinhessen, in der Pfalz und in Württemberg. Am Kaiserstuhl seit kurzem beim Weingut Otto Fischer im Anbau.

Frühroter Malvasier (w) In Österreich noch weit verbreitet, wird sie heute in Deutschland fast gar nicht mehr angebaut. Noch einige wenige Hektar im Anbau in Rheinhessen.

Gänsfüsser (r) Diese vor 500 Jahren berühmteste Rebsorte der Pfalz ist auf Grund ihrer Ertragsschwäche nach und nach aus den Weinbergen verschwunden. Heute wird sie wieder betreut vom Staatsweingut mit Johannitergut in Mußbach.

Garanoir (r) Anfangs Granoir genannt. Eine im Weinbauinstitut Changin am Genfer See entstandene Kreuzung aus Gamay Noir und Reichensteiner. Wird in Deutschland ausschließlich beim Weingut Kuhnle in Strümpfelbach im Remstal angebaut.

Gelber Muskateller (w) Seit dem Mittelalter in Deutschland bekannt, am häufigsten am Kaiserstuhl zu finden, auch an der Nahe, in Württemberg und Franken. Von trocken bis edelsüß in vielen Spielarten zu finden. Jahr für Jahr faszinierend ist der Muskateller vom Weingut Dr. Heger in Ihringen.

Gelber Orleans (w) Alte Rebsorte, die wegen ihrer späten Reife nicht mehr angebaut wurde. Früher (in gemischt stehenden Weinbergen) oft am Rande des Weinbergs angepflanzt, um potentielle Diebe mit den unreifen Trauben abzuschrecken. Bei Knipser in der Pfalz zu finden.

Gewürztraminer (w) In fast allen deutschen Anbaugebieten als Spezialität zu finden, außerhalb Deutschlands vor allem im Elsass, in Südtirol (vom Ort Tramin rührt der Name her) und in Osteuropa. Das Bouquet erinnert häufig an Rosen. Gewürztraminer eignet sich auch sehr gut für edelsüße Weine. Sowohl für trockene als auch für edelsüße Weine wird das Potenzial der Rebsorte in Deutschland - anders im Elsass und in Südtirol - zu wenig genutzt. Nur wenige Erzeuger machen Jahr für Jahr sehr gute Gewürztraminer (z.B. Glaser-Himmelstoß, Laible, Pix).

Goldriesling (w) Eine Elsässer Züchtung aus Riesling und einer französischen Tafeltraube. In Deutschland nur in Sachsen und Saale-Unstrut zu finden. Ergibt recht neutrale Weine.

Grauer Burgunder (w) auch: **Grauburgunder, Ruländer**, international als Pinot Gris bezeichnet (Pinot Grigio in Italien). Eine der wenigen Weißweinsorten in Deutschland, die im Anbau zulegen. Als Ruländer (meist süß ausgebaut) nicht mehr gefragt, hat die Namensänderung - zusammen mit der Stiländerung - einen gewaltigen Boom für Grauburgunder gebracht. Das Gros der Spitzenweine kommt zur Zeit vom Kaiserstuhl, aber auch in der Pfalz, in Rheinhessen, im Markgräflerland, in Franken und an der Nahe findet man immer häufiger Spitzenweine.

Grüner Veltliner (w) Neben Riesling die bekannteste Rebsorte in Österreich. In Deutschland in Rheinhessen im Versuchsanbau..

Gutedel (w) auch: **Weißer Gutedel**. Die Hauptrebsorte im badischen Markgräflerland, sonst aber kaum noch in Deutschland zu finden (ein wenig in Saale-Unstrut). Ergibt jung zu trinkende Weine mit verhaltenen Aromen. Durch kühle, langsame Vergärung gibt es neuerdings etwas ausdrucksstärkere Weine. In den letzten Jahren häufig auch edelsüß zu finden. Verbreitet in der Schweiz, wo er Fendant oder Chasselas genannt wird. In geringem Umfang auch noch im Elsass zu finden.

Hecker (w)   Pilzresistente Neuzüchtung, bei einigen badischen Winzern im Versuchsanbau.

Hegel (r)   Weinsberger Kreuzung aus Heroldrebe und Helfensteiner. Ergibt recht leichte unkomplizierte Rotweine. Bei einigen Betrieben in Württemberg (auch in Baden) im Versuchsanbau.

Helfensteiner (r)   In den dreißiger Jahren in Weinsberg aus Frühburgunder und Trollinger gezüchtet. Ergibt leichte Rotweine und ist heute nur noch selten zu finden.

Heroldrebe (r)   Die einzige Rotweinsorte, die in den letzten Jahren im Anbau rückläufig ist (Kreuzung aus Portugieser und Lemberger). Ergibt leichte fruchtbetonte Weine mit deutlicher Säure. Vor allem in der Pfalz und in Württemberg noch zu finden. Am interessantesten als „Rosé".

Hibernal (w)   Pilzresistente Weißweinzüchtung (Kreuzung aus Seibel 7053 und Riesling), kaum verbreitet. Die von mir bisher verkosteten wenigen Weine zeigten sowohl im Bouquet als auch im Mund deutliche Anklänge an Johannisbeeren (ähnlich wie manchmal bei Scheurebe). Interessanter Wein z.B. beim Weingut Knab in Endingen.

Hölder (w)   In den fünfziger Jahren in Weinsberg aus Riesling und Grauburgunder gezüchtet. War in den achtziger Jahren häufiger bei einigen Württemberger und Pfälzer Weingütern (im Versuchsanbau) zu finden, heute aber bedeutungslos.

Huxelrebe (w)   In den zwanziger Jahren in Alzey aus Gutedel und der französischen Tafeltraube Courtillier Musqué gezüchtet und benannt nach dem Winzer Fritz Huxel aus Westhofen, der sie durch seine Anbauversuche bekannt gemacht hat. Hat sich als Spezialität vor allem in Rheinhessen etabliert, wo sie meist für edelsüße Weine genutzt wird. Häufiger auch in der Pfalz zu finden, aber auch in anderen deutschen Anbaugebieten gelegentlich anzutreffen.

Irsay Oliver (w)   Ungarische Züchtung aus den dreißiger Jahren. Einige wenige Anpflanzungen in Sachsen und Saale-Unstrut.

Johanniter (w)   Pilzresistente Neuzüchtung aus Freiburg, die man gelegentlich vor allem bei ökologisch wirtschaftenden Betrieben findet. Ergibt Weine mit kräftiger Säure und erinnert im Bouquet etwas an Johannisbeeren und Holunder. Meist in Cuvées verwendet.

Juwel (w)   Weinsberger Neuzüchtung aus Kerner und Silvaner, die auf knapp 50 Hektar im Versuchsanbau zu finden ist, vor allem in Württemberg. Selten reinsortig zu finden.

Kanzler (w) Die in den zwanziger Jahren in Alzey aus Müller-Thurgau und Silvaner gekreuzte Züchtung findet man heute am ehesten in Rheinhessen und der Pfalz. Sie ergibt körperreiche Weine und eignet sich besonders gut für edelsüße Weine.

Kerner (w) Die aus Trollinger und Riesling gekreuzte Traube war bis in die neunziger Jahre hinein sehr beliebt in allen deutschen Regionen. Heute ist sie überall im Anbau rückläufig, wobei immer noch fast 7.000 Hektar Weinberge in Deutschland mit Kerner bepflanzt sind. Dabei ergibt sie interessante (auch edelsüße) Weine, vor allem in Franken und im Remstal. Auch barriqueausgebaut immer wieder interessante Ergebnisse.

Kernling (w) Eine Mutation des Kerners mit rötlicher Beerenhaut (aber weißem Saft). In verschiedenen Anbaugebieten gelegentlich zu finden. Sehr gut in diesem Jahr beim Thüringer Weingut Bad Sulza.

Klingelberger (w) In der Ortenau übliche Bezeichnung für den Riesling.

Lemberger (r) auch : **Blaufränkisch**. Die im Burgenland als Blaufränkisch bekannte Rebsorte ist vor allem in Württemberg und im Kraichgau von Bedeutung, wo sie recht körperreiche, samtige Rotweine ergibt. Vereinzelt inzwischen auch in anderen deutschen Anbaugebieten zu finden, so in der Pfalz (z.B. bei Knipser), in Rheinhessen (z.B. bei Knobloch), am Kaiserstuhl und in Franken. Die größten Anbauflächen liegen in Ungarn, Österreich, Slowenien und Tschechien. Auch als Cuvéepartner interessant, wie viele Winzer im Burgenland unter Beweis stellen (dort oft Cuvées mit Zweigelt oder Cabernet Sauvignon). Auch in Württemberg gibt es einige wenige Cuvées, z.B. den Ypsilon von Haidle (Lemberger mit Zweigelt und Acolon). Gelegentlich auch als edelsüßer Weißherbst zu finden.

Léon Millet (r) Pilzresistente Züchtung von 1911 aus Colmar. Gilt als Hybride und darf nur als Tafelwein vermarktet werden, z.B. bei Stutz.

Maréchal Foch (r) Wie Léon Millet eine pilzresistente Züchtung von 1911 aus Colmar. Gilt als Hybride und darf nur als Tafelwein vermarktet werden.

Mariensteiner (w) Diese Würzburger Neuzüchtung aus Silvaner und Rieslaner hat mir immer recht gut gefallen, ist heute aber nur noch ganz selten in Franken zu finden.

Merlot (r) Merlot ist zur Zeit überall auf der Welt sehr beliebt. Auch in Deutschland bauen einige Winzer seit einigen Jahren Merlot an, vor allem in der Pfalz und in Rheinhessen. Vereinzelt auch in vielen anderen deutschen Anbaugebieten zu finden, z.B. in Baden oder im Rheingau. Sehr beliebt zur Zeit im Remstal, wo erste sehr überzeugende Weine entstanden sind (z.B. bei Aldinger, Klopfer, Schnaitmann). Immer überzeugend auch bei Pfleger (Cuvée Laura). Wird sicherlich in den nächsten Jahren noch stark zulegen. International oft nach Vorbild von Bordeaux in Cuvées mit Cabernet Sauvignon und/oder Cabernet Franc genutzt (in Deutschland z.B. die Cuvée X von Knipser).

Merzling (w) Merzling ist eine pilzresistente Weißweinzüchtung (aus dem Jahr 1960) aus Freiburg, die vereinzelt in Baden, aber auch in der Pfalz und in Rheinhessen zu finden ist.

Morio Muskat (w) Die einst wegen ihrer Muskatnoten beliebte Neuzüchtung aus Silvaner und Weißburgunder (nach ihrem Züchter Peter Morio benannt) hat in den letzten Jahren stark im Anbau abgenommen. Die Weine zeichnen sich durch ihr ausgeprägtes Muskatbouquet aus. Heute gibt es noch etwa 1.200 Hektar, vor allem in Rheinhessen und der Pfalz.

Müllerrebe (r) siehe **Schwarzriesling**

Müller-Thurgau (w) immer öfter auch: **Rivaner**. Lange Jahre die am meisten verbreitete Rebsorte in Deutschland, ist Müller-Thurgau seit einigen Jahren stark rückläufig. Mit 20.000 Hektar liegt sie immer noch an Nummer 2 in der Rebsortenstatistik. In vielen Regionen wird sie heute auch in Cuvées verwendet oder als „Rivaner" bezeichnet. Nur in Franken pflegt man „den Müller" als regionale Sorte und von dort kommen auch die interessantesten Weine. Je nach Bodentyp fallen die Weine sehr unterschiedlich aus, gelegentlich weisen sie eine dezente Muskatnote im Bouquet auf, manchmal erinnern sie auch ein wenig an Aprikosen. Auch für edelsüße Weine gut geeignet - im Jahrgang 2000 z.B. bei Schlör als Trockenbeerenauslese mit 243° Oechsle!

Muskat-Lemberger (r) Faszinierende Lemberger-Variante mit deutlicher Muskatnote, nur beim Amalienhof in Württemberg zu finden. Erbringt hohe Mostgewichte (regelmäßig im Auslesebereich) und erscheint mir trocken ausgebaut (auch im Barrique) besonders interessant.

Muskateller (w) siehe Gelber Muskateller

Muskat Ottonel (w) Wegen der Schwierigkeiten im Anbau spielt Muskat-Ottonel nur eine Außenseiterrolle und hat nicht die Bedeutung des Gelben Muskatellers. Am ehesten findet man ihn im Markgräflerland, selten einmal an der Nahe.

Muskattrollinger (r) Der Muskattrollinger ist eine Spielart des Trollingers und zeichnet sich – wie der Name sagt – durch eine ausgeprägte Muskatnote aus; gleichzeitig erinnert die Frucht an Trollinger (oft deutliche Kirschnote). Er wird zur Zeit wieder häufiger in Württemberg angebaut und ergibt leichte, säurebetonte Rotweine (und einen interessanten Sekt, wie beim Weingut Currle in Uhlbach).

Nebbiolo (r) Rotweinsorte aus Piemont, bisher nur einzelne Reben im Versuchsanbau in Deutschland, z.B. in der Pfalz (beim Weingut Brenneis-Koch) und in Baden.

Nobling (w) Diese Freiburger Neuzüchtung aus Silvaner und Gutedel ist außerhalb des Markgräflerlandes kaum zu finden. Dort ist Nobling weit verbreitet. Nobling ergibt recht neutrale Weine (im Normalfall, anders die trockene Auslese von Frick mit burgunderartiger Fülle) und wird auch zur Sektbereitung genutzt.

Optima (w) Diese Neuzüchtung wird wegen ihrer frühen Reife oft für Federweißen genutzt. Als Wein findet man sie meist süß oder edelsüß ausgebaut.

Ortega (w) Einst in allen deutschen Anbaugebieten beliebt, findet man sie heute immer seltener, meist edelsüß ausgebaut. Dabei gibt es in Deutschland 1.000 Hektar Weinberge mit Ortega. Weist oft deutliche Zitrusfruchtnoten (Grapefruit, auch Orangenschalen) auf. Kann exzellente edelsüße Weine ergeben, mit Säure und Spiel. Im Jahrgang 2000 z.B. die Trockenbeerenauslese von Scherner-Kleinhanss, 2001 die Trockenbeerenauslese von Winfried Reh.

Palas (r) Eine der sechs Weinsberger Rotweinzüchtungen, die 1999 der Öffentlichkeit vorgestellt wurden. Diese Kreuzung aus Trollinger und der Rubintraube ergibt farbintensive Rotweine. Ist mir bisher reinsortig nicht begegnet.

Perle (w) Die in den zwanziger Jahren aus Gewürztraminer und Müller-Thurgau gekreuzte Rebsorte konnte sich nach anfänglichen Anbauerfolgen in verschiedenen Regionen (insbesondere Franken) nicht durchsetzen und ist heute nur noch mit gut 100 Hektar vertreten.

Petit Verdot (r) Rote Sorte aus Bordeaux, die dort nur eine untergeordnete Rolle in Cuvées spielt. Geringe Anpflanzungen versuchsweise in Deutschland.

Phoenix (w) Pilzresistente Neuzüchtung vom Geilweilerhof (Kreuzung aus Bacchus und Seyve Villard 12-375), die Weißweine mit dezentem Muskataroma ergibt.

Pinot Blanc (w) internationale Bezeichnung für **Weißer Burgunder** (siehe dort), selten auf deutschen Etiketten zu finden (z.B. bei Koehler-Ruprecht).

Pinot Gris (w) internationale Bezeichnung für **Grauer Burgunder** (siehe dort), selten auf deutschen Etiketten zu finden (z.B. bei Koehler-Ruprecht).

Pinot Noir (r) internationale Bezeichnung für **Spätburgunder** (siehe dort), heute gelegentlich auch auf deutschen Etiketten zu finden.

Portugieser (r) auch: **Blauer Portugieser**. Lange Jahre war Portugieser im Anbau rückläufig, weil er zu farbschwache Rotweine ergibt. Mit dem allgemeinen Rotweinboom steigt auch wieder die Anbaufläche von Portugieser. Vor allem in Rheinhessen und der Pfalz ist er verbreitet, aber auch in anderen deutschen Weinbauregionen ist er zu finden. Einige Winzer zeigen, dass bei Ertragsbeschränkung sehr interessante Rotweine möglich sind. Recht wenig genutzt wird noch das Potential der Rebsorte für

Rosés. Auch barriqueausgebaute Portugieser können recht interessant sein (z.B. bei Gutzler in Rheinhessen oder Brogsitter's an der Ahr). Außer in Deutschland ist Portugieser insbesondere im Donauraum verbreitet, vor allem in Ungarn, Kroatien, Slowenien und Österreich.

Primera (w) Pilzresistente Rebsorte aus Geisenheim, die einen recht neutralen Wein ergibt.

Prinzipal (w) Pilzresistente Neuzüchtung, bisher ganz selten anzutreffen (am ehesten in Rheinhessen). Die wenigen von mir bisher verkosteten Weine fielen durch - eher unangenehme - blumig-duftige Noten im Bouquet auf.

Regent (r) Pilzresistente Sorte, die sich in allen Anbaugebieten steigender Beliebtheit erfreut, nicht nur bei Ökowinzern. So gibt es beispielsweise in Rheinhessen schon 100 Hektar mit Regent. Vom Geilweilerhof aus Diana (Geilweilerhof-Züchtung aus Silvaner und Müller-Thurgau) und Chambourcin gekreuzt. Einigen wenigen sehr guten Weinen (meist barriqueausgebaut), die ich in den letzten Jahren probieren konnte (z.B. beim Schlossgut Hohenbeilstein), stehen viele allzu einfache, manchmal aufdringlich duftige Weine gegenüber.

Regner (w) In den zwanziger Jahren in Alzey gezüchtet. Ergibt weiche etwas säurearme Weine mit ganz leichter Muskatnote. Der Großteil der heute etwa 150 Hektar steht in Rheinhessen. Recht selten reinsortig zu finden.

Reichensteiner (w) Geisenheimer Neuzüchtung aus den dreißiger Jahren. Noch etwa 250 Hektar im Anbau (Tendenz abnehmend), vor allem in Rheinhessen, aber auch an der Mosel.

Rieslaner (w) Die in den zwanziger Jahren in Würzburg aus Silvaner und Riesling gekreuzte Sorte hat sich als Spezialität in Franken etabliert, vor allem für süße und edelsüße Weine. Auch in der Pfalz (z.B. bei Müller-Catoir, Pfeffingen - Fuhrmann-Eymael, Schaefer) und in Rheinhessen (z.B. bei Klaus Keller) erfreut sie sich zunehmender Beliebtheit und gehört so zu den ganz wenigen Weißweinsorten, deren Anbaufläche zur Zeit in Deutschland zunimmt. Auch trocken manchmal sehr gut, interessanter aber edelsüß, wo Rieslaner große Weine erbringen kann, wie vor allem Klaus Keller in den letzten Jahren eindrucksvoll bewiesen hat.

Riesling (w) auch: **Weißer Riesling**, **Klingelberger** (in der Ortenau). Riesling ist seit einigen Jahren die meistangebaute Rebsorte in Deutschland. Grund hierfür ist der starke Rückgang bei der bisherigen Nummer Eins, dem Müller-Thurgau. Denn Riesling selbst ist im Anbau leicht rückläufig. Riesling kann von trocken bis edelsüß exzellente Weine ergeben. Außerhalb Deutschlands gibt es nennenswerten Rieslinganbau im Elsaß, in Österreich, in Norditalien, in Neuseeland und Australien.

Rivaner (w) siehe **Müller-Thurgau**.

Rondo (r) Pilzresistente Neuzüchtung, in den sechziger Jahren in der ehemaligen Tschechoslowakei aus St. Laurent und Zarya Severa (eine asiatische Rebe) gezüchtet. Wird heute in Geisenheim betreut und vor allem in Rheinhessen bei einer Reihe von Winzern angebaut.

Rotberger (r) In den zwanziger Jahren in Geisenheim aus Trollinger und Riesling gezüchtet, ist er vor allem an der Hessischen Bergstraße, im Rheingau und an der Ahr zu finden. Er ergibt recht hellrote Weine (Rosés), ähnlich dem Trollinger, und wird auch als Sekt ausgebaut.

Roter Elbling (w) Nach dem deutschen Weingesetz als Weißwein klassifiziert, obwohl eher als Rosé anzusehen. Der Unterschied zum Weißen Elbling liegt in der Verfärbung der Beeren. Die Mostgewichte beim Roten Elbling sind ein klein wenig höher, die Säure ist ein klein wenig niedriger. Der Rote Elbling ist eine Spezialität der Obermosel.

Roter Gutedel (w) Mutation des Weißen Gutedels, die in der deutschen Sortenliste als Weißwein geführt wird. Der Wein gleicht dem Weißen Gutedel, bei geringfügig niedrigerer Säure.

Roter Muskateller (w) Mutation des Gelben Muskatellers, mit dunkleren Beeren. Recht selten anzutreffen.

Roter Traminer (w) auch **Clevner** (Ortenau). Spielart des Gewürztraminer, die vor allem in der Ortenau und in der Steiermark zu finden ist. Immer interessant sind die Weine von Andreas Laible.

Ruländer (w) siehe **Grauer Burgunder**

Samtrot (r) Wohl eine Mutation aus dem Schwarzriesling, der vor allem in der Gegend um Heilbronn anzutreffen ist. Im Geschmack deutliche Verwandtschaft mit Spätburgunder und Schwarzriesling.

Sangiovese (r) Wichtigste rote Sorte in der Toskana. Wird versuchsweise auch in Deutschland angebaut, z.B. bei Bürklin-Wolf.

Sankt Laurent (r) auch : **Saint Laurent**. Eine ursprünglich fast ausschließlich in der Südpfalz anzutreffende Sorte, die inzwischen auch im Norden der Pfalz und in Rheinhessen, immer häufiger anzutreffen ist. Kleine Flächen auch in anderen deutschen Anbaugebieten, z.B. Kraichgau, Franken, Württemberg oder Kaiserstuhl (Weingut Otto Fischer). Sie ergibt eigenständige Rotweine mit guter Substanz und eindringlicher, fleischiger Frucht. In Zukunft sicherlich interessant auch für Cuvées (z.B. Philipp L von Lergenmüller). Im Burgenland weit verbreitet, auch in einigen osteuropäischen Ländern im Anbau.

Saphira (w) Pilzresistente Weißweinneuzüchtung aus Geisenheim, die man bei einigen rheinhessischen Winzern im Anbau findet. Aus Arnsburger (Kreuzung aus zwei Rieslingklonen) und Seyve Villard (Klon 1-72) gekreuzt. Im Bouquet sind die Weine eigenwillig blumig, im Mund dann recht neutral.

Sauvignon Blanc (w) Rebsorte von der Loire und aus Bordeaux, die weltweit verbreitet ist. In Deutschland seit 1830 beim Weingut Graf Wolff Metternich in Durbach angebaut. Heute immer häufiger in Deutschland zu finden, insbesondere in Baden (Ortenau, Kaiserstuhl, Bodensee) und der Pfalz; auch im Remstal erfreut sie sich steigender Beliebtheit (wo sie - angeblich - schon früher unter ihrem auch in der Steiermark verwendeten Namen Muskat-Sylvaner angebaut wurde). Überzeugender Wein von Schloss Ortenberg, auch von Johner. Leider allzu häufig bisher entweder recht neutrale oder aber blumige und süße (restsüße) Weine.

Scheurebe (w) Auch als Sämling 88 (in Österreich) bezeichnet. Zeichnet sich oft durch ihr Bouquet von schwarzen Johannisbeeren, auch Holunder und etwas Grapefruit aus. Für alle Weintypen geeignet, von trocken (Franken!, z.B. bei Ruck, aber auch bei Laible in der Ortenau) bis edelsüß (Keller, Laible). Ganz brillant oft als Eiswein (z.B. beim Weingut Pfeffingen - Fuhrmann-Eymael). In ganz Deutschland verbreitet, mit insgesamt mehr als 3.000 Hektar.

Schönburger (w) Eine vor allem in Rheinhessen gelegentlich anzutreffende Sorte, die im Bouquet ganz dezent an Muskat oder Traminer erinnert. Sie wurde in den dreißiger Jahren in Geisenheim gezüchtet.

Schwarzriesling (r) seltener auch: **Müllerrebe**. Der „Pinot Meunier" der Champagne wird in Deutschland vor allem in Württemberg, im Kraichgau (z.B. bei Hummel) und an der Badischen Bergstraße (Seeger) angebaut. Auch in der Pfalz, in Rheinhessen und in Franken ist er immer häufiger zu finden. Schwarzriesling eignet sich auch sehr gut zur Sektherstellung.

Septimer (w) In den zwanziger Jahren in Alzey aus Gewürztraminer und Müller-Thurgau gekreuzt. Heute kaum noch zu finden.

Siegerrebe (w) Vor allem in Rheinhessen verbreitete Rebsorte, die ganz exzellente edelsüße Weine ergeben kann, z.B. bei Neef-Emmich. Recht würzig im Bouquet.

Silcher (w) In den fünfziger Jahren in Weinsberg aus Kerner und Silvaner gezüchtet, ist Silcher vereinzelt in Württemberg und in Baden zu finden (Versuchsanbau).

Silvaner (w) auch: **Grüner Silvaner**. Silvaner, früher auch als „Franken" oder „Österreicher" bezeichnet, verdrängte im 19. Jahrhundert den dominierenden Elbling aus den Weinbergen und war bis in die sechziger Jahre des 20. Jahrhunderts die wichtigste Rebsorte in Deutschland. In allen deutschen Anbaugebieten zu finden, mit Schwerpunkten in Rheinhessen („RS-Rheinhessen-Silvaner"), Franken, Pfalz und am

Kaiserstuhl. Je nach Boden sehr unterschiedlich im Geschmack, ergibt Silvaner sehr gute Tischweine und teils brillante edelsüße Weine (Franken, immer öfter auch in Rheinhessen). Außerhalb Deutschlands findet man Silvaner z.B. im Elsass, in der Schweiz, in Österreich, in Südtirol (Eisacktal), sowie in den meisten osteuropäischen Weinbauländern.

Spätburgunder (r) auch: **Blauer Spätburgunder, Pinot Noir**. Die meistangebaute deutsche Rotweinsorte ist in Baden und an der Ahr die Nummer 1. Sie ist aber in allen deutschen Anbaugebieten zu finden. Sehr bekannt ist auch der Spätburgunder aus Assmannshausen im Rheingau. Auch die Spätburgunder in der Pfalz bringen Jahr für Jahr überzeugendere Ergebnisse, ebenso in Württemberg und in Franken (z.B. bei Fürst). Viele Spitzenweine kommen zur Zeit vom Kaiserstuhl. Noch zu wenig genutzt wird in Deutschland das Potential von Pinot Noir für Sekt. Sehr beliebt in Deutschland zur Zeit als Blanc de Noir, das heißt weißgekeltert (was vielleicht daran liegt, dass man allzu viele Weinfreunde unter der Bezeichnung Weißherbst mit Abfallprodukten malträtiert hat).

Syrah (r) Rhone-Sorte, die schon lange in Übersee für Furore sorgt und in den letzten Jahren versuchsweise auch bei deutschen Winzern zu finden ist (vor allem in der Pfalz, z.B. bei Knipser).

Tauberschwarz (r) Alte Rotweinsorte, die nur noch in einigen wenigen Weinbergen im Taubertal (z.B. bei Hofmann in Röttingen, wo man auch erstmals einen Tauberschwarz im Barrique ausgebaut hat) zu finden ist. Sie ergibt leichte, recht helle Rotweine mit feinem Duft.

Tempranillo (r) Die bekannte spanische Rotweinsorte findet sich in der Pfalz im Versuchsanbau.

Trollinger (r) In Südtirol als Vernatsch (oder Schiava) in mehreren Spielarten bekannt, spielt Trollinger in Deutschland nur in Württemberg eine wichtige Rolle, wo er die meistangebaute Rebsorte ist. Ganz selten einmal in der Südpfalz anzutreffen. Manche Erzeuger versuchen heute weichere, sanftere Weine zu erzeugen. Ich persönlich sehe das Potenzial von Trollinger vor allem darin „internationale Roséweine" zu erzeugen, d.h. nicht die traditionellen Trollinger Weißherbste, sondern frucht- und farbintensivere Rosés. Interessant auch als Sekt.

Weißer Burgunder (w) auch **Weißburgunder**, international als Pinot Blanc bezeichnet. Zur Zeit die weiße „In-Sorte" in Deutschland mit den stärksten Zuwachsraten von allen Weißweinsorten. In allen Anbaugebieten im Vormarsch mit zunehmend interessanteren Weinen, auch barriqueausgebaut, aus vielen Anbauregionen. Die meisten Topweine kommen zur Zeit vom Kaiserstuhl, aber auch sonst in Baden bringt er sehr gute Ergebnisse, wie z.B. im Markgräflerland. Immer besser werden auch die Weißburgunder aus der Südpfalz und aus Franken. Außerhalb Deutschlands vor allem im Elsass und in Norditalien (Südtirol, Trentino, Friaul, Franciacorta) zu finden, aber auch in Österreich und den meisten osteuropäischen Anbaugebieten.

Würzer (w) In den dreißiger Jahren in Alzey aus Gewürztraminer und Müller-Thurgau gekreuzt. Vor allem in Rheinhessen noch zu finden, mit feinem Bouquet, das manchmal etwas an Muskat, ein anderes Mal wieder mehr an Traminer erinnert. Gutes Potential für edelsüße Weine, die hervorragend geraten können, wie z.B. 1999 die Beerenauslese von Sitzius.

Zähringer (w) Freiburger Kreuzung aus Traminer und Riesling. Hat sich nicht durchgesetzt und ist heute so gut wie gar nicht mehr zu finden.

Zweigelt (r) auch: **Zweigeltrebe, Blauer Zweigelt**. In den zwanziger Jahren in Klosterneuburg in Österreich aus Blaufränkisch und Sankt Laurent gekreuzt. Erfolgreichste Neuzüchtung in Österreich, wo sie vor allem im Burgenland angebaut. Immer häufiger auch in Ungarn zu finden. In Deutschland vor allem bei einzelnen Winzern in Württemberg (vor allem im Remstal) im Anbau, wo sie sowohl reinsortig als auch in Cuvées sehr interessante Weine ergibt (z.B. bei Haidle oder Jürgen Ellwanger). Auch im Anbaugebiet Saale-Unstrut zu finden.

Ökologisch arbeitende Betriebe

Was ist ökologischer Anbau? Dies ist seit 1991 von einer EG-Verordnung definiert und wird in Deutschland von einer unabhängigen Kontrollstelle überwacht. Solchermaßen kontrollierte Weine tragen auf dem Etikett eine Kontrollnummer in der Form „DE-xxx Öko-Kontrollstelle".

Die EG-Verordnung definiert Ökologie im Weinbau mit

- Verzicht auf chemisch-synthetische Spritzmittel
- Verzicht auf Unkrautvernichtungsmittel
- Einsatz von organischem Dünger

Bezeichnungen wie umweltschonend, naturnah, kontrolliert oder integriert sind nicht geschützt und hierbei handelt es sich nicht um ökologischen Anbau. Der Verein kontrolliert umweltschonender Weinbau in Rheinland-Pfalz hat dazu beigetragen, das Bewusstsein für ökologische Themen im Weinbau zu schärfen. Aber ganz deutlich: hier handelt es sich nicht um ökologischen Weinbau!

Die meisten ökologisch wirtschaftenden Betriebe sind in einem der folgenden Verbände organisiert:

ECOVIN ist das Markenzeichen des Bundesverbandes Ökologischer Weinbau, dem heute knapp 200 Mitglieder mit etwa 900 Hektar Rebfläche angehören.

Bioland hat seine Wurzeln in den zwanziger Jahren des letzten Jahrhunderts und existiert seit 1987 als Markenzeichen.

Naturland wurde 1982 gegründet, der Fachverband Wein 1993 in Kooperation mit dem Verband Deutscher Prädikats- und Qualitätsweingüter (VDP).

Demeter basiert auf den Ideen von Rudolf Steiner, der zu Beginn des letzten Jahrhunderts bereits den „biologisch-dynamischen" Landbau propagierte. Dabei werden auch immaterielle Einflüsse wie beispielsweise die Mondphasen berücksichtigt.

GÄA ist in den achtziger Jahren aus der oppositionellen Umweltbewegung in der ehemaligen DDR entstanden. GÄA verbindet ökologisch-dynamische mit organisch-biologischen Prinzipien. Zur Zeit sind nur zwei Weinbaubetriebe Mitglied bei GÄA.

Ökologisch wirtschaftende Betriebe werden in diesem Buch gekennzeichnet mit dem Symbol ♣.

★★★★★
Weltklasse, internationale Spitzenerzeuger

Rheinhessen
Weingut **Wittmann** (Naturland)

★★★★
Hervorragende Erzeuger

Baden
Weingut H × **PIX** × R (Bioland)
Weingut Stadt Lahr - Familie **Wöhrle** (Ecovin)

Mosel-Saar-Ruwer
Weingut Clemens **Busch** (Ecovin)

Württemberg
Schlossgut **Hohenbeilstein** (Ecovin)

★★★
Sehr gute Erzeuger

Baden
HOFGUT **CONSEQUENCE** (Ecovin)
Weingut **Lämmlin-Schindler**

Nahe
Weingut **Hahnmühle**

Pfalz
Weingut Heiner **Sauer** (Bioland)
Rheingau
Weingut Graf von **Kanitz** (Ecovin)
Rheinhessen
Weingut Klaus **Knobloch** (Ecovin)
Weingut Freiherr **Heyl zu Herrnsheim**
Württemberg
Staatsweingut **Weinsberg*** (Naturland)

★★
Gute Erzeuger

Baden
Weingut Hügle - **Kirchberghof** (Ecovin)
Weingut Ulrich **Klumpp** (Ecovin)
Biologisches Weingut **Schambachhof**
Mittelrhein
Weingut Martina & Dr. Randolf **Kauer** (Ecovin)
Mosel-Saar-Ruwer
Weingut Frank **Brohl** (Ecovin)
Pfalz
Weingut **Eymann**
Weingut Georg **Siben** Erben (Naturland)
Rheinhessen
Weingut Brüder Dr. **Becker** (Ecovin)
Weingut **Hirschhof** (Ecovin)
Weingut Jakob **Neumer** (Ecovin)
Weingut **Sander** (Naturland, Ecovin)
Weingut Eugen **Schönhals** (Ecovin)
Weingut Eckhard **Weitzel** (Ecovin)
Weingut Arndt F. **Werner** (Ecovin, Bioland)
Württemberg
Weingut **Schäfer-Heinrich** (Ecovin)
Weingut **Siglinger** (Ecovin)

★
Überdurchschnittliche, zuverlässiger Erzeuger

Ahr
Weingut **Maibachfarm** (Bioland)
Baden
Öko Wein & Sektgut **Gretzmeier** (Ecovin)
Wein- und Sektgut **Harteneck** (Ecovin)
Ökologisches Wein- und Sektgut Hermann **Helde & Sohn** (Ecovin)
Weingut **Trautwein** (Bioland)
Winzergenossenschaft **Wasenweiler*** (Ecovin)
Mosel-Saar-Ruwer
Weingut Ernst **Hein**
Weingut **Laurentiushof** (Ecovin)
Weingut **Melsheimer** (Ecovin)
Weingut Peter **Mentges** (Ecovin)
Nahe
Prinz zu **Salm-Dalberg'sches** Weingut (Naturland)
Pfalz
Weingut **Fippinger-Wick** (Ecovin)
Weingut **Janson Bernhard** (Ecovin)
Weingut Dr. Andreas **Kopf** (Bioland)
Weingut Martin **Schwab** (Bioland)
Rheingau
Weingut **Troitzsch-Pusinelli** (Ecovin)
Rheinhessen
Weingut E. **Weidenbach** (Ecovin)
Sachsen
Weingut **HofLössnitz** (GÄA)
Württemberg
Weingut Andreas **Stutz** (Ecovin)

* nur ein Teil der Produktion aus ökologischem Anbau

Die besten deutschen Weinerzeuger und ihre Weine von A bis Z

Weingut
Abril ★★★
Baden

Talstraße 9, 79235 Vogtsburg-Bischoffingen
Tel. 07662-255, Fax: 07662-6076
www.abril.de
weingut@abril.de
Inhaber: Hans-Friedrich Abril
Rebfläche: 6,5 Hektar
Besuchszeiten: Mo.-Fr. 8-12 + 14-18 Uhr,
Sa. nach Vereinbarung

Die Familie Abril betreibt seit 1740 Weinbau in Bischoffingen am Kaiserstuhl. Hans-Friedrich Abril führt heute in achter Generation den Betrieb. Er hat in zwei Drittel seiner Weinberge Burgundersorten stehen, ergänzt um Sorten wie Müller-Thurgau, Silvaner und Riesling. Seine Weinberge liegen in den Bischoffinger Lagen Enselberg (wo er knapp die Hälfte der ursprünglich etwa zwei Hektar, die der heute 90 Hektar großen Lage den Namen gegeben hat), Steinbuck und Rosenkranz, sowie im Schelinger Kirchberg. Die Weine werden langsam und temperaturgeführt vergoren, vorwiegend in kleinen Holzgebinden. Ausgesuchte Weiß- und Rotweine baut Hans-Friedrich Abril im Barrique aus, auch wenn die Nachfrage nach barriqueausgebauten Weinen - die mir bei ihm schon immer besonders gut gefallen haben - laut Hans-Friedrich Abril nicht sehr groß ist. Für die Spätburgunder Auslese aus dem Jahrgang 2000 hat er erstmals Barriques aus französischer Eiche verwendet.

2000 war für Hans-Friedrich Abril durch die starke Fäulnis ein sehr problematischer Jahrgang. 2001 waren alle Weißweine wunderschön klar und fruchtbetont, die Spätburgunder aus dem Jahrgang 2000 waren zwar zugegebenermaßen etwas eigenwillig, gehörten aber zu den besten und interessantesten Rotweinen in Deutschland. Ähnlich nun das Bild der neuen Kollektion: feine weiße Kabinettweine, dazu zwei eigenwillige, alkoholreiche Spätburgunder.

87 ▶ 2002 Weißer Burgunder Kabinett trocken Bischoffinger Enselberg feine klare zurückhaltende Frucht; gute Harmonie im Mund, konzentriert, sehr klare Frucht (7,50 €)

86 ▶ 2002 Scheurebe Kabinett trocken Schelinger Kirchberg herrlich klare Frucht, Cassis; harmonisch im Mund, gute etwas süße Frucht, sehr klar (5,90 €)

85 ▶ 2002 Rosé Kabinett trocken Bischoffinger Rosenkranz feine Frische, Würze, zurückhaltende Frucht; harmonisch im Mund, gute Frucht, klar (6,20 €)

86 ▶ 2001 Spätburgunder Spätlese trocken Barrique Bischoffinger Steinbuck feine Würze, klare Frucht; viel süße reife Frucht im Mund, Frische, süffig (12,50 €)

88 ▶ 2001 Spätburgunder Auslese trocken Barrique Bischoffinger Enselberg gute Würze und Konzentration, klare jugendliche Frucht; füllig, viel süße reife Frucht, schmeichelnd, herrlich süffig (25 €)

Weitere Weine: 82 ▶ 2002 Silvaner Kabinett trocken Bischoffinger Enselberg ■

Winzergenossenschaft
Achkarren ★★
Baden

Schloßbergstraße 2, 79235 Vogtsburg-Achkarren
Tel. 07662-93040, Fax: 07662-930493
www.achkarrer-wein.com
info@winzergenossenschaft-achkarren.de
Geschäftsführer: Waldemar Isele
Verkaufsleiter: Florian Graner
Rebfläche: 150 Hektar
Mitglieder: 350
Besuchszeiten: Mo.-Fr. 8-12 + 13:30-17 Uhr
und April-Dez. Sa. 9-13 Uhr
Weinproben nach Voranmeldung
(bis 250 Personen)

Wichtigste Rebsorten bei den Mitgliedern der 1929 gegründeten Genossenschaft von Achkarren am Kaiserstuhl sind Grauburgunder und Spätburgunder. Hinzu kommen insbesondere Müller-Thurgau, Weißburgunder und Silvaner. Die Weinberge liegen in den beiden Achkarrer Einzellagen Schlossberg, vorwiegend mit Vulkanverwitterungsböden, und Castellberg, vorwiegend mit Löss-Lehmböden. Ausgewählte Weine werden in der Reihe „Bestes Fass" vermarktet.

In den letzten beiden Jahren überzeugte die Kollektion mehr durch ihre Geschlossenheit denn durch einzelne Spitzen. Gleiches gilt für die neue Kollektion in der mir die trockene Grauburgunder Spätlese (wie schon im vergangenen Jahr) zusammen mit dem barriqueausgebauten Spätburgunder am besten gefällt.

87 ▶ **2002 Grauer Burgunder Spätlese trocken „Bestes Fass" Achkarrer Schlossberg** reife klare Frucht, gute Konzentration, herrlich eindringlich; viel Frucht, Fülle, sehr klar, kompakter Grauburgunder (8,95 €)

85 ▶ **2002 Chardonnay trocken „Bestes Fass" Achkarrer Schlossberg** gute Konzentration, klare Frucht; süß, geschmeidig, herrlich süffig (7,50 €)

85 ▶ **2002 Scheurebe Kabinett Achkarrer Schlossberg** frische klare Frucht im Bouquet, ein wenig Cassis; frisch, klar, gute süße Frucht (5,20 €)

85 ▶ **2001 Spätburgunder trocken Barrique „Bestes Fass" Achkarrer Schlossberg** feine rauchige Spätburgunderfrucht im Bouquet, sehr klar; gute Harmonie, kompakt, klare Frucht (9,50 €)

85 ▶ **2002 „Diavolo" Rotwein-Cuvée trocken „Bestes Fass" Achkarrer Schlossberg** reife Frucht im Bouquet, rote Beeren; gute Harmonie im Mund, klare Frucht, Tanninen und Biss (11,90 €)

87 ▶ **2001 Pinot Noir trocken Barrique „Bestes Fass" Achkarrer Schlossberg** konzentriert im Bouquet, würzige sehr eindringliche Frucht; gute Harmonie, sehr klare Frucht, Biss (13,50 €)

Weitere Weine: 83 ▶ 2002 Grauer Burgunder Kabinett trocken Achkarrer Castellberg ▪ 82 ▶ 2001 Ruländer Spätlese „Bestes Fass" Achkarrer Schlossberg ▪ 82 ▶ 2001 Ruländer Auslese „Bestes Fass" Achkarrer Schlossberg ▪ 83 ▶ 2001 Muskateller Auslese „Bestes Fass" Achkarrer Schlossberg ▪ 83 ▶ 2001 Spätburgunder trocken „Bestes Fass" Achkarrer Schlossberg ▪

Weingut Ackermann ★
Pfalz

Oberdorfstraße 40, 76831 Ilbesheim
Tel. 06341-30664, Fax: 06341-32547
www.weingut-ackermann.de
email@weingut-ackermann.de
Inhaber: Karl-Heinz Ackermann
Rebfläche: 12,5 Hektar
Besuchszeiten: nach Vereinbarung
Ferienwohnung

Das Weingut Ackermann war ursprünglich ein landwirtschaftlicher Gemischtbetrieb, der sich seit Mitte der sechziger Jahre auf Weinbau spezialisierte. Mit der Aussiedelung an den Ortsrand von Ilbesheim 1972 begann man die Selbstvermarktung zu forcieren. Etwa die Hälfte der Produktion wird heute selbst vermarktet (ca. 40.000 Flaschen im Jahr). Aus dem Ertrag von einem Hektar Obst werden in der eigenen Brennerei Edelbrände hergestellt. Neben Weinbergen in Ilbesheim besitzt Karl-Heinz Ackermann auch Weinberge in Eschbach und Leinsweiler. Riesling und Müller-Thurgau sind die wichtigsten Rebsorten, wobei in jüngster Zeit vermehrt Burgundersorten gepflanzt wurden. Chardonnay wird seit sechs Jahren angebaut. Andere Sorten wie Sauvignon Blanc, Merlot, Cabernet Franc und Cabernet Dorsa sind bereits gepflanzt, aber noch nicht in Ertrag. Die Weißweine werden reduktiv im Edelstahl ausgebaut, lediglich der Chardonnay wird auch im Holzfass - in der Regel zu einem Drittel - ausgebaut. Die Rotweine kommen nach der Maischegärung ins Holzfass. Seit 2000, mit Beendigung seiner Weinbautechnikerausbildung in Bad Kreuznach, ist Frank Ackermann im Betrieb tätig. Während er für den Keller verantwortlich ist, kümmert sich sein Vater Karl-Heinz Ackermann um den Außenbetrieb.

Im vergangenen Jahr hatten mich Vater und Sohn Ackermann mit einer sehr gleichmäßigen, überzeugenden Kollektion überrascht, darin einige Schnäppchen, und im Jahrgang 2002 folgt eine ebenso überzeugende Leistung nach.

84 ▶ **2002 Weißburgunder Classic** frisch, klar, weiße Früchte; gute Harmonie, sehr klare Frucht (4 €)

84 ▶ **2002 Grauburgunder Classic** klare Frucht, sehr reintönig, gelbe Früchte; weich, klar, gute süße Frucht, Biss (4 €)

86 ▶ **2002 Riesling Spätlese trocken Ilbesheimer Rittersberg** frisch, klar, feine Rieslingfrucht; harmonisch im Mund, klare süße Frucht (5,40 €)

86 ▶ **2002 Riesling Spätlese „S" Ilbesheimer Rittersberg** gute Konzentration, würzige jugendliche Frucht; süß im Mund, geschmeidig, wunderschön süffig (6 €)

84 ▶ **2001 Spätburgunder trocken Ilbesheimer Rittersberg** frisch, klar, feine Frucht, rauchige Noten; gute Harmonie, klare Frucht (4,90 €)

Weitere Weine: 82 ▶ 2002 Chardonnay Spätlese trocken Ilbesheimer Rittersberg ■ **82** ▶ 2002 Riesling halbtrocken ■ **81** ▶ 2002 „Free Run" Spätburgunder Weißherbst Kabinett halbtrocken ■

Weingut Ackermann ★
Mosel-Saar-Ruwer

◆ Chur-Kölnerstraße 19,
54492 Zeltingen-Rachtig
Tel. 06532-2763, Fax: 06532-1617
www.ackermann-weingut.de
weingut-ackermann@t-online.de
Inhaber: Harald und Anne Junglen
Rebfläche: 2,5 Hektar
Besuchszeiten: nach Vereinbarung,
Ferienwohnung

Harald und Anne Junglen, geborene Ackermann, bewirtschaften seit zehn Jahren das Weingut Ackermann in Zeltingen-Rachtig. Ihre Weinberge, fast alle in Steillagen, befinden sich in den Zeltinger Lagen Himmelreich, Schlossberg und Sonnenuhr.

84 ▶ **2002 Riesling Spätlese Zeltinger Schlossberg** würzige Rieslingfrucht, klar und direkt; feine süße Frucht, Frische, viel Biss (5,50 €)

85 ▶ **2002 Riesling Spätlese Zeltinger Sonnenuhr** gute Würze, eindringliche klare Frucht; viel süße Frucht im Mund, klar, feiner Biss (5,50 €)

88 ▶ **2002 Riesling Eiswein Zeltinger Himmelreich** süße Zitrusfrüchte im Bouquet, sehr direkt; viel süße Frucht im Mund, feine Frische, klar und lang (16 €/0,375l)

Weitere Weine: 83 ▶ 2002 Riesling Spätlese trocken Zeltinger Schlossberg ■ **81** ▶ 2002 Riesling Hochgewächs Zeltinger Schlossberg ■ **82** ▶ 2002 Riesling Kabinett Zeltinger Himmelreich ■

Weingut Graf **Adelmann** ★★★
Württemberg

Burg Schaubeck, 71711 Steinheim-Kleinbottwar
Tel. 07148-92122-0, Fax: 07148-92122-25
www.graf-adelmann.com
weingut@graf-adelmann.com
Inhaber: Michael Graf Adelmann
Rebfläche: 17,38 Hektar
Besuchszeiten: Mo.-Fr. 9-12 + 14-18 Uhr,
Sa. 9-13 Uhr

Weinbau auf der Burg Schaubeck ist bereits im 13. Jahrhundert nachgewiesen. Das Gros der Weinberge von Graf Adelmann liegt in Kleinbottwar. Dort hat Graf Adelmann zwei Weinbergslagen in Alleinbesitz: den Oberen Berg und den Süßmund. Das Weingut Graf Adelmann gehört seit vielen Jahren zur Spitze in Württemberg. In den letzten Jahren versucht Graf Adelmann mit Cuvées neue Akzente zu setzen.

Diese Cuvées haben in den letzten beiden Jahren zugelegt. Ausgerechnet im problematischen Jahrgang 2000 waren die Weine wesentlich harmonischer und ausdrucksstärker geworden. Der Carpe Diem gehörte zu den besten Rotweinen des Jahrgangs in Württemberg, ebenso wie der Löwe von Schaubeck genannte Lemberger, der einer der wenigen herausragenden Lemberger dieses Jahrgangs war. In der aktuellen Kollektion nun gefällt mir die Spitzen-Cuvée von Graf Adelmann, Vignette genannt, am besten, eine der besten roten Cuvées in Deutschland - und wiederum ein Wein aus dem Jahrgang 2000. Aber auch der Rest der Kollektion überzeugt, vom preisgünstigen Sylvaner Kabinett bis zum Muskattrollinger Eiswein.

87 ▶ 2002 Sylvaner Kabinett trocken Kleinbottwarer Oberer Berg sehr klare Frucht, weiße Früchte, feines Bouquet; gute Harmonie, Frische, klare Frucht, feiner Silvaner (5,80 €)

86 ▶ 2002 Grauburgunder trocken gute Konzentration, sehr klare reife Frucht; harmonisch, klar, gute Frucht, feiner Grauburgunder (8,70 €)

88 ▶ 2002 Riesling Spätlese „Brüssele'r Spitze" Kleinbottwarer Süßmund konzentriert, herrlich eindringliche klare Frucht; konzentriert auch im Mund, viel Frucht, klar, gute Harmonie (16,25 €)

84 ▶ 2001 Muskattrollinger Rosé feine Muskatnote, sehr klar; frisch, direkt, klare Frucht und Biss (7,40 €)

89 ▶ 2001 Muskateller Eiswein Rosé konzentriert, herrlich eindringlich, ein wenig Kaffee; füllig, konzentriert, enorm dick, viel süße Frucht, Kaffee (69,60 €/0,375l)

84 ▶ 2002 Muskattrollinger trocken feine Muskatfrucht, sehr klar und direkt; frisch, klar, feine Frucht (8,90 €)

84 ▶ 2002 Urban trocken Kleinbottwarer Oberer Berg würzig, direkt, etwas Kirschen; klare Frucht, Kirschen, gute Harmonie, Biss (9,90 €)

85 ▶ 2001 „Herbst im Park" Rotwein trocken Lemberger, Samtrot und Dornfelder; rauchige Noten im Bouquet, reife rote und dunkle Früchte, duftig; füllig, gute Frucht, konzentriert (15,25 €)

87 ▶ 2001 „Der Löwe von Schaubeck" Lemberger trocken gute Konzentration, sehr reintönige Frucht, rote Früchte; kraftvoll im Mund, klare Frucht, viel Struktur und Nachhall (16,50 €)

89 ▶ 2000 „Cuvée Vignette" Rotwein trocken Lemberger, Cabernet Sauvignon, Samtrot und Dornfelder; viel reife süße Frucht, herrlich konzentriert, eindringlich, feiner Toast; kraftvoll im Mund, feine Frucht, Struktur, jugendlich, Nachhall (33,65 €)

Weitere Weine: 83 ▶ 2002 Riesling Kabinett trocken Kleinbottwarer Süßmund ■

Weingut Carl **Adelseck** ★★
Nahe

Saarstraße 41, 55424 Münster-Sarmsheim
Tel. 06721-97440, Fax: 06721-974422
www.adelseck.de
info@adelseck.de
Inhaber: Carl und Jens Adelseck
Rebfläche: 11 Hektar
Besuchszeiten: nach telefonischer Absprache

Wichtigste Rebsorte beim Weingut Carl Adelseck in Münster-Sarmsheim ist Riesling mit einem Anteil von 40 Prozent. Es folgen Spätburgunder, Scheurebe, Portugieser und Dornfelder. Die Weinberge befinden sich unter anderem in den bekannten Münsterer Lagen Pittersberg und Dautenpflänzer, sowie im Laubenheimer Karthäuser. 70 Prozent der Weinberge befinden sich in Steil- oder Hanglagen. Etwa zwei Drittel der Weine werden trocken oder halbtrocken ausgebaut. Aus Riesling und Scheurebe wird auch Sekt erzeugt.

Der Jahrgang 2000 war ein klarer Schritt voran mit überzeugenden Rieslingen und herrlich süffigen restsüßen Weinen. Im Folgejahrgang setzte sich dieser Aufwärtstrend fort: Carl und Jens Adelseck hatten eine durchweg überzeugende Kollektion. 2002 überzeugen vor allem die Rieslinge.

84 ▶ 2002 Riesling trocken frisch, direkt, klare Frucht; gute Frucht, harmonisch, unkompliziert (3,90 €/1l)

86 ▶ 2002 Riesling trocken Münsterer Pittersberg frisch, klar, etwas Würze, feine Frucht; lebhaft, klare Frucht, süffig (4,60 €)

84 ▶ 2002 Riesling halbtrocken Laubenheimer Vogelsang frisch, klar, feine Frucht; klar und direkt im Mund, gute süße Frucht (4,40 €)

86 ▶ 2002 Riesling Selection Münsterer Dautenpflänzer würzig, leicht streng, gute Konzentration; kraftvoll im Mund, klare reife Frucht (7,90 €)

88 ▶ 2002 Riesling Selection Laubenheimer Karthäuser gute Konzentration, herrlich klare reife Rieslingfrucht; kompakt, klare jugendliche Frucht, eindringlich (8,90 €)

85 ▶ 2002 Scheurebe Spätlese Burg Layer Schlosskapelle feine Würze, klare Frucht, Cassis; frisch, klar, viel süße Frucht, süffig (5,60 €)

86 ▶ 2002 Riesling Spätlese Sarmsheimer Liebeshöll gute Konzentration im Bouquet, jugendliche Frucht; frisch, direkt, klare süße Frucht (5,60 €)

Weitere Weine: 81 ▶ 2002 Chardonnay trocken ■ 82 ▶ 2002 Riesling Classic ■ 82 ▶ 2002 Riesling Spätlese halbtrocken Münsterer Kapellenberg ■ 82 ▶ 2002 Spätburgunder trocken ■ 83 ▶ 2001 Cabernet Sauvignon trocken ■

Weingut J.J. **Adeneuer** ★★★
Ahr

Max-Planck-Straße 8
53474 Bad Neuenahr-Ahrweiler
Tel. 02641-34473, Fax: 02641-37379
jjadeneuer@t-online.de
Inhaber: Frank und Marc Adeneuer
Rebfläche: 8,7 Hektar
Besuchszeiten: Mo.-Fr. 9-12 + 13-18 Uhr, Sa. 10-15 Uhr

Das Weingut Adeneuer, das heute von den Brüdern Frank und Marc Adeneuer geführt wird, baut ausschließlich Rotwein an. Neben dem dominierenden Spätburgunder, der 80 Prozent der Fläche einnimmt, gibt es etwas Frühburgunder, Portugieser und Dornfelder. Die kleine Einzellage Walporzheimer Gärkammer (0,67 Hektar) gehört dem Weingut Adeneuer in Alleinbesitz.

Die letzten Jahrgänge brachten bei den Brüdern Adeneuer recht gleichmäßige Qualität, wobei mir der 98er Jahrgang hier am besten gefallen hatte - anders als bei den meisten anderen Ahrwinzern, wo meist der 99er Jahrgang die herausragenden Weine brachte. Noch besser fand ich die Kollektion aus dem Jahrgang 2001. Alle Weine waren herrlich klar und fruchtbetont, machten viel Spaß! Die neue Kollektion präsentiert sich sehr geschlossen, alle Spätburgunder sind sehr klar in der Frucht.

86 ▶ **2002 Spätburgunder trocken Blanc de Noir Ahrtaler Landwein** feine Würze, verhaltene Frucht; frisch, klar, feine Frucht, Biss (6,70 €)

86 ▶ **2002 Spätburgunder Weißherbst trocken** feine Würze, klare Frucht, etwas Kirschen; weich, klar, gute Frucht und Harmonie (5,90 €)

85 ▶ **2002 Spätburgunder trocken Ahrweiler Forstberg** gute Konzentration, sehr klare jugendliche Frucht; klar, direkt, feine Frucht und Biss (6,90 €)

84 ▶ **2002 Spätburgunder trocken „J.J. Adeneuer"** frisch, klar, feine Würze und Frucht; gute Harmonie, klare Frucht (9,20 €)

84 ▶ **2001 Dornfelder trocken** sehr klare jugendliche Frucht, feine Würze; frisch, klar, verhaltene Frucht, Tannine, kompakt (13,50 €)

86 ▶ **2002 Spätburgunder trocken „J.J. Adeneuer N°2"** klare reife Frucht, ganz leicht rauchige Noten; klar, herrlich viel Frucht, Vanille, eleganter Spätburgunder (13 €)

86 ▶ **2002 Spätburgunder trocken Walporzheimer Gärkammer** reife süße rote Früchte, eindringlich; klar, feine Frucht und Frische, gute Harmonie (13 €)

87 ▶ **2002 Spätburgunder Auslese trocken Walporzheimer Gärkammer** reife Frucht, rauchige Noten, klar und eindringlich; füllig, harmonisch, viel Frucht (18,40 €)

87 ▶ **2001 Spätburgunder Auslese trocken Goldkapsel „J.J. Adeneuer N°1"** klare reife Frucht, gute Konzentration, Gewürznoten; reife klare Frucht, kompakt, sehr tanninbetont im Abgang, jugendlich (87+? Punkte) (35 €)

Affentaler ★★
Winzergenossenschaft Bühl
Baden

Betschgräblerplatz, 77815 Bühl-Eisental
Tel. 07223-9898-0, Fax: 07223-9898-30
www.affentaler.de
info@affentaler.de
Geschäftsführer: Dr. Ralf Schäfer
Rebfläche: 245 Hektar
Mitglieder: 950
Besuchszeiten: Mo.-Fr. 8-18 Uhr, Sa. 9-13 Uhr, So. 10-14 Uhr

1973 haben sich die Genossenschaften von Eisental, Altschweier und Bühl-Kappelwindeck mit dem 1908 gegründeten „Naturweinbauverein Affental" zur Affentaler Winzergenossenschaft zusammengeschlossen. Die Affentaler Winzergenossenschaft hat heute 950 Mitglieder. Riesling nimmt gut die Hälfte der Rebfläche ein, hinzu kommt über ein Drittel an Spätburgunder. Daneben gibt es noch Müller-Thurgau, Weiß- und Grauburgunder, sowie Traminer. Die Weinberge der Mitglieder befinden sich in den Lagen Eisentäler Betschgräbler, Altschweierer Sternenberg, Bühler Wolfhag und Huber Althof. Die Reben wachsen hier auf Urgesteinsverwitterungsböden mit ausgeprägten Humusanteilen. Im südlichen Einzugsbereich findet man verwitterten Buntsandstein. 80 Prozent der Weinberge liegen in Steillagen mit bis zu 65 Prozent Hangneigung.

Sowohl Riesling als auch Spätburgunder haben in den letzten Jahren stetig an Konstanz gewonnen. Meist waren zuletzt die Betschgräbler meine Favoriten unter den Rieslingen von Kellermeister Leo Klär. Schon im vergangenen Jahr konnte ich eine Steigerung feststellen. Auch die neue Kollektion gefällt mir wieder besser mit vielen wunderschön fruchtbetonten Weinen, weiß wie rot.

Weingut **Ahnenhof** ★
Hermann Müller Erben
Rheinhessen

Walther-Rathenau-Straße 33, 67574 Osthofen
Tel. 06242-1448, Fax: 06242-6908,
www.ahnenhofwein.de
ahnenhof@t-online.de
Inhaber: Hermann Müller
Rebfläche: 17,5 Hektar
Besuchszeiten: Mo.-Fr. 8-12 + 13-18 Uhr,
Sa. 8-17 Uhr

Hermann Müller hat den Ahnenhof in Osthofen 1988 von seinem Vater Ernst übernommen. Als typischer rheinhessischer Betrieb hat der Ahnenhof von Riesling bis hin zu vielen Neuzüchtungen ein breites Rebsortensortiment.

Wie schon in den vergangenen Jahren ist auch die neue Kollektion von Hermann Müller von sehr gleichmäßiger Qualität.

84 ▶ **2002 Riesling trocken Eisentaler Betschgräbler** frisch, klar, feien Rieslingfrucht; geschmeidig im Mund, gute Frucht und Biss (4,80 €/1l)

85 ▶ **2002 Weißer Burgunder trocken „Primus"** frisch, klar, gute Konzentration; gute klare Frucht im Mund, kraftvoll (6,40 €)

84 ▶ **2002 Grauer Burgunder trocken „SLK"** klare Frucht; konzentriert, zupackend, gelbe Früchte (9,20 €)

84 ▶ **2002 Riesling trocken „Primus"** reife klare Frucht im Bouquet; etwas Frische, klare Frucht, kompakt (5,30 €)

87 ▶ **2002 Riesling trocken „SLK"** klare konzentrierte Rieslingfrucht; herrlich kraftvoll im Mund, klar und zupackend (6,80 €)

88 ▶ **2002 Riesling Spätlese trocken Eisentaler Betschgräbler** wunderschön reintönige Frucht, feines Bouquet; frisch, klare Frucht, zupackend, gute Konzentration (5,90 €)

86 ▶ **2002 Traminer „SLK"** etwas Litschi, süße Aprikosen; harmonisch, gute Fülle und süße Frucht (6,40 €)

88 ▶ **2002 Riesling Eiswein „SLK"** konzentriert, reife süße Aprikosen, dominant; enorm süß und konzentriert, wiederum eingelegte süße Aprikosen, nachhaltig (13,50 €/0,375l)

85 ▶ **2001 Spätburgunder Auslese trocken „SLK" Affentaler** rauchig-würzige Noten, reife Frucht; gute Fülle im Mund, reife süße Frucht (19,90 €)

87 ▶ **2001 Spätburgunder Auslese trocken „SLK" Barrique Affentaler** herrlich konzentriert, würzig, klare eindringliche Frucht, dominant; viel süße Frucht, klar, rauchig, gute Fülle und Struktur (19,90 €)

Weitere Weine: 81 ▶ 2001 Spätburgunder Beerenauslese Barrique Affentaler ▪ **83** ▶ 2002 Spätburgunder trocken „Primus" Affentaler ▪

85 ▶ **2002 Gewürztraminer Spätlese** süß, konzentriert, Rosen, sehr eindringlich; viel süße Frucht im Mund, dominant, klar (5,10 €)

Weitere Weine: 82 ▶ 2002 Riesling Kabinett trocken Osthofener Kirchberg ▪ **80*** ▶ 2000 Weißer Burgunder Spätlese trocken ▪ **82** ▶ 2001 Grauer Burgunder Spätlese trocken ▪ **82** ▶ 2002 Silvaner halbtrocken ▪ **81** ▶ 2001 Spätburgunder halbtrocken Blanc de Noir ▪ **83** ▶ 2002 Saint Laurent trocken ▪ **83** ▶ 2001 Rotwein Cuvée ▪

Ahr ★
Winzer
Ahr

Heerstraße 91-93,
53474 Bad Neuenahr-Ahrweiler
Tel. 02641-94720, Fax: 02641-947294
www.ahrwinzer-eg.de
ahr-winzer-eg@t-online.de
Geschäftsführer: Ernst Bender
Kellermeister: Günter Schüller
Rebfläche: 140 Hektar
Mitglieder: 570
Besuchszeiten: Bad Neuenahr: Mo-Fr. 8-18 Uhr, Sa. 8-12 Uhr; Dernau: Mo.-Fr. 8-12 + 13-18 Uhr, Sa./So. 10-12 + 13-17:30 Uhr
Gaststätte Weinbau-Verein, Dernau (Ahrweg 7)

Die „Ahr Winzer" entstanden 1970 durch Fusion der beiden Dernauer Genossenschaften, der sich in den folgenden Jahren die Winzervereine von Bachem, Heimersheim, Bad Neuenahr und Rech anschlossen. Die so entstandene Genossenschaft bewirtschaftet heute gut ein Viertel der gesamten Weinberge der Region. Klare Nummer 1 unter den Rebsorten ist der Spätburgunder mit einem Anteil von mehr als zwei Drittel an der bewirtschafteten Fläche. Danach folgt Portugieser, sowie als meistangebaute Weißweinsorte Müller-Thurgau mit gerade einmal 5 Prozent.

Einen deutlichen Schritt nach vorne bedeutete für die Ahrwinzer die Kollektion vor zwei Jahren, mit herrlich fruchtbetonten, reintönigen 99er Weinen, allen voran der barriqueausgebaute Frühburgunder Bachemer Karlskopf (88). Da kamen die 2000er - jahrgangsbedingt - nicht ganz heran: zwar allesamt schön fruchtbetont, waren sie doch oft ein wenig zu sanft, fast gefällig süffig. Die neue Kollektion gefällt mir wieder besser, vor allem die barriqueausgebauten Weine aus dem Jahrgang 2001.

84 ▶ **2002 Spätburgunder trocken Dernauer**
klare jugendliche Frucht; gute Harmonie, klare Frucht und Biss (5,70 €)

87 ▶ **2001 Frühburgunder trocken Barrique**
gute Würze, reife klare süße Frucht, Vanille; gute Fülle im Mund, reife süße Frucht, harmonisch und lang (21,50 €)

86 ▶ **2001 Spätburgunder trocken Barrique Walporzheimer Kräuterberg** eindringliche Gewürznoten, direkt, dominant, süße rote Früchte; gute Fülle und Harmonie, reife süße Frucht, Gewürznoten, Biss (22,50 €)

Weitere Weine: 83 ▶ 2002 Riesling Classic ▪
81 ▶ 2002 Spätburgunder Weißherbst trocken Ahrweiler Klosterberg ▪ 83 ▶ 2001 Spätburgunder Classic ▪

Alde Gott ★
Winzergenossenschaft
Baden

Talstraße 2, 77887 Sasbachwalden
Tel. 07841-20290, Fax: 07841-202918
www.aldegott.de
aldegott@t-online.de
Geschäftsführer: Günter Lehmann
Mitglieder: 415
Rebfläche: 240 Hektar
Besuchszeiten: 1. November - 30. April:
Mo.-Fr. 7:30-12 + 13:30-18 Uhr,
Sa. 8:30-12 Uhr; 1. Mai - 31. Oktober: Mo.- Fr. 7:30-18 Uhr, Sa. 8:30-17 Uhr, So. 13-17 Uhr
2 Räume für Weinproben

Die Winzergenossenschaft von Sasbachwalden wurde 1948 gegründet. Wichtigste Rebsorte ist der Spätburgunder, der 60 Prozent der Rebfläche einnimmt. Hinzu kommen vor allem Riesling und Müller-Thurgau, aber auch etwas Grauburgunder, Gewürztraminer, Weißburgunder und Chardonnay. Dazu gibt es kleine Anpflanzungen mit Cabernet Sauvignon und Cabernet Dorsa. Die Reben wachsen auf Granit- und Sandsteinverwitterungsböden in den Einzellagen Alde Gott, Bienenberg und Eichwäldele. 40 Prozent der Weine werden trocken ausgebaut, jeweils 30 Prozent halbtrocken und mild.

Eine sehr gleichmäßige Kollektion hat die Winzergenossenschaft Alde Gott in diesem Jahr zu bieten, ohne Schwächen, aber auch ohne Highlights.

85 ▶ **2002 Rivaner trocken Sasbachwaldener Alde Gott** herrlich frisch und klar, feine Frucht; gute Harmonie, klare süße Frucht (3,70 €)

84 ▶ **2002 Weißburgunder Spätlese trocken Sasbachwaldener Alde Gott** würzige Noten im Bouquet, zurückhaltende Frucht; viel süße Frucht, enorm süffig (8,60 €)

86 ▶ **2000 Spätburgunder Spätlese trocken Barrique Sasbachwaldener Alde Gott** feine rauchige Noten, dezent Erdbeeren; klare reife süße Frucht, Vanille, lang (13,70 €)

Weitere Weine: 82 ▶ 2002 Chardonnay trocken Sasbachwaldener Alde Gott ▪ 82 ▶ 2002 Grauer Burgunder Kabinett trocken Sasbachwaldener Alde Gott ▪ 81 ▶ 2002 Spätburgunder trocken Sasbachwaldener Alde Gott ▪ 82 ▶ 2002 Spätburgunder Spätlese trocken Sasbachwaldener Alde Gott ▪ 83 ▶ 2001 Spätburgunder Auslese trocken Barrique Sasbachwaldener Alde Gott ▪

Weingut
Gerhard Aldinger ★★★★
Württemberg

Schmerstraße 25 / Ecke Lutherstraße
70734 Fellbach
Tel. 0711-581417, Fax: 0711-581488
www.weingut-aldinger.de
gert.aldinger@t-online.de
Inhaber: Gert Aldinger
Rebfläche: 20 Hektar
Besuchszeiten: Mo.-Fr. 9-12 + 15-18 Uhr

Von seinen 20 Hektar Weinbergen hat Gert Aldinger knapp die Hälfte - 9,5 Hektar - in der Lage Untertürkheimer Gips, die ihm in Alleinbesitz gehört. Hinzu kommen vor allem Weinberge im Fellbacher Lämmler, aber auch in Stetten, Rotenberg, Uhlbach und Hanweiler. Über 30 Prozent der Weinberge nimmt der Riesling ein. An roten Sorten gibt es vor allem Trollinger, Spätburgunder und Lemberger. Wobei Gert Aldinger immer stärker auf internationale Sorten setzt. Cabernet Sauvignon und Merlot gibt es bei ihm bereits seit 1990, auch Sauvignon Blanc hat er schon länger in Ertrag. Mehr Spätburgunder hat er zuletzt angelegt, aber auch Sauvignon Blanc und Merlot. Als er mir im vergangenen Jahr den neuangelegten Merlot im Fellbacher Lämmler zeigte und voller Begeisterung von Merlot sprach, war ich noch etwas skeptisch. Nachher, als ich seine „Cuvée M" probierte, konnte ich seine Begeisterung verstehen. Nur schade, dass es durch Hagel im Jahrgang 2000 weder Cabernet noch Merlot geben wird.

Gert Aldinger hat in den letzten Jahren richtig „Gas gegeben": seine Weine sind kontinuierlich besser geworden. Vor allem seine 99er Rotweine hatten mich vor zwei Jahren begeistert. Seine Spätburgunder aus dem Fellbacher Lämmler und dem Untertürkheimer Gips gehörten wie auch der Lemberger, ebenfalls aus dem Lämmler, zu den besten Rotweinen in Deutschland. Gleiches galt für Cuvée C - Cabernet Sauvignon - und Cuvée M (Merlot, Jahrgang 1998). Im Jahrgang 2001 legte er beim Riesling nach: noch nie hatte mir sein Gips-Riesling so gut gefallen wie in diesem Jahr. Darüber hinaus hatte er einen faszinierenden Riesling Eiswein zu bieten. Auch die aktuelle Kollektion hat jede Menge kraftvolle Weiß- und Rotweine zu bieten. Trotzdem habe ich einen eindeutigen Favoriten gefunden: den mineralischen, konzentrierten trockenen Riesling aus dem Fellbacher Lämmler.

Weingut Amalienhof ★★
Gerhard Strecker
Württemberg

Lukas-Cranach-Weg 5, 74074 Heilbronn
Tel. 07131-251735, Fax: 07131-572010
www.weingut-amalienhof.de
amalienhof@t-online.de
Inhaber: Martin Strecker und Regine Böhringer
Rebfläche: 29 Hektar
Besuchszeiten: Mo.-Fr. 9-18 Uhr, Sa. 8-16 Uhr, So. nach Vereinbarung

Gerhard Strecker hat 1971 den Steinberg in Beilstein erworben und im Jahr darauf begonnen Weinreben zu pflanzen. Hier gehören heute den Streckers - Sohn Martin leitet inzwischen den Betrieb - 25 Hektar Weinberge in Alleinbesitz. Riesling ist die wichtigste Rebsorte. Es folgen Trollinger, Samtrot und Lemberger. Nicht nur die Rotweine, sondern auch die Rieslinge reifen relativ lange im Fass. Gerhard Strecker ist auch als Rebzüchter tätig. Bei dem Versuch, bessere Lemberger-Sämlinge zu selektionieren, ist der vielleicht faszinierendste Wein des Amalienhofs entstanden, der Muskat-Lemberger, der seit diesem Jahr unter dem Namen „Wildmuskat" auftritt.

Der Jahrgang 2000 brachte - wie schon die vorausgegangenen Jahrgänge - eine gleichmäßige, überzeugende Kollektion. Zuverlässig wie immer waren die Rieslinge, ebenso die Rotweine. Im vergangenen Jahr war die barriqueausgebaute Rotweincuvée namens Bariton mein Favorit. Die neue Kollektion gefällt mir insgesamt besser. Am faszinierendsten finde ich wieder einmal die Weine vom Muskat-Lemberger bzw. Wildmuskat, egal ob als Sekt, „Primeur" oder Barrique-Rotwein.

88 ▶ **2002 Riesling** trocken Untertürkheimer Gips** klare Frucht, sehr reintöniges Bouquet; gute Harmonie, klare reife Rieslingfrucht, gute Länge (12,25 €)

87 ▶ **2002 Weißburgunder** trocken Untertürkheimer Gips** wunderschön reintönige Frucht, feines Bouquet; harmonisch im Mund, gute Fülle, klare Frucht, lang (10,30 €)

87 ▶ **2002 Cuvée S trocken Sauvignon Blanc** wunderschön klare Frucht, etwas grasige Noten; kraftvoll im Mund, gute Fülle und Frucht, klar (14,30 €)

92 ▶ **2002 Riesling Spätlese trocken Fellbacher Lämmler** faszinierend klar und konzentriert im Bouquet, jugendliche Frucht, mineralische Noten; kraftvoll, herrlich stoffig, zupackend, jugendlich, enormer Nachhall (22,40 €)

88 ▶ **2002 Riesling Auslese Fellbacher Lämmler** reife süße Frucht im Bouquet, konzentriert, Zitrusfrüchte und Aprikosen, sehr klar; gute Harmonie, viel klare Frucht, feiner Biss (13,05 €/0,375l)

90 ▶ **2002 Riesling Eiswein** klar, konzentriert, herrlich eindringlich süße Frucht; schmeichelnd im Mund, viel süße Frucht, herrlich klar und eindringlich, reife süße Aprikosen, Nachhall (36,50 €/0,375l)

86 ▶ **2002 Trollinger trocken Fellbacher Lämmler** sehr klare Frucht im Bouquet, feine Frische; geradlinig im Mund, feine Frucht und Biss (5,50 €)

85 ▶ **2001 Spätburgunder** trocken Fellbacher Lämmler** ganz leicht rauchige Noten, zurückhaltende Frucht; klar und direkt im Mund, feine Frucht, Tannine und Biss (13 €)

87 ▶ **2001 Spätburgunder*** trocken Untertürkheimer Gips** gute Konzentration, rauchige Noten, jugendliche Frucht, dezente Vanille; kraftvoll im Mund, geradlinig, feine jugendliche Frucht, Tannine (25,50 €)

87 ▶ **2001 Lemberger*** trocken Fellbacher Lämmler** gute Konzentration bei zurückhaltender Frucht, klar; kraftvoll im Mund, klare Frucht, Tannine, jugendlich (22,40 €)

88 ▶ **2001 Cuvée M Merlot** sehr klare Frucht, rote Früchte, jugendlich; feine klare Frucht im Mund, Frische, geradlinig, jugendliche Tannine (22,40 €)

87 ▶ **2001 Cuvée C Cabernet** Frische und etwas Cassis im Bouquet, jugendliche Frucht; geradlinig im Mund, feine Frucht, Tannine und Biss (22,40 €)

Weingut Michael Andres ★★★
Pfalz

Im Kathrinenbild 1, 67146 Deidesheim
Tel. 06326-8667, Fax: 06326-8667
Mobil: 0177-7738313
weingut.michael.andres@t-online.de
Inhaber: Michael Andres
Rebfläche: 3,6 Hektar
Besuchszeiten: nach Vereinbarung

Michael Andres war nach seiner Winzerlehre bei Reichsrat von Buhl und seinem Weinbaustudium in Geisenheim mehrere Jahre für andere Pfälzer Betriebe tätig (Müller-Erben, Meßmer), bevor er mit einem Freund 1989 eine eigene Sektmanufaktur, Andres & Mugler, gründete (siehe den nachstehenden Eintrag). 1993 gründete er sein eigenes Weingut. Neben seiner Tätigkeit im eigenen Betrieb ist er als Kellermeister beim Margarethenhof in Forst tätig. Seine Weinberge liegen in Deidesheim, Ruppertsberg und Niederkirchen. Er bewirtschaftet sie nach den Richtlinien des kontrolliert umweltschonenden Weinbaus. Ausschließlich Riesling (im Ruppertsberger Reiterpfad und der Deidesheimer Mäushöhle), sowie Burgundersorten baut er an und liebäugelt damit im nächsten Jahr - nach der Flurbereinigung im Reiterpfad - Sauvignon Blanc und Muskateller anzupflanzen.

Nach einer überzeugenden, sehr gleichmäßigen Kollektion im Jahrgang 2000 waren die 2001er noch ein wenig besser geraten. Alle Weine von Michael Andres waren wunderschön reintönig und fruchtbetont. Gleiches gilt auch für den sehr ausgewogenen Jahrgang 2002.

86 ▶ **2002 Riesling Kabinett trocken Ruppertsberger Reiterpfad** frisch, klar, direkt, jugendliche Frucht; sehr klare Frucht im Mund, geradlinig (5,50 €)

86 ▶ **„Blauer Barokat" Muskat-Lemberger Sekt Doux** (versektet in Auggen) eindringliche Frucht, süße Kirschen, Muskat; schmeichelnd im Mund, enorm süß, viel Frucht, süffig

86 ▶ **2002 „Troika" Weißweincuvée** reife Frucht, feine Würze; klar, direkt, gute Fülle und Frucht (6,50 €)

85 ▶ **2000 Riesling Auslese** süße eingelegte Aprikosen, feiner Duft; süß und konzentriert im Mund, dominant (10,32 €/0,5l)

84 ▶ **2002 Spätburgunder trocken** frisch, klar, jugendliche Frucht; klar und direkt im Mund, feine Frucht und Biss (4,99 €)

85 ▶ **2002 „Troika" Rotweincuvée trocken** (neue Füllung) feiner Duft, viel Frucht; harmonisch, viel süße Frucht (8,47 €)

86 ▶ **2002 Lemberger Spätlese trocken** klare reife Frucht, rote Früchte; frisch, klar, feine Frucht

86 ▶ **2002 Trollinger Auslese trocken** gute Konzentration, reife klare Frucht; harmonisch, sehr klare Frucht, Biss (5,36 €)

88 ▶ **1998 Muskat-Lemberger Auslese trocken Barrique** (neue Füllung) reife süße Muskatfrucht, rote Früchte, sehr eindringlich; gute Konzentration, reife klare Frucht, herrlich eindringlich (17,98 €)

88 ▶ **2003 Wildmuskat** viel Muskatwürze, sehr eindringliche jugendliche Frucht; gute Harmonie, reife süße Frucht, herrlich füllig, klar, sehr nachhaltig (6,99 €)

87 ▶ **2000 Muskat-Lemberger Auslese** reife süße Muskatfrucht, etwas Kirschen, Würze; weich, harmonisch, süße Frucht, ganz leichte Bitternote (9,98 €/0,5l)

Weitere Weine: 82 ▶ 2002 Riesling Classic ■ **82** ▶ 2002 Riesling Kabinett ■ **82** ▶ 2001 Trollinger mit Lemberger ■

86 ▶ **2002 Riesling Kabinett trocken Ruppertsberger Mäushöhle** frisch, direkt, sehr klare Frucht, Limone; geradlinig im Mund, feine Frucht, kompakter Riesling (5,50 €)

84 ▶ **2002 Weißer Burgunder Kabinett trocken** frisch, würzig, direkt; klar im Mund, feine Frucht, kompakt (5,50 €)

86 ▶ **2002 Grauer Burgunder Kabinett trocken** jugendliche Frucht, gelbe Früchte; gute Harmonie, sehr klare Frucht (6 €)

87 ▶ **2002 Chardonnay-Auxerrois Kabinett trocken** gute Konzentration, jugendliche eindringliche Frucht; kompakt, klar, viel reife Frucht (6,40 €)

84 ▶ **2001 Spätburgunder trocken** feine Frucht, sehr klar; frisch, direkt, gute Frucht, Biss (9 €)

Sektkellerei
Andres & Mugler ★★★★
Pfalz

Im Kathrinenbild 1, 67146 Deidesheim
Tel. 06326-8667, Fax: 06326-8667
Funk 0177-7738213, 0177-2940993
www.andresundmugler.de
info@andresundmugler.de
Inhaber: Michael Andres und Steffen Mugler
Weine werden vom Weingut Michael Andres bezogen
Besuchszeiten: nach Vereinbarung

Michael Andres (siehe den vorherigen Eintrag) und Steffen Mugler haben 1989 die kleine Sektmanufaktur Andres & Mugler gegründet. Neben Rieslingsekt erzeugen sie vor allem Sekte aus den Burgundersorten, versekten aber auch Weine für befreundete Pfälzer Winzer. Die Trauben für die eigenen Sekte beziehen sie aus den Weinbergen von Michael Andres.

„Was für eine tolle Überraschung - Sekt mit Charakter und Klasse!" hatte ich vor zwei Jahren geschrieben. Alle vier verkosteten Sekte hatte ich mit mindestens 86 Punkten bewertet, Riesling Jahrgang 1997 (88) und Chardonnay Auxerrois Jahrgang 1999 (89) gehörten zu den Top Ten in Deutschland. Genauso geschlossen präsentierte sich die letztjährige Kollektion von Michael Andres und Steffen Mugler. Alle Sekte bestachen durch ihre Harmonie und Finesse und alle gehörten zu den besten Sekten des Jahrgangs in Deutschland. Die neue Kollektion der Sekte aus dem Jahrgang 2001 schließt nahtlos daran an. Niemand in Deutschland macht Sekte auf solch konstant hohem Niveau wie Michael Andres und Steffen Mugler.

89 ▶ **2001 Riesling Sekt Brut** faszinierend klar und eindringlich im Bouquet, feine rauchige Noten; herrlich harmonisch, elegant, gute Fülle, mit Länge und Nachhall (11,25 €)

88 ▶ **2001 Weißburgunder Sekt Brut** klar, feine Frische, weiße Früchte, ganz leicht cremige Noten; gute Harmonie, weich, harmonisch, lang (11,25 €)

87 ▶ **2001 Blanc de Noir Sekt Brut** rauchige Noten, sehr klar; gute Harmonie und Fülle, cremig-rauchige Frucht (11,25 €)

89 ▶ **2001 Chardonnay-Auxerrois Sekt Brut** herrlich rauchig im Bouquet, wunderschön reintönig, dezent Butter, klar; gute Fülle und Harmonie, feine Frucht, wunderschön lang und nachhaltig (13,80 €)

88 ▶ **2001 „Cuvée Elena" Sekt Brut** herrlich rauchige Frucht, wunderschön klar, Butter; schmeichelnd im Mund, wunderschön füllig, harmonisch und lang (14,80 €)

Weingut Hubertus M. Apel ★
Mosel-Saar-Ruwer

◆ Weinstraße 26, 54453 Nittel
Tel. 06584-314, Fax: 06584-1263
www.apel-weingut.de
info@apel-weingut.de
Inhaber: Harald und Hubert Apel
Rebfläche: 12 Hektar
Besuchszeiten: Mo.-So. durchgehend geöffnet
Gästehaus

Die Brüder Harald und Hubert Apel haben sich ganz auf Elbling und die Burgundersorten spezialisiert. Vater und Großvater hatten schon in den fünfziger Jahren Auxerrois und Grauburgunder gepflanzt, später kamen weitere Burgundersorten hinzu, die zukünftig stärker forciert werden sollen.

84 ▶ 2002 **Elbling trocken** frisch, direkt, klare Frucht; klar, gute Harmonie, Biss (3,30 €)

85 ▶ 2002 **Chardonnay trocken Nitteler Leiterchen** feine Würze, klare Frucht, dezent Ananas; weich, klar, gute Frucht (6 €)

85 ▶ 2002 **Elbling trocken Nitteler Rochusfels** klare Frucht, gute Konzentration; harmonisch, gute Fülle und Frucht (3,70 €)

85 ▶ 2002 **Grauer Burgunder trocken Nitteler Rochusfels** klare jugendliche Frucht, gelbe Früchte; kompakt, klar, reife Frucht (4,70 €)

85 ▶ 2002 **Auxerrois Nitteler Rochusfels** reife Frucht, weiße Früchte; frisch, klar, süße Frucht (5 €)

85 ▶ 2002 **Auxerrois Spätlese Nitteler Rochusfels** gute Konzentration, reife würzige Frucht; kompakt, klar, süße Frucht (6,50 €)

86 ▶ 2002 **Grauburgunder Auslese Nitteler Leiterchen** gute Konzentration, gelbe Früchte; weich, kompakt, viel süße Frucht (9 €)

85 ▶ 2002 **Elbling Eiswein Nitteler Gipfel** würzig, duftig; süß, konzentriert, süße Zitrusfrüchte und Aprikosen, viel Biss, feiner Nachhall (20 €/0,375l)

Weitere Weine: 83 ▶ 2002 Weißer Burgunder trocken Nitteler Leiterchen ▪ 83 ▶ 2002 Grauer Burgunder Spätlese trocken Nitteler Leiterchen ▪ 82 ▶ 2002 Blauer Spätburgunder trocken Nitteler Leiterchen ▪

Weingut Peter Argus ★
Pfalz

Hauptstraße 23, 76835 Gleisweiler
Tel. 06345-919424, Fax: 06345-919425
www.argus-wein.de
mail@argus-wein.de
Inhaber: Peter Argus
Rebfläche: 7 Hektar
Besuchszeiten: Mo.-Fr. nach Vereinbarung,
Sa. 14-17 Uhr, So. 10-12 Uhr

Als einziges Weingut in Gleisweiler ist Peter Argus noch im alten Ortskern angesiedelt, wo die Weine in einem alten Gewölbekeller aus dem Jahr 1610 ausgebaut werden. Alle Weine stammen aus kontrolliert umweltschonendem Anbau. Spezialität des Hauses sind neben den barriqueausgebauten Weinen die eigenen, bereits seit 1988 erzeugten Sekte.

Der neue Jahrgang bei Peter Argus gefällt mir etwas besser als sein Vorgänger, wobei wieder einmal ein Grauburgunder mein Favorit ist.

85 ▶ 2002 **Chardonnay Kabinett trocken** gute Frucht, etwas Zitrusfrüchte; harmonisch im Mund, klare Frucht (4 €)

87 ▶ 2002 **Grauburgunder Spätlese trocken** herrlich würzig und konzentriert, jugendliche Frucht; reife klare Frucht im Mund, wunderschön fülliger Grauburgunder (5 €)

86 ▶ 2001 **Grauburgunder Selection** würzig, direkt, verhaltene Frucht; füllig, reife Frucht, kompakter Grauburgunder (7,50 €)

86 ▶ 2002 **Weißburgunder Spätlese trocken** gute Würze und Konzentration, klar; weich, füllig, viel süße Frucht (4,80 €)

Weitere Weine: 82 ▶ 2002 Riesling trocken (1l) ▪ 83 ▶ 2002 Spätburgunder Weißherbst Spätlese trocken ▪ 82 ▶ 2002 Portugieser Weißherbst halbtrocken ▪ 83 ▶ 2002 Portugieser trocken ▪

Weingut Johann Arnold ★★
Franken

Lange Gasse 26, 97346 Iphofen
Tel. 09323-89833, Fax: 09323-89834
www.weingut-arnold.de
mail@weingut-arnold.de
Inhaber: Johannes Arnold jr.
Rebfläche: 5,9 Hektar
Besuchszeiten: Mo.-Sa. 8-19 Uhr, So. 9-18 Uhr
Gästezimmer, Ferienwohnungen

Als 1959 Johann Arnold mit der Selbstvermarktung begann, war das heutige Weingut ein landwirtschaftlicher Gemischtbetrieb mit 1,5 Hektar Weinbergen, 10 Hektar Ackerland und eigener Viehhaltung. Nach und nach hat er sich ganz auf Weinbau konzentriert und die Rebfläche kontinuierlich auf die heutigen 5,9 Hektar vergrößert. Silvaner ist mit einem Anteil von 40 Prozent die wichtigste Rebsorte im Weingut. Hinzu kommen Domina, Müller-Thurgau, Scheurebe, Riesling, Bacchus, Spätburgunder und Dornfelder. Die Weine werden ausschließlich trocken und halbtrocken ausgebaut, wobei nur „fränkisch trockene" Weine (d.h. mit weniger als 4 Gramm Restzucker) als „trocken" bezeichnet werden.

Nach einer guten, gleichmäßigen Kollektion vor zwei Jahren gefiel mir die letztjährige Kollektion von Johannes Arnold noch etwas besser. Alle Weine waren wunderschön klar und fruchtbetont. Der Aufwärtstrend hält auch in diesem Jahr weiter an. Die Weine sind kraftvoll, überzeugen mit ihrer klaren Frucht.

85 ▶ 2002 Scheurebe Kabinett trocken Iphöfer Kalb feiner Duft im Bouquet, ganz dezent Cassis; wunderschön klar und harmonisch im Mund, gute Fülle und Frucht, süffig (5,50 €)

86 ▶ 2002 Silvaner Kabinett trocken Rödelseer Küchenmeister sehr klare jugendliche Frucht, weiße Früchte; klar, harmonisch, viel Frucht, reintöniger Silvaner (6 €)

87 ▶ 2002 Riesling Kabinett trocken Iphöfer Julius-Echter-Berg jugendliche Frucht, feine Würze; klar und direkt im Mund, feine Frucht, kraftvoller Riesling (6,50 €)

85 ▶ 2001 Riesling Spätlese Iphöfer Julius-Echter-Berg klare würzige Frucht, direkt; kraftvoll im Mund, kompakt, Biss (9 €)

86 ▶ 2002 Silvaner Eiswein Iphöfer Julius-Echter-Berg sehr würzig, direkt, gute Konzentration; viel reife süße Frucht, dominant, leichte Bitternote (15 €/0,25l)

86 ▶ 2001 Domina trocken Rödelseer Schwanleite reife klare sehr eindringliche Frucht, rote und dunkle Früchte; gute Harmonie, klare süße Frucht, Frische, Biss (6,20 €)

Domaine Assmannshausen ★
Rheingau

Hessische Staatsweingüter GmbH Kloster Eberbach, Höllenbergstraße 10, 65385 Rüdesheim
Tel. 06722-2273, Fax: 06722-48121
www.staatsweingueterhessen.de
assmannshausen@staatsweingueterhessen.de
Inhaber: Land Hessen
Betriebsleiter: Ralf Bengel
Rebfläche: 26 Hektar
Besuchszeiten: Mo.-Fr. 8-12 + 13-17 Uhr, Sa. 10-16 Uhr (von Mai-November)

Die Assmannshäuser Weine der hessischen Staatsweingüter werden in der Domäne in Assmannshausen ausgebaut (die anderen Rheingauer Weine finden sich unter Staatsweingüter Kloster Eberbach). Fast die gesamte Rebfläche ist mit Spätburgunder bestockt. Die Weine wachsen im Höllenberg an Südhängen mit Steigungen bis zu 60 Prozent. Sie werden im Gewölbekeller des Gutes nach der Maischegärung in Eichenholzfässern ausgebaut.

Eine gleichmäßige Kollektion hat die Domaine Assmannshausen in diesem Jahr zu bieten, aus der der barriqueausgebaute Spätburgunder herausragt. Die edelsüßen Weißherbste sind zwar beide sehr dick, aber ein wenig zu „duftig" im Bouquet, wie leider bei anderen Rheingauern Weingütern in diesem Jahr auch. Statt auf Öchslegrade sollte man besser auf das Traubenmaterial achten.

84 ▶ 2002 Spätburgunder Weißherbst Auslese Assmannshäuser Höllenberg recht duftig, gute Konzentration; süß im Mund, füllig, dominant (19 €)

87 ▶ 2002 Spätburgunder Weißherbst Eiswein Assmannshäuser Höllenberg konzentriert, eindringlich, etwas duftig; enorm süß und dominant im Mund, stoffig, nachhaltig (90 €)

87 ▶ 2001 Spätburgunder trocken Barrique Assmannshäuser Höllenberg gute Konzentration, sehr klare reife Frucht, herrlich eindringlich; viel reife klare Frucht im Mund, feine Frische, wunderschön harmonisch (16 €)

85 ▶ 2002 Frühburgunder trocken Assmannshäuser Höllenberg frisch, klare Frucht; harmonisch im Mund, gute Fülle und Frucht (16 €)

Weitere Weine: 82 ▶ 2002 Spätburgunder Weißherbst trocken Assmannshäuser Höllenberg ▪ 83 ▶ 2002 Spätburgunder trocken Assmannshäuser ▪ 82 ▶ 2002 Spätburgunder trocken Assmannshäuser Höllenberg ▪ 82 ▶ 2002 Spätburgunder Kabinett trocken Assmannshäuser Höllenberg ▪ 83 ▶ 2002 Spätburgunder Spätlese trocken Assmannshäuser Höllenberg ▪ 82 ▶ 2002 Spätburgunder halbtrocken Assmannshäuser Höllenberg ▪

Weingut Aufricht ★★★
Baden

Weinkundeweg 8, 88709 Meersburg
Tel. 07532-6123, 2427, Fax: 07532-2421
weingut-aufricht@t-online.de
Inhaber: Robert und Manfred Aufricht
Rebfläche: 17,5 Hektar
Besuchszeiten: täglich 8-12 + 14-18 Uhr

Die Brüder Robert und Manfred Aufricht bauen hauptsächlich die Burgundersorten an, wobei allein Spätburgunder 40 Prozent ihrer Weinberge einnimmt. Neben Grau- und Weißburgunder haben sie auch Auxerrois und Chardonnay im Anbau. Bei den Weinen mit der Bezeichnung „im Holzfass ausgebaut" handelt es sich um Barriqueweine.

Mit dem Jahrgang 2000 waren Robert und Manfred Aufrecht herrlich kraftvolle, klare Weißweine gelungen: die beste Kollektion vom Bodensee! Und dies galt auch für die 2001er Weine. Die Weißweine bestachen alle durch ihre Fülle und Kraft. Aber auch der Spätburgunder „Isabel 3 Lilien" aus dem Jahrgang 1999 gehörte zu den besten in Baden. Dieser in diesem Jahr verkostete 2001er Spätburgunder ist nochmals beeindruckender, gehört zur Spitze in Deutschland. Aber auch alle anderen Weine im diesjährigen Programm überzeugen: das mit Abstand führende Weingut am Bodensee.

86 ▶ 2002 Riesling trocken feine Frische, klare Frucht, direkt; frisch, klar, feine Frucht (12,80 €)

88 ▶ 2002 Chardonnay trocken gute Konzentration im Bouquet, sehr klare eindringliche Frucht; herrlich füllig im Mund, viel reife Frucht, kompakt und klar, feine Länge und Nachhall (12,80 €)

86 ▶ 2002 Auxerrois trocken gute Konzentration im Bouquet, sehr klare Frucht; harmonisch im Mund, herrlich stoffig, viel süße

Frucht (9,20 €)

86 ▶ **2002 Grauburgunder trocken** gute Konzentration, viel klare Frucht, gelbe Früchte; klar, harmonisch, reife Frucht (8,70 €)

87 ▶ **2002 Weißburgunder trocken** klare Frucht, gute Konzentration, jugendlich; kraftvoll im Mund, herrlich viel Frucht, kompakter Weißburgunder (8,70 €)

86 ▶ **2002 Sauvignon Blanc trocken Nr. 05** gute Konzentration, jugendliche sehr klare Frucht; frisch, klar, feine Frucht, Biss (14,40 €)

87 ▶ **2002 Sauvignon Blanc Nr. 20** feine Frucht, klar, grasige Noten; süß im Mund, schmeichelnd, gehaltvoll, sehr klare Frucht (14,40 €)

88 ▶ **2002 „Inspiration Blanc" trocken** dezenter Toast, reife Frucht, konzentriert; kraftvoll im Mund, viel reife Frucht, Vanille, jugendlich (16,40 €)

85 ▶ **2002 Spätburgunder Rosé trocken** klare Frucht im Bouquet, Kirschen; frisch, klar, feine Frucht, Biss (6,70 €)

84 ▶ **2002 Spätburgunder trocken „Sophia"** gute Würze und Frucht, klar; frisch, klar, feine reife Frucht (10,30 €)

88 ▶ **2000 Spätburgunder trocken Barrique** gute Konzentration, viel Frucht, Toast, Gewürznoten und Schokolade, jugendliche Frucht; herrlich viel Frucht im Mund, gute Fülle, Tannine und Biss (15,40 €)

90 ▶ **2001 Spätburgunder trocken „Isabel 3 Lilien"** Gewürznoten, viel Toast, anfangs leicht streng, konzentriert, öffnet sich dann, viel süße Frucht; konzentriert, viel Fülle, feine Frucht, zupackend, nachhaltig, feiner Nachhall bei kräftigen Tanninen, jugendlich, eigenwilliger dominanter Spätburgunder, mit Zukunft (90+ Punkte) (30 €)

Winzergenossenschaft
Auggen ★
Baden

An der B 3, 79424 Auggen
Tel. 07631-36800, Fax: 07631-368080
www.auggener-wein.de
info@auggener-wein.de
Handlungsbevollmächtigter: Thomas Basler
Rebfläche: 280 Hektar
Mitglieder: 400
Besuchszeiten: Mo.-Fr. 8-12 + 13:30-18:30 Uhr, Sa. 9-13, So. 10-13 Uhr

In den Weinbergen der Auggener Genossen ist Gutedel mit einem Anteil von 55 Prozent die dominierende Rebsorte. Danach folgt Müller-Thurgau mit 15 Prozent, sowie Spätburgunder und Weißburgunder. Rotweine nehmen inzwischen 12 Prozent ein, wobei vor allem Regent auf dem Vormarsch ist. Drei Viertel der Rebfläche entfällt auf die Lage Auggener Schäf, ein Viertel auf die Lage Auggener Letten. Der Letten ist eine 60 Hektar große steile Südlage mit schweren, fruchtbaren Böden (Lehm). Im Letten werden Sorten wie Chardonnay, Gewürztraminer und Grauburgunder angebaut. Der 180 Hektar große Auggener Schäf besteht aus fünf Hügeln mit bis zu 50-prozentigen Steillagen. Im Schäf wächst auf Kalkschieferböden vor allem die Rebsorte, für die Auggen und der Auggener Schäf bundesweit bekannt ist: der Gutedel. Trockene, hochwertige Weine werden mit Künstleretiketten des Auggener Heimatmalers Julius Kibiger ausgestattet.

Statt „frische Gutedel" bekam ich in diesem Jahr eigenwillige Weine zu verkosten: von Bitternoten geprägte trockene Auslesen, edelsüße Gutedel, aber auch einen herrlich fruchtbetonten Regent: eine eigenwillige, aber interessante Kollektion.

84 ▶ **2002 Chardonnay Auslese trocken Auggener Schäf** gute Würze und Konzentration, reife Frucht; weich, füllig, viel süße Frucht, dezente Bitternoten (13 €)

84 ▶ **2002 Weißburgunder Auslese trocken Auggener Letten** würzig, jugendlich, klare Frucht im Bouquet; enorm füllig im Mund, viel reife süße Frucht, dezente Bitternoten (11 €)

84 ▶ **2002 Weißburgunder Kabinett Auggener Letten** frisch, klar, feien Frucht; harmonisch im Mund, süße Frucht, süffig (4,60 €)

84 ▶ **2002 Gutedel Beerenauslese Auggener Schäf** recht würzig, verhaltene Frucht; süß, kompakt, leichte Bitternote (16,50 €/0,5l)

89 ▶ **2002 Gutedel Eiswein Auggener** würzig, konzentriert, enorm eindringlich; dick, konzentriert, klebrige süße Frucht, sehr dominant (13 €/0,375l)

87 ▶ **2002 Regent trocken Barrique Auggener Schäf** gute Konzentration, reife Frucht, Gewürznoten; kraftvoll im Mund, süffig, herrlich viel Frucht, harmonisch und lang (8,90 €)

Weitere Weine: 83 ▶ 2002 Gutedel trocken Auggener Schäf ▪ 83 ▶ 2002 Gutedel Spätlese trocken Auggener Schäf ▪ 82 ▶ 2002 Chardonnay Auslese trocken Barrique Auggener Schäf ▪ 83 ▶ 2002 Spätburgunder trocken „Kibiger" Auggener Schäf ▪

Weingut
Augustin ★
Franken

Mathias-Schiestl-Straße 4, 97320 Sulzfeld
Tel. 09321-5663, Fax: 09321-24704
Inhaber: Arno Augustin
Rebfläche: 9,6 Hektar
Besuchszeiten: Mo.-Sa. 8-18 Uhr, So. 10-12 Uhr
und nach Vereinbarung
Probierstube

Das 1988 gegründete Weingut wird seit 2001 von Arno Augustin geführt, der drei Jahre zuvor sein Studium in Geisenheim abgeschlossen hatte. Die Weinberge liegen alle in den Sulzfelder Lagen Maustal und Cyriakusberg, wo die Reben auf schweren Muschelkalkböden wachsen. Wichtigste Rebsorte ist Müller-Thurgau, der 30 Prozent der Fläche einnimmt. Es folgen Silvaner und Bacchus, die es jeweils auf 20 Prozent der Fläche bringen. Dazu gibt es Weißburgunder und Kerner, sowie an roten Sorten Spätburgunder und Schwarzriesling. Die Weine werden überwiegend trocken ausgebaut. Die Rotweine werden maischevergoren und kommen danach in Edelstahltanks. Nach Abschluss der Umbaumaßnahmen will Arno Augustin ab 2003 auch Barriques nutzen.

86 ▶ **2002 Müller-Thurgau Kabinett trocken Sulzfelder Maustal** gute Frucht, klar und direkt; klar auch im Mund, gute Fülle, sehr harmonisch (4,60 €)

86 ▶ **2002 Silvaner Kabinett trocken Sulzfelder Cyriakusberg** sehr klare Frucht, Birnen; reintönig im Mund, feiner Biss, gute Harmonie (4,70 €)

84 ▶ **2002 Kerner Kabinett trocken** feine klare Frucht, Frische; gute Frucht, viel Biss (4,30 €)

85 ▶ **2002 „Fascination" Cuvée trocken** feine Würze, jugendlich; frisch, klar, gute Frucht, feiner Nachhall (4,90 €)

84 ▶ **2002 Spätburgunder Spätlese trocken** feine Frucht, sehr klar; gute Harmonie, Biss, jugendliche Frucht (8,50 €)

Weitere Weine: 82 ▶ 2002 Bacchus Kabinett trocken ▪

Weingut
Bach-Frobin ★
Pfalz

Klostergasse 1, 67150 Niederkirchen
Tel. 06326-8568, Fax: 06326-7228
www.bach-frobin.de
frobin@t-online.de
Inhaber: Wolfgang Frobin
Rebfläche: 7 Hektar
Besuchszeiten: täglich außer Mo. ab 11:30 Uhr
(Weinstube, Restaurant) und nach Vereinbarung
Weinstube und Restaurant „Klosterstübchen"
Weinseminare, kulinarische Weinproben

In den fünfziger Jahren gründete Georg Bach das jetzige Weingut. Zuvor hatte die Familie seit mehreren Generationen die Trauben an die Genossenschaft abgeliefert. Heute wird das Weingut von seiner Tochter und ihrem Ehemann, Wolfgang Frobin, geführt, Sohn Marc ist Kellermeister. Die Rotweine werden in Eichenholzfässern oder Barriques ausgebaut. Die Weine werden überwiegend trocken ausgebaut. Eine gleichmäßige Kollektion hat Bach-Frobin dieses Jahr, ohne Höhepunkte.

84 ▶ 2002 Grauburgunder Spätlese Deidesheimer Nonnenstück reife eindringliche süße Frucht; süß im Mund, geschmeidig, cremige Noten (5,90 €/0,5l)

84 ▶ 2002 Auxerrois Kabinett trocken Königsbacher Reiterpfad feine Würze, klare jugendliche Frucht; harmonisch, klar, süße Frucht (3,95 €)

Weitere Weine: 78 ▶ 2002 Riesling trocken (1l) ▪ **83 ▶** 2002 Riesling Kabinett trocken Deidesheimer Paradiesgarten ▪ **82 ▶** 2002 „Entrée" Kabinett trocken ▪ **82 ▶** 2002 Riesling Spätlese trocken Forster Bischofsgarten ▪ **80 ▶** 2001 Chardonnay Spätlese trocken Barrique Deidesheimer Nonnenstück ▪ **83 ▶** 2002 Riesling Spätlese Deidesheimer Langenmorgen ▪ **82 ▶** 2001 Schwarzriesling trocken Niederkirchener Schloßberg ▪ **83 ▶** 2001 Spätburgunder trocken Niederkirchener Schloßberg ▪ **80 ▶** 2001 Dunkelfelder trocken Barrique Niederkirchener Schloßberg ▪ **83 ▶** 2001 Spätburgunder trocken Barrique Deidesheimer Nonnenstück ▪

Weingärtnergenossenschaft Bad Cannstatt ★
Württemberg

Rommelstraße 20, 70376 Stuttgart
Tel. 0711-542266, Fax 0711-557291
www.badcannstatt-weine.de
info@badcannstatt-weine.de
Geschäftsführer: Thomas Eckard
Mitglieder: 80
Rebfläche: 50 Hektar
Besuchszeiten: Mo.-Fr. 8-12 + 13:30-17 Uhr, Sa. 9-12 Uhr

Die Mitglieder der 1923 gegründeten Genossenschaft von Bad Cannstatt bewirtschaften Weinberge in den nördlichen Teilen der Landeshauptstadt Stuttgart, und zwar in den Lagen Berg, Kriegsberg, Steinhalde und Zuckerle. Gut ein Drittel der Weinberge befinden sich in terrassierten Steillagen. Der Trollinger nimmt über die Hälfte der Rebfläche ein, Riesling ein knappes Viertel. Es folgen Dornfelder, Müller-Thurgau und Kerner. Dazu gibt es ein wenig Lemberger, Spätburgunder, Samtrot und Muskat-Trollinger. Die Weine der Premiumserie stammen von alten, ertragsreduzierten Anlagen.

Nach sehr gleichmäßigen Kollektionen in den beiden vergangenen Jahren bringt der neue Jahrgang deutliche Fortschritte. Vor allem die Rotweine der Premiumserie zeigen, dass die Bad Cannstatter Genossen mit den besten Betrieben in Württemberg mithalten können.

84 ▶ 2002 Riesling trocken „Premiumserie" Cannstatter Zuckerle würzig und konzentriert im Bouquet, direkt; gute Fülle, Frucht und Biss (8,70 €)

85 ▶ „Travertin" Rotwein trocken intensive Frucht im Bouquet, jugendlich; harmonisch im Mund, reife süße Frucht, schmeichelnd und süffig (5,80 €)

87 ▶ **2002 Trollinger trocken „Premiumserie" Cannstatter Zuckerle** sehr klare Frucht im Bouquet, Kirschen; kraftvoll im Mund, gute Frucht, zupackend, wiederum Kirschen, Nachhall (9,80 €)

87 ▶ **2002 Samtrot trocken „Premiumserie" Cannstatter Zuckerle** sehr klare reife süße Frucht, feine Würze, dezent Kirschen; harmonisch im Mund, gute Frucht, Biss, Nachhall (11,30 €)

88 ▶ **2002 Lemberger trocken „Premiumserie" Cannstatter Zuckerle** konzentriert, klar, würzige jugendliche Frucht; gute Fülle, reife süße Frucht, Vanille, harmonisch und lang (11,30 €)

84 ▶ **2002 Muskat-Trollinger** frisch, direkt, viel Muskatfrucht; klar und direkt im Mund, gute süße Frucht (7,10 €)

Weitere Weine: 82 ▶ 2002 Riesling trocken Cannstatter Zuckerle ▪ 82 ▶ 2002 Weißburgunder trocken Cannstatter Zuckerle ▪ 82 ▶ 2002 Kerner Auslese Cannstatter Zuckerle ▪ 83 ▶ 2002 Lemberger trocken Cannstatter Zuckerle ▪

Staatsweingut
Bad Kreuznach ★★
Nahe

Rüdesheimer Straße 68, 55545 Bad Kreuznach
Tel. 0671-820251, Fax: 0671-820294
www.staatsweingut.de
mail@staatsweingut.de
Inhaber: Land Rheinland-Pfalz
Rebfläche: 20 Hektar
Besuchszeiten: Mo.-Do. 9-12:30 + 14-17 Uhr, Fr. 9-14:30 Uhr

Im Jahr 1900 wurde die „Provinziale Weinbauschule" gegründet, aus der das Staatsweingut hervorgegangen ist. Das Staatsweingut Bad Kreuznach baut auf knapp der Hälfte seiner Rebfläche Riesling an. Hinzu kommen Müller-Thurgau, Silvaner, Weißburgunder, sowie 20 Prozent Rotweinsorten, darunter auch die rote Sorte Domina, die sonst an der Nahe nicht zu finden ist. Neben Weinbergen in Bad Kreuznach (mit den Spitzenlagen Kahlenberg, Forst, Hinkelstein) besitzt das Staatsweingut auch noch Weinberge im Norheimer Kafels.

Wie schon in den vergangenen Jahren überzeugt das Staatsweingut Bad Kreuznach mit einer homogenen Kollektion mit gleichermaßen interessanten Weiß- und Rotweinen.

85 ▶ **2002 Weißburgunder Spätlese Kreuznacher Kahlenberg** zurückhaltende Frucht, dezente Würze; gute Harmonie, klare süße Frucht (6,60 €)

86 ▶ **2002 Riesling Spätlese trocken Kreuznacher Kahlenberg** feine Würze, jugendliche Frucht; gute Harmonie, klare Frucht und Biss (5,10 €)

84 ▶ **2002 Riesling Auslese trocken Kreuznacher Kahlenberg** würzige Noten, verhaltene Frucht bei guter Konzentration; kompakt, verhaltene Frucht, Biss (8,10 €)

85 ▶ **2002 Riesling Spätlese Kreuznacher Kahlenberg** feine klare Rieslingfrucht; gute Harmonie im Mund, viel süße Frucht (5,20 €)

87 ▶ **2002 Riesling Spätlese Norheimer Kafels** gute Konzentration, sehr klare Frucht; herrlich füllig, reife süße Frucht, schmeichelnd (6,90 €)

85 ▶ **2002 Gewürztraminer Spätlese Kreuznacher Kahlenberg** reife süße Traminerfrucht, Litschi; harmonisch, viel süße Frucht (5,50 €)

87 ▶ **2002 Riesling Auslese Norheimer Kafels** enorm würzig, duftig, verhaltene Frucht; süß im Mund, konzentriert, viel Frucht, viel Biss (8 €/0,5l)

85 ▶ **2001 Dornfelder trocken Barrique Kreuznacher Forst** feine Frische und Frucht, rote Früchte; gute Harmonie, Frische, klare Frucht (9,70 €)

87 ▶ **2001 „Prestige" Rotwein trocken Barrique** Cabernet Sauvignon und Spätburgunder; reife Frucht, etwas Vanille, Gewürznoten; gute Fülle und Harmonie, süße Frucht, schmeichelnd, süffig (12,30 €)

Weitere Weine: 83 ▶ 2002 Riesling Kabinett halbtrocken Kreuznacher Kahlenberg ▪ 83 ▶ 2002 Riesling Spätlese halbtrocken Kreuznacher Kahlenberg ▪

Weingut
Bärenhof ★★
Pfalz

Weinstraße 4, 67098 Bad Dürkheim-Ungstein
Tel. 06322-4137, Fax: 06322-8212
www.weingut-baerenhof.de
weingut-baerenhof@t-online.de
Inhaber: Günther Bähr
Rebfläche: 16,4 Hektar
Besuchszeiten: Mo.-Fr. 8-12 + 13-18 Uhr,
Sa. 9-16 Uhr, So. 10-12 Uhr

Günther Bähr baut in seinen Weinbergen 18 verschiedene Rebsorten an. Mit Abstand die wichtigste ist Riesling, die über 40 Prozent der Rebfläche einnimmt. Es folgen die roten Sorten Portugieser und Dornfelder (insgesamt hat er 4,2 Hektar mit roten Sorten). Die Weißweine werden reduktiv ausgebaut und recht zeitig, d.h. im März oder April, auf die Flasche gefüllt. Die Rotweine werden nach der Maischegärung zum Teil im Holzfass ausgebaut. Das Gros der Weine verkauft Günther Bähr an Privatkunden. Mit dem Jahrgang 2000 wurden die Weine der Collection „JB" eingeführt. Hinter dem Kürzel „JB" verbergen sich die Weine, die Sohn Jürgen aus stark ertragsreduzierten Anlagen nach eigenen Vorstellungen ausbaut.

Die 2001er Weine vom Bärenhof waren klar in der Frucht und alle enorm süffig. Auch im Jahrgang 2002 ist die Kollektion von recht gleichmäßiger Qualität, wobei ich mir mehr Weine von der Art des kraftvollen Riesling „JB" wünschen würde.

85 ▶ **2002 Weißer Burgunder Spätlese trocken Ungsteiner Osterberg** würzige Noten, zurückhaltende Frucht, weiße Früchte; weich im Mund, kompakt (4,30 €)

85 ▶ **2002 Grauer Burgunder Spätlese trocken Ungsteiner Weilberg** sehr klare reife Frucht; weich im Mund, gute Fülle und Frucht (5,60 €)

87 ▶ **2002 Riesling Spätlese trocken „JB Collection"** gute Konzentration, eindringliche jugendliche Rieslingfrucht; kraftvoll, klare reife Frucht, kompakter Riesling (6 €)

84 ▶ **2002 Riesling Kabinett Ungsteiner Honigsäckel** frisch, würzig, klare Frucht; klare süße Frucht auch im Mund, unkompliziert und süffig (3,40 €)

85 ▶ **2002 Scheurebe Spätlese Ungsteiner Kobnert** klare reife Frucht, ein wenig Cassis; viel süße Frucht im Mund, gute Harmonie (3,80 €)

86 ▶ **2002 Silvaner Spätlese Ungsteiner Weilberg** gute Konzentration im Bouquet, klare wenn auch zurückhaltende Frucht; herrlich füllig im Mund, viel süße Frucht, harmonisch, kompakt (5 €)

85 ▶ **2001 „Cuvée Ursus" Rotwein trocken „JB Collection"** rauchige Noten, etwas Gewürze, gute Konzentration, Vanille; fruchtbetont im Mund, jugendliche Bitternoten (7,80 €)

Weitere Weine: 82 ▶ 2002 Riesling trocken Ungsteiner Kobnert ▪ **81** ▶ 2002 Chardonnay trocken Barrique „JB Collection" ▪ **81** ▶ 2002 Riesling halbtrocken Ungsteiner Bettelhaus ▪ **83** ▶ 2002 Acolon trocken Ungsteiner Kobnert ▪ **82** ▶ 2002 Cabernet Mitos trocken Ungsteiner Osterberg ▪

Weingut
Baldauf ★★
Franken

◆ Hauptstrasse 42, 97729 Ramsthal
Tel. 09704-1595, Fax: 09704-7655
www.weingutbaldauf.de
weingutbaldauf@t-online.de
Inhaber: Gerald und Ralf Baldauf
Rebfläche: 12,5 Hektar
Besuchszeiten: Mo.-Fr. 9-12 + 13-18 Uhr,
Sa. 9-12 + 13-16 Uhr

Das 1966 von Karl-Heinz Baldauf in Ramsthal im Saaletal gegründete Weingut wird heute von seinen Söhnen Gerald und Ralf geführt, die beide in Veitshöchheim zum Weinbautechniker ausgebildet wurden. Ihre Weinberge befinden sich in den Lagen Ramsthaler St. Klausen und Hammelburger Trautlestal. Die Weißweine werden im Edelstahl ausgebaut. Die Rotweine, immerhin ein Viertel der Produktion mit steigender Tendenz, werden in großen oder kleinen Holzfässern ausgebaut.

84 ▶ **2002 Bacchus Kabinett halbtrocken Ramsthaler St. Klausen** wunderschön klare Frucht, etwas Frische, dezent Johannisbeeren; weich und geschmeidig im Mund, viel süße Frucht, süffig (4,60 €)

86 ▶ **2002 Kerner Spätlese Ramsthaler St. Klausen** gute Konzentration, jugendliche eindringliche Frucht, reintönig; herrlich klar und zupackend, gute Fülle, feine Frucht (7,40 €)

86 ▶ **2002 Bacchus Spätlese Ramsthaler St. Klausen** gute Konzentration, sehr klare reife Frucht, feines Bouquet; weich und geschmeidig im Mund, viel reife süße Frucht, herrlich süffig und lang (7,50 €)

85 ▶ **2002 Rieslaner Spätlese Ramsthaler St. Klausen** würzig, direkt, verhaltene Frucht, etwas Zitrusfrüchte, Grapefruit; klare Frucht, gute Harmonie, ganz feine Bitternote im Abgang (8 €)

87 ▶ **2002 Rieslaner Auslese Ramsthaler St. Klausen** feine Frucht, Grapefruit, herrlich reintönig; wunderschön harmonisch im Mund, klare Frucht, füllig, sehr lang (9,90 €/0,5l)

90 ▶ **2002 Ortega Beerenauslese Ramsthaler St. Klausen** herrlich klare Frucht im Bouquet, Zitrusfrüchte, etwas Frische, gute Konzentration; viel reife süße Frucht, herrlich eindringlich, süffig, harmonisch und lang, feine dezente Bitternote im Abgang, Nachhall (17,50 €/0,5l)

86 ▶ **2002 Dornfelder trocken Ramsthaler St. Klausen** jugendliche Frucht, wunderschön reintönig, feine Frische, klar und direkt; fruchtbetont im Mund, harmonisch, mit Struktur und Biss (6,10 €)

Weitere Weine: 83 ▶ 2001 Müller-Thurgau trocken Ramsthaler St. Klausen (1l) ■ 83 ▶ 2001 Kerner Kabinett trocken Ramsthaler St. Klausen ■ 82 ▶ 2002 Silvaner Kabinett trocken Ramsthaler St. Klausen ■ 83 ▶ 2002 Schwarzriesling Rosé halbtrocken Ramsthaler St. Klausen ■

Wein- und Sektgut Karl-Kurt **Bamberger** ★★★ & Sohn
Nahe

Römerstraße 10, 55566 Meddersheim
Tel. 06751-2624, Fax: 06751-2141
www.weingut-bamberger.de
kontakt@weingut-bamberger.de
Inhaber: Karl-Kurt Bamberger
Rebfläche: 9 Hektar
Besuchszeiten: täglich 8-19 Uhr,
So. nach Vereinbarung

Karl-Kurt Bamberger hatte sich in den sechziger Jahren entschieden, den landwirtschaftlichen Gemischtbetrieb aufzugeben und ganz auf Weinbau zu setzen. Heute wird er von Sohn Heiko im Betrieb unterstützt. Riesling nimmt inzwischen 45 Prozent der Rebfläche ein. Es folgen Prozent Weiß- und Grauburgunder, Müller-Thurgau, Spät- und Frühburgunder, Gewürztraminer, sowie Dornfelder (den er als einer der ersten Nahewinzer bereits seit 1984 anbaut). Eine Spezialität von Bamberger sind die nach der traditionellen Methode hergestellten Winzersekte.

Gleiches Bild bei Karl-Kurt und Heiko Bamberger wie in den Jahren zuvor: brillante edelsüße Rieslinge ragen aus dem sehr guten Gesamtprogramm hervor.

84 ▶ **2001 Riesling Sekt Brut Meddersheimer Paradiesgarten** rauchig-würzig Noten, direkt; gute Fülle und Harmonie (7,90 €)

86 ▶ **2001 Riesling Sekt Trocken Meddersheimer Paradiesgarten** frisch, klar, direkt, würzige Frucht; gute Fülle und Harmonie, süße Frucht (7,90 €)

84 ▶ **2001 Gewürztraminer Sekt Halbtrocken Meddersheimer Paradiesgarten** feiner Traminerduft, Rosen; süß und schmeichelnd im Mund, enorm süffig (7,50 €)

85 ▶ **2001 Riesling Selection Monzinger Frühlingsplätzchen** recht würzig im Bouquet, zurückhaltende Rieslingfrucht; kompakt, füllig, gute Frucht, Reifenoten, Bitternoten im Abgang (7,50 €)

84 ▶ 2002 Riesling Spätlese trocken Schloßböckelheimer Königsfels würzige Noten, leicht streng; frisch, harmonisch, gute Frucht (5,10 €)

85 ▶ 2002 Riesling Spätlese halbtrocken Schloßböckelheimer Königsfels feine klare Rieslingfrucht, etwas Zitrusfrüchte und Aprikosen; harmonisch, klare süße Frucht (5,10 €)

86 ▶ 2002 Riesling Spätlese Meddersheimer Altenberg herrlich klare reife Rieslingfrucht, Aprikosen und Äpfel; viel süße Frucht, harmonisch, wunderschön reintönig (4,90 €)

88 ▶ 2002 Riesling Spätlese* Meddersheimer Altenberg herrlich klare reife Rieslingfrucht, etwas Aprikosen, Litschi; viel süße Frucht im Mund, schmeichelnd, harmonisch und lang (6,50 €)

89 ▶ 2002 Riesling Auslese Meddersheimer Altenberg herrlich klare eindringliche Rieslingfrucht, Aprikosen und Litschi; süß im Mund, wunderschön geschmeidig, mit Biss und Nachhall (8 €)

91 ▶ 2002 Riesling Auslese* Sobernheimer Marbach konzentriert im Bouquet, süße Aprikosen, Zitrusfrüchte, herrlich klar und eindringlich; viel reife süße Frucht im Mund, herrlich harmonisch, füllig, sehr reintönig, nachhaltig (12,50 €/0,5l)

92 ▶ 2002 Riesling Eiswein Meddersheimer Rheingrafenberg herrlich reintönig und konzentriert, süße Zitrusfrüchte, dominant; faszinierend konzentriert auch im Mund, viel Frucht, dominant und nachhaltig (24 €/0,375l)

Weingut Gebrüder **Bart** ★
Pfalz

Kaiserslauterner Straße 42,
67098 Bad Dürkheim
Tel. 06322-1854, Fax: 06322-1888
www.weingut-bart.de
weingut-bart@t-online.de
Inhaber: Rolf Bart
Rebfläche: 10 Hektar
Besuchszeiten: Mo.-Fr. 8-18 Uhr, Sa. 8-12 Uhr und nach Vereinbarung

Das Weingut Gebrüder Bart ist seit 1777 im Familienbesitz und wird heute von Rolf Bart geführt. Wie in den vergangenen Jahren präsentierte Rolf Bart eine homogene Kollektion mit gleichermaßen guten Weiß- und Rotweinen.

84 ▶ 2002 Riesling Kabinett trocken Dürkheimer Michelsberg frisch, klar, Limone, feine Frucht; lebhaft im Mund, klare süße Frucht (4,30 €)

85 ▶ 2002 Riesling Spätlese trocken Dürkheimer Spielberg würzige Noten, verhaltene Frucht; weich und klar im Mund, gute süße Frucht (5,40 €)

87 ▶ 2002 Scheurebe Auslese Ungsteiner Herrenberg herrlich eindringliche reife Frucht, Litschi; schmeichelnd im Mund, viel süße Frucht, sehr lang (7,50 €)

84 ▶ 2001 Spätburgunder Spätlese trocken Dürkheimer Feuerberg klare reife süße Frucht, Frische, rote Früchte; weich und geschmeidig im Mund, reife klare Frucht (7,40 €)

Weitere Weine: 80 ▶ 2002 Chardonnay trocken Dürkheimer Schenkenböhl ▪ 82 ▶ 2002 Riesling Kabinett trocken Dürkheimer Hochmeß ▪ 82 ▶ 2002 Riesling Kabinett Dürkheimer Fuchsmantel ▪ 83 ▶ 2002 Riesling Spätlese Ungsteiner Herrenberg ▪ 81 ▶ 2002 Schwarzriesling Rosé trocken Dürkheimer Schenkenböhl ▪ 79 ▶ 2001 Spätburgunder Weißherbst Kabinett Wachenheimer Mandelgarten ▪ 82 ▶ 2001 Schwarzriesling trocken Wachenheimer Mandelgarten ▪ 81 ▶ 2001 Spätburgunder Dürkheimer Feuerberg ▪

Wein- und Sektgut Barth ★★
Rheingau

Bergweg 20, 65347 Hattenheim
Tel. 06723-2514, Fax: 06723-4375
www.weingut-barth.de
barth.weingut@t-online.de
Inhaber: Norbert Barth
Rebfläche: 10,5 Hektar
Besuchszeiten: Mo.-Fr. 14-18 Uhr,
Sa. 10-17 Uhr

Spezialität von Norbert Barth sind die Sekte, die gut ein Viertel der Gesamtproduktion ausmachen. Seit 1. Juli 2002 firmiert das Weingut auch offiziell nun als „Wein- und Sektgut Barth". Riesling ist die wichtigste Rebsorte bei Norbert Barth, hinzu kommt ein für Hattenheim hoher Spätburgunderanteil von 20 Prozent.

Vor zwei Jahren wartete Norbert Barth mit einem beeindruckenden Sekt auf, dem „Barth Ultra" - einer der eigenwilligsten und besten Sekte in Deutschland. Gerade von den Sekten war ich in diesem Jahr jedoch enttäuscht. Gut gefallen haben mir die Basisweine mit ihrer klaren Frucht. Eigenwilliger sind da schon die edelsüßen Weine: manche erscheinen mir etwas duftig und unausgewogen.

84 ▶ **2002 Riesling trocken** klare jugendliche Frucht; klar und direkt im Mund, gute Frucht (4,80 €)

84 ▶ **2002 Riesling Kabinett trocken** würzig und direkt im Bouquet, etwas verhaltene Frucht; frisch und klar im Mund, feine Frucht und Biss (6,20 €)

85 ▶ **2002 Spätburgunder Weißherbst trocken Blanc de Noir** sehr klare Frucht, feines Bouquet; frisch und klar im Mund, feine recht süße Frucht, Biss (6,50 €)

85 ▶ **2002 Riesling Classic** feine jugendliche Rieslingfrucht im Bouquet, Würze; klare süße Frucht dann im Mund, gute Fülle und Harmonie (4,80 €)

86 ▶ **2002 Riesling Erstes Gewächs Hattenheimer Wisselbrunnen** reife süße Aprikosen, etwas Litschi; gute Fülle, reife süße Frucht, rauchige Noten, dezente Bitternoten, besser bald trinken, bevor er sich unharmonisch weiterentwickelt (15,50 €)

86 ▶ **2002 Riesling Spätlese Hattenheimer Hassel** klare reife Rieslingfrucht, feines Bouquet; frisch und klar im Mund, gute Frucht und Biss (8,50 €)

86 ▶ **2002 Riesling Auslese Hattenheimer Hassel** rauchig-würzige Noten, leicht duftig, Aprikosen; viel süße Frucht, Frische, Biss

85 ▶ **2001 Riesling Beerenauslese Hattenheimer Hassel** enorm duftig, süße Aprikosen; dominant süß im Mund, dick, stoffig, Biss, insgesamt unausgewogen (30 €/0,25l)

90 ▶ **2001 Riesling Trockenbeerenauslese Hattenheimer Schützenhaus** konzentriert, eindringlich, viel süße Frucht, leicht duftig; viel süße Frucht, enorm dominant, konzentriert, sehr nachhaltig (135 €/0,25l)

86 ▶ **1998 Spätburgunder Weißherbst Eiswein** etwas Frisch kontrastiert mit leichter Kaffeenote, Reifenoten; viel süße Frucht, dominant, Biss, enorm nachhaltig (30 €/0,25l)

Weitere Weine: 81 ▶ Riesling Sekt Brut ▪ 82 ▶ Spätburgunder Weißherbst Sekt Brut ▪

Weingut Geh. Rat Dr. v. Bassermann-Jordan ★★★
Pfalz

Kirchgasse 10, 67146 Deidesheim
Tel. 06326-6006, Fax: 06326-6008
www.bassermann-jordan.de
hauck@bassermann-jordan.de
Inhaber: Margrit von Bassermann-Jordan, Achim Niederberger
Kaufm. Geschäftsführer: Gunther Hauck
Techn. Geschäftsführer: Ulrich Mell
Rebfläche: 42 Hektar
Besuchszeiten: Mo.-Fr. 8-12 + 13-18 Uhr, Sa./So. 10-15 Uhr

Bassermann-Jordan ist eines der traditionsreichsten und bekanntesten Weingüter in Deutschland. Hier dominiert der Riesling mit einem Anteil von 90 Prozent an der Rebfläche. Die Weinberge verteilen sich auf zwanzig Einzellagen in Forst, Deidesheim und Ruppertsberg, davon ein Drittel in renommierten Lagen wie Kalkofen, Kirchenstück, Jesuitengarten, Ungeheuer, Hohenmorgen und Hoheburg. Die Weine werden teils in Holzfässern (sehr sehenswerter Gewölbekeller!), teils im Edelstahl ausgebaut. Bassermann-Jordan wird geleitet von Margrit von Bassermann-Jordan. Deren Tochter Gabriele will das Weingut nicht weiterführen und verkaufte ihre Anteile an Achim Niederberger.

Im Vorjahr glänzte Ulrich Mell mit herrlich kraftvollen trockenen Rieslingen, die zu den besten Weinen des Jahrgangs in der Pfalz zählten. Die 2002er reichen da in der Spitze nicht ganz heran.

85 ▶ 2002 Riesling trocken frisch, direkt, wunderschön reintönige Rieslingfrucht; klar und direkt im Mund, feine Frucht (5 €)

85 ▶ 2002 Riesling Kabinett trocken Deidesheimer Mäushöhle gute klare würzige Rieslingfrucht, feine Frische; weich, füllig, gute Frucht und Harmonie (8 €)

86 ▶ 2002 Riesling Kabinett trocken Ruppertsberger Reiterpfad würzige klare Rieslingfrucht, gute Konzentration; frisch, klar, feine Frucht (6,80 €)

85 ▶ 2002 Riesling Spätlese trocken Forster Jesuitengarten rauchig-würzige Noten, direkt; gute jugendliche Frucht, zupackend (14 €)

87 ▶ 2002 Riesling Spätlese trocken Deidesheimer Langenmorgen gute Konzentration, klare reife Frucht; gute Fülle, viel Frucht, kompakter Riesling (11,50 €)

89 ▶ 2002 Riesling Auslese Deidesheimer Mäushöhle würzig, klar, reife süße Rieslingfrucht, Zitrusfrüchte; viel süße Frucht im Mund, wunderschön reintönig, harmonisch (14,50 €/0,375l)

Weingut Bastgen ★★★
Mosel-Saar-Ruwer

Hofstraße 18, 54518 Monzel
Tel. 06535-933092, Fax: 06535-1579
www.weingut-bastgen.de
info@weingut-bastgen.de
Inhaber: Armin Vogel und Mona Bastgen
Rebfläche: 4 Hektar
Besuchszeiten: nach Vereinbarung

Mona Bastgen und Armin Vogel, beide diplomierte Önologen, führen das Weingut Bastgen in Kesten an der Mittelmosel. Der „Blauschiefer" genannte Gutsriesling ist eine Cuvée aus verschiedenen Lagen. Als Lagenweine werden nur Selektionsweine aus den Spitzenlagen Kestener Paulinshofberg, Brauneberger Juffer Sonnenuhr und Bernkastel-Cueser Weisenstein vermarktet. Die Weine werden langsam und kühl vergoren, bei den Lagenweinen nur mit den eigenen Hefen.

Im schwierigen Jahrgang 2000 war Mona Bastgen und Armin Vogel eine deutliche Steigerung gelungen. Im Folgejahr bestätigten sie das gute Bild, ebenso mit der neuen Kollektion, in der mir erneut die süßen Rieslinge etwas besser gefallen als die trockenen.

85 ▶ 2002 Riesling trocken frisch, klar, feine Frucht, sehr klar und direkt im Mund, gute Frucht und Biss (4,50 €/1l)

85 ▶ 2002 Riesling Kabinett trocken „Blauschiefer" klare reife Rieslingfrucht im Bouquet; harmonisch im Mund, gute Fülle und Frucht (5,50 €)

86 ▶ 2002 Riesling Kabinett Kestener Paulinshofberg würzig, konzentriert, klare Rieslingfrucht; frisch, klar, mineralische Frucht, harmonisch (5,80 €)

87 ▶ 2002 Riesling Spätlese Bernkastel-Cueser Weisenstein konzentriert, würzig, herrlich eindringliche Frucht; füllig, harmonisch, klare Frucht (8,50 €)

88 ▶ **2002 Riesling Spätlese Kestener Paulinshofberg** gute Konzentration, würzige eindringliche Rieslingfrucht; viel süße Frucht, herrlich harmonisch und lang (8,50 €)

90 ▶ **2002 Riesling Spätlese „S" Kestener Paulinshofberg** enorm konzentriert, jugendliche sehr eindringliche Frucht; harmonisch im Mund, eindringlich, herrlich viel klare Frucht und Konzentration (9,50 €)

89 ▶ **2002 Riesling Spätlese Brauneberger Juffer-Sonnenuhr** enorm konzentriert, würzig, dominante eindringliche Frucht; konzentriert auch im Mund, viel Frucht, harmonisch und lang (Versteigerungswein)

87 ▶ **2002 Riesling Auslese „feinherb" Kestener Paulinshofberg „Auf den Felsen"** gute Konzentration, herrlich klare eindringliche Frucht; harmonisch im Mund, viel reife Frucht (15 €)

89 ▶ **2002 Riesling Auslese Bernkastel-Cueser Weisenstein** konzentriert, herrlich würzig, dominante jugendliche Frucht; viel reife süße Frucht im Mund, harmonisch und klar, feiner Nachhall (15 €)

Weitere Weine: 83 ▶ 2002 Weißburgunder „sur lie" ▪ 82 ▶ 2002 Rivaner Classic ▪

Weingut
L. Bastian ★★
Baden

◆ Königschaffhauser Straße 8,
79346 Endingen
Tel. 07642-6009, Fax: 07642-3862
www.weingut-bastian.de
service@weingut-bastian.de
Inhaber: Andreas Neymeyer
Rebfläche: 9 Hektar
Besuchszeiten: Mo.-Fr. 8-12 + 14-17 Uhr,
Sa. 8-12 Uhr

Das 1868 gegründete Weingut wird seit 2001 von Geisenheim-Absolvent Andreas Neymeyer geführt. Seine Weinberge liegen vor allem in Endingen in den Lagen Engelsberg sowie Tannacker, einer 1,8 Hektar großen Einzellage in Alleinbesitz. Seit über 100 Jahren gehört dem Weingut auch die Schlossruine Burkheim, in deren Innenhof sich die mit nur 44 Ar kleinste Kaiserstühler Einzellage, der Burkheimer Schlossberg, befindet. Zum Weingut gehört auch ein Kellereibetrieb (Weinhaus L. Bastian). Zur Unterscheidung von den Weinen des Weinhauses werden die Weine des eigenen Weingutes in der Reihe „Bastian SL" vermarktet.

84 ▶ **1999 „New Age" Riesling Reserve Sekt Trocken** feine Rieslingfrucht, direkt; frisch, klar, direkt, gute Frische (10,30 €)

84 ▶ **2002 Grauer Burgunder trocken („Bastian SL") Endinger Engelsberg** würzige klare Grauburgunderfrucht; weich, füllig, reife Frucht (7,70 €)

87 ▶ **2002 Grauer Burgunder trocken („Bastian SL") Burkheimer Schlossberg** frisch, würzig, wunderschön klare Frucht; gute Fülle und Harmonie, klare Frucht, Nachhall (20 €)

87 ▶ **2001 Chardonnay Spätlese trocken („Bastian SL") Endinger Engelsberg** herrlich fruchtbetont und klar im Bouquet, gute Konzentration, Frische, etwas Tropenfrüchte; kraftvoll und klar im Mund, gute ganz leicht süße Frucht, feiner Biss, jugendlicher zupackender Chardonnay (7,70 €)

87 ▶ **2002 Chardonany trocken*** („Bastian SL") Endinger Engelsberg** reife süße Frucht, ganz leicht Tropenfrüchte, Ananas; gute Fülle im Mund, klar, harmonisch (7,70 €)

86 ▶ **2001 Riesling Spätlese halbtrocken („Bastian SL") Endinger Engelsberg** herrlich reintönige Rieslingfrucht im Bouquet, Frische, jugendlich, sehr eindringlich; klar im Mund, frisch, direkt, jugendliche Frucht (8 €)

85 ▶ **2002 Weißer Burgunder Spätlese („Winzer von Bastian") Endinger Engelsberg** würzige Noten, sehr klare Frucht; süß im Mund, schmeichelnd, süffig (7 €)

84 ▶ **2002 Gewürztraminer („Bastian SL") Endinger Tannacker** reife klare Traminerfrucht im Bouquet, eindringlich Rosen; weich im Mund, cremige Noten, füllig (7,70 €)

90 ▶ **2002 Gewürztraminer Eiswein („Bastian SL") Endinger Tannacker** enorm dominant, würzig-duftige Traminerfrucht; süß und schmeichelnd im Mund, wunderschön konzentriert, dominant, nachhaltig (25 €/0,375l)

85 ▶ 2001 Spätburgunder trocken („Bastian SL") Endinger Engelsberg gute Konzentration, sehr reintönige rauchige Spätburgunderfrucht; weich im Mund, klare Frucht, rauchige Noten, feiner jugendlicher Spätburgunder (6,60 €)

85 ▶ 2001 Spätburgunder trocken Barrique („Bastian SL") Endinger Engelsberg rauchige Noten, sehr klare reife Frucht; kompakt, gute Harmonie, klare verhaltene Frucht (10 €)

Weinhaus
L. Bastian ★
Baden

◆ L. Bastian Weinhaus GmbH,
Königschaffhauser Straße 8, 79346 Endingen
Tel. 07642-6009, Fax: 07642-3862
www.weingut-bastian.de
service@weingut-bastian.de
Inhaber: Bernhard und Andreas Neymeyer
Rebfläche: 37 Hektar
Besuchszeiten: Mo.-Fr. 8-12 + 14-17 Uhr,
Sa. 8-12 Uhr

Die Weine der Erzeugergemeinschaft Weinhaus L. Bastian werden in den Linien „Winzer" und „Stephanie" vermarktet.

85 ▶ 2001 Grauer Burgunder Kabinett trocken („Winzer") Endinger Engelsberg klare ganz leicht würzige Frucht, gute Konzentration; kraftvoll im Mund, geradlinig, kompakter Grauburgunder (4,60 €)

84 ▶ 2001 Rivaner trocken („Stephanie") herrlich frisch im Bouquet, würzig, gute klare Frucht; recht süß im Mund, unkompliziert, klare Frucht (4 €)

84 ▶ 2002 Rivaner trocken („Stephanie") klare Frucht im Bouquet, eindringlich; kraftvoll im Mund, gute Frucht, geradliniger Müller-Thurgau (4,50 €)

84 ▶ 2001 Müller-Thurgau halbtrocken („Winzer") Endinger Engelsberg gute Frucht; klar und direkt, feine süße Frucht, Biss (3,50 €)

Weitere Weine: 83 ▶ (2002) „Ambiente" Secco Perlwein trocken ■ 81 ▶ „Bastian Krone" Sekt ■ 81 ▶ 2002 Rivaner trocken („Winzer") Endinger Engelsberg ■ 82 ▶ 2002 Grauer Burgunder Kabinett trocken („Winzer") Endinger Engelsberg ■ 82 ▶ 2002 Weißer Burgunder „feinherb Stephanie" („Winzer") Endinger Engelsberg ■ 83 ▶ 2001 Spätburgunder trocken („Winzer") Endinger Engelsberg ■ 80 ▶ 2001 Spätburgunder „feinherb Stephanie" („Winzer") Endinger Engelsberg ■ 81 ▶ 2001 Spätburgunder medium sweet („Winzer") Endinger Engelsberg ■

Weingut
Bauer ★★
Mosel-Saar-Ruwer

Moselstraße 3, 54486 Mülheim
Tel. 06534-571, Fax: 06534-570
www.weingut-bauer.de
info@weingut-bauer.de
Inhaber: Jörg Bauer
Rebfläche: 5,6 Hektar
Besuchszeiten: Mo.-Sa. 8-12 + 13-18 Uhr oder nach Vereinbarung
Probierstube, Gästehaus

Jörg Bauer besitzt Weinberge in den Lagen Mülheimer Sonnenlay, Veldenzer Kirchberg und Brauneberger Juffer. Neben Riesling hat er auch ein wenig Müller-Thurgau, Kerner, Spätburgunder und Dornfelder im Programm. Er baut seine Weine in Holzfässern aus. Außer Wein erzeugt Jörg Bauer auch Edelbrände.

Ich hatte vor zwei Jahren von Jörg Bauer einen Querschnitt der Jahrgänge 1999 und 2000 verkostet. Am besten hatten mir neben den beiden edelsüßen Rieslingen und der Spätlese die halbtrockenen Weine gefallen, während die beiden trockenen Rieslinge aus dem Jahrgang 2000 doch etwas zu verhalten in der Frucht waren. „Insgesamt eine interessante Kollektion!", hatte ich geschrieben. Gleiches galt für seine 2001er: wenn auch meist im Bouquet etwas zurückhaltend, überzeugten sie im Mund mit ihrer klaren Frucht. Auch die 2002er Kollektion überzeugt, allerdings würde ich mir die Basisweine etwas klarer und fruchtiger wünschen.

86 ▶ **2002 Riesling Spätlese trocken Mülheimer Sonnenlay** gute Konzentration, sehr klare jugendliche Frucht; kraftvoll, klar, herrlich viel Frucht (6 €)

85 ▶ **2002 Riesling Spätlese Brauneberger Juffer** feine Frucht, klar und direkt; viel süße Frucht, harmonisch, süffig (5,50 €)

87 ▶ **2002 Riesling Auslese Mülheimer Sonnenlay** viel Konzentration, würzige jugendliche Frucht; klar und direkt, harmonisch, viel süße Frucht (9,90 €)

86 ▶ **2002 Riesling Eiswein Veldenzer Kirchberg** leicht duftig, reife süße Aprikosen; gute Harmonie im Mund, viel süße Frucht, Biss (27 €/0,375l)

Weitere Weine: 81 ▶ 2002 Müller-Thurgau trocken Veldenzer Kirchberg (1l) ▪ 82 ▶ 2002 Rivaner trocken ▪ 81 ▶ 2002 Riesling Hochgewächs trocken Mülheimer Sonnenlay ▪ 82 ▶ 2002 Riesling Kabinett trocken Mülheimer Sonnenlay ▪ 82 ▶ 2002 Riesling Hochgewächs halbtrocken Mülheimer Sonnenlay ▪ 83 ▶ 2002 Riesling Kabinett halbtrocken Mülheimer Sonnenlay ▪

Weingut Michael **Baumer** ★
Baden

Kapellenstraße 16,
79235 Vogtsburg-Oberbergen
Tel. 07662-949191, Fax: 07662-949192
weingut-michael-baumer@t-online.de
Inhaber: Michael Baumer und Melanie Sommer
Rebfläche: 1,8 Hektar
Besuchszeiten: nach Vereinbarung

Michael Baumer und Melanie Sommer bewirtschaften ihr 1999 gegründetes Weingut zur Zeit noch im Nebenerwerb. Ihre Weinberge befinden sich in den Kaiserstühler Lagen Oberbergener Bassgeige (mit Vulkan und Lössböden), Kiechlinsbergener Ölberg (Vulkan) und Bahlinger Silberberg (Löss). Über 40 Prozent der Rebfläche nimmt Grauburgunder ein. Es folgen Weiß- und Spätburgunder, sowie Riesling, Gewürztraminer, Lemberger und Cabernet Cubin.

Letztes Jahr habe ich das Weingut erstmals vorgestellt und kann sagen, dass mir der Jahrgang 2002 schon deutlich besser gefällt: die Weine von Michael Baumer und Melanie Sommer sind kraftvoller und klarer als im Vorjahr. Im Auge behalten!

85 ▶ **2002 Weißer Burgunder Kabinett trocken Bahlinger Silberberg** feine klare Weißburgunderfrucht, gute Konzentration; harmonisch im Mund, reife klare Frucht (5,30 €)

85 ▶ **2002 Grauer Burgunder Kabinett trocken Bahlinger Kiechlinsbergener Ölberg** klare Frucht, dezente Würze; kompakt, klar, gute Frucht (7,50 €)

84 ▶ **2002 Riesling Kabinett trocken Oberbergener Baßgeige** feine Würze, jugendliche Frucht; frisch im Mund, klar, gute Frucht und Biss (6,80 €)

85 ▶ **2002 Spätburgunder trocken Bahlinger Silberberg** klare reife Frucht mit würzigen Noten; gute Fülle, reife klare Frucht, harmonisch (6,50 €)

86 ▶ **2002 Lemberger trocken** würzige Noten, reife intensive Frucht, rote Früchte, sehr eindringlich; etwas Frische im Mund, sehr klare Frucht, harmonisch (9,20 €)

87 ▶ **2002 Spätburgunder „SR" trocken Oberbergener Baßgeige** Samtrot; reife rote Früchte, Erdbeeren, sehr eindringlich; gute Fülle im Mund, fruchtbetont, kompakt (10 €)

Weingut Gerhard Beck ★★
Pfalz

Paulinerstraße 5, 76889 Schweigen-Rechtenbach
Tel. 06342-535, Fax: 06342-7448
www.weingut-beck.de
weingut.beck@t-online.de
Inhaber: Gerhard Beck
Rebfläche: 12 Hektar
Besuchszeiten: Mo.-Sa. ab 14 Uhr (möglichst nach Voranmeldung)

Das Weingut Beck ist ein Familienbetrieb ganz im Süden des Pfälzer Anbaugebietes, der von Gerhard und Daniela Beck geführt wird. Ihre Weinberge liegen alle im Schweigener Sonnenberg.

Wie im vergangenen Jahr hat Gerhard Beck eine überzeugende, sehr gleichmäßige Kollektion. Alle Weine sind durch eine deutliche Süße sehr schmeichelnd und süffig.

85 ▶ **2002 Grauer Burgunder Spätlese trocken** würzig, klar, gelbe Früchte; süß im Mund, feine Frucht, enorm süffig (5,30 €)

85 ▶ **2002 Gewürztraminer Spätlese trocken** klare jugendliche Frucht, würzige Noten; süße Frucht im Mund, kompakt und klar (5,90 €)

85 ▶ **2002 Chardonnay Spätlese trocken** zurückhaltende Frucht, würzige Noten; süß im Mund, kompakt, gute Frucht (6,50 €)

86 ▶ **2002 Weißer Burgunder Selection Schweigener Sonnenberg** gute Konzentration bei zurückhaltender Frucht, feine Würze; süß im Mund, füllig, klare Frucht (7,90 €)

86 ▶ **2002 Gewürztraminer Selection Schweigener Sonnenberg** würzig, klar, gute Konzentration; viel süße Frucht im Mund, klar, kompakter Gewürztraminer (8,50 €)

86 ▶ **2002 Spätburgunder Auslese trocken Schweigener Sonnenberg** reife süße Frucht im Bouquet, süße rote Beeren, Kirschen; schmeichelnd im Mund, viel süße Frucht, enorm süffig (18,50 €)

Weitere Weine: 82 ▶ 2002 Riesling Spätlese trocken ▪ 82 ▶ 2002 Gewürztraminer Kabinett (1l) ▪

Weingut Brüder Dr. Becker ★★
Rheinhessen

♣ Mainzer Straße 3-7, 55278 Ludwigshöhe
Tel. 06249-8430, Fax: 06249-7639
www.brueder-dr-becker.de
lotte.pfeffer@brueder-dr-becker.de
Inhaber: Lotte Pfeffer-Müller und Hans Müller
Rebfläche: 11 Hektar
Besuchszeiten: nach Vereinbarung

Das Weingut erhielt seinen Namen um die Jahrhundertwende von den beiden Brüdern Johann und Jakob Becker. Seither ist es über drei Generationen von der Mutter auf die Tochter vererbt worden. Heute wird das Weingut von Lotte Pfeffer-Müller und Hans Müller geführt. Bereits seit Mitte der achtziger Jahre bewirtschaften sie die Weinberge nach ökologischen Gesichtspunkten und sind Mitglied bei ECOVIN. Riesling ist mit 40 Prozent die wichtigste Rebsorte, gefolgt von Silvaner mit 20 Prozent, sowie Scheurebe, eine Spezialität des Weingutes. Hinzu kommen Spätburgunder, Müller-Thurgau und die weißen Burgundersorten. Der Ausbau der Weine erfolgt teils im Edelstahl, teils in traditionellen Holzfässern, beim Spätburgunder manchmal auch im Barrique.

Nach jahrgangsbedingt schwächeren 2000ern hatte mir in der 2001er Kollektion die Scheurebe Spätlese am besten gefallen. 2002 ist insgesamt besser, die Weine sind klarer und sortentypischer.

85 ▶ **2002 Grüner Silvaner trocken** feine klare Frucht im Bouquet, weiße Früchte; klar und direkt im Mund, feine Silvanerfrucht (4,90 €)

84 ▶ **2002 Weißburgunder trocken** sehr klar im Bouquet, direkt, jugendliche Frucht; harmonisch im Mund, feine süße Frucht, unkompliziert (5,70 €)

85 ▶ **2002 Riesling Kabinett trocken Dien-

heimer klar, direkt, feine würzige Rieslingfrucht, jugendlich; frisch, klar, feine Frucht und Biss (5,80 €)

87 ▶ **2002 Riesling Spätlese trocken Dienheimer** konzentriert, enorm würzig, eindringliche Frucht; gute Fülle, reife Frucht, kompakter Riesling (8,30 €)

85 ▶ **2002 Scheurebe Kabinett** feiner Duft, Cassis, klar und direkt; frisch, klar, viel süße Frucht, süffig (4,50 €)

87 ▶ **2002 Scheurebe Spätlese** klar und konzentriert, eindringliche Frucht; herrlich viel Frucht im Mund, wunderschön harmonisch und lang (7,40 €)

84 ▶ **2001 Spätburgunder Cuvée trocken** klare Frucht, Frische, rote Früchte; gute Harmonie, klare Frucht (6,50 €)

Weitere Weine: 83 ▶ 2002 Riesling trocken (1l) ■

ren. Im letzten Jahr hat er Frühburgunder und Gewürztraminer angelegt. In diesem Jahr folgt St. Laurent und Merlot. Die Weißweine werden kühl vergoren, ausgesuchte Weine werden auch im Barrique ausgebaut oder im traditionellen Verfahren zu Sekt verarbeitet. Zum Weingut gehört auch eine Brennerei. Mit der neuen Kollektion knüpft Fred Becker an die guten 2000er an.

84 ▶ **2002 Weißer Burgunder Spätlese trocken** klare reife würzige Frucht; frisch, klar, gute Frucht (3,60 €)

84 ▶ **2002 Riesling Spätlese trocken** frisch, würzig, klare Frucht, etwas Zitrusfrüchte; klare süße Frucht, harmonisch (3,60 €)

85 ▶ **2002 Spätburgunder Rosé Kabinett trocken** herrlich klare Frucht im Bouquet, Kirschen; harmonisch im Mund, gute recht süße Frucht (3 €)

85 ▶ **2002 „Cuvée Gustav" Rotwein trocken** 65 % Spätburgunder und 35 % Dornfelder; jugendliche Frucht, rote Früchte; harmonisch im Mund, gute Frucht und Biss (3,10 €)

Weitere Weine: 82 ▶ 2002 „Pfälzer Spritzer" Perlwein trocken ■ 82 ▶ 2002 Riesling Kabinett trocken ■

Weingut Fred **Becker** ★
Pfalz

Heißbühlerhof, 76831 Ilbesheim
Tel. 06341-3595, Fax: 06341-33992
Inhaber: Fred Becker
Rebfläche: 14 Hektar
Besuchszeiten: Sa. 8-12 + 13-18 Uhr oder nach Vereinbarung
Gästehaus mit Ferienwohnungen, Weinstube (bis 50 Personen)

Das Weingut Becker ist 1983 in den Heißbühlerhof ausgesiedelt und hat mit der teilweisen Selbstvermarktung begonnen. Fred Becker besitzt 11 Hektar Weinberge mit Muschelkalk und unterschiedlich schweren Lehmböden in und um Ilbesheim, sowie 2,5 Hektar mit Sandböden zehn Kilometer südlich in Kapellen. Becker hat schon heute knapp die Hälfte seiner Weinberge mit roten Reben bepflanzt. Zukünftig will er sich noch stärker auf rote Sorten und die klassischen Weißweinsorten konzentrie-

Weingut Friedrich **Becker** ★★★★
Pfalz

Hauptstraße 29, 76889 Schweigen
Tel. 06342-290, Fax: 06342-6148
www.weingut-friedrich-becker.de
verkauf@weingut-friedrich-becker.de
Inhaber: Friedrich Becker
Rebfläche: 14 Hektar
Besuchszeiten: nach Vereinbarung

Erst 1973 hat man bei Becker in Schweigen mit der Selbstvermarktung begonnen. Friedrich Becker konzentriert sich auf die Burgundersorten und Riesling. Vor allem mit seinen Spätburgundern hat er bundesweit Beachtung gefunden. Im Kammerberg, einer Toplage innerhalb der großen Lage Schweigener Sonnenberg, wo alle Weinberge Friedrich Beckers liegen, hat er 1,5 Hektar Spätburgunder stehen, zum Großteil 35 Jahre alte Reben. „Weinmacher" beim Weingut Becker ist Stefan Dorst, der auch in Südafrika (Laibach) und Spanien (Venta d'Aubert) aktiv ist. Alle Weine stammen aus der Lage Schweigener Sonnenberg, tragen aber keine Lagenbezeichnung.

Seit Ende der achtziger Jahre kenne ich schon die Weine von Friedrich Becker. Meine Favoriten waren meist seine Barriqueweine, nicht nur die Spätburgunder, sondern auch Weißburgunder und Chardonnay haben mich immer überzeugt. 2001 gefielen mir dann die „normalen" Weißweine deutlich besser, waren klarer in der Frucht. Gleiches im Jahrgang 2002: die Weißweine haben deutlich zugelegt, der barriqueausgebaute Chardonnay gehört zu den besten in Deutschland.

87 ▶ **1993 Blanc de Noir Sekt Brut** enorm rauchig im Bouquet, würzig, direkt; herrlich füllig im Mund, reife süße Frucht, klar und lang (14,50 €)

85 ▶ **2002 Riesling Kabinett trocken** feine Rieslingwürze, etwas Zitrusfrüchte; frisch, klar, feine Frucht (5,50 €)

87 ▶ **2002 Grauer Burgunder Kabinett trocken** herrlich klare Frucht, Frische, reintöniges Bouquet; klare Frucht auch im Mund, gute Harmonie (5,60 €)

87 ▶ **2002 Auxerrois Kabinett trocken** herrlich klare jugendliche Frucht, feines Bouquet; frisch, klar, sehr reintönige Frucht, feiner Biss (5,90 €)

87 ▶ **2002 Chardonnay Spätlese trocken** frisch, klar, wunderschön reintönige Frucht; gute Harmonie, klare Frucht (7,70 €)

89 ▶ **2002 Grauer Burgunder Spätlese trocken** konzentriert, klar, sehr eindringliche Frucht; kraftvoll im Mund, gute Fülle und Konzentration, reintönig (7,40 €)

91 ▶ **2001 Chardonnay Tafelwein trocken** herrlich konzentriert, feine rauchige Noten, dezenter Toast, sehr eindringlich; viel reife Frucht, harmonisch, füllig, faszinierend lang und mit Nachhall (14 €)

88 ▶ **2002 Gewürztraminer Spätlese** feiner Rosenduft, herrlich klare Frucht; gute Harmonie, klare Frucht (8,50 €)

85 ▶ **2002 Spätburgunder trocken** feine Frucht, sehr klar, etwas Würze; harmonisch, klar, feine Frucht und Biss (5,30 €)

87 ▶ **2001 Spätburgunder Spätlese trocken** gute Konzentration, rote Früchte, rauchige Noten; gute Fülle, klare Frucht, Biss, harmonischer eleganter Spätburgunder (11 €)

87 ▶ **2001 Spätburgunder Reserve Tafelwein trocken** konzentriert, Gewürze, ganz leicht fleischige Noten; frisch und klar dann im Mund, viel Frucht, enorm viel Tannine, sehr jugendlich (87+? Punkte) (35 €)

Weingut
Becker-Steinhauer ★★
Mosel-Saar-Ruwer

◆ Hauptstraße 72, 54486 Mülheim/Mosel
Tel. 06534-521, Fax: 06534-18378
www.becker-steinhauer.de
weingut@becker-steinhauer.de
Inhaber: Günter Becker
Rebfläche: 7,5 Hektar
Besuchszeiten: nach Vereinbarung
Gästehaus

Das Weingut Becker-Steinhauer wird in siebter Generation von Günter Becker geführt. Seine Weinberge befinden sich in den Gemeinden Veldenz, Brauneberg, Mülheim, Zeltingen und Bernkastel. Neben dem dominierenden Riesling, der 90 Prozent der Rebfläche einnimmt, gibt es Chardonnay, Kerner, Spätburgunder und Dornfelder. Die Weine werden teils im traditionellen Fuder, teils im Edelstahl ausgebaut.

85 ▶ 2002 Riesling Spätlese halbtrocken **Brauneberger Juffer** gute klare Rieslingfrucht, etwas Aprikosen; viel süße Frucht, schmeichelnd und süffig (6 €)

86 ▶ 2002 Riesling Spätlese Veldenzer **Kirchberg** gute Würze und Konzentration, jugendliche Frucht; schmeichelnd, viel süße Frucht, feiner Biss (6 €)

85 ▶ 2002 Riesling Spätlese Zeltinger **Himmelreich** jugendliche Frucht, klar und konzentriert; schmeichelnd im Mund, viel süße Frucht, enorm süffig (6 €)

87 ▶ 2002 Riesling Auslese** Brauneberger **Juffer** gute Konzentration, etwas Zitrusfrüchte, klare Rieslingfrucht; süße Frucht, enorm schmeichelnd und süffig (10 €)

87 ▶ 2002 Riesling Auslese** Zeltinger **Himmelreich** gute Würze und Konzentration, klare jugendliche Rieslingfrucht; sehr reintönig im Mund, viel süße Frucht, schmeichelnd (8 €)

89 ▶ 2002 Riesling Auslese*** Mülheimer **Sonnenlay** konzentriert, eindringlich, sehr klare Frucht; enorm konzentriert im Mund, reife süße Frucht, Litschi, dominant und nachhaltig (12,50 €)

88 ▶ 2002 Riesling Eiswein Mülheimer **Sonnenlay** reife süße eingelegte Aprikosen, konzentriert, enorm dick im Mund, schmeichelnde süße Frucht, süffig (25 €/0,375l)

90 ▶ 2002 Riesling Trockenbeerenauslese **Veldenzer Kirchberg** konzentriert, dominant, eingelegte süße Aprikosen; herrlich füllig und schmeichelnd im Mund, viel süße Frucht, faszinierend lang (60 €/0,375l)

Weitere Weine: 82 ▶ 2002 Riesling Kabinett trocken Veldenzer Kirchberg ■ 83 ▶ 2002 Riesling Spätlese trocken Zeltinger Himmelreich ■ 83 ▶ 2002 Riesling Kabinett Bernkasteler Schlossberg (1l) ■ 81 ▶ 2002 Spätburgunder ■

Weingut
Behringer ★
Franken

◆ Rehweilerstraße 7, 97355 Abtswind
Tel. 09383-97370, Fax: 09383-973724
www.weingut-behringer.de
info@weingut-behringer.de
Inhaber: Thomas Behringer
Rebfläche: 51 Hektar
Besuchszeiten: täglich 9-18 Uhr
Restaurant

Das Weingut Behringer wird seit 1990 von Ingrid und Thomas Behringer geführt. Ihre wichtigsten Weinlagen sind Abtswinder Altenberg, Greuther Bastel und Wiebelsberger Dachs. Sie vermarkten den Ertrag einer Eruzeugergemeinschaft von ca. 60 Winzern.

85 ▶ 2002 Müller-Thurgau trocken „Frank & Frei" feine Frische, klar, dezente Muskatnote; frisch, klar, feine Frucht (5 €)

84 ▶ 2002 „Geweihter" Silvaner Kabinett trocken klare Frucht, weiße Früchte, Birnen; gute Harmonie, feine Frucht, klar und direkt (4,80 €)

87 ▶ 2002 Bacchus Auslese Abtswinder **Altenberg** eindringliche süße Frucht im Bouquet, etwas Litschi; süß im Mund, konzentriert, dick (11,50 €)

87 ▶ **2002 Riesling Eiswein Abtswinder Altenberg** eindringliche süße Frucht, süße Aprikosen, etwas Zitrus; viel süße Frucht, konzentriert und dick (51 €)

84 ▶ **2002 Domina trocken** gute Konzentration, klare Frucht; harmonisch, klare Frucht, Biss (8,50 €)

Weingut
Bendehof ★★
Rheinhessen

Bendehof 1, 67585 Dorn-Dürkheim
Tel. 06733-6927, Fax: 06733-8815
www.weingut-bendehof.de
info@weingut-bendehof.de
Inhaber: Herbert und Ruthild Kärcher
Rebfläche: 8 Hektar
Besuchszeiten: werktags, um Voranmeldung wird gebeten

Die Weinberge von Herbert Kärcher liegen in den „Rheinhessischen Hügeln", in den Gemeinden Dorn-Dürkheim und Alsheim. Ein Viertel der Fläche nehmen die roten Rebsorten Portugieser, Dornfelder und Spätburgunder ein. Dazu gibt es eine breite Palette an Weißweinsorten, von Silvaner, Müller-Thurgau, Riesling und Weißburgunder bis zu verschiedenen Neuzüchtungen und Chardonnay. Über die Hälfte der Weine werden trocken oder halbtrocken ausgebaut, wobei die trockenen Weißweine immer eine merkliche Restsüße aufweisen.

Vor zwei Jahren hatte mir die gute, gleichmäßige Qualität bei den insgesamt 18 verkosteten Weinen gefallen. Im vergangenen Jahr hatten die trockenen Weißweine in der Spitze weiter zugelegt. 2002 bleibt nun etwas hinter den Vorjahren zurück.

85 ▶ **2002 Chardonnay Spätlese trocken** gute Konzentration, jugendliche Frucht; klar, kraftvoll, gute Fülle und Frucht (5,50 €)

84 ▶ **2002 Blauer Portugieser trocken** klare jugendliche Frucht, feines Bouquet; frisch, klar, süße Frucht, süffig (4 €/1l)

85 ▶ **2002 St. Laurent trocken** frisch, direkt, jugendliche Frucht, harmonisch, klar, kompakt, süße Frucht (5,50 €)

Weitere Weine: 81 ▶ 2002 Grüner Silvaner trocken ▪ 81 ▶ 2002 Riesling Classic (1l) ▪ 83 ▶ 2002 Riesling Spätlese trocken ▪ 82 ▶ 2002 Kerner Kabinett halbtrocken ▪ 82 ▶ 2002 Riesling Spätlese halbtrocken ▪ 81 ▶ 2002 Scheurebe Kabinett (1l) ▪ 83 ▶ 2002 Dornfelder Classic ▪ 83 ▶ 2002 Spätburgunder Classic ▪ 82 ▶ 2001 Dornfelder Holzfass ▪

Weingut der
Stadt Bensheim ★★
Hessische Bergstraße

Darmstädter Straße 6, 64625 Bensheim
Tel. 06251-580017, Fax: 06251-64970
www.weingut-der-stadt-bensheim.de
mail@weingut-der-stadt-bensheim.de
Inhaber: Axel Seiberth
Rebfläche: 13 Hektar
Besuchszeiten: Mo.-Fr. 8-12 + 13-16 Uhr, Sa. 10-12 Uhr und nach Vereinbarung
Gutsausschank Kirchberghäuschen

Bereits 1504 war ein Küfer in Diensten der Stadt Bensheim, so dass das Weingut der Stadt Bensheim eines der ältesten an der Bergstraße ist. Axel Seiberth hat nach neun Jahren als Kellermeister beim Staatsweingut 1987 die Betriebsleitung des Weingutes der Stadt Bensheim übernommen. Seit Beginn des Jahres 2000 hat er das Weingut gepachtet. Wichtigste Rebsorte in den Weinbergen in den Bensheimer Spitzenlagen Kalkgasse und Kirchberg ist Riesling. Hinzu kommen Weiß- und Grauburgunder, sowie seit einigen Jahren auch Chardonnay. An roten Sorten finden sich Dornfelder und Spätburgunder im Anbau. Eine Spezialität des Weingutes sind die handgerüttelten Sekte und der Weißherbst aus der Rebsorte Rotberger. Zusammen mit drei anderen Weingüter der Hessischen Bergstraße hat sich das Weingut zur Via Montana-Gruppe zusammengeschlossen, die unter diesem Namen Cuvées aus Weinen der vier Güter abfüllt und vermarktet.

Vor zwei Jahren stach in der guten, gleichmäßigen Kollektion die Riesling Auslese Bensheimer Kalkgasse hervor. Die letztjährige Kollektion präsentierte sich sehr ausgewogen, besonders die weißen Burgunder hatten mir besser gefallen als in den Jahren zuvor. Auch 2002 präsentiert sich sehr ausgewogen, ohne Schwächen, aber auch ohne Highlights.

84 ▶ **2001 Riesling Sekt Brut Bensheimer Kalkgasse** würzige Noten, direkt; gute Fülle und Frucht, Biss (11,30 €)

85 ▶ **2001 Rotberger Rosé Sekt Brut Bensheimer Kalkgasse** wunderschön klar und fruchtbetont, feine Frische; lebhaft, direkt, feine Frucht (12,80 €)

84 ▶ **2002 Riesling Kabinett Bensheimer Kirchberg** feine Würze, klare Frucht; frisch, klar, süße Frucht (6,30 €)

85 ▶ **2002 Riesling Spätlese Bensheimer Kalkgasse** reife würzige Rieslingfrucht, direkt; süß, geschmeidig, klare Frucht (7,30 €)

86 ▶ **2002 Riesling Auslese Bensheimer Kirchberg** viel Würze, konzentrierte Frucht; frisch, süße reife Frucht (10,30 €)

Weitere Weine: 80 ▶ 2002 Riesling trocken Bensheimer Kirchberg (1l) ▪ **82** ▶ 2002 Weißburgunder trocken Bensheimer Kalkgasse ▪ **83** ▶ 2002 Grauburgunder trocken Bensheimer Kalkgasse ▪ **83** ▶ 2002 Riesling Kabinett trocken Bensheimer Kalkgasse ▪ **81** ▶ 2002 Riesling halbtrocken Bensheimer Streichling (1l) ▪ **83** ▶ 2002 Rotberger Rosé halbtrocken Bensheimer Kalkgasse ▪ **83** ▶ 2002 Dornfelder trocken Bensheimer Kalkgasse ▪

Weingut Bercher ★★★★★
Baden

Mittelstadt 13, 79235 Burkheim
Tel. 07662-9076-0, Fax: 07662-8279
www.germanwine.de/weingut/bercher
weingut_bercher@t-online.de
Inhaber: Rainer und Eckhardt Bercher
Rebfläche: 24 Hektar
Besuchszeiten: werktags 9-11:30 + 13:30-17 Uhr

Die Weinberge von Rainer und Eckhardt Bercher liegen in den Lagen Burkheimer Feuerberg und Schlossgarten, Sasbacher Limburg, Jechtinger Eichert und Steingrube, Königschaffhausener Hasenberg und Leiselheimer Gestühl. Über 40 Prozent sind mit Spätburgunder bestockt, hinzu kommen neben Weiß- und Grauburgunder vor allem noch Riesling, Müller-Thurgau und Chardonnay. Als Spezialitäten bauen sie Muskateller, Gewürztraminer, Scheurebe und Cabernet Sauvignon an. Neben den 24 Hektar eigenen Weinbergen verarbeiten sie die Trauben von zwei Winzern (mit weiteren 11 Hektar Weinbergen), mit denen sie Bewirtschaftungsverträge geschlossen haben. Rainer Bercher ist für den Keller zuständig, Eckhardt Bercher für den Außenbetrieb. Über 90 Prozent der Weine werden trocken ausgebaut.

In den letzten Jahren sind Rainer und Eckhardt Bercher grandiose Vorstellungen gelungen, sowohl was die Spitze, als auch die Konstanz in ihrem Programm betrifft. Die Grauburgunder gehören Jahr für Jahr zu den besten in Deutschland. Auch die Kabinettweine sind hier immer sehr gut bei viel Frucht und Fülle. Die Spätlesen haben Wucht und Fülle bei herrlich viel Frucht, wie im Jahrgang 2002 die im großen Holzfass ausgebaute Spätlese aus dem Jechtinger Eichert eindrucksvoll unter Beweis stellt. Gleiches gilt für die Weißburgunder. Hier brachte der Jahrgang 1999 mit der trockenen Spätlese aus dem Burkheimer Feuerberg einen der herausragenden Weine des Jahrgangs in Deutschland. Der gleiche Wein war auch im Jahrgang 2001 wieder absolut Top in Deutschland (92). Aber auch der barriqueausgebaute Chardonnay fällt immer wieder hervorragend aus. In der aktuellen Kollektion ist der barriqueausgebaute Chardonnay aus dem Jahrgang 2001 mein persönlicher Spitzenreiter. Er übertrifft noch seinen hervorragenden Vorgänger aus dem Jahrgang 2000 (90). Aber auch der barriqueausgebaute Chardonnay gehört zur Spitzengruppe in seiner Kategorie. Erstmals hatte ich im vergangenen Jahr auch Sekte vom Weingut Bercher verkostet. Der Pinot Extra Brut aus dem Jahrgang 1996 war ein beeindruckender Sekt, der zu den besten in Deutschland gehörte (89). Der Jahrgang 1997 tut es ihm gleich.

„Weiter im Aufwind ist das Weingut Bercher mit seinen Spätburgundern, die noch nie so gut waren wie in den Jahrgängen 1998 und 1999", hatte ich vor zwei Jahren geschrieben. Und hatte dabei noch gar nichts von der Auslese aus dem Jahrgang 1999 gewusst. Mit diesem Spätburgunder war den Brüdern Bercher ein großer Wurf gelungen. Aber auch die 2000er konnten sich sehen und schmecken lassen. Grund genug für mich das Weingut Bercher im vergangenen Jahr zum Weingut des Jahres zu küren für die beste Rotweinkollektion in Deutschland.

Vor zwei Jahren hatte mich selbst der Cabernet Sauvignon, der mir früher nicht so recht gefallen wollte, mit dem Jahrgang 1998 erstmals überzeugt. Der 99er war dann nochmals deutlich besser. Genauso beeindruckt hat mich der in diesem Jahr verkostete 2000er. Kein Wunder, dass ich ein wenig enttäuscht war, als Rainer Bercher mir erklärte, dies wäre der letzte reinsortige Cabernet Sauvignon aus dem Weingut gewesen. Ab dem Jahrgang 2001 wird der Cabernet Sauvignon zusammen mit Merlot und Lemberger, sowie ein klein wenig Spätburgunder in eine neue Cuvée eingehen, „LIMBERG" genannt.

89 ▶ **1997 Pinot Sekt Extra Brut** rauchig, klar, herrlich eindringlich; wunderschön reintönig im Mund, rauchige Noten, Fülle, faszinierend lang (11,50 €)

85 ▶ **2002 Silvaner Kabinett trocken Jechtinger Hochberg** frisch, direkt, sehr klare Frucht; klar im Mund, direkt, feine Frucht und Biss (5,55 €)

89 ▶ **2002 Weißer Burgunder Kabinett trocken Burkheimer Feuerberg** faszinierend klar im Bouquet, herrlich reintönige Frucht; gute Harmonie, wunderschön reintönig, viel Frucht, sehr lang (7,30 €)

87 ▶ **2002 Grauer Burgunder Kabinett trocken Burkheimer Schlossgarten** sehr klare Frucht, gelbe Früchte, wunderschön reintönig; gute Harmonie und Frucht, sehr klar, feiner Graubugunder (7,60 €)

91 ▶ **2002 Grauer Burgunder Spätlese trocken Jechtinger Eichert** im großen Holzfass ausgebaut; herrlich reintönig im Bouquet, wunderschön klare reife Rauburgunderfrucht; gute Fülle und Harmonie, faszinierend klare Frucht, mit Länge und Nachhall (10,75 €)

91 ▶ **2002 Weißer Burgunder Spätlese trocken Burkheimer Feuerberg** (Großes Gewächs) enorm konzentriert und eindringlich im Bouquet, jugendliche Frucht; füllig im Mund, herrlich klare reife Frucht, jugendlich, mit Nachhall und Zukunft (14,80 €)

91 ▶ **2001 Chardonnay trocken Selection Barrique** herrlich konzentriert im Bouquet, faszinierend viel Frucht, enorm reintönig; füllig im Mund, wunderschön fruchtbetont, reintönig, harmonisch und lang, faszinierender phantastischer Chardonnay (15 €)

86 ▶ **2002 Gewürztraminer Kabinett trocken Königschaffhauser Hasenberg** feiner Rosenduft, sehr klar, Frische; gute Harmonie, sehr klare Frucht, Biss (8,20 €)

85 ▶ **2001 Spätburgunder trocken** frisch im Bouquet, klare Frucht, etwas rote Früchte; gute Harmonie, sehr reintönige Frucht, Frische (8,30 €)

86 ▶ **2001 Spätburgunder Kabinett trocken Burkheimer Feuerberg** frisch, klar, direkt, feine Würze; frisch, direkt, klare Frucht, Biss (8,80 €)

87 ▶ **2001 Spätburgunder Spätlese trocken Jechtinger Eichert** reife sehr klare Frucht, etwas Frische; kraftvoll und klar im Mund, jugendliche Frucht, sehr reintöniger Spätburgunder (14 €)

89 ▶ **2001 Spätburgunder Spätlese trocken Burkheimer Feuerberg** (Großes Gewächs) viel Konzentration, reife Frucht, Vanille, sehr eindringlich; harmonisch im Mund, sehr klare reife Frucht, herrlich geschmeidig und elegant, sehr lang (26,60 €)

89 ▶ **2000 Cabernet Sauvignon trocken Selection Barrique Sasbacher Limburg** Gewürznoten, feiner Toast, etwas Vanille und Schokolade; klare Frucht, feiner Toast, harmonisch, eleganter Cabernet Sauvignon (23,50 €)

87 ▶ **2001 „LIMBERG I" trocken Barrique** Cabernet Sauvignon, Merlot, Lemberger und ein klein wenig Spätburgunder; gute Konzentration, Vanille, jugendliche Frucht; füllig, klar, Vanille, reife süße Frucht, Tannine, jugendlich (23,50 €)

Weingut Bercher-Schmidt ★
Baden

◆ *Herrenstraße 28, 79235 Oberrotweil*
Tel. 07662-372, Fax: 07662-6333
www.weingut-bercher-schmidt.de
weingut@bercher-schmidt.de
Inhaber: Franz W. Schmidt, Beate Wiedemann-Schmidt
Rebfläche: 9,5 Hektar
Besuchszeiten: werktags 9-12 + 13:30-18 Uhr und nach Vereinbarung

Das Weingut Bercher-Schmidt in Oberrotweil wird seit 1986 von Franz Schmidt und Beate Wiedemann-Schmidt, Winzerin und Malerin, bewirtschaftet. 75 Prozent der Rebfläche nehmen die Burgundersorten ein.

84 ▶ **2002 Grauer Burgunder Kabinett trocken Oberrotweiler Henkenberg** herrlich würzig und klar, eindringliche Frucht; klare Frucht, gelbe Früchte, gute Harmonie (6,90 €)

85 ▶ **2002 Weißer Burgunder Spätlese trocken Oberrotweiler Käsleberg** gute Konzentration, Würze, jugendliche Frucht; gute Harmonie, reife klare Frucht, Biss (9,70 €)

87 ▶ **2001 Kerner Beerenauslese Burkheimer Feuerberg** konzentriert, eingelegte süße Aprikosen; klar, reife Frucht, stoffig, Biss, feine Bitternote (17,90 €/0,375l)

Weitere Weine: 81 ▶ 2002 Weißer Burgunder Kabinett trocken Oberrotweiler Käsleberg ▪ 81 ▶ 2002 Weißer Burgunder Kabinett trocken Bischoffinger Rosenkranz ▪ 79 ▶ 2002 Silvaner Kabinett trocken Bischoffinger Steinbuck ▪ 81 ▶ 2002 Riesling Kabinett trocken Bischoffinger Enselberg ▪ 80 ▶ 2002 Grauer Burgunder Spätlese trocken Bischoffinger Steinbuck ▪ 83 ▶ 2002 Spätburgunder trocken Bischoffinger Enselberg ▪ 81 ▶ 2002 Spätburgunder Spätlese trocken Oberrotweiler Henkenberg ▪

Weingut
Bergdolt ★★★★
St. Lamprecht
Pfalz

Dudostraße 17, 67435 Neustadt-Duttweiler
Tel. 06327-5027, Fax: 06327-1784
www.weingut-bergdolt.de
weingut-bergdolt-st.lamprecht@t-online.de
Inhaber: Rainer und Günther Bergdolt
Rebfläche: 23 Hektar
Besuchszeiten: Mo.-Fr. 8-12 + 13-18 Uhr,
Sa. 10-16 Uhr

Das ehemalige Hofgut des Klosters St. Lamprecht wurde 1754 von Jakob Bergdolt erworben. Wichtigste Rebsorten bei den heutigen Besitzern, den Brüdern Rainer und Günther Bergdolt, sind Weißburgunder und Riesling mit einem Anteil von jeweils 35 Prozent. Hinzu kommen vor allem rote Sorten wie Spätburgunder, aber auch Dornfelder und zuletzt ein wenig Cabernet Dorio und Cabernet Dorsa. Zu den Weinbergen in Duttweiler und Kirrweiler kamen zuletzt Anlagen in Ruppertsberg und Deidesheim hinzu.

Früher als Weißburgunder-Spezialist bekannt, besticht heute die gesamte Kollektion beim Weingut Bergdolt durch ihr hohes Niveau. Der Weißburgunder aus dem Kirrweiler Mandelberg gehört regelmäßig zu den besten Weißburgundern in Deutschland. Die Rieslinge haben in den vergangenen Jahren deutlich an Format gewonnen und gehören zur Spitze in der Pfalz. Aber auch Spätburgunder und die edelsüßen Weine sind stetig besser geworden, ebenso die Sekte.

Im Jahrgang 2001 hatten die Bergdolts wieder eine beeindruckende Kollektion an Weißburgundern. Aber auch die Rieslinge, vor allem das „Große Gewächs" aus dem Reiterpfad, waren beeindruckend. Die 2002er Kollektion überzeugt vollauf, und wieder sind es die beiden „Großen Gewächse", die mich am meisten begeistert haben und die zur Spitze in Deutschland zählen.

87 ▶ **2001 Spätburgunder Blanc de Noir Sekt Extra Brut** rauchige Noten, zurückhaltend, feine Frische; gute Harmonie, viel klare Frucht (11,80 €)

84 ▶ **2002 Riesling trocken** frisch, klar, feine Frucht; harmonisch, klare süße Frucht (4 €/1l)

86 ▶ **2002 Riesling Kabinett trocken Duttweiler Kalkberg** jugendliche Frucht, klar, feine Würze; kraftvoll und klar im Mund, feine süße Frucht (6 €)

86 ▶ **2002 Riesling Kabinett trocken Ruppertsberger Nußbien** herrlich reintönige Frucht, feines Rieslingbouquet; klar im Mund, gute Harmonie, süße Frucht (6 €)

84 ▶ **2002 Weißburgunder Kabinett trocken St. Lamprecht** frisch, klar, würzige Noten; klar und direkt, feine Frucht (6,30 €)

87 ▶ **2002 Riesling Spätlese trocken St. Lamprecht** eindringliche Frucht, jugendlich, klar; kraftvoll, gute Fülle, klare Frucht (9 €)

87 ▶ **2002 Weißburgunder Spätlese trocken St. Lamprecht** wunderschön reintönige Frucht, Frische; klare Frucht, herrlich harmonisch und süffig (9 €)

88 ▶ **2002 Weißburgunder Spätlese trocken Nr. 10/03 St. Lamprecht** klare Frucht, gute Konzentration, reintöniges Bouquet; wunderschön klar, gute Harmonie und Länge (9,20 €)

91 ▶ **2002 Weißburgunder Spätlese trocken Kirrweiler Mandelberg** (Großes Gewächs) faszinierend klar und konzentriert im Bouquet, reintönige eindringliche Frucht; herrlich viel Frucht auch im Mund, füllig, harmonisch, sehr reintönig, lang und nachhaltig (16 €)

90 ▶ **2002 Riesling Spätlese trocken Ruppertsberger Reiterpfad** (Großes Gewächs) klar, konzentriert, herrlich viel Frucht; wunderschön reintönig im Mund, viel reife Frucht, harmonisch und lang (16 €)

89 ▶ **2002 Scheurebe Beerenauslese** viel Duft, Cassis, dominant; viel süße Frucht, konzentriert, enorm eindringlich, lang und mit Nachhall (10 €/0,375l)

84 ▶ **2001 Spätburgunder trocken Duttweiler Kalkberg** konzentriert, herrlich eindringlich, rote Früchte, dominant; klare Frucht, sehr reintönig, Säure und Biss (16 €)

Wein- und Sektgut
Bergdolt-Reif & Nett *
Pfalz

◆ Dudostrasse 24, 67435 Neustadt-Duttweiler
Tel. 06327-2803, Fax: 06327-1485
www.weingut-brn.de
info@weingut-brn.de
Geschäftsführer: Bernhard Nett
Betriebsleiter + Kellermeister: Christian Nett
Rebfläche: 24 Hektar
Besuchszeiten: ?

Bergdolt-Reif & Nett vermarktet seine Weine in drei Linien: „Tradition" für Weine aus traditionellen Rebsorten für den täglichen Genuss, „Avantgarde" für Weine aus modernen Rebsorten bei niedrigen Erträgen, sowie „Prestige" für die besten Weine und Jahrgänge (2002 gibt es keine Prestige-Weine). Bei den Rebsorten dominieren die Burgundersorten, Riesling, Müller-Thurgau und Dornfelder. Für den Ausbau der Weine ist Christian Nett verantwortlich, der seine Ausbildung bei den Pfälzer Weingütern August Ziegler, Dr. Deinhard und Müller-Catoir gemacht hat. Sein ehemaliger Ausbilder Hans-Günther Schwarz stand ihm beim Ausbau der Eisweine zur Seite.

87 ▶ **2002 Grauburgunder trocken Avantgarde** gute Konzentration, herrlich klare jugendliche Frucht; kraftvoll im Mund, viel klare Frucht, gelbe Früchte (8,50 €)

85 ▶ **2002 Morio-Muskat Tradition** feine süße Muskatfrucht; klar im Mund, viel süße Frucht, herrlich süffig (4,25 €)

86 ▶ **2001 Weißburgunder Avantgarde** sehr klare ganz leicht süße Weißburgunderfrucht, weiße Früchte; harmonisch im Mund, süße Frucht, feine Frische (8 €)

84 ▶ **2001 Dornfelder trocken Avantgarde** jugendliche verhaltene Frucht, rauchige Noten; zurückhaltend im Mund, kraftvoll, gute Frucht, kompakter Dornfelder (8,75 €)

90 ▶ **2002 Riesling Eiswein Nr. 12/03 Laacher Kroatenpfad** eindringliche konzentrierte süße Frucht, Aprikosen und Zitrusfrüchte; viel süße Frucht im Mund, konzentriert, harmonisch und süffig, sehr lang (25 €)

91 ▶ **2002 Riesling Eiswein Nr. 13/03 Laacher Kroatenpfad** süß, konzentriert, eindringlich süße Aprikosen; viel süße Frucht im Mund, herrlich dominant, schmeichelnd, sehr klar, gute Länge und Nachhall (25 €)

Weitere Weine: 81 ▶ 2001 Müller-Thurgau trocken Tradition ■ **81** ▶ 2002 Riesling trocken Tradition ■ **78** ▶ 2002 Chardonnay trocken Avantgarde ■ **82** ▶ 2002 Scheurebe Tradition ■ **83** ▶ 2002 Weißburgunder Avantgarde ■ **81** ▶ 2002 Gewürztraminer Avantgarde ■ **83** ▶ 2002 Dornfelder trocken Tradition ■ **83** ▶ 2002 Spätburgunder Tradition ■

Bergsträsser *
Winzer
Hessische Bergstraße/Baden

Darmstädter Straße 56, 64646 Heppenheim
Tel. 06252-79940, Fax: 06252-799450
bergstraesser-winzer@t-online.de
Geschäftsführer: Otto Guthier
Rebfläche: 259 Hektar
Mitglieder: 501
Besuchszeiten: Mo.-Fr. 8-19 Uhr
Wein- und Speiselokal „Winzerkeller"

Die Bergsträsser Winzer sind mit Abstand der größte Erzeuger an der Hessischen Bergstraße. Sie erzeugen mit etwa 1,8 Millionen Flaschen im Jahr mehr als die Hälfte des insgesamt in der Region produzierten Weines. Wichtigste Rebsorte ist Riesling mit einem Anteil von 58 Prozent. Es folgen Müller-Thurgau, Grauburgunder, Spätburgunder und Silvaner, aber auch Sorten wie St. Laurent, Weißburgunder, Gewürztraminer, Scheurebe und Kerner. Die Weinberge verteilen sich auf 17 Einzellagen. Da auch Winzer aus den badischen Nachbargemeinden („Badische Bergstraße") ihre Trauben in Heppenheim anliefern, führen die Bergsträsser Winzer auch einige badische Weine im Programm.

Vor zwei Jahren ragten die edelsüßen Weine hervor. Gleiches im vergangenen Jahr, als ein Riesling Eiswein an der Spitze einer guten, gleichmäßigen Kollektion stand. Die neue Kollektion ist ausgeglichener als in den Vorjahren.

84 ▶ **2002 „Primasecco" Perlwein Trocken** feine Frische und Duft; lebhaft, klar, süße Frucht, süffig (4,70 €)

85 ▶ **2002 Riesling Spätlese Heppenheimer Steinkopf** feine Würze, klare Frucht; klare süße Frucht, harmonisch, süffig (5,20 €)

87 ▶ **2002 Riesling Beerenauslese Auerbacher Rott** enorm duftig, viel Würze, dezent Tabak; süß, konzentriert, dominant reife Frucht (14,30 €/0,375l)

84 ▶ **2001 Spätburgunder trocken Heppenheimer Eckweg** klare reife süße Frucht, feines Bouquet; harmonisch, süße Frucht, enorm süffig (7,80 €)

Weitere Weine: 82 ▶ 2002 Rivaner trocken (Blütenserie) ▪ 83 ▶ 2002 Grauer Burgunder trocken (Blütenserie) ▪ 83 ▶ 2002 Weißer Burgunder trocken (Blütenserie) ▪ 79 ▶ 2002 Grauer Burgunder Kabinett trocken ▪ 81 ▶ 2002 Riesling Spätlese trocken Heppenheimer Stemmler ▪ 80 ▶ 2002 Riesling Classic ▪ 83 ▶ 2002 Blauer Spätburgunder trocken ▪

Domaine
Bergstrasse ★★
Hessische Bergstraße

Grieselstraße 34-36, 64625 Bensheim
Tel. 06251-3107, Fax: 06251-65706
www.staatsweingueterhessen.de
bergstrasse@staatsweingueterhessen.de
Inhaber: Land Hessen
Betriebsleiter: Volker Hörr
Rebfläche: 38 Hektar
Besuchszeiten: Mo.-Do. 7:30-12 + 13:30-17 Uhr, Fr. 7:30-12 + 13-18 Uhr, Sa. 9-12 Uhr
Veranstaltungssaal

Das heutige Staatsweingut Bergstraße entstand 1970 durch die Zusammenlegung zweier ehemals selbstständiger Betriebe. Die beiden Lagen Heppenheimer Centgericht und Schönberger Herrnwingert befinden sich in Alleinbesitz der Domäne. Im August 2001 hat Volker Hörr die Nachfolge des langjährigen Betriebsleiters Heinrich Hillenbrand angetreten. Etwa zwei Drittel der Rebfläche ist mit Riesling bestockt. Hinzu kommen Weißburgunder und Chardonnay, Grauer Burgunder, Spätburgunder, Müller-Thurgau, Traminer und Dornfelder. Eine Spezialität des Weingutes ist die Erzeugung edelsüßer Weine. So wurde seit 1977 beim Staatsweingut jedes Jahr ein Eiswein geerntet.

Wie im vergangenen Jahr hat die Domaine Bergstraße eine gute, sehr gleichmäßige Kollektion, darin ein absolutes Highlight, der 2001er Eiswein Heppenheimer Centgericht.

86 ▶ **2002 Weißburgunder Kabinett trocken Schönberger Herrnwingert** herrlich klare Frucht, gute Konzentration; kraftvoll und klar im Mund, gute Frucht, Frische, sehr reintönig, feiner Biss (5,80 €)

86 ▶ **2002 Riesling Kabinett trocken Heppenheimer Centgericht** würzige Noten, jugendliche Rieslingfrucht; frisch im Mund, klare recht süße Frucht (5,60 €)

86 ▶ **2002 Riesling Kabinett trocken Bensheimer Kalkgasse** gute Konzentration, wunderschön klare Rieslingfrucht; harmonisch, klare ganz leicht süße Frucht, eleganter Riesling (6,10 €)

86 ▶ **2002 Grauer Burgunder Spätlese trocken Heppenheimer Centgericht** würzige Noten, jugendliche Frucht, zurückhaltend, dezent Zitrus, gute Konzentration; klare reife Frucht, kraftvoll und zupackend (7,90 €)

94 ▶ **2001 Riesling Eiswein Heppenheimer Centgericht** herrlich konzentriert, eingelegte süße Aprikosen, Litschi; feine Frische im Mund, wunderschön reintönige Frucht, klar und elegant, faszinierend lang und nachhaltig (33,75 €/0,375l)

Weitere Weine: 83 ▶ 2002 Riesling Classic ▪

Die besten deutschen Weinerzeuger und ihre Weine von A bis Z

B

Wein- und Sektgut Ch.W. **Bernhard** ★
Rheinhessen

Philipp-Wehr-Straße 31-33,
55546 Frei-Laubersheim
Tel. 06709-6233, Fax: 06709-6160
www.chwbernhard.de
info@chwbernhard.de
Inhaber: Hartmut Bernhard
Rebfläche: 9,5 Hektar
Besuchszeiten: Mo.-Sa. 8-20 Uhr

Das Weingut Ch.W. Bernhard in Frei-Laubersheim zählt zu den ältesten Weinbaubetrieben in Rheinhessen. Heute ist Hartmut Bernhard in elfter Generation Besitzer des Weingutes. Frei-Laubersheim liegt ganz im Westen von Rheinhessen, unmittelbar an der Grenze zum Weinbaugebiet Nahe. Wichtigste Rebsorte bei Hartmut Bernhard ist Riesling, gefolgt von Spätburgunder, Silvaner, Kerner, Müller-Thurgau, Portugieser und Weißburgunder. Eine Spezialität im Rebsortenspiegel ist der in Rheinhessen äußerst seltene Auxerrois. Rote Sorten nehmen inzwischen 35 Prozent der Weinberge ein. Die Weine werden kühl vergoren (Maischegärung bei allen Rotweinen) und danach teils in Edelstahltanks, teils in Holzfässern (auch Barriques) ausgebaut. 80 Prozent der Weine sind halbtrocken oder trocken.

Wie in den vergangenen Jahren überzeugte Hartmut Bernhard mit der recht gleichmäßigen Qualität seiner Weine.

84 ▶ 2002 Gewürztraminer trocken Frei-Laubersheimer Fels feiner zurückhaltender Rosenduft; gute Harmonie, klare Frucht, geradlinig (5,80 €)

84 ▶ 2002 Riesling Spätlese Hackenheimer Kirchberg frisch, klar, würzige Rieslingfrucht; frisch und direkt, viel süße Frucht (5,50 €)

86 ▶ 2002 Optima Auslese Frei-Laubersheimer Fels reife süße Frucht, klar und konzentriert; süße im Mund, schmeichelnd, harmonisch und lang (6,65 €)

Weitere Weine: 79 ▶ 2000 Riesling Sekt Brut ■ 80 ▶ 1998 Pinot Sekt Brut ■ 81 ▶ 2000 Scheurebe Sekt Halbtrocken ■ 79 ▶ 2001 Silvaner Kabinett trocken Hackenheimer Kirchberg ■ 80 ▶ 2001 Weißburgunder Spätlese halbtrocken Hackenheimer Kirchberg ■ 83 ▶ 2002 Riesling Kabinett Hackenheimer Kirchberg ■ 82 ▶ 2002 Scheurebe Kabinett Hackenheimer Kirchberg ■ 82 ▶ 2002 Kerner Spätlese Frei-Laubersheimer Kirchberg ■ 81 ▶ 2001 Spätburgunder trocken Hackenheimer Kirchberg ■

Wein- und Sektgut **Bernhart** ★★★
Pfalz

Hauptstraße 8, 76889 Schweigen-Rechtenbach
Tel. 06342-7202, Fax: 06342-6396
weingut-bernhart@t-online.de
Inhaber: Willi und Gerd Bernhart
Rebfläche: 13 Hektar
Besuchszeiten: Fr./Sa. 9-18 Uhr, So. 10-12 Uhr und nach Vereinbarung

Das Weingut Bernhart in Schweigen an der Grenze zum Elsaß wird heute geführt von Willi Bernhart und seinem Sohn Gerd, der für den Keller verantwortlich ist. Spezialität des Weingutes sind trockene Weine aus den Burgundersorten. Neben den Burgundersorten (etwa 40 Prozent) und Chardonnay bauen Willi und Gert Bernhart auch Riesling, Portugieser, Gewürztraminer, Silvaner und Müller-Thurgau, sowie Cabernet Sauvignon und Merlot an. Immer häufiger findet man bei Bernharts barriqueausgebaute Weine im Programm. Bereits seit 1985 stellt man hier auch eigenen Sekt her. 90 Prozent der Weine werden an Privatkunden verkauft.

2001 überzeugten die Weißweine mit ihrer reintönigen Frucht, Weißburgunder und Auxerrois gehörten zu den

Spitzenweinen des Jahrgangs in der Pfalz. Auch die 2000er Rotweine hatten mir deutlich besser gefallen als zuvor, insbesondere der Spätburgunder S. In diesem Jahr ist der St. Laurent mein Favorit in einer sehr stimmigen, überzeugenden Kollektion.

86 ▶ **2002 Weißburgunder Kabinett trocken** feine Frucht, sehr reintöniges Bouquet; gute Harmonie, klare Frucht, feiner Weißburgunder

84 ▶ **2002 Grauburgunder Kabinett trocken** duftig, würzig, süße Frucht; weich, harmonisch, klare Frucht

86 ▶ **2002 Chardonnay Kabinett trocken** reife klare Frucht, ein wenig Ananas; gute Fülle und Harmonie, viel Frucht, kompakt

87 ▶ **2002 Riesling Spätlese trocken** feine Würze, Frucht, etwas Limone; klar und direkt im Mund, gute Frucht, harmonisch

87 ▶ **2002 Weißburgunder Spätlese trocken** gute Konzentration, sehr klare eindringliche Frucht; füllig im Mund, reife klare Frucht, harmonisch und lang

86 ▶ **2002 Grauburgunder Spätlese trocken** reife klare Frucht, gute Konzentration; viel süße reife Frucht, füllig

88 ▶ **2002 Auxerrois Spätlese trocken** gute Konzentration, jugendliche sehr klare Frucht; gute Fülle, kraftvoll, viel Frucht, mit Nachhall

86 ▶ **2002 Gewürztraminer Spätlese trocken** reife süße Traminerfrucht, wunderschön klar und eindringlich; gute Harmonie, klare Frucht, kompakt

87 ▶ **2001 Spätburgunder Spätlese trocken** reife süße Frucht, etwas Vanille, eindringlich; weich, kompakt, gute Fülle, Frucht, Vanille

87 ▶ **2001 Spätburgunder Spätlese trocken „S"** feines Bouquet, herrlich klare Frucht, etwas Toast; frisch, direkt, sehr reintönig, mit Säure und Biss, nachhaltig

90 ▶ **2001 St. Laurent trocken „S"** herrlich konzentriert, reife süße Frucht, Vanille und Schokolade; schmeichelnd im Mund, gute Konzentration, viel reife süße Frucht, harmonisch und lang

87 ▶ **2001 Cabernet / Merlot trocken „S"** gute Konzentration bei zurückhaltender Frucht, etwas rote Früchte, Vanille; klar und direkt im Mund, jugendlich, geradlinig, Struktur, Tannine

Weingut C.H. **Berres** ★★
Mosel-Saar-Ruwer

Würzgartenstraße 41, 54539 Ürzig / Mosel
Tel. 06532-2513, Fax: 06532-4442
www.c-h-berres.de
c.h.berres@t-online.de
Inhaber: Alfred Berres
Rebfläche: 4,5 Hektar
Besuchszeiten: 10-12 + 15-18 Uhr, sonst nach Vereinbarung

C.H. Berres ist ein reines Rieslingweingut mit Weinbergen in besten Lagen von Kinheim, Erden, Ürzig, Zeltingen und Wehlen, allesamt in Steillagen. Alfred Berres, der heute das Weingut führt, fühlt sich dem traditionellen Moselriesling verpflichtet und bringt die Weine erst recht spät in den Verkauf. Und seine Weine sind traditionelle Moselrieslinge im besten Sinne des Wortes: sie bestechen mehr durch Eleganz denn durch Fülle, sind filigran und lagerfähig.

84 ▶ **2001 Riesling Spätlese Erdener Treppchen** frisch, klar, feine Würze; harmonisch im Mund, klare süße Frucht (6,10 €)

88 ▶ **1999 Riesling Auslese Ürziger Würzgarten** faszinierend klar und konzentriert im Bouquet; reintönig im Mund, viel süße Frucht, harmonisch und lang (10,50 €)

85 ▶ **2001 Riesling Auslese Erdener Treppchen** konzentriert, würzig, herrlich eindringliche Frucht; harmonisch, klar, reife süße Frucht (10,50 €)

86 ▶ **2001 Riesling Beerenauslese Ürziger Würzgarten** konzentriert, klar, feiner Duft; süß, klar, viel Frucht, dominant (31 €/0,5l)

Weitere Weine: 82 ▶ 2000 Riesling Kabinett Ürziger Würzgarten ■ 82* ▶ 2000 Riesling Spätlese Erdener Treppchen ■ 83 ▶ 2001 Riesling Spätlese Wehlener Klosterberg ■ 83 ▶ 2001 Riesling Auslese Nr. 10/02 Ürziger Würzgarten ■ 83 ▶ 2001 Riesling Auslese Nr. 12/02 Ürziger Würzgarten ■ 83 ▶ 2001 Riesling Auslese Ürziger Goldwingert ■

B

Weingut Klaus
Berweiler-Merges ★★
Mosel-Saar-Ruwer

Euchariusstraße 35, 54340 Leiwen
Tel. 06507-3285, Fax: 06507-80175
weingutberweiler@t-online.de
Inhaber: Klaus und Edith Berweiler
Kellermeisterin: Sandra Berweiler
Rebfläche: 4 Hektar
Besuchszeiten: Mo.-Sa. 8-18 Uhr und nach Vereinbarung

Sandra Berweiler wollte nach Abschluss ihrer Winzergesellenprüfung im Juni 2001 eigene Wege gehen und einen eigenen Weinstil finden. Sie hat deshalb vom Jahrgang 2001 Weine nach ihren Vorstellungen vinifiziert. Die Weine wurden spontan vergoren und nach einer langen, kühlen Gärung erst sehr spät abgefüllt. Sandra Berweiler ist auch die neue Vorsitzende der „Leiwener Jungwinzer". Wie schon 2001 überzeugen auch 2002 „Sandra's Rieslinge", sowie die süßen Lagenweine.

86 ▶ 2002 Sandra's Riesling trocken konzentriert, jugendlich, herrlich eindringliche Frucht; kraftvoll, klare Frucht, Biss (5,20 €)

85 ▶ 2002 Sandra's Riesling halbtrocken würzig, eindringlich, jugendliche Frucht; kraftvoll, reife Frucht, füllig (5,20 €)

85 ▶ 2002 Sandra's Riesling konzentriert, sehr klar und eindringlich; viel süße Frucht, wunderschön harmonisch und süffig (5,20 €)

85 ▶ 2002 Riesling Spätlese „feinherb" Leiwener Klostergarten jugendliche Frucht, klar; gute Fülle und Harmonie, feine reintönige Frucht (4,80 €)

87 ▶ 2002 Riesling Spätlese Pölicher Held konzentriert, herrlich eindringliche jugendliche Frucht; viel reife süße Frucht, harmonisch, schmeichelnd, sehr lang (4,80 €)

87 ▶ 2002 Riesling Auslese Neumagener Rosengärtchen würzige Noten, klare reife Frucht, reintönig; viel süße Frucht, schmeichelnd, sehr klar, harmonisch, lang (5,20 €)

Weitere Weine: 82 ▶ 2002 Riesling Kabinett halbtrocken Pölicher Held ■

Weingut
Erben von Beulwitz ★★★★
Mosel-Saar-Ruwer

Eitelsbacher Straße 4, 54318 Mertesdorf
Tel. 0651-95610, Fax: 0651-9561150
www.von-beulwitz.de
info@von-beulwitz.de
Inhaber: Herbert Weis
Rebfläche: 5,2 Hektar
Besuchszeiten: jederzeit
Hotel Weis, Restaurant „Vinum", Weinstube

1982 erwarb Herbert Weis das traditionsreiche Weingut Erben von Beulwitz und gliederte es seinem eigenen Betrieb an. Seine Weinberge liegen in Steillagen über der Ruwer. Ein großer Teil der Weinberge ist mit wurzelechten Reben bestockt, die teilweise noch im 19. Jahrhundert gepflanzt wurden. Neben Riesling baut er ein wenig Weiß- und Spätburgunder an.

Nach einer guten 99er Kollektion konnte Herbert Weis mit dem Jahrgang 2000 nochmals zulegen. Vor allem die edelsüßen Rieslinge hatten deutlich an Klasse gewonnen und gehörten zu den besten des Jahrgangs in der Region. Und wer in einem solch schwierigen Jahrgang wie 2000 so gute Weine erzeugt, der zeigt, dass er sein Metier beherrscht. Dass aber bereits im Folgejahr Herbert Weis eine solche großartige Kollektion auftischte, das war einfach sensationell. Jeder Wein von Herbert Weis war bestechend klar in der Frucht, wunderschön elegant und nachhaltig. Schon die Liter- und Kabinettweine waren von bestechender Frucht, die edelsüßen Rieslinge zeigte Weltklasseniveau. Eine der besten Kollektionen des Jahrgangs in Deutschland! Auch 2002 hat Herbert Weis wieder faszinierende Weine im Programm. Die edelsüßen Rieslinge sind allesamt hervorragend, aber auch Kabinett und Spätlesen sind wunderschön klar und fruchtbetont.

85 ▶ **2002 Riesling trocken Eitelsbacher Marienholz** klare Frucht, direkt, reintönig; frisch, klar, feine Frucht und Biss (5,50 €)

87 ▶ **2002 Riesling Kabinett trocken Kaseler Nies'chen** gute Frucht und Konzentration, jugendlich; klar im Mund, zupackend, feine Frucht (5,90 €)

86 ▶ **2002 Riesling Spätlese trocken Kaseler Nies'chen** klar, jugendlich, sehr direkt, feine Frucht; gute Harmonie, klare Frucht (7,50 €)

85 ▶ **2002 Weißburgunder** feine süße Frucht, sehr klar; gute Harmonie, klare süße Frucht, süffig (6,50 €)

86 ▶ **2002 Riesling halbtrocken** feine Frucht, herrlich klar; frisch, klar, feine süße Frucht, wunderschön süffig (5,50 €/1l)

87 ▶ **2002 Riesling Kabinett halbtrocken Kaseler Nies'chen** gute Würze, sehr reintönige Frucht; frisch, klar, wunderschön reintöniger feiner Riesling (5,90 €)

86 ▶ **2002 Riesling Spätlese „feinherb" Kaseler Nies'chen** herrlich würzig, jugendlich, direkt; gute Fülle und Frucht, harmonisch, klar (7,50 €)

87 ▶ **2002 Riesling Kabinett Kaseler Nies'chen** feine Frucht, dezent apflig, sehr klar; viel süße Frucht, herrlich reintönig, süffig (5,90 €)

89 ▶ **2002 Riesling Spätlese* Kaseler Nies'chen** klar, konzentriert, feine eindringliche Rieslingfrucht, dominant; herrlich harmonisch im Mund, reife süße Frucht, schmeichelnd und lang (7,50 €)

90 ▶ **2002 Riesling Spätlese*** Kaseler Nies'chen** gute Konzentration, würzige reife Rieslingfrucht, etwas Litschi, süße Aprikosen; konzentriert und klar im Mund, füllig, harmonisch, lang (9,50 €)

93 ▶ **2002 Riesling Eiswein Kaseler Nies'chen** konzentriert, eindringlich, Litschi, süße Aprikosen und Pfirsiche; herrlich reintönig im Mund, viel süße Frucht, dick, konzentriert, enormer Nachhall (Versteigerungswein)

92 ▶ **2002 Riesling Beerenauslese Kaseler Nies'chen** konzentriert, herrlich eindringliche Frucht, reife süße Aprikosen, Litschi; süß und konzentriert im Mund, eindringlich, viel süße dominante Frucht, reintönig, enormer Nachhall (44,50 €/0,375l)

95 ▶ **2002 Riesling Trockenbeerenauslese Kaseler Nies'chen** konzentriert, herrlich eindringlich, viel reife klare Rieslingfrucht, süße Zitrusfrüchte; wunderschön konzentriert und dominant dann im Mund, viel reife süße Frucht, reintönig, faszinierend lang und nachhaltig (Versteigerungswein)

Weingut Beurer ★★★
Württemberg

Lange Straße 67, 71394 Kernen-Stetten
Tel. 07151-42190, Fax: 07151-41878
www.weingut-beurer.de
info@weingut-beurer.de
Inhaber: Siegfried und Jochen Beurer
Rebfläche: 6 Hektar
Besuchszeiten: Mo.-Fr. 14-19 Uhr, Sa. 8-13 Uhr und nach Vereinbarung

Die Beurers sind eine alteingesessene Winzerfamilie in Stetten im Remstal, die seit Generationen Wein- und Obstbau betreibt. Nachdem Sohn Jochen seine Ausbildung in Weinsberg beendet hatte, gründete er mit seinem Vater Siegfried das Weingut Beurer (zuvor hatte Siegfried Beurer die Trauben an die Genossenschaft abgeliefert). 1997 war der erste Jahrgang im eigenen Betrieb. Im Gegensatz zu vielen anderen Württemberger Weingütern setzt Jochen Beurer auf Weißwein (80 Prozent).

Schon mit den ersten Jahrgängen zeigte das Weingut ein erstaunlich hohes Niveau, sowohl mit trockenen als auch mit edelsüßen Weißweinen. Die neue Kollektion ist die homogenste bisher: alle Weine sind sehr klar in der Frucht und kraftvoll.

85 ▶ **2002 Riesling Kabinett trocken Stettener Pulvermächer** feine würzige Rieslingfrucht, Frische, klar und direkt; lebhaft und klar im Mund, gute Frucht (7 €)

86 ▶ **2002 Riesling Spätlese trocken Stettener Pulvermächer** enorm würzig, eindringliche Frucht, dezent Zitrus; harmonisch im Mund, gute süße Frucht (11 €)

88 ▶ **2002 Sauvignon Blanc Spätlese trocken** herrlich klare eindringliche Frucht im Bouquet, sehr reintönig; gute Fülle und Harmonie, reife süße Frucht (10,50 €)

85 ▶ **2002 Grauburgunder Spätlese trocken** würzige Noten, gute Konzentration, zurückhaltende Frucht; gute Fülle im Mund, reife klare Frucht (10 €)

87 ▶ **2002 Riesling Kabinett Stettener Häder** sehr reintönige Frucht, gute Konzentration; wunderschön klare Frucht, gute Harmonie (6 €)

86 ▶ **2002 Gewürztraminer Spätlese** reife süße sehr klare Frucht, etwas Litschi; weich, schmeichelnd, gute Harmonie (9,50 €)

87 ▶ **2002 Riesling Auslese** reife süße Frucht, etwas Zitrus und Litschi; wunderschön harmonisch im Mund, gute süße Frucht (11 €)

86 ▶ **2001 „Secundus" Rotwein trocken** gute Konzentration, reife süße Frucht, rote und dunkle Beeren; harmonisch im Mund, fruchtbetont, klar, guter Biss (17 €)

Weingut Bickel-Stumpf ★★★
Franken

Kirchgasse 5, 97252 Frickenhausen
Tel. 09331-2847, Fax: 09331-7176
www.bickel-stumpf.de
bickel-stumpf@proximedia.de
Inhaber: Reimund und Carmen Stumpf
Rebfläche: 8,2 Hektar
Besuchszeiten: Mo.-Sa. 8-17 Uhr, So. nach Vereinbarung
Gutsausschank, Weinstube zur Weinkönigin (Hauptstraße 16)

Das Weingut Bickel-Stumpf entstand 1976 mit der Heirat der beiden Winzermeister Carmen Bickel aus Frickenhausen und Reimund Stumpf aus Thüngersheim, die ihre gleich großen elterlichen Weinbaubetriebe unter dem neuen Namen zusammenlegten. Wichtigste Rebsorte ist mit einem Anteil von 30 Prozent Silvaner, dann folgen Müller-Thurgau und Riesling. Den Anbau roter Sorten hat Reimund Stumpf weiter forciert. Spätburgunder, Portugieser und Domina, sowie inzwischen auch Cabernet Dorsa (erster Ertrag 2002) nehmen zusammen ein Viertel der Rebfläche ein.

Die Weine von Bickel-Stumpf sind in den letzten Jahren stetig besser geworden. Das gilt gleichermaßen für trockene und restsüße Weine. Auch 2000 konnte Reimund Stumpf überzeugen mit kraftvollen Weißweinen mit viel klarer Frucht, wobei mir die restsüßen Weine ein klein wenig besser gefallen hatten als die trockenen. In der 2001er Kollektion war der Riesling aus dem Thüngersheimer Johannisberg mein Favorit. Dieser Riesling gefällt mir auch in der aktuellen Kollektion am besten.

84 ▶ **2002 Silvaner Kabinett trocken Nr. 19/03 Frickenhäuser Kapellenberg** klare jugendliche Frucht, direkt; frisch, klar, kompakt (5,50 €)

86 ▶ **2002 Silvaner Kabinett trocken Nr. 5/03 Frickenhäuser Kapellenberg** jugendliche Frucht, feine Würze, gute Konzentration; kraftvoll, klar, jugendliche Frucht (6,80 €)

85 ▶ **2002 Riesling Kabinett trocken Frickenhäuser Kapellenberg** feine Frucht, Frische, klar; klar und direkt im Mund, feine süße Frucht (7,50 €)

86 ▶ **2002 Silvaner Spätlese trocken Frickenhäuser Kapellenberg** feine Würze, klare jugendliche Frucht; frisch, klar, viel süße Frucht (8,50 €)

88 ▶ **2002 Riesling Spätlese trocken Thüngersheimer Johannisberg** feine Würze, herrlich eindringliche jugendliche Frucht; frisch, klar, viel klare Frucht, Nachhall (9,50 €)

87 ▶ **2001 Silvaner Frickenhäuser Kapellenberg** viel Würze, klare Frucht, konzentriert; gute Harmonie, reife süße Frucht, dezente Reifenoten (15 €)

86 ▶ **2002 Traminer Spätlese** feiner Duft, Rosen; frisch, klar, füllig, süße Frucht (8,50 €)

85 ▶ **2001 Scheurebe Spätlese** viel Würze, klare Frucht, Cassis; klar, direkt, feine Frucht (7,50 €)

85 ▶ **2001 Spätburgunder trocken Thüngersheimer Johannisberg** frisch, direkt, klare Frucht; gute Harmonie, klare Frucht (10 €)

87 ▶ **2000 Domina trocken Thüngersheimer Johannisberg** rauchige Noten, gute Konzentration, klare Frucht; rauchige Noten, reife süße Frucht, gute Würze (18 €)

Weitere Weine: 82 ▶ 2002 Müller-Thurgau Kabinett trocken Thüngersheimer Johannisberg ▪ 83 ▶ 2002 Portugieser trocken ▪

Weingut-Weinhaus
Bimmerle *
Baden

Kirchstraße 4, 77871 Renchen-Erlach
Tel. 07843-654, Fax: 07843-1502
www.wein-bimmerle.de
wein-bimmerle@t-online.de
Inhaber: Siegbert und Gisela Bimmerle
Rebfläche: 16 Hektar (Erzeugergemeinschaft)
Besuchszeiten: Mo.-Fr. 8-20 Uhr,
Sa. 8-16 Uhr, So. nach Vereinbarung

Das Weingut Bimmerle wurden 1936 von Josef Bimmerle gegründet. Seit 1981 führt sein Enkel Siegbert den Betrieb. Die Weinkellerei Bimmerle verfügt über 38 Vertragswinzer, die sich mit dem Weingut zu einer Erzeugergemeinschaft zusammengeschlossen haben. Die Weinberge dieser Erzeugergemeinschaft befinden sich in den Lagen Oberkircher Renchtäler, Oberkircher Schlossberg und Waldulmer Pfarrberg. Rote und weiße Sorten nehmen jeweils etwa die Hälfte der Rebfläche ein, wobei Riesling und Spätburgunder die dominierenden Rebsorten sind. Zuletzt wurde etwas Cabernet Sauvignon und Sauvignon Blanc gepflanzt. Beim Kellerumbau 1999 wurden alle Tanks mit Kühlplatten ausgestattet, so dass jetzt alle Weine kühl vergoren werden können. Hat man vorher überwiegend Literflaschen abgefüllt, setzt Siegbert Bimmerle seither verstärkt auf hohe Qualitäten aus ertragsreduziertem Anbau.

Wie schon im vergangenen Jahr, als ich die Weine zum ersten Mal vorgestellt habe, überzeugt die Kollektion durch ihre Ausgeglichenheit, wobei der Riesling Selektion („SB") zeigt, dass in der Spitze noch mehr möglich ist.

84 ▶ **2002 Klingelberger Riesling Kabinett trocken Oberkircher Schloßberg** frisch, klar, Limone, gute Frucht; harmonisch im Mund, klare Frucht (6 €)

84 ▶ **2002 Grauer Burgunder Kabinett trocken Oberkircher Renchtäler** feine Würze, klare Frucht; gute Fülle, reife Frucht, kompakter Graubrgunder

87 ▶ **2002 Klingelberger Riesling Spätlese trocken „SB" Oberkircher Schloßberg** sehr klare Frucht, etwas Limone, gute Konzentration; kraftvoll im Mund, viel Frucht, zupackender Riesling (8 €)

85 ▶ **2001 Spätburgunder trocken Oberkircher Schloßberg** süße klare Frucht im Bouquet; etwas frisch im Mund, klare süße Frucht (5,60 €)

84 ▶ **2001 Spätburgunder trocken „SB"** gute Konzentration, würzige Noten; frisch, klar, süße Frucht, enorm süffig (8 €)

Weitere Weine: 81 ▶ 2002 Spätburgunder trocken Waldulmer Pfarrberg ▪

Weingut Birkert ★
Württemberg

Unterheimbacher Straße 28, 74626 Adolzfurt
Tel. 07946-484, Fax: 07946-3378
www.weingut-birkert.com
info@weingut-birkert.com
Inhaber: Manfred Birkert und Boris Birkert
Rebfläche: 10 Hektar
Besuchszeiten: nach Vereinbarung
Besenwirtschaft

Manfred Birkert baut neben den in Württemberg üblichen Rebsorten auch Sorten wie Chardonnay, Muskateller, Gewürztraminer, Bacchus und Rotberger an. Der Wein aus den Einzellagen Adolzfurter Schneckenhof und Bretzfelder Goldberg reift in einem alten Weinkeller aus dem Jahr 1748. In der hauseigenen Brennerei brennt er die eigenen Mirabellen, Kirschen, Himbeeren und Brombeeren zu Schnäpsen. Im Sommer 2000 ist Sohn Boris in den Betrieb eingestiegen. Er hatte sein Vorpraktikum beim Weingut G.A. Heinrich in Heilbronn gemacht. Nach Erfahrungen in Südafrika bei Nederburg und in Burgund bei der Domaine Taupenot-Merme hat er nach vier Semestern seines Geisenheim-Studiums ein Stipendium der University of California in Davis erhalten. Seit dem Abschluss in Geisenheim kümmert er sich im väterlichen Weingut vor allem um den Barriqueausbau der Weine. Seit dem Jahrgang 2000 werden die als „roburis" bezeichneten, neu ausgestatteten Barriqueweine von Manfred und Boris Birkert ausgebaut. Der Name kommt von der botanischen Bezeichnung für die Stieleiche, aus der die Fässer gemacht werden, quercius robur, und den letzten beiden Buchstaben des Vornamens des Kellermeisters Boris Birkert. Hinzu gefügt wird der Buchstabe für die Rebsorte.

Wie zuletzt ist auch in diesem Jahr wieder ein Barriquewein, diesmal der Spätburgunder, mein Favorit im Programm von Manfred und Boris Birkert.

86 ▶ **2002 Riesling Auslese trocken** würzig, jugendlich, konzentriert, zurückhaltende Frucht; kompakt, reife Frucht, stoffig (7 €)

85 ▶ **2001 „Roburis C" Chardonnay trocken Barrique** reife süße Frucht, Vanille, feine Zitrusnote; süße Frucht, kompakt, stoffiger Chardonnay (11,50 €)

84 ▶ **2002 Bacchus** feine Frucht, etwas Johannisbeeren, Frische; gute Harmonie, klare süße Frucht (3,30 €/1l)

84 ▶ **2002 Muskateller** feine Muskatellerfrucht, Frische; süße Frucht, klar, Biss (4,30 €)

84 ▶ **2001 Lemberger Spätlese trocken** reife klare Frucht im Bouquet; frisch, direkt, gute Frucht, rote Früchte (7,70 €)

86 ▶ **2001 Rotweincuvée trocken Holzfass** reife Frucht im Bouquet, rote Früchte; fruchtbetont, jugendlich, dezente Vanille, süffig (9 €)

88 ▶ **2001 „Roburis S" Spätburgunder trocken Barrique** konzentriert, Gewürznoten, sehr eindringliche Frucht; gute Fülle, viel Frucht, kraftvoll, kompakt, jugendlich, nachhaltig (11,50 €)

Weitere Weine: 82 ▶ 2002 Chardonnay Spätlese trocken ■ 83 ▶ 2001 Schwarzriesling Weißherbst ■ 81 ▶ 2001 Trollinger/Lemberger (1l) ■ 82 ▶ 2002 Samtot Spätlese ■

Bischöfliche ★★
Weingüter Trier
Mosel-Saar-Ruwer

Gervasiusstraße 1, 54290 Trier
Tel. 0651-14576-0, Fax: 0651-40823
www.bwgtrier.de, info@bwgtrier.de
Inhaber: Bischöfliches Priesterseminar Trier, Hohe Domkirche Trier und Bischöfliches Konvikt Trier
Güterdirektor: Wolfgang Richter
Rebfläche: 108 Hektar
Besuchszeiten: Mo.-Fr. 9-17 Uhr

Die Bischöflichen Weingüter in Trier verfügen über umfangreichen Weinbergbesitz in besten Lagen, sowohl an

Mosel, als auch an Saar (darunter 10 Hektar der Lage Scharzhofberger, die sich bis zur Säkularisation als Klostergut ganz im Besitz der Hohen Domkirche befand) und Ruwer. Neben dem dominierenden Riesling gibt es ein klein wenig Spätburgunder. Nirgendwo sonst kann man so viele Rieslinge mit ihren lagenspezifischen Besonderheiten aus dem gesamten Anbaugebiet verkosten.

Bei der Größe des Besitzes ist es ganz zwangsläufig so, dass ich immer nur einen sehr kleinen Teil der Weine verkoste. Der Jahrgang 2001 hatte mir gut gefallen, von trocken bis edelsüß, mit kraftvollen, fruchtbetonten Weinen. Der Jahrgang 2002 ist gleichermaßen überzeugend. Eine schöne Überraschung waren die beiden sehr gekonnt gemachten Rieslingsekte.

87 ▶ **2001 „DOM" Riesling Sekt Extra Brut Scharzhofberger** rauchige Noten, herrlich reintönig, feines Bouquet; gute Würze, herrlich klar und elegant, zupackend (9,70 €)

86 ▶ **2001 „DOM" Riesling Sekt Brut Scharzhofberger** klare Frucht, rauchige Noten; gute Harmonie, wunderschön süffig und lang (9,70 €)

86 ▶ **2002 Riesling Spätlese trocken Scharzhofberger** reife konzentrierte Rieslingfrucht, reintönig; kraftvoll im Mund, fruchtbetont, jugendlich (8,60 €)

85 ▶ **2002 Riesling Spätlese trocken Kanzemer Altenberg** gute Würze und Konzentration, jugendliche eindringliche Rieslingfrucht; kraftvoll, klar, gute Frucht, Nachhall (8,20 €)

86 ▶ **2002 Riesling Kabinett halbtrocken Eitelsbacher Marienholz** feine Würze im Bouquet, zurückhaltende Frucht; frisch, klar, feiner Biss (6,50 €)

86 ▶ **2002 Riesling Kabinett halbtrocken Kanzemer Altenberg** herrlich reintönige Frucht, eindringlich; reintönig auch im Mund, viel Frucht, harmonisch (7,40 €)

87 ▶ **2002 Riesling Spätlese Ayler Kupp** gute Würze und Konzentration, jugendliche sehr eindringliche Rieslingfrucht; harmonisch dun klar im Mund, reife süße Frucht (8 €)

87 ▶ **2002 Riesling Spätlese Erdener Treppchen** gute Würze und Konzentration, sehr reintönige Frucht; herrlich fruchtbetont, harmonisch und süffig (8,40 €)

Weitere Weine: 81 ▶ **2002 „DOM" Riesling trocken** ▪ **83** ▶ **2002 Riesling Kabinett Avelsbacher Altenberg** ▪ **83** ▶ **2002 Riesling Kabinett Scharzhofberger** ▪

Weingut des
Bistums Limburg ★★
Rheingau

Marienthalerstraße 3, 65385 Rüdesheim
Tel. 06722-910560, Fax: 06722-910562
www.bistumlimburg.de/weingut
pfarrgut@t-online.de
Inhaber: Bistum Limburg
Geschäftsführer: Jürgen Groh
Kellermeister: Helmut Anthes
Rebfläche: 8 Hektar
Besuchszeiten: nach Vereinbarung

Die Anfänge des Weingutes des Bistums Limburg gehen bis ins 12. Jahrhundert zurück. Jahrhunderte lang diente der Ertrag aus den Weinbergen stiftungsgemäß kirchlichen Zwecken, vor allem dem Unterhalt der Geistlichen in den Pfarrgemeinden. Die Weine wurden hauptsächlich als Messweine verbraucht. 1984 hat das Bistum Limburg das Weingut als Pächter von den Pfarrgemeinden Rüdesheim und Eibingen übernommen, 1996 wurden weitere Weinberge hinzugekauft. Zum Weingut gehören Weinberge in fast allen Rüdesheimer Lagen. 7 Hektar Weinberge sind mit Riesling bepflanzt, ein Hektar mit Spätburgunder. Kellermeister Helmut Anthes lässt alle Weine in Holzfässern vergären. Nach drei bis vier Monaten Holzfasslagerung kommen sie dann bis zur Abfüllung in Edelstahltanks. Die Weine werden überwiegend an Privatkunden verkauft, aber auch über den

Fachhandel und an Kirchengemeinden. Im vergangenen Jahr hatte Horst Anthes eine tolle Kollektion mit einem grandiosen Eiswein an der Spitze. Das Weingut des Bistums Limburg war meine Entdeckung des Jahres im Rheingau. Mit dem Jahrgang 2002 schließt das Weingut nahtlos an das Vorjahr an.

85 ▶ **2002 Riesling trocken „Superium"** frisch, klare Frucht, direkt; feine Frucht, klar und direkt (6,20 €)

85 ▶ **2002 Riesling Kabinett trocken Rüdesheimer Bischofsberg** würzig, direkt, jugendliche Frucht; klar, gute Harmonie, Biss (7,40 €)

87 ▶ **2002 Riesling Spätlese trocken Rüdesheimer Schlossberg** gute Konzentration, sehr klare jugendliche Frucht; kraftvoll, klar, viel reife Frucht (9 €)

84 ▶ **2002 Riesling Classic** feine Würze, klar und direkt; frisch, direkt, süße Frucht (7,70 €)

90 ▶ **1999 Riesling Trockenbeerenauslese Rüdesheimer Klosterlay** konzentriert, klar, eindringlich, dezent Kaffee, Zitrus, Orangenschalen; dominant, konzentrierte süße Frucht, enorm dick, nachhaltig (143 €/0,375l)

84 ▶ **2002 Spätburgunder trocken Rüdesheimer Klosterlay** jugendliche Frucht, klar; harmonisch, klare süße Frucht, Biss (10 €)

Weitere Weine: 83 ▶ 2002 Riesling trocken Rüdesheimer Berg Roseneck ▪

Weingut Heribert **Boch** ★★
Mosel-Saar-Ruwer

Moselweinstraße 62, 54349 Trittenheim
Tel. 06507-2713, Fax: 06507-6795
weingut.boch@t-online.de
Inhaber: Michael Boch
Rebfläche: 4,5 Hektar
Besuchszeiten: täglich 9-19 Uhr
Gästezimmer

Das Weingut Heribert Boch in Trittenheim wird seit 1989 von Michael Boch geführt. Nach der Übernahme hat er 1989 ca. 6000 Stock Riesling in den besten Trittenheimer Steillagen hinzugekauft, mit wurzelechten Reben, die um etwa 1890 gepflanzt wurden. Die heute 4,5 Hektar Weinberge von Michael Boch liegen in den Trittenheimer Lagen Apotheke und Altärchen. Er hat sich nach und nach mehr auf Steillagen und auf Riesling konzentriert, der heute 65 Prozent seiner Weinberge einnimmt. Neben Riesling baut er noch 20 Prozent Spätburgunder, sowie etwas Müller-Thurgau, Kerner und Bacchus an. Neu hinzu gekommen sind 0,3 Hektar Cabernet Sauvignon. Die Jahresproduktion beträgt etwa 35.000 Flaschen.

Auch mit der neuen Kollektion zeigt Michael Boch, dass er sein Metier beherrscht. Neben starken edelsüßen Rieslingen zeigen auch die Rotweine vielversprechende Ansätze. Im Auge behalten!

85 ▶ **2002 Riesling Spätlese trocken Trittenheimer Altärchen** gute Konzentration, klare jugendliche Frucht; viel süße Frucht im Mund, lebhaft (4,90 €)

84 ▶ **2002 Riesling Kabinett Trittenheimer Apotheke** frisch, klar, viel Frucht; gute Frucht auch im Mund, klar (4,10 €)

87 ▶ **2002 Riesling Spätlese Trittenheimer Apotheke** gute Konzentration, würzige jugendliche Rieslingfrucht; viel reife süße Frucht, frisch, direkt (4,90 €)

88 ▶ **2002 Riesling Auslese Trittenheimer Apotheke** würzig, direkt, jugendliche Frucht, eindringlich; viel reife süße Frucht im Mund, herrlich harmonisch und süffig (8,50 €)

90 ▶ **2002 Riesling Eiswein Trittenheimer Apotheke** enorm würzig, dominant, dick, konzentriert, süße Frucht, sehr eindringlich und dominant, enormer Nachhall (22 €)

84 ▶ **2002 Cabernet Sauvignon trocken Trittenheimer Altärchen** reife klare Frucht, etwas Cassis; harmonisch im Mund, klare süße Frucht, süffig (5,90 €)

Weitere Weine: 81 ▶ 2002 Boch's Riesling trocken (1l) ▪ 83 ▶ 2002 Riesling Kabinett halbtrocken Trittenheimer Apotheke ▪ 83 ▶ 2002 Blauer Spätburgunder trocken Trittenheimer Altärchen ▪

Bocksbeutel-Hof ★★
Escherndorf
Franken

Astheimer Straße 6, 97332 Escherndorf
Tel. 09381-803310, Fax: 09381-803311
www.bocksbeutel-hof.de
info@bocksbeutel-hof.de
Rebfläche: 33 Hektar
Mitglieder: 35
Verkaufsleiter: Thomas Römmelt
Besuchszeiten: März-November: Mo.-Fr. 9-18 Uhr, Sa. 9-12:30 + 14-17 Uhr, So. 14-17 Uhr Dezember-Februar: Mo.-Fr. 9-17 Uhr, Sa. 9-12:30 Uhr, im Dezember auch Sa./So. 14-17 Uhr
Verkostungs- und Erlebnisraum,
Weinprobierstube

Der 1913 gegründete Escherndorfer Winzerverein verlor 1970 seine Selbstständigkeit und wurde als Kelterstation einer Zentralkellerei (GWF) angegliedert. 1997 haben sich neun Winzer zusammengetan und die Winzergenossenschaft Escherndorf wieder gegründet, der inzwischen 35 Mitglieder angehören. Neben Weinbergen in Escherndorf bewirtschaften die Mitglieder des Bocksbeutel-Hofs auch Weinberge in Neuses, Nordheim, Volkach und Dettelbach. Gut ein Drittel der Weinberge befindet sich in Steillagen. Wichtigste Rebsorten sind Müller-Thurgau und Silvaner. Es folgen Riesling, Bacchus, Spätburgunder und Domina. Seit 2001 hat man auch Chardonnay und Dornfelder im Programm.

Wie schon in den vergangenen Jahren überzeugt der Bocksbeutel-Hof mit einer guten, homogenen Kollektion, in der wiederum ein edelsüßer Wein aus dem Escherndorfer Lump, die Silvaner Beerenauslese, herausragt (im Vorjahr war es ein Riesling Eiswein aus der gleichen Lage).

84 ▶ **2002 Silvaner trocken Escherndorfer Lump** frische klare Frucht; weich im Mund, schmeichelnd, süße Frucht (4,60 €/1l)

84 ▶ **2002 Silvaner Kabinett trocken Escherndorfer Lump** feine Würze und Frucht; weich im Mund, gute Fülle (5,20 €)

84 ▶ **2002 Riesling Kabinett halbtrocken Escherndorfer Lump** frisch, direkt, feine Würze und Frucht; klare süße Frucht im Mund, unkompliziert (6,35 €/1l)

86 ▶ **2002 Kerner Spätlese Escherndorfer Fürstenberg** frisch, wunderschön reintönige Frucht; süß und geschmeidig im Mund, harmonisch, süffig (5,90 €)

87 ▶ **2002 Silvaner Auslese Escherndorfer** konzentriert, herrlich eindringliche süße Frucht; kompakt, stoffig, viel Frucht, leichte Bitternote (11 €)

90 ▶ **2002 Silvaner Beerenauslese Escherndorfer Lump** herrlich konzentriert im Bouquet, würzig, direkt; weich im Mund, konzentriert, reife süße Frucht, harmonisch und lang (18,50 €/0,5l)

Weitere Weine: 83 ▶ **2002 „Sommertraum" Cuvée trocken** ▪ **83** ▶ **2002 Dornfelder trocken Escherndorfer (1l)** ▪

Weingut Hans Dieter
Bollig & Sohn ★
Mosel-Saar-Ruwer

◆ Mühlenhof, Brunnenstraße 69,
54484 Maring-Noviand
Tel. 06535-490, Fax: 06535-7639
www.bollig-muehlenhof.de
info@bollig-muehlenhof.de
Inhaber: Hans Dieter und Carsten Bollig
Rebfläche: Hektar
Besuchszeiten: nach Vereinbarung
Gästehaus

Die Weinberge von Hans Dieter Bollig und Sohn Carsten, der für den Weinausbau verantwortlich ist, werden „kontrolliert umweltschonend" bewirtschaftet. Seit dem Jahrgang 2001 verzichten sie auf Prädikatsbegriffe bei trockenen Weinen. Riesling nimmt 50 Prozent der Rebfläche ein. Hinzu kommen 20 Prozent Spätburgunder, sowie Chardonnay, Grauburgunder, Auxerrois, Müller-Thurgau, Kerner, Bacchus, Regent, Frühburgunder und Dornfelder - was für eine erstaunliche Vielfalt für ein Weingut von der Mosel.

84 ▶ 2002 Riesling trocken Laymühle feine klare Rieslingfrucht, süße Zitrusfrüchte; frisch, klar, gute Frucht

84 ▶ 2002 Riesling trocken Honigberg gute Frucht und Konzentration, feine Würze; klar und direkt im Mund, gute Fülle

84 ▶ 2002 Riesling „feinherb" Laymühle würzige Noten, reife Rieslingfrucht; kompakt, klar, gute süße Frucht

87 ▶ 2002 Riesling „feinherb" Sonnenuhr gute Konzentration, klare reife Rieslingfrucht; herrlich füllig im Mund, viel süße Frucht, reintönig

84 ▶ 2002 Spätburgunder trocken (6,40 €)

Weitere Weine: 79 ▶ 2002 Frühburgunder Auslese trocken ■

Weingut Dr. Booß ★
Rheinhessen

Waaggasse 2-4, 67574 Osthofen/Rhein
Tel. 06242-2354, Fax: 06242-2566
weiss-dr.booss@t-online.de
Inhaber: Dr. Hermann Booß
Rebfläche: 16 Hektar
Besuchszeiten: nach Vereinbarung

Der Liebfrauen-Stiftshof im Ortskern von Osthofen befindet sich seit über 300 Jahren in Familienbesitz. Heute wird das Weingut von Annette und Hermann Booß geführt, das bis letztes Jahr „Weingut Weiss - Dr. Booß hieß. Anbauschwerpunkte sind die Burgundersorten: Weiß- und Grauburgunder, Chardonnay, Spätburgunder und Schwarzriesling. Hinzu kommen - mit wachsendem Anteil - weitere Rotweinsorten wie Domina, Regent, Dornfelder oder Cabernet Sauvignon.

Zwei interessante Huxelreben sind die auffälligsten Weine in der neuen Kollektion von Hermann Booß.

86 ▶ 2002 Huxelrebe Beerenauslese trocken Osthofener Goldberg herrlich klare reife Frucht, konzentriert, süße Aprikosen und Grapefruit; kraftvoll im Mund, gute Struktur, reife Frucht, dezente Bitternote (6,50 €)

84 ▶ 2002 Weißer Burgunder halbtrocken reife klare süße Frucht; harmonisch im Mund, gute Fülle (4 €)

86 ▶ 2002 Huxelrebe Spätlese Osthofener Goldberg klar und konzentriert, sehr reintönige Frucht; viel reife süße Frucht, herrlich harmonisch und süffig (6 €)

85 ▶ 2001 „Trilection" Rotwein-Cuvée trocken Dornfelder, Cabernet Sauvignon und Schwarzriesling; würzig im Bouquet, jugendliche Frucht, rote Früchte; frisch, klar, gute Harmonie (5,50 €)

Weitere Weine: 80 ▶ 2002 Grauer Burgunder trocken ■ 83 ▶ 2002 Chardonnay trocken ■ 83 ▶ 2002 Domina trocken ■ 83 ▶ 2001 Schwarzriesling halbtrocken ■

Weingärtnergenossenschaft Brackenheim ★
Württemberg

Neipperger Straße 60, 74336 Brackenheim
Tel. 07135-98550, Fax: 07135-985555
www.wg-brackenheim.de
info@wg-brackenheim.de
Geschäftsführer: Hermann Alt
Mitglieder: 500
Rebfläche: 370 Hektar
Besuchszeiten: Mo.-Fr. 7:30 - 17 Uhr, Sa. 8-13 Uhr

Die 1925 gegründete Genossenschaft von Brackenheim verarbeitet - nach Fusionen - heute auch das Gros der Trauben aus Neipperg, Haberschlacht, Meimsheim und Botenheim. Drei Viertel der Rebfläche nehmen rote Sorten ein, insbesondere Trollinger, Lemberger und Schwarzriesling. Bei den weißen Sorten dominiert der Riesling. 70 Prozent der Weine werden halbtrocken ausgebaut, 25 Prozent trocken. Die Weine werden seit 1981 in einer Kellerei am Stadtrand von Brackenheim vinifiziert.

Wie schon im Vorjahr hat die Winzergenossenschaft Brackenheim eine gute, sehr gleichmäßige Kollektion, wobei allerdings die Rotweine für meinen Geschmack ein wenig allzu vordergründig nach Vanille duften.

85 ▶ **2002 Riesling trocken Edition „Mann im Fass"** etwas Limone, feine klare Frucht; klare Frucht im Mund, gute Harmonie (4,18 €)

86 ▶ **2002 Riesling Spätlese Brackenheimer Wolfsaugen** würzige Noten, klare jugendliche Frucht; herrlich viel Frucht im Mund, harmonisch, feiner Riesling (6,55 €)

84 ▶ **2002 Lemberger Kabinett trocken Neipperger Steingrube** jugendliche Frucht, klar, etwas Vanille; unkompliziert im Mund, klare Frucht, Biss (5,97 €)

85 ▶ **2002 Acolon trocken Edition „Mann im Fass"** Vanille, gute reife Frucht; weich im Mund, gute Fülle, süße Frucht, süffig (5,97 €)

84 ▶ **2002 Muskattrollinger Haberschlachter Heuchelberg** feine Muskatnote im Bouquet, klare Frucht; weich im Mund, viel süße Frucht (5,28 €)

Weitere Weine: 83 ▶ 2002 Rivaner trocken Edition „Mann im Fass" ▪ 83 ▶ 2002 Lemberger mit Trollinger trocken Neipperger Steingrube ▪

Weingut Heinz **Braun** *
Franken

◆ *Blütenstraße 22, 97332 Fahr*
Tel. 09381-80730, Fax: 09381-807320
www.weingut-braun.de
info@weingut-braun.de
Inhaber: Thomas Braun
Rebfläche: 16 Hektar
Besuchszeiten: Di.-So. 8-19 Uhr
Gästehaus, Häckerstuben

Die Weinberge von Thomas Braun liegen in Fahr, Neuses, Obereisenheim, Volkach, Obervolkach, Nordheim, Sommerach, Stammheim, Escherndorf und Astheim. Vierzehn verschiedene Weißweinsorten baut er an, dazu vier rote Sorten.

85 ▶ **2002 Silvaner trocken Volkacher Ratsherr** jugendliche Frucht, reintönig, Frische; süße Frucht, klar, feiner Biss (4 €/1l)

84 ▶ **2002 Silvaner Kabinett trocken Volkacher Ratsherr** würzige klare Frucht, jugendlich; recht süß im Mund, harmonisch (4,80 €)

86 ▶ **2002 Silvaner Spätlese trocken Volkacher Ratsherr** gute Konzentration, herrlich würzige Frucht, jugendlich; viel süße reife Frucht, enorm füllig, würzig, feiner Nachhall („leider etwas zu süß") (6,20 €)

89 ▶ **2002 Silvaner Auslese Volkacher Ratsherr** reife würzige Frucht, sehr klar und konzentriert; viel süße Frucht, schmeichelnd, herrlich süffig, dezente Bitternote (8 €/0,5l)

89 ▶ **2002 Chardonnay Auslese Nordheimer Vögelein** reife süße Frucht, gute Konzentration; süß im Mund, schmeichelnd, konzentriert, sehr klare eindringliche Frucht (10 €)

89 ▶ **2002 Rotling** frisch, würzig, klare Frucht, dezent Zitrus und Muskat; schmeichelnd im Mund, feine süße Frucht (3,60 €)

Weitere Weine: 82 ▶ 2002 Grauer Burgunder Kabinett trocken ▪ 82 ▶ 2002 Gelber Muskateller Kabinett Obervolkacher Landsknecht ▪ 83 ▶ 2002 Bacchus Kabinett Escherndorfer Fürstenberg ▪ 82 ▶ 2002 Traminer Spätlese Sommeracher Rosenberg ▪ 81 ▶ 2002 Schwarzriesling trocken Volkacher Kirchberg ▪

Weingut
Braunberger Hof ★
Mosel-Saar-Ruwer

Moselweinstraße 136, 54472 Brauneberg
Tel. 06534-93980, Fax: 06534-939855
www.braunebergerhof.de
info@braunebergerhof.de
Inhaber: Martin Conrad
Rebfläche: 3 Hektar
Besuchszeiten: täglich und am Wochenende nach Vereinbarung
Verkostung im Hotel Restaurant Braunberger Hof, täglich außer Do. von 14-21:30 Uhr

Seit 14 Generationen betreibt die Familie Conrad Weinbau in Brauneberg. Martin Conrad hat 1998 die Führung des Weingutes übernommen. Neben Riesling, der 95 Prozent der Rebfläche einnimmt, gibt es ein klein wenig Weißburgunder. Alle Rieslinge stammen aus Steillagen wie Braunberger Juffer und Braunberger Juffer-Sonnenuhr. Die besten trockenen und halbtrockenen Weine werden als Goldkapsel bezeichnet und vermarktet.

Nach etwas wechselhaften 2001er präsentiert Martin Conrad mit dem Jahrgang 2002 eine homogene, überzeugende Kollektion.

85 ▶ 2002 Riesling trocken feine klare Rieslingfrucht; frisch und direkt im Mund, süße Frucht und Biss (6,50 €/1l)

87 ▶ 2002 Riesling trocken Goldkapsel Braunberger Juffer gute würzige Rieslingfrucht, klar und eindringlich; gute Harmonie, reife süße Frucht, feiner kompakter Riesling (11,90 €)

86 ▶ 2002 Riesling trocken Goldkapsel Braunberger Juffer-Sonnenuhr gute Konzentration, herrlich reintönige dominante Rieslingfrucht; klar im Mund, gute Harmonie, zupackender Riesling (14,50 €)

85 ▶ 2002 Riesling halbtrocken Goldkapsel Braunberger Juffer reife würzige Frucht im Bouquet, herrlich klar und eindringlich; viel süße Frucht im Mund, gute Harmonie, süffig (12,50 €)

84 ▶ 2002 Riesling „feinherb" Braunberger Juffer konzentrierte Rieslingfrucht, sehr klar; frisch, süße Frucht, süffig (9,50 €)

88 ▶ 2002 Riesling Auslese Braunberger Juffer-Sonnenuhr reife klare würzige Frucht, etwas Zitrusfrüchte und Litschi; schmeichelnd im Mund, viel süße Frucht, herrlich harmonisch und lang (11,50 €/0,5l)

90 ▶ 2002 Riesling Eiswein Veldenzer Kirchberg konzentriert, herrlich eindringliche Frucht; reintönig im Mund, reife klare Rieslingfrucht, elegant, feiner Biss (31,50 €/0,375l)

Weitere Weine: 83 ▶ 2002 Riesling trocken Braunberger Juffer ▪ 82 ▶ 2002 Riesling trocken Veldenzer Kirchberg ▪ 82 ▶ 2002 Weißburgunder trocken ▪ 83 ▶ 2002 Riesling halbtrocken ▪ 83 ▶ 2002 Riesling Kabinett Braunberger Juffer ▪

Weingut
Brenneis-Koch ★★★
Pfalz

Freinsheimer Straße 2, 67098 Bad Dürkheim
Tel. 06322-1898, Fax: 06322-7241
www.brenneis-koch.de,
matthias.koch@brenneis-koch.de
Inhaber: Matthias Koch und Verena Suratny
Rebfläche: 8,7 Hektar
Besuchszeiten: nach Vereinbarung

Das Weingut Brenneis-Koch entstand 1993 aus dem Zusammenschluss der Weingüter Emil Brenneis in Leistadt und Erhard Koch in Ellerstadt und wird von den Diplom-Biologen Matthias Koch und Verena Suratny geführt. Neben Weinbergen in Bad Dürkheim, Leistadt und Ellerstadt besitzt Matthias Koch auch Weinberge in den bekannten Kallstadter Lagen Saumagen und Steinacker. Wichtigste Rebsorte ist der Riesling, hinzu kommen neben den weißen Burgundersorten auch Gelber Muskateller und Sauvignon Blanc. Knapp die Hälfte der Rebfläche ist mit roten Sorten bestockt. Neben Sankt Laurent, Spätburgunder und Portugieser gibt es Anlagen mit Merlot, Nebbiolo und Syrah - aber keinen einzigen Stock Dornfelder.

Vor zwei Jahren hatte Matthias Koch eine starke Kollektion mit sehr guten Rieslingen und sehr interessanten Rotweinen. Im vergangenen Jahr setzte sich der Aufwärtstrend fort, wobei zwei Weißweine meine Favoriten waren, der Domwein Riesling und der barriqueausgebaute Chardonnay. Auch die neue Kollektion präsentiert sich sehr homogen mit einer Reihe von Schnäppchen. Alle Weine sind klar und kraftvoll.

85 ▶ 2002 Riesling Kabinett trocken Leistadter Herzfeld klar, direkt, würzige Rieslingfrucht; klar und direkt auch im Mund, gute Frucht und Biss (4,40 €)

86 ▶ 2002 Grauburgunder Kabinett trocken Kallstadter Steinacker klare jugendliche Frucht; harmonisch im Mund, klare Frucht, reintöniger Grauburgunder (4,40 €)

87 ▶ 2002 Riesling Spätlese trocken „Domwein Edition 2003" klare würzige Frucht, eindringlich; kraftvoll, Biss, nachhaltig (8,70 €)

88 ▶ 2002 Riesling Spätlese trocken Kallstadter Steinacker herrlich würzig und konzentriert, mineralische Rieslingfrucht; gute Frucht, harmonisch, sehr klar und lang (7 €)

88 ▶ 2002 Weißburgunder Spätlese trocken Deidesheimer Hofstück würzige Noten, zurückhaltende Frucht; gute Fülle, reife klare Frucht, kraftvoller Weißburgunder (7 €)

87 ▶ 2002 Muskateller Leistadter Kirchenstück feine klare Muskatellerfrucht; reintönige Frucht, feine Muskatnote, harmonisch (4,80 €)

87 ▶ 2002 Riesling Spätlese (Export) viel Würze, sehr klare Frucht; gute Harmonie, süße Frucht, herrlich süffig und lang (7 €)

85 ▶ 2002 Saint Laurent trocken Dürkheimer Feuerberg rauchige Noten, wunderschön reintönige Frucht; frisch, klar, feine Frucht, jugendlich (6 €)

86 ▶ 2002 Spätburgunder trocken Dürkheimer Feuerberg feine jugendliche Frucht, sehr klar; frisch, sehr reintönige Frucht, wunderschön harmonisch (5,40 €)

Weitere Weine: 83 ▶ 2002 Silvaner trocken Kallstadter Steinacker ■

Brenner'sches ★★ Weingut
Rheinhessen

Pfandturmstraße 20, 67595 Bechtheim
Tel. 06242-894, Fax: 06242-874
Inhaber: Christian Brenner
Rebfläche: 11 Hektar
Besuchszeiten: Mo.-Fr. 8-11 + 13-17 Uhr oder nach Vereinbarung
Probierräume, „Gut Stubb"

Die besondere Vorliebe von Christian Brenner gilt ganz eindeutig dem Weißburgunder, der 40 Prozent seiner Rebfläche einnimmt. Dazu hat er in seinen Weinbergen - allesamt in Bechtheim gelegen - 20 Prozent Riesling, 15 Prozent Spätburgunder, sowie Silvaner, Grauburgunder, Chardonnay, Portugieser, Auxerrois und Cabernet Dorsa stehen. Die Weine lässt Christian Brenner nach der temperaturkontrollierten Gärung recht lange auf der Feinhefe liegen, von der er sie dann direkt abfüllt. 90 Prozent der Weine baut Christian Brenner trocken aus.

Wie schon im vergangenen Jahr so besticht auch die neue Kollektion durch ihre Ausgewogenheit und das gleichmäßig gute Niveau aller Weine.

85 ▶ 2002 Riesling Classic frisch, klar, feine Rieslingfrucht; schmeichelnd im Mund, gute Frucht (4,80 €)

86 ▶ 2002 Riesling Spätlese trocken frisch, klar, feine Frucht, Zitrusfrüchte; gute Harmonie, reife klare Frucht (4,90 €)

86 ▶ 2002 Auxerrois Spätlese trocken gute Konzentration und Würze, reife klare Frucht; klar im Mund, gute Fülle und Harmonie (5 €)

85 ▶ 2002 Weißer Burgunder Spätlese trocken würzige Noten, reife süße Frucht; weich im Mund, viel süße Frucht, feiner Nachhall (5,90 €)

84 ▶ 2002 Weißer Burgunder Spätlese trocken „Katrin" gute Würze, direkt, klare Frucht; füllig, reife Frucht, kompakter Weißburgunder (4,50 €)

85 ▶ 2002 Grauer Burgunder Spätlese trocken würzig, klar, gute Konzentration; kompakt, viel reife Frucht (6 €)

85 ▶ 2001 Spätburgunder trocken feine rauchige Frucht, etwas Süße, sehr klar, rote Früchte; klare Frucht, feine Frische (7,50 €)

87 ▶ 2001 Cabernet Dorsa trocken reife klare Frucht, rote Früchte; harmonisch, gute Frucht, herrlich süffig, feine Bitternote im Abgang (11,50 €)

Weitere Weine: 83 ▶ 2002 Weißer Burgunder trocken (1l) ▪

Weingut Brennfleck ★★★
Inh. Hugo Brennfleck
Franken

Papiusgasse 7, 97320 Sulzfeld
Tel. 09321-4347, Fax: 09321-4345
www.weingut-brennfleck.de
info@weingut-brennfleck.de
Inhaber: Hugo Brennfleck
Rebfläche: 17,6 Hektar
Besuchszeiten: Mo.-Do. 8-12 + 14-17 Uhr, Fr. 8-12 Uhr

Das Weingut Brennfleck hat seinen Sitz in einem im 15. Jahrhundert errichteten Gutshof. Neben den in Franken üblichen Rebsorten wie Silvaner (der 40 Prozent der Rebfläche einnimmt), Riesling, Scheurebe (mit über 30 Jahre alten Reben), Müller-Thurgau, Kerner und Bacchus hat Hugo Brennfleck Huxelrebe und Grauburgunder im Programm. Seit 1994 gibt es auch Rotweine beim Weingut Brennfleck (Domina und Spätburgunder). Die Weine werden langsam in temperaturgesteuerten Edelstahltanks vergoren.

2001 hatte Hugo Brennfleck eine sehr geschlossene, gleichmäßige Kollektion mit kraftvollen, recht fülligen Weißweinen und einem wunderschön fruchtbetonten Rotwein, der sehr geschickten Umgang mit dem Holz zeigte. Der Jahrgang 2002 nun gefällt mir nochmals besser. Die Weine sind klarer in der Frucht, auch wenn die meisten trockenen Weine von merklicher Restsüße geprägt sind. Eine sehr gute Kollektion!

86 ▶ 2002 Silvaner Kabinett trocken Iphöfer Kalb sehr reintönige Frucht, feine Frische, dezent Birnen; klar und direkt im Mund, feine Frucht, reintöniger Silvaner (5,50 €)

85 ▶ 2002 „Anna-Lena" Silvaner Kabinett trocken viel Würze, jugendliche Frucht; klar, kompakt, fülliger Silvaner (6 €)

87 ▶ 2002 Silvaner Spätlese trocken Iphöfer Kalb gute Konzentration, sehr klare reife Frucht; gute Fülle im Mund, viel süße Frucht (8,70 €)

87 ▶ 2002 Silvaner Spätlese trocken Sulzfelder Maustal konzentriert, jugendlich, klare Frucht; süße und schmeichelnd im Mund, viel Frucht (9 €)

87 ▶ 2002 Riesling Spätlese trocken Escherndorfer Lump klare reife Rieslingfrucht, Pfirsiche; süß und geschmeidig, klare Frucht, feiner Nachhall (10 €)

87 ▶ 2002 Riesling Spätlese Escherndorfer Lump gute Konzentration, klare Frucht, Pfirsiche und Aprikosen; schmeichelnd im Mund, enorm süß, lang (10 €)

89 ▶ 2002 Riesling Auslese Escherndorfer Lump konzentriert, würzig, eindringliche Frucht, dominant; viel reife süße Frucht, schmeichelnd, klar, sehr lang (13 €)

91 ▶ 2002 Silvaner Eiswein Sulzfelder Maustal konzentriert, klar, viel würzige Frucht, süße Zitrusfrüchte; geschmeidig im Mund, enorm süß, konzentriert, herrlich süffig und lang, viel Nachhall (29 €/0,375l)

Weingut Georg Breuer ★★★★
Rheingau

Grabenstraße 8, 65385 Rüdesheim
Tel. 06722-1027, Fax: 06722-4531
www.georg-breuer.com
georg-breuer@t-online.de
Inhaber: Bernhard und Heinrich Breuer
Rebfläche: 26,5 Hektar
Besuchszeiten: Vinothek:
vom 1.4.-15.11: Mo.-So. ab 9 Uhr,
vom 16.11.-31.3.: Mo.- Fr. ab 9 Uhr
Breuer's Rüdesheimer Schloss (Weinhotel und Weingasthaus, Steingasse 10, Tel. -90500)

Die Weinberge des Weingutes Georg Breuer liegen in besten Lagen von Rüdesheim und Rauenthal. Dort in Rauenthal gehört dem Weingut die Lage Nonnenberg in Alleinbesitz. 85 Prozent der Weinberge sind mit Riesling bepflanzt. Hinzu kommen Spätburgunder, sowie Weiß- und Grauburgunder. Das Programm des Weingutes wurde von Bernhard Breuer sehr klar und übersichtlich gestaltet. Die Basis bilden die Gutsrieslinge, die es trocken („Sauvage") und halbtrocken („Charm") gibt. Dann kommen die beiden Ortsrieslinge, Rüdesheim Estate und Rauenthal Estate, die die unterschiedlichen Böden in Rüdesheim und Rauenthal widerspiegeln. Während die Reben in Rüdesheim auf den schieferhaltigen Böden des Rüdesheimer Berges und den mit Lehm durchsetzten Weinbergen des ehemaligen Oberfeldes wachsen, herrschen in Rauenthal Ablagerungen von Lehm, Kies und Sand vor. Nach diesen beiden Ortsrieslingen folgt der „Terra Montosa", der die zweitbesten Partien der großen Lagen enthält. Die Spitze des Programms bilden schließlich die Weine aus den Lagen Berg Schlossberg, Berg Roseneck und Berg Rottland in Rüdesheim, sowie dem Nonnenberg in Rauenthal. Diese Lagenweine kommen erst im Frühjahr des zweiten, auf die Ernte folgenden Jahres in den Verkauf. Hinzu kommen je nach Jahrgang verschiedene edelsüße Rieslinge. Neben Riesling, der 85 Prozent der Weinberge einnimmt, gibt es etwas Spätburgunder, Grauburgunder und Weißburgunder. Die Burgunder werden im Barrique ausgebaut. Kleine Partien aus den Berglagen in Rüdesheim und Rauenthal werden seit dem Jahrgang 1999 separat abgefüllt unter der Bezeichnung „B" (für Bergterrassen).

Die 2000er Kollektion von Bernhard Breuer präsentierte sich so geschlossen auf hohem Niveau wie bei keinem anderen Weingut im Rheingau. Gerade die beiden Ortsrieslinge und der Montosa waren noch nie so reintönig in der Frucht wie im Jahrgang 2000. Und die Weine aus den großen Lagen gaben sich füllig und konzentriert, ließen in meinen Proben manch anderen interessanten Rheingauer Riesling schlank und leicht aussehen. Die 2001er schlossen nahtlos daran an. Die Lagenrieslinge wie auch der Montosa überzeugten mit viel Fülle und reintöniger Frucht. Stoffig wie die Rieslinge war auch der Grauburgunder B.

2002 nun gefällt mir nochmals besser als die beiden vorausgegangenen Jahrgänge. Berg Schlossberg und Nonnenberg sind faszinierend reintönig, ebenso die beiden Auslesen. Eine rundum überzeugende Kollektion!

87 ▶ **2002 Grauer Burgunder** herrlich konzentriert, eindringliche Frucht, dominant, sehr klar; füllig im Mund, gute Harmonie, klare Frucht (17 €)

88 ▶ **2002 Grauer Burgunder „B"** enorm konzentriert im Bouquet, klar, feiner Toast, eindringliche jugendliche Frucht; kraftvoll im Mund, herrlich füllig, viel Frucht, kompakt (20,50 €)

86 ▶ 2002 Riesling Rüdesheim Estate klar, direkt, jugendliche Frucht; frisch, klar, feine Frucht, elegant (8,50 €)

88 ▶ 2002 Riesling „Terra Montosa" klar, konzentriert, jugendliche Rieslingfrucht; klare Frucht, gute Harmonie, viel Biss (12,50 €)

87 ▶ 2002 Riesling Berg Roseneck klare Frucht, gute Konzentration, sehr reintönig; harmonisch, kompakt, klare Frucht (19 €)

88 ▶ 2002 Riesling Berg Rottland gute Konzentration, herrlich eindringliche jugendliche Frucht; kraftvoll, klare Frucht, kompakter Riesling (19 €)

90 ▶ 2002 Riesling Berg Schlossberg enorm dominant, konzentriert, jugendliche eindringliche Frucht; kraftvoll im Mund, zupackend, füllig, sehr reintönige Frucht, Nachhall (28 €)

90 ▶ 2002 Riesling Nonnenberg herrlich reintönige eindringliche Frucht; kraftvoll im Mund, jugendliche Frucht, gute Konzentration, viel Nachhall [der 90er mit faszinierendem Bouquet, herrlich reintöniger Frucht, rauchig-mineralische Noten; wunderschön reintönig auch im Mund, gute Struktur, enormer Nachhall, faszinierender Riesling mit mineralischem Nachhall, 94 Punkte] (23 €)

91 ▶ 2002 Riesling Auslese Berg Rottland herrlich reintönig, faszinierende Frucht, eindringlich; viel süße Frucht, eingelegte süßer Aprikosen, wunderschön harmonisch und lang (26 €/0,375l)

92 ▶ 2002 Riesling Auslese Berg Schlossberg reife süße Frucht, konzentriert, eingelegte süße Aprikosen, Litschi, süße Orangen; konzentriert, herrlich füllig, weich, reintönige Frucht, sehr lang (35 €/0,375l)

90 ▶ 2002 Riesling Trockenbeerenauslese Berg Schlossberg enorm konzentriert, duftig, eindringlich; viel süße Frucht, klar, konzentriert, stoffig (105 €/0,375l)

88 ▶ 2001 Spätburgunder „B" gute Konzentration, rauchige Noten, klare reife Frucht; kraftvoll im Mund, füllig, harmonisch, jugendliche Bitternoten (20 €)

Weitere Weine: 85 ▶ 2002 Riesling „Sauvage" ∎ 83 ▶ 2002 Riesling „Charm" ∎

Weingut Peter **Briem** ★★
Baden

Weinstraße 1, 79241 Ihringen-Wasenweiler
Tel. 07668-5257 / 9954-0
Fax: 07668-94406 / 9954-16
www.weingut-briem.de
mail@weingut-briem.de
Inhaber: Peter Briem
Rebfläche: 13 Hektar
Besuchszeiten: täglich 8-12 + 13-18 Uhr und nach Vereinbarung

Seit 1977 führt Peter Briem mit seiner Frau Paula dieses Weingut in Wasenweiler am Kaiserstuhl. Heute wird er im Betrieb unterstützt von seinen Kindern: Sohn Jürgen ist Weinbautechniker, Frank ist Kellermeister, Tochter Bettina kümmert sich um den Vertrieb und wird dabei vom jüngsten Sohn Mario unterstützt. Der neue Betrieb am Ortseingang von Wasenweiler wurde 2002 fertig gestellt. In den Weinbergen dominieren die Burgundersorten, die 88 Prozent der Fläche einnehmen, allen voran der Spätburgunder.

Neu ins Programm kamen im Jahr 2000 die beiden roten Cuvées aus Spätburgunder und Cabernet Sauvignon bzw. Cabernet Dorsa. Deutlich besser als im Jahr zuvor hatte mir der 99er Cabernet Sauvignon gefallen: obwohl er geringfügig niedriger im Mostgewicht war, überzeugte er mit seiner reintönigen Frucht und viel Harmonie. 2001 war der barriqueausgebaute Spätburgunder mein Favorit. In diesem Jahr nun gefällt mir die neue „Cuvée 3" am besten.

85 ▶ 2002 Weißburgunder Kabinett trocken feine Würze, zurückhaltende Frucht; gute Harmonie, klare süße Frucht (6,20 €)

85 ▶ 2002 Grauburgunder Kabinett trocken klare reife Frucht, gelbe Früchte; weich, gute Fülle und Harmonie (6,20 €)

Brogsitter's ★★
Weingüter und Privatkellerei
Ahr

85 ▶ 2002 Grauburgunder Spätlese trocken würzige Noten, direkt; gute Harmonie, reife Frucht, dann eigenwilliger Biss (8,20 €)

88 ▶ 2001 „Cuvée 3" Weißburgunder & Grauburgunder Spätlese trocken Barrique herrlich konzentriert, eindringliche reife süße Frucht, Vanille; enorm füllig im Mund, reife klare Frucht (15 €)

87 ▶ 2002 Muskateller Spätlese feine Muskatellerfrucht, sehr reintönig; harmonisch und klar im Mund, viel süße Frucht (7,70 €)

84 ▶ 2002 Spätburgunder Kabinett trocken frisch, feine Würze; lebhaft im Mund, gute Frucht und Biss (6,40 €)

84 ▶ 2001 Spätburgunder Spätlese trocken frisch, direkt, enorm duftig und eindringlich; frisch, direkt, viel Biss, etwas Süße, insgesamt unharmonisch (11,20 €)

86 ▶ 2001 Cabernet Sauvignon trocken Barrique klare Frucht, Johannisbeeren, rote Früchte, Frische; harmonisch im Mund, weich, gute Frucht, unkompliziert (16,50 €)

85 ▶ 2001 „Cuvée 1" Spätburgunder & Cabernet Sauvignon trocken Barrique eigenwillig rauchige Noten, duftig; weich, füllig, verhaltene Frucht (16,50 €)

85 ▶ 2001 „Cuvée 2" Spätburgunder & Cabernet Dorsa trocken Barrique rauchige Noten, etwas Speck; gute Fülle und Harmonie, kompakt (16,50 €)

Max-Planck-Straße 1,
53501 Grafschaft-Gelsdorf
Tel. 02225-918111, Fax: 02225-918112
www.brogsitter.de
verkauf@brogsitter.de
Inhaber: Hans-Joachim Brogsitter
Rebfläche: 30 Hektar
Besuchszeiten: Mo.-Fr. 8-20 Uhr, Sa. 9-15 Uhr
Historisches Gasthaus Sanct Peter (seit 1246),
Restaurant Brogsitter

Spätburgunder ist mit einem Anteil von über 60 Prozent die wichtigste Rebsorte bei Hans-Joachim Brogsitter. Es folgen Portugieser, Frühburgunder, Dornfelder und Riesling. Die Weine der Serie Selection werden im Holzfass ausgebaut, die Weine der Serie Ad Aram im Barrique. Spezialität des Hauses sind neben Rotweinen und Rosé die im traditionellen Verfahren hergestellten Sekte. Bestandteil von Brogsitter's ist auch ein renommiertes Weinimporthaus.

Die Sekte von Brogsitter's sind immer zuverlässig gut. Bei den Rotweinen ist in der neuen Kollektion der Frühburgunder „Ad Aram" mein Favorit.

86 ▶ Brogsitter's Blanc de Noir Pinot Noir Sekt Brut feine rauchige Noten, verhaltene aber klare Frucht; harmonisch im Mund, sehr elegant, feiner Pinotsekt (9,69 €)

85 ▶ 2002 Spätburgunder Weißherbst halbtrocken „Graf von Are" frisch, klare Frucht; harmonisch, süße Frucht, süffig (7,49 €)

85 ▶ 2001 Spätburgunder trocken „Ad Aram" enorm duftig , Gewürznoten; würzig, reife eindringliche Frucht, kompakt (19,50 €)

87 ▶ 2001 Frühburgunder trocken „Ad Aram" rauchige Noten, konzentriert und eindringlich; weich im Mund, gute Fülle und Biss, Vanille, Nachhall (19,50 €)

85 ▶ 2001 Spätburgunder Auslese trocken Walporzheimer Kräuterberg feine reife Pinotfrucht, klar, reife rote Früchte; füllig, harmonisch, kompakter Spätburgunder (17,90 €)

85 ▶ **2001 Spätburgunder Auslese trocken Ahrweiler Silberberg** würzig, direkt, klare reife Frucht; weich, kompakt, klare Frucht (17,90 €)

Weitere Weine: 82 ▶ 2002 Spätburgunder trocken „No. 1" ■ 82 ▶ 2001 Spätburgunder trocken „Selection B" ■ 83 ▶ 2001 Frühburgunder trocken „Selection B" ■

Weingut Frank Brohl ★★
Mosel-Saar-Ruwer

♣ Zum Rosenberg 2, 56862 Pünderich
Tel. 06542-22148, Fax: 06542-1295
www.ecovin.de/weingut-brohl
oekoweingut-brohl@freenet.de
Inhaber: Jutta und Frank Brohl
Rebfläche: 5 Hektar
Besuchszeiten: nach Vereinbarung

Die Weinberge von Jutta und Frank Brohl befinden sich in den Pündericher Lagen Marienburg, Nonnengarten und Rosenberg, den Reiler Lagen Mullay-Hofberg, Goldlay und Falklay, sowie der Burger Falklay. Seit 2001 werden nur noch die besten Rieslinge aus den besten Lagen (Marienburg, Nonnengarten und Goldlay) mit Lagenbezeichnungen versehen. Bereits seit 1984 werden die Weinberge organisch-biologisch bewirtschaftet. Frank Brohl ist Mitglied bei ECOVIN. Zwei Drittel der Rebfläche nimmt Riesling ein. Hinzu kommen etwas Müller-Thurgau, Kerner, Weißburgunder, Spätburgunder und Dornfelder. 90 Prozent seiner Weine baut Frank Brohl trocken aus. Im vergangenen Jahr hat Frank Brohl in gute Rieslingflächen investiert und seine Rebfläche um einen Hektar erweitert.

Frank Brohl gehörte zu meinen interessantesten Neuentdeckungen vor zwei Jahren. Die Weine aus den Jahrgängen 1999 und 2000 überzeugten mit klarer Frucht und guter Konzentration, allen voran die beiden Auslesen aus der Lage Pündericher Marienburg. Mit der Vorjahreskollektion schloss er nahtlos daran an. Auch im Jahrgang 2002 hat er mit der trockenen **-Spätlese und der süßen Auslese wieder zwei Spitzen zu bieten.

84 ▶ **2002 Riesling Hochgewächs trocken Pündericher Marienburg** klare Frucht, sehr reintöniges Bouquet; frisch, klar, feine Frucht (5 €)

85 ▶ **2002 Riesling Kabinett trocken Reiler Goldlay** gute Konzentration, sehr reintönige jugendliche Frucht; klar und direkt, feine Frucht (5 €)

85 ▶ **2002 Riesling Spätlese trocken Pündericher Nonnengarten** gute Konzentration, jugendliche sehr klare Frucht; klar und direkt im Mund, feine Frucht (7 €)

88 ▶ **2002 Riesling Spätlese** trocken Pündericher Nonnengarten** konzentriert, herrlich dominant und eindringlich, jugendliche Frucht; kraftvoll im Mund, herrlich würzig, viel Frucht (10,50 €)

85 ▶ **2002 Riesling Spätlese Pündericher Marienburg** frisch, klare Frucht, feine Würze; klare Frucht, harmonisch, füllig (7 €)

89 ▶ **2002 Riesling Auslese Pündericher Marienburg** gute Konzentration, herrlich klare eindringliche Frucht; viel süße Frucht, dominant, harmonisch und lang (9,50 €/0,5l)

Weitere Weine: 82 ▶ 2002 Kerner trocken (1l) ■ 83 ▶ 2002 Riesling trocken Reiler vom heißen Stein (1l) ■ 81 ▶ 2002 Rivaner Classic (1l) ■ 83 ▶ 2002 Riesling Classic ■

Weinbau
H. Brügel ★★★
Franken

Hauptstraße 49, 97355 Greuth
Tel. 09383-7619, Fax: 09383-6733
harald.bruegel@web.de
Inhaber: Heinrich Brügel
Rebfläche: 3,4 Hektar (+ Traubenzukauf von 1,7 Hektar)
Besuchszeiten: nach Vereinbarung

Die Weinberge dieses 1992 gegründeten Weingutes liegen am Fuß des Steigerwalds in den Orten Abtswind, Greuth und Castell. Heinrich Brügel hatte einen landwirtschaftlichen Gemischtbetrieb und die Trauben seiner damals 1,8 Hektar Weinberge lieferte er an eine Genossenschaft. Als Sohn Harald, Jahrgang 1972, begann sich für Wein zu interessieren, eine Küferlehre machte und die Schule in Veitshöchheim besuchte, wurde nach und nach der Betrieb erweitert und ganz auf die Selbstvermarktung gesetzt. Seit 1998 ist Harald Brügel voll im Betrieb tätig. Die Weißweine vergärt er kühl im Edelstahl und lagert sie anschließend auf der Feinhefe, die Filtration beschränkt er auf ein Minimum. Die Rotweine werden nach der Maischegärung in Holzfässern oder Barriques ausgebaut.

Die 2000er Kollektion war ohne Fehl und Tadel. Darunter waren einige Weine - wie die trockene Silvaner Spätlese und die süße Scheurebe - die auf eine höhere Klasse hinwiesen. Die 2001er Kollektion bestätigte voll und ganz diese Einschätzung. Die 2002er von Harald Brügel sind etwas weniger gleichmäßig, bestätigen aber den guten Eindruck der Vorjahre mit einer Reihe kraftvoller, fülliger Spätlesen.

85 ▶ **2002 Müller-Thurgau Kabinett trocken Greuther Bastel** etwas Tropenfrüchte im Bouquet, Frische; süße Frucht im Mund, feine Frische; herrlich lebhaft und süffig (4,35 €)

85 ▶ **2002 Silvaner Kabinett trocken Abtswinder Altenberg** sehr reintönige Frucht im Bouquet, etwas Frische, Birnen; gute Fülle im Mund, reife süße Frucht, herrlich reintönig, jugendlich, feiner Silvaner (5,10 €)

87 ▶ **2002 Silvaner Spätlese trocken Greuther Bastel** viel Konzentration, jugendliche herrlich eindringliche Frucht; viel reife süße Frucht, würzig (8 €)

88 ▶ **2002 Silvaner Spätlese trocken „B" Greuther Bastel** viel Konzentration, Würze, jugendliche Frucht; süß und schmeichelnd im Mund, herrlich harmonisch und lang (10 €)

87 ▶ **2002 Silvaner Spätlese trocken Abtswinder Altenberg** gute Konzentration im Bouquet, sehr klare jugendliche Frucht; etwas Frische im Mund, viel süße reife Frucht, wunderschön harmonisch und reintönig, feiner Nachhall (8 €)

84 ▶ **2002 Weißburgunder Spätlese trocken Casteller Kirchberg** viel Würze, jugendliche Frucht; kraftvoll, klar, feine Frucht, kompakt (7,80 €)

89 ▶ **2001 Weißburgunder Spätlese trocken Barrique** zwei Drittel des Weines in Jahr in Barriques aus fränkischer Eiche ausgebaut; gute Konzentration im Bouquet, herrlich eindringliche jugendliche Frucht, ein wenig Vanille; harmonisch im Mund, reife süße Frucht, herrlich füllig, harmonisch und lang (11 €)

88 ▶ **2002 Scheurebe Spätlese Greuther Bastel** feine Frucht, Cassis, herrlich reintönig; viel süße Frucht, harmonisch, schmeichelnd, wunderschön reintönig (7,70 €)

86 ▶ **2000 Spätburgunder trocken Barrique** klare Frucht, ein wenig rote Früchte, Vanille; weich im Mund, gute Harmonie, dezent Vanille und Schokolade (13 €)

86 ▶ **2001 Domina trocken Casteller Bausch** gute Frische im Bouquet, sehr klare jugendliche Frucht; weich und harmonisch im Mund, sehr klare Frucht, feine Bitternote im Abgang (7,70 €)

Weitere Weine: 81 ▶ 2002 Müller-Thurgau trocken Greuther Bastel (1l) ■ 82 ▶ 2002 Silvaner Kabinett trocken Greuther Bastel ■ 83 ▶ 2002 Riesling Kabinett trocken Casteller Kirchberg ■

Bürgerspital ★★★
zum Heiligen Geist
Franken

Theaterstraße 19, 97070 Würzburg
Tel. 0931-3503441, Fax: 0931-3503444
www.buergerspital.de
weinverkauf@buergerspital.de
Inhaber: Stiftung des öffentlichen Rechts
Gutsdirektoren: Sonja Höferlin, Helmut Plunien
Rebfläche: 140 Hektar
Besuchszeiten: Mo.-Fr. 8-17 Uhr, Sa. 9-16 Uhr
Bürgerspital-Weinstuben (Pächter: Peter Wiesenegg)

Riesling ist mit einem Anteil von 30 Prozent wichtigste Rebsorte in den Weinbergen des Bürgerspitals, die in Würzburg, Randersacker, Frickenhausen, Veitshöchheim, Thüngersheim, Himmelstadt, Gössenheim, Leinach und Michelau/Steigerwald liegen. Es folgen Silvaner und Müller-Thurgau mit jeweils etwa 20 Prozent. Mit zuverlässiger Qualität und Jahr für Jahr faszinierenden edelsüßen Weinen gehört das Bürgerspital seit vielen Jahren zu Frankens Elite.

Nach etwas schwächeren 2000ern zeigte der Jahrgang 2001 wieder das gewohnte Bild: zuverlässig gut die trockenen Weißweine, dazu edelsüße Spitzen. Sehr ähnlich präsentiert sich auch der Jahrgang 2002: kraftvolle trockene Spätlesen (mein Favorit: der Silvaner aus dem Stein) und herrlich konzentrierte edelsüße Weine. Allein die Basisweine wirkten etwas allzu schlank.

87 ▶ **2002 Grauer Burgunder Spätlese trocken Würzburger Pfaffenberg** gute Konzentration im Bouquet, wunderschön klare Frucht, gelbe Früchte; kompakt im Mund, klar, reife Frucht (10,20 €)

88 ▶ **2002 Riesling Spätlese trocken Würzburger Stein** viel Konzentration, wunderschön klare Frucht, jugendlich; kraftvoll und klar im Mund, viel reife Frucht, kompakter Riesling (12,60 €)

86 ▶ **2002 Riesling Spätlese trocken Randersackerer Teufelskeller** gute Konzentration, herrlich eindringliche Frucht; kraftvoll, kompakt, feine Frucht (10,75 €)

86 ▶ **2002 Gewürztraminer Spätlese trocken Würzburger Stein** feiner Traminerduft, sehr klar, Rosen; kraftvoll und klar im Mund, kompakter Gewürztraminer (10,15 €)

86 ▶ **2002 Weißer Burgunder Spätlese trocken Würzburger Stein** (Großes Gewächs) viel süße reife Frucht, eindringlich; kompakt, zurückhaltende Frucht (17,50 €)

88 ▶ **2001 Silvaner Spätlese trocken Würzburger Stein** (Großes Gewächs) konzentriert und würzig im Bouquet, leicht mineralische Noten; kraftvoll im Mund, kompakt, gute reife Frucht, feiner Biss

89 ▶ **2002 Silvaner Spätlese trocken Würzburger Stein** (Großes Gewächs) konzentriert, herrlich dominant, eindringliche Frucht, sehr reintönig; kraftvoll im Mund, viel reife süße Frucht, Nachhall (15,20 €)

86 ▶ **2002 Rieslaner Spätlese Randersackerer Pfülben** herrlich klar, süße Frucht, Orangen, Litschi; viel süße Frucht, harmonisch, süffig (10,75 €)

91 ▶ **2002 Riesling Eiswein Würzburger Abtsleite** konzentriert, herrlich reintönige eindringliche süße Rieslingfrucht; harmonisch im Mund, viel süße Frucht, schmeichelnd, reintönig, sehr lang (86 €)

90 ▶ **2002 Silvaner Eiswein Würzburger Stein** konzentriert, herrlich klar, eindringliche süße Frucht, süße Zitrusfrüchte, Aprikosen, Litschi; viel süße Frucht, dick, würzig, dominant, feiner Nachhall (86 €)

88 ▶ **2002 Silvaner Trockenbeerenauslese Würzburger Stein** enorm würzig und dominant, leicht duftig; süß, konzentriert und dick, feine Frische (106 €)

85 ▶ **2002 Spätburgunder Spätlese trocken Barrique** feine rauchige Noten, rote Früchte; gute Harmonie, weich, klare Frucht (19,80 €)

Weitere Weine: 82 ▶ 2002 Rivaner trocken „Trend" ■ 80 ▶ 2002 Silvaner trocken Würzburger Innere Leiste ■ 82 ▶ 2002 Silvaner Kabinett trocken Würzburger Abtsleite ■ 83 ▶ 2002 Riesling Kabinett trocken Würzburger Stein ■ 82 ▶ 2002 Riesling Kabinett „feinherb" Randersackerer Teufelskeller ■

Weingut
Dr. Bürklin-Wolf ★★★
Pfalz

Weinstraße 65, 67157 Wachenheim
Tel. 06322-95330, Fax: 06322-953330
www.buerklin-wolf.de
bb@buerklin-wolf.de
Inhaber: Bettina Bürklin-von Guradze,
Christian von Guradze
Rebfläche: 85 Hektar
Besuchszeiten: Vinothek Do.-Fr. 11-18 Uhr,
Sa./So. 11-16 Uhr
Hofgut Ruppertsberg (Obergasse 2)

Unter der Führung von Christian von Guradze hat Bürklin-Wolf in den letzten Jahren sein Sortiment bereinigt. Seine Spitzenweine vermarktet er unter den Bezeichnungen Edition G.C. und Edition P.C.. Edition G.C. umfasst in Forst die Lagen Kirchenstück, Jesuitengarten, Ungeheuer und Pechstein, in Deidesheim die Lagen Hohenmorgen und Kalkofen, sowie in Ruppertsberg die Lage Gaisböhl (eine Monopollage von Bürklin-Wolf) und Reiterpfad. In der Serie Edition P.C. findet man die Weine der Ruppertsberger Lage Hoheburg, sowie die Weine der Wachenheimer Lagen Altenburg, Böhlig, Gerümpel, Goldbächel und Rechbächel (Monopollage). Riesling nimmt über 70 Prozent der Rebfläche ein. Die Weinberge im Ruppertsberger Gaisböhl und im Wachenheimer Gerümpel werden seit 2001 bzw. 2002 schrittweise auf biologisch-dynamischen Anbau umgestellt und mit dem gutseigenen Riesling-Klon BW 14 bepflanzt.

Beim Namen Bürklin-Wolf denkt man automatisch an Riesling. Aber vielleicht wird sich das in Zukunft ja ändern. Ich war doch sehr überrascht in diesem Jahr zwei sehr gute Rotweine von Bürklin-Wolf zu verkosten. Ebenso überzeugend waren die trockenen Rieslinge aus dem Jahrgang 2002, die alle wunderschön reintönig sind. Diese Reintönigkeit habe ich allerdings bei den dicken edelsüßen Weinen vermisst.

85 ▶ 2002 Riesling trocken Dr. Bürklin-Wolf frisch, klar, feine Frucht; gute Harmonie, sehr klare süße Frucht (6,50 €)

86 ▶ 2002 Riesling Kabinett trocken Wachenheimer gute Konzentration, klare würzige Frucht; kraftvoll im Mund, klare Frucht (8 €)

86 ▶ 2002 Riesling Bürklin Estate gute Würze und Konzentration, klare Frucht; frisch, klar, harmonisch, feine süße Frucht (9,50 €)

89 ▶ 2002 Riesling „Edition PC" Wachenheimer Gerümpel konzentriert, klar, herrlich eindringliche jugendliche Frucht; viel reife klare süße Frucht, süffig, sehr reintönig (12 €)

90 ▶ 2002 Riesling „Edition GC" Forster Jesuitengarten herrlich konzentriert, mineralische Noten, eindringliche Rieslingfrucht; viel Frucht, kraftvoll, kompakt, sehr reintönig, fülliger Riesling (32 €)

89 ▶ 2002 Riesling Auslese Forster sehr klare Frucht, etwas Aprikosen, auch Äpfel; viel süße Frucht, schmeichelnd, harmonisch und lang (35 €)

85 ▶ 2002 Riesling Beerenauslese Forster Pechstein enorm würzig und dominant; konzentriert, dick, füllig, bleibt eindimensional (65 €/0,375l)

89 ▶ 2002 Riesling Trockenbeerenauslese Goldkapsel Ruppertsberger Gaisböhl konzentriert, viel Würze, etwas Kaffee und Trockenfrüchte; dick und kraftvoll im Mund, dominant, stoffig (145 €/0,375l)

88 ▶ 2001 Pinot Noir trocken „S" klare rauchige Frucht, eindringlich; gute Harmonie, klare Frucht, viel Vanille, Schokolade (21,50 €)

88 ▶ 2001 „Villa Bürklin" Cuvée Prestige Rotwein trocken reife eindringliche Frucht, rote und dunkle Früchte; gute Fülle im Mund, viel reife süße Frucht, harmonisch und lang, feiner Nachhall (15,75 €)

Weingut Reichsrat von Buhl ★★★★
Pfalz

Weinstraße 16-24, 67146 Deidesheim
Tel. 06326-96500, Fax: 06326-965024
www.reichsrat-von-buhl.de
lucas@reichsrat-von-buhl.de
Inhaber: Freiherr von und zu Guttenberg
Gutsdirektor: Stefan Weber
Rebfläche: 50 Hektar
Besuchszeiten: Mo.-Fr. 8-12 + 13-18 Uhr, Sa./So. 10-12 + 13-17 Uhr

Das traditionsreiche Weingut Reichsrat von Buhl wurde 1989 an eine japanische Weinhandelsfirma verpachtet. Seither wurden Millionenbeträge in Keller und Außenbetrieb investiert. Mit 50 Hektar Weinbergen und einer Jahresproduktion von 350.000 Flaschen gehört Reichsrat von Buhl zu den größten privaten Weingütern in der Pfalz. Man verfügt über beste Lagen in Forst, Deidesheim und Ruppertsberg. Riesling ist die dominierende Rebsorte. Daneben findet man etwas Weißburgunder, Grauburgunder, Scheurebe und Gewürztraminer, sowie Spätburgunder. Der Rotweinanteil soll in den kommenden Jahren gesteigert werden. Nach kurzen Maischestandzeiten werden die Moste mit den eigenen Hefen recht kühl vergoren. 80 Prozent der Weine werden trocken ausgebaut. Neben Wein erzeugt Reichsrat von Buhl auch sieben verschiedene Sekte, insgesamt 100.000 Flaschen im Jahr.

Die 2000er Kollektion gehörte zu den wenigen, überzeugenden Kollektionen an der Mittelhaardt, mit der der Jahrgang es so gar nicht gut meinte. 2001 bestach ebenfalls durch herrlich klare und fruchtbetonte Weine, angefangen vom Gutsriesling bis hin zu den Spät- und Auslesen. 2002, in einer sehr überzeugenden Kollektion, gehören die Großen Gewächse zu den besten Rieslingen der Pfalz.

84 ▶ **2001 Spätburgunder Rosé Sekt Brut** rauchige Noten, fruchtbetont, direkt; gute Harmonie, klar, viel Biss (10,50 €)

87 ▶ **1999 Riesling Sekt Brut Forster Pechstein** herrlich würzig, konzentriert, sehr klar; füllig, reife Frucht, Struktur, Nachhall (15 €)

84 ▶ **2002 Riesling Kabinett trocken** klare reife Frucht; gute Harmonie, feine Frucht, kompakt, Nachhall (7,10 €)

86 ▶ **2002 Riesling Kabinett trocken Deidesheimer Kieselberg** frisch, direkt, herrlich klar; feine Frucht, Frische, klar (8 €)

86 ▶ **2002 Riesling Spätlese trocken** konzentriert, würzig, jugendliche Frucht; gute Harmonie und Frucht, füllig (10 €)

88 ▶ **2002 Riesling Spätlese trocken Forster Ungeheuer** jugendliche herrlich eindringliche Frucht, konzentriert; klar im Mund, reife süße Frucht, wunderschön füllig (12 €)

92 ▶ **2002 Riesling Spätlese trocken Forster Pechstein** (Großes Gewächs) konzentriert, herrlich klare reife Frucht; füllig im Mund, viel reife Frucht, herrlich stoffig und fruchtbetont (18,90 €)

90 ▶ **2002 Riesling Spätlese trocken Ruppertsberger Reiterpfad** (Großes Gewächs) herrlich würzig, dominant, klare jugendliche Frucht; gute Harmonie, klare reife Frucht, kompakter Riesling (18,90 €)

90 ▶ **2002 Riesling Spätlese trocken Forster Kirchenstück** (Großes Gewächs) konzentriert, enorm dominant, jugendliche eindringliche Frucht; herrlich füllig im Mund, viel reife süße Frucht, lang (25 €)

86 ▶ **2002 Riesling Kabinett halbtrocken Deidesheimer Leinhöhle** feine Würze und Frucht, klar; gute Harmonie, klare süße Frucht, Biss (8 €)

85 ▶ **2002 Riesling Kabinett Forster Bischofsgarten** klar, jugendliche Frucht; frisch, klar, feine Frucht (7,10 €)

88 ▶ **2002 Riesling Spätlese Forster Jesuitengarten** feine reife Rieslingfrucht, etwas Aprikosen und Pfirsiche; süß, schmeichelnd, harmonisch, viel Frucht, lang (12 €)

87 ▶ **2001 Spätburgunder Spätlese trocken** rauchige Noten im Bouquet, viel süße Frucht; füllig, klar, feine Frucht (16,80 €)

Weingut
Ignaz Bunzelt ★★★
Franken

Heerweg 12, 97334 Nordheim
Tel. 09381-4657 oder 4511, Fax: 09381-6283
www.weingut-bunzelt.de
info@weingut-bunzelt.de
Inhaber: Hans und Barbara Bunzelt
Rebfläche: 7,8 Hektar
Besuchszeiten: Mo.-Sa. 8-18 Uhr,
So. nach Vereinbarung
Probierstube (bis 20 Personen)

Das Weingut Ignaz Bunzelt in Nordheim besitzt Rebflächen unter anderem in den Iphöfer Spitzenlagen Julius-Echter-Berg und Kronsberg, sowie im Nordheimer Vögelein. Weiße Rebsorten nehmen 89 Prozent der Fläche ein. Wichtigste Sorten sind Müller-Thurgau, Silvaner und Bacchus. Dazu kommt eine breite Palette weiterer Sorten, angeführt von Domina, Riesling und Kerner. Neben Sekten werden auch Edelbrandtweine in der eigenen Brennerei hergestellt.

Wie schon in den vergangenen beiden Jahren überzeugt auch die neue Kollektion von Hans und Barbara Bunzelt durch das gute Niveau aller Weine. Einige Highlights findet man in diesem Jahr, wie den Portugieser, die Silvaner Spätlese oder die barriqueausgebaute Rieslaner Auslese. Eine vollauf überzeugende Kollektion!

85 ▶ 2002 „Vinitor'" Cuvée weiß Kabinett trocken feine Frische im Bouquet, etwas Cassis, gute Frucht; frisch, klar, feine Frucht und Biss (4,50 €)

84 ▶ 2002 Silvaner Kabinett trocken Nordheimer Vögelein feine Würze, verhaltene aber klare Frucht; harmonisch, gute süße Frucht (4,40 €)

85 ▶ 2002 Riesling Kabinett trocken Sommeracher Katzenkopf frisch, herrlich klare Frucht, gute Harmonie, klare Frucht (5 €)

88 ▶ 2002 Silvaner Spätlese trocken Iphöfer Kronsberg viel Konzentration, sehr klare reife Frucht, weiße Früchte; harmonisch im Mund, viel reife Frucht, fülliger Silvaner (7,50 €)

86 ▶ 2002 Rieslaner Spätlese trocken Iphöfer Julius-Echter-Berg feine Frische, sehr reintönige Frucht; gute Frische auch im Mund, sehr klare Frucht (8 €)

86 ▶ 2002 Bacchus Spätlese Iphöfer Kronsberg herrlich klare Frucht, feine Frische, sehr reintönig; weich und geschmeidig im Mund, viel Frucht, harmonisch (6,70 €)

85 ▶ 2002 Rieslaner Spätlese Iphöfer Julius-Echter-Berg zurückhaltende Frucht, dezent Grapefruit; klare süße Frucht auch im Mund, kompakt (8 €)

86 ▶ 2002 Traminer Spätlese Nordheimer Vögelein 8/03 eindringlicher Rosenduft, junge klare Frucht; harmonisch, viel süße Frucht, schmeichelnd (7,70 €)

86 ▶ 2002 Traminer Spätlese Nordheimer Vögelein 12/03 reife süße Frucht, gute Konzentration; süß im Mund, schmeichelnd, herrlich süffig (7,70 €)

90 ▶ 2002 Rieslaner Auslese Barrique Iphöfer Julius-Echter-Berg gute Konzentration, viel reife süße Frucht, Vanille und Toast; herrlich reintönig im Mund, viel süße Frucht, füllig, harmonisch, sehr lang (15 €)

88 ▶ 2001 Portugieser Spätlese trocken Barrique Nordheimer Vögelein gute Konzentration, reife eindringliche Frucht; herrlich viel Frucht im Mund, gute Fülle, kompakter Portugieser, mit Struktur (7,50 €/0,5l)

Weitere Weine: 83 ▶ 2001 Domina trocken Frankenwinheimer Rosenberg ∎

Weingut Burggarten ★★★
Ahr

Landskroner Straße 61, 53474 Heppingen
Tel. 02641-21280, Fax: 02641-79220
burggarten@t-online.de
Inhaber: Familie Schäfer
Rebfläche: 15 Hektar
Besuchszeiten: Mo.-Fr. 10-12 + 13-18 Uhr,
Sa./So. 10-13 Uhr

Mit Abstand wichtigste Rebsorte von Paul-Josef Schäfer ist der Spätburgunder, gefolgt von anderen roten Sorten wie Domina, Dornfelder, Portugieser und Frühburgunder. Hinzu kommt ein wenig Riesling und mit dem Jahrgang 2001 erstmals auch Grauburgunder. Sohn Paul Michael, Winzer wie auch die anderen beiden Söhne, will 1000 Stock Cabernet Sauvignon anlegen. Die Weinberge von Paul-Josef Schäfer liegen im Neuenahrer Sonnenberg und im Heppinger Burggarten, der ab dem neuen Jahrgang als Heimersheimer Burggarten (weil weingesetzlich nur so korrekt) in den Verkauf kommt. Drei Viertel der Weine werden trocken ausgebaut. In den letzten Jahren hat Paul-Josef Schäfer in neue Rührtanks investiert um die Maischestandzeiten seiner Rotweine etwas verlängern zu können.

Was mich seit Jahren an den Weinen von Paul-Josef Schäfer am meisten beeindruckt ist die Zuverlässigkeit seines Programms: kein Wein von Paul-Josef Schäfer enttäuscht. Dies gilt Jahr für Jahr, auch in problematischen Jahren. Schon der Spätburgunder in der Liter- flasche macht viel Spaß. Immer eine sichere Bank ist der P.J.'s Signatur, der im Jahrgang 2001 besonders gut gelungen war. Wie überhaupt die 2001er Kollektion die bisher beste von Paul-Josef Schäfer war. 2002 ist enorm zuverlässig und homogen, in der Spitze aber nicht ganz so beeindruckend wie 2001.

84 ▶ **2002 Spätburgunder Weißherbst trocken Neuenahrer Sonnenberg** würzige Noten, verhaltene Frucht; frisch, klar, süße Frucht, kompakt (6,50 €)

85 ▶ **2002 Cuvée trocken** jugendliche Frucht, rote Früchte; klar, harmonisch, feine Frucht, süffig (7 €)

84 ▶ **2002 Spätburgunder trocken Nr. 18/03 Heimersheimer Burggarten** frisch, klar, feine Frucht; kompakt, klare Frucht (6,50 €)

86 ▶ **2002 "Filius" Spätburgunder trocken** sehr reintönige Spätburgunderfrucht, klar und direkt; gute Fülle im Mund, sehr klare Frucht (8,50 €)

86 ▶ **2002 "P.J.' Signatur" Spätburgunder trocken** reife süße Frucht, rote Früchte; frisch, klar, feine süße Frucht, herrlich süffig (9,50 €)

86 ▶ **2002 Spätburgunder trocken Nr. 24/03 Heimersheimer Burggarten** klare Frucht mit rauchigen Noten; frisch, klar, feine Frucht, sehr reintöniger Spätburgunder (11 €)

85 ▶ **2002 Spätburgunder trocken Neuenahrer Sonnenberg** frisch, würzig, klare reife Frucht; frisch, direkt, feine süße Frucht, süffig (8 €)

85 ▶ **2002 Dornfelder trocken Barrique Neuenahrer Sonnenberg** reife rote Früchte, sehr eindringlich, jugendlich; gute Harmonie, kompakt, klar (10 €)

85 ▶ **2001 Spätburgunder trocken Heimersheimer Burggarten** feine Frucht mit rauchigen Noten; klare reife Frucht, harmonisch, süffig (11 €)

86 ▶ **2002 Frühburgunder trocken Nr. 31/03 Neuenahrer Sonnenberg** feine rauchige Noten, sehr klare Frucht; gute Harmonie, reintönige Frucht (13,50 €)

88 ▶ **2002 Frühburgunder trocken Nr. 17/03 Neuenahrer Sonnenberg** feine rauchige Noten, dezenter Toast, sehr klare Frucht; gute Fülle und Harmonie, viel reife süße Frucht, schmeichelnd und lang (14,50 €)

Winzergenossenschaft
Burkheim ★
Baden

Winzerstraße 8, 79235 Vogtsburg-Burkheim
Tel. 07662-9393-0, Fax: 07662-9393-25
www.burkheimerweine.de
wg-burkheim@t-online.de
Geschäftsführer: Gert Schmidt
Kellermeister: Erhard Kühn
Mitglieder: 320
Rebfläche: 106 Hektar
Besuchszeiten: Mo.-Fr. 8-12 + 13:30-17 Uhr,
Sa. 9-16 Uhr, So. 10-16 Uhr (März-Dez.)

Die Mitglieder der Genossenschaft von Burkheim bewirtschaften 56 Hektar Weinberge im Burkheimer Feuerberg, wo Vulkangesteinsböden vorherrschen, und 50 Hektar im Burkheimer Schloßgarten, wo die Reben auf tiefgründigem Lössboden wachsen. Spätburgunder nimmt gut ein Drittel der Rebfläche ein, gefolgt von Müller-Thurgau und Grauburgunder mit jeweils etwa einem Viertel. Dazu gibt es insbesondere noch Silvaner und Weißburgunder.

Wie im vergangenen Jahr ist ein Spätburgunder mein Favorit unter den Weinen der Genossen von Burkheim.

86 ▶ **2001 Gewürztraminer „Vinisage" Burkheimer Feuerberg** duftig, Rosen, klare Frucht; kompakt im Mund, gute Fülle, viel süße Frucht (14,40 €)

86 ▶ **2001 Spätburgunder trocken „Vinisage" Burkheimer Feuerberg** reife süße Frucht, ganz dezent rauchige Noten; weich im Mund, reife süße Frucht, harmonisch und süffig (14,30 €)

Weitere Weine: 81 ▶ 2001 Pinot Sekt Brut Burkheimer Schlossgarten ▪ 83 ▶ 2002 Chardonnay trocken Burkheimer Schlossgarten ▪ 80 ▶ 2001 Grauer Burgunder Spätlese trocken Burkheimer Feuerberg ▪ 81 ▶ 2001 Grauer Burgunder Spätlese trocken „Karat" Burkheimer Feuerberg ▪ 82 ▶ 2002 Grauer Burgunder trocken „ViniGrande" Burkheimer Feuerberg ▪

Weingut
Clemens Busch ★★★★
Mosel-Saar-Ruwer

♣ Kirchstrasse 37, 56862 Pünderich
Tel. 06542-22180, Fax: 06542-1625
www.clemens-busch.de
info@clemens-busch.de
Inhaber: Clemens und Rita Busch
Rebfläche: 8 Hektar
Besuchszeiten: nach Vereinbarung

Clemens und Rita Busch bewirtschaften ihre Weinberge seit 1986 nach den Kriterien ökologischen Anbaus und sind Mitglied im Bundesverband Ökologischer Weinbau. Der größte Teil der Weinberge liegt in der Lage Pünderischer Marienburg. Ein Kernstück dieser Lage ist die „Felsterrasse", wo Clemens Busch bis zu 70 Jahre alte Reben stehen hat. Neben dem dominierenden Riesling baut er ein klein wenig Müller-Thurgau und Spätburgunder an. Der Ausbau der Weine erfolgt in Eichenholzfässern. 80 Prozent der Weine werden trocken ausgebaut. Seit dem Jahrgang 1999 hat er auch eine breite Palette an edelsüßen Rieslingen im Programm.

Selbst im schwierigen Jahrgang 2000 war Clemens Busch eine ganz faszinierende trockene Auslese (91) gelungen, einer der Top-Weine des Jahrgangs an der Mosel. Bei seinen Weinen ist typisch, dass sie in ihrer Jugend recht verschlossen wirken, immer etwas geprägt von mineralischen Noten. Die 2002er sind herrlich kraftvoll und reintönig und wie erwartet, viele geprägt von mineralischen Noten: eine starke Kollektion!

84 ▶ **2002 Riesling Kabinett trocken Pünderischer Marienburg** würzig und direkt im Bouquet, jugendliche Frucht; gute Harmonie, kompakt (6,20 €)

Fürstlich Castell'sches Domänenamt ★★★
Franken

Schloßplatz 5, 97355 Castell
Tel. 09325-60160, Fax: 09325-60188
www.castell.de
weingut@castell.de
Inhaber: Ferdinand Erbgraf zu Castell-Castell
Rebfläche: 65 Hektar
Besuchszeiten: Mo.-Fr. 7:30-12 + 13-17 Uhr,
Sa. 10-16 Uhr
Restaurant „Weinstall", Schloßplatz 5 (Pächter: Petra und Thomas Schmidt, Montag Ruhetag, Tel. 09325-902561)

Die Weinberge des Fürstlich Castell'schen Domänenamtes befinden sich rings um Castell im Steigerwald. Die Casteller Lagen Schlossberg, Reitsteig, Trautberg, Hohnart, Kugelspiel und Feuerbach gehören dem Weingut in Alleinbesitz. Neben den Trauben der eigenen Weinberge werden auch die Trauben von ca. 90 Winzern der Erzeugergemeinschaft Steigerwald mit weiteren 30 Hektar Weinbergen in den Schlosskellern ausgebaut und über das Weingut vermarktet. Wichtigste Rebsorten sind Silvaner und Müller-Thurgau, gefolgt von Riesling, Rieslaner, Bacchus, Kerner und Scheurebe, sowie den roten Sorten Spätburgunder und Domina, aber auch etwas Dornfelder, Regent und Acolon. Die Weine werden überwiegend trocken ausgebaut. Nach der Ernte 1996 hat Ferdinand Erbgraf Castell-Castell die Führung des Weingutes übernommen und das Sortiment neu strukturiert. Die Basis-Linie nennt sich Castell-Castell, dann kommt die Linie Schloss Castell, anschließend die Lagenweine und schließlich als Großes Gewächs Silvaner und Riesling aus dem Casteller Schlossberg.

88 ▶ 2002 Riesling Spätlese trocken** Pündericher Marienburg konzentriert, herrlich würzig, jugendliche eindringliche Frucht; enorm füllig, klar, reife Frucht, reintöniger Riesling (9,50 €)

90 ▶ 2002 Riesling Spätlese trocken*** Pündericher Marienburg faszinierend konzentriert, viel Frucht, herrlich eindringlich; enorm fruchtbetont im Mund, reintönig, stoffig, jugendlich, sehr nachhaltig (11,90 €)

90 ▶ 2002 Riesling Auslese trocken Pündericher Marienburg konzentriert, sehr reintönig, faszinierende Frucht; konzentriert, kompakt, reife klare Frucht, feiner Nachhall (12,50 €/0,5l)

89 ▶ 2002 Riesling Spätlese „Felsterrasse" Pündericher Marienburg konzentriert, jugendlich, wunderschön eindringliche Frucht, sehr reintönig; gute Fülle, reife klare Frucht (17,50 €)

89 ▶ 2002 Riesling Spätlese halbtrocken Pündericher Marienburg konzentriert, dominant, viel Würze; konzentriert, kompakt, reife klare Frucht, nachhaltig (15 €)

86 ▶ 2002 Riesling Spätlese „Fahrlay" Pündericher Marienburg würzige jugendliche Frucht, dominant, gute Fülle, klare Frucht, kompakter Riesling (12,50 €)

89 ▶ 2002 Riesling Auslese** „Falkenlay" Pündericher Marienburg konzentriert, dominant, herrlich eindringliche Frucht, jugendlich; füllig, kraftvoll, sehr reintönige Frucht, cremige Noten, lang (16 €/0,5l)

89 ▶ 2002 Riesling Spätlese Pündericher Marienburg würzig, direkt, etwas Zitrusfrüchte, jugendliche Frucht; viel süße Frucht, schmeichelnd, sehr klar, Nachhall (11,50 €)

88 ▶ 2002 Riesling Auslese** Pündericher Marienburg konzentriert, dominant, enorm würzig; viel süße Frucht, konzentriert, dick, kompakt (21 €/0,375l)

90 ▶ 2002 Riesling Auslese*** Pündericher Marienburg konzentriert, herrlich reintönige intensive Frucht; herrlich füllig und konzentriert, kompakt, viel süße Frucht (29 €/0,375l)

89 ▶ 2002 Spätburgunder Weißherbst Auslese Pündericher Marienburg konzentriert, dominant, viel Würze; süß und konzentriert im Mund, viel reife Frucht, jugendlich, enormer Nachhall (ca. 25 €/0,375l)

85 ▶ 2001 Silvaner Spätlese trocken Casteller Hohenart gute Konzentration, ganz leicht würzige Noten, direkt; kraftvoll, klar, Struktur und Biss

86 ▶ 2001 Silvaner Spätlese trocken Casteller Schlossberg gute Konzentration, sehr klare Frucht; frisch, klar, feine Frucht, herrlich geradliniger Silvaner

89 ▶ 2001 Riesling Spätlese trocken Casteller Hohnart konzentriert, herrlich klare jugendliche Frucht; viel süße Frucht, wunderschön reintönig, harmonisch

Weingut Christmann ★★★★
Pfalz

Peter-Koch-Straße 43
67435 Neustadt-Gimmeldingen
Tel. 06321-66039, Fax: 06321-68762
weingut.christmann@t-online.de
Inhaber: Karl-Friedrich und Steffen Christmann
Kellermeister: Martin Eller
Rebfläche: 14 Hektar
Besuchszeiten: Mo.-Fr. 9-11 + 14-18 Uhr, Sa. 9-12 Uhr oder nach Vereinbarung

Karl-Friedrich Christmann hat 1965 das Weingut übernommen, das er seit 1994 gemeinsam mit Sohn Steffen führt. Ihre Weinberge befinden sich in besten Lagen der Mittelhaardt, so in Gimmeldingen in den Lagen Mandelgarten und Biengarten, in Königsbach im Idig und im Ölberg, in Ruppertsberg in den Lagen Hoheburg und Reiterpfad und im Deidesheimer Hohenmorgen. Riesling ist mit einem Anteil von 65 Prozent die wichtigste Rebsorte. Dazu kommen Weißburgunder, Grauburgunder und Gewürztraminer, sowie rote Sorten (zusammen 22 Prozent).

Seit Jahren gehört das Weingut Christmann zur Pfälzer Spitze: selbst die „einfachen" Weine sind hier zuverlässig gut. Vor allem die Großen Gewächse gehören regelmäßig zur Pfälzer Spitze. Auch in diesem Jahr glänzen sie mit viel Fülle und Frucht und führen eine homogene, überzeugende Kollektion an.

84 ▶ 2002 Riesling trocken frisch, direkt, klare Frucht, etwas Pfirsiche; klar und direkt im Mund, feine Frucht (5,20 €)

84 ▶ 2002 Grauburgunder trocken klare Frucht, etwas würze, gelbe Früchte; weich, füllig, klare Frucht (7,50 €)

88 ▶ 2002 Weißburgunder „SC" Spätlese trocken sehr klare Frucht, wunderschön reintöniges Bouquet; viel süße Frucht, schmeichelnd, süffig (13 €)

86 ▶ 2002 Riesling Kabinett trocken Ruppertsberg feine Frucht, sehr klar; klar und direkt im Mund, feine Frucht (7,50 €)

87 ▶ 2002 Riesling Spätlese trocken Königsbacher Ölberg gute Konzentration, sehr klare reife Rieslingfrucht; füllig, kompakt, süße Frucht, dezente Bitternote im Abgang (13 €)

89 ▶ 2002 Riesling Spätlese trocken Mandelgarten Gimmeldingen (Großes Gewächs) gute Konzentration, reife klare Frucht; füllig, kompakt, viel süße Frucht (24 €)

90 ▶ 2002 Riesling Spätlese trocken Idig Königsbach (Großes Gewächs) herrlich konzentriert, eindringliche klare reife Frucht; wunderschön reintönig im Mund, viel süße Frucht, herrlich saftiger Riesling (25 €)

87 ▶ 2002 Riesling Auslese Reiterpfad Ruppertsberg konzentriert, eindringliche Frucht, viel Würze; harmonisch im Mund, süße Frucht, dann dezente Bitternote (16 €/0,375l)

87 ▶ 2002 Riesling Beerenauslese Mandelgarten Gimmeldingen eingelegte süße Aprikosen, ganz leicht streng; viel Frucht, konzentriert, kompakt (45 €/0,375l)

89 ▶ 2002 Riesling Eiswein Idig Königsbach klare reife süße Frucht, süße Zitrusfrüchte; herrlich konzentriert, viel süße Frucht, Biss und Nachhall (45 €/0,375l)

85 ▶ 2001 Spätburgunder trocken feine würzige Spätburgunderfrucht; klar, direkt, feine Frucht und Biss (8,50 €)

87 ▶ 2001 Spätburgunder trocken Idig Königsbach klare Frucht, jugendlich, direkt; geradlinig im Mund, klare Frucht, Tannine und Biss (30 €)

Weingut Joh. Jos. Christoffel Erben ★★★★★
Mosel-Saar-Ruwer

Verwaltung Weingut Mönchhof,
Robert Eymael, 54539 Ürzig
Tel. 06532-93164, Fax: 06532-93166
www.moenchhof.de
moenchhof.eymael@t-online.de
Inhaber: Robert Eymael
Rebfläche: 3,5 Hektar
Besuchszeiten: nach Vereinbarung

Die Weinberge des Weingutes Joh. Jos. Christoffel Erben liegen in besten Lagen von Ürzig und Erden. Ausschließlich Riesling wird angebaut, überwiegend mit wurzelechten Reben, die bis zu 50 Jahre alt sind. Die Weine werden in Holzfässern ausgebaut, vergoren werden sie mit den eigenen Hefen. Seit dem Frühjahr 2000 ist Hans-Leo Christoffel eine Kooperation mit dem Weingut Mönchhof eingegangen, das heißt die Weinberge werden zusammen bearbeitet und seit der Ernte 2001 werden auch die Kellerarbeiten und der Verkauf gemeinsam betrieben. Da er keinen Nachfolger hat, entschied sich Hans-Leo Christoffel für diese Lösung. Die beiden Weingüter werden trotz der gemeinsamen Bewirtschaftung selbstständig bleiben und unter den bisherigen Namen weitergeführt. Hans-Leo Christoffel wird weiterhin im Weinberg und im Keller mit Rat und Tat behilflich sein, damit der Stil und die Eigenart des Weingutes gewahrt bleiben.

Jahr für Jahr hatte Hans-Leo Christoffel mich durch das hohe Niveau und die Zuverlässigkeit jedes einzelnen Weines beeindruckt, alle Weine waren immer wunderbar reintönig und fruchtbetont, alle betörend schön und süffig. Auf jeden Wein, der den Keller verlassen hat, konnte man sich zu 100 Prozent verlassen. Unter der Führung von Robert Eymael bleibt der Stil des Weingutes erhalten, wie die letzten beiden Jahrgänge zeigen. Alle Weine, ob Kabinett oder Spätlese, Auslese oder Eiswein, sind brillant klar und wunderschön frisch. Der Jahrgang 2002 schließt nahtlos an 2001 an. Die Weine sind elegant und frisch, niemals fett, bestechen mit ihrer Frucht

84 ▶ **2002 Riesling Kabinett trocken Ürziger Würzgarten** feine Frische, zurückhaltende Frucht; klar, direkt, feine Frucht, Biss (8,60 €)

89 ▶ **2002 Riesling Auslese trocken Ürziger Würzgarten** gute Konzentration, feine Würze und Frucht, eindringlich; gute Fülle, reife klare Frucht, Nachhall (13,80 €)

87 ▶ **2002 Riesling Kabinett Ürziger Würzgarten** frisch und klar im Bouquet, feine Frucht, direkt; schöne Frische im Mund, sehr reintönige Frucht (8,60 €)

90 ▶ **2002 Riesling Spätlese Erdener Treppchen** feine Würze, klare Frucht, konzentriert; klar und direkt im Mund, viel süße Frucht, konzentriert, feiner Nachhall (11,80 €)

89 ▶ **2002 Riesling Spätlese Ürziger Würzgarten** klare Frucht, etwas Zitrusfrüchte, gute Konzentration; herrlich harmonisch im Mund, reintönige süße Frucht, sehr lang (11,80 €)

90 ▶ **2002 Riesling Auslese Ürziger Würzgarten** konzentriert, klar, wunderschön reintönige Frucht, eindringlich; viel süße Frucht, wunderschön harmonisch, feine Frische, elegante Auslese (12,50 €)

90 ▶ **2002 Riesling Auslese* Ürziger Würzgarten** klar, direkt, konzentrierte würzige Frucht, sehr eindringlich; wunderschön harmonisch im Mund, schmeichelnde süße Frucht, lang (13,80 €)

91 ▶ **2002 Riesling Auslese** Ürziger Würzgarten** klar, konzentriert, herrlich eindringliche Frucht; viel süße Frucht, harmonisch, sehr reintönig, gute Konzentration, dominant, nachhaltig (15,80 €)

91 ▶ **2002 Riesling Auslese** Erdener Treppchen** konzentriert, eindringlich, faszinierend reintöniges Bouquet; sehr reintönig auch im Mund, viel süße Frucht, harmonisch, lang und nachhaltig (15,80 €)

93 ▶ **2002 Riesling Auslese*** Ürziger Würzgarten** eindringliche konzentrierte Frucht, dominant, vielversprechend; stoffig im Mund, viel süße Frucht, konzentriert, eindringlich, enormer Nachhall (19,30 €)

93 ▶ **2002 Riesling Eiswein Ürziger Würzgarten** herrlich reintönig und konzentriert im Boquuet, faszinierende Frucht; reintönig auch im Mund, feine Frische, Konzentration, viel süße Frucht, reintönig, mit Biss und Nachhall (68,50 € / 0,375l)

85 ▶ **2002 Bacchus Langenlonsheimer Steinchen** würzig, klar, sehr eindringliche Frucht; kraftvoll, süße Frucht, Biss (3,50 €)

Weitere Weine: 81 ▶ 2002 Weißer Burgunder trocken ■ 83 ▶ 2002 Riesling Classic ■ 83 ▶ 2002 Scheurebe halbtrocken Guldentaler Rosenteich ■ 82 ▶ 2002 Blauer Portugieser Rosé ■

Weingut Konrad Closheim ★
Nahe

◆ Naheweinstraße 97, 55450 Langenlonsheim
Tel. 06704-1314, Fax: 06704-1516
www.zumwohle.de
info@zumwohle.de
Inhaber: Konrad Closheim
Rebfläche: 9 Hektar
Besuchszeiten: 8-18 Uhr (um Anmeldung wird gebeten)

Das Weingut Closheim in Langenlonsheim wird in dritter Generation von Konrad und Hannelore Closheim geführt. Die Weinberge befinden sich in den Langenlonsheimer Lagen Königsschild, Löhrer Berg und Steinchen, sowie in den Guldentaler Lagen Hipperich und Rosenteich. Wichtigste Rebsorte ist der Riesling, gefolgt von Scheurebe, Bacchus, Müller-Thurgau und Silvaner. In den letzten Jahren hat Konrad Closheim verstärkt auf Weißburgunder und rote Sorten wie Spätburgunder, Dornfelder und Portugieser gesetzt. Im kommenden Jahr kommen Neuanlagen mit Grauburgunder und St. Laurent erstmals in Ertrag.

84 ▶ **2002 Riesling Spätlese trocken Langenlonsheimer Löhrer Berg** recht würzige klare Rieslingfrucht; frisch, direkt, gute Frucht und Biss (4,40 €)

Weingut Ansgar Clüsserath ★★★
Mosel-Saar-Ruwer

Spieleßstraße 4, 54349 Trittenheim
Tel. 06507-2290, Fax: 06507-6690
www.ansgar-cluesserath.de
weingut@ansgar-cluesserath.de
Inhaber: Ansgar Clüsserath
Rebfläche: 3,9 Hektar
Besuchszeiten: nach Vereinbarung
Gästehaus

Seit dem 17. Jahrhundert wird in der Familie Weinbau betrieben. Heute bewirtschaftet Ansgar Clüsserath 3,5 Hektar Weinberge, die hauptsächlich mit Riesling bestockt sind. Für den Weinausbau ist seit dem Jahrgang 1998 Tochter Eva verantwortlich. Die Weine werden meist im traditionellen Holzfass ausgebaut und bleiben recht lange auf der Hefe liegen.

Ich hatte im vergangenen Jahr zum ersten Mal Weine des Weinguts Ansgar Clüsserath verkostet und was ich zu verkosten bekam, hatte mich voll und ganz überzeugt. Die von Eva Clüsserath vinifizierten Weine waren klar und fruchtbetont, Spät- und Auslesen zeigten gute Konzentration. „Ein Name, den man sich merken sollte", hatte ich geschrieben. Der Jahrgang 2002 nun ist nochmals besser. Alle Weine sind wunderschön reintönig bei guter Konzentration. Die Auslese aus der Apotheke gehört zu den besten trockenen Rieslingen des Jahrgangs an der Mosel.

85 ▶ 2002 „Vom Schiefer" Riesling trocken feine jugendliche Frucht, klar und direkt; klar im Mund, kompakt, feine Frucht (4,30 €)

87 ▶ 2002 Riesling Spätlese trocken Trittenheimer Apotheke würzig, jugendlich, herrlich reintönige Frucht; kraftvoll, klar, gute Fülle und Frucht (8,10 €)

90 ▶ 2002 Riesling Auslese trocken Trittenheimer Apotheke herrlich dominant, eindringliche reintönige jugendliche Frucht; klar und kraftvoll im Mund, viel Frucht, Länge und Nachhall (11,50 €)

88 ▶ 2002 Riesling Spätlese halbtrocken Trittenheimer Apotheke konzentriert, direkt, jugendliche sehr eindringliche Frucht; gute Harmonie, kompakt, klare Frucht (8,10 €)

85 ▶ 2002 Riesling Kabinett Trittenheimer Apotheke frisch, klar, feine jugendliche Frucht; gute Harmonie, klare süße Frucht, süffig (4,90 €)

88 ▶ 2002 Riesling Spätlese Neumagener Rosengärtchen konzentriert, herrlich klare jugendliche Frucht; gute Harmonie, viel Frucht, reintönig (8,50 €)

89 ▶ 2002 Riesling Spätlese Trittenheimer Apotheke würzig, konzentriert, herrlich reintönige Frucht; gute Harmonie, viel süße Frucht, kraftvoll (9,60 €)

89 ▶ 2002 Riesling Auslese Trittenheimer Apotheke sehr dominant, konzentriert, eindringliche Frucht; gute Harmonie, viel süße Frucht, kompakt, Nachhall (11,50 €/0,5l)

Weingut Ernst Clüsserath ★★★
Mosel-Saar-Ruwer

Moselweinstraße 67, 54349 Trittenheim
Tel. 06507-2607, Fax: 06507-6607
weingut.ernst.cluesserath@t-online.de
Inhaber: Ernst Clüsserath
Rebfläche: 3 Hektar
Besuchszeiten: jederzeit nach Vereinbarung
Gästehaus

Seit Ernst Clüsserath das Weingut 1991 übernommen hat, sind die Weine stetig besser geworden. Er kann auf Weinberge in besten Lagen in Trittenheim - in den Lagen Apotheke und Altärchen - zurückgreifen. Ernst Clüsserath baut seine Weine im traditionellen Fuder aus, verkauft werden sie überwiegend an Privatkunden, die oftmals im angegliederten Gästehaus des Weingutes ihren Urlaub verbringen.

Im Jahrgang 2001 lagen die Stärken eindeutig bei den restsüßen Rieslingen, wo Ernst Clüsserath mit bemerkenswerten Spätlesen und Auslesen aufwartete. Ähnlich präsentieren sich die 2002er Rieslinge: in der homogenen Kollektionen gefallen mir die restsüßen Weine am besten.

84 ▶ 2002 Guts-Riesling trocken frisch, klar, jugendliche Frucht; klar und direkt im Mund, feine süße Frucht (4,30 €/1l)

86 ▶ 2002 Riesling Spätlese trocken Trittenheimer Apotheke gute Konzentration, herrlich eindringliche jugendliche Frucht; gute Fülle, sehr klare Frucht (8 e)

85 ▶ 2002 Riesling Classic frisch, klar, feine jugendliche Frucht; klar und direkt im Mund, feine süße Frucht (5 €)

84 ▶ 2002 Riesling Kabinett halbtrocken Trittenheimer Altärchen frisch, klar, würzige Frucht; klare Frucht im Mund, geradliniger Riesling (5,20 €)

85 ▶ 2002 Riesling Spätlese „feinherb" Trittenheimer Apotheke würzig, klare jugendliche Frucht; gute Fülle und Harmonie, klare Frucht, kompakt (7,80 €)

85 ▶ 2002 Riesling Spätlese Trittenheimer Altärchen jugendliche Frucht, zurückhaltend; frisch, klar, süße Frucht (6,10 €)

88 ▶ 2002 Riesling Spätlese Trittenheimer Apotheke würzig, direkt, enorm konzentriert; kraftvoll im Mund, herrlich reintönige Frucht, süffig und lang (7,80 €)

88 ▶ 2002 Riesling Auslese Trittenheimer Apotheke konzentriert, dominant, enorm würzig; viel süße Frucht, schmeichelnd, herrlich süffig und lang (Versteigerungswein)

Weitere Weine: 83 ▶ 2002 Riesling Kabinett trocken Trittenheimer Apotheke ■

Galerie · Riesling Weingut
Clüsserath-Eifel ★★★★
Mosel-Saar-Ruwer

Moselweinstraße 39, 54349 Trittenheim
Tel. 06507-99000, Fax: 06507-99002
www.galerie-riesling.de
galerie.riesling@t-online.de
Inhaber: Waltraud und Gerhard Eifel
Rebfläche: 3,8 Hektar
Besuchszeiten: nach Vereinbarung
Gutshotel - Restaurant „Galerie Riesling"

Mit Zukäufen in der Trittenheimer Apotheke, wo er heute 3,2 Hektar Weinberge besitzt, hatte Gerhard Eifel seine Möglichkeiten, hochkarätige Weine zu erzeugen, in den letzten Jahren weiter verbessert. Dazu besitzt er Weinberge in den Lagen Trittenheimer Altärchen, Klüsserather Bruderschaft und Neumagener Rosengärtchen. Zusammen mit Helmut Clüsserath vom Weingut Clüsserath-Weiler hatte er 1996 vom Weingut Friedrich-Wilhelm-Gymnasium den so genannten Fährfels erworben, eine der besten Parzellen der Apotheke. Den gleichnamigen Wein vinifizieren sie gemeinsam. Im Jahrgang 1999 hat er den Eminenz genannten Wein von alten Reben ins Programm genommen.

Ganz faszinierend waren im Jahrgang 2000 die edelsüßen Rieslinge, die Gerhard Eifel in diesem schwierigen Jahr erzeugt hatte. Die 2001er Weine von Gerhard Eifel überzeugten rundum: kraftvolle trockene und halbtrockene Rieslinge, alle sehr fruchtbetont und nachhaltig, ebenso wie seine edelsüßen Rieslinge. Auch die 2002er Kollektion ist sehr gelungen. Mein eindeutiger Favorit in diesem Jahr ist die „Celsius" genannte Auslese, die Gerhard Eifel im Vorjahr zum ersten Mal erzeugt hatte.

89 ▶ 2002 Riesling trocken Goldkapsel Trittenheimer Apotheke herrlich konzentriert, eindringliche sehr reintönige Frucht; klar im Mund, viel Frucht, harmonischer reintöniger Riesling (19,80 €)

85 ▶ 2002 Riesling „feinherb" Trittenheimer Apotheke jugendliche sehr klare Frucht; frisch, klar, feine Frucht, süffig (9 €)

85 ▶ 2002 Riesling Spätlese Klüsserather Bruderschaft klar, jugendlich, eindringliche Frucht; süß und schmeichelnd im Mund, herrlich süffig (8,50 €)

87 ▶ 2002 Riesling Spätlese Trittenheimer Altärchen frisch, würzig, direkt; klare süße Frucht, harmonisch, süffig (8,50 €)

88 ▶ 2002 Riesling Spätlese** Trittenheimer Apotheke konzentriert, herrlich eindringliche jugendliche Frucht; füllig, klare reife Frucht, kompakter Riesling (14,50 €)

90 ▶ 2002 Riesling Spätlese*** Trittenheimer Apotheke gute Konzentration, klare würzige Rieslingfrucht; klare reife süße Frucht, herrlich füllig und lang

89 ▶ 2002 Riesling Auslese** Trittenheimer Apotheke konzentriert, herrlich klar, viel Frucht; konzentriert auch im Mund, füllig, harmonisch, reife süße Frucht

90 ▶ 2002 Riesling Auslese*** Trittenheimer Apotheke viel Konzentration, Litschi, süße Aprikosen, eindringliche Frucht; füllig, reife süße Frucht, wunderschön harmonisch und lang (Versteigerungswein)

93 ▶ 2002 „Celsius" Riesling Auslese*** Trittenheimer Apotheke konzentriert, herrlich eindringlich und dominant, Litschi; dick im Mund, klar und konzentriert, herrlich viel Frucht, Länge und Nachhall (32 €/0,5l)

90 ▶ 2002 Riesling Beerenauslese* Trittenheimer Apotheke faszinierend klar und konzentriert, reintönige Rieslingfrucht; viel süße Frucht, herrlich füllig, harmonisch und lang (32,50 €/0,375l)

89 ▶ 2002 Riesling Beerenauslese** Trittenheimer Apotheke würzig, dominant, jugendliche Frucht; füllig, kraftvoll, viel süße Frucht, Nachhall (Versteigerungswein/0,375l)

Weitere Weine: 84 ▶ 2002 Riesling trocken (1l) ■ 82 ▶ 2002 Riesling „feinherb" (1l) ■ 83 ▶ 2002 Riesling „feinherb" Neumagener Rosengärtchen ■

Weingut Dietmar Clüsserath - Hilt ★★
Mosel-Saar-Ruwer

Im Moselwinkel 6, 54349 Trittenheim
Tel. 06507-992121, Fax: 06507-992122
dietmar-cluesserath@t-online.de
Inhaber: Dietmar Clüsserath
Rebfläche: 1 Hektar
Besuchszeiten: nach Vereinbarung
Gästehaus

Dietmar Clüsserath baut ausschließlich Riesling an, zum Teil alte wurzelechte Reben. Die insgesamt ein Hektar Reben liegen alle in Steillagen und verteilen sich auf die Lagen Trittenheimer Altärchen, Mehringer Zellerberg und Longuicher Maximiner Herrenberg. Neben den etwa 7.000 Flaschen Wein pro Jahr erzeugt er auch Brände in der eigenen Hausbrennerei. Die Weine werden kühl und langsam mit den traubeneigenen Hefen vergoren und bleiben recht lange auf der Feinhefe liegen, teils im Eichenholzfass, teils im Edelstahltank. Etwa 70 Prozent der Weine werden trocken oder halbtrocken ausgebaut.

Nach beeindruckenden 99ern und jahrgangsbedingt schwächeren 2000ern hatten die Weine aus dem unproblematischen Jahrgang 2001 es an Klarheit und Frucht vermissen lassen. Da gefällt mir nun der Folgejahrgang von Dietmar Clüsserath wieder deutlich besser, alle Weine sind sehr klar in der Frucht.

87 ▶ 2002 Riesling Spätlese* trocken Longuicher Maximiner Herrenberg gute Konzentration, sehr klare reife Rieslingfrucht, reintönig; gute Fülle, reife klare Frucht, kompakter Riesling (5,90 €)

84 ▶ 2002 Riesling Kabinett halbtrocken Mehringer Zellerberg gute Würze und Konzentration, jugendliche Rieslingfrucht; klare süße Frucht, zupackend, feiner Riesling (5 €)

88 ▶ 2002 Riesling Spätlese* halbtrocken Mehringer Zellerberg gute Konzentration, reife klare Frucht, mineralisch-würzige Noten; viel reife Frucht im Mund, herrlich füllig, harmonisch (5,60 €)

89 ▶ 2002 Riesling Spätlese* Longuicher Maximiner Herrenberg gute Konzentration, würzig-mineralische Noten, jugendliche Frucht; viel süße reife Frucht, schmeichelnd, sehr klar (6 €)

Weitere Weine: 83 ▶ 2002 Riesling trocken Trittenheimer Altärchen (1l) ▪ 81 ▶ 2002 Riesling halbtrocken Trittenheimer Altärchen (1l) ▪

Weingut Clüsserath-Weiler ★★★★★
Mosel-Saar-Ruwer

Haus an der Brücke, 54349 Trittenheim
Tel. 06507-5011, Fax: 06507-5605
www.cluesserath-weiler.de
helmut@cluesserath-weiler.de
Inhaber: Helmut und Hilde Clüsserath
Rebfläche: 5 Hektar
Besuchszeiten: nach Vereinbarung

Helmuth Clüsserath baut ausschließlich Riesling an. Seine Weinberge befinden sich in besten Lagen von Trittenheim (Apotheke und Altärchen) und im Mehringer Zellerberg. Zusammen mit Gerhard Eifel vom Weingut Clüsserath-Eifel hatte er 1996 vom Weingut Friedrich-Wilhelm-Gymnasium den so genannten Fährfels erworben, eine der besten Parzellen der Apotheke. Den gleichnamigen Wein vinifizieren sie gemeinsam. Der Ausbau der Weine erfolgt teils in Holzfässern, teils in Edelstahltanks. Alle Weine werden mit den traubeneigenen Hefen vergoren.

Die Weine von Helmut Clüsserath haben in den letzten Jahren stetig an Klasse gewonnen. Jeder Wein bei ihm überzeugt, egal ob trocken, halbtrocken oder süß. Kontinuierlich hat er sich gesteigert über Jahre hinweg, immer neue Maßstäbe setzend. Schon 1998 gehörte er zu zur Spitze an der Mosel, und 1999 waren seine Weine nochmals besser. Auch im schwierigen Jahrgang 2000 hatte er durchweg herausragende Weine. Die 2001er Kollektion aber übertraf nochmals alle bisherigen - Grund genug für mich, das Weingut Clüsserath-Weiler zu meinem „Weingut des Jahres" für die beste Weißweinkollektion 2001 zu küren.

Die 2001er trockenen Rieslinge waren brillant: auf faszinierende Art und Weise vereinten sie Kraft und Eleganz, Frucht und Mineralität. Und die 2002er zeigen sich auf ähnlich hohem Niveau.

So wie die trockenen Weine von Helmut Clüsserath, so bestechen auch seine halbtrockenen Weine mit ihrer reintönigen Frucht. Ob HC Classic, der Kabinett aus der Apotheke oder die Spätlese von Apotheke und Zellerberg, seine Weine sind immer klar und fruchtbetont. Und im Jahrgang 2001 waren sie besser denn je. Das galt vor allem für den Fährfels. Der war zwar auch schon in den letzten Jahren immer herrlich stoffig und mineralisch aber in diesem Jahrgang kamen Komplexität und Eleganz hinzu. Auch im Jahrgang 2002 ist er der interessanteste unter den „halbtrockenen" Rieslingen von Helmut Clüsserath.

So faszinierend wie seine trockenen und halbtrockenen Rieslinge, so faszinierend sind auch die süßen Weine von Helmut Clüsserath. Er klassifiziert die Spätlesen nach eigener Einschätzung mit bis zu zwei Sternen, die Auslesen mit bis zu drei Sternen. Und seine Einschätzung ist immer nachvollziehbar. Dazu gibt es in manchen Jahren eine Beerenauslese, immer aber einen Eiswein. Dieser Eiswein aus der Apotheke gehört Jahr für Jahr zu den überragenden Eisweinen an der Mosel. Wobei die 3-Sterne-Auslese dem Eiswein in Jahrgängen wie 1999, 2001 oder im neuen Jahrgang 2002 ebenbürtig ist.

„Mineralisch, niemals fett." Dieser Satz kennzeichnet auch den Jahrgang 2002, in dem Helmut Clüsserath wiederum eine großartige Kollektion gelungen ist.

86 ▶ **2002 Riesling Kabinett trocken** herrlich klar, direkt, jugendliche Frucht; gute Harmonie, feine Frucht (7 €)

87 ▶ **2002 Riesling „HC" trocken** konzentriert, klar, jugendliche eindringliche Frucht; gute Harmonie, kompakt, klare Frucht (7,20 €)

86 ▶ **2002 Riesling Spätlese trocken Trittenheimer Apotheke** feine Würze, klare konzentrierte Frucht, kraftvoll, klar, gute Fülle (9,50 €)

90 ▶ **2002 Riesling „Alte Reben" Trittenheimer Apotheke** konzentriert im Bouquet, herrlich eindringlich, dominant, viel Frucht; reife süße Frucht, kompakt, lang und nachhaltig (13,60 €)

91 ▶ **2002 Riesling Spätlese „S" Trittenheimer Apotheke** herrlich konzentriert, würzig, dominant, viel Frucht; konzentriert auch im Mund, reife klare Frucht, enormer Nachhall (14,30 €)

85 ▶ **2002 Riesling Kabinett** feine Würze, jugendliche Frucht, sehr klar; frisch, klar, feine Frucht (7 €)

86 ▶ **2002 Riesling „HC"** jugendliche Frucht, gute Konzentration, klar; kraftvoll, klar, reife Frucht (7,20 €)

91 ▶ **2002 Riesling Spätlese „S" Mehringer Zellerberg** herrlich dominant, konzentriert, eindringliche jugendliche Frucht; füllig, viel reife Frucht, kompakt, konzentriert, enorm nachhaltig (14,30 €)

92 ▶ **2002 Riesling „Fährfels"** faszinierend konzentriert im Bouquet, klar, jugendliche Frucht, wunderschön reintönig; herrlich füllig im Mund, viel reife Frucht, reintönig, enormer Nachhall (23 €)

89 ▶ **2002 Riesling Spätlese* Trittenheimer Apotheke** klar, jugendliche Frucht, eindringlich; gute Harmonie, viel süße Frucht, süffig (12,50 €)

90 ▶ **2002 Riesling Spätlese** Trittenheimer Apotheke jugendliche Frucht, konzentriert, etwas Litschi, Aprikosen und Pfirsiche; konzentriert, klar, herrlich füllig, viel Frucht, Nachhall (13 €)

89 ▶ **2002 Riesling Auslese* Trittenheimer Apotheke** feine Frucht, Duft; sanft, viel süße Frucht, wunderschön füllig (16,50 €/0,5l)

93 ▶ **2002 Riesling Auslese** Trittenheimer Apotheke** konzentriert, würzig, dominant, jugendliche Frucht, mineralische Noten; süß, konzentriert, herrlich reintönige Frucht, dominant, enorm nachhaltig (21 €/0,5l)

93 ▶ **2002 Riesling Eiswein Trittenheimer Apotheke** faszinierend klar im Bouquet, dominante eindringliche Frucht; herrlich reintönig auch im Mund, viel süße Frucht, elegant, sehr eindinglich, wunderschön lang und nachhaltig (33 €/0,375l)

Weitere Weine: 84 ▶ 2002 Riesling trocken (1l) ▪ **84** ▶ 2002 Riesling (1l) ▪

HOFGUT CONSEQUENCE ★★★
Baden

♣ Talstraße 15, 79235 Vogtsburg-Bischoffingen
Tel. 07662-94087, Fax: 07662-94086
www.germanwine.de
hofgut-consequence@t-online.de
Inhaber: Manfred und Eva Maria Schmidt
Rebfläche: 6 Hektar
Besuchszeiten: Mo.-Fr. 14-18 Uhr,
Sa. 9-11 + 14-18 Uhr
*Weinbergsführungen, Käse-Wein-Proben
Wein-Menues (Frühjahr und Herbst mit dem Gasthaus zum Kaiserstuhl in Niederrottweil)*

Manfred Schmidt hatte nach seiner Winzerlehre fünf Jahre halbtags bei Hans-Friedrich Abril gearbeitet. 1994 begann er zusammen mit Ehefrau Eva Maria die Weinberge ökologisch zu bearbeiten. Da die örtliche Winzergenossenschaft nicht bereit war aus seinen Trauben Ökoweine zu erzeugen, entschlossen sich Eva Maria und Manfred Schmidt 1995 zur Umstellung auf Selbstvermarktung. Seit 2002 sind sie auch Mitglied bei ECOVIN. Die Rebfläche haben sie seither von 2,2 auf 6 Hektar erweitert, die sich auf 38 Parzellen in fünf Gemeinden verteilen. Wichtigste Rebsorte in den Weinbergen von Manfred und Eva Maria Schmidt ist der Spätburgunder, der knapp ein Drittel der Fläche einnimmt. Es folgen Grau- und Weißburgunder, sowie Müller-Thurgau. Hinzu kommen pilzresistente Rebsorten, aber auch Cabernet Sauvignon, Cabernet Franc, Merlot und ab 2002 Chardonnay. Den Grauburgunderanteil möchten sie in den nächsten Jahren erhöhen. Eva Maria und Manfred Schmidt haben ihr Programm in drei Linien gegliedert: zunächst die CREATION genannte Basislinie, in der es jeweils eine Cuvée (weiß, rot und rosé) mit meist pilzresistenten Sorten gibt. Dann kommen als zweite Linie im Edelstahltank ausgebaute, fruchtbetonte Weine und schließlich als dritte Linie die barriqueausgebauten Weine. Die weißen Barriqueweine bleiben etwa elf bis zwölf Monate im Fass, die roten ein bis drei Jahre. Auf Lagenangaben verzichten Manfred und Eva Maria Schmidt.

In einer überzeugenden Kollektion vor zwei Jahren hatte mir der barriqueausgebaute Grauburgunder aus dem Jahrgang 1999 (89) am besten gefallen. Im vergangenen Jahr gehörten die barriqueausgebauten Burgunder, sowohl Weiß-, Grau- als auch Spätburgunder, zu den besten Weinen am Kaiserstuhl. Läutet der neue Jahrgang nun einen Stilwechsel bei Manfred Schmidt ein? Waren seine Weine bisher meist durchgegoren, so sind viele Weine der neuen Kollektion von einer merklichen Restsüße geprägt. Die Burgunder präsentieren sich wieder wunderschön reintönig, die Weine der Basislinie sind wunderschön unkompliziert und süffig.

85 ▶ 2002 „Creation Consequence" Weißwein klare Frucht, Frische, würzige Noten; gute Frucht, feine Frische (5 €)

88 ▶ 2002 Weißer Burgunder reintönige Weißburgunderfrucht im Bouquet; frisch, klar, feine reife süße Frucht (7,50 €)

88 ▶ 2002 Grauer Burgunder klar, konzentriert, feine Frucht und Frische; wunderschön klar im Mund, gute reife süße Frucht, elegant und lang (7,50 €)

90 ▶ 2002 Grauer Burgunder Barrique gute Konzentration, herrlich viel Frucht, eindringlich, dezenter Toast; enorm füllig, viel reife süße Frucht, harmonisch, sehr lang, schmeichelnd und süffig (12,50 €)

86 ▶ 2002 Grauer Burgunder Auslese Barrique konzentriert, feiner Toast, reife Frucht; kompakt, kraftvoll, guter Stoff, intensive süße Frucht (12,50 €)

85 ▶ 2002 „Creation No. 2" Rosé klare Frucht, Kirschen; viel süße Frucht im Mund, herrlich süffig (5 €)

86 ▶ 2002 Blauer Spätburgunder Weißherbst frisch, feine Würze, klare Frucht; frisch und direkt im Mund, klare Frucht (7,50 €)

85 ▶ 2002 Blauer Spätburgunder Weißherbst Auslese Barrique konzentriert, reife süße Frucht, etwas Aprikosen; süß, dominant, gute Fülle, Biss (12,50 €)

84 ▶ 2002 „Creation No. 3" Rotwein intensive Frucht, rote Früchte; weich im Mund, gute Harmonie (5,50 €)

86 ▶ 2000 Blauer Spätburgunder reife klare Frucht, rauchige Noten, rote Früchte; frisch, klar, harmonisch, gute reife Frucht (9 €)

Wein- & Sektgut
Corbet ★★★
Pfalz

C

Kreuzstraße 7, 67434 Neustadt-Diedesfeld
Tel. 06321-86144, Fax: 06321-84468
weingut.corbet@t-online.de
Inhaber: Lukas Corbet
Rebfläche: 9 Hektar
Besuchszeiten: Fr. 10-18 Uhr, Sa. 10-16 Uhr und nach Vereinbarung

Die Weinberge von Lukas Corbet liegen in den Gemarkungen Diedesfeld, Maikammer, Hambach und Neustadt. Wichtigste Rebsorte bei ihm ist Riesling, der 30 Prozent der Fläche einnimmt. Es folgen Spätburgunder und Weißburgunder zusammen etwa 30 Prozent. Der Rest verteilt sich auf Grauburgunder, Chardonnay, Silvaner, Sauvignon Blanc, Müller-Thurgau, Portugieser, Cabernet Sauvignon und Sankt Laurent. Die Weinberge werden nach den Richtlinien des kontrolliert umweltschonenden Weinbaus bewirtschaftet. Die Weißweine werden langsam vergoren und bleiben längere Zeit auf der Feinhefe. Die Rotweine stammen aus stark ertragsreduzierten Anlagen. Nach der Maischegärung bleiben sie für mindestens ein Jahr in kleinen Holzfässern. Das Gros der Weine wird trocken ausgebaut.

Vor zwei Jahren gehörten die beiden Sekte von Lukas Corbet zu den besten Sekten nicht nur in der Pfalz, sondern in Deutschland. In diesem Jahr nun haben es sogar drei Sekte von ihm in meine Liste der besten deutschen Sekte geschafft. Die Rotweine von Lukas Corbet waren in den letzten beiden Jahren stetig besser geworden. Der 2001er Spätburgunder nun ist ein weiterer klarer Schritt voran. Über Sekte und Rotweine sollte man aber nicht die zuverlässigen, wunderschön reintönigen Weißweine von Lukas Corbet vergessen, die immer wieder den Sprung in meine „Schnäppchenliste" schaffen.

89 ▶ 2001 Weißer Burgunder Sekt Extra Brut herrlich rauchig, klar, faszinierendes Bouquet; klar und zupackend im Mund, rauchige Noten, viel Nachhall (9,20 €)

88 ▶ 2001 Pinot Rosé Sekt Brut klare Frucht mit rauchigen Noten, vielversprechend; gute Fülle und Harmonie, wunderschön klar und lang (9,80 €)

88 ▶ 2001 Riesling Sekt Brut würzig, direkt, jugendlich, dezent Butter im Hintergrund; füllig, harmonisch, sehr klar und lang (9,20 €)

84 ▶ 2002 Rivaner trocken feine Frische, dezente Muskatnote, klar; frisch, klar, feine Frucht (3,40 €)

84 ▶ 2002 Riesling trocken feine süße Frucht, etwas Limone; frisch, direkt, feine Frucht (3,60 €/1l)

86 ▶ 2002 Weißer Burgunder Kabinett trocken Diedesfelder Berg frisch, klare etwas süße Frucht; klar und direkt im Mund, feine Frucht, geradliniger Weißburgunder (4,90 €)

87 ▶ 2002 Grauer Burgunder Kabinett trocken Diedesfelder Berg gute Konzentration, klare Frucht, gelbe Früchte; klar im Mund, gute Fülle und Frucht (4,90 €)

87 ▶ 2002 Chardonnay trocken klar, konzentriert, jugendliche Frucht; viel Frucht im Mund, weich, wunderschön klar (5,20 €)

86 ▶ 2002 Spätburgunder Blanc de Noir trocken feine Frucht, klar, direkt; frisch, klare Frucht, gute Harmonie (6 €)

89 ▶ 2002 Spätburgunder Spätlese „R" trocken Hambacher Schlossberg konzentriert, feine rauchige Noten, sehr klare Frucht; gute Harmonie, sehr klar, elegant, Struktur, jugendliche Tannine (14,80 €)

Weingut Dr. Corvers-Kauter ★★
Rheingau

Rheingaustraße 129, 65375 Oestrich-Winkel
Tel. 06723-2614, Fax: 06723-2404
www.corvers-kauter.de
info@corvers-kauter.de
Inhaber: Dr. Matthias und Brigitte Corvers
Rebfläche: 15 Hektar
Besuchszeiten: nach Vereinbarung oder während der Vinotheköffnungszeiten
(Fr./Sa. 16-18 Uhr, So. 10-12 Uhr)
Weinproben (bis 45 Personen),
Straußwirtschaft

Die Weinberge von Matthias und Brigitte Corvers verteilen sich auf verschiedene Parzellen in Rüdesheim, Johannisberg, Winkel, Mittelheim, Oestrich und Rauenthal. Aus den Rüdesheimer Lagen Berg Roseneck und Berg Rottland will er, so es der Jahrgang zulässt, Erste Gewächse erzeugen. Wichtigste Rebsorte ist der Riesling, der etwa drei Viertel der Fläche einnimmt. Hinzu kommt vor allem noch etwas Spätburgunder. Matthias Corvers strebt fruchtbetonte Weine mit feiner Säure an. Die Weißweine werden kühl und langsam vergoren und werden auf der Feinhefe in Edelstahl ausgebaut. Rotweine werden im Holz ausgebaut. Etwa zwei Drittel der Weine wird an Privatkunden verkauft.

Nach einer starken Kollektion im Jahrgang 2001, an der Spitze das Erste Gewächs Berg Rottland (89), folgt im Jahrgang 2002 eine ebenso gelungene Kollektion nach, wiederum mit einem beeindruckenden Ersten Gewächs, aber auch mit faszinierenden edelsüßen Rieslingen.

85 ▶ 2002 Riesling Kabinett trocken Rüdesheimer Kirchenpfad klare jugendliche Rieslingfrucht; gute Harmonie, süße Frucht, süffig (5 €)

86 ▶ 2002 Riesling trocken Oestricher Doosberg klare Frucht, feine Würze, direkt; klare Frucht auch im Mund, herrlich süffig (6,25 €)

86 ▶ 2002 Riesling Spätlese trocken Rüdesheimer Berg Rottland reife klare eindringliche Frucht, gute Konzentration; gute Fülle, reife klare Frucht (6,75 €)

87 ▶ 2002 Riesling Spätlese trocken Rüdesheimer Berg Roseneck gute Konzentration, eindringliche Frucht; füllig, reife Frucht, kompakter Riesling (6,75 €)

89 ▶ 2002 Riesling Erstes Gewächs Rüdesheimer Berg Roseneck konzentriert, eindringliche jugendliche Frucht; herrlich viel Frucht, füllig, dominant, stoffiger Riesling (15 €)

84 ▶ 2002 Riesling halbtrocken frisch, klar, viel Frucht; geradlinig im Mund, reintönige Frucht, süffig (4,75 €/1l)

86 ▶ 2002 „Montanus" Riesling halbtrocken Rüdesheimer Berg Roseneck konzentriert, würzig, eindringliche Frucht; gute Fülle, reife süße Frucht (7,75 €)

87 ▶ 2002 Riesling halbtrocken Rüdesheimer Berg Rottland gute Konzentration, sehr eindringliche jugendliche Frucht; herrlich füllig im Mund, viel süße Frucht (10 €)

87 ▶ 2002 Riesling Spätlese Rüdesheimer Berg Schlossberg konzentriert, eindringliche jugendliche Frucht; viel süße Frucht, harmonisch, schmeichelnd (7 €)

89 ▶ 2002 Riesling Auslese Oestricher Lenchen reife süße Frucht, Pfirsiche, Litschi, sehr klar; schmeichelnd, viel süße Frucht, harmonisch und lang

91 ▶ 2002 Riesling Eiswein Winkeler Gutenberg herrlich konzentriert, süße Zitrusfrüchte, Litschi, auch Aprikosen; konzentriert auch im Mund, wunderschön reintönig und kompakt, sehr süß, nachhaltig (65 €/0,5l)

85 ▶ 2001 Spätburgunder trocken rauchige Noten, gute Konzentration, klare Frucht; gute Harmonie, Frucht, Struktur, Tannine (10 €)

Weitere Weine: 80 ▶ 2002 Riesling trocken Johannisberger Hölle ▪ 83 ▶ 2002 Riesling Kabinett trocken Rüdesheimer Kirchenpfad ▪ 84 ▶ 2002 Riesling halbtrocken Rüdesheimer Berg Rottland ▪

Weingut Dr. Crusius ★★★★
Nahe

Hauptstraße 2, 55595 Traisen
Tel. 0671-33953, Fax: 0671-28219
www.weingut-crusius.de
weingut-crusius@t-online.de
Inhaber: Dr. Peter Crusius
Rebfläche: 15 Hektar
Besuchszeiten: täglich nach Vereinbarung

Peter Crusius baut zu 70 Prozent Riesling an. Hinzu kommen 15 Prozent Weißburgunder, sowie jeweils 5 Prozent Spätburgunder, Müller-Thurgau und weitere Burgundersorten, seit dem Jahrgang 1999 auch erstmals Schwarzriesling. Peter Crusius besitzt Weinberge in besten Lagen, darunter einen halben Hektar in einer der kleinsten deutschen Crus, der Traiser Bastei. Andere klangvolle Namen in seinem Lagen-Portfolio sind Schlossböckelheimer Felsenberg, Norheimer Kirschheck, Niederhäuser Felsensteyer oder Traiser Rotenfels.

Der Jahrgang 2000 überzeugte mit herrlich fruchtbetonten Basisweinen, klasse Spätlesen und faszinierenden edelsüßen Weinen. Im Jahrgang 2001 stachen die edelsüßen Rieslinge hervor. Gleiches auch im Jahrgang 2002: neben den faszinierenden edelsüßen Weinen überzeugen insbesondere die sehr reintönigen weißen Burgunder von Peter Crusius.

86 ▶ 2002 Weißburgunder trocken Traiser gute Würze und Konzentration, sehr klare Frucht; gute Harmonie, klare reife Frucht, kompakt (5,60 €)

87 ▶ 2002 Weißburgunder-Auxerrois trocken Traiser jugendliche Frucht, feines Bouquet; frisch, direkt, viel süße Frucht (5,60 €)

86 ▶ 2002 Auxerrois trocken Traiser gute Konzentration, klare jugendliche Frucht; gute Harmonie, viel süße Frucht, klar (5,60 €)

85 ▶ **2002 Riesling Spätlese trocken Schloßböckelheimer Felsenberg** enorm würzig, dominant; frisch, direkt, gute Fülle (9,70 €)

87 ▶ **2002 Riesling Spätlese trocken Traiser Bastei** gute Konzentration, jugendliche sehr klare Frucht; gute Fülle, reife klare Frucht, Biss (10 €)

86 ▶ **2002 Riesling** sehr reintönige Frucht im Bouquet, Frische; frisch, klar, feine süße Frucht (4,90 €/1l)

84 ▶ **2002 Riesling Kabinett Traiser Rotenfels** würzige Noten, direkt; viel süße Frucht, unkompliziert und süffig (6,30 €)

88 ▶ **2002 Riesling Spätlese Norheimer Kirschheck** gute Konzentration, viel Würze, dezente Zitrusnote; gute Fülle, reife süße Frucht (9,20 €)

87 ▶ **2002 Riesling Spätlese Niederhäuser Felsensteyer** enorm würzige eindringliche Frucht; viel süße Frucht, geschmeidig, füllig und lang (9,20 €)

90 ▶ **2002 Riesling Auslese Goldkapsel Traiser** konzentriert, enorm dominant, Litschi, eingelegte Aprikosen, viel Würze; schmeichelnd, viel Konzentration, reife süße Frucht, klar (Versteigerungswein/0,5l)

92 ▶ **2002 Riesling Eiswein Traiser Rotenfels** enorm dominant, würzig, konzentriert, eindringliche Frucht, süße Zitrusfrüchte; konzentriert, stoffig, eindringliche reife süße Frucht, süße Aprikosen, dominant und nachhaltig (50 €/0,5l)

Weitere Weine: 83 ▶ 2002 Riesling Kabinett trocken Traiser Rotenfels ■

Weingut
Cuntz-Scheu ★
Pfalz

Längelsstraße 36, 76889 Schweigen-Rechtenbach
Tel. 06342-7501, Fax: 06342-6182
www.weingut-cuntz-scheu.de
cuntz-scheu@web.de
Inhaber: Axel Scheu
Rebfläche: 9,8 Hektar
Besuchszeiten: Sa./So. Weingalerie geöffnet, sonst nach Vereinbarung

Cuntz-Scheu ist der älteste Flaschenweinbetrieb in Schweigen. Das Weingut wird heute von Axel Scheu geführt. Knapp die Hälfte seiner Weinberge liegt jenseits der Grenze im benachbarten Elsass. Die verkosteten Weine waren - obwohl alle trocken - wie schon im vergangenen Jahr von deutlicher Restsüße geprägt.

84 ▶ **2002 Auxerrois Spätlese trocken** feine Würze, verhaltene Frucht; gute Harmonie im Mund, klare süße Frucht (6 €)

84 ▶ **2002 Gewürztraminer Spätlese trocken** feiner Traminerduft, sehr klar; harmonisch im Mund, viel süße Frucht, süffig (5,40 €)

84 ▶ **2002 Grauer Burgunder Spätlese trocken** feine Würze, jugendliche Frucht; schöne Frische, gute Fülle und Frucht (5,40 €)

Weitere Weine: 82 ▶ 2002 Riesling Kabinett trocken ■ **77** ▶ 2002 Siegerrebe Auslese trocken ■ **83** ▶ 2001 Spätburgunder trocken ■

Weingut Fritz **Currle** ★★
Württemberg

Tiroler Straße 17, 70329 Stuttgart-Uhlbach
Tel. 0711-322451, Fax: 0711-3280841
info@weingut-currle.de
Inhaber: Fritz und Heiderose Currle,
Christel Currle
Rebfläche: 7 Hektar
Besuchszeiten: Mi./Do. 16-19 Uhr, Fr. 15-19
Uhr, Sa. 10-12 Uhr und nach Vereinbarung
Besenwirtschaft „Zum Dreimädelhaus"
(März/April und Oktober/September)

Fritz Currle ist 1974 aus der Genossenschaft ausgetreten und hat mit der Selbstvermarktung begonnen. Er wird im Betrieb unterstützt von Ehefrau Heiderose, sowie Tochter Christel, die für Keller und Verwaltung verantwortlich ist. Die Familie Currle betreibt nicht nur das Weingut, das einzige in Uhlbach, sondern auch die Besenwirtschaft „Zum Dreimädelhaus". Neben Weinbergen in der Uhlbacher Lage Götzenberg besitzen die Currles auch Weinberge in den Fellbacher Lagen Lämmler und Goldberg. Wichtigste rote Sorten sind Spätburgunder, Trollinger, Lemberger und Dornfelder. Wichtigste weiße Sorten sind Riesling, Kerner und Müller-Thurgau. In den letzten Jahren wurden Merlot, Sauvignon Blanc, Weiß- und Grauburgunder neu gepflanzt. Seit 1998 werden die Weine im Edelstahl ausgebaut. Die Rotweine werden maischevergoren. Spätburgunder und Lemberger kommen ins große Holzfass oder ins Barrique. 1994 hatte Christel Currle erstmals 600-Liter-Fässer angeschafft, 1996 dann erstmals Barriques. Ihre Barriques sind aus schwäbischer Eiche und werden nur zweimal belegt. Die Weine werden fast ausschließlich an Endverbraucher verkauft.

Vor zwei Jahren gefiel mir neben dem hervorragenden Chardonnay Eiswein der Sekt aus Muskat-Trollinger am besten. Auch in der neuen Kollektion überraschen mich wieder die Sekte: ob Muskat-Trollinger, Trollinger oder Bacchus, alle drei sind sehr gekonnt gemacht und wunderschön süffig.

87 ▶ 2001 Trollinger Weißherbst Sekt Brut reife klare Frucht mit rauchigen Noten; wunderschön harmonisch im Mund, gute Fülle, Harmonie und Länge (8,50 €)

86 ▶ 2001 Muskat-Trollinger Sekt Extra Trocken feine klare Muskatnote, würzig und direkt; gute Harmonie, klare etwas süße Frucht, süffig und mit Biss (14 €)

86 ▶ 2001 Bacchus Sekt Trocken frisch, wunderschön klar, feine Frucht; fruchtbetont im Mund, herrlich süffig (8,50 €)

84 ▶ 2002 Riesling Spätlese trocken eindringlich, direkt, etwas Zitrus; weich, harmonisch, kompakter Riesling (8 €)

84 ▶ 2002 Chardonnay Kabinett klare Frucht im Bouquet, direkt; weich, süße Frucht, süffig (5,50 €)

86 ▶ 2001 Trollinger Weißherbst Eiswein eindringlicher Duft im Bouquet, konzentriert, Litschi; süße Frucht, dominant, leichte Bitternote (25 €/0,375l)

85 ▶ 2002 Lemberger trocken klare Frucht, rote Früchte; gute Frucht im Mund, klar und unkompliziert (6 €)

84 ▶ 2002 Spätburgunder Spätlese trocken Barrique Gewürznoten, verhaltene Frucht; gute Fülle und Harmonie, kompakter Spätburgunder (12 €)

Weitere Weine: 81 ▶ 2002 Rivaner trocken ■ 82 ▶ 2002 Riesling Kabinett trocken ■ 80 ▶ 2002 Spätburgunder Weißherbst Kabinett trocken ■

Weingut
Dätwyl *
Rheinhessen

◆ Hauptstraße 11, 67587 Wintersheim
Tel. 06733-426, Fax: 06733-8210
www.daetwyl.de
info@daetwyl.de
Inhaber: Achim und Heiko Dettweiler
Rebfläche: 25,5 Hektar
Besuchszeiten: Mo.-Sa. 9-18 Uhr

Die wichtigsten Rebsorten bei Achim und Heiko Dettweiler sind Müller-Thurgau, Silvaner, Riesling und Faberrebe. An roten Sorten gibt es Dornfelder und Portugieser, aber auch St. Laurent, Regenet, Merlot und Cabernet Sauvignon. Ihre Weinberge liegen in den Gemeinden Wintersheim, Hillesheim, Dorn-Dürkheim, Uelversheim, Dienheim, Oppenheim und Nierstein.

85 ▶ **2002 Riesling Spätlese trocken Niersteiner Oelberg** klare jugendliche Rieslingfrucht, direkt; kraftvoll im Mund, gute Fülle und Frucht (ca. 7 €)

87 ▶ **2002 Riesling trocken Selection Rheinhessen** feine Würze, klare jugendliche Frucht; gute Fülle, klare reife Frucht, kompakter Riesling (ca. 10 €)

Weitere Weine: 81 ▶ 2002 Silvaner Classic ▪ **80** ▶ 2002 Rivaner Classic ▪ **82** ▶ 2002 Grauburgunder trocken ▪ **80** ▶ 2001 Dornfelder trocken ▪ **83** ▶ 2001 Sankt Laurent trocken Wintersheimer Frauengarten ▪ **81** ▶ 2001 Spätburgunder trocken Niersteiner Klostergarten ▪

Weingut
Dahmen-Kuhnen *
Mosel-Saar-Ruwer

Bergstraße 2, 54338 Longen
Tel. 06502-994055, Fax: 06502-994054
rosch.hermann@t-online.de
Inhaber: Hermann-Josef Dahmen
Rebfläche: 4,5 Hektar
Besuchszeiten: jederzeit
Ferienwohnung, Straußwirtschaft

Das Weingut Dahmen-Kuhnen in Longen ist ein Familienbetrieb, dessen Weinberge sich fast alle in Steillagen befinden. Drei Viertel der Fläche ist mit Riesling bestockt. Hinzu kommen 20 Prozent mit den roten Rebsorten Spätburgunder, Dornfelder und Frühburgunder, sowie ein klein wenig Müller-Thurgau und Weißburgunder.

Nach gleichmäßigen 2001er sind auch die 2002er Rieslinge von Hermann-Josef Dahmen alle schön süffig und klar.

84 ▶ **2002 "Synphonie" Riesling Classic** frisch, klare Frucht; süß, schmeichelnd, süffig (3,80 €)

84 ▶ **2002 Riesling Kabinett Mehringer Zellerberg** direkt, klar, jugendliche Frucht; gute Harmonie, süße Frucht, süffig (3,80 €)

84 ▶ **2002 Riesling Hochgewächs Mehringer Zellerberg** frisch, klar, feine Frucht, gute Harmonie, süße Frucht, süffig (3,80 €)

87 ▶ **2002 "Primus" Riesling Spätlese Mehringer Zellerberg** jugendliche Frucht, gute Konzentration; klar, direkt, viel süße Frucht, kompakter Riesling (4,50 €)

Weitere Weine: 83 ▶ 2002 Riesling Kabinett trocken Mehringer Zellerberg ▪ **83** ▶ 2002 Riesling Hochgewächs „feinherb" Mehringer Zellerberg ▪

Weingut Kurt **Darting** ★★
Pfalz

Am Falltor 2-6, 67098 Bad Dürkheim
Tel. 06322-979830
Fax: 06322-9798326
www.winesystem.com
weingut@darting.de
Inhaber: Helmut Darting, Ella Darting
Rebfläche: 18 Hektar
Besuchszeiten: Mo.-Sa. 8-12 + 13-18 Uhr

Wichtigste Rebsorte beim Weingut Darting ist Riesling, der knapp die Hälfte der Rebfläche einnimmt. Hinzu kommen Weißburgunder, Rieslaner und Scheurebe, sowie in verstärktem Umfang Rotweinsorten wie Spätburgunder, Sankt Laurent, Dornfelder, Portugieser oder Schwarzriesling, für deren Vinifikation extra ein Rotwein-Barriquekeller gebaut wurde. Nicht zu vergessen natürlich Sorten wie Muskateller, Kanzler, Ortega oder Huxelrebe, aus denen vor allem edelsüße Weine erzeugt werden. Dem Weingut Darting gehört seit Jahrzehnten auch ein Rebveredelungsbetrieb - deshalb die Vielzahl der Rebsorten. Die edelsüßen Weine haben das Weingut berühmt gemacht, im Ausland fast noch mehr als bei uns.

Jahr für Jahr hat das Weingut sehr gleichmäßige Kollektionen, aus denen immer wieder einzelne edelsüße Weine herausragen.

84 ▶ **2002 Weißburgunder Kabinett trocken Dürkheimer Schenkenböhl** feine Frucht, Würze; klare süße Frucht, gute Harmonie

85 ▶ **2002 Riesling Kabinett halbtrocken Dürkheimer Schenkenböhl** frisch, direkt, klare Frucht; harmonisch im Mund, klare süße Frucht

88 ▶ **2002 Scheurebe Spätlese** wunderschön reintönige eindringliche Frucht; süß im Mund, schmeichelnd, reintönige faszinierende Frucht, lang

90 ▶ **2002 Muskateller Eiswein** dominant, herrlich konzentriert, würzig, etwas Kaffee, Trockenfrüchte; füllig, stoffig, enorm dominant, Kaffee, feiner Nachhall (mehr Beerenauslese denn Eiswein)

Weitere Weine: 81 ▶ 2002 Riesling Kabinett trocken Dürkheimer Spielberg (1l) ▪ **83** ▶ 2001 St. Laurent trocken Dürkheimer Feuerberg ▪

Weingut **Dautel** ★★★★
Württemberg

Lauerweg 55, 74357 Bönnigheim
Tel. 07143-870326, Fax: 07143-870327
www.weingut-dautel.de
info@weingut-dautel.de
Inhaber: Ernst Dautel
Rebfläche: 10,5 Hektar
Besuchszeiten: Mo.-Sa. nach Vereinbarung

Als ich Ende der achtziger Jahre das erste Mal „beim Dautel" in Bönnigheim war, hat außerhalb der Region kaum jemand den Namen Ernst Dautel gekannt. Konsequent hat er schon damals seine Vorstellungen vom Wein umgesetzt. Sicherlich, manche seiner trockenen Weine schmerzten, so knochentrocken waren sie. Sicherlich war auch mancher Barriquewein (ein Riesling ist mir in Erinnerung geblieben) etwas zu sehr dominiert vom Holz. Aber genauso sicher ist, dass der, der nichts ausprobiert, auch nicht vorankommt. Und Ernst Dautel ist vorangekommen. Er gehört heute zu den besten und bekanntesten Winzern in Württemberg. Seine Weinberge liegen in Bönnigheim und Besigheim. Rote Sorten nehmen 60 Prozent der Fläche ein.

Gerade die Rotweine haben zuletzt deutlich an Statur gewonnen. So geschlossen wie im Jahrgang 2001 hatben sie sich zuvor noch nie präsentiert. Hinzu kommt ein faszinierender Riesling aus dem Sonnenberg, ein kraftvoller Chardonnay und Weißburgunder und interessante edelsüße Weine: eine starke Kollektion!

86 ▶ **2002 Riesling*** trocken Besigheimer Wurmberg** würzig, direkt, jugendliche Frucht; klar, direkt, feine Frucht

86 ▶ **2002 Weißburgunder*** trocken Bönnigheimer Sonnenberg** feine Frucht, klar und konzentriert; gute Harmonie, sehr klare Frucht, weiße Früchte

90 ▶ **2002 Riesling Spätlese trocken Bönnigheimer Sonnenberg** (Großes Gewächs) herrlich reintönige Frucht, konzentriert, sehr eindringlich; gute Fülle im Mund, reife klare Frucht, harmonisch, kraftvoll, lang

89 ▶ **2001 Chardonnay**** konzentriert, feiner Toast, viel Frucht, würzig und direkt; kraftvoll im Mund, viel reife Frucht, kompakt und klar

88 ▶ **2001 Weißburgunder**** viel Konzentration, herrlich klar und eindringlich; füllig, reife Frucht, harmonisch, kompakter Weißburgunder

90 ▶ **2002 Weißburgunder Beerenauslese Bönnigheimer Sonnenberg** herrlich konzentriert, süße Zitrusfrüchte und Aprikosen; viel Frucht, kompakt, klar, konzentriert, nachhaltig

89 ▶ **2002 Riesling Eiswein Bönnigheimer Sonnenberg** klar, konzentriert, süße Zitrusfrüchte, eingelegte Aprikosen, Litschi; herrlich harmonisch, reife süße Frucht, schmeichelnd, lang, viel Nachhall

87 ▶ **2001 Samtrot*** trocken Bönnigheimer Sonnenberg** feine Würze, rauchige Noten, klare Frucht; gute Harmonie, klare reife Frucht, Länge, reintöniger Samtrot

87 ▶ **2001 Lemberger*** trocken Bönnigheimer Sonnenberg** gute Konzentration, Würze, jugendliche Frucht, dominant; viel reife klare Frucht, füllig, Struktur

88 ▶ **2001 Lemberger**** viel Würze und Konzentration, jugendliche klare Frucht; kraftvoll, klar, reife süße Frucht, Tannine, enorm jugendlich, mit Zukunft

88 ▶ **2001 „Kreation rot"**** konzentriert, dominant, herrlich jugendliche Frucht, sehr eindringlich; gute Fülle und Harmonie, viel Frucht, jugendlich, mit Nachhall

Weingut K. & K. Dautermann ★★
Rheinhessen

Unterer Schenkgarten 6, 55218 Ingelheim
Tel. 06132-1279, Fax: 06132-431191
www.dautermannwein.de
k.dautermann@t-online.de
Inhaber: Kurt Dautermann
Rebfläche: 6,5 Hektar
Besuchszeiten: Mo.-Sa. nach Vereinbarung
„Erlebnis-Weinproben" - Gästehaus

Das Weingut Dautermann, im Zentrum von Ingelheim gelegen, besteht bereits seit über 100 Jahren. Kurt Dautermann konzentriert sich auf Riesling und Spätburgunder. Daneben findet man bei ihm eine breite Palette weiterer roter Sorten wie Portugieser, Schwarzriesling, Frühburgunder und Domina, dazu weiße Sorten wie Silvaner, Weißburgunder, Chardonnay oder Gewürztraminer. Auf Lagenbezeichnungen wird verzichtet.

Die Weine von Kurt Dautermann haben in den vergangenen Jahren deutlich zugelegt. An der Spitze finden sich immer wieder interessante Weine der „Selection Rheinhessen", weiß wie rot.

86 ▶ **2002 Weißer Burgunder Spätlese trocken** gute Würze und Konzentration, eindringlich, weiße Früchte; klare süße Frucht, kompakter Weißburgunder (6 €)

85 ▶ **2002 Chardonnay Spätlese trocken** klare reife Frucht, feine Würze; kompakt, klar, süße Frucht (6,50 €)

85 ▶ **2002 Grüner Silvaner Spätlese trocken** feine klare Frucht, weiße Früchte; harmonisch im Mund, klare Frucht (5,60 €)

87 ▶ **2002 Silvaner trocken Selection Rheinhessen** gute Konzentration, reintönige Frucht; herrlich füllig im Mund, viel klare reife Frucht, kompakter Silvaner (7,90 €)

88 ▶ **2002 Riesling trocken Selection Rheinhessen** gute Konzentration, jugendliche eindringliche Rieslingfrucht; klar, harmonisch, reife süße Frucht, gute Länge (8,50 €)

84 ▶ 2002 Gewürztraminer Spätlese trocken feiner Rosenduft, sehr klar, Frische; kompakt, klar, gute Frucht (5,90 €)

85 ▶ 2002 Spätburgunder trocken wunderschön klare Frucht, Kirschen, etwas Erdbeeren; harmonisch im Mund, feine klare Frucht (5 €)

88 ▶ 2001 Spätburgunder trocken Selection Rheinhessen konzentriert im Bouquet, klare reife Frucht mit rauchigen Noten; gute Harmonie, viel Frucht, Struktur, dezente Vanille, Nachhall (12,60 €)

Weitere Weine: 83 ▶ 2002 Riesling Kabinett trocken ■ **83 ▶** 2002 Pinot Blanc de Noir trocken ■ **83 ▶** 2002 Portugieser trocken ■ **83 ▶** 2002 Schwarzriesling trocken ■

Weingut
Deheck ★
Rheinhessen

◆ Am Kloppberg, 67596 Dittelsheim-Heßloch
Tel. 06244-909030, Fax: 06244-57388
www.weinkastell-deheck.de
deheck@t-online.de
Inhaber: Karl-Peter Deheck
Rebfläche: 20 Hektar
Besuchszeiten: jederzeit nach Vereinbarung

Karl-Peter Deheck gehört neben dem Weingut auch das Restaurant „Weinkastell" auf dem Kloppberg. Im Betrieb wird er von Sohn Peter unterstützt.

85 ▶ 2002 Gelber Muskateller Kabinett klare Frucht, schön direkt; gute Fülle, klare Frucht, kompakt (5 €)

84 ▶ 2001 Gewürztraminer Spätlese würzig, klar, feiner Traminerduft, eindringlich; frisch, gute Harmonie (5 €)

89 ▶ 2002 Ortega Trockenbeerenauslese konzentriert, herrlich eindringlich, süße Frucht, Orangenschalen; konzentriert auch im Mund, viel süße Frucht, dominant, lang und nachhaltig (18 €/0,375l)

Weitere Weine: 80 ▶ 2002 Riesling Classic ■ **82 ▶** 2002 Weißer Burgunder Classic ■ **82 ▶** 2002 Spätburgunder Classic ■ **80 ▶** 2002 Spätburgunder Blanc de Noir ■

Weingut
Dr. Deinhard ★★★
Pfalz

Weinstraße 10, 67146 Deidesheim
Tel. 06326-221, Fax: 06326-7920
www.vdp.de/weingut/dr-deinhard
weingut@dr-deinhard.de
Inhaber: Familie Hoch
Betriebsleiter: Heinz Bauer
Rebfläche: 41 Hektar
Besuchszeiten: Mo.-Fr. 8-17:30 Uhr, Sa. 9:30-17 Uhr

Das Weingut Dr. Deinhard besitzt beste Weinlagen in Deidesheim, Forst und Ruppertsberg. Riesling nimmt 80 Prozent der Rebfläche ein. Dazu gibt es Dornfelder, Chardonnay, Weiß- und Grauburgunder. Das Weingut besitzt Anteile an vielen berühmten Lagen der Mittelhardt. Große Gewächse erzeugt Dr. Deinhard aus den Lagen Ruppertsberger Spieß und Deidesheimer Langenmorgen, ausgerechnet in den Lagen, wo das Weingut Dr. Deinhard relativ kleine Mengen produziert. Aber da man laut den Statuten des VDP Pfalz den Lagennamen eines Großen Gewächses nicht für andere Weine verwenden darf macht Dr. Deinhard - zumindest zunächst - nur aus den beiden genannten Lagen die Großen Gewächse. Die Weine werden im Edelstahl vergoren, kommen aber alle für kurze Zeit ins Holzfass.

Im schwierigen Jahrgang 2000 hatte Dr. Deinhard eine der überzeugendsten Kollektionen im Norden der Pfalz. Wie schon 2001 ist auch die 2002er Kollektion in sich geschlossen gut.

84 ▶ 2002 Riesling trocken klare jugendliche Frucht; frisch und direkt im Mund, klare Frucht, viel Biss (5 €)

85 ▶ 2002 Riesling Kabinett trocken Deidesheimer Herrgottsacker viel Würze, jugendliche Frucht; frisch, klar, feine süße Frucht, Biss (6,50 €)

Weingut Dengler-Seyler ★★
Pfalz

Weinstraße Süd 6, 67487 Maikammer
Tel. 06321-5103, Fax: 06321-57325
www.dengler-seyler.de
dengler-seyler@t-online.de
Inhaber: Familie Seyler
Rebfläche: 11 Hektar
Besuchszeiten: Mo.-Sa. 8-18 Uhr,
So. nach Vereinbarung
Gasthaus „Zum Winzer" mit Gästezimmern

85 ▶ 2002 Riesling Kabinett trocken Forster Ungeheuer gute Konzentration, jugendliche Frucht; klar, harmonisch, süße Frucht, süffig (6,50 €)

86 ▶ 2002 Gewürztraminer Kabinett trocken Ruppertsberger Reiterpfad herrlich reintöniges Bouquet, feiner Rosenduft; harmonisch, klare reife Frucht, kompakt (6 €)

87 ▶ 2002 Riesling Spätlese trocken Deidesheimer Grainhübel konzentriert, herrlich klar und eindringlich, viel Frucht; reife klare Frucht, kompakt, reintönig (8,40 €)

87 ▶ 2002 Riesling Spätlese trocken Forster Ungeheuer gute Konzentration, sehr klare jugendliche Frucht; harmonisch, gute Fülle, reife Frucht, feiner Nachhall (8,90 €)

86 ▶ 2002 Riesling Spätlese Deidesheimer Kalkofen würzige jugendliche Frucht, etwas Zitrusfrüchte; frisch, klar, feine Frucht, süffig (8 €)

85 ▶ 2002 Scheurebe Spätlese Ruppertsberger Linsenbusch würzig, direkt, Cassis; klar und zupackend, feine süße Frucht (6 €)

89 ▶ 2002 Riesling Eiswein Deidesheimer Herrgottsacker klare süße Frucht, süße Zitrusfrüchte, direkt; süß und geschmeidig im Mund, feine Frische, sehr klare Frucht (49 €)

Weitere Weine: 82 ▶ 2002 Riesling Kabinett halbtrocken Deidesheimer Mäushöhle ▪ 82 ▶ 2002 Weißer Burgunder Kabinett trocken Ruppertsberger Linsenbusch ▪

Das Weingut Dengler-Seyler in Maikammer ist ein Familienbetrieb, der heute in vierter Generation von der Familie Seyler bewirtschaftet wird. Wichtigste Lage ist der Heiligenberg, wo das Weingut 6 Hektar Weinberge bewirtschaftet. Die weiteren Weinberge verteilen sich auf andere Lagen in Maikammer (Kirchenstück, Kapellenberg), sowie auf Lagen in Kirrweiler, Alsterweiler und die Lage Berg in Diedesfeld. Riesling und die Burgundersorten nehmen jeweils etwa ein Drittel der Weinberge ein. Hinzu kommen als Spezialitäten Scheurebe, Silvaner und Gewürztraminer. Die Weißweine werden kühl vergoren. Die Rotweine werden maischevergoren und dann teilweise im Barrique ausgebaut.

Ich habe vor zwei Jahren zum ersten Mal Weine von Dengler-Seyler probiert und war sehr überrascht vom guten Niveau: schön fruchtbetonte Basisweine, sehr gute edelsüße Spezialitäten - vor allem aber der faszinierende barriqueausgebaute Weißburgunder, Autumnus genannt, hatte mich begeistert!. Die letztjährige Kollektion war nochmals beeindruckender mit einigen kraftvollen Spitzenweinen. Neben dem weißen Autumnus, diesmal eine Cuvée aus Weißburgunder und Auxerrois, und der

Graubugunder Spätlese brillierte vor allem der tolle Riesling „Heiligenberg". Dieser Wein gefällt mir auch im Jahrgang 2002 wieder besonders gut. Wie überhaupt die Rieslinge in diesem Jahr am meisten überzeugen in einer gelungenen Kollektion.

84 ▶ **2002 Weißburgunder trocken Maikammer Heiligenberg** frisch, klar, feine Frucht; harmonisch, klare Frucht, herrlich süffig (3,40 €)

84 ▶ **2002 Grauburgunder Kabinett trocken Maikammer Heiligenberg** klare Frucht, Mirabellen; geradlinig im Mund, verhalten (3,50 €)

85 ▶ **2002 Weißburgunder Spätlese trocken Maikammer Heiligenberg** gute Konzentration, würzige Noten; füllig, klar, verhaltene Frucht (5,40 €)

85 ▶ **2002 Silvaner Spätlese trocken Maikammer Heiligenberg** klare Frucht, jugendlich, direkt; gute Harmonie, reife Frucht, kompakt (5 €)

88 ▶ **2002 Riesling Spätlese trocken Maikammer Heiligenberg** konzentriert, klar, herrlich eindringliche Frucht; gute Konzentration, reife klare Frucht, Nachhall (8,50 €)

84 ▶ **2002 Riesling Kabinett halbtrocken Maikammer Heiligenberg** feine Frucht, Frische, Limone; gute Harmonie, klare Frucht (3,60 €)

86 ▶ **2002 Riesling Spätlese Maikammer Heiligenberg** klare reife süße Frucht; harmonisch, süß, schmeichelnd, feine Frucht (5,50 €)

89 ▶ **2002 Riesling Auslese Maikammer Heiligenberg** konzentriert, viel Würze, eindringliche Frucht; süß, dominant, herrlich viel Frucht, Nachhall (8,50 €/0,5l)

85 ▶ **2001 „Autumnus" Cuvée Rot trocken Maikammer Heiligenberg** reife rote Früchte, dezent Vanille; kompakt, verhaltene Frucht (8,90 €)

Weitere Weine: 82 ▶ 2002 Riesling trocken (1l) ▪ 83 ▶ 2002 Riesling Kabinett trocken Maikammer Heiligenberg ▪ 83 ▶ 2002 „Autumnus" Cuvée Spätlese trocken Maikammer Heiligenberg ▪

Weingut Josef Deppisch ★
Franken/Baden

An der Röthe 2
97837 Erlenbach bei Marktheidenfeld
Tel. 09391-98270, Fax: 09391-5158
www.deppisch.com
weingut@deppisch.com
Inhaber: Theo und Johannes Deppisch
Rebfläche: 25 Hektar
Besuchszeiten: Mo.-Fr. 8-17 Uhr,
Sa.+So. nach Vereinbarung
Hotel Anker, Restaurant-Weinhaus Anker,
Weinkeller Schöpple (alle in Marktheidenfeld)

Das Weingut Deppisch befindet sich seit fünf Generationen in Familienbesitz. Neben Weinbergen in Franken besitzt das Weingut auch Weinberge im benachbarten Tauberfranken, das zum Weinanbaugebiet Baden zählt. Wichtigste Rebsorten bei Theo Deppisch und Sohn Johannes, der seit 1993 den Betrieb leitet, sind Müller-Thurgau und Silvaner. Hinzu kommen insbesondere Riesling und Bacchus, sowie in den letzten Jahren verstärkt rote Rebsorten.

Schon im vergangenen Jahr deutete sich ein leichter Aufschwung an. In diesem Jahr sind die Weine nochmals klarer und kraftvoller.

86 ▶ **2002 Riesling Spätlese trocken Erlenbacher Krähenschnabel** gute Würze und Konzentration im Bouquet, dezent Zitrusfrüchte, Limone; kraftvoll im Mund, gute Frucht, Nachhall (11 €)

84 ▶ **2002 Bacchus Dertinger Mandelberg** herrlich klare jugendliche Frucht; frisch, klar, gute Frucht, geschmeidig, süffig (4,40 €)

86 ▶ **2002 Ehrenfelser Spätlese Erlenbacher Krähenschnabel** reife klare süße Frucht, Aprikosen und Pfirsiche; klar und konzentriert, gute süße Frucht, Nachhall (9,20 €)

Weitere Weine: 79 ▶ 2002 Müller-Thurgau Erlenbacher Krähenschnabel ▪ 82 ▶ 2002 Silvaner Kabinett trocken Homburger Kallmuth ▪ 82 ▶ 2002 Weißburgunder Auslese Erlenbacher Krähenschnabel ▪

Weingut
Deutschherrenhof *
Mosel-Saar-Ruwer

◆ Olewigerstraße 181, 54295 Trier - Olewig
Tel. 0651-31113, Fax: 0651-30463
www.weingut-deutschherrenhof.de
info@weingut-deutschrrenhof.de
Inhaber: Albert Oberbillig
Rebfläche: 9 Hektar
Besuchszeiten: Mo.-Do. 8-17 Uhr,
Fr.+ Sa. bis 24 Uhr im Gutsausschank

Der Deutschherrenhof wird in der fünften Generation von der Familie Oberbillig bewirtschaftet. Marianne und Albert Oberbillig werden im Betrieb von Sohn Sebastian unterstützt, der in Geisenheim Weinbau studiert. 70 Prozent der Rebfläche, überwiegend in Steillagen, nimmt Riesling ein. Hinzu kommen Weißburgunder, Spätburgunder, Müller-Thurgau und Dornfelder.

84 ▶ 2002 „Sebastian No. 1" Riesling halbtrocken rauchige Noten, klare Rieslingfrucht; gute Harmonie im Mund, klar, viel Biss, süße Frucht (4,50 €)

85 ▶ 2002 Riesling Auslese Trierer Deutschherrenberg würzig, leicht streng, etwas Zitrusfrüchte; enorm süß im Mund, geschmeidig, süffig (10 €)

93 ▶ 2002 Riesling Eiswein Trierer Deutschherrenberg konzentriert, klar, eindringliche Frucht, süße Aprikosen, Litschi, Zitrusfrüchte; enorm konzentriert im Mund, dominant, viel süße Frucht, herrlich kraftvoll, eindringlich, faszinierender reintöniger Eiswein (30 €/0,375l)

91 ▶ 2002 Riesling Eiswein Trierer Jesuitenwingert herrlich reintönige Frucht, feine Frische, faszinierendes Bouquet; enorm süß im Mund, konzentriert, herrlich eindringlich, viel Nachhall (50 €)

90 ▶ 2002 Riesling Beerenauslese Trierer Deutschherrenberg gute Konzentration, eindringliche klare Frucht; süß und dominant im Mund, konzentrierte Frucht, wunderschön reintönig, Nachhall (32 €/0,375l)

Weitere Weine: 82 ▶ 2002 Weißer Burgunder trocken ▪ 81 ▶ 2002 „Anne" Riesling Classic ▪ 83 ▶ 2002 Riesling Spätlese trocken Trierer Jesuitenwingert ▪ 83 ▶ 2002 Riesling Kabinett Trierer Deutschherrenberg ▪ 82 ▶ 2002 Riesling Spätlese Trierer Deutschherrenberg ▪ 81 ▶ 2002 Spätburgunder trocken ▪

Weingut
Deutzerhof ★★★
Cossmann-Hehle
Ahr

Deutzerhof, 53508 Mayschoß
Tel. 02643-7264, Fax: 02643-3232
www.weingut-deutzerhof.de
info@weingut-deutzerhof.de
Inhaber: Hella und Wolfgang Hehle
Rebfläche: 9 Hektar
Besuchszeiten: nach Vereinbarung

Spätburgunder ist mit einem Anteil von 62 Prozent die wichtigste Rebsorte bei Wolfgang Hehle. Dann folgen Riesling und Dornfelder, sowie Portugieser und ein klein wenig Frühburgunder und Chardonnay. Auf Lagenbezeichnungen verzichtet er größtenteils und setzt stattdessen auf sortenreine Cuvées. Nur in guten Jahren macht er auch Lagenweine, wie im Jahrgang 2001 den Spätburgunder aus dem Altenahrer Eck. Die Rotweine werden in neuen oder alten Eichenholzfässern ausgebaut. Eine Besonderheit des Deutzerhofs sind die edelsüßen Rieslinge.

Der Deutzerhof gehört heute zu den besten Weingütern an der Ahr. Die Basisweine sind immer überzeugend, zudem macht Wolfgang Hehle die interessantesten Rieslinge an der Ahr, egal ob trocken, edelsüß oder als Sekt. Aber auch Chardonnay und Rosé bestechen mit ihrer Frucht. Bei den Rotweinen ist meist der Grand Duc mein Favorit, der auch im Jahrgang 2001 wieder einer der besten Roten von der Ahr war. 2002 allerdings gefällt mir der Spätburgunder aus dem Mayschosser Mönchberg in einer insgesamt ausdrucksstarken Kollektion ein klein wenig besser.

86 ▶ **2002 Riesling trocken „Catharina C."** feine jugendliche Frucht, dezent Limone, klar; gute Harmonie, sehr klare Frucht, kompakt (12,30 €)

88 ▶ **2002 Chardonnay trocken** klar, direkt, feine Würze, jugendliche Frucht, gute Konzentration; viel reife süße Frucht, herrlich füllig, harmonisch

91 ▶ **2002 Riesling Auslese Altenahrer Eck** konzentriert, dominant, ein wenig Frische, reintönig; herrlich reintönig im Mund, viel süße Frucht, konzentriert, eindringlich, viel Nachhall (31 €/0,375l)

87 ▶ **2002 Spätburgunder Rosé trocken „Saumon de l'Ahr"** frisch, klar, feine zurückhaltende Frucht, gute Harmonie, viel süße Frucht, klar und unkompliziert (13 €)

87 ▶ **2001 Dornfelder trocken** gute Konzentration, Gewürznoten, viel Frucht; klar, direkt, gute Fülle und Biss, jugendlich (14 €)

84 ▶ **2002 Spätburgunder trocken Cossmann-Hehle** frisch, würzig, direkt, klare Frucht; gute Harmonie, klare Frucht, Biss

87 ▶ **2002 Spätburgunder trocken Altenahrer Eck** gute Konzentration, sehr klare jugendliche Frucht, rauchige Noten, zurückhaltend; harmonisch, klar, feine Frucht, herrlich süffig

86 ▶ **2002 Spätburgunder trocken „Balthasar C"** feine Würze, klare rauchige Frucht; klar, direkt, feine Frucht, Biss

89 ▶ **2002 Spätburgunder trocken Mayschosser Mönchberg** reife süße Frucht im Bouquet, herrlich eindringlich und klar; harmonisch, viel reife süße Frucht, wunderschön elegant, lang, jugendliche Tannine

88 ▶ **2002 Spätburgunder trocken „Melchior C"** reife süße Frucht, enorm rauchig, dominant, klar; kraftvoll im Mund, reife Frucht, Tannine und Biss

88 ▶ **2002 Spätburgunder trocken „Grand Duc"** feine Frische, sehr klare Frucht, eindringlich; kraftvoll und klar im Mund, reife Frucht, Vanille, kompakter Spätburgunder

Weingut **Dicker** - Achim Doll ★
Pfalz

Hauptstraße 35, 76831 Birkweiler
Tel. 06345-3220, Fax: 06345-5189
achimdoll@t-online.de
Inhaber: Achim Doll
Rebfläche: 10 Hektar
Besuchszeiten: Mo.-Sa. 9-12 + 14-18 Uhr, So. 10-12 Uhr (nach Voranmeldung)
Weinprobierstube für 40-50 Personen
Straußwirtschaft Mai-Juni + Sept./Okt./ Allerheiligen, jeweils Sa.+So.

Achim Doll hat dieses Weingut im Juli 1995 von seinem Vater gepachtet und führt es zusammen mit Ehefrau Martina. Er hat Weinberge in Lagen mit unterschiedlichsten Böden, in Birkweiler, aber auch in Arzheim, Godramstein und Siebeldingen. Achim und Martina Doll haben den Betrieb neu strukturiert. Sie haben zwei Hallen errichtet und eine davon mit Edelstahltanks bestückt. Neu eingerichtet wurde auch eine Weinprobierstube. Seinen Schwerpunkt legt Achim Doll auf die Produktion von Rotweinen. Das Spektrum an Sorten reicht von Spätburgunder, Portugieser, Dornfelder, Regent, St. Laurent bis hin zu Dunkelfelder. Zuletzt wurden Acolon, Merlot und Cabernet Sauvignon gepflanzt.

Vor zwei Jahren gefiel mir besonders der barriqueausgebaute St. Laurent aus dem Jahrgang 1999. Die letztjährige Kollektion war wesentlich gleichmäßiger als in den Vorjahren. Gleiches gilt für die aktuelle Kollektion: mein Favorit im guten Programm ist der barriqueausgebaute Frühburgunder.

85 ▶ **2002 Chardonnay Spätlese trocken Birkweiler Rosenberg** gute Konzentration, sehr klare reife Frucht; viel süße Frucht, harmonisch, süffig (4,70 €)

84 ▶ **2002 Riesling Spätlese Birkweiler Kastanienbusch** gute Konzentration, klare Frucht; harmonisch, klar, gute Fülle (3,70 €)

84 ▶ **1999 Dunkelfelder trocken Barrique Birkweiler Mandelberg** herrlich konzentriert, reife süße Frucht, Gewürznoten, Vanille; kompakt, verhaltene Frucht, gute Fülle (9,45 €)

84 ▶ **2000 St. Laurent trocken Barrique Birkweiler Mandelberg** rauchig-würzige Noten, etwas rote und dunkle Früchte; kraftvoll, verhaltene Frucht, Tannine (10,10 €)

86 ▶ **2001 Frühburgunder Auslese trocken Barrique Birkweiler Königsgarten** würzig, klare süße Frucht, rote Früchte; weich, kompakt, gute Fülle und süße Frucht, viel Vanille (11,50 €)

Weitere Weine: 82 ▶ 2002 Riesling trocken Birkweiler Kastanienbusch ▪ 82 ▶ 2002 Silvaner trocken Birkweiler Mandelberg ▪ 82 ▶ 2002 Riesling Kabinett trocken Birkweiler Kastanienbusch ▪ 83 ▶ 2002 Spätburgunder Weißherbst Kabinett Birkweiler Kastanienbusch ▪ 81 ▶ 2002 Dornfelder trocken Birkweiler Kastanienbusch ▪

Weingut Didinger ★★★
Mittelrhein

Rheinuferstraße 13, 56340 Osterspai
Tel. 02627-512, Fax: 02627-512
weingutdidinger@web.de
Inhaber: Jens Didinger
Rebfläche: 3,3 Hektar
Besuchszeiten: Gutsausschank täglich außer mittwochs ab 15 Uhr

Das Weingut Didinger ist heute das einzige Osterspaier Weingut (auf der rechten Seite des Rheins), das seine Weinberge noch auf der anderen Rheinseite im Bopparder Hamm hat. Neben dem dominierenden Riesling, der über drei Viertel seiner Weinberge einnimmt, baut Jens Didinger auch etwas Dornfelder, Spätburgunder, Müller-Thurgau und Kerner an.

Im Jahr 2000 konnte Jens Didinger die gute Vorjahresleistung bestätigen mit einem überzeugenden, sehr gleichmäßigen Programm, mit leichten Vorteilen bei den süßen und edelsüßen Rieslingen. Im Jahrgang 2001 kamen dann sehr gute trockene Rieslinge hinzu. Der Aufwärtstrend hält auch im neuen Jahrgang an. Die edelsüßen Rieslinge gefallen mir noch ein wenig besser als im Vorjahr, sie sind insgesamt reintöniger.

84 ▶ **2002 Riesling Kabinett trocken Bopparder Hamm Feuerlay** feine Frucht, sehr reintönig; gute Harmonie, klare Frucht (4,20 €)

86 ▶ **2002 Riesling Spätlese trocken Bopparder Hamm Feuerlay** klar, direkt, gute Konzentration; viel Frucht im Mund, gute Harmonie (4,80 €)

87 ▶ **2002 Riesling Spätlese* trocken Bopparder Hamm Feuerlay** würzig, konzentriert, reife klare Frucht; gute Fülle, kompakt, lang (5,50 €)

85 ▶ **2002 Riesling Kabinett halbtrocken Bopparder Hamm Feuerlay** klare reife Rieslingfrucht; klar und direkt im Mund, feine süße Frucht (4,20 €)

85 ▶ **2002 Riesling Spätlese halbtrocken Bopparder Hamm Feuerlay** Würze, jugendliche Frucht; kompakt, klar, feine Frucht (4,80 €)

87 ▶ **2002 Riesling Spätlese* halbtrocken Bopparder Hamm Feuerlay** gute Konzentration, jugendliche Frucht, mineralische Noten, dezent Zitrusfrüchte; klar, harmonisch, viel reife Frucht, kompakter Riesling (5,50 €)

85 ▶ **2002 Riesling Kabinett Bopparder Hamm Fässerlay** sehr klare Frucht, direkt; klar auch im Mund, feine süße Frucht (4 €)

88 ▶ **2002 Riesling Spätlese* Bopparder Hamm Feuerlay** konzentriert, herrlich eindringliche Frucht; klar und harmonisch im Mund, feine süße Frucht (5,50 €)

89 ▶ **2002 Riesling Auslese* Bopparder Hamm Feuerlay** klar, dezent Marzipan; gute Fülle und Harmonie,, sehr klare Frucht, nachhaltig (5,30 €/0,5l)

89 ▶ **2002 Riesling Beerenauslese Bopparder Hamm Feuerlay** reife würzige Frucht, direkt; konzentriert im Mund, sehr reintönige Frucht, dick, lang (18 €/0,375l)

87 ▶ **2002 Riesling Eiswein Bopparder Hamm Feuerlay** würzig, direkt, etwas duftig; klar und direkt im Mund, feine Frucht, Frische (18 €/0,375l)

90 ▶ **2002 Riesling Eiswein* Bopparder Hamm Feuerlay** feine Würze, direkt; viel süße Frucht, konzentriert, dick, sehr klar und dominant, feiner Nachhall (23 €/0,375l)

Diefenhardt'sches ★★
Weingut
Rheingau

Hauptstraße 9-11, 65344 Martinsthal
Tel. 06123-71490, Fax: 06123-74841
www.diefenhardt.de
weingut@diefenhardt.de
Inhaber: Peter Seyffardt
Rebfläche: 16 Hektar
Besuchszeiten: Mo.-Sa. 9-12 + 14-17 Uhr
Gutsausschank (So. und Mo. Ruhetage)

1917 erwarb Jakob Diefenhardt den Besitz, dem er seinen Namen gab, von Baron von Reichenau. Seither wird das Weingut in Familienbesitz bewirtschaftet, heute von der Familie Seyffardt. Die Weinberge liegen in den Martinsthaler Lagen Langenberg, Wildsau und Rödchen, sowie in den Rauenthaler Lagen Rothenberg und Langenstück. Neben dem dominierenden Riesling nimmt der Spätburgunder 15 Prozent der Rebfläche ein. 80 Prozent der Weinberge liegen in Hang- und Steillagen. Im angeschlossenen Gutsausschank finden Chanson- und Mundartabende mit Ulrike Neradt statt, der Tochter des Hauses.

Auch im Jahrgang 2000 hatte Peter Seyffardt eine gute, gleichmäßige Kollektion. Der Jahrgang 2001 war nochmals deutlich besser. Alle Weine waren wunderschön klar und fruchtbetont, mit Erstem Gewächs und Eiswein gehörte Peter Seyffardt's Kollektion zur Spitze im Rheingau. 2002 ist das Erste Gewächs aus dem Langenberg hervorragend, die Kollektion überzeugt.

86 ▶ **2002 Riesling trocken „J.D. Selection" Martinsthal Wildsau** konzentriert, klare Frucht, eindringlich; gute Harmonie, klare Frucht, kompakt (8,30 €)

90 ▶ **2002 Riesling Erstes Gewächs Martinsthal Langenberg** enorm konzentriert, jugendliche klare sehr eindringliche Frucht; gute Fülle und Harmonie, viel reife reintönige Frucht, kompakt (14,20 €)

87 ▶ **2002 Riesling Spätlese Rauenthal Rothenberg** feine Würze und Frucht, jugendlich; gute Harmonie, klare reife süße Frucht (8,10 €)

88 ▶ **2001 Riesling Auslese Martinsthal Langenberg** konzentriert im Bouquet, eindringliche Frucht und Würze, dezent Aprikosen; gute Fülle und Harmonie, klare reife reintönige Frucht (9 €/0,375l)

Weitere Weine: 82 ▶ 2002 Riesling trocken „Karl trocken" ■ 83 ▶ 2002 Riesling Kabinett trocken Martinsthal Wildsau ■ 83 ▶ 2002 Spätburgunder trocken ■

Schlossgut
Diel ★★★★
Nahe

Burg Layen, 55452 Rümmelsheim
Tel. 06721-96950, Fax: 06721-45047
www.schlossgut-diel.com
armindiel@aol.com
Inhaber: Armin Diel
Rebfläche: 15 Hektar
Besuchszeiten: Mo.-Do. 8-12 + 13-16 Uhr,
Fr. 8-14 Uhr, Wochenende nach Vereinbarung

Wichtigste Rebsorte beim Schlossgut Diel ist Riesling mit 65 Prozent. Hinzu kommen 20 Prozent Grauburgunder, sowie Weißburgunder, Spätburgunder und Dornfelder. In den Dorsheimer Spitzenlagen ist Armin Diel gut vertreten. Er besitzt die Hälfte (1,8 Hektar) am Dorsheimer Burgberg, 4 Hektar im Dorsheimer Goldloch und 1 Hektar im

Dorsheimer Pittermännchen. Statt des Gutsrieslings, den es früher trocken und halbtrocken gab, gibt er seit dem Jahrgang 2000 den „Classic", der je nach Jahrgang und Säure im trockenen oder halbtrockenen Bereich liegt. Seit dem Jahrgang 2000 hat er statt der trockenen Spätlesen jeweils eine Selection aus seinen drei Spitzenlagen im Programm. Er will die Möglichkeit der Chaptalisierung für seine trockenen Weine nutzen, die der Gesetzgeber für Selection erlaubt, um so gehaltvollere Weine zu erzeugen, die im internationalen Vergleich bestehen können.

In den vergangenen hatte er immer eine der Spitzekollektionen edelsüßer Rieslinge an der Nahe. 60 Prozent seiner Weine aber baut Armin Diel trocken bzw. halbtrocken aus. Neben dem Riesling Classic gibt es den „Diel de Diel" und im Jahrgang 2001 gab es auch einen „Rosé de Diel". Nach guten 2000ern gefielen mir die 2001er überhaupt nicht. 2002 ist nun der Diel de Diel sehr reintönig und süffig. Die weißen Burgunder von Armin Diel sind immer enorm füllige Weine, manchmal überlagert das Holz ein wenig die Frucht.

Im vergangenen Jahr hatte ich beanstandet, dass Armin Diel zwar alles kann, nur nie alles zusammen in einer Kollektion. 2002 nun ist dies anders. Die Basisweine sind herrlich klar, die Riesling Selectionen füllig und fruchtbetont, die edelsüßen Rieslinge sind reintönig und konzentriert. Hinzu kommen zwei tolle Rieslingsekte. Noch mehr beeindruckt aber hat mich der nach Tochter Caroline benannte Spätburgunder, ein herrlicher Pinot Noir im „burgundischen" Stil gemacht.

88 ▶ **1999 Riesling Sekt Brut** rauchige Noten, klar, gute Konzentration; gute Fülle, klare reife Frucht, harmonisch und lang (14,80 €)

88 ▶ **1999 Riesling Sekt Brut Dorsheimer Goldloch** recht würzige Frucht mit rauchigen Noten; füllig, viel Frucht, kompakter, feine Bitternote und Nachhall (19,80 €)

86 ▶ **2001 Pinot Blanc** konzentriert, herrlich viel Frucht, feiner dezenter Toast; kraftvoll, feine Frische, gute Struktur, Nachhall (16,50 €)

87 ▶ **2001 „Cuvée Victor"** Grauburgunder, Weißburgunder und etwas Chardonnay; konzentriert, würzig, dominant, reife Frucht, Toast; füllig, dominant, viel Stoff, guter Nachhall, Biss im Abgang, jugendlich (29,50 €)

87 ▶ **2002 Grauburgunder Classic** klare Frucht, jugendlich; harmonisch, klare süße Frucht, feiner Biss, sehr reintönig (8,50 €)

86 ▶ **2002 Diel de Diel** Grauburgunder, Weißburgunder und Riesling; gute Würze, sehr klare Frucht; süße Frucht, harmonisch, süffig, klar, mit Biss (8,50 €)

87 ▶ **2002 Riesling Classic** frisch, klar, feine Frucht; frisch und direkt im Mund, feine Frucht, Biss und Nachhall (8,50 €)

91 ▶ **2002 Riesling Selection Dorsheimer Pittermännchen** (Großes Gewächs) klar und konzentriert im Bouquet, herrlich eindringliche Frucht, mineralische Noten; wunderschön fruchtbetont im Mund, füllig, harmonisch, sehr nachhaltig (19,50 €)

90 ▶ **2002 Riesling Selection Dorsheimer Goldloch** (Großes Gewächs) konzentriert, reife süße Frucht, herrlich fruchtbetont; fruchtbetont auch im Mund, gute Fülle und Harmonie, reife klare Rieslingfrucht (19,50 €)

90 ▶ **2002 Riesling Selection Dorsheimer Burgberg** (Großes Gewächs) würzige mineralische Noten, jugendliche eindringliche Rieslingfrucht; gute Fülle, klare süße Frucht, harmonisch und lang (19,50 €)

86 ▶ **2002 Riesling Kabinett Dorsheimer Goldloch** fruchtbetont, wunderschön klar; süß, harmonisch, direkt, herrlich süffig, feine Nachhaltigkeit (10,80 €)

90 ▶ **2002 Riesling Spätlese Dorsheimer Pittermännchen** konzentriert, klar, eindringlich, viel jugendliche Frucht; herrlich süffig, viel reife Frucht, enormer Nachhall (17,50 €)

88 ▶ **2002 Riesling Spätlese Dorsheimer Goldloch** konzentriert, herrlich eindringliche Frucht, dominant; enorme Fülle, reife süße Frucht, wunderschön süffig und lang (17,50 €)

93 ▶ **2002 Riesling Spätlese Goldkapsel Dorsheimer Burgberg** konzentriert, reife klare eindringliche Frucht, faszinierendes Bouquet; dominant, reintönige Frucht, enormer Nachhall, faszinierender Riesling (Versteigerung)

91 ▶ **2002 Riesling Auslese Dorsheimer Pittermännchen** konzentriert, herrlich eindringliche dominante Frucht; herrlich süffig, viel süße Frucht, kompakt, feiner Nachhall (32,50 €)

92 ▶ **2002 Riesling Auslese Dorsheimer Goldloch** würzig konzentriert, eindringliche Frucht, sehr klar; herrlich viel süße Frucht im Mund, konzentriert, sehr stoffig und dominant (32,50 €)

94 ▶ **2002 Riesling Auslese Goldkapsel Dorsheimer Burgberg** reife konzentrierte Frucht, herrlich dominant und klar; konzentriert, dominant, viel süße Frucht, wunderschön elegant, lang, faszinierend nachhaltig (Versteigerung 2004)

92 ▶ **2002 Riesling Auslese Goldkapsel Dorsheimer Pittermännchen** würzig, konzentriert, eindringliche Frucht; eindringlich, konzentrierte süße Frucht, wunderschön harmonisch, lang und nachhaltig (35 €/0,375l)

92 ▶ **2002 Riesling Auslese Goldkapsel Dorsheimer Goldloch** herrlich fruchtbetont im Bouquet, sehr eindringlich; fruchtbetont, viel reife süße Frucht, reintönig, lang, viel Nachhall (38 €/0,375l)

94 ▶ **2002 Riesling Eiswein Dorsheimer Pittermännchen** konzentriert, klar, wunderschön eindringliche Frucht; herrlich konzentriert und dominant im Mund, eindringliche süße Frucht, harmonisch und elegant, faszinierender Nachhall (75 €/0,375l)

92 ▶ **2002 Riesling Eiswein** konzentriert, würzige Noten, enorm eindringliche Frucht, konzentriert, viel Würze, Litschi, konzentriert und dominant im Mund, süße eingelegte Aprikosen, nachhaltig (72 €/0,375l)

86 ▶ **2001 Pinot Noir** feine Würze, klare jugendliche Frucht, reife rote Früchte, rauchige Noten; gute Fülle und Frucht, klar, Tannine, feiner Biss (14,80 €)

90 ▶ **2001 Pinot Noir „Cuvée Caroline"** reife süße rote Früchte, feine Pinotfrucht; herrlich füllig, viel reife Frucht, nachhaltig, jugendlich, mit Zukunft

Weitere Weine: **84** ▶ 2001 Pinot Gris ▪

Weingut Ilse **Dittewig-Bogen** ★
Rheinhessen

Hauptstraße 115, 55283 Nierstein-Schwabsburg
Tel. 06133-59274, Fax: 06133-59274
Inhaber: Ilse Dittewig-Bogen
Rebfläche: 2,5 Hektar
Besuchszeiten: täglich nach Vereinbarung
Weinbergsrundfahrten,
Weinprobierstube (bis 20 Personen)

Der kleine, traditionsreiche Familienbetrieb in Nierstein wird heute von Ilse Dittewig-Bogen geführt. Ein Viertel der Rebfläche nimmt Riesling ein, gefolgt von Müller-Thurgau, Kerner, Huxelrebe, Dornfelder, Portugieser und Chardonnay. Jeweils 30 Prozent der Weine werden trocken und halbtrocken ausgebaut.

Vor zwei Jahren hatten mir zwei trockene Spätlesen, Riesling und Chardonnay, am besten gefallen in einer guten Kollektion. Im vergangenen Jahr war der im Holzfass ausgebaute Dornfelder mein Favorit. In der neuen Kollektion haben mir wieder die weißen Spätlesen am besten gefallen.

84 ▶ **2002 Weisser Riesling Spätlese trocken Niersteiner Orbel** würzige eindringliche Rieslingfrucht; klare Frucht im Mund, gute Fülle (5 €)

84 ▶ **2002 Chardonnay Spätlese trocken Niersteiner Kirchplatte** sehr klare würzige Frucht; reife süße Frucht im Mund, gute Harmonie (5 €)

Weitere Weine: 81 ▶ (2002) „Opa's Brotzeitschoppen" feinherb (1l) ▪ 80 ▶ 2002 Blauer Portugieser Weißherbst Niersteiner Kirchplatte ▪ 83 ▶ 2001 Dornfelder trocken Holzfass Niersteiner Kirchplatte ▪ 82 ▶ 2002 Blauer Portugieser + Dornfelder Niersteiner Kirchplatte ▪

Weingut & Gutsstube Michael **Dixius** ★
Mosel-Saar-Ruwer

◆ In Lörsch 23, 54346 Mehring-Lörsch
Tel. 06502-2254, Fax: 06502-5185
www.weingut-dixius.de
weingut-dixius@t-online.de
Inhaber: Michaele Dixius
Rebfläche: 3,8 Hektar
Besuchszeiten: Mi.-Sa. ab 16 Uhr, So. ab 12 Uhr oder nach Vereinbarung
4 Apartments

Michael Dixius betreibt neben dem Weingut eine Destillerie und eine Gutsstube. Dazu bietet er vier Apartments für Übernachtungen an.

85 ▶ 2002 „Secco" Perlwein würzig, klar, sehr eindringlich; frisch, feine Fülle, herrlich süffig (4 €)

85 ▶ 2002 Riesling Spätlese „feinherb" Mehringer Zellerberg gute Konzentration, eindringliche Frucht, jugendlich; viel reife süße Frucht, kompakt, feiner Nachhall (5,10 €)

85 ▶ 2000 Rivaner frisch, klar, würzig; gute Harmonie, reife süße Frucht, Reifenoten (3 €)

87 ▶ 2000 Riesling Spätlese Mehringer Zellerberg feine würzige Rieslingfrucht, Reifenoten; viel süße Frucht, Reifenoten, herrlich harmonisch und lang (4,90 €)

88 ▶ 2002 Riesling Spätlese Mehringer Zellerberg gute Konzentration, sehr klare reife Frucht, Litschi; viel süße Frucht, herrlich harmonisch, klar, feiner Riesling (5,50 €)

Weitere Weine: 83 ▶ 2002 Rivaner ▪

Weingut Hermann **Dönnhoff** ★★★★★
Nahe

Bahnhofstraße 11, 55585 Oberhausen
Tel. 06755-263, Fax: 06755-1067
weingut@doennhoff.com
Inhaber: Helmut Dönnhoff
Rebfläche: 12,5 Hektar
Besuchszeiten: nach Vereinbarung

Helmut Dönnhoff konzentriert sich auf nur drei Rebsorten: Riesling, der drei Viertel seiner Weinberge einnimmt, Weißburgunder und Grauburgunder. So wie er sich nur auf drei Rebsorten konzentriert, genauso konsequent hat er auch nur in den besten Lagen der mittleren Nahe Weinberge erworben. So bewirtschaftet er heute Weinberge in Niederhausen in der Hermannshöhle, in den Schloßböckelheimer Lagen Felsenberg und Kupfergrube, in den Norheimer Lagen Kirschheck und Dellchen, sowie in Oberhausen in den Lagen Leistenberg und Brücke, die Helmut Dönnhoff in Alleinbesitz gehört.

In den letzten Jahren hatte Helmut Dönnhoff immer grandiose Kollektionen. Selbst in einem schwierigen Jahr wie 2000 waren seine edelsüßen Rieslinge hervorragend. Die trockenen Weine reichten jedoch nicht ganz an ihre Vorgänger heran. 2001 waren sie wieder etwas ausdrucksstärker. Die herausragenden Weine im Jahrgang 2001 waren aber wieder die edelsüßen Rieslinge, die alle wunderbar reintönig waren. 2002 bietet trocken wie süß jede Menge Spitzenweine. Die beiden Eisweine aus der Brücke gehören zu den faszinierendsten Weinen des Jahrgangs in Deutschland.

Unter den trockenen Rieslingen von Helmut Dönnhoff ist meist die Spätlese aus der Hermannshöhle mein Favorit, die in den letzten Jahren (mit Ausnahme des 2000ers) immer zu den besten trockenen Rieslingen an der Nahe gehörte. Wobei ihr die Spätlese aus dem Felsenberg oft nur wenig nachsteht.

Die süßen Spätlesen von Helmut Dönnhoff sind immer brillant klar und niemals fett. Anders als bei den trockenen Spätlesen ist es mir unmöglich einen Favoriten zu küren: einmal gefällt mir die Spätlese aus der Brücke am besten, dann die aus der Hermannshöhle oder aus der Kupfergrube. Anders bei den Auslesen, bei denen mir regelmäßig die Weine aus der Oberhäuser Brücke am besten gefallen, so 2000 die Goldkapsel Auslese (95) und 2001 die „normale" Auslese (93). Auch 2002 sind die beiden Auslesen aus der Brücke wieder brillant, werden aber noch übertroffen von den beiden Eisweinen, die ebenfalls aus der Oberhäuser Brücke stammen.

86 ▶ 2002 Riesling trocken klare Frucht, sehr reintöniges Bouquet; klar, direkt, feine Frische und Frucht (5,80 €)

86 ▶ 2002 Weißburgunder trocken klare reife Frucht; gute Fülle im Mund, reife klare Weißburgunderfrucht (7 €)

87 ▶ 2002 Grauburgunder trocken konzentriert, klare wenn auch zurückhaltende Frucht, jugendlich; gute Fülle, reife süße Frucht, harmonisch und lang (7,50 €)

86 ▶ 2002 Riesling Kabinett trocken Oberhäuser Leistenberg sehr klare Frucht, jugendlich; kraftvoll und klar im Mund, gute Frucht, feine Mineralität (8,50 €)

88 ▶ 2002 Riesling Spätlese trocken Schloßböckelheimer Felsenberg konzentriert im Bouquet, klar, reife Frucht; gute Fülle im Mund, viel Frucht, kraftvoll, klar, feiner Nachhall (13 €)

90 ▶ 2002 Riesling Spätlese trocken Niederhäuser Hermannshöhle herrlich fruchtbetont und eindringlich im Bouquet, jugendliche Frucht; viel Frucht im Mund, herrlich kraftvoll, konzentriert, stoffig, enormer Nachhall (17,50 €)

86 ▶ 2002 Riesling Kabinett Norheimer Dellchen frisch, klar, feine reintönige Rieslingfrucht; gute Harmonie, klare süße Frucht (8,50 €)

87 ▶ 2002 Riesling Kabinett Oberhäuser Leistenberg reife Frucht, reintöniges Rieslingbouquet; füllig, harmonisch, sehr klar, süße Frucht (8,80 €)

89 ▶ 2002 Riesling Spätlese Norheimer Kirschheck würzig, klar und konzentriert, fruchtbetont; kraftvoll im Mund, herrlich viel Frucht, Nachhall (11,50 €)

89 ▶ 2002 Riesling Spätlese Schloßböckelheimer Felsenberg gute Konzentration, reife Rieslingfrucht mit mineralischen Noten; herrlich füllig, reife konzentrierte Frucht, viel Nachhall (12,50 €)

88 ▶ 2002 Riesling Spätlese Norheimer Dellchen würzige klare Rieslingfrucht im Bouquet; viel reife süße Frucht, harmonisch und klar (12,50 €)

89 ▶ 2002 Riesling Spätlese Schloßböckelheimer Kupfergrube konzentriert, würzig, jugendliche Frucht; herrlich füllig im Mund, reife süße Frucht, konzentriert, enormer Nachhall (13,50 €)

90 ▶ 2002 Riesling Spätlese Oberhäuser Brücke reife klare Rieslingfrucht sehr eindringlich im Bouquet; viel reife süße Frucht, herrlich konzentriert, stoffig, guter Nachhall (15 €)

90 ▶ 2002 Riesling Spätlese Niederhäuser Hermannshöhle konzentriert und klar, jugendliche eindringliche Frucht; füllig im Mund, viel reife süße Frucht, wunderschön reintönig, enormer Nachhall (18 €)

90 ▶ 2002 Riesling Auslese Niederhäuser Hermannshöhle viel Konzentration im Bouquet, klare würzige Frucht, enorm eindringlich; füllig, konzentriert, viel reife süße Frucht (16 €/0,375l)

93 ▶ 2002 Riesling Auslese Oberhäuser Brücke konzentriert, eindringlich, herrlich würzige Frucht; konzentriert auch im Mund, dick, enorm eindringliche Frucht, sehr dominant und nachhaltig (18 €/0,375l)

93 ▶ 2002 Riesling Auslese Goldkapsel Oberhäuser Brücke konzentriert und klar im Bouquet, reintönige reife Frucht, vielversprechend; herrlich harmonisch im Mund, konzentriert, viel Frucht, klar, dick, enorm nachhaltig (Versteigerungswein/0,375l)

96 ▶ **2002 Riesling Eiswein Oberhäuser Brücke Nr. 18/03** faszinierend reintönige süße Frucht im Bouquet, wunderschön dominant und klar, reife süße Pfirsiche und Aprikosen; konzentriert im Mund, dominant, herrlich stoffig, viel süße Frucht, gewaltiger Nachhall (75 €/0,375l)

95 ▶ **2002 Riesling Eiswein Oberhäuser Brücke Nr. 19/03** reife süße Frucht im Bouquet, konzentriert, etwas Tropenfrüchte, herrlich eindringlich und klar; enorme Konzentration im Mund, dominant süße Frucht, stoffig, reintönig, enormer Nachhall (noch nicht im Verkauf)

Weingut Hermann **Dörflinger** ★★★
Baden

Mühlenstraße 2, 79379 Müllheim
Tel. 07631-2207, Fax: 07631-4195
www.weingut-doerflinger.de
mail@weingut-doerflinger.de
Inhaber: Hermann Dörflinger
Rebfläche: 20 Hektar
Besuchszeiten: Mo.-Fr. 8-12 + 13:30-18:30 Uhr, Sa. 9-16 Uhr
Weinproben in Probierstube oder Holzfasskeller

Die Weinberge von Hermann Dörflinger liegen in den Müllheimer Lagen Sonnhalde, Reggenhag und Pfaffenstück, sowie im Badenweiler Römerberg, wo er inzwischen 30 Jahre alte Weißburgunderreben stehen hat. Neben Gutedel baut er vor allem die Burgundersorten an. Dazu gibt es etwas Silvaner, Müller-Thurgau, Riesling, Nobling (aus dem er einen immer überzeugenden Sekt macht) und Chardonnay. Hermann Dörflinger gehörte zu den ersten Winzern in Baden, die durchgegorene Weine erzeugten (der Restzucker wird auf dem Etikett vermerkt).

Die kompromisslos trockenen Weine von Hermann Dörflinger gehören Jahr für Jahr zu den besten Weinen im Markgräflerland. Auch mit dem Jahrgang 2000 war Hermann Dörflinger wieder eine überzeugende, sehr gleichmäßige Kollektion geglückt. Mit dem Jahrgang 2001 knüpfte er wieder an seine tollen 98er an. Alle Weine waren herrlich kraftvoll und reintönig. Gleiches gilt für die neue Kollektion in der mir, wie schon im Vorjahr, der Chardonnay am besten gefällt.

85 ▶ **2002 Gutedel trocken Müllheimer Reggenhag** frisch, klar, sehr reintönige Frucht; klar und direkt im Mund, feine Frucht (4,70 €)

86 ▶ **2002 Weißer Burgunder Kabinett trocken Badenweiler Römerberg** klare etwas würzige Weißburgunderfrucht; kraftvoll und klar im Mund, feine Frucht (6,70 €)

85 ▶ **2002 Weißer Burgunder Spätlese trocken Badenweiler Römerberg** gute Konzentration im Bouquet, klare würzige Frucht, eindringlich; kompakt, weich, fülliger Weißburgunder (9,50 €)

89 ▶ **2002 Chardonnay Spätlese trocken Müllheimer Reggenhag** gute Konzentration, sehr klare reife Frucht; gute Fülle und Harmonie, herrlich klare reife Frucht, feiner Nachhall (10,50 €)

86 ▶ **2002 Spätburgunder Weißherbst trocken Müllheimer Sonnhalde** feine Frucht, klar, Erdbeeren und Kirschen; frisch, klar, viel reife Frucht (6,50 €)

87 ▶ **2001 Spätburgunder Spätlese trocken Badenweiler Römerberg** herrlich klare reife Spätburgunderfrucht, etwas rauchige Noten; harmonisch im Mund, klare Frucht, dezente Vanille, jugendlicher Biss, Nachhall (13 €)

Weingut
Doppler-Hertel ★
Pfalz

◆ Kirchstraße 33, 76879 Essingen
Tel. 06347-8250, Fax: 06347-6080506
www.weingut-dh.de
wein@weingut-dh.de
Inhaber: Bernd Hertel
Rebfläche: 10 Hektar
Besuchszeiten: nach Vereinbarung

Bernd Hertel bewirtschaftet 10 Hektar Weinberge in verschiedenen Lagen im Süden der Pfalz. An roten Sorten gibt es Dornfelder, Spätburgunder und Portugieser, sowie seit 2002 Cabernet Sauvignon. An weißen Sorten gibt es Riesling, die Burgundersorten, Gewürztraminer und verschiedene Neuzüchtungen, sowie wiederum seit 2002 Sauvignon Blanc. Das Weingut Doppler-Hertel ist Mitglied im „kontrolliert umweltschonenden Weinbau".

84 ▶ **2002 Rivaner trocken** würzig, direkt, feine Muskatnote; frisch, klare etwas süße Frucht (3,20 €)

85 ▶ **2002 Kerner Spätlese** würzige Noten, klare reife Frucht; viel süße Frucht, klar und zupackend (3,80 €)

Weitere Weine: 82 ▶ 2002 Riesling trocken (11) ■ 81 ▶ 2002 Riesling Classic ■ 82 ▶ 2002 Weißburgunder Kabinett trocken ■ 83 ▶ 2002 Chardonnay Kabinett trocken ■ 83 ▶ 2002 Grauburgunder Kabinett trocken ■ 81 ▶ 2002 Spätburgunder Weißherbst ■

Weingut
Matthias Dostert ★★
Mosel-Saar-Ruwer

Weinstraße 5, 54453 Nittel
Tel. 06584-91450, Fax: 06584-914526
www.weingut-matthias-dostert.de
matthias-dostert@t-online.de
Inhaber: Anita und Matthias Dostert
Rebfläche: 12 Hektar
Besuchszeiten: 8-21 Uhr
Weinstube, Gästezimmer

80 Prozent der Weinberge von Matthias Dostert sind mit Elbling bepflanzt. Spezialität dieses Weingutes an der Obermosel - gegenüber dem Großherzogtum Luxemburg - sind die Sekte aus weißem und rotem Elbling. Die Tochter von Anita und Matthias Dostert, Carina Dostert, war 2000/2001 Deutsche Weinkönigin.

Jahr für Jahr hat Matthias Dostert gute, sehr gleichmäßige Kollektionen: auf jeden Wein kann man sich verlassen. So auch in der 2002er Kollektion, in der angefangen vom Elbling bis hin zum Rivaner jeder Wein überzeugt

85 ▶ **2002 Elbling Classic** klare Frucht, feine Würze, weiße Früchte; frisch und direkt im Mund, feine Frucht, sehr klar, viel Biss (4,20 €)

85 ▶ **2002 Roter Elbling Tafelwein** frisch, herrlich klar und würzig, feine Frucht; frisch auch im Mund, feine süße Frucht, sehr klare Frucht und Biss (4,20 €)

85 ▶ **2002 Grauer Burgunder trocken Nitteler Leiterchen** klare reife süße Frucht, gelbe Früchte; frisch und klar im Mund, süße Frucht, feiner Nachhall (4,90 €)

86 ▶ **2002 Elbling Spätlese trocken Nitteler Rochusfels** gute Würze und Konzentration, klare Frucht; feine Frische, klare ganz leicht süße Frucht, zupackend, mit Nachhall (5,80 €)

84 ▶ **2002 Bacchus Nitteler Rochusfels** feiner Duft, sehr klare Frucht; viel süße Frucht im Mund, schmeichelnd, herrlich süffig (3,60 €)

Weitere Weine: 83 ▶ 2002 Rivaner Classic ■

Weingut
Drautz-Able ★★★
Württemberg

Faißtstraße 23, 74076 Heilbronn
Tel. 07131-177908, Fax: 07131-941239
www.wein.com
wgda@wein.com
Inhaber: Christel Able und Richard Drautz
Rebfläche: 18,2 Hektar
Besuchszeiten: Mo.-Fr. 8-12 + 13:30-18 Uhr,
Sa. 9-16 Uhr
Beteiligung an der Wein Villa Heilbronn

Die Weinberge von Richard Drautz liegen in Heilbronn, Neckarsulm, Erlenbach, Brackenheim, Stetten und Lauffen. Die roten Sorten dominieren, Lemberger hat er in den vergangenen Jahren ausgeweitet, zu Lasten des Trollinger. Dazu gibt es Spätburgunder, Schwarzriesling und Clevner. Merlot ist der jüngste Neuzugang. Bei den weißen Sorten dominiert Riesling. Hinzu kommen vor allem die Burgundersorten und Sauvignon Blanc den es bereits seit 1989 gibt. Richard Drautz hat im vergangenen Jahr sechs verschiedene Sauvignon-Klone aus Südtirol angepflanzt, weitere sechs Klone von der Loire sollen folgen. Dann wird Sauvignon Blanc die zweitwichtigste Weißweinsorte im Weingut sein. Das Weinprogramm ist in drei Linien unterteilt. Zunächst die Basisweine, dann die „drei Tauben-Weine", benannt nach den Tauben im Familienwappen der Weingärtnerfamilie Drautz, die es seit 1998 gibt. Dann kommen die „fünf Tauben-Weine" bzw. die im Barrique ausgebauten HADES-Weine. Bereits seit 1986 werden bei Drautz-Able - Mitglied der HADES-Gruppe - Barriqueweine erzeugt, 1990 war das Weingut Gründungsmitglied des Deutschen Barrique Forums. Barriques werden bei Drautz-Able nur einmal gefüllt. Die gebrauchten Barriques werden für die „drei Tauben-Weine" genutzt. Prädikatsbezeichnungen werden nur für süße Weine verwendet.

Jahr für Jahr hat das Weingut Drautz-Able ein abwechslungsreiches Programm, wobei regelmäßig der Jodokus hervorragt. Hin und wieder aber bekommt er Konkurrenz durch andere HADES-Weine, weiß wie rot. Auch in diesem Jahr sind alle „drei Tauben-Weine" von sehr zuverlässiger Qualität.

86 ▶ **2001 Riesling trocken „Drei Tauben"** reife konzentrierte Frucht, herrlich eindringlich; füllig, reife Frucht, kraftvoller Riesling (9,86 €)

85 ▶ **2002 Sauvignon Blanc trocken „Drei Tauben"** klare reife Frucht, zurückhaltend; kompakt, reife süße Frucht [der 2003er Sauvignon Blanc als Tankprobe, mit herrlich ausgeprägter klarer Sauvignon-Aromatik, sehr gut] (9,86 €)

87 ▶ **2002 Pinot Blanc trocken „Drei Tauben"** feine Frucht, konzentriert, sehr klar; gute Fülle und Harmonie, klare reife Frucht (9,86 €)

87 ▶ **2002 Pinot Gris trocken „Drei Tauben"** konzentriert, herrlich klar, viel Frucht; gute Fülle, viel reife Frucht (9,86 €)

86 ▶ **2000 „Composition A" trocken HADES** drei Viertel Kerner, ein Viertel Weißburgunder; konzentriert, klar, sehr eindringlich; füllig, kompakt, lang und nachhaltig (22,04 €)

88 ▶ **2001 Weißburgunder HADES** enorm konzentriert, reife Frucht, etwas Vanille; herrlich viel süße Frucht, dominant, kompakt, feiner Nachhall (25,52 €)

85 ▶ **2002 Kerner „Drei Tauben"** feine Frucht, sehr reintönig; klar, direkt, feine süße Frucht und Biss (9,86 €)

87 ▶ **2002 Riesling Spätlese „Fünf Tauben"** herrlich dominant, konzentriert, viel reife süße Frucht; enorm kraftvoll, dominant, süße Frucht, leichte Bitternote (23,20 €)

88 ▶ **2002 Gewürztraminer Auslese Neckarsulmer Scheuerberg** reife Traminerfrucht, eindringlich; süß, dominant, herrlich eindringliche Frucht, enormer Nachhall (18,56 €)

89 ▶ **2001 „Jodokus" Weißwein edelsüß HADES** konzentriert, enorm eindringlich; viel süße Frucht, konzentriert, kraftvoll, mit Struktur und Nachhall (34,80 €)

Weingut
Drautz-Hengerer ★
Württemberg

Schirmannstraße 13, 74074 Heilbronn
Tel. 07131-172479, Fax: 07131-167074
www.drautz-hengerer.de
info@drautz-hengerer.de
Inhaber: Christina Hengerer-Müller
Rebfläche: 9 Hektar
Besuchszeiten: Mo.-Fr. 17:30-19 Uhr,
Sa. 9-15 Uhr und nach Vereinbarung
Besenwirtschaft

88 ▶ „Jodokus" Weinaperitif 89er Grundwein, Schiller (Trollinger und Riesling), zwölf Jahre im Barrique ausgebaut; herrlich eindringlich im Bouquet, feine Sherrynote; füllig, weich, viel Wärme im Abgang, sehr nachhaltig (18,56 €/0,5l)

85 ▶ 2002 Lemberger trocken feine Frucht, Kirschen, sehr klar und fruchtbetont; klar, fruchtbetont, feiner Biss, macht Spaß (5,49 €)

87 ▶ 2002 Rotwein Cuvée trocken „Drei Tauben" Samtrot, Spätburgunder und Regent; herrlich fruchtbetont im Bouquet, klar, jugendlich; gute Harmonie, klare Frucht, dezente Vanille (8,35 €)

86 ▶ 2001 Lemberger trocken „Drei Tauben" klare Frucht, direkt, Vanille; gute Harmonie, klare feine Frucht, Struktur, Nachhall (9,86 €)

86 ▶ 2001 Spätburgunder trocken „Drei Tauben" feine rauchige Noten, klare Frucht; weich, klar, rote Früchte (9,86 €)

87 ▶ 2000 Lemberger*** trocken HADES rauchige Noten im Bouquet, gute Konzentration, reife rote Früchte; viel reife süße Frucht im Mund, kompakt, viel Biss (16,24 €)

88 ▶ 2001 Lemberger trocken HADES konzentriert, rauchige Noten, sehr eindringlich; gute Fülle, klare Frucht, Tannine, jugendlich (16,24 €)

89 ▶ 1999 Spätburgunder trocken HADES klar, konzentriert, herrlich eindringliche Frucht, dominant; reife süße Frucht, harmonisch, klar, Vanille, feiner Nachhall (24,36 €)

90 ▶ 1999 „Jodokus" trocken HADES herrlich konzentriert, würzige eindringliche Frucht; wunderschön füllig im Mund, viel reife Frucht, Vanille, kompakt (25,52 €)

89 ▶ 2000 „Jodokus" trocken HADES reife süße Frucht, konzentriert, etwas Herzkirschen; herrlich füllig, viel reife süße Frucht, Kirschen, lang (23,20 €)

86 ▶ 2002 Samtrot „Drei Tauben" feine rauchige Noten, klare Frucht; frisch, klar, viel süße Frucht, enorm süffig, mit Biss (9,86 €)

Weitere Weine: 84 ▶ 2002 Cuvée Rosé trocken „Drei Tauben" ■ 84 ▶ 2002 Cuvée „MC" Sekt Extra Brut ■

Das Familienweingut Drautz-Hengerer wird heute von Christina Hengerer-Müller und Jürgen Müller geführt. Sie ist zuständig für Keller und Besenwirtschaft, er für Außenbetrieb und Verkauf. Ihre Weinberge liegen in der Gemarkung Heilbronn in den Lagen Stiftsberg, Stahlbühl und Wartberg, in Flein in den Lagen Altenberg und Sonnenberg, in Abstatt im Burgberg und in Binswangen im Kayberg.

Wie im vergangenen Jahr haben Christina Hengerer-Müller und Jürgen Müller eine sehr gleichmäßige, gute Kollektion.

84 ▶ 2002 Grauburgunder Spätlese trocken klare Frucht, gelbe Früchte, konzentriert; kraftvoll im Mund, gute Fülle (6,80 €)

85 ▶ 2002 Trollinger trocken feine klare Frucht, Kirschen; harmonisch im Mund, klar und eindringlich, mit Biss (4,30 €)

Weitere Weine: 83 ▶ 2000 Dornfelder trocken ■ 83 ▶ 2002 Lemberger trocken ■ 83 ▶ 2002 Trollinger Lemberger ■

Weingut Frieder **Dreißigacker** ★★
Rheinhessen

Untere Klinggasse 4, 67595 Bechtheim
Tel. 06242-2425, Fax: 06242-6381
www.dreissigacker-wein.de
info@dreissigacker-wein.de
Inhaber: Frieder Dreißigacker
Rebfläche: 16 Hektar
Besuchszeiten: Mo.-Sa. 8-18 Uhr, So. 9-12 Uhr
oder nach Vereinbarung
Weinproben, Gästezimmer
Straußwirtschaft (Mai-Juli)

Frieder und Ute Dreißigacker bearbeiten zur Zeit 16 Hektar Weinberge in den verschiedenen Bechtheimer Lagen. Ihr ältester Sohn Christian arbeitet im Betrieb mit und hat die Prüfung zum Winzermeister gemacht. Der jüngere Sohn Jochen hat nach einer abgeschlossenen Berufsausbildung eine Winzerlehre begonnen. Die Weine werden überwiegend an Privatkunden verkauft.

Im vergangenen Jahr hatte ich zum ersten Mal Weine von Frieder Dreißigacker verkostet und war angenehm überrascht vom guten, sehr gleichmäßigen Niveau. Mein Favorit war eine hervorragende Ortega Auslese. Auch die neue Kollektion besticht durch ihre Ausgewogenheit, bei Stärken im restsüßen Segment.

84 ▶ 2002 RS-Rheinhessen Silvaner trocken frisch, klare reife süße Frucht, etwas Birnen und Aprikosen; frisch, klar, gute etwas süße Frucht, Biss (4,50 €)

85 ▶ 2002 Weißer Burgunder trocken Bechtheimer Stein gute Frische und Frucht im Bouquet, sehr reintönig; wunderschön fruchtbetont im Mund, etwas Süße, klare Frucht, feiner Biss (4,10 €)

84 ▶ 2002 Grauer Burgunder trocken „SD" gute Konzentration, gelbe Früchte, sehr klar; klar und direkt im Mund, gute ganz leicht süße Frucht, feiner Biss (5,70 €)

84 ▶ 2002 Weißer Burgunder Spätlese trocken „SD" Bechtheimer Geyersberg würzig, zurückhaltende Frucht; gute Fülle, reife süße Frucht, kompakter Weißburgunder (8,50 €)

85 ▶ 2002 Chardonnay Spätlese trocken Bechtheimer Stein reife süße Frucht, etwas Aprikosen, dezent Ananas; viel süße Frucht im Mund, gute Harmonie, Frische (5,40 €)

85 ▶ 2002 Weißer Riesling Spätlese trocken „SD" Bechtheimer Geyersberg reife süße Rieslingfrucht, etwas Litschi und Aprikosen; kommt frisch in den Mund, gute Fülle, reife klare Frucht (7,50 €)

85 ▶ 2002 Weißer Riesling Spätlese „SD" Bechtheimer Geyersberg (feinherb) würzige Noten bei guter Konzentration; füllig, klare Frucht, kompakter Riesling (7,50 €)

85 ▶ 2002 Weißer Riesling Kabinett Bechtheimer Heilig-Kreuz würzig, klar, jugendliche Frucht; frisch und direkt im Mund, gute klare Frucht, viel Biss (4,30 €)

86 ▶ 2002 Weißer Riesling Spätlese Bechtheimer Heilig-Kreuz viel Würze, jugendliche Frucht, gute Konzentration; viel süße Frucht, herrlich süffig, feiner Nachhall (4,90 €)

88 ▶ 2002 Weißer Riesling Auslese Bechtheimer Hasensprung herrlich konzentriert, eindringliche jugendliche Frucht, sehr klar und würzig; kraftvoll, klar und zupackend, feiner jugendlicher Riesling, mit Biss (7,30 €)

Weitere Weine: 83 ▶ 2002 Weißer Riesling trocken Bechtheimer Pilgerpfad ■ 83 ▶ 2002 Weißer Burgunder Spätlese trocken Bechtheimer Stein ■

Weingut Jacob **Duijn** ★★★★★
Baden

Hohbaumweg 16, 77815 Bühl
Tel. 07223-21497, Fax: 07223-83773
duijn@t-online.de
Inhaber: Jacob Duijn
Rebfläche: 8 Hektar
Besuchszeiten: nach Vereinbarung

Jacob Duijn ist kein gelernter Winzer und er stammt auch nicht aus einem Weinland. Er ist Holländer und war zunächst Sommelier, unter anderem auf der Bühler Höhe und bei Eckart Witzigmann. Dann hat er das Metier gewechselt und Wein an die Spitzengastronomie verkauft. 1994 begann seine Karriere als Winzer: 15 Ar Spätburgunder hat er in diesem Jahr gekauft, im Engelsfelsen, hoch über dem Bühlertal. Und daraus im folgenden Jahr seinen ersten Wein auf den Markt gebracht, 600 Flaschen Spätburgunder. Dann kamen Weinberge im Sternenberg hinzu und schließlich im Mai 2001 Gut Alsenhof, eine der wenigen arrondierten Einzellagen in Baden, 3,6 Hektar groß. Aber immer musste es Spätburgunder sein. Denn Jacob Duijn orientiert sich ganz an Burgund: die großen Pinot Noir dort sind sein erklärtes Vorbild und Ziel. Er hat auch schon Weinberge zugekauft, in denen Rieslingreben standen. Entweder tauscht er diese Parzelle aber dann mit einem anderen Winzer oder er hackt die Reben aus und pflanzt Spätburgunder neu. Anfangs machte er nur einen Wein, seit 1999 gibt es zwei Weine: den „normalen" Spätburgunder und den „SD". Vielleicht kommt ab dem Jahrgang 2003 als neuer „Grand Cru" ein Spätburgunder von Gut Alsenhof hinzu. Vielleicht. Den Jacob Duijn möchte sein Programm möglichst klein halten und findet, dass bei einer anvisierten Betriebsgröße von zehn Hektar zwei Weine eigentlich genug sind. 5.000 Flaschen SD und 20.000 Flaschen vom „normalen" Spätburgunder soll es dann geben.

Anfangs hat er seinen Wein in einer Garage gemacht, zur Zeit macht er ihn in einem von einer Metzgerei gemieteten Keller, einen Teil auch bei sich zu Hause im eigenen Keller. Im Jahr 2006 aber will er sein eigenes Weingut bauen mit einem Keller, der ganz nach dem Prinzip der Schwerkraft funktionieren soll, das heißt ohne dass Most oder Wein mittels Pumpen bewegt werden müssen. Den Platz für das Weingut hat er sich schon ausgesucht und in seinen Vorstellungen hat es schon klare Konturen angenommen („ein bisschen Spanien, ein bisschen Toskana").

Zurück zur Gegenwart. Jahr für Jahr versucht er die Weinbereitung weiter zu optimieren. Seit dem Jahrgang 2002 beispielsweise werden die Trauben für den SD von Hand entrappt, so dass jede einzelne Beere kontrolliert werden kann, für den Jahrgang 2003 hat er einen Vibriertisch angeschafft. Wie Jacob Duijn überhaupt im Weinberg wie im Keller die besten Voraussetzungen schafft, um hervorragenden Pinot Noir machen zu können. Im Weinberg durch das Pflanzen hochwertiger Pinot-Klone. Aber das braucht Zeit, bis die Reben wachsen und etwas älter geworden sind. Im Keller kann man schneller sich unmittelbar auf die Weinqualität auswirkende Änderungen umsetzen. Holzgärtanks aus französischer Eiche zum Beispiel, in denen die für den SD vorgesehenen Weine 30 bis 40 Tage bleiben, bevor sie dann ins Barrique kommen. Er strebt eine lange Gärdauer an, vergoren werden die Moste nur mit den traubeneigenen Hefen. Alle Barriques sind aus französischer Eiche. Bisher hat Jacob Duijn ausschließlich neue Barriques verwendet. Seit dem Jahrgang 2002 nutzt er für einige Partien seines „normalen" Spätburgunders auch gebrauchte Barriques. Seine Weine kommen ohne Schönung und ohne Filtrierung auf die Flasche.

Die 99er waren herrlich konzentriert und fruchtbetont. Der „normale" Spätburgunder war schlanker, bestach aber durch seine Finesse und Eleganz. Diese faszinierende Finesse und Reintönigkeit war auch im problematischen Jahrgang 2000 in beiden Weinen zu finden. Der 2000er SD war einer der Top-Spätburgunder des Jahrgangs in Deutschland! Auch die 2001er Spätburgunder bestechen durch ihre Finesse und Reintönigkeit. Es sind faszinierend elegante Weine, beide noch sehr jugendlich.

88 ▶ **2001 Spätburgunder trocken** rauchige Noten, gute Konzentration, jugendliche eindringliche Frucht; gute Harmonie, klare Frucht, etwas Frisch, Biss, wunderschön reintöniger Spätburgunder (23 €)

90 ▶ **2001 Spätburgunder trocken „SD"** konzentriert im Bouquet, faszinierend klar, viel reife Frucht; wunderschön reintönig im Mund, elegant, kraftvoll, jugendliche Tannine, lang, mit Zukunft (32 €)

Staatsweingüter Kloster Eberbach ★★
Rheingau

Schwalbacher Straße 56-62, 65343 Eltville
Tel. 06123-92300, Fax: 06123-923090
www.staatsweingueterhessen.de
info@staatsweingueterhessen.de
Inhaber: Land Hessen
Direktor: Dieter Greiner
Rebfläche: 130 Hektar
Besuchszeiten: Mo.-Fr. 9-12 + 13-18 Uhr, Sa. 10-16 Uhr
Gästehaus Kloster Eberbach, Gutsausschank im Baiken, Eltville

Die Staatsweingüter bestehen aus sechs verschiedenen Weinbaudomänen in Assmannshausen, Rüdesheim, Steinberg/Hattenheim, Rauenthal, Hochheim und Bensheim (Hessische Bergstraße). Mit zusammen etwa 200 Hektar sind die Hessischen Staatsweingüter das größte Weingut in Deutschland. Die hessische Landesregierung hat den defizitär arbeitenden Staatsbetrieb in eine GmbH umgewandelt, die aber weiterhin zu 100 Prozent in Staatsbesitz ist. Der Kellereistandort in Eltville wurde aufgegeben und an den Steinberg verlagert. Dort, unweit vom Kloster Eberbach, wurde für 15 Millionen Euro ein in die Landschaft integrierter, unterirdischer Kellereineubau errichtet in dem sämtliche Rieslinge der Rheingauer Staatsdomänen ausgebaut werden, nur der Ausbau der Assmannshäuser Spätburgunder erfolgt in Assmannshausen (siehe eigener Eintrag). Die Verwaltung der Staatsweingüter wurde nach Kloster Eberbach verlagert.

Im Jahrgang 2001 waren die Weine wieder etwas kraftvoller und fruchtbetonter als in den beiden Vorjahren. 2002 kommt da nicht ganz heran.

84 ▶ **2002 Riesling Kabinett trocken Erbacher Marcobrunn** gute Konzentration, klare jugendliche Frucht; frisch, direkt, gute Frucht, viel Biss

86 ▶ **2002 Riesling Spätlese trocken Rüdesheimer Berg Rottland** gute Konzentration, herrlich eindringliche jugendliche Frucht; kraftvoll, klar, gute Fülle und Frucht

84 ▶ **2002 Riesling Kabinett Rauenthaler Baiken** konzentriert, klare reife Frucht; gute Harmonie, klare süße Frucht

86 ▶ **2002 Riesling Spätlese Steinberger** gute Konzentration, herrlich eindringliche jugendliche Frucht; viel süße Frucht, klar, konzentriert

Weitere Weine: 81 ▶ 2002 Riesling trocken ▪ 82 ▶ 2002 Riesling Classic ▪ 82 ▶ 2002 Riesling trocken Steinberger ▪ 83 ▶ 2002 Riesling Spätlese trocken Rauenthaler Baiken ▪ 83 ▶ 2002 Riesling Kabinett „feinherb" Erbacher Siegelsberg ▪ 82 ▶ 2002 Riesling Steinberger ▪

Weingut
Eberbach-Schäfer ★
Württemberg

Rieder 6, 74348 Lauffen
Tel. 07133-5222, Fax: 07133-7485
www.eberbach-schaefer.de
weingut@eberbach-schaefer.de
Inhaber: Wilhelm Schäfer
Rebfläche: 17,5 Hektar
Besuchszeiten: Mo.-Sa. bis 18 Uhr
Weinprobierstube (bis 50 Personen)

Das Weingut Eberbach-Schäfer liegt auf dem Riederbückele, etwa 3 km von Lauffen entfernt. Dort gehört Wilhelm Schäfer in Alleinbesitz die etwa 15 Hektar große Lage Lauffener Riederbückele, die Muschelkalk-Lössverwitterungsböden aufweist. In der Lage Helfenberger Schloßberg wachsen auf schweren Keuperböden seine Trollinger. Sämtliche Weinberge sind seit über 20 Jahren dauerbegrünt. Spezialität des Weingutes sind die Burgunder-Rotweine aus Sorten wie Spätburgunder, Schwarzriesling, Clevner oder Samtrot. Eine weitere Spezialität ist die Sekterzeugung.

Wie im vergangenen Jahr, als mir ein Spätburgunder am besten gefiel, ist mit dem Chardonnay wieder ein Barriquewein mein Favorit im Programm von Wilhelm Schäfer.

85 ▶ **2002 Chardonnay trocken Barrique Lauffener Riederbückele** klar und konzentriert, jugendliche Frucht, etwas Zitrusfrüchte; kompakt, gute Fülle und Frucht (6 €)

85 ▶ **2001 Lemberger trocken Holzfass Lauffener Riederbückele (20/03)** rauchige Noten, reife intensive Frucht; weich, geschmeidig, etwas Vanille (5 €)

Weitere Weine: 83 ▶ 2002 Riesling trocken Lauffener Riederbückele (1l) ▪ 83 ▶ 2002 Traminer trocken Holzfass Lauffener Riederbückele ▪ 79 ▶ 2002 Weißburgunder trocken Lauffener Riederbückele ▪ 83 ▶ 2002 Spätburgunder Weißherbst Helfenberger Schlossberg (1l) ▪ 82 ▶ 2002 Trollinger trocken Helfenberger Schlossberg (1l) ▪ 81 ▶ 2002 Lemberger trocken Lauffener Riederbückele ▪ 83 ▶ 2002 Lemberger Spätlese trocken Lauffener Riederbückele ▪ 81 ▶ 2001 Frühburgunder trocken Holzfass Lauffener Riederbückele ▪

Weingut
Karl-Josef Eckes ★
Nahe

Traubenstraße 11, 55595 Wallhausen
Tel. 06706-400, Fax: 06706-6600
www.eckes-wein.de
weingut@eckes-wein.de
Inhaber: Karl-Werner Eckes und Andreas Eckes
Rebfläche: 11 Hektar
Besuchszeiten: werktags 8-20 Uhr, sonntags nach Vereinbarung
Gutsschänke (von Freitag nach Fasching bis Ende Mai und Mitte Juli bis Anfang September)

Das Weingut Karl-Josef Eckes in Wallhausen befindet sich seit vier Generationen in Familienbesitz und wird heute von den Brüdern Karl-Werner und

Andreas Eckes geführt. Ihre Weinberge liegen in Wallhausen, Sommerloch und Braunweiler. 60 Prozent sind mit weißen Rebsorten wie Riesling, Weißburgunder, Grauburgunder, Gewürztraminer, Bacchus und Scheurebe bepflanzt. An roten Sorten gibt es Spätburgunder, Portugieser, Dunkelfelder und Dornfelder.

In den vergangenen beiden Jahren hatten Karl-Werner und Andreas Eckes sehr gleichmäßige Kollektion. Gleiches gilt für den neuen Jahrgang, der mit dem Eiswein ein Highlight zu bieten hat.

89 ▶ 2002 Silvaner Eiswein Wallhäuser Backöfchen gute Konzentration, reife süße Frucht, Litschi, eingelegte Aprikosen; herrlich süß und geschmeidig im Mund, harmonisch, gute Konzentration, Länge (20 €/0,375l)

Weitere Weine: 80 ▶ 2002 Rivaner trocken Braunweiler Michaeliskapelle ▪ 82 ▶ 2002 Weißer Burgunder trocken Sommerlocher Ratsgrund ▪ 83 ▶ 2002 Riesling trocken Wallhäuser Höllenpfad ▪ 83 ▶ 2002 Riesling halbtrocken Wallhäuser Pastorenberg ▪ 84 ▶ 2002 Kerner Kabinett halbtrocken Wallhäuser Backöfchen ▪ 84 ▶ 2002 Grauer Burgunder Classic ▪ 83 ▶ 2002 Bacchus Kabinett Braunweiler Michaeliskapelle ▪ 83 ▶ 2002 Gewürztraminer Kabinett Wallhäuser Pastorenberg ▪ 81 ▶ 2002 Blauer Spätburgunder Rosée trocken Wallhäuser Backöfchen ▪ 81 ▶ 2002 Blauer Spätburgunder Rosée halbtrocken Wallhäuser Backöfchen ▪ 83 ▶ 2002 Portugieserrebe Weißherbst Wallhäuser Pfarrgarten ▪ 83 ▶ 2001 Blauer Spätburgunder trocken Wallhäuser Backöfchen ▪ 81 ▶ 2002 Acolon trocken Wallhäuser Pfarrgarten

---

Weingut Werner Edling ★
Hessische Bergstraße

Kirchgasse 9, 64380 Roßdorf
Tel. 06154-8402, Fax: 06154-803685
www.weingut-edling.de
info@weingut-edling.de
Inhaber: Werner Edling
Rebfläche: 2,5 Hektar
Besuchszeiten: Di., Mi., Fr. ab 18 Uhr, Sa. 9-13 Uhr
Winzerstube (Di., Mi., Fr. ab 19 Uhr, Sa. + So. ab 17 Uhr)

Roßdorf liegt östlich von Darmstadt und gehört zum Bereich Umstadt der Region Hessischen Bergstraße. Seit 1947 wird hier Wein angebaut. Nur ein einziges Weingut gibt es hier, nämlich das von Werner Edling. Die Reben wachsen in der Lage Roßdorfer Roßberg auf vulkanischen Basaltböden mit Löss-Lehmauflage. Die Lage befindet sich in Alleinbesitz des Weingutes.

Vor zwei Jahren hatte ich erstmals Weine von Werner Edling verkostet. Eine halbtrockene Grauburgunder Spätlese aus dem Jahrgang 1999 hatte mir am besten gefallen. Im vergangenen Jahr waren die Rotweine von guter Qualität, die auch 2002 wieder überzeugen.

84 ▶ 2002 Kerner Auslese Roßdorfer Roßberg reife würzige Frucht im Bouquet; viel süße Frucht, harmonisch, süffig (8,90 €)

85 ▶ 2002 „Magma" Rotwein trocken Roßdorfer Roßberg Dornfelder, Spätburgunder und Cabernet Sauvignon; viel Frucht, rote Früchte, gute Konzentration; weich im Mund, gute Frucht, feiner Biss (6,70 €)

84 ▶ 2002 Frühburgunder halbtrocken Roßdorfer Roßberg herrlich reife Frucht, Erdbeeren, Kirschen; frisch im Mund, viel süße Frucht, süffig (7,50 €)

Weitere Weine: 82 ▶ 2002 Müller-Thurgau trocken Roßdorfer Roßberg ▪ 82 ▶ 2002 Silvaner trocken Roßdorfer Roßberg ▪ 83 ▶ 2002 Grauer Burgunder Spätlese Roßdorfer Roßberg ▪

Weingut
Edelberg ★
Nahe

◆ Gonratherhof 3, 55624 Weiler
Tel. 06754-224, Fax: 06754-945881
weingutedelberg@t-online.de
Inhaber: Eheleute Willi Ebert & Sohn
Rebfläche: 7,5 Hektar
Besuchszeiten: täglich 9-19 Uhr

Willi und Christa Ebert haben 1978 den elterlichen Betrieb übernommen, seit 1993 arbeitet Sohn Peter im Betrieb mit. 1995 erfolgte der Umzug auf den Gonratherhof. 70 Prozent der Weinberge liegen in Weiler, der Rest in Meddersheim. Riesling nimmt zwei Drittel der Fläche ein.

84 ▶ **2002 Riesling trocken** frisch, klar, feine jugendliche Rieslingfrucht; klare Frucht, guter Biss (4 €)

84 ▶ **2001 Riesling Spätlese halbtrocken** gute würzige Frucht, klar und direkt; feine süße Frucht, gute Harmonie, dezente Reifenoten (5,40 €)

85 ▶ **2001 Riesling Spätlese** klare süße Frucht, Reifenoten; frisch, direkt, feine süße Frucht (5,40 €)

84 ▶ **2002 Gewürztraminer Spätlese** sehr klare Frucht, Gewürznoten; kraftvoll im Mund, jugendliche Frucht (5,20 €)

87 ▶ **2001 Riesling Auslese** gute Konzentration, viel süße Frucht, Würze, Reifenoten; viel süße Frucht, Würze, dominant, feine Frische (8,90 €)

88 ▶ **2002 Riesling Auslese** gute Konzentration im Bouquet, klare Frucht, etwas Orangen; viel süße Frucht, dominant, herrlich reintönig (12 €)

92 ▶ **2002 Riesling Eiswein** reife süße Frucht, eingelegte Aprikosen, Litschi, herrlich klar und dominant; wunderschön konzentriert im Mund, viel süße Frucht, herrlich harmonisch und lang (28 €/0,375l)

Weitere Weine: 81 ▶ 2002 Rivaner Classic ■ 83 ▶ 2002 Riesling halbtrocken ■ 82 ▶ 2002 Kerner halbtrocken ■ 82 ▶ 2002 Spätburgunder Weißherbst halbtrocken ■ 81 ▶ 2002 Dornfelder trocken ■

Weingut
Egert ★
Rheingau

Friedensplatz 15, 65375 Oestrich-Winkel
Büro: Erbacher Landstraße 22,
65347 Hattenheim
Tel. 06723-5557, Fax: 06723-4958
www.weingut-egert.de
weingut.egert@t-online.de
Inhaber: Manfred Egert
Rebfläche: 4,3 Hektar
Besuchszeiten: Mo.-Fr. 8-12 + 13-18 Uhr,
Wochenende nach Vereinbarung

Das Weingut Egert ist ein Familienweingut in Oestrich, dessen Weinbautradition bis ins 18. Jahrhundert zurück geht. 1997 hat Manfred Egert die Leitung des Gutes von seinem Vater übernommen. Die Weinberge erstrecken sich über die Ortschaften Mittelheim, Oestrich und Hattenheim. Nach der offiziellen Klassifizierung sind 85 Prozent der Weinberge als Erstes Gewächs deklariert worden. Neben Riesling baut Manfred Egert ein klein wenig Spätburgunder an. Es ist das Ziel von Manfred Egert Rieslinge mit hohem Extraktgehalt zu erzeugen.

Nach einer ausgewogenen Kollektion im vergangenen Jahr gefallen mir die 2002er von Manfred Egert ein wenig besser.

85 ▶ **2002 Riesling Spätlese trocken Oestricher Doosberg** würzig, direkt, jugendliche Frucht; gute Harmonie im Mund, klare etwas süße Frucht (6,80 €)

87 ▶ **2002 Riesling Spätlese halbtrocken Hattenheimer Wisselbrunnen** gute Konzentration im Bouquet, sehr klare reife Rieslingfrucht; harmonisch im Mund, viel süße Frucht, süffig (6,50 €)

Weitere Weine: 83 ▶ 2002 Riesling Kabinett trocken Oestricher Hattenheimer Wisselbrunnen ■ 83 ▶ 2002 Riesling Kabinett halbtrocken Oestricher Doosberg ■ 83 ▶ 2002 Riesling Kabinett halbtrocken Mittelheimer St. Nikolaus ■

Ehrenstetter ★★
Winzerkeller
Baden

Kirchbergstraße 9, 79238 Ehrenstetten
Tel. 07633-95090, Fax: 07633-50853
www.ehrenstetter-winzerkeller.de
info@ehrenstetter-winzerkeller.de
Geschäftsführer: Franz Herbster
Kellermeister: Norbert Faller
Rebfläche: 130 Hektar
Mitglieder: 220
Besuchszeiten: Mo.-Fr. 8-18 Uhr, Sa. 9-12 Uhr

Die Winzergenossenschaft Ehrenstetten hat umfirmiert und nennt sich seit 1. Januar 2002 Ehrenstetter Winzerkeller. Die Mitglieder dieser 1952 gegründeten Genossenschaft haben ihre Weinberge in den Lagen Ehrenstetter Oelberg und Ehrenstetter Rosenberg, sowie im Bollschweiler Steinberg. Dort wird vor allem Riesling angebaut, dem die steinigen, mineralischen Böden in der steilen Süd-Ost-Lage besondere Nuancen verleihen. Neben Gutedel und Müller-Thurgau sind die Burgundersorten die wichtigsten Rebsorten beim Ehrenstetter Winzerkeller. Das Programm des Winzerkellers ist klar gegliedert: die Basis bilden die Literweine, dann kommt die Oelbergserie, dann das „internationale Duett" mit dem „Chasslie" und dem Pinot Noir, sowie die Selections-Serie, die auch barriqueausgebaute Weine umfasst.

Jahr für Jahr hat der Ehrenstetter Winzerkeller sehr interessante Kollektionen, immer wieder mit faszinierenden „SL"-Weinen. In diesem Jahr hat mir der Gutedel besonders gut gefallen. Die Rotweine haben weiter zugelegt, vor allem die Camenot genannte Cuvée aus Cabernet Sauvignon, Merlot und Pinot Noir.

84 ▶ 2002 Chasslie trocken reife würzige Frucht, gute Konzentration; herrlich füllig, klare Frucht (6,60 €)

85 ▶ 2002 Grauburgunder trocken Ehrenstetter Oelberg gute jugendliche Frucht, sehr klar; gute Harmonie, sehr klare Frucht (4,20 €)

85 ▶ 2001 Riesling Kabinett trocken feine klare Rieslingfrucht, dezent Limone; gute Fülle und Harmonie, geradlinig und klar, feiner Biss (6,60 €)

88 ▶ 2002 Gutedel Spätlese trocken SL reife süße konzentrierte Frucht, eindringlich; herrlich viel Frucht im Mund, klar, kraftvoll, kompakter Gutedel (8,50 €)

84 ▶ 2002 Spätburgunder trocken Ehrenstetter Oelberg frisch, klar, feine Frucht; harmonisch im Mund, klare Frucht (4,80 €)

85 ▶ 2002 Pinot Noir trocken feine klare Frucht, rauchige Noten, direkt; frisch, harmonisch, klare Frucht (8,20 €)

88 ▶ 2001 „Camenot" trocken Barrique SL Cabernet Sauvignon, Merlot und Pinot Noir; rauchige Noten, zurückhaltende Frucht, etwas rote Früchte; weich im Mund, herrlich füllig, viel Frucht, harmonisch und lang (19,50 €)

87 ▶ 2001 Spätburgunder trocken Barrique SL reife süße Frucht, Gewürze, Vanille; harmonisch, klar, reintönige süße Frucht, Vanille (13,50 €)

Weitere Weine: 81 ▶ 2002 Gutedel trocken Ehrenstetter Oelberg ▪ 83 ▶ 2002 Weißburgunder trocken Ehrenstetter Oelberg ▪ 83 ▶ 2001 Chardonnay trocken Barrique SL ▪

Weingut
Carl **Ehrhard** ★★★
Rheingau

Geisenheimer Straße 3, 65385 Rüdesheim
Tel. 06722-47396, Fax: 06722-406690
www.carl-ehrhard.de
info@carl-ehrhard.com
Inhaber: Carl und Petra Ehrhard
Rebfläche: 8 Hektar
Besuchszeiten: täglich 9-20 Uhr, bitte nur nach telefonischer Absprache
Kulinarische Weinproben mit Restaurant „Altdeutsche Weinstube"

Carl und Petra Ehrhard haben dieses traditionsreiche Weingut 1998 übernommen. Ihre Weinberge liegen alle in Rüdesheim, in den Lagen Berg Rottland, Berg Roseneck, Bischofsberg und Kirchenpfad. Neben 90 Prozent Riesling bauen sie etwas Spätburgunder an. Durch langsame und kühle Gärung versucht Carl Ehrhard die natürliche Frucht des Rieslings im Wein zu erhalten. Die Spätburgunder kommen nach der Maischegärung für mindestens zwölf Monate ins Holzfass. Seit Carl Ehrhard das Weingut übernommen hat, werden die Weine überwiegend trocken oder halbtrocken ausgebaut.

Die Kollektion ist sehr klar und überschaubar gegliedert, so dass ich Jahr für Jahr praktisch alle Weine im Programm von Carl und Petra Ehrhard verkoste. Nach einem guten Jahrgang 1999 mit sehr gleichmäßigen Weinen, hatte Carl Ehrhard auch im schwierigen Jahrgang 2000 eine sehr gelungene Kollektion. Ebenso 2001: alle Weine waren wunderschön fruchtbetont und reintönig. Im Jahrgang 2002 hat Carl Ehrhard erstmals ungewöhnlich viel edelsüße Rieslinge.

86 ▶ 2002 Riesling trocken Rüdesheimer (Orange Label) feine Würze, jugendliche Frucht; weich, kompakt, klare Frucht (5,50 €)

86 ▶ 2002 Riesling Kabinett trocken Rüdesheimer (Blue Label) klar, direkt, jugendliche Frucht; gute Fülle und Harmonie, klare Frucht (6,20 €)

88 ▶ 2002 Riesling Spätlese trocken Rüdesheimer Berg Rottland (Green Label) gute Konzentration, herrlich klare eindringliche Frucht; gute Fülle und Harmonie, klare Frucht, kompakter Riesling (8,50 €)

85 ▶ 2002 Riesling Kabinett „feinherb" Rüdesheimer (Blue Label) feine Würze, Frische, direkt; klar, direkt, feine süße Frucht (6,20 €)

87 ▶ 2001 Riesling Auslese „feinherb" Rüdesheimer Berg Rottland (Edition) viel Konzentration, herrlich eindringliche Frucht, dezent Honig; enorm füllig, reife Frucht, dezente Bitternote (22 €)

85 ▶ 2002 Riesling Kabinett Rüdesheimer (Black Label) frisch, klar, feine Würze; gute Harmonie, klare Frucht, kompakt (6,20 €)

88 ▶ 2002 Riesling Auslese Rüdesheimer Berg Roseneck (Edition) sehr klare reife süße Rieslingfrucht, feine Würze, Litschi; süß, konzentriert, herrlich eindringliche Frucht, lang (13 €/0,375l)

90 ▶ 2002 Riesling Beerenauslese Rüdesheimer Berg Roseneck (Edition) reife süße Rieslingfrucht, süße eingelegte Aprikosen, schöne Frische; konzentriert, klar, herrlich eindringliche Frucht, kraftvoll und dominant (28 €/0,375l)

90 ▶ 2002 Riesling Trockenbeerenauslese Rüdesheimer Berg Rottland (Edition) konzentriert, sehr dominant, eindringliche Frucht, Würze; dick und konzentriert im Mund, dominant, viel süße Frucht, enorm stoffig, nachhaltig (40 €/0,375l)

88 ▶ 2002 Riesling Eiswein Rüdesheimer Berg Bischofsberg (Edition) konzentriert, klare reife Frucht, süße Zitrusfrüchte; kraftvoll und konzentriert im Mund, viel süße Frucht (35 €/0,375l)

85 ▶ 2001 Spätburgunder trocken Rüdesheimer Berg Roseneck feine Würze, rauchige Noten, jugendliche Frucht; gute Harmonie im Mund, direkt, klare Frucht (11 €)

Weingut Bernhard Eifel ★★★★
Mosel-Saar-Ruwer

Laurentiusstraße 17, 54349 Trittenheim
Tel. 06507-5972, Fax: 06507-6460
www.weingut-bernhard-eifel.de
bernhard.eifel@t-online.de
Inhaber: Bernhard Eifel
Rebfläche: 5 Hektar
Besuchszeiten: 8:30-22 Uhr (Dienstag Ruhetag)
„Stefan-Andres" Weinstube/Restaurant
(ab 18 Uhr)
Gästehaus, Weinwanderungen, Fahrradtouren

Seit Generationen ist dieses Weingut in Trittenheim in Familienbesitz und wird heute von Bernhard und Marietta Eifel geführt. Die Weinberge von Bernhard Eifel liegen in Trittenheim in den Lagen Apotheke und Altärchen, im Longuicher Maximiner Herrenberg und im Schweicher Annaberg. Er baut zu 94 Prozent Riesling an. Daneben gibt es ein klein wenig Müller-Thurgau, Kerner, sowie Weißburgunder, der 1999 erstmals Ertrag gebracht hat. Die Weine werden überwiegend im Edelstahl ausgebaut, ein kleiner Teil auch in Holzfässern. Sie werden nach der Ganztraubenpressung kühl vergoren, teils mit den natürlichen Hefen.

Vor zwei Jahren hatte ich zum ersten Mal Weine von Bernhard Eifel verkostet: sie gehörten für mich zu einer meiner größten Entdeckungen in diesem Jahr. Eine tolle Kollektion hatte Bernhard Eifel im schwierigen Jahrgang 2000. Alle Rieslinge waren herrlich kraftvoll und klar. Die Folgekollektion war noch beeindruckender. Im Jahrgang 2001 hatte Bernhard Eifel die Weine noch etwas länger auf der Feinhefe gelagert und mehr mit Spontangärung gearbeitet. Seine Weine waren noch kraftvoller und mineralischer - und unglaublich nachhaltig. Die 2002er bestätigen den hervorragenden Eindruck. Vom Gutsriesling bis zu den Auslesen ist jeder Weine wunderschön reintönig und kraftvoll.

84 ▶ **2002 Gutsriesling trocken** klare Frucht im Bouquet, direkt; frisch, klar, feine süße Frucht (4,20 €/1l)

88 ▶ **2002 Riesling Spätlese trocken Trittenheimer Apotheke** jugendliche Frucht, herrlich reintönig, konzentriert; klare Frucht, gute Harmonie, füllig und lang (7 €)

89 ▶ **2002 „Der Wurzelechte" Riesling** konzentriert, dominant, herrlich viel reintönige Frucht; kraftvoll im Mund, viel Frucht, kompakt, wunderschön reintönig (9,50 €)

86 ▶ **2002 Riesling „Maximilian" Classic** würzig, direkt, herrlich klare Frucht; gute Harmonie, kompakt, süße Frucht (7 €)

87 ▶ **2002 Riesling Hochgewächs halbtrocken** herrlich reintönig, konzentrierte jugendliche Frucht; gute Harmonie, klare Frucht, harmonisch und lang (6,20 €)

87 ▶ **2002 Riesling Kabinett Trittenheimer Altärchen** klare Frucht, jugendlich, eindringlich; gute Harmonie, viel süße Frucht, süffig (6,50 €)

88 ▶ **2002 Riesling Spätlese Longuicher Maximiner Herrenberg** konzentriert, jugendliche eindringliche Frucht; schmeichelnd im Mund, reintönige Frucht, harmonisch und lang (8 €)

89 ▶ **2002 Riesling Auslese Trittenheimer Altärchen** herrlich konzentriert, jugendliche eindringliche Frucht, klar; schmeichelnd im Mund, viel süße Frucht, harmonisch und lang (11 €/0,5l)

91 ▶ **2002 Riesling Auslese Trittenheimer Apotheke** konzentriert, dominant, herrlich eindringliche Frucht; viel süße Frucht, konzentriert, herrlich füllig, lang (12 €/0,5l)

90 ▶ **2002 Riesling Auslese Schweicher Annaberg** konzentriert, herrlich reintönige Frucht, faszinierendes Bouquet; gute Harmonie, viel reife Frucht, reintönig, wunderschön lang (10 €/0,5l)

Weingut Franz-Josef Eifel ★★★★★
Mosel-Saar-Ruwer

Engelbert-Schue-Weg 2, 54349 Trittenheim
Tel. 06507-70009, Fax: 06507-7139
www.fjeifel.de
info@fjeifel.de
Inhaber: Franz-Josef Eifel
Rebfläche: 5 Hektar
Besuchszeiten: nach Vereinbarung
Gästehaus

Mit 1,3 Hektar hat Franz-Josef Eifel angefangen, heute besitzt er 5 Hektar Weinberge. Jeweils gut zwei Hektar hat er in den Trittenheimer Lagen Apotheke und Altärchen, hinzu kommt eine Parzelle im Neumagener Rosengärtchen. Riesling nimmt 92 Prozent seiner Rebfläche ein, dazu gibt es ein klein wenig Müller-Thurgau und Kerner (die er nicht selbst vermarktet), sowie Weißburgunder, der mit dem Jahrgang 2002 den ersten Ertrag bringen wird. Seine Weine vergärt Franz-Josef Eifel recht kühl, teils mit den eigenen Hefen. Ausgebaut werden sie teils in Edelstahltanks, teils in Fuderfässern.

Jahr für Jahr hat Franz-Josef Eifel brillante Kollektionen. Selbst im schwierigen Jahrgang 2000 hatte er herrlich klare Rieslinge, egal ob trocken, halbtrocken oder süß. Wieder standen zwei bestechend gute edelsüße Rieslinge an der Spitze, Auslese (94) und Beerenauslese (92) aus dem Altärchen.

2001 war nochmals besser. Mit der Spätlese aus der Apotheke (93) hatte er einen der faszinierendsten trockenen Rieslinge des Jahrgangs zu bieten. Und die edelsüßen Rieslinge waren allesamt brillant klar, einer besser als der andere. Fünf edelsüße Rieslinge hatte ich zwischen 92 und 96 Punkten bewertet: eine grandiose Kollektion.

Auch die 2002er Kollektion ist exzellent. Vor allem die edelsüßen Rieslinge sind wieder herrlich reintönig und konzentriert und von enormer Nachhaltigkeit. Aber auch die Kabinettweine von Franz-Josef Eifel machen unheimlich Spaß. Fazit: auf jeden Wein kann man sich 100 Prozent verlassen.

85 ▶ 2002 Guts-Riesling trocken klare Rieslingfrucht, direkt; klare Frucht, gute Harmonie, kompakt (5 €/1l)

88 ▶ 2002 Riesling Kabinett trocken Trittenheimer Apotheke würzige klare Frucht, jugendlich, feines Bouquet; wunderschön fruchtbetont, klar, direkt, wunderschön leichter Riesling (6,50 €)

89 ▶ 2002 Riesling Spätlese trocken Trittenheimer Apotheke klar und konzentriert im Bouquet, jugendliche eindringliche Frucht; klare Frucht, kraftvoll, feiner kompakter Riesling (11 €)

86 ▶ 2002 Riesling Kabinett halbtrocken Trittenheimer Altärchen frisch, direkt, klare Frucht; feine Frucht, herrlich schmeichelnd und süffig (6,50 €)

90 ▶ 2002 Riesling Spätlese „feinherb" Trittenheimer Apotheke viel Konzentration, jugendliche Rieslingfrucht, zurückhaltend; herrlich klar und füllig im Mund, viel Frucht, Nachhall (11 €)

91 ▶ 2002 Riesling Auslese „feinherb" Trittenheimer Altärchen reintöniger Frucht, faszinierend klar und eindringlich, viel Konzentration; kraftvoll und klar im Mund, herrlich viel Frucht, Nachhall (12 €)

89 ▶ 2002 Riesling Kabinett Trittenheimer Altärchen klar, feine Frische und Frucht, sehr reintönig; wunderschön reintönig auch im Mund, herrlich süffig, feiner lebhafter Riesling (6,50 €)

90 ▶ 2002 Riesling Spätlese Trittenheimer Altärchen konzentrierte klare jugendliche Frucht im Bouquet, herrlich eindringlich; harmonisch im Mund, viel süße Frucht, kompakt, lang (10 €)

92 ▶ 2002 Riesling Spätlese* Trittenheimer Apotheke konzentriert im Bouquet, klar, faszinierend reintönige Frucht; viel süße Frucht, konzentriert, herrlich reintönig, elegant, viel Nachhall (12 €)

92 ▶ 2002 Riesling Auslese Trittenheimer Apotheke feine Würze, herrlich reintönige Frucht, reife Äpfel; faszinierend viel Frucht, konzentriert, klar, lebhaft, herrlich elegant und nachhaltig (16 €/0,5l)

93 ▶ 2002 Riesling Auslese Trittenheimer Altärchen konzentriert, herrlich viel reife Frucht, Pfirsiche und Äpfel; reintönige Frucht, wunderschön konzentriert, harmonisch, sehr lang und nachhaltig (25 €/0,5l)

95 ▶ 2002 Riesling Eiswein Trittenheimer Altärchen konzentriert, dominant, jugendliche eindringliche Frucht, süße Zitrusfrüchte; konzentriert und dominant auch im Mund, viel süße reintönige Frucht, lang, gewaltiger Nachhall (48 €/0,375l)

Weingut
Eifel-Pfeiffer ★★★★
Mosel-Saar-Ruwer

Moselweinstraße 70, 54349 Trittenheim
Tel. 06507-926215 / 926215,
Fax: 06507-926230
www.eifel-pfeiffer.de
info@eifel-pfeiffer.de
Inhaber: Heinz und Brigitte Eifel
Rebfläche: 8 Hektar
Besuchszeiten: nach Vereinbarung Weinproben

Das Weingut Eifel-Pfeiffer ist ein alteingesessenes Familienweingut in Trittenheim, das bereits 1640 erstmals urkundlich erwähnt wurde. Die Weinberge liegen in den Lagen Trittenheimer Apotheke und Altärchen, Graacher Himmelreich und Domprobst, sowie in der Wehlener Sonnenuhr und der Bernkasteler Badstube. Riesling nimmt über 90 Prozent der Rebfläche ein. Daneben gibt es ein klein wenig Müller-Thurgau und Kerner. Seit 1995 ist der Anteil an Riesling stetig gestiegen bei gleichzeitiger Ausdehnung der Gesamtrebfläche von 4,3 auf heute 8 Hektar. Etwa ein Fünftel der Rieslingfläche ist mit wurzelechten, 50 bis 90 Jahre alten Reben bestockt. Je nach Jahrgangsbedingungen und Reifezustand wird das Lesegut mittels Ganztraubenpressung gekeltert oder vor dem Pressen angequetscht. Der Ausbau erfolgt temperaturgesteuert. Jahrelang wurden ausschließlich Reinzuchthefen verwendet, heute aber werden immer mehr Weine spontan vergoren. Die Weine werden teils in Edelstahltanks, teils in Fuderfässern ausgebaut. Heinz und Brigitte Eifel werden heute im Weingut von Tochter Anne unterstützt. Anne Eifel hat im Juli 2000 ihr Studium in Geisenheim beendet und im darauf folgenden Herbst den Keller in eigener Regie geleitet. Seit 2001, nach einem dreimonatigen Neuseelandaufenthalt, arbeitet Anne Eifel im elterlichen Weingut mit.

Schon vor zwei Jahren, als ich die Weine von Eifel-Pfeiffer zum ersten Mal verkostet habe, war ich vom guten Niveau überrascht. In einem schwierigen Jahr 2000 waren alle Weine wunderschön fruchtbetont und süffig. Die letztjährige Kollektion war nochmals besser: vom Gutsriesling bis zu den Auslesen machte jeder Wein Spaß, egal ob trocken oder süß. Alle Weine bestachen durch ihre Reintönigkeit. Gleiches gilt für den Jahrgang 2002: jeder Wein ist brillant klar, ob Kabinett oder Eiswein: eine starke Kollektion - und somit mein Aufsteiger des Jahres an der Mosel. Schon im vergangenen Jahr hatte ich geschlossen: „ein Name, den man sich merken sollte!"

87 ▶ 2002 Riesling Kabinett halbtrocken Graacher Himmelreich frisch, würzig, sehr klare Frucht; frisch auch im Mund, gute Harmonie, sehr reintönige Frucht (5,80 €)

90 ▶ 2002 Riesling Spätlese „Der Wurzelechte" Graacher Domprobst herrlich würzig und klar, jugendliche eindringliche Rieslingfrucht; viel Frucht, herrlich harmonisch, reintönig, faszinierender Riesling (8,50 €)

87 ▶ **2002 Riesling Kabinett Trittenheimer Altärchen** sehr klare Frucht, konzentriert, jugendlich; schmeichelnd im Mund, harmonisch, viel Frucht (6 €)

89 ▶ **2002 Riesling Spätlese Trittenheimer Apotheke** konzentriert, klar, herrlich würzige Rieslingfrucht, Aprikosen; viel süße Frucht, sehr klar, harmonisch und lang (9 €)

90 ▶ **2002 Riesling Spätlese Wehlener Sonnenuhr** konzentriert, herrlich klare eindringliche Frucht, faszinierendes Bouquet; viel reife süße Frucht, harmonisch, füllig, wunderschön lang (9,50 €)

91 ▶ **2002 Riesling Auslese Trittenheimer Altärchen** würzig, klar, konzentriert, reife süße Frucht; herrlich dominant im Mund, reintönige Frucht, harmonisch, schmeichelnd, sehr lang und mit Nachhall (13 €/0,5l)

92 ▶ **2002 Riesling Auslese* Trittenheimer Altärchen** würzig, klar, herrlich eindringliche konzentrierte Frucht; konzentriert, dominant, herrlich dick, viel Frucht (13,50 €/0,5l)

94 ▶ **2002 Riesling Eiswein Trittenheimer Altärchen** faszinierend klar und frisch, feine Rieslingfrucht, eindringlich, süße Zitrusfrüchte, auch Aprikosen; herrlich dominant, dick, kraftvoll, eindringliche Frucht, enormer Nachhall (25 €/0,375l)

Weingut Bernhard **Ellwanger** ★★
Württemberg

Rebenstraße 9, 71384 Weinstadt
Tel. 07151-62131, Fax: 07151-603209
www.weingut-ellwanger.com
info@weingut-ellwanger.com
Inhaber: Bernhard und Sven Ellwanger
Rebfläche: 18 Hektar
Besuchszeiten: Mo./Do./Fr. 16-18 Uhr,
Sa. 9:30-12:30 Uhr

Bernhard Ellwanger hat 1975 das Weingut gegründet mit damals einem halben Hektar Weinbergen. Vor allem in den letzten zehn Jahren hat er sich kontinuierlich vergrößert, so dass er mit heute 18 Hektar Weinbergen, verteilt aufs ganze Remstal, zu den großen Weingütern in der Region gehört. 65 Prozent der Fläche nehmen rote Sorten ein. Neben Trollinger, Spätburgunder und Lemberger baut er auch Sorten wie Muskattrollinger, Hegel und Merlot an. 15 Prozent der Gesamtproduktion entfällt auf Weißherbst und Rosé. Wichtigste Weißweinsorte ist Riesling. Danach folgt schon Sauvignon Blanc, der in drei verschiedenen Parzellen mit insgesamt 60 Ar angepflanzt wurde. Seit 1999, nach Geisenheim-Studium und Neuseeland-Aufenthalt, ist Sohn Sven im Betrieb tätig und für den Keller verantwortlich.

Vor zwei Jahren hatte ich nur trockene Weißweine verkostet, wobei die Riesling Spätlese mir am besten gefiel. Schon die letztjährige Kollektion brachte einen deutlichen Schritt voran mit klaren, fruchtbetonten Weinen. Dies bestätigt sich in diesem Jahr: gleichmäßige Kollektion mit einem kraftvollen Spätburgunder an der Spitze.

86 ▶ **2002 Chardonnay trocken** herrlich würzig und direkt, süße Frucht; schöne Frische, klare süße Frucht (7 €)

84 ▶ **2002 Riesling Spätlese trocken SL Großheppacher Steingrüble** würzig, direkt, gute Frucht; klar im Mund, etwas Limone, kompakter Riesling (9 €)

85 ▶ **2001 „Kreation NERO" Rotwein Spätlese trocken Holzfass** viel jugendliche Frucht, rote Beeren; jugendliche Frucht auch im Mund, klar, unkompliziert, guter Biss (8 €)

86 ▶ **2001 Lemberger trocken Barrique Grunbacher Berghalde** reife sehr eindringliche Frucht, rote Früchte; gute klare Frucht, etwas Vanille, harmonisch und süffig (12,50 €)

88 ▶ **2001 Spätburgunder trocken SL Barrique** Gewürznoten im Bouquet, reife süße Frucht, klar und konzentriert; viel Frucht im Mund, wunderschön harmonisch, gehaltvoll, feine Frische (18 €)

Weitere Weine: 83 ▶ 2002 Riesling Kabinett Großheppacher Steingrüble ■

Weingut Jürgen Ellwanger ★★★★
Württemberg

Bachstraße 21, 73650 Winterbach
Tel. 07181-44525, Fax: 07181-46128
www.weingut-ellwanger.de
weingut-ellwanger@t-online.de
Inhaber: Jürgen Ellwanger
Rebfläche: 17 Hektar
Besuchszeiten: Di.-Fr. 8-12 + 15-19 Uhr,
Sa. 8-15 Uhr

Wichtigste Weißweinsorten bei Jürgen Ellwanger sind Riesling und Kerner, gefolgt von Weiß- und Grauburgunder. An roten Sorten gibt es neben Trollinger und Lemberger vor allem Spätburgunder, aber auch Zweigelt, Merlot und Dornfelder. Jürgen Ellwanger gehört zu den Pionieren des Barriqueausbaus in Deutschland und ist Mitglied der HADES-Gruppe. Seit 1999 gibt es bei Ellwangers die „Nico" genannten Cuvées.

Vor zwei Jahren hatten mich neben den faszinierenden HADES-Weinen besonders die edelsüßen Weine überrascht. Der 98er Riesling Eiswein (94) zeigte eindrucksvoll und mustergültig auf, wie edelsüße Weine von gekonntem Barriqueeinsatz profitieren können. Die Vorjahreskollektion schloss nahtlos daran an. Wieder hatte Jürgen Ellwanger beeindruckende edelsüße Weine im Programm, die HADES-Weine, rot wie weiß, überzeugten wie gewohnt. Besonders überrascht hatte mich Jürgen Ellwanger mit seinen Rieslingen, mit dem Sekt und mit der Spätlese aus dem Schnaiter Altenberg. Die aktuelle Kollektion überzeugt, auch wenn sie nicht die edelsüßen Spitzen der letzten beiden Jahre aufzuweisen hat. Die HADES-Rotweine aus dem Jahrgang 2001 sind alle recht kraftvoll und tanninbetont und brauchen noch etwas Zeit um sich ganz zu entfalten.

85 ▶ **2002 Weißburgunder trocken** gute Würze und Konzentration, jugendlich; kraftvoll, klare jugendliche Frucht (5,50 €)

86 ▶ **2002 „Nico" weiß** gute Konzentration, reife würzige Frucht, dezent Aprikosen und Pfirsiche; klare Frucht, gute Harmonie, Kraft (7,10 €)

88 ▶ **2002 Riesling Spätlese trocken Schnaiter Altenberg** herrlich klar im Bouquet, jugendliche Rieslingfrucht, reintönig; kraftvoll im Mund, viel Frucht, etwas Pfirsiche und Aprikosen, lang (12,50 €)

89 ▶ **2002 Riesling Auslese Winterbacher Hungerberg** reife süße sehr eindringliche Frucht; konzentriert, viel süße Frucht, sehr dominant (14 €)

85 ▶ **2002 Lemberger trocken Hebsacker Lichtenberg** klare Frucht, rote Früchte, Frische; geradlinig im Mund, feine klare Frucht (5,80 €)

86 ▶ **2002 Lemberger Spätlese trocken Hebsacker Lichtenberg** gute Konzentration, Würze, klare Frucht; harmonisch, klar, feine Frucht, jugendlich (8,50 €)

87 ▶ **2001 Lemberger trocken HADES** reife rote Früchte, sehr direkt und eindringlich; klare reife Frucht, gute Fülle, Tannine, jugendlich (15 €)

88 ▶ **2001 Spätburgunder trocken HADES** rauchige Noten, jugendliche Frucht, rote Früchte; kraftvoll im Mund, reife klare Frucht, Vanille, feiner Nachhall (15 €)

87 ▶ **2001 Zweigeltrebe trocken HADES** viel Vanille, rote Früchte, jugendlich; gute Frucht, harmonisch, feine Vanille, Tannine, jugendlich (18 €)

87 ▶ **2001 „Nicodemus" trocken HADES** gute Konzentration, rauchige Noten, zurückhaltende Frucht; kraftvoll im Mund, tanninbetont, noch sehr jugendlich bei etwas verhaltener Frucht, mit Zukunft (87+? Punkte) (19 €)

85 ▶ **2002 Samtrot Spätlese** süße Frucht, Erdbeeren, Kirschen; süß, feine Frucht, wunderschön reintönig (8,30 €)

Weitere Weine: 83 ▶ 2002 Riesling Kabinett trocken ■

Weingut Gotthard **Emmerich** ★
Mittelrhein

◆ Hauptstraße 80 c, 56599 Leutesdorf
Tel. 02631-72922, Fax: 02631-75483
www.leutesdorf-rhein.de/weingut-emmerich
weingut-emmerich@leutesdorf-rhein.de
Inhaber: Rita und Gotthard Emmerich
Rebfläche: 3 Hektar
Besuchszeiten: täglich n. Vereinbarung (auch So.)

Rita und Gotthard Emmerich führen seit 1976 dieses kleine Weingut in Leutesdorf. Neben Riesling bauen sie etwas Weißburgunder, Kerner und Müller-Thurgau, aber auch Dornfelder und Portugieser an (seit fast 50 Jahren gibt es rote Sorten beim Weingut Emmerich).

84 ▶ 2002 „Surprise" Riesling Hochgewächs Leutesdorfer Rosenberg gute jugendliche Frucht, frisch, klar und direkt; harmonisch im Mund, gute klare Rieslingfrucht (5,50 €)

84 ▶ 2002 Kerner Kabinett süß Leutesdorfer Gartenlay sehr klare reife Frucht, ein wenig Aprikosen, Frische; herrlich süffig im Mund, viel süße Frucht, Frische (4,80 €)

87 ▶ 2002 Riesling Spätlese süß Leutesdorfer Rosenberg gute Würze und Konzentration, jugendliche herrlich eindringliche Frucht; viel reife Frucht im Mund, gute Fülle und Harmonie, mit Länge (7 €)

88 ▶ 2002 Riesling Auslese edelsüß Leutesdorfer Rosenberg gute Konzentration, sehr klare reife Frucht, Würze, eindringlich; viel reife süße Frucht im Mund, herrlich harmonisch und klar, gute Fülle (8 €/0,5l)

Weitere Weine: 81 ▶ 2001 Riesling Hochgewächs trocken Leutesdorfer Forstberg ■ 83 ▶ 2002 Riesling Hochgewächs trocken Leutesdorfer Gartenlay ■ 81 ▶ 2001 Riesling Hochgewächs halbtrocken Leutesdorfer Gartenlay ■ 79 ▶ 2001 Riesling Hochgewächs halbtrocken Leutesdorfer Rosenberg ■ 83 ▶ 2002 Riesling Classic ■ 83 ▶ 2002 Riesling Hochgewächs Leutesdorfer Traubenträger ■ 82 ▶ 2001 Riesling Hochgewächs Leutesdorfer Gartenlay ■ 80 ▶ 2002 Dornfelder trocken Leutesdorfer Forstberg ■

Weingut **Emmerich** ★★
Franken

Eimersheimer Straße 47, 97346 Iphofen
Tel. 09323-875930, Fax: 09323-8759399
www.weingut-emmerich.de
info@weingut-emmerich.de
Inhaber: Werner und Irmgard Emmerich
Rebfläche: 6 Hektar
Besuchszeiten: täglich 8-18 Uhr, sonn- und feiertags 9-12 Uhr und nach Vereinbarung
Weinstube und Seminarraum, 6 Gästezimmer

Das Weingut Emmerich ist ein Familienbetrieb in Iphofen. Werner und Irmgard Emmerich haben ihre Weinberge in den Iphöfer Lagen Burgweg, Kronsberg, Julius-Echter-Berg und Kalb, sowie in Seinsheim am Hohenbühl. Neben traditionellen Sorten wie Silvaner, Müller-Thurgau und Traminer bauen sie auch diverse Neuzüchtungen an (Scheurebe, Bacchus, Kerner, Perle). An roten Sorten gibt es Portugieser und Domina. Nach zweijähriger Bauzeit haben Werner und Irmgard Emmerich im Jahr 2000 ihren neuen Winzerhof am Ortsrand von Iphofen bezogen.

Vor zwei Jahren hatte ich zum ersten Mal Weine von Werner Emmerich verkostet. Mein Favorit in einer guten Kollektion war der trockene Silvaner Kabinett aus dem Seinsheimer Hohenbühl, ein Wein, der von teilweise über 100 Jahre alten Reben stammt. Auch sein Nachfolger war im vergangenen Jahr für mich wieder der interessanteste Wein. Die neue Kollektion ist sehr ausgewogen mit gleichermaßen überzeugenden trockenen und restsüßen Weinen.

84 ▶ 2002 Silvaner Kabinett trocken Iphöfer Julius-Echter-Berg frisch und klar im Bouquet, jugendliche Frucht, weiße Früchte; harmonisch und klar im Mund, reife süße Frucht (5 €)

84 ▶ **2001 Scheurebe Spätlese trocken Iphöfer Kronsberg** klare reife Frucht, Cassis; frisch, klar, direkt, feine süße Frucht (6,20 €)

84 ▶ **2001 Scheurebe Kabinett Iphöfer Julius-Echter-Berg** feine Würze, klare Frucht, etwas Cassis; frisch, klar, feine Frucht (4,60 €)

86 ▶ **2002 Müller-Thurgau Spätlese Seinsheimer Hohenbühl** gute Konzentration, sehr klare Frucht; reife süße Frucht, schmeichelnd, harmonisch und lang (5 €)

87 ▶ **2001 Gewürztraminer Auslese Seinsheimer Hohenbühl** Rosen, direkt, sehr eindringliche Traminerfrucht; konzentriert im Mund, viel reife süße Frucht, füllig und klar (10 €)

85 ▶ **2000 Scheurebe Beerenauslese Iphöfer Julius-Echter-Berg** reife süße Frucht, Cassis, Reifenoten; süß und konzentriert im Mund, Bitternote im Abgang (24 €)

Weingut
Emmerich-Koebernik ★
Nahe

Hauptstraße 44, 55596 Waldböckelheim
Tel. 06758-426, Fax: 06758-7697
weingut-emmerich-koebernik@t-online.de
Inhaber: Ernst-Günter und Doris Koebernik
Rebfläche: 12 Hektar
Besuchszeiten: nach Vereinbarung
Weinprobierstube

Das zuvor als Weingut Hermann Emmerich bekannte Weingut in Waldböckelheim wird heute von Ernst-Günter und Doris Koebernik geführt. Doris Koebernik war unter ihrem Mädchennamen Doris Emmerich 1974 Deutsche Weinkönigin. Riesling ist mit einem Anteil von 35 Prozent die wichtigste Rebsorte. Hinzu kommt eine breite Palette weiterer Sorten, angeführt von Weiß- und Grauburgunder, Kerner, Müller-Thurgau und Bacchus. Rote Sorten nehmen inzwischen 45 Prozent der Rebfläche ein: auf jeweils ein Viertel der roten Fläche stehen Dornfelder, Portugieser, Spätburgunder und der neu angepflanzte St. Laurent ein. Die Weißweine werden in Edelstahl ausgebaut, und ab der Ernte 2003 temperaturgesteuert vergoren. Die Rotweine werden in großen oder kleinen Eichenholzfässern ausgebaut.

Nach etwas verhaltenen 2001er gefällt mir der neue Jahrgang von Ernst-Günter und Doris Koebernik besser. Die Weine sind von sehr gleichmäßiger Qualität, der Eiswein fasziniert mit seiner Konzentration.

85 ▶ **2002 Grauer Burgunder Spätlese trocken Waldböckelheimer Kronenfels** gute Konzentration, reintönige Frucht, gelbe Früchte; frisch, klar, viel süße Frucht (5,40 €)

84 ▶ **2002 Weißer Burgunder trocken Waldböckelheimer Kronenfels** klare süße Frucht, weiße Früchte; frisch und klar im Mund, feine Frucht (4,40 €)

84 ▶ **2002 Silvaner Spätlese Waldböckelheimer Kronenfels** klare zurückhaltende Frucht, weiße Früchte; frisch, klare süße Frucht, Biss (4,90 €)

85 ▶ **2002 Riesling Spätlese Schloßböckelheimer Kronenfels** feine würzige Rieslingfrucht, klar und direkt; viel reife Frucht, feine Frische, süffig (4,90 €)

89 ▶ **2002 Riesling Eiswein Waldböckelheimer Kronenfels** reife süße Aprikosen, herrlich würzige Frucht; süß, konzentriert, viel Frucht, enorm dominant und dick (30 €/0,5l)

Weitere Weine: 83 ▶ 2002 Rivaner trocken Waldböckelheimer Kronenfels ■ 83 ▶ 2002 Grauer Burgunder trocken Waldböckelheimer Kronenfels ■ 82 ▶ 2002 Bacchus halbtrocken Waldböckelheimer Kronenfels ■ 83 ▶ 2002 Riesling halbtrocken Waldböckelheimer Mühlberg ■ 82 ▶ 2002 Riesling Waldböckelheimer Mühlberg ■ 80 ▶ 2002 Dornfelder trocken Waldböckelheimer Kronenfels ■ 81 ▶ 2002 Portugieser halbtrocken Waldböckelheimer Kronenfels ■

Weingut Emrich-Schönleber ★★★★★
Nahe

Naheweinstraße 10a, 55569 Monzingen
Tel. 06751-2733, Fax: 06751-4864
www.emrich-schoenleber.com
weingut@emrich-schoenleber.com
Inhaber: Hannelore und Werner Schönleber
Rebfläche: 14,5 Hektar
Besuchszeiten: Mo.-Fr. 8-12 + 13:30-18 Uhr,
Sa. 8-12 + 13-16 Uhr nur nach Vereinbarung

Seit vielen Generation gibt es zwar Weinbau in der Familie, aber erst Ende der sechziger Jahre - mit zwei Hektar Weinbergen - begann bei Emrich-Schönleber die Entwicklung zum Weingut. Hannelore und Werner Schönleber bauen neben 75 Prozent Riesling vor allem noch etwas Grau- und Weißburgunder an. Ihnen gehören Weinberge in den besten Lagen von Monzingen, dem Frühlingsplätzchen und dem Halenberg (von dem ihnen 3,8 Hektar gehören). In den letzten zehn Jahren haben sie gezielt in den steilen Herzstücken dieser Monzinger Lagen investiert.

Jedes Jahr überzeugt Werner Schönleber mit allen Rieslingen, egal ob trocken, halbtrocken oder restsüß ausgebaut. Nicht zu vergessen die trockene Grauburgunder-Spätlese, die regelmäßig zu den besten Grauburgundern an der Nahe zählt. So auch in diesem Jahr. Besonders begeistert haben mich aber wie schon im vergangenen Jahr die trockenen Rieslinge aus dem Monzinger Halenberg, die wiederum die besten trockenen Rieslinge des Jahrgangs an der Nahe sind. Überstrahlt werden sie in diesem Jahr vom Eiswein, einem der großen edelsüßen Weine des Jahrgangs.

87 ▶ 2002 Grauburgunder Spätlese trocken reife klare Frucht, gelbe Früchte; gute Harmonie, klare süße Frucht, kompakt (9,30 €)

87 ▶ 2002 Riesling Kabinett trocken Monzinger Frühlingsplätzchen frisch, direkt, feine jugendliche Frucht; klar und direkt im Mund, feine Frucht, Biss (7 €)

90 ▶ 2002 Riesling Spätlese trocken Monzinger Halenberg herrlich konzentriert, eindringliche jugendliche Frucht; kraftvoll, herrlich viel Frucht, Struktur, Biss, Nachhall (12 €)

92 ▶ 2002 Riesling Auslese trocken Monzinger Halenberg enorm dominant und konzentriert, sehr eindringliche Frucht, reintönig, mineralische Noten; kraftvoll, viel Frucht, stoffig, kompakt, enormer Nachhall (18 €)

89 ▶ 2002 Riesling Spätlese halbtrocken Monzinger Halenberg enorm würzig, konzentriert, dominant, jugendliche Frucht; kraftvoll, enorm füllig, viel reife Frucht (11 €)

86 ▶ 2002 Riesling Kabinett Monzinger Frühlingsplätzchen sehr klare Frucht, direkt, jugendlich; gute Harmonie, klare reife Frucht, süffig (6,90 €)

87 ▶ 2002 Riesling Spätlese Monzinger Frühlingsplätzchen konzentriert, direkt, feine würzige Rieslingfrucht; sehr klare Frucht, harmonisch, süffig und lang (9 €)

90 ▶ 2002 Riesling Spätlese Monzinger Halenberg herrlich reintönig und konzentriert bei zurückhaltender Frucht; viel süße Frucht, wunderschön harmonisch und lang (12 €)

90 ▶ 2002 Riesling Auslese Monzinger Frühlingsplätzchen herrlich konzentriert, klare jugendliche Frucht; kraftvoll, klar, viel süße Frucht, harmonisch und lang (15 €)

89 ▶ 2002 Riesling Auslese Monzinger Halenberg konzentriert und würzig, dominant; viel süße Frucht, klar, harmonisch, lang (18 €)

91 ▶ 2002 Riesling Auslese Goldkapsel Monzinger Halenberg reintönige Frucht, herrlich konzentriert und dominant; viel reife süße Frucht, harmonisch, klar, lang, feiner Nachhall (Versteigerungswein)

97 ▶ 2002 Riesling Eiswein Monzinger Halenberg faszinierend reintönige Frucht, konzentriert, wunderschön dominant, dabei Frische; faszinierend reintönig auch im Mund, elegant, sehr klare süße Frucht, Biss, enormer Nachhall, großer Eiswein! (69 €/0,375l)

Weingut
Engelhof *
Baden

◆ Georg Netzhammer, Engelhof 1
79801 Hohentengen am Hochrhein
Tel. 07742-7497, Fax: 07742-7960
www.engelhof.de
engelhof@t-online.de
Inhaber: Georg Netzhammer
Rebfläche: 26 Hektar
Besuchszeiten: Mo.-Fr. 8-12 + 14:30-18:30 Uhr,
Sa. 9-12:30 Uhr nach Vereinbarung

Das 1628 gegründete Gut wurde 1982 von 8 Hektar Obstbau auf 20 Hektar Weinbau umgestellt. 1986 übernahm die Familie Georg Netzhammer das Gut. Neben der arrondierten Lage um das Gut am Hohentengener Oelberg bewirtschaftet Georg Netzhammer noch Parzellen am Erzinger Kapellenberg. Eine Besonderheit des Weingutes ist, dass alle Weine einen biologischen Säureabbau durchlaufen.

84 ▶ 2002 „Freddo" Rivaner trocken Hohentengener Oelberg jugendliche Frucht, etwas Cassis, leicht streng; frisch, klar, feine Frucht und Biss (6,60 €)

84 ▶ 2002 Weißburgunder trocken Hohentengener Oelberg würzig, klar, jugendliche Frucht; klare Frucht, geradlinig, eindringlich (5,60 €)

85 ▶ 2002 Grauburgunder trocken Hohentengener Oelberg würzig, klar, jugendliche Frucht; klare Frucht, geradlinig, eindringlich (5,60 €)

84 ▶ 2000 Spätburgunder trocken Erzinger Kapellenberg sehr reintönige Frucht; feine Frische, klare Frucht, Biss (6,40 €)

85 ▶ 2000 Spätburgunder trocken Barrique Hohentengener Oelberg würzig-rauchige Noten, dezent Speck, rote Früchte; klare Frucht, etwas Vanille, gute Harmonie (12 €)

Weitere Weine: 79 ▶ 2002 Gutedel trocken (1l) ▪ 82 ▶ 2001 Gutedel trocken „S" Hohentengener Oelberg ▪ 83 ▶ 2002 Rivaner trocken Hohentengener Oelberg ▪ 80 ▶ 1999 Grauburgunder Spätlese Hohentengener Oelberg ▪

Weingut
Engist *
Baden

Winzerweg 6, 79235 Vogtsburg-Achkarren
Tel. 07662-373, Fax: 07662-912203
www.weingut-engist.de
weingut-herbert-engist@t-online.de
Inhaber: Herbert Daniel Engist
Rebfläche: 3,1 Hektar
Besuchszeiten: nach Vereinbarung

Nach seiner Meisterprüfung in Weinsberg hat Herbert Daniel Engist 1998 ein kleines Weingut in Staufen im Markgräflerland übernommen, das er zwei Jahre lang geführt hat. Im Jahr zuvor hatte er in Achkarren am Kaiserstuhl die Weinberge seines Vaters, der Betriebsleiter bei der örtlichen Genossenschaft war, übernommen. Er hat diese, in der Nähe des Achkarrer Bahnhofs in der Lage Schlossberg gelegenen Weinberge in Terrassen neu angelegt. Seit dem Jahr 2000 sind diese Weinberge in Ertrag und er konzentriert sich ganz auf seine Kaiserstühler Weine. Neben den Burgundersorten hat er etwas Riesling, Müller-Thurgau und Muskateller, aber auch Regent, Merlot und Cabernet Sauvignon gepflanzt. Die Trauben werden, so sie gesund sind, entrappt und meist erst nach kurzer Maischestandzeit weiterverarbeitet. Weißweine werden im Edelstahl ausgebaut, nur beim Chardonnay kommt ein Drittel des Weins ins Barrique. Die Rotweine baut Herbert Engist in gebrauchten Barriques aus, die er aus Piemont bezieht. Seine Weine baut er überwiegend trocken und durchgegoren aus.

Im vergangenen Jahr hatte ich die Weine von Herbert Daniel Engist zum ersten Mal vorgestellt. In der sehr homogenen Kollektion hatte mir ein kraftvoller Chardonnay am besten gefallen.

85 ▶ **2002 Muskateller Kabinett trocken Achkarrer Schlossberg** feine Muskatfrische, sehr klar, Zitrusfrüchte; frisch, direkt, klare Frucht (6 €)

85 ▶ **2001 Spätburgunder trocken Achkarrer Schlossberg** würzige Noten, reife rote Früchte; weich, gute Fülle, Vanille (6,50 €)

Weitere Weine: 82 ▶ 2002 Weißburgunder Kabinett trocken Achkarrer Schlossberg ▪ **83** ▶ 2002 Grauburgunder Kabinett trocken Achkarrer Schlossberg ▪ **83** ▶ 2002 Chardonnay Kabinett trocken Achkarrer Schlossberg ▪ **82** ▶ 2001 Cabernet Sauvignon Merlot trocken Achkarrer Schlossberg ▪

84 ▶ **2002 Portugieser trocken** klare jugendliche Frucht; frisch, klar, süße Frucht, geradlinig (3,60 €)

Weitere Weine: 81 ▶ 2002 Müller-Thurgau trocken (1l) ▪ **81** ▶ 2002 Riesling Hochgewächs trocken ▪ **80** ▶ 2002 Grauburgunder trocken ▪ **82** ▶ 2002 Kerner Spätlese trocken ▪ **81** ▶ 2002 Müller-Thurgau halbtrocken (1l) ▪ **82** ▶ 2002 Weißburgunder Spätlese halbtrocken ▪ **83** ▶ 2002 Müller-Thurgau ▪ **81** ▶ 2002 Portugieser Rosee trocken ▪ **81** ▶ 2002 Spätburgunder Weißherbst Spätlese trocken ▪ **82** ▶ 2002 Dornfelder ▪

Weingut Helmut **Enk** ★
Nahe

Naheweinstraße 36, 55452 Guldental
Tel. 06707-9120, Fax: 06707-91241
www.das-hotel-im-weingut.de
info@das-hotel-im-weingut.de
Inhaber: Helmut Enk
Rebfläche: 6 Hektar
Besuchszeiten: nach Vereinbarung
Hotel Enk „Das Hotel im Weingut",
Weinprobierstube (bis 50 Personen)

Helmut Enk hat sein Sortiment - Schwerpunkt Riesling - in den letzten Jahren mit Grauburgunder und Dornfelder ergänzt. Neben Weinbergen in Guldental besitzt er auch Weinberge in Langenlonsheim. Die Weine werden teils in Edelstahltanks, teils im traditionellen Holzfass ausgebaut.

Die letztjährige Kollektion gefiel mir besser als in den Jahren zuvor, wobei die Stärken eindeutig bei den restsüßen Weinen lagen. Der neue Jahrgang bringt keine Steigerung. Den Weinen mangelt es etwas an Frucht und Konzentration. Ob es an zu hohen Hektarerträgen liegt?

85 ▶ **2002 Riesling Auslese** würzig, direkt, klare jugendliche Frucht; süß, verhalten, süffig (5,50 €/0,5l)

Weingut Udo & Timo **Eppelmann** ★
Rheinhessen

◆ *Kirchgasse 10, 55271 Stadecken-Elsheim*
Tel. 06136-2778, Fax: 06136-3403
www.weingut-eppelmann.de
info@weingut-eppelmann.de
Inhaber: Udo & Timo Eppelmann
Rebfläche: 13 Hektar
Besuchszeiten: nach Vereinbarung

Die wichtigsten Rebsorten bei Udo und Timo Eppelmann sind Riesling, Spätburgunder, Grauburgunder und Dornfelder. Es folgen Portugieser, Silvaner, Müller-Thurgau, Sankt Laurent und Weißburgunder. Ihre Spitzenlagen sind die Elsheimer Lagen Blume und Bockstein. Die Weißweine werden gezügelt vergoren und im Edelstahl ausgebaut, die Rotweine reifen nach der Maischegärung in Holzfässern.

85 ▶ **2002 RS-Rheinhessen Silvaner trocken** klare jugendliche Frucht, feines Bouquet; frisch, klar, feine Frucht und Harmonie (4,40 €)

85 ▶ **2001 Riesling Selection trocken** gute Konzentration, dezente Reifenoten; gute Fülle, reife Frucht (7,50 €)

87 ▶ **2002 Grauer Burgunder Spätlese trocken** gute Konzentration, reife sehr klare Frucht, gelbe Früchte; klare Frucht, gute Fülle und Harmonie (4,90 €)

Weingut Kurt Erbeldinger und Sohn ★★
Rheinhessen

Haus Nr. 3, 67595 Bechtheim-West
Tel. 06244-4932, Fax: 06244-7131
www.weingut-erbeldinger.de
erbeldinger-bechtheim@t-online.de
Inhaber: Stefan Erbeldinger
Rebfläche: 25 Hektar
Besuchszeiten: Mo.-Fr. 7-18 Uhr, Sa. 8-17 Uhr, So. 9-12 Uhr
Weinprobierstube

Aus dem einstigen landwirtschaftlichen Mischbetrieb ist recht früh ein Weingut entstanden. Bereits 1965, mit damals 15 Hektar Weinbergen, hatte Kurt Erbeldinger, der Vater des heutigen Inhabers Stefan Erbeldinger, von Fasswein- auf Flaschenvermarktung umgestellt. Neben Weinbergen in den verschiedenen Bechtheimer Lagen gehören Stefan Erbeldinger auch Parzellen in Gundheim und Westhofen. Wichtigste Rebsorten sind Riesling, Weißburgunder, Spätburgunder und Portugieser. Die Weine werden fast ausschließlich an Endverbraucher verkauft, größtenteils direkt ab Weingut.

Die Weine von Stefan Erbeldinger zeichnen sich durch ihre gute Fülle und Harmonie aus. Die trockenen Weine sind meist von einer deutlichen Restsüße geprägt. Die letztjährige Kollektion bestach durch ihre Geschlossenheit: zwölf Weine habe ich verkostet und keinen mit weniger als 84 Punkten bewertet. Auch in der neuen Kollektion finden sich wieder einige Schnäppchen, auch wenn insgesamt das hohe Niveau des Vorjahrs nicht ganz erreicht wird.

85 ▶ 2002 Rivaner Classic klar, frische etwas süße Frucht; herrlich harmonisch im Mund, süße Frucht, unkompliziert und süffig (3,80 €)

84 ▶ 2002 Weißer Burgunder Classic würzige klare Frucht, etwas weiße Früchte; frisch, klar, feine süße Frucht, süffig (4,20 €)

84 ▶ 2002 Riesling Spätlese gute Konzentration, reife sehr klare Rieslingfrucht; reife süße Frucht (4,50 €)

84 ▶ 2001 Saint Laurent trocken würzige klare Frucht, sehr direkt; klar auch im Mund, gute Harmonie (5,20 €)

Weitere Weine: 81 ▶ 2001 Portugieser Weißherbst ▪ 83 ▶ 2001 Dornfelder trocken ▪ 82 ▶ 2001 Spätburgunder halbtrocken ▪

85 ▶ 2002 Chardonnay trocken feine Frucht und Konzentration; weich, klar, viel süße Frucht (5,10 €)

86 ▶ 2002 Riesling Spätlese trocken herrlich würzig und konzentriert, jugendliche Frucht; klar, direkt, reife Frucht (4,90 €)

86 ▶ 2002 Riesling Auslese trocken viel Konzentration, jugendliche Frucht; herrlich füllig, reife Frucht (6,20 €)

87 ▶ 2002 Huxelrebe Auslese konzentriert, sehr klar, Aprikosen und Grapefruit; viel süße Frucht, schmeichelnd, füllig und lang (5,40 €)

87 ▶ 2002 Riesling Auslese reife klare Frucht, etwas Aprikosen; gute Harmonie, viel süße Frucht, schmeichelnd und lang (5,60 €)

85 ▶ 2001 Rotwein Cuvée Selection Erbeldinger trocken reife rote Früchte, eindringlich; süß, süffig, viel Frucht (5,50 €)

84 ▶ 2001 Saint Laurent trocken reife sehr klare Frucht, rote Früchte; kompakt, klar, süße Frucht (6,70 €)

Weitere Weine: 81 ▶ 2002 Grüner Silvaner Spätlese trocken ▪ 83 ▶ 2002 Weißer Burgunder Spätlese trocken ▪ 83 ▶ 2002 Riesling Classic ▪ 82 ▶ 2002 Riesling Hochgewächs „feinherb" ▪ 83 ▶ 2001 Blauer Portugieser trocken ▪

Weingut Walter Erhard ★★
Franken

Weinstraße 21, 97332 Volkach
Tel. 09381-2623, Fax: 09381-71116
www.weingut-erhard.de
info@weingut-erhard.de
Inhaber: Walter Erhard
Rebfläche: 4,2 Hektar
Besuchszeiten: Di.-Sa. 14-18:30 Uhr und nach Vereinbarung
Gästezimmer,
„Schoppenhäusle" (Frühjahr und Herbst),
„Schatzsuche" in den Volkacher Weinbergen

1990 hat Walter Erhard den ehemals landwirtschaftlichen Betrieb mit Fassweinerzeugung übernommen. Zusammen mit Frau Sabine hat er den Betrieb umstrukturiert und auf Selbstvermarktung umgestellt. Ihre Reben, überwiegend in der Lage Volkacher Ratsherr, wachsen auf Muschelkalkböden. Wichtigste Rebsorten sind Silvaner und Müller-Thurgau, die jeweils 30 Prozent der Fläche einnehmen. Dazu gibt es Bacchus, Kerner, Scheurebe und Weißburgunder, sowie 20 Prozent mit roten Sorten wie Domina, Spätburgunder und Schwarzriesling.

Im vergangenen Jahr war Walter Erhard einer meiner Entdeckungen in Franken, mit einer überzeugenden, interessanten Kollektion. Auch der Folgejahrgang überzeugt voll und ganz: alle Weine sind wunderschön reintönig.

84 ▶ 2002 Silvaner trocken Volkacher Ratsherr frisch, klare Frucht, Birnen; frisch und direkt im Mund, feine Frucht (4 €/1l)

86 ▶ 2002 Müller-Thurgau trocken Frank & Frei frisch, klar, feine Frucht, dezente Muskatnote; gute Fülle, feine Frucht, klar, direkt (5 €)

85 ▶ 2002 Silvaner Kabinett trocken Volkacher Ratsherr feine Würze, herrlich klare Frucht; harmonisch im Mund, sehr klare Frucht, kompakt (5,20 €)

86 ▶ 2002 Riesling Kabinett trocken Obervolkacher Landsknecht sehr klare jugendliche Rieslingfrucht; gute Harmonie, klare Frucht, feiner Riesling (5,50 €)

86 ▶ 2002 Silvaner Spätlese trocken Volkacher Ratsherr gute Konzentration, reife süße Frucht; füllig, reife klare Frucht, kompakter Silvaner (7,50 €)

87 ▶ 2002 Scheurebe Spätlese trocken Volkacher Ratsherr sehr klare Frucht, eindringlich, reintönig; gute Fülle, Würze, feine Frucht (7,20 €)

85 ▶ 2002 Silvaner Kabinett Volkacher Ratsherr feine Würze, sehr klare Frucht; harmonisch, feine Frucht, Frische, klar (5 €)

87 ▶ 2002 Kerner Spätlese Volkacher Ratsherr feine würzige Frucht, reintöniges Bouquet; gute Harmonie im Mund, sehr klare süße Frucht (7 €)

85 ▶ 2002 Rotwein Cuvée trocken Frank & Frei feine jugendliche Frucht, etwas Frische; jugendliche Frucht auch im Mund, klar, unkompliziert (6,80 €)

87 ▶ 2001 Domina trocken Barrique Volkacher Ratsherr gute Konzentration, reife klare Frucht; kraftvoll im Mund, klare Frucht, jugendliche Tannine (9,50 €)

Weitere Weine: 83 ▶ 2002 Rotling ∎

Weingut August Eser ★★
Rheingau

Friedensplatz 19, 65375 Oestrich-Winkel
Tel. 06723-5032, Fax: 06723-87406
www.eser-wein.de
mail@eser-wein.de
Inhaber: Joachim und Renée Eser
Rebfläche: 10 Hektar
Besuchszeiten: Mo.-Fr. 9-12 + 13-17 Uhr,
Sa. 9-12 Uhr oder nach Vereinbarung

Neben Riesling baut Joachim Eser ein klein wenig Spätburgunder an. Seine 10 Hektar Weinberge verteilen sich auf 8 Rheingauer Gemarkungen. Etwa 80 Prozent der Weine baut er trocken oder halbtrocken aus. Die Weine werden in einem aus dem 17. Jahrhundert stammenden Gutshaus in Oestrich ausgebaut. Dort lagert der Wein in Eichenholzfässern.

Mit dem schwierigen Jahrgang 1999 war Joachim Eser besonders gut zurecht gekommen. Der Jahrgang 2000 war bei Joachim Eser zwar von sehr gleichmäßiger Qualität, die Weine erreichten aber nicht das Niveau ihrer Vorgänger. Nach wiederum gleichmäßigen 2001ern gefallen mir die 2002er Rieslinge von Joachim Eser klar besser. Kaum ein Anderer im Rheingau hat eine solch beeindruckende, gleichmäßige Kollektion an trockenen Spätlesen und Ersten Gewächsen.

86 ▶ 2002 Riesling Spätlese trocken Rauenthaler Rothenberg feine Würze, klare jugendliche Frucht; klar und direkt, feine süße Frucht, kompakter Riesling (7,60 €)

87 ▶ 2002 Riesling Spätlese trocken Hattenheimer Nussbrunnen gute Konzentration, herrlich klare jugendliche Frucht; klar, zupackend, feine Frucht, jugendlich (8,10 €)

87 ▶ 2002 Riesling Spätlese trocken Oestricher Doosberg konzentriert, klar, reife Frucht, etwas Zitrusfrüchte; kraftvoll, klar, zupackend, feiner jugendlicher Riesling (7,90 €)

88 ▶ 2002 Riesling Spätlese trocken Oestricher Lenchen konzentriert, klar, sehr eindringliche Frucht; klar, harmonisch, viel reife Frucht, feiner Riesling (8,30 €)

85 ▶ 2002 Riesling Kabinett „feinherb" Oestricher Lenchen frisch, klar, jugendliche Frucht; feine süße Frucht, sehr klar (5,60 €)

88 ▶ 2002 Riesling Erstes Gewächs Winkeler Jesuitengarten viel Konzentration, herrlich reintönige Frucht, klar und direkt; konzentriert, klare Frucht, füllig (15 €)

89 ▶ 2002 Riesling Erstes Gewächs Erbacher Siegelsberg frisch, direkt, sehr eindringliche jugendliche Frucht; herrlich füllig, harmonisch, viel Frucht (14,30 €)

89 ▶ 2002 Riesling Erstes Gewächs Oestricher Lenchen jugendliche Frucht, herrlich klar und eindringlich; kraftvoll im Mund, viel reife Frucht, sehr reintöniger Riesling (15 €)

Weitere Weine: 83 ▶ 2002 Riesling Kabinett trocken Hattenheimer Wisselbrunnen ■ 83 ▶ 2002 Riesling Kabinett trocken Oestricher Lenchen ■ 82 ▶ 2002 Riesling Classic ■

Weingut
Espenhof ★
Rheinhessen

Hauptstrasse 81, 55237 Flonheim
Tel. 06734-94040, Fax: 06734-940450
www.espenhof.com
espenhof@t-online.de
Inhaber: Wilfried Espenschied
Rebfläche: 20 Hektar
Besuchszeiten: nach telefonischer Vereinbarung
Landhotel und Weinrestaurant, Gästezimmer, Appartements

Der Espenhof im Flonheimer Ortsteil Uffhofen wird heute in siebter Generation von Wilfried Espenschied geführt. Das Sortiment wird dominiert von klassischen Rebsorten wie Riesling, Silvaner, Weiß- und Grauburgunder. Daneben finden sich an weißen Sorten Chardonnay, aber auch Neuzüchtungen wie Huxelrebe und Scheurebe. An roten Sorten gibt es Spätburgunder, Portugieser, Dornfelder und neuerdings auch Cabernet Sauvignon, Cabernet Dorio und Sankt Laurent. Das Gros der Weine wird trocken ausgebaut.

Die 2001er waren von sehr gleichmäßiger Qualität. Die trockenen Weine - immer von merklicher Süße geprägt - gefielen mir etwas besser als in den vorausgegangenen Jahren. Interessanterweise waren mit Chardonnay und Cabernet Sauvignon zwei Weine aus internationalen Rebsorten meine Favoriten im Programm von Wilfried Espenschied. Der neue Jahrgang bleibt insgesamt etwas hinter dem Vorjahr zurück.

84 ▶ **2002 Chardonnay trocken** gute Würze und Konzentration; süß, geschmeidig, feine Frucht (5,20 €)

84 ▶ **2002 St. Laurent trocken** jugendliche Frucht, sehr klar; fruchtbetont, klar und direkt, herrlich süffig (5,90 €)

85 ▶ **2001 Portugieser „S" trocken** reife klare frucht, rauchige Noten, süße rote Früchte; kompakt, viel reife klare Frucht (9,20 €)

Weitere Weine: 83 ▶ 2002 Weißburgunder trocken ▪ 81 ▶ 2002 Grauer Burgunder trocken ▪ 82 ▶ 2002 Riesling trocken ▪ 83 ▶ 2002 Silvaner Classic ▪ 82 ▶ 2002 Spätburgunder Blanc de Noir ▪ 82 ▶ 2002 Spätburgunder Rosé trocken ▪ 81 ▶ 2002 Portugieser Rosé „feinherb" ▪ 81 ▶ 2001 Dornfelder Barrique ▪ 83 ▶ 2001 St. Laurent Barrique ▪

87 ▶ **2002 Riesling Auslese Oppenheimer Sacktröger** herrlich konzentriert, klar, würzige Rieslingfrucht; viel süße Frucht, enorm süffig und lang (7,80 €)

87 ▶ **2002 Ruländer Trockenbeerenauslese Dienheimer Falkenberg** enorm würzig und konzentriert, süße Zitrusfrüchte, eindringlich; dominant, dick, viel süße Frucht, Zitrusbiss (18 €/0,375l)

Weitere Weine: 82 ▶ 2002 Grüner Silvaner trocken ▪ 82 ▶ 2002 Grauer Burgunder trocken Dienheimer Falkenberg ▪ 80 ▶ 2002 Riesling Kabinett trocken Dienheimer Falkenberg ▪ 82 ▶ 2002 Riesling Kabinett trocken Niersteiner Hipping ▪ 83 ▶ 2002 Riesling Kabinett halbtrocken Dienheimer Falkenberg ▪ 84 ▶ 2002 Riesling Spätlese halbtrocken Oppenheimer Kreuz ▪ 84 ▶ 2002 Riesling Kabinett Oppenheimer Schloss ▪ 84 ▶ 2002 Riesling Spätlese Niersteiner Hipping ▪

Weingut Manz
Evangelische Kirche ★
von Hessen und Nassau
Rheinhessen

◆ Lettengasse 6, 55278 Weinolsheim
Tel. 06249-7981, 7186, Fax: 06249-80022
weingut_manz@t-online.de
Inhaber: Erich Manz
Rebfläche: 3,8 Hektar
Besuchszeiten: nach Vereinbarung
Rustikale Weinprobierstube

Das Weingut der Evangelischen Kirche in Hessen und Nassau wurde im vergangenen Jahr an Erich Manz (siehe Manz) verpachtet. Die Weine werden gesondert ausgebaut und weiterhin unter dem eigenen Etikett vermarktet.

85 ▶ **2002 Weißer Burgunder Spätlese trocken Guntersblumer Himmelthal** gute Konzentration, klar; süße Frucht, kompakt (6,70 €)

86 ▶ **2002 Grauer Burgunder Spätlese trocken Dienheimer Falkenberg** gute Konzentration, eindringliche jugendliche Frucht; harmonisch, klar, reife süße Frucht (6,70 €)

85 ▶ **2002 Riesling Spätlese trocken Oppenheimer Herrenberg** gute Konzentration, klare Frucht, dezent Zitrusfrüchte; viel süße Frucht, harmonisch, lang (5,20 €)

Weingut
Eymann ★★
Pfalz

♣ Ludwigstraße 35, 67161 Gönnheim
Tel. 06322-2808, Fax: 06322-68792
www.weinguteymann.de
e-mail@weinguteymann.de
Inhaber: Rainer Eymann
Rebfläche: 17 Hektar
Besuchszeiten: Mo.-Fr. 8-12 + 13-19 Uhr, Sa. 10-19 Uhr
Weinstube im Haus, geöffnet abends (Do., Fr., Sa.)

Rainer Eymann gehörte zu den ersten Winzern in der Pfalz, die ihre Weinberge ökologisch bewirtschafteten (er ist Mitglied der Vereinigung Quintessenz). Wichtigste Rebsorte bei ihm ist der Riesling, der etwa ein Drittel seiner Weinberge einnimmt. Dann folgen Spätburgunder, Portugieser, Grauburgunder, Gewürztraminer und Weißburgunder.

Schon in den letzten Jahren hatte Rainer Eymann immer sehr überzeugende,

Weingut Fader - Kastanienhof ★★
Pfalz

Theresienstraße 62, 76835 Rhodt unter Rietburg
Tel. 06323-5193, Fax: 06323-5062051
www.weingut-fader.de
weingut-fader@t-online.de
Inhaber: Karl-Heinz und Knut Fader
Rebfläche: 11 Hektar
Besuchszeiten: Mo.-Sa. 8-12 + 13-18 Uhr,
So. 9-12 Uhr

Der Kastanienhof in Rhodt ist seit 1780 in Familienbesitz und wird heute von Karl-Heinz Fader und Sohn Knut bewirtschaftet. Ihre Weinberge liegen in Rhodt und Edenkoben, hinzu kommen zwei Hektar in Godramstein, wo sie vor allem rote Sorten stehen haben. Die Trauben von weiteren drei Hektar Weinbergen kaufen sie von Winzern hinzu, mit denen sie Bewirtschaftungsverträge abgeschlossen haben. Rotwein nimmt knapp 40 Prozent der Fläche ein. Zu Spätburgunder, Portugieser und Dornfelder kamen in den letzten Jahren St. Laurent und Merlot hinzu. Die Rotweine werden alle maischevergoren und dann in Holzfässern ausgebaut. Bei den weißen Sorten liegt der Schwerpunkt auf Riesling, Weiß- und Grauburgunder, sowie Gewürztraminer, eine Spezialität der Gemeinde Rhodt. Bei den Weißweinen versuchen Karl-Heinz und Knut Fader die natürliche Frische und Fruchtigkeit der Weine zu erhalten. Die vor zwei Jahren neu installierte Gärkühlungsanlage ermöglicht es ihnen die Gärphase noch besser zu kontrollieren.

Wie schon in den vergangenen Jahren sind die Weine von Karl-Heinz und Knut Fader von sehr zuverlässiger Qualität, und wieder findet man einige Schnäppchen.

gleichmäßige Kollektionen zu bieten. Das bestechende an seinen Kollektionen ist die zuverlässige Qualität jedes einzelnen Weines, egal ob trocken oder süß, weiß oder rot, Wein oder Sekt. In der überzeugenden neuen Kollektion haben mir Grauburgunder und Spätburgunder am besten gefallen.

86 ▶ 2000 Riesling Sekt Brut frisch, klar, feine Frucht und Würze; gute Fülle und Harmonie, lang (8,50 €)

85 ▶ 2000 Muskateller Sekt Trocken feine Frische, klare wenn auch verhaltene Muskatnote, etwas Zitrus; gute Fülle und Frucht, sehr klar, feine Harmonie (10 €)

85 ▶ 2002 Chardonnay trocken würzige Noten, klare Frucht; weich, gute Fülle und Harmonie (6,20 €)

87 ▶ 2002 Grauburgunder Spätlese trocken gute Konzentration, klare jugendliche Frucht; kraftvoll, füllig, sehr klare Frucht (7 €)

85 ▶ 2002 Weißburgunder Spätlese trocken würzige Noten, zurückhaltende Frucht; weich im Mund, klare süße Frucht (7 €)

86 ▶ 2002 Riesling Spätlese trocken klare würzige Rieslingfrucht; frisch, direkt, etwas Limone, feine Frucht (7 €)

85 ▶ 2002 St. Laurent trocken klare Frucht, jugendlich; klar auch im Mund, feine jugendliche Frucht (5,30 €)

86 ▶ 2001 Dornfelder trocken Barrique herrlich konzentriert, klar, eindringliche Frucht, rote Früchte, feine Schärfe; überraschend weich dann im Mund, klare Frucht, harmonisch (7 €)

87 ▶ 2001 Spätburgunder trocken Barrique feine Würze, reife süße Frucht; gute Fülle im Mund, kraftvoll, rauchige Noten, Tannine im Abgang (8 €)

Weitere Weine: 81 ▶ 2002 Riesling trocken (1l) ■ 83 ▶ 2002 Weißburgunder Classic ■ 83 ▶ 2002 Riesling Classic ■

84 ▶ **2002 Silvaner Kabinett trocken Rhodter Klosterpfad** klar, frisch, feine Frucht; süß im Mund, klare Frucht, feiner Biss (3,40 €)

85 ▶ **2002 Weißer Burgunder Kabinett trocken Rhodter Ordensgut** feine Frucht, weiße Früchte, dezente Würze; harmonisch, klare süße Frucht, süffig (3,80 €)

86 ▶ **2002 Chardonnay Spätlese trocken Rhodter Klosterpfad** reife klare Frucht, gute Konzentration; viel reife süße Frucht auch im Mund, klar, süffig (5,80 €)

85 ▶ **2001 Riesling Spätlese trocken Rhodter Schlossberg** gute Würze und Konzentration; harmonisch im Mund, klare süße Frucht (4,30 €)

86 ▶ **2002 Weißer Burgunder Spätlese trocken Rhodter Rosengarten** würzige klare Weißburgunderfrucht; frisch, klar, viel süße Frucht, enorm süffig (4,40 €)

87 ▶ **2002 Grauer Burgunder Spätlese trocken Rhodter Rosengarten** gute Konzentration, sehr klare Frucht, eindringlich; herrlich füllig im Mund , harmonisch, reife süße Frucht (4,60 €)

87 ▶ **2002 Gewürztraminer Spätlese trocken Rhodter Klosterpfad** reife süße Frucht, wunderschön reintönig; viel süße Frucht im Mund, schmeichelnd und lang (4,80 €)

85 ▶ **2001 Spätburgunder Spätlese trocken Holzfass Rhodter Klosterpfad** gute Konzentration, reife Frucht, etwas Erdbeeren und Kirschen; klare Frucht, harmonisch, kompakt (9,10 €)

Weitere Weine: 81 ▶ 2002 Riesling trocken Rhodter Schlossberg (1l) ▪ **83** ▶ 2002 Riesling Kabinett trocken Rhodter Schlossberg ▪ **83** ▶ 2001 Spätburgunder trocken Holzfass Godramsteiner Münzberg ▪

Weingut
Fendel ★
Mittelrhein/Rheingau

◆ Rheinstraße 79, 55413 Niederheimbach
Tel. 06743-6829, Fax: 06743-6408
www.weingut-fendel.de
weingutfendel@aol.com
Inhaber: Ferdinand und Jens Fendel
Rebfläche: 11 Hektar

Besuchszeiten: Mo.-Fr. 8-18 Uhr, Sa.+So. 8-13 Uhr
Gutsausschank (Sa. ab 17 Uhr, So. ab 16 Uhr)

Das Weingut Fendel ist seit 1648 in Familienbesitz und gehört zu den größten und ältesten Weingütern am Mittelrhein. Ein Teil der Weinberge von Ferdinand und Jens Fendel liegt auf der gegenüberliegenden Rheinseite in Lorch und gehört zum Rheingau.

F

84 ▶ **2002 Weißer Burgunder trocken Niederheimbacher Soonecker Schlossberg** klare würzige Frucht; gute Fülle im Mund, reife Frucht, klar (4,80 €)

86 ▶ **2002 Weißer Riesling Spätlese trocken Lorcher Bodenthal-Steinberg** gute Konzentration, rauchige Noten, eindringliche Rieslingfrucht; kraftvoll im Mund, gute Fülle, viel reife Frucht (5,50 €)

86 ▶ **2002 Weißer Riesling Selection Niederheimbacher Reitersley** klare konzentrierte reife Frucht, herrlich eindringlich; kraftvoll im Mund, gute Fülle, reife Frucht (7,50 €)

84 ▶ **2002 Weißer Riesling Kabinett halbtrocken Lorcher Kapellenberg** würzige klare Rieslingfrucht, direkt; frisch, feine süße Frucht (4,80 €)

86 ▶ **2002 Weißer Riesling Spätlese halbtrocken Lorcher Bodenthal-Steinberg** reife würzige Frucht, herrlich klar und eindringlich; viel klare süße Frucht, harmonisch (5,50 €)

85 ▶ **2002 Weißer Riesling lieblich Lorcher Schlossberg** reife würzige Frucht, etwas Pfirsiche; unkompliziert im Mund, klare süße Frucht (4,40 €)

84 ▶ **2001 Spätburgunder trocken Barrique** klare würzige Spätburgunderfrucht; klare Frucht, dezente Gewürznoten (9,50 €)

Weitere Weine: 83 ▶ 2002 Riesling trocken Niederheimbacher Froher Weingarten ▪ **81** ▶ 2002 Grauer Burgunder trocken Niederheimbacher Soonecker Schlossberg ▪ **83** ▶ 2002 Spätburgunder Weißherbst halbtrocken Niederheimbacher Soonecker Schlossberg ▪ **83** ▶ 2002 Blauer Spätburgunder trocken Niederheimbacher Froher Weingarten ▪ **82** ▶ 2001 Weißer Burgunder trocken Barrique Niederheimbacher Soonecker Schlossberg ▪

Weingut Friedr. **Fendel** Erben ★★
Rheingau

Marienthaler Strasse 46, 65385 Rüdesheim
Tel. 06722-90570, Fax: 06722-905766
www.friedrich-fendel.de
info@friedrich-fendel.de
Inhaber: Familie Fendel - Hetzert
Rebfläche: 12,5 Hektar
Besuchszeiten: Mo.-Fr. 8-18 Uhr, Sa. 10-16 Uhr
oder nach Vereinbarung
„Weinhaus Fendel"

Die Weinberge von Fendel Erben befinden sich in den Gemarkungen Rüdesheim und Geisenheim, hinzu kommt ein kleines Weingut von Miteigentümer Paul P. Hetzert in Assmannshausen. 90 Prozent der Rebfläche ist mit Riesling bepflanzt, der Rest mit Spätburgunder. Der Ausbau der Weine erfolgt teils im Holz, teils im Edelstahl.

Vor zwei Jahren hatten mich vor allem die Sekte gut gefallen. Auch im vergangenen Jahr gehörte der Riesling Cuvée Brut wieder zu den faszinierendsten Sekten in Deutschland und die neue Cuvée steht ihm nur wenig nach. Die kraftvollen Riesling-Spätlesen des vergangenen Jahres, die zu den Besten im Rheingau zählten, vermisse ich ein wenig in der 2002er Kollektion.

87 ▶ **2001 Riesling Sekt Cuvée Brut** rauchig, klar, zurückhaltend; gute Fülle und Harmonie, viel Biss, kraftvoller Rieslingsekt (12,90 €)

85 ▶ **2001 Blanc de Noir Sekt Brut** feine rauchige Noten, süße Frucht, etwas Kirschen; gute Fülle, Harmonie, süße Frucht (9 €)

86 ▶ **2002 Riesling Spätlese trocken Rüdesheimer Berg Rottland** konzentriert, würzig, jugendliche Frucht; viel reife Frucht, kompakter Riesling (8 €)

84 ▶ **2002 Riesling Kabinett Rüdesheimer Klosterlay** feine süße Rieslingfrucht; frisch, klar, herrlich süffig (6 €)

85 ▶ **2002 „Josef Friedrich" Riesling Rüdesheimer Klosterlay** viel Würze bei zurückhaltender Frucht; klar, direkt, gute Fülle und Frucht (5 €)

85 ▶ **2002 Riesling Spätlese „feinherb" Rüdesheimer Berg Roseneck** viel reife Rieslingfrucht, klar; gute Fülle und Harmonie, klare Frucht (8 €)

Weitere Weine: 82 ▶ 2002 Riesling Kabinett trocken Rüdesheimer Berg Schlossberg ■ 83 ▶ 2002 Riesling Spätlese Rüdesheimer Berg Schlossberg ■

Weingut Wilfried **Finkenauer** ★
Rheinhessen

◆ Hochstraße 9, 55270 Bubenheim
Tel. 06130-944206, Fax: 06130-944207
www.finkenauer.com
info@finkenauer.com
Inhaber: Wilfried Finkenauer
Rebfläche: 9,5 Hektar
Besuchszeiten: wochentags 8-19 Uhr

Wilfried Finkenauer bewirtschaftet seine Weinberge nach den Richtlinien kontrolliert umweltschonenden Anbaus. Die Weißweine werden in Edelstahltanks ausgebaut, die Rotweine nach der Maischegärung teils in Stückfässern und Barriques. 90 Prozent der Produktion wird an Privatkunden verkauft.

84 ▶ **2002 Grauer Burgunder trocken** feine Frucht und Würze im Bouquet; klare Frucht, guter Biss (4,50 €)

84 ▶ **2002 Scheurebe Spätlese** sehr klare Frucht, etwas Cassis; süß im Mund, schmeichelnd und süffig (4,70 €)

84 ▶ **2001 Spätburgunder trocken Barrique** frische klare würzige Spätburgunderfrucht; frisch, klar, feine Frucht (7,50 €)

Weitere Weine: 84 ▶ 2002 Weißburgunder trocken ■ 82 ▶ 2002 Riesling Kabinett trocken ■ 83 ▶ 2002 Riesling Spätlese trocken ■

Weingut
Fippinger-Wick *
Pfalz

♣ Hauptstraße 2, 67308 Zellertal-Zell
Tel. 06355-2001, Fax: 06355-3176
www.weingut-wick.de
weingut-wick@t-online.de
Inhaber: Jochen und Martina Wick
Rebfläche: 12 Hektar
Besuchszeiten: Fr. 14-18 Uhr, Sa. 10-16 Uhr
oder nach Vereinbarung
Probierstübchen, Weinproben im Gewölbekeller, im Weinberg oder am „Château Escargot"

Jochen und Martina Wick bewirtschaften seit 1986 ihre 12 Hektar Weinberge nach den Richtlinien von ECOVIN. Zusammen mit ihren Kindern Max und Eva leben sie auf dem an die Weinberge angrenzenden 100 Jahre alten Hof der ehemaligen Zeller Winzergenossenschaft. Neben Riesling, den Burgundersorten und Gewürztraminer spielen rote Sorten eine wichtige Rolle: Spätburgunder und Portugieser bauen sie an, dazu Dornfelder, Dunkelfelder und Regent. 2002 haben sie den ersten deutschen „Bio-Balsamico" erzeugt. Wie schon im vergangenen Jahr, damals mit einem beeindruckenden Regent an der Spitze, haben Jochen und Martina Wick einige kraftvolle Rotweine im Programm.

85 ▶ 2001 Regent trocken Holzfass gute Konzentration, jugendlich eindringliche Frucht; weich, süße Frucht, enorm süffig, dann jugendliche Bitternoten im Abgang (11 €)

85 ▶ 2000 Spätburgunder trocken Holzfass reife Frucht, dezente Gewürznoten; süße Frucht, harmonisch, feine Tannine und Biss (9,50 €/0,5l)

87 ▶ 2000 Dunkelfelder trocken Holzfass Gewürznoten, reife rote Früchte; enorm füllig im Mund, viel Frucht, Vanille, jugendliche Tannine (9,50 €/0,5l)

Weitere Weine: 81 ▶ 2002 Weißburgunder Kabinett trocken ■ 83 ▶ 2000 Gewürztraminer Kabinett ■ 83 ▶ 2002 Regent + Dunkelfelder trocken ■

Weinhof
Fischborn-Schenk *
Rheinhessen/Nahe

Weingasse 2, 55546 Biebelsheim
Tel. 06701-1214, Fax: 06701-2304
www.schenkwein.de
hw.schenk@t-online.de
Inhaber: Hans-Werner Schenk
Rebfläche: 15 Hektar
Besuchszeiten: Mo.-Sa. 8-18 Uhr oder nach Vereinbarung

Der „Weinhof" befindet sich seit 1833 in Familienbesitz und wird heute von Hans-Werner und Silvia Schenk geführt. Neben Weinbergen in Biebelsheim (Rheinhessen) besitzt das Weingut auch Weinberge in Bad Kreuznach, die zum Anbaugebiet Nahe zählen. Wie schon im Vorjahr überzeugt Hans-Werner Schenk mit einer ausgeglichenen, guten Kollektion.

84 ▶ 2002 Riesling trocken (Nahe) klare jugendliche Rieslingfrucht; frisch, klar, gute süße Frucht und Biss (3,50 €)

86 ▶ 2002 Riesling Spätlese trocken Biebelsheimer Honigberg klare Frucht, gute Konzentration, feines Bouquet; frisch, direkt, klare ganz leicht süße Frucht, viel Biss (4,50 €)

84 ▶ 2002 Riesling Classic (Nahe) jugendliche Frucht, sehr klar; süß, frisch, lebhaft, klar, guter Biss (3,50 €)

87 ▶ 2002 Bacchus Auslese Biebelsheimer Honigberg gute Konzentration, rauchige Noten, klar; viel süße Frucht im Mund, schmeichelnd, herrlich süffig und lang (7 €)

86 ▶ 2001 Spätburgunder trocken Barrique trocken Biebelsheimer Honigberg konzentriert, herrlich reintönige Frucht, etwas Vanille, rauchige Noten; klare Frucht, harmonisch, zupackend, jugendlich (8 €)

Weitere Weine: 83 ▶ 2002 Rivaner trocken ■ 78* ▶ 2002 Chardonnay trocken Biebelsheimer Kieselberg ■ 83 ▶ 2002 Bacchus Kabinett Biebelsheimer Honigberg ■ 82 ▶ 2002 Spätburgunder trocken Biebelsheimer ■ 83 ▶ 2002 Dornfelder trocken Biebelsheimer Honigberg ■ 83 ▶ 2002 Dornfelder Kreuznacher Himmelgarten ■

F

Weingut Oek. Rat J. Fischer Erben ★★★
Rheingau

Kirchgasse 5, 65343 Eltville
Tel. 06123-2437, Fax: 06123-81118
weingut-fischer@weingut-koegler.de
Inhaber: Ferdinand Koegler
Rebfläche: 7,5 Hektar
Besuchszeiten: Mo.-Fr. ab 15 Uhr,
Sa.+So. ab 12 Uhr, oder nach Vereinbarung

Das traditionsreiche Weingut Oek. Rat J. Fischer Erben mit seinen 7,5 Hektar Weinbergen in den Eltviller Lagen Sonnenberg und Kalbspflicht wurde im Jahr 2000 von Ferdinand Koegler (siehe dort) übernommen.

Schon vor zwei Jahren hatte mir der Wein vom Eltviller Sonnenberg in der Kollektion von Ferdinand Koegler am besten gefallen. Und - was für Weine kamen dann im Jahrgang 2001 aus dem Sonnenberg! Spätlese und Erstes Gewächs gehörten zu den besten Weinen des Jahrgangs im Rheingau. Mit dem Jahrgang 2002 bestätigt er diese klasse Leistung.

86 ▶ **2002 Riesling trocken Eltviller Sonnenberg** gute Konzentration, jugendliche klare Rieslingfrucht; klar und geradlinig im Mund, feine Frucht, Nachhall (6 €)

89 ▶ **2002 Riesling Spätlese trocken Eltviller Sonnenberg** herrlich konzentriert, reintönige jugendliche Frucht, sehr eindringlich; viel reife süße Frucht, herrlich füllig und klar, wunderschön nachhaltig (8 €)

87 ▶ **2002 Riesling Eltviller Sonnenberg** reife Rieslingfrucht, faszinierend klar und eindringlich; klar auch im Mund, enorm füllig, harmonisch, viel süße Frucht (14 €)

Weingut Fischer ★★★★
Baden

Auf der Ziegelbreite 8,
79331 Nimburg-Bottingen
Tel. 07663-1747, Fax: 07663-50175
www.weingut-fischer-baden.de
info@weingut-fischer-baden.de
Inhaber: Silvia und Joachim Heger
Rebfläche: 15 Hektar
Besuchszeiten: nach Vereinbarung

1978 beschlossen Otto und Mina Fischer, die damals in Nimburg-Bottingen rund 8 Hektar Reben bewirtschafteten, ihre Trauben selbst zu keltern und die Weine unter eigenem Etikett zu vermarkten. Durch die Tätigkeit als Rebveredler besaß die Familie Fischer viele Parzellen mit interessanten Klonen der Burgunderfamilie. Aus Altersgründen wurde das Weingut Otto Fischer 1997 an Joachim und Silvia Heger aus Ihringen verkauft. Der Nimberg ist ein isoliert stehender Vorberg der Freiburger Bucht. Weinbaulich ist er dem Bereich Kaiserstuhl zugeordnet. Auf dem Schuttkegel lagerte sich wie beim vulkanisch entstandenen Kaiserstuhl eine dicke Lößsandschicht ab. Die Weinberge auf dem Nimberg - die Lage heißt Nimburg-Bottinger Steingrube - sind vor allem mit Burgundersorten bepflanzt. 6,5 Hektar sind mit Spätburgunder bepflanzt. Weiß- und Grauburgunder nehmen zusammen mit Chardonnay knapp die Hälfte der Fläche ein. In den letzten Jahren hat Joachim Heger neue rote Sorten angelegt, wobei er sich ganz bewusst auf zwar nicht in Baden, aber doch in Deutschland verbreitete Sorten beschränkt hat: Frühburgunder, St. Laurent, Samtrot und Lemberger. Beim Spätburgunder wurden neue Klone gepflanzt, die den Weinen eine zusätzliche Dimension zu geben versprechen.

Jahr für Jahr haben die Weine zugelegt. Vor allem die Rotweine sind stetig interessanter geworden. Die aktuelle Kollektion ist die beste bisher mit gleichermaßen starken Weißen und Roten.

86 ▶ 2002 Rivaner trocken Nimburg-Bottinger Steingrube gute Würze und Konzentration bei zurückhaltender Frucht; klar und direkt, feine Frucht, kraftvoll (4,80 €)

86 ▶ 2002 Auxerrois trocken Nimburg-Bottinger Steingrube gute Konzentration, jugendliche zurückhaltende Frucht; gute Harmonie, reife süße Frucht, süffig (ca. 7,50 €)

87 ▶ 2002 Grauer Burgunder trocken Nimburg-Bottinger Steingrube gute Konzentration, klare Frucht; füllig, sehr klare Frucht, zupackender Graubyrgunder (7,50 €)

87 ▶ 2002 Weißer Burgunder trocken Nimburg-Bottinger Steingrube reife süße Frucht, sehr eindringlich; kraftvoll im Mund, harmonisch (7,50 €)

89 ▶ 2002 Riesling Spätlese trocken Nimburg-Bottinger Steingrube herrlich klare eindringliche Frucht, gute Konzentration, etwas Limone; kraftvoll, klar, gute Fülle und Biss, feiner Nachhall (ca. 13,50 €)

86 ▶ 2001 Spätburgunder trocken Nimburg-Bottinger Steingrube wunderschön rauchige feine Spätburgunderfrucht; klare Frucht, süffig, jugendlich (8,20 €)

88 ▶ 2001 Frühburgunder trocken Barrique Nimburg-Bottinger Steingrube herrlich konzentriert, reife klare Frucht, rauchige Noten, sehr reintönig; gute Fülle, reife klare Frucht, herrlich harmonisch und lang (12,80 €)

90 ▶ 2001 Lemberger trocken Barrique Nimburg-Bottinger Steingrube reife süße Frucht, rote Früchte, Gewürznoten, etwas Vanille und Schokolade, herrlich eindringlich; viel reife süße Frucht, konzentriert, klar, etwas Vanille, feiner Nachhall (14,40 €)

88 ▶ 2001 Spätburgunder trocken Barrique Nimburg-Bottinger Steingrube Gewürznoten, sehr eindringliche Frucht, klar und konzentriert; gute Harmonie, reife klare Frucht, Vanille, Frische, feiner Biss und Nachhall (14,40 €)

89 ▶ 2001 Spätburgunder trocken*** Barrique Nimburg-Bottinger Steingrube Gewürznoten, klar, direkt, frisch, feine reife Frucht, Schokolade; gute Harmonie, klar, feine Spätburgunderfrucht, elegant, Struktur, mit Biss, jugendlich (17,80 €)

Sekt- und Weingut Stephan Fischer ★★★
Mosel-Saar-Ruwer

Merler Straße 12, 56856 Zell
Tel. 06542-41612, Fax: 06542-41651
weingut-fischer@t-online.de
Inhaber: Stephan Fischer
Rebfläche: 3 Hektar
Besuchszeiten: nach Vereinbarung

Dieses Weingut mit über 300jähriger Tradition wird heute in zehnter Generation von Stephan Fischer geführt. Alle seine Weinberge liegen in Steillagen, die Weine werden alle in Eichenholzfässern ausgebaut. Neben dem dominierenden Riesling baut er ein klein wenig Spätburgunder und Dornfelder an.

Seit Jahren gehören die Sekte von Stephan Fischer immer zur Spitze der deutschen Rieslingsekte. Seit dem Jahrgang 2001 hat er darüber hinaus mit seinen Weißweinen kräftig zugelegt. Wie im vergangenen Jahr überzeugt die gesamte Kollektion mit reintönigen und gut gemachten Weinen.

88 ▶ 2001 Riesling Sekt Extra Brut Zeller Nußberg frisch, klar, sehr reintönig, feine Rieslingfrucht; klar und zupackend im Mund, herrlich geradliniger reintöniger Rieslingsekt, viel Nachhall (7,50 €)

87 ▶ 2001 Riesling Sekt Brut Zeller Nußberg wunderschön reintönige Rieslingfrucht, direkt; gute Harmonie im Mund, klare reife süße Frucht (7,50 €)

87 ▶ 2001 Riesling Sekt Trocken Zeller Nußberg feine Frische, Würze; gute Harmonie, herrlich süffig, klare Frucht, lang (7,50 €)

87 ▶ 2002 Riesling trocken Zeller Schwarze Katz wunderschön klare Rieslingfrucht, sehr direkt; klar und zupackend im Mund, viel Frucht, Biss (3,50 €/1l)

87 ▶ 2002 Riesling Hochgewächs trocken Zeller Schwarze Katz gute Konzentration, klare jugendliche Frucht; zupackend, klare Frucht, jugendlicher feiner Riesling (5 €)

85 ▶ **2002 Riesling Hochgewächs trocken Zeller Nußberg** würzig, klar, jugendliche Frucht; frisch, klar, direkt, gute Frucht und Biss (4,50 €)

86 ▶ **2002 Riesling Spätlese trocken Zeller Nußberg** herrlich würzig, eindringlich, klare jugendliche Frucht; klare Frucht auch im Mund, zupackend (6 €)

86 ▶ **2002 Riesling Hochgewächs halbtrocken Zeller Nußberg** konzentriert und klar im Bouquet, reintönige jugendliche Frucht; viel süße Frucht, schmeichelnd, wunderschön klar (4,50 €)

88 ▶ **2002 Riesling Spätlese Zeller Nußberg** herrlich klare eindringliche Rieslingfrucht; viel süße Frucht im Mund, wunderschön reintönig, harmonisch, feine Länge (5 €)

Weingut
Fitz-Ritter ★★
Pfalz

Weinstraße Nord 51, 67098 Bad Dürkheim
Tel. 06322-5389, Fax: 06322-66005
www.fitz-ritter.de
info@fitz-ritter.de
Inhaber: Konrad M. Fitz
Rebfläche: 21 Hektar
Besuchszeiten: Mo.-Fr. 8-12 + 13-18 Uhr,
Sa. 9-13 Uhr

Das traditionsreiche Weingut Fitz-Ritter wird heute in achter Generation von Konrad Fitz geführt. Zum Betrieb gehört auch die Ritterhof Sektkellerei Fitz. Zwei Drittel der Rebfläche nimmt Riesling ein. Dazu gibt es etwas Spätburgunder, Gewürztraminer, Chardonnay und eine ganze Reihe weiterer Sorten.

Bei den Rieslingen hatten mich in den vergangenen Jahren die edelsüßen Weine immer am meisten überzeugt. Dieses Bild bestätigte sich auch im vergangenen Jahr, als der Riesling Eiswein mein Favorit war. Dazu hatte Konrad Fitz wieder zwei beeindruckende, kraftvolle Rotweine im Programm, Spätburgunder und Cabernet Dorsa. Die diesjährige Kollektion ist nun sehr ausgewogen.

85 ▶ **2002 Riesling Kabinett trocken Dürkheimer Abtsfronberg** sehr klare Frucht, etwas Pfirsiche und Äpfel; harmonisch im Mund, klare süße Frucht, süffig (5,90 €)

86 ▶ **2002 Riesling Spätlese trocken Dürkheimer Abtsfronberg** jugendliche Frucht, würzig, direkt; viel süße Frucht, schmeichelnd, sehr klar (7,30 €)

86 ▶ **2002 Chardonnay Spätlese trocken Dürkheimer Spielberg** gute Konzentration, würzige Noten; süß, geschmeidig, dezente Bitternote (9 €)

86 ▶ **2002 Gewürztraminer Spätlese trocken Dürkheimer Abtsfronberg** reife sehr klare Traminerfrucht; weich, viel reife süße Frucht, kompakter Gewürztraminer (10 €)

84 ▶ **2002 Riesling Kabinett halbtrocken Dürkheimer Abtsfronberg** würzige Noten, klare Frucht; süß im Mund, geschmeidig, süffig (5,70 €)

85 ▶ **2002 Riesling Spätlese halbtrocken Dürkheimer Abtsfronberg** würzige klare Rieslingfrucht, eindringlich; weich im Mund, viel süße Frucht (7,30 €)

85 ▶ **2002 Riesling Kabinett Dürkheimer Hochbenn** klare Frucht, jugendliche Frische; süß und schmeichelnd im Mund, süffig (5,20 €)

87 ▶ **2002 Riesling Auslese Ungsteiner Herrenberg** konzentriert, klar, reife süße Frucht, leichte Schärfe; schmeichelnd im Mund, viel süße Frucht, süffig und lang (13 €)

85 ▶ **2002 Spätburgunder trocken** feine Frucht mit rauchigen Noten; weich im Mund, gute Fülle und Harmonie (6,80 €)

Weitere Weine: 82 ▶ 2002 Riesling Kabinett trocken (1l) ▪ 83 ▶ 2002 Weißer Burgunder trocken Wachenheimer ▪ 79 ▶ 2002 Spätburgunder Weißherbst trocken Dürkheimer ▪

Weingärtner Flein-Talheim ★
Württemberg

Römerstraße 14, 74223 Flein
Tel. 07131-59520, Fax: 07131-59520
www.wg-flein-talheim.de
flein-talheim@t-online.de
Geschäftsführer: Reinhold Fritz
Mitglieder: etwa 300
Rebfläche: 300 Hektar
Besuchszeiten: Mo.-Fr. 8-12 + 13-17 Uhr,
Sa. 8-13 Uhr

Die Weinberge der Weingärtner Flein-Talheim liegen in den Gemarkungen Flein und Talheim. Als Spitzenlagen gelten Fleiner Eselsberg und Altenberg, sowie der Talheimer Schloßberg. Wichtigste Rebsorten sind Riesling und Schwarzriesling. Daneben gibt es insbesondere noch Samtrot, Spätburgunder und Kerner. Eine Auswahl besonderer Weine und Sekte wird unter dem Namen „Sankt Veit" vermarktet.

In früheren Jahren ragte immer ein Eiswein aus dem sonst sehr gleichmäßigen Programm der Weingärtner Flein-Talheim hervor. Ein solches Highlight fehlt in der aktuellen Kollektion.

84 ▶ 2001 Samtrot Sekt Talheimer Kirchenweinberg fruchtbetont, klare süße Pinotfrucht; frisch, klar, gute Fülle und Frucht (9,40 €)

85 ▶ 2002 Riesling Spätlese Fleiner Altenberg klare jugendliche Rieslingfrucht, harmonisch, süße Frucht, süffig (5,92 €)

85 ▶ 2002 Riesling Auslese Fleiner Altenberg klare reife Rieslingfrucht, Pfirsiche; süß, schmeichelnd, klare Frucht (9,11 €)

Weitere Weine: 79 ▶ 2002 Riesling trocken Fleiner Kirchenweinberg (1l) ▪ 82 ▶ 2002 Riesling Kabinett trocken Fleiner Kirchenweinberg ▪ 82 ▶ 2002 Riesling Classic ▪ 81 ▶ 2001 Schwarzriesling Fleiner Kirchenweinberg (1l) ▪ 83 ▶ 2002 Samtrot Auslese trocken Fleiner Kirchenweinberg ▪ 83 ▶ 2002 Acolon trocken Fleiner Kirchenweinberg ▪ 83 ▶ 2002 Spätburgunder Spätlese trocken Talheimer Kirchenweinberg ▪ 83 ▶ 2002 Samtrot Spätlese Fleiner Kirchenweinberg ▪

Weingut Joachim Flick ★★★★
Rheingau

In der Straßenmühle, 65439 Flörsheim-Wicker
Tel. 06145-7686, Fax: 06145-54393
www.flick-wein.de
info@flick-wein.de
Inhaber: Reiner Flick
Rebfläche: 12 Hektar
Besuchszeiten: Mo.-Fr. 15-19 Uhr,
Sa. 10-14 Uhr
Veranstaltungen (bis 240 Personen)

Das Weingut Flick ist seit 1997 in der Straßenmühle untergebracht, wo es neben einem Weinladen eine umgebaute, alte Scheune für größere Veranstaltungen gibt. Riesling ist mit einem Anteil von 81 Prozent wichtigste Rebsorte bei Reiner Flick. Daneben gibt es etwas Spätburgunder, Weißburgunder, Grauburgunder und Dornfelder. Seine wichtigsten Lagen sind Wickerer Mönchsgewann, Wickerer Stein, Flörsheimer Herrenberg und Hochheimer Hölle. Mit dem Jahrgang 2001 wurde erstmals ein neues Traubentransportsystem (mit Scherenhubwagen) eingesetzt, das die mechanische Belastung des Lesegutes weit gehend ausschließt. Auch blieben die 2001er noch länger auf der eigenen Hefe als in den Jahren zuvor.

Die Qualität der Weine von Reiner Flick ist in den letzten Jahren stetig gestiegen. Die 2000er Kollektion bestach mit dem durchgängig guten Niveau aller Weine. Alle zeigten sich sehr reintönig in der Frucht (eine Seltenheit bei 2000ern im Rheingau!), waren stoffig und zupackend. Wer in einem schwierigen Jahrgang wie 2000 solchermaßen gute Weine erzeugt, zeigt, dass er sein Metier beherrscht und man zukünftig einiges erwarten darf. Aber dass Reiner Flick gleich im Jahr darauf mit einer solch großartigen Kollektion aufwartet, war dann doch schon eine kleine Sensation. Vom herrlich fruchtigen Liter-Riesling bis zur Beerenauslese überzeugte jeder einzelne Wein. Reiner Flick ist ein beeindruckender Qualitätssprung gelungen: mein Aufsteiger des Jahres im vergangenen Jahr. Auch 2002 hat er eine überzeugende Kollektion mit einem herrlich stoffigen Ersten Gewächs an der Spitze. Die edelsüßen Rieslinge, zwar allesamt sehr gut, besitzen allerdings nicht die Brillanz der 2001er.

85 ▶ 2001 Riesling Sekt Brut feine Frucht, klar und direkt; gute Harmonie, süße Frucht, kompakt

85 ▶ 2002 Riesling trocken „F. vini et vita" jugendliche klare Frucht; weich, klar, feine Frucht (5 €)

86 ▶ 2002 Weißburgunder trocken Wickerer Mönchsgewann frisch, klar, weiße Früchte; harmonisch und schmeichelnd im Mund, viel süße Frucht (6,70 €)

86 ▶ 2002 Riesling Kabinett trocken Wickerer Stein jugendliche Frucht, Frische, klar; frisch, direkt, viel Frucht, Biss (5,20 €)

87 ▶ 2002 Riesling Spätlese trocken Hochheimer Hölle feine Würze im Bouquet, jugendliche Frucht; klare Frucht, kompakt, feiner Nachhall (7,50 €)

90 ▶ 2002 Riesling Erstes Gewächs Wickerer Mönchsgewann gute Konzentration, jugendlich, feine Frucht, eindringlich; gute Fülle, reife süße Frucht, herrlich kompakt, klar und fruchtbetont (14,50 €)

85 ▶ 2002 Riesling Classic feine jugendliche Frucht im Boquet, Würze; klar, direkt, feine Frucht (5 €)

88 ▶ 2002 Riesling Spätlese Wickerer Mönchsgewann feine Würze, jugendliche Frucht; klar, harmonisch, schmeichelnde süße Frucht, lang (Versteigerungswein, 18,56 €)

89 ▶ 2002 Riesling Auslese Wickerer Mönchsgewann frisch, direkt, Zitrusfrüchte, würzig; viel süße Frucht, schmeichelnd, harmonisch und lang

89 ▶ 2002 Riesling Beerenauslese Wickerer Mönchsgewann duftig, ein wenig Kaffee, gute Konzentration; süß, dominant, Kaffee, sehr weich (Versteigerungswein, 78,88 €/0,5l)

89 ▶ 2002 Riesling Eiswein Nr. 17/03 Wickerer Mönchsgewann konzentriert im Bouquet, duftig, eindringliche Frucht; harmonisch, viel süße reife Frucht, schmeichelnd und lang (Versteigerungswein)

89 ▶ 2002 Riesling Eiswein Nr. 18/03 Wickerer Mönchsgewann konzentriert, direkt, feiner Duft; gute Harmonie, Fülle, reife süße Frucht (Versteigerungswein)

Weitere Weine: 84 ▶ 2002 Riesling trocken ▪ 83 ▶ 2002 Riesling halbtrocken ▪ 84 ▶ 2001 Spätburgunder trocken ▪

Weingut Fluch-Gaul ★★
Pfalz

Leininger Straße 22,
67269 Grünstadt-Sausenheim
Tel. 06359-2359, Fax: 06359-83169
www.weingut-fluch-gaul.de
mail@weingut-fluch-gaul.de
Inhaber: Hans Gaul
Rebfläche: 13 Hektar
Besuchszeiten: Mo.-Fr. 8-12 + 13-18 Uhr,
Sa. 9-16 Uhr, So. nach Vereinbarung

Das Gros der Weinberge von Hans Gaul befindet sich in den Sausenheimer Lagen Hütt, Honigsack und Klostergarten. Hinzu kommen weitere Weinberge in Asselheim und Neuleiningen, aber auch in Bockenheim, Wachenheim und Bad Dürkheim. Während Hans Gaul die Weißweine reduktiv vorwiegend im Edelstahl ausbaut, baut er die Rotweine nach der Maischegärung in Eichenfässern, teilweise auch im Barrique aus.

Nach sehr gleichmäßigen Kollektionen mit reintönigen Weißweinen haben mich im neuen Jahrgang die interessanten Rotweine von Hans Gaul besonders überrascht.

84 ▶ 2002 Riesling Kabinett trocken frisch, klar, feine würzige Frucht; klare Frucht, Frische und Biss (4 €)

86 ▶ 2002 Riesling Spätlese trocken feine Würze, klare Frucht, Konzentration; klar im Mund, feine Frucht, Frische, Nachhall (5,50 €)

84 ▶ 2002 Riesling feine Würze, verhaltene aber klare Frucht; frisch, klar, süße Frucht, süffig (3,80 €)

86 ▶ 2002 Merlot trocken gute Konzentration, eindringliche jugendliche Frucht; klar, direkt, feine Frucht, Struktur (5,10 €)

86 ▶ 2002 „Cuvée J" trocken reife süße Frucht, rote Früchte, eindringlich; gute Harmonie, viel Frucht, klar, harmonisch und lang (6,20 €)

Weitere Weine: 82 ▶ 2002 Riesling Kabinett halbtrocken ▪

Weingut Fogt ★
Rheinhessen

◆ Schönborner Hof, 55576 Badenheim
Tel. 06701-7434, Fax: 06701-7133
weingutfogt@t-online.de
Inhaber: Karl-Heinz, Brunhilde und Georg Fogt
Rebfläche: 17 Hektar
Besuchszeiten: Sa. 10-16 Uhr oder
nach Vereinbarung

1982 haben Karl-Heinz und Brunhilde Fogt den Betrieb übernommen, seit 2002 ist Sohn Georg, der für den Keller verantwortlich ist, Mitgesellschafter. Die Weinbergen liegen in den Gemeinden Badenheim, Wöllstein, Volxheim, Pleitersheim und Sprendlingen. Wichtigste Rebsorten sind die Burgundersorten, Silvaner, Scheurebe, Dornfelder und Portugieser.

86 ▶ 2002 Weißer Burgunder Spätlese trocken Wöllsteiner Hölle würzig, klar, gute Konzentration; kraftvoll, gute Fülle, reife Frucht, sehr reintönig (5,20 €)

86 ▶ 2002 Grauer Burgunder Spätlese trocken Wöllsteiner Ölberg gute Konzentration, jugendliche sehr klare Frucht; kraftvoll, viel Frucht, Biss (5,20 €)

86 ▶ 2002 Weißer Burgunder Holzfass Badenheimer Römerberg vier Monate im Barrique vergoren; würzige Noten, jugendliche zurückhaltende Frucht, dezenter Toast; gute Fülle, reife süße Frucht, süffig (7,80 €)

85 ▶ 2002 Riesling Spätlese halbtrocken Badenheimer Galgenberg gute Würze, frische klare jugendliche Frucht; sehr klar auch im Mund, süße Frucht, Biss (4,40 €)

84 ▶ 2002 Kerner Spätlese Wöllsteiner Ölberg jugendliche süße Frucht, wunderschön reintönig; klar, süße Frucht, süffig (3,40 €)

85 ▶ 2002 Bacchus Spätlese lieblich Wöllsteiner Ölberg gute Konzentration, sehr klare süße Frucht; schmeichelnd, herrlich harmonisch, viel süße Frucht (3,40 €)

85 ▶ 2002 Riesling Spätlese Badenheimer Römerberg würzige jugendliche Rieslingfrucht; frisch, klar, wunderschön reintönige Frucht, süffig (5,20 €)

84 ▶ 2001 Dornfelder trocken Barrique jugendliche Frucht, ganz leicht duftig; fruchtbetont im Mund, klar, gute Struktur (7,20 €)

85 ▶ 2001 Spätburgunder trocken Barrique jugendliche Frucht, rote Früchte; harmonisch, klare reife Frucht, etwas Vanille, süffig (7,80 €)

Weitere Weine: 80 ▶ 2002 Kerner Kabinett halbtrocken Wöllsteiner Äffchen ▪ 81 ▶ 2002 Portugieser Weißherbst halbtrocken Badenweiler Römerberg ▪ 82 ▶ 2002 Dornfelder und Portugieser trocken ▪

Weingut Forsthof ★
Württemberg

Forsthof 4, 71711 Kleinbottwar-Steinheim
Tel. 07148-6134, Fax: 07148-4011
www.weingut-forsthof.com
info@weingut-forsthof.com
Inhaber: Wilfried Roth und Andreas Roth
Rebfläche: 7 Hektar
Besuchszeiten: Mo./Di. 12-13 Uhr,
Mi.-Fr. ab 17 Uhr, Sa. 8-17 Uhr
„Waldstüble" (saisonell geöffnet, 70 Sitzplätze, auf der Freiterrasse 50 Sitzplätze)

Der Forsthof liegt bei Kleinbottwar auf einer Anhöhe des Bottwartals. Die

Weinberge von Wilfried Roth liegen zwischen Steinheim und dem Lichtenberg. Drei Viertel der Weinberge nehmen rote Sorten ein. Es dominieren die Burgundersorten, Trollinger und Lemberger. Daneben gibt es ein klein wenig Regent und Dornfelder, sowie Acolon, der 2001 den ersten Ertrag gebracht hat. Neu gepflanzt hat er Merlot und Cabernet Mitos. Ein Fünftel der Fläche nimmt Riesling ein, hinzu kommt ein wenig Weiß- und Grauburgunder, den es schon seit über 30 Jahren beim Forsthof gibt. Spezialität des Forsthofes sind neben den barriqueausgebauten Weinen die Sekte von Trollinger und Riesling. Seit 2000 wird Wilfried Roth im Betrieb von Sohn Andreas unterstützt, der seine Ausbildung in Weinsberg beendet hat.

Vor zwei Jahren hatte mir die Weißburgunder Spätlese aus dem Jahrgang 1999 am besten gefallen. Recht homogen präsentierte sich die letztjährige Kollektion. In der neuen Kollektion habe ich bei einigen im Holz ausgebauten Weinen die Holznote als störend empfunden.

84 ▶ **„Cuvée Rot" trocken Holzfass** rauchige Noten, etwas Speck; kraftvoll, reife süße Frucht, Vanille (7,60 €)

84 ▶ **2002 Spätburgunder Spätlese trocken Holzfass** reife süße würzige Spätburgunderfrucht; frisch, klar, gute Fülle, Vanille (7 €)

85 ▶ **2002 Muskattrollinger** feine Muskatwürze, sehr direkt; lebhaft, klar, süße Frucht, dann Biss (6,40 €)

Weitere Weine: 82 ▶ 2002 Weißburgunder trocken ■ 80 ▶ 2002 Riesling Spätlese trocken ■ 82 ▶ 2002 Acolon trocken Holzfass ■ 83 ▶ 2002 Lemberger trocken Holzfass ■ 80 ▶ 2001 Spätburgunder Spätlese trocken Barrique ■ 82 ▶ 2001 Lemberger trocken Barrique ■ 82 ▶ 2002 Samtrot Kabinett ■ 83 ▶ 2002 Trollinger Kleinbottwarer Götzenberg ■

Weingut Freiherr von und zu Franckenstein ★★★
Baden

Weingartenstraße 66, 77654 Offenburg
Tel. 0781-34973, Fax: 0781-36046
www.germanwine.de/weingut/franckenstein
weingut-franckenstein@t-online.de
Inhaber: Hubert Doll
Rebfläche: 13,5 Hektar
Besuchszeiten: Mo.-Fr. 9-12 + 14-18 Uhr, Sa. 9-13 Uhr

Die Geschichte dieses Betriebes reicht bis ins 13. Jahrhundert zurück, seit 1710 ist das Gut im Besitz der Freiherren von und zu Franckenstein. Hugo Doll war seit 1978 Betriebsleiter, 1985 hat er dann das Weingut gepachtet. Die Weinberge liegen in Zell-Weierbach und Berghaupten, darunter die Lagen Zell-Weierbacher Neugesetz (3,2 Hektar) und Berghauptener Schützenberg (6,4 Hektar) in Alleinbesitz. Die Weinberge in Berghaupten wurden 1989 hinzugekauft, 1,5 Hektar wurden quer terrassiert. Die Reben wachsen auf warmen, tiefgründigen Urgesteinsböden, Granit im Neugesetz und Gneis im Schützenberg. Wichtigste Rebsorte bei Hubert Doll ist der Riesling, hinzu kommen die Burgundersorten und Müller-Thurgau. Den Anteil von Spätburgunder möchte er von 20 auf 30 Prozent erhöhen. Etwa 80 Prozent der Weine werden durchgegoren ausgebaut.

Alle Weine von Hubert Doll zeichnen sich durch ihre Klarheit und Reintönigkeit aus. Im Jahrgang 2000 bestach seine Kollektion durch ihr sehr gutes und sehr gleichmäßiges Niveau. Auch im Jahrgang 2001 überzeugten die Weine von Hubert Doll wieder durch ihre wunderschön reintönige Frucht, egal ob Weißburgunder, Grauburgunder oder

Riesling. Die neue Kollektion von Hubert Doll aber ist die bisher Beste überhaupt. Weißburgunder, Grauburgunder und Chardonnay sind wie gewohnt sehr gelungen. Riesling und Spätburgunder, von denen er jeweils ein „Großes Gewächs" erzeugt, haben deutlich an Statur gewonnen.

85 ▶ **2002 Rivaner trocken** feine Würze, sehr klare Frucht; frisch, klar, feine Frucht (5 €)

86 ▶ **2002 Riesling Kabinett trocken Zell-Weierbacher Neugesetz** feine Würze, zurückhaltende aber klare Frucht; gute Harmonie, sehr klare süße Frucht (6,85 €)

86 ▶ **2002 Weißburgunder Kabinett trocken Berghauptener Schützenberg** wunderschön klare Frucht, feine Würze; klar, kompakt, feine Frucht, Biss (6,70 €)

88 ▶ **2002 Chardonnay Kabinett trocken Berghauptener Schützenberg** gute Konzentration, wunderschön reintönige Frucht; herrlich füllig, reife klare süße Frucht (7,05 €)

88 ▶ **2002 Grauburgunder Kabinett trocken Zell-Weierbacher Abtsberg** klare Frucht, gelbe Früchte, feine Würze; füllig, harmonisch, viel reife Frucht (6,80 €)

89 ▶ **2002 Grauburgunder Spätlese trocken Zell-Weierbacher Abtsberg** wunderschön reintönige Frucht, viel Konzentration; reintönig auch im Mund, füllig, herrlich viel Frucht (9,50 €)

88 ▶ **2002 Weißburgunder Spätlese trocken Berghauptener Schützenberg** recht würzig, direkt, gute Konzentration; füllig und klar im Mund, reife süße Frucht (9,30 €)

89 ▶ **2002 Riesling Spätlese trocken Zell-Weierbacher Neugesetz** (Großes Gewächs) konzentriert, herrlich klare eindringliche Frucht, wunderschön reintönig; gute Fülle und Konzentration, reife klare Frucht, mit Nachhall

88 ▶ **2001 Spätburgunder Spätlese trocken Zell-Weierbacher Neugesetz** (Großes Gewächs) viel Vanille, sehr klare Frucht, rauchige Noten; sehr klare reife Frucht, gute Fülle und Harmonie, Vanille

Weingut Reinhold Franzen ★★★★
Mosel-Saar-Ruwer

Gartenstraße 14, 56814 Bremm
Tel. 02675-412, Fax: 02675-1655
www.weingut-franzen.de
info@weingut-franzen.de
Inhaber: Ulrich und Iris Franzen
Rebfläche: 6 Hektar
Besuchszeiten: nach Vereinbarung

Völlig ungewöhnlich für die Mosel ist das, was Ulrich Franzen macht, denn er baut 95 Prozent seiner Weine trocken aus. Lediglich botrytisfaules Lesegut über 100 Oechsle wird edelsüß ausgebaut. Bereits seit 1980 verwendet er keine Süßreserve mehr. 70 Prozent seiner Weinberge sind mit Riesling bepflanzt. Daneben gibt es Weißburgunder (bereits seit 1981), Grauburgunder, Müller-Thurgau, Elbling, Spätburgunder und Frühburgunder. Seine Spitzenlagen sind der Neefer Frauenberg und der Bremmer Calmont, der mit 56 Grad Steigung als steilster Weinberg Europas gilt. Auf Prädikatsbezeichnungen verzichtet Ulrich Franzen ganz bewusst, besonders hochwertige Weine stattet er mit Goldkapsel aus. Sein Riesling-Programm ist klar gegliedert: neben dem Gutsriesling gibt es die Rieslinge der Lagen Bremmer Calmont und Neefer Frauenberg, aus beiden Lagen eine Goldkapsel-Version, sowie seit dem Jahrgang 2000 den Calidus Mons als Spitzenwein des Hauses.

Auch mit dem schwierigen Jahrgang 2000 war Ulrich Franzen gut zurechtgekommen. Er konnte wiederum eine beeindruckende Kollektion mit herrlich kraftvollen Weinen vorweisen. Besonders begeistert hatte mich sein neuer Wein, der Calidus Mons (91). Und im Jahrgang 2001 war der Calidus Mons nochmals beeindruckender ausgefallen (92). Er ist einer der wenigen Weine, der gesetzlich zwar im halbtrockenen Bereich liegt, trotzdem aber eindeutig trocken wirkt. Ein stoffiger, großartiger Riesling! Auch in der neuen Kollektion ist er einer meiner Favoriten. Wiederum sind alle Weine herrlich kraftvoll, geprägt von mineralischen Noten: eine starke Kollektion!

84 ▶ 2002 Riesling würzig, direkt, Frische klar; klare Frucht im Mund, direkt (5,50 €)

86 ▶ 2002 Grauer Burgunder gute würzige Frucht, klar und konzentriert; kraftvoll im Mund, harmonisch, klare Frucht (6,40 €)

86 ▶ 2002 Riesling Neef Frauenberg frisch, klar, feine Frucht, mineralische Noten; klar und kraftvoll im Mund, feine Frucht (7,50 €)

88 ▶ 2002 Riesling Bremm Calmont klar, mineralische Noten, eindringliche Frucht; herrlich viel Frucht im Mund, konzentriert, klar, kompakter Riesling (8,50 €)

89 ▶ 2002 Riesling Goldkapsel Neef Frauenberg konzentriert, herrlich dominant, eindringliche Frucht; kraftvoll im Mund, viel Frucht, Fülle, Struktur, Nachhall (16,50 €)

90 ▶ 2002 Riesling Goldkapsel Bremm Calmont konzentriert, viel klare eindringliche Frucht; kraftvoll im Mund, viel Frucht, Konzentration, enormer Nachhall (15 €)

90 ▶ 2002 „Calidus mons" Riesling enorm konzentriert, mineralische eindringliche Rieslingfrucht, jugendlich, dominant; viel reife Frucht im Mund, enorm stoffig, gehaltvoll, feiner Nachhall (25 €)

90 ▶ 2002 Riesling Eiswein konzentriert, enorm würzig, dominant, eindringliche Frucht, etwas Trockenfrüchte; konzentriert und klar im Mund, viel süße Frucht, dominant (Versteigerungswein)

Winzergenossenschaft Frauenstein *
Rheingau

◆ Quellbornstraße 99,
65201 Wiesbaden-Frauenstein
Tel. 0611-429823, Fax: 0611-4280490
Geschäftsführer: Hans-Jürgen Wagner und Ronald Müller-Hagen
Kellermeister: Ernst Chalupa
Mitglieder: 14
Rebfläche: 16,5 Hektar
Besuchszeiten: Di. + Fr. 15-17 Uhr, Sa. 10-13 Uhr

Die kleine Winzergenossenschaft von Wiesbaden-Frauenstein ist eine Kooperation mit den Winzern von Erbach eingegangen. Deren Kellermeister, Ernst Chalupa, ist für den Ausbau der Weine verantwortlich.

84 ▶ 2002 Riesling trocken „Ritter von Vrowenstein" klare Rieslingfrucht, jugendlich; frisch, direkt, feine süße Frucht, süffig (3,80 €)

88 ▶ 2002 Riesling Auslese Frauensteiner Herrnberg gute Konzentration, eingelegte Aprikosen, sehr klar; viel süße Frucht im Mund, schmeichelnd, herrlich harmonisch und lang (9,50 €/0,5l)

88 ▶ 2002 Riesling Eiswein Frauensteiner Herrnberg viel Konzentration, reife süße Frucht, süße eingelegte Aprikosen; herrlich süß und dominant im Mund, gute Fülle und Konzentration, Nachhall (25 €/0,375l)

Weitere Weine: 81 ▶ 2002 Riesling trocken Frauensteiner Herrnberg ▪ 81 ▶ 2002 Riesling Kabinett halbtrocken „Ritter von Vrowenstein" ▪

Staatsweingut Freiburg & Blankenhornsberg ★★★
Baden

Gutsbetrieb Blankenhornsberg
79241 Ihringen - Blankenhornsberg
Tel. 07668-9915-0, Fax: 07668-9915-22
www.landwirtschaft-mlr.baden-wuerttemberg.de
staatsweingut@wbi.bwl.de
Inhaber: Land Baden-Württemberg
Betriebsleiter: Peter Wohlfarth
Rebfläche: 35 Hektar
Besuchszeiten: Mo.-Fr. 8:30-12 + 13-17 Uhr

Im Staatsweingut Freiburg & Blankenhornsberg sind seit 1997 alle Aktivitäten zusammengefasst, die die Erzeugung und Vermarktung der Produkte aus den Gutsbetrieben in Freiburg und am Blankenhornsberg in Ihringen am Kaiserstuhl betreffen. 24 Hektar der Rebfläche des Staatsweingutes liegen auf dem Blankenhornsberg bei Ihringen, wo man die Lage Doktorgarten in Alleinbesitz hat. Der Rest verteilt sich in Freiburg auf die Lagen Schloßberg und Jesuitenschloß. Die wichtigsten Sorten sind die Burgundersorten, die gut die Hälfte der Rebfläche einnehmen. Es folgen Riesling und Müller-Thurgau. Aber auch pilzresistente Neuzüchtungen wie Johanniter, Merzling oder Bronner werden hier auf ihre Anbautauglichkeit geprüft.

Die Weine des Staatsweingutes sind in den vergangenen Jahren stetig besser geworden. Vor allem die barriqueausgebauten Weine überzeugen mich immer wieder, gehören zu den Besten am Kaiserstuhl. Auch in diesem Jahr sind die Barriqueweine meine Favoriten in einer homogenen Kollektion.

85 ▶ **2002 Muskateller trocken Blankenhornsberger** frisch, klar, feine Muskatellerfrucht; klar und direkt im Mund, feine Frucht (4,80 €)

84 ▶ **2002 Silvaner Spätlese trocken Blankenhornsberger** klare reife Frucht, weiße Früchte; kompakt, klar, süße Frucht (5,50 €)

86 ▶ **2002 Weißer Burgunder Spätlese trocken Blankenhornsberger** feine Würze, jugendlich; kompakt, klare süße Frucht (7,40 €)

85 ▶ **2002 Grauer Burgunder Spätlese trocken Blankenhornsberger** gute Konzentration, sehr klare reife Frucht, gelbe Früchte; viel Frucht, kompakt (7,40 €)

87 ▶ **2000 Chardonnay Spätlese trocken Barrique Blankenhornsberger** reife süße Frucht, Vanille, etwas Tropenfrüchte; herrlich viel Frucht, kompakt, sehr klar (14,30 €)

86 ▶ **2002 Muskateller Spätlese Blankenhornsberger** reife klare Frucht, sehr reintönig; schmeichelnd, füllig, süße Frucht, dezente Bitternote (11,20 €)

87 ▶ **2001 Rotwein Cuvée trocken Barrique Blankenhornsberger** würzige Noten, dunkle Früchte; kraftvoll, kompakt, zurückhaltende Frucht, Tannine (20,50 €)

88 ▶ **2001 Spätburgunder Spätlese trocken Barrique Blankenhornsberger** feine rauchige Noten, sehr klare Frucht; viel süße Frucht, schmeichelnd, herrlich süffig (23,50 €)

Weitere Weine: 81 ▶ 2000 Pinot Chardonnay Sekt Brut Blankenhornsberger ■ 83 ▶ 2002 Weißer Burgunder Kabinett trocken Blankenhornsberger ■ 83 ▶ 2002 Spätburgunder Spätlese trocken Blankenhornsberger ■

Weingut Alexander Freimuth ★★
Rheingau

Am Rosengärtchen 25
65366 Geisenheim-Marienthal
Tel. 06722-981070, Fax: 06722-981071
www.weingut-alexander-freimuth.de
info@weingut-alexander-freimuth.de
Inhaber: Alexander und Karin Freimuth
Rebfläche: 7 Hektar
Besuchszeiten: Mo.-Sa. nach Vereinbarung Straußwirtschaft während der Rheingauer Schlemmerwoche

Seit 1984 führt Alexander Freimuth zusammen mit seiner Frau Karin dieses

Weingut. Die Weinberge liegen in den Geisenheimer Lagen Kläuserweg, Mönchspfad, Kilzberg und Mäuerchen, sowie im Rüdesheimer Bischofsberg. Neben 65 Prozent Riesling baut Alexander Freimuth ein Viertel Spätburgunder, sowie jeweils 5 Prozent Weißburgunder (seit 1997) und Müller-Thurgau an. Die Weine werden temperaturgesteuert unter 17 Grad Celsius vergoren. Alexander Freimuth bemüht sich die natürliche Gärungskohlensäure in den Weinen zu erhalten. Drei Viertel seiner Weine sind trocken, weitere 15 Prozent halbtrocken.

Vor zwei Jahren gefiel mir der barriqueausgebaute Weißburgunder aus dem Jahrgang 1999 am besten, im vergangenen Jahr der Spätburgunder. Im Jahrgang 2002 sind die trockenen Weine sehr klar, die edelsüßen Weine leider nicht ganz so.

84 ▶ **2002 Riesling trocken** frisch, klar, feine Frucht; gute Harmonie im Mund, klare Frucht, Biss (6 €/1l)

86 ▶ **2002 Riesling Kabinett trocken Geisenheimer Kläuserweg** gute Konzentration, jugendliche Frucht; klar, direkt, feine Frucht, Biss (6,50 €)

87 ▶ **2002 Weißer Burgunder Spätlese trocken** gute Konzentration, reife klare Frucht; füllig, harmonisch, viel süße Frucht (8,50 €)

85 ▶ **2002 Riesling Auslese Rüdesheimer Bischofsberg** würzige Noten im Bouquet, verhaltene Frucht; kraftvoll, reife Frucht, Biss (12,50 €/0,375l)

87 ▶ **2002 Riesling Beerenauslese Rüdesheimer Bischofsberg** duftig, Würze, verhaltene Frucht; gute Fülle und Konzentration, süße Frucht, kompakt (38 €/0,375l)

Weitere Weine: 83 ▶ 2001 Blauer Spätburgunder trocken Barrique Rüdesheimer Magdalenenkreuz ∎

Weingut Frick ★★
Baden

Im Freihof 9, 79589 Binzen
Tel. 07621-65610, Fax: 07621-669909
www.weingut-frick.de
weingut-frick-binzen@t-online.de
Inhaber: Bernhard und Heike Frick
Rebfläche: 4 Hektar
Besuchszeiten: Winter: Di./Do./Fr. 17.30-19:30 Uhr, Sa. 14-16:30 Uhr; Sommer: Di./Do./Fr. 18-20 Uhr, Sa. 14-17 Uhr

Bernhard und Heike Frick aus Binzen im Markgräflerland erzeugen neben Wein auch Branntweine und Edelbrände in der eigenen Brennerei. Bei der Bewirtschaftung der Weinberge werden keine Insektizide und Herbizide eingesetzt, bei Bedarf erfolgt biotechnische Schädlingsbekämpfung. Alle Weine (bis auf die edelsüßen) sind durchgegoren und **trocken**, auch wenn dies nicht auf dem Etikett vermerkt ist. Dafür ist bei jedem Wein der Restzucker auf dem Etikett angegeben.

Vor zwei Jahren stach ein edelsüßer Wein hervor, nämlich die Müller-Thurgau Trockenbeerenauslese (92 Punkte), die mit 208° Oechsle geerntet worden war. Im vergangenen Jahr hatte mich am meisten der herrlich stoffige, in seiner Art „burgundische" Nobling beeindruckt. In der überzeugenden neuen Kollektion habe ich wieder einen eindeutigen Favoriten, den faszinierenden Spätburgunder, der zur Spitze in Deutschland zählt.

87 ▶ **2002 Weißer Burgunder Kabinett Binzener Sonnhohle** frisch, klar, sehr reintönige jugendliche Frucht; gute Harmonie, klare reife Frucht, viel Biss (ca. 6,50 €)

86 ▶ **2002 „Cuvée Lenz" Binzener Sonnhohle** Burgunder-Nobling-Cuvée; konzentriert, zurückhaltende Frucht; herrlich füllig und direkt, viel Frucht, kompakt (5,80 €)

85 ▶ **2001 Spätburgunder Weißherbst Fischinger Weingarten** sehr klare Frucht, direkt, feine Frische; gute Fülle, reife Frucht (5,90 €)

86 ▶ **2002 Spätburgunder Rosé Kabinett Binzener Sonnhohle** feine klare Frucht, etwas Kirschen, rote Früchte; frisch, direkt, feine Frucht und Biss (6,50 €)

85 ▶ **2002 Dornfelder Binzener Sonnhohle** reife süße Frucht, konzentriert und eindringlich; frisch, klar, gute Fülle und Frucht (5,50 €)

86 ▶ **2001 Spätburgunder Holzfass Binzener Sonnhohle** klare reife Frucht, feine Würze; weich im Mund, harmonisch, füllig, Vanille, klare Frucht (8,50 €)

90 ▶ **2000 Spätburgunder Auslese Barrique Binzener Sonnhohle** herrlich klar und konzentriert, feine reife Frucht, rote Früchte, rauchige Noten; viel Frucht im Mund, füllig, harmonisch, lang und nachhaltig (15 €/0,5l)

Weitere Weine: 81 ▶ 2002 Gutedel Binzener Sonnhohle (1l) ▪ 83 ▶ 2002 „Markgräfler Gumsle" Gutedel ▪ 82 ▶ 2002 Roter Gutedel Binzener Sonnhohle ▪

Weingut
Franz **Friedrich-Kern** ★★
Mosel-Saar-Ruwer

Hauptstraße 98, 54470 Bernkastel-Wehlen
Tel. 06531-3156, Fax: 06531-7706
www.friedrich-kern.de
ffkern@aol.com
Inhaber: Familie Friedrich
Rebfläche: 4,55 Hektar
Besuchszeiten: Mo.-Fr. 10-20 Uhr, Sa. 10-16 Uhr, So. nach Vereinbarung
Straußwirtschaft von Juli bis Oktober (tägl. ab 11 Uhr, mittwochs geschlossen), Ferienwohnung

Die Weinberge von Franz-Josef Friedrich liegen in Wehlen, Zeltingen, Graach und Bernkastel. Er baut überwiegend Riesling (95 Prozent) an. Ein Teil der Weinberge ist noch mit wurzelechten Reben bepflanzt.

In den Jahrgängen 2000 und 2001 hatte Franz-Josef Friedrich mit dem Eiswein aus dem Zeltinger Himmelreich wieder einen tollen edelsüßen Wein im Programm. Der Rest der Kollektion war jedoch etwas unausgewogen. Der 2002er Eiswein hat nicht ganz die Brillanz seiner Vorgänger, wie überhaupt in diesem Jahrgang etwas die Klarheit in den Weinen fehlt.

86 ▶ **2001 „Kern N° 2" Weißwein trocken Barrique** gute Konzentration, viel reife Frucht, dezent Vanille; füllig, viel Frucht (7,50 €)

85 ▶ **2001 Riesling Spätlese trocken Wehlener Sonnenuhr** konzentriert, direkt, jugendliche Frucht; harmonisch im Mund, reife süße Frucht, kompakt (9,50 €)

85 ▶ **2002 Riesling Spätlese trocken Zeltinger Himmelreich** frisch, klar, viel Würze; lebhaft im Mund, feine Frucht, Biss (7,50 €)

84 ▶ **2002 Riesling Spätlese Wehlener Sonnenuhr** würzige Noten, süße Frucht; gute Harmonie, klare süße Frucht (7,50 €)

85 ▶ **2002 Riesling Auslese Goldkapsel Zeltinger Himmelreich** konzentriert, klar, feiner Duft; viel süße Frucht, kompakt (24,60 €)

87 ▶ **2002 Riesling Auslese Goldkapsel Wehlener Sonnenuhr** duftig, süße Frucht, Orangen; süß, konzentriert, enorm süffig (24,60 €)

89 ▶ **2002 Riesling Eiswein Zeltinger Himmelreich** feiner Duft, reife süße Frucht; süße Aprikosen, Zitrusfrüchte, schmeichelnd, harmonisch und lang (25 €/0,375l)

Weitere Weine: 81 ▶ 2002 Riesling Wehlener ▪ 82 ▶ 2002 Riesling Spätlese Bernkasteler Bratenhöfchen ▪

Stiftung Friedrich-Wilhelm-Gymnasium ★★
Mosel-Saar-Ruwer

Weberbach 75, 54290 Trier
Tel. 0651-978300, Fax: 0651-45480
www.fwg-weingut-trier.com/fwg.htm;
www.fwgtrier.com
trierfwg@aol.com, info@fwgtrier.com
Güterdirektor: Helmut Kranich
Rebfläche: 28 Hektar
Besuchszeiten: Mo.-Fr. 9-12:30 + 13-17 Uhr,
Sa. 10-14 Uhr und nach Vereinbarung

Das Stiftungsweingut Friedrich-Willhelm-Gymnasium geht auf das 1561 gegründete Trierer Jesuitenkolleg zurück, aus dem das Friedrich-Wilhelm-Gymnasium hervorgegangen ist. Dem Kolleg verbundene Wohltäter statteten die Schule mit den erforderlichen Gütern aus. Der Verkaufserlös der Weine aus den gestifteten Weinbergen trug zum Unterhalt des Kollegs bei. So kommt es, dass das Friedrich-Wilhelm-Gymnasium Weinbergsbesitz in einer Vielzahl bester Lagen an der Mittelmosel, wie in Graach, Bernkastel, Zeltingen, Neumagen, Trittenheim oder Mehring hat. Hinzu kommen Weinberge an der Saar und zwar in Ockfen, Falkenberg und Oberemmel. In den Weinbergen des Stiftungsweingutes wird fast 90 Prozent Riesling angebaut. Die Weine werden im historischen Gewölbekeller in traditionellen Fuderfässern ausgebaut, die in der stiftungseigenen Küferei aus eigenen Holzbeständen hergestellt werden. Von der Jahresproduktion von etwa 250.000 Flaschen wird gut ein Drittel exportiert.

Nach einer recht gleichmäßigen Kollektion im Jahrgang 1999 war dem Weingut im schwierigen Jahrgang 2000 eine kleine Steigerung gelungen: eine gute Kollektion mit sehr guten edelsüßen Weinen! Auch im Jahrgang 2001 zeigte sich wieder, dass die Stärken des Weinguts eindeutig die süßen und edelsüßen Rieslinge sind. Gleiches gilt für das Jahr 2002, in dem wiederum die edelsüßen Rieslinge am meisten überzeugen.

85 ▶ **2002 Riesling Spätlese trocken Neumagener Rosengärtchen** klare Frucht, jugendlich, gute Konzentration; kraftvoll, klar, direkt, feine Frucht (8 €)

85 ▶ **2002 Riesling Spätlese Neumagener Rosengärtchen** klare Frucht, dezent Marzipan; gute Harmonie, reife Frucht, kompakt (8 €)

86 ▶ **2002 Riesling Spätlese Trittenheimer Apotheke** klare Frucht, jugendlich, feine Würze; frisch, klar, feine Frucht, harmonisch, süffig (10 €)

87 ▶ **2002 Riesling Auslese Graacher Himmelreich** klare süße Frucht, Zitrusfrüchte; viel süße Frucht, Frische und Biss (13 €)

88 ▶ **2002 Riesling Auslese Trittenheimer Apotheke** konzentriert, klare jugendliche Rieslingfrucht; gute Harmonie, viel klare süße Frucht, lang (13 €)

88 ▶ **2002 Riesling Eiswein Falkensteiner Hofberg** enorm duftig, konzentriert; viel süße Frucht, süße Aprikosen und Zitrusfrüchte, Biss und Nachhall (100 €)

Weitere Weine: 80 ▶ 2002 Riesling Kabinett trocken Trittenheimer Altärchen ▪ 81 ▶ 2002 Riesling Kabinett trocken Mehringer Blattenberg ▪ 83 ▶ 2002 Riesling Kabinett Graacher Himmelreich ▪ 81 ▶ 2002 Regent Rosé ▪ 83 ▶ 2002 Spätburgunder Falkensteiner ▪

Weingut Fries ★
Mosel-Saar-Ruwer

◆ Bachstraße 66, 56333 Winningen
Tel. 02606-2686, Fax: 02606-200016
www.weingut-fries.de
info@weingut-fries.de
Inhaber: Reiner und Anke Fries
Rebfläche: 5 Hektar
Besuchszeiten: nach Vereinbarung

Reiner und Anke Fries führen heute dieses Winninger Gut in achter Generation. Sie bauen neben Riesling vor allem Spätburgunder und ein wenig Weißburgunder an. Ihre Weinberge befinden sich in den Winninger Lagen Röttgen und Uhlen. Seit dem Jahrgang 2002 verzichten sie bei trockenen und halbtrockenen Weinen auf die Prädikatsbezeichnungen Spätlese und Auslese.

84 ▶ **2002 Riesling trocken Winninger Uhlen** klare jugendliche Frucht, konzentriert; klar auch im Mund, gute Frucht und Harmonie (11,50 €)

88 ▶ **2002 Riesling Auslese Winninger Röttgen** feine reife klare Rieslingfrucht im Bouquet; viel süße Frucht, harmonisch, reintönig, feine süffige Auslese (9 €/0,5l)

89 ▶ **2002 Riesling Eiswein Winninger Domgarten** konzentriert, süße reife Aprikosen, etwas Pfirsiche und Litschi; faszinierende Frucht im Mund, füllig, herrlich süß und süffig, lang

Weitere Weine: 82 ▶ 2002 Weißburgunder trocken ■ 82 ▶ 2002 Riesling trocken Apollo-Terrassen ■ 82 ▶ 2002 Riesling Kabinett „feinherb" Winninger Hamm ■

Markus Fries ★
- Weingut -
Mosel-Saar-Ruwer

Zum Brauneberg 16, 54484 Maring-Noviand
Tel. 06535-493, Fax: 06535-1505
www.markus-fries.de
weingut-fries@t-online.de
Inhaber: Markus Fries
Rebfläche: 3,6 Hektar
Besuchszeiten: Mo.-So. 8-20 Uhr
Probierstube, Gästezimmer, Ferienwohnungen

Die Weinberge von Markus Fries befinden sich in Bernkastel (Lay, Badstube, Schloßberg), Noviand (Honigberg, Römerpfad) und Maring (Sonnenuhr). Seit dem Jahrgang 1999 ist man durch den Zukauf einer Parzelle auch in der Wehlener Sonnenuhr vertreten, im vergangenen Jahr hat er weitere Parzellen zugekauft. Nach seinem Studium in Geisenheim und Bordeaux arbeitete Markus Fries seit 1997 im elterlichen Weingut mit, das er inzwischen übernommen hat. Neben dem dominierenden Riesling gibt es auch ein klein wenig Spätburgunder, sowie Müller-Thurgau und Kerner, die aber nicht selbst abgefüllt werden. Die eigene Flaschenproduktion besteht ausschließlich aus Riesling und - seit kurzem - Spätburgunder. 40 Prozent der Rieslingreben sind wurzelechte Reben. Die Weine werden in Eichenholzfässern ausgebaut. In Noviand hat er vor zwei Jahren neue Weinberge mit einer Pflanzdichte von 10.000 Stock je Hektar angelegt.

Die neue Kollektion bringt Markus Fries einen klaren Schritt voran. Zwar können nicht alle Weine - vor allem die trockenen Rieslinge - restlos überzeugen, aber Markus Fries zeigt sich experimentierfreudig und hat einige sehr interessante Weine im Programm. Im Auge behalten.

87 ▶ 2001 Riesling Spätlese trocken unfiltriert konzentriert, würzig, eindringliche Frucht; kraftvoll im Mund, gute Fülle, reife Frucht (nicht im Verkauf)

86 ▶ 2002 Riesling Spätlese „feinherb" Wehlener Sonnenuhr würzig, konzentriert, eindringliche Frucht; kraftvoll und klar im Mund, gute Frucht (8 €)

85 ▶ 2002 Riesling Spätlese halbtrocken Noviander Honigberg gute Würze und Frucht, jugendlich; herrlich füllig im Mund, reife süße Frucht (7 €)

88 ▶ 2001 Riesling Auslese Barrique Noviander Honigberg reife süße Frucht, konzentriert, dezente Zitrusnote; viel süße Frucht, herrlich füllig, harmonisch (11,50 €)

85 ▶ 2001 Spätburgunder trocken feine klare reife Frucht, etwas süße Erdbeeren, Kirschen; klar und kraftvoll im Mund, geradlinig, gute Tannine (6,50 €)

Weitere Weine: 80 ▶ 2002 Riesling trocken Noviander Honigberg ▪ 79 ▶ 2002 Riesling Kabinett trocken Bernkasteler Schlossberg ▪ 82 ▶ 2002 Riesling Spätlese trocken Wehlener Sonnenuhr ▪

Weingut Clemens **Fröhlich** ★★★
Franken

Bocksbeutelstraße 19, 97332 Escherndorf
Tel. 09381-1776, Fax: 09381-6163
www.weingut-froehlich.de
info@weingut-froehlich.de
Inhaber: Clemens Fröhlich
Rebfläche: 5,2 Hektar
Besuchszeiten: täglich geöffnet, möglichst nach Anmeldung
4 Gästezimmer (Aufenthaltsraum, Küche)

Clemens Fröhlich hat 1987 mit nur einem halben Hektar Weinberge angefangen. Heute bewirtschaftet er zusammen mit Ehefrau Ingrid und seinen Eltern über 5 Hektar, die Hälfte davon in Steillagen. Ingrid Fröhlich ist auch für den Verkauf zuständig - so ihr die vier Söhne Zeit dafür lassen (Anmeldung ist deshalb ratsam). Clemens Fröhlich vergärt die Weine kühl mit Reinzuchthefen und baut sie überwiegend trocken und halbtrocken aus. Wichtigste Rebsorten sind Riesling und Silvaner. Hinzu kommen vor allem noch Müller-Thurgau, Kerner und Bacchus. Zum Weingut gehören auch ein Hektar Obstbäume, aus deren Ertrag Edelbrände erzeugt werden. Alle Weine von Clemens Fröhlich sind fränkisch trocken, d.h. sie weisen weniger als 4 Gramm Restzucker je Liter auf. Restzucker und Säure sind auch auf dem Etikett angegeben.

Jahr für Jahr hat Clemens Fröhlich überzeugende, sehr homogene Kollektionen. Die Weine sind alle wunderschön fruchtbetont, die Preise nach wie vor sehr moderat. So hat, wie schon im Vorjahr auch in der diesjährigen Ausgabe Clemens Fröhlich die meisten „Schnäppchen" in Franken zu bieten. Die trockene Silvaner Spätlese vom Escherndorfer Lump gehört zur Spitze in Deutschland.

86 ▶ 2002 Müller-Thurgau Kabinett trocken Escherndorfer Fürstenberg wunderschön klare Frucht im Bouquet, feine Frische; frisch, wunderschön reintönige Frucht, feiner Müller-Thurgau (4,20 €/1l)

85 ▶ 2002 Silvaner Kabinett trocken Escherndorfer Fürstenberg frisch und klar im Bouquet, dezent Birnen; weich im Mund, klare Frucht (4,30 €/1l)

86 ▶ 2002 Riesling Kabinett trocken Escherndorfer Lump (Liter) feine Frucht im Bouquet, sehr reintönig, etwas Pfirsiche und Aprikosen; gute Frucht, klar, zupackend, feiner Riesling (5,40 €/1l)

87 ▶ 2002 Riesling Kabinett trocken Escherndorfer Lump wunderschön klare reife Rieslingfrucht im Bouquet, feine Frische; sehr reintönig im Mund, feine klare Frucht, mit Biss (4,90 €)

85 ▶ 2002 Silvaner Kabinett trocken Escherndorfer Lump (Liter) frisch, klar, feine Würze, Birnen; klare Frucht, gute Harmonie (4,50 €/1l)

85 ▶ **2002 Silvaner Kabinett trocken Escherndorfer Lump** reife klare Frucht, Birnen; harmonisch, klare Frucht, eleganter Silvaner (4,50 €)

89 ▶ **2002 Silvaner Spätlese trocken Escherndorfer Lump** konzentriert, klare reife Silvanerfrucht, eindringlich; herrlich viel Frucht, kraftvoll, füllig, sehr reintönig (6 €)

87 ▶ **2002 Riesling Spätlese trocken Escherndorfer Lump** gute Würze und Konzentration, sehr klare Frucht; klar im Mund, gute Fülle und Frucht, zupackend (6,50 €)

87 ◀ **2002 Kerner Spätlese trocken Escherndorfer Fürstenberg** reife klare Frucht, etwas Aprikosen und Pfirsiche; gute Harmonie, sehr klare Frucht, feiner Biss (5,70 €)

86 ▶ **2002 Ortega Spätlese trocken Escherndorfer Berg** sehr klare reife Frucht, etwas Orangenschalen; gute Fülle, klare Frucht, kraftvoll (5,80 €)

86 ▶ **2002 Bacchus Spätlese halbtrocken Escherndorfer Berg** sehr klare Frucht, feine Frische; herrlich harmonisch im Mund, feine süße Frucht (5,80 €)

86 ▶ **2002 Dornfelder trocken Escherndorfer Fürstenberg** jugendliche Frucht, sehr reintönig; kraftvoll im Mund, gute Frucht, harmonisch (5,50 €)

Weingut Michael **Fröhlich** ★★★
Franken

Bocksbeutelstraße 41, 97332 Escherndorf
Tel. 09381-2847, Fax: 09381-71360
www.weingut-michael-froehlich.de
info@weingut-michael-froehlich.de
Inhaber: Michael Fröhlich
Rebfläche: 10,01 Hektar
Besuchszeiten: Mo.-Sa. 9-18 Uhr oder nach Vereinbarung
Probierstube, Hofschoppenfest an den letzten beiden August-Wochenenden

Bei Michael und Eva Fröhlich nehmen neben Müller-Thurgau, Silvaner und Riesling als wichtigste Weißweinsorten die roten Sorten etwa 20 Prozent der Fläche ein. Riesling und Silvaner aus dem Escherndorfer Lump sind meist die interessantesten Weine von Michael Fröhlich, aber auch der Muskateller - einer von nur zwei mir bekannten Muskatellern in Franken - gefällt mir immer sehr gut.

Vor zwei Jahren gehörten die Spätlesen aus dem Escherndorfer Lump zu den besten Weinen in Franken. Die Vorjahreskollektion präsentierte sich sehr gleichmäßig auf sehr hohem Niveau. Im Jahrgang 2002 nun ragen zwei edelsüße Weine aus dem sehr guten Programm hervor.

84 ▶ **2002 Müller-Thurgau trocken Frank & Frei** frisch, klar, direkt, feine Muskatnote; gute Harmonie, klare süße Frucht (5 €)

85 ▶ **2002 Scheurebe Kabinett trocken Untereisenheimer Sonnenberg** herrlich klar, direkt, Cassis; klare Frucht auch im Mund, gute Harmonie, Biss (4,50 €)

85 ▶ **2002 Silvaner Kabinett trocken Escherndorfer Lump** frisch, klar, etwas Birnen; süße Frucht, kompakt (5,70 €)

87 ▶ **2002 Silvaner Spätlese trocken Escherndorfer Lump** feine Würze, klare Frucht, weiße Früchte; gute Harmonie im Mund, klar und kraftvoll (7,50 €)

87 ▶ **2002 Riesling Spätlese trocken Escherndorfer Lump** gute Konzentration, jugendliche Frucht, herrlich eindringlich; kraftvoll im Mund, jugendliche Frucht, Biss (9 €)

87 ▶ **2002 Muskateller Kabinett Untereisenheimer Sonnenberg** frisch, klar, feine Muskatellerfrucht; klar, direkt, feine Frucht, Biss (5 €)

86 ▶ **2002 Riesling Spätlese Escherndorfer Lump** gute Konzentration, sehr klare reife Frucht; süß im Mund, schmeichelnd, reife Frucht (9 €)

90 ▶ **2002 Rieslaner Beerenauslese Escherndorfer Lump** viel süße Frucht, Litschi, wunderschön klar; harmonisch im Mund, viel süße Frucht, reintönig, sehr lang (35 €/0,5l)

90 ▶ **2002 Riesling Eiswein Escherndorfer Lump** konzentriert, klar, herrlich reintönig Frucht; harmonisch im Mund, viel süße Frucht, enorm füllig, klar und lang (45 €/0,5l)

Weitere Weine: 83 ▶ 2002 Riesling trocken Escherndorfer Lump ■

Weingut Leo **Fuchs** ★★
Mosel-Saar-Ruwer

Hauptstraße 3, 56829 Pommern
Tel. 02672-1326, Fax: 02672-1336
www.leo-fuchs.de
leo-fuchs@t-online.de
Inhaber: Bruno Fuchs
Rebfläche: 5 Hektar
Besuchszeiten: nach Vereinbarung

Das Weingut Leo Fuchs, eines der ältesten und traditionsreichsten Weingüter in Pommern, wird heute von Bruno und Brunhilde Fuchs geführt. Das Gros ihrer Weinberge liegt in Pommern, hinzu kommt ein Anteil an der Klottener Lage Burg Coraidelsteiner. 85 Prozent der Weinberge sind mit Riesling bepflanzt. Hinzu kommen etwas Müller-Thurgau und Chardonnay.

Jahr für Jahr sind edelsüße Rieslinge die Highlights bei Leo Fuchs. Im Jahrgang 2000 waren es Eiswein und Auslese, beide aus der Lage Pommerner Zeisel. So viele edelsüße Weine wie 2001 hatte es beim Weingut Leo Fuchs allerdings in den letzten Jahren nicht gegeben. Verantwortlich hierfür ist Sohn Ulrich, der, inspiriert durch ein halbjähriges Praktikum bei Müller-Catoir, eine Trockenbeerenauslese erzeugen wollte. So kam er während der Lese täglich von Geisenheim nach Hause und sortierte und verlas die edelfaulen Trauben. Auch wenn es dann zur Trockenbeerenauslese nicht ganz gereicht hat: die Kollektion an edelsüßen Weinen konnte sich sehen lassen. Auch 2002 sind Eiswein und Auslese wieder die herausragenden Weine in einer sehr stimmigen Kollektion.

85 ▶ **2001 Riesling Sekt Brut** rauchige Noten, klare Frucht; kraftvoll im Mund, direkt, feiner Rieslingsekt (9,30 €)

85 ▶ **2002 Riesling Hochgewächs trocken Pommerner Sonnenuhr** feine Würze und Frucht; frisch, klar, feine Frucht (6,30 €)

87 ▶ **2002 Riesling trocken „vom grauen Schiefer"** klar, jugendlich; herrlich eindringlich; kraftvoll, klar, viel Frucht, kompakter Riesling (7,20 €)

86 ▶ **2002 Riesling halbtrocken „vom grauen Schiefer"** konzentriert, klar, jugendliche Frucht; gute Fülle und Harmonie, viel süße Frucht (7,20 €)

84 ▶ **2002 Riesling Hochgewächs halbtrocken Pommerner Sonnenuhr** feine Würze, jugendliche Frucht; klare reife würzige Frucht, kompakt (6,30 €)

85 ▶ **2002 Riesling Pommerner Zeisel** süß, etwas Zitrusfrüchte, klare Frucht; schmeichelnd, viel süße Frucht (6,30 €)

85 ▶ **2002 Riesling Spätlese Pommerner Zeisel** klar, direkt, würzige Frucht; gute Fülle, viel süße Frucht (7,90 €)

88 ▶ **2002 Riesling Auslese Pommerner Zeisel** würzig, direkt, viel süße Frucht; eingelegte süße Aprikosen, herrlich füllig und lang (14 €/0,5l)

90 ▶ **2002 Riesling Eiswein Pommerner Rosenberg** klar, direkt, zurückhaltend, würzige Noten; konzentriert, dominant, viel süße Frucht, lang (32 €/0,375l)

Weitere Weine: 83 ▶ 2002 Rivaner trocken ▪ 83 ▶ 2002 Chardonnay trocken ▪ 83 ▶ 2002 Rivaner ▪

Weingut Reinhold **Fuchs** ★
Mosel-Saar-Ruwer

Zehnthofstraße, 56829 Pommern
Tel. 02672-7405, Fax: 02672-2427
www.fuchs-vallendar.de
info@fuchs-vallendar.de
Inhaber: Eva-Maria Vallendar
Rebfläche: 2,3 Hektar
Besuchszeiten: nach Vereinbarung

Eva-Maria und Josef Vallendar bauen neben Riesling ein klein wenig Müller-Thurgau an. Die Weinbereitung ist durch und durch traditionell. Die Trauben kommen auf eine Kelter aus dem Jahr 1904. Die Vergärung erfolgt mit den natürlichen Hefen, entsäuert oder geschönt wird nicht. Die Weine werden in alten Eichenholzfässern ausgebaut.

Es sind eigenwillige, interessante Rieslinge, die Eva-Maria und Josef Vallendar auf die Flasche bringen, mit viel Charakter, Ecken und Kanten

86 ▶ **2002 Müller-Thurgau trocken Pommerner Rosenberg** klare Frucht, feine Frische; geradlinig im Mund, sehr reintönige Frucht (3,90 €)

85 ▶ **2002 Riesling Spätlese „feinherb" Pommerner Goldberg** jugendlich, konzentriert, herrlich eindringlich; kraftvoll, viel Frucht, jugendlich (6,30 €)

87 ▶ **2002 Riesling Spätlese „feinherb" Pommerner Goldberg (Rindchen)** klare reife Rieslingfrucht, gute Konzentration und Würze; klare Frucht, herrlich zupackend (9,80 €)

85 ▶ **2002 Riesling halbtrocken Pommerner Sonnenuhr** würzig, eindringlich, jugendliche Frucht; kraftvoll, direkt, feine Frucht (7 €)

85 ▶ **2002 Riesling Spätlese halbtrocken Pommerner Zeisel** feine jugendliche Frucht, herrlich reintönig; kraftvoll im Mund, herrlich reintönig, kompakt (6,50 €)

88 ▶ **2002 Riesling Auslese Pommerner Sonnenuhr** würzig, jugendliche zurückhaltende Frucht; viel klare Frucht, konzentriert, reintönig, mit Biss und Nachhall (7,50 €)

86 ▶ **2002 Riesling Tafelwein Pommerner Zeisel** gute Konzentration, eindringliche Frucht, jugendlich; herrlich füllig im Mund, viel Frucht (7 €)

Weitere Weine: 83 ▶ 2002 Riesling trocken Pommerner Goldberg ■ **83** ▶ 2001 Riesling „feinherb" Pommerner Sonnenuhr ■ **83** ▶ 2002 Riesling halbtrocken Pommerner Sonnenuhr (1l) ■

Weingut Rudolf Fürst ★★★★★
Franken

Hohenlindenweg 46, 63927 Bürgstadt
Tel. 09371-8642, Fax: 09371-69230
www.weingut-rudolf-fuerst.de
weingut.rudolf.fuerst@t-online.de
Inhaber: Paul und Monika Fürst
Rebfläche: 15 Hektar
Besuchszeiten: Mo.-Fr. 9-12 + 14-18 Uhr, Sa. 10-15 Uhr

1979 haben Monika und Paul Fürst ihr neues Gutsgebäude in den Weinbergen am Centgrafenberg errichtet. Sie besitzen neben elf Hektar Weinbergen im Bürgstadter Centgrafenberg drei Hektar im Volkacher Karthäuser und einen Hektar in Großheubach (Bischofsberg). Paul Fürst ist der Rotwein-Star in Franken. Dabei wird oft vergessen, dass die Hälfte seiner Produktion auf Weißwein entfällt. Sei dem Jahrgang 1999 gibt es den „Buntsandstein-Terrassen" genannten gemischten Satz aus Silvaner und Riesling, sowie den Weißburgunder R. Während alle anderen Weißweine betont reduktiv und fruchtbetont ausgebaut werden, setzt Paul Fürst beim Weißburgunder R ganz auf neues Holz um einen bewusst „burgundischen" Weißburgunder zu erzeugen. Beim Rotwein wird einerseits mit hohem Aufwand mit Holzfässern und Barriques gearbeitet, andererseits setzt Paul Fürst auf „Low Tech-Ausbau" um die Frucht der Weine zu erhalten. So wird z.B. bei Rotweinen meist überhaupt nicht filtriert, um alle Inhaltsstoffe der Weine zu erhalten. Beim Spätburgunder setzt Paul Fürst auf kleinbeerige und ertragsschwache Klone aus Burgund, mit denen er die Qualität weiter steigern will.

Spätburgunder und Frühburgunder von Paul Fürst waren noch nie so beeindruckend wie im Jahrgang 1999. Der Jahrgang 2000 kam an seine Vorgänger nicht ganz heran. 2001 nun sind alle Rotweine von Paul Fürst wieder herrlich kraftvoll und konzentriert. Und die „R-Klasse" hat wieder Zuwachs bekommen mit einem Spätburgunder Karthäuser und dem Parzival R.

Bei den Weißweinen ist Jahr für Jahr der faszinierende Weißburgunder R mein Favorit, mit dem Paul Fürst neue Maßstäbe setzt. Wie in den vergangenen beiden Jahren ist es ein herrlich fruchtbetonter und klarer Wein, als hätte er kaum Barrique gesehen, enorm füllig in der Manier großer weißer Burgunder.

87 ▶ **2002 Weißburgunder Kabinett trocken Centgrafenberg** feine würzige Frucht, klar und konzentriert; gute Fülle und Harmonie, klare reife Frucht (7,80 €)

87 ▶ **2002 Riesling Kabinett trocken Centgrafenberg** sehr klar, feine würzige Rieslingfrucht; frisch, klar, feine reife Frucht, süffiger Riesling (9 €)

87 ▶ **2002 Riesling Spätlese trocken Centgrafenberg** gute Würze, jugendliche Frucht, klar; kraftvoll im Mund, jugendliche Frucht, zupackend, herrlich viel Biss und Nachhall (13,50 €)

87 ▶ **2002 Buntsandstein-Terrassen Alter Satz von Riesling und Silvaner** frisch, klar, feine Würze, etwas weiße Früchte; klar und geradlinig im Mund, feine reife Frucht, etwas Pfirsiche (11,50 €)

88 ▶ **2002 Spätburgunder „R" weiß gekeltert** würzig, konzentriert, jugendliche Frucht; gute Fülle, reife klare Frucht, feiner Nachhall (24 €)

90 ▶ **2002 Weißer Burgunder Centgrafenberg** konzentriert, herrlich dominante eindringliche Frucht; kraftvoll im Mund, gute Fülle und Harmonie, sehr klare jugendliche Frucht, stoffig, nachhaltig (18,50 €)

92 ▶ **2002 Weißer Burgunder „R" Centgrafenberg** viel Konzentration, herrlich eindringliche jugendliche Frucht, faszinierend dominant; füllig, viel reife Frucht, komplex, reintönig, enormer Nachhall, mit viel Zukunft (30 €)

90 ▶ **2002 Riesling Auslese Centgrafenberg** herrlich reintönige reife Rieslingfrucht, Aprikosen, sehr klar und eindringlich; faszinierend reintönig auch im Mund, harmonisch und lang (15 €/0,375l)

88 ▶ **2001 Parzival** konzentriert, klar, jugendliche eindringliche Frucht; füllig im Mund, gute Harmonie, viel Frucht (15 €)

88 ▶ **2001 Spätburgunder** klare jugendliche Frucht, rote Früchte; wunderschön reintönig im Mund, feine Frucht, mit Biss und Nachhall (18,50 €)

89 ▶ **2001 Spätburgunder „R" Karthäuser** jugendliche Frucht, gute Konzentration, rote Früchte, sehr reintönig; herrlich klar auch im Mund, gute Frucht, Struktur, jugendliche Tannine (36 €)

90 ▶ **2001 Spätburgunder „R" Centgrafenberg** konzentriert, klar, viel eindringliche Frucht, dezent rauchige Noten, jugendlich; füllig im Mund, reife klare Frucht, Struktur, Tannine, kraftvoller jugendlicher Spätburgunder (39,50 €)

87 ▶ **2001 Frühburgunder Centgrafenberg** feine Frucht, rote Früchte, klar; harmonisch im Mund, klare Frucht, feiner Biss (20 €)

90 ▶ **2001 Frühburgunder „R" Centgrafenberg** konzentriert, klar, herrlich eindringliche reintönige Frucht; gute Fülle im Mund, reintönige reife Frucht, Struktur, wunderschön fruchtbetont und kraftvoll (54 €)

90 ▶ **2001 Parzival „R"** konzentriert im Bouquet, rote und dunkle Früchte, sehr eindringlich; wunderschön füllig im Mund, viel reife Frucht, kraftvoll, nachhaltig (38 €)

Weingut Wilhelm Gabel ★
Pfalz

Weinstraße 45, 67273 Herxheim am Berg
Tel. 06353-7462, Fax: 06353-91019
www.weingut-gabel.de
wein@weingut-gabel.de
Inhaber: Wolfgang Gabel
Rebfläche: 20 Hektar
Besuchszeiten: Mo.-Fr. 8-12 + 13-17 Uhr, Sa. 8-12 Uhr oder nach Vereinbarung

Das Familienweingut Wilhelm Gabel in Herxheim am Berg befindet sich seit vierzehn Generationen in Familienbesitz. Die Weinberge des heutigen Inhabers Wolfgang Gabel liegen in den Gemeinden Herxheim am Berg, Bissersheim und Kirchheim. In den vergangenen Jahren ragten immer einzelne edelsüße Weine aus den Kollektionen hervor. In der aktuellen Kollektion fehlt ein solches Highlight.

84 ▶ **2002 Pinot Blanc de Noir trocken Herxheimer Honigsack** klare Frucht, etwas Würze; klare süße Frucht im Mund, süffig (5,40 €)

84 ▶ **2002 Rieslaner Eiswein Herxheimer Honigsack** konzentriert, reife süße Frucht, leicht duftig; dick, klebrig, viel Konzentration (20,50 €/0,5l)

84 ▶ **2001 Saint Laurent trocken Kirchheimer Steinacker** feine Frucht, süße rote Früchte; weich, kompakt, klare Frucht (4,80 €)

Weitere Weine: 79 ▶ 2002 Rivaner Classic ■ 81 ▶ 2002 Grauburgunder Classic ■ 82 ▶ 2002 Weißburgunder Classic ■ 82 ▶ 2002 Riesling Classic ■ 80 ▶ 2002 Auxerrois Kabinett trocken Bissersheimer Steig ■ 83 ▶ 2002 Riesling Spätlese Herxheimer Himmelrich ■ 81 ▶ 2002 Spätburgunder Weißherbst Kabinett halbtrocken Herxheimer Honigsack ■ 83 ▶ 2001 Regent trocken Kirchheimer Steinacker ■ 79 ▶ 1998 Spätburgunder Spätlese trocken Barrique Herxheimer Honigsack ■

Weingut Gallé ★★
Rheinhessen

◆ Langgasse 69, 55237 Flonheim
Tel. 06734-8961, 06734-6676
o.galle@web.de
Inhaber: Klaus und Ortrud Gallé
Rebfläche: 15 Hektar
Besuchszeiten: nach Vereinbarung

1995 haben Klaus und Ortrud Gallé das damals 5 Hektar große Weingut gekauft und nach und nach auf die heutige Fläche erweitert. An roten Sorten gibt es Spätburgunder, Dornfelder, Portugieser, Dunkelfelder, Cabernet Sauvignon und St. Laurent. Beim Weißwein überwiegen Riesling und die Burgundersorten.

85 ▶ **2002 Chardonnay trocken** gute klare ganz leicht süße Frucht, würzige Noten; süße Frucht, kompakt (4,10 €)

84 ▶ **2002 Weißer Burgunder** trocken würzig, direkt, weiße Früchte; süß im Mund, gute Fülle (4 €)

88 ▶ **2002 Riesling trocken Selection** würzig, direkt, jugendliche sehr eindringliche Rieslingfrucht; kraftvoll im Mund, viel Frucht, direkt (7,50 €)

85 ▶ **2002 Spätburgunder trocken** frisch, klar, feine rauchige Spätburgunderfrucht; harmonisch im Mund, klare Frucht, Struktur (4 €)

86 ▶ **2001 Portugieser trocken Selection Rheinhessen** herrlich konzentriert, klare reife Frucht, rote und dunkle Beeren; klar und direkt im Mund, gute Struktur, Frucht, Tannine, feiner Nachhall (11 €)

89 ▶ **2001 Dunkelfelder trocken Barrique** herrlich würzig und konzentriert, reife süße Frucht, dunkle Beeren, Vanille, dominant; füllig, reife süße Frucht, viel Vanille, harmonisch und lang, jugendliche Bitternote, Wärme im Abgang (14 €)

Weingut Karl-Heinz Gaul *
Pfalz

◆ Bärenbrunnenstraße 15,
67269 Grünstadt-Sausenheim
Tel. 06359-84569
Inhaber: Karl-Heinz Gaul
Rebfläche: 12,8 Hektar
Besuchszeiten: Mo.-Fr. 8-12 + 13-18 Uhr,
Sa. 9-14 Uhr

Das Weingut Karl-Heinz Gaul ist vor zehn Jahren entstanden, als der elterliche Betrieb in Sausenheim geteilt wurde. Wichtigste Rebsorte bei Karl-Heinz Gaul ist Riesling. Dazu kommen Spätburgunder, Dunkelfelder, Sankt Laurent, Portugieser und Schwarzriesling. Bei den weißen Sorten folgen Weißburgunder und Müller-Thurgau. Zuletzt hat Karl-Heinz Gaul auch Sorten wie Cabernet Cubin und Cabernet Mitos, sowie Auxerrois gepflanzt.

84 ▶ **2002 Riesling Kabinett trocken Sausenheimer Hütt** frische klare würzige Rieslingfrucht; feine süße Frucht, harmonisch, klar (4,30 €)

85 ▶ **2002 Riesling Spätlese trocken Sausenheimer Honigsack** reife süße würzige Frucht, etwas Litschi; gute Harmonie, klare Frucht, feiner Riesling (6,20 €)

85 ▶ **2002 Huxelrebe Spätlese Sausenheimer Klostergarten** reife klare Frucht, feine Frische; herrlich süffig, klare Frucht (5,20 €)

85 ▶ **2002 Huxelrebe Auslese Sausenheimer Honigsack** herrlich klare reife Frucht, eindringlich; süße Frucht, schmeichelnd, süffig und lang (6,20 €/0,5l)

87 ▶ **2002 Riesling Eiswein Sausenheimer Hütt** konzentriert, direkt, würzige Noten, süße Frucht; frisch im Mund, viel süße Frucht, wunderschön süffig (18 €/0,375l)

Weitere Weine: 83 ▶ 2002 Riesling Kabinett trocken Asselheimer St. Stephan ▪ 81 ▶ 2002 Gewürztraminer Spätlese trocken Sausenheimer Hütt ▪

Weingut Matthias Gaul *
St. Stephanshof
Pfalz

◆ Weinstraße 10, 67269 Grünstadt-Asselheim
Tel. 06359-3668, Fax: 05359-86575
www.gaul-weine.de
gaul@gaul-weine.de
Inhaber: Matthias Gaul
Rebfläche: 14 Hektar
Besuchszeiten: Mo.-Sa. 8-18 Uhr

Eine Spezialität von Matthias Gaul sind die Rotweine. So baut er Spätburgunder, Cabernet Sauvignon, Merlot, Dornfelder und weitere Sorten an. Nach langer Maischegärung - bis zu zwei Monaten - werden die Weine in Barriques ausgebaut.

84 ▶ **2002 Scheurebe trocken** klare Frucht, dezent Johannisbeeren; frisch, klar, feine Frucht und Biss (5,20 €)

85 ▶ **2002 Weißburgunder trocken** fein würzige Noten, klare Frucht; klar, gute Harmonie und Biss, feiner Weißburgunder (7,90 €)

85 ▶ **2002 Riesling Kabinett trocken** klare würzige Rieslingfrucht, direkt; frisch und direkt im Mund, feine Frucht (5,90 €)

85 ▶ **2001 Gewürztraminer Auslese** reife eindringliche Traminerfrucht, etwas Litschi und Aprikosen, sehr eindringlich; gute Fülle, viel reife süße Frucht, Wärme (9,90 €)

86 ▶ **1999 Spätburgunder trocken** rauchige Noten, feine klare Frucht, etwas Gewürze, rote Früchte; gute Harmonie im Mund, klare Frucht (10,80 €)

84 ▶ **2001 Cabernet Sauvignon Barrique** reife süße Frucht, rote Früchte, Johannisbeeren; gute Fülle und Harmonie, klare Frucht (18 €)

Weitere Weine: 82 ▶ 2002 Chardonnay trocken ▪ 80 ▶ 2002 Portugieser trocken ▪ 82 ▶ 2002 Dornfelder trocken ▪ 82 ▶ 1999 Cuvée „Pas de Deux" Barrique ▪

Weingut
Gehrig *
Pfalz

◆ Ostring 4, 67256 Weisenheim am Sand
Tel. 06353-8073, Fax: 06353-1730
weingut.gehrig@t-online.de
Inhaber: Rainer Gehrig
Rebfläche: 13 Hektar
Besuchszeiten: Fr. 9-18:30 Uhr, Sa. 9-14 Uhr
Weinstuben (bis 150 Personen)

Rainer Gehrig hat das Weingut 1995 von seinem Vater übernommen. 70 Prozent seiner Rebfläche nehmen rote Sorten ein wie Dornfelder, Cabernet Sauvignon, Spätburgunder oder Dunkelfelder. Bei den weißen Sorten gibt es neben Riesling auch Chardonnay, Sauvignon Blanc Müller-Thurgau und Grauburgunder.

88 ▶ **1999 Pinot Blanc de Noir Sekt Brut** rauchige Noten im Bouquet, sehr klar; gute Fülle und Harmonie, cremig-rauchige Noten, lang (10,90 €)

85 ▶ **2002 Riesling Burgweg** gute Würze und Konzentration, jugendliche Frucht; frisch, klar und direkt, feine Frucht (11,50 €)

85 ▶ **2002 Merlot Holzfass** intensiv rote Früchte, dominant; gute Fülle, reife klare Frucht, harmonisch (8,50 €)

84 ▶ **1999 Dornfelder Holzfass** reife süße Frucht, herrlich eindringlich; füllig, klare wenn auch zurückhaltende Frucht (7,50 €)

86 ▶ **1999 „Ducat" Barrique** Dunkelfelder und Cabernet Sauvignon; Kakao, Schokolade, Gewürznoten; füllig, reife süße Frucht, Vanille und Bitterschokolade (11,75 €)

84 ▶ **2001 Dunkelfelder** enorm fruchtbetont im Bouquet, klar; fruchtbetont auch im Mund, Biss, leichte Bitternote im Abgang (7,90 €)

Weitere Weine: 82 ▶ 2001 Sauvignon Blanc Burgweg ■

Weingut
Gehring ★★★
Rheinhessen

Außerhalb 17, 55283 Nierstein
Tel. 06133-5470, Fax: 06133-927489
www.weingut-gehring.com
info@weingut-gehring.com
Inhaber: Theo Gehring
Rebfläche: 15 Hektar
Besuchszeiten: Mo.-Fr. 8-12 Uhr,
Vinothek 17-19 Uhr
Gutsschänke „Vini Vita", 80 Plätze (bis Ende Oktober, Sa.+So. ab 16 Uhr), Winteröffnungszeiten auf Anfrage

Theo Gehring hat den elterlichen Betrieb 1995 übernommen. Als erstes hat er neue Gärkühltanks angeschafft, im Jahr darauf dann zweieinhalb Hektar Riesling im Roten Hang hinzugepachtet. Seine Weinberge liegen allesamt in Nierstein, wo er vor zwei Jahren einen weiteren halben Hektar in der Lage Pettenthal erwerben konnte. Wichtigste Rebsorte ist Riesling, der die Hälfte der Fläche einnimmt. Hinzu kommen jeweils 20 Prozent Burgunder und rote Sorten. Im Juli 2001 haben Theo und Diana Gehring einen Aussiedlerhof (komplettes Weingut mit Weinbergen und Inventar) übernommen, in dem sie ihre neue Gutsschänke „Vini Vita" eingerichtet haben. Mit dem Jahrgang 2000 hat Theo Gehring eine neue betriebsinterne Klassifizierung für trockene Weine eingeführt. Auf die Begriffe Spätlese und Auslese verzichtet er bei trockenen Weinen ganz und vergibt dafür Sternchen: drei für Spätlesequalität, vier für Auslesequalität und seit dem Jahrgang 2001 zwei Sternchen für Kabinett.

Der Jahrgang 2000 brachte eine deutliche Steigerung. Vor allem die trockenen Weine waren konzentrierter und eindringlicher als im Jahr zuvor - die beste Kollektion des Jahrgangs an der

Rheinfront. Auch im Jahrgang 2001 hatte Theo Gehring wieder einige beeindruckend kraftvolle und fruchtbetonte Rieslinge zu bieten. 2002 kommt da nicht ganz heran. Vor allem die „einfachen" Weine machen wenig Spaß. Vielversprechende Ansätze zeigen die Rotweine.

87 ▶ 2002 Grauer Burgunder* trocken Selection Rheinhessen Niersteiner Bildstock** würzig, direkt, klare Frucht, gute Konzentration; gute Harmonie, klare süße Frucht, kompakt (9,70 €)

87 ▶ 2002 Riesling** trocken Niersteiner Pettenthal** viel reife klare Frucht, sehr eindringlich; gute Fülle, reife Frucht, kompakter Riesling (9,70 €)

85 ▶ 2002 Frühburgunder* trocken Niersteiner Rosenberg** sehr reintönige Frucht mit rauchigen Noten; gute Harmonie, klare Frucht (9,70 €)

86 ▶ 2002 „Anna" Rotwein* trocken Barrique Niersteiner Paterberg** Spätburgunder; rauchige Noten, gute Konzentration; füllig, harmonisch, viel Frucht (14 €)

85 ▶ 2002 „Diana" Rotwein* trocken Barrique Niersteiner Rosenberg** würzige Noten, verhaltene Frucht, Vanille; frisch, klar, feine Frucht, Biss (14 €)

85 ▶ 2002 „Gina" Rotwein* trocken Barrique** verhaltene Frucht bei guter Konzentration; füllig, klar, viel Frucht, Biss (14 €)

Weitere Weine: 79 ▶ 2002 Rivaner* trocken ▪ 80 ▶ 2002 Grüner Silvaner* trocken ▪ 79 ▶ 2002 Grauer Burgunder* trocken ▪ 82 ▶ 2002 Weißburgunder Classic ▪ 83 ▶ 2002 Chardonnay*** trocken ▪ 84 ▶ 2002 Riesling*** trocken Niersteiner Pettenthal ▪ 83 ▶ 2002 Riesling*** trocken Niersteiner Hipping ▪ 84 ▶ 2002 Weißburgunder*** trocken Niersteiner Ölberg ▪ 83 ▶ 2002 Cabernet Dorsa*** trocken Niersteiner Findling ▪

Weingut Geil ★
Rheinhessen

Mittelstraße 14, 55278 Eimsheim
Tel. 06249-2380, Fax: 06249-7618
weingut-geil-eimsheim@t-online.de
Inhaber: Thomas Geil
Rebfläche: 20 Hektar
Besuchszeiten: jederzeit, nach Absprache Gutsschänke, auf Bestellung für Familienfeiern, Seminare, Veranstaltungen

Das Weingut Geil in Eimsheim wird heute in siebter Generation von Thomas Geil geführt. Die Weinberge verteilen sich auf die Gemeinden Eimsheim, Mettenheim, Bechtheim, Uelversheim und Framersheim. 92 Prozent der Rebfläche ist mit weißen Reben bestockt, wobei Riesling, Silvaner, Müller-Thurgau und die Burgunderreben die wichtigsten Sorten sind. Die Rotweinfläche verteilt sich jeweils zur Hälfte auf Portugieser und Spätburgunder. Ziel von Thomas Geil ist es reintönige, saubere, sortentypische Weine zu erzeugen. Dazu trennt er die Jungweine nach der Gärung rasch von der Hefe und füllt sie recht früh ab.

Die Weißweine konnten in diesem Jahr nicht so recht überzeugen (wohl auch ein Korkproblem?), nur der Spätburgunder zeigt Klasse

87 ▶ 2001 Spätburgunder Spätlese trocken rauchige Noten, gute Konzentration; reife klare Frucht, gute Harmonie, rauchig-würzige Noten (13 €)

Weitere Weine: 80 ▶ 2002 Silvaner trocken ▪ 81 ▶ 2002 Riesling Kabinett trocken ▪ 83 ▶ 2002 Weißer Burgunder Kabinett trocken ▪ 79 ▶ 2002 Silvaner halbtrocken ▪ 82 ▶ 2002 Riesling Kabinett „feinherb" ▪ 83 ▶ 2002 Gewürztraminer Kabinett ▪ 83 ▶ 2002 Riesling Spätlese ▪ 82 ▶ 2001 Blauer Portugieser trocken ▪

Geil's Sekt- und Weingut Rudolf und Birgit Geil ★
Rheinhessen

◆ Zeller Straße 8, 67593 Bermersheim
Tel. 06244-4413, Fax: 06244-57384
www.geils.de
mail@geils.de
Inhaber: Rudolf und Birgit Geil
Rebfläche: 13,5 Hektar
Besuchszeiten: Mo.-Sa. nach Vereinbarung

Bereits 1987 begannen Rudolf und Birgit Geil mit der Herstellung eigener Sekte nach der Methode Champenoise. Seit 1989 bauen sie Weine im Barrique aus. Zuletzt haben sie verstärkt auf rote Rebsorten gesetzt. Bereits seit 1995 gibt es Merlot und Cabernet Sauvignon, im vergangenen Jahr haben sie weiteren Merlot hinzu gepflanzt, ebenso den ersten Frühburgunder.

86 ▶ **2002 Grauer Burgunder „S" trocken** gute Konzentration, feine Würze; harmonisch, kompakt, klare süße Frucht (8,50 €)

87 ▶ **2002 Chardonnay & Weißer Burgunder „S" trocken** dezenter Toast, gute Konzentration; füllig, harmonisch, viel süße Frucht, schmeichelnd und lang (10,50 €)

85 ▶ **1999 Cabernet Sauvignon trocken** rauchige Noten, sehr eindringlich, rote Früchte; gute Fülle und Harmonie, auch im Mund rauchige Noten, kompakt (14 €)

Weitere Weine: 83 ▶ 2002 Riesling trocken Niederflörsheimer Frauenberg ▪ **83** ▶ 2002 Spätburgunder Weißherbst trocken ▪ **83** ▶ 2000 Cuvée „Nocturne" Rotwein trocken Barrique ▪

Weingut Oekonomierat Johann Geil I. Erben ★★
Rheinhessen

Kuhpfortenstraße 11, Postfach 43
67595 Bechtheim
Tel. 06242-1546, Fax: 06242-6935
www.weingut-geil.de
info@weingut-geil.de
Inhaber: Monika und Karl Geil-Bierschenk
Rebfläche: 27 Hektar
Besuchszeiten: nach Vereinbarung

Monika und Karl Geil-Bierschenk führen heute das traditionsreiche Weingut Johann Geil I. Erben, unterstützt von Sohn Johannes, Geisenheim-Absolvent, der für den Keller verantwortlich ist. Etwa die Hälfte des 55 Hektar großen Gutes ist mit Reben bepflanzt. Die Weinberge befinden sich in den verschiedenen Bechtheimer Lagen wie Geyersberg (beste Lage nach Einschätzung des Weingutes), Rosengarten, Hasensprung, Heiligkreuz und Stein. Wichtigste Rebsorte ist Riesling mit einem Anteil von 25 Prozent, gefolgt von Kerner und Müller-Thurgau. Der Anteil der roten Sorten ist weiter gestiegen. Portugieser, Dornfelder, Frühburgunder, Spätburgunder und inzwischen auch Cabernet Dorsa nehmen mittlerweile zusammen 23 Prozent der Rebfläche ein. Die Weine werden teils in Edelstahltanks, teils in Holzfässern ausgebaut und recht früh gefüllt.

Vor zwei Jahren waren die edelsüßen Weine meine Favoriten. Auch im vergangenen Jahr ragte mit einer Trockenbeerenauslese aus dem Jahrgang 1999 wieder ein edelsüßer Wein hervor. Die neue Kollektion nun gefällt mir insgesamt besser, sowohl Weißweine als auch Rotweine haben deutlich an Statur gewonnen.

85 ▶ **2002 Weißburgunder Spätlese trocken Bechtheimer Stein** feine eindringliche Frucht, klar; gute Fülle und Harmonie, enorm süße Frucht (6,10 €)

85 ▶ **2002 Scheurebe Kabinett „feinherb"** feiner Duft, herrlich klar; frisch, klare Frucht, Biss (4,95 €)

85 ▶ **2002 Riesling Spätlese halbtrocken Bechtheimer Geyersberg** würzig, direkt, klare Frucht; gute Harmonie, süße Frucht (6,70 €)

85 ▶ **2002 Riesling Spätlese Bechtheimer Geyersberg** viel Würze, verhaltene Frucht; frisch, klar, feine Frucht (6,95 €)

88 ▶ **2002 Riesling Beerenauslese Bechtheimer Geyersberg** würzig, klar, gute Konzentration; viel süße Frucht, klar, kompakt, Biss und Nachhall (13 €)

89 ▶ **2002 Huxelrebe Trockenbeerenauslese Bechtheimer Heiligkreuz** dominant, Kaffee, herrlich eindringlich; süß, konzentriert, enorm dick, Kaffee, Nachhall (19,95 €)

86 ▶ **2001 Spätburgunder Spätlese trocken Barrique Bechtheimer Pilgerpfad** herrlich klare Frucht mit rauchigen Noten; sehr klar auch im Mund, rote Früchte, Frische (9,99 €)

86 ▶ **2001 Frühburgunder Auslese trocken Barrique Bechtheimer Geyersberg** viel reife süße Frucht, sehr reintönig; gute Harmonie, klare Frucht, süffig, lang, mit Biss (11,95 €)

Weitere Weine: 83 ▶ 2002 Riesling Kabinett trocken Bechtheimer Hasensprung ▪ 82 ▶ 2002 Grüner Silvaner Spätlese trocken „S" Bechtheimer Geyersberg ▪ 83 ▶ 2002 Rieslaner Auslese „S" Bechtheimer Geyersberg ▪

Weingut
Geller-Steffen ★★
Mosel-Saar-Ruwer

◆ *Uferallee 15-16, 54470 Bernkastel-Wehlen*
Tel. 06531-6829, Fax: 06531-1636
www.geller-steffen.de
weingut@geller-steffen.de
Inhaber: Achim Geller
Rebfläche: 2,5 Hektar
Besuchszeiten: nach Vereinbarung

Achim Geller besitzt 2,5 Hektar Weinberge in den Steillagen Wehlener Sonnenuhr und Graacher Himmelreich. Dort baut er ausschließlich Riesling an. Angestrebtes Ziel ist es, Weine zu erzeugen bei denen Süße, Säure und Alkohol in Harmonie zueinander stehen. Dies versucht er durch sehr späte Lese und mehrere Lesedurchgänge zu erreichen.

Das Ergebnis kann sich sehen lassen. Ich habe zum ersten Mal Weine von Achim Geller verkostet und war stark beeindruckt: eine meiner Entdeckungen in diesem Jahr an der Mosel.

86 ▶ **2002 Riesling*** trocken** konzentriert, klar, jugendliche Frucht, etwas Aprikosen; kraftvoll, sehr klare reife Frucht (7 €)

85 ▶ **2001 Riesling*** trocken** klare jugendliche Frucht, etwas Aprikosen, Zitrusfrüchte; klar, gute Harmonie, reife süße Frucht (6 €)

88 ▶ **2002 Riesling „HC"**** trocken** gute Konzentration, herrlich eindringlich, klare jugendliche Frucht; kraftvoll, zupackend, herrlich klar, feine süße Rieslingfrucht (9,50 €)

84 ▶ **2002 Riesling Spätlese*** trocken Wehlener Sonnenuhr** gute Konzentration, reintönige Frucht, eindringlich; kraftvoll, klar, feine Frische und Frucht (8 €)

87 ▶ **2001 Riesling „HC"****** würzig, konzentriert, jugendliche sehr eindringliche Frucht; viel reife süße Frucht (9,50 €)

89 ▶ **2002 Riesling „HCS"****** gute Konzentration, mineralische Noten, herrlich eindringlich, viel Frucht; viel reife süße Frucht im Mund, herrlich füllig, harmonisch, konzentriert (11,50 €)

86 ▶ **2002 Riesling Spätlese** Wehlener Sonnenuhr** gute Würze, verhaltene aber klare Frucht, Zitrusfrüchte und Aprikosen; viel Frucht, harmonisch, sehr reintönig (7 €)

87 ▶ **2001 Riesling Spätlese** Wehlener Sonnenuhr** feine Würze, herrlich klare eindringliche Frucht; viel süße Frucht, füllig, harmonisch (7 €)

88 ▶ **2002 Riesling Auslese** Wehlener Sonnenuhr** herrlich dominant, würzig, eindringliche klare Frucht; viel süße reife Frucht, füllig, harmonisch, lang (12 €)

Weitere Weine: 82 ▶ 2002 Riesling Kabinett** trocken Wehlener Sonnenuhr ▪ 82 ▶ 2002 Riesling*** ▪ 83 ▶ 2001 Riesling Kabinett** halbtrocken Wehlener Sonnenuhr ▪

Weingut Forstmeister
Geltz - Zilliken ★★★
Mosel-Saar-Ruwer

Heckingstraße. 20, 54439 Saarburg
Tel. 06581-2456, Fax: 06581-6763
www.zilliken-vdp.de
info@zilliken-vdp.de
Inhaber: Hans-Joachim Zilliken
Rebfläche: 10 Hektar
Besuchszeiten: nach Vereinbarung

Hans-Joachim Zilliken baut in seinen Weinbergen ausschließlich Riesling an. Seine wichtigsten Lagen sind Saarburger Rausch und Ockfener Bockstein. Der gesamte Ausbau der Weine erfolgt im Holzfass. Alle Weine sind von sehr guter Lagerfähigkeit.

Angesichts seiner großen 99er Spätlesen hatte Hans-Joachim Zilliken alle 2000er Spätlesen abgestuft und als Kabinett angeboten. Auch der Jahrgang 2001 hatte seine Stärken beim Kabinett. Mit dem Jahrgang 2002 nun schließt Hans-Joachim Zilliken an die tollen 99er an, wobei ich die 2002er noch beeindruckender finde mit ihrer Kraft und ihren feinen, mineralischen Noten: eine großartige Kollektion!

86 ▶ 2002 Riesling Spätlese trocken Saarburger Rausch gute Konzentration, herrlich klare jugendliche Frucht; kraftvoll im Mund, gute Fülle und Frucht (15 €)

87 ▶ 2002 Riesling „Butterfly" würzig, klar, gute Konzentration, eindringliche Frucht; harmonisch im Mund, klare Frucht, sehr reintönig, mit Nachhall (6 €)

89 ▶ 2002 Riesling „Butterfly R" herrlich klare eindringliche Frucht im Bouquet, viel Konzentration; füllig im Mund, viel reife klare Frucht, herrlich stoffiger Riesling, feiner Nachhall (15 €)

86 ▶ 2002 Riesling Kabinett Saarburger Rausch frisch und klar im Bouquet, wunderschön reintönige Frucht; klare süße Frucht dann im Mund, harmonisch, reintönig, feiner Nachhall (8,50 €)

89 ▶ 2002 Riesling Spätlese Nr. 6/03 Saarburger Rausch gute Konzentration, sehr klare Frucht, konzentriert und eindringlich; herrlich viel Frucht im Mund, harmonisch, füllig, feiner Biss und Nachhall (15 €)

90 ▶ 2002 Riesling Auslese Nr. 5/03 Saarburger Rausch herrlich konzentriert und klar im Bouquet, jugendliche Frucht, dominant, sehr eindringlich; viel reife süße Frucht im Mund, gehaltvoll (16 €)

92 ▶ 2002 Riesling Spätlese Nr. 4/03 Saarburger Rausch herrlich konzentriert und würzig, enorm dominant, jugendliche Frucht, zurückhaltend aber doch eindringlich; kraftvoll, viel reife süße Frucht, konzentriert, dominant, mineralische Noten, enormer Nachhall (24 €)

91 ▶ 2002 Riesling Auslese Goldkapsel Nr. 3/03 Saarburger Rausch reife süße Frucht, enorm konzentriert, Litschi; herrlich dominant, viel Frucht, stoffig, nachhaltig (73,50 €)

94 ▶ 2002 Riesling Auslese Lange Goldkapsel Nr. 2/03 Saarburger Rausch enorm konzentriert, eindringliche reife süße Frucht, Litschi, sehr dominant; herrlich direkt und lebhaft im Mund, konzentrierte eindringliche Frucht, faszinierender Nachhall (126,60 €)

96 ▶ 2002 Riesling Eiswein Saarburger Rausch enorm konzentriert im Bouquet, dominante süße Frucht, enorm konzentriert und stoffig auch im Mund, faszinierende Frucht, Kraft, dominant, gewaltiger Nachhall (Versteigerung 2004)

Weingut
Gemmrich ★
Württemberg

Löwensteiner Straße 34
71717 Beilstein-Schmidhausen
Tel. 07062-3514, Fax: 07062-23886
www.gemmrich.de
bg@gemmrich.de
Inhaber: Bernd und Petra Gemmrich
Rebfläche: 5,5 Hektar
Besuchszeiten: wie Weinstube oder nach Vereinbarung
Weinstube (Do. + Fr. ab 18 Uhr, Sa. 10-22 Uhr)

Wichtigste Rebsorten bei Bernd Gemmrich sind Lemberger und Riesling. Neu im Programm ist der Regent, der in einer Terrassenlage rein biologisch angebaut wird. Spezialität des Weingutes sind die im traditionellen Verfahren hergestellten Sekte, sowie die über 30 selbst erzeugten Edel- und Wildobstbrände. Wie schon im vergangenen Jahr ist der Sekt mein Favorit im Programm von Bernd und Petra Gemmrich.

85 ▶ **2001 Muskattrollinger Weißherbst Sekt Trocken** feine Muskatnote, klar, sehr eindringlich; frisch, direkt, feine Fülle und klare Frucht (12,50 €)

84 ▶ **2001 Regent trocken** feine Würze, etwas rote Früchte, direkt; gute Harmonie, klare Frucht (7,80 €)

84 ▶ **1999 Lemberger Spätlese Barrique** reife klare Frucht, Vanille; gute Fülle, klare Frucht, etwas Vanille (15 €)

Weitere Weine: 79 ▶ 2001 Rivaner (1l) ▪ 81 ▶ 2001 Weißriesling Auslese ▪ 83 ▶ 2001 Muskattrollinger trocken ▪ 81 ▶ 1999 Lemberger trocken Holzfass ▪ 82* ▶ 1997 Lemberger Auslese trocken Barrique ▪ 80 ▶ 2001 Lemberger ▪

Weingut
George ★★
J.&J. Wagenitz
Rheingau

Bahnstraße 7, 65366 Geisenheim
Tel. 06722-980343, Fax: 06722-980344
www.wagenitz.de
info@wagenitz.de
Inhaber: Jutta und Jürgen Wagenitz
Rebfläche: 1,7 Hektar
Besuchszeiten: nach Vereinbarung
Schlemmerwoche - Straußwirtschaft zwei Wochen Ende April/Anfang Mai
Tag der offenen Weinkeller - Straußwirtschaft zwei Wochen Anfang September

Die Weinberge von Jutta und Jürgen Wagenitz liegen in den Rüdesheimer Lagen Berg Rottland, Bischofsberg, Magdalenenkreuz und Drachenstein (wo der Spätburgunder für die Rotweine und den Sekt wächst). Der „Villa Clara" genannte Riesling ist eine Cuvée aus verschiedenen Lagen. Jutta und Jürgen Wagenitz sind auf trockene Weine spezialisiert, bieten diese aber, wie auch ihre halbtrockenen Weine, ausschließlich als Qualitätsweine an. Im neuen Jahrgang haben sie erstmals ein Erstes Gewächs erzeugt. Nur liebliche und edelsüße Rieslinge erhalten eine Prädikatsbezeichnung. Neben Riesling gibt es bei ihnen ein klein wenig Spätburgunder (auch barriqueausgebaut) und Portugieser.

Im Jahrgang 2000 gehörten die beiden Spätlesen aus dem Berg Rottland zu den besten Weinen des Jahrgangs im Rheingau. Gleiches galt 2001: auch in diesem Jahrgang gehörten die beiden Weine aus dem Berg Rottland, Riesling trocken und Riesling Erstes Gewächs, zu den Besten. Auch im Jahrgang 2002 haben Jutta und Jürgen Wagenitz wieder beeindruckende trockene Rieslinge im Programm.

84 ▶ **2002 Riesling trocken Geisenheimer Mäuerchen** feine Frucht im Bouquet, gelbe Früchte, Frische; harmonisch, klar, feine süße Frucht (7,30 €)

89 ▶ **2002 Riesling trocken Rüdesheimer Berg Rottland** gute Konzentration, herrlich klare würzige Rieslingfrucht; viel reife süße Frucht, herrlich harmonisch, kompakt, feiner Nachhall (8,50 €)

88 ▶ **2002 Riesling Erstes Gewächs Rüdesheimer Bischofsberg** viel Würze, gute Konzentration, jugendliche Frucht; kraftvoll, füllig, viel reife Frucht, Nachhall (12,50 €)

85 ▶ **2002 „Villa Clara"** klar, direkt, recht würzig; weich im Mund, klare Frucht (5 €)

Weitere Weine: 83 ▶ 2002 Riesling trocken ▪ 83 ▶ 2002 Riesling trocken Rüdesheimer Bischofsberg ▪

Weingut Stefan **Gerhard** ★★
Rheingau

Waldbachstraße 4, 65347 Hattenheim
Tel. 06723-999510, Fax: 06723-999511
weinkommission.stefan.gerhard@t-online.de
Inhaber: Stefan Gerhard
Rebfläche: 1,8 Hektar
Besuchszeiten: täglich nach Voranmeldung
Straußwirtschaft (Juli/August)

Stefan Gerhard hat seine Weinberge in den Hattenheimer Lagen Hassel, Schützenhaus, Engelmannsberg und Wisselbrunnen. Nach einer guten, recht gleichmäßigen Kollektion im Jahrgang 1999 war ihm im schwierigen Jahrgang 2000 eine kleine Steigerung gelungen. 2001 war ein weiterer, deutlicher Schritt voran. Der Weißburgunder gehörte zu den besten im Rheingau, bei den Rieslingen ragten die Spätlese Hattenheimer Schützenhaus und der „Al Alba Vincerò" mit ihrer wunderschön reintönigen Frucht hervor. Neben einem fülligen Ersten Gewächs finde ich im Jahrgang 2002 den Sauvignon Blanc besonders interessant. Sauvignon Blanc im Rheingau? Warum nicht!

85 ▶ **2002 Sauvignon Blanc trocken Hattenheimer Jungfer** sehr reintönige Frucht, direkt; klar und direkt im Mund, feine Frucht (7,40 €)

84 ▶ **2002 Weißburgunder trocken Hattenheimer Hassel** frisch, klar, feine süße Frucht; süß, cremige Noten, kompakt (6,40 €)

84 ▶ **2002 Riesling Kabinett trocken „Al Alba Vincerò"** frisch, direkt, klare Frucht, gute Harmonie, klare süße Frucht (5,90 €)

85 ▶ **2002 Riesling Spätlese trocken Hattenheimer Schützenhaus** klare reife Rieslingfrucht, direkt; gute Harmonie, kompakter Riesling (7,80 €)

87 ▶ **2002 Riesling Erstes Gewächs Hattenheimer Wisselbrunnen** konzentriert, klare reife Rieslingfrucht, süße Aprikosen und Zitrusfrüchte; herrlich füllig, harmonisch, viel süße Frucht (15,60 €)

84 ▶ **2002 Riesling Kabinett Hattenheimer Hassel** süß, frisch, Zitrusfrüchte, Aprikosen; klare süße Frucht, geschmeidig (6,40 €)

Weitere Weine: 81 ▶ 2002 Riesling Kabinett trocken Hattenheimer Hassel ▪ 83 ▶ 2002 Riesling Kabinett trocken Hattenheimer Schützenhaus ▪ 82 ▶ 2002 Riesling Kabinett trocken Hattenheimer Engelmannsberg ▪ 83 ▶ 2002 Riesling Kabinett trocken Hattenheimer Wisselbrunnen ▪ 81 ▶ 2002 Riesling Kabinett „feinherb" Hattenheimer Hassel ▪

Weingut Klaus **Giegerich** ★★
Franken

Weichgasse 19, 63868 Großwallstadt
Tel. 06022-655355, Fax: 06022-655366
www.weingut-giegerich.de
info@weingut-giegerich.de
Inhaber: Klaus Giegerich
Rebfläche: 5,8 Hektar
Besuchszeiten: Di.- Fr. 14-18 Uhr, Sa. 9-13 Uhr oder nach Vereinbarung
Weinbergshüttenfest (Juli), Hofschoppenfest, Kulinarische Weinproben, Theater im Weingut

Die Reben von Helga und Klaus Giegerich wachsen alle auf Buntsandsteinverwitterungsböden mit Lösslehmauflage in den Lagen Großwallstadter Lützeltalerberg, Rücker Schalk und Rücker Jesuitenberg. Ihre wichtigsten Rebsorten sind Müller-Thurgau, Silvaner, Bacchus, Kerner, Riesling, Spätburgunder und Portugieser. Dazu gibt es etwas Chardonnay, Rieslaner und Dornfelder.

Die Weine von Klaus Giegerich waren im vergangenen Jahr meine interessanteste Entdeckung in Franken. Sie waren allesamt sehr klar und fruchtbetont. Riesling Spätlese und Silvaner Spätlese gehörten zu den besten Weinen des Jahrgangs in Franken. Die neue Kollektion knüpft nahtlos daran an, jeder Wein überzeugt.

Weingut Gies-Düppel ★★★
Pfalz

Am Rosenberg 5, 76831 Birkweiler
Tel. 06345-919156, Fax: 06345-919157
weingutgies@aol.com
Inhaber: Volker Gies
Rebfläche: 10 Hektar
Besuchszeiten: Mo.-Fr. 9-12 +14-18 Uhr,
Sa. 10-16 Uhr (um Anmeldung wird gebeten)

84 ▶ 2002 Müller-Thurgau trocken sehr klare Frucht, wunderschön reintönig; gute Harmonie im Mund, klare Frucht (3,80 €/1l)

86 ▶ 2002 Müller-Thurgau Kabinett trocken jugendliche sehr klare Frucht, gute Konzentration, Frische; harmonisch im Mund, viel klare Frucht (3,90 €)

86 ▶ 2002 „Bellissima" Müller-Thurgau trocken jugendliche Frucht, würzig, frisch, eindringlich, sehr klar; gute Harmonie, klare süße Frucht, Biss (4,90 €)

85 ▶ 2002 Silvaner Kabinett trocken feine Frucht, Birnen, sehr reintönig; gute Harmonie, sehr klare Frucht (4,60 €)

85 ▶ 2002 Bacchus Kabinett trocken klare Frucht, jugendlich, sehr reintönig; klare Frucht auch im Mund, gute Harmonie (4,30 €)

87 ▶ 2002 Riesling Kabinett feine Würze, sehr klare jugendliche Frucht; frisch, klar, viel süße Frucht, süffig (5,40 €)

86 ▶ 2002 Kerner Kabinett halbtrocken feine Frucht, sehr reintöniges Kernerbouquet; harmonisch im Mund, klare Frucht, herrlich süffig (4,40 €)

87 ▶ 2002 Rieslaner Kabinett reife süße Frucht, süße Pfirsiche, etwas Litschi; füllig, sehr klare reife Frucht (5,80 €)

85 ▶ 2002 Rotwein trocken „Frank & Frei" klare jugendliche Frucht, Frische; klar und unkompliziert im Mund, feine Frucht (6,80 €)

85 ▶ 2002 Spätburgunder trocken frisch, klar, feine Frucht; gute Harmonie, süße Frucht, süffig (6,60 €)

Weitere Weine: 81 ▶ 2002 Müller-Thurgau halbtrocken (1l) ■ 83 ▶ 2002 Spätburgunder Weißherbst Kabinett halbtrocken ■

Das Weingut Gies-Düppel ist ein Familienbetrieb in der vierten Generation. Der heutige Inhaber, Volker Gies, hat den Betrieb 1998 von seinem Vater Franz-Josef Gies übernommen. Die Hälfte seiner Weinberge liegt im Kastanienbusch. Volker Gies ist gerade dabei sein Sortiment neu zu strukturieren - wie viele andere Pfälzer Winzer auch. Spätburgunder nimmt inzwischen schon 1,5 Hektar bei ihm ein, hinzu sollen vor allem mehr Weißburgunder, aber auch Grauburgunder, Auxerrois und Chardonnay, sowie Riesling kommen. An roten Sorten hat Volker Gies auch ein wenig Cabernet Dorio und Cabernet Cubin gepflanzt, da er sich von diesen höhere Mostgewichte als vom Dornfelder verspricht. Rote Sorten nehmen inzwischen 25 Prozent seiner Rebfläche ein, will diesen Anteil aber auf keinen Fall weiter vergrößern. Zuletzt hat er Sauvignon Blanc gepflanzt, der aber noch nicht in Ertrag ist. 2001 hat er erstmals mit Maischestandzeiten bei manchen Weißweinen gearbeitet. Mit den Ergebnissen war er sehr zufrieden, so dass er zukünftig verstärkt mit Maischestandzeiten arbeiten wird. Im gleichen Jahrgang hat Volker Gies erstmals auch einige Weine länger auf der Vollhefe ausgebaut.

Schon vor Jahren war mir das Weingut mit einer guten Palette an zuverlässigen Weinen aufgefallen. Der Jahrgang 1999 brachte Volker Gies dann einen gewaltigen Schritt nach vorne. „Zugreifen!", hatte ich geschrieben. Gleiches galt auch für den Jahrgang 2000: in der guten Kollektion war die Weißburgunder Spätlese aus dem Kastanienbusch mein Favorit. Alle Weine aus diesem Jahrgang waren wieder wunderschön reintönig, das Preis-Leistungs-Verhältnis ganz hervorragend.

Die letztjährige Kollektion war Volker Gies nochmals besser geraten. Grauburgunder und Chardonnay übertrafen alles bisherige. Gleiches galt für die Rieslinge von Volker Gies, die in den letzten Jahren meist ein wenig hinter den weißen Burgundern blieben. Auch der barriqueausgebaute Spätburgunder war noch nie so gut wie im Jahrgang 2000. Mein Favorit in der beeindruckenden Kollektion war aber ein weiteres Mal die Weißburgunder Spätlese aus dem Kastanienbusch, einer der besten Weißburgunder nicht nur in der Pfalz, sondern in Deutschland. Die neue Kollektion knüpft nahtlos daran an. Jeder Wein ist herrlich reintönig, Grauburgunder und Weißburgunder gehören zur Spitze in Deutschland. Und die Preise sind nach wie vor sehr moderat, weshalb ich nur wiederholen kann: zugreifen!

85 ▶ 2002 Riesling trocken feine Frucht, sehr klar; klar und direkt im Mund, feine Rieslingfrucht (3,40 €/1l)

86 ▶ 2002 Weißer Burgunder Kabinett trocken Birkweiler Kastanienbusch wunderschön reintönige Frucht, feines Bouquet; harmonisch im Mund, viel klare Frucht (4,30 €)

89 ▶ 2002 Weißer Burgunder Spätlese trocken Birkweiler Kastanienbusch gute Konzentration, sehr klare reife Frucht; harmonisch, füllig, viel süße reife Frucht, reintöniger Weißburgunder (6,80 €)

88 ▶ 2002 Chardonnay Spätlese trocken Birkweiler Kastanienbusch gute Konzentration, feine reife Frucht, eindringlich; gute Fülle, sehr klare Frucht, kompakter Chardonnay (7,20 €)

90 ▶ 2002 Grauer Burgunder Spätlese trocken Birkweiler Rosenberg gute Konzentration, sehr reintönige reife Grauburgunderfrucht; füllig, harmonisch, herrlich viel Frucht, sehr lang (6,70 €)

85 ▶ 2002 Silvaner Kabinett trocken Birkweiler Kastanienbusch frische klare Frucht, Birnen; gute Harmonie, klare Frucht (4,20 €)

87 ▶ 2002 Auxerrois Kabinett trocken Birkweiler Rosenberg gute Würze, klare jugendliche Frucht; harmonisch, klar, feine Frucht, eleganter Auxerrois (4,60 €)

86 ▶ 2002 Riesling Kabinett trocken Birkweiler Kastanienbusch feine jugendliche Frucht, schöne Frische, dezent Limone; frisch, klar, feine Frucht, lebhafter unkomplizierter Riesling (4,80 €)

88 ▶ 2002 Riesling Spätlese trocken Birkweiler Kastanienbusch würzige Rieslingfrucht, klar und konzentriert; viel Frucht, füllig, harmonisch, feiner stoffiger Riesling (6,80 €)

89 ▶ 2002 Riesling Spätlese Birkweiler Kastanienbusch sehr klare Rieslingfrucht, etwas Limone; gute Harmonie, viel reife süße Frucht (8,90 €)

85 ▶ 2001 Spätburgunder trocken Siebeldinger im Sonnenschein feine Frucht, rote Früchte, klar; gute Harmonie, klare Frucht (5,10 €)

88 ▶ 2001 Spätburgunder trocken Barrique Birkweiler Kastanienbusch gute Konzentration, reife klare sehr eindringliche Frucht; weich im Mund, gute Fülle und Harmonie, sehr reintönig (13 €)

Weingut Glaser-Himmelstoss ★★★★
Franken

Langgasse 7, 97334 Nordheim-Dettelbach
Tel. 09381-4602, Fax: 09381-6402
www.weingut-glaser-himmelstoss.de
info@weingut-glaser-himmelstoss.de
Inhaber: Wolfgang und Monika Glaser
Rebfläche: 11 Hektar
Besuchszeiten: Mo.-Sa. 9-18 Uhr, So. 10-16 Uhr, Dienstag Ruhetag
Restaurant Himmelstoss (Pächter: Familie Kuffer)

Das Weingut Glaser-Himmelstoss entstand durch die Vereinigung der jeweils elterlichen Weingüter von Wolfgang und Monika Glaser (Weingut Siegfried Glaser und Weingut Himmelstoss) und befindet sich in zwei fränkischen Ortschaften, Dettelbach und Nordheim. Jeweils fünf Hektar Weinberge liegen in Dettelbach und Nordheim, ein Hektar in Obervolkach. Wichtigste Rebsorten sind Müller-Thurgau, Silvaner und Bacchus, gefolgt von Spätburgunder, Kerner, Schwarzriesling und Riesling. Den Rieslinganteil möchte Wolfgang Glaser in den kommenden Jahren vergrößern.

Wolfgang Glaser hat Jahr für Jahr beeindruckende Kollektionen von einer Zuverlässigkeit, wie man sie nur selten findet. Seine trockenen Weißweine gehören immer wieder zur Spitze in Franken und in Deutschland, egal ob Silvaner oder Riesling, Weiß- oder Grauburgunder oder aber auch Rieslaner und Traminer. In den letzten Jahren hat er auch mit seinen Rotweinen deutlich zugelegt. Vor allem die barriqueausgebauten Weine („REBELL") gehören immer wieder zu den besten in Franken.

Nicht zu vergessen die edelsüßen Weine, von denen er jedes Jahr eine breite Palette erzeugt. Ganz faszinierend in der aktuellen Kollektion ist der Silvaner Eiswein, einer der besten edelsüßen Silvaner in Deutschland.

85 ▶ **2002 Müller-Thurgau Kabinett trocken Obervolkacher Landsknecht** frisch, klar, weiße Früchte; klar im Mund, feine süße Frucht (4,70 €/1l)

86 ▶ **2002 Silvaner Kabinett trocken Nordheimer Vögelein** klare Frucht, feine Würze; frisch, feine süße Frucht, sehr reintöniger Silvaner (5,80 €)

87 ▶ **2002 Silvaner Kabinett trocken Dettelbacher Berg-Rondell** viel Würze und Konzentration, jugendliche Frucht; kraftvoll, klar, viel Frucht, harmonisch und lang (6,60 €)

87 ▶ **2002 Riesling Kabinett trocken Dettelbacher Berg-Rondell** jugendliche Frucht, herrlich klar und konzentriert; frisch, klar, feine Frucht, kompakt (7,50 €)

89 ▶ **2002 Silvaner Spätlese trocken Nordheimer Vögelein** gute Konzentration, jugendliche Frucht, sehr klar; füllig, klar, reife Frucht, kompakter stoffiger Silvaner (11 €)

90 ▶ **2002 Silvaner Spätlese trocken Dettelbacher Berg-Rondell** viel Konzentration, herrlich eindringliche jugendliche Frucht, dominant; gute Fülle im Mund, reife sehr klare Frucht, lang, herrlich stoffiger Silvaner (15 €)

88 ▶ **2002 Rieslaner Spätlese trocken Nordheimer Vögelein** gute Konzentration, reife klare Frucht, eindringlich; gute Harmonie, kraftvoll, reintönig, feiner Nachhall (12 €)

89 ▶ **2002 Weißburgunder Spätlese trocken Nordheimer Vögelein** konzentrierte Frucht, jugendlich, klar, sehr eindringlich; gute Harmonie, sehr klare Frucht, Biss, Nachhall (11 €)

88 ▶ **2002 Riesling Spätlese trocken Nordheimer Vögelein** sehr klare jugendliche Frucht, etwas Pfirsiche, feines Bouquet; frisch, klar, feine Frucht, reintöniger Riesling (12 €)

88 ▶ **2002 „DENKER" Grauer Burgunder Spätlese trocken** feine Frische, sehr reintönige Frucht; klar, viel reife Frucht, wunderschön reintöniger Grauburgunder (9,80 €)

86 ▶ **2002 Kerner Kabinett Nordheimer Kreuzberg** klare Frucht, herrlich direkt; lebhaft, klar, feine Frucht (5 €)

88 ▶ **2002 Traminer Spätlese Nordheimer Vögelein** viel Konzentration, dominant, jugendliche Traminerfrucht, eindringlich; gute Fülle im Mund, reife klare Frucht (10 €)

89 ▶ 2002 Scheurebe Auslese Nordheimer Vögelein konzentriert, viel Cassis, herrlich eindringliche Frucht; viel süße Frucht, wunderschön reintönig und lang (13 €/0,5l)

89 ▶ 2002 Rieslaner Auslese Nordheimer Vögelein viel Konzentration, reife sehr klare Frucht, eindringlich; wunderschön harmonisch im Mund, klare Frucht, konzentriert (14 €/0,5l)

89 ▶ 2002 Weißburgunder Beerenauslese Nordheimer Vögelein viel süße Frucht im Bouquet, klar, feine Frische, etwas Litschi; süß und schmeichelnd im Mund, harmonisch, gute Länge (20 €/0,5l)

89 ▶ 2002 Grauer Burgunder Beerenauslese Dettelbacher Berg-Rondell gute Konzentration, Frische, klare süße Frucht; süß und schmeichelnd im Mund, harmonisch, lang (22 €/0,5l)

92 ▶ 2002 Silvaner Eiswein Sommeracher Katzenkopf herrlich eindringliche Frucht, süße eingelegte Aprikosen, konzentriert und dominant; viel süße Frucht, dominant, konzentriert, herrlich nachhaltig (48 €/0,5l)

86 ▶ 2001 „DENKER" Spätburgunder trocken sehr klare Frucht, feines Bouquet; gute Harmonie, klar und fruchtbetont (7,70 €)

87 ▶ 2001 „REBELL" Spätburgunder trocken feine rauchige Noten, sehr klare Frucht, gute Harmonie und Frucht, Struktur, jugendliche Tannine (16,50 €)

88 ▶ 2001 „REBELL" Domina trocken gute Konzentration, rauchige Noten, direkt; füllig im Mund, reife klare Frucht, kräftige Tannine und Biss (15,50 €)

Weitere Weine: 85 ▶ 2002 Rivaner Kabinett trocken ▪ 85 ▶ 2002 Silvaner Kabinett trocken ▪ 84 ▶ 2001 „Augustin Bossi" Rotwein trocken ▪

Weingut Freiherr von Gleichenstein ★★
Baden

Bahnhofstraße 12,
79235 Vogtsburg-Oberrotweil
Tel. 07662-288, Fax: 07662-1856
www.gleichenstein.de
weingut.v.gleichenstein@t-online.de
Inhaber: Johannes Freiherr von Gleichenstein
Rebfläche: 21 Hektar
Besuchszeiten: „täglich rund um die Uhr", auch am Wochenende und an Feiertagen
Probierstube (bis 50 Personen)

Die Weinberge des traditionsreichen Weinguts Freiherr von Gleichenstein liegen in Oberrotweil, Achkarren, Oberbergen, Schelingen und Amoltern. Im Anbau dominieren die Burgundersorten: jeweils 30 Prozent der Weinberge nehmen Spätburgunder und Weißburgunder ein, 20 Prozent der Grauburgunder. Hans-Joachim von Gleichenstein ist „nach 43 Jahren Winzerdasein" in den Ruhestand gegangen und Sohn Johannes hat das Weingut übernommen.

Die 2000er waren sehr klar in der Frucht. Gleiches galt auch - mit Ausnahme der edelsüßen Weine - für die 2001er Weine. Die Grauburgunder Spätlese aus dem Henkenberg gehörte zu den Jahrgangsbesten in Deutschland. Die 2002er Kollektion präsentiert sich sehr homogen, ohne Schwächen, aber auch ohne Spitzen.

84 ▶ 2002 Grauer Burgunder Kabinett trocken Oberrotweiler Eichberg frisch, klare Frucht, klare etwas süße Frucht, süffig (7 €)

86 ▶ 2002 Weißer Burgunder Spätlese trocken Oberrotweiler Eichberg gute Konzentration, jugendliche klare Frucht; klar, kraftvoll, gute Fülle und Harmonie (10,50 €)

85 ▶ 2002 Grauer Burgunder Spätlese trocken Oberrotweiler Henkenberg gute Konzentration, klar, gelbe Früchte; kompakt, gute Frucht, kraftvoll (10,70 €)

84 ▶ **2001 Muskateller Spätlese trocken Oberrotweiler Eichberg** feine Muskatnote, klare sehr würzige Frucht; frisch, direkt, klare Frucht (10,50 €)

84 ▶ **2002 Spätburgunder Weißherbst Spätlese trocken Oberrotweiler Eichberg** würzige Noten, klare wenn auch verhaltene Frucht; frisch, klar, feine Frucht (8,20 €)

84 ▶ **2001 Spätburgunder trocken Barrique trocken Oberrotweiler Eichberg** würzig, direkt, feiner Toast, klare Frucht; frisch, direkt, viel Biss (14 €)

84 ▶ **2001 Spätburgunder Spätlese trocken Oberbergener Bassgeige** sehr klare Frucht mit rauchigen Noten; frisch im Mund, klar, feine Frucht (14 €)

Weitere Weine: 82 ▶ 2002 Müller-Thurgau trocken Oberrotweiler Käsleberg ▪ 83 ▶ 2002 Weißer Burgunder Kabinett trocken Oberrotweiler Eichberg ▪ 82 ▶ 2002 Muskateller Kabinett trocken Oberrotweiler Eichberg ▪ 81 ▶ 2001 Chardonnay trocken Barrique Oberrotweiler Eichberg ▪ 81 ▶ 2002 Spätburgunder Weißherbst Kabinett trocken Oberrotweiler Eichberg ▪

Weingut Familie Gnägy ★★★
Pfalz

Müllerstraße 5, 76889 Schweigen-Rechtenbach
Tel. 06342-919042, Fax: 06342-919043
www.weingut-gnaegy.de
weingut.gnaegy@t-online.de
Inhaber: Hans Gnägy
Rebfläche: 14,5 Hektar
Besuchszeiten: nach Vereinbarung
Weinprobierstube, Weinprobe mit Pfälzer Spezialitäten

Die Weine von Hans Gnägy stammen aus kontrolliert umweltschonendem Anbau. Seit Sohn Michael seine Ausbildung in Weinsberg 1995 abgeschlossen hat, unterstützt er seinen Vater im Betrieb. Wichtigste Rebsorten beim Weingut Gnägy sind die Burgundersorten. Rote Sorten nehmen 30 Prozent der Weinberge ein, vor allem Spätburgunder und Dornfelder. 1994 wurde Cabernet Sauvignon angepflanzt, im Jahr 2001 ein wenig Merlot, der zukünftig in Cuvées mit Cabernet Sauvignon eingehen soll. Zuletzt kam noch St. Laurent neu hinzu. Die Weißweine werden nach scharfer Vorklärung langsam vergoren und im Edelstahl ausgebaut. Die Rotweine kommen nach der Maischegärung ins Holzfass. Neben Weinen stellt das Weingut auch Sekte und Destillate her.

Die Weine sind in den letzten Jahren stetig besser geworden. Zuverlässig waren sie schon immer, aber in der Spitze hat sich seit dem Vorjahr viel getan, sowohl bei Weißweinen als auch bei Rotweinen. Die Preise sind nach wie vor moderat, so dass auch in diesem Jahr sich wieder eine Reihe von Schnäppchen unter den verkosteten Weinen finden.

85 ▶ **2002 Grauer Burgunder Kabinett trocken Schweigener Sonnenberg** würzig, direkt, gute Konzentration; klare Frucht, gute Harmonie (3,80 €)

84 ▶ **2002 Auxerrois Kabinett trocken Schweigener Sonnenberg** gute Konzentration, verhaltene Frucht; gute Fülle und Harmonie, feine Frucht (3,90 €)

85 ▶ **2002 Weißer Burgunder Kabinett trocken Schweigener Sonnenberg** klare jugendliche Frucht, direkt; klar und direkt im Mund, feine Frucht (3,90 €)

84 ▶ **2002 Riesling Kabinett trocken Schweigener Sonnenberg** frisch, klare Frucht, Limone; klar und direkt im Mund, feiner Biss (3,80 €)

84 ▶ **2002 Chardonnay Kabinett trocken Schweigener Sonnenberg** reife klare Frucht, etwas Ananas; gute Harmonie, Fülle und Frucht (4,40 €)

87 ▶ **2002 Riesling Spätlese trocken Schweigener Sonnenberg** frisch und würzig im Bouquet, jugendliche Frucht; sehr klar im Mund, gute Frucht und Biss, etwas Limone (5,30 €)

87 ▶ **2002 Weißburgunder Spätlese trocken Schweigener Sonnenberg** würzig, konzentriert, herrlich eindringliche Frucht; klare Frucht im Mund, gute Fülle und Harmonie (5,30 €)

88 ▶ **2002 „Cuvée S.B." Auslese trocken Schweigener Sonnenberg** gute Konzentration, reife würzige Frucht; kraftvoll im Mund, herrlich füllig, viel süße Frucht (7,90 €)

86 ▶ **2002 Gewürztraminer Auslese Schweigener Sonnenberg** viel süße Frucht, etwas Litschi; gute Harmonie bei viel süßer Frucht (7,60 €/0,5l)

87 ▶ **2001 Spätburgunder trocken Barrique Schweigener Sonnenberg** klare Frucht, viel Vanille; füllig, reife Frucht, auch im Mund ungeheuer viel Vanille (9,20 €)

86 ▶ **2001 Dornfelder trocken Barrique Schweigener Sonnenberg** rauchige Noten, etwas Vanille, zurückhaltende Frucht; rauchig-würzige Noten, gute Fülle, viel Vanille (8,90 €)

Weitere Weine: 81 ▶ 2002 Riesling trocken Schweigener Sonnenberg (1l) ■

Weingut Martin Göbel *
Franken

Friedhofstraße 9, 97236 Randersacker
Tel. 0931-709380, Fax: 0931-4677721
www.weingut-martin-goebel.de
info@weingut-martin-goebel@.de
Inhaber: Hubert Göbel
Rebfläche: 8 Hektar
Besuchszeiten: Mo.-Fr. 9-18 Uhr, Sa. 9-16 Uhr, So. nach Vereinbarung

Wichtigste Rebsorten bei Hubert Göbel sind mit einem Anteil von jeweils 30 Prozent Silvaner und Müller-Thurgau. Dazu gibt es unter anderem Rieslaner, Riesling, Traminer und inzwischen 12 Prozent an roten Sorten. Er hat nochmals Spätburgunder gepflanzt, und setzt dabei, im Gegensatz zu anderen Kollegen, die auf französische Spätburgunderklone setzen, auf den deutschen Ritter-Klon. Daneben gibt es bei ihm an roten Sorten noch Domina und seit 1996 auch Frühburgunder.

Vor zwei Jahren gehörten die Weine von Hubert Göbel zu einer der angenehmsten Überraschungen meiner Franken-Verkostung. Neben gewohnt guten edelsüßen Weinen hatten mir vor allem die Rotweine besonders gefallen Der Jahrgang 2001 reichte dann nicht ganz an die 2000er heran. 2002 ist etwas ausgewogener, allein die Spitzen vermisse ich doch ein wenig.

85 ▶ **2002 Traminer Spätlese Randersackerer Marsberg** gute klare Traminerfrucht, Rosen; gute Harmonie, klare Frucht, kompakter Traminer

85 ▶ **2001 Albalonga Auslese Barrique Randersackerer Marsberg** konzentriert, würzig; kraftvoll, kompakt, reife süße Frucht, etwas Vanille, alkoholische Noten im Abgang

85 ▶ **2002 Domina trocken Randersackerer Pfülben** jugendliche Frucht, reife rote Früchte; harmonisch, klar, feine Frische, süße Frucht

85 ▶ **2002 Spätburgunder Spätlese trocken Randersackerer Marsberg** feine Frucht, Frische, sehr klar; gute Harmonie, klare Frucht und Biss

Weitere Weine: 83 ▶ 2002 Silvaner Kabinett trocken Randersackerer Sonnenstuhl ■ 82 ▶ 2002 Riesling Kabinett trocken Randersackerer Dabug ■ 81 ▶ 2002 Weißer Burgunder Kabinett trocken Randersackerer Ewig Leben ■ 79 ▶ 2002 Weißer Burgunder Spätlese trocken Barrique Randersackerer Ewig Leben ■ 82 ▶ 2001 Frühburgunder Spätlese trocken Barrique Randersackerer Marsberg ■

Weingut Göhring ★★★
Rheinhessen

Alzeyer Straße 60, 67592 Flörsheim-Dalsheim
Tel. 06243-408, Fax: 06243-6525
www.weingut-goehring.de
info@weingut-goehring.de
Inhaber: Wilfried und Marianne Göhring
Rebfläche: 16,5 Hektar
Besuchszeiten: Mo.-Sa. 8-12 + 13-19 Uhr,
So. 10-12 Uhr
Probierstuben für 20 und 40 Personen,
Weinfest im Hof (August)

Das Weingut Göhring in Flörsheim-Dalsheim ist ein Familienbetrieb, der seine Weine fast ausschließlich an Privatkunden verkauft. Als Wilfried Göhring den Betrieb vor 30 Jahren übernahm, gab es 5 Hektar Weinberge und 25 Hektar Ackerland und auch Vieh wurde gehalten. Die Äcker sind schon lange verpachtet und Wilfried Göhring baut heute nur Wein an. Weißwein dominiert bei ihm, wobei er nicht nur auf Riesling und die Burgundersorten setzt, sondern ganz bewusst auch Spezialitäten wie Albalonga pflegt. Zuletzt hat er Chardonnay neu gepflanzt. Die roten Sorten nehmen inzwischen schon mehr als ein Viertel seiner Weinberge ein. Zu Portugieser, Dornfelder, Spätburgunder und Schwarzriesling hat er in den letzten Jahren St. Laurent hinzugepflanzt. Alle Rotweine werden maischevergoren.

Eine Spezialität von Wilfried Göhring sind edelsüße Weine aus Rebsorten wie Albalonga oder Huxelrebe, mit denen er regelmäßig zur Spitze in Rheinhessen zählt. Aber auch die trockenen Weine sind sehr überzeugend. Immer wieder gehören seine in der „Selection Rheinhessen" erscheinenden Weine zu den besten in Rheinhessen. Im schwierigen Jahrgang 2000 gab es zwar keine Trockenbeerenauslesen, trotzdem überzeugte Wilfried Göhring mit einem sehr gleichmäßigen Gesamtprogramm. Und auch mit der letztjährigen Kollektion demonstrierte er eindrucksvoll, wie zuverlässig jeder einzelne Wein bei ihm ist. Gleiches gilt für den neuen Jahrgang. In einer homogenen Kollektion gefiel mir die Albalonga Auslese am besten.

87 ▶ **2002 Riesling trocken Selection Nieder-Flörsheimer Frauenberg** gute Konzentration, klare reife Rieslingfrucht; gute Fülle und Harmonie, klare süße Frucht (6,50 €)

86 ▶ **2002 Grauer Burgunder trocken Selection Rheinhessen Nieder-Flörsheimer Goldberg** gute Konzentration, sehr klare Frucht, eindringlich; harmonisch, klar, gute Fülle (8 €)

88 ▶ **2002 Gewürztraminer trocken Selection Rheinhessen Dalsheimer Sauloch** gute Konzentration, klare zurückhaltende Frucht; gute Harmonie, wunderschön reintönige Frucht (8,50 €)

87 ▶ **2002 Weißer Burgunder „S" Bürgel** würzig, direkt, Haselnüsse, klare Frucht; gute Fülle und Harmonie, reife süße Frucht („zu süß") (12,50 €)

89 ▶ **2002 Albalonga Auslese Nieder-Flörsheimer Frauenberg** herrlich klare Frucht, konzentriert, Litschi, süße Zitrusfrüchte, Grapefruit; gute Harmonie, füllig, fruchtbetont, Grapefruit, lang (8 €)

87 ▶ **2001 Blauer Spätburgunder trocken Selection Barrique Mölsheimer Silberberg** reife süße Frucht, rote Früchte; gute Fülle, feine Frische, reife süße Frucht (9,60 €)

Weitere Weine: 83 ▶ 2001 „Papageno" Secco Perlwein Trocken ▪ 83 ▶ 2002 Riesling trocken (1l) ▪ 83 ▶ 2002 Rivaner trocken Selection Göhring Nieder-Flörsheimer Goldberg ▪ 84 ▶ 2002 Weißer Burgunder trocken ▪ 85 ▶ 2002 Riesling Spätlese trocken Nieder-Flörsheimer Frauenberg ▪ 84 ▶ 2002 Grauer Burgunder Classic ▪ 83 ▶ 2002 Riesling Classic ▪ 81 ▶ 2002 Scheurebe Kabinett ▪ 83 ▶ 2002 Morio-Muskat ▪ 83 ▶ 2001 Dornfelder trocken ▪ 84 ▶ 2001 Blauer Spätburgunder trocken ▪

Weingut Michael **Goerg** ★★
Mosel-Saar-Ruwer

Römerstraße 63, 54347 Neumagen-Dhron
Tel. 06507-2614 und -5266,
Fax: 06507-938799
Inhaber: Michael Goerg
Rebfläche: 4 Hektar
Besuchszeiten: nach Vereinbarung

In der fünften Generation betreibt die Familie Goerg Weinbau in Neumagen, das sich selbst „ältester Weinort Deutschlands" nennt und auf das Neumagener Weinschiff aus dem dritten Jahrhundert verweisen kann, das heute im Trierer Landesmuseum besichtigt werden kann. Vom Vater des heutigen Besitzers wurde in den fünfziger Jahren das Hausetikett gestaltet, das eine römische Tänzerin mit Weintraube darstellt und ebenfalls auf einen Neumagener Fund zurückgeht. Neben Weinbergen in den Neumagener Lagen Rosengärtchen und Engelgrube besitzt Michael Goerg auch Anteile am Piesporter Goldtröpfchen und am Dhroner Hofberger. Alle Weine werden im traditionellen Fuder ausgebaut.

Michael Goerg war mit dem schwierigen Jahrgang 2000 gut zurechtgekommen: die Weine waren fruchtbetont, reintönig und elegant. Gleiches galt für seine 2001er. Im Jahrgang 2002 folgt nun eine sehr ausgewogene Kollektion mit gleichermaßen überzeugenden trockenen und restsüßen Weinen.

84 ▶ **MMII Georg-Secco Perlwein Trocken** feine Frische und Frucht im Bouquet, klar; harmonisch im Mund, süße Frucht, wunderschön süffig (4,50 €)

85 ▶ **2002 Riesling Spätlese trocken Nr. 4/03 Dhroner Hofberger** gute Konzentration, sehr klare Frucht; harmonisch im Mund, klare süße Frucht (4,40 €)

85 ▶ **2002 Riesling Spätlese trocken Nr. 6/03 Dhroner Hofberger** gute Würze, jugendliche sehr klare Rieslingfrucht; harmonisch im Mund, klare Frucht (4,40 e)

86 ▶ **2002 Riesling Spätlese Neumagener Engelgrube** feine Würze, klare jugendliche Frucht; frisch, klar, feine süße Frucht (4,90 €)

86 ▶ **2002 Ortega Auslese Neumagener Engelgrube** gute Konzentration, herrlich viel Frucht und Würze; süß im Mund, geschmeidig, viel Frucht (6,50 €)

Weitere Weine: 85 ▶ 2002 Rotling „Rivo-Rouge" ∎

Weingut **Göttelmann** ★★★
Nahe

Rheinstraße 77, 55424 Münster-Sarmsheim
Tel. 06721-43775, Fax: 06721-42605
Inhaber: Ruth Göttelmann-Blessing,
Götz Blessing
Rebfläche: 12 Hektar
Besuchszeiten: nach Vereinbarung
Straußwirtschaft

Wichtigste Rebsorte beim Weingut Göttelmann in Münster-Sarmsheim ist der Riesling, der etwa 60 Prozent der Rebfläche einnimmt. Hinzu kommen vor allem die Burgundersorten, Chardonnay und Rotweinsorten, die etwa ein Fünftel der Fläche einnehmen. Vor allem mit seinen in den letzten Jahren sehr zuverlässigen, guten Rieslingen ist das Weingut auch außerhalb der Region bekannt geworden.

Nach einer wunderschön gleichmäßigen 2000er Kollektion mit herrlich fruchtbetonten trockenen Weinen lag der Schwerpunkt im Jahrgang 2001 wieder auf den süßen Rieslingen. Gleiches im Jahrgang 2002, in dem Götz Blessing eine Vielzahl an edelsüßen Rieslingen erzeugt hat.

88 ▶ 2002 Riesling Selection Münsterer **Dautenpflänzer** reife konzentrierte süße Rieslingfrucht, klar; herrlich harmonisch im Mund, viel reife süße Frucht (9,50 €)

87 ▶ 2002 Riesling Spätlese trocken Münsterer **Dautenpflänzer** gute Konzentration, würzige Rieslingfrucht; klare Frucht, sehr reintönig, mit Nachhall (6,70 €)

86 ▶ 2002 Riesling Spätlese Münsterer feine süße Rieslingfrucht, etwas Zitrusfrüchte und Pfirsiche; harmonisch, schmeichelnd, viel süße Frucht, süffig (8 €)

88 ▶ 2002 Riesling Spätlese Nr. 1/03 Münsterer **Dautenpflänzer** konzentrierte süße Frucht, sehr eindringlich; süß, schmeichelnd, herrlich dominant, süffig und lang (9,50 €)

88 ▶ 2002 Riesling Spätlese Nr. 4/03 Münsterer **Dautenpflänzer** gute Konzentration, sehr klare eindringliche Frucht, würzig, direkt; schmeichelnd im Mund, viel süße Frucht, harmonisch und lang (8,50 €)

88 ▶ 2002 Riesling Spätlese Münsterer **Rheinberg** frisch, herrlich klare eindringliche Frucht; viel süße Frucht, harmonisch, schmeichelnd, süffig (8 €)

87 ▶ 2002 Riesling Auslese Nr. 17/03 Münsterer **Rheinberg** konzentriert, enorm würzige Noten; viel süße Frucht, dominant, dick, enorm süß (16 €/0,5l)

88 ▶ 2002 Riesling Auslese Nr. 20/03 Münsterer **Rheinberg** klar, konzentriert, herrlich reintönige Frucht; gute Fülle und Harmonie, viel reife süße Frucht (12 €/0,5l)

88 ▶ 2002 Riesling Auslese Nr. 21/03 Münsterer **Rheinberg** feine klare süße Rieslingfrucht im Bouquet, etwas Zitrus; harmonisch im Mund, schmeichelnd, herrlich süffig und lang (9,50 €/0,5l)

90 ▶ 2002 Riesling Beerenauslese Münsterer **Rheinberg** konzentriert, enorm würzig und dominant; herrlich reintönig im Mund, viel süße Frucht, sehr lang (25 €/0,5l)

89 ▶ 2002 Riesling Eiswein Münsterer **Rheinberg** enorm würzig und dominant, sehr klare Frucht; dick und konzentriert im Mund, herrlich stoffig (30 €/0,5l)

Weitere Weine: 83 ▶ 2002 Riesling Kabinett halbtrocken Münsterer Rheinberg ▪

Weingut Goldschmidt ★★
Rheinhessen

Enzingerstraße 27-31
67551 Worms-Pfeddersheim
Tel. 06247-7044, Fax: 06247-6205
Inhaber: Ulrich Goldschmidt
Rebfläche: 10 Hektar
Besuchszeiten: nach Vereinbarung
Vinothek (im ehemaligen Kuhstall)

Das Weingut Goldschmidt ist aus einem typisch rheinhessischen landwirtschaftlichen Mischbetrieb entstanden und wird seit 1998 von Ulrich Goldschmidt geführt. Unterstützt wird er im Betrieb von Ehefrau Elke und seinen Eltern. Seine Weinberge liegen in Pfeddersheim, Osthofen und Dalsheim. In jeder Gemarkung herrscht ein anderer Bodentyp vor, so dass Ulrich Goldschmidt ein breites Spektrum von schweren, kalkhaltigen Tonböden bis hin zu leichten Lösslehmböden in seinen Weinbergen hat. Er vergärt die Weine langsam und kühl. Bei den Weißweinen strebt er fruchtige, filigrane Weine mit dezenter, aber lebendiger Säure an. Den Spätburgunder baut er in neuen und gebrauchten Barriques aus. Zukünftig werden die Rotweine länger im Fass ausgebaut und erst im zweiten Jahr nach der Ernte in den Verkauf kommen.

Vor zwei Jahren ragte die Scheurebe Beerenauslese (90) hervor. Die letztjährige Kollektion war nochmals besser: vom Silvaner bis zum Spätburgunder überzeugte jeder Wein mit klarer Frucht - und moderatem Preis. Gleiches gilt für den Jahrgang 2002: überzeugende Weine, moderate Preise.

86 ▶ 2002 Weißer Burgunder trocken Pfeddersheimer **Kreuzblick** gute Konzentration, klare reife Frucht; gute Harmonie, viel süße Frucht (4,20 €)

87 ▶ 2002 „Jeanette" Spätlese trocken herrlich klare süße Frucht, Johannisbeeren, eindringlich; kraftvoll und klar im Mund, reife Frucht, harmonisch (4,80 €)

87 ▶ 2002 Grauer Burgunder Spätlese trocken Pfeddersheimer St. Georgenberg klare würzige Grauburgunderfrucht; füllig, reife süße Frucht, enorm süffig (4,50 €)

86 ▶ 2002 Gewürztraminer Spätlese trocken Dalsheimer Sauloch feine klare Traminerfrucht, etwas Rosen; gute Fülle und Harmonie, klare Frucht, feiner Biss (4,80 €)

87 ▶ 2002 Riesling Spätlese halbtrocken Dalsheimer Hubacker gute Konzentration, sehr klare eindringliche Frucht; kraftvoll, klare Frucht, herrlich zupackend (4,40 €)

Weitere Weine: 83 ▶ 2002 Silvaner Kabinett trocken Dalsheimer Hubacker ■

Weingut
Graf-Binzel *
Nahe

◆ Naheweinstraße 164,
55450 Langenlonsheim
Tel. 06704-1325, Fax: 06704-2890
www.graf-binzel.de
info@graf-binzel.de
Inhaber: Helmut Binzel
Rebfläche: 5 Hektar
Besuchszeiten: nach Vereinbarung

Das Weingut Graf-Binzel ist ein Familienbetrieb mit 5 Hektar Reben in Langenlonsheim und Guldental. 2 Hektar davon befinden sich in den bekannten Lagen Langenlonsheimer Löhrer Berg, Königsschild und Rothenberg. Riesling ist die wichtigste Rebsorte, gefolgt von Grau- und Weißburgunder, Silvaner, Müller-Thurgau, Kerner, Scheurebe und Huxelrebe. Das Gut wird geführt von Helmut und Helga Binzel. Sohn Andreas ist hauptberuflich als Wissenschaftlicher Mitarbeiter im Fachbereich Weinbau und Getränketechnologie in Geisenheim tätig und kümmert sich im elterlichen Weingut um den Keller. Die Weine werden langsam vergoren und in Eichenholzfässern ausgebaut.

85 ▶ 2002 Weißburgunder trocken Guldentaler Rosenteich feine Würze, klare Frucht, weiße Früchte; gute Harmonie, sehr klare Frucht (4,30 €)

86 ▶ 2002 Grauburgunder Spätlese trocken Langenlonsheimer Steinchen feine würzige Grauburgunderfrucht, gute Konzentration; gute Fülle und Harmonie, reife klare Frucht (4,90 €)

85 ▶ 2001 Riesling Spätlese halbtrocken Langenlonsheimer Königsschild gute Konzentration, klare reife Rieslingfrucht; frisch und klar im Mund, viel süße Frucht (4,50 €)

84 ▶ 2002 Riesling Spätlese Langenlonsheimer Königsschild gute Konzentration, reife klare süße Frucht; viel süße Frucht, enorm süffig (4,50 €)

85 ▶ 2002 Riesling Spätlese Guldentaler Hipperich klare Frucht, etwas Aprikosen, Zitrusfrüchte; viel süße Frucht, gute Harmonie (4,50 €)

85 ▶ 2002 Kerner Spätlese Guldentaler Hipperich wunderschön reintönige Frucht; viel süße Frucht, klar und zupackend (4,30 €)

84 ▶ 2002 Ruländer Spätlese Langenlonsheimer Steinchen zurückhaltende Frucht, dezent gelbe Früchte; reife süße Frucht, herrlich süffig (4,50 €)

86 ▶ 2001 Riesling Auslese Langenlonsheimer Königsschild würzige klare reife Rieslingfrucht, sehr eindringlich; viel süße Frucht, herrlich harmonisch, feine Frische (6,90 €)

Weitere Weine: 83 ▶ 2002 Riesling Spätlese trocken Langenlonsheimer Königsschild ■

Weingut Grans-Fassian ★★★★★
Mosel-Saar-Ruwer

Römerstraße 28, 54340 Leiwen
Tel. 06507-3170, Fax: 06507-8167
www.grans-fassian.de
weingut@grans-fassian.de
Inhaber: Gerhard Grans
Rebfläche: 9,3 Hektar
Besuchszeiten: nach Vereinbarung
Wein & Tafelhaus, Inh. Alexander Oos, Trittenheim, Moselpromenade 4, Tel. 06507-702803, Fax: 06507-702804, tafelhaus@t-online.de

Gerhard Grans hat seine Weinberge in besten Lagen, wie z.B. in der Trittenheimer Apotheke, der Leiwener Laurentiuslay und im Piesporter Goldtröpfchen. Das allein reicht natürlich nicht aus. Kommt die konsequente Arbeit in Weinberg und Keller hinzu, und das Qualitätsstreben und Können des Winzers, dann entstehen Spitzenweine. So wie bei Gerhard Grans. Auf Grund des steigenden Exportanteils, inzwischen 40 Prozent, hat bei ihm in den letzten Jahren der Anteil trockener Weine abgenommen. Egal ob trocken, süß oder edelsüß - alle Weine von Gerhard Grans überzeugen.

Die 2001er waren alle wunderschön reintönig, betörten mit viel Eleganz. Die edelsüßen Rieslinge gehörten zu den faszinierendsten Weinen des Jahrgangs in Deutschland (drei Weine hatte ich mit 94 Punkten bewertet). Während Kabinett und Spätlesen 2002 überzeugen, vermisse ich bei den Auslesen und der Beerenauslese gerade die Reintönigkeit, die mir im vergangenen Jahr so gut gefallen hatte.

85 ▶ **2002 Riesling trocken Grans-Fassian** klar, feine Frucht, direkt; frisch, klare Frucht, Biss (5,90 €)

89 ▶ **2002 Riesling Spätlese „S" trocken Leiwener Laurentiuslay** gute Konzentration, jugendliche herrlich eindringliche Frucht; kraftvoll, klar, herrlich zupackend, feine Frucht (13 €)

89 ▶ **2002 Riesling Spätlese trocken Dhronhofberger** gute Würze und Konzentration, jugendliche Frucht; kraftvoll, klar, herrlich viel Frucht, fülliger Riesling (14 €)

87 ▶ **2002 „Catherina" Riesling „feinherb"** klare jugendliche Frucht, gute Konzentration; klar, harmonisch, feine reife Frucht, herrlich süffig und lang (8,20 €)

88 ▶ **2002 Riesling Kabinett Piesporter** klare jugendliche Frucht, feines Bouquet; viel süße Frucht, harmonisch, wunderschön reintönig (8 €)

86 ▶ **2002 Riesling Kabinett Trittenheimer** klare reife Rieslingfrucht, etwas Pfirsiche; gute Harmonie, klare frucht, schmeichelnd (7,50 €)

89 ▶ **2002 Riesling Spätlese Trittenheimer Apotheke** herrlich klar, dominant, jugendliche Frucht; faszinierend reintönig im Mund, viel Frucht, elegant, nachhaltig (13 €)

90 ▶ **2002 Riesling Spätlese Piesporter Goldtröpfchen** konzentriert, direkt, jugendliche Frucht; herrlich reintönig im Mund, viel Frucht, feiner Nachhall (14 €)

90 ▶ **2002 Riesling Spätlese Dhronhofberger** konzentriert, dominant, eindringliche jugendliche Frucht; herrlich füllig im Mund, viel reife süße Frucht, kompakt (14 €)

89 ▶ **2002 Riesling Auslese Trittenheimer Apotheke** herrlich konzentriert, eindringliche Frucht; viel reife süße Frucht, klar, eindringlich, elegante Auslese (18 €)

89 ▶ **2002 Riesling Auslese Goldkapsel Trittenheimer Apotheke** enorm konzentriert, feine Frucht, eindringlich; viel süße Frucht, dick, füllig und lang (Versteigerungswein)

88 ▶ **2002 Riesling Beerenauslese Trittenheimer Apotheke** eindringliche Frucht im Bouquet, konzentriert, recht würzig; viel süße Frucht, füllig, dominant, feiner Biss und Nachhall (Versteigerungswein)

Öko Wein & Sektgut
Gretzmeier ★
Baden

♣ Wolfshöhle 3, 79291 Merdingen
Tel. 07668-94230, Fax: 07668-94775
www.gretzmeier.de
gretzmeier@gmx.net
Inhaber: Heinrich Gretzmeier
Rebfläche: 10 Hektar
Besuchszeiten: täglich ab 8 Uhr
Straußwirtschaft (geöffnet von Anfang August bis Ende Oktober)

Die Weinberge dieses 1986 gegründeten Weingutes liegen alle in der Lage Merdinger Bühl. Sie werden ökologisch bewirtschaftet und Heinrich Gretzmeier ist Mitglied bei ECOVIN. Dazu kommen vier Hektar mit Obstgärten, deren Ernte zu Obstbränden verarbeitet wird.

Zuletzt waren aber immer die restsüßen Weine meine Favoriten, wie vor zwei Jahren zwei Trockenbeerenauslesen oder im vergangenen Jahr Gewürztraminer und Roter Muskateller. In diesem Jahr gefällt mir der barriqueausgebaute Spätburgunder am besten.

84 ▶ **2002 Auxerrois Kabinett trocken** klare Frucht, direkt; kraftvoll im Mund, klare Frucht (6,20 €)

87 ▶ **2001 Roter Muskateller Auslese** wunderschön Muskatnote, leicht aggressiv; viel süße Frucht, konzentriert, sehr klar (18 €)

84 ▶ **2000 Blauer Spätburgunder trocken** feine Würze, klare Frucht; weich, gute Fülle und Frucht (5,50 €)

85 ▶ **1999 Spätburgunder trocken** (Alte Reben) reife würzige Spätburgunderfrucht, rote Früchte; harmonisch, sehr klare Frucht (8,50 €)

88 ▶ **2000 Spätburgunder Auslese trocken Barrique** gute Konzentration, Gewürznoten, viel Vanille; herrlich füllig im Mund, reife süße Frucht, rauchige Noten, viel Vanille (25 €)

Weitere Weine: 81 ▶ 2002 Müller-Thurgau trocken (1l) ▪ 80 ▶ 2002 Grauer Burgunder Kabinett trocken ▪ 83 ▶ 1999 Chardonnay Spätlese trocken Barrique ▪ 82 ▶ 1998 Spätburgunder trocken Barrique ▪

Weingut
Bernd Grimm ★★
Pfalz

Bergstraße 2-4, 76889 Schweigen-Rechtenbach
Tel. 06342-919045, Fax: 06342-919046
www.weingut-grimm.de,
Inhaber: Christine und Bernd Grimm
Rebfläche: 9 Hektar
Besuchszeiten: Fr. 13-18 Uhr, Sa. 9-12 + 13-17 Uhr, So. 10-12 Uhr oder nach Vereinbarung

Bernd und Christine Grimm sind in den letzten Jahren auch außerhalb der Pfalz bekannt geworden mit immer überzeugenden weißen Burgundern und mit Chardonnay. Ihre Weinberge liegen im Schweigener Sonnenberg, der grenzüberschreitend sich sowohl auf die Pfalz als auch auf das Elsass erstreckt.

Im Jahrgang 2000 hatte Bernd Grimm viele wunderschön reintönige, sortentypische Weißweine, gleiches im vergangenen Jahr. Auch die neue Kollektion besticht mit der Reintönigkeit aller Weine. Und - der Sekt gefiel mir noch nie so gut wie in diesem Jahr.

88 ▶ **2001 Weißer Burgunder Sekt Brut** faszinierend klare Frucht mit rauchigen Noten, dezent Butter; gute Fülle, harmonisch, klare recht süße Frucht, lang (8,25 €)

84 ▶ **2002 Riesling Hochgewächs trocken** frisch, klar, etwas Limone; lebhaft im Mund, klare süße Frucht (4 €)

85 ▶ **2002 Weißer Burgunder Kabinett trocken** klare Frucht, feines Bouquet; frisch, klar, feine süße Frucht (4 €)

86 ▶ **2002 Chardonnay Kabinett trocken** würzige reife Frucht, sehr klar; harmonisch im Mund, reife süße Frucht (4,50 €)

88 ▶ **2002 Chardonnay Spätlese trocken** gute Konzentration im Bouquet, sehr klare reife Frucht; kraftvoll im Mund, viel süße reife Frucht, kompakt, klar (6,50 €)

87 ▶ **2002 Weißer Burgunder Spätlese trocken** gute Würze und klare Frucht im Bouquet; frisch und klar im Mund, herrlich harmonisch und süffig (6 €)

87 ▶ **2002 Grauer Burgunder Spätlese trocken** gute Konzentration, sehr klare jugendliche Frucht; viel Frucht im Mund, klar, gute Fülle (6 €)

86 ▶ **2002 Gewürztraminer Spätlese** reife süße Frucht, klar, schön zurückhaltend, etwas Litschi; reintönige Frucht, schmeichelnd, süffig und lang (5,50 €)

Weitere Weine: 82 ▶ 2002 Riesling trocken (1l) ■

Weingut Bruno **Grimm** & Sohn ★★
Pfalz

Paulinerstraße 3, 76889 Schweigen-Rechtenbach
Tel. 06342-7106, Fax: 06342-249
weingut.grimm-sohn@t-online.de
Inhaber: Bruno Grimm und Andreas Grimm
Rebfläche: 8 Hektar
Besuchszeiten: Sa. 9-18 Uhr oder nach Vereinbarung
Probierstube

Wie andere Winzer in Schweigen auch hat Bruno Grimm seine Weinberge sowohl in der Pfalz als auch jenseits der Grenze im Elsass. Neben Riesling, den weißen Burgundersorten, Müller-Thurgau und Gewürztraminer baut er vor allem rote Sorten an, die inzwischen etwa ein Drittel der Fläche einnehmen. In den letzten Jahren hat er mehr Portugieser angepflanzt, aber auch Chardonnay, der 2000 den ersten Ertrag gebracht hat. Im Juni 2001 hat Sohn Andreas seine Ausbildung zum Weinbautechniker beendet und arbeitet seither voll im Betrieb mit. Die Weißweine werden im Edelstahl ausgebaut, die Rotweine kommen nach der Maischegärung ins Holzfass, ein Teil auch ins Barrique.

Das bestechende an der Kollektion ist die Zuverlässigkeit jedes einzelnen Weines. Dieser Satz aus dem vergangenen Jahr gilt uneingeschränkt auch für 2002: gute, gleichmäßige Qualität, moderate Preise.

84 ▶ **2002 Riesling trocken Schweigener Sonnenberg** feine Würze, jugendliche Frucht; harmonisch, klar, feine Frucht (2,60 €/1l)

84 ▶ **2002 Grauer Burgunder trocken Schweigener Sonnenberg** würzig, direkt, jugendliche Frucht; gute Harmonie, Fülle, reife süße Frucht (3,80 €)

85 ▶ **2002 Chardonnay trocken Schweigener Sonnenberg** reife süße Frucht, Ananas und Tropenfrüchte; füllig, viel süße Frucht (4,10 €)

85 ▶ **2001 Dornfelder trocken Schweigener Sonnenberg** jugendliche Frucht, sehr klar, feine Frische; gute Harmonie, viel Frucht, klar und direkt (3,50 €)

Weitere Weine: 83 ▶ 2002 Riesling Hochgewächs trocken Schweigener Sonnenberg ■ 82 ▶ 2002 Weißer Burgunder Kabinett trocken Schweigener Sonnenberg ■

Weingut K. F. **Groebe** ★★
Rheinhessen

Bahnhofstraße 68-70, 64584 Biebesheim
Tel. 06258-6721, Fax: 06258-81602
www.weingut-k-f-groebe.de
weingut.k.f.groebe@t-online.de
Inhaber: Fritz und Marianne Groebe
Rebfläche: 7 Hektar
Besuchszeiten: nach Vereinbarung

Während die Weinberge und der Keller in Westhofen liegen, befindet sich die Verwaltung des Weingutes auf der anderen Seite des Rheins in Biebesheim. Das Weingut Groebe ist Gründungsmitglied im Verein „Kontrolliert umweltschonender Weinbau". Wichtigste Rebsorte ist mit einem Anteil von 60 Prozent Riesling, hinzu kommen 20 Prozent Burgundersorten und 15 Prozent Silvaner. Fritz Groebe hat sein Weinprogramm klar gegliedert: die Basis bilden die Gutsweine, dann kommen die Ortsweine („Westhofener") und schließlich die „Großen Gewächse" aus den Westhofener Lagen Kirchspiel und Aulerde. Die Weine werden in Eichenholzfässern vergoren und ausgebaut.

In den letzten Jahren hatten mir meist die restsüßen Rieslinge bei Fritz Groebe am besten gefallen, so auch im vergangenen Jahr. Im neuen Jahrgang nun haben die trockenen Rieslinge weiter zugelegt, allen voran das Große Gewächs aus dem Kirchspiel. Dazu gibt es wieder eine beeindruckende Beerenauslese.

85 ▶ **2002 Riesling Spätlese trocken Westhofener** jugendliche konzentrierte Frucht; kraftvoll, klar, viel Frucht (10 €)

89 ▶ **2002 Riesling trocken Westhofener Kirchspiel** (Großes Gewächs) enorm konzentriert, dominant, jugendliche eindringliche Frucht; herrlich füllig, reife klare Frucht, viel Nachhall (18 €)

87 ▶ **2002 Riesling Spätlese Westhofener Kirchspiel** jugendliche Frucht, feine Würze; gute Harmonie, feine süße Frucht, süffig (12,50 €)

89 ▶ **2002 Riesling Beerenauslese Westhofener Kirchspiel** viel Konzentration, reife klare Frucht, sehr reintönig, zurückhaltend; viel süße Frucht, klar, konzentriert, Biss und Nachhall (70 €/0,375l)

Weitere Weine: 83 ▶ 2002 Silvaner trocken Westhofener ■ **82** ▶ 2002 Riesling Kabinett trocken Westhofener ■ **83** ▶ 2002 Riesling Kabinett Westhofener ■

Weingut Eckehart Gröhl ★★★
Rheinhessen

Uelversheimer Straße 4 & 6,
55278 Weinolsheim
Tel. 06249-93988, Fax: 06249-93988
weingut.hans-ernst.groehl@t-online.de
Inhaber: Eckehart Gröhl
Rebfläche: 15 Hektar
Besuchszeiten: nach Vereinbarung
Probierstube

Die Familie Gröhl lebt seit dem 16. Jahrhundert in Weinolsheim und baut heute in zwölfter Generation Wein an. Aus dem ehemaligen landwirtschaftlichen Mischbetrieb ist nach und nach das Weingut in seiner heutigen Form entstanden. Eckehart und Angela Gröhl haben das Weingut 1994 von seinen Eltern gepachtet. Sie haben konsequent die Erträge reduziert und auf die klassischen Rebsorten gesetzt. Vor allem Riesling und die Burgundersorten will Eckehart Gröhl weiter forcieren. Seine Weinberge liegen in Weinolsheim (Kehr), Dalheim (Kranzberg), Dexheim und Oppenheim (Herrenberg).

Jahr für Jahr überzeugt Eckehart Gröhl mit der gesamten Kollektion. Alle Weine sind wunderschön reintönig, vom trockenen Silvaner in der Literflasche bis hin zu den restsüßen Spätlesen. Und Jahr für Jahr hat Eckehart Gröhl eine Vielzahl von Schnäppchen - zugreifen!

84 ▶ **2002 Silvaner trocken** frisch, würzig, klar; feine etwas süße Frucht im Mund, süffig (2,95 €/1l)

86 ▶ **2002 Weißer Burgunder trocken** frisch, wunderschön klar, feine Frucht; unkompliziert im Mund, gute etwas süße Frucht, Frische und Biss (4,50 €)

84 ▶ **2002 Riesling Kabinett trocken** frisch, klare Rieslingfrucht, etwas Limone; frisch und direkt im Mund, klare Frucht (3,50 €)

Weingut Heinrich Groh ★★
Rheinhessen

Deichelgasse 8, 67595 Bechtheim
Tel. 06242-1443, Fax: 06242-60046
www.heinrichgroh.com
grohwein@t-online.de
Inhaber: Axel Groh
Rebfläche: 10 Hektar
Besuchszeiten: nach Vereinbarung

89 ▶ 2002 Weißer Burgunder Spätlese trocken Weinolsheimer Hohberg herrlich reintönige Frucht im Bouquet, reife Weißburgunderfrucht, weiße Früchte; gute Fülle und Harmonie, reife klare süße Frucht (5,50 €)

88 ▶ 2002 Grauer Burgunder Spätlese trocken „S" Dalheimer Kranzberg gute klare reife Frucht, konzentriert; harmonisch im Mund, süße Frucht, klar, stoffig (6,90 €)

87 ▶ 2002 Riesling Spätlese trocken Oppenheimer Herrenberg zurückhaltende Frucht bei guter Konzentration; klare Frucht im Mund, zupackend, harmonisch (4,60 €)

89 ▶ 2002 Riesling Auslese trocken „F" Weinolsheimer Kehr gute Konzentration im Bouquet, klare jugendliche Rieslingfrucht; kraftvoll im Mund, zupackend, herrlich konzentriert (6,90 €)

86 ▶ 2002 Riesling halbtrocken feine Würze, klare Frucht; viel süße Frucht im Mund, herrlich süffig (3,40 €)

85 ▶ 2002 Riesling Kabinett Dalheimer Kranzberg feine klare Rieslingfrucht, direkt; klare Frucht im Mund, feien Frische (3,90 €)

87 ▶ 2002 Riesling Spätlese Oppenheimer Herrenberg gute Konzentration, sehr klare eindringliche Frucht; viel süße Frucht im Mund, schmeichelnd, harmonisch (4,50 €)

88 ▶ 2002 Huxelrebe Spätlese Uelversheimer Aulenberg gute Konzentration, herrlich klare eindringliche Frucht; viel reife süße Frucht, konzentriert, klar, kraftvoll (3,70 €)

85 ▶ 2002 Saint Laurent trocken frisch, klar, rote Früchte, feines Bouquet; feien Frucht im Mund, klar, unkompliziert (6,30 €)

Das Weingut Heinrich Groh wurde 1899 gegründet und wird heute in vierter Generation von Axel Groh geführt. Die Weinberge liegen in den Gemeinden Bechtheim und Alsheim. Wichtigste Rebsorten im breiten Sortiment sind Riesling, Spätburgunder, Müller-Thurgau und Portugieser. Es folgen Silvaner, Chardonnay, Grauburgunder, Weißburgunder, Kerner und Dornfelder, sowie neuerdings Regent. Den Anbau der Burgundersorten, vor allem Spätburgunder, will Axel Groh weiter forcieren, Riesling wird voraussichtlich etwas im Anbau abnehmen. Die Weine werden überwiegend trocken ausgebaut. Eine Spezialität des Weingutes sind Barriqueweine, die in der Linie „Haus Groh" vermarktet werden: bereits 1986 hat man bei Groh erste Barriqueweine erzeugt. Im Jahrgang 1999 hatte er erstmals auch einen barriqueausgebauten Cabernet Sauvignon im Programm. .

Nach gleichmäßigen Kollektionen in den vergangenen Jahren hat Axel Groh mit dem Jahrgang 2001 wieder barriqueausgebaute Rotweine zu bieten. In diesem Jahr nun konnte ich wieder Weine der Premiumlinie verkosten, da im Jahrgang 2000 keine Haus Groh-Weine ausgebaut wurden: weiter klarer Aufwärtstrend!

85 ▶ **2002 Grauburgunder trocken** jugendliche würzige Frucht, zurückhaltend; gute klare reife Frucht, feiner Biss (4,90 €)

87 ▶ **2002 Grauburgunder Spätlese trocken Holzfass Bechtheimer Heilig Kreuz** gute Konzentration, feiner ganz dezenter Toast, viel Frucht; gute Fülle im Mund, klare reife Frucht (8,20 €)

87 ▶ **2002 Riesling Spätlese trocken Bechtheimer Rosengarten** gute Konzentration, klare Rieslingfrucht, Limone; geradlinig im Mund, gute klare Frucht, Nachhall (4,70 €)

87 ▶ **2002 Chardonnay Spätlese trocken Bechtheimer Rosengarten** eindringliche reife Frucht im Bouquet; recht süß im Mund, viel Frucht, harmonisch und lang (11,50 €)

87 ▶ **2002 Chardonnay Auslese trocken** gute Konzentration, sehr klare reife Frucht; gute Fülle, reife Frucht, kompakter Chardonnay (5,90 €)

88 ▶ **2002 Huxelrebe Auslese** gute Konzentration, Zitrusfrüchte, Litschi, sehr klare Frucht; viel reife süße Frucht, herrlich harmonisch, schmeichelnd, gute Fülle (5,80 €)

84 ▶ **2001 „Profil 2001" Rotwein trocken** jugendliche Frucht, rote Früchte, feine Frische; unkompliziert im Mund, gute Frucht, feiner Biss (6,10 €)

85 ▶ **2002 Spätburgunder Spätlese trocken** reife süße Frucht im Bouquet, rauchige Noten; klar, kompakt, gute Frucht, jugendliche Bitternote (6,10 €)

87 ▶ **2001 Spätburgunder Auslese Haus Groh** Gewürznoten, etwas süße rote leicht gekochte Früchte; weich und wunderschön füllig im Mund, Vanille, kompakt, schmeichelnd und lang (12 €)

88 ▶ **2001 Cabernet Sauvignon Haus Groh** gute reife süße Cabernetfrucht, eindringlich Johannisbeeren; reife süße Frucht, gute Struktur, Vanille, Tannine (12 €)

Weitere Weine: 81 ▶ 2002 Silvaner trocken ■

Weingut Theo Grumbach *
Inh. Hermann Grumbach
Mosel-Saar-Ruwer

Moselstraße 32, 54470 Lieser
Tel. 06531-2231, Fax: 06531-7936
www.weingut-grumbach.de
info@weingut-grumbach.de
Inhaber: Hermann Grumbach
Rebfläche: 3 Hektar
Besuchszeiten: täglich 8-18 Uhr
Straußwirtschaft im Sommer und Herbst

70 Prozent der Weinberge von Hermann Grumbach liegen in Steillagen. Drei Viertel der Rebfläche ist mit Riesling bestockt, ein Viertel mit Spätburgunder. 70 Prozent seiner Weine baut er trocken oder halbtrocken aus, Reinzuchthefen nutzt er nur bei edelfaulem Lesegut. Er verwendet keine Süßreserven und filtriert so wenig wie möglich.

Etwas einheitlicher als im vergangenen Jahr präsentiert sich die neue Kollektion, an der Spitze ein Eiswein.

84 ▶ **2002 „Vinea Vetus" Riesling** reife süße Frucht, eindringlich, etwas Litschi; gute Fülle, viel süße Frucht, Biss (6 €)

87 ▶ **2002 Riesling Eiswein Lieserer Schlossberg** würzig-duftige Noten bei guter Konzentration; viel süße Frucht, schöne Frische, feiner Biss und Nachhall (19,50 €/0,375l)

Weitere Weine: 82 ▶ 2002 Riesling trocken Bernkasteler Kardinalsberg ■ 83 ▶ 2002 Riesling Spätlese trocken Bernkastel-Kueser Weisenstein ■ 82 ▶ 2002 Riesling Spätlese halbtrocken Lieserer Niederberg-Helden ■ 82 ▶ 2002 „Aura Aestiva" Spätburgunder Weißherbst ■

Weingut Gunderloch ★★★
Rheinhessen

Carl-Gunderloch-Platz 1, 55299 Nackenheim
Tel. 06135-2341, Fax: 06135-2431
www.gunderloch.de
weingut@gunderloch.de
Inhaber: Fritz und Agnes Hasselbach
Rebfläche: 12,5 Hektar
Besuchszeiten: Mo.-Fr. 9-12 + 13-17 Uhr

Das Weingut Gunderloch wurde 1890 vom Bankier Carl Gunderloch gegründet und wird heute von Fritz und Agnes Hasselbach geführt. Sie haben zudem seit 1996 das Niersteiner Weingut Balbach Erben gepachtet. Entgegen dem allgemeinen Trend, die Weine immer noch jünger, noch früher auf den Markt zu bringen, haben sie sich entschlossen ihre Spitzenweine erst nach einer gewissen Flaschenreife zu präsentieren. Lange Jahre wurden alle Weine spontanvergoren. Seit dem Jahrgang 2002 ist Fritz Hasselbach völlig davon abgegangen, weil er fruchtbetontere Weine machen möchte.

In diesem Frühjahr hatte ich die Gelegenheit einige kleine Vertikalproben älterer Jahrgänge bei Gunderloch zu machen. Da waren zunächst vier Jahrgänge der trockenen Spätlese (seit 1997 erscheint das Wort Spätlese nicht mehr auf dem Etikett) aus dem Nackenheimer Rothenberg. Alle Weine waren wunderschön harmonisch gereift, präsentierten sich klar und kraftvoll mit mineralischen Noten. Ganz fasziniert war ich von den Jahrgängen 1990, 1992 und 1993, der 89er kam nicht ganz an seine Nachfolger heran. 2000 war noch erstaunlich präsent und klar (viele andere 2000er haben schon lange das Zeitliche gesegnet), 1998 und 1999 kraftvoll und klar. Meine Favoriten aber waren die drei Weine von Anfang der 90er Jahre.

Besonders interessant war die Vertikale mit der Riesling Auslese Drei Sterne. Nach einem sehr nachhaltigen 90er folgte mein Favorit, der faszinierend reintönige und jugendliche 92er, ein Wein mit gewaltigem Nachhall. 1993 (vielleicht minimal fehlerhaft) kam da nicht heran. Von den jüngeren Jahrgängen faszinierte mich 2001 am meisten, 1997 und auch 1999, obwohl der sich wunderschön entwickelt hat, kamen da nicht heran.

Die Vertikale mit der Auslese Nackenheim Rothenberg begann mit einem eleganten 89er. Dann folgten die Jahrgänge 1998 bis 2001 und eine zweite Füllung vom 97er. Unabhängig von den doch sehr unterschiedlichen Jahren war das Niveau gleich bleibend hoch, alle Weine zeigten eine wunderschöne Nachhaltigkeit.

Noch faszinierender war dann die Vertikale mit der Goldkapsel-Auslese aus dem Rothenberg. Der 90er schien mir etwas gereift und unharmonisch. Um so faszinierender war dann der darauf folgende 93er, ein Wein von gewaltiger Nachhaltigkeit. Ganz gewaltig war dann der Jahrgang 1997, ein faszinierend reintöniger und nachhaltiger Wein. Da reichten 1999 und 2000, obwohl ebenfalls beeindruckend, nicht heran. Wesentlich spannender fand ich da den 2001er.

In der aktuellen Kollektion dominieren die enorm dicken edelsüßen Rieslinge aus den Jahrgängen 2001 und 1999 - große Weine.

85 ▶ **2002 Riesling trocken** frisch, klar, feine Frucht, schön lebhaft; sehr reintönig im Mund, feine Frische, Biss

84 ▶ **2002 Riesling „Jean Baptiste"** ganz leicht blumige Noten im Bouquet, klare Frucht; weich im Mund, süße Frucht, herrlich süffig und unkompliziert

Weingut Louis **Guntrum** ★
Rheinhessen

Rheinallee 62, 55283 Nierstein
Tel. 06133-97170, Fax: 06133-971717
www.guntrum.de
weingut-louis-guntrum@t-online.de
Inhaber: Hanns Joachim Louis Guntrum,
Louis Konstantin Guntrum
Rebfläche: 20 Hektar
Besuchszeiten: Mo.-Do. 7-12 + 13-16:15 Uhr,
Fr. 7-12 Uhr oder nach Vereinbarung

88 ▶ 2001 Riesling trocken Nackenheim Rothenberg herrlich fruchtbetont, klar, faszinierend reintönige Frucht; kraftvoll im Mund, viel Frucht, sehr reintönig

91 ▶ 2001 Riesling Auslese Drei Sterne reife süße Frucht, herrlich reintönig, reife süße Aprikosen, ganz dezent auch Orangen im Hintergrund; herrlich stoffig im Mund, viel süße Frucht, füllig, süffig, Orangenschalen im Abgang, Nachhall

92 ▶ 2001 Riesling Auslese Goldkapsel Nackenheim Rothenberg herrlich konzentriert, reintönige, jugendliche Frucht, leicht streng; schmeichelnd im Mund, wunderschön reintönig, harmonisch, elegant, viel Nachhall

92 ▶ 2001 Riesling Beerenauslese Nackenheim Rothenberg duftig, viel süße Frucht, ganz leicht streng, dezent Marzipan; herrlich dominant im Mund, konzentriert, sehr eindringlich, ganz dezente Bitternote im Hintergrund, sehr nachhaltig

93 ▶ 1999 Riesling Beerenauslese Goldkapsel Nackenheim Rothenberg etwas Orangen, Orangenschalen, wunderschön konzentriert und reintönig; konzentriert auch im Mund, sehr reintönig, wunderschön elegant und harmonisch, viel Nachhall

94 ▶ 2001 Riesling Trockenbeerenauslese Nackenheim Rothenberg enorm konzentriert, jugendliche eindringliche Frucht, dominant, süße Zitrusfrüchte und Aprikosen; herrlich dominant im Mund, zupackend, enorm dick („dick dick dick"), feine Bitternote im Hintergrund, viel Nachhall, faszinierend stoffige Trockenbeerenauslese

98 ▶ 1999 Riesling Trockenbeerenauslese Goldkapsel Nackenheim Rothenberg herrlich konzentriert, reife süße Frucht, süße Zitrusfrüchte (Orangen, süße Grapefruit), Aprikosen; faszinierend klar und konzentriert im Mund, dominant, reintönig, ganz gewaltiger Nachhall

Das traditionsreiche Weingut Guntrum wird heute von Hanns Joachim Louis Guntrum und seinem Sohn Louis Konstantin geführt. Sie verfügen über Weinbergbesitz in den besten Lagen von Nierstein und Oppenheim, darunter die 1,2 Hektar große Oppenheimer Schützenhütte in Alleinbesitz. Wichtigste Rebsorte ist der Riesling, der etwa zwei Drittel der Weinberge einnimmt. Über 60 Prozent der Weine werden trocken oder halbtrocken ausgebaut. 80 Prozent der Produktion wird exportiert, in insgesamt 80 Länder, ein großer Teil davon aber nach Schweden.

Im Jahrgang 2000 ergaben Sorten wie Müller-Thurgau, Kerner und Scheurebe die interessantesten Weine. In der letztjährigen Kollektion ragte der Silvaner Eiswein hervor. Ein solches Highlight fehlt in der neuen, recht ausgewogenen Kollektion.

85 ▶ 2002 Grauburgunder Kabinett trocken wunderschön klare frische jugendliche Frucht; geradlinig im Mund, sehr klare Frucht, mit Biss (5,40 €)

84 ▶ 2002 Silvaner Spätlese trocken Oppenheimer Herrenberg gute Würze, klare Frucht, jugendlich; geradlinig im Mund, klare Frucht, viel Biss (7,45 €)

84 ▶ 2002 Riesling Kabinett halbtrocken Oppenheimer Herrenberg feine Würze, klare Rieslingfrucht; süße Frucht, harmonisch, süffig (5,40 €)

Weitere Weine: 80 ▶ 2002 Grüner Silvaner trocken (1l) ■ 82 ▶ 2002 Rivaner trocken Niersteiner ■ 79 ▶ 2002 Riesling Kabinett trocken Niersteiner Pettenthal ■ 82 ▶ 2002 „Le Blanc du Rouge" Spätburgunder Weissherbst Spätlese trocken ■ 80 ▶ 2002 Spätburgunder trocken ■ 81 ▶ 2002 Cabernet Sauvignon trocken ■

Winzerhof Gussek ★★★
Saale-Unstrut

Kösener Straße 66, 06618 Naumburg
Tel. 03445-778428, Fax: 03445-778428
winzerhofgussek@t-online.de
Inhaber: André Gussek
Rebfläche: 4,4 Hektar
Besuchszeiten: nach Vereinbarung

Der Winzerhof Gussek wurde 1992 gegründet und bewirtschaftet den steilterrassierten Kaatschener Dachsberg (unter anderem mit 1927 gepflanzten Silvanerreben) und in Naumburg einen Teil der Lage Steinmeister. Seit 1993 werden die Weine im eigenen Keller ausgebaut. Hauptrebsorte ist Müller-Thurgau mit einem Anteil von 40 Prozent. Es folgen Weißburgunder, Riesling, Zweigelt, Spätburgunder, Silvaner, Kerner und Portugieser. Die Weine werden überwiegend trocken ausgebaut. Seit 1994 erzeugt man beim Winzerhof Gussek auch edelsüße Weine. Im Jahr darauf hat man mit dem Barriqueausbau ausgesuchter Rotweine begonnen.

Im Jahrgang 2000 hatte mich die Riesling Auslese aus dem Kaatschener Dachsberg (90) am meisten fasziniert. Die Vorjahreskollektion war dann nochmals deutlich besser. Die trockenen Weißweine überzeugten mit ihrer klaren Frucht und wunderschön mineralischen Noten, die edelsüßen Weine sind ungeheuer dick. Und in diesem Jahr kommt der Durchbruch mit den Rotweinen, was sich schon im vergangenen Jahr angedeutet hatte. Nach wie vor gilt uneingeschränkt: der Winzerhof Gussek ist der Top-Betrieb in den ostdeutschen Anbaugebieten.

84 ▶ 2002 Silvaner Spätlese trocken Kaatschener Dachsberg klar, konzentriert, jugendliche Frucht; gute Fülle, viel süße Frucht, kompakt (8,70 €)

89 ▶ 2001 Weißburgunder Spätlese Barrique Kaatschener Dachsberg viel Konzentration, herrlich eindringliche Frucht; klar und kraftvoll im Mund, gute Fülle, viel reife Frucht (16 €)

88 ▶ 2001 Grauburgunder Spätlese Barrique Kaatschener Dachsberg konzentriert, reife süße Frucht, dominant; herrlich füllig im Mund, viel süße Frucht, Vanille, lang (17 €)

84 ▶ 2002 Müller-Thurgau Kabinett halbtrocken Naumburger Steinmeister klare Frucht, direkt; frisch, klare süße Frucht, süffig (4,95 €)

87 ▶ 2002 Müller-Thurgau Spätlese „feinherb" Naumburger Steinmeister reife Frucht im Bouquet, gute Konzentration, etwas Aprikosen, Muskat; füllig, harmonisch, viel reife Frucht, klar (6,70 €)

86 ▶ 2002 Riesling Spätlese „feinherb" Kaatschener Dachsberg würzige Noten, klare Frucht; feine süße Frucht, kompakter Riesling (8,90 €)

86 ▶ 2002 Riesling Auslese Kaatschener Dachsberg konzentriert, reife Frucht; viel süße Frucht, klar, konzentriert, Biss (14 €/0,5l)

85 ▶ 2001 Müller-Thurgau Eiswein Barrique Naumburger Steinmeister enorm dominant, Kaffee, etwas Gewürze; süß, dick, konzentriert, Kaffee (51 €/0,375l)

86 ▶ 2002 Zweigelt trocken Naumburger Steinmeister herrlich klare Frucht, rote Früchte, Kirschen; harmonisch, viel Frucht, sehr reintönig (9,30 €)

88 ▶ 2001 Zweigelt trocken Barrique Naumburger Steinmeister herrlich konzentriert, Gewürznoten, viel Frucht; viel klare reife süße Frucht im Mund, harmonisch, sehr reintönig (16 €)

Weingut Destillerie
Gutzler ★★★★
Rheinhessen

Roßgasse 19, 67599 Gundheim
Tel. 06244-905221, Fax: 06244-905241
www.gutzler.de
weingut.gutzler@t-online.de
Inhaber: Gerhard Gutzler
Rebfläche: 12,5 Hektar
Besuchszeiten: Mo.-Sa. nach Vereinbarung

Gerhard Gutzler stellt außer Wein und Sekt auch Edelbrände her. 1985 hat er das Weingut übernommen und bis 1990 das Sortiment ausschließlich auf trockene Weine umgestellt. Neben Weinbergen in Gundheim, Westhofen, Dorn-Dürkheim und Alsheim gehört ihm seit 1998 auch ein Stück am bekannten Wormser Liebfrauenstift Kirchstück. Wichtigste Rebsorten bei ihm sind Spätburgunder, Riesling und Müller-Thurgau, gefolgt von Weißburgunder und Dornfelder. Die Weißweine werden im Edelstahl ausgebaut. Nur Weißburgunder und Chardonnay werden bei Mostgewichten über 100° Öchsle im Barrique ausgebaut. Die Rotweine kommen nach einer fünfzehn- bis dreißigtägigen Maischegärung ins traditionelle Holzfass oder ins Barrique. Mit Ausnahme einiger edelsüßer Spezialitäten werden alle Weine trocken ausgebaut. Trocken heißt bei Gutzler jedoch nur ganz selten einmal durchgegoren: vor allem die Weißweine weisen alle eine merkliche Restsüße auf. Bekannt ist das Weingut Gutzler für seine Edelbrände, die seit 1991 in der hauseigenen Destillerie erzeugt werden. Bei Neuanlagen erhöht Gerhard Gutzler die Pflanzdichte auf bis zu 7.500 Reben je Hektar.

Gerhard Gutzler hat sich über die letzten Jahre stetig gesteigert. Seine Weine waren schon immer sehr stoffig und kraftvoll. Jetzt haben sie an Ausdruck und Komplexität gewonnen. Schon seine letztjährige Kollektion war beeindruckend. Kein Anderer in Rheinhessen hatte eine solch Palette an hochklassigen Rotweinen zu bieten. Aber auch die Weißweine waren noch nie so gut wie im vergangnen Jahr.

Die neue Kollektion nun ist noch spannender. Jeder Wein überzeugt. Weiß- wie Rotweine gehören zur Spitze in Rheinhessen und in Deutschland.

86 ▶ 2002 Silvaner trocken herrlich klare Frucht, Birnen, feines Bouquet; klare feine Frucht, viel Biss (4,60 €)

88 ▶ 2002 Riesling trocken herrlich klare reife Frucht, wunderschön reintönig, Aprikosen und Limone; gute Fülle, reife sehr klare Frucht (4,60 €)

87 ▶ 2002 Weißer Burgunder trocken klare Frucht, gute Konzentration; wunderschön klare Frucht im Mund, harmonisch, reintönig (4,60 €)

87 ▶ 2002 Spätburgunder trocken weiß gekeltert frisch, würzig, herrlich eindringlich; klare Frucht, wunderschön reintönig, feine Frische (5,70 €)

89 ▶ 2002 Silvaner trocken Niersteiner Ölberg konzentriert, herrlich reintönige Frucht; wunderschön füllig im Mund, reife süße Frucht, gute Konzentration, sehr reintönig (8,30 €)

88 ▶ 2002 „4First" trocken gute Konzentration im Bouquet, etwas reife Aprikosen; herrlich viel Fülle im Mund, viel reife Frucht, kompakt (8,30 €)

89 ▶ 2002 Grauer Burgunder GS klar im Bouquet, eindringliche Frucht, gute Konzentration; klare Frucht, gute Harmonie, viel Nachhall (8,30 €)

90 ▶ 2002 Chardonnay GS konzentriert, wunderschön reintönige Frucht; faszinierend reintönig auch im Mund, herrlich frisch und klar, sehr lang (8,30 €)

87 ▶ 2002 Riesling GS wunderbar konzentriert im Bouquet, sehr reintönige Frucht; weich im Mund, gute Fülle und Frucht, sehr reintönig (8,30 €)

88 ▶ 2002 Riesling Westhofener Steingrube

Weingut Fritz Haag ★★★
Mosel-Saar-Ruwer

Dusemonder Straße 44, 54472 Brauneberg
Tel. 06534-410, Fax: 06534-1347
weingut-fritz-haag@t-online.de
Inhaber: Wilhelm Haag
Rebfläche: 7,5 Hektar
Besuchszeiten: nur nach Vereinbarung

Die Weinberge von Wilhelm Haag, ausschließlich mit Riesling bepflanzt, liegen in besten Lagen von Brauneberg (Juffer-Sonnenuhr und Juffer). Er gehört heute zu den renommiertesten Winzern an der Mosel. Jahr für Jahr überzeugt er mit sehr guten süßen und edelsüßen Rieslingen, die mir regelmäßig besser gefallen als seine trockenen Weine.

Im schwierigen Jahrgang 2000 hatte Wilhelm Haag eine sehr gleichmäßige Kollektion mit reintönigen restsüßen Rieslingen. Die 2001er Kollektion war nochmals deutlich interessanter: vor allem die Spätlese aus der Juffer-Sonnenuhr hatte mir gefallen, ein faszinierender eleganter Riesling. In der neuen Kollektion ragen, wie gewohnt, die restsüßen Rieslinge heraus.

konzentriert, jugendliche sehr eindringliche Frucht; kraftvoll, konzentriert, gehaltvoll, feiner Nachhall (9,20 €)

89 ▶ **2002 Riesling Wormser Liebfrauenstift Kirchenstück** klare Frucht, eindringliche Zitrusnoten; herrlich reintönig im Mund, viel reife klare Frucht, feiner Nachhall (11,50 €)

88 ▶ **2002 Cuvée GS Barrique** Auxerrois, Chardonnay und Riesling; konzentriert, leichte Zitrusnote, sehr eindringlich; gute Fülle, viel reife süße Frucht, direkt, Nachhall (12,80 €)

86 ▶ **2002 Portugieser Holzfass** jugendliche Frucht, sehr reintönig, Frische; klare Frucht, gute Harmonie, viel Biss und Nachhall (4,50 €)

86 ▶ **2002 Dornfelder Holzfass** klare Frucht, sehr reintönig, direkt; gute Fülle und Harmonie, klare Frucht, Tannine und Biss (4,90 €)

87 ▶ **2002 Spätburgunder Holzfass** rauchige Noten, gute Konzentration, sehr klare Frucht; klare Frucht, gute Harmonie, Struktur (6 €)

88 ▶ **2001 Dornfelder Barrique** reife klare Frucht, süße rote und dunkle Früchte; herrlich fruchtbetont im Mund, klar, gute Harmonie, feine Tannine, Biss (8,30 €)

91 ▶ **1999 Dornfelder GS Barrique** drei Jahre Barriqueausbau; konzentriert, Gewürznoten, herrlich eindringliche reintönige Frucht; gute Fülle, viel reife süße Frucht, Konzentration, enormer Nachhall (16,30 €)

89 ▶ **2000 Spätburgunder GS Barrique** feine Würze, sehr klare Frucht, rauchige Noten; kraftvoll im Mund, herrlich viel Frucht, rauchige Noten, feiner Nachhall (12,80 €)

88 ▶ **2000 St. Laurent Barrique** reintönige Frucht, rote Früchte, direkt, Vanille, feiner Toast; gute Harmonie, sehr klare süße Frucht, Vanille, harmonisch, klar, feiner Biss (16,80 €)

90 ▶ **Cuvée R 99 GS Barrique** rauchige Noten, gute Konzentration, feiner Toast, sehr eindringliche Frucht; herrlich fruchtbetont im Mund, gute Harmonie, sehr lang (16,30 €)

89 ▶ **2000 Blauer Spätburgunder Morstein** rauchige Noten, herrlich konzentriert, klare Frucht; harmonisch, reintönige Frucht, eleganter feiner Spätburgunder, Nachhall (19,30 €)

90 ▶ **2000 Cabernet Sauvignon Römerberg** feine rauchige Noten, dezent Cassis, rote Johannisbeeren, reife klare Frucht; herrlich kraftvoll im Mund, gute Konzentration, gute Struktur, jugendlich (24,50 €)

86 ▶ **2002 Riesling Spätlese trocken Brauneberger Juffer-Sonnenuhr** jugendliche Frucht, würzige Noten, klar und direkt im Mund, gute Frucht und Struktur

88 ▶ **2002 Riesling Kabinett Brauneberger Juffer-Sonnenuhr** frisch, würzig, klare Frucht mit mineralischen Noten, reintöniges Bouquet; klar im Mund, sehr harmonisch, elegant, feine Frucht und Biss

89 ▶ **2002 Riesling Spätlese Brauneberger Juffer-Sonnenuhr** jugendliche zurückhaltende Frucht bei guter Konzentration, klar; feine reife süße Frucht, sehr klar, Biss

91 ▶ **2002 Riesling Auslese Brauneberger Juffer-Sonnenuhr** konzentriert, würzig, herrlich klare eindringliche Frucht; klar und direkt im Mund, viel Frucht, Säure und Biss, herrlich zupackend

Weitere Weine: 82 ▶ 2002 Riesling trocken ■

Weingut Willi Haag ★★★★
Mosel-Saar-Ruwer

Burgfriedenspfad 5, 54472 Brauneberg
Tel. 06534-450, Fax: 06534-689
weingutwillihaag@gno.de
Inhaber: Marcus Haag
Rebfläche: 5,8 Hektar
Besuchszeiten: nach Vereinbarung

Marcus Haag hat in seinen Weinbergen in Brauneberg (Juffer und Juffer Sonnenuhr) ausschließlich Riesling stehen.

Im Jahrgang 2000 waren neben den faszinierenden Auslesen die beiden restsüßen Spätlesen besonders betörend. Im Jahrgang 2001 hatte Marcus Haag darüber hinaus tolle trockenen und halbtrockene Spätlesen im Programm. Überstrahlt wurden sie aber doch von den faszinierenden süßen Spätlesen und Auslesen. Die 2002er sind sehr gut, die Weine haben aber nicht ganz die Finesse der 2001er.

85 ▶ **2002 Riesling Spätlese halbtrocken Brauneberger Juffer** reife klare Rieslingfrucht, etwas Pfirsiche; sehr klare Frucht, gute Harmonie (6,70 €)

85 ▶ **2002 Riesling Kabinett Nr. 8/03 Brauneberger Juffer** feine Würze, klare jugendliche Frucht; gute Harmonie, feine süße Frucht (6 €)

87 ▶ **2002 Riesling Spätlese Brauneberger Juffer-Sonnenuhr** feine Würze, sehr reintönige jugendliche Frucht, dezent Pfirsiche, Äpfel; gute Harmonie, klare süße Frucht, lang (7,40 €)

88 ▶ **2002 Riesling Auslese Brauneberger Juffer** konzentriert und klar, süße Zitrusfrüchte; viel klare Frucht im Mund, harmonisch und lang (7,40 €)

87 ▶ **2002 Riesling Auslese Brauneberger Juffer-Sonnenuhr** recht würzig, jugendliche klare Frucht; harmonisch, viel süße Frucht, schmeichelnd (12 €)

89 ▶ **2002 Riesling Eiswein Brauneberger Mandelgraben** viel Konzentration, reife süße eingelegte Aprikosen, Aprikosensirup; enorm süß und konzentriert im Mund, süße Aprikosen, kompakt, lang (0,375l)

Weingut Reinhold Haart ★★★★
Mosel-Saar-Ruwer

Ausoniusufer 18, 54498 Piesport
Tel. 06507-2015, Fax: 06507-5909
www.haart.de
info@haart.de
Inhaber: Theo Haart
Rebfläche: 5,5 Hektar
Besuchszeiten: nach Vereinbarung

Theo Haart besitzt erstklassige Weinberge in den renommierten Lagen von Piesport, wie Goldtröpfchen und Domherr, die Lage Kreuzwingert gehört ihm in Alleinbesitz. Dazu hat er Besitz im Wintricher Ohligsberg, der ebenfalls schon im 19. Jahrhundert als Spitzenlage klassifiziert wurde. Er baut ausschließlich Riesling an. Die Weine werden ohne Reinzuchthefen sehr langsam vergoren und zeigen sich in ihrer Jugend oftmals recht verschlossen. Aber sie sind herrlich kraftvoll und konzentriert, haben viel Frucht und Struktur.

Im Jahrgang 2000 gehörten, wie schon in den Jahren zuvor, die Weine von Theo Haart zu den besten an der Mosel, insbesondere Spät- und Auslese aus dem Piesporter Goldtröpfchen waren ganz hervorragend ausgefallen. In der 2001er Kollektion gefiel mir ein Wein aus dem Wintricher Ohligsberg, am besten. Die 2002er präsentieren sich sehr homogen, die Spätlesen bestechen mit ihrer reintönigen Frucht, weshalb sie mir genauso gut gefallen wie die fülligeren Auslesen.

86 ▶ **2002 „Haart to heart" Riesling** feine Würze im Bouquet, klare reife Frucht; frisch und direkt im Mund, feine süße Frucht, unkompliziert (6,90 €)

87 ▶ **2002 Riesling Kabinett Piesporter Goldtröpfchen** reife klare Frucht, jugendlich; herrlich fruchtbetont im Mund, gute Harmonie (8,50 €)

89 ▶ 2002 Riesling Spätlese Dhronhofberger klare reife Frucht, zurückhaltend, sehr reintönig; harmonisch, viel süße Frucht, lang (12,90 €)

89 ▶ 2002 Riesling Spätlese Piesporter Goldtröpfchen gute Konzentration im Bouquet, sehr klare reife Frucht; gute Fülle, reife süße Frucht, sehr reintönig (12,90 €)

88 ▶ 2002 Riesling Auslese Piesporter Goldtröpfchen klare wenn auch zurückhaltende Frucht, feine Würze; viel süße Frucht, dick, würzige Noten, lang (20,50 €)

89 ▶ 2002 Riesling Auslese Wintricher Ohligsberg konzentriert, würzig, herrlich viel Frucht; süß im Mund, schmeichelnd, harmonisch und lang (25 €)

Jahr ragt mit dem Eiswein ein edelsüßer Wein aus der ansonsten gleichmäßigen Kollektion hervor.

91 ▶ 2002 Silvaner Eiswein Langenlonsheimer Steinchen süße eindringliche Frucht, herrlich konzentriert und klar; viel süße Frucht im Mund, faszinierend klar, feine Frische und Biss, dick, nachhaltig (12,50 €/0,375l)

Weitere Weine: 81 ▶ 2002 Chardonnay Spätlese trocken ■ 83 ▶ 2002 Riesling Spätlese trocken Langenlonsheimer Königsschild ■ 83 ▶ 2002 Riesling Spätlese halbtrocken Langenlonsheimer Königsschild ■ 83 ▶ 2002 Kerner Auslese Langenlonsheimer Steinchen ■ 81 ▶ 2002 Blauer Spätburgunder trocken Barrique Bretzenheimer Vogelsang ■

Weingut Johannes Haas ★
Nahe

Naheweinstraße 147, 55450 Langenlonsheim
Tel. 06704-1243, Fax: 06704-1445
www.weingut-haas.de
weingut-haas@t-online.de
Inhaber: Thomas Haas
Rebfläche: 8 Hektar
Besuchszeiten: nach Vereinbarung
Historische Weinstube für Weinproben mit rustikaler Vesper

Das Familienweingut Haas in Langenlonsheim wird heute in dritter Generation von Thomas und Andrea Haas geführt. Sie bauen neben den traditionellen Rebsorten der Nahe auch Chardonnay und Grauburgunder an. An roten Sorten gibt es bei ihnen Spätburgunder, Portugieser und Dornfelder. Der Ausbau der Weine erfolgt im Edelstahl, ausgesuchte Weine kommen ins Barrique.

Vor zwei Jahren hatte ich erstmals eine Kollektion von Thomas Haas verkostet. Alle Weine waren von guter, recht gleichmäßiger Qualität. Im vergangenen Jahr lagen die Stärken eindeutig bei den süßen Weinen. In diesem

Weingut Thomas Hagenbucher ★★★
Baden

Friedrichstraße 36, 75056 Sulzfeld
Tel. 07269-911120, Fax: 07269-911122
www.weingut-hagenbucher.de
info@weingut-hagenbucher.de
Inhaber: Thomas Hagenbucher
Rebfläche: 8,5 Hektar
Besuchszeiten: nach Vereinbarung

Thomas Hagenbucher hat 1992 sein eigenes Weingut gegründet, das er dann 1998 durch die Übernahme des elterlichen Weinbaubetriebes in der Rebfläche verdoppelt hat. Wichtigste Rebsorten bei Hagenbucher sind Riesling, Müller-Thurgau, Schwarzriesling, Weiß- und Grauburgunder. Dazu gibt es noch etwas Spätburgunder, Chardonnay und Lemberger. Zuletzt hat er mehr Spätburgunder und Lemberger gepflanzt. Auf Lagennamen verzichtet Thomas Hagenbucher konsequent. Die meisten Weine baut er trocken aus. Ausgesuchte Weiß- und Rotweine (Lemberger, Schwarzriesling) baut er auch im Barrique aus.

Im Jahrgang 2001 hatte Thomas Hagenbucher zwei beeindruckende weiße Burgunder und einen gekonnt gemachten Barrique-Chardonnay. Auch die 2000er Rotweine konnten sich sehen lassen. Die neue Kollektion ist sehr gleichmäßig. Mein Favorit: der barriqueausgebaute Lemberger.

84 ▶ 2002 Riesling trocken frisch, klar, direkt, gute Frucht; geradlinig im Mund, feine Frucht (3,90 €/1l)

86 ▶ 2002 Weißburgunder Kabinett trocken feine Frucht, Frische; klar und direkt im Mund, feine Frucht, Biss (5,40 €)

84 ▶ 2002 Chardonnay Kabinett trocken gute Frucht, sehr klar; kraftvoll im Mund, klare Frucht (6,10 €)

85 ▶ 2002 Grauburgunder Kabinett trocken feine Würze, jugendliche Frucht; frisch, direkt, klare Frucht (5,40 €)

85 ▶ 2002 Riesling Kabinett trocken frisch, würzig, klare jugendliche Frucht; klar, direkt, feine Frucht und Biss (5,90 €)

87 ▶ 2001 Lemberger trocken Barrique reife klare Frucht, Gewürznoten; gute Fülle und Harmonie, reife Frucht, Biss (13 €)

Weitere Weine: 83 ▶ 2002 Schwarzriesling trocken ∎

Weingut Hahnmühle ★★★
Nahe

♣ Alsenzstraße 25, 67822 Mannweiler-Cölln
Tel. 06362-993199, Fax: 06362-4466
www.weingut-hahnmuehle.de
info@weingut-hahnmuehle.de
Inhaber: Peter und Martina Linxweiler
Rebfläche: 8,5 Hektar
Besuchszeiten: Mo.-Sa. 8-12 + 14-18 Uhr und nach Vereinbarung

Martina und Peter Linxweiler bewirtschaften ihr Weingut Hahnmühle im Alsenztal - einem Seitental der Nahe - seit 1987 nach den Richtlinien Ökologischen Weinbaus. Konsequente Qualitätsorientierung, z.B. Durchschnittserträge von unter 50 Hektoliter je Hektar, sind das Geheimnis ihres Erfolges. Wichtigste Rebsorte ist der Riesling, der gut die Hälfte der Rebfläche einnimmt. Es folgen Gewürztraminer, Silvaner, Chardonnay, Weißburgunder, sowie Spätburgunder als wichtigste rote Sorte. Der Alisencia genannte Riesling stammt aus der Schieferlage des Weingutes, dem Alsenzer Elkersberg. Dort gehört Martina und Peter Linxweiler ein 1 Hektar großer Weinberg, der in einer Hangmulde liegt und so vor kalten Nord- und Ostwinden geschützt ist. Diese Steillage ist die Spitzenlage der Hahnmühle. Die weiteren Weinberge liegen im Cöllner Rosenberg (woher der „Alte Wingert", von über dreißigjährigen Reben, stammt), sowie in den Lagen Oberndorfer Beutelstein und Aspenberg. Mit dem Mischsatz Riesling und Traminer aus dem Cöllner Rosenberg setzen sie eine Tradition der Region fort.

Die Weine von Peter und Martina Linxweiler werden steig besser. Im Jahrgang 2000 stand an der Spitze einer sehr homogenen Kollektion ein hervorragender Eiswein. Im vergangenen Jahr haben mir die beiden Rieslinge Alter Wingert und Alisencia mit ihren mineralischen Noten besonders gefallen. Hervorragend wie immer der Eiswein. Auch in diesem Jahr krönt ein Eiswein die sehr gute und sehr gleichmäßige Kollektion.

86 ▶ 2002 Silvaner Spätlese trocken Oberndorfer Beutelstein viel Würze, weiße Früchte; weich, harmonisch, gute Fülle und Frucht (6,90 €)

86 ▶ 2002 Riesling Spätlese trocken Oberndorfer Beutelstein reife klare süße Frucht im Bouquet; frisch, klar, gute Fülle, Frucht, Biss (6,90 €)

88 ▶ 2002 „Alisencia" Riesling Spätlese trocken konzentriert, klar, würzige Rieslingfrucht; gute Harmonie, viel reife süße Frucht, kompakter Riesling (8,20 €)

86 ▶ 2002 Riesling trocken „Alter Wingert" Cöllner Rosenberg konzentriert, herrlich klar und direkt, jugendliche Frucht; kraftvoll, viel Biss, klare Frucht (4,90 €)

86 ▶ 2002 Riesling + Traminer trocken Cöllner Rosenberg gute würzige Frucht, eindringlich; frisch, klar, viel Frucht, Biss (5,40 €)

86 ▶ 2002 Traminer Spätlese trocken Oberndorfer Beutelstein Nr. 18/03 feine reife Traminerfrucht, Rosen; gute Fülle im Mund, kompakter Traminer (6,90 €)

86 ▶ 2002 Traminer Spätlese trocken Oberndorfer Beutelstein Nr. 19/03 sehr klare Traminerfrucht, eindringlich; füllig, klar, feiner Traminer (6,90 €)

86 ▶ 2002 Riesling halbtrocken Oberndorfer Beutelstein feine Würze, frische klare Rieslingfrucht; harmonisch, klare reife Frucht, herrlich süffig (4,60 €)

87 ▶ 2002 Riesling + Traminer Spätlese halbtrocken Oberndorfer Beutelstein gute Konzentration, feiner Traminerduft; klar, weich, kompakt, viel Frucht, harmonisch und lang (6,90 €)

93 ▶ 2002 Riesling Eiswein Cöllner Rosenberg faszinierend konzentriert im Bouquet, eindringliche süße Frucht, dominant; konzentriert auch im Mund, herrlich dick, viel süße Frucht, stoffig, sehr nachhaltig (34,80 €/0,375l)

Weingut Karl Haidle ★★★★
Inh. Hans Haidle
Württemberg

Hindenburgstraße 21, 71394 Kernen
Tel. 07151-949110, Fax: 07151-46313
www.weingut-karl-haidle.de
info@weingut-karl-haidle.de
Inhaber: Hans Haidle
Rebfläche: 19 Hektar
Besuchszeiten: Mo.-Fr. 8-12 + 13-18 Uhr, Sa. 8-13 Uhr

Wichtigste Rebsorte bei Hans Haidle ist der Riesling, der knapp die Hälfte seiner Weinberge einnimmt. Dazu gibt es an weißen Sorten Kerner, Grauburgunder, Weißburgunder und Chardonnay. Wichtigste rote Sorten sind Trollinger, Spätburgunder und Lemberger. Aber er baut auch Dornfelder, Zweigelt und Acolon an und hat in den letzten Jahren ein wenig Cabernet Franc und Cabernet Sauvignon angelegt, die er für Cuvées nutzen wird. Der Name Scheinheiliger für die Kerner Auslese erinnert an die ehemalige Lage „in den heiligen Weinbergen", die 1971 der neuen Lageneinteilung zum Opfer fiel. In dieser Lage pflanzte Hans Haidle bereits 1959 die ersten Kerner (damals noch Sämling 2530 genannt).

Die Weine von Hans Haidle sind in den vergangenen Jahren ständig besser geworden. Schon vor drei Jahren hatte er die beste Kollektion in Württemberg, im Jahr darauf war ihm eine weitere Steigerung gelungen. Egal ob weiß oder rot, trocken oder edelsüß, überall gehörte er zur Spitze in Württemberg. Gleiches galt für die letztjährige Kollektion und gilt auch für die aktuellen Weine.

Seine Barriquerotweine sind schon seit einigen Jahren immer unter den

Besten in Württemberg. Vor allem die Ypsilon genannte Cuvée aus Lemberger, Acolon und Zweigelt gehört immer wieder zu den besten Cuvées in Deutschland. Zweigelt, Dornfelder und Lemberger sind ebenfalls immer sehr gut, der Spätburgunder war noch nie so gut wie im Jahrgang 1999 (90).

Was für die Rotweine gilt, das gilt auch für die Weißweine. Seit drei Jahren gibt es die Selektion aus dem Stettener Pulvermächer als Spitzenriesling. Silvaner und Kerner sind immer zuverlässig gut, Weiß- und Grauburgunder hatten mich vor zwei Jahren besonders überrascht. So wie im vergangenen Jahr der Gewürztraminer. Und dass Hans Haidle sich auch auf barriqueausgebaute Weißweine versteht, stellt er immer wieder mit seinem beeindruckenden Chardonnay unter Beweis.

Vor zwei Jahren hatte Hans Haidle auch erstmals edelsüße Rieslinge, die zu den besten edelsüßen Weinen in Deutschland gehörten. Eiswein (93) und Trockenbeerenauslese (95), beide aus dem Stettener Pulvermächer, beeindruckten mich mit ihrer Reintönigkeit und Länge. Gleiches gilt für den im Barrique vergorenen Eiswein im Jahrgang 2001 (93).

86 ▶ 2002 „Justinus K." Kerner trocken feine Muskatnote; klar, direkt, feine süße Frucht, reintönig (7 €)

86 ▶ 2002 Riesling Kabinett trocken Stettener Pulvermächer frisch, direkt, herrlich klare feine Frucht; gute Harmonie, klare Frucht und Biss (6,80 €)

89 ▶ 2002 Riesling Spätlese trocken Stettener Pulvermächer würzig, konzentriert, jugendliche Frucht; kraftvoll und zupackend im Mund, herrlich klare Frucht (12,20 €)

90 ▶ 2002 Riesling Selektion Stettener Pulvermächer konzentriert, faszinierend viel Frucht; füllig, viel reife Frucht, Kraft, Länge, jugendlich (20 €)

89 ▶ 2001 Chardonnay trocken Barrique viel süße Vanille, gute Konzentration, reife Frucht; füllig, klar, herrlich viel Frucht, feiner kompakter Chardonnay (12,90 €)

87 ▶ 2002 Riesling Spätlese Stettener Pulvermächer herrlich würzige klare jugendliche Frucht; viel süße klare frucht, Frische (12 €)

88 ▶ 2002 Kerner Auslese Stettener „Scheinheiliger" reife süße Aprikosen und Pfirsiche; schmeichelnd, reife süße Frucht, wunderschön klar und lang (18,50 €)

91 ▶ 2002 Riesling Trockenbeerenauslese Stettener Pulvermächer konzentriert, enorm eindringlich, viel süße Frucht, etwas Kaffee; dick, dominant, herrlich viel Frucht, konzentriert, nachhaltig (49,80 €/0,375l)

85 ▶ 2002 Zweigelt trocken frisch, klar, Kirschen, jugendliche Frucht; klare Frucht, geradlinig, zupackend (8,60 €)

87 ▶ 2001 Lemberger trocken Barrique gute Konzentration, reife frucht, viel Würze; füllig, reife Frucht, jugendlicher Biss (21 €)

88 ▶ 2001 Spätburgunder trocken Barrique rauchige Noten, etwas Gewürze und Schokolade, Vanille, feiner Toast; gute Harmonie, klare Frucht, rote Früchte, Biss, jugendlich, mit Zukunft (21,50 €)

88 ▶ 2001 „Ypsilon" Rotwein Cuvée trocken Barrique rauchige Noten, gute Konzentration, viel reife Frucht; gute Fülle, Konzentration, herrlich viel Frucht, kompakt, jugendlich (21,50 €)

Weingut Kurt Hain ★★★★
Mosel-Saar-Ruwer

Am Domhof 5, 54498 Piesport
Tel. 06507-2442, Fax: 06507-6879
www.weingut-hain.de
weingut-hain@t-online.de
Inhaber: Gernot Hain
Rebfläche: 5 Hektar
Besuchszeiten: Mo.-Sa. 8-20 Uhr
Hotel und Weinhaus „Piesporter Goldtröpfchen"

Gernot Hain baut zu 85 Prozent Riesling an, wovon gut die Hälfte im berühmten Piesporter Goldtröpfchen steht. Daneben gibt es bei ihm vor allem noch etwas Spät- und Weißburgunder. Die Weine baut er überwiegend im Edelstahl aus, zu kleinem Teil auch in Holzfässern, den Spätburgunder im Barrique. Die Hälfte seiner Weine ist trocken oder halbtrocken ausgebaut.

Im schwierigen Jahrgang 2000 hatte Gernot Hain eine durchweg überzeugende Kollektion. Und wer einen Jahrgang wie 2000 so gut im Griff hatte, von dem war ja in einem Jahrgang wie 2001 Großes zu erwarten. Und Gernot Hain hatte eine großartige Kollektion. Alle Weine beeindruckten mit ihrer reintönigen, intensiven Frucht. Die Kabinettweine waren wie die Spätlesen nochmals deutlich besser geraten als in den Vorjahren. Mit seinen edelsüßen Weinen demonstrierte Gernot Hain ebenfalls eindrucksvoll, dass er mit zur Spitze an der Mosel gehört. Die edelsüßen 2002er kommen da nicht heran. Aber Kabinett und Spätlesen überzeugen vollauf, bestätigen den exzellenten Eindruck des Vorjahrs.

87 ▶ 2002 Riesling Spätlese trocken Piesporter Domherr herrlich jugendliche Frucht, klar und eindringlich; gute Harmonie, klare Frucht, feiner Nachhall (7 €)

88 ▶ 2002 Riesling Spätlese trocken Piesporter Goldtröpfchen konzentriert, enorm würzig, dominant; herrlich füllig im Mund, viel Frucht (9 €)

86 ▶ 2002 Riesling Kabinett halbtrocken Piesporter Goldtröpfchen klare süße Frucht, direkt; harmonisch, klar, viel Frucht (5,80 €)

87 ▶ 2002 Riesling Spätlese halbtrocken Piesporter Domherr konzentriert, würzig, direkt, jugendliche Frucht; gute Fülle und Harmonie, klare reife Frucht (7,50 €)

87 ▶ 2002 Riesling Kabinett Piesporter Goldtröpfchen klar, direkt, jugendliche Frucht; gute Fülle und Harmonie, reife Frucht (5,50 €)

87 ▶ 2002 Riesling Spätlese 11/03 Piesporter Goldtröpfchen klar, direkt, jugendliche Frucht; gute Fülle und Harmonie, reife Frucht (7,50 €)

88 ▶ 2002 Riesling Spätlese 13/03 Piesporter Goldtröpfchen konzentriert, klar, jugendliche Frucht; gute Fülle, reife süße Frucht, schmeichelnd (8,50 €)

89 ▶ 2002 Riesling Auslese Piesporter Domherr klar, herrlich reintönige Frucht, jugendlich; feine Frucht, sehr reintönig, harmonisch und lang (13 €)

90 ▶ 2002 Riesling Auslese „Nonnenkar" Piesporter Goldtröpfchen konzentriert, herrlich eindringlich und direkt; viel Frucht, konzentriert, füllig, wunderschön lang (15 €)

84 ▶ 2002 Riesling Beerenauslese Piesporter Goldtröpfchen recht duftig; süße Frucht, kompakt (25 €/0,375l)

88 ▶ 2002 Riesling Eiswein Piesporter Falkenberg gute Konzentration bei zurückhaltender Frucht; süß, konzentriert, herrlich dominant, viel süße Frucht, viel Biss (21 €/0,375l)

Weingut Familie **Hart** ★
Franken

*Veitshöchheimer Straße 29,
97291 Thüngersheim
Tel. 09364-9637, Fax: 09364-6544
www.weingut-hart.de
info@weingut-hart.de
Inhaber: Hans-Jürgen und Claudia Hart
Rebfläche: 7 Hektar
Besuchszeiten: Mo.-Fr. 8-18 Uhr, Sa. 9-17 Uhr
und nach Vereinbarung
Landgasthof (40 Betten, 65 Sitzplätze innen, 120 außen, fränkische und indische Küche)*

1998 hat Hans-Jürgen Hart das Weingut von seinem Vater Rudolf übernommen und führt den Betrieb zusammen mit seiner Frau Claudia nach den Prinzipien des naturnahen Weinbaus. Der ursprünglich landwirtschaftliche Gemischtbetrieb wurde 1960 an den Ortsrand von Thüngersheim ausgesiedelt und hatte sich unter der Leitung von Rudolf Hart ganz auf Wein- und Spargelanbau spezialisiert. Die Weinberge von Hans-Jürgen Hart liegen in den Thüngersheimer Lagen Johannisberg und Scharlachberg, sowie im Retzbacher Benediktusberg. Insgesamt 12 Rebsorten werden angebaut. Wichtigste Weißweinsorten sind Silvaner, Müller-Thurgau, Bacchus, Scheurebe und Riesling. Hinzu kommen als Spezialitäten Gewürztraminer und die sonst selten in Franken anzutreffende Huxelrebe. An roten Sorten baut Hans-Jürgen Hart Spätburgunder, Dornfelder und Portugieser an.

In der vor zwei Jahren verkosteten, guten Kollektion - überwiegend Weine aus dem Jahrgang 1999 - ragte ein Gewürztraminer Eiswein hervor. Daneben hatte mir die trockene Huxelrebe Spätlese am besten gefallen. Im vergangenen Jahr waren die Rotweine nicht ganz so gut geraten. Die Weißweine, trocken wie süß, waren von gleichmäßig guter Qualität. Die neue Kollektion präsentiert sich ausgeglichen und überzeugend, weiß wie rot.

85 ▶ **2001 Gewürztraminer Kabinett trocken** sehr klare Traminerfrucht, Rosen, feines Bouquet; gute Harmonie, klare reife Frucht, kompakt (5,80 €)

84 ▶ **2001 Riesling Spätlese trocken** feiner Rieslingduft, dezente Reifenoten; klar, direkt, süße Frucht (6,60 €)

85 ▶ **2002 Kerner Kabinett** frisch, würzig, sehr klar; harmonisch, klare süße Frucht, herrlich süffig (4,20 €/1l)

85 ▶ **2000 Gewürztraminer Kabinett** feiner Rosenduft, klar und direkt; frisch, klare süße Frucht, kompakt (5,90 €)

85 ▶ **2001 Kerner Spätlese** klare Frucht, dezente Reifenoten; frisch, klare süße Frucht, kompakt (5,90 €)

86 ▶ **2002 Bacchus Spätlese** herrlich klare Frucht, etwas Cassis; frisch, klar, schmeichelnde süße Frucht, harmonisch und lang (6,80 €)

86 ▶ **2001 Huxelrebe Trockenbeerenauslese** würzig, direkt, ganz leicht streng bei klarer Frucht; konzentriert, klar, reife süße Frucht (22,50 €)

85 ▶ **2002 Portugieser trocken** reife eindringliche Frucht, sehr reintönig; gute Harmonie, viel klare Frucht (5,30 €/1l)

86 ▶ **2001 Dornfelder trocken** eindringliche jugendliche Frucht, reife rote Früchte, Kirschen; gute Fülle und Harmonie, reife klare Frucht, lang (5,70 €)

Weitere Weine: 83 ▶ 2002 Silvaner Kabinett trocken ▪ 83 ▶ 2002 Riesling Auslese ▪

Wein- und Sektgut
Harteneck ★
Baden

◆ ♣ Brezelstraße 15, 79418 Schliengen
Tel. 07635-8837, Fax: 07635-823755
www.weingut-harteneck.de
weingut-harteneck@t-online.de
Inhaber: Thomas Harteneck
Rebfläche: 6 Hektar
Besuchszeiten: Mo.-Fr. 9-19 Uhr, Sa. 9-14 Uhr

Thomas Hartenecke baut jeweils zur Hälfte rote und weiße Sorten an. Wichtigste rote Rebsorte ist Spätburgunder. Dazu gibt es Dornfelder, Regent und Cabernet Sauvignon. Bei den weißen Sorten überwiegt der Gutedel, gefolgt von Weiß- und Grauburgunder. Das Weingut ist Mitglied bei ECOVIN. Im Jahr 2000 zog das Weingut in neue Betriebsgebäude, die nach Plänen von Thomas Harteneck nach ökologischen Gesichtspunkten errichtet wurden. Das Weingut ist Demonstrationsbetrieb „Ökologischer Landbau".

86 ▶ **2002 Grauer Burgunder trocken** feine Frische, sehr klare Frucht, gelbe Früchte; frisch im Mund, wunderschön klare Frucht, gute Harmonie (6,20 €)

85 ▶ **2000 „Edition No. 1" Rotwein-Cuvée trocken** gute Konzentration, reife süße Frucht, rote Beeren; klare süße Frucht, harmonisch, herrlich süffig (13,90 €)

Weitere Weine: 82 ▶ 2002 Gutedel trocken (1l) ■ 83 ▶ 2002 Gutedel Kabinett trocken ■ 79 ▶ 2002 Weißer Burgunder „Hellberg" trocken ■ 81 ▶ 2000 Spätburgunder Spätlese „Hellberg" trocken ■

Weingut
Hauck ★
Rheinhessen

Sonnenhof, 55234 Bermersheim vor der Höhe
Tel. 06731-1272,3195, Fax: 06731-45652
www.weingut-hauck.de
vinum@weingut-hauck.de
Inhaber: Heinz-Günter und Heike Hauck
Rebfläche: 20,5 Hektar
Besuchszeiten: jederzeit nach Vereinbarung
Weinproben und Weinseminare

Heinz-Günter Hauck hat schon in den achtziger Jahren mit der Umstellung hin zu mehr Rotwein begonnen, so dass er heute ein Drittel seiner Weinberge mit roten Sorten bepflanzt hat. Neben Spätburgunder, Dornfelder und Portugieser hat er auch etwas Merlot angepflanzt. Die wichtigsten Weißweinsorten bei ihm sind Silvaner, Weißburgunder, Grauburgunder, Riesling und Müller-Thurgau, den er in den letzten Jahren mit Erfolg als Rivaner vermarktet.

Vor zwei Jahren hatte mir die Grauburgunder Spätlese am besten gefallen. Nach interessanten edelsüßen Weinen im Vorjahr hat Heinz-Günter Hauck 2002 eine sehr gleichmäßige Kollektion, wieder mit einem wunderschönen trockenen Grauburgunder und interessanten restsüßen Weinen.

84 ▶ **2002 Silvaner trocken „Hildegard"** klare frische Frucht, reintönig; viel süße Frucht, süffig (3,90 €)

84 ▶ **2002 Riesling Kabinett trocken** klare reife Frucht, eindringlich; frisch, klar, feine süße Frucht, süffig (3,80 €)

87 ▶ **2002 Grauburgunder Spätlese trocken** gute Konzentration, wunderschön klare eindringliche Frucht; reife süße Frucht, füllig, harmonisch, sehr klar und lang (5 €)

85 ▶ **2002 Chardonnay Spätlese trocken** gute Konzentration, sehr klare jugendliche Frucht; gute Fülle, reife süße Frucht, süffig, feiner Nachhall (5 €)

86 ▶ 2002 Bacchus Spätlese herrlich reintönige Frucht, sehr direkt, feine Frische; klare süße Frucht, feiner Biss, Nachhall (4,35 €)

86 ▶ 2002 Riesling Spätlese enorm würzig, direkt, jugendliche Frucht; süß im Mund, lebhaft, süffig (5 €)

87 ▶ 2002 Optima Auslese reife süße Frucht, süße Zitrusfrüchte, Orangenschalen; herrlich klar, konzentriert, sehr reintönige Frucht (6 €)

Weitere Weine: 83 ▶ 2002 Riesling trocken (1l) ■ 83 ▶ 2002 Rivaner Kabinett trocken ■ 82 ▶ 2002 Spätburgunder trocken ■ 83 ▶ 2002 Regent trocken ■ 82 ▶ 2002 Dornfelder trocken ■

Weingut
Hauth-Kerpen *
Mosel-Saar-Ruwer

Uferallee 9, 54470 Bernkastel-Wehlen,
Tel. 06531-2321
www.wehlen.de
n.hauth@gmx.de
Inhaber: Gernot Hauth
Rebfläche: 1 Hektar
Besuchszeiten: nach Vereinbarung
Ferienwohnungen

Gernot Hauth, der heute diesen Familienbetrieb in sechster Generation leitet, baut ausschließlich Riesling an. Seine Weinberge liegen in Wehlen, Graach und Bernkastel. Alle Weine werden in Eichenholzfässern ausgebaut.

Auch in diesem Jahr gefallen mir die restsüßen Weine wieder etwas besser als die trockenen.

84 ▶ 2002 Riesling Spätlese Bernkasteler Bratenhöfchen reife süße Frucht, Würze, süße Zitrusfrüchte; süß, feine Frische, Biss (5,40 €)

84 ▶ 2002 Riesling Spätlese Wehlener Sonnenuhr gute Würze, eindringliche Frucht, Litschi; klare süße Frucht, direkt (5,60 €)

Weitere Weine: 76 ▶ 2002 Riesling Classic ■ 80 ▶ 2002 Riesling Spätlese trocken Bernkasteler Bratenhöfchen ■ 82 ▶ 2002 Riesling Spätlese halbtrocken Graacher Himmelreich ■ 82 ▶ 2002 Riesling Kabinett Bernkasteler Bratenhöfchen ■

Weingut Freiherr von
Heddesdorff *
Mosel-Saar-Ruwer

◆ Am Moselufer 10, 56333 Winningen,
Tel. 2606-962033, Fax: 02606-962034
www.vonheddesdorff.de
weingut@vonheddesdorff.de
Inhaber: Andreas von Canal
Rebfläche: 4,6 Hektar
Besuchszeiten: nach Vereinbarung
Ferienwohnungen

Die Hälfte der Weinberge von Andreas von Canal befinden sich im bekannten Winninger Uhlen. Dazu besitzt er Weinberge in den Lagen Röttgen und Brückstück. Er baut ausschließlich Riesling an. Neben Wein werden auch Sekte und Brände erzeugt.

84 ▶ 2002 Riesling Kabinett trocken Winninger Uhlen klare würzige Rieslingfrucht, sehr direkt; klar und direkt im Mund, feine Frucht (5,20 €)

86 ▶ 2002 Riesling Spätlese trocken Winninger Uhlen gute Würze, jugendliche Frucht; gute Fülle und Harmonie, klare reife süße Frucht (8,50 €)

84 ▶ 2002 Riesling Kabinett Winninger Uhlen würzige klare Rieslingfrucht im Bouquet; enorm süß und süffig im Mund (5,20 €)

85 ▶ 2002 Riesling Spätlese Winninger Röttgen würzig, direkt, jugendliche Frucht; süß im Mund, verhaltene Frucht (7,50 €)

86 ▶ 2002 Riesling Auslese Winninger Röttgen gute Konzentration, jugendliche Frucht, würzige Noten; viel süße reife Frucht, gute Fülle (10 €/0,5l)

Weitere Weine: 81 ▶ 2002 Riesling trocken Winninger Domgarten (1l) ■ 83 ▶ 2002 Riesling trocken ■ 81 ▶ 2002 Riesling ■ 80 ▶ 2002 Riesling Kabinett „feinherb" Winninger Hamm ■ 83 ▶ 2002 Riesling Spätlese „feinherb" Winninger Röttgen ■

Weingut Beck
Hedesheimer Hof ★★
Rheinhessen

Hedesheimer Hof, 55271 Stadecken-Elsheim
Tel. 06136-2487, Fax: 06136-924413
www.hedesheimer-hof.de
weingut@hedesheimer-hof.de
Inhaber: Gerda, Jürgen und Michael Beck
Rebfläche: 22 Hektar
Besuchszeiten: Mo.-Fr. 9-12:30 + 13:30-18 Uhr,
Sa. 9-16 Uhr und nach Vereinbarung
(telefonische Anmeldung erwünscht)

Gut ein Drittel der Weinberge von Jürgen Beck sind mit Rotweinreben bepflanzt, vor allem Portugieser, Spätburgunder und Dornfelder, aber auch ein wenig Frühburgunder und St. Laurent. Hinzu kommt Riesling als wichtigste Weißweinsorte, gefolgt von Weiß- und Grauburgunder, Silvaner, Kerner und ein klein wenig Müller-Thurgau, dessen Anteil Jürgen Beck reduziert hat, Scheurebe hat er ganz ausgehackt. Dafür hat er Auxerrois angepflanzt, den er auch im Barrique ausbauen möchte. Die Reben stehen auf schweren Ton- und Lehmböden in Stadecken in den Lagen Lenchen und Spitzberg, in den Elsheimer Lagen Bockstein und Blume, sowie im Jugenheimer Goldberg. Alle Weißweine werden - nach Ganztraubenpressung - gezügelt vergoren und im Tank ausgebaut. Die Rotweine werden ausschließlich im Holzfass ausgebaut.

Als einen der Top-Weine des Jahrgangs 2000 in Rheinhessen bewertete ich den Grauen Burgunder. Gleichmäßige Kollektion folgten nach in den Jahrgängen 2001 und 2002, ein jeder Wein immer von sehr zuverlässiger Qualität.

85 ▶ **2002 Weißer Burgunder Kabinett trocken Stadecker Lenchen** feine Frucht und Würze; gute Harmonie, süße Frucht (4 €)

85 ▶ **2002 Weißer Burgunder Spätlese trocken Stadecker Lenchen** gute Konzentration, würzige jugendliche Frucht; füllig, reife süße Frucht, kompakt (9,50 €)

87 ▶ **2002 Grauer Burgunder Spätlese trocken Stadecker Lenchen** gute Konzentration, sehr reintönige Frucht; herrlich füllig, reife süße Frucht, harmonisch und lang (8,20 €)

84 ▶ **2002 Riesling Spätlese trocken Stadecker Lenchen** feine Würze, verhaltene Frucht; klar im Mund, gute Harmonie, Biss (8,20 €)

87 ▶ **2002 Riesling Eiswein „Weilbach" Stadecker Spitzberg** reife süße Zitrusfrüchte und Aprikosen, Frische; süß, dick, dominant, enorm füllig (21 €/0,5l)

86 ▶ **2002 Riesling Eiswein „Bellenborn" Stadecker Spitzberg** leicht duftig, verhaltene Frucht; süß, konzentriert, herrlich direkt, feiner Nachhall (21 €/0,5l)

85 ▶ **2001 Blauer Portugieser trocken** feine rauchige Noten, reife süße rote Früchte; füllig, klar, zupackend (8,20 €)

84 ▶ **2001 Dornfelder trocken Stadecker Spitzberg** feiner Duft, Gewürznoten; füllig, klare Frucht (8,20 €)

Weitere Weine: 83 ▶ 2002 Grauer Burgunder Kabinett trocken Stadecker Lenchen ▪ 81 ▶ 2002 Riesling Spätlese trocken Stadecker Spitzberg ▪ 83 ▶ 2002 Silvaner Spätlese trocken Elsheimer Blume ▪ 83 ▶ 2001 Blauer Spätburgunder trocken ▪

Weingut Dr. Heger ★★★★★
Baden

Bachenstraße 19-21, 79241 Ihringen
Tel. 07668-205 Fax: 07668-9300
www.heger-weine.de
info@heger-weine.de
Inhaber: Joachim Heger
Rebfläche: 15 Hektar
Besuchszeiten: Mo.-Fr. 9-12 + 13:30-17:30 Uhr, Sa. 10-14 Uhr

Das 1935 von Dr. Max Heger gegründete Weingut wird seit 1992 von seinem Enkel Joachim Heger geführt. Die Weinberge von Joachim Heger befinden sich in den Lagen Ihringer Winklerberg, Achkarrer Schlossberg und Freiburger Schlossberg. Wichtigste Rebsorten sind Spätburgunder, Riesling, Grauburgunder, Weißburgunder und Silvaner. Dazu gibt es Chardonnay und Muskateller, aber auch etwas Scheurebe, Cabernet Sauvignon, Müller-Thurgau und Gewürztraminer. 95 Prozent der Weine baut Joachim Heger durchgegoren aus. Als Zweitmarke führt Joachim Heger das „Weinhaus Joachim Heger", dessen Weine aus den Erträgen einer Erzeugergemeinschaft von 16 Winzern entstehen (siehe den folgenden Eintrag).

2000 war ein schwieriger Jahrgang für Deutschland und den Kaiserstuhl, aber ein großer Jahrgang bei Joachim Heger. Kein anderes Weingut in Deutschland hatte eine solche Vielfalt an großartigen Weinen zu bieten: Grau- und Weißburgunder, Riesling und Muskateller, Chardonnay und Spätburgunder - bei allen gehörte er zur Spitzengruppe in Deutschland! Ohne Abstriche gilt dies auch für 2002. Wieder hat er eine faszinierende Vielzahl an großartigen trockenen Weinen im Programm, die ihresgleichen suchen.

Keiner hatte im Jahrgang 2001 so faszinierende Grauburgunder wie Joachim Heger. Auch 2002 kommen wieder herrlich füllige „Granaten" nach, allesamt enorm stoffig. Die Weißburgunder stehen diesen auch im neuen Jahrgang nur wenig nach. Aber auch sonst hat Joachim Heger ein spannendes Programm. Der Chardonnay war im Jahrgang 2001 wieder großartig. Ebenso interessant sind immer Riesling und Muskateller. Verkostet man diesen Muskateller so kann man die Verärgerung von Joachim Heger verstehen, darüber, dass man Muskateller nicht als Rebsorte für „Große Gewächse" in Baden zugelassen hat. Ebenso wenig wie den Silvaner.

Bemerkenswert sind auch die Fortschritte beim Spätburgunder. Schon der 99er aus dem Winklerberg hatte mir deutlich besser gefallen als in den Jahren zuvor. Ausgerechnet im Jahrgang 2000 war Joachim Heger eine weitere Steigerung gelungen. Aber man hat wieder die Qual der Wahl: Winklerberg oder Schlossberg. Die 2001er nun präsentierten sich unmittelbar nach der Abfüllung noch sehr unruhig, da gefällt mir zum Zeitpunkt meiner Verkostung der Mimus besser.

89 ▶ **2002 Riesling Spätlese*** trocken Ihringer Winklerberg** faszinierend klar im Bouquet, gute Konzentration, feine Frische; klar auch im Mund, herrlich geradlinig, viel Frucht, mit Nachhall (15,60 €)

87 ▶ **2002 Riesling Kabinett Ihringer Winklerberg** feine würzige Rieslingfrucht, klar; klare süße Frucht, Frische und Biss (9,80 €)

88 ▶ **2002 Riesling Spätlese Ihringer Winklerberg** gute Konzentration, reife sehr klare Frucht; harmonisch im Mund, viel süße Frucht, lang (13,50 €)

90 ▶ **2002 Riesling Spätlese Achkarrer Schlossberg** konzentriert, klar, jugendliche Frucht, eindringlich; kraftvoll, viel Fülle und Frucht, reintöniger süffiger Riesling (13,50 €)

Weinhaus Joachim **Heger** ★★
Baden

Bachenstraße 19-21, 79241 Ihringen
Tel. 07668-205 Fax: 07668-9300
www.heger-weine.de
info@heger-weine.de
Inhaber: Silvia und Joachim Heger
Rebfläche: 20 Hektar
Besuchszeiten: Mo.-Fr. 9-12 + 13:30-17:30 Uhr,
Sa. 10-14 Uhr

Das Weinhaus Joachim Heger vermarktet die Weine einer Erzeugergemeinschaft von 16 Vertragswinzern, deren Weinberge in Ihringen, aber auch in Merdingen und Munzingen am Tuniberg liegen. Spätburgunder nimmt etwa die Hälfte der Rebfläche ein. Hinzu kommen vor allem noch Weiß- und Grauburgunder. Die Weißweine kommen meist als trockene Kabinettweine in den Verkauf. Ausgesuchte Weine werden im Barrique ausgebaut und tragen dann die Bezeichnung Vitus.

Wie im vergangenen Jahr sind die Weine des Weinhauses Heger von sehr zuverlässiger Qualität. Schon im vergangenen Jahr hatte mir der Riesling besonders gefallen, der in diesem Jahr noch übertroffen wird vom Grauburgunder.

88 ▶ 2001 Muskateller Kabinett Ihringer Winklerberg feine Muskatellerfrucht, süß, sehr klar; gute Harmonie, wunderschön klare Frucht, feiner Biss (9,80 €)

90 ▶ 2002 Weißburgunder Spätlese trocken Holzfass Ihringer Winklerberg klare Frucht, gute Konzentration, eindringlich; füllig im Mund, wunderschön fruchtbetont, konzentriert (14 €)

91 ▶ 2002 Weißburgunder Spätlese*** trocken Barrique Ihringer Winklerberg konzentriert, herrlich dominant, eindringliche Frucht; kraftvoll, stoffig, viel jugendliche Frucht, Nachhall (19,70 €)

89 ▶ 2002 Weißburgunder Auslese*** trocken Barrique Ihringer Winklerberg gute Konzentration, reife klare Frucht; kompakt, kraftvoll, viel Frucht, Fülle, noch etwas eindimensional (89+ Punkte) (25,40 €)

91 ▶ 2002 Grauburgunder*** Spätlese trocken Barrique Achkarrer Schlossberg herrlich konzentriert, eindringliche reife Frucht, dominant; stoffig im Mund, viel reife Frucht, konzentriert, kraftvoll, nachhaltig (19,70 €)

91 ▶ 2002 Grauburgunder Spätlese trocken Ihringer Winklerberg viel reife süße Frucht im Bouquet, sehr reintönig und konzentriert; herrlich füllig, faszinierende Frucht, harmonisch und lang (14 €)

92 ▶ 2001 Grauburgunder*** Auslese trocken Barrique Ihringer Winklerberg konzentriert, dominant, enorm eindringliche Frucht, ganz faszinierendes Bouquet; füllig, stoffig, konzentriert, herrlich viel Kraft und Frucht, dominant und nachhaltig (25,40 €)

89 ▶ 2001 „MIMUS" Spätburgunder trocken Barrique Ihringer Winklerberg klar, konzentriert, jugendlich, rote Früchte; gute Fülle und Harmonie, viel klare Frucht, Struktur, Länge (19,90 €)

88 ▶ 2001 Spätburgunder*** trocken Barrique Ihringer Winklerberg gute Konzentration, etwas Gewürze, reife Frucht; kraftvoll, klar, viel Frucht, feiner Nachhall, jugendlich! (29,90 €)

87 ▶ 2001 Spätburgunder*** trocken Barrique Achkarrer Schlossberg würzig, direkt, feine Frucht; frisch, direkt, viel Biss, rote Früchte, ganz leichte Bitternote (29,90 €)

85 ▶ 2002 Silvaner Kabinett trocken feine jugendliche Frucht, reintönig; klar, direkt, gute Frucht (6 €)

85 ▶ 2002 Muskat-Ottonel Kabinett trocken feine Muskatnote, Zitrus; frisch, klar, feine Frucht (7,80 €)

86 ▶ 2002 Weißburgunder Kabinett trocken gute Würze, klare Frucht, weiße Früchte; gute Harmonie, klare Frucht (7,80 €)

87 ▶ 2002 Riesling Kabinett trocken Frische, direkt, klare Frucht; zupackend im Mund, feine Frucht und Biss, klar (7,80 €)

88 ▶ 2002 Grauburgunder Kabinett trocken frisch, klar, gelbe Früchte; herrlich fruchtbetont und harmonisch im Mund, klar, feiner Nachhall (7,80 €)

(88) ▶ 2002 „Vitus" Grauburgunder trocken Barrique Tankprobe unmittelbar vor der Abfüllung; gute Konzentration, klare reifer Frucht; herrlich füllig, viel reife Frucht

86 ▶ 2002 Spätburgunder Weißherbst Kabinett trocken feine Frucht, Frische, Kirschen; klar im Mund, gute Harmonie und Frucht (7,80 €)

86 ▶ 2001 „Vitus" Spätburgunder trocken Barrique reife klare Frucht, Vanille, rote Früchte; gute Harmonie, klare Frucht, Vanille, Biss (12,20 €)

Weitere Weine: 83 ▶ 2002 Rivaner trocken ▪ 83 ▶ 2002 Spätburgunder trocken ▪

Weingut
Heid ★★★
Württemberg

Cannstatter Straße 13/2, 70734 Fellbach
Tel. 0711-584112, Fax: 0711-583761
www.weingut-heid.de
weingut.heid@t-online.de
Inhaber: Daniela und Markus Heid
Rebfläche: 4,5 Hektar
Besuchszeiten: Mo.-Do. 17-19, Fr. 9-19, Sa. 9-13 Uhr

Das Weingut Heid ist aus einem ehemaligen Gemischtbetrieb entstanden, der neben Weinbau vor allem Obstbau betrieb. Markus Heid hat das Weingut 1996 von seinen Eltern übernommen. Er setzt verstärkt auf Qualität und will „weg von der Literflasche und vom Trollinger", der bei seiner Betriebsübernahme über die Hälfte der Weinberge einnahm. Drei Viertel seiner Weinberge sind mit roten Reben bepflanzt, vor allem Lemberger, Trollinger und Spätburgunder. Seit zehn Jahren gibt es aber auch schon ein klein wenig Cabernet Mitos. Regent und St. Laurent hat er neu angelegt, aber auch Cabernet Dorio, Cabernet Dorsa und Merlot. Wichtigste Weißweinsorte ist der Riesling. Zuletzt gepflanzt hat er Sauvignon Blanc und Johanniter. Nach und nach möchte er den Betrieb auf ökologische Bewirtschaftung umstellen.

Schon in den vergangenen Jahren hatten mir die Weine von Markus Heid immer gut gefallen. Die Barriqueweine vor allem, die mich überzeugten mit guter Frucht und gekonntem Holzeinsatz. Die letztjährige Kollektion war nochmals besser, gleichermaßen bei Weiß- und Rotweinen. Die Rotweine gehörten zu den besten in Württemberg. Sehr überrascht hatten mich aber die beeindruckenden Weißweine von Markus Heid. Sehr interessant fand ich den barriqueausgebauten Kerner und die Cuvée aus Sauvignon Blanc und Riesling, und auch die trockene Riesling Auslese gehörte zur Spitze in Württemberg. Die neue Kollektion schließ nahtlos daran an mit gleichermaßen starken Weiß- und Rotweinen, die zu den Besten in Württemberg gehören. Fazit: weiter auf dem Weg nach oben!

87 ▶ 2002 Riesling Spätlese trocken Fellbacher Lämmler konzentriert, würzig, herrlich klar und direkt; kraftvoll, gute Fülle und Frucht (7,80 €)

88 ▶ 2002 Riesling Spätlese trocken Stettener Pulvermächer herrlich klar und konzentriert, jugendliche Frucht, eindringlich; gute Fülle, reife klare Frucht, kompakt (7,80 €)

88 ▶ 2002 Riesling und Sauvignon Blanc Spätlese trocken Fellbacher Lämmler herrlich konzentriert, eindringliche jugendliche Frucht; füllig, harmonisch, viel reife Frucht, Biss, Nachhall (7,80 €)

90 ▶ 2002 Weißweincuvée Eiswein Fellbacher Goldberg herrlich frisch, klar, reife Aprikosen, etwas Zitrusfrüchte, feines Bouquet; weich, schmeichelnd, viel süße Frucht, reife Äpfel und Aprikosen, lang

85 ▶ 2002 Trollinger mit Lemberger trocken Fellbacher Goldberg feine Frucht im Bouquet, Kirschen, sehr klar; gute Frucht, sehr reintönig (4,90 €)

87 ▶ 2002 Rotweincuvée trocken Holzfass Fellbacher Goldberg Portugieser und Lemberger; eindringliche Frucht, jugendlich, rote und dunkle Früchte; harmonisch, klar, reife Frucht, gute Fülle (6,50 €)

86 ▶ 2002 Dornfelder trocken Holzfass Fellbacher Goldberg herrlich klare jugendliche Frucht; gute Fülle, sehr klare Frucht, süffig (5,50 €)

87 ▶ 2002 St. Laurent trocken Holzfass Fellbacher Lämmler konzentriert im Bouquet, klar, reife süße Frucht; klar, harmonisch, reife süße Frucht, wunderschön zupackend und fruchtbetont (6 €)

87 ▶ 2002 Lemberger trocken Barrique Fellbacher Goldberg würzig, direkt, feine Frucht; frisch, direkt, klare Frucht, Struktur, jugendlicher Biss

87 ▶ 2001 Cabernet Mitos trocken Barrique Fellbacher Goldberg reife süße Frucht, rote und dunkle Früchte; harmonisch, klare reife Frucht, gute Länge (13 €)

87 ▶ 2002 Regent trocken Barrique Fellbacher Lämmler gute Konzentration, rauchige Noten, Vanille, reife Frucht; gute Fülle und Harmonie, jugendliche Frucht, klar

88 ▶ 2001 Spätburgunder Auslese trocken Barrique Fellbacher Goldberg reife süße Frucht, herrlich klar und eindringlich; harmonisch im Mund, klare Frucht, Struktur, feiner Nachhall

Weingut Dr. Heigel ★★
Franken

Haßfurter Straße 30, 97475 Zeil am Main
Tel. 09524-3110, Fax: 09524-3109
weingut-dr-heigel@t-online.de
Inhaber: Dr. Klaus-Peter Heigel
Rebfläche: 13,8 Hektar
Besuchszeiten: jederzeit, mit Bitte um Vereinbarung
Probierstube (Weinproben bis 60 Personen), Hofschoppentage am letzten Maiwochenende

Die Weinberge von Klaus-Peter Heigel liegen in Zeil, wo ihm der Zeiler Mönchshang in Alleinbesitz gehört, Kitzingen und Würzburg. Neben Müller-Thurgau und Silvaner baut er vor allem noch Rieslaner, Kerner und Bacchus an, sowie ein klein wenig Riesling. Die roten Sorten Dornfelder und Domina nehmen zusammen 10 Prozent seiner Weinberge ein. Im vergangenen Jahr hat er seine Betriebsfläche um fast 50 Prozent vergrößert.

Seine 2000er waren im Vergleich zu früheren Jahren deutlich fruchtbetonter und eindringlicher - eine sehr überzeugende Gesamtkollektion. Ob trocken oder süß, weiß oder rot, jeder Wein überzeugte. Die letztjährige Kollektion war dann weniger gleichmäßig. Der Jahrgang 2002 ist nun wieder sehr homogen, mit Stärken bei den restsüßen Weinen.

85 ▶ 2002 Bacchus Kabinett Kitzinger Hofrat feine Frucht, dezent Cassis; gute Harmonie, viel klare süße Frucht (5 €)

86 ▶ 2002 Kerner Spätlese Zeiler Mönchshang feine Würze, sehr klare jugendliche Frucht; frisch, klar, feine Frucht und Biss (7 €)

85 ▶ 2002 Rieslaner Spätlese Zeiler Mönchshang reife süße Frucht, klar, konzentriert; gute Harmonie, viel süße Frucht (8,50 €)

88 ▶ 2002 Riesling Eiswein Würzburger Abtsleite reife süße Frucht, süße Aprikosen, eindringlich; viel süße Frucht schmeichelnd im Mund, harmonisch und lang (40 €/0,5l)

Weitere Weine: 84 ▶ 2002 Müller-Thurgau trocken „Frank & Frei" ■ 82 ▶ 2002 Silvaner Kabinett trocken Randersackerer Sonnenstuhl ■ 81 ▶ 2002 Silvaner Kabinett trocken Kitzinger Hofrat ■ 83 ▶ 2002 Silvaner Spätlese trocken Kitzinger Hofrat ■ 82 ▶ 2002 Weißer Burgunder Kabinett trocken Kitzinger Hofrat ■ 84 ▶ 2002 Riesling Kabinett trocken Randersackerer Pfülben ■ 83 ▶ 2002 Kerner Kabinett Zeiler Mönchshang ■ 82 ▶ 2002 Bacchus Zeiler Kapellenberg ■ 83 ▶ 2002 Rieslaner Kabinett Zeiler Mönchshang ■ 84 ▶ 2002 Rieslaner Spätlese Randersackerer Pfülben ■ 84 ▶ 2002 Riesling Auslese Würzburger Abtsleite ■ 84 ▶ 2002 Rieslaner Auslese Zeiler Mönchshang ■ 80 ▶ 2002 Rotling Zeiler Mönchshang ■ 84 ▶ 2002 Domina trocken Randersackerer Sonnenstuhl ■

Weingut Rainer **Heil** ★
Mosel-Saar-Ruwer

Moselweinstraße 79, 54472 Braunberg
Tel. 06534-439, Fax: 06534-1472
www.weingut-rainer-heil.de
info@weingut-rainer-heil.de
Inhaber: Waltraud Heil
Rebfläche: 4,3 Hektar
Besuchszeiten: täglich von 10-21 Uhr
Straußwirtschaft, Weinprobierstube

Das Weingut Rainer Heil liegt in der Ortsmitte von Brauneberg. Wichtigste Lagen sind Brauneberger Juffer und Brauneberger Juffer Sonnenuhr. Neben Riesling, der über die Hälfte der Rebfläche einnimmt, werden rote Sorten wie Spätburgunder, Dornfelder und Regent, sowie verschiedene Neuzüchtungen angebaut. Die Weine werden mit den traubeneigenen Hefen kühl vergoren und in Eichenholzfässern ausgebaut.

84 ▶ **2002 Riesling Spätlese trocken Brauneberger Juffer** sehr klare Frucht im Bouquet; frisch, direkt, gute Frucht (7,30 €)

84 ▶ **2002 Riesling Beerenauslese Brauneberger Juffer-Sonnenuhr** recht würzige Noten, leicht duftig; viel süße Frucht, direkt, viel Biss (40 €/0,375l)

Weitere Weine: 82 ▶ 2002 Riesling Kabinett Brauneberger Juffer ▪ **83** ▶ 2002 Riesling Spätlese halbtrocken Brauneberger Juffer-Sonnenuhr ▪ **79*** ▶ 2002 Riesling Spätlese Brauneberger Juffer ▪ **83** ▶ 2002 Riesling Spätlese Brauneberger Juffer-Sonnenuhr ▪ **80** ▶ 2002 Kerner Auslese Brauneberger Mandelgraben ▪ **82** ▶ 2002 Riesling Auslese Brauneberger Juffer ▪ **81** ▶ 2002 Findling Beerenauslese Brauneberger Mandelgraben ▪ **79** ▶ 2002 Dornfelder trocken Brauneberger Klostergarten ▪ **81** ▶ 2002 Regent trocken Brauneberger Mandelgraben ▪ **83** ▶ 2002 Dornfelder trocken Selection Brauneberger Mandelgraben ▪

Weingut **Heilig Grab** ★★
Mittelrhein

Zelkesgasse 12, 56154 Boppard
Tel. 06742-2371, Fax: 06742-81220
www.heiliggrab.de
weinhausheiliggrab@t-online.de
Inhaber: Rudolf Schoeneberger
Rebfläche: 3,7 Hektar
Besuchszeiten: Öffnungszeiten der Weinstube älteste Weinstube in Boppard, Gartenwirtschaft unter Kastanienbäumen, täglich ab 15 Uhr geöffnet (außer dienstags)

Das Weinhaus Heilig Grab ist ein Familienbetrieb, der seine Weine zum größten Teil in der eigenen Weinstube mit Gartenwirtschaft verkauft, die sich seit mehr als 200 Jahren in Familienbesitz befindet. Die Weinberge verteilen sich über 5 Einzellagen des Bopparder Hamm, alle reine Seilzuglagen. Hauptrebsorte ist Riesling mit einem Anteil von 80 Prozent. Daneben wird etwas Müller-Thurgau, Kerner und Spätburgunder angebaut. Das Gros seiner Weine baut Rudolf Schoeneberger trocken oder halbtrocken aus. Die Weine werden im Edelstahl vergoren und je nach Bedarf dann in Eichenfässern ausgebaut.

Der problematische Jahrgang 2000 brachte eine deutliche Steigerung: herrlich reintönig waren alle Rieslinge, eine der besten Kollektionen des Jahrgangs am Mittelrhein. Nach diesen überzeugenden Weinen im Jahr 2000 hat es mich nicht gewundert, dass die 2001er von Rudolf Schoeneberger nochmals besser waren. 2002 kommt da nicht ganz heran. Die Weine sind zwar alle recht füllig, besitzen aber nicht ganz die Reintönigkeit ihrer Vorgänger.

84 ▶ **2002 Riesling Spätlese trocken Bopparder Hamm Feuerlay** viel Würze, verhaltene Frucht; kompakt, klar, fülliger Riesling (5,30 €)

86 ▶ **2002 Riesling Auslese trocken Bopparder Hamm Feuerlay** gute Konzentration, würzige Frucht; kraftvoll, füllig, viel reife Frucht (7,50 €)
85 ▶ **2002 Riesling Spätlese halbtrocken Bopparder Hamm Mandelstein** viel Würze, verhaltene Frucht; kompakt, klar, reife Frucht
85 ▶ **2002 Riesling Spätlese Bopparder Hamm Feuerlay** konzentriert, direkt, feine Frucht; gute Fülle und Harmonie (5,50 €)
89 ▶ **2002 Riesling Auslese Bopparder Hamm Feuerlay** viel Konzentration, herrlich reintönige Frucht; füllig, viel reife Frucht, harmonisch und lang (8,30 €)
Weitere Weine: 82 ▶ 2002 Riesling Hochgewächs halbtrocken Bopparder Hamm Fässerlay ▪

Weingut Ernst **Hein** ★
Mosel-Saar-Ruwer

♣ *Kirchstraße 4, 54441 Temmels*
Tel. 06584-1420, Fax: 06584-952144
weingut-hein@t-online.de
Inhaber: Thomas Hein
Rebfläche: 6 Hektar
Besuchszeiten: Montag bis Samstag

Dieser Familienbetrieb in Temmels an der Obermosel setzt ganz auf Elbling. Die Reben wachsen in Temmels in nach Süd bis Südwest ausgerichteten Hang- und Steillagen auf Muschelkalk- und Keuperböden. Bereits seit 1985 werden die Weinberge von Thomas Hein und Seniorchef Ernst Hein ökologisch bewirtschaftet. Durch Ertragsregulierung auf 50 bis 70 Hektoliter je Hektar versuchen sie aus Elbling fülligere Weine zu gewinnen. Die Moste werden mit den natürlichen Hefen langsam vergoren und bleiben lange auf der Feinhefe.

Im vergangenen Jahr hatte ich erstmals Weine von Ernst Hein probiert, und was ich zu verkosten bekam, hatte mir gut gefallen. Der Eindruck der aktuellen Kollektion wurde durch einige fehlerhafte bzw. fragwürdige Weine beeinträchtigt. Anmerkung: die angegebenen Preise sind Verkaufspreise im Fachhandel.

84 ▶ **2002 Müller-Thurgau** sehr klare Frucht, Frische; harmonisch im Mund, klare Frucht und Biss (4,50 €)
Weitere Weine: 81 ▶ 2001 Elbling „Sur lie I" ▪ **82** ▶ 2001 Elbling „Sur lie II" ▪ **79** ▶ 2001 Spätburgunder Rosé trocken ▪ **82** ▶ 2001 Elbling ▪

Weingut Ernst **Heinemann** & Sohn ★★★
Baden

Mengenerstraße 4
79238 Ehrenkirchen-Scherzingen
Tel. 07664-6351, Fax: 07664-600465
www.weingut-heinemann.de
weingut-heinemann@t-online.de
Inhaber: Lothar Heinemann
Rebfläche: 13 Hektar
Besuchszeiten: Mo.-Fr. 9-12 + 13:30-18:30 Uhr, Sa. 9-12 + 13-16 Uhr
Eigene Weinstube in der Freiburger Altstadt (Batzenbergstüble)

Wichtigste Rebsorten bei Lothar Heinemann in Scherzingen im Markgräflerland sind Gutedel und Spätburgunder, dazu kommen vor allem Chardonnay, Weißburgunder und Müller-Thurgau. Aber auch Gewürztraminer, Muskateller, Nobling und seit kurzem ein klein wenig Regent findet man in seinen Weinbergen im Scherzinger Batzenberg. Die Weißweine werden bei Heinemann recht lange auf der Feinhefe ausgebaut, die Rotweine kommen nach der Maischegärung ins Holzfass (auch Barriques). Das Gros der Weine wird trocken ausgebaut, wobei trocken bei Heinemann durchgegoren heißt. Sein Vater Ernst Heinemann hatte bereits in den sechziger Jahren als einer der ersten Winzer in Deutschland Chardonnay angepflanzt.

Kein Wunder, dass die Chardonnay von Heinemann regelmäßig zu den besten im Markgräflerland zählen. Aber auch die Spätburgunder haben in den vergangenen Jahren deutlich zugelegt, die Sekte sind Jahr für Jahr zuverlässig gut. Mit dem Jahrgang 2000 ist Lothar Heinemann eine weitere Steigerung gelungen. Die Weine überzeugten alle durch die Klarheit ihrer Frucht. Und dieser Aufwärtstrend setzte sich auch im Jahrgang 2001 fort. Neben den faszinierenden Chardonnay hatte mich vor allem die Gutedel Spätlese beeindruckt. In der neuen Kollektion gefällt mir der barriqueausgebaute Spätburgunder besonders gut. Dazu wieder die Chardonnay, wobei mir der Sekt es besonders angetan hatte.

90 ▶ **2000 Chardonnay Sekt Brut Scherzinger Batzenberg** wunderschön reintönig im Bouquet, Butter, ganz dezent rauchige Noten; viel Harmonie im Mund, etwas Butter, herrlich lang (9,90 €)

86 ▶ **2002 Chardonnay Kabinett trocken Scherzinger Batzenberg** klare jugendliche Frucht, konzentriert; kraftvoll, klare Frucht, zupackend, kompakt (9,70 €)

88 ▶ **2002 Chardonnay Spätlese trocken Scherzinger Batzenberg** konzentriert, herrlich klare reife Frucht, eindringlich; füllig, viel reife Frucht, wunderschön kraftvoller kompakter Chardonnay (13,90 €)

85 ▶ **2002 Muskateller Kabinett trocken Scherzinger Batzenberg** frisch, klar, wunderschön reintönige Muskatellerfrucht; klare Frucht, direkt, gute Harmonie (6,10 €)

85 ▶ **2002 Muskateller Kabinett Scherzinger Batzenberg** feine Muskatwürze, Frische, klare frucht; weich im Mund, süße Frucht, harmonisch (6,10 €)

87 ▶ **2002 Gutedel Eiswein Scherzinger Batzenberg** konzentriert, würzig, süße Frucht; konzentriert, dick, süße Frucht, stoffiger Eiswein (19 €)

86 ▶ **2001 Spätburgunder Spätlese trocken Scherzinger Batzenberg** gute Konzentration, reife klare rauchige Frucht; etwas Frische, reife klare Frucht (10 €)

89 ▶ **2001 Spätburgunder Spätlese trocken Barrique Scherzinger Batzenberg** reife klare Frucht, Gewürznoten, eindringlich; gute Fülle und Harmonie, herrlich viel Frucht, Struktur, feiner Nachhall (12,30 €)

Weitere Weine: 83 ▶ 2001 Spätburgunder Kabinett trocken Scherzinger Batzenberg ■

Weingut Heinrich ★
Württemberg

Kümmelstraße 2, 74182 Obersulm - Sülzbach
Tel. 07134-17469, Fax: 07134-901078
www.weingut-heinrich.com
info@weingut-heinrich.com
Inhaber: Friedrich & Isolde Heinrich
Rebfläche: 5,2 Hektar
Besuchszeiten: nach Vereinbarung
Probierstube (bis 75 Personen)

Schon seit 250 Jahren betreibt die Familie Weinbau. Die Weinberge befinden sich in den Lagen Himmelreich, Altenberg, Wildenberg, Dieblesberg und Paradies. Wichtigste Rebsorten sind Riesling und Lemberger. Daneben gibt es Kerner, Trollinger, Schwarzriesling, Spätburgunder und Portugieser.

Neu ins Programm kam im vergangenen Jahr die L'CaZA genannte Cuvée aus Lemberger mit etwas Cabernet, Zweigelt und Acolon. Diese gefällt mir in der neuen Kollektion besonders gut. Daneben ragt der Eiswein heraus aus einer ansprechenden und überzeugenden Kollektion.

84 ▶ 2002 Muskateller Eschenauer Paradies klare feine Muskatellerfrucht; klare süße Frucht auch im Mund, wunderschön süffig (5,60 €)

88 ▶ 2002 Riesling Eiswein Holzfass Sülzbacher Altenberg konzentriert, klar, reife süße Aprikosen; geschmeidig im Mund, intensive Frucht, kompakter Eiswein (33 €)

85 ▶ 2002 Helfensteiner Weißherbst Eichelberger Hundsberg viel Frucht und Frische im Bouquet; klar im Mund, feine Frucht (4,20 €)

84 ▶ 2002 Lemberger trocken Holzfass Sülzbacher Altenberg klare süße Frucht, rote Früchte, Kirschen; klare Frucht auch im Mund, viel Biss (4,90 €)

88 ▶ 2002 „L'CaZA" Rotwein trocken reife intensive Frucht, rote Beeren, enorm eindringlich; viel Frucht im Mund, gute Fülle und Harmonie, kompakt (29 €)

84 ▶ 2001 Lemberger Kabinett Sülzbacher Altenberg rauchige Noten, klare Frucht; süß im Mund, unkompliziert und süffig (6,10 €)

84 ▶ 2002 Lemberger Kabinett Sülzbacher Altenberg klare rauchige Frucht, gute Konzentration; süß im Mund, schmeichelnd, dann Biss (6,10 €)

Weitere Weine: 83 ▶ 2001 Lemberger Sekt Brut Sülzbacher Altenberg ▪ **83 ▶** 2002 Riesling Kabinett trocken Sülzbacher Altenberg ▪ **82 ▶** 2002 Kerner Kabinett Grantschener Wildenberg ▪ **83 ▶** 2002 Riesling Spätlese Holzfass ▪ **82 ▶** 2002 Spätburgunder trocken Holzfass Willsbacher Dieblesberg ▪

Weingut G.A. Heinrich ★★
Württemberg

Riedstraße 29, 74076 Heilbronn
Tel. 07131-175948, Fax: 07131-166306
www.weingut-heinrich.de
heinrich_ga.weingut@t-online.de
Inhaber: Martin Heinrich
Rebfläche: 12 Hektar
Besuchszeiten: Mo.-Fr. 9-12 + 13:30-18 Uhr,
Sa. 9-12 Uhr

Martin Heinrich baut in seinen Weinbergen 15 verschiedene Rebsorten an. Rote Sorten nehmen 70 Prozent der Fläche ein. Wichtigste Rebsorten sind Trollinger und Lemberger, sowie Riesling, der zwei Drittel der Weißweinfläche einnimmt. Neben der Basislinie gibt es seit 1991 die „G.A.-Linie" für ausgesuchte, lange im Holzfass gereifte Weine, eine Rotweincuvée und einen Weißburgunder. Unter dem Begriff „G.A. Exklusiv" werden edelsüße Weine vermarktet. Für die Spitzenweine ist der Name „Wollendieb" reserviert. Diesen Namen hatte man einem ehemaligen Teilstück des Heilbronner Stiftsbergs, dem Hundsberger, gegeben, weil ein Fuhrmann aus Bayern, der Wolle verkaufen wollte, dem Hundsberger so zusprach, dass er den ganzen Erlös der Wolle in Wein anlegte und vertrank.

Wie schon im Vorjahr gefällt mir der Wollendieb besonders gut. Wobei ich die zweite 2000er Spitzencuvée von Martin Heinrich, der „G.A.1", genauso überzeugend finde.

86 ▶ 2002 Riesling Kabinett Heilbronner Stiftsberg würzig, frisch, klare Frucht; lebhaft im Mund, feine süße Frucht, Biss (5,60 €)

87 ▶ 2001 Gewürztraminer Spätlese Heilbronner Stiftsberg reife süße Frucht, etwas Aprikosen; süß und geschmeidig im Mund, herrlich harmonisch, süffig, sehr klar (7,60 €)

88 ▶ 2000 „G.A.1" Rotweincuvée trocken Barrique gute Konzentration, rauchige Noten, reife Frucht; füllig im Mund, viel reife süße Frucht, harmonisch und lang (16 €)

88 ▶ 2000 „Wollendieb" Rotweincuvée trocken Barrique herrlich konzentriert, reife eindringliche Frucht, etwas Vanille; wunderschön füllig im Mund, harmonisch, reife klare Frucht (22 €)

Weitere Weine: 82 ▶ 2002 Weißer Burgunder Kabinett trocken Heilbronner Stiftsberg ▪

Weingut Albert **Heitlinger** ★★
Baden

Am Mühlberg, 76684 Östringen-Tiefenbach
Tel. 07259-9112-0, Fax: 07259-911299
www.heitlinger-wein.de
info@heitlinger-wein.de
Inhaber: Erhard Heitlinger
Rebfläche: 34,7 Hektar
Besuchszeiten: täglich ab 10 Uhr
Weinbistro mit Landhausküche

Wichtigste Rebsorten bei Erhard Heitlinger sind Spätburgunder, Grauburgunder und Riesling. Hinzu kommen unter anderem Weißburgunder, Müller-Thurgau, Lemberger, Auxerrois und Dornfelder. Heitlinger war einer der ersten Winzer in Deutschland, der erfolgreich Cuvées lancierte. Und mit seinem Weinforum hat er ein innovatives gastronomisches Konzept verwirklicht.

Bei den Weinen wird auf Lagenangaben verzichtet. Sein Programm hat Erhard Heitlinger in vier „Etagen" eingeteilt: Etage Basic für das Basissortiment, Etage d'Amour für barriqueausgebaute Cuvées, Master Etage für barriqueausgebaute Rebsortenweine und schließlich Grand Etage für die Spitzenweine des Betriebes.

Vor zwei Jahren war mit dem Grand Etage aus dem Jahrgang 1999 ein barriqueausgebauter Weißwein mein Favorit. In der aktuellen Kollektion gefällt mir, wie schon im vergangenen Jahr, der Rivaner am besten.

84 ▶ 2002 Riesling Spätlese trocken (Etage Basic) würzig, direkt, eindringliche Frucht; klar, direkt, feine Frucht (8,20 €)

86 ▶ 2002 Rivaner trocken (Master Etage) gute Konzentration, jugendliche Frucht; kraftvoll im Mund, kompakt, klare Frucht (7,65 €)

Weitere Weine: 81 ▶ 2002 Rivaner trocken (Etage Basic) ▪ 81 ▶ 2002 Auxerrois trocken (Etage Basic) ▪ 81 ▶ 2002 Riesling Kabinett trocken (Etage Basic) ▪ 83 ▶ 2002 „Open Air" Rosé trocken (Etage Basic) ▪ 82 ▶ 2000 Spätburgunder & Lemberger trocken (Etage Basic) ▪

Ökologisches Wein- und Sektgut Hermann **Helde** & Sohn ★
Baden

♣ Emil-Gött-Straße 1, 79361 Jechtingen
Tel. 07662-6116, Fax: 07662-6160
www.wein-helde.de
info@wein-helde.de
Inhaber: Hermann und Norbert Helde
Rebfläche: 6 Hektar
Besuchszeiten: täglich, auch am Wochenende, nach Anmeldung
Ferienwohnungen; kulinarische Weinproben mit Orchideenwanderung

Die wichtigsten Rebsorten beim Weingut Helde in Jechtingen am Kaiserstuhl sind die Burgundersorten, hinzu kommen Silvaner, Müller-Thurgau, Riesling und Muskateller. Seit 1992 stammen alle Produkte aus kontrolliert ökologischem Anbau (Bioland-Betrieb). Die Weinberge befinden sich in den Jechtinger Lagen Eichert, Hochberg und Steingrube. Neben Wein stellt das Weingut auch Fruchtsaft aus Weintrauben und schwarzen Johannisbeeren her, Heldes Beerenwunder genannt, aber auch Edelbrände aus eigenem Obstbau, die ebenfalls nach kontrolliert ökologischen Richtlinien produziert werden. Ausgesuchte Spitzenweine werden in der Reihe „Emil Gött-Selektion" vermarktet.

Nach gleichmäßigen 99ern haben mir die Weine aus dem schwierigen Jahrgang 2000 etwas besser gefallen. Vor allem dann, wenn Norbert Helde ihnen etwas mehr Restzucker belassen hatte, wie etwa beim Muskateller Jechtinger

Hochberg oder dem Riesling Jechtinger Eichert. Auch die 2001 waren gut gelungen, wobei mir der Spätburgunder am besten gefiel. Mein Favorit bei den wenigen verkosteten 2002ern war ganz klar der Muskateller.

87 ▶ 2002 Muskateller trocken Jechtinger Hochberg herrlich klar und eindringlich im Bouquet, feiner Muskatduft; kraftvoll im Mund, sehr klar, zupackend, viel Nachhall (8,50 €)

Weitere Weine: 82 ▶ 2002 Weißburgunder Classic ▪ 81 ▶ 2002 Grauburgunder Classic ▪ 82 ▶ 2002 Spätburgunder Weißherbst trocken Jechtinger Eichert ▪

Weingut Walter Hensel ★★★
Pfalz

*In den Almen 13, 67098 Bad Dürkheim
Tel. 06322-2460, Fax: 06322-66918
henselwein@aol.com
www.weingut-hensel.de
Inhaber: Gisela, Walter und Thomas Hensel
Rebfläche: 16 Hektar
Besuchszeiten: Mo.-Sa. 9-11 + 14-18 Uhr
Probierstube, Hoffest (2x im Jahr)*

Thomas Hensel unterstützt seit Beendigung seiner Ausbildung seine Eltern im Betrieb. Bereits seit 1990 ist er für den Keller verantwortlich. Vater Walter hatte 1984 mit der Selbstvermarktung begonnen. Vorher lag der Schwerpunkt des Betriebes bei der Rebveredelung. Jeweils etwa die Hälfte der Weinberge sind mit roten und weißen Sorten bepflanzt. Neben den traditionellen Pfälzer Rotweinsorten gibt es auch etwas Cabernet Sauvignon, Merlot und Frühburgunder. Vom Cabernet Cubin, Bestandteil der faszinierenden „Ikarus" genannten Cuvée, hat Thomas Hensel noch mehr gepflanzt. Wichtigste Weißweinsorte ist Riesling. Spezialität sind die barriqueausgebauten Weine, die sehr gekonnten Umgang mit dem Holz zeigen. Auch die „einfachen" Roten zeigen immer einen Hauch von Schokolade und Vanille.

Die Weißweine von Thomas Hensel sind von guter, gleichmäßiger Qualität, aber bei weitem nicht so spektakulär wie seine Rotweine. Vor allem der Ikarus begeistert immer wieder mit seiner beeindruckenden Fülle und klaren Frucht. Aber auch die Cuvée Höhenflug aus Merlot und Cabernet Dorsa ist sehr gekonnt vinifiziert und besticht durch schmeichelnde Länge.

84 ▶ 2002 Rieslaner Kabinett trocken feine Würze, verhaltene aber klare Frucht; klar und geradlinig im Mund, feine Frucht (4,80 €)

85 ▶ 2002 Riesling Spätlese trocken würzig, direkt, etwas Zitrusfrüchte; frisch, klar, feine Frucht und Biss (6 €)

85 ▶ 2002 Grauer Burgunder Spätlese trocken klare reife süße Frucht im Bouquet; süße Frucht, gute Fülle, süffig (6,30 €)

87 ▶ 2001 Spätburgunder Spätlese trocken herrlich würzige eindringliche Spätburgunderfrucht; frisch, klar, viel süße Frucht, süffig, feiner Nachhall (10,50 €)

88 ▶ 2001 „Cuvée Höhenflug" trocken Merlot und Cabernet Dorsa; würzige Noten, reife süße Frucht; gute Fülle im Mund, reife Frucht, schmeichelnd, lang (10,50 €)

90 ▶ 2000 „Ikarus" trocken Barrique faszinierend eindringliche reife Frucht, herrlich konzentriert, etwas Gewürznoten; füllig im Mund, viel reife Frucht, konzentriert, harmonisch, enorm dick und lang (17,50 €)

Weitere Weine: 82 ▶ 2002 Riesling Kabinett trocken ▪ 83 ▶ 2002 Chardonnay Kabinett trocken ▪ 83 ▶ 2001 Spätburgunder trocken ▪

Weingut Klaus **Hermann** ★★★
Baden

Alt-Vogtsburg 19, 79235 Vogtsburg
Tel. 07662-6202, Fax: 07662-6202
weingut-klaus-hermann@web.de
Inhaber: Klaus Hermann
Rebfläche: 4 Hektar
Besuchszeiten: Mo.-Fr. 9-19 Uhr, Sa. 9-17 Uhr
Probierstube

Gitta und Klaus Hermann haben ihr Weingut 1995 gegründet. Im Anbau dominieren die Burgundersorten, die zwei Drittel der Rebfläche einnehmen. Hinzu kommen Silvaner und Müller-Thurgau, sowie Versuchsanpflanzungen mit Sauvignon Blanc, Cabernet Sauvignon und Syrah. Die Weinberge verteilen sich auf verschiedene Lagen des Kaiserstuhls und liegen in der Oberbergener Bassgeige, den Oberrotweiler Lagen Henkenberg, Eichberg und Käsleberg, im Schelinger Kirchberg und im Gottenheimer Kirchberg am Tuniberg. Manche der Burgunderanlagen sind über 40 Jahre alt. Klaus Hermann baut ausschließlich trockene, durchgegorene Weine aus. Vor allem die Burgunder reifen recht lange auf der Feinhefe, die Rotweine werden grundsätzlich im Holzfass ausgebaut. Die Topqualitäten kommen in Barriques aus französischer Eiche. Die Weine der Serie „Cantus Avis" werden komplett in neuen Barriques aus französischer Eiche ausgebaut und unfiltriert abgefüllt.

Alle Weine sind durchgegoren und trocken, auch wenn dies manchmal nicht auf dem Etikett angegeben ist. In den letzten beiden Jahren hatte Klaus Hermann üppige, kraftvolle Weine mit viel reifer süßer Frucht. Die neue Kollektion nun ist nochmals deutlich besser, vor allem die beiden „Cantus Avis"-

Weine überzeugen mit viel reifer, klarer Frucht und schön integriertem Barrique und gehören zu den Besten in Baden.

84 ▶ 2002 Grauer Burgunder trocken konzentriert, jugendliche Frucht; kraftvoll und füllig im Mund, reife Frucht (7,50 €)

86 ▶ 2002 Weißer Burgunder trocken viel Würze, gute Konzentration; gute Harmonie, klare reife Frucht, kompakt (6,50 €)

85 ▶ 2002 Sauvignon Blanc trocken herrlich würzig, direkt, jugendliche klare Frucht; klar und direkt im Mund, feine Frucht (7,50 €)

88 ▶ 2002 „Cantus Avis" Grauer Burgunder trocken enorm würzig, dominant, gute Konzentration; füllig, konzentriert, reife Frucht, guter Nachhall (15 €)

86 ▶ 2002 Spätburgunder trocken feine Frucht im Bouquet, rauchige Noten, rote Früchte, Erdbeeren; klar, harmonisch, feine süße Frucht (6,50 €)

89 ▶ 2001 „Cantus Avis" Spätburgunder trocken viel Toast, Konzentration, klare reife Frucht, sehr eindringlich; gute Fülle, herrlich viel Frucht, klar, konzentriert, Vanille, gute Harmonie und Länge (19,50 €)

Weingut Bernd **Hermes** ★
Mosel-Saar-Ruwer

◆ Robert-Schuman-Straße 214, 54536 Kröv
Tel. 06541-3619 oder 9984, Fax: 06541-3584
www.bernd-hermes.de
weingut@bernd-hermes.de
Inhaber: Bernd Hermes
Rebfläche: 3 Hektar
Besuchszeiten: nach Vereinbarung

Bernd Hermes baut in den besten Kröver Lagen vor allem Riesling an, pflegt aber auch eine Spezialität, den Findling. Die Weine werden temperaturgesteuert vergoren und reduktiv ausgebaut.

87 ▶ 2002 Riesling Hochgewächs gute Konzentration, Litschi, süße Aprikosen; viel süße Frucht im Mund, kraftvoll, klar, süße Zitrusfrüchte (3,90 €/0,5l)

85 ▶ 2001 Riesling Spätlese Kröver Steffensberg verhaltene Frucht, klar, dezente Reifenoten; klare süße Frucht, gute Harmonie (5,10 €)

85 ▶ 2002 Riesling Auslese Wolfer Klosterberg gute Konzentration, Zitrusfrüchte, klare Frucht; viel süße Frucht, schmeichelnd, herrlich süffig (7 €)

87 ▶ 1993 Riesling Eiswein Kröver Paradies Reifenoten, sehr klar und direkt; viel süße Frucht, sehr eindringlich, ein klein wenig reife Äpfel, Nachhall (22 €/0,375l)

Weitere Weine: 79 ▶ 2002 Rivaner trocken ■ 79* ▶ 2000 Findling Auslese trocken Wolfer Klosterberg ■ 82 ▶ 2001 Riesling Kabinett Kröver Kirchlay ■ 83 ▶ 2002 Riesling Spätlese Kröver Steffensberg ■

Weingut Prinz von Hessen ★★
Rheingau

Grund 1, 65366 Geisenheim-Johannisberg
Tel. 06722-8172, 71827, Fax: 06722-50588
www.prinz-von-hessen.com
info@prinz-von-hessen.com
Inhaber: Moritz Landgraf von Hessen
Rebfläche: 45 Hektar
Besuchszeiten: Mo.-Do. 8-17 Uhr, Fr. 8-13 Uhr, jeden 1.+3. Samstag im Monat 11-15 Uhr
Schloßhotel in Kronberg,
Hessischer Hof in Frankfurt

Neben Riesling, der 85 Prozent der Fläche einnimmt, gibt es beim Weingut Prinz von Hessen 10 Prozent Spätburgunder sowie kleine Mengen an Merlot und Frühburgunder. 60 Prozent der Weinberge von Prinz von Hessen, verteilt über die gesamte Region, sind als klassizierte Flächen ausgewiesen. Die wichtigsten Lagen sind Winkeler Hasensprung und Jesuitengarten, Johannisberger Klaus und Kiedricher Sandgrub. Etwa die Hälfte der Weine werden trocken ausgebaut. Das Sortiment ist klar gegliedert: die Basis bilden die „Landgraf von Hessen" genannten Schoppenweine, dann folgen die Gutsrieslinge. Nur Weine aus Spitzenlagen tragen eine Lagenbezeichnung.

Im vergangenen Jahr gefielen mir die beiden Spätlesen aus der Lage Johannisberger Klaus am besten. Der Jahrgang 2002 kann nicht überzeugen.

84 ▶ 2002 Riesling Kabinett halbtrocken Johannisberger Vogelsang feine Würze und Frucht im Bouquet; klar, direkt, süße Frucht und Biss (6,70 €)

86 ▶ 2002 Riesling Auslese Johannisberger Klaus duftig, gute Konzentration; viel süße Frucht, dominant, kompakt (20 €)

Weitere Weine: 81 ▶ 2002 Riesling trocken Landgraf von Hessen (1l) ■ 83 ▶ 2002 Riesling trocken Prinz von Hessen ■ 83 ▶ 2002 Weißburgunder trocken Prinz von Hessen ■ 82 ▶ 2002 Riesling Kabinett trocken Kiedricher Sandgrub ■ 81 ▶ 2002 Riesling halbtrocken Landgraf von Hessen (1l) ■ 80 ▶ 2002 Riesling Classic ■ 82 ▶ 2002 Riesling Kabinett Winkeler Hasensprung ■

Weingut Christian Heußler ★
Pfalz

◆ Mühlgasse 5, 76835 Rhodt
Tel. 06323-2235, Fax: 06323-980533
www.heussler-wein.de
heussler-wein@t-online.de
Inhaber: Christian Heußler
Rebfläche: 7 Hektar
Besuchszeiten: Mo.-Fr. 9-12 + 13-18 Uhr, Sa. 9-18 Uhr, So. 10-14 Uhr

Seit 1750 bearbeitet die Familie Heußler Weinberge in Rhodt und Umgebung. Seit 1996 wird der Ertrag von 7 Hektar über die Flasche vermarktet, weitere 6 Hektar Weinberge sind noch genossenschaftlich gebunden. In den kommenden Jahren soll aber der Ertrag der gesamten Fläche selbst vermarktet wer-

Weingut Helmut **Hexamer** ★★★
Nahe

Sobernheimer Straße 3, 55566 Meddersheim
Tel. 06751-2269, Fax: 06751-94707
www.weingut-hexamer.de
weingut-hexamer@t-online.de
Inhaber: Harald Hexamer
Rebfläche: 12,8 Hektar
Besuchszeiten: Mo.-Fr. 8-19 Uhr, Sa. 8-17 Uhr

den. 65 Prozent der Fläche nehmen weiße Sorten ein, vor allem Riesling, Weiß- und Grauburgunder, aber auch Chardonnay, Muskateller und Gewürztraminer. Neu gepflanzt wurde Sauvignon Blanc. Wichtigste rote Sorten sind Dornfelder, Spätburgunder und Portugieser. St. Laurent und Dunkelfelder kamen in den letzten Jahren hinzu, Cabernet Sauvignon kommt 2004 in Ertrag.

Vor zwei Jahren hatte Harald Hexamer weitere 105 Ar im Meddersheimer Rheingrafenberg erworben und auch im Sobernheimer Marbach dazugekauft. Auch im vergangenen Jahr hat er wieder eine steile Brachfläche erworben und mit Riesling bepflanzt, so dass er zur Zeit 6,65 Hektar Riesling bewirtschaftet. Vor allem auf Riesling setzt Harald Hexamer, der den Betrieb 1999 von seinem Vater übernommen hat. Danach folgen Spätburgunder, Müller-Thurgau und Weißburgunder. Eine Spezialität ist der an der Nahe selten anzutreffende Frühburgunder. Aber auch Domina und zukünftig Regent findet man in seinen Weinbergen. Riesling und die Burgundersorten nehmen inzwischen über 70 Prozent der Fläche ein. Die Weißweine werden ausschließlich im Edelstahl ausgebaut, die Rotweine im großen Holzfass oder Barrique.

Mit dem Jahrgang 2000 knüpfte Harald Hexamer nahtlos an die beiden Vorjahre an. Seine edelsüßen Rieslinge gehörten wieder zu den besten edelsüßen Kollektionen des Jahrgangs in Deutschland. Auch 2001 konnten seine edelsüßen Weine restlos überzeugen. Ansonsten präsentierte sich seine Kollektion etwas ungleichmäßig. Vor allem mit den trockenen Weinen war ich nicht zufrieden. Diese gefallen mir im Jahrgang 2002, der erstmals im neuen

---

84 ▶ **2002 Muskateller trocken Rhodter Rosengarten** feiner Muskatellerduft, klare Frucht; frisch, klar, gute Frucht und Harmonie (3,50 €)

85 ▶ **2002 Riesling Kabinett trocken Rhodter Schlossberg** herrlich klar und frisch, feine Rieslingfrucht; geradlinig, klare Frucht, feiner zupackender Riesling (3,60 €)

85 ▶ **2002 Grauburgunder Spätlese trocken Rhodter Klosterpfad** würzig, direkt, klare Frucht; gute Fülle, reife klare Frucht (3,80 €)

85 ▶ **2002 Riesling Spätlese Edenkobener Schloss Ludwigshöhe** gute Konzentration, klare würzige Rieslingfrucht, eindringlich; kraftvoll im Mund, klare süße Frucht, etwas Frische (4,10 €)

84 ▶ **2002 Saint Laurent trocken Rhodter Rosengarten** feine Frucht, Frische; gute Harmonie, sehr klare Frucht, herrlich süffig (4 €)

86 ▶ **2002 Dunkelfelder trocken Rhodter Schlossberg** reife süße Frucht mit rauchigen Noten; gute Frucht und Harmonie, sehr klar, herrlich süffig (3,80 €)

Weitere Weine: 81 ▶ 2002 Riesling trocken Rhodter Schlossberg (1l) ▪ **81** ▶ 2002 Weißburgunder trocken Rhodter Ordensgut ▪ **81** ▶ 2002 Grauburgunder Kabinett trocken Rhodter Klosterpfad ▪ **82** ▶ 2002 Weißburgunder Spätlese trocken Rhodter Ordensgut ▪ **83** ▶ 2002 Gewürztraminer Kabinett halbtrocken Rhodter Klosterpfad ▪

Keller ausgebaut wurde, deutlich besser. Die Glanzlichter setzen aber auch in diesem Jahrgang wieder die edelsüßen Rieslinge, insbesondere die Eisweine.

87 ▶ **2002 Riesling Spätlese trocken Meddersheimer Rheingrafenberg** würzig, klar, jugendliche Frucht; kraftvoll im Mund, gute Fülle und Frucht (7,90 €)

87 ▶ **2002 Riesling „Quarzit" Meddersheimer Rheingrafenberg** gute Konzentration, enorm würzige Rieslingfrucht; viel süße Frucht, kraftvoll, klar (5,70 €)

86 ▶ **2002 Riesling Spätlese Meddersheimer Rheingrafenberg** reife klare süße Rieslingfrucht; süß im Mund, schmeichelnd, herrlich süffig und lang (5,80 €)

86 ▶ **2002 Riesling Spätlese* Meddersheimer Rheingrafenberg** würzige Noten, gute Konzentration, sehr eindringlich; weich im Mund, viel süße Frucht, süffig (7,80 €)

88 ▶ **2002 Riesling Spätlese** Meddersheimer Rheingrafenberg** konzentriert, würzig, herrlich eindringliche Frucht; viel reife süße Frucht, kompakt, herrlich klar und fruchtbetont (8,80 €)

89 ▶ **2002 Riesling Auslese Meddersheimer Rheingrafenberg** konzentriert, enorm würzig; klar, viel reife süße Frucht, wunderschön süffig, nachhaltig (15 €)

90 ▶ **2002 Riesling Auslese „7°" Meddersheimer Rheingrafenberg** herrlich konzentriert, reintönig, reife eindringliche Frucht; wunderschön reintönig auch im Mund, konzentriert, viel süße Frucht (15 €/0,375l)

93 ▶ **2002 Riesling Eiswein Meddersheimer Rheingrafenberg** faszinierende Frucht, süße Aprikosen und Zitrusfrüchte; süß und dominant im Mund, herrlich konzentriert, eindringliche Frucht, enormer Nachhall (33 €/0,375l)

93 ▶ **2002 Riesling Eiswein Sobernheimer Marbach** konzentriert, dominant, wunderschön würzig und eindringlich; konzentrierte süße Frucht auch im Mund, dick, dominant, enorm nachhaltig (33 €/0,375l)

Weitere Weine: 83 ▶ 2002 Riesling trocken (1l) ■ 85 ▶ 2002 Riesling trocken ■ 85 ▶ 2002 Gewürztraminer trocken ■ 83 ▶ 2002 Riesling Spätlese trocken Bad Sobernheimer Marbach ■ 84 ▶ 2002 Riesling halbtrocken Meddersheimer Rheingrafenberg ■ 82 ▶ 2002 Rivaner ■ 84 ▶ 2002 Riesling Meddesheimer Rheingrafenberg ■ 85 ▶ 2002 Spätburgunder Rosé ■

Winzerkeller
Hex vom Dasenstein ★
Baden

Burgunderplatz 1, 77876 Kappelrodeck
Tel. 07842-9938-0, Fax: 07842-9938-38
info@winzerkeller.de
www.hex-von-dasenstein.de
Geschäftsführer: Jürgen Decker
Rebfläche: 142 Hektar
Mitglieder: 275
Besuchszeiten: Mo.-Fr. 8-12 + 13:30-17:30 Uhr, Sa. 9-12 Uhr, So. 10-13 Uhr (Mai-Oktober)

Die Mitglieder der 1934 gegründeten Genossenschaft von Kappelrodeck bauen zu 80 Prozent Spätburgunder an. Hinzu kommen Müller-Thurgau, Grauburgunder, Riesling, Traminer, Kerner und Scheurebe. Nach der Kappelrodecker Lage Hex vom Dasenstein nennt sich die Genossenschaft heute Winzerkeller Hex vom Dasenstein. Die Rotweine werden im Drucktank maischevergoren und reifen anschließend in Holzfässern. Ausgesuchte Partien baut Kellermeister Robert Schnurr auch im Barrique aus. Einige Spätburgunder „aus alten Rebbeständen" werden separat ausgebaut.

Alle Weine, auch die Rotweine, sind von einer merklichen Restsüße geprägt wodurch sie oft - bei sehr klarer Frucht - ein wenig gefällig wirken. Die Rotweine gefielen mir im vergangenen Jahr deutlich besser als zuvor. Die neue Kollektion ist sehr gleichmäßig, ob rot oder weiß, trocken oder süß, ebenso die Sekte. Alle probierten Weine stammen aus der Kappelrodecker Lage **Hex vom Dasenstein**.

84 ▶ **2000 Pinot Rosé Sekt Trocken** feine süße Frucht, eindringlich Erdbeeren; viel süße Frucht, schmeichelnd, süffig (9,50 €)

85 ▶ **2002 Riesling trocken Selection** konzentriert, würzig, direkt; gute Harmonie, kompakt, klare Frucht (noch nicht im Verkauf)

84 ▶ 2001 Weißburgunder Spätlese trocken Barrique feine Würze, eindringliche Frucht; süß, kompakt, enorm füllig (11 €)

84 ▶ 2001 Spätburgunder „Alte Rebe" trocken würzige Noten, reife klare Frucht; gute Harmonie, süße Frucht, Frische (7,20 €)

85 ▶ 2001 Spätburgunder Auslese trocken Barrique konzentriert, klar, rauchige Frucht; gute Harmonie, süße Frucht, Biss (19,50 €)

85 ▶ 2001 Spätburgunder Beerenauslese Barrique konzentriert, feine Frische, klare Frucht; gute Harmonie, viel süße Frucht, leichte Bitternote (35 €/0,5l)

87 ▶ 2001 Spätburgunder Weißherbst Eiswein Barrique würzig, direkt, etwas rote Früchte, feiner Duft; süß, schmeichelnd, enorm dick und dominant (45 €/0,5l)

Weitere Weine: 83 ▶ 2001 Grauburgunder Sekt Brut ■ 83 ▶ 1999 Spätburgunder Rotwein Sekt Trocken ■ 82 ▶ 2002 Grauburgunder Kabinett trocken ■ 81 ▶ 2002 Spätburgunder Kabinett ■

Weingut
Dr. Heyden ★
Rheinhessen

Wormser Straße 95, 55276 Oppenheim
Tel. 06133-926301, Fax: 06133-926301
www.heydenwein-oppenheim.de
heydenwein@t-online.de
Inhaber: Dr. Karl W. Heyden
Rebfläche: 9 Hektar
Besuchszeiten: täglich nach Vereinbarung
Weinprobierstube (bis 35 Personen)

1999 übernahm Karl W. Heyden 7 Hektar Weinberge in Oppenheim, die aus dem Besitz des Weingutes Friedrich Baumann stammten. Für den Keller ist seit Anfang an Sohn Frank zuständig. Die Weinberge liegen hauptsächlich in den Oppenheimer Lagen Sackträger, Herrenberg, Kreuz und Schloss. Zu den übernommenen Rebsorten wie Riesling, Silvaner, Müller-Thurgau, Grauburgunder, Kerner, Spätburgunder und Portugieser wurden neue hinzugepflanzt: Dornfelder, Cabernet Dorsa, Chardonnay, Weißburgunder, Frühburgunder und Merlot.

Vor zwei Jahren hatten es mir neben dem barriqueausgebauten Silvaner Eiswein aus dem Jahrgang 1999 vor allem die 2000er Rieslinge angetan. Die 2001er Rieslinge kamen da nicht ganz heran. Es fehlte ihnen, wie auch den edelsüßen Weinen, die Klarheit der Frucht. 2002 gefallen sie mir wieder etwas besser.

85 ▶ 2002 „Diamant" Riesling Spätlese trocken Oppenheimer Herrenberg jugendliche Frucht, feine Würze; klare Frucht, Würze, kompakter Riesling (6,15 €)

86 ▶ 2002 Riesling Spätlese Oppenheimer Sackträger feine klare Rieslingfrucht; süß, schmeichelnd, herrlich süffig (4,85 €)

85 ▶ 2001 „Cuvée Maximus" Rotwein trocken rote Früchte, dezent rauchige Noten; gute Harmonie, süße Frucht, Frische (14,50 €)

Weitere Weine: 81 ▶ 2002 Chardonnay trocken ■ 81 ▶ 2002 Grauer Burgunder trocken ■ 83 ▶ 2002 Riesling Spätlese trocken Oppenheimer Sackträger ■ 78 ▶ 2002 Riesling halbtrocken (1l) ■ 83 ▶ 2002 Riesling Spätlese halbtrocken Oppenheimer Herrenberg ■ 82 ▶ 2002 Portugieser trocken ■ 82 ▶ 2002 Portugieser halbtrocken ■

Weingut Freiherr
Heyl zu Herrnsheim ★★★
Rheinhessen

♣ *Langgasse 3, 55283 Nierstein*
Tel. 06133-57080, Fax: 06133-570880
www.heyl-zu-herrnsheim.de
info@heyl-zu-herrnsheim.de
Inhaber: Ahr Familienstiftung
Rebfläche: 24 Hektar
Besuchszeiten: Mo.-Do. 8-12 + 13-17 Uhr,
Fr. 7:30-14:30 Uhr und nach Vereinbarung

Das traditionsreiche Weingut Heyl zu Herrnsheim verfügt über bedeutenden Besitz in allen Lagen am Niersteiner Roten Hang, darunter 3,5 Hektar am Pettental und die 1,4 Hektar große Lage Brudersberg in Alleinbesitz. Drei Viertel der Weinberge sind mit Riesling bepflanzt, hinzu kommen Weißburgunder, Silvaner und Müller-Thurgau. Seit einigen Jahren ist das Weingut im Besitz der Ahr-Familienstiftung und wird von Markus Winfried Ahr geführt. Im klar strukturierten Sortiment bilden die Gutsweine die Basis, dann folgen die Rotschiefer-Weine, die Spitze der Pyramide bilden die Großen Gewächse aus Brudersberg und Pettental, wo Freiherr Heyl zu Herrnsheim 3,5 Hektar der 32 Hektar großen Lage gehören. Die Weine werden recht lange in alten Eichenholzfässern ausgebaut. Alle Weine stammen aus kontrolliert ökologischem Anbau (DE-Öko-Prüfstelle).

Der Jahrgang 2001 hatte Heyl zu Herrnsheim gute trockene Weine gebracht: die beiden Rotschiefer-Weine gefielen mir ebenso wie der Heyl Silvaner etwas besser als in den Jahren zuvor. Vom Jahrgang 2002 hat mich neben den beiden Rotschiefer-Weinen vor allem die edelsüße Spätlese aus dem Brudersberg beeindruckt..

84 ▶ **2002 Riesling trocken SILK** eindringlich würzige Noten, zurückhaltende Frucht; klar, gute Frucht und Biss (auf Anfrage)

87 ▶ **2002 Weisser Burgunder trocken Rotschiefer** feine Würze, jugendliche sehr klare Frucht; geradlinig im Mund, feine Frucht und Biss (13 €)

86 ▶ **2002 Riesling Spätlese trocken Rotschiefer** jugendliche Frucht, zurückhaltend; klar und zupackend im Mund, jugendliche Frucht, Biss (11,50 €)

90 ▶ **2002 Riesling Spätlese Niersteiner Brudersberg** würzige reife klare Rieslingfrucht, gute Konzentration, Pfirsiche und Litschi; dominant süß im Mund, viel Litschi, gehaltvoll, viel Nachhall (auf Anfrage)

Weitere Weine: 82 ▶ 2002 Silvaner trocken Niersteiner ▪ 81 ▶ 2002 Weisser Burgunder trocken SILK ▪

Weingut Heymann-Löwenstein ★★
Mosel-Saar-Ruwer

Bahnhofstraße 10, 56333 Winningen
Tel. 02606-1919, Fax: 02606-1909
www.heymann-loewenstein.com
weingut@heymann-loewenstein.com
Inhaber: Cornelia Heymann-Löwenstein und Reinhard Löwenstein
Rebfläche: 12,5 Hektar
Besuchszeiten: nach Vereinbarung

Reinhard Löwenstein hat neben Riesling (95 Prozent) ein klein wenig Weißburgunder, Müller-Thurgau und Elbling im Programm. Das Gros seiner Weine baute er früher durchgegoren aus. In den letzten Jahren waren seine Weine aber immer wieder von deutlicher Restsüße geprägt. Herzstücke seines Programms sind die von ihm propagierten „Ersten Lagen", hinzu kommt quasi als Gutswein der Schieferterrassen-Riesling, der etwa die Hälfte seiner gesamten Produktion ausmacht. Vor zwei Jahren hatte er das Weingut um 5 Hektar vergrößert. Seine trockenen Lagenweine füllt Reinhard Löwenstein immer recht spät ab.

Keiner in Deutschland philosophiert so faszinierend und öffentlichkeitswirksam über Terroir wie Reinhard Löwenstein. In seinen Weinen habe ich diese Faszination für das Terroir noch nicht entdeckt. Im Jahrgang 2000 waren alle Weine recht süß und sehr von Botrytisnoten geprägt. Durch den hohen Botrytisanteil - durchgängig etwa 30 Prozent, so Reinhard Löwenstein - wirkten die Weine aus den ersten Lagen enorm füllig, aber trockene Rieslinge waren sie keineswegs. Sie wirken wie halbtrockene Weine mit edelsüßem Touch. Die 2001er, soweit verkostet, wirkten ein klein wenig klarer.

85 ▶ **2001 Riesling Stolzenberg** würzige Noten, zurückhaltende Frucht; geradlinig im Mund, kompakt, etwas verhaltene Frucht (16,50 €)

88 ▶ **2001 Riesling Röttgen** gute Konzentration, würzig eindringliche Frucht; füllig im Mund, viel reife süße Frucht, kompakt und klar, feiner Nachhall (17,50 €)

Weitere Weine: 83 ▶ 2002 Riesling „Schieferterrassen" ▪ 83 ▶ 2001 Riesling Kirchberg ▪

Weingut Hiestand ★★
Rheinhessen

Nordhöferstraße 19, 67583 Guntersblum
Tel. 06249-2266, Fax: 06249-7835
hiestand.wein@t-online.de
Inhaber: Familie Hiestand
Rebfläche: 11 Hektar
Besuchszeiten: Sa. 10-18 Uhr und nach Vereinbarung
Hoffest am 1. Wochenende im Oktober

Die wichtigsten Rebsorten bei Berte und Erich Hiestand sind Silvaner, Riesling, Weißburgunder und Gewürztraminer. Ihre Weinberge liegen in den Guntersblumer Lagen Kreuzkapelle, Steig-Terrassen, Bornpfad und Eiserne Hand. In der Albiger Einzellage Schloss Hammerstein haben sie rote Reben stehen. Während der Gutshof der Hiestands in der Nordhöferstraße liegt, befindet sich der Keller im Guntersblumer Kellerweg. Dort reifen die Weine in großen und kleinen Fässern aus Spessarteiche. Seit 1997 wird auch das alte Brennrecht wieder ausgeübt und Trauben, Hefe, Holunder, Weinbergpfirsich und Quitte werden in der hauseigenen Destille gebrannt.

Vor zwei Jahren überzeugte Erich Hiestand mit der guten, gleichmäßigen Qualität aller Weine, wobei mir Silvaner, Riesling und Weißburgunder besonders gefielen. Die letztjährige Kollektion war sehr gleichmäßig. Die neue Kollektion gefällt mir nun deutlich besser: kraftvolle Rotweine, zuverlässige Weißweine und eine eindringliche Trockenbeerenauslese an der Spitze: rundum überzeugend!

84 ▶ **2002 Cuvée No. 4 „Der Sommerwein"** frisch, klar, feine Frucht; süß im Mund, herrlich süffig (5 €)

84 ▶ **2002 Grauer Burgunder trocken Guntersblumer Kreuzkapelle** feine Würze und Konzentration; klare reife Frucht, füllig (6,50 €)

85 ▶ **2002 Gewürztraminer trocken Guntersblumer Eiserne Hand** feiner Traminerduft, Rosen, wunderschön klar; gute Harmonie, viel Frucht, sehr klar (6,50 €)

86 ▶ **2006 „JJ" Silvaner trocken Kreuzkapelle** gute Konzentration, viel Würze; klare reife Frucht, füllig, feine Frische (9,40 €)

85 ▶ **2002 Riesling Kabinett Guntersblumer Vögelsgärten** feine klare Frucht; süße Frucht, Frische, herrlich süffig (5 €)

87 ▶ **2002 Gewürztraminer Spätlese Guntersblumer Bornpfad** reife süße Frucht, wunderschön reintönig; viel süße Frucht, schmeichelnd, sehr lang (6,50 €)

89 ▶ **2001 Riesling Trockenbeerenauslese Guntersblumer Kreuzkapelle** konzentriert, enorm dominant, eindringliche süße Frucht; klar, herrlich dick und konzentriert, viel süße Frucht

87 ▶ **2001 „JJ" Portugieser trocken Schloss Hammerstein** rauchige Noten im Bouquet, gute Konzentration, sehr eindringliche Frucht; reife Frucht, konzentriert, klar, herrlich eindringlich (14,50 €)

87 ▶ **2001 „JJ" Dornfelder trocken Schloss Hammerstein** reife eindringliche Frucht, Gewürznoten, Toast, herrlich klar und dominant; füllig, klar, reife Frucht, gute Harmonie, jugendliche Tannine (14,50 €)

Weitere Weine: 82 ▶ 2002 Grüner Silvaner trocken ▪ 83 ▶ 2002 Riesling trocken ▪ 83 ▶ 2002 Weisser Burgunder Kabinett trocken Guntersblumer Bornpfad ▪

Weingut Matthias **Hild** ★
Johann Hild KG
Mosel-Saar-Ruwer

Bahnhofstraße 11, 54457 Wincheringen
Tel. 06583-527, Fax: 06583-1517
hild.wein@t-online.de
Inhaber: Matthias Hild
Rebfläche: 5 Hektar
Besuchszeiten: Mo.-Sa. 10-19 Uhr (telefonische Vereinbarung erwünscht)
Weinproben, kulinarische Weinproben

Neben den Weinen aus eigenem Anbau hat Matthias Hild auch Weine aus zugekauften Trauben im Programm. In den eigenen Weinbergen baut er überwiegend Elbling an. Wie ungewohnt doch, von einem Moselwinzer eine solche Vielfalt an Rebsorten vorgestellt zu bekommen - und dazu noch interessante, schön sortentypische Weine, wie beispielsweise den Morio-Muskat. Die 2001er Weine von Matthias Hild waren alle wunderschön klar und süffig. Gleiches gilt für den Jahrgang 2002, in dem Matthias Hild wieder eine sehr gleichmäßige Kollektion mit wunderschön unkomplizierten, süffigen Weinen hat.

84 ▶ **2002 Elbling trocken Nr. 1/03** gute Konzentration, zurückhaltende Frucht; harmonisch, klare Frucht (4 €)

86 ▶ **2002 Elbling trocken Nr. 3/03** herrlich klare Frucht, Frische, weiße Früchte, feines Bouquet; harmonisch, feine süße Frucht (5 €)

85 ▶ **2002 Weißburgunder trocken** sehr klare Frucht, weiße Früchte; frisch, klar, feine Frucht und Biss (7,10 €)

85 ▶ **2002 Ruländer lieblich** gute Würze, jugendliche Frucht; süß und schmeichelnd im Mund (7,10 €)

85 ▶ **2002 Morio-Muskat lieblich** feine Muskatfrucht, klare Frucht; wunderschön süffig, feine süße Frucht (4,50 €)

Weitere Weine: 83 ▶ 2002 Elbling Classic ■ 83 ▶ 2002 Grauburgunder trocken ■ 83 ▶ 2002 Grauburgunder trocken „Edition Nr. 3" ■ 82 ▶ 2002 Kerner lieblich ■

Weingut Emmerich **Himmel** ★★
Rheingau

◆ Holger-Crafoord-Strasse 4, 65239 Hochheim
Tel. 06146-6590, Fax: 06146-601570
Inhaber: Emmerich Himmel
Rebfläche: 4,5 Hektar
Besuchszeiten: nach Vereinbarung, Mo.-Fr. 14-19 Uhr, Sa. 9-14 Uhr

Emmerich Himmel hat das Weingut 1982 von seinem Vater als reinen Fassweinbetrieb übernommen. Er hat auf Flaschenweinvermarktung umgestellt und heute wird die gesamte Jahresproduktion von etwa 35.000 Litern weitgehend an Privatkunden verkauft. Seine Weinberge - 90 Prozent Riesling und 10 Prozent Spätburgunder - liegen in Hochheimer Lagen wie Hölle, Kirchenstück und Stielweg. Die Weine werden zum Teil mit den eigenen Hefen vergoren. Emmerich Himmel strebt filigrane, fruchtbetonte Weine an. Statt mit Korken verschließt er seine Weine mit Edelstahl-Kronverschlüssen. Mit dem Jahrgang 2001 hat er erstmals auch einen Spätburgunder im Barrique ausgebaut (französische Eiche).

87 ▶ **2001 Riesling Spätlese trocken Hochheimer Kirchenstück** sehr klare reife Rieslingfrucht im Bouquet, Pfirsiche, auch reife Äpfel; kraftvoll im Mund, gute Frucht, zupackender jugendlicher Riesling (8,50 €)

85 ▶ **2002 Riesling Spätlese trocken Hochheimer Kirchenstück** reife süße Frucht, eindringlich; harmonisch, sehr klare süße Frucht (8,50 €)

86 ▶ **2002 Riesling Spätlese trocken Hochheimer Hölle** klare Frucht, Frische, dezent Zitrus; sehr klar, süße Frucht, Biss (7 €)

85 ▶ **2001 Riesling Kabinett halbtrocken Hochheimer Stein** frisch, klar, ein wenig Pfirsiche, gute Rieslingfrucht; geradlinig im Mund, gute süße Frucht, feiner zupackender Riesling (5 €)

85 ▶ 2002 Riesling Kabinett halbtrocken Hochheimer Stein würzige Rieslingfrucht, sehr klar; frisch und direkt, feine süße Frucht, Biss (5 €)

87 ▶ 2002 Riesling Spätlese halbtrocken „Himmelstraum" klare jugendliche Frucht, konzentriert; kraftvoll, klare reife Frucht, gute Harmonie, feiner Nachhall (7,50 €)

87 ▶ 2002 Riesling Spätlese Hochheimer Stielweg gute Konzentration, sehr klare Frucht, Frische; frisch im Mund, süße Zitrusfrüchte, Biss (9,50 €)

90 ▶ 2002 Riesling Beerenauslese Hochheimer Hölle reife süße Aprikosen, Litschi, wunderschön konzentriert und eindringlich; schmeichelnd, dominant, viel süße Frucht, stoffige Beerenauslese (17,50 €/0,375l)

88 ▶ 2001 Spätburgunder Barrique Hochheimer Stein gute Konzentration, Gewürze, rauchige Noten, sehr klare reife Frucht, Vanille; kraftvoll, herrlich füllig, harmonisch, feine Vanille, Nachhall (15 €)

Weitere Weine: 83 ▶ 2002 Riesling Kabinett trocken Hochheimer Hölle ▪ 83 ▶ 2002 Riesling Kabinett halbtrocken ▪ 83 ▶ 2002 Riesling Kabinett halbtrocken Hochheimer Daubhaus (1l) ▪

Klostergut
Himmeroder Hof ★
Mosel-Saar-Ruwer

Am Herrenberg 1, 54518 Kesten
Tel. 06535-7143, Fax: 06535-1521
Inhaber: Rainer Licht
Rebfläche: 5,5 Hektar
Besuchszeiten: nach Vereinbarung
Speisegaststätte (verpachtet)

Das Weingut gehörte früher dem Kloster Himmerod in der Eifel und hat daher seinen Namen Himmeroder Hof. Seit 1830 ist es im Besitz der Familie des heutigen Betriebsleiters Rainer Licht. Die Weinberge von Rainer Licht befinden sich zu 80 Prozent in Steillagen. Hauptlagen sind Kestener Paulinsberg und Kestener Paulinshofberg. Dazu besitzt Rainer Licht auch Weinberge in Lieser, Minheim und Bernkastel. Fast drei Viertel der Fläche ist mit Riesling bepflanzt. 80 Prozent der Weine werden trocken oder halbtrocken ausgebaut. Auf den Etiketten ist der Restzucker vermerkt.

In den vergangenen Jahren hatte Rainer Licht etwas unausgewogene Kollektionen, mit deutlichen Stärken bei den restsüßen Weinen. In diesem Jahr nun hat er neben interessanten restsüßen Rieslingen auch zwei überzeugende trockene Spätlesen im Programm.

86 ▶ 2002 Riesling Spätlese trocken Brauneberger Juffer gute Konzentration, jugendliche eindringliche Frucht, direkt; frisch, klar, viel Frucht, zupackender Riesling (7,30 €)

85 ▶ 2002 Riesling Spätlese trocken Kestener Paulinsberg gute Konzentration, mineralische Rieslingfrucht; kraftvoll, klar, viel Frucht, Biss (7,50 €)

86 ▶ 2002 Riesling Spätlese Kestener Paulinsberg gute Konzentration, klar, würzige Rieslingfrucht; klare süße Frucht, harmonisch und lang (7,50 €)

87 ▶ 2002 Riesling Auslese Kestener Paulinshofberg klare würzige Rieslingfrucht, jugendlich, konzentriert; kraftvoll im Mund, herrlich viel Frucht, Biss (7,80 €)

Weitere Weine: 81 ▶ 2002 Rivaner trocken ▪ 79 ▶ 2002 Riesling trocken (1l) ▪ 82 ▶ 2002 Riesling Hochgewächs trocken ▪ 81 ▶ 2002 Riesling Kabinett trocken Kestener Paulinsberg ▪ 80 ▶ 2002 Rivaner halbtrocken ▪ 82 ▶ 2002 Weißburgunder „feinherb" ▪

Weingut
Hirn ★★
Franken

Im Weinparadies, 97247 Untereisenheim
Tel. 09386-388, Fax: 09386-1280
www.weingut-hirn.de
weingut-hirn@t-online.de
Inhaber: Matthias Hirn
Rebfläche: 5 Hektar
Besuchszeiten: Mo.-Sa. 8-18 Uhr

Matthias Hirn hat bei Johann Ruck in Iphofen und beim Weingut Schmitt's Kinder in Randersacker gelernt. Seit 1993 ist er im elterlichen Betrieb in Untereisenheim tätig. Er ist erster Vorsitzender der Jungwinzer Franken. Neben weißen Sorten wie Riesling, Silvaner, Müller-Thurgau, Bacchus, Scheurebe und Kerner baut er jeweils einen halben Hektar Spätburgunder und Regent an. Die Fläche mit Regent möchte er verdoppeln und auch etwas Cabernet Cubin anpflanzen. Die Weine werden gezügelt im Edelstahl vergoren und bleiben recht lange auf der Feinhefe. Die Rotweine werden nach der Maischegärung in Holzfässern ausgebaut, ausgesuchte Weine auch im Barrique.

Nach gleichmäßigen 2000er folgte eine ebenso gleichmäßige 2001er Kollektion, aus der der Riesling Eiswein herausragte. Auch die aktuelle Kollektion präsentiert sich sehr geschlossen. Neben den beiden Barriqueweinen hat mir der Perlwein am besten gefallen.

86 ▶ 2002 Secco „Amelie Cervello" frisch und klar im Bouquet, feine süße Frucht; lebhaft im Mund, klar, viel süße Frucht, Biss, herrlich süffig (5,99 €)

85 ▶ 2002 Riesling Kabinett trocken sehr klare Frucht, Frische; harmonisch, klare Frucht, kompakter Riesling (4,95 €)

84 ▶ 2002 Bacchus Spätlese feine Frucht, klar, Würze; harmonisch, weich, süße Frucht, kompakt (5,95 €)

84 ▶ 2001 Spätburgunder trocken klare reife Frucht, rote Früchte; weich, klar, direkt, feine Frische (5,99 €)

84 ▶ 2002 Spätburgunder trocken jugendliche Frucht, klar und direkt; frisch, klar, feine süße Frucht (5,99 €)

84 ▶ 2002 Regent trocken jugendliche klare Frucht, direkt; frisch, klar, feine Frucht, süffig, mit Biss (5,50 €)

86 ▶ 2001 Spätburgunder trocken Barrique reife süße Frucht, Gewürznoten, Vanille; harmonisch, klar, reife Frucht, füllig, Vanille, Tannine (9,95 €)

86 ▶ 2001 Regent trocken Barrique reife klare süße Frucht, herrlich eindringlich, dezente Vanille; gute Harmonie, reife klare Frucht, Tannine und Biss (12,50 €)
Weitere Weine: 83 ▶ 2002 Rivaner Kabinett trocken ▪ 83 ▶ 2002 Silvaner Classic ▪ 82 ▶ 2002 Bacchus Kabinett ▪

Weingut
Hirschhof ★★
Rheinhessen

♣ Seegasse 29, 67593 Westhofen
Tel. 06244-349, Fax: 06244-57112
www.weingut-hirschhof.de
hirschhof@t-online.de
Inhaber: Familie Zimmer
Rebfläche: 20 Hektar
Besuchszeiten: Mo.-Fr. 8-12 + 13-18 Uhr,
Sa. nach Vereinbarung

Die Ursprünge des Hirschhofs reichen bis ins Jahr 1466 zurück, als ein Vorfahre der heutigen Besitzer seinen Landesherrn vor einem angreifenden Hirsch rettete und zum Dank dafür die Ländereien, das Wappen und den Namen erhielt. Seit 1991 werden alle Rebflächen beim Weingut Hirschhof nach ökologischen Gesichtspunkten bewirtschaftet (Mitglied bei ECOVIN). Neben den klassischen Sorten wie Riesling, Silvaner und Burgundern spielen rote Sorten wie Saint Laurent, Dornfelder und Portugieser eine wichtige Rolle in den Weinbergen, die in den Gemeinden Westhofen, Guntersblum und Bechtheim liegen. Aber auch Chardonnay und Sauvignon Blanc bauen Walter und Tobias Zimmer inzwischen an. Neben Wein wird Traubensaft hergestellt, ein Riesling-Hefebrand, Marc vom Gewürztraminer und bereits seit 1986 Sekt im traditionellen Verfahren.

Die Weine von Walter und Tobias Zimmer sind über die letzten Jahre stetig besser geworden. Die vor zwei Jahren verkosteten Weine aus den Jahrgängen 1999 und 2000 stellten eine kräftige Steigerung dar, sowohl bei den Weißweinen, als auch bei den Rotweinen. In der im vergangenen Jahr verkosteten Kollektion konnten vor allem die Rieslinge überzeugen. Auch in diesem Jahr ist ein Riesling mein Favorit in der sehr gleichmäßigen, überzeugenden Kollektion.

84 ▶ 2002 Riesling Kabinett trocken Westhofener Aulerde sehr klare Frucht, direkt, feines Bouquet; frisch, klar, feine süße Frucht

84 ▶ 2002 Weißer Burgunder Kabinett trocken Westhofener Kirchspiel klare Frucht, weiße Früchte, feine Frische; klar im Mund, feine süße Frucht, süffig

88 ▶ 2002 Riesling Spätlese trocken Westhofener Kirchspiel gute Konzentration, rauchige Noten, klare jugendliche Frucht; gute Fülle im Mund, reife klare Frucht, harmonisch und lang

87 ▶ 2002 Chardonnay Spätlese trocken Westhofener Kirchspiel gute Konzentration, sehr klare reife Frucht, eindringlich; sehr harmonisch im Mund, fruchtbetont, klar

85 ▶ 2002 Grauer Burgunder Spätlese trocken Gundersheimer Höllenbrand reife klare Frucht, gute Konzentration, eindringlich; gute Fülle, reife klare Frucht, kompakt

87 ▶ 2002 Gewürztraminer Spätlese Guntersblumer Eiserne Hand klare würzige Frucht, feines Bouquet; herrlich reintönig im Mund, gute Fülle und Frucht

86 ▶ 2002 Huxelrebe Spätlese Guntersblumer Steinberg gute Konzentration, feine zurückhaltende Frucht, etwas Süße; süß und geschmeidig im Mund, herrlich harmonisch, reintönig, feiner Nachhall

87 ▶ 2002 Riesling Auslese Westhofener Aulerde klar, würzig, jugendliche Frucht; wunderschön reintönig im Mund, feine süße Frucht, Frische und Biss

Weitere Weine: 80 ▶ 2002 Riesling trocken Guntersblumer Himmeltal ▪ 83 ▶ 2002 Dornfelder trocken Westhofener Aulerde ▪

Weingut Werner **Höfling** ★
Franken

Kellereigasse 14, 97776 Eußenheim
Tel. 09353-7632, Fax: 09353-1264
www.weingut-hoefling.fwo.de
weingut-hoefling@weinland-franken.de
Inhaber: Werner Höfling
Rebfläche: 5,5 Hektar
Besuchszeiten: Mo.-Fr. 9-18 Uhr, Sa. 9-16 Uhr
Gastwirtschaft (saisonal geöffnet, bis 65 Personen), kulinarische Weinproben; Bauernladen

Werner Höfling ist 1988 aus der Genossenschaft ausgetreten und hat mit damals 2,6 Hektar die Selbstvermarktung begonnen. In den letzten Jahren hat Werner Höfling sein Weingut auf 5,5 Hektar Reben erweitert, von denen zur Zeit 4 Hektar in Ertrag stehen. Die Weinberge verteilen sich auf vier Lagen: die Hälfte davon liegt im Eußenheimer First, knapp 2 Hektar in der Gössenheimer Homburg, dazu etwas im Stettener Stein und Gambacher Kalbenstein. Zu den weißen Sorten Müller-Thurgau, Silvaner, Kerner, Bacchus und Riesling soll zukünftig in Gössenheim etwas Weißburgunder angelegt werden. In den letzten Jahren kamen vor allem rote Sorten hinzu, die inzwischen 20 Prozent der Rebfläche einnehmen: Domina,

Spätburgunder und Frühburgunder. Für den Ausbau der Weine ist Sohn Klaus verantwortlich der in diesem Jahr seine Ausbildung an der Weinbauschule in Veitshöchheim beendet hat und einmal den Weinbaubetrieb übernehmen wird. (Werner Höfling besitzt auch noch einen landwirtschaftlichen Betrieb mit Ackerbau und Viehhaltung). Im kommenden Jahr soll ein neuer Keller gebaut werden. Die nicht mit trocken bezeichneten Weine sind in der Regel halbtrocken.

Im vergangenen Jahr habe ich zum ersten Mal eine sehr gleichmäßige Kollektion von Werner und Klaus Höfling vorgestellt. Auch der neue Jahrgang gefällt mir gut, vor allem die beiden Barriqueweine, Domina und Kerner. Darauf lässt sich aufbauen.

84 ▶ 2002 „Höfling's" Müller-Thurgau frisch, klar, feine Muskatnote; frisch und direkt im Mund, klare Frucht, feiner Biss, wunderschön unkompliziert (3,40 €)

85 ▶ 2002 Müller-Thurgau Kabinett Gössenheimer Homburg gute Frucht, klar und direkt; frisch, klar, feine Frucht, reintöniger Müller-Thurgau (4,20 €)

84 ▶ 2000 Müller-Thurgau Kabinett Eußenheimer First achtzehn Monate im Holzfass ausgebaut; gute Frucht und Konzentration im Bouquet, etwas Guave; klare Frucht, gute Fülle (4 €)

85 ▶ 2002 Bacchus Eußenheimer First frisch, direkt, feine klare Frucht; klar im Mund, frisch und direkt, viel Biss (3,60 €)

85 ▶ 2001 Kerner Spätlese Eußenheimer First klare Frucht, Frische, Würze; klare süße Frucht auch im Mund, ganz leichte Bitternote im Hintergrund (6,40 €)

84 ▶ 2002 Kerner Kabinett trocken Eußenheimer First frisch, klar, feine Frucht; lebhaft und klar im Mund, direkt (4,20 €)

87 ▶ 2002 Kerner Spätlese trocken Barrique Eußenheimer First leichte Zitrusnote im Bouquet, Frische, jugendliche Frucht; gute Harmonie, klare reife Frucht, etwas Zitrus, kraftvoll (8,70 €)

85 ▶ 2002 Kerner Kabinett halbtrocken Eußenheimer First viel Würze, klare jugendliche Frucht; gute Harmonie, klare Frucht, Biss (4 €)

84 ▶ 2002 Bacchus Kabinett halbtrocken Gössenheimer Homburg feine Frucht, Cassis, sehr klar; harmonisch im Mund, feine süße Frucht, süffig (4 €)

84 ▶ 2002 Bacchus Spätlese Gössenheimer Homburg gute Konzentration, klare Frucht, direkt; harmonisch, feine süße Frucht, süffig (6,40 €)

87 ▶ 2001 Domina trocken Barrique reife klare Frucht, Vanille, gute Konzentration; gute Harmonie, klare Frucht, Biss (9,60 €)

Weitere Weine: 83 ▶ 2000 Kerner Sekt Extra Trocken ▪ 80 ▶ 2002 Silvaner trocken Karlstadter Roßtal (1l) ▪ 83 ▶ 2002 Silvaner Kabinett trocken Gambacher Kalbenstein ▪ 83 ▶ 2002 Silvaner Kabinett trocken Gössenheimer Homburg ▪ 83 ▶ 2002 Müller-Thurgau Kabinett trocken Stettener Stein ▪ 83 ▶ 2002 Müller-Thurgau Kabinett halbtrocken Eußenheimer First ▪ 83 ▶ 2002 Kerner Kabinett Eußenheimer First (1l) ▪ 83 ▶ 2001 Kerner Kabinett Eußenheimer First ▪ 83 ▶ 2002 Müller-Thurgau Eußenheimer First ▪ 83 ▶ 2002 „Höfling's" Rotling ▪ 83 ▶ 2002 Domina trocken Gössenheimer Homburg ▪

Weingut von Hövel ★★
Mosel-Saar-Ruwer

Agritiusstraße 5-6, 54329 Konz-Oberemmel
Tel. 06501-15384, Fax: 06501-18498
Inhaber: Eberhard von Kunow
Rebfläche: 10 Hektar
Besuchszeiten: nach Vereinbarung

Das Weingut von Hövel befindet sich in einem Abteihof des ehemaligen Klosters St. Maximin in Trier. Eberhard von Kunow, der heute zusammen mit Ehefrau Hildegard das Gut führt, besitzt Weinberge in den besten Lagen an der Saar (darunter auch der Scharzhofberg), die Lage Oberemmeler Hütte gehört ihm in

Alleinbesitz. Er baut alle seine Weine - 90 Prozent Riesling - in Holzfässern aus.

Die Stärke des Weingutes sind die süßen und edelsüßen Rieslinge, mit denen von Kunow regelmäßig zur Spitze an der Saar zählt. Die edelsüßen Spitzen vermisste ich im Jahrgang 2000 doch sehr. Der Jahrgang 2001 war wesentlich gleichmäßiger und besser ausgefallen, ebenso 2002, soweit verkostet.

85 ▶ **2002 Riesling Kabinett trocken Oberemmeler Hütte** würzig, herrlich klar und konzentriert, mineralische Noten; gute Fülle, feine Frucht, mineralischer Biss

86 ▶ **2002 Riesling Kabinett Oberemmeler Hütte** klare Frucht, Würze, direkt; viel süße Frucht im Mund, klar, frisch, sehr reintönig

Weitere Weine: 83 ▶ 2002 Riesling trocken Balduin von Hövel ■

Weingut
Hoffmann-Simon ★★
Mosel-Saar-Ruwer

◆ *Kettergasse 24, 54498 Piesport*
Tel. 06507-5025, Fax: 06507-992227
www.hoffmann-simon.de
weingut@hoffmann-smon.de
Inhaber: Dieter Hoffmann
Rebfläche: 8,7 Hektar
Besuchszeiten: nach Vereinbarung

Dieter Hoffmann, der das Weingut seit neun Jahren führt, baut neben dem dominierenden Riesling ein klein wenig Müller-Thurgau und Regent an. Die Weine werden im Edelstahl kühl vergoren und bleiben recht lange auf der Feinhefe.

86 ▶ **2002 Riesling trocken** frisch, klare feine Frucht, etwas Zitrus; klar und direkt im Mund, gute Fülle und Harmonie (4,35 €)

88 ▶ **2002 Riesling Spätlese trocken Klüsserather Bruderschaft** herrlich konzentriert, klare reife Rieslingfrucht; viel reife süße Frucht, gute Harmonie (5,90 €)

85 ▶ **2002 Riesling Kabinett trocken Piesporter Günterslay** feine Würze und Frucht, klar; frisch, klar, süße Frucht und Biss (4,70 €)

87 ▶ **2002 Riesling Spätlese halbtrocken Köwericher Laurentiuslay** klare eindringliche Rieslingfrucht, feine Frische; frisch, direkt, gute Harmonie, klare Frucht (5,90 €)

87 ▶ **2002 Riesling Kabinett Piesporter Goldtröpfchen** wunderschön reintönige Rieslingfrucht, Pfirsiche und Aprikosen; herrlich harmonisch im Mund, schmeichelnd, viel Frucht (4,90 €)

89 ▶ **2002 Riesling Spätlese Piesporter Goldtröpfchen** gute Konzentration, reintönige Rieslingfrucht, wunderschön fruchtbetontes Bouquet; herrlich süffig im Mund, reife Frucht, harmonisch und lang (6,10 €)

89 ▶ **2002 Riesling Spätlese Köwericher Laurentiuslay** würzig, klar, konzentriert, dezent mineralische Noten; harmonisch im Mund, viel reife süße Frucht, süffig und lang (6,50 €)

87 ▶ **2002 Riesling Spätlese Maringer Honigberg** gute Konzentration, herrlich eindringliche Frucht, sehr klar; frisch, klar, feine süße Frucht, süffig (5,50 €)

90 ▶ **2002 Riesling Auslese Köwericher Laurentiuslay** herrlich konzentriert, reife klare Frucht, dominant, vielversprechend; herrlich konzentriert auch im Mund, fruchtbetont, gute Fülle, Nachhall (8,50 €)

92 ▶ **2002 Riesling Eiswein Piesporter Treppchen** konzentriert im Bouquet, herrlich eindringliche Frucht, etwas Zitrusfrüchte und Aprikosen; konzentriert, viel süße Frucht, kompakt, herrlich harmonisch und lang, viel Nachhall (16 €/0,375l)

Staatlicher Hofkeller Würzburg ★★★
Franken

Residenzplatz 3, 97070 Würzburg
Tel. 0931-30509-20/21/22,
Fax: 0931-30509-33
www.hofkeller.de
hofkeller-wuerzburg@t-online.de
Inhaber: Freistaat Bayern
Geschäftsführer: Dr. Andreas Becker
Rebfläche: 150 Hektar
Besuchszeiten: Mo.-Fr. 9-17:30 Uhr,
Sa. 9-12 Uhr
Veranstaltungen im Fasskeller
(bis 320 Personen)

Beim Hofkeller, einem der drei Würzburger Renommierbetriebe, setzt man zur Zeit verstärkt auf Rotwein. Wichtigste Rebsorten sind aber nach wie vor Riesling, Silvaner und Müller-Thurgau.

Vor zwei Jahren hatte mir die Silvaner Spätlese aus dem Würzburger Stein besonders gut gefallen. Die letztjährige Kollektion war deutlich besser als zuletzt, Dank einer Reihe beeindruckender trockener Spätlesen. Die neue Kollektion präsentiert sich sehr homogen, mein Favorit ist wieder einmal der Silvaner aus dem Würzburger Stein.

88 ▶ 2002 Silvaner Spätlese trocken Würzburger Stein sehr klare Frucht, gute Konzentration; viel reife süße Frucht auch im Mund, enorm füllig

87 ▶ 2002 Riesling Spätlese trocken Würzburger Stein klare reife Frucht, mineralische Noten; viel Frucht, reife süße Rieslingfrucht, kompakt, klar

86 ▶ 2002 Riesling Spätlese trocken Würzburger Innere Leiste sehr klare Frucht, jugendlich; harmonisch, klare süße Frucht

86 ▶ 2002 Silvaner Spätlese trocken Würzburger Innere Leiste sehr klare Frucht, konzentriert; füllig im Mund, viel süße Frucht

86 ▶ 2002 Weißburgunder Spätlese trocken Thüngersheimer Scharlachberg klare würzige Weißburgunderfrucht; klar, füllig, viel süße Frucht

86 ▶ 2002 Scheurebe Spätlese Abtswinder Altenberg herrlich aggressive eindringliche Frucht, Cassis, Stachelbeeren; viel Frucht im Mund, klar, zupackend

87 ▶ 2002 Riesling Beerenauslese Barrique Hörsteiner Abtsberg konzentriert, enorm würzig und dominant; dick, konzentriert, viel süße Frucht, ganz leichte Bitternote

84 ▶ 2002 Rotling „Tiepolo" fruchtbetont, frisch; gute Frucht im Mund, recht süß

84 ▶ 2002 Frühburgunder Spätlese trocken Dorfprozeltener Predigtstuhl reife süße sehr klare Frucht, rauchig; weich, kompakt, klare Frucht

Weitere Weine: 82 ▶ 2002 Silvaner Barrique Himmelstadter Kelter ▪ 83 ▶ 2002 Silvaner trocken „Tiepolo" ▪ 83 ▶ 2002 Müller-Thurgau trocken „Edition No. 1" ▪

Weingut HofLössnitz ★
Sachsen

♣ Knohllweg 37, 01445 Radebeul
Tel. 0351-83983-44, Fax: 0351-83983-40
www.hofloessnitz.de
weingut-hofloessnitz@t-online.de
Inhaber: Weingut und Weinstube HofLössnitz GmbH
Geschäftsführer: Gerhard Roth
Betriebsleiterin: Nicole Roth
Rebfläche: 7,8 Hektar
Besuchszeiten: Weinladen täglich 10-18 Uhr, Weinstube ab 17 Uhr, Sa.+So. ab 12 Uhr
Weinstube mit regionaler Küche, im Sommer Sa.+So. zusätzlich Terrassenweingarten

HofLössnitz war bis ins 19. Jahrhundert der Mittelpunkt des herrschaftlichen Weinbaus im Elbtal. In den neunziger Jahren wurde das Gut umstrukturiert. Gerhard Roth, die Stadt Radebeul und ein privater Investor haben sich zusammen gefunden und das Weingut mit Weinstube, Weinladen und Weinmuseum gegründet. Alle Flächen werden kontrolliert ökologisch bewirtschaftet (Mitglied bei GÄA). Zu den Sorten Müller-Thurgau, Weißburgunder, Grauburgunder, Gutedel, Goldriesling, Traminer und Riesling wurden 1999 mit Spätburgunder und Regent zwei rote Sorten hinzugepflanzt.

Das Weingut HofLössnitz hatte mich vor zwei Jahren mit einer sehr gleichmäßigen Kollektion mit schön kraftvollen, fruchtbetonten Weinen überrascht. Auch die letztjährige Kollektion überzeugte, vor allem der füllige Weißburgunder. Die 2002er Kollektion ist von sehr gleichmäßiger, guter Qualität.

85 ▶ **2002 Rivaner trocken** feine Frucht im Bouquet, sehr klar; frisch, direkt, klare Frucht und Biss (6,80 €)

85 ▶ **2002 Weißer Burgunder Kabinett trocken** klare Frucht, weiße Früchte, sehr reintöniges Bouquet; gute Harmonie, Frische, feine Frucht (8,50 €)

84 ▶ **2002 Riesling Kabinett trocken** feine Würze und Frucht; frisch, klar, feine Frucht, viel Biss (9 €)

85 ▶ **2002 Weißer Burgunder Spätlese** würzige Noten, verhaltene Frucht; süß und schmeichelnd im Mund (10 €)

85 ▶ **2002 Regent trocken** herrlich klare jugendliche Frucht; klar, direkt, feine Frucht, Biss (10,50 €)

Weitere Weine: 83 ▶ 2002 Müller-Thurgau ∎

Weingut
Hofmann ★★★
Franken

Strüther Straße 7, 97285 Röttingen
Tel. 09338-1577, Fax: 09338-993375
weingut.a.hofmann@t-online.de
Inhaber: Alois und Jürgen Hofmann
Rebfläche: 5,5 Hektar
Besuchszeiten: nach Vereinbarung
Heckenwirtschaft

1990 hat Alois Hofmann beschlossen seine Trauben nicht länger an eine Weinkellerei abzuliefern und hat im Jahr darauf erstmals den Wein seiner damals 1,3 Hektar Weinberge komplett selbst vermarktet. Mit 35 Prozent ist der Rotweinanteil bei ihm sehr hoch, wobei er neben Spätburgunder, Schwarzriesling und Domina auch Tauberschwarz wieder anbaut, eine alte in Vergessenheit geratene Rotweinsorte, die nur noch in einigen wenigen Weinbergen im Taubertal zu finden ist. Die Reben wachsen hier auf Muschelkalkböden die mit Feuerstein durchzogen sind - woher der Lagenname Röttinger Feuerstein kommt. Wichtigste Weißweinsorten sind Riesling und Silvaner. Im Juli 2001 ist Sohn Jürgen nach Beendigung seines Geisenheim-Studiums (die Winzerlehre hat er bei Fürst in Bürgstadt gemacht) in den Betrieb eingestiegen und ist für den Weinausbau verantwortlich. Cabernet Sauvignon und Cabernet Franc hat er versuchsweise angelegt, mehr Tauberschwarz soll folgen. 1997 hatte das Weingut seinen ersten Tauberschwarz geerntet und inzwischen hat Jürgen Hoffmann sogar eine Barriqueversion im Programm.

Vor zwei Jahren war die Kollektion sehr interessant mit einem hervorragenden Eiswein, tollen Silvanern und Rieslingen. Die letztjährige Kollektion war nochmals besser. Die Weißweine zeigten faszinierend mineralische Noten, der Eiswein war großartig wie in den Jahren zuvor und bei den Rotweinen setzte sich der Aufschwung fort. Die neue Kollektion ist sehr homogen mit gleichermaßen überzeugenden Weiß- und Rotweinen.

85 ▶ **2002 Rivaner trocken** frisch und direkt im Bouquet, klare Frucht und Würze, dezente Muskatnote; klar und direkt im Mund, feine Frucht (3,85 €)

85 ▶ **2002 „FLINT" Cuvée blanc trocken** frisch, sehr klar, feine Frucht; gute Harmonie, klare Frucht (5,10 €)

84 ▶ **2002 Bacchus trocken** feine Frucht im Bouquet, frisch und direkt; gute Fülle, reife Frucht (3,90 €/1l)

86 ▶ **2002 Silvaner Kabinett trocken** herrlich klare Frucht, feine Frische; klar im Mund, harmonisch, reintönige Frucht (4,50 €)

85 ▶ **2002 Riesling Kabinett trocken** feine Frucht, sehr reintönig, Frische, gute Konzentration; klar und direkt im Mund, gute Frucht, Biss (5,50 €)

88 ▶ **2002 Riesling Spätlese*** trocken** gute Konzentration, mineralische Noten, jugendlich Frucht, herrlich eindringlich, kraftvoll im Mund, gute Fülle und Frucht (8,60 €)

87 ▶ **2002 „Tauber-Edition" trocken** Riesling und Silvaner, konzentriert, jugendlich, mineralische Noten; kraftvoll im Mund, jugendliche Frucht, stoffig (9,20 €)

87 ▶ **2002 Silvaner Spätlese trocken** gute Konzentration, sehr reintönige Frucht; klare Frucht im Mund, feiner Biss (8,60 €)

88 ▶ **2002 Riesling Spätlese** sehr klare Frucht, etwas Pfirsiche; klare Frucht auch im Mund, gute Harmonie, feiner Biss (8,60 €)

89 ▶ **2002 Silvaner Eiswein** konzentriert im Bouquet, würzig, süße Frucht; herrlich füllig im Mund, viel süße Frucht, stoffig, nachhaltig (25 €/0,375l)

84 ▶ **2002 Tauberschwarz** viel Frucht und Duft, klar, eindringlich; viel Biss im Mund, feine Frucht, Nachhall (7,50 €)

87 ▶ **2001 Spätburgunder „R"** herrlich konzentriert, feine Vanille; gute Fülle und Frucht, etwas Frische, harmonisch, Vanille (10,50 €)

Weitere Weine: 83 ▶ 2002 Rosé trocken ■

Wein- und Sektgut Hofmann ★
Rheinhessen

◆ *Obergasse 20, 55437 Appenheim*
Tel. 06725-3328, Fax: 06725-1279
weingut.hofmann@t-online.de
Inhaber: Familie Hofmann
Rebfläche: 7 Hektar
Besuchszeiten: nach Vereinbarung

Das Weingut Hofmann in Appenheim ist ein Familienweingut mit 7 Hektar Weinbergen. Klaus und Irene Hofmann werden unterstützt von Sohn Jürgen. Der hatte nach Studium in Geisenheim in Weinbaugebieten wie Kalifornien, Südafrika, Ungarn, Rumänien und Australien gearbeitet und ist heute als Weinmacher bei Reh-Kendermann verantwortlich für die Premiummarken.

84 ▶ **2002 Huxelrebe Spätlese** Frische, feiner Duft; klare süße Frucht, schmeichelnd (3,80 €)

85 ▶ **2002 Silvaner Eiswein** konzentriert, duftig, süße Frucht; süß, klar, konzentriert, viel Biss (13,40 €)

85 ▶ **2001 Dornfelder Barrique** reife klare Frucht im Bouquet, rote Früchte, Gewürze; kompakt, kraftvoll, zurückhaltende Frucht, jugendlich (7,90 €)

87 ▶ **2001 Cabernet Sauvignon/Merlot Barrique** reife süße Frucht, rote und dunkle Früchte; kompakt, klar, viel Fülle und Frucht, kraftvoll (20,15 €)

Weitere Weine: 83 ▶ 2001 Riesling Sekt Brut Appenheimer Hundertgulden ■ **81** ▶ 2002 Riesling trocken ■ **80** ▶ 2002 Grüner Silvaner trocken ■ **82** ▶ 2002 Weißer Burgunder trocken ■ **82** ▶ 2002 Silvaner halbtrocken Appenheimer Abtey (1l) ■

Schlossgut Hohenbeilstein ★★★★
Württemberg

♣ *Schlossstraße 40, 71717 Beilstein*
Tel. 07062-937110, Fax: 07062-9371122
www.schlossgut-hohenbeilstein.de
info@schlossgut-hohenbeilstein.de
Inhaber: Hartmann Dippon
Rebfläche: 13 Hektar
Besuchszeiten: Mo.-Fr. 9-12 + 14-18 Uhr, Sa. 9-14 Uhr

Dem Naturland-Winzer Hartmann Dippon gehört die Lage Hohenbeilsteiner Schlosswengert in Alleinbesitz. 2,5 Hektar davon sind terrassierte Steillagen. Aus Gründen der Übersichtlichkeit verzichtet er inzwischen darauf die Lage auf den Etiketten aufzuführen, die nur noch die Bezeichnung Schlossgut Hohenbeilstein tragen. Er baut das in Württemberg übliche Sortiment an Rebsorten an: Trollinger und Riesling an der Spitze, gefolgt von Spätburgunder, Lemberger, Samtrot und Schwarzriesling. Schon 1987 hatte Hartmann Dippons Vater Eberhard, der das Anwesen 1959 erworben hatte, mit der Umstellung auf ökologischen Weinbau begonnen. 1991 hat Sohn Hartmann das Gut übernommen, seit 1992 ist er Mitglied bei Naturland und seit 1994 ist das Weingut komplett auf ökologischen Weinbau umgestellt. Am Eingang zur Burg hat Hartmann Dippon einen Lehrweinpfad mit pilzresistenten Rebsorten angelegt.

Eine beeindruckende Kollektion hatte Hartmut Dippon vor zwei Jahren, die zu den besten in Württemberg zählte. Das Jahr darauf war nochmals deutlich besser. Die Weißweine waren herrlich klar und kraftvoll, die Rotweine gehörten zu den besten in Deutschland. Vor allem seine Lemberger hatten mich begeistert in einem Jahrgang, in dem es nur wenige überzeugende Lemberger gab. Sie waren so intensiv fruchtig, wie man es dieser Rebsorte gar nicht zutrauen möchte. Dabei hatten sie Struktur und Kraft. Die neue Kollektion schließ daran an. Schon die „Holzfass"-Weine sind wunderschön füllig und klar geprägt vom Ausbau in gebrauchten Barriques, die „Barrique"-Weine sind voller Kraft und Frucht.

85 ▶ 2002 Riesling Kabinett trocken frisch, direkt, herrlich klare Frucht; klar und direkt im Mund, feine Frucht, kompakt (5,60 €)

84 ▶ 2002 Johanniter Kabinett trocken klar, direkt, feine jugendliche Frucht; frisch, klar, feine Frucht (4,90 €)

86 ▶ 2000 „Robert Vollmöller" Rotwein Cuvée trocken Barrique jugendliche Frucht, rote und dunkle Früchte; harmonisch, klar, feine Frucht, kompakt (8,90 €)

87 ▶ 2000 Spätburgunder trocken Holzfass klare Frucht, rauchige Noten; gute Harmonie, klare reife Frucht, Vanille, harmonisch und lang (8,30 €)

87 ▶ 2001 Lemberger trocken Holzfass herrlich klare Frucht, rauchige Noten; gute Harmonie, wunderschön klare Frucht (8,50 €)

87 ▶ 2001 Samtrot trocken Holzfass sehr klare Frucht, rauchige Noten, direkt; viel reife süße Frucht, geschmeidig, harmonisch und lang (8,90 €)

89 ▶ 2001 Regent trocken Holzfass konzentriert, würzig, dominant, reintönige Frucht; herrlich füllig im Mund, viel reife süße Frucht, Vanille, kompakt, nachhaltig (8,90 €)

89 ▶ 2001 Spätburgunder trocken Barrique reife süße Frucht, viel Vanille; wunderschön harmonisch, süße Frucht, sehr lang (16,60 €)

90 ▶ 2000 Lemberger trocken Barrique (neue Füllung) herrlich viel reife süße Frucht im Bouquet, konzentriert, enorm eindringlich; füllig im Mund, viel reife süße Frucht, harmonisch, reintönig, schmeichelnd, sehr lang (19 €)

86 ▶ 2002 Muskattrollinger feine Muskatfrucht, herrlich klar und direkt; frisch, klar, feine süße Frucht, herrlich süffig (8 €)

Weitere Weine: 83 ▶ 2002 Cuvée „RV" trocken ∎

Weingut Fürst zu Hohenlohe-Öhringen ★★
Württemberg

Im Schloss, 74613 Öhringen
Tel. 07941-94910, Fax: 07941-37349
www.verrenberg.de
schlosskellerei@gmx.de
Inhaber: Fürst Kraft zu Hohenlohe-Öhringen
Betriebsleiter: Siegfried Röll
Rebfläche: 19,5 Hektar
Besuchszeiten: Mo.-Fr. 8-12 + 13-17, Sa. 9-12 Uhr
Restaurant, Wald- und Schlosshotel Friedrichsruhe

Dem Weingut Fürst zu Hohenlohe-Öhringen gehört der Verrenberger Verrenberg in Alleinbesitz. Wichtigste Rebsorte ist der Riesling, der mehr als die Hälfte der Fläche einnimmt. Es folgen Lemberger, Spätburgunder, Trollinger und Weißburgunder. Seit dem Jahrgang 2000 hat das Weingut zwei Cuvées im Programm, weiß und rot, Vitis alba bzw. Ego I genannt. Die besten Weine werden nach dem Filetstück des Verrenberg „Butzen" genannt.

Nachdem in früheren Jahren vor allem die Rotweine heraus stachen, sind seit zwei Jahren die Kollektionen ausgewogener. Trotzdem sind es vor allem die Aushängeschilder des Weingutes, „Ex flammis orior" und „In senio", die nach wie vor die Highlights im Programm sind. Es sind eigenwillige, kraftvolle Rotweine mit Ecken und Kanten.

87 ▶ 2002 Riesling trocken „Butzen" Verrenberger Verrenberg klare Frucht. Limone; kraftvoll, klare süße Frucht (5,50 €)

88 ▶ 2002 Riesling Spätlese trocken „Butzen" Verrenberger Verrenberg feine Frucht, Limone, sehr klar, reife klare Frucht auch im Mund, feiner Biss, Nachhall (9,20 €)

84 ▶ 2001 Lemberger trocken HADES Verrenberger Verrenberg rauchige Noten, duftig; kompakt, süße Frucht, viel Biss (16,70 €)

85 ▶ 2001 Spätburgunder trocken HADES Verrenberger Verrenberg eigenwillig würzig, eindringlich, reife rote Früchte; viel süße Frucht, Frische, Biss, leichte Bitternote (15,08 €)

87 ▶ 2000 „Ex flammis orior" trocken HADES Verrenberger Verrenberg würzige Noten, verhaltene Frucht, leicht duftig; klar, kraftvoll, geradlinig (20,88 €)

88 ▶ 2000 „In Senio" trocken HADES Verrenberger Verrenberg ein klein wenig Paprika, gute Konzentration; kraftvoll im Mund, gute Fülle und Frucht (26,68 €)

Weitere Weine: 84 ▶ 2002 Weißburgunder trocken „Butzen" ■ 84 ▶ 2002 Sauvignon Blanc trocken ■ 82 ▶ 2001 „Ego II" Rotwein trocken ■

Weingut Peter Hohn ★
Mittelrhein

In der Gartenley 50, 56599 Leutesdorf
Tel. 02631-71817, Fax: 02631-72209
www.leutesdorf-rhein.de/weingut-peter-hohn
phohn@t-online.de
Inhaber: Peter Hohn
Rebfläche: 3,5 Hektar
Besuchszeiten: täglich nach Vereinbarung

Dieses kleine Familienweingut in Leutesdorf wird seit 1991 von Peter Hohn geleitet, der nach seiner Ausbildung zum Weinbautechniker ein Jahr in Oregon gearbeitet hat. Die Weinberge befinden sich überwiegend in Steillagen. Wichtigste Rebsorte ist Riesling mit einem Anteil von 80 Prozent. Daneben gibt es Müller-Thurgau und Kerner, sowie ein klein wenig Portugieser und Dornfelder. Die 2001er von Peter Hohn waren recht gleichmäßig ausgefallen, wenn auch manche etwas zu verhalten in der Frucht waren. 2002 gefällt mir da etwas besser, die Weine sind klarer als im Jahr zuvor.

84 ▶ 2002 Riesling Hochgewächs trocken Leutesdorfer Forstberg frisch und klar, feine Würze; recht süß, gute Harmonie (4 €)

84 ▶ 2002 Riesling Classic feine Frucht, sehr klar; frisch, klar, feine Frucht (4,50 €)

85 ▶ 2002 Riesling „J*" halbtrocken Leutesdorfer gute Konzentration, würzige jugendliche Frucht; kraftvoll und klar im Mund, reife Pfirsiche (5,80 €)

85 ▶ 2002 Riesling Spätlese Leutesdorfer würzig, direkt, jugendliche Frucht, Frische; süß und schmeichelnd im Mund, süffiger Riesling (7,10 €)

87 ▶ 2002 Riesling Auslese Leutesdorfer Rosenberg gute Konzentration, sehr klare eindringliche Frucht; viel süße Frucht im Mund, schmeichelnd, lang (12,90 €)

Weitere Weine: 81 ▶ 2002 Riesling Hochgewächs halbtrocken Leutesdorfer Gartenlay ▪

Weingut
Hollerith *
Pfalz

Gartenstraße 17, 67487 Maikammer
Tel. 06323-6168, Fax: 06323-6362
www.weingut-hollerith.de
info@weingut-hollerith.de
Inhaber: Peter Hollerith
Rebfläche: 9,5 Hektar
Besuchszeiten: nach Vereinbarung

Hugo Hollerith, der Vater des heutigen Besitzers Peter Hollerith, kaufte Weinberge, baute den Hof und betrieb eine Rebschule. Peter Hollerith begann dann 1981 mit der Selbstvermarktung. Inzwischen ist sein Sohn Florian in den Betrieb eingestiegen. Bei den weißen Sorten dominiert der Riesling. Hinzu kommen vor allem die Burgundersorten, aber auch Müller-Thurgau, Scheurebe, Kerner und Gewürztraminer. Etwa die Hälfte der Rebfläche ist mit roten Sorten bestockt. Neben Spätburgunder, Dornfelder und Portugieser hat das Weingut auch Cabernet Sauvignon und Merlot im Anbau. Bereits seit Ende der achtziger Jahre baut Peter Hollerith Weine auch im Barrique aus.

Es geht voran, die Weine gefallen mir besser als noch im vergangenen Jahr,

auch wenn mir bei den kraftvollen Barriqueweinen die Holznote nicht so recht gefallen will („kein schönes Holz", hatte ich zweimal notiert).

86 ▶ 2002 Chardonnay Spätlese trocken reife klare süße Frucht, feine Frische; gute Harmonie, klare süße Frucht (6,50 €)

85 ▶ 2002 Gewürztraminer Spätlese trocken feiner Traminerduft, Rosen, sehr klar; klare Frucht und gute Harmonie (7 €)

87 ▶ 2001 Chardonnay trocken Barrique gute Konzentration, Haselnüsse und Toast, sehr eindringlich; füllig, reife süße Frucht, klar (15 €)

86 ▶ 2001 Spätburgunder trocken Barrique gute Würze, feiner Toast, klare Frucht; weich im Mund, gute Fülle, reife süße Frucht, Vanille (25 €)

Weitere Weine: 78 ▶ 2002 Riesling trocken ▪ 82 ▶ 2002 Riesling Kabinett trocken ▪ 82 ▶ 2002 Weißer Burgunder Spätlese trocken ▪ 83 ▶ 2002 Scheurebe Kabinett ▪ 82 ▶ 2002 Hollerith's Riesling ▪ 83 ▶ 2000 Spätburgunder trocken Barrique ▪ 83 ▶ 2000 „Luna Silva" trocken Barrique ▪

Weingut
Bernhard Huber ★★★
Baden

Heimbacher Weg 19, 79564 Malterdingen
Tel. 07644-1200, Fax: 07644-8222
weingut-huber-malterdingen@t-online.de
Inhaber: Bernhard Huber
Rebfläche: 22 Hektar
Besuchszeiten: Mo.-Fr. 10-12 + 15-18 Uhr, Sa. 10-12 Uhr

Spezialität von Bernhard Huber in Malterdingen im Breisgau ist der Spätburgunder, der knapp zwei Drittel seiner Rebfläche einnimmt. Dazu kommen insbesondere Chardonnay und Weißburgunder, aber auch Grauburgunder, Freisamer, Riesling, Auxerrois, Muskateller und Müller-Thurgau. In den letzten Jahren hat Bernhard Huber auch ein wenig Cabernet Sauvignon und Merlot gepflanzt. Seine Weinberge liegen im Malterdinger Bienenberg und im Hecklinger Schlossberg.

Vor allem mit seinen Spätburgundern hat Bernhard Huber in den vergangenen Jahren bundesweit Beachtung gefunden. Der „Alte Reben" und der „Reserve" gehören immer wieder zu besten Spätburgundern in Baden. Auch die 2001er betören wieder mit ihrer wunderschön reintönigen Frucht. Aber auch Chardonnay und Weißburgunder gehören zur Spitze in Baden.

85 ▶ 2002 Weißer Burgunder trocken Malterdinger Bienenberg feine Frucht, weiße Früchte; frisch, klare süße Frucht, süffig

88 ▶ 2002 Weißer Burgunder Selektion trocken Malterdinger Bienenberg viel Würze, Konzentration, klare reife Frucht; füllig, viel reife süße Frucht, kompakter Weißburgunder

89 ▶ 2001 Chardonnay trocken konzentriert, herrlich dominant, viel süße reife Frucht; füllig, harmonisch, viel süße reife Frucht, schmeichelnd und lang

86 ▶ 2001 Spätburgunder trocken Malterdinger Bienenberg frisch, direkt, feine Frucht; frisch auch im Mund, sehr reintönige Frucht, feiner Biss

89 ▶ 2001 Spätburgunder trocken „alte Reben" rauchig-würzige Noten, feiner Toast, klare Frucht; gute Harmonie im Mund, wunderschön reintönige jugendliche Frucht

89 ▶ 2001 Spätburgunder trocken „Reserve" viel Toast im Bouquet, gute Konzentration; klare reife Frucht, weich und kompakt, mit Biss und Nachhall

Weingut Huck-Wagner ★
Baden

Engetalstraße 31, 79588 Efringen-Kirchen
Tel. 07628-1462, Fax: 07628-800319
huck-wagner@gmx.de
Inhaber: Familie Huck-Wagner
Rebfläche: 10 Hektar
Besuchszeiten: täglich 8-19 Uhr
Weinproben (bis 50 Personen)

Efringen-Kirchen, die Heimat des Weingutes Huck-Wagner, liegt am Fuße des Ölbergs. Dort befindet sich auch der größte Teil der Weinberge. Dazu gibt es Parzellen in den Lagen Binzener Sonnhole und Blansinger Wolfer. Wichtigste Rebsorten sind Gutedel, Müller-Thurgau und Spätburgunder. Dazu gibt es Silvaner, Muskateller, Grauburgunder, Riesling, Chardonnay und Gewürztraminer, sowie seit kurzem Regent. Die Weine werden überwiegend trocken ausgebaut.

85 ▶ 2002 Grauburgunder Kabinett trocken Efringer Ölberg feine Würze, klare jugendliche Frucht; klare Frucht, gute Harmonie (5 €)

84 ▶ 2002 Riesling Kabinett trocken Efringer Ölberg frisch, direkt, Limone; lebhaft im Mund, klare Frucht (6 €)

85 ▶ 2002 Chardonnay Kabinett trocken Efringer Ölberg feine Frucht im Bouquet, sehr klar und direkt; gute Harmonie im Mund, klare Frucht (7 €)

Weitere Weine: 79 ▶ 2002 Gutedel trocken Binzener (1l) ▪ 82 ▶ 2002 Gutedel Kabinett trocken Efringer Ölberg ▪ 78 ▶ 2002 Silvaner Kabinett trocken Efringer Ölberg ▪ 82 ▶ 2002 Roter Gutedel trocken ▪ 83 ▶ 2002 Muskateller trocken Blansinger Wolfer ▪ 78 ▶ 2001 Grauburgunder Auslese Efringer Ölberg ▪ 83 ▶ 2001 Spätburgunder trocken Efringer Ölberg ▪ 81 ▶ 2002 Regent trocken Efringer Ölberg ▪ 80 ▶ 2000 Spätburgunder trocken Barrique Efringer Ölberg ▪

Wein & Sektgut Bernd **Hummel** ★★★
Baden

Oberer Mühlweg 5, 69254 Malsch
Tel. 07253-27148, Fax: 07253-25799
www.weingut-hummel.de
info@weingut-hummel.de
Inhaber: Bernd Hummel
Rebfläche: 8,5 Hektar
Besuchszeiten: Mo.-Fr. 17-19 Uhr, Sa. 9-13 Uhr und nach Vereinbarung
Probierstube für Weinproben

Die Weine von Bernd Hummel in Malsch im Kraichgau sind in den letzten Jahren stetig interessanter geworden. Weiß- und Rotweine gleichermaßen, ebenfalls die Sekte. Vor allem mit seinen barriqueausgebauten Rotweinen hat er auch außerhalb der Region Beachtung gefunden. Burgundersorten (inklusive Schwarzriesling und Auxerrois) nehmen 80 Prozent seiner Rebfläche ein. Den Anteil an roten Sorten hat Bernd Hummel weiter ausgebaut. Sie nehmen heute zwei Drittel seiner Weinberge ein. Zu Spätburgunder, Schwarzriesling, Lemberger und Cabernet Sauvignon hat er Cabernet Mitos und Dornfelder ins Programm genommen. Bei den weißen Sorten möchte er etwas mehr Riesling und Chardonnay anpflanzen. Das Gros seiner Weine baut er durchgegoren aus, Süßreserven verwendet er nicht.

Im Jahrgang 2000 konnte nur durch rigide Selektion gute Weine gemacht werden. Nach sehr überzeugenden Vorstellungen in den vorausgegangenen Jahren war ihm mit seinen 99er Rotweinen eine weitere, deutliche Steigerung gelungen. Vor allem die Spätburgunder mit einer faszinierenden Auslese R (90) an der Spitze, aber auch Lemberger und Portugieser hatten mich stark beeindruckt. Im vergangenen Jahr hatte mir abermals ein 99er Rotwein, der Schwarzriesling am besten gefallen. Die neue Kollektion ist sehr gleichmäßig, die Rotweine kommen aber in der Spitze nicht an die 99er heran.

84 ▶ 2002 Weißburgunder Kabinett trocken Malscher Ölbaum klare Frucht, etwas Würze; unkompliziert im Mund, kompakt, klar

85 ▶ 2002 Riesling Kabinett trocken Malscher Ölbaum frisch, direkt, sehr klare Frucht; geradlinig im Mund, feine Frucht, Biss

84 ▶ 2002 Auxerrois Kabinett trocken Malscher Ölbaum frisch, klare Frucht; kraftvoll, kompakt, cremige Noten

86 ▶ 2002 Chardonnay Spätlese trocken Malscher Ölbaum reife süße Frucht, dezente Vanille; herrlich füllig, reife Frucht

86 ▶ 2002 Riesling Spätlese trocken Malscher Ölbaum enorm würzig, direkt; klar und direkt im Mund, gute Fülle und Frucht

85 ▶ 2002 Dornfelder „S" trocken Malscher Ölbaum duftig, reife rote Früchte; harmonisch im Mund, klare Frucht, unkompliziert

87 ▶ 2001 Schwarzriesling „S" trocken Malscher Rotsteig reife süße Frucht, süße Kirschen, eindringlich; gute Fülle, herrlich harmonisch, reife Frucht, sehr klar, lang

87 ▶ 2001 Spätburgunder „R" trocken enorm dominant, jugendliche Frucht, Gewürze; füllig, kompakt, klar, sehr jugendlich

87 ▶ 2001 Cabernet Sauvignon „S" trocken Malscher Rotsteig reife süße Frucht, klarer Duft; gute Harmonie im Mund, klare Frucht

Weitere Weine: 83 ▶ 2002 Pinot Meunier Rosé Kabinett trocken Malscher Ölbaum ∎

Weingut Felix und Kilian **Hunn** ★
Baden

Rathausstraße 2, 79288 Gottenheim
Tel. 07665-6207, Fax: 07665-6223
weingut-hunn@gmx.de
Inhaber: Kilian Hunn
Rebfläche: 8,5 Hektar
Besuchszeiten: täglich 8-12 + 13:30-18 Uhr oder nach Vereinbarung
Straußwirtschaft (Juli-Nov., Di.-Fr. ab 17 Uhr, Sa. ab 16 Uhr, So. ab 12 Uhr)

Das Weingut Hunn in Gottenheim, westlich von Freiburg am Tuniberg gelegen, wurde 1982 gegründet mit damals einem halben Hektar Weinberge. Nach und nach wurde die Rebfläche auf die heutige Größe von 8,5 Hektar (überwiegend in der Lage Gottenheimer Kirchberg) erweitert. Die Burgundersorten nehmen drei Viertel der Weinberge ein. Wichtigste Rebsorte ist Spätburgunder mit einem Anteil von 35 Prozent. Es folgen Müller-Thurgau, Weiß- und Grauburgunder, Chardonnay und Riesling. Die Weinberge werden nach den Richtlinien des umweltschonenden Weinbaus bewirtschaftet. Die Rotweine werden nach der Maischegärung in Eichenholzfässern ausgebaut, ausgewählte Weine auch im Barrique. Die Weißweine werden langsam und kühl vergoren. Die Weine werden überwiegend trocken und durchgegoren ausgebaut und der Restzuckergehalt ist auf dem Etikett vermerkt. Seit 1993 werden auch Sekte im traditionellen Verfahren erzeugt.

Die vor zwei Jahren verkostete Kollektion war von guter, gleichmäßiger Qualität, wobei die Grauburgunder Spätlese aus dem Jahrgang 1999 herausragte. Auch die letztjährige Kollektion zeigte konstant gute Qualität bei allen Rebsorten, wobei mir neben der Weißburgunder Spätlese die beiden Chardonnay am besten gefallen hatten. In diesem Jahr nun ist wieder die trockene Grauburgunder Spätlese mein Favorit in einer sehr gleichmäßigen Kollektion.

84 ▶ **2002 Rivaner Kabinett trocken** feine Frucht, Frische; frisch, klar, direkt, feine Frucht

86 ▶ **2002 Grauburgunder Kabinett trocken** klare jugendliche Frucht; kraftvoll im Mund, klare Frucht, harmonisch

88 ▶ **2002 Grauburgunder Spätlese trocken** gute Konzentration, klare eindringliche Frucht; gute Fülle, reife Frucht, harmonisch, kompakt, reintönig, ganz leichte Bitternote im Abgang

86 ▶ **2002 Chardonnay Kabinett trocken Nr. 15/03** klar, gute Konzentration und Frucht; kompakt, klar, Fülle und Frucht

86 ▶ **2002 Chardonnay Kabinett trocken Nr. 16/03** reife süße Frucht, klar und eindringlich; gute Fülle und Harmonie, klare Frucht

84 ▶ **2002 Spätburgunder Weißherbst trocken** feine würzige Noten, zurückhaltende Frucht, gute Harmonie, klare Frucht

85 ▶ **2002 Spätburgunder trocken** frisch, klar, feine Spätburgunderfrucht, rote Früchte; klare Frucht, Frische, harmonisch (1l)

84 ▶ **2001 Spätburgunder trocken** frisch, klare Frucht, direkt; unkompliziert im Mund, klare Frucht, rauchige Noten (1l)

84 ▶ **2002 Spätburgunder Kabinett trocken** gute Würze, klare Frucht; frisch, direkt, feine Frucht

Weitere Weine: 83 ▶ 2002 Hunn's Perlwein ■ 82 ▶ 2002 Müller-Thurgau trocken (1l) ■ 83 ▶ 2002 Weißburgunder trocken (1l) ■

Wein- und Sektgut
Immengarten Hof ★
Pfalz

◆ Marktstraße 62, 67487 Maikammer
Tel. 06321-59400, Fax: 06321-57437
www.immengarten-hof.de
weingut.hoehn@t-online.de
Inhaber: Familie Höhn
Rebfläche: 11,5 Hektar
Besuchszeiten: Mo.-Sa. 10-18 Uhr,
So. 10:30-12:30 Uhr

Der Immengarten Hof in Maikammer gehört seit 1865 der Familie Höhn. Gisela und Hans Höhn werden seit dem Jahr 2000 von Sohn Frank im Betrieb unterstützt. In den letzten Jahren haben sie verstärkt auf rote Sorten gesetzt. So findet man neben Dornfelder, Spätburgunder und St. Laurent auch Merlot und einige der Weinsberger Neuzüchtungen (Cabernet Dorsa, Cabernet Cubin, Cabernet Mitos) in den Weinbergen, die in den Gemeinden Maikammer, St. Martin, Kirrweiler, Diedesfeld, Hambach und Venningen liegen.

84 ▶ **2002 Gelber Muskateller Kabinett trocken** feiner Muskatellerduft, Frische, sehr klar; frisch, klare Frucht (3,60 €)

85 ▶ **2002 Chardonnay Spätlese trocken** reife süße Frucht, dezent Ananas, klar; gute Fülle, feine süße Frucht, kompakt (4,80 €)

84 ▶ **2002 Kerner Spätlese** klare süße Frucht, etwas Würze; herrlich süffig im Mund, feine süße Frucht (3,60 €)

85 ▶ **2001 Cabernet Dorsa trocken Barrique** jugendliche Frucht, Johannisbeeren, klar; süße Frucht, harmonisch, dezente Vanille (7 €)

85 ▶ **2001 Spätburgunder Spätlese trocken Barrique** jugendliche Frucht, dezente Vanille, Toast; weich im Mund, gute Fülle, klare Frucht, rote Früchte (9,50 €)

84 ▶ **2002 Spätburgunder Auslese trocken** jugendliche Frucht, rote Früchte, Frische; frisch, sehr klare Frucht, Biss (6,50 €)

Weitere Weine: 81 ▶ 2002 Riesling trocken (1l) ■ 82 ▶ 2002 Gewürztraminer Spätlese trocken ■ 82 ▶ 2002 Riesling Classic ■ 81 ▶ 2002 Lemberger Spätlese trocken ■

Weingut
Immich-Batterieberg ★★★★★
Mosel-Saar-Ruwer

Im Alten Tal 2, 56850 Enkirch
Tel. 06541-83050, Fax: 06541-830516
www.batterieberg.de
info@batterieberg.de
Inhaber: Gert Basten
Verwalter: Konstantin Weiser
Rebfläche: 7 Hektar
Besuchszeiten: Mo.-Fr. 9-18 Uhr,
Sa. + So. nach Vereinbarung

Das Weingut Immich-Batterieberg baut ausschließlich Riesling an, wobei die Weinberge überwiegend noch mit wurzelechten Reben bestockt sind. Das Herzstück des Betriebes ist die Monopollage Enkircher Batterieberg. Daneben hat Gerd Basten auch Weinberge im besten Teil des Enkircher Steffensberg und 1,8 Hektar im Enkircher Zeppwingert hinzugepachtet, direkt neben dem Batterieberg gelegen. Die Weine werden im Edelstahl kühl und langsam vergoren; je nach Jahrgang wird der eine oder andere Wein danach im Holzfass ausgebaut. Seit August 2003 ist Konstantin Weisser, der zuletzt Kellermeister bei Johannes Leitz in Rüdesheim war, neuer Betriebsleiter und Kellermeister bei Immich-Batterieberg.

Die 2000er Kollektion war großartig, jeder Wein überzeugte. Die trockene Spätlese war Spitze im Jahrgang an der Mosel, die Palette an Spät- und Auslesen überzeugte durch ihre Geschlossenheit (alle Spät- und Auslesen - sechs Weine - hatte ich mit 90 Punkten und mehr bewertet). Und - die Basisweine machten herrlich viel Spaß. Auch im Jahrgang 2001 war das Niveau gewohnt hoch. Alle Weine bestachen durch ihre

Frucht und Konzentration. Sie waren kraftvoll und doch elegant und alle besaßen eine faszinierende Nachhaltigkeit. Auch die 2002er Kollektion zeichnet diese Kombination aus Kraft und Eleganz, Konzentration und Reintönigkeit aus. Spitze an der Mosel!.

87 ▶ 2002 Riesling Rotschiefer trocken klare reife Rieslingfrucht, herrlich reintönig; gute Harmonie, sehr klare Frucht, harmonisch, reintönig (9 €)

85 ▶ 2002 Riesling trocken Enkircher Batterieberg gute Würze, jugendliche Frucht, klar; frisch, direkt, feine Frucht (13,50 €)

85 ▶ 2002 Riesling Rotschiefer halbtrocken jugendliche Frucht, gute Konzentration, klar; frisch, direkt, feine Frucht (9 €)

86 ▶ 2002 Riesling Blauschiefer reife klare Frucht, dezent reife Äpfel, Marzipan; gute Harmonie, Frische, klare Frucht (11,50 €)

88 ▶ 2002 Riesling Blauschiefer Alte Reben gute Konzentration, jugendliche Rieslingfrucht, sehr eindringlich; kraftvoll im Mund, kompakt, viel Frucht (14,50 €)

86 ▶ 2002 Riesling Kabinett feine Würze, jugendliche Frucht; klar, direkt, feine süße Frucht, süffig (9 €)

90 ▶ 2002 Riesling Spätlese Enkircher Batterieberg gute Konzentration, eindringliche jugendliche Frucht, herrlich mineralische Noten; viel Frucht im Mund, konzentriert, harmonisch, sehr reintönig, lang und mit Nachhall (18 €)

91 ▶ 2002 Riesling Auslese herrlich reintönige konzentrierte Rieslingfrucht, faszinierendes Bouquet; viel süße Frucht, dominant, süße Aprikosen, harmonisch und lang (32 €/0,5l)

94 ▶ 2002 Riesling Eiswein Enkircher Steffensberg faszinierend klare Frucht, reife Aprikosen und Pfirsiche, sehr eindringlich; viel süße Frucht, dominant, konzentriert, herrlich harmonisch und reintönig, enormer Nachhall (70 €/0,375l)

Weingut
Ingrosso ★
Baden

Bachenstraße 50, 79241 Ihringen
Tel. 07668-801, Fax: 07668-801
Inhaber: Angelo und Ingelore Ingrosso
Rebfläche: 6 Hektar
Besuchszeiten: täglich 8-12 + 13-19 Uhr oder nach Vereinbarung

Das Weingut Ingrosso ist ein Familienbetrieb in Ihringen, der heute von Angelo und Ingelore Ingrosso geführt wird. Das 200 Jahre alte Weingut wurde 1912 vom Großvater von Ingelore Ingrosso erworben. Die Weinberge liegen in den Ihringer Lagen Winklerberg und Fohrenberg, sowie im Merdinger Bühl. Die Rotweine werden im Holz ausgebaut, die Weißweine im Edelstahl. Eine Spezialität ist die Abfüllung mancher Weine in alten Weinamphoren. Die Weine werden fast ausschließlich an Privatkunden verkauft.

Wie im vergangenen Jahr haben Angelo und Ingelore Ingrosso eine gleichmäßige Kollektion. Im letzten Jahr hatten mir Riesling und Dunkelfelder am besten gefallen, in diesem Jahr ist der stoffige Gewürztraminer mein Favorit.

84 ▶ 2002 Grauburgunder Spätlese trocken Ihringer Winklerberg reife sehr klare Frucht; füllig, klare Frucht, kompakt (5,30 €)

86 ▶ 2002 Gewürztraminer Auslese trocken Ihringer Winklerberg sehr reintönige Traminerfrucht, direkt, eindringlich; viel Frucht, gute Fülle, kompakter Gewürztraminer mit Wärme im Abgang (7,65 €)

84 ▶ 2002 Scheurebe Spätlese trocken Ihringer Fohrenberg feiner Duft, sehr klar, Würze; frisch, klar, viel süße Frucht (4,85 €)

84 ▶ 2002 Spätburgunder Spätlese Merdinger Bühl sehr klare feine Frucht im Bouquet; süß im Mund, enorm süffig (5,40 €)

Weitere Weine: 82 ▶ 2002 Weißburgunder Spätlese trocken Merdinger Bühl ■ 81 ▶ 2002 Spätburgunder Weißherbst Kabinett Merdinger Bühl ■

Weingut Achim **Jähnisch** ★★★
Baden

Hofmattenweg 19, 79238 Kirchhofen
Tel. 07633-801161, Fax: 07633-801161
www.weingut-jaehnisch.de
a.jaehnisch@t-online.de
Inhaber: Achim Jähnisch
Rebfläche: 3 Hektar
Besuchszeiten: täglich ab 13 Uhr, Sa. ab 9 Uhr, oder nach Vereinbarung

Achim Jähnisch hat 1999 ein Weingut in Kirchhofen im Markgräflerland übernommen und vermarktet die Weine jetzt unter seinem eigenen Namen. Achim Jähnisch stammt aus Nordhessen. 1992 bis 1994 hat er eine Winzerlehre beim Weingut Bernhard Huber in Malterdingen gemacht, anschließend Weinbau in Geisenheim studiert und dabei mehrere Praktika, unter anderem im Napa Valley, gemacht. Seine Weinberge liegen zum Teil in sehr steilen Lagen, vorwiegend am Staufener Schlossberg. Viele der Reben sind über 40 Jahre alt. Die Hälfte der Weinberge nehmen die Burgundersorten ein. Hinzu kommen Riesling, Gutedel und Müller-Thurgau. Die Moste werden nach der Ganztraubenpressung langsam und kühl vergoren um reintönige Aromen zu erhalten. Die Weine werden trocken ausgebaut und bleiben bis kurz vor der Abfüllung auf der Feinhefe liegen.

In einer guten Kollektion vor zwei Jahren hatte mir neben dem Riesling aus dem Staufener Schlossberg der wunderschön reintönige Pinot Noir, Jahrgang 1999, am besten gefallen. Auch in der letztjährigen Kollektion war der Pinot Noir mein Favorit. In diesem Jahr nun hat Achim Jähnisch bei den Weißweinen kräftig zugelegt, was sich schon im Vorjahr angedeutet hatte. Sie sind alle wunderschön kraftvoll und reintönig. Der Pinot Noir überzeugt wie gewohnt.

86 ▶ **2002 Gutedel trocken** feine Frucht, klar und direkt; gute Harmonie und Frucht, kompakter feiner Gutedel (4,50 €)

87 ▶ **2001 Weißburgunder trocken** gute Konzentration, sehr reintönige jugendliche Frucht; klar und kraftvoll im Mund, herrlich viel Frucht (13 €)

86 ▶ **2001 Grauer Burgunder trocken Staufener Schlossberg** klar, konzentriert, eindringliche Frucht; kraftvoll im Mund, gute Fülle, Frucht, klar (8,50 €)

88 ▶ **2002 Riesling trocken Staufener Schlossberg** feine Frucht, Limone, sehr klar, Frische; gute Harmonie, klare süße Frucht, sehr reintönig, lang, feiner Nachhall (9 €)

87 ▶ **2001 Grauer Burgunder „XL" Staufener Schlossberg** konzentriert, süße Aprikosen, auch Zitrusfrüchte; viel süße Frucht, dominant, dick, dann Biss (25 €/0,375l)

87 ▶ **2001 Spätburgunder trocken** klare Frucht, rauchige Noten, rote Früchte; gute Fülle und Harmonie, viel reife Frucht (8 €)

87 ▶ **2001 Pinot Noir trocken** herrlich reintönige rauchige Pinotfrucht; gute Harmonie, sehr reintönige Frucht, elegant, Tannine (17 €)

Weingut **Janson Bernhard** ★
Pfalz

♣ Hauptstraße 5, 67308 Zellertal
Tel. 06355-1781, Fax: 06355-3725
www.jansonbernhard.de
weingut-janson-bernhard@t-online.de
Inhaber: Christine Bernhard
Rebfläche: 8 Hektar
Besuchszeiten: nach Vereinbarung
Weinproben/Feste: Gartenlaube + Park (Sommer), Kreuzgewölbe (Winter) Kulturveranstaltungen

Christine Bernhard, die Besitzerin des Weingutes Janson Bernhard, betreibt seit 1995 ökologischen Weinbau. Das Weingut befindet sich in Zell (im Zellertal), wo von acht Weinbaubetrieben vier nach ökologischen Kriterien wirtschaften. Im Park und im denkmalgeschützten Hofgebäude finden regelmäßig kulturelle Veranstaltungen statt. Bei diesen Veranstaltungen gibt es ausschließlich Produkte aus ökologischer Erzeugung.

Etwas unausgewogen ist die neue Kollektion von Christine Bernhard: toller Eiswein, überzeugender Gewürztraminer, sonst aber zu wenig Frucht und Klarheit in den Weinen.

85 ▶ **2002 Gewürztraminer Spätlese trocken** reife süße Frucht im Bouquet, Rosen, sehr intensiv; harmonisch, viel reife süße Frucht, feine Frische (7,50 €)

89 ▶ **2002 Riesling Eiswein** süße eingelegte Aprikosen, herrlich klar und eindringlich; dominant süß, konzentriert, herrlich stoffig, würzig, viel Biss und Nachhall (25 €/0,375l)

Weitere Weine: 77 ▶ 2001 Silvaner Kabinett trocken ▪ **80** ▶ 2001 Grauburgunder Spätlese trocken ▪ **80** ▶ 2002 Riesling ▪ **80** ▶ 2002 Auxerrois Kabinett ▪

Weingut
Johanninger ★★
Rheinhessen/Nahe/Rheingau

Hauptstraße 4-6, 55546 Biebelsheim
Tel. 06701-8321, Fax: 06701-3295
www.johanninger.de
johanninger@t-online.de
Inhaber: Familien Haas/Schufried/Heinemeyer
Rebfläche: 23 Hektar
Besuchszeiten: 8-18 Uhr und nach Vereinbarung
Gutsrestaurant „Johanninger's Remise"
(individuelle Events)

Das Weingut Johanninger ist ein bisher einmaliges Projekt in Deutschlands Weinbau. 1995 haben drei Familienweingüter ihre Betriebe zu einem gemeinsamen Weingut fusioniert. Die Familien führen die verschiedenen Bereiche des Unternehmens. Das Weingut erzeugt ausschließlich **trockene** Weine (mit Ausnahme edelsüßer Weine, ab Beerenauslese). Auf Prädikatsbezeichnungen wird konsequent verzichtet. Wichtigste Rebsorten sind die Burgundersorten, gefolgt von Silvaner, Dornfelder und Riesling. Die Weinberge verteilen sich auf die Regionen Rheinhessen, Nahe und Rheingau. Die rheinhessischen Weinberge liegen in den Biebelsheimer Lagen Kieselberg und Honigberg. Die Weinberge an der Nahe liegen alle in der Kreuznacher Gemarkung. Im Rheingau wird in den Lagen Lorcher Bodenthal-Steinberg und Assmannshäuser Höllenberg ausschließlich Spätburgunder angebaut.

Vor zwei Jahren hatte mich der eigenwillige, kraftvolle Müller-Thurgau am meisten beeindruckt. Nach einer gleichmäßigen Kollektion im vergangenen Jahr gefallen mir die neuen Weine insgesamt besser. Vor allem die Spätburgunder gewinnen an Statur, der Sauvignon Blanc erinnert ein wenig an Marlborough Sauvignon aus Neuseeland.

84 ▶ **2002 Grüner Silvaner** feine Frucht, Frische, Würze; klar und direkt, gute Frucht und Biss (5,60 €)

84 ▶ **2001 Grauburgunder Kreuznacher Himmelgarten** frisch und würzig im Bouquet, gute Fülle, reife Frucht (8 €)

84 ▶ **2002 Rosé** Spätburgunder; feine Frucht, Kirschen; frisch, klar, feine Frucht (3,60 €)

87 ▶ **2002 Sauvignon Blanc** herrlich klare Sauvignonfrucht, sehr reintönig und eindringlich; gute Harmonie, klare reife süße Frucht und guter Biss (8 €)

87 ▶ **2001 Pinot Noir „Phyllit Vieilles Vignes"** konzentriert, rauchige Noten, herrlich reintönige eindringliche Frucht, rote Früchte; klar und kraftvoll im Mund, jugendliche Frucht, Struktur, Tannine (16 €)

86 ▶ **2001 „Pinot Noir & Précoce"** jugendliche Frucht, sehr klar und konzentriert; gute Fülle im Mund, sehr klare Frucht, Biss (16 €)

Weitere Weine: 83 ▶ 2002 Weißburgunder & Chardonnay ▪ **83** ▶ 2002 St. Laurent Biebelsheimer Kieselberg ▪

Weinbaudomäne Schloss Johannisberg ★★
Rheingau

Schloss Johannisberg, 65366 Geisenheim
Tel. 06722-70090, Fax: 06722-700933, -8027
www.schloss-johannisberg.de
info@schloss-johannisberg.de
Inhaber: Fürst von Metternich GbR
Rebfläche: 35 Hektar
Besuchszeiten: Mo.-Fr. 10-13 + 14-18 Uhr, Sa.+So. 11-18 Uhr
Gutsschänke Schloss Johannisberg (täglich ab 11:30 Uhr geöffnet, Tel. 06722-96090)

Auf Schloss Johannisberg wird ausschließlich Riesling angebaut. Die 35 Hektar Weinberge umgeben voll arrondiert das Schloss und bilden die Monopollage Schloss Johannisberger. Die Reben wachsen hier auf einem Untergrund aus Taunusquarzit mit einer Lehm-Lössauflage. Nach der Ganztraubenpressung werden die Weine langsam und kühl vergoren. Mit Einführung des deutschen Weingesetzes 1971 hat man die gutseigene Kennzeichnung der Weine mit Lackfarben an die Prädikatsstufen des Weingesetzes angepasst. Die Stärke des Weingutes sind meist die süßen und edelsüßen Rieslinge. So auch in der letztjährigen Kollektion. In diesem Jahr habe ich nur einige trockenen und halbtrockenen Rieslinge verkostet

87 ▶ **2002 Riesling Spätlese trocken - Grünlack Schloss Johannisberger** würzige Noten bei guter Konzentration; klar, direkt, füllig, feine reife süße Frucht (20,50 €)

84 ▶ **2002 Riesling Kabinett halbtrocken - Rotlack Schloss Johannisberger** feine Würze, jugendliche Frucht; klar, direkt, feiner Biss (13,50 €)

Weitere Weine: 83 ▶ 2002 Riesling trocken - Gelblack Schloss Johannisberger ■

Weingut Johannishof ★★
Rheingau

Grund 63, 65366 Johannisberg
Tel. 06722-8216, Fax: 06722-6387
www.weingut-johannishof.de
weingut.johannishof@t-online.de
Inhaber: Johannes Eser
Rebfläche: 20 Hektar
Besuchszeiten: Mo.-Fr. 8-12 + 13-18 Uhr, Sa. 10-15 Uhr

Der Ursprung des Anwesens Johannishof, ehemals eine Mühle, geht auf das Jahr 1790 zurück. Das Weingut wird heute in zehnter Generation von Johannes und Sabine Eser geführt. Die Weinberge verteilen sich auf 11 verschiedene Einzellagen in Johannisberg, Winkel, Geisenheim und Rüdesheim. Neben Riesling wird ein klein wenig Weißburgunder angebaut. Die trockenen Weine, die mich sonst nicht immer ganz überzeugt haben, waren Johannes Eser im Jahrgang 2000 gut gelungen. Im Jahrgang 2001 lagen die Stärken der Kollektion eindeutig wieder im süßen und edelsüßen Bereich. Vom Jahrgang 2002 habe ich nur Fassproben verkostet.

85 ▶ **2001 Riesling Charta** würzige Noten, eindringlich; klare etwas süße Frucht, viel Würze

Fassproben: (82) ▶ 2002 Riesling Kabinett trocken Johannisberger Hölle ■ **(86)** ▶ 2002 Riesling Spätlese trocken Geisenheimer Kläuserweg ■ **(87)** ▶ 2002 Riesling Spätlese Johannisberger Klaus ■

Johannishof ★★
& Weingut der Stadt Mainz
Rheinhessen

Rheinhessenstraße 103
55129 Mainz-Hechtsheim
Tel. 06131-59797, Fax: 06131-592685
hansw.fleischer@gmx.de
Inhaber: Michael und Hans W. Fleischer
Rebfläche: 19,52 Hektar
Besuchszeiten: Mo.-Fr. 14-18 Uhr, Do. bis 20 Uhr, Sa. 10-17 Uhr
Restaurant im Weingut der Stadt Mainz

Hans Willi Fleischer hat den Johannishof 1965 mit damals 1,5 Hektar Weinbergen und 15 Hektar Landwirtschaft übernommen. 1968 ist er von der Ortsmitte an den Ortsrand von Mainz-Hechtsheim ausgesiedelt. 1994 hat er das Weingut der Stadt Mainz hinzugepachtet. Die Weinberge liegen in besten Lagen rings um die Stadt Mainz. Nur ein Teil der Weine trägt Lagenbezeichnungen und dann den Namen der Großlage, Mainzer St. Alban. Wichtigste weiße Rebsorten sind Riesling, Grauburgunder, Weißburgunder und Chardonnay. Im Jahr 2002 wurde ein halber Hektar mit Sauvignon Blanc angelegt. Die wichtigsten Rotweinsorten sind Dornfelder, Portugieser und Spätburgunder. Merlot und Cabernet Sauvignon haben im Jahrgang 2000 ihren ersten Ertrag gebracht. Die Weißweine werden kühl und langsam vergoren. Die Rotweine werden etwa drei Wochen auf der Maische vergoren, ausgewählte Weine reifen danach zwölf bis achtzehn Monate im Barrique. Bereits 1991 hat Hans Willi Fleischer mit dem Barriqueausbau begonnen. Heute ist für den Keller Sohn Michael verantwortlich.

Vor zwei Jahren legten Hans und Michael Fleischer weiter kräftig zu: ob Riesling, Silvaner oder Grauburgunder, Dornfelder oder Spätburgunder, alle Weine überzeugten mit guter, klarer Frucht. Die 2000er Rotweine kamen dann nicht ganz an ihre Vorgänger heran. Anders 2001: alle Rotweine sind kraftvoll und fruchtbetont, sehr gekonnt vinifiziert.

84 ▶ **2002 Riesling Kabinett trocken Kirchenstück** feine Würze, klare Frucht; klar und direkt im Mund, feine Frucht (3,60 €)

85 ▶ **2002 Riesling Spätlese trocken** frisch, klar, etwas Limone; klare süße Frucht, kompakt (5 €)

84 ▶ **2002 Grauer Burgunder Spätlese trocken** gelbe Früchte, klar; gute Harmonie, süße reife Frucht (4,50 €)

84 ▶ **2002 Chardonnay Premium** süße Frucht, Ananas; enorm süß dann im Mund, kompakter Chardonnay (5,50 €)

86 ▶ **2002 Gewürztraminer Spätlese** feine Traminerfrucht, sehr klar; gute Fülle, viel süße Frucht, harmonisch, lang (4,50 €)

85 ▶ **2001 Spätburgunder Holzfass** frisch, würzige Noten, rote Früchte; harmonisch, klare Frucht, kompakt (6,50 €)

85 ▶ **2001 Dornfelder Holzfass** herrlich viel Frucht, direkt, sehr klar; gute Fülle im Mund, viel Frucht (5,50 €)

87 ▶ **1999 Dornfelder Barrique** konzentriert, eindringliche Gewürznoten, viel süße Frucht; füllig, harmonisch, kompakt, konzentriert, Vanille und Schokolade, stoffiger Dornfelder (16,50 €)

87 ▶ **2001 Cabernet Sauvignon Barrique** reife süße Frucht, rote Früchte, klar; gute Fülle, sehr klare Frucht, Schokolade, viel Biss und Nachhall (17,50 €)

Weitere Weine: 83 ▶ 2002 Weißburgunder Spätlese trocken ▪ 82 ▶ 2002 Michael's Cuvée „feinherb" ▪ 83 ▶ 2002 Riesling Spätlese „feinherb" ▪

Staatsweingut mit Johannitergut *
Pfalz

Breitenweg 71, 67435 Neustadt-Mußbach
Tel. 06321-671319, Fax: 06321-671222
www.zum-wohl-die-pfalz.de
rberger.slfa-nw@agrarinfo.rlp.de
Inhaber: Land Rheinland-Pfalz
Direktor: Dr. Hans-Peter Lorenz
Rebfläche: 23,5 Hektar
Besuchszeiten: Mo.-Do. 8-16 Uhr, Fr. 8-13 Uhr, jeden 1. Samstag im Monat 10-15 Uhr

Das Staatsweingut in seiner heutigen Form ist 1970 entstanden, als das Land Rheinland-Pfalz das Johannitergut erwarb, eines der ältesten Weingüter in Deutschland. In den siebziger und achtziger Jahren wurden am Ortsrand von Mußbach neue Gebäude für die Staatliche Lehr- und Forschungsanstalt (SLFA) errichtet, die seit 1993 diesen Namen trägt. Sie unterhält Lehr- und Versuchsbetriebe für Weinbau, Gartenbau, Obstbau und Rebveredelung. Die Weinberge des Staatsweingutes mit Johannitergut liegen in Haardt, Mußbach, Gimmeldingen, Königsbach, Ruppertsberg und Deidesheim. Ein Drittel der Rebfläche nimmt Riesling ein. An sonstigen Rebsorten hat man alles zu bieten, was in der Pfalz üblicherweise angebaut wird und den in Vergessenheit geratenen „Gänsfüsser". Diese, vor 500 Jahren bekannteste Rebsorte der Pfalz, ist wegen unsicherer Erträge nach und nach aus den Weinbergen verschwunden und wird hier wieder gepflegt.

Die letztjährige Kollektion beim Staatsweingut war deutlich besser als in den vorausgegangenen beiden Jahren, mit gleichermaßen überzeugenden Weiß- und Rotweinen. Die neue Kollektion präsentiert sich ausgeglichen mit schön fruchtbetonten Weinen. Bei manchen Rotweinen hat mich der Kontrast von Süße und Säure ein wenig irritiert.

85 ▶ 2002 **Weißburgunder Kabinett trocken Gimmeldinger Meerspinne** feine klare jugendliche Frucht; frisch, klar, viel süße Frucht, süffig (4,60 €)

85 ▶ 2002 **Gewürztraminer Spätlese trocken Ruppertsberger Nußbien** sehr klare Traminerfrucht, Frische, Rosen, feines Bouquet; gute Harmonie, klare süße Frucht, kompakt (5,60 €)

85 ▶ 2002 **Muskateller Kabinett Haardter Herrenletten** feine Muskatellerfrucht, sehr klar; frisch, klar, feine Frucht (4,50 €)

87 ▶ 2001 **Huxelrebe Auslese Mußbacher Eselshaut** würzig, direkt, sehr eindringliche klare Frucht; süß und konzentriert, herrlich dominant, süffig (5,70 €/0,5l)

85 ▶ 2001 **Dornfelder trocken Barrique Mußbacher Eselshaut** viel Duft, dezente Gewürznoten, rote Früchte; kompakt, klar, reife Frucht, füllig (10,80 €)

Weitere Weine: 82 ▶ 2002 Riesling Kabinett trocken Mußbacher Johannitergarten ▪ 83 ▶ 2002 Riesling Spätlese trocken Mußbacher Johannitergarten ▪ 83 ▶ 2002 Riesling Spätlese Haardter Herrenletten ▪ 83 ▶ 2002 Dornfelder trocken Mußbacher Eselshaut ▪ 82 ▶ 2002 Regent trocken Mußbacher Eselshaut ▪

Weingut Karl H. Johner ★★★★
Baden

Gartenstraße 20, 79235 Bischoffingen
Tel. 07662-6041, Fax: 07662-8380
www.johner.de
info@johner.de
Inhaber: Karl Heinz und Patrick Johner
Rebfläche: 17,5 Hektar
Besuchszeiten: Mo.-Sa. 14-17 Uhr

Karl Heinz Johner begann in den achtziger Jahren mit 0,3 Hektar Weinbergen. Reisen nach Kalifornien und Frankreich brachten ihn dazu, von Anfang an auf Barriqueausbau zu setzen. Spätburgunder ist die wichtigste Rebsorte bei ihm, gefolgt von Grau- und Weißburgunder. Hinzu kommt Chardonnay und Müller-Thurgau, aber auch Sauvignon Blanc und Cabernet Sauvignon. Seit 1996 ist Sohn Patrick im Betrieb tätig.

In den Jahr für Jahr beeindruckenden Kollektionen sind es immer wieder die Spätburgunder, die herausragen und immer zu den besten deutschen Rotweinen gehören. Der „SJ" ist immer in der Spitze zu finden. Der 98er war beeindruckend gut: er war der beste Spätburgunder des Jahrgangs in Deutschland. Der 99er dann war noch stoffiger und kraftvoller, ein bemerkenswert dichter Spätburgunder. Gleiches gilt für den 2000er: dicht und kraftvoll bestach er durch seine Konzentration, worüber die Eleganz, die auch zu großen Burgunder gehört, ein wenig zu kurz kam. Noch gewaltiger ist der 2001er mit seiner Konzentration und reintönigen Frucht.

Über die beeindruckenden Spätburgunder von Karl-Heinz Johner wird oft vergessen, dass er auch mit seinen Weißweinen zur Spitze in Deutschland gehört. Rivaner und Sauvignon Blanc überzeugen immer, ebenso die Cuvée aus Weißburgunder und Chardonnay. Hinzu kommen in den besten Jahren „SJ"-Weißweine.

85 ▶ **2002 Rivaner** klar und konzentriert, zurückhaltende Frucht; kraftvoll, klar, viel Frucht, Biss (7 €)

87 ▶ **2002 Sauvignon Blanc** gute Konzentration im Bouquet, ein wenig Tropenfrüchte und Stachelbeeren; kraftvoll, klar, kompakt, jugendlich (15 €)

88 ▶ **2001 Weißburgunder & Chardonnay** verhaltene Frucht, jugendlich; kompakt im Mund, füllig bei zurückhaltender Frucht (15 €)

89 ▶ **2001 Blauer Spätburgunder** konzentriert, herrlich klare eindringliche Frucht, dominant; herrlich kompakt im Mund, gute Harmonie, reife Spätburgunderfrucht, Biss, jugendlich (18 €)

91 ▶ **2001 Blauer Spätburgunder „SJ"** dominant, Gewürznoten, herrlich viel Frucht und Konzentration; viel süße reife Frucht im Mund, herrlich harmonisch, reintönig, konzentriert, schmeichelnd und lang, enorm nachhaltig (33 €)

Weingut Toni Jost ★★★
Hahnenhof
Mittelrhein/Rheingau

Oberstraße 14, 55422 Bacharach
Tel. 06743-1216, Fax: 06743-1076
tonijost@debitel.net
Inhaber: Peter Jost
Rebfläche: 12,78 Hektar
Besuchszeiten: nach Vereinbarung

Seit vielen Jahren schon gehört der Hahnenhof in Bacharach zu den Spitzenbetrieben am Mittelrhein. Vor allem mit einer Lage ist Peter Jost bekannt geworden, bzw. die Lage durch ihn, dem Bacharacher Hahn, an dem er 4,5 Hektar besitzt. Die Ernte der 3,5 Hektar Weinberge im Wallufer Walkenberg (Rheingau) wird ebenfalls in Bacharach verarbeitet und ausgebaut. Neben der Hauptrebsorte Riesling, die 78 Prozent der Fläche einnimmt, gibt es 20 Prozent rote Sorten, vor allem Spätburgunder, den es beim Hahnenhof bereits seit 1965 gibt. In Walluf hat er zuletzt ein klein wenig Weißburgunder gepflanzt. Mit dem Jahrgang 2001 hat Peter Jost sein Programm neu strukturiert: zwei Große Gewächse bietet er an, aus dem Hahn und dem Walkenberg.

Der Jahrgang 2001 war der mit Abstand beste der letzten Jahre. Die beiden Großen Gewächse waren herrlich füllig und konzentriert. Die 2002er Kollektion ist sehr homogen und einige Weine weisen feine mineralische Noten auf.

86 ▶ **2002 Weißburgunder trocken** klare reife Frucht; harmonisch, klare recht süße Frucht (6,30 €)

87 ▶ **2002 „Jodocus" Riesling trocken** klare Frucht, jugendlich, sehr reintönig; harmonisch im Mund, viel Frucht und Nachhall (7,40 €)

84 ▶ **2002 Riesling Kabinett trocken Bacharacher** feine würzige Frucht; klar und direkt im Mund, feiner Nachhall (6,50 €)

86 ▶ **2002 Riesling Spätlese trocken Bacharacher Hahn** gute Konzentration, viel Würze, zurückhaltende Frucht; herrlich füllig, klare Frucht (10,50 €)

86 ▶ **2002 Riesling Spätlese Bacharacher Hahn** klar, jugendliche Frucht, eindringlich; gute Harmonie, süße Frucht (10,50 €)

87 ▶ **2002 Riesling Spätlese Wallufer Walkenberg** klar, direkt, süße Frucht; gute Harmonie, klar, viel Frucht, feiner Nachhall (9,60 €)

86 ▶ **2002 Riesling Beerenauslese Wallufer Walkenberg** viel Duft, etwas Orangenschalen, Kaffee; süß, dick, eindringliche Frucht, ganz leichte Bitternoten (Versteigerungswein)

87 ▶ **2001 Spätburgunder trocken Barrique Bacharacher Hahn** sehr klare reife Frucht, reintöniges Bouquet; gute Harmonie, sehr klare Frucht, Nachhall, jugendlich (19 €)

Weitere Weine: 82 ▶ 2002 Riesling trocken Toni Jost ▪ 81 ▶ 2002 Riesling trocken Rheingau ▪ 83 ▶ 2002 Spätburgunder Weißherbst Spätlese trocken Bacharacher Hahn ▪

Weingut
Jülg ★★★
Pfalz

Hauptstraße 1, 76889 Schweigen-Rechtenbach
Tel. 06342-919090, Fax: 06342-919091
www.weingut-juelg.de
info@weingut-juelg.de
Inhaber: Familie Werner Jülg
Rebfläche: 17 Hektar
Besuchszeiten: täglich außer Do. + Fr.
(Weinstube geschlossen)
Pfälzer Weinstube, bewirteter Innenhof

Werner Jülg gehört seit vielen Jahren zu den besten Winzern in der Südpfalz. Neben seinen immer überzeugenden Weiß- und Graubugundern hat er auch sehr schöne Rieslinge zu bieten, was im Süden der Pfalz - bisher - eher die Ausnahme denn die Regel war. Zuletzt hat er verstärkt auf rote Sorten gesetzt. Die Rotweine werden alle in Allier-Barriques ausgebaut.

Und diese barriqueausgebauten Rotweine waren es, die mich vor zwei Jahren am meisten überraschten, alle sehr gekonnt gemacht und mit guter Frucht. Im vergangenen Jahr hatte ich nur Weißweine verkostet. Die Weine waren bestechend klar, Chardonnay und Graubugunder gehörten zu den Jahrgangsbesten in der Pfalz. Die aktuelle Kollektion bietet gleichermaßen überzeugende Weiß- und Rotweine auf hohem Niveau. Meine Favoriten sind Chardonnay und Spätbugunder.

86 ▶ **Muskateller Sekt Brut** feine Muskatellerfrucht, klar, Frische; klar, direkt, feine Frucht, mit Biss (8,50 €)

85 ▶ **2002 Weißer Burgunder Kabinett trocken** herrlich klare jugendliche Frucht; klar, direkt, gute Fülle und Frucht (5 €)

84 ▶ **2002 Muskateller Kabinett trocken** feine Muskatellerfrucht, klar und direkt; frisch, direkt, feine Frucht (5 €)

87 ▶ **2002 Weißer Burgunder Spätlese trocken** würzig, klar, konzentrierte Frucht; kompakt, klar, reife süße Frucht (7,50 €)

87 ▶ **2002 Grauer Burgunder „Selection R" trocken** konzentriert, feiner dezenter Toast, herrlich eindringliche Frucht; füllig, kraftvoll, viel Frucht (9 €)

86 ▶ **2002 Grauer Burgunder „Selection S" trocken** klare Frucht, sehr reintöniges Bouquet; kompakt, gute Fülle und Frucht (8 €)

88 ▶ **2002 Chardonnay „Selection R" trocken** konzentriert, feiner Toast, jugendliche Frucht; kraftvoll, füllig, viel klare Frucht (9 €)

86 ▶ **2002 Riesling „Selection S"** gute Konzentration, herrlich eindringliche Frucht; klar, kraftvoll, würzige Frucht (8 €)

84 ▶ 2001 Cuvée Spätburgunder Schwarzriesling trocken würzige Noten, feine Frucht; gute Harmonie und Frucht (7,50 €)

88 ▶ 2001 Spätburgunder „Selection R" trocken herrlich dominant, klare jugendliche Pinotfrucht; kraftvoll im Mund, füllig, reife klare Frucht (15 €)

Weitere Weine: 83 ▶ 2002 Riesling Hochgewächs trocken ■ 83 ▶ 2002 Riesling Spätlese ■

Weingut Julianenhof *
Rheinhessen

◆ Uttrichstraße 9-11, 55283 Nierstein
Tel. 06133-58121, Fax: 06133-57451
Inhaber: Jochen Schmitt
Rebfläche: 7,5 Hektar
Besuchszeiten: nach Vereinbarung
Weinproben, Gästehaus, Weinbergsrundfahrten

Der Julianenhof wird seit 1618 von der Familie Schmitt bewirtschaftet. Jochen Schmitt besitzt Weinberge in besten Lagen am Roten Hang.

85 ▶ 2002 Riesling Spätlese trocken Niersteiner Pettenthal würzig, klar, jugendliche Rieslingfrucht; klare Frucht, zupackend, jugendlicher Riesling (5,10 €)

Weitere Weine: 81 ▶ 2002 Weißer Burgunder trocken Niersteiner ■ 81 ▶ 2002 Grauer Burgunder trocken Niersteiner ■ 83 ▶ 2002 Chardonnay trocken Niersteiner ■ 81 ▶ 2002 Riesling Kabinett trocken Niersteiner (1) ■ 83 ▶ 2002 Riesling Spätlese trocken Niersteiner Ölberg ■ 82 ▶ 2002 Silvaner Niersteiner ■ 83 ▶ 2002 Riesling Spätlese Niersteiner Rehbach ■ 82 ▶ 2002 Spätburgunder Weißherbst Niersteiner ■

Weingut Julius *
Rheinhessen

◆ Hauptstraße 5, 67599 Gundheim
Tel. 06244-905218, Fax: 06244-905219
www.weingut-julius.de
info@weingut-julius.de
Inhaber: Georg Julius
Rebfläche: 15 Hektar
Besuchszeiten: nach Vereinbarung

60 Prozent der Weinberge von Georg Julius sind mit weißen Sorten bepflanzt, vor allem Riesling, Silvaner, Müller-Thurgau und Weißburgunder. Wichtigste rote Sorten sind Dornfelder, Spätburgunder und Portugieser. Die Weine werden überwiegend trocken ausgebaut. Neu im Programm ist der Merlot.

85 ▶ 2002 Grauer Burgunder trocken frisch, klar, gelbe Früchte; gute Fülle im Mund, klare ganz leicht süße Frucht (5,80 €)

Weitere Weine: 81 ▶ 2001 Weißer Burgunder trocken ■ 81 ▶ 2001 Riesling trocken ■ 81 ▶ 2002 Dornfelder trocken ■ 82 ▶ 2001 Dornfelder trocken Holzfass ■ 83 ▶ 2001 Merlot trocken Holzfass ■

Weingut Juliusspital ★★★
Würzburg
Franken

Klinikstraße 1, 97070 Würzburg
Tel. 0931-393-1400, Fax: 0931-393-1414
www.juliusspital.de
info@juliusspital.de
Inhaber: Stiftung des öffentlichen Rechts
Leiter: Horst Kolesch
Rebfläche: 168 Hektar
Besuchszeiten: Mo.-Do. 7:30--16:30 Uhr,
Fr. 7:30-12 Uhr
Weinstuben (Juliuspromenade 19),
täglich 10-24 Uhr
Schoppenstube und Verkauf im Weineck „Julius Echter" (Koellikerstraße 1/2), Mo.-Fr. 9-18 Uhr, Sa. 9-16 Uhr
Öffentliche Führungen März - Okt. (Fr. 15 Uhr)

Wichtigste Rebsorten beim Juliusspital, dem größten Weingut in Franken, sind Silvaner, Müller-Thurgau und Riesling. Der ausgedehnte Weinbergsbesitz verteilt sich auf viele Lagen, darunter so renommierte Namen wie Würzburger Stein, Iphöfer Julius-Echter-Berg, Randersackerer Pfülben oder Escherndorfer Lump.

Die 2000er Kollektion war von sehr gleichmäßiger und guter Qualität. Vor allem die Spätlesen machten viel Spaß, wobei allerdings die restsüßen Weine ein wenig interessanter waren als die trockenen. 2001 war dies anders: endlich wieder wartete das Juliusspital mit herrlich kraftvollen trockenen Spätlesen auf, die zu den Jahrgangsbesten in Franken zählten. 2002 nun liegen die Vorteile wieder ganz leicht bei den süßen Weinen, wobei einige der trockenen Weine, Silvaner und Weißburgunder, durch die deutliche Restsüße auch schon enorm „süß" wirken.

Anmerkung: alle Preise zuzüglich Mehrwertsteuer.

84 ▶ 2002 Riesling Kabinett trocken Würzburger Stein feine klare Rieslingfrucht; frisch, direkt, gute Frucht (8,20 €)

87 ▶ 2002 Riesling Spätlese trocken Würzburger Stein gute Konzentration, sehr klare reife Frucht, eindringlich; herrlich füllig im Mund, reife süße Frucht, ganz dezente Bitternote im Hintergrund (14 €)

86 ▶ 2002 Riesling Spätlese trocken Würzburger Innere Leiste gute Konzentration, klare reife Rieslingfrucht; harmonisch, füllig, viel reife süße Frucht (11 €)

87 ▶ 2002 Riesling Spätlese trocken Iphöfer Julius-Echter-Berg gute Konzentration, sehr klare jugendliche Rieslingfrucht; gute Harmonie, sehr klar, viel Frucht (11 €)

88 ▶ 2002 Silvaner Spätlese trocken Würzburger Stein wunderschön reintöniges Bouquet, faszinierende Frucht, gute Konzentration; gute Fülle und Harmonie, reife süße Frucht, feiner Nachhall (13,70 €)

87 ▶ 2002 Weißer Burgunder Spätlese trocken Würzburger Stein gute Konzentration, reife eindringliche Frucht; füllig, viel reife süße Frucht, „leider zu süß" (15 €)

87 ▶ 2002 Scheurebe Spätlese Würzburger Stein feine klare Frucht, Cassis; viel süße Frucht, schmeichelnd, herrlich süffig (9,50 €)

(88) ▶ 2002 Traminer Spätlese Würzburger Abtsleite Fassprobe unmittelbar vor der Abfüllung; feiner Traminerduft, wunderschön klar; klare reife süße Frucht, harmonisch und lang (10,40 €)

91 ▶ 2002 Riesling Eiswein Würzburger Pfaffenberg konzentriert, sehr klare reife süße Frucht, Aprikosen; gute Fülle, reife süße Frucht, klar, herrlich dominant und nachhaltig (80 €/0,5l)

Weitere Weine: 82 ▶ 2002 Müller-Thurgau trocken ▪ 83 ▶ 2002 Silvaner Kabinett trocken Rödelseer Küchenmeister ▪

Weingut Georg Jung ★★
Rheinhessen

Alzeyer Straße 4, 55278 Undenheim
Tel. 06737-246, Fax: 06737-9952
jung-weingut-undenheim@t-online.de
Inhaber: Georg Jung
Rebfläche: 10 Hektar
Besuchszeiten: täglich 8 -18 Uhr und nach Vereinbarung
Gästezimmer (2 Doppelzimmer)

Das Weingut Jung ist ein typischer rheinhessischer Mischbetrieb, der neben den Weinbergen auch noch 43 Hektar Ackerland bewirtschaftet. Besonderes Augenmerk legt man bei Jung auf den Silvaner, aber auch Neuzüchtungen wie Faberrebe oder Regner stehen in den Weinbergen. Hinzu kamen mit dem Jahrgang 2000 erstmals auch Cabernet Dorsa und Ortega.

Der Jahrgang 2000 brachte eine weitere Steigerung. Alle Weine waren wunderschön fruchtbetont und sortentypisch. Und die Preise waren traumhaft niedrig: fünf Weine wurden aufgelistet für ihr besonders gutes Preis-Leistungs-Verhältnis! Auch die 2001er Kollektion von Georg Jung war von sehr gleichmäßiger Qualität. In der neuen Kollektion überzeugen neben der sehr guten Beerenauslese vor allem die Rotweine.

85 ▶ 2002 Riesling Spätlese trocken reife klare Frucht, etwas Aprikosen und Pfirsiche; frisch und direkt, klare Frucht und Biss (4 €)

89 ▶ 2002 Huxelrebe Beerenauslese konzentriert, würzig, sehr klare Frucht; viel süße Frucht im Mund, konzentriert, klar, schmeichelnd, herrlich lang (10 €/0,5l)

84 ▶ 2002 „Cuvée G" trocken jugendliche Frucht, rote Früchte; klar und direkt, gute Frucht, Biss (6 €)

85 ▶ 2002 Dornfelder trocken klare jugendliche Frucht, schön fruchtbetontes Bouquet; viel klare Frucht, herrlich harmonisch und süffig (4 €)

86 ▶ 2000 Cabernet Dorsa trocken Barrique reife süße Frucht, etwas Johannisbeeren, Frische, Minze, Vanille; viel süße Frucht, gute Harmonie, Vanille (9,50 €)

Weitere Weine: 82 ▶ 2002 Silvaner trocken ■ 82 ▶ 2002 Weißburgunder trocken ■ 80 ▶ 2002 Grauburgunder Spätlese trocken ■ 83 ▶ 2002 Riesling Spätlese halbtrocken ■ 83 ▶ 2002 Bacchus lieblich ■

Weingut Jakob Jung ★★★★
Rheingau

Eberbacher Straße 22, 65346 Erbach
Tel. 06123-900620, Fax: 06123-900621
www.weingut.jakob.jung.de
info@weingut.jakob.jung.de
Inhaber: Ludwig Jung
Rebfläche: 10 Hektar
Besuchszeiten: Mo.-Fr. 15:30-19 Uhr, Sa. 10-17 Uhr
Weinproben (bis 50 Personen)

Die Weinberge von Ludwig Jung liegen in Erbach (Steinmorgen, Honigberg, Michelmark, Hohenrain) und Kiedrich (Sandgrub). Wichtigste Rebsorte bei ihm ist der Riesling, der 85 Prozent der Fläche einnimmt. Hinzu kommt vor allem Spätburgunder, aber auch Chardonnay. Die Weine von Ludwig Jung bleiben nach einer kühlen Gärung recht lange auf der Feinhefe, damit sie mehr Fruchtfülle und Extrakt erhalten. Sie werden größtenteils erst im Spätsommer abgefüllt. Spätburgunder und Chardonnay werden auch im Barrique ausgebaut. Die Weine werden meist trocken und halbtrocken angeboten.

Nach überzeugenden Leistungen in den vorausgegangenen Jahren war Ludwig Jung auch im schwierigen Jahrgang 2000 eine sehr überzeugende Kollektion gelungen mit dem faszinierenden Eiswein Erbacher Michelmark (92) an der Spitze. Der Jahrgang 2001 war insgesamt nochmals besser mit einem kraftvollen 2000er Spätburgunder und durchweg fruchtbetonten, fülligen Rieslingen, darunter eines der besten Ersten Gewächse des Jahrgangs im Rheingau. Die 2002er Kollektion schließt nahtlos daran an mit vielen reintönigen Weinen, trocken wie edelsüß.

86 ▶ **2002 Weißburgunder trocken** gute Konzentration, klare reife Frucht; füllig, viel süße Frucht, schmeichelnd (8,20 €)

85 ▶ **2002 Riesling trocken „JUNGe Edition"** klare junge Frucht, frisch und direkt; klare Frucht, harmonisch, süffiger Riesling (4,60 €)

86 ▶ **2002 Riesling Kabinett trocken** würzige Rieslingfrucht, reintönig; klar, gute Frucht und Biss (5,80 €)

88 ▶ **2002 Riesling Spätlese trocken** klare reife Frucht, herrlich konzentriert, reintönig; klar, Würze, reife Frucht, elegant (7,60 €)

90 ▶ **2002 Riesling Spätlese trocken Erbacher Hohenrain** konzentriert, herrlich reintönige mineralische Frucht; reife Frucht, konzentriert, klar, reife Frucht, herrlich füllig und stoffig, süffiger Riesling (8,80 €)

86 ▶ **2002 Riesling Kabinett Charta** konzentriert, klar, mineralische Rieslingfrucht; klar und direkt im Mund, kompakter Riesling (7,40 €)

90 ▶ **2002 Riesling Erstes Gewächs Erbacher Hohenrain** herrlich konzentriert, eindringliche jugendliche Frucht, dominant, sehr reintönig; füllig, viel reife süße Frucht, harmonisch und lang (15,40 €)

88 ▶ **2002 Riesling Spätlese Erbacher Michelmark** konzentriert, reife klare Frucht, Aprikosen und Pfirsiche; gute Fülle und Harmonie, reife süße Frucht, süffig (7,60 €)

88 ▶ **2002 Riesling Auslese Erbacher Michelmark** reife klare süße Frucht, etwas Pfirsiche und Aprikosen; gute Harmonie, viel reife süße Frucht, schmeichelnd (18 €/0,5l)

92 ▶ **2002 Riesling Eiswein Erbacher Michelmark** konzentriert, herrlich eindringliche Frucht, dominant; viel süße Frucht, konzentriert, wunderschön reintönig, schmeichelnd, weich und sehr lang (34 €/0,375l)

Weitere Weine: 83 ▶ 2002 Riesling Kabinett halbtrocken Erbacher Hohenrain ■

Weingut Klaus **Junk** ★
Mosel-Saar-Ruwer

Euchariusstraße 23, 54340 Leiwen
Tel. 06507-4349, Fax: 06507-4883
www.weingut-junk.de
info@weingut-junk.de
Inhaber: Klaus Junk
Rebfläche: 6 Hektar
Besuchszeiten: nach Vereinbarung

Die Weinberge von Klaus Junk liegen zur Hälfte in Steillagen. Sie verteilen sich auf zehn verschiedene Orte von Waldrach an der Ruwer bis Bernkastel. Darunter sind Parzellen in der Leiwener Laurentiuslay, der Trittenheimer Apotheke und dem Thörnicher Ritsch. 60 Prozent sind mit Riesling bepflanzt, 30 Prozent mit Burgundersorten. Spezialität des Weingutes sind die süßen und edelsüßen Weine und die barriqueausgebauten Rotweine. Vater Klaus Junk und Sohn Claus Junk jr. setzen verstärkt auf den Rotweinanbau. Claus Junk hat sein Studium in Geisenheim beendet. Während des Studiums hatte er Praktika beim Deutzerhof und bei der Domaine Bertagna in Vougeot gemacht.

Wie im vergangenen Jahr haben Klaus und Claus Junk eine Reihe enorm fülliger Auslesen im Programm, auch wenn diese nicht ganz so reintönig sind wie die Besten aus 2001.

84 ▶ **2002 Weißburgunder Auslese** eindringliche süße Frucht im Bouquet, ein wenig Würze; viel süße Frucht dann im Mund, schmeichelnd (7 €/0,5l)

86 ▶ **2002 Riesling Auslese Waldracher Krone** süße Zitrusfrüchte im Bouquet, würzig, direkt; viel süße Frucht, kompakt, klar (8 €/0,5l)

85 ▶ **2002 Riesling Auslese Trittenheimer Apotheke** süße Rieslingfrucht im Bouquet, klar, Frische; gute Harmonie, kompakt, süße Frucht (8 €/0,5l)

85 ▶ **2002 Riesling Auslese Thörnicher Ritsch** gute Konzentration im Bouquet, reife klare Frucht, etwas Äpfel; viel süße Frucht, schmeichelnd (8 €/0,5l)

85 ▶ **2002 Riesling Auslese*** Leiwener Laurentiuslay** konzentriert, dominant, Zitrusfrüchte und Aprikosen; schmeichelnd, süße Frucht, dick, Bitternote (10 €/0,5l)

86 ▶ **2002 Riesling Auslese*** Leiwener Klostergarten** feiner Duft, gute Konzentration; viel süße Frucht im Mund, süße Zitrusfrüchte (12 €/0,5l)

84 ▶ **2001 „Grand Prometeur W." Spätburgunder** feine rauchige Noten, klare Frucht; gute Harmonie, kompakt, zurückhaltende Frucht (12 €)

Weitere Weine: 82 ▶ 2002 Kerner ■ **81** ▶ 2002 Riesling Hochgewächs Bernkasteler Johannisbrünnchen ■ **81** ▶ 2002 Riesling Hochgewächs Leiwener Klostergarten ■ **82** ▶ 2002 Riesling Spätlese Leiwener Klostergarten ■

86 ▶ **2001 Chardonnay trocken (Barrique)** feiner Toast, gute Konzentration bei klarer Frucht; kraftvoll im Mund, gute Fülle, reife süße Frucht, sehr klar (7,90 €)

84 ▶ **2002 Silvaner Eiswein** gute Konzentration, ganz leicht Klebstoff; süß, konzentriert, dominant (12,90 €/0,375l)

85 ▶ **2001 Regent trocken Barrique** gute Konzentration, herrlich eindringliche reife Frucht, etwas Vanille und Schokolade, auch Gewürze; gute Fülle im Mund, reife Frucht, kompakt (7,80 €)

Weitere Weine: 82 ▶ 1996 Grauer Burgunder Sekt Brut Ilbesheimer Herrlich ■ **81** ▶ 2001 Dornfelder Sekt Brut Ilbesheimer Herrlich ■ **82*** ▶ 2001 Riesling trocken ■ **81** ▶ 2002 Spätburgunder trocken ■ **79** ▶ 2001 Regent trocken ■ **79** ▶ 2001 Dornfelder trocken ■

K

Weingut
Kaiserberghof *
Pfalz

◆ Oberdorfstraße 47, 76831 Ilbesheim
Tel. 06341-32719, Fax: 06341-34637
www.kaiserberghof.de
Inhaber: Hans-Joachim Kast
Rebfläche: 15 Hektar
Besuchszeiten: nach Vereinbarung

Hans-Joachim Kast wird seit zwei Jahren im Betrieb von Sohn Marco unterstützt.

85 ▶ **2002 Grauer Burgunder trocken** gute Würze, sehr klare jugendliche Frucht; kraftvoll im Mund, gute reife sehr klare Frucht, feiner Grauburgunder (3,50 €)

85 ▶ **2002 Weißer Burgunder trocken** sehr klare Frucht, weiße Früchte, Frische; reintönig im Mund, gute Frucht, feiner zupackender Weißburgunder (3,50 €)

84 ▶ **2001 Chardonnay trocken** herrlich würzig und klar, jugendliche Frucht; frisch und klar auch im Mund, gute Frucht, Biss (4,40 €)

Kalkbödele *
Weingut der Gebrüder Mathis
Baden

Enggasse 21, 79291 Merdingen
Tel. 07668-902672, Fax: 07668-94505
www.kalkboedele.de
weingut@kalkboedele.de
Inhaber: Familie Bernhard Mathis
Rebfläche: 15 Hektar
Besuchszeiten: Mo.-Fr. 10-12 + 13-17 Uhr, Sa. 10-13 Uhr

1978 begannen Paul Mathis, Gründer eines Kalkwerks in Merdingen, und seine Brüder Bernhard und Franz mit der Herstellung eigener Weine vom Tuniberg. Heute wird das Weingut von Sonja Mathis-Stich geführt. Betriebsleiter und Kellermeister beim Kalkbödele ist der Schweizer Martin Schärli. Wie andere Weingüter am Tuniberg auch, ist das Kalkbödele vor allem auf Spätburgunder spezialisiert, der immerhin 60 Prozent der Rebfläche einnimmt. Ein weiteres Viertel der Rebfläche ist mit Weiß- und Grauburgunder bepflanzt. Die Rotweine werden maischevergoren und in

Holzfässern ausgebaut. Alle Weine werden durchgegoren ausgebaut.

Nach einer gleichmäßigen Kollektion im vergangenen Jahr gefällt mir der neue Jahrgang mit seinen kraftvollen Weinen nochmals ein wenig besser.

85 ▶ **2001 Pinot Rosé Sekt Extra Brut Merdinger Bühl** rauchig, klar, feine Frucht; gute Fülle und Harmonie, feine Frucht (9 €)

86 ▶ **2002 Weißburgunder Spätlese trocken Merdinger Bühl** gute Konzentration, reife klare Frucht; gute Fülle, viel reife Frucht, kraftvoller Weißburgunder (8,20 €)

86 ▶ **2000 Spätburgunder trocken Barrique Merdinger Bühl** reife klare Spätburgunderfrucht, etwas Kirschen; weich, harmonisch, gute Fülle und Frucht (10,50 €)

85 ▶ **2000 Spätburgunder Spätlese trocken Merdinger Bühl** würzig-rauchige Noten, klare Frucht; gute Harmonie im Mund, zurückhaltende Frucht, Biss (11 €)

Weitere Weine: 81 ▶ 2002 Weißburgunder Kabinett trocken Merdinger Bühl ■ 81 ▶ 2002 Grauburgunder Kabinett trocken Merdinger Bühl ■

Weingut
Albert Kallfelz ★★★
Mosel-Saar-Ruwer

Hauptstraße 60-62, 56856 Zell-Merl
Tel. 06542-93880, Fax: 06542-938850
www.kallfelz.de
info@kallfelz.de
Inhaber: Albert Kallfelz
Rebfläche: 40,4 Hektar
Besuchszeiten: Mo.-Fr. 8-18 Uhr, Sa. 9-14 Uhr, sonst nach Vereinbarung

Seit Albert Kallfelz 1972 das elterliche Weingut übernommen hat, ist die Rebfläche von damals 1,8 Hektar auf über 40 Hektar angewachsen. Neben den Trauben aus den eigenen Weinbergen verarbeitet er auch die Trauben von Winzern, mit denen er Pacht- und Bewirtschaftungsverträge abgeschlossen hat. Zwei Drittel der Weinberge befinden sich in Steillagen. 1998 konnte er weitere 1,7 Hektar in der Spitzenlage Merler Königslay-Terrassen zukaufen, die Albert Kallfelz nun fast ganz allein gehört. Daneben besitzt er größere Flächen in den Merler Lagen Adler, Stephansberg und Fettgarten. Im Jahr 2000 hat er die Betriebsgebäude vergrößert und zusätzliche Lagerkapazitäten geschaffen - Albert Kallfelz setzt weiter auf Expansion. Neben Riesling gibt es etwas Weißburgunder und Müller-Thurgau. Diese werden jedoch immer nur als Qualitätswein ohne Prädikate ausgebaut. Über 85 Prozent der Weine baut Albert Kallfelz trocken aus.

Der Jahrgang 2000 bedeutete nochmals eine kleine Steigerung: kraftvolle, klare Weine, an der Spitze die faszinierende Auslese aus den Merler Königslay-Terrassen. Es ist schon interessant zu verfolgen, wie bei stetiger Betriebsvergrößerung auch die Qualität in den letzten Jahrgängen ständig nach oben gegangen ist. 2001 hatte Albert Kallfelz wieder ein sehr gutes Programm: die trockenen Rieslinge waren alle herrlich kraftvoll und fruchtbetont und wiesen feine mineralische Noten auf. Und dass er auch hervorragende edelsüße Rieslinge erzeugen kann, stellte er eindrucksvoll mit der Auslese Merler Königslay-Terrassen und dem Eiswein Merler Adler unter Beweis. Die 2002er Weine nun sind von gleichmäßiger Qualität, aber ohne die Highlights der vorausgegangenen Jahren.

84 ▶ **2002 Riesling trocken** herrlich klar, direkt, feine Frucht; gute Harmonie, süße Frucht (4,10 €/1l)

84 ▶ **2002 Riesling Hochgewächs trocken Selektion** gute Würze und Konzentration, jugendliche Frucht; klar, direkt, feine Frucht, kompakt (5,50 €)

87 ▶ **2002 Riesling Spätlese trocken Merler Stephansberg** konzentriert, herrlich reintönige Frucht; klar im Mund, feine Frucht (6,80 €)

86 ▶ **2002 Riesling Spätlese trocken Merler Königslay-Terrassen** viel Konzentration, herrlich reintönige eindringliche Frucht; füllig, weich, kompakter Riesling (8,60 €)

84 ▶ **2002 Riesling Hochgewächs halbtrocken** feine Würze und Frucht; süße Frucht, klar und direkt (4,40 €)

86 ▶ **2002 Riesling Spätlese halbtrocken Merler Königslay-Terrassen** reife konzentrierte eindringliche Frucht; Fülle, Frucht, klar und kompakt (8,60 €)

85 ▶ **2002 Riesling Kabinett Merler Adler** frisch, klar, süße Frucht; süß, schmeichelnd, enorm süffig (6,80 €)

87 ▶ **2002 Riesling Spätlese Merler Königslay-Terrassen** süße konzentrierte Frucht, feine Frische; gute Fülle und Harmonie, kompakter süßer Riesling (8,60 €)

Weitere Weine: 83 ▶ 2002 Riesling Hochgewächs trocken ▪ 81 ▶ 2002 Riesling Kabinett trocken Merler Adler ▪ 83 ▶ 2002 Riesling halbtrocken (1l) ▪ 82 ▶ 2002 Riesling Kabinett halbtrocken Merler Adler ▪

stadt ein gleichmäßiges Programm. Die trockenen Weine sind alle von deutlicher Restsüße geprägt.

85 ▶ **2002 Riesling Kabinett trocken Kallstadter Saumagen** würzige Noten, jugendliche Rieslingfrucht; frisch, klar, herrlich geradlinig (3,50 €)

84 ▶ **2002 Weißburgunder Spätlese trocken Kallstadter Kobnert** klare Frucht, etwas würzige Noten, weiße Früchte; gute süße Frucht im Mund, harmonisch, süffig (3,85 €)

85 ▶ **2001 Gewürztraminer Spätlese trocken Kallstadter Kobnert** herrlich klare reife Frucht, Rosen, feine Frische; süß im Mund, schmeichelnd, herrlich süffig (4,50 €)

85 ▶ **2002 Riesling Spätlese Kallstadter Saumagen** verhaltene Frucht, etwas Würze; süß und schmeichelnd, süffig (4,30 €)

Weitere Weine: 82 ▶ 2002 Grauburgunder Kabinett trocken Kallstadter Kobnert ▪ 79 ▶ 2001 Chardonnay trocken Barrique ▪ 83 ▶ 2002 Riesling Kabinett halbtrocken Kallstadter Saumagen ▪ 83 ▶ 2002 Silvaner Kabinett Kallstadter Kobnert ▪ 83 ▶ 2002 Portugieser Weißherbst Kallstadter Kobnert ▪ 83 ▶ 2002 Spätburgunder Weißherbst Spätlese Kallstadter ▪ 82 ▶ 2002 Regent trocken Kallstadter Kobnert ▪ 81 ▶ 2001 Dornfelder halbtrocken Kallstadter Kobnert ▪

Winzergenossenschaft Kallstadt ★
Pfalz

Weinstraße 126, 67169 Kallstadt
Tel. 06322-97979-7, Fax: 06322-97979-30
www.winzergenossenschaftkallstadt.de
winzergenossenschaft-kallstadt@t-online.de
Geschäftsführer: Gerd Schramm
Rebfläche: 225 Hektar
Besuchszeiten: Mo.-Fr. 8-12 + 13-17 Uhr, Sa. 9-17 Uhr, So. 10-17 Uhr
„Winzerstuben" (Inh. Weick, Weinstraße 126, Tel. 06322-5300), „Zum Bacchus" (Inh. Berger, Freinsheimerstraße 35)

Die Genossenschaft von Kallstadt hat in den vergangenen Jahren verstärkt auf rote Sorten gesetzt. Allerdings gefallen mir oft die Weißweine deutlich besser als die Rotweine. Auch in diesem Jahr hat die Winzergenossenschaft von Kall-

Weingut Graf von Kanitz ★★★
Rheingau

♣ Rheinstraße 49, 65391 Lorch
Tel. 06726-346, Fax: 06726-2178
www.weingut-graf-von-kanitz.de
info@weingut-graf-von-kanitz.de
Inhaber: Carl-Albrecht Graf von Kanitz
Rebfläche: 13,5 Hektar
Besuchszeiten: Mo.-Fr. 9-12+13-17 Uhr, Sa. nach Vereinbarung

Das Weingut Graf von Kanitz wurde erstmals bereits im 13. Jahrhundert erwähnt. Seit 1994 ist Graf von Kanitz Mitglied bei ECOVIN. Die Weinberge liegen in den Lorcher Lagen Bodental-

Steinberg, Kapellenberg, Pfaffenwies, Schlossberg und Krone. Aus der Lorcher Krone erzeugt das Weingut seit 1999 ein „Erstes Gewächs". Neben dem dominierenden Riesling gibt es ein wenig Spätburgunder, Müller-Thurgau und Gewürztraminer.

Nach überzeugenden Vorstellungen in den letzten Jahren bleiben die 2002er, soweit verkostet, ein wenig hinter ihren Vorgängern zurück.

84 ▶ **2002 Riesling trocken Graf von Kanitz** würzig, direkt, klar; frisch, klar, feine süße Frucht (1l)

87 ▶ **2002 Riesling Spätlese trocken Lorcher Kapellenberg** viel Würze, Konzentration, klare Frucht; kompakt, klar, reife süße Frucht

87 ▶ **2002 Riesling Kabinett halbtrocken Lorcher Kapellenberg** frisch, direkt, jugendliche Frucht; klar und kompakt im Mund, süße Frucht

86 ▶ **2002 Spätburgunder trocken** frisch, direkt, feine Frucht; geradlinig im Mund, klare Frucht, Tannine und Biss

Weitere Weine: 83 ▶ 2002 Riesling Kabinett trocken Lorcher Pfaffenwies ■

Weingut
Kanzlerhof ★★
Mosel-Saar-Ruwer

Hauptstraße 23, 54340 Pölich
Tel. 06507-3193, Fax: 06507-9389661
www.kanzlerhof.de
weingutkanzlerhof@web.de
Inhaber: Familie Schömann-Kanzler
Rebfläche: 4,9 Hektar
Besuchszeiten: täglich nach Vereinbarung Weinstube, Gästezimmer und Straußwirtschaft Schömann

Die Weinberge vom Weingut Kanzlerhof liegen in den Lagen Mehringer Blattenberg und Pölicher Held (zum Teil noch mit wurzelechten Reben bestockt) und werden umweltschonend bewirtschaftet, ohne Verwendung von Insektiziden und Herbiziden. 60 Prozent der Weine werden trocken oder halbtrocken ausgebaut. Neben Riesling gibt es ein klein wenig Spätburgunder und Müller-Thurgau. Das Stammhaus, der Kanzlerhof, wo die Weine heute noch vinifiziert werden, wurde im Jahr 1578 als Fronhaus der Trierer Abtei St. Maximin errichtet. Der Ausbau der Weine erfolgt teils im traditionellen Fuderfass, teils im Edelstahl.

Mit den 2001er Weinen knüpfte der Kanzlerhof an die beeindruckenden 99er an, alle Weine waren herrlich reintönig. Die 2002er sind in der Spitze vergleichbar, nur die Basisweine kommen nicht an ihre Vorgänger heran.

84 ▶ **2002 Riesling Spätlese trocken Pölicher Held** würzige Rieslingfrucht, jugendlich; gute Harmonie, klare reife Frucht (5,90 €)

86 ▶ **2002 Riesling Spätlese „feinherb" Mehringer Blattenberg** feine Würze, eindringliche jugendliche Frucht; gute Harmonie, klare reife Frucht (5 €)

89 ▶ **2002 Riesling Spätlese Pölicher Held Nr. 2/03** gute Würze und Konzentration im Bouquet, jugendliche Frucht; kraftvoll im Mund, gute Fülle, kompakt, feiner stoffiger Riesling (Versteigerungswein)

87 ▶ **2002 Riesling Spätlese Pölicher Held Nr. 3/03** feine Würze, sehr klare Frucht, direkt; harmonisch, weich, süffig und lang (6,50 €)

86 ▶ **2002 Riesling Spätlese Mehringer Blattenberg** würzig, klar, herrlich konzentriert und eindringlich; viel süße Frucht, harmonisch und lang (4,90 €)

89 ▶ **2002 Riesling Auslese Pölicher Held** konzentriert, herrlich würzig, jugendliche eindringliche Frucht; viel reife süße Frucht, füllig, klar, konzentriert (9,50 €/0,5l)

Weitere Weine: 80 ▶ 2000 Riesling Sekt Trocken ■ 80 ▶ 2002 Rivaner trocken ■ 81 ▶ 2002 Riesling trocken Pölicher Held ■ 82 ▶ 2002 Riesling Classic ■

Weingut
Kapellenhof ★★
Oek.Rat Schätzel Erben
Rheinhessen

Kapellenstraße 18, 55278 Selzen
Tel. 06737-204, Fax: 06737-8670
www.kapellenhof-selzen.de
kapellenhof@t-online.de
Inhaber: Thomas Schätzel
Rebfläche: 17,5 Hektar
Besuchszeiten: Mo.-Fr. 7:30-12 + 13-18 Uhr,
Sa. 9-12 + 13-18 Uhr
Weinstube „Kapellenhof" in 250 Jahre alter Barockscheune

Das Weingut Kapellenhof in Selzen im Selztal wird heute von Thomas Schätzel geführt, der nach dem Abschluss seines Weinbaustudiums 1984 in den elterlichen Betrieb eingetreten ist. Weißweine machen bei Thomas Schätzel über 90 Prozent der Produktion aus. Wichtigste Rebsorte ist Riesling, gefolgt von Silvaner, Müller-Thurgau und den Burgundersorten. Wichtigste Lagen sind der Hahnheimer Knopf und der Selzener Gottesgarten.

Im Jahrgang 2000 war der Weißburgunder zusammen mit der wunderbar reintönigen halbtrockenen Riesling Spätlese der herausragende Wein beim Kapellenhof. Die 2001er Weine hatten alle eine sehr klare Frucht, zwei Rieslinge (die Spätlese und der „Oekonomie-Rat E") und der Gewürztraminer gehörten zu den Jahrgangsbesten in Rheinhessen. Auch im Jahrgang 2002 hat Thomas Schätzel nun wieder einen faszinierenden „Oekonomie-Rat E"!

84 ▶ **2002 Grauer Burgunder Classic** würzig, klare Frucht; süß im Mund, klare Frucht, süffig (5,70 €)

86 ▶ **2002 Riesling Spätlese trocken Hahnheimer Knopf** recht würzige klare Rieslingfrucht, direkt; reife süße Frucht, gute Harmonie (5 €)

90 ▶ **2002 „Oekonomie-Rat E" Riesling trocken** viel Konzentration, herrlich klare eindringliche Frucht, würzige Noten; viel reife süße Frucht, herrlich füllig, dominant, stoffiger Riesling (8,80 €)

84 ▶ **2001 Spätburgunder trocken** feine rauchige Noten, sehr klar, Kirschen und Erdbeeren, feines Bouquet; harmonisch, klare süße Frucht (5,20 €)

Weitere Weine: 82 ▶ 2002 RS-Rheinhessen Silvaner trocken ∎

Weingut
Karlsmühle ★★★
Mosel-Saar-Ruwer

Im Mühlengrund, 54318 Mertesdorf
Tel. 0651-5123, Fax: 0651-5610296
www.weingut-karlsmuehle.de
anfrage@weingut-karlsmuehle.de
Inhaber: Peter Geiben
Rebfläche: 12,5 Hektar
Besuchszeiten: Mo.-Fr. 8-12 + 13-17 Uhr, Sa./So. nach Vereinbarung
Gutsausschank Karlsmühle (Di.-So. ab 12 Uhr)

Die Weinberge von Peter Geiben befinden sich zu 80 Prozent in Steillagen, alle auf der rechten Seite der Ruwer. Fast alle Rieslinge werden spontanvergoren. Die Hälfte der Weine baut er trocken aus, 20 Prozent halbtrocken und 30 Prozent süß. Die Mertesdorfer Einzellagen Lorenzhöfer Mäuerchen und Lorenzhöfer Felslay gehören Peter Geiben in Alleinbesitz. Mit dem Erwerb des Weinguts Partheiger kam die Lage Kaseler Kehrnagel hinzu. Nach einem sehr überzeugenden Jahrgang 2000 vermisste ich 2001 bei manchen trockenen und halbtrockenen Weinen ein wenig die Frucht. Die 2002er erscheinen mir nun wieder ein wenig reintöniger.

85 ▶ **2002 Riesling Kabinett halbtrocken Kaseler Nies'chen** viel Würze, jugendliche Frucht; klar und kraftvoll im Mund, sehr reintönige Frucht (6,90 €)

87 ▶ **2002 Riesling Kabinett Lorenzhöfer Mäuerchen** viel Würze, jugendliche Frucht; klar, direkt, feine Frucht, Biss (6,90 €)

89 ▶ **2002 Riesling Spätlese Lorenzhöfer** gute Würze, jugendliche Frucht; klar im Mund, reife süße Frucht, harmonisch und lang

89 ▶ **2002 Riesling Auslese Kaseler Nies'chen** würzig, eindringlich, jugendliche Frucht; klare süße Frucht, herrlich harmonisch und süffig, Nachhall (20,40 €)

Weitere Weine: 82 ▶ 2002 Riesling trocken Lorenzhöfer ▪

86 ▶ **2002 Lemberger trocken Wachenheimer Mandelgarten** rauchige klare Frucht, eindringlich; gute Harmonie, klare Frucht, Struktur, ganz dezent Vanille, Biss (5,90 €)

89 ▶ **2000 „Cuvée Cadu" Barrique** Cabernet Sauvignon und Dunkelfelder; gute Konzentration, reife klare Frucht, rauchige Noten, feiner Toast; wunderschön fruchtbetont im Mund, kraftvoll, gute Struktur, jugendlich (11,30 €)

Weitere Weine: 83 ▶ 2002 Rivaner trocken ▪

Weingut
Ernst Karst & Sohn ★★
Pfalz

◆ In den Almen, 67098 Bad Dürkheim
Tel. 06322-2862, Fax: 06322-65965
www.weingut-karst.de
info@weingut-karst.de
Inhaber: Manfred Karst
Rebfläche: 11,5 Hektar
Besuchszeiten: Di.-Sa.. 10-12 + 13-18 Uhr

Wichtigste Rebsorte bei Manfred Karst ist der Riesling, der 40 Prozent der Fläche einnimmt. Hinzu kommen 20 Prozent Burgundersorten und 40 Prozent Rotweinsorten, z.B. Spätburgunder, Dornfelder, St. Laurent, Lemberger, Merlot, Cabernet Sauvignon. Alle Rotweine werden maischevergoren und in großen oder kleinen Holzfässern ausgebaut.

85 ▶ **2002 Chardonnay Kabinett trocken Dürkheimer Spielberg** klare jugendliche Frucht, feines Bouquet; klare Frucht, gute Harmonie (4,70 €)

85 ▶ **2002 Riesling Kabinett halbtrocken Dürkheimer Rittergarten** feine würzige Rieslingfrucht, klar und direkt; sanft und harmonisch im Mund, klare süße Frucht (4,30 €)

85 ▶ **2002 St. Laurent trocken Dürkheimer Nonnengarten** klare Frucht, rote Früchte, Frische; gute Fülle und Frucht, rauchig, jugendliche Bitternote (4,90 €)

Weingut
Karthäuserhof ★★★
Mosel-Saar-Ruwer

54292 Trier-Eitelsbach
Tel. 0651-5121, Fax: 0651-53757
www.karthaeuserhof-tyrell.de
info@karthaeuserhof.com
Inhaber: Christoph Tyrell
Rebfläche: 19 Hektar
Besuchszeiten: Mo.-Fr. 8-12 + 13-17 Uhr

Der Karthäuserhof hat seinen Namen von den Karthäusermönchen, die das Weingut 1335 vom Kurfürsten von Luxemburg als Geschenk erhielten. Nach der Säkularisierung kam es in den Besitz der Familie Rautenstrauch und wird seit 1986 in sechster Generation von Christoph Tyrell geführt. Ihm gehört der knapp 19 Hektar große Eitelsbacher Karthäuserhofberg in Alleinbesitz. Der Karthäuserhofberg ist eine Süd-Südwest-Lage mit einer Hangneigung bis zu 55 Prozent. Die Reben wachsen hier auf feinschiefrigen Verwitterungsböden. Neben 90 Prozent Riesling baut er 10 Prozent Weißburgunder an. Ende der achtziger Jahre haben Christoph Tyrell und sein Kellermeister und Verwalter Ludwig Breiling die alten Fuderfässer durch Edelstahltanks ersetzt, in denen heute alle Weine vom Karthäuserhof ausgebaut werden.

Nach einem schwächeren Jahrgang 2000 (mit einer einzigen Spätlese) war der 2001 beim Karthäuserhof wieder deutlich besser ausgefallen. Alle Rieslinge waren herrlich klar und kraftvoll. Auch die 2002er sind klar und kraftvoll, mit feiner Säure (wobei Christoph Tyrell die Moste mit niedrigerer Säure für seine trockenen Weine auswählt).

85 ▶ **2002 Riesling trocken Eitelsbacher Karthäuserhofberg** würzig und konzentriert, sehr klare Frucht; herrlich direkt und klar im Mund, gute Frucht, feiner Nachhall (6,80 €)

85 ▶ **2002 Riesling Kabinett trocken Eitelsbacher Karthäuserhofberg** klare jugendliche Frucht, feine Apfelfrische; klar und zupackend, gute Frucht, viel Biss (8,50 €)

88 ▶ **2002 Riesling Spätlese trocken Eitelsbacher Karthäuserhofberg** herrlich konzentriert, reintönige eindringliche Frucht, mineralische Noten; kraftvoll und klar im Mund, gute Struktur, Nachhall (12 €)

88 ▶ **2002 Riesling Auslese trocken Eitelsbacher Karthäuserhofberg** reife klare Frucht, gute Konzentration, sehr eindringlich; kraftvoll, gute Frucht, Struktur, viel Biss (16 €)

85 ▶ **2002 Weißburgunder trocken Eitelsbacher Karthäuserhofberg** frisch, klar, würzige Frucht; gute Harmonie, reife süße Frucht, süffig (8,50 €)

85 ▶ **2002 Riesling halbtrocken Eitelsbacher Karthäuserhofberg** klare würzige Frucht, direkt; frisch im Mund, viel klare Frucht, gute Harmonie (6,80 €)

87 ▶ **2002 Riesling Kabinett halbtrocken Eitelsbacher Karthäuserhofberg** klare Frucht, gute Konzentration, mineralische Noten; herrlich klar, direkt, gute Frucht und Biss (8,50 €)

86 ▶ **2002 Riesling Kabinett Eitelsbacher Karthäuserhofberg** klar im Bouquet, direkt, jugendliche Frucht; frisch im Mund, viel klare Frucht, mit Biss (8,50 €)

89 ▶ **2002 Riesling Spätlese Eitelsbacher Karthäuserhofberg** konzentriert und klar, jugendliche Frucht; klare süße Frucht, herrlich zupackend, viel Nachhall (12 €)

90 ▶ **2002 Riesling Auslese Eitelsbacher Karthäuserhofberg** konzentriert, klar, herrlich reintönige jugendliche Rieslingfrucht; viel reife süße Frucht, herrlich konzentriert und harmonisch, sehr lang, feiner Nachhall (16 €)

Weingut Kassner-Simon ★
Pfalz

Wallstraße 15, 67251 Freinsheim
Tel. 06353-989320, Fax: 06353-989321
www.kassner-simon.de
weingut-kassner-simon@t-online.de
Inhaber: Willi H. Simon, Thomas Simon
Rebfläche: 14 Hektar
Besuchszeiten: Mo.-Sa. 13-19 Uhr,
So. 10-13 Uhr
Landhotel altes Wasserwerk

Das 1949 gegründete Weingut wird heute von Willi und Rosemarie Simon zusammen mit Sohn Thomas geführt. Ihre Weinberge befinden sich in verschiedenen Freinsheimer Lagen. Wichtigste Rebsorte ist Riesling, der gut ein Drittel der Rebfläche einnimmt. Es folgen die roten Sorten Portugieser, Spätburgunder und Dornfelder, sowie an weißen Sorten Weiß- und Grauburgunder, Scheurebe und Kerner.

Im vergangenen Jahr hatte Kassner-Simon eine gute Kollektion mit einer wunderschönen Scheurebe und einem herrlich süffigen Spätburgunder an der Spitze. In diesem Jahr können mich nur die Eisweine so recht überzeugen.

89 ▶ **2002 Riesling Eiswein Freinsheimer Schwarzes Kreuz** eindringlich süße Aprikosen, konzentriert, Zitrusfrüchte; schmeichelnd im Mund, viel süße Frucht, wunderschön lang (22 €/0,375l)

87 ▶ **2002 Gewürztraminer Eiswein** gute Konzentration im Bouquet, Litschi, dezent Kaffee; süß und konzentriert, geschmeidig und dominant (20 €/0,375l)

Weitere Weine: 82 ▶ 2002 Rivaner trocken (1l) ■ 83 ▶ 2002 Riesling Kabinett trocken Freinsheimer Schwarzes Kreuz ■ 81 ▶ 2002 Grauer Burgunder Kabinett trocken Freinsheimer Musikantenbuckel ■ 80 ▶ 2002 Grauer Burgunder Spätlese trocken Freinsheimer Musikantenbuckel ■ 82 ▶ 2002 Kerner Spätlese trocken Freinsheimer Musikantenbuckel ■ 82 ▶ 2002 Riesling Spätlese trocken Freinsheimer Musikantenbuckel ■ 81 ▶ 2002 Kerner Spätlese halbtrocken Freinsheimer Musikantenbuckel ■ 83 ▶ 2002 Scheurebe Kabinett (1l) ■ 79 ▶ 2002 Spätburgunder Rosé trocken Freinsheimer Schwarzes Kreuz ■ 83 ▶ 2002 Dornfelder trocken ■

Weingut Karl-Heinz **Kaub** ★★
Pfalz

Mandelring 55a, 67433 Neustadt-Haardt
Tel. 06321-31555, Fax: 06321-480681
www.weingut-kaub.de
khkaubweingut@t-online.de
Inhaber: Karl-Heinz Kaub
Rebfläche: 5 Hektar
Besuchszeiten: nach Vereinbarung

Das Weingut Kaub ist ein Familienweingut in Haardt, heute ein Stadtteil von Neustadt an der Weinstraße. Karl-Heinz Kaub baut vor allem traditionelle Sorten an. 60 Prozent seiner Weinberge nimmt Riesling ein. Hinzu kommt Spätburgunder, Weiß- und Grauburgunder, sowie als Spezialität Gewürztraminer. Die Rotweine werden entrappt, auf der Maische vergoren und dann in alten Holzfässern ausgebaut. Die Weißweine vergärt Karl-Heinz Kaub kühl und baut sie dann ohne jeden Eingriff im Gewölbekeller aus, wobei er Sortenbouquet und die natürliche Kohlensäure erhalten will. Seine Weine baut er überwiegend trocken und halbtrocken aus.

Nach einer sehr gleichmäßigen Kollektion vor zwei Jahren legte Karl-Heinz Kaub im letzten Jahr zu, vor allem mit für die Pfalz nicht gerade alltäglichen Sorten: ein wunderschöner Rieslaner und zwei interessanten Barrique-Rotweinen - Lemberger und Cabernet Mitos. In der aktuellen Kollektion ist der kraftvolle St. Laurent mein Favorit.

85 ▶ 2002 Grauburgunder Spätlese trocken Haardter Herzog klare Frucht, Frische; viel süße Frucht im Mund, schmeichelnd, lang (6,50 €)

84 ▶ 2002 Riesling Classic klare Frucht, direkt; klar und direkt im Mund, feine Frucht, Biss (4,50 €)

85 ▶ 2002 Riesling Spätlese Haardter Herrenletten konzentriert, würzig, eindringliche Frucht; viel süße Frucht im Mund, fülliger Riesling (6,50 €)

88 ▶ 1999 St. Laurent trocken Barrique reife klare herrlich eindringliche Frucht, Vanille, gute Konzentration; gute Fülle, sehr klare Frucht, Gewürze, Vanille, Tannine, nachhaltig (10,70 €)

Weitere Weine: 83 ▶ 2002 Weißburgunder Spätlese trocken Haardter Herzog ■ 83 ▶ 2001 Spätburgunder Classic ■

Weingut Gebr. **Kauer** ★★
Nahe

Bürgermeister-Dielhenn-Straße 1
55452 Windesheim
Tel. 06707-255, Fax: 06707-517
www.weingut-gebrueder-kauer.de
gebr.kauer@gmx.de
Inhaber: Markus und Christoph Kauer
Rebfläche: 9,5 Hektar
Besuchszeiten: täglich nach Vereinbarung

Der einstige landwirtschaftliche Gemischtbetrieb hat sich seit den achtziger Jahren ganz auf Weinbau konzentriert. Die Weinberge des Weingutes Gebr. Kauer liegen in den Windesheimer Lagen Sonnenmorgen, Rosenberg, Saukopf und Römerberg. Wichtigste Rebsorten sind Riesling, Weiß- und Spätburgunder. Daneben gibt es Müller-Thurgau, Silvaner, Kerner und andere Neuzüchtungen. Drei Viertel der Weine werden trocken ausgebaut, auf Lagenbezeichnungen verzichtet das Weingut.

Weingut Martina & Dr. Randolf Kauer ★★
Mittelrhein

Mainzer Straße 21, 55422 Bacharach
Tel. 06743-2272, Fax: 06743-93661
weingut-dr.kauer@t-online.de
Inhaber: Martina und Randolf Kauer
Rebfläche: 2,9 Hektar
Besuchszeiten: nach Vereinbarung

Nach einer gleichmäßigen Kollektion im schwierigen Jahrgang 2000 stellte das Weingut eine wesentlich überzeugendere 2001er Kollektion vor, in der mir die Burgunder ein wenig besser gefielen als die Rieslinge. Auch der Jahrgang 2002 überzeugt: eine homogene Kollektion.

Randolf Kauer hat sein Weingut 1989 gegründet und bewirtschaftet seine Weinberge nach den Richtlinien des ökologischen Weinbaus (Mitglied bei ECOVIN). Er hatte ursprünglich ausschließlich Riesling angebaut, dann aber auch Spätburgunder im Urbarer Beulsberg angepflanzt. Davon erzeugt er einen trockenen Weißherbst und einen Weißherbst-Sekt.

Die 2002er von Randolf Kauer präsentieren sich kraftvoll und überzeugend wie ihre Vorgänger: viele der Weine weisen deutliche mineralische Noten auf und sind herrlich nachhaltig.

84 ▶ 2002 Weißer Burgunder trocken feine Frucht, klar; süße Frucht, harmonisch, süffig (5 €)

85 ▶ 2002 Riesling Hochgewächs trocken frisch, klar, Zitrusfrüchte; harmonisch im Mund, klare süße Frucht (5,60 €)

86 ▶ 2002 Riesling Spätlese trocken würzig, klar, jugendliche Rieslingfrucht; kraftvoll und klar im Mund, gute Frucht (6,50 €)

86 ▶ 2002 Weißer Burgunder „S" trocken gute Würze und Konzentration, eindringliche Frucht; süß und geschmeidig im Mund, viel Frucht (6,90 €)

89 ▶ 2002 Cuvée Pinot Barrique Grauburgunder und Weißburgunder; gute Konzentration, viel reife Frucht, Toast; herrlich viel Frucht im Mund, geschmeidig, süß, füllig und lang (9,80 €)

84 ▶ 2002 Riesling Classic frisch, klare jugendliche Frucht; frisch, klar, feine süße Frucht (4,90 €)

86 ▶ 2002 Riesling Spätlese „feinherb" feine klare Frucht, direkt; gute Harmonie, sehr klare Frucht, feiner Riesling (6,50 €)

86 ▶ 2002 Riesling Spätlese würzig, direkt, feine Frucht; süß, schmeichelnd, enorm süffig (6,90 €)

88 ▶ 2002 Blauer Spätburgunder blanc de noir trocken Barrique rauchig, direkt, gute Würze und Konzentration; gute Harmonie im Mund, reife süße Frucht, harmonisch und lang (9,50 €)

Weitere Weine: 83 ▶ 2002 Rivaner trocken ■ 83 ▶ 2002 Grüner Silvaner trocken ■ 82 ▶ 2002 Blauer Spätburgunder blanc de noir ■

85 ▶ 2002 Riesling Kabinett trocken Bacharacher Kloster Fürstental mineralische Noten, zurückhaltende Frucht; frisch, direkt, klare Frucht und Biss (6,90 €)

88 ▶ 2002 Riesling Spätlese trocken Urbarer Beulsberg gute Konzentration, herrlich klare eindringliche Rieslingfrucht; kraftvoll im Mund, zupackend, stoffig, faszinierend klar (8,50 €)

85 ▶ 2002 Riesling Kabinett Bacharacher Wolfshöhle reife süße Frucht, Zitrusfrüchte, dezent Aprikosen; klar, direkt, gute Frucht und Biss (6,90 €)

87 ▶ 2002 Riesling Kabinett halbtrocken Bacharacher Kloster Fürstental würzig, klar, jugendliche Frucht, sehr eindringlich; gute reife klare Frucht im Mund, kraftvoll, mit Nachhall (6,40 €)

86 ▶ 2002 Riesling Spätlese Oberweseler Oelsberg herrlich konzentriert, klar, jugendliche Frucht; wunderschön fruchtbetont im Mund, füllig, harmonisch (9,80 €)

87 ▶ **2002 Riesling Spätlese Bacharacher Kloster Fürstental** klar, mineralische Noten, eindringliche Frucht; kraftvoll im Mund, gute Struktur (8,50 €)

87 ▶ **2002 Riesling Spätlese Oberdiebacher Fürstenberg** konzentriert, reife Frucht, mineralische Noten, etwas Litschi; viel süße Frucht im Mund, Struktur, herrlich harmonisch und lang (9,80 €)

Weitere Weine: 83 ▶ 2002 Riesling trocken ■ 83 ▶ 2002 Spätburgunder Weißherbst trocken ■

Weingut
Keck *
Württemberg

Weinsteige 1, 74676 Niedernhall
Tel. 07940-55884, Fax: 07940-2285
www.weingut-keck.de
info@weingut-keck.de
Inhaber: Ilona und Michael Keck
Rebfläche: 6,5 Hektar
Besuchszeiten: Mo.-Fr. 8 -18 Uhr, Sa. 8-16 Uhr, oder nach Vereinbarung

Das Weingut Keck in Niedernhall im Kochertal ist ein noch recht junges Weingut. Erst 1990 hat man mit der Selbstvermarktung begonnen, heute wird die komplette Produktion über die Flasche vermarktet. 4,5 Hektar der von Ilona und Michael Keck bewirtschafteten Weinberge liegen arrondiert um das Weingut in der Lage Niedernhaller Burgstall. Die restlichen 2 Hektar verteilen sich auf andere Niedernhaller Lagen und den Ernsbacher Flatterweg. Gut die Hälfte der Fläche nehmen rote Sorten ein wie Schwarzriesling, Dornfelder und Lemberger. Neu gepflanzt hat Michael Keck Cabernet Dorio und - schließlich gehört das Kochertal zur Weinbauregion Württemberg - auch Trollinger. Wichtigste weiße Rebsorte ist Riesling. Daneben gibt es Kerner (mit bereits in den sechziger Jahren gepflanzten Re-

ben), Silvaner, Müller-Thurgau und Bacchus. Eine Besonderheit für Württemberg ist, dass die Reben hier auf Muschelkalkböden wachsen. Die Weinberge werden nach den Richtlinien des umweltschonenden Weinbaus bewirtschaftet. Zwei Drittel der Weine werden trocken ausgebaut. Wie schon im vergangenen Jahr gefallen mir in einer homogenen Kollektion die Barriqueweine am besten..

86 ▶ **2001 „Sirona" Weißwein Auslese Barrique** gute Konzentration, klare Frucht, eindringlich; füllig, viel süße Frucht, harmonisch und lang

85 ▶ **2002 „Sirona" Weißwein Auslese Barrique** gute Konzentration, reife klare Frucht, dezent Zitrus, Vanille; kompakt, klar, reife Frucht

84 ▶ **2002 „Grannus" Rotwein Kabinett trocken** jugendliche Frucht, rote Früchte; klar, direkt, feine Frucht

85 ▶ **2002 „Sirona" Rotwein Barrique trocken** reife klare Frucht, rote Früchte, Vanille; klar, jugendliche Frucht, Biss

85 ▶ **2001 „Sirona" Rotwein Barrique trocken** gute Konzentration, feine Frucht, Gewürznoten; kompakt, klar, gute Fülle, Vanille

Weitere Weine: 81 ▶ 2002 Riesling Kabinett trocken ■ 83 ▶ 2002 Bacchus Spätlese trocken ■ 81 ▶ 2002 „Epona" Weißwein Kabinett trocken ■ 83 ▶ 2002 Riesling Spätlese trocken ■ 80 ▶ 2002 „Keck" Rotwein trocken ■ 83 ▶ 2002 Dornfelder trocken ■ 81 ▶ 2002 Lemberger (1l) ■

Weingut
Kees-Kieren ★★★★
Mosel-Saar-Ruwer

Hauptstraße 22, 54470 Graach
Tel. 06531-3428, Fax: 06531-1593
weingut.kees-kieren@t-online.de
Inhaber: Josef und Werner Kees
Rebfläche: 4,5 Hektar
Besuchszeiten: Mo.-Fr. 9 -19 Uhr, Sa. 10-18 Uhr, nach Vereinbarung
Gutsausschank, Tage der offenen Weinkeller (Pfingsten, Mo.-Fr., und Fronleichnam, Do.-So.)

Seit 1985 bewirtschaften die Brüder Josef und Werner Kees dieses Graacher Weingut, das über Steillagen-Weinberge in Graach, Erden, Kinheim und Kesten verfügt. Der Wein wird vorwiegend in Eichenholzfässern ausgebaut. Neben Riesling bauen sie ein wenig Spätburgunder, Kerner und Müller-Thurgau an.

Im Jahrgang 2000 ragten die edelsüßen Weine heraus, allen voran der Eiswein Graacher Himmelreich (91). Der Jahrgang 2001 brachte Josef und Werner Kees einen gewaltigen Schritt voran. Alle Weine waren herrlich konzentriert und fruchtbetont. Ob trocken oder süß, die Weine von Josef und Werner Kees waren noch nie so gut wie in diesem Jahr und gehörten zu den Jahrgangsbesten an der Mosel. Dieser tollen Kollektion lassen sie eine ebenso starke 2002er Kollektion nachfolgen mit einigen faszinierenden edelsüßen Rieslingen an der Spitze.

85 ▶ **2002 Riesling Kabinett trocken Graacher Domprobst** klar, herrlich würzige Frucht, gelbe Früchte; gute Harmonie, feine Frische und Frucht (6,70 €)

85 ▶ **2002 Riesling Spätlese trocken Graacher Domprobst** gute Konzentration, sehr reintönige Frucht; kraftvoll, klar, feine Frucht (8 €)

84 ▶ **2002 Riesling Kabinett Graacher Domprobst** gute Würze und Konzentration, jugendlich; harmonisch, klare Frucht (6,10 €)

86 ▶ **2002 Riesling Kabinett Graacher Himmelreich** klare jugendliche Frucht, reintönig; harmonisch, klare süße Frucht (6,10 e)

86 ▶ **2002 Riesling Kabinett Erdener Treppchen** viel Würze, sehr klare jugendliche Frucht; gute Harmonie, süße Frucht, sehr klar (7,50 €)

88 ▶ **2002 Riesling Spätlese* Kestener Paulinshofberg** klare jugendliche Frucht, wunderschön reintöniges Bouquet; viel Frucht, harmonisch, füllig, reintönig (9 €)

87 ▶ **2002 Riesling Spätlese* Graacher Himmelreich** viel Würze, jugendliche Frucht; klar, direkt, feine Frucht, wunderschön reintöniger Riesling (8 €)

91 ▶ **2002 Riesling Spätlese** Erdener Treppchen** herrlich konzentriert, dominant, faszinierende Frucht; viel süße Frucht, konzentriert, wunderschön harmonisch, reintönig, sehr lang, nachhaltig (Versteigerungswein)

91 ▶ **2002 Riesling Auslese** Graacher Himmelreich** herrlich reintönige Frucht, konzentriert, sehr eindringlich; konzentriert auch im Mund, viel süße Frucht, reintönig, mit Nachhall (19 €)

92 ▶ **2002 Riesling Auslese*** Graacher Domprobst** wunderschön konzentriert im Bouquet, reife süße Aprikosen, sehr reintönige Frucht; schmeichelnd im Mund, viel reife süße Frucht, herrlich konzentriert, dominant, sehr lang (Versteigerungswein)

94 ▶ **2002 Riesling Eiswein Graacher Himmelreich** herrlich reintönig, konzentriert, faszinierende Frucht, enorm eindringlich; konzentriert und klar, dick, faszinierende reintönige Frucht, wunderschön lang, gewaltiger Nachhall (35 €/0,375l)

Weitere Weine: 83 ▶ 2002 Riesling Hochgewächs halbtrocken Graacher Himmelreich ■

Weingut Schwarzer Adler - Franz Keller ★★★★
Baden

Badbergstraße 23, 79235 Vogtsburg-Oberbergen
Tel. 07662-933022, Fax: 07662-719
www.franz-keller.de
keller@franz-keller.de
Inhaber: Franz Keller
Betriebsleiter: Fritz Keller
Rebfläche: 40 Hektar
Besuchszeiten: Mo.-Fr. 8-17 Uhr, Sa. 8-13 Uhr
Gasthof Schwarzer Adler

Kein anderer in Deutschland hat sich so für trockene, durchgegorene Weine eingesetzt wie Franz Keller. Sein Sohn Fritz Keller führt diesen Weg konsequent fort: alle Weine sind durchgegoren und **trocken**, auch wenn dies nicht auf dem Etikett vermerkt ist. Dafür stehen Restzucker und Säure auf dem Etikett. 14 Hektar der Ertragsfläche gehören dem Weingut selbst, über die restlichen Weinberge bestehen langfristige Bewirtschaftungsverträge. Im Anbau dominieren die Burgundersorten. Dazu kommen vor allem Müller-Thurgau und Silvaner, beide aber mit abnehmender Bedeutung. Ein wenig Sauvignon Blanc hat Fritz Keller inzwischen gepflanzt, auch Merlot und Cabernet Sauvignon. Die besten Weine werden in der Reihe Selection angeboten. Entweder als Selection „S" oder - in Ausnahmejahren, wenn die Weine viel Lagerpotenzial versprechen - als Selection „A". Alle Selectionsweine werden zu 100 Prozent im Holzfass ausgebaut. Bei den Weißweinen geht Fritz Keller weg vom Barrique und hin zu 360-Liter-Fässern.

Die Weißweine von Fritz Keller sind jedes Jahr herrlich kraftvoll und zupackend. Dies gilt vor allem für die Selectionsweine. Am besten hatte mir vor zwei Jahren der 2000er Weißburgunder „A" gefallen (91), dessen Nachfolger allerdings zum Zeitpunkt meiner Verkostung noch recht verschlossen und vom Holz geprägt war. Der 2002er nun ist wieder mein Favorit unter den weißen Selectionsweinen von Fritz Keller.

Ebenso wie die weißen Selectionsweine gehören auch die Selections-Spätburgunder von Fritz Keller regelmäßig zu den besten Spätburgundern in Deutschland. Über die Barriqueweine sollte man aber nicht das restliche Programm vergessen. Aus diesem Programm will ich ganz dezidiert auf die Sekte hinweisen, die wie schon in den vergangenen Jahren zu den interessantesten Sekten in Deutschland zählen.

87 ▶ **2001 Franz Keller's Riesling Sect Brut** feine Würze, cremige Noten, sehr klar; wunderschön harmonisch im Mund, klar und direkt (10,40 €)

87 ▶ **1999 Franz Keller's Pinot Sect Brut** feine rauchige Noten, zurückhaltend, dezente Würze; gute Fülle, rauchige Frucht (12 €)

86 ▶ **2002 Rivaner Oberbergener Bassgeige** herrlich reintönige Frucht, feine Konzentration; klar, direkt, feine Frucht (5,90 €)

86 ▶ **2002 Spätburgunder Weißherbst Oberbergener Bassgeige** feine Würze, sehr klare Frucht; frisch, direkt, feine Frucht, geradlinig (7,80 €)

87 ▶ **2002 Grauburgunder Oberbergener Bassgeige** feine Frische, Würze, sehr klare Frucht; klar und direkt im Mund, feine Frucht und Biss (8,60 €)

86 ▶ **2002 Weißburgunder Oberbergener Bassgeige** frisch, würzig, feine Frucht; lebhaft und klar im Mund, gute Frucht (8,40 €)

86 ▶ **2002 Chardonnay Oberbergener Bassgeige** klare reife Frucht, cremige Noten; weich, füllig, zurückhaltende Frucht (8,70 €)

89 ▶ **2002 Chardonnay Selection S** feine Frucht, Toast, sehr klar und konzentriert; reife klare Frucht, gute Fülle und Harmonie, kompakter Chardonnay (20,50 €)

87 ▶ **2002 Grauburgunder Selection S** feiner dezenter Toast, klare jugendliche Frucht; gute Fülle, konzentriert, reife Frucht (19 €)

86 ▶ **2002 Weißburgunder Selection S** klare

jugendliche Frucht, gute Konzentration; kompakt, jugendliche zurückhaltende Frucht, fülliger Weißburgunder (18,50 €)

90 ▶ **2002 Weißburgunder Selection A** feiner Toast, faszinierend klar und eindringlich; kraftvoll im Mund, viel reife Frucht, herrlich harmonisch und lang (26 €)

88 ▶ **2002 Grauburgunder Selection A** feiner Toast, klare Frucht, viel Konzentration, eindringlich; kraftvoll im Mund, gute Fülle und Frucht, kompakt (26,50 €)

86 ▶ **2001 Spätburgunder Oberbergener Bassgeige** würzig, klar, jugendliche Frucht; frisch, klar, rauchige Frucht, Biss (10 €)

87 ▶ **2002 Spätburgunder Selection** feine Würze, sehr klare Frucht, rote Früchte; gute Harmonie, klare frucht, Struktur, Biss (13,40 €)

Weitere Weine: 85 ▶ 1999 Franz Keller's Chardonnay Sect Brut ■ 84 ▶ 2002 „Jedentag" Weißwein-Cuvée ■ 84 ▶ 2002 Saignée Weiß von Rot ■

Weingut Karlheinz **Keller** ★★★
Rheinhessen

Landgrafenstraße 74-76
67549 Worms-Pfiffligheim
Tel. 06241-75562, Fax: 06241-74836
www.weingutkeller.de
info@weingutkeller.de
Inhaber: Karlheinz Keller
Rebfläche: 20 Hektar
Besuchszeiten: Mo.-Fr. 9-18 Uhr, Sa. 9-15 Uhr

Die Weinberge von Karlheinz Keller liegen in den Gemeinden Pfiffligheim, Pfeddersheim und Flörsheim-Dalsheim. Der Schwerpunkt im Weingut liegt bei roten Rebsorten wie Spätburgunder, Frühburgunder, Sankt Laurent, Portugieser und Dornfelder, sowie den weißen Sorten Weiß- und Grauburgunder, Chardonnay und Riesling. Die Rotweine werden im Holzfass und teilweise im Barrique ausgebaut, die Weißweine in Edelstahltanks. Die Weine werden überwiegend an Privatkunden ab Hof verkauft, etwa 20 Prozent werden in die Niederlande exportiert. Der Betrieb wird von Petra und Karlheinz Keller geleitet, die seit 1997 von Sohn Markus unterstützt werden. Dank einer Wetterstation in den Weinbergen, die täglich Temperatur, Luftfeuchtigkeit und Blattnässe aufzeichnet, können die Spritzungen auf ein Minimum reduziert werden.

Vor zwei Jahren waren Chardonnay und Spätburgunder die herausragenden Weine in einer überzeugenden Kollektion. Die letztjährige Kollektion war nochmals besser, alle Weine überzeugten. Die 2002er Weißweine nun reichen nicht ganz an ihre Vorgänger heran. Die 2001er Rotweine präsentieren sich auf hohem Niveau, bei moderaten Preisen.

84 ▶ **2002 Riesling Secco** würzig, direkt, klare Frucht; frisch, klare Frucht, Biss (4,60 €)

85 ▶ **2002 Weißburgunder Spätlese trocken** feine Würze, jugendliche Frucht; weich, füllig, viel süße Frucht (4,30 €)

86 ▶ **2002 Chardonnay Spätlese trocken** viel reife Frucht, Würze, dezent Ananas; harmonisch, süße Frucht, süffig, Nachhall (5,10 €)

86 ▶ **2002 Chardonnay Selection Barrique** reife süße Frucht, feine Vanille; kompakt, klar, reife Frucht, dezente Bitternote (7,40 €)

86 ▶ **2002 Riesling Classic** feine Würze, Frische, etwas Limone; klare süße Frucht, gute Harmonie, süffig (3,30 €)

87 ▶ **2002 Chardonnay Eiswein** duftig, etwas Ananas, süße Frucht; weich, schmeichelnd, viel süße Frucht (14,70 €)

84 ▶ **2002 Spätburgunder Blanc de Noir** feine Frucht, Würze; klar im Mund, viel süße Frucht (3,30 €)

87 ▶ **2001 Merlot trocken** feine jugendliche Frucht, Würze; harmonisch im Mund, klar, feine reife Frucht (7,80 €)

87 ▶ **2001 Frühburgunder Selection** viel reife süße Frucht, herrlich reintönig; harmonisch, gute Fülle, klare Frucht, lang (5,80 €)

88 ▶ **2001 St. Laurent trocken Barrique** feiner Toast, klare Frucht, Vanille; gute Harmonie, klare reife Frucht, lang (7,20 €)

Weitere Weine: 83 ▶ 2002 Riesling trocken (1l) ■ 81 ▶ 2002 RS-Rheinhessen Silvaner trocken ■

Weingut Klaus Keller ★★★★★
Rheinhessen

Bahnhofstraße 1, 67592 Flörsheim-Dalsheim
Tel. 06243-456, Fax: 06243-6686
Inhaber: Klaus Keller
Rebfläche: 13 Hektar
Besuchszeiten: Mo.-Fr. 8-12 + 13-17:30 Uhr,
Sa. 8-12 + 13-16 Uhr

Klaus Keller baut 45 Prozent Riesling und 35 Prozent Burgundersorten an. Dazu gibt es vor allem Silvaner, Rieslaner und Scheurebe. Die Rieslinge von Keller wachsen im Dalsheimer Hubacker, einem nach Südosten geneigten Hang (Kalksteinfels). Die besten Spätburgunder kommen von Muschelkalkböden aus dem Dalsheimer Bürgel. Die Moste werden bei niedrigen Temperaturen mit natürlichen Hefen vergoren. Die Gärung dauert mindestens acht bis zehn Wochen, edelsüße Spitzenweine gären oft ein halbes Jahr. Die Weine werden im Edelstahl oder in Holzfässern ausgebaut.

Das Ziel von Klaus Keller ist es, kristallklare Weine zu machen, die nach der Traube schmecken, aus der sie gekeltert wurden. Solche Spitzenqualität erreicht man nur mit reifem und gesundem Traubengut - und nur durch sehr selektive Weinlese. Was Klaus Keller macht hat Vorbildfunktion für ganz Rheinhessen. Und nicht nur für Rheinhessen. Eindrucksvoll zeigt er, dass man auch in bisher wenig bekannten Lagen hervorragende Weine erzeugen kann. Er ist das beste Beispiel dafür, dass Winzer Lagen bekannt machen (und nicht umgekehrt). So ist heute jedem Weinfreund in Deutschland der Dalsheimer Hubacker ein Begriff. Ob trocken oder süß (sehr süß), Weißwein oder Rotwein, bei allen Sorten und bei jedem Wein gelingen Klaus Keller und Sohn Klaus Peter erstklassige Ergebnisse. Mit immer wieder grandiosen edelsüßen Weinen an der Spitze. Doch man muss vorsichtig sein mit Superlativen bei Klaus und Klaus Peter Keller. Denn auch wenn es schier unmöglich scheint, so schaffen sie es doch, die Weine werden immer noch besser. Nach tollen 2000ern war der Folgejahrgang dann nochmals besser. 2001 war für Klaus und Klaus Peter Keller ein hervorragendes Jahr mit niedrigen Erträgen (beim Riesling nur durchschnittlich 35 hl/ha), hohen Extraktwerten und starker Säure. Schon der einfachste Riesling hatte Spätlesequalität. Die trockenen Spitzenrieslinge wurden allesamt Mitte November mit Erträgen zwischen 14 hl/ha und 25 hl/ha geerntet. Durch Spontanvergärung, Maischestandzeiten und längeres Hefelager haben sie, so Klaus und Karlheinz Keller, weiter an innerer Dichte, Struktur und Mineralität gewonnen. Was meine Verkostung eindrucksvoll bestätigt hat. Eine grandiose Kollektion, trocken wie edelsüß. Vom „einfachen" Silvaner bis zur Trockenbeerenauslese. Aber, wie gesagt, man muss vorsichtig sein mit Superlativen. Denn schon der Folgejahrgang 2002 ist nochmals ein wenig besser, wieder haben die Kellers eine Kollektion die ihresgleichen sucht in Deutschland. Trocken wie süß, weiß wie rot.

2002 gibt es wieder große edelsüße Weine, wie sie kein anderes Weingut in Deutschland in dieser Vielzahl erzeugt. Sie bestechen durch ihre Brillanz und Reintönigkeit. Selbst in einem Jahrgang wie 2000. Was in einem Jahrgang wie 2000 einen gewaltigen Aufwand notwendig machte. So waren für die Goldkapsel Trockenbeerenauslese zwei Erntehelfer drei Wochen lang durch alle Weinberge gegangen und haben Beerchen für Beerchen gepflückt. Und Klaus Keller und Sohn Klaus Peter haben dann jedes Beerchen noch einmal kontrolliert. Das Ergebnis: 50 Liter Wein. Aber was für ein Wein! In diesem Jahrgang hatte ich der Riesling Trockenbeerenauslese Goldkapsel als einzigem deutschen Wein die Höchstnote gegeben, 100 Punkte, und der „normalen" Trockenbeerenauslese 98. Im Jahrgang 2001 folgten gleich zwei perfekte Riesling Trockenbeerenauslesen nach. Und eine ganze Reihe weiterer faszinierender edelsüßer Weine, nicht nur Riesling, sondern auch Scheurebe und Rieslaner, jeder Wein immer von einer betörenden Brillanz. Auch im Jahrgang 2002 kam niemand in Deutschland der Perfektion so nahe wie Klaus und Klaus Peter Keller, wieder mit einer Vielzahl faszinierender Weine.

Aber auch mit ihren trockenen Rieslingen sind Klaus und Karlheinz Keller Spitze in Deutschland. Der „G-Max" ist ein großer trockener Riesling, mit einer faszinierenden Komplexität und Mineralität. Der Dalsheim Hubacker steht ihm nur wenig nach, ebenso die beiden neuen Großen Gewächse aus den Westhofener Lagen Morstein und Kirchspiel. Aber auch alle anderen Rieslinge, angefangen vom herrlich klaren „Gutsriesling" überzeugen: sie sind niemals fett oder zu sehr von Alkohol oder Restsüße geprägt, immer herrlich reintönig. Mit solchen Weinen kann man Rieslinggegner zum Riesling bekehren. Glauben sie mir, ich habe es ausprobiert.

Bei aller Schwärmerei über die Rieslinge von Klaus und Karlheinz Keller sollte man nicht vergessen, dass auch Weiß- und Grauburgunder zur Spitze in Deutschland zählen. Jahr für Jahr. Und im Jahrgang 2002 gesellte sich erstmals ein Silvaner zur „S"-Klasse, der ebenso beeindruckt wie Weiß- und Grauburgunder. Und schließlich sind die Kellers auch beim Spätburgunder Spitze: das Große Gewächs aus dem Bürgel gehört in diesem Jahr zu den von mir am höchsten bewerteten Rotweinen in Deutschland.

88 ▶ **2002 Grüner Silvaner trocken** wunderschön klare Frucht, Birnen; sehr klar, feine Frische, herrlich reintönig, faszinierend leicht und klar (4,80 €)

88 ▶ **2002 Grauer Burgunder trocken** wunderschön klar im Bouquet, feine Frucht, gelbe Früchte; herrlich reintönig im Mund, sehr klare Frucht (6,80 €)

90 ▶ **2002 Weißer Burgunder trocken „S"** herrlich konzentriert, viel reife eindringliche Frucht, dominant; herrlich füllig, reife Frucht, klar, kompakt, jugendlich (17,80 €)

92 ▶ **2002 Grauer Burgunder trocken „S"** konzentriert, herrlich eindringlich, jugendliche Frucht; wunderschön füllig im Mund, reife süße Frucht, herrlich reintönig, harmonisch, faszinierend lang und nachhaltig (19,80 €)

91 ▶ **2002 Silvaner trocken „S"** konzentriert, klar, viel reife Frucht; herrlich füllig und konzentriert im Mund, reife klare Frucht, mit Nachhall (15,80 €)

88 ▶ **2002 Riesling trocken** frisch, direkt, sehr klare Frucht; herrlich klar und zupackend im Mund, feiner Biss (5,50 €)

90 ▶ **2002 Riesling trocken „von der Fels"** feine Frucht, mineralische Noten; frisch, klar, herrlich viel Frucht, wunderschön leicht und doch zupackend, nachhaltig (9,80 €)

92 ▶ **2002 Riesling Spätlese trocken „R"** faszinierend konzentriert und klar im Bouquet, viel Frucht; gute Fülle, reife Frucht, faszinierend reintönig, harmonisch, gewaltiger Nachhall (15,50 €)

91 ▶ **2002 Riesling trocken Westhofen KIRCHSPIEL TURMSTÜCK** (Großes Gewächs) konzentriert, herrlich reintönig, faszinierend viel Frucht; fruchtbetont auch im Mund, wunderschön füllig, zupackend, nachhaltig (18,80 €)

93 ▶ **2002 Riesling trocken Westhofen MORSTEIN** (Großes Gewächs) faszinierend eindringliche Frucht, reintöniges Bouquet; herrlich viel Frucht, reintönig, zupackend, enorm jugendlich, faszinierend nachhaltig (26,50 €)

95 ▶ **2002 Riesling trocken Dalsheim HUBACKER** (Großes Gewächs) herrlich konzentriert im Bouquet, faszinierend viel Frucht, reintönig, sehr eindringlich; konzentriert und eindringlich auch im Mund, reintönige Frucht, dominant, gewaltiger Nachhall (26,50 €)

96 ▶ **2002 „G-Max" Riesling trocken** wunderschön reintöniges Bouquet, Riesling pur, ganz faszinierend, viel Konzentration; kraftvoll, stoffig, sehr reintönig, zupackend, brillant klar, gewaltiger Nachhall, faszinierender großer Riesling (62 €)

93 ▶ **2002 Scheurebe Spätlese** faszinierende Frucht, klar, direkt, viel Frische, wunderschön reintönig; viel Frucht im Mund, wunderschön reintönig, viel Biss und Nachhall (12,50 €)

94 ▶ **2002 Scheurebe Auslese** enorm konzentriert und klar, eindringliche jugendliche Frucht, faszinierend reintöniges Bouquet; viel süße Frucht, schmeichelnd, harmonisch, wunderschön reintönig und lang (14,50 €)

92 ▶ **2002 Riesling Spätlese Goldkapsel Dalsheimer Hubacker** gute Konzentration, wunderschön klare Frucht; faszinierend viel Frucht im Mund, reintönig, viel Biss, enormer Nachhall (18,80 €)

94 ▶ **2002 Riesling Auslese Dalsheimer Hubacker** konzentriert, herrlich klar, reintönige Frucht, ganz faszinierendes Bouquet; wunderschön reintönig und fruchtbetont im Mund, herrlich klar und zupackend (19,80 €)

96 ▶ **2002 Riesling Auslese*** Dalsheimer Hubacker** faszinierend konzentriert im Bouquet, reintönige eindringliche Frucht; herrlich reintönig im Mund, konzentriert, kraftvoll, faszinierend zupackend, ganz gewaltiger Nachhall (56 €)

98 ▶ **2002 Riesling Eiswein Goldkapsel Dalsheimer Hubacker** dominant, viel süße Frucht, enorm eindringlich und klar; enorm konzentriert im Mund, gewaltig viel Frucht, dominant, stoffig, faszinierend eindringlich, gewaltiger Nachhall (88,50 €/0,375l)

98 ▶ **2002 Scheurebe Trockenbeerenauslese** konzentriert, feiner Duft, herrlich reintönige Frucht, faszinierendes Bouquet; konzentriert, dick, wunderschön reintönige Frucht, faszinierend stoffig, dabei lebhaft, dick, gewaltiger Nachhall (38 €/0,375l)

99 ▶ **2002 Riesling Trockenbeerenauslese Goldkapsel** konzentriert, dominant, enorm eindringliche Frucht, herrlich reintönig; viel süße faszinierende Frucht, stoffig und konzentriert, reintönig, viel süße Frucht, schmeichelnd, harmonisch, faszinierend lang und gewaltig nachhaltig (160 €/0,375l)

96 ▶ **2002 Rieslaner Trockenbeerenauslese Goldkapsel** dominant, klare herrlich eindringliche Frucht; kraftvoll im Mund, herrlich stoffig und dominant, kraftvoll, faszinierende Frucht, gewaltiger Nachhall (99 €/0,375l)

89 ▶ **2001 Spätburgunder trocken „S"** feine Konzentration, etwas Toast, reife klare Frucht; herrlich klar und harmonisch im Mund, faszinierende Frucht, dezente Vanille, wunderschön elegant (18,80 €)

92 ▶ **2001 Spätburgunder trocken Dalsheim BÜRGEL** (Großes Gewächs) herrlich konzentriert, klare reife süße Frucht; konzentriert auch im Mund, wunderschön reintönig, viel klare reife süße Frucht, faszinierend reintönig, jugendlich, viel Nachhall (27,50 €)

Weingut
Ewald **Kemmer** ★
Mittelrhein

Blücherstraße 220, 55422 Bacharach-Steeg
Tel. 06743-2570, Fax: 06743-937881
www.weingut-kemmer.de
horst.kemmer@gmx.de
Inhaber: Horst Kemmer
Rebfläche: 1 Hektar
Besuchszeiten: nach Vereinbarung
Probierstube (bis 25 Personen)

Das Weingut Kemmer liegt im Steeger Tal, wo sich auch alle Weinberge von Horst Kemmer befinden. In den Steilhängen der Lagen Bacharacher Wolfshöhle und Steeger Hambusch wird überwiegend Riesling angebaut. Hinzu kommt ein klein wenig Optima.

Als ich im vergangenen Jahr die Weine von Horst Kemmer zum ersten Mal vorgestellt hatte, gefiel mir die Auslese Bacharacher Wolfshöhle am besten. Der neue Jahrgang gefällt mir insgesamt besser, weil die Qualität ausgeglichener ist als im Jahr 2001.

84 ▶ **2002 Riesling Kabinett trocken Bacharacher Wolfshöhle** wunderschön klare Frucht, Frische, feines Bouquet; klar und direkt, gute Frucht und Biss (3,70 €)

85 ▶ **2002 Riesling Spätlese trocken Bacharacher Wolfshöhle** konzentriert, würzig, zurückhaltende Frucht; klar, kraftvoll, gute Frucht (4,70 €)

84 ▶ **2002 Riesling Kabinett halbtrocken Bacharacher Wolfshöhle** gute Würze, klare jugendliche Frucht; frisch und klar im Mund, süße Frucht (3,70 €)

84 ▶ **2002 Riesling Spätlese halbtrocken Bacharacher Wolfshöhle** jugendliche Frucht, feine Würze; unkompliziert im Mund, süße Frucht (5 €)

Weitere Weine: 82 ▶ 2002 Riesling halbtrocken Bacharacher Schloss Stahleck ■ 83 ▶ 2002 Ortega Auslese Steeger Hambusch ■

Weingut
Heribert **Kerpen** ★★★
Mosel-Saar-Ruwer

Uferallee 6, 54470 Bernkastel-Wehlen
Tel. 06531-6868, Fax: 06531-3464
www.weingut-kerpen.de
weingut-kerpen@t-online.de
Inhaber: Martin Kerpen
Rebfläche: 6,5 Hektar
Besuchszeiten: Mo.-Fr. 10-18 Uhr,
Sa. 10-15:30 Uhr, und nach Vereinbarung
Weinprobierstube, Weinkellerwoche (Christi Himmelfahrt bis Pfingsten)

Martin Kerpen hat 1988 den elterlichen Betrieb übernommen. Das Gros seiner Weinberge liegt in Steillagen in Wehlen und Graach, hinzu kommt ein wenig Besitz in Bernkastel. Er hat ausschließlich Riesling, die er in Eichenholzfässern ausbaut. Etwa 60 Prozent seiner Rieslinge baut er trocken und halbtrocken aus. Seine Auslesen klassifiziert er intern, gemäß seiner eigenen Einschätzung, mit 1 bis 3 Sternen. Etwa ein Drittel seiner Weine wird exportiert. Martin Kerpens Rieslinge zeigen eine klare Handschrift: sie sind alle sehr reintönig und zupackend, mit wunderschöner, in ihrer Jugend manchmal aggressiven Säure. Es sind allesamt Rieslinge, die sehr gut lagern können.

Jahr für Jahr hat Martin Kerpen ein sehr zuverlässiges und gutes Programm, immer wieder gekrönt von edelsüßen Spitzen. Die letztjährige Kollektion war noch etwas besser ausgefallen als in den Jahren zuvor und wurde gekrönt von der faszinierenden Trockenbeerenauslese aus der Wehlener Sonnenuhr (94). Auch in diesem Jahr hat er wieder einige faszinierende edelsüße Rieslinge im Programm

84 ▶ 2002 Riesling Kabinett trocken Wehlener Sonnenuhr gute Würze und Konzentration, jugendliche Frucht; klare Frucht, geradlinig, Biss (6,25 €)

86 ▶ 2002 Riesling Spätlese trocken Wehlener Sonnenuhr jugendliche Frucht, klar und konzentriert, zurückhaltend; kraftvoll im Mund, klar, zupackend (7,70 €)

85 ▶ 2002 Riesling Kabinett halbtrocken Graacher Himmelreich reife klare Frucht, etwas Pfirsiche und Aprikosen; direkt, klare Frucht, geradliniger Riesling (6,25 €)

85 ▶ 2002 Riesling Kabinett Wehlener Sonnenuhr feine Würze, jugendliche zurückhaltende Frucht; harmonisch, klar (6,50 €)

87 ▶ 2002 Riesling Spätlese Graacher Domprobst würzige Noten, klare jugendliche Rieslingfrucht; frisch, klar, feine süße Frucht, elegant (7,70 €)

88 ▶ 2002 Riesling Spätlese* Wehlener Sonnenuhr klare jugendliche Frucht, sehr eindringlich; gute Harmonie und Fülle, klare Frucht (9,50 €)

88 ▶ 2002 Riesling Auslese Wehlener Sonnenuhr herrlich würzig und konzentriert, jugendliche eindringliche Frucht; gute Harmonie, viel süße Frucht, kompakt (10,50 €)

90 ▶ 2002 Riesling Auslese* Wehlener Sonnenuhr herrlich konzentriert, reintönig, jugendliche Frucht; viel reife kalre Frucht, füllig, harmonisch und lang (12 €)

92 ▶ 2002 Riesling Auslese*** Wehlener Sonnenuhr herrlich würzig, dominant, jugendliche eindringliche Frucht; enorm füllig und konzentriert, viel klare Frucht, stoffig, nachhaltig (18 €/0,375l)

93 ▶ 2002 Riesling Eiswein Bernkasteler Bratenhöfchen herrlich reintönig, konzentriert, faszinierende Frucht; reintönig auch im Mund, gute Konzentration, herrlich viel Frucht, Biss, Nachhall (32,50 €)

Weitere Weine: 82 ▶ 2002 Riesling trocken ■
81 ▶ 2002 Riesling Classic ■

Weingut August Kesseler ★★★
Rheingau

Lorcher Straße 16, 65385 Assmannshausen
Tel. 06722-2513, Fax: 06722-47477
www.august-kesseler.de
info@august-kesseler.de
Inhaber: August Kesseler
Rebfläche: 20 Hektar
Besuchszeiten: nach Vereinbarung

August Kesseler hat das elterliche Weingut 1977 übernommen und seither kontinuierlich auf die heutige Größe erweitert. Die Hälfte seiner Weinberge ist mit Spätburgunder bepflanzt, hinzu kommen 40 Prozent Riesling und etwas Silvaner. Neben dem Assmannshäuser Höllenberg ist er in Rüdesheim in den Lagen Berg Schlossberg, Bischofsberg, Berg Roseneck und Rottland vertreten. Er besitzt teilweise 70 Jahre alte Spätburgunderreben. Die Rieslinge werden reduktiv im Edelstahl ausgebaut, die Spätburgunder im Holzfass.

August Kesseler hat in den letzten Jahren mit seinen Rieslingen enorm zugelegt. Aber auch seine Spätburgunder waren schon lange nicht mehr so beeindruckend wie im Jahrgang 2001.

85 ▶ 2002 Riesling Kabinett trocken Rüdesheimer Bischofsberg gute klare Rieslingfrucht im Bouquet; harmonisch im Mund, gute klare Frucht, feine Bitternote

87 ▶ 2002 Riesling Spätlese trocken Rüdesheimer Berg Roseneck gute Konzentration, sehr klare Frucht, Frische; klare süße Frucht, Fülle, Harmonie, feiner Biss im Abgang

88 ▶ 2001 Spätburgunder trocken Assmannshäuser Höllenberg feine rauchige Noten, sehr klare reife Frucht, feines Spätburgunderbouquet; harmonisch im Mund, klare Frucht, gute Struktur, jugendliche Bitternote

89 ▶ 2001 Spätburgunder trocken Rüdesheimer Berg Schlossberg herrlich reife süße Frucht im Bouquet, konzentriert, Vanille, Erdbeeren und Kirschen, feine Würze; kraftvoll im Mund, Struktur, jugendliche Tannine, feiner Toast, viel Nachhall, Bitternote im Abgang

Weingut Reichsgraf von **Kesselstatt** ★★
Mosel-Saar-Ruwer

Schlossgut Marienlay
54317 Morscheid im Ruwertal
Tel. 06500-91690, Fax: 06500-916969
www.kesselstatt.com
weingut@kesselstatt.com
Inhaber: Familie Günther Reh
Rebfläche: 42 Hektar
Besuchszeiten: nur mit Voranmeldung
Restaurant und Weinstube Palais Kesselstatt (Trier), Hotel-Restaurant Doctor-Weinstuben (Bernkastel-Kues), Gutshotel (Neumagen-Dhron)

Reichsgraf von Kesselstatt ist eines der größten Weingüter in der Region mit Weinbergsbesitz an Mosel, Saar und Ruwer. 1978 hat die Familie Günther Reh das Weingut erworben, heute ist es Teil des Konzernverbundes der Schloss Wachenheim AG, die 1998 von der Günther Reh AG mehrheitlich erworben wurde. Gut ein Viertel der Produktion wird exportiert. Es wird ausschließlich Riesling angebaut. Die Vergärung erfolgt spontan mit den natürlichen Hefen und die Weine werden dann recht lange auf der Hefe ausgebaut. In Alleinbesitz hat man die 4,6 Hektar große Lage Josephshöfer, die zwischen der Wehlener Sonnenuhr und dem Graacher Domprobst liegt, sowie die Neumagener Sonnenuhr. Weitere Lagen an der Mittelmosel, in denen Reichsgraf von Kesselstatt Besitz hat, sind z.B. Piesporter Goldtröpfchen, Erdener Treppchen, Wehlener Sonnenuhr, Bernkasteler Doctor, Brauneberger Juffer-Sonnenuhr und Graacher Domprobst. An der Saar (12 Hektar) ist Reichsgraf von Kesselstatt in den Lagen Scharzhofberger, Wiltinger Gottesfuß und Ockfener Bockstein vertreten, an der Ruwer (ebenfalls 12 Hektar) in den Kaseler Lagen Kehrnagel und Nies'chen.

Das Sortiment wurde 2002 neu gegliedert in Guts- und Ortsweine, Lagenweine und Spitzengewächse. Nachdem mir in den vergangenen Jahren immer die edelsüßen Weine besonders gut gefallen hatten, war ich doch sehr angenehm überrascht, solch herrlich kraftvolle trockene Rieslinge verkosten zu können. Die trockenen Spätlesen gehören zu den besten trockenen Rieslingen des Jahrgangs an der Mosel. Dazu gibt es wie gewohnt edelsüße Spitzen.

89 ▶ **2002 Riesling Spätlese trocken*** Josephshöfer** klar, konzentriert, herrlich reintönige Frucht; wunderschön füllig im Mund, viel klare Frucht, viel Riesling

88 ▶ **2002 Riesling Spätlese trocken*** Wehlener Sonnenuhr** konzentriert, sehr klar, jugendliche Frucht; kraftvoll im Mund, gute Fülle und Frucht, harmonisch

89 ▶ **2002 Riesling Spätlese trocken*** Scharzhofberger** konzentriert, enorm würzig, eindringliche Frucht; füllig, klar und konzentriert, viel Frucht, faszinierender Nachhall

85 ▶ **2002 Riesling Kabinett „feinherb" Scharzhofberger** sehr klare Frucht, reintöniges Rieslingbouquet; frisch, klar, feine süße Frucht

86 ▶ **2002 Riesling Palais Kesselstatt** konzentriert, herrlich würzig und direkt, jugendliche Frucht; kraftvoll, klar, feiner Nachhall

92 ▶ **2002 Riesling Auslese Goldkapsel Fuder 6 Josephshöfer** faszinierende Frucht, herrlich dominant, süße Aprikosen und Pfirsiche; herrlich viel Frucht auch im Mund, eindringlich, konzentriert, klar, viel Nachhall

90 ▶ **2002 Riesling Auslese Goldkapsel Fuder 10 Scharzhofberger** reife süße Aprikosen, sehr klare Frucht; wunderschön füllig, klare süße Frucht, harmonisch und lang

88 ▶ **2002 Riesling Eiswein Fuder 28 Kaseler Nies'chen** dominant, recht würzig, klare süße Frucht, süße Zitrusfrüchte; frisch, direkt, viel süße Frucht, viel Biss und Nachhall

Weitere Weine: 79 ▶ 2002 Riesling trocken Kaseler ■ 80 ▶ 2002 Riesling trocken Graacher ■ 79 ▶ 2002 Riesling trocken RK ■ 82 ▶ 2002 Riesling Kabinett „feinherb" Kaseler Kehrnagel ■ 84 ▶ 2002 Riesling Kabinett „feinherb" Josephshöfer ■ 84 ▶ 2002 Riesling Kabinett Piesporter Goldtröpfchen ■ 81 ▶ 2002 Riesling Kabinett Scharzhofberger ■

Weingut Georg Jakob + Matthias Keth ★★★
Rheinhessen / Pfalz

Wormserstraße 37, 67591 Offstein
Tel. 06243-7522, Fax: 06243-7751
www.weingut-keth.de
kontakt@weingut-keth.de
Inhaber: Georg Jakob Keth und Matthias Keth
Rebfläche: 25 Hektar
Besuchszeiten: Mo.-Sa. 8-11:30 + 13-18 Uhr,
So. 10-12 Uhr
Probierzimmer, 4 Gästezimmer, Vinothek

Das Weingut Keth liegt in Offstein, ganz im Süden des Anbaugebietes Rheinhessen. Neben Weinbergen in Rheinhessen besitzt es auch Anlagen in der benachbarten Pfalz. 1972 hat Georg Jakob Keth das Weingut übernommen mit damals 2,5 Hektar Reben. Noch im selben Jahr hat er mit der Selbstvermarktung begonnen und seine ersten 600 Liter Wein gemacht. Von Anfang an hat er auf Rotweinsorten gesetzt, die schon immer 50 Prozent seiner Weinberge einnahmen. In den letzten Jahren sind 55 Prozent daraus geworden. Schon recht früh hat er zu Spätburgunder und Portugieser Sorten wie Dornfelder, Cabernet Sauvignon und Merlot gepflanzt, aber auch Sankt Laurent. Zuletzt kamen kleinere Anlagen mit Frühburgunder, sowie Cabernet Dorsa und Cabernet Mitos (die er für Cuvées nutzen will) hinzu. Alle 90.000 Liter Rotwein die er durchschnittlich pro Jahr erzeugt werden maischevergoren und in Holzfässern ausgebaut. 1998 wurde ein Barriquekeller fertig gestellt, in dem die Spitzenweine im kleinen Holzfass ausgebaut werden. Er nutzt sowohl amerikanische als auch französische Eiche. Der Anteil neuer Fässer wird auf etwa ein Drittel begrenzt, damit das Holz den Wein nicht zu sehr dominiert.

Auch bei den Weißweinen, die heute von Sohn Matthias vinifiziert werden, hat er von Anfang an auf die traditionellen Sorten gesetzt. Neben Riesling, Weiß- und Grauburgunder spielt Chardonnay eine wichtige Rolle. Die Weißweine werden kaltvergoren und (bisher) ausschließlich im Edelstahl ausgebaut. In den Weinbergen setzt Georg Jakob Keth bewusst auf Klonengemische, das heißt, dass die Reben der verschiedenen Klone einer Sorte durcheinander und nicht gesondert nach Zeilen gepflanzt werden. Der Verkauf der Weine - die gesamte Produktion wird über die Flasche vermarktet - erfolgt zu 70 Prozent an Privatkunden. Nur einzelne Spitzenweine tragen eine Lagenbezeichnung.

Die letztjährige Kollektion hatte mir insgesamt deutlich besser gefallen als im Jahr zuvor, vor allem weil die Weißweine deutlich zugelegt hatten. Der neue Jahrgang von Georg Jakob und Matthias Keth ist nochmals besser, noch homogener: alle Weißweine sind wunderschön klar, alle zeichnen sich durch ihr gutes Preis-Leistungs-Verhältnis aus. Die Rotweine sind nochmals besser als in den Vorjahren. Wie die Weißweine sind alle wunderschön reintönig und fruchtbetont.

86 ▶ **2002 Riesling trocken** frisch und klar im Bouquet, wunderschön reintönige Frucht; klar und direkt im Mund, gute Frucht, Biss (3,50 €/1l)

86 ▶ **2002 Rivaner trocken** wunderschön klare Frucht, feine Würze, Frische; klare etwas süße Frucht im Mund, herrlich harmonisch und süffig (3,50 €)

86 ▶ **2002 Weißburgunder trocken** gute Konzentration, jugendliche sehr klare Frucht; frisch, klar, viel süße Frucht, herrlich süffig (3,60 €)

87 ▶ **2002 Chardonnay trocken** würzig, klar, eindringliche Frucht; kraftvoll im Mund, klare reife Frucht, harmonisch, füllig, feiner Nachhall (5,40 €)

85 ▶ 2002 **Muskateller** feine Muskatnote, Frische, klare Frucht; lebhaft im Mund, viel süße Frucht, süffig (3,60 €)

87 ▶ 2001 **Sankt Laurent trocken Nr. 27/02** herrlich eindringliche Frucht, gute Würze, sehr klar; kraftvoll im Mund, gute Frucht, geradlinig, sehr reintöniger Sankt Laurent (6,70 €)

87 ▶ 2001 **Dornfelder trocken Holzfass** jugendliche Frucht, sehr klar, feine rauchige Noten; harmonisch im Mund, reife süße Frucht, wunderschön klar und lang, gute Tannine und Nachhall (8,50 €)

88 ▶ 2001 **Cabernet Sauvignon trocken Holzfass** wunderschön klare Frucht, rote Johannisbeeren, Frische, dezent Minze; sehr reintönig im Mund, gute Frucht, Kraft, Struktur, viel Nachhall (8,20 €)

89 ▶ 2001 **Spätburgunder trocken Barrique Selection Rheinhessen** herrlich konzentriert, reife klare Frucht, feine rauchige Noten, vielversprechend; wunderschön füllig im Mund, viel reife Frucht, konzentriert, herrlich reintönig (10,70 €)

Winzergenossenschaft Kiechlinsbergen *
Baden

Herrenstrasse 35, 79346 Endingen
Tel. 07642-90410, Fax: 07642-904141
www.kiechlinsberger-wein.de
info@kiechlinsberger-wein.de
Geschäftsführer: Thomas Wihler
Kellermeister: Hans Ens
Verkaufsleiter: Lothar Gerber
Mitglieder: 300
Rebfläche: 130 Hektar
Besuchszeiten: Mi.-Fr. 8-17 Uhr,
Sa. 9-12:30 Uhr

Die Winzergenossenschaft von Kiechlinsbergen am Kaiserstuhl wurde 1930 im noch heute erhaltenen Klosterkeller gegründet. Seit 862, als die Mönche des Klosters Tennenbach hier Reben anpflanzten, ist der Weinbau in Kiechlinsbergen belegt. Die Weinberge der Mitglieder befinden sich in den beiden Kiechlinsberger Lagen Ölberg und Teufelsburg. 40 Prozent der Rebfläche nimmt Müller-Thurgau ein, 35 Prozent Spätburgunder. Hinzu kommen vor allem Grauburgunder und Weißburgunder. Die Winzergenossenschaft Kiechlinsbergen gehört mit einer Produktion von etwa 1 Million Flaschen im Jahr zu den kleineren badischen Genossenschaften.

Nach einer guten Kollektion im Vorjahr überzeugt auch der neue Jahrgang der Winzergenossenschaft Kiechlinsbergen. Alle Rotweine wirken durch die merkliche Restsüße ein wenig gefällig.

86 ▶ 2002 **Weißburgunder trocken "Alte Reben" Kiechlinsberger Teufelsberg** konzentriert, klar, reife Frucht; herrlich füllig im Mund, viel süße Frucht (9,15 €)

87 ▶ 2002 **Müller-Thurgau Beerenauslese Kiechlinsberger Ölberg** konzentriert, reife süße Frucht, sehr eindringlich; konzentriert, klar, eindringliche Frucht (13,40 €/0,375l)

84 ▶ 2002 **Spätburgunder trocken "KS" Kiechlinsberger Ölberg** reife klare würzige Frucht; weich im Mund, süße Frucht, gefällig süffig (10,35 €)

85 ▶ 2002 **Spätburgunder trocken "Alte Reben" Kiechlinsberger Ölberg** reife klare Frucht, sehr eindringlich; süß im Mund, samtig, gute Frucht, Biss (6,80 €)

87 ▶ 2002 **Cabernet Sauvignon trocken Barrique Kiechlinsberger Ölberg** rauchige Noten, klare reife Frucht; viel süße Frucht, klar, harmonisch (12,25 €)

88 ▶ 2000 **Spätburgunder trocken Barrique Kiechlinsberger Ölberg** herrlich konzentriert, reintönige reife Spätburgunderfrucht; viel süße Frucht, kraftvoll, gute Struktur, nachhaltig (16,70 €)

Weitere Weine: 78 ▶ 2002 Grauer Burgunder trocken Kiechlinsberger ■ 82 ▶ 2002 Grauer Burgunder trocken „KS" Kiechlinsberger Ölberg ■ 83 ▶ 2002 Weißburgunder trocken „KS" Kiechlinsberger Ölberg ■ 81 ▶ 2002 Grauer Burgunder Kabinett trocken Kiechlinsberger Ölberg ■ 83 ▶ 2002 Grauer Burgunder Spätlese trocken Kiechlinsberger Ölberg ■ 82 ▶ 2002 Spätburgunder trocken Kiechlinsberger ■

Weingut Friedrich **Kiefer** ★★
Baden

Bötzinger Straße 13, 79356 Eichstetten
Tel. 07663-1063, Fax: 07663-3927
www.germanwine.de/weingut/kiefer
weingut_friedrich_kiefer@t-online.de
Inhaber: Lutz Grafahrend
Rebfläche: 110 Hektar
Besuchszeiten: Mo.-Fr. 8-12 + 13-17:30 Uhr,
Sa. 9-16 Uhr

Der heutige Besitzer des Weingutes, Lutz Grafahrend, ist ein Urenkel von Friedrich Kiefer, der 1851 den Weinbaubetrieb gründete. In den letzten Jahren wurden neue Weinberge erworben, der Keller erneuert und neue große Holzfässer und Barriques für den Ausbau der Rotweine angeschafft.

Schon im vergangenen Jahr überzeugte die gleichmäßige, gute Qualität aller Weine. Gleiches gilt für die neue Kollektion, die mit dem barriqueausgebauten Spätburgunder einen der besten Rotweine Badens aufweist.

84 ▶ 2002 Weisser Burgunder trocken Eichstetter Herrenbuck klare würzige Weißburgunderfrucht; weich, harmonisch, klare Frucht (5 €/1l)

84 ▶ 2002 Weisser Burgunder Kabinett trocken Eichstetter Herrenbuck leicht würzige Noten, gute Frucht; weich, kompakt, gute Fülle (5,70 €)

85 ▶ 2002 Grauer Burgunder Spätlese trocken Eichstetter Herrenbuck klare würzige Frucht im Bouquet, gute Konzentration; kompakt, klare Frucht, fülliger Grauburgunder (8,20 €)

85 ▶ 2001 Chardonnay trocken Barrique Eichstetter Herrenbuck gute Konzentration im Bouquet, etwas Zitrus und Vanille; kompakt im Mund, klare Frucht, stoffiger Chardonnay (11,30 €)

85 ▶ 2002 Muskateller Kabinett halbtrocken Eichstetter Herrenbuck frisch, klar, eindringliche Muskatnote; lebhaft im Mund, klare Frucht (5,40 €)

84 ▶ 2001 Spätburgunder trocken Eichstetter Herrenbuck feine rauchige Noten, sehr klare Frucht; frisch, klar, gute etwas süße Frucht (6,10 €)

86 ▶ 2001 Spätburgunder Spätlese trocken Holzfass „Tradition" Eichstetter Herrenbuck sehr klare reife etwas süße Frucht, Kirschen und Erdbeeren; weich im Mund, harmonisch, viel Frucht (9,70 €)

89 ▶ 2001 Spätburgunder trocken Barrique Eichstetter Herrenbuck würzig-rauchige Noten, herrlich eindringliche klare Frucht; viel süße Frucht, schmeichelnd, füllig, etwas Schokolade, harmonisch und lang (12,80 €)

Weitere Weine: 82 ▶ 2002 Rivaner Classic ∎83 ▶ 2002 Chardonnay Kabinett trocken Eichstetter Herrenbuck. ∎

Weingut Dr. Benz - **Kirchberghof** ★★
Baden

♣ Pfadweg 5, 79341 Kenzingen-Bombach
Tel. 07644-1261, Fax: 07644-4054
Inhaber: Dr. Eribert Benz
Rebfläche: 19 Hektar
Besuchszeiten: Do.-Fr. 9-12 + 14-18:30 Uhr,
Sa. 9-14 Uhr

Der Kirchberghof hat einen neuen Besitzer: zum 1. Februar 2003 haben Marina und Eribert Benz das Gut von Herta und Gerd Hügle übernommen. 1981 war Gert Hügle aus der Genossenschaft ausgetreten, 1985 hatte er dann den eigenen Keller ausgebaut und im Jahr darauf mit der Umstellung auf ökologischen Weinbau begonnen (Mitglied bei ECOVIN). Das Weingut liegt in Bombach, etwa 20 km nördlich von Freiburg, und besitzt Weinberge in den Lagen Kenzinger Hummelberg, Bombacher Sommerhalde und Riegeler St. Michaelsberg. Die Weine tragen jedoch weder Lagenbezeichnungen noch Prädikatsangaben. Wichtigste Rebsorte ist

Spätburgunder, der über ein Drittel der Fläche einnimmt. Es folgen Müller-Thurgau, Grauburgunder und Weißburgunder. Dazu gibt es an roten Sorten noch Regent, Cabernet Sauvignon und Merlot, an weißen Sorten Chardonnay, Kerner und Gewürztraminer, sowie weitere pilzresistente Sorten wie Léon Millet, Maréchal Foch, Johanniter oder Chardonel.

Vor zwei Jahren war die Kollektion von sehr gleichmäßiger Qualität. Die im vergangenen Jahr verkosteten Weine gefielen mir nochmals besser, allen voran die Spätburgunder. Auch in diesem Jahr ist der Barrique-Spätburgunder mein Favorit in einer sehr homogenen, überzeugenden Kollektion.

85 ▶ 2002 „Crystall" Weißwein Cuvée trocken Johanniter, Chardonel und „FR946-60"; frisch, würzig, direkt; klar im Mund, direkt, gute Frucht (6 €)

85 ▶ 2002 Grauburgunder trocken würzige Noten, jugendliche Frucht; füllig, viel reife süße Frucht, klar (7,70 €)

87 ▶ 2002 Chardonnay trocken gute Konzentration, jugendliche Frucht; reife süße Frucht, wunderschön klar (9 €)

87 ▶ 2002 „Picú" Weißwein Cuvée trocken Barrique Grauburgunder und Chardonnay; konzentriert, rauchig-würzige Noten, verhaltene Frucht; kraftvoll, klar, gute Fülle, reife Frucht, Vanille (11,50 €)

84 ▶ 2002 Regent trocken duftig, klare Frucht; gute Harmonie, feine Frische und Frucht (7 €)

85 ▶ 2001 Spätburgunder trocken Holzfass rauchige Noten, zurückhaltende Frucht; feine Würze, klare Frucht, Biss (8,20 €)

88 ▶ 2001 Spätburgunder trocken Barrique vierzehn Monate Barriqueausbau; gute Konzentration, rauchig-würzige Noten, jugendliche Frucht; kraftvoll im Mund, gute Fülle und Substanz, klare jugendliche Frucht (13 €)

87 ▶ 2001 „Resumé" trocken Barrique 45 % Cabernet Sauvignon, 35 % Merlot und 20 % Regent, vierzehn Monate Barriqueausbau; reife klare Frucht, eindringlich Vanille; harmonisch, klar, reife Frucht, Nachhall (14,50 €)

Weitere Weine: 82 ▶ 2002 Blanc Secco Perlwein ■ 83 ▶ 2002 Léon Millot & Maréchal Foch Rotwein Cuvée trocken ■

Weingut Kirsten ★★★★
Mosel-Saar-Ruwer

Krainstraße 5, 54340 Klüsserath
Tel. 06507-99115, Fax: 06507-99113
www.weingut-kirsten.de
mail@weingut-kirsten.de
Inhaber: Bernhard Kirsten
Rebfläche: 7 Hektar
Besuchszeiten: nach Vereinbarung

Neben Riesling, der 95 Prozent seiner Weinberge einnimmt, baut Bernhard Kirsten ein klein wenig Spätburgunder und Weißburgunder (bereits seit 1990) an. Der Großteil seiner Weinberge liegt in der Lage Klüsserather Bruderschaft. Desweiteren hat er Weinberge im Pölicher Held und in der Köwericher Laurentiuslay. Die eine Hälfte der Weine wird trocken oder halbtrocken ausgebaut, die andere Hälfte restsüß. Die Weine werden spontanvergoren, und nur bei trockenen Weinen, die nicht zu Ende gären wollen, werden später noch Reinzuchthefen hinzugesetzt.

Die halbtrockene Spätlese aus dem Herzstück war der beste Wein in seiner 2000er Kollektion. 2001 waren alle Rieslinge herrlich kraftvoll und fruchtbetont. Gleiches gilt für den Jahrgang 2002: kraftvolle, herrlich reintönige Rieslinge und ein interessanter Weißburgunder.

84 ▶ 2002 Riesling trocken würzig, direkt, klare Frucht; klar und direkt im Mund, feine Frucht (4,60 €)

87 ▶ 2002 Weißer Burgunder Barrique gute Konzentration, etwas Vanille, Toast; harmonisch, füllig, viel süße Frucht (8,50 €)

89 ▶ **2002 Riesling trocken „Herzstück"** konzentriert, dominant, herrlich eindringliche Frucht, mineralische Noten; kraftvoll im Mund, viel reife Frucht, kompakt, sehr nachhaltig (8,50 €)

89 ▶ **2002 Riesling halbtrocken „Herzstück"** viel Frucht, sehr reintönig und konzentriert; herrlich harmonisch im Mund, reife süße Frucht, sehr lang (8,50 €)

89 ▶ **2002 Riesling „Alte Reben"** enorm reintönig, konzentriert, faszinierendes Bouquet; herrlich füllig, viel reife süße Frucht, kompakt, sehr reintönig, lang (9 €)

88 ▶ **2002 Riesling Laurentiuslay** viel Konzentration, klare jugendliche Frucht; gute Fülle, reife klare Frucht, wunderschön harmonisch und lang, feiner Nachhall (7,50 €)

Wein- und Sektgut
Kissel ★
Pfalz

Bahnhofstraße 71, 67251 Freinsheim
Tel. 06353-93049, Fax: 06353-93059
kissel-freinsheim@t-online.de
Inhaber: Hans-Günther und Petra Kissel
Rebfläche: 6 Hektar
Besuchszeiten: nach Voranmeldung Mo.-Fr. 9-19 Uhr, Sa. 9-17 Uhr
Weinprobierräume „Im Weinfass" (bis 12 Personen) und „Großer Weinprobierraum" (bis 60 Personen), im Sommer im „toskanischen" Hof (bis 100 Personen)

Wichtigste Rebsorte beim Weingut Kissel ist Riesling mit einem Anteil von 38 Prozent. Danach folgen Scheurebe, Graubrugunder und Müller-Thurgau. Dazu gibt es an Weißweinsorten noch Chardonnay und Silvaner. Der Rotweinanteil (Portugieser, Dornfelder, Merlot und Spätburgunder) beträgt knapp ein Viertel.

Der Merlot gefällt mir gut, aber die Weißweine, vor allem - wieder einmal - die Grauburgunder, überzeugen mich nicht.

85 ▶ **2000 Merlot trocken** feine jugendliche Frucht, klar und direkt; gute Harmonie, klare reife Frucht, dezente Vanille (6,80 €)

Weitere Weine: 82 ▶ **2002 Riesling Kabinett trocken ▪ 79** ▶ **2002 Grauer Burgunder Kabinett trocken ▪ 82** ▶ **2002 Riesling Spätlese trocken ▪ 79** ▶ **2002 Grauer Burgunder Spätlese trocken ▪**

Weingut
Kissinger ★★★
Rheinhessen

Außerhalb 13, 55278 Uelversheim
Tel. 06249-7969, Fax: 06249-7989
weingut.kissinger@t-online.de
Inhaber: Jürgen Kissinger
Rebfläche: 12 Hektar
Besuchszeiten: nach Vereinbarung

Jürgen Kissinger hat zum väterlichen Betrieb nach und nach Weinberge in den renommierten Lagen an der Rheinfront hinzugepachtet und -gekauft. Neben Riesling spielen Silvaner, die weißen Burgunder und Rotweinsorten bei ihm eine wichtige Rolle. Das Gros seiner Weine baut er trocken aus.

Mit der neuen Kollektion knüpft Jürgen Kissinger an seine beeindruckenden 98er und 99er Weine an. Alle Weine sind wunderschön reintönig, vereinen Frucht und Kraft und zeichnen sich durch ihre Nachhaltigkeit aus.

84 ▶ **2002 Riesling Kabinett trocken Dienheimer Tafelstein** klare zurückhaltende Rieslingfrucht; frisch, geradlinig, jugendliche Frucht (4 €)

87 ▶ **2002 Riesling Spätlese trocken Uelversheimer Tafelstein** herrlich klare reife Frucht, feines Bouquet; wunderschön harmonisch im Mund, klare Frucht, viel Biss und Nachhall (5 €)

87 ▶ **2002 Weißburgunder Spätlese trocken Uelversheimer Tafelstein** reife süße Frucht, klar, konzentriert; herrlich füllig, reife klare Frucht, Struktur, feiner Nachhall (5,10 €)

86 ▶ **2002 Grauburgunder Spätlese trocken** gute klare würzige Frucht, etwas Zitrusfrüchte, gelbe Früchte; frisch und klar im Mund, gute süße Frucht, Nachhall (5,10 €)

90 ▶ **2002 Chardonnay Auslese trocken Uelversheimer Tafelstein** faszinierend reintönige Frucht, weiße Früchte, eindringlich; kraftvoll im Mund, viel reife süße Frucht, dominant, klar, enormer Nachhall (9,20 €)

90 ▶ **2002 Grauburgunder Auslese trocken** reife süße Frucht, herrlich konzentriert und eindringlich, dominant; kraftvoll, enorm füllig, viel reife süße Frucht, stoffiger jugendlicher Grauburgunder, enorm nachhaltig (8,20 €)

89 ▶ **2002 Riesling Auslese trocken Dienheimer Kreuz** herrlich konzentriert, klare jugendliche Frucht, sehr eindringlich; kraftvoll, wunderschön stoffig, zupackend, mineralische Noten, enormer Nachhall (8,20 €)

87 ▶ **2002 Riesling Spätlese halbtrocken Dienheimer Tafelstein** reife süße Frucht, etwas Aprikosen; frisch und klar im Mund, viel süße Frucht, harmonisch (5 €)

88 ▶ **2002 Gewürztraminer Spätlese Guntersblumer Himmeltal** reife süße Frucht, Frische, wunderschön reintöniges Bouquet; reintönig auch im Mund, viel süße Frucht, Biss, eleganter Gewürztraminer, feine Nachhaltigkeit (4,20 €)

87 ▶ **2002 Riesling Spätlese Oppenheimer Sackträger** gute Konzentration, reife süße Frucht, herrlich reintönig; sehr klar und harmonisch im Mund, reife Frucht (5 €)

87 ▶ **2001 Spätburgunder trocken Barrique Oppenheimer Herrenberg** rauchige Noten, wunderschön eindringliche klare Frucht; harmonisch, elegant, feine süße Frucht (9,50 €)

Weitere Weine: 83 ▶ 2002 Riesling trocken (11) ▪

Weingut Kistenmacher-Hengerer ★★★
Württemberg

Eugen-Nägele-Straße 23-25, 74074 Heilbronn
Tel. 07131-172354, Fax: 07131-172350
kistenmacher-hengerer-wein@t-online.de
Inhaber: Hans Hengerer
Rebfläche: 8 Hektar
Besuchszeiten: Mo.-Fr. 16-18:30 Uhr,
Sa. 9-11 + 13-16 Uhr

Hans Hengerer baut zu 60 Prozent rote Rebsorten an (unter anderem hat er zuletzt etwas Merlot gepflanzt). Bei den weißen Sorten dominiert Riesling, dazu kommt etwas Kerner. Die Weinberge befinden sich hauptsächlich in den Heilbronner Lagen Stiftsberg, Wartberg und Stahlbühl. Der Großteil der Weinberge ist zwischen 25 und 30 Jahren alt.

Früher waren meist die Rieslinge, trocken bis edelsüß, meine Favoriten bei Hans Hengerer. Im vergangenen Jahr hatten mir in einer ausgeglichenen Kollektion die barriqueausgebauten Rotweine am besten gefallen. Auch in diesem Jahr finde ich, zusammen mit der Riesling Spätlese, zwei Barriqueweine am besten: Spätburgunder und Cuvée Cassic.

85 ▶ **2002 Gelber Muskateller trocken Heilbronner Wartberg** feine Muskatwürze, sehr klar; frisch, klare Frucht, harmonisch (4,90 €)

85 ▶ **2002 „Cuvée Caroline" Weißer Riesling trocken** streng, würzig, jugendlich; sehr klar dann im Mund, feine Frucht (4,90 €)

87 ▶ **2002 Riesling Spätlese Heilbronner Wartberg** würzig, konzentriert, jugendliche Frucht; herrlich viel Frucht, klar und zupackend (6 €)

84 ▶ **2002 Lemberger trocken Heilbronner Stiftsberg** klare Frucht, dezente Vanille; klar und direkt im Mund, feine Frucht und Biss (5,50 €)

85 ▶ 2001 **Samtrot** trocken Holzfass gute Frucht, Erdbeeren und Kirschen; weich, klar, gute Frucht und feiner Biss (5,80 €)

84 ▶ 2001 **Blauer Spätburgunder** trocken Holzfass viel Würze, klare eindringliche Frucht; klare frische Frucht (6,50 €)

86 ▶ 2001 **Trollinger** trocken Holzfass „Alte Reben" Heilbronner Stiftsberg viel Frucht, klar und konzentriert; sehr klare Frucht, Kirschen, Vanille (5,30 €)

85 ▶ 2001 **„Jubiläums-Cuvée"** Rotwein trocken Barrique Heilbronner Stiftsberg reife süße Frucht, Gewürznoten; frisch, klar, gute Frucht und Biss (14,50 €)

87 ▶ 2001 **„Cuvée Cassic"** Rotwein Heilbronner Stiftsberg Lemberger und Spätburgunder, zwölf Monate in neuen Barriques ausgebaut; konzentriert, reife rote Früchte, sehr eindringlich; viel süße Frucht, harmonisch, gute Struktur (10,95 €)

88 ▶ 2001 **Blauer Spätburgunder** Barrique „Edition S" Heilbronner Stiftsberg reife süße Frucht, feine rauchige Noten, klare Spätburgunderfrucht; gute Konzentration, rauchige Noten, viel Frucht (14,50 €)

Weitere Weine: 83 ▶ 2002 Rivaner trocken ∎ 83 ▶ 2002 Riesling Kabinett trocken ∎

Weingut
Gerhard **Klein** *
Pfalz

Weinstraße 38, 76835 Hainfeld
Tel. 06323-2713, Fax: 06323-81343
www.weingut-gerhard-klein.de
klein-wein@t-online.de
Inhaber: Gerhard und Sieglinde Klein
Rebfläche: 16 Hektar
Besuchszeiten: Mo.-Fr. 8-18 Uhr, Sa. 9-17 Uhr

Gerhard Klein setzt auf die traditionellen Pfälzer Rebsorten: neben den Burgundersorten (zusammen 45 Prozent) und Riesling (20 Prozent) pflegt er als Spezialitäten auch Gewürztraminer und Muskateller, die er meist süß ausbaut. Die trockenen Spitzenweine werden in der Weinlinie „S" vermarktet.

Im Jahrgang 2000 war der süße Gewürztraminer mein Favorit. Die letztjährige Kollektion von Gerhard Klein gefiel mir dann deutlich besser. Vor allem die Rotweine der S-Linie haben mich überzeugt: sie waren gut gemacht, zeigten Frucht und Struktur. Auch in der aktuellen Kollektion gefällt mir mit dem Frühburgunder wieder ein Rotwein der S-Linie am besten.

84 ▶ 2002 **Chardonnay „S"** gute Konzentration, klare reife Frucht; weich, kompakt, süße Frucht (6,10 €)

84 ▶ 2002 **Riesling Kabinett** feine Frucht, süße Zitrusfrüchte; harmonisch, klar, süße Frucht, süffig (3,80 €)

85 ▶ 2002 **Riesling Spätlese** würzige Noten, zurückhaltende Frucht; weich, kompakt, süße Frucht (5 €)

87 ▶ 2002 **Riesling Beerenauslese** reife süße Frucht, Frische, direkt; schmeichelnd, viel süße Frucht, kompakt, klar (24 €)

85 ▶ 2001 **Spätburgunder „S"** feine Frische, klare Frucht; harmonisch, unkompliziert, feine Frucht (7,60 €)

88 ▶ 2001 **Frühburgunder „S"** reife süße Frucht, sehr klar, rote Früchte; gute Harmonie, sehr reintönige Frucht, rauchige Noten, Vanille, Struktur (8 €)

Weitere Weine: 81 ▶ 2002 Weißburgunder Kabinett trocken ∎ 82 ▶ 2002 Riesling Kabinett trocken ∎ 83 ▶ 2002 Weißburgunder „S" ∎ 83 ▶ 2002 Grauburgunder „S" ∎ 82 ▶ 2002 Spätburgunder Rosé trocken ∎

Weingut Wolfgang **Klopfer** ★★
Württemberg

Gundelsbacher Straße 1
71384 Weinstadt-Großheppach
Tel. 07151-603848, Fax: 07151-600956
www.klopfer-weingut.de
weingut.klopfer@freenet.de
Inhaber: Wolfgang Klopfer
Rebfläche: 8 Hektar
Besuchszeiten: Di.+ Fr. 16-19 Uhr,
Sa. 9-13 Uhr
Probierstube

Die Weinberge von Wolfgang Klopfer liegen verstreut in 40 Parzellen am Großheppacher und Geradstettener Hang. Hinzu kommt eine Parzelle im Cannstatter Zuckerle. Rote Sorten nehmen 70 Prozent seiner Fläche ein. Trollinger, Schwarzriesling, Lemberger und Spätburgunder sind seine Hauptsorten. Seit 1995 hat er Merlot, Cabernet Dorio und Cabernet Dorsa. Zuletzt hat er Frühburgunder in seinen Weinbergen angepflanzt. Wichtigste Weißweinsorte ist der Riesling, von dem er zuletzt mehr gepflanzt hat, wie auch vom Sauvignon Blanc. Das Gros der Weine baut Wolfgang Klopfer trocken aus. Steht nicht trocken auf dem Etikett, dann handelt es sich um - nach dem Weingesetz - halbtrockene Weine (mit Ausnahme der edelsüßen Weine). Die komplette Ernte wird über die Flasche vermarktet, fast ausschließlich an Privatkunden.

Vor zwei Jahren waren die beiden barriqueausgebauten Rotweine - „Modus-K" und Merlot - die herausragenden Weine. Mindestens genauso beeindruckt hatte mich aber das gleichmäßige, gute Niveau der Basisweine. Das gleiche Bild spiegelte der letztjährige Jahrgang wider. Die beiden barriqueausgebauten Rotweine stachen hervor in einer sehr stimmigen Kollektion mit gleichermaßen interessanten Weiß- und Rotweinen. In der neuen, wiederum stimmigen Kollektion ist nun eindeutig der Merlot mein Favorit.

84 ▶ **2002 Riesling Kabinett trocken Grunbacher Klingle** klare Frucht, etwas Aprikosen; frisch, klar, feine süße Frucht, kompakt (4,90 €)

86 ▶ **2002 Riesling Spätlese trocken Großheppacher Steingrüble** konzentriert, klar, jugendliche Frucht; kraftvoll im Mund, reife klare Frucht (7,10 €)

87 ▶ **2001 Kerner Trockenbeerenauslese Großheppacher Steingrüble** konzentriert, duftig; dick, konzentriert, viel süße Frucht, dezente Bitternote (24 €/0,375l)

86 ▶ **2002 Roséwein Spätlese trocken** wunderschön klare Frucht, Kirschen; frisch, klar, direkt, herrlich viel Frucht (7,10 €)

85 ▶ **2002 Trollinger trocken Kleinheppacher Greiner** feine Frucht, Frische, klar; gute Harmonie, klare Frucht, Biss (4,40 €)

85 ▶ **2002 Lemberger trocken Kleinheppacher Greiner** feine rauchige Frucht, sehr klar; gute Harmonie, feine Frucht, elegant, mit Biss (4,90 €)

85 ▶ **2002 Frühburgunder trocken Großheppacher Steingrüble** feine Frucht, Frische, Würze; harmonisch, viel süße Frucht, enorm süffig (7,60 €)

87 ▶ **2001 Lemberger trocken Großheppacher Steingrüble** reife Frucht, gute Konzentration, rote Früchte; harmonisch, viel reife Frucht, Vanille, gute Länge (14 €)

89 ▶ **2001 Merlot trocken Barrique** konzentriert, herrlich eindringliche rauchige Frucht, sehr reintönig; gute Harmonie, viel Frucht, klar, elegant, feiner Nachhall (14 €)

87 ▶ **2001 „Modus-K" trocken Barrique** Gewürznoten, rote Früchte, ganz leicht Fleisch; gute Fülle und Harmonie, reife süße Frucht, Tannine und Biss (14 €)

Weitere Weine: 82 ▶ 2002 Weißburgunder trocken Großheppacher Steingrüble ■ 83 ▶ 2002 Grauburgunder Kabinett trocken Großheppacher Steingrüble ■

Weingut Klumpp ★★
Baden

♣ Heidelberger Straße 100, 76646 Bruchsal
Tel. 07251-16719, Fax: 07251-10523
www.weingutklumpp.de
info@weingutklumpp.de
Inhaber: Ulrich Klumpp
Rebfläche: 15 Hektar
Besuchszeiten: Mo.-Fr. 16-19 Uhr, Sa. 9-13 Uhr
oder nach telefonischer Voranmeldung
Weinbistro geöffnet in jedem ungeraden Monat,
1.-14., tägl. ab 17 Uhr

Ulrich Klumpp hat sich 1983 selbstständig gemacht mit damals 4,5 Hektar Weinbergen. 1990 hat er dann das neue Weingut am Stadtrand von Bruchsal gebaut. Bereits seit 1985 hatte er Versuche mit ökologischer Bewirtschaftung unternommen, 1995 hat er dann komplett umgestellt und bewirtschaftet seither seinen gesamten Betrieb nach den Richtlinien des ökologischen Weinbaus (ECOVIN). Wichtigste Rebsorte bei ihm ist Spätburgunder, gefolgt von Riesling, Grauburgunder, Weißburgunder, Auxerrois und Lemberger. Bei den roten Sorten setzt er neben Spätburgunder und Lemberger verstärkt auf St. Laurent, den er bereits 1995 erstmals angelegt hat. Aber auch Frühburgunder und der pilzresistente Regent sollen zukünftig von Bedeutung sein. Alle Rotweine werden maischevergoren. Die Weißweine werden gekühlt vergoren und machen alle dann den biologischen Säureabbau durch. Sie werden überwiegend im Edelstahl ausgebaut. 90 Prozent der Weine werden trocken ausgebaut, der Rest - mit seltenen edelsüßen Ausnahmen - halbtrocken. Ulrich Klumpp hat sein Programm in drei Linien gegliedert: die Gutsweine (*), dann die Weine der „Edition Klumpp" (**) und schließlich die „Premium"-Linie (***) für die Topweine aus stark ertragsreduzierten Anlagen.

Im vergangenen Jahr war ich angenehm überrascht von der Kollektion, in der die überzeugenden, sehr jugendlichen Rotweine noch übertroffen wurden von den herrlich kraftvollen Weißweinen der Premiumlinie. Kein anderer im Kraichgau hat in diesem Jahrgang solche Weißweine zu bieten. Auch in der neuen Kollektion sind die herrlich reintönigen Weißweine der Premiumlinie die herausragenden Weine.

84 ▶ **2002 Riesling trocken*** frisch, würzig, klar; klar auch im Mund, feine Frucht und Biss (4,20 e/1l)

84 ▶ **2002 Riesling Kabinett trocken*** Bruchsaler Klosterberg gute Würze und Frucht, klar; weich im Mund, süße Frucht, süffiger Riesling (5,20 €)

85 ▶ **2002 Weißer Burgunder Kabinett trocken**** „Edition Klumpp" recht würzige Frucht, klar; harmonisch im Mund, viel süße Frucht (6,20 €)

88 ▶ **2002 Weißer Burgunder trocken***** „Premium" herrlich konzentriert, eindringliche sehr klare Frucht; viel reife süße Frucht, harmonisch, klar, kompakter Weißburgunder (10 €)

89 ▶ **2002 Grauer Burgunder trocken***** „Premium" konzentriert und eindringlich, viel Würze, klare Frucht; herrlich füllig im Mund, sehr reintönige reife süße Frucht, klar (10 €)

86 ▶ **2001 „Cuvée N°1" Rotwein trocken**** „Edition Klumpp" Spätburgunder, Lemberger und St. Laurent; gute Konzentration, jugendliche Frucht, Frische, direkt; harmonisch im Mund, feine süße Frucht (6 €)

85 ▶ **2001 Spätburgunder trocken**** „Edition Klumpp" sehr klare Frucht, Kirschen und Erdbeeren; harmonisch im Mund, klare süße Frucht (8,80 €)

87 ▶ **2001 Pinot Noir trocken***** „Premium" klare Frucht, gute Konzentration, feines Bouquet; klare süße Frucht, herrlich süffig (13 €)

Weitere Weine: 83 ▶ 2002 Spätburgunder Rosé trocken** „Edition Klumpp" ■ 82 ▶ 2002 Regent trocken* ■

Weingut Knab ★★★★
Baden

Hennengärtle 1a, 79346 Endingen
Tel. 07642-6155, Fax: 07642-931377
www.knabweingut.de
regina-rinker@t-online.de
Inhaber: Thomas und Regina Rinker
Rebfläche: 15 Hektar
Besuchszeiten: Mo.-Fr. 17-18:30 Uhr, Sa. 10-14 Uhr oder nach Vereinbarung

Thomas und Regina Rinker haben das Weingut Knab 1994 übernommen. 90 Prozent ihrer Weinberge befinden sich in der Lage Endinger Engelsberg. Über 90 Prozent der Fläche nehmen die Burgundersorten ein. Die Weißweine werden im Edelstahl ausgebaut, ausgesuchte Weine auch im Barrique. Die Spätburgunder werden alle im Holz ausgebaut.

Die 2001er von Thomas Rinker waren alle herrlich reintönig, weiß wie rot. Weiß- und Grauburgunder gehörten ebenso zur Spitzenklasse wie sein barriqueausgebauter Chardonnay. Dass er sich aufs Barrique versteht, bewies er einmal mehr auch mit seinen Spätburgundern. Das gleiche Bild zeigt sich 2002: tolle Weiß- und Grauburgunder, ebenso wie Chardonnay und Spätburgunder: eine klasse Kollektion!

86 ▶ **2002 Weißer Burgunder Kabinett trocken Endinger Engelsberg** sehr klar, feine Frische; gute Harmonie, klare Frucht, weiße Früchte (5,50 €)

87 ▶ **2002 Grauer Burgunder Kabinett trocken Endinger Engelsberg** sehr reintönig, gelbe Früchte; gute Harmonie, wunderschön klare Frucht (6 €)

89 ▶ **2002 Weißer Burgunder Spätlese trocken Endinger Engelsberg** klar gute Konzentration, feine Weißburgunderfrucht; gute Harmonie, sehr reintönige Frucht (7,50 €)

90 ▶ **2002 Weißer Burgunder Spätlese trocken*** Endinger Engelsberg** herrlich konzentriert, jugendliche eindringliche Frucht; kraftvoll im Mund, viel Frucht, stoffig, jugendlich (12 €)

88 ▶ **2002 Grauer Burgunder Spätlese trocken Endinger Engelsberg** gute Konzentration im Bouquet, klar, gelbe Früchte; kraftvoll und klar im Mund, feiner Grauburgunder (8 €)

89 ▶ **2002 Grauer Burgunder Spätlese trocken*** Endinger Engelsberg** gute Konzentration, viel klare reife Frucht; kraftvoll im Mund, jugendlich Frucht, sehr klar, feiner Nachhall (12 €)

89 ▶ **2002 Chardonnay Spätlese trocken Barrique Endinger Engelsberg** klar, konzentriert, viel Frucht, dezenter Toast; klare Frucht, herrlich harmonisch, kompakter feiner Chardonnay (10 €)

86 ▶ **2002 Spätburgunder Rosé Kabinett trocken Endinger Engelsberg** frisch, klar, feine Würze; klare etwas süße Frucht im Mund, harmonisch, süffig (5,50 €)

87 ▶ **2002 Spätburgunder Rosé Spätlese*** Endinger Engelsberg** reife süße Frucht, sehr klar; frisch, fruchtig, schmeichelnd und lang (12 €)

86 ▶ **2001 Spätburgunder trocken Holzfass Endinger Engelsberg** würzig, rauchig, ganz dezent Vanille, etwas verhalten; frisch, klar, feine Frucht, rote Früchte (6,50 €)

88 ▶ **2001 Spätburgunder trocken Barrique Endinger Engelsberg** gute Konzentration, klare Frucht, direkt; füllig, harmonisch, wunderschön klar, sehr lang (8,50 €)

89 ▶ **1999 Spätburgunder trocken Reserve Barrique Endinger Engelsberg** gute Konzentration, reife süße Frucht, etwas Toast; herrlich füllig im Mund, reife süße Frucht, dezent Schokolade und Kaffee, harmonisch und lang (17 €)

Weingut
O. Knapp ★★
Franken

Bürgstädter Straße 21, 63897 Miltenberg
Tel. 09371-3989, Fax: 09371-3089
www.weingut-ottoknapp.de
info@weingut-ottoknapp.de
Inhaber: Johannes Knapp
Rebfläche: 5,5 Hektar
Besuchszeiten: Mo.-Fr. 8-19 Uhr, Sa. 8-16 Uhr
Weinprobierstube

Johannes Knapp hat einen Rotweinanteil von 35 Prozent, hauptsächlich Spätburgunder, aber auch etwas Frühburgunder, Domina, Portugieser und Dornfelder, den es bereits seit 1984 beim Weingut Knapp gibt. Wichtigste Weißweinsorte ist Müller-Thurgau. 4,5 Hektar seiner Weinberge befinden sich in der Lage „Miltenberger Steingrübler", ein Hektar liegt im Bürgstadter Centgrafenberg. Die Weißweine werden im Edelstahltank ausgebaut, die Rotweine im Holzfass (auch Barrique).

Schon seit über zehn Jahren habe ich immer wieder einzelne Weine vom Weingut Knapp probiert. In den letzten Jahren hat das Programm von Johannes Knapp deutlich an Konstanz gewonnen. Vor zwei Jahren wartete er mit sehr gelungenen Rotweinen auf. Im vergangenen Jahr überzeugte er mit gleichermaßen guten Weiß- und Rotweinen. In diesem Jahr nun ragt der Eiswein aus der ansonsten sehr gleichmäßigen Kollektion heraus.

84 ▶ 2002 Riesling Kabinett trocken Miltenberger Steingrübler feine Rieslingfrucht, sehr klar; gute Frucht, klar und direkt (6,20 €)

84 ▶ 2001 Frühburgunder trocken Miltenberger Steingrübler feine rauchige Noten, klare Frucht; frisch, klar, feine Frucht (11 €)

84 ▶ 2001 Spätburgunder trocken Miltenberger Steingrübler frisch, klare Frucht; feine Frucht, geradliniger Spätburgunder (7,20 €)

84 ▶ 2001 Spätburgunder trocken Bürgstadter Centgrafenberg klare reife Frucht, rote Früchte; klare Frucht, Frische, direkt (7,20 €)

91 ▶ 2002 Spätburgunder Weißherbst Eiswein Bürgstadter Centgrafenberg feine klare Frucht, gute Konzentration, faszinierend reintönig; herrlich viel süße Frucht im Mund, konzentriert, harmonisch und lang (30 €/0,375l)

88 ▶ 1997 Frühburgunder Spätlese trocken Miltenberger Steingrübler schöne reife ganz leicht süße Frucht im Bouquet, ein wenig rote Früchte; harmonisch im Mund, klare süße Frucht, wunderschön schmeichelnd und lang, Wärme (kein aktueller Jahrgang)

Weitere Weine: 82 ▶ 2002 Müller-Thurgau trocken Miltenberger Steingrübler ■ 83 ▶ 2002 Scheurebe Kabinett halbtrocken Miltenberger Steingrübler ■

Weingut
Reinhard & Beate
Knebel ★★★★
Mosel-Saar-Ruwer

August-Horch-Straße 24, 56333 Winningen
Tel. 02606-2631, Fax: 02606-2569
www.weingut-knebel.com
info@weingut-knebel.de
Inhaber: Reinhard und Beate Knebel
Rebfläche: 7 Hektar
Besuchszeiten: Mo.-Sa. nach Anmeldung

Seit 1990 erzeugen Reinhard und Beate Knebel Weine von den Terrassen in Nähe der Moselmündung. Ihre Weinberge liegen in den Winninger Lagen Uhlen, Röttgen und Brückstück. Wobei es neben Riesling auch ein wenig Weißburgunder gibt, den sie 1994 gepflanzt haben. Ihr Ziel ist es konzentrierte, körperreiche Weine mit hohen Extraktgehalten zu erzeugen, bei trockenen als auch bei edelsüßen Rieslingen. Ein Ziel, das sie in den vergangenen Jahren bemerkenswert gut verwirklicht haben. Stetig ging es bergauf. Immer versuchen sie noch besser zu werden. Durch die akribische Selektion edelfauler Beeren, oder dadurch, dass sie wie im Jahrgang 2001 erstmals einige Weine mit den natürlichen Hefen vergoren haben. Auch wenn sie in den letzten Jahren immer wieder grandiose edelsüße Rieslinge erzeugt haben, wird doch das Gros ihrer Produktion, etwa 70 Prozent, trocken ausgebaut.

Sehr interessant fand ich, was Reinhard und Beate Knebel im schwierigen Jahrgang 2000 zustande gebracht haben: vom Gutsriesling bis zur Trockenbeerenauslese ein stimmiges Programm. Ein Spitzenbetrieb an der Terrassenmosel! Und mit dem Jahrgang 2001 bestätigten sie diese Einschätzung. Wieder bestach das gesamte Programm, angefangen vom Gutsriesling bis hin zur Beerenauslese. Gleiches gilt für den Jahrgang 2002: ob Gutsriesling oder Eiswein, trocken oder süß, jeder Weine überzeugt mit seiner reintönigen Frucht und feinen mineralischen Noten. Eine tolle Kollektion!

85 ▶ **2002 Gutsriesling trocken** klar, direkt, jugendliche Frucht; klare etwas süße Frucht, feiner Riesling (6,70 €)

88 ▶ **2002 Riesling trocken Winninger Uhlen** herrlich würzig und konzentriert, jugendliche sehr klare Frucht; harmonisch, klar, reife Rieslingfrucht, mineralische Noten (9 €)

89 ▶ **2002 Riesling Spätlese trocken Winninger Röttgen** konzentriert, herrlich klar, jugendliche mineralische Rieslingfrucht; kraftvoll im Mund, klare reife Frucht, kompakter sehr reintöniger Riesling (9,30 €)

91 ▶ **2002 Riesling Spätlese trocken Winninger Uhlen** faszinierend klar und konzentriert im Bouquet, jugendliche Frucht, mineralische Noten, sehr eindringlich; kraftvoll im Mund, herrlich reintönig, viel reife Frucht, nachhaltig (12,70 €)

87 ▶ **2002 Riesling Kabinett halbtrocken Winninger Hamm** frisch, feine reintönige Frucht; klare süße Frucht, harmonisch, reintönig (6,50 €)

88 ▶ **2002 Riesling Spätlese halbtrocken Winninger Brückstück** klare reife Rieslingfrucht, feine Mineralität; klar, direkt, sehr reintönige Frucht (8,70 €)

90 ▶ **2002 Riesling Spätlese Winninger Röttgen** konzentriert, würzig, jugendliche Frucht, herrlich direkt und klar; schmeichelnd im Mund, viel süße Frucht, faszinierend klar, lang und nachhaltig (10,50 €)

92 ▶ **2002 Riesling Spätlese Alte Reben Winninger Röttgen** faszinierend reintönige Frucht, eindringlich, mineralische Noten, reife Rieslingfrucht; herrlich reintönig im Mund, viel süße Frucht, faszinierend elegant und nachhaltig (13 €)

90 ▶ **2002 Riesling Auslese Winninger Röttgen** faszinierend klar, konzentriert, feine Frische, mineralische Rieslingfrucht; herrlich reintönig im Mund, viel süße Frucht, konzentriert, kompakt (17,50 €)

90 ▶ **2002 Riesling Auslese Versteigerungswein Winninger Röttgen** klar, konzentriert, herrlich eindringliche reintönige Frucht; viel süße Frucht, schmeichelnd, harmonisch, sehr klar und lang (Versteigerungswein/0,5l)

90 ▶ **2002 Riesling Beerenauslese Winninger Röttgen** klar, direkt, konzentrierte Frucht; herrlich reintönig im Mund, viel süße Frucht, dick, klar, feiner Nachhall (60 €/0,375l)

92 ▶ **2002 Riesling Eiswein Winninger Röttgen** konzentriert im Bouquet, würzig, eindringliche Rieslingfrucht, Litschi, etwas Pfirsiche; süß, schmeichelnd, herrlich harmonisch und lang, wunderschön reintöniger Eiswein (70 €/0,375l)

Weingut
Knebel-Lehnigk ★
Mosel-Saar-Ruwer

Friedrichstraße 45, 56333 Winningen
Tel. 02606-2974, Fax: 02606-961508
www.knebel-lehnigk.de
weingut@knebel-lehnigk.de
Inhaber: Frank und Jutta Lehnigk
Rebfläche: 3 Hektar
Besuchszeiten: tagsüber und nach Vereinbarung

Riesling ist die dominierende Rebsorte bei Frank und Jutta Lehnigk, daneben gibt es ein wenig Weißburgunder. Die Weine werden in Eichenholzfässern ausgebaut.

85 ▶ **2002 Riesling Spätlese Winninger Uhlen** klare würzige Frucht, gute Konzentration; klar und zupackend im Mund, feine Frucht (5,20 €)

84 ▶ **2002 Riesling halbtrocken Winninger Domgarten** gute klare Frucht, feine Würze; süße Frucht, unkompliziert und süffig (4 €)

85 ▶ **2001 Riesling Spätlese halbtrocken Winninger Brückstück** gute klare reife Rieslingfrucht; frisch, klar, lebhaft, herrlich süffig (5 €)

87 ▶ **2001 Riesling Spätlese halbtrocken Winninger Hamm** feine rauchig-mineralische Noten, sehr klare Frucht; herrlich klar und direkt im Mund, gute Frucht, mineralischer Biss (5,20 €)

85 ▶ **2002 Riesling Spätlese „feinherb" Winninger Röttgen** gute Konzentration, feine würzige Frucht; klar im Mund, gute Frucht, kompakt (5 €)

85 ▶ **2001 Riesling Spätlese Winninger Röttgen** würzige klare Frucht im Bouquet, sehr direkt; feine süße Frucht im Mund, gute Harmonie (5 €)

Weingut
Knipser ★★★★★
Pfalz

Hauptstraße 47, 67229 Laumersheim
Tel. 06238-742, Fax: 06238-4377
www.weingut-knipser.de
weingut-knipser@t-online.de
Inhaber: Werner und Volker Knipser
Rebfläche: 22 Hektar
Besuchszeiten: Mo.-Fr. 8-12 + 14-18 Uhr, Sa. 9-16 Uhr

Die Brüder Knipser in Laumersheim in der Pfalz zählen heute zu den besten Rotweinerzeugern in Deutschland. Darüber wird oft vergessen, dass sie auch mit ihren Weißweinen immer wieder zur Spitze in der Pfalz zählen. Sowohl ohne als auch mit Barrique (bei Knipsers mit „Sternchen" gekennzeichnet) haben sie sehr interessante Weine zu bieten. Mit dem Jahrgang 2001 bieten sie beim Riesling drei Große Gewächse an und zwar aus den Lagen Laumersheimer Mandelberg, Großkarlbacher Burgweg und Dirmsteiner Mandelpfad. Neben Riesling gibt es bei ihnen insbesondere noch Weiß- und Grauburgunder, Chardonnay, Gewürztraminer und Sauvignon Blanc. Als Spezialitäten bauen sie früher in der Pfalz und in Deutschland weit verbreitete Sorten wie Gelber Orleans oder Blauer Arbst an, die inzwischen ganz aus deutschen Weinbergen verschwunden sind. An roten Sorten gibt es neben Spätburgunder, Sankt Laurent und Dornfelder schon recht lange auch internationale Rebsorten wie Cabernet Sauvignon, Cabernet Franc und Syrah.

Vor zwei Jahren war die Kollektion von Werner und Volker Knipser - insgesamt betrachtet - auf einem solch hohen Niveau wie nie zuvor. Jeder Wein überzeugte. Und was für eine beeindruckende Palette an Rotweinen hatten Werner und Volker Knipser zu bieten. Diese Vielfalt an hochklassigen Rotweinen war einmalig in Deutschland. Die letztjährige Kollektion war nochmals besser. Sicherlich, die Rotweine aus dem problematischen Jahrgang 2000, die ich unmittelbar nach der Füllung verkostet hatte, erreichten nicht immer ihre Vorgänger, interessant aber waren sie allemal. Noch überzeugender waren in der letztjährigen Kollektion die Weißweine. Noch nie hatte ich von den Brüdern Knipser eine Weißweinkollektion auf so durchgängig hohem Niveau verkostet. Die 2001er Rieslinge (die ich in diesem Jahr nochmals verkosten konnte im Vergleich zu den 2002ern) waren kraftvoll und mineralisch, sehr jugendlich alle drei, wobei der Wein aus dem Laumersheimer Mandelberg doch der stoffigste und kraftvollste war. Die Cuvées - Chardonnay/Weißburgunder und Gewürztraminer/Riesling - waren herrlich fruchtbetont, ebenso der Grauburgunder. Sehr gut gefallen hatte mir auch der barriqueausgebaute Chardonnay. Und nicht vergessen will ich das Unikum unter den Weinen von Werner und Volker Knipser, den Gelben Orleans. Der Jahrgang 2002 schließt nahtlos an die Vorjahreskollektion an. Die Rieslinge sind herrlich kraftvoll und noch enorm jugendlich, ebenso die Cuvées und der wunderschön reintönige Sauvignon Blanc.

Mein Favorit unter den im vergangenen Jahr verkosteten 2000ern Rotweinen war die Cuvée X, die bisher als einzige deutsche Bordeaux-Cuvée - Cabernet Sauvignon, Cabernet Franc, Merlot - über mehrere Jahre sehr gute Ergebnisse gebracht hat. Die 2001er Cuvée X ist nochmals besser, noch kraftvoller. Darüber hinaus gibt es in diesem Jahrgang eine Cuvée X Reserve, einen faszinierenden Wein, die beste von mir in diesem Jahr verkostete deutsche Rotweincuvée. Sehr interessant waren schon im vergangenen Jahr auch die beiden Syrah: kraftvoll alle beide, der 99er mit klarer, reifer Frucht. Der 2001er Syrah ist ähnlich kraftvoll und klar, wenn auch noch enorm jugendlich. Ganz faszinierend sind auch alle weiteren Rotweine der Brüder Knipser. Schon der „einfache" Spätburgunder ist wunderschön klar und elegant, der „Im großen Garten" gehört zu den Besten in Deutschland, ebenso wie Dornfelder und Sankt Laurent. Zum Schluss noch eine besondere Empfehlung: niemand macht Jahr für Jahr ein solch schönen Rosé wie Werner und Volker Knipser.

86 ▶ **2002 Gelber Orleans trocken** würzig, dominant, rauchige Noten, feine Frucht; klar und direkt im Mund, viel Frucht, viel Biss

86 ▶ **2002 Riesling Kabinett trocken Nr. 9/03 Laumersheimer Kapellenberg** klare reife Frucht im Bouquet, direkt; frisch, klar, feine Frucht (6,50 €)

86 ▶ **2002 Riesling Kabinett trocken Nr. 6/03 Laumersheimer Kapellenberg** frisch, direkt, intensive jugendliche Frucht; herrlich knackig und klar im Mund, feine Frucht, viel Biss (6,50 €)

88 ▶ **2002 Chardonnay & Weißburgunder Spätlese trocken** klare Frucht, mineralische Noten, eindringlich; klar auch im Mund, viel Frucht, feiner Nachhall (8,90 €)

88 ▶ **2002 Sauvignon Blanc trocken** konzentriert, herrlich eindringliche Frucht, ein wenig Cassis, Holunder; geradlinig im Mund, frisch, klar, wunderschön zupackend, grasige Noten (8,90 €)

89 ▶ **2002 Gewürztraminer & Riesling Spätlese trocken** feiner Traminerduft im Bouquet, sehr klar, direkt; feine Frucht im Mund, sehr harmonisch und elegant, mit Biss und Nachhall (8,90 €)

88 ▶ **2002 Riesling Spätlese trocken IM GROSSEN GARTEN Großkarlbacher Burgweg** (Großes Gewächs) jugendliche Frucht im Bouquet, herrlich eindringlich und klar; frisch, klar, feine Frucht, viel Biss, jugendlich, mit Nachhall (der 2001er ist immer noch sehr jugendlich und kraftvoll bei viel Biss und Nachhall) (ca. 13 €)

89 ▶ **2002 Riesling Spätlese trocken HIMMELSREICH Dirmsteiner Mandelpfad** (Großes Gewächs) intensive Frucht, klar und konzentriert, faszinierend reintönig; klar im Mund, zupackend, jugendlich, viel Biss und Nachhall (der 2001er mit wunderschön reintönigem Bouquet ist kraftvoll im Mund, ein wenig aggressiv, viel Nachhall) (ca. 13,50 €)

89 ▶ **2002 Riesling Spätlese trocken STEINBUCKEL Laumersheimer Mandelberg** (Großes Gewächs) konzentriert, herrlich eindringliche reintönige Frucht, dominant; enorm stoffig, klar, herrlich zupackend, enormer Nachhall, sehr jugendlich (der 2001er klar und harmonisch im Mund, Biss, sehr nachhaltig) (ca. 16 €)

89 ▶ **2001 Riesling Spätlese trocken „Halbstück"** eindringliche sehr klare Frucht, konzentriert; gute Fülle, klare Frucht, feiner Nachhall (noch nicht im Verkauf)

89 ▶ **1998 Riesling Auslese trocken Laumersheimer Mandelberg** faszinierend viel Frucht, herrlich klar, konzentriert, sehr eindringlich; kraftvoll im Mund, jugendlich, viel Frucht, Biss, Nachhall, herrlich jugendlich (vor vier Jahren schon einmal verkostet, damals wie heute enorm jugendlich und mit Biss) (10,40 €)

87 ▶ **1997 Riesling Auslese „S" trocken Laumersheimer Mandelberg** reife klare Frucht, rauchige Noten; frisch, direkt, viel Biss, enorm aggressiv und jugendlich (vor vier Jahren schon einmal verkostet, damals wie heute enorm aggressiv und jugendlich) (noch nicht im Verkauf)

90 ▶ **2001 Chardonnay Beerenauslese** Reifenoten, viel Würze, süße Frucht; klar und zupackend im Mund, viel süße Frucht, enorm nachhaltig, ein wenig Wärme im Abgang (noch nicht im Verkauf)

88 ▶ **2002 Rosé trocken** frisch, klar, jugendliche Frucht; herrlich klar im Mund, feine süße Frucht, mit Nachhall (7,30 €)

88 ▶ **2001 Spätburgunder trocken** klare Frucht, rauchige Noten, dezente Vanille; wunderschön klar und harmonisch im Mund, elegant, feiner Biss, jugendlich (noch nicht im Verkauf)

90 ▶ **2001 St. Laurent trocken Großkarlbacher Burgweg** reife eindringliche Frucht, feine rauchige Noten, gute Konzentration; gute Fülle und Kraft, Vanille, viel Frucht, feiner Nachhall (16,10 €)

89 ▶ **2001 Dornfelder trocken Laumersheimer Kirschgarten** intensive Frucht, enorm eindringlich und dominant; kraftvoll, klar, herrlich viel Frucht, enorm jugendlich, viel Tannine und Nachhall, mit Zukunft (18 €)

89 ▶ **2001 Syrah trocken** herrlich reintönige Frucht im Bouquet, pfeffrige Noten, ganz faszinierend; wunderschön reintönig auch im Mund, klar, zupackend, viel Frucht, sehr jugendlich, mit Zukunft (89+ Punkte) (ca. 18 €)

90 ▶ **2001 „Cuvée X" trocken** Cabernet Sauvignon, Cabernet Franc und Merlot; reife klare Cabernetfrucht, etwas Schokolade; viel reife klare Frucht, gute Harmonie, kraftvoll, jugendliche Tannine, mit Zukunft (19,20 €)

92 ▶ **2001 „Cuvée X" trocken „R"** jeweils 50 % Cabernet Sauvignon und Merlot, vierzehn Monate Barriqueausbau; herrlich konzentriert und dominant im Bouquet, eindringliche Frucht; kraftvoll im Mund, viel Frucht, Konzentration, Struktur, jugendlich, viel Zukunft (noch nicht im Verkauf)

91 ▶ **2001 Spätburgunder trocken Im Großen Garten** rauchig, klar, herrlich reintönige Frucht; harmonisch, klar, eindringlich feine Frucht, viel Struktur, Nachhall, noch sehr jugendlich (noch nicht im Verkauf)

Weingut Klaus **Knobloch** ★★★
Rheinhessen

♣ Saurechgäßchen 7, 55234 Ober-Flörsheim
Tel. 06735-344, Fax: 06735-8244
www.weingut-klausknobloch.de
info@weingut-klausknobloch.de
Inhaber: Klaus Knobloch
Rebfläche: 32 Hektar
Besuchszeiten: nach Vereinbarung

Klaus Knobloch ist seit 1988 Mitglied im Bundesverband Ökologischer Weinbau (ECOVIN). In den letzten Jahren hat er verstärkt die weißen Burgundersorten, sowie Rotweinsorten angepflanzt. An roten Sorten gibt es neben Dornfelder, Spätburgunder und Portugieser als Spezialitäten St. Laurent, Lemberger und Regent. Die Rotweine werden auf der Maische vergoren und überwiegend im Holzfass (auch Barrique) ausgebaut. Heute wird Klaus Knobloch im Betrieb von seinen Söhnen Ralf und Arno unterstützt. Ralf Knobloch kümmert sich um den Keller, Arno Knobloch hauptsächlich um die Weinberge.

Seit dem Jahrgang 2001 verzichtet das Weingut auf die Prädikatsbezeichnungen Spätlese und Auslese für Weine im trockenen Bereich. Zur Unterscheidung vom Basissortiment wurde die neue Weinlinie Edelsteine kreiert. Für diese Weine, die aus den besten Lagen Westhofener Morstein, Gundersheimer Höllenbrand und Esselborner Goldberg stammen, wird der Ertrag auf 25 bis 30 hl/ha reduziert. Die Rotweine der Edelsteinlinie werden für vierzehn Monate in großen Holzfässern und gebrauchten Barriques ausgebaut. Die Barrique-Rotweine werden ebenfalls etwa vierzehn Monate im Holzfass ausgebaut, wobei drei Viertel neue Barriques verwendet werden. Im Jahr 2002 haben die Knoblochs gezielt im Gebiet um Westhofen und Gundersheim ihr Lagenpotenzial erweitert und verstärkt Riesling im Gundersheimer Höllenbrand, sowie den Westhofener Lagen Steingrube, Morstein und Aulerde gepflanzt. Zukünftig wollen sie den Anteil an Neuzüchtungen weiter reduzieren und dafür mehr Riesling und die Burgundersorten pflanzen.

Nach einer sehr überzeugenden und gleichmäßigen Kollektion vor drei Jahren zeigte die darauf folgende Kollektion, dass Klaus Knobloch und seine Söhne weiter konsequent auf Qualität setzen. Egal ob rot oder weiß, trocken oder edelsüß, alle Weine überzeugten. Gleiches galt im vergangenen Jahr: kraftvolle Rotweine, fruchtbetonte Weißweine. Auch mit dem neuen Jahrgang hält der Aufwärtstrend an. Die Kollektion ist noch ausdrucksstärker, vor allem die Weißweine, insbesondere die Rieslinge haben weiter kräftig zugelegt. Durch verlängerte Maischestandzeiten bei den Edelstein-Weißweinen wurde der Sortencharakter noch klarer herausgearbeitet. Bei den Burgundern wird zusätzlich ein Anteil von etwa 15 Prozent im Barrique ausgebaut.

85 ▶ 2002 Riesling trocken Westhofener Morstein feine frische Rieslingfrucht im Bouquet, klar, etwas Limone; frisch, direkt, feine Frucht (4,60 €)

86 ▶ 2002 Weißer Burgunder trocken Westhofener Morstein feine Würze im Bouquet, klare jugendliche Frucht; harmonisch im Mund, herrlich süffig, sehr klare süße Frucht (4,60 €)

86 ▶ 2002 Grauer Burgunder trocken Westhofener Morstein klare reife Grauburgunderfrucht; kraftvoll im Mund, gute Fülle, viel Frucht (4,60 €)

86 ▶ 2002 Riesling Kabinett trocken Westhofener Morstein gute Konzentration, sehr klare Frucht, etwas Limone; konzentriert, klar, jugendliche Frucht (4,60 €)

87 ▶ 2002 Riesling trocken „DIAMANT" Gundersheimer Höllenbrand konzentriert, klare jugendliche Rieslingfrucht; feine Frucht, herrlich klar und zupackend (7,70 €)

88 ▶ 2002 Riesling trocken „No.1" Gundersheimer Höllenbrand gute Konzentration, sehr eindringliche jugendliche Frucht, dominant; kraftvoll im Mund, gute Fülle, viel Frucht (9,80 €)

88 ▶ 2002 Weißer Burgunder trocken „ACHAT" Westhofener Morstein gute Konzentration, würzige jugendliche Frucht, sehr klar; kraftvoll im Mund, herrlich viel Frucht, fülliger Weißburgunder (7,70 €)

89 ▶ 2002 Grauer Burgunder trocken „OPAL" Westhofener Morstein herrlich konzentriert, klare jugendliche Frucht, eindringlich; viel Frucht im Mund, wunderschön füllig, harmonisch und lang (7,70 €)

85 ▶ 2002 Spätburgunder Weißherbst trocken Eppelsheimer Felsen würzige Noten, verhaltene Frucht; harmonisch, gute Fülle, süße Frucht, süffig (5,20 €)

85 ▶ 2001 Spätburgunder trocken Holzfass „RUBIN" Esselborner Goldberg feine klare Frucht, Frische, dezent Gewürze; harmonisch, klare Frucht, ein wenig Vanille (7,70 €)

86 ▶ 2001 Dornfelder trocken Holzfass „GRANAT" Westhofener Morstein wunderschön jugendliche Frucht, sehr klar; harmonisch, klare reife Frucht, feiner Dornfelder (7,70 €)

87 ▶ 2001 St. Laurent trocken Barrique Esselborner Goldberg herrlich viel Frucht, konzentriert, sehr eindringlich, etwas Vanille; gute Harmonie, klare reife Frucht (15 €)

88 ▶ 2001 Dornfelder trocken Barrique Westhofener Morstein herrlich konzentriert, eindringliche Frucht, Gewürznoten; viel reife Frucht, füllig, harmonisch, Vanille, sehr lang (12,80 €)

87 ▶ 2001 Lemberger trocken Barrique Esselborner Goldberg feine klare Frucht, rote Früchte, rauchige Noten; weich im Mund, gute Harmonie, Vanille, sehr klare Frucht (12,80 €)

Weingut Am Stein
Ludwig Knoll ★★★★
Franken

Mittlerer Steinbergweg 5, 97080 Würzburg
Tel. 0931-25808, Fax: 0931-25880
www.weingut-am-stein.de
mail@weingut-am-stein.de
Inhaber: Ludwig Knoll
Rebfläche: 19 Hektar
Besuchszeiten: Mo.-Fr. 10-12:30 + 14-18 Uhr, Sa. 10-14 Uhr
„Weinstein" Weinbar - Restaurant

Das Weingut Am Stein liegt umgeben von Reben am Fuße des berühmten Würzburger Stein. Silvaner, Riesling und Müller-Thurgau sind die wichtigsten Rebsorten bei Ludwig Knoll. Hinzu kommen die Burgundersorten, die zusammen gut ein Viertel der Rebfläche einnehmen. Neben einem Anteil am Würzburger Stein besitzt er Weinberge in den Lagen Würzburger Innere Leiste und Stettener Stein, aber auch in Randersacker und Thüngersheim. Beim Weingut Am Stein verbindet man beispielhaft Wein und Küche mit kulturellen Erlebnissen: Kochabende im Küchenhaus, Jazz beim Hoffest und im Juli und August ein Freilichttheater mit jährlich wechselnden Aufführungen. Jedes Jahr am 1. Mai laden Sandra und Ludwig Knoll zur „Wein-Kunst-Probe", bei der im Rahmen einer Vernissage die Werke junger Künstler zusammen mit den Weinen des neuen Jahrgangs präsentiert werden. Aber nicht nur mit diesen kulturellen Veranstaltungen, sondern auch mit seinen Weinen setzt er Akzente.

Neben der Riesling Trockenbeerenauslese ragten vor zwei Jahren die 2000er Riesling Spätlese und der 1999er Spätburgunder hervor, die alle zu den besten Weinen des Jahrgangs in Franken gehörten.

Die letztjährige Kollektion von Ludwig Knoll war nochmals besser, jeder Wein überzeugte. Ob Silvaner oder Riesling, Weißburgunder oder Spätburgunder, überall gehörte er zur Spitze in Franken und in Deutschland. Seine Weine waren konzentriert und klar, der sehr gekonnt gemachte Spätburgunder bestach durch seine Eleganz und Länge. Und der unglaublich opulente Eiswein hatte nicht viele ebenbürtige Konkurrenten in Deutschland.

Auch 2002 hat Ludwig Knoll mit der Trockenbeerenauslese wieder einen faszinierenden edelsüßen Wein im Programm, dazu viele hervorragende Weißweine und den wiederum beeindruckenden Spätburgunder Montonia. Dies ist die beste Kollektion von Ludwig Knoll bisher.

87 ▶ **2002 Müller-Thurgau trocken Frank & Frei** feine Frische, herrlich klare Frucht, dezente Muskatnote; lebhaft, feine reintönige Frucht, süffiger Müller-Thurgau (5,50 €)

85 ▶ **2002 Silvaner Kabinett trocken** sehr klare Frucht, Birnen; harmonisch, feine Frucht (5,50 €)

87 ▶ **2002 Silvaner Kabinett trocken Würzburger Innere Leiste** wunderschön klare Frucht, feine Frische, Birnen; frisch, klar, feine süße Frucht (8 €)

87 ▶ **2002 Riesling Kabinett trocken Stettener Stein** sehr klare Rieslingfrucht, feine Frische und Würze; gute Harmonie, klare süße Frucht, feiner eleganter Riesling (8 €)

87 ▶ **2002 Silvaner Kabinett trocken Würzburger Stein** klare Frucht, Birnen, reintöniges Silvanerbouquet; gute süße Frucht, herrlich klar und süffig (8 €)

88 ▶ **2002 Grauer Burgunder Kabinett trocken Stettener Stein** sehr reintönige reife Frucht, gelbe Früchte, feines Bouquet; gute Harmonie, wunderschön reintönige Frucht (8,50 €)

88 ▶ **2002 Weißer Burgunder Spätlese trocken Stettener Stein** klare Frucht, gute Konzentration, jugendlich; herrlich viel Frucht, klar, kompakt (15 €)

90 ▶ **2002 Silvaner Spätlese trocken Würzburger Stein** herrlich konzentriert und klar, faszinierendes Bouquet; viel reife süße Frucht, füllig, harmonisch, reintönig (12 €)

89 ▶ **2001 Riesling Spätlese trocken Würzburger Innere Leiste** herrlich reintönig, konzentriert, sehr klare Frucht; wunderschön füllig, reintönig, mineralischer Nachhall (18 €)

86 ▶ **2001 Weißer Burgunder trocken Montonia** reife süße Frucht, sehr klar; harmonisch im Mund, viel süße Frucht, kompakt (18 €)

94 ▶ **2002 Rieslaner Trockenbeerenauslese Stettener Stein** konzentriert, herrlich reintönige Frucht, Grapefruit, etwas Orangenschalen; herrlich konzentriert im Mund, dominant, viel süße Frucht, reintönig, faszinierend lang, feiner Nachhall (50 €/0,375l)

89 ▶ **2001 Spätburgunder trocken Montonia** klare reife Frucht, etwas Sauerkirschen, eindringlich; reife süße Frucht, gute Harmonie, auch im Mund etwas Sauerkirschen, Vanille (18 €)

Weingut Baron zu Knyphausen ★★
Rheingau

Klosterhof Drais, 65346 Erbach
Tel. 06123-62177, Fax: 06123-4315
www.knyphausen.de
weingut@knyphausen.de
Inhaber: Gerko Freiherr zu Knyphausen
Rebfläche: 22 Hektar
Besuchszeiten: Mo.-Fr. 8-12 + 14-18 Uhr, Sa. 10-16 Uhr
Gästehaus, Veranstaltungen bis 120 Personen

Gerko Freiherr zu Knyphausen führt heute in siebter Generation dieses traditionsreiche Rheingauer Weingut, das im Klosterhof Drais untergebracht ist. Er baut neben Riesling ein klein wenig Spätburgunder, sowie seit kurzem auch Weiß- und Grauburgunder an. Seine Weinberge erstrecken sich über acht Einzellagen in Erbach, Hattenheim, Kiedrich und Eltville. Sein Programm hat er gegliedert in Guts-Weine, Lagen-Weine und Erste Gewächse. Daneben gibt es noch Charta-Weine (die von ihm in seiner Preisliste auch als „2. Gewächs" bezeichnet werden) und edelsüße Weine, die ebenfalls Lagenbezeichnungen tragen.

Im Jahrgang 2000 war die süße Spätlese aus dem Erbacher Steinmorgen mein Favorit. Im überzeugenden Jahrgang 2001 gefiel mir das Erste Gewächs aus dem Hattenheimer Wisselbrunnen am besten.

85 ▶ 2002 „Der Knippie" Riesling trocken klare jugendliche Frucht, Frische; frisch und direkt im Mund, gute Frucht, viel Biss (5,70 €)

87 ▶ 2002 Riesling trocken gute Konzentration im Bouquet, jugendliche Frucht; herrlich fruchtbetont auch im Mund, Säure, feiner Nachhall (5,70 €)

91 ▶ 2002 Riesling Erstes Gewächs Erbacher Marcobrunn herrlich konzentriert und dominant im Bouquet, reife süße Rieslingfrucht; viel reife süße Frucht, herrlich stoffig und klar, mineralische Noten, enorm nachhaltig (16 €)

Wein- und Sektgut Bernhard Koch ★
Pfalz

Weinstraße 1, 76835 Hainfeld
Tel. 06323-2728, Fax: 06323-7577
koch.bernhard-weingut@t-online.de
Inhaber: Bernhard Koch
Rebfläche: 35 Hektar
Besuchszeiten: Mo.-Sa. 9-11:30 Uhr + 14-19 Uhr
Weinpavillon mit Gutsausschank (Sa./So. 14-19 Uhr, Mi. 15-20 Uhr)

Inzwischen bewirtschaftet Bernhard Koch 35 Hektar Weinberge in Hainfeld, Flemlingen, Walsheim und Burrweiler. Wichtigste Rebsorten bei ihm sind Riesling, Dornfelder, Spätburgunder und Weißburgunder, aber auch Grauburgunder und Chardonnay. Merlot und Cabernet Sauvignon sowie einige Neuzüchtungen komplettieren sein Programm.

In der gleichmäßigen letztjährigen Kollektion war der barriqueausgebaute Spätburgunder mein Favorit. Auch in der neuen Kollektion gefallen mir die Barriqueweine, rot wie weiß, am besten.

84 ▶ 2002 Riesling trocken klare Frucht, frisch und direkt; klar auch im Mund, gute Frucht (3,10 €)

85 ▶ 2002 Riesling Kabinett trocken feine Frucht, klar, direkt; frisch und direkt im Mund, klare Frucht (3,50 €)

87 ▶ 2001 Chardonnay trocken Barrique gute Konzentration, Haselnüsse und Toast, reife Frucht; füllig und kraftvoll im Mund, viel Frucht (7,50 €)

87 ▶ 2001 Grauburgunder Spätlese trocken Barrique gute Konzentration, klare rauchige Frucht; gute Harmonie und Fülle, weich (8 €)

87 ▶ 2001 Cabernet Sauvignon trocken Barrique reife klare Frucht, rauchige Noten; füllig, herrlich viel Frucht, kompakt und klar (8,50 €)

86 ▶ 2002 Spätburgunder Spätlese trocken herrlich klare Frucht, Frische; klar und direkt im Mund, gute Frucht, feiner Spätburgunder (8,50 €)

Weitere Weine: 81 ▶ 2002 Riesling Spätlese trocken ■ 82 ▶ 2002 Chardonnay Kabinett trocken ■ 82 ▶ 2002 Gewürztraminer Kabinett trocken ■ 83 ▶ 2002 Merlot Cabernet Sauvignon Rosé trocken ■ 83 ▶ 2002 Spätburgunder trocken ■

Weingut Holger **Koch** ★★★
Baden

Mannwerk 3, 79235 Bickensohl
Tel. 07662-912258, Fax: 07662-949859
www.weingut-holger-koch.de
holger.koch@winety.com
Inhaber: Holger Koch
Rebfläche: 5 Hektar
Besuchszeiten: nach Vereinbarung

Holger Koch war unter anderem Praktikant beim Grafen Neipperg in St. Emilion und Kellermeister bei Franz Keller in Oberbergen bevor er den Winzerhof der Familie übernahm und begann selbst Weine zu vermarkten. Seine Weinberge befinden sich in Bickensohl. Er baut ausschließlich Weiß-, Grau- und Spätburgunder an. Die weißen Qualitätsweine werden im Edelstahl ausgebaut, Rotweine und weiße Selektionsweine werden ausschließlich in Barriques aus französischer Eiche ausgebaut. Die Weine bleiben bis zur Abfüllung auf der Feinhefe liegen. Die Selektions-Spätburgunder werden ohne Filtration abgefüllt. Alle Weine sind durchgegoren und **trocken**, auch wenn dies nicht auf dem Etikett vermerkt ist.

Mit seiner letztjährigen Kollektion zeigte Holger Koch eindrucksvoll, dass er sein Metier beherrscht: herrlich kraftvoll waren alle Weine, weiß wie rot. Auch der neue Jahrgang überzeugt mit herrlich kraftvollen Burgundern.

84 ▶ 2002 **Weißburgunder** gute Konzentration, würzige jugendliche Frucht; kraftvoll, klar, feine Frucht, cremige Noten (6,10 €)

85 ▶ 2002 **Grauburgunder** feine Würze und Frucht, sehr klar; klar und direkt im Mund, feine Frucht, Biss (7,80 €)

86 ▶ 2002 **Weißburgunder "S"** gute Konzentration, feiner Toast, Haselnüsse; kraftvoll im Mund, jugendliche Frucht, fülliger Weißburgunder (10,50 €)

87 ▶ 2002 **Grauburgunder "S"** viel Konzentration, herrlich klare eindringliche Frucht; kraftvoll im Mund, viel reife Frucht, herrlich fülliger Grauburgunder (10,50 €)

88 ▶ 2002 **Grauburgunder "S***"** konzentriert, enorm eindringlich, viel Toast, klare Frucht; herrlich füllig im Mund, reife klare Frucht, kompakter Grauburgunder (17,50 €)

86 ▶ 2001 **Spätburgunder "S* Alte Reben"** würzig, direkt, leicht streng, aber doch klar; frisch, klar, reintönige Frucht, dann Eindruck von Säure, insgesamt etwas unharmonisch (12,50 €)

89 ▶ 2001 **Spätburgunder "S**** Pinot Noir"** Gewürznoten, gute Konzentration, viel Frucht, etwas Schokolade; gute Fülle, ein wenig Frische, sehr reintönige Frucht, feiner Nachhall (19,50 €)

Weitere Weine: 83 ▶ 2002 Spätburgunder ■

Weingut J. **Koegler** ★★ - Hof Bechtermünz
Rheingau

Kirchgasse 5, 65343 Eltville
Tel. 06123-2437, Fax: 06123-81118
www.weingut-koegler.de
info@weingut-koegler.de
Inhaber: Ferdinand Koegler
Rebfläche: 19,5 Hektar
Besuchszeiten: Mo.-Fr. ab 15 Uhr,
Sa.+So. ab 12 Uhr oder nach Vereinbarung
Schlemmerwochen (Mai) und Tage der offenen Keller (September)

Die Weinberge von Ferdinand Koegler liegen in Eltville und Hochheim. Neben Riesling und Spätburgunder baut er ein wenig Müller-Thurgau, Grauburgunder und Merlot an. Im Jahr 2000 hat Ferdinand Koegler das traditionsreiche Eltviller Weingut Oekonomierat Fischer Erben (siehe dort) mit 7,5 Hektar Weinbergen in den Eltviller Lagen Sonnenberg und Kalbspflicht übernommen. Ferdinand Koegler vergärt die Weine mit den natürlichen Hefen und lässt sie möglichst lange auf der Feinhefe lagern.

Die letztjährige Kollektion war ein deutlicher Schritt voran mit ausdrucksstarken Rieslingen und interessanten Barrique-Rotweinen. Mit dem neuen Jahrgang, an der Spitze mit reintönigen edelsüßen Rieslingen, bestätigt Ferdinand Koegler den sehr guten Eindruck.

84 ▶ 2002 Riesling trocken gute Würze, klare Frucht; süß im Mund, geschmeidig (6 €)

85 ▶ 2002 Riesling Eltviller Sonnenberg würzige Noten, klare zurückhaltende Frucht, klar, kraftvoll, gute Frucht, feine Frische (14 €)

89 ▶ 2002 Riesling Spätlese würzig, klar, gute Konzentration; klare süße Frucht, viel Biss (8 €)

86 ▶ 2002 Riesling Spätlese süß 13/03 reife süße Rieslingfrucht, würzig und klar; klare süße Frucht, viel Biss (14 €)

85 ▶ 2002 Riesling Spätlese süß 12/03 gute Konzentration, recht würzige Frucht; viel süße Frucht, Frische und Biss (8 €)

89 ▶ 2002 Riesling Auslese Eltviller Sonnenberg sehr reife süße Frucht, Litschi; konzentriert im Mund, viel süße Frucht, dominant (28 €)

89 ▶ 2002 Riesling Eiswein Eltviller Sonnenberg gute Konzentration, würzige Noten, klare wenn auch verhaltene Frucht; enorm süß, herrlich süffig und lang (48 €/0,5l)

91 ▶ 2002 Riesling Eiswein Eltviller Torberg reife süße Frucht im Bouquet, Litschi, konzentriert und eindringlich; viel süße Frucht, wunderschön harmonisch, klar, süffig und lang (38 €/0,5l)

Weitere Weine: 82 ▶ 2002 „Sommerwind" trocken ▪ 83 ▶ 2002 Riesling halbtrocken ▪ 81 ▶ 2002 Spätburgunder Weißherbst ▪

Weingut Koehler-Ruprecht ★★★★★
Pfalz

Weinstraße 84, 67169 Kallstadt
Tel. 06322-1829, Fax: 06322-8640
Inhaber: Bernd Philippi
Rebfläche: 12 Hektar
Besuchszeiten: Mo.-Fr. 9-11:30 + 13-17 Uhr oder nach Vereinbarung
Gutsausschank „Weincastell" (Spezialitätenrestaurant, Hotel)

Bernd Philippi macht die eigenwilligsten und faszinierendsten Weine in der Pfalz. Was heißt in der Pfalz, in Deutschland! Kein anderer gibt seinen Weinen so viel Zeit, bis er sie in den Verkauf bringt. Die 2001er Riesling Auslese „R" beispielsweise wird nicht vor 2007 in den Verkauf kommen. Verkostet man einmal ältere Jahrgänge dieses Weines, dann kann man verstehen warum. Ob auch schon in ihrer Jugend verraten sie, was in ihnen steckt. Alle Weine von Bernd Philippi sind enorm stoffig und bestechen durch ihre Nachhaltigkeit. Sie schwimmen gegen den Strom an und trotzen dem Trend, möglichst frische, konsumreife Weine sehr jung auf den Markt zu bringen. Sie sind in ihrer Jugend sicherlich schwierig für den, der solche Weine nicht (mehr) kennt. Sie sind von enormer Lagerfähigkeit, nicht nur die Reserve-Weine (R oder RR), sondern auch die „einfachen" Rieslinge und die barriqueausgebauten Burgunder. Es sind Weine mit Wiedererkennungswert - von welch anderem Winzer kann man solches behaupten?

Im Jahrgang 2000 waren die Rieslinge etwas stoffiger und mineralischer als 1999, die Spätburgunder aber reichten nicht an ihre Vorgänger heran. Bernd Philippi weiß dies. „Mein Großvater hat niemals Zucker in den Keller getragen, mein Vater hat niemals Zucker in den Keller getragen, und auch ich werde niemals Zucker in den Keller tragen." Bernd Philippi lehnt Chaptalisation prinzipiell ab, auch wenn er selbst weiß, dass beispielsweise seine 2000er Spätburgunder dadurch runder wirken und „besser" dastehen würden. So spiegeln seine Spätburgunder sehr deutlich die Jahrgangsunterschiede wider. Nur in besten Jahren bietet er sie als Pinot Noir Philippi „R" oder „RR" an. Im Jahrgang 2000 gab es weder R noch RR, die noch im Vorjahr zu den besten Spätburgundern in Deutschland gehörten (89 bzw. 90 Punkte). 2001 aber hat er wieder zwei faszinierende Spätburgunder, der „R" gehört zu den besten Rotweinen des Jahres in Deutschland.

Bei den barriqueausgebauten Weißweinen („Philippi") ist das Bild differenzierter. Nur Chardonnay und Pinot Gris baute Bernd Philippi im Jahrgang 2000 im Barrique aus, mit überzeugendem Ergebnis. Wobei mir gerade der Chardonnay deutlich besser gefiel als im Jahrgang zuvor. Im Jahrgang 1999 war der Pinot Blanc (90), den es 2000 leider nicht gab, mein Favorit unter den barriqueausgebauten Weißweinen von Bernd Philippi. Nur in besonderen Jahren bietet Bernd Philippi von seinen barriqueausgebauten Weißweinen Selektionen mit dem Zusatz „R" an. Ein solcher „R", der Chardonnay, ist mein Favorit unter den barriqueausgebauten Weißweinen des Jahrgang 2001.

Die faszinierendsten Weine von Bernd Philippi - mit Kultstatus - sind die trockenen Auslesen aus dem Saumagen. In besonderen Jahren, wie zuletzt 1998 und als nächstes wohl 2001, bietet er auch eine R-Version dieses Rieslings an. Ich hatte im vergangenen Jahr die Gelegenheit vier trockene Auslesen R zu verkosten: was für ein Erlebnis! Kraftvoll und konzentriert alle vier, herrlich mineralisch und dominant, und selbst der 90er war noch enorm jugendlich. In diesem Jahr hatte ich nochmals die Gelegenheit, diese Weine zu verkosten. Sie sind einfach grandios, große Weine! Insgeheim habe ich mir gedacht, dass ich mit meinen Bewertungen für diese „R" viel zu niedrig lag und liege. Wie viele Weine gibt es, die ähnlich eindrucksvoll und bemerkenswert sind wie die Auslesen „R" aus dem Saumagen von Bernd Philippi?

86 ▶ **2002 Muskateller Kabinett trocken Kallstadter Saumagen** frisch, feine Muskatellerfrucht, Zitrus, wunderschön klar; frisch, klare Frucht, herrlich viel Biss (5,50 €)

88 ▶ **2001 Riesling Kabinett trocken Kallstadter Saumagen** direkt, herrlich eindringlich, mineralische Noten; klar und kraftvoll im Mund, viel Frucht, zupackender jugendlicher Riesling (7,50 €)

88 ▶ **2002 Weißburgunder Spätlese trocken Kallstadter Steinacker** konzentriert im Bouquet, würzig, verhaltene Frucht; kraftvoll im Mund, herrlich stoffig, mineralische Noten, nachhaltig (8,50 €)

86 ▶ **2001 Gewürztraminer Spätlese trocken Kallstadter Steinacker** feine Traminerfrucht, klar, zurückhaltend; gute Fülle, klar und direkt (8 €)

87 ▶ **2001 Riesling Spätlese trocken Kallstadter Saumagen** würzig und direkt im Bouquet, herrlich eindringliche Frucht; geradlinig im Mund, jugendliche Frucht, kompakt (10 €)

91 ▶ **2001 Riesling Spätlese trocken „R" Kallstadter Saumagen** herrlich konzentriert im Bouquet, dominant, jugendliche mineralische Rieslingfrucht; kraftvoll im Mund, stoffig, herrlich viel Frucht, enorm jugendlich (Verkauf ab 2005)

91 ▶ **2001 Riesling Auslese trocken Kallstadter Saumagen** herrlich würzig und dominant, jugendliche mineralische Rieslingfrucht; füllig, konzentriert, herrlich viel Biss, enormer mineralischer Nachhall, sehr jugendlich (16 €)

93 ▶ **2001 Riesling Auslese trocken „R" Kallstadter Saumagen** faszinierende Frucht, herrlich mineralisch, dominant, jugendlich; wunderschön konzentriert im Mund, klare Frucht, mineralische Noten, jugendlich, gewaltiger Nachhall (im Verkauf ab 2007)

87 ▶ **2001 Chardonnay Philippi** feiner Toast, Haselnüsse, sehr klare Frucht; kraftvoll im Mund, gute Struktur (15 €)

87 ▶ **2001 Weißburgunder Philippi** jugendliche Frucht, zurückhaltend, dezenter Toast; gute Fülle, viel Frucht (15 €)

86 ▶ **2001 Grauburgunder Philippi** feiner Toast, leicht streng, gute Frucht; herrlich füllig, verhaltene Frucht (15 €)

90 ▶ **2001 Chardonnay „R" Philippi** herrlich viel Frucht im Bouquet, sehr klar, feiner Tost im Hintergrund; herrlich füllig, viel Frucht, rauchige Noten, harmonisch und lang (Verkauf ab 2005)

89 ▶ **2002 Riesling Spätlese halbtrocken Kallstadter Saumagen** herrlich würzig und direkt, sehr klare Frucht, eindringlich; gute Fülle, wunderschön reintönige Frucht (8,50 €)

87 ▶ **2002 Gewürztraminer Spätlese Kallstadter Steinacker** feiner Rosenduft, sehr klar und direkt; klar, gute Harmonie und Frucht, feiner Gewürztraminer (8 €)

86 ▶ **2002 Riesling Kabinett Kallstadter Steinacker** würzig, direkt, jugendliche Frucht; frisch, direkt, süße Frucht, viel Biss (5 €)

90 ▶ **2002 Riesling Spätlese Kallstadter Saumagen** herrlich konzentriert, jugendliche sehr eindringliche Frucht; harmonisch, viel klare Frucht, wunderschön reintöniger Riesling (9,50 €)

91 ▶ **2002 Riesling Auslese Kallstadter Saumagen** herrlich konzentriert, jugendliche mineralische Rieslingfrucht, dominant; schmeichelnd im Mund, viel reife klare Frucht, süffig, reintönig, lang (15 €)

92 ▶ **2002 Riesling Auslese „R" Kallstadter Saumagen** enorm konzentriert, eindringliche dominante Frucht, jugendlich; faszinierend viel Frucht im Mund, intensiv süße Aprikosen, sehr reintönig, nachhaltig (noch nicht im Verkauf)

89 ▶ **2001 Pinot Noir Philippi** würzigrauchige Noten, Frische, klare Frucht, dezenter Toast; gute Harmonie, sehr klare Frucht, harmonisch, eleganter feiner Spätburgunder, jugendlich, mit Nachhall (20 €)

91 ▶ **2001 Pinot Noir „R" Philippi** rauchige Noten, klare konzentrierte Frucht, ein wenig Kaffee, gute Konzentration, Schokolade; gute Fülle und Harmonie, klare Frucht, rauchige Noten, mit Länge und Nachhall (Verkauf ab 2005)

Weitere Weine: 85 ▶ 2002 Riesling Kabinett trocken Kallstadter Kronenberg ■ **84** ▶ 2001 Riesling Kabinett trocken Kallstadter Steinacker ■ **84** ▶ 2001 Spätburgunder Spätlese trocken Kallstadter Kronenberg

Weingut Robert **König** ★★
Rheingau

Landhaus Kenner, 65385 Assmannshausen
Tel. 06722-1064, Fax: 06722-48656
Inhaber: Robert König
Rebfläche: 8 Hektar
Besuchszeiten: nach Vereinbarung
Schlemmerwochen (Mai) und Tage der offenen Keller (September)

Spezialität von Robert König sind die Spätburgunder. Diese Rebsorte nimmt auch 90 Prozent der Rebfläche bei ihm ein. Im Gegensatz zu den meisten anderen Assmannshäuser Erzeugern pflegt er einen etwas fruchtbetonteren Spätburgunder-Stil.

Diesen Stil verfolgte Robert König in den Jahren 2000 und 2001 gleichermaßen. Seine Spätburgunder waren fruchtig und sehr klar. Mein Favorit in der guten Kollektion war aber der Frühburgunder aus dem Höllenberg. Die 2002er sind wiederum gelungen und schmeicheln mit viel süßer Frucht.

84 ▶ **2002 Spätburgunder trocken** frisch, feine reintönige Spätburgunderfrucht; harmonisch, gute süße Frucht, Biss (7 €/1l)

84 ▶ **2002 Spätburgunder Kabinett trocken Assmannshäuser Höllenberg** herrlich eindringliche intensive Frucht, Frische; frisch, klar, süße Frucht, süffig (9,25 €)

86 ▶ 2002 Spätburgunder Spätlese trocken **Assmannshäuser Höllenberg 16/03** klare würzige Spätburgunderfrucht; frisch, konzentriert, klare süße Frucht, reintönig, feine rauchige Noten, Nachhall (12,50 €)

86 ▶ 2002 Spätburgunder Spätlese trocken **Assmannshäuser Höllenberg 14/03** reife süße Frucht, klar, rauchige Noten; schmeichelnd im Mund, viel süße Frucht, harmonisch und süffig (12,50 €)

85 ▶ 2002 Spätburgunder Spätlese trocken **Assmannshäuser Frankenthal** klare würzige Spätburgunderfrucht, süße rote Früchte, Kirschen, Erdbeeren; harmonisch, eindringlich, gute Frucht (12,25 €)

Winzergenossenschaft Königschaffhausen ★★
Baden

Kiechlinsberger Straße 2-6,
79346 Endingen-Königschaffhausen
Tel. 07642-90846, Fax: 07642-2535
www.koenigschaffhauser-wein.de
wg-koenigschaffhausen@t-online.de
Geschäftsführer: Edmund Schillinger
Kellermeister: Reiner Roßwog
Rebfläche: 190 Hektar
Mitglieder: 380
Besuchszeiten: Mo.-Fr. 8-12 + 13:30-17 Uhr,
Sa. 9-12 Uhr

Der 1933 gegründeten Genossenschaft von Königschaffhausen gehören heute etwa 370 Mitglieder an, die 180 Hektar Weinberge in den Königschaffhauser Lagen Hasenberg und Steingrüble bewirtschaften. Der Schwerpunkt der Produktion liegt bei den Burgundersorten. Bereits 1985 hat man hier mit dem Barriqueausbau begonnen.

Auch in diesem Jahr überzeugen vor allem die zuverlässigen Rotweine von der Winzergenossenschaft Königschaffhausen. Die edelsüßen Weine lassen wie schon im vergangenen Jahr ein wenig die Brillanz vermissen.

86 ▶ 2001 Scheurebe Beerenauslese **Königschaffhauser Vulkanfelsen** duftig, klare süße Frucht; dick und dominant im Mund, klebrige süße Frucht (12,50 €/0,375l)

86 ▶ 2000 Cabernet Sauvignon trocken Barrique **Königschaffhauser Hasenberg** klare reife Cabernetfrucht, rauchige Noten; gute Fülle und Harmonie, klare Frucht (18,25 €)

84 ▶ 2001 Spätburgunder trocken „SL" **Königschaffhauser Steingrüble** würzig, klar, gute reife Frucht; weich im Mund, süße Frucht, süffig (9,50 €)

86 ▶ 2001 Spätburgunder Weißherbst Eiswein **Königschaffhauser Steingrüble** feiner Duft, süße Frucht; süße Frucht, kompakt, stoffig (15,10 €/0,375l)

Weitere Weine: 80 ▶ 2002 Grauer Burgunder trocken Königschaffhauser Hasenberg ■ 83 ▶ 2002 Weißer Burgunder Spätlese trocken Königschaffhauser Hasenberg ■ 81 ▶ 2002 Rivaner halbtrocken ■ 78 ▶ 2002 Spätburgunder Rosé trocken Königschaffhauser Steingrüble ■ 82 ▶ 2002 Spätburgunder trocken Königschaffhauser Steingrüble ■ 83 ▶ 2002 Spätburgunder halbtrocken „Aquarell" Königschaffhauser Steingrüble ■

Weingut Köwerich ★★
Mosel-Saar-Ruwer

Reichgasse 7, 54340 Leiwen
Tel. 06507-4282, Fax: 06507-3037
weingut.koewerich@t-online.de
Inhaber: Nick Köwerich und Annette Köwerich
Rebfläche: 5 Hektar
Besuchszeiten: nach Vereinbarung

Nick Köwerich hat das Weingut 1994 von seinen Eltern übernommen. In seinen Weinbergen wächst ausschließlich Riesling. Bereits seit 1992 baut er seine Rieslinge mit malolaktischer Gärung aus. Und wer glaubt, malolaktische Gärung passt nicht zum Riesling, der wird hier eines Besseren belehrt. Denn die Weine von Nick Köwerich sind klar in der Frucht, haben Frische und Biss.

Vor zwei Jahren hatte ich erstmals Weine von Nick Köwerich verkostet. In der guten Kollektion gefiel mir ein 99er, die trockene Spätlese Leiwener Laurentiuslay, am besten. Die letztjährige Kollektion war recht ausgewogen und wies eine Reihe von recht fülligen Rieslingen auf. Auch die 2002er Kollektion ist ausgewogen. Wie im Vorjahr sind die Weine alle recht füllig.

85 ▶ 2002 „Einblick N° 1" Riesling trocken feine Frucht, gelbe Früchte; gute Harmonie, kompakter Riesling (5 €)

85 ▶ 2002 „Vintage" Riesling Spätlese trocken Laurentiuslay Nr. 19 konzentriert, klar, jugendliche Frucht; weich, füllig, verhaltene Frucht (12 €)

85 ▶ 2002 „Vintage" Riesling Spätlese trocken Laurentiuslay Nr. 20 konzentriert, würzig, herrlich reintönige eindringliche Frucht; gute Fülle und Harmonie (12 €)

86 ▶ 2002 „Vintage" Riesling Spätlese trocken Laurentiuslay Nr. 21 konzentriert, klar, eindringliche jugendliche Frucht; kompakt, klar, viel Frucht (15 €)

85 ▶ 2002 Riesling Spätlese Laurentiuslay Nr. 18 jugendliche Frucht, feine Frische; gute Harmonie, süße Frucht (7,50 €)

87 ▶ 2002 Riesling Auslese Laurentiuslay Nr. 24 gute Konzentration, feine Frische und Frucht; süß, weich, kompakt, harmonisch und lang (15 €)

89 ▶ 2002 Riesling Auslese Laurentiuslay Nr. 27 klare Frucht, süße Zitrusfrüchte, reintönig; viel süße Frucht, süße Zitrusfrüchte und Aprikosen, kompakt, lang (22 €)

Weitere Weine: 83 ▶ „Mousel" Riesling Sekt Brut ■

Weingut Konstanzer *
Baden

◆ Quellenstraße 22, 79241 Ihringen
Tel. 07668-5537, Fax: 07668-5097
www.weingut-konstanzer.de
weingut-konstanzer@t-online.de
Inhaber: Horst und Petra Konstanzer
Rebfläche: 6,5 Hektar
Besuchszeiten: Mo.-Do. ab 17 Uhr, Fr. 10-19 Uhr, Sa. 10-17 Uhr und nach Vereinbarung

1983 haben Horst und Petra Konstanzer, damals noch im Nebenerwerb, ihren ersten Wein gemacht. 1989 übernahmen sie dann den elterlichen Betrieb, die bis dahin die Trauben an die Genossenschaft abgeliefert hatten, und betreiben ihn seither im Haupterwerb. Alle Weine wurden von Anfang an durchgegoren ausgebaut. 80 Prozent ihrer Weinberge nehmen die Burgundersorten ein. Hinzu kommen Silvaner, Müller-Thurgau, Riesling und Muskateller. In der hauseigenen Brennerei werden Obstschnäpse und Edelbrände destilliert.

84 ▶ 2002 Riesling Spätlese trocken Ihringer Winklerberg frisch, klare Frucht, dezent Limone; frisch, klar, feine Frucht, Biss (8 €)

84 ▶ 2002 Weißburgunder Spätlese trocken Ihringer Winklerberg feine Würze im Bouquet, klar, direkt; klare Frucht im Mund, zupackend (9,50 €)

85 ▶ 2001 Spätburgunder Spätlese trocken Ihringer Winklerberg feine rauchige Noten, Frische, etwas Erdbeeren, Kirschen, sehr klar; harmonisch, gute Fülle und Frucht (12 €)

Weitere Weine: 83 ▶ 2002 Muskateller Kabinett trocken Ihringer Winklerberg ■ 83 ▶ 2002 Chardonnay Spätlese trocken Ihringer Winklerberg ■ 81 ▶ 2002 „Arbst" Spätburgunder Weißherbst Kabinett trocken ■

Weingut Konzmann ★
Württemberg

◆ *Seedammstraße 6, 71394 Kernen-Stetten*
Tel. 07151-460846, Fax: 07151-460840
d.konzmann@gmx.de
Inhaber: Dieter Konzmann
Rebfläche: 3 Hektar
Besuchszeiten: Do. 17-19 Uhr, Sa. 9-14 Uhr

1998, nachdem Dieter Konzmann seine Ausbildung zum Weinbaumeister in Weinsberg abgeschlossen hatte, begann man mit der Selbstvermarktung. Unterstützt von seinen Eltern Sieglinde und Herbert Konzmann bewirtschaftet er 3 Hektar Weinberge und 8 Hektar mit Obst. Die Rotweine werden nach der Maischegärung in Holzfässern ausgebaut. Die Weißweine werden langsam und kühl vergoren, um Frucht und Frische zu erhalten.

84 ▶ **2000 Riesling Sekt Trocken Stettener Häder** feine Frucht, Frische, sehr klar; süß im Mund, klare Frucht, enorm süffig (9 €)

85 ▶ **2001 Riesling** ** **Stettener Pulvermächer** frisch, klar, würzige Rieslingfrucht; klar und direkt im Mund, gute Frucht und Biss (6,90 €)

86 ▶ **2002 Riesling** ** **Stettener Pulvermächer** gute würzige Rieslingfrucht, klar und direkt, jugendlich; klare süße Frucht, gute Harmonie (6,90 €)

85 ▶ **2001 Riesling** *** **Stettener Pulvermächer** gute Würze und Konzentration, klare Frucht; frisch, klar, harmonisch, feine süße Frucht (7,90 €)

89 ▶ **2001 Riesling Eiswein Stettener** reife süße Frucht, süße Zitrusfrüchte, Litschi, Aprikosen, sehr eindringlich; viel süße Frucht im Mund, dominant, süffig, herrlich füllig und lang (24 €/0,375l)

Weitere Weine: 83 ▶ 2002 Riesling Stettener Häder (1l) ■ 82 ▶ 2002 Schillerwein Stettener (1l) ■ 81 ▶ 2002 Portugieser Weißherbst Stettener ■

Weingut Dr. Andreas Kopf ★
Pfalz

◆ ♣ *Am Frohnacker 1,*
76829 Landau-Mörzheim
Tel. 06341-32355, Fax: 06341-939395
biolandhofkopf@aol.com
Inhaber: Dr. Andreas Kopf
Rebfläche: 1,1 Hektar
Besuchszeiten: nach Vereinbarung

Mit einem Hektar Rebfläche und einem Viertel Hektar Ackerfläche gehört der Betrieb von Andreas Kopf zu den ganz kleinen Betrieben in der Pfalz. Im Hauptberuf - nach Winzerlehre und Studium der Agrarwissenschaften - ist Andreas Kopf Lehrer an der Berufsbildenden Schule in Bad Dürkheim, wo er unter anderem Weinküfer unterrichtet. Seit 1991 ist er Mitglied bei BIOLAND. In seinen Weinbergen in den Lagen Mörzheimer Pfaffenberg und Wollmesheimer Mütterle baut er überwiegend Burgundersorten an, daneben Riesling.

83 ▶ **2002 Riesling Kabinett trocken** würzig, klar, feine Frische, dezent Zitrusfrüchte; frisch, direkt, zurückhaltende Frucht, viel Biss (4 €)

84 ▶ **2002 Weißer Burgunder Kabinett trocken** recht würzig, direkt, klar, etwas weiße Früchte; sehr klar im Mund, gute Frucht und Biss (4 €)

84 ▶ **2002 Grauer Burgunder Kabinett trocken** würzige Noten, jugendliche etwas verhaltene Frucht; frisch im Mund, recht süße Frucht, süffig (4 €)

85 ▶ **2002 Spätburgunder Weißherbst trocken** wunderschön reintönige Frucht, sehr frisch und klar; sehr reintönige auch im Mund, gute Frucht und Harmonie (3,40 €)

85 ▶ **2001 Spätburgunder trocken Barrique** feine Vanille, klare reife Frucht, rote Früchte; weich im Mund, gute Frucht, recht vanillig, rote Früchte (6,80 €)

Weingut Kopp ★★★★
Baden

Ebenunger Straße 21,
76547 Sinzheim-Ebenung bei Baden-Baden
Tel. 07221-803601, Fax: 07221-803602
www.weingut-kopp-baden.de
weingut-kopp@freenet.de
Inhaber: Ewald und Birgit Kopp
Rebfläche: 7 Hektar
Besuchszeiten: Do. + Fr. 15-19 Uhr,
Sa. 10-15 Uhr oder nach Vereinbarung

Das Weingut Kopp liegt in der unteren Ortenau in dem kleinen Weiler Ebenung, zwischen Varnhalt und Sinzheim. Seit 1983 leiten Ewald Kopp und seine Frau das Weingut. Nach einem einjährigen Praktikum beim Weingut Bernhard Huber in Malterdingen und einer Winzerlehre begann Ewald Kopp 1996 mit der Selbstvermarktung. Wichtigste Rebsorten sind Spätburgunder und Riesling, die zusammen 70 Prozent der Rebfläche einnehmen. Hinzu kommen Weißburgunder, Grauburgunder und Chardonnay. Die Spätburgunder werden nach der Maischegärung in Holzfässern ausgebaut. Die Weißweine werden langsam und kühl vergoren und in Edelstahltanks ausgebaut. Die Weine der Selektions-Linie („S") werden im Barrique ausgebaut. Neben Wein erzeugt Ewald Kopp auch Edelbrände.

Ich hatte vor zwei Jahren zum ersten Mal Weine von Ewald Kopp verkostet - was für eine tolle Überraschung! Ob weiß oder rot, trocken oder edelsüß, alle Weine überzeugten mit viel Frucht und Kraft. Die letztjährige Kollektion gefiel mir noch besser: beide Spätburgunder gehörten zur Spitze in Baden! Die Nachfolger nun sind nochmals besser, die besten Spätburgunder in Baden. Aber auch der Chardonnay gehört mit zur Spitze. Eine großartige Leistung von einem der neuen Stars in Deutschland!

86 ▶ 2002 Riesling Kabinett trocken frisch, klar, Limone, feine Frucht; harmonisch, sehr klare Frucht, feiner Riesling (5,50 €)

88 ▶ 2002 Riesling Spätlese trocken gute Konzentration, jugendliche herrlich eindringliche Frucht; kraftvoll im Mund, viel Frucht, kompakt und klar (8 €)

87 ▶ 2002 Grauburgunder trocken gute Konzentration, würzige jugendliche Frucht; kompakt, klar, viel Frucht (6 €)

86 ▶ 2002 Weißer Burgunder trocken frisch, klar, feine würzige Frucht, eindringlich; kraftvoll im Mund, reife klare Frucht, harmonisch (6 €)

85 ▶ 2002 Chardonnay trocken reife süße Frucht, Ananas; kompakt, weich, (6,50 €)

90 ▶ 2001 Chardonnay „S" trocken konzentriert, Haselnüsse, herrlich viel Frucht und Toast; gute Fülle im Mund, reife Frucht, konzentriert, kraftvoll und lang (13,50 €)

86 ▶ 2002 Spätburgunder Rosé trocken gute Konzentration, sehr klare Frucht; harmonisch im Mund, viel süße Frucht, klar (5,50 €)

87 ▶ 2001 Spätburgunder trocken Holzfass rauchige Noten, sehr klare Frucht; reintönig im Mund, klare süße Frucht, Frische, Biss (7,50 €)

91 ▶ 2001 Spätburgunder trocken „Alte Rebe" konzentriert, reife eindringliche Frucht, enorm klar, jugendlich; füllig, reife klare Frucht, harmonisch, schmeichelnd, reintönig, sehr lang und nachhaltig (12 €)

92 ▶ 2001 Spätburgunder trocken „R" enorm konzentriert, ganz gewaltige Frucht, dominant, herrlich eindringlich; enorm füllig und konzentriert im Mund, reife eindringliche Frucht, Vanille, faszinierend lang und nachhaltig (30 €)

Weingut Korrell ★★★
Johanneshof
Nahe

Parkstraße 4, 55545 Bad Kreuznach
Tel. 0671-63390, Fax: 0671-71954
www.weingut-korrell.de
weingut-korrell@t-online.de
Inhaber: Wilfried und Martin Korrell
Rebfläche: 20,5 Hektar
Besuchszeiten: Mo.-Fr. 10-12 + 14-18 Uhr,
Sa. 10-12 + 14-16 Uhr
Gutsausschank Johanneshof (Fr./Sa. ab 18 Uhr,
So. 11-14 Uhr + ab 18 Uhr)

Wichtigste Rebsorte beim Weingut Korrell ist mit 35 Prozent der Riesling. Dazu gibt es jeweils 10 Prozent Grauburgunder, Spätburgunder, Portugieser und Müller-Thurgau, aber auch Weißburgunder und Chardonnay. Die Weinberge befinden sich in den Kreuznacher Lagen Rosenberg (Kies), St. Martin (rotliegender Sandsteinverwitterungsboden) und Paradies (tiefgründiger Tonboden mit hohem Kalkanteil). Die Rotweine kommen nach der Maischegärung und biologischem Säureabbau im Stahltank für bis zu 15 Monate ins Holzfass (auch ins Barrique). Die Weißweine werden nach langem Feinhefelager relativ früh auf Flaschen gefüllt.

Im vergangenen Jahr war Wilfried und Martin Korrell eine deutliche Steigerung gelungen: vor allem mit den eindrucksvollen süßen Weinen machten sie deutlich, dass sie zu den Spitzenwinzern der Region zählen. Mit dem Jahrgang 2002 bestätigen sie die gute Vorjahresleistung: eine interessante Kollektion mit edelsüßen Spitzen.

84 ▶ **2002 Grauer Burgunder trocken** gute Würze, klare Frucht, gelbe Früchte; weich im Mund, geschmeidig, süße Frucht (4,90 €)

85 ▶ **2002 Weißer Burgunder trocken** frisch, klare Frucht, weiße Früchte; gute Harmonie, klare süße Frucht, süffig (5,20 €)

87 ▶ **2002 Grauer Burgunder trocken „Johannes K."** reife süße Grauburgunderfrucht, gelbe Früchte; konzentriert, füllig, viel süße Frucht (9,20 €)

85 ▶ **2002 Gewürztraminer „feinherb"** feiner Traminerduft, süße Frucht; klar, geschmeidig, süße Frucht (5 €)

87 ▶ **2002 Gelber Muskateller** klar, konzentriert, eindringliche Muskatellerfrucht; schmeichelnd im Mund, viel süße Frucht, enorm süffig (6,50 €)

86 ▶ **2002 Riesling Spätlese Kreuznacher St. Martin** würzige Noten, jugendliche Rieslingfrucht; schmeichelnd im Mund, viel süße Frucht, süffig und lang (7 €)

88 ▶ **2002 Riesling Auslese Kreuznacher Paradies** würzige Rieslingfrucht, etwas Litschi; schmeichelnd im Mund, herrlich viel Frucht, lang (8 €)

89 ▶ **2002 Riesling Auslese Kreuznacher St. Martin** konzentriert, reife süße Aprikosen, Litschi; herrlich reintönig im Mund, viel Frucht, Frische (9 €/0,375l)

91 ▶ **2002 Riesling Eiswein Kreuznacher Paradies** konzentriert, klar, reife süße Rieslingfrucht, Litschi, süße Orangen; viel süße Frucht im Mund, süße eingelegte Aprikosen, herrlich füllig, harmonisch, lang (19 €/0,375l)

86 ▶ **2001 „Ars Vini" Rotwein trocken** rauchige Noten, gute Konzentration, Vanille, reife süße Frucht; harmonisch, gute Fülle, dezente Bitternote (18 €)

Weitere Weine: 83 ▶ 2002 Riesling Classic ■

Weingut Kramer ★★
Inh. Harald Pfaff
Baden

Lindenbergstraße 2, 77933 Lahr
Tel. 07821-26492, Fax: 07821-30391
Inhaber: Harald Pfaff
Rebfläche: 3 Hektar
Besuchszeiten: Mo.-Fr. 17-19 Uhr,
Sa. 10-13 Uhr oder nach Vereinbarung

Das Weingut Kramer in Lahr im Breisgau wurde 1986 gegründet und wird seit 1997 von Harald Pfaff bewirtschaftet. Harald Pfaff baut vor allem Burgundersorten an. Spätburgunder und Grauburgunder, Weißburgunder und Auxerrois. Dazu hat er Chardonnay und Müller-Thurgau. Die Trauben werden bei ihm schonend verarbeitet, der Spätburgunder wird maischevergoren. Ausgebaut werden die Weine teils in Edelstahltanks, teils in Holzfässern.

Wie in den beiden Vorjahren überzeugt Harald Pfaff mit einer ausgeglichenen Kollektion, in der mir der Grauburgunder am besten gefallen.

84 ▶ **2002 Chardonnay Kabinett trocken Lahrer Schutterlindenberg** feine Frucht, Frische, Würze; weich, gute Fülle (5,40 €)

86 ▶ **2002 Grauburgunder Spätlese trocken Lahrer Schutterlindenberg** reife süße sehr eindringliche Frucht; gute Fülle und Harmonie, kompakter Grauburgunder (9 €)

84 ▶ **2001 Spätburgunder Kabinett trocken Lahrer Schutterlindenberg** rauchige Noten, klare Frucht; weich im Mund, zurückhaltende Frucht (6,40 €)

Weitere Weine: 82 ▶ 2002 Müller-Thurgau Kabinett trocken Lahrer Schutterlindenberg ■ 82 ▶ 2002 Weißburgunder Kabinett trocken Lahrer Schutterlindenberg ■ 80 ▶ 2002 Auxerrois Kabinett trocken Lahrer Schutterlindenberg ■ 82 ▶ 2002 Spätburgunder Rosé Kabinett Lahrer Schutterlindenberg ■

Weingut Familie Kranz ★★
Pfalz

Mörzheimer Straße 2, 76831 Ilbesheim
Tel. 06341-939206, Fax: 06341-939207
www.weingut-kranz.de
weingut-kranz@t-online.de
Inhaber: Familie Kranz
Rebfläche: 17 Hektar
Besuchszeiten: Mo.-Fr. 8-12 Uhr, nachmittags nach Vereinbarung, Sa. 8-16 Uhr

Die Familie Kranz in Ilbesheim bewirtschaftet ihre Weinberge nach den Richtlinien des kontrolliert umweltschonenden Weinbaus. Wichtigste Rebsorten sind Riesling, Weißburgunder, Silvaner und Spätburgunder. Mit dem Jahrgang 1999 hatte man erstmals auch einen Chardonnay im Programm.

Die 2000er Kollektion war ein weiterer Schritt nach vorne: durchweg zuverlässig waren alle Weine und vor allem die Rotweine deuteten an, dass hier in den kommenden Jahren noch mehr möglich ist. Im vergangenen Jahr waren die Rotweine wieder überzeugend und die Weißweine deutlich verbessert. Auch die neue Kollektion überzeugt, weiß wie rot, mit ihrer Zuverlässigkeit.

85 ▶ **2002 Riesling Hochgewächs trocken** gute Konzentration, sehr klare Frucht; klar und direkt, feine Frucht, etwas Limone (3,85 €)

84 ▶ **2002 Silvaner Kabinett trocken** frisch, klar, weiße Früchte; gute Harmonie, klare Frucht (3,90 €)

87 ▶ **2002 Weißer Burgunder & Chardonnay Spätlese trocken „Fürstenweg"** gute Konzentration, klare reife Frucht; harmonisch, viel süße Frucht, Nachhall (6,20 €)

88 ▶ **2002 Riesling Spätlese trocken „Kalmit"** gute Konzentration, klare eindringliche Frucht; kraftvoll, viel Frucht, feiner Nachhall (6,20 €)

86 ▶ **2002 Auxerrois Kabinett trocken** gute Frucht und Konzentration, sehr klar; harmonisch, klare reife Frucht, zupackend (4,80 €)

85 ▶ **2002 Chardonnay trocken** klare etwas würzige Frucht; weich, kompakt, viel süße Frucht (4,90 €)

84 ▶ **2002 Spätburgunder Kabinett Rosé trocken** frisch, klare Frucht, Kirschen; klar im Mund, feine süße Frucht (3,85 €)

85 ▶ **2002 Spätburgunder trocken** feine Frucht, Frische, sehr klar; harmonisch, klar, gute Frucht (5,10 €)

85 ▶ **2001 „August-Hugo" Rotwein trocken** reife rote Früchte, jugendlich; frisch, klar, feine Frucht und Biss (6,20 €)

87 ▶ **2001 Spätburgunder trocken** klare reife Frucht, rote Früchte; harmonisch, viel Frucht, jugendliche Tannine (10,20 €)

Weitere Weine: 83 ▶ 2002 Riesling trocken (1l) ■

Weingut
Kranz-Junk *
Mosel-Saar-Ruwer

Brunnenstraße 7, 54472 Brauneberg
Tel. 06534-223, Fax: 06534-18314
www.kranz-junk.de
kranz-junk@t-online.de
Inhaber: Gerti und Josef Kranz
Rebfläche: 5,5 Hektar
Besuchszeiten: jederzeit nach Vereinbarung
Gästezimmer

Das Weingut Kranz-Junk in Brauneberg wird heute von Gerti und Josef Kranz geleitet. Wichtigste Rebsorte ist nach wie vor der Riesling, doch haben sie ihre Rebsortenpalette in den letzten Jahren (neben Riesling und Müller-Thurgau) mit Spätburgunder und Chardonnay erweitert. Auch Weißburgunder wurde neu angelegt ebenso wie Dornfelder, der im Jahrgang 2001 den ersten Ertrag brachte.

Im Jahrgang 2000 waren in einer gleichmäßigen Kollektion die süßen und edelsüßen Rieslinge meine Favoriten, zusammen mit einem beachtenswerten Sekt. Dies war auch im Jahrgang 2001 nicht anders: klare Stärken im restsüßen Bereich! Auch 2002 wieder das gleiche Bild mit überzeugenden süßen Rieslingen, allen voran die Auslese Juffer-Sonnenuhr.

86 ▶ 2002 Riesling Spätlese halbtrocken Brauneberger Juffer feine Würze, herrlich klare Frucht; kompakt, klar, reife Frucht, harmonisch und lang (6,20 €)

84 ▶ 2002 Riesling Kabinett Brauneberger Juffer zurückhaltende Frucht im Bouquet, direkt; klar und direkt auch im Mund, feine Frucht (4,50 €)

85 ▶ 2002 Riesling Spätlese Brauneberger Juffer-Sonnenuhr würzige Noten im Bouquet, direkt, klare Frucht; verhalten, klare süße Frucht (6,60 €)

89 ▶ 2002 Riesling Auslese Brauneberger Juffer-Sonnenuhr süße Frucht, reife Aprikosen und Zitrusfrüchte; dominant, viel reife süße Frucht, schmeichelnd und lang (12,80 €)

Weitere Weine: 80 ▶ 2002 Riesling trocken (1l) ■ 82 ▶ 2002 Chardonnay trocken ■ 79 ▶ 2002 Riesling (1l) ■ 81 ▶ 2002 Dornfelder trocken ■

Weingut
Krebs *
Baden

Birkenweg 48, 79589 Binzen
Tel. 07621-62141, Fax: 07621-64000
krebs.weingut@t-online.de
Inhaber: Hans Krebs
Rebfläche: 7 Hektar
Besuchszeiten: Mo.-Fr. 8-12 + 14-19 Uhr (außer Mi. nachmittags), Sa. 8-14 Uhr

Seit 1995 führt Hans Krebs - in sechster Generation - dieses Familienweingut in Binzen im Markgräflerland. Schon 1820 legte Küfermeister Johann Jakob Krebs den Grundstein für das heutige Weingut. Die Weinberge von Hans Krebs befinden sich in den Lagen Binzener Sonnhohle und Blansinger Wolfer, wo die Reben auf Löss-Lehmböden wachsen. Wichtigste Rebsorte bei ihm ist der Gutedel, der 40 Prozent der Rebfläche einnimmt. Es folgt Spätburgunder mit einem Anteil von 30 Prozent, dazu gibt es Müller-Thurgau, Grauburgunder, Chardonnay, Weißburgunder, Nobling und Gewürztraminer. Zuletzt kam anstelle des gerodeten Kerner Dornfelder hinzu. Die Bewirtschaftung erfolgt nach den Grundsätzen umweltschonenden Weinbaus.

Mein Favorit in den letzten Jahren war meist ein Gewürztraminer. Wenig gefallen hatten mir bisher die Gutedel. In diesem Jahr ist das anders, der Gutedel ist wunderschön klar in der Frucht.

85 ▶ **2002 Gutedel trocken Binzener Sonnhohle** frisch und direkt, sehr klare Frucht;
frisch auch im Mund, harmonisch, klare
Frucht (3,20 €)

84 ▶ **2002 Chardonnay Spätlese trocken
Binzener Sonnhohle** gute Konzentration, reife
sehr würzige Frucht; süß im Mund, viel
Frucht, Fülle (9,50 €)

84 ▶ **2002 Gewürztraminer Spätlese trocken
Binzener Sonnhohle** reife süße Frucht, Rosen
und Litschi; weich im Mund, füllig, schmeichelnd (7 €)

85 ▶ **2001 Spätburgunder Auslese trocken
Binzener Sonnhohle** rauchige Noten, intensive reife Frucht; etwas Frische im Mund, reife
süße Frucht (10,50 €)

Weitere Weine: 82 ▶ 2002 Nobling trocken
Blansinger Wolfer ■ **81** ▶ 2002 Weißer Burgunder Kabinett trocken Binzener Sonnhohle ■
81 ▶ 2002 Grauer Burgunder Kabinett trocken
Binzener Sonnhohle ■

Wein- und Sektgut
Axel Kreichgauer ★★★
Rheinhessen

*Kirchgasse 2, 67585 Dorn-Dürkheim
Tel. 06733-7005, Fax: 06733-960806
a.kreichgauer@t-online.de
Inhaber: Axel Kreichgauer
Rebfläche: 12,5 Hektar
Besuchszeiten: nach Vereinbarung,
täglich ab 9 Uhr*

Das Weingut Kreichgauer befindet sich seit Generationen in Familienbesitz und wird heute von Axel und Anke Kreichgauer geführt. Bis 1991, als Axel Kreichgauer den Betrieb übernommen hat, wurde der Wein ausschließlich als Fasswein vermarktet. Axel Kreichgauer hat dann begonnen nach und nach einzelne Partien selbst über die Flasche zu vermarkten. Die Weinberge befinden sich überwiegend in Dorn-Dürkheim und Alsheim. Dazu gibt es im Oppenheimer Herrengarten einen Rieslingweinberg, sowie in Wintersheim eine Anlage mit Spätburgunder und Chardonnay. Wichtigste Rebsorten sind Riesling und die Burgundersorten. Recht ungewöhnlich für Rheinhessen, gibt es bei Kreichgauer keinen Silvaner. Die Grauburgunderfläche möchte er in den nächsten Jahren erhöhen. Mit dem Jahrgang 2001 kamen neue Anlagen mit Cabernet Dorio und Cabernet Dorsa in den Ertrag. Axel Kreichgauer baut seine Weine überwiegend trocken aus. Wobei seine trockenen Weine immer eine deutliche Restsüße aufweisen. Ausgesuchte Rot- und Weißweine baut er auch im Barrique aus. Klar ist die Flaschenausstattung seiner Weine: das Vorderetikett zeigt nur Name, Rebsorte und Jahrgang, auf dem kleinen Rückenetikett (dem amtlichen Hauptetikett) stehen dann Angaben wie Lage, aber auch - was eine Seltenheit in Deutschland ist - Restzucker und Säure.

Axel Kreichgauer hat sich in den letzten Jahren stetig gesteigert. Die neue Kollektion ist nochmals besser, nochmals ausgewogener mit gleichermaßen überzeugenden Weiß- und Rotweinen.

86 ▶ **2002 Grauer Burgunder trocken Alsheimer Römerberg** gute Konzentration, gelbe Früchte; füllig, harmonisch, viel süße Frucht (6,95 €)

85 ▶ **2002 Riesling trocken Oppenheimer Herrengarten** gute Frucht im Bouquet, sehr klar; klar auch im Mund, süße Frucht, harmonisch (4,70 €/1l)

86 ▶ **2002 Riesling Kabinett trocken Oppenheimer Herrengarten** klare Frucht, feines Rieslingbouquet; gute Harmonie, klare süße Frucht (4,95 €)

88 ▶ **2002 Riesling Spätlese trocken Dorn-Dürkheimer Hasensprung** gute Konzentration, sehr klare jugendliche Rieslingfrucht; Fülle, viel süße Frucht, harmonisch (6,95 €)

86 ▶ **2002 Weißer Burgunder Spätlese trocken Dorn-Dürkheimer Römerberg** gute Würze im Bouquet, sehr klare Frucht, konzentriert; weich im Mund, viel süße Frucht, schmeichelnd (6,95 €)

87 ▶ 2002 „Aaron-Damian" Weißer Burgunder Barrique gute Konzentration im Bouquet, Würze; reife Frucht, kompakt, klar, fruchtbetont (9,95 €)

88 ▶ 2002 Riesling Spätlese Dorn-Dürkheimer Hasensprung konzentriert, klar, würzige reintönige Rieslingfrucht; viel reife süße Frucht, harmonisch, lang (7,95 €)

86 ▶ 2002 Spätburgunder weißgekeltert Wintersheimer Fraugarten herrlich reintönige süße Spätburgunderfrucht; harmonisch, klare süße Frucht, süffig (5,90 €)

88 ▶ 2001 Cabernet Dorsa Dorn-Dürkheimer Römerberg gute Konzentration, würzige Noten, dezent Kakao und Kaffee; füllig, reife süße Frucht, herrlich süffig (18,40 €)

86 ▶ 2001 „Mythos" Dornfelder Barrique Dorn-Dürkheimer Römerberg intensive Frucht, eindringlicher Dornfelder-Duft; gute Fülle, viel klare Frucht (9,95 €)

88 ▶ 2001 Cabernet Dorio Barrique „Anna-Maria Alessandra" Dorn-Dürkheimer Römerberg rauchige Noten, etwas Kakao, Vanille; weich, süße Frucht, harmonisch (12,50 €)

Weitere Weine: 85 ▶ 2002 „SECCO" Pinot Brut ■ 85 ▶ 2002 RS-Rheinhessen Silvaner trocken ■ 85 ▶ 2002 Chardonnay trocken Wintersheimer Fraugarten ■ 84 ▶ 2002 Weißer Burgunder trocken Dorn-Dürkheimer Römerberg (1l) ■ 84 ▶ 2002 Rivaner trocken Dorn-Dürkheimer Römerberg ■

Weingut H.J. Kreuzberg ★★★
Ahr

Benedikt-Schmittmann-Straße 30,
53507 Dernau
Tel. 02643-1691, Fax: 02643-3206
www.weingut-kreuzberg.de
weingut.kreuzberg@t-online.de
Inhaber: Ludwig Kreuzberg
Rebfläche: 8,5 Hektar
Besuchszeiten: Mo.-Fr. 10-12 + 14-18 Uhr, Sa./So. 10-15 Uhr
Straußwirtschaft und Pension

Das 1953 gegründete Gut wird heute von Ludwig und Sandra Kreuzberg geführt. Bruder Hermann-Josef ist der Önologe im Betrieb, der dritte Bruder, Thomas, leitet den Verkauf und Vertrieb. Seit 1994, als er den Betrieb mit damals 3,2 Hektar übernahm, hat Ludwig Kreuzberg kräftig expandiert. Spätburgunder nimmt 65 Prozent der Rebfläche ein, hinzu kommen weitere rote Sorten wie Frühburgunder, von dem er inzwischen über einen Hektar hat, Portugieser und Dornfelder, sowie seit 1999 auch Regent und Cabernet Sauvignon. Ludwig Kreuzberg bietet seine Weine entweder als Qualitätsweine oder als Auslesen mit Lagenbezeichnung an. Die Prädikate Kabinett und Spätlese nutzt er nicht. Bei Barriques nutzt er ausschließlich Fässer aus Allier-Eiche, medium getoastet.

Ludwig Kreuzberg hat sich in den letzten Jahren kontinuierlich gesteigert. Das Jahr 2000 war sehr gleichmäßig ausgefallen. 2001 brachte eine weitere Steigerung: die Weine waren alle enorm fruchtbetont, betörten mit viel süßer, reifer Frucht. 2002 schließt nahtlos daran an, wobei in der aktuellen Kollektion mit der Devonschiefer Goldkapsel nochmals ein Wein aus dem Jahrgang 2001 mein Favorit ist.

86 ▶ 2002 Blauer Spätburgunder Weißherbst trocken feine Frucht, sehr klar und direkt, Aprikosen; harmonisch, klar, süße Frucht, herrlich süffig (8 €)

84 ▶ 2002 Spätburgunder trocken feine Würze, klare Frucht; frisch, klar, feine Frucht, unkompliziert (7,70 €)

86 ▶ 2002 Spätburgunder trocken Neuenahrer Schieferlay feine Frucht im Bouquet, rauchige Noten, sehr klar; frisch und klar im Mund, harmonisch, wunderschön reintönige Frucht (10,50 €)

87 ▶ 2002 Spätburgunder trocken Devonschiefer reife süße Frucht im Bouquet, rauchige Noten; gute Harmonie im Mund, wunderschön klare Frucht, kompakter Spätburgunder (15,50 €)

85 ▶ 2001 „CaSaNova" Cabernet Sauvignon trocken feine klare Frucht, etwas Cassis, rote Früchte; frisch, direkt, viel Biss, jugendliche Tannine (19 €)

88 ▶ 2002 Spätburgunder trocken Dernauer Pfarrwingert herrlich reintönige Frucht, feiner dezenter Toast; viel klare Frucht im Mund, feiner Biss, eleganter Spätburgunder (22 €)

88 ▶ 2002 Frühburgunder trocken Neuenahrer Sonnenberg feine rauchige Frucht, wunderschön klar; harmonisch im Mund, herrlich reintönig und lang (29 €)

89 ▶ 2001 Spätburgunder trocken Devonschiefer Goldkapsel gute Konzentration, jugendliche Frucht mit rauchigen Noten; kraftvoll im Mund, zupackend, klare Frucht, jugendliche Tannine (26 €)

Weingut Rüdiger **Kröber** ★★★★
Mosel-Saar-Ruwer

Hahnenstraße 14, 56333 Winningen
Tel. 02606-351, Fax: 02606-2600
www.weingut-kroeber.de
info@weingut-kroeber.de
Inhaber: Rüdiger Kröber
Rebfläche: 5,8 Hektar
Besuchszeiten: Mo.-Sa. 9-18 Uhr

1991 haben Ute und Rüdiger Kröber das Weingut übernommen von Erika und Werner Kröber, der als Wein- und Holzfass-Küfer den Grundstock für das Weingut legte. Seither haben sie die Rebfläche mehr als verdoppelt indem sie Weinberge in Steil- und Terrassenlagen zugekauft haben. Ihre Weinberge befinden sich in den Winninger Lagen Uhlen, Röttgen und Hamm. Neben Riesling gibt es ein wenig Müller-Thurgau, Spätburgunder und Dornfelder. Die Weine werden teils im Holz, teils im Edelstahl ausgebaut. Im Jahr 2001 wurde der Weinbergsbesitz wiederum erweitert, ausschließlich mit Riesling.

Im vergangenen Jahr hatte ich erstmals Weine von Rüdiger Kröber verkostet: was für eine beeindruckende Kollektion! Alle Weine waren herrlich reintönig und fruchtbetont. „Meine Entdeckung des Jahres an der Mosel", hatte ich geschrieben. Und in diesem Jahr lässt er eine gleichermaßen beeindruckende Kollektion nachfolgen: jeder Wein ist wunderschön klar, die edelsüßen Rieslinge aus dem Jahrgang 2001 sind faszinierend stoffig und nachhaltig.

86 ▶ 2002 Kröber's Riesling trocken frisch, direkt, wunderschön klare Frucht; geradlinig im Mund, viel Frucht, Biss (4,60 €)

86 ▶ 2002 Riesling trocken Winninger Domgarten frisch und direkt im Bouquet, sehr klare Frucht; geradlinig im Mund, viel Frucht, Biss (4 €/1l)

85 ▶ 2002 Riesling trocken Winninger Uhlen gute Konzentration, herrlich klare jugendliche Rieslingfrucht; kraftvoll im Mund, gute Frucht (5 €)

87 ▶ 2002 Riesling Kabinett trocken Winninger Uhlen klar und würzig im Bouquet, konzentriert, jugendliche Frucht; herrlich klar im Mund, feine Frucht, reintöniger Riesling (5,50 €)

89 ▶ 2002 Riesling Spätlese trocken Winninger Uhlen herrlich würzig und konzentriert, eindringliche jugendliche Rieslingfrucht; kraftvoll im Mund, herrlich stoffig, reintönig, viel Frucht und Biss (8,80 €)

84 ▶ 2002 Riesling halbtrocken Winninger Hamm würzig, direkt, klare Frucht; frisch, klar, feine süße Frucht (4 €)

87 ▶ 2002 Riesling Spätlese „feinherb" Winninger Hamm würzige Noten, jugendliche klare Frucht; schmeichelnd im Mund, viel süße Frucht (7 €)

87 ▶ 2002 Riesling Kabinett Winninger Röttgen konzentriert, klare mineralische Rieslingfrucht; klar und direkt im Mund, gute süße Frucht, feine Nachhall (4,70 €)

89 ▶ 2002 Riesling Spätlese Winninger Röttgen klar, konzentriert, herrlich eindringliche Frucht, faszinierendes Rieslingbouquet; gute Fülle, reife süße Frucht, harmonisch, sehr lang (7 €)

90 ▶ **2002 Riesling Auslese Winninger Röttgen** herrlich reintönig, eindringliche jugendliche Rieslingfrucht, dominant; viel Konzentration, reife süße Frucht, dominant, nachhaltig (10,50 €/0,5l)

94 ▶ **2001 Riesling Eiswein Winninger Hamm** herrlich dominant, reife süße eingelegte Aprikosen, sehr reintönig; dick und konzentriert im Mund, reife süße Frucht, herrlich eindringlich, elegant, viel Biss, gewaltiger Nachhall (25 €/0,375l)

97 ▶ **2001 Riesling Trockenbeerenauslese Winninger Röttgen** herrlich konzentriert im Bouquet, reife süße Frucht, Aprikosen, faszinierend eindringlich; dick und konzentriert im Mund, viel Frucht, herrlich reintönig, lang und mit gewaltigem Nachhall (75 €/0,375l)

Weingut
Kruger-Rumpf ★★★★
Nahe / Rheinhessen

*Rheinstraße 47, 55424 Münster-Sarmsheim
Tel. 06721-43859, Fax: 06721-41882
www.kruger-rumpf.com
kruger-rumpf@t-online.de
Inhaber: Stefan Rumpf
Rebfläche: 21 Hektar
Besuchszeiten: Mo.-Sa. 9-18 Uhr, während der Öffnungszeiten der Weinstube und nach Vereinbarung
Weinstube (Di.-Sa. ab 17 Uhr, sonn- und feiertags ab 16 Uhr)*

Bis 1984, als Stefan Rumpf das Weingut von seinen Eltern übernahm, wurden die Weine vorwiegend im Fass vermarktet, teilweise an renommierte Weingüter. Stefan Rumpf stellte auf Selbstvermarktung um und gliederte dem Weingut einen Gutsausschank an, der von seiner Frau Cornelia geführt wird. Zwei Drittel der Weinberge von Stefan Rumpf sind mit Riesling bestockt, hinzu kommen Weißburgunder, Silvaner, Grau- und Spätburgunder, sowie Frühburgunder und Chardonnay. Kruger-Rumpf war das erste Weingut an der Nahe, das Chardonnay angepflanzt hat. Beim Riesling kann Stefan Rumpf auf bis zu 50 Jahre alte Reben zurückgreifen, in besten Lagen von Münster und Dorsheim. Seit dem Jahrgang 2001 hat er auch einen Riesling vom Binger Scharlachberg im Programm, der von einem zugepachteten Weinberg stammt.

Die Rieslinge sind Jahr für Jahr von zuverlässiger Güte, wobei bei Stefan Rumpf - anders als bei manch anderem Nahe-Winzer - die trockenen Weine den süß ausgebauten in nichts nachstehen. Aber auch die Burgunder, ob rot oder weiß, gehören immer zu den besten Burgundern an der Nahe. 2000 hatte Stefan Rumpf eine sehr homogene Kollektion mit durchweg überzeugenden Weinen. Auch der Jahrgang 2001 gefiel mir bei Stefan Rumpf sehr gut: kaum ein anderes Weingut an der Nahe hatte in diesem Jahrgang solch herrlich kraftvolle Rieslinge auf die Flasche gebracht. Den Jahrgang 2002 finde ich nochmals verbessert. Die weißen Burgunder haben weiter zugelegt und sind Spitze an der Nahe. Die Rieslinge sind alle wunderschön klar und spiegeln sehr schön das Terroir wider. Die drei Großen Gewächse sind herrlich füllig und konzentriert. Noch mehr überrascht war ich allerdings von den Spätburgundern, vor allem dem „R", die sehr an französische Burgunder erinnern.

Die allerbeste Nachricht zum Schluss: die Preise sind nach wie vor erstaunlich moderat. Stefan Rumpf hat eine erstaunliche Vielzahl von Schnäppchen!

87 ▶ **2002 Silvaner Spätlese trocken Münsterer** gute Konzentration, ganz leicht mineralische Noten; viel Frucht, herrlich harmonisch und klar, feiner eleganter Silvaner (7,50 €)

87 ▶ **2002 Weisser Burgunder trocken** frisch, sehr klare Frucht; gute Konzentration, herrlich füllig, harmonisch, sehr klar (5,70 €)

89 ▶ 2002 Weisser Burgunder trocken Silberkapsel herrlich eindringliche Frucht im Bouquet; füllig, viel reife süße Frucht, feiner Nachhall (8,50 €)

87 ▶ 2002 Grauer Burgunder trocken gute Konzentration, gelbe Früchte; viel Fülle, reife süße Frucht, sehr klar, harmonisch (6,90 €)

90 ▶ 2002 Grauer Burgunder trocken Silberkapsel würzig, konzentriert, sehr klare jugendliche Frucht, gelbe Früchte; herrlich füllig und klar im Mund, reife sehr reintönige Frucht, harmonisch, sehr lang (8,90 €)

86 ▶ 2002 Chardonnay trocken sehr reintönige Frucht, etwas weiße Früchte; gute Fülle, reife süße Frucht (6,90 €)

89 ▶ 2002 Chardonnay trocken Silberkapsel gute Konzentration im Bouquet, reife Frucht; gute Fülle, viel reife süße Frucht, kompakt, lang (12 €)

88 ▶ 2002 Gewürztraminer Spätlese trocken feiner Rosenduft, Frische, sehr klar; gute Fülle und Harmonie, sehr eindringlich, feine Frucht, mit Nachhall (8,70 €)

86 ▶ 2002 Riesling Classic herrlich klare Frucht; gute Harmonie, viel klare reife Frucht, enorm süffig (4,90 €)

87 ▶ 2002 Riesling Kabinett trocken Binger Scharlachberg sehr klare Frucht, jugendlich, direkt; herrlich füllig, harmonisch, viel Frucht (5,50 €)

87 ▶ 2002 Riesling Kabinett „feinherb" Dorsheimer Burgberg konzentriert, würzig; herrlich harmonisch, viel reife süße Frucht, feiner Nachhall (5 €)

87 ▶ 2002 Riesling Kabinett trocken Münsterer Kapellenberg klar, mineralische Rieslingfrucht; gute Harmonie, reife klare Frucht, eleganter Riesling (5 €)

88 ▶ 2002 Riesling Kabinett trocken Münsterer Pittersberg würzig, direkt, klar, mineralische Rieslingfrucht; herrlich kraftvoll und klar, viel Frucht, feiner Nachhall (5 €)

89 ▶ 2002 Riesling Kabinett trocken Silberkapsel Münsterer Pittersberg reife klare Frucht, gute Konzentration; herrlich kraftvoll und füllig im Mund, gute Substanz (5,60 €)

89 ▶ 2002 Riesling Kabinett trocken Münsterer Dautenpflänzer gute Konzentration im Bouquet, herrlich eindringliche Rieslingfrucht; füllig, viel reife süße Frucht, süffig und lang (5,40 €)

89 ▶ 2002 Riesling Spätlese trocken Münsterer Dautenpflänzer konzentriert, herrlich eindringliche reife Frucht; herrlich stoffig, fruchtbetont, fülliger Riesling (8,90 €)

90 ▶ 2002 Riesling Dorsheimer Burgberg (Großes Gewächs) konzentriert, sehr klare reife Frucht, herrlich eindringlich; wunderschön konzentriert und fruchtbetont, gute Fülle, stoffig, viel Nachhall (13 €)

91 ▶ 2002 Riesling Münsterer Pittersberg (Großes Gewächs) faszinierend klar und konzentriert, würzige Noten, herrlich eindringlich; füllig im Mund, viel reife süße Frucht, feiner Nachhall (14,50 €)

91 ▶ 2002 Riesling Münsterer Dautenpflänzer (Großes Gewächs) konzentriert, herrlich eindringliche Frucht; füllig, reife süße Frucht, herrlich harmonisch und lang (16 €)

87 ▶ 2002 Riesling Kabinett halbtrocken Münsterer Pittersberg frisch, klar, würzig, feine Frucht; gute Harmonie, sehr klare Frucht (5,40 €)

87 ▶ 2002 Riesling Kabinett halbtrocken Münsterer Kapellenberg gute Konzentration, würzig-rauchige Noten, klar; harmonisch, elegant, feine süße Rieslingfrucht (5 €)

88 ▶ 2002 Riesling Kabinett halbtrocken Münsterer Dautenpflänzer gute Konzentration, reife klare Frucht; gute Fülle und Harmonie, herrlich reintönige Frucht (6,40 €)

86 ▶ 2002 Riesling Kabinett Münsterer Rheinberg feine Würze, gute Konzentration; gute Harmonie, reife süße Frucht (5,50 €)

88 ▶ 2002 Riesling Kabinett Münsterer Pittersberg reife süße Zitrusfrüchte, Grapefruit; herrlich reintönig, stoffig, viel süße Frucht (5,40 €)

87 ▶ 2002 Riesling Kabinett Münsterer Kapellenberg etwas Würze, zurückhaltende Frucht; harmonisch, viel süße Frucht, herrlich süffig (5,40 €)

88 ▶ 2002 Riesling Spätlese Münsterer Pittersberg konzentriert im Bouquet, herrlich eindringliche reintönige Rieslingfrucht; füllig im Mund, klar, reife süße Frucht, harmonisch und lang (9 €)

90 ▶ 2002 Riesling Auslese Münsterer Pittersberg konzentriert, würzige Noten, sehr eindringliche Frucht; konzentriert im Mund, enorm dominant, jugendlich, guter Nachhall (19,90 €)

92 ▶ **2002 Riesling Eiswein Münsterer Pittersberg** eindringlich Zitrusfrüchte, würzig, direkt, Aprikosen; konzentriert, herrlich reintönig, dominante süße Frucht, süffig, viel Nachhall (34 €/0,375l)

86 ▶ **2001 Spätburgunder trocken** in gebrauchten Barriques ausgebaut; feine duftige Pinotfrucht, direkt; reintönige Frucht, eleganter feiner Spätburgunder (7,70 €)

88 ▶ **2001 Spätburgunder trocken „M"** rauchige Noten, gute Konzentration, sehr reintönige Frucht; herrlich süffig im Mund, konzentriert, elegant, feiner Nachhall (9 €)

91 ▶ **2001 Spätburgunder trocken „R"** konzentriert, rauchig-würzige Noten, herrlich eindringliche Frucht, ganz dezent Speck; kraftvoll im Mund, gute Fülle, elegant, Struktur, feine Tannine (14,30 €)

Weitere Weine: 85 ▶ 2002 Weisser Burgunder trocken ▪ 85 ▶ 2002 Spätburgunder trocken Blanc de Noir ▪

K

Weingut
Kühling-Gillot ★★
Rheinhessen

Ölmühlstraße 25, 55294 Bodenheim
Tel. 06135-2333, Fax: 06135-6463
www.kuehling-gillot.com /.de
info@kuehling-gillot.com /.de
Inhaber: Gabi und Roland Gillot
Rebfläche: 9 Hektar
Besuchszeiten: Mo.-Fr. 9-12 + 14-17 Uhr,
Sa. 10-12 Uhr und nach Vereinbarung
„...die etwas andere Straußwirtschaft AM PAVILLON", Juli + August, Fr.-So. ab 17 Uhr

Das Weingut Kühling-Gillot entstand in seiner heutigen Form 1970 mit der Heirat von Roland Gillot und Gabi Kühling, bei der die beiden Weingüter Kühling und Gillot verschmolzen wurden. Die Weinberge von Gabi und Roland Gillot liegen in Oppenheim, Dienheim, Nierstein, Laubenheim und Bodenheim. Wichtigste Rebsorte ist Riesling mit einem Anteil von 40 Prozent. Es folgen Spätburgunder, Portugieser, Grauburgunder und Chardonnay. Zuletzt wurde etwas Syrah und Gewürztraminer gepflanzt. Roland Gillot macht kraftvolle, eindringliche Weine, die in ihrer Jugend oft ein wenig verschlossen wirken. Als einer der ersten Winzer an der Rheinfront hat er mit dem Barriqueausbau begonnen. Seit Juli 2002 - nach Geisenheim-Studium und Praktikum in Burgund - arbeitet Tochter Caroline im Betrieb mit. Das Sortiment ist in drei Linien gegliedert: Gutsweine, Quinterra und Große Gewächse.

Jahr für Jahr gehören seine Spätburgunder und seine „Giro" genannte Cuvée zu den interessantesten Rotweinen in der Region. Auch im vergangenen Jahr gefielen mir die Rotweine am besten. In der neuen Kollektion nun sind die Rieslinge meine Favoriten, die drei herrlich kraftvollen und saftigen Großen Gewächse.

85 ▶ **Secco Gillotto Perlwein** Chardonnay; klare Frucht, etwas Süße; frisch, klar, feine Frucht (5,40 €)

87 ▶ **2000 Noir de Noir Sekt Trocken** frisch, würzig, intensive Frucht; gute Fülle, eindringliche süße Frucht, feine Würze, mit Biss und Nachhall (12,50 €)

85 ▶ **2002 Silvaner Spätlese trocken Qvinterra** etwas Birnen, weiße Früchte, gute Konzentration; gute Fülle, klare Frucht, dezent mineralische Noten (7 €)

87 ▶ **2002 Grauer Burgunder trocken Qvinterra** klare würzig-mineralische Noten im Bouquet, Frische, im Hintergrund gelbe Früchte; viel reife süße Frucht, herrlich füllig, feiner Nachhall (6 €)

90 ▶ **2002 Riesling trocken Oppenheim Sackträger** (Großes Gewächs) herrlich konzentriert, viel eindringliche reife saftige Frucht; füllig, viel reife Frucht, stoffig, enormer Nachhall mit mineralischen Noten (15,50 €)

89 ▶ **2002 Riesling trocken Nackenheim Rothenberg** (Großes Gewächs) konzentriert, herrlich würzig und dominant, sehr klar; eindringliche Frucht, enorm Fülle, klar, stoffig, jugendlich, feine Mineralität (16,50 €)

Weingut Peter Jakob **Kühn** ★★★★★
Rheingau

Mühlstraße 70, 65375 Oestrich-Winkel
Tel. 06723-2299, Fax: 06723-87788
www.weingutpjkuehn.de
info@weingutpjkuehn.de
Inhaber: Peter Jakob Kühn
Rebfläche: 15 Hektar
Besuchszeiten: Mo.-Sa. nach Vereinbarung
Ende Mai bis Ende September Weinverkostungsstand im Gutshof (Sa.+So. 11-17 Uhr)

Seit dem Jahrgang 2001 verzichtet Peter Jakob Kühn bei seinen trockenen Rieslingen auf Prädikatsangaben. Sein Programm gliedert sich damit wie folgt: die Basis bilden die Gutsrieslinge (trocken und halbtrocken), dann kommen Riesling Oestrich, sowie Classic und Graziosa. Die Rieslinge aus dem Oestricher Doosberg baut er trocken aus und klassifiziert sie intern mit ein bis drei Trauben, dazu gibt es ein Erstes Gewächs aus einer kleinen Parzelle im Doosberg. Die Rieslinge aus dem Oestricher Lenchen baut er restsüß aus und nutzt für sie die Prädikatsbezeichnungen Kabinett und Spätlese. Neben den Spätburgundern gibt es bei den Rotweinen seit dem Jahrgang 2000 die PurPur genannte Cuvée aus Spätburgunder und Dunkelfelder. Zukünftig soll sie vielleicht einmal auch etwas Domina und Frühburgunder enthalten. Mit dem Jahrgang 2000 war Peter Jakob Kühn vom Naturkorken auf Kunststoffkorken umgestiegen, mit denen er 90 Prozent des Jahrgangs verschlossen hat, seit 2001 hat er das Gros seiner Weine mit Screwcaps ausgestattet.

Kein Anderer hat im Rheingau in den letzten Jahren für so viel Furore gesorgt wie Peter Jakob Kühn. Kein Anderer hat in den letzten Jahren solche Kollektio-

88 ▶ 2002 Riesling trocken Nierstein Pettenthal (Großes Gewächs) würzige Noten, gute Konzentration; füllig, harmonisch, herrlich klar, feine Frucht, mineralische Noten (16,50 €)

85 ▶ 2002 Riesling Kabinett trocken Qvinterra frisch, würzig, etwas Äpfel; frisch, klar, süße Frucht, viel Biss (5,90 €)

86 ▶ 2002 Riesling Spätlese Oppenheimer Sackträger recht würzige Rieslingfrucht, klar; viel süße Frucht, gute Fülle und Harmonie (6,60 €)

87 ▶ 2001 „Giro VIII" Rotweincuvée trocken Spätburgunder, Portugieser, Dunkelfelder und Regent, in gebrauchten Barriques ausgebaut; intensive Frucht, rauchige Noten; viel reife süße Frucht, schmeichelnd, etwas Vanille und Schokolade (7,70 €)

87 ▶ 2000 Spätburgunder trocken Bodenheimer Burgweg (Großes Gewächs) rauchige Noten, gute Konzentration, sehr klare reife Frucht; harmonisch, gute Fülle, etwas rauchige Noten, Tannine im Abgang (23 €)

88 ▶ 1999 Spätburgunder trocken Bodenheimer Burgweg (Großes Gewächs) Gewürznoten, reife süße Frucht, Schokolade; rauchige Noten, viel süße Frucht, harmonisch, etwas Schokolade, ganz feine Bitternote im Hintergrund (23 €)

87 ▶ 1999 Spätburgunder trocken Oppenheimer Kreuz (Großes Gewächs) würzigrauchige Noten, eindringlich Schokolade; schmeichelnd, füllig, sehr weich und lang, feiner Nachhall (28 €)

88 ▶ 1993 Spätburgunder Auslese trocken*** Bodenheimer Burgweg rauchige, leicht streng, etwas Leder, erdige Noten, Kaffee; viel süße Frucht, herrlich harmonisch und lang, viel Nachhall (kein aktueller Jahrgang)

Weitere Weine: 81 ▶ 2002 Riesling trocken (1l) ■ 84 ▶ 2002 Riesling Kabinett trocken Qvinterra ■

nen auf durchgängig hohem Niveau vorzuweisen. Kein Wein, der enttäuscht. Bei Kühn wird akribisch gearbeitet und immer wieder selektiert. Schon die „einfachen" Qualitätsweine machen richtig viel Spaß. Die Spätlese Oestrich Lenchen ist Jahr für Jahr hervorragend, wie auch Auslese, Eiswein und Beerenauslese. Mit diesen edelsüßen Weinen gehört Peter Jakob Kühn zur Spitze im Rheingau und in Deutschland. Auch 2002 hat er wieder eine Vielzahl edelsüßer Spitzen bis hin zur Trockenbeerenauslese.

Die trockenen Rieslinge überzeugen wie schon im Vorjahr durch ihre Geschlossenheit. Gleiches gilt für die Rotweine von Peter Jakob Kühn, die in den letzten Jahren stetig besser geworden sind. Er setzt bei seinen Rotweinen ganz auf reife, ausgewogene Frucht - ein Stil, der im Rheingau sonst kaum anzutreffen ist.

86 ▶ 2001 Riesling Sekt Brut klare reife süße Frucht, feine Würze, Frische; gute Harmonie, süße Frucht, geschmeidig (9,30 €)

87 ▶ 2002 Riesling trocken* Oestrich Doosberg herrlich klare Frucht, direkt; gute Harmonie, klare süße Frucht, süffig, feiner Nachhall (8,50 €)

88 ▶ 2002 Riesling trocken** Oestrich Doosberg konzentrierte Rieslingfrucht, sehr klar und eindringlich; gute Fülle, viel reife Frucht (12,50 €)

89 ▶ 2002 Riesling Erstes Gewächs Oestrich Doosberg feine Frucht, Zitrusfrüchte, klar; klar und direkt, gute Harmonie, viel süße Frucht (17,50 €)

88 ▶ 2002 „Graziosa" Riesling feine Frucht, viel Würze, jugendlich; klar, kraftvoll, reintönige Frucht, harmonisch und lang (8,80 €)

88 ▶ 2002 Riesling Kabinett Oestrich Lenchen feine Frische, Würze, klare Frucht; süß, schmeichelnd, harmonisch und lang (8,90 €)

88 ▶ 2002 Riesling Spätlese Oestrich Lenchen konzentriert, klar, feine Würze; gute Harmonie, viel süße Frucht, kompakt (13,90 €)

91 ▶ 2002 Riesling Auslese Oestrich Lenchen feine Würze im Bouquet, klare zurückhaltende Frucht, Frische; faszinierende süße Frucht im Mund, etwas Zitrusfrüchte, Pfirsiche und Aprikosen, herrlich harmonisch und lang (21,90 €/0,375l)

92 ▶ 2002 Riesling Auslese Goldkapsel Oestrich Lenchen konzentriert, dominant, herrlich eindringliche Frucht; süß, dick, enorm konzentriert, reintönige eindringliche Frucht, faszinierend lang (auf Anfrage)

93 ▶ 2002 Riesling Eiswein Oestrich Lenchen reife süße Zitrusfrüchte, Aprikosen und Pfirsiche, sehr eindringlich; viel süße Frucht, dominant, füllig, herrlich stoffig, viel Nachhall (47,90 €/0,375l)

92 ▶ 2002 Riesling Beerenauslese Oestrich Lenchen herrlich konzentriert im Bouquet, reife Aprikosen und Zitrusfrüchte; herrlich klar und konzentriert im Mund, viel süße Frucht, eingelegte Aprikosen, Pfirsiche, kompakt, Nachhall (57,90 €/0,375l)

93 ▶ 2002 Riesling Beerenauslese Goldkapsel Oestrich Lenchen herrlich eindringlich, dominant, viel süße konzentrierte Frucht; süß, konzentriert, enorm dominant, dick, stoffig, nachhaltig (auf Anfrage)

93 ▶ 2002 Riesling Trockenbeerenauslese Oestrich Lenchen herrlich dominant, ein wenig Kaffee, eindringlich und konzentriert; dick im Mund, konzentriert, stoffig, klare süße Frucht, gewaltiger Nachhall (auf Anfrage)

86 ▶ 2001 Spätburgunder trocken reife süße Frucht, rote Früchte; harmonisch, klar, feine Frucht (9 €)

88 ▶ 2001 Spätburgunder trocken Barrique rauchige Noten, klare reife Frucht, konzentriert; gute Fülle und Harmonie, süße Frucht, Schokolade, gute Länge (18,50 €)

88 ▶ 2001 „PurPur" Rotwein-Cuvée trocken reife süße Frucht, rote und dunkle Beeren, etwas Vanille und Schokolade; füllig, viel reife süße Frucht, schmeichelnd und lang (16,50 €)

Weitere Weine: 85 ▶ 2002 Riesling trocken ■ 85 ▶ 2002 Riesling trocken Oestrich ■ 84 ▶ 2002 Riesling halbtrocken ■ 85 ▶ 2002 Riesling Classic ■ 85 ▶ 2002 Spätburgunder Weißherbst ■

Weingut Wolfgang **Kühn** ★
Franken

Ludwigstraße 29, 63913 Klingenberg
Tel. 09372-3169, Fax: 09372-12365
www.mon.de/ufr/kuehn-wein
Inhaber: Wolfgang und Ulrike Kühn
Rebfläche: 2,2 Hektar
Besuchszeiten: nach Vereinbarung

Die Weinberge von Wolfgang und Ulrike Kühn liegen alle im Klingenberger Schloßberg und sind alle in Form kleiner Terrassen angelegt. Spätburgunder und Portugieser nehmen jeweils 35 Prozent der Rebfläche ein. Hinzu kommen Frühburgunder, St. Laurent und Regent, sowie an weißen Sorten Müller-Thurgau, Silvaner, Riesling, Gewürztraminer und Rondo.

Wolfgang Kühn baut alle seine Rotweine durchgegoren aus. Da dies heute eher die Ausnahme denn die Regel zu sein scheint (selbst bei Rotweinen), wirken seine Weine im Vergleich zu vielen anderen fränkischen Rotweinen ein wenig „härter", tanninbetonter. Wie im vergangenen Jahr sind die Weine kraftvoll und tanninbetont, bei guter Frucht.

84 ▶ 2002 Regent trocken Klingenberger Schloßberg konzentrierte, eindringliche Frucht; füllig, frisch, klare jugendliche Frucht (8 €)

84 ▶ 2001 St. Laurent trocken Klingenberger Schloßberg Barriqueausbau; fruchtbetont, rote Früchte; harmonisch, klar, zurückhaltende Frucht, Biss und Bitternote (9,50 €)

84 ▶ 2001 Spätburgunder trocken Klingenberger Schloßberg klare rauchige Spätburgunderfrucht; frisch, klar, gute Frucht (7 €)

85 ▶ 2001 Spätburgunder Spätlese trocken Klingenberger Schloßberg Barriqueausbau; Gewürznoten, reife klare Frucht; kompakt, klar, gute Fülle und Frucht (14 €)

85 ▶ 2001 Frühburgunder Spätlese trocken Klingenberger Schloßberg feine rauchige klare Frucht, direkt; gute Fülle, reife klare Frucht, kraftvoller Frühburgunder (18 €)

Weingut Franz **Künstler** ★★
Rheingau

Freiherr-vom-Stein-Ring 3, 65239 Hochheim
Tel. 06146-82570, Fax: 06146-5767
www.weingut-kuenstler.de
info@weingut-kuenstler.de
Inhaber: Gunter Künstler
Rebfläche: 24 Hektar
Besuchszeiten: nach Vereinbarung

Seit Mitte des siebzehnten Jahrhunderts hatte die Familie Künstler in Südmähren Weinbau betrieben. Nach dem zweiten Weltkrieg mussten sie die Heimat verlassen. Franz Künstler leitete 15 Jahre lang andere Weingüter in Hochheim, bevor er sich 1965 selbstständig machte. Seit 1988 führt sein Sohn Gunter das Weingut. 1996 übernahm er das Weingut Aschrott Erben. Er baut 85 Prozent Riesling und 15 Prozent Spätburgunder an.

Nach schwachen 2000ern waren die 2001er Rieslinge kraftvoller und klarer in der Frucht. Vor allem die Weine aus der Hochheimer Hölle hatten mir mit ihrer feinen Mineralität gut gefallen. Die 2002er, soweit verkostet, reichen da nicht ganz heran.

84 ▶ 2002 Riesling trocken Hochheimer Domdeckaney süße Frucht im Bouquet, etwas Aprikosen; klar im Mund, gute recht süße Frucht

87 ▶ 2001 Riesling Spätlese trocken Hochheimer Hölle herrlich reintönige Frucht, klar, konzentriert, reife Aprikosen; sehr klar im Mund, fruchtbetont, viel Nachhall

Weitere Weine: 79 ▶ 2002 Riesling trocken (1l) ■ 82 ▶ 2002 Riesling Kabinett trocken Hochheimer Kirchenstück ■

K

Weingut Philipp **Kuhn** ★★★
Pfalz

Grosskarlbacherstraße 20, 67229 Laumersheim
Tel. 06238-656, Fax: 06238-4602
Inhaber: Philipp Kuhn
Rebfläche: 12,5 Hektar
Besuchszeiten: Mo.-Sa. 8-12 + 13-18 Uhr (telefonische Voranmeldung) und nach Vereinbarung

Philipp Kuhn erzeugt jeweils zur Hälfte Rot- und Weißwein. Der Schwerpunkt beim Rotwein liegt auf Spätburgunder, dazu gibt es bei ihm Dornfelder, Portugieser, Frühburgunder, St. Laurent, Lemberger und Cabernet Sauvignon. Alle Rotweine werden in Holzfässern ausgebaut, die Topweine lagern mindestens 20 Monate in neuen Barriques. Bei den Weißweinen dominiert Riesling, gefolgt von den weißen Burgundern, Chardonnay und Gewürztraminer. Der Ausbau erfolgt teils im Edelstahl, teils in Holzfässern (auch Barriques).

Vor zwei Jahren waren die Weißweine von Philipp Kuhn besonders gut geraten, kraftvoll und konzentriert allesamt, bei ausgeprägter Frucht. Gleiches galt für die letztjährige Kollektion, in der mich insbesondere Grauburgunder und Chardonnay beeindruckt hatten. In der aktuellen Kollektion von Philipp Kuhn sind die Rotweine meine Favoriten, die mit viel Fülle und Frucht imponieren.

85 ▶ **2002 Gewürztraminer Kabinett trocken** klar, würzig, feiner Traminerduft; klar und direkt im Mund, gute süße Frucht (4,90 €)

87 ▶ **2002 Chardonnay + Riesling trocken** gute Würze und Konzentration, jugendliche Frucht; kraftvoll, klar, gute Harmonie, süße Frucht (7,80 €)

86 ▶ **2002 Riesling trocken Kirschgarten** klar, herrlich direkt, jugendliche Frucht; kompakt, direkt, viel süße Frucht (7,80 €)

87 ▶ **2002 Grauer Burgunder trocken Mandelberg** gute Konzentration, würzige Noten, ganz leicht Tropenfrüchte; kraftvoll und klar im Mund, kompakt (7,80 €)

86 ▶ **2002 Sauvignon Blanc trocken Mandelpfad** frisch, direkt, klare Frucht; klar und direkt im Mund, feiner kompakter Sauvignon Blanc (6,50 €)

87 ▶ **2002 Weißer Burgunder trocken Kirschgarten** gute Konzentration, würzige Noten, etwas Ananas; klare süße Frucht, wunderschön harmonisch (7,80 €)

86 ▶ **2002 Chardonnay trocken Mandelpfad** Ananas, reife süße Frucht; viel süße Frucht, kompakt, klar (7,80 €)

87 ▶ **2002 Riesling trocken Burgweg** gute Konzentration, würzige jugendliche Rieslingfrucht; kraftvoll, klar, herrlich viel Frucht (8,80 €)

88 ▶ **2001 Cabernet Sauvignon trocken Barrique Mandelberg** reife süße Frucht im Bouquet; rote Früchte im Mund, später klar Cassis, gute Harmonie, ein wenig Vanille, gut gemacht und mit Länge (16,40 €)

89 ▶ **2001 Frühburgunder trocken Barrique Kirschgarten** würzige Noten, faszinierend reintönige eindringliche Frucht, feine Vanille; viel reife süße Frucht im Mund, Vanille, harmonisch, sehr klar und lang, mit Nachhall (17,10 €)

88 ▶ **2001 Spätburgunder trocken Barrique Kirschgarten** gute Konzentration, reife klare Frucht, Gewürznoten, etwas Schokolade; viel Stoff, füllig, kompakt, nachhaltig (16,40 €)

Weitere Weine: 83 ▶ **2002 Riesling Kabinett trocken** ■

Weingut Kuhnle ★★
Württemberg

Hauptstraße 49
71384 Weinstadt-Strümpfelbach
Tel. 07151-61293, Fax: 07151-610747
www.weingut-kuhnle.de
info@weingut-kuhnle.de
Inhaber: Werner und Margret Kuhnle
Rebfläche: 18 Hektar
Besuchszeiten: Fr. 16-19 Uhr und nach Vereinbarung
Kulinarische Weinproben im alten Fachwerkhaus

Das Weingut von Margret und Werner Kuhnle befindet sich im "alten Forsthaus" im Ortskern von Strümpfelbach. Margret und Werner Kuhnle haben sich in den achtziger Jahren selbstständig gemacht und nach und nach ihre Rebfläche erweitert. Vor 10 bis 15 Jahren haben sie begonnen verstärkt rote Sorten anzupflanzen. Zunächst die traditionellen Sorten wie Samtrot, Schwarzriesling, Spätburgunder, Lemberger und St. Laurent, dann Zweigelt, Regent und Garanoir (eine Schweizer Neuzüchtung). In den letzten Jahren kamen dann fünf der Weinsberger Neuzüchtungen und Merlot hinzu, die 2000 den ersten Ertrag gebracht haben. Werner Kuhnle hat einen Rotweinanteil von 60 Prozent und insgesamt 20 Rotweinsorten. Wobei nicht jede sortenrein ausgebaut wird. Bei den weißen Sorten dominiert der Riesling, hinzu kommen vor allem Kerner und Chardonnay. Beim Riesling will Werner Kuhnle künftig verstärkt auf die physiologische Reife der Trauben achten, „ihn länger hängen lassen", um so stoffigere und ausdrucksstärkere Weine zu erzeugen. Die Weißweine werden im Edelstahl ausgebaut. Beim Rotwein werden die einfachen Qualitäten maischeerhitzt, die besseren maischevergoren. Ausgewählte Weine werden im Barrique ausgebaut, wobei Werner Kuhnle Fässer aus schwäbischer, französischer und ungarischer Eiche nutzt.

Im Jahrgang 2000 hatte mir neben den edelsüßen Weinen und den barriqueausgebauten Rotweinen besonders die trockene Riesling Auslese gefallen. Auch im vergangenen Jahr fand ich die Rieslinge wieder besonders gut gelungen. Aber auch die Chardonnay Spätlese und die barriqueausgebauten Rotweine gehörten zur Spitze in Württemberg. In diesem Jahr nun hat mich neben den Barrique-Rotweinen die Chardonnay Beerenauslese besonders beeindruckt.

85 ▶ **2002 Riesling Spätlese trocken Strümpfelbacher Nonnenberg** würzige eindringliche Frucht; klar und zupackend im Mund, viel Frucht und Biss (6,70 €)

86 ▶ **2001 Chardonnay Auslese trocken Barrique** viel Vanille, reife süße Frucht, ganz leicht strenge Noten; kraftvoll, gehaltvoll, stoffiger Chardonnay (14 €)

90 ▶ **2002 Chardonnay Beerenauslese** herrlich konzentriert, reife süße Aprikosen, etwas Zitrusfrüchte; konzentriert, viel süße Frucht, füllig und lang (25 €/0,5l)

84 ▶ **2002 Lemberger trocken** feine klare Frucht; lebhaft, klar, süße Frucht, würzige Noten (10 €)

84 ▶ **2002 Regent trocken** klarer Duft, rote Früchte; weich, kompakt, klare Frucht (6,20 €)

85 ▶ **2002 Sankt Laurent trocken** gute Würze und Frucht, klar, jugendlich; kraftvoll im Mund, jugendliche Frucht, Tannine (6,20 €)

85 ▶ **2001 Spätburgunder trocken Barrique Schnaiter Sonnenberg** würzig, direkt, rote Früchte; klar, direkt, zurückhaltende Frucht (14,30 €)

87 ▶ **2001 Spätburgunder trocken Barrique** gute Konzentration, Gewürznoten, eindringliche Frucht; füllig, harmonisch, kraftvoll, zurückhaltende aber klare Frucht (19,50 €)

88 ▶ **2001 „Forstknecht Marz" trocken Barrique** Gewürznoten, gute Konzentration, reife Frucht; harmonisch, viel reife Frucht, kompakt, Vanille (14,30 €)

84 ▶ **2002 Lemberger** klare Frucht; lebhaft im Mund, gute Frucht, Struktur (10 €)

Weitere Weine: 82 ▶ 2002 Riesling trocken Strümpfelbacher ■ 83 ▶ 2002 Trollinger trocken Strümpfelbacher Altenberg ■

Weingut Sybille **Kuntz** ★★★
Mosel-Saar-Ruwer

Moselstraße 25, 54470 Bernkastel - Lieser
Tel. 06531-91000, Fax: 06531-91001
www.sybillekuntz.de
weingut@sybillekuntz.de
Inhaber: Sybille Kuntz und Markus Kuntz-Riedlin
Rebfläche: 6 Hektar
Besuchszeiten: Mo.-Fr. 9-12 + 13-17 Uhr und nach Vereinbarung

Von Anfang an, seit der Gründung des Weingutes 1984, hat Sybille Kuntz ihren eigenen Stil verwirklicht. Sie macht „Food-Weine", die sie vor allem über die gehobene Gastronomie und Hotellerie im In- und Ausland vermarktet. Unterstützt wird sie dabei von Markus Kuntz-Riedlin, der erst acht Jahre Winemaker und Vice-President eines Weinguts im Bundesstaat New York und schließlich bis 1995 Güterdirektor eines Stiftungsweinguts an der Mosel war. Sybille Kuntz und Markus Kuntz-Riedlin machen Weine mit eigenständigem Profil und Wiedererkennungswert. Zu dem 1998 eingeführten „Gold-Quadrat" Riesling aus wurzelechten alten Reben wurde 1999, ebenfalls aus wurzelechten Rieslingreben, als Steigerung der „Dreistern" eingeführt, der ausschließlich aus reifen, gesunden Trauben erzeugt wird.

2001 waren die trockenen Weine alle klar und herrlich saftig. Gleiches gilt für den Jahrgang 2002: kraftvolle Rieslinge allesamt, herrlich stoffig und eindringlich.

85 ▶ **2002 Riesling trocken** klare Rieslingfrucht, würzig und direkt; harmonisch im Mund, klare süße Frucht (7 €)

85 ▶ **2002 Riesling Kabinett trocken** würzig und direkt, klare jugendliche Frucht; gute Fülle, klare Frucht (9 €)

88 ▶ **2001 „Gold-Quadrat" Riesling trocken** herrlich würzig und konzentriert, eindringliche Frucht, dominant; kraftvoll im Mund, gute Fülle, Frucht, kompakt (10 €)

89 ▶ **2002 „Gold-Quadrat" Riesling trocken** dominant, würzig, jugendliche herrlich eindringliche Rieslingfrucht; kraftvoll im Mund, viel Frucht, fülliger Riesling (12,50 €)

90 ▶ **2002 „Dreistern" Riesling Spätlese trocken Lieserer Niederberg-Helden** konzentrierte Frucht, mineralische Noten, intensiv; gute Fülle, viel reife klare Frucht, dominant (18,50 €)

89 ▶ **2001 „Dreistern" Riesling Spätlese trocken Lieserer Niederberg-Helden** herrlich klare eindringliche Rieslingfrucht im Bouquet, würzige Noten, jugendlich, etwas streng, gute Konzentration, vielversprechend; viel reife süße Frucht im Mund, herrlich stoffig und klar, feiner fruchtbetonter Riesling (20 €)

86 ▶ **2001 Riesling Spätlese trocken Wehlener Sonnenuhr** gute Konzentration, klare eindringliche Frucht; viel reife klare Frucht im Mund, kompakter Riesling (25 €)

91 ▶ **2002 Riesling Spätlese trocken Wehlener Sonnenuhr** würzig und dominant, eindringliche Rieslingfrucht, mineralische Noten; herrlich konzentriert auch im Mund, dominant, kraftvoll (25 €)

85 ▶ **2000 Riesling Beerenauslese Lieser Niederberg-Helden** konzentriert, würzig, dominant; dominant auch im Mund, konzentriert (80 €/0,375l)

87 ▶ **2000 Riesling Trockenbeerenauslese Lieser Niederberg-Helden** konzentriert, würzig, etwas Orangenschalen, Kaffee; süß, dick, enorm dominant, kraftvoll (150 €/0,375l)

89 ▶ **2001 Riesling Trockenbeerenauslese Lieser Niederberg-Helden** dominant, Orangenschalen, konzentriert, Zitrusfrüchte; dominant auch im Mund, dick, klebrig, viel Nachhall (200 €/0,375l)

Weingut
Lämmlin-Schindler ★★★
Baden

♣ *Müllheimer Straße 4, 79418 Mauchen*
Tel. 07635-440, Fax: 07635-436
www.laemmlin-schindler.de
weingut@laemmlin-schindler.de
Inhaber: Gerd Schindler
Rebfläche: 19 Hektar
Besuchszeiten: Mo.-Fr. 8:30-12 + 14-18 Uhr,
Sa. 8:30-12 + 14-16:30 Uhr
Probierstube; Gutsausschank Gasthaus „Zur Krone" in Mauchen

Die eigenen Weinberge bearbeitet Gerd Schindler in kontrolliert-ökologischem Anbau, die 5,5 Hektar Weinberge der zugekauften Trauben werden umweltschonend bewirtschaftet. Wichtigste Rebsorten bei ihm sind Spätburgunder und Gutedel, gefolgt von Weißburgunder und Chardonnay. Am Mauchener Frauenberg hat er neue Rotweinsorten angepflanzt, denen Muskat-Ottonel und Silvaner weichen mussten. Sowohl Weiß- als auch Rotweine lässt er recht lange auf der Hefe liegen. Rotweine werden grundsätzlich im Holzfass ausgebaut. Sein Ziel ist es fruchtbetonte Weine zu erzeugen.

Seit Gerd Schindler das Weingut 1995 von seinen Eltern übernommen hat sind die Weine stetig besser geworden. Jahr für Jahr hat er zuverlässige Kollektionen, immer wieder mit einzelnen Spitzenweinen, die zu den besten Badens gehören. In diesem Jahr haben mich Grauburgunder und Sekt am meisten beeindruckt.

88 ▶ **2001 Lämmlin-Schindler Sekt Brut**
Spätburgunder, Chardonnay und Weißburgunder; herrlich rauchig und klar, ein wenig buttrige Noten; gute Fülle und Harmonie, recht süße Frucht (10,80 €)

84 ▶ **2002 Weißburgunder trocken** klare würzige Weißburgunderfrucht; weich, gute Frucht und Fülle (4,90 €)

86 ▶ **2002 Weißburgunder Kabinett trocken** frisch, klar, feine Frucht, weiße Früchte; gute Harmonie, sehr klare Frucht (6 €)

85 ▶ **2002 Gutedel Kabinett trocken** würzig, direkt, feine Frische; klar und direkt im Mund, feine Frucht (4,60 €)

86 ▶ **2002 Riesling Kabinett trocken** klare feine Frucht, Limone; klar, kompakt, gute Frucht (6,70 €)

88 ▶ **2002 Grauburgunder Spätlese trocken** gute Konzentration bei zurückhaltender Frucht; viel reife süße Frucht, herrlich fülliger Grauburgunder (8,80 €)

87 ▶ **2002 Gewürztraminer Spätlese trocken** feiner klarer Traminerduft, eindringlich, gute Konzentration; viel klare Frucht im Mund, kraftvoll und zupackend (9,80 €)

85 ▶ **2001 Spätburgunder Spätlese trocken** klare reife süße Frucht, dunkle Früchte; weich, geschmeidig, reife süße Frucht (9,70 €)

86 ▶ **2000 Spätburgunder Spätlese trocken** Barriqueausbau; gute Konzentration, rauchige Noten, klare Frucht; weich und geschmeidig im Mund, gute Fülle und Frucht (14,60 €)

Weitere Weine: 82 ▶ 2002 Chardonnay Spätlese trocken ■ 83 ▶ 2002 Spätburgunder Weißherbst Spätlese ■

Weingut Andreas **Laible** ★★★★★
Baden

Am Bühl 6, 77770 Durbach
Tel. 0781-41238, Fax: 0781-38339
weingut.laible@t-online.de
Inhaber: Ingrid und Andreas Laible
Rebfläche: 8 Hektar
Besuchszeiten: Mo.-Fr. 8-11:30 + 13:30-18 Uhr,
Sa. 8-17 Uhr oder nach Vereinbarung

Die Weinberge von Andreas Laible liegen alle in der bekannten Steillage Durbacher Plauelrain. Zu 60 Prozent baut er Riesling an, hinzu kommen die Burgundersorten, sowie Scheurebe, Traminer, Muskateller und Chardonnay. 85 Prozent der Weine werden trocken ausgebaut (wobei trockene Weine bei Andreas Laible oft eine merkliche Restsüße aufweisen).

Interessant war zu verfolgen, wie Andreas Laible sich in den letzten Jahren kontinuierlich gesteigert hat und immer „noch bessere" Weine auf die Flasche gebracht hat. Zu den seit Jahren herausragenden Rieslingen gesellten sich so Grauburgunder und Chardonnay, aber auch Scheurebe und edelsüße Weine auf ebenso hohem Niveau. Jeder Wein ein Muster an Zuverlässigkeit, immer bestechend klar. Dem Riesling gilt seine ganze Passion. Neun verschiedene Klone hat er in seinen Weinbergen stehen, zwei davon hat er selbst selektioniert. Der Weg zu besseren Rieslingen führt nur über das bessere Verständnis der einzelnen Rieslingklone. Da stimme ich ihm zu.

Die Rieslinge von Andreas Laible gehören regelmäßig zur Spitze in Deutschland. Sie bestechen durch ihre Konzentration und ihre herrlich reintönige Frucht. Sie sind wunderbar ausdrucksstark, sehr mineralisch, komplex und alle sehr nachhaltig. Bei den trockenen Rieslingen ist für mich der Achat wie schon im vergangenen Jahr (93) absolute Spitze. Alle anderen trockenen Spätlesen sind Jahr für Jahr ebenfalls hervorragend. Und das Gute: sie unterscheiden sich klar voneinander, auch wenn allen gemeinsam ist, dass sie herrlich konzentriert und mineralisch sind. Noch einen Vorzug hat der Achat, nämlich den, dass er einen Namen hat und man sich nicht Fassnummern merken muss.

Wie ich oben schon geschrieben habe, hat Andreas Laible nicht nur tolle Rieslinge, sondern weitere faszinierende trockene Weine im Programm. Auch Chardonnay, Weißburgunder und Grauburgunder gehören immer wieder zu den besten Weinen in Baden. Der Chardonnay hat mir im Jahrgang 2002 besonders gut gefallen, ebenso der trockenen Gewürztraminer. Noch gelungener finde ich die trockene Scheurebe von Andreas Laible, die mich immer wieder begeistert.

So wie seine trockenen Weine in den vergangenen Jahren stetig besser geworden sind, so sind es auch seine süßen und edelsüßen Weine. Ob Riesling oder Scheurebe, Muskateller oder Traminer, jedes Jahr hat Andreas Laible mehr hervorragende Weine im Programm. Alle sind große Schmeichler und bestechen mit ihrer reintönigen Frucht. 2002 sind sie noch beeindruckender als in den Jahren zuvor. Auch bei den edelsüßen Weinen haben mich im Jahrgang 2002 die Scheureben am meisten begeistert.

Mit seinen Spätburgundern hat Andreas Laible sich an die Spitze herangepirscht. Der Weißherbst, den er macht, gehört immer wieder zu den interessantesten in Deutschland. Beim Rotwein hatte er mit dem Jahrgang 1999 endgültig den Durchbruch geschafft. 2000 war noch überzeugender und mit dem 2001er gelingt ihm eine weitere Steigerung.

Weit mehr als hundert Laible-Weine habe ich den letzten fünf Jahren verkostet. Jeder einzelne davon hat mich überzeugt. Das ist eben Andreas Laible: das Streben nach Perfektion in jedem einzelnen Wein.

86 ▶ 2002 Müller-Thurgau Kabinett trocken Durbacher Plauelrain feine Frucht, sehr reintöniges Bouquet; harmonisch, wunderschön klare Frucht (5,50 €)

86 ▶ 2002 Riesling Kabinett trocken Nr. 5 Durbacher Plauelrain frisch, klar, sehr reintönige Frucht; gute Harmonie, klare reife süße Frucht, feine Frische (8 €)

88 ▶ 2002 Riesling Kabinett trocken Nr. 6 Durbacher Plauelrain sehr klare Frucht im Bouquet, feine Pfirsich- und Aprikosennoten; herrlich klar, zupackend, viel Biss, feiner Nachhall (8,50 €)

89 ▶ 2002 Riesling Spätlese trocken „Alte Reben" Nr. 31 Durbacher Plauelrain würzig, klar, konzentriert; gute Fülle, klar, viel Frucht, feiner Nachhall (9,50 €)

90 ▶ 2002 Riesling Spätlese trocken „SL" Nr. 14 Durbacher Plauelrain herrlich mineralisch, viel reife klare Frucht; schmeichelnd, wunderschön reintönige süße Frucht, harmonisch und lang (11 €)

92 ▶ 2002 Riesling Spätlese trocken „SL" Nr. 33 Durbacher Plauelrain enorm mineralisch, viel Würze, etwas Pfirsiche; faszinierend viel Frucht, Fülle, herrlich klar und lang, enormer Nachhall (11 €)

92 ▶ 2002 Riesling Spätlese trocken „SL" Nr. 7 Durbacher Plauelrain faszinierend reintönig im Bouquet, ein wenig Zitrus; gute Fülle im Mund, reife klare Frucht, eigenwillig faszinierend, wunderschön reintönig, sehr nachhaltig (11 €)

94 ▶ 2002 Riesling Spätlese trocken „Achat" Durbacher Plauelrain konzentriert, herrlich würzig und dominant, faszinierende Frucht, mineralische Noten, dezent Zitrus; faszinierend reintönig im Mund, viel reife süße Frucht, herrlich harmonisch und lang, brillant klar (15 €)

90 ▶ 2002 Riesling Spätlese halbtrocken Nr. 22 Durbacher Plauelrain feine Würze, wunderschön klare Frucht; herrlich füllig, harmonisch, sehr klar, wunderschön reintönig (10 €)

90 ▶ 2002 Riesling Spätlese Nr. 23 Durbacher Plauelrain faszinierend klar im Bouquet, herrlich würzig, dominant, sehr direkt; viel klare Frucht im Mund, konzentriert, feiner Nachhall (12 €)

92 ▶ 2002 Riesling Auslese halbtrocken Nr. 39 Durbacher Plauelrain konzentriert, enorm würzig, eindringliche Frucht; faszinierend fruchtbetont im Mund, konzentriert, dominant, viel Nachhall (15 €)

90 ▶ 2002 Riesling Auslese Nr. 34 Durbacher Plauelrain konzentriert und würzig im Bouquet, wunderschön klare Frucht; süß, konzentriert, enorm würzig, dominant, guter Nachhall (14,50 €)

87 ▶ 2002 Weißer Burgunder Spätlese trocken Durbacher Plauelrain würzig, direkt, jugendliche Frucht; frisch, klar, viel süße Frucht, feiner Biss (10 €)

87 ▶ 2002 Grauer Burgunder Kabinett trocken Durbacher Plauelrain würzig, direkt, feine Frucht; gute Harmonie, klare Frucht, wunderschön reintönig (8,20 €)

89 ▶ 2002 Grauer Burgunder Spätlese trocken Durbacher Plauelrain klar, frisch, herrlich reintönig, faszinierendes Bouquet; gute Fülle und Harmonie, sehr klare reife Frucht, lang (10 €)

90 ▶ 2002 Chardonnay Spätlese trocken Durbacher Plauelrain gute Konzentration im Bouquet, eindringlich, etwas gelbe Früchte; füllig im Mund, viel reife süße Frucht, guter Nachhall (12 €)

87 ▶ 2002 Spätburgunder Weißherbst Spätlese trocken Durbacher Plauelrain gute Konzentration im Bouquet, Würze, klare Pinotfrucht; viel süße Frucht, harmonisch, kompakt, sehr klar (8,50 €)

90 ▶ 2002 Gewürztraminer Spätlese trocken Durbacher Plauelrain herrlich würzig und eindringlich im Bouquet, sehr klar, feiner Rosenduft; gute Harmonie, herrlich viel Frucht, faszinierend reintöniger Gewürztraminer, enorm nachhaltig (9,20 €)

88 ▶ 2002 Gewürztraminer Spätlese Durbacher Plauelrain viel Frucht, Litschi, Rosen, sehr direkt; gute Fülle, viel süße Frucht, kompakt (9,20 €)

90 ▶ 2002 Traminer Clevner Auslese Durbacher Plauelrain feine Würze, zurückhaltende Frucht; viel süße Frucht, konzentriert, würzig, dominant, feiner Nachhall (12 €)

91 ▶ 2002 Scheurebe Spätlese trocken Durbacher Plauelrain herrlich klar und konzentriert im Bouquet, schwarze Johannisbeeren, faszinierend reintönig, ein wenig Holunder; wunderschön reintönig auch im Mund, viel Frucht, enormer Nachhall (9,20 €)

90 ▶ 2002 Scheurebe Spätlese Durbacher Plauelrain konzentriert, herrlich reintönig, faszinierend klare Frucht; schmeichelnd, reife Frucht, Maracuja, Grapefruit (9,20 €)

92 ▶ 2002 Scheurebe Auslese Durbacher Plauelrain konzentriert, herrlich reintönig, Cassis, auch Grapefruit, Holunder; herrlich viel süße Frucht im Mund, schmeichelnd, harmonisch, wunderschön reintönig, faszinierender Nachhall (15 €)

96 ▶ 2002 Scheurebe Beerenauslese Nr. 41 Durbacher Plauelrain konzentriert, herrlich reintönig, faszinierende Frucht, dominant; faszinierend viel Frucht auch im Mund, wunderschön reintönig, konzentriert, dabei lebhaft, gewaltiger Nachhall (25 €/0,375l)

93 ▶ 2002 Scheurebe Beerenauslese Nr. 42 Durbacher Plauelrain konzentriert, herrlich würzig und dominant, eindringliche Frucht, Grapefruit; frisch, elegant, gute Fülle und Konzentration, viel süße Frucht, dominant, viel Nachhall (25 €/0,375l)

89 ▶ 2002 Spätburgunder Spätlese trocken Durbacher Plauelrain rauchig, würzig, herrlich reintönige Frucht; gute Fülle, sehr reintönige Frucht, faszinierend klar, viel Nachhall (10,50 €)

90 ▶ 2001 Spätburgunder Spätlese trocken Barrique Durbacher Plauelrain konzentriert, rauchig, sehr klar, viel reife Frucht, Vanille, harmonisch, jugendliche faszinierend reintönige Frucht, viel Nachhall (16,50 €)

Weitere Weine: 85 ▶ 2002 Weißer Burgunder Kabinett trocken Durbacher Plauelrain ▪ **85 ▶ 2002 Spätburgunder Weißherbst Kabinett trocken Durbacher Plauelrain** ▪

Weingut Albert **Lambrich** ★★
Mittelrhein

Rheinhöhenstraße 15,
55430 Oberwesel-Dellhofen
Tel. 06744-8276, Fax: 06744-711607
Inhaber: Albert Lambrich
Rebfläche: 4,6 Hektar
Besuchszeiten: täglich
Gutsausschank Dellhofener Winzerstube

Albert Lambrich baut zu 60 Prozent Riesling an. Hinzu kommen 17 Prozent Spätburgunder und etwas Müller-Thurgau, Dornfelder, Grauburgunder, Faberrebe und Weißburgunder. Seine Weinberge befinden sich in den Oberweseler Lagen Römerkrug und Schloss Schönburg. Die Weißweine werden zu 80 Prozent trocken und halbtrocken ausgebaut. Sie werden gezügelt vergoren und nach längerem Feinhefelager bis spätestens Mai abgefüllt. Die Rotweine werden maischevergoren. Auch mit Barriqueausbau hat Albert Lambrich erste Versuche begonnen. Durch die Expansion der letzten Jahre war der Betrieb so eingeengt, dass er an den Ortsrand ausgesiedelt wurde, wo neue Betriebsgebäude entstanden sind.

Vor zwei Jahren wusste Albert Lambrich vor allem mit seinen restsüßen Rieslingen zu gefallen. Im Jahrgang 2001 hatte er dann auch zwei überzeugende trockene Rieslinge im Programm. Der beste Wein in der neuen Kollektion ist nun wieder die süße Spätlese.

86 ▶ 2002 Riesling Spätlese trocken Oberweseler Römerkrug herrlich klar und konzentriert, jugendliche Rieslingfrucht; frisch und direkt, gute Fülle, reife Frucht (5 €)

89 ▶ 2002 Riesling Spätlese Oberweseler Römerkrug gute Konzentration im Bouquet, herrlich reintönige eindringliche Frucht; viel Frucht im Mund, wunderschön klar, süffig, nachhaltig (5 €)

Weitere Weine: 81 ▶ 2002 Riesling Hochgewächs trocken ■ 83 ▶ 2002 Riesling Hochgewächs halbtrocken ■ 83 ▶ 2002 Grauburgunder Classic ■ 83 ▶ 2002 Dornfelder ■

Wein- und Sektgut Goswin **Lambrich** ★★
Mittelrhein

Auf der Kripp 3, 55430 Oberwesel-Dellhofen
Tel. 06744-8066, Fax: 06744-8003
weingut-lambrich@t-online.de
Inhaber: Gerhard Lambrich
Rebfläche: 12,5 Hektar
Besuchszeiten: täglich nach Vereinbarung
Gutsschänke „Im alten Dorf"

Gerhard Lambrich hat zum Riesling, der etwa drei Viertel der Rebfläche einnimmt, in den letzten Jahren vor allem Burgundersorten (Weiß- und Spätburgunder) hinzugepflanzt.

Der Jahrgang 2000 war sehr gleichmäßig und hatte einen faszinierenden Eiswein an der Spitze. Ein solches Highlight fehlte im vergangenen Jahr. Im Jahrgang 2002 nun brilliert Gerhard Lambrich wieder mit einem hervorragenden Eiswein an der Spitze einer homogenen Kollektion.

84 ▶ **2002 „Blauschiefer" Riesling trocken Oberweseler St. Martinsberg** frisch und würzig im Bouquet, direkt; klare Frucht und feiner Biss (5,90 €)

85 ▶ **2002 „Blauschieferterrassen" Riesling halbtrocken Oberweseler Oelsberg** würzige Noten, klar und direkt; viel Frucht, kraftvoll, gute Harmonie (6,60 €)

85 ▶ **2001 Weißer Burgunder Auslese Barrique Oberweseler St. Martinsberg** viel süße Frucht, dezente Vanille; weich, klar, enorm süße Frucht, süffig (16,80 €)

85 ▶ **2002 Riesling Spätlese Oberweseler St. Martinsberg** feine Würze, Frische, klare süße Frucht; harmonisch, feine süße Frucht, Biss (5,90 €)

87 ▶ **2002 Riesling Auslese Oberweseler Oelsberg** gute Konzentration, jugendliche herrlich eindringliche Frucht; kraftvoll im Mund, viel reife süße Frucht (8,40 €)

90 ▶ **2002 Riesling Eiswein Oberweseler Römerkrug** viel Konzentration, sehr klare süße Frucht, Aprikosen; gute Harmonie, reintönige süße Frucht, eingelegte süße Aprikosen, herrlich lang (43 €)

84 ▶ **2002 Dornfelder trocken Oberweseler** wunderschön klare jugendliche Frucht; frisch, klar, feine Frucht, Biss (4,90 €)

Weitere Weine: 83 ▶ 2002 Weißer Burgunder trocken Dellhofener St. Wernerberg ■ 83 ▶ 2002 Riesling Hochgewächs trocken Oberweseler Römerkrug ■ 82 ▶ 2002 Riesling Hochgewächs trocken St. Goarer Burg Rheinfels ■ 81 ▶ 2002 Riesling Classic ■ 82 ▶ 2002 Riesling Hochgewächs halbtrocken Oberweseler Bernstein ■

Weingut **Landgraf** ★★
Rheinhessen

Außerhalb 9, 55291 Saulheim
Tel. 06732-5126, Fax: 06732-62646
www.weingut-landgraf.de
info@weingut-landgraf.de
Inhaber: Bernd und Johannes Landgraf
Rebfläche: 14 Hektar
Besuchszeiten: nach telefonischer Vereinbarung - Weinstube (ganzjährig für Veranstaltungen, bis 80 Personen), Kulinarische Weinproben, Kunstausstellungen

Die Weinberge von Bernd und Johannes Landgraf liegen allesamt in Saulheim, etwa 20 Kilometer südwestlich von Mainz, in den Saulheimer Lagen Haubenberg, Hölle, Heiligenhaus und Schlossberg. Sortenschwerpunkte sind Riesling, Silvaner, Müller-Thurgau, Dornfelder, Portugieser und die Burgundersorten. Zuletzt wurden Cabernet Sauvignon und Merlot gepflanzt. Die Weine werden zum größten Teil direkt an den Endverbraucher vermarktet.

Weingut Landmann ★
Baden

Auch in diesem Jahr wiederum eine kleine Steigerung beim Weingut Landgraf, zuverlässige Qualität, vor allem mit interessanten Barriqueweinen.

Umkircher Straße 29
79112 Freiburg-Waltershofen
Tel. 07665-6756, Fax: 07665-51945
www.weingut-landmann.de
weingut-landmann@t-online.de
Inhaber: Peter und Jürgen Landmann
Rebfläche: 18 Hektar
Besuchszeiten: Mo.-Sa. 8-20 Uhr

84 ▶ **2002 Riesling trocken** sehr klare jugendliche Frucht, direkt; geradlinig im Mund, gute Frucht (4,40 €)

85 ▶ **2002 Chardonnay Spätlese trocken** klare reife Frucht, konzentriert; harmonisch, gute süße Frucht (5,30 €)

86 ▶ **2001 Chardonnay Spätlese trocken Barrique** klare reife süße Frucht, dezenter Toast, Vanille, gute Konzentration; herrlich füllig, gute Frucht, rauchige Noten, dezente Zitrusnote im Abgang (11,30 €)

85 ▶ **2002 Riesling Spätlese trocken** reife sehr klare Rieslingfrucht, Pfirsiche; recht frisch, klare Frucht, gute Harmonie (5,30 €)

86 ▶ **2002 Riesling Spätlese trocken „S"** gute Konzentration, reife klare Frucht, ganz leicht mineralische Noten; kraftvoll, gute Fülle, Frucht, feiner Nachhall

85 ▶ **2002 Grüner Silvaner Spätlese trocken „S"** würzige jugendliche Frucht, sehr direkt; viel süße Frucht, harmonisch und klar

84 ▶ **2002 Spätburgunder Spätlese Blanc de Noir** frisch, direkt, klare Frucht mit rauchigen Noten; recht süß, gute Frucht und Biss (5,20 €)

86 ▶ **2001 Dornfelder trocken Barrique** klare sehr jugendliche Frucht, rote Beeren; herrlich füllig, sehr klare reife Frucht, harmonisch, feine Frische (8,30 €)

87 ▶ **2000 Spätburgunder trocken Barrique** wunderschön frische Frucht, klar, rote Früchte, dezenter Toast; kraftvoll, gute Frucht, Struktur (14,40 €)

Weitere Weine: 83 ▶ 2002 Weißburgunder trocken ▪ 83 ▶ 2002 Grauer Burgunder trocken ▪ 81 ▶ 2002 Riesling „feinherb" ▪

Josef Landmann hatte seine Trauben immer an die Genossenschaft abgeliefert. Als seine Söhne Peter und Jürgen das Weingut 1995 übernahmen, bauten sie einen eigenen Keller und begannen mit der Selbstvermarktung. Peter Landmann ist für den Keller zuständig und Jürgen Landmann kümmert sich um den Vertrieb. Das Gros ihrer Weinberge, alle am Tuniberg, liegt in der Lage Freiburg-Waltershofener Steinmauer. 1999 konnten sie Weinberge in der Lage Freiburger Kapellenberg, an der Südwestseite des Tunibergs, erwerben. Weine aus dieser Lage sind mit dem Jahrgang 2000 zum ersten Mal in ihrem Programm. Spätburgunder ist ihre wichtigste Rebsorte und nimmt knapp die Hälfte der Fläche ein. Hinzu kommen Müller-Thurgau, Grauburgunder, Weißburgunder und Chardonnay. Sie reduzieren die Erträge und bauen die Weine unter Verzicht auf Prädikatsbezeichnungen konsequent trocken aus.

Auch in diesem Jahr haben die Brüder Landmann wieder eine sehr homogene Kollektion, wobei mir die Barriqueweine besser gefallen als zuletzt.

85 ▶ **Riesling Sekt Brut** frisch, klar, direkt, feine Rieslingfrucht; gute Fülle und Harmonie, klare Frucht (11,50 €)

84 ▶ **2002 Rivaner trocken** feine Muskatnote; frisch, klar, feine Frucht (6,20 €)

85 ▶ **2002 Weißer Burgunder trocken** gute Würze und Konzentration, klare Frucht; harmonisch, klare Frucht, feiner Weißburgunder (8,70 €)

85 ▶ **2000 Grauer Burgunder trocken Barrique** direkt, cremige Noten im Bouquet; enorm füllig, viel reife Frucht, kompakter Grauburgunder (19,30 €)

87 ▶ **2001 Spätburgunder trocken Barrique** reife würzige Frucht, rauchige Noten, rote Früchte; gute Harmonie im Mund, reife klare Frucht, Vanille (19,30 €)

Weitere Weine: 82 ▶ 2002 Grauer Burgunder trocken ■ **83** ▶ 2002 Chardonnay trocken ■ **83** ▶ 2002 Spätburgunder trocken ■

Weingut Clemens Lang ★
Baden

Reinachstraße 19, 79112 Freiburg-Munzingen
Tel. 07664-5863, Fax: 07664-59416
www.weingutlang.de
weingutlang@t-online.de
Inhaber: Clemens und Karola Lang
Rebfläche: 6 Hektar
Besuchszeiten: Mo.-Fr. 8-12 + 14-18 Uhr, Sa. 9-16 Uhr oder nach Vereinbarung
Gästehaus (Ferienwohnungen)

Die Weinberge von Clemens Lang, allesamt in der Lage Munzinger Kapellenberg, sind zu 80 Prozent mit Burgundersorten bepflanzt. Hinzu kommt etwas Müller-Thurgau, Riesling und Gewürztraminer. Die Weine werden konsequent durchgegoren ausgebaut. Die Rotweine werden maischevergoren und in Holzfässern ausgebaut. Alle Weine stammen aus umweltschonendem Anbau; darüber hinaus war Clemens Lang mit seinem Weingut maßgebend an der Realisierung eines Biotopvernetzungskonzeptes für den Munzinger Kapellenberg beteiligt. Das Weingut wurde 1985 gegründet und wird als Familienbetrieb geführt.

Auch in diesem Jahr überzeugen die Rotweine von Clemens Lang mich wieder mehr als seine Weißweine, auch wenn diese im Vergleich zum Vorjahr zugelegt haben.

87 ▶ **2002 Weißburgunder Spätlese trocken Munzinger Kapellenberg** klare reife Frucht im Bouquet; gute Harmonie, klare Frucht, kompakter Weißburgunder (8 €)

84 ▶ **2001 Spätburgunder trocken Munzinger Kapellenberg** feine Frucht, etwas Vanille; harmonisch, klare Frucht, süffig (6,20 €)

84 ▶ **2001 Spätburgunder Kabinett trocken Munzinger Kapellenberg** sehr klare Frucht im Bouquet; frisch, gute Frucht (7,20 €)

87 ▶ **2000 Spätburgunder Spätlese trocken Munzinger Kapellenberg** Barriqueausbau; gute Konzentration, feine rauchige Noten; herrlich füllig, harmonisch, viel klare Frucht, Vanille (14 €)

87 ▶ **2001 Spätburgunder Spätlese trocken Munzinger Kapellenberg** Barriqueausbau; reife Frucht, viel Vanille; gute Harmonie, klare reife Frucht, Vanille, kompakter Spätburgunder (14 €)

Weitere Weine: 82 ▶ 2002 Weißer Burgunder Kabinett trocken Munzinger Kapellenberg ■ **83** ▶ 2002 Grauer Burgunder Kabinett trocken Munzinger Kapellenberg ■ **83** ▶ 2002 Grauer Burgunder Spätlese trocken Munzinger Kapellenberg ■ **79** ▶ 2001 Spätburgunder Weißherbst Auslese Munzinger Kapellenberg ■

Weingut Hans **Lang** ★★★
Rheingau

Rheinallee 6, 65347 Eltville-Hattenheim
Tel. 06723-2475, Fax: 06723-7963
www.weingut-hans-lang.de
langwein@t-online.de
Inhaber: Johann Maximilian Lang
Rebfläche: 18 Hektar
Besuchszeiten: Mo.-Fr. 8-12 + 13-17 Uhr,
Sa. 9-13 Uhr oder nach Vereinbarung

Das Weingut wurde 1953 von Hans Lang gegründet, dem Vater des heutigen Besitzers Johann Maximilian Lang, der das Weingut seit 1972 führt. Johann Maximilian Lang hat sukzessive die Betriebsgebäude erweitert und die Rebfläche vergrößert. Seine Weinberge befinden sich in Hattenheim (mit den Spitzenlagen Wisselbrunnen und Hassel, aus denen er Erste Gewächse erzeugt), Hallgarten und Kiedrich, sowie im Assmannshäuser Höllenberg. Neben Riesling, der drei Viertel der Fläche einnimmt, baut er insbesondere noch Spätburgunder und Weißburgunder an, aber auch etwas Chardonnay, Silvaner und Grauburgunder. Die Rieslinge werden nach der Ganztraubenpressung im Holzfass oder im Edelstahl ausgebaut. Eine Spezialität von Johann Maximilian Lang ist der Barriqueausbau, wobei er neben Spätburgunder auch manche edelsüße Rieslinge im kleinen Holzfass ausbaut. Das Gros der Weine baut er trocken aus, wobei er aber in den vergangenen Jahren immer öfter auch mit seinen edelsüßen Weinen für Furore gesorgt hat.

Im schwierigen Jahr 2000 überzeugte das gesamte Programm, an der Spitze der Eiswein Hallgartener Jungfer (91). 2001 hatte Johann Maximilian Lang mit zwei starken Ersten Gewächsen und tollen edelsüßen Weinen wieder eine bemerkenswerte Kollektion. In der gleichermaßen überzeugenden aktuellen Kollektion gefällt mir mit der Beerenauslese wiederum ein edelsüßer Riesling am besten.

87 ▶ **2002 Riesling Spätlese trocken „Johann Maximilian"** jugendliche Frucht, Würze, klar; gute Harmonie, Fülle und Frucht (9,90 €)

86 ▶ **2002 Riesling Charta** klare jugendliche Rieslingfrucht; gute Harmonie, klare reife Frucht, füllig (7 €)

86 ▶ **2002 Riesling Spätlese Hattenheimer Wisselbrunnen** duftig, würzig; süße konzentrierte Frucht, kompakt (12 €)

87 ▶ **2002 Riesling Auslese Hattenheimer Wisselbrunnen** feine Würze im Bouquet, jugendliche Frucht; klar, kompakt, viel süße Frucht (12 €/0,5l)

90 ▶ **2002 Riesling Beerenauslese Hattenheimer Wisselbrunnen** Zitrusfrüchte, konzentriert, herrlich eindringlich; viel süße Frucht, schmeichelnd, wunderschön harmonisch und lang (40 €/0,375l)

85 ▶ **2001 Spätburgunder trocken Barrique „Johann Maximilian"** klare rauchige Frucht, eindringliche Gewürznoten; kompakt, klar, zurückhaltende Frucht, jugendliche Tannine und Biss (85+? Punkte) (15 €)

Weingut
Langenwalter ★★
Pfalz

Bahnhofstraße 45, 67256 Weisenheim am Sand
Tel. 06353-7390, Fax: 06353-4152
www.weingut-langenwalter.de
info@weingut-langenwalter.de
Inhaber: Klaus und Thorsten Langenwalter
Rebfläche: 22 Hektar
Besuchszeiten: Mo.- Mi., Fr. 9:30-19 Uhr,
Sa. 9-17 Uhr
Weinprobierstube (max. 50 Personen)

Die Familie von Klaus Langenwalter betreibt seit dem 17. Jahrhundert Weinbau in der Pfalz. Die Weinberge liegen alle in Weisenheim am Sand. Wie der Name schon sagt, gibt es hier vor allem sandige Lehmböden, im Süden von Weisenheim auch kalkhaltige, tiefgründige Böden. Die Bewirtschaftung der Weinberge erfolgt nach den Richtlinien des kontrolliert umweltschonenden Weinbaus. Hauptrebsorte ist der Riesling. Hinzu kommen Weiß- und Grauburgunder, Gewürztraminer und Silvaner. An roten Sorten gibt es Portugieser, Dornfelder, Spätburgunder und Sankt Laurent. Die Weißweine werden im Edelstahl ausgebaut, die Rotweine in den traditionellen Holzfässern, auch im Barrique. Die Weine werden vorwiegend trocken ausgebaut und überwiegend an Privatkunden verkauft.

Vor zwei Jahren überzeugte die Kollektion durch ihre Geschlossenheit und ihr gutes Niveau. Die letztjährige Kollektion war noch ein klein wenig besser geraten: Grauburgunder und Chardonnay gehörten zur Pfälzer Spitze. Auch in diesem Jahr gefallen mir wieder Grauburgunder und Chardonnay zusammen mit dem Riesling am besten.

84 ▶ **2002 Chardonnay trocken Weisenheimer** klare reife Frucht; süß und süffig im Mund, feine Frucht (4,60 €)

87 ▶ **2002 Chardonnay Selection Barrique Weisenheimer Halde** konzentriert, klar, feiner Toast, Haselnüsse; gute Fülle, viel Frucht, harmonisch, kompakter Chardonnay (13 €)

87 ▶ **2002 Riesling Selection Weisenheimer Halde** feine Rieslingfrucht, Limone, klar; herrlich harmonisch im Mund, reife Frucht, feiner Riesling (6,80 €)

87 ▶ **2002 Grauer Burgunder Selection Weisenheimer Hasenzeile** reife klare Frucht, eindringlich, gelbe Früchte; gute Fülle, viel reife Frucht (6,80 €)

84 ▶ **2002 Gewürztraminer Spätlese Weisenheimer Hasenzeile** reife süße klare recht würzige Traminerfrucht; süß, schmeichelnd, enorm süffig (5,20 €)

85 ▶ **2001 Dornfelder trocken Barrique Weisenheimer Hasenzeile** Gewürznoten, etwas Frische, rote Früchte; harmonisch, füllig, klare Frucht (8,50 €)

84 ▶ **2002 Spätburgunder Selection Weisenheimer Altenberg** würzige Noten im Bouquet, klare Frucht; klar auch im Mund, gute Harmonie (7 €)

86 ▶ **2001 Spätburgunder Selection Barrique Weisenheimer Altenberg** reife süße Frucht, feine Würze; harmonisch, klare Frucht, Vanille (14,50 €)

Weitere Weine: 82 ▶ 2002 Riesling trocken Weisenheimer Hahnen (1l) ■ 83 ▶ 2002 Riesling Kabinett trocken Weisenheimer Hahnen ■ 83 ▶ 2002 Spätburgunder Rosé Weisenheimer ■ 82 ▶ 2002 Dornfelder trocken Weisenheimer Hasenzeile ■

Langwerth von Simmern'sches Rentamt ★★★
Rheingau

Kirchgasse, 65343 Eltville
Tel. 06123-92110, Fax: 06123-921133,
weingut-langwerth-von-simmern@t-online.de
Inhaber: Georg R. Freiherr Langwerth von Simmern
Rebfläche: 26,5 Hektar
Besuchszeiten: Mo.-Do. 8-12 + 13:30-17 Uhr, Fr. 8-12 + 13:30-16 Uhr
Gutsausschank „Gelbes Haus", Eltville

Das Weingut der Freiherren Langwerth von Simmern ist eines der ältesten in Familienbesitz befindlichen Weingüter der Welt. Die Familie betreibt seit dem Jahr 1464 Weinbau. Das Weingut wird heute von Georg Reinhard Langwerth von Simmern und seiner Frau Andrea geführt. Die Weinberge verteilen sich auf die fünf Gemarkungen Hattenheim, Erbach, Kiedrich, Rauenthal und Eltville. Es dominiert der Riesling, dazu gibt es ein klein wenig Spätburgunder, Chardonnay und Weißburgunder.

Aus einer gleichmäßigen, guten 2000er Kollektion ragte die Spätlese Rauenthaler Baiken hervor. Der Jahrgang 2001 brachte die besten trockenen Rieslinge der letzten Jahre. Das Erste Gewächs aus dem Mannberg gehörte ebenso wie die trockene Spätlese aus dem Rauenthaler Baiken zur Spitze im Rheingau. Gleiches galt für den Eiswein. 2002 kann da in der Spitze nicht ganz mithalten. Den edelsüßen Weinen mangelt es im Bouquet an Reintönigkeit. Gut gefallen haben mir die Spätlesen, und die trockenen Kabinettweine sind zuverlässig wie gewohnt.

84 ▶ **2002 Riesling Kabinett trocken Eltviller** viel Würze im Bouquet, etwas verhaltene Frucht; klar und direkt im Mund, feine Frucht (6,65 €)

85 ▶ **2002 Riesling Kabinett trocken Hattenheimer** frisch, direkt, jugendliche Frucht; klar, direkt, feine Frucht und Biss (6,65 €)

85 ▶ **2002 Riesling Kabinett trocken Hattenheimer Nussbrunnen** frisch, klar, zurückhaltende Frucht; gute Harmonie, klare süße Frucht (8 €)

84 ▶ **2002 Riesling Kabinett trocken Rauenthaler Baiken** gute Würze, klare Frucht; harmonisch, klare feine Frucht (8,50 €)

85 ▶ **2002 Riesling Kabinett „feinherb" Hattenheimer** würzig, direkt, klare Frucht; harmonisch, klar, feine süße Frucht (6,65 €)

87 ▶ **2002 Riesling Spätlese Hattenheimer Wisselbrunnen** konzentriert, jugendlich, herrlich eindringlich; gute Harmonie, klare süße Frucht, kompakt (14 €)

88 ▶ **2002 Riesling Spätlese Erbacher Marcobrunn** gute Konzentration, sehr reintönige Frucht; feine Frische, viel süße Frucht, reintönig und lang (15,85 €)

87 ▶ **2002 Riesling Beerenauslese Erbacher Marcobrunn** enorm duftig; süße Frucht, konzentriert, dick, eindringliche Frucht (100 €)

88 ▶ **2002 Riesling Eiswein Eltviller Sonnenberg** Würze, feiner Duft, verhaltene Frucht; süß, konzentriert, süße Aprikosen, herrlich dick, viel Frucht (123 €)

Weingut Lanius-Knab ★★★
Mittelrhein

Mainzer Straße 38, 55430 Oberwesel
Tel. 06744-8104, Fax: 06744-1537
weingut.lanius.knab@t-online.de
Inhaber: Jörg Lanius
Rebfläche: 6,8 Hektar
Besuchszeiten: Mo.-Fr. nach Vereinbarung, Sa. 8-17 Uhr

Die Weinberge von Jörg Lanius liegen im Engehöller Tal in den Lagen Engehöller Bernstein und Goldemund, sowie im Oberweseler Oelsberg. Neben dem dominierenden Riesling baut er 10 Prozent Spätburgunder und 5 Prozent Müller-Thurgau an. Die Weine werden im Edelstahl mit den traubeneigenen Hefen vergoren und reifen anschließend in alten Eichenholzfässern. Jörg Lanius bringt den neuen Jahrgang immer erst im September in den Verkauf. Eine Spezialität von ihm sind die edelsüßen Weine, von denen er Jahr für Jahr eine breite Auswahl bis hin zur Trockenbeerenauslese im Programm hat.

Seit er 1992 zusammen mit seiner Frau Anne das traditionsreiche Familienweingut übernommen hat, sind die Weine stetig besser geworden. Auch der Jahrgang 2000 wurde bei Jörg Lanius wieder gekrönt von einigen faszinierenden edelsüßen Weinen. Die letztjährige Kollektion war auf breiter Front verbessert. Jörg Lanius selbst hält 2001 für seinen bis dato besten Jahrgang. Die trockenen und halbtrockenen Weine waren alle von mineralischen Noten geprägt, seine edelsüßen Weine waren noch besser als in den Jahren zuvor. Die edelsüßen Rieslinge sind auch 2002 wieder die Höhepunkte in einer sehr überzeugenden Kollektion.

85 ▶ **2002 Riesling Spätlese trocken Engehöller Bernstein** konzentriert, jugendliche Frucht, direkt; klar und kraftvoll im Mund, zupackender Riesling (8 €)

89 ▶ **2002 Riesling Engehöller Bernstein** (Großes Gewächs) konzentriert, herrlich eindringliche jugendliche Frucht; kraftvoll im Mund, wunderschön füllig, reife süße Frucht (15,50 €)

86 ▶ **2002 Riesling Oberweseler Oelsberg** (Großes Gewächs) viel Konzentration, jugendliche Frucht, dominant; füllig, kompakt, gute Substanz (15,50 €)

85 ▶ **2002 Riesling Spätlese „feinherb" Engehöller Goldemund** gute Konzentration, sehr klare jugendliche Frucht; gute Harmonie, klare Frucht, kompakter Riesling (8 €)

86 ▶ **2002 Riesling Spätlese Engehöller Goldemund** klar, würzig, jugendliche Frucht; frisch, klar, feine Frucht, zupackend (8 €)

84 ▶ **2002 Riesling Auslese Oberweseler Oelsberg** würzig, streng, etwas duftig; süß, kompakt, viel Frucht, Biss (16,50 €/0,5l)

89 ▶ **2002 Riesling Beerenauslese Engehöller Goldemund** konzentriert, duftig, eindringlich; viel süße Frucht, herrlich klar und dominant, dick, enorm nachhaltig (34 €/0,375l)

95 ▶ **2002 Riesling Eiswein Engehöller Goldemund** herrlich konzentriert, eindringliche süße konzentrierte Frucht, süße Aprikosen; konzentriert im Mund, faszinierend reintönig, lang und nachhaltig (89,50 €/0,375l)

92 ▶ **2002 Riesling Trockenbeerenauslese Engehöller Bernstein** würzig, dominant, sehr eindringliche süße konzentrierte Frucht; dick und konzentriert im Mund, geschmeidig, wunderschön lang (103 €/0,375l)

Weitere Weine: 83 ▶ 2002 Riesling Kabinett trocken Engehöller Bernstein ▪ **83** ▶ 2002 Riesling Kabinett „feinherb" Engehöller Goldemund ▪

Weingut Paul Laquai ★
Rheingau

Gewerbepark Wispertal 2, 65391 Lorch
Tel. 06726-830838, Fax: 06726-830840
www.weingut-laquai.com
weingut.laquai@t-online.de
Inhaber: Gundolf Laquai, Gilbert Laquai
Rebfläche: 10 Hektar
Besuchszeiten: Mo.-Fr. 8-18 Uhr, Sa. 9-14 Uhr
Weinproben (bis 40 Personen)
Gutsausschank „Langehof" in Eltville-Rauenthal, Martinsthaler Straße 4 (Inh. Matthias Klein)

Das Weingut Paul Laquai ging 1990 an die beiden Brüder Gilbert und Gundolf Laquai über. Seither wurde die Rebfläche von 3,5 auf 10 Hektar erweitert. Neben zahlreichen Rebflächen in Lorch sind 1996 durch die Übernahme des Weinguts Langehof auch Weinberge in Rauenthal hinzugekommen. Mit der Erweiterung des Weingutes wurden die alten Anlagen zu klein. Deshalb wurden in Wispertal bei Lorch neue Betriebsgebäude gekauft.

Im vergangenen Jahr, als ich das Weingut zum ersten Mal vorgestellt habe, war ich vor allem von dem Ersten Gewächs Lorcher Bodental-Steinberg beeindruckt (89). Eine solche Spitze haben Gundolf und Gilbert Laquai in diesem Jahr nicht in ihrer sehr homogenen Kollektion.

84 ▶ 2002 Weißer Burgunder trocken Lorcher Bodental-Steinberg feine Frucht, sehr klar; feine Frische im Mund, klare süße Frucht (6,20 €)

84 ▶ 2002 Riesling Kabinett trocken Lorcher Bodental-Steinberg feine Würze, klare Frucht, etwas Pfirsiche und Aprikosen; frisch, direkt, klare süße Frucht, Biss (5 €)

84 ▶ 2002 Riesling Spätlese trocken Lorcher Schlossberg würzig, direkt, klare Frucht; füllig, klare reife Frucht (7,50 €)

85 ▶ 2002 Riesling Erstes Gewächs Lorcher Pfaffenwies feine Würze, gute Konzentration bei zurückhaltender Frucht; kompakt, klar, reife süße Frucht (14,50 €)

Weitere Weine: 81 ▶ 2002 Riesling trocken ▪ 81 ▶ 2002 Riesling Kabinett trocken Rauenthaler Rothenberg ▪ 82 ▶ 2002 Riesling Classic ▪ 82 ▶ 2002 Spätburgunder Weißherbst halbtrocken Lorcher Burgweg ▪

Lauffener *
Weingärtnergenossenschaft
Württemberg

Im Brühl 48, 74348 Lauffen
Tel. 07133-185-0, Fax: 07133-18560
www.wg-lauffen.de / www.katzenbeisser.de
service@wg-lauffen.de
Geschäftsführer: Ulrich-M. Breutner
Rebfläche: 530 Hektar
Mitglieder: 600
Besuchszeiten: Mo.-Mi. 7:30-12 + 13-17 Uhr, Do.+ Fr. 7:30-12 + 13-18 Uhr, Sa. 9-13 Uhr

Die 1935 gegründete Genossenschaft von Lauffen hat heute etwa 600 Mitglieder, davon 90 Vollerwerbsbetriebe. 95 Prozent der Weinberge in der Gemarkung Lauffen sind in genossenschaftlicher Hand. Mit über 50 Hektar terrassierten Steillagen ist Lauffen die größte Steillagengemeinde in Württemberg. In den Weinbergen ist Schwarzriesling mit einem Anteil von 75 Prozent die dominierende Rebsorte. Die Weine werden überwiegend über Lebensmittelhandel und Fachhandel in Baden-Württemberg vertrieben. Nur 19 Prozent der Weine werden trocken ausgebaut. Neben der Premiumlinie mit den Josua und Kaleb genannten Weinen gibt es eine so genannte Poetenserie mit ausgewählten Prädikatsweinen.

Meine Begeisterung für süße Rotweine hält sich in Grenzen. Allerdings muss ich eingestehen, dass die Weine von der Lauffener Genossenschaft wunderschön reintönig und süffig sind. Wie im Vorjahr ist die Kollektion sehr homogen, die probierten Weine überzeugen.

Die angegebenen Preise sind Nettopreise (zuzüglich MwSt.).

84 ▶ 2002 Lemberger trocken Lauffener Katzenbeißer feine Würze, sehr klare Frucht; weich, kompakt, klare Frucht (3,30 €)

84 ▶ 2002 Samtrot Lauffener Katzenbeißer sehr reintönige Frucht, Erdbeeren und Kirschen; weich, klar, süße Frucht, süffig (3,30 €)

84 ▶ 2002 Schwarzriesling Kabinett Lauffener Katzenbeißer feine Würze, klare Frucht, Kirschen; süß, schmeichelnd, enorm süffig (3,40 €)

85 ▶ 2002 Spätburgunder Spätlese Lauffener Katzenbeißer feine reife Frucht im Bouquet, gute Konzentration; weich, füllig, viel süße Frucht (4,90 €)

85 ▶ 2002 Samtrot Auslese Lauffener Katzenbeißer viel süße Frucht, feine Würze; süß, schmeichelnd, enorm süffig (6,80 €)

Weingut
Laurentiushof ★★
Mosel-Saar-Ruwer

♣ Gartenstraße 13, 56814 Bremm
Tel. 02675-508, Fax: 02675-910285
www.weingut-laurentiushof.de
info@weingut-laurentiushof.de
Inhaber: Thomas Franzen-Martiny
Rebfläche: 34,2 Hektar
Besuchszeiten: nach Vereinbarung
Straußwirtschaft im alten Gewölbekeller,
Ferienwohnung

Der Laurentiushof ist ein Familienbetrieb in Bremm, der seine Weinberge nach ökologischen Richtlinien bewirtschaftet und Mitglied bei ECOVIN ist. Gut die Hälfte der Weinberge liegen in Steillagen wie dem Bremmer Calmont oder dem Neefer Frauenberg. Die Weine werden in Eichenholzfässern ausgebaut.

Vor zwei Jahren hatte ich zum ersten Mal die Weine von Thomas Franzen-Martiny vorgestellt. Die restsüßen Rieslinge hatten mir damals ein wenig besser gefallen als die trockenen. Die letztjährige Kollektion überzeugte mit gleichermaßen interessanten trockenen wie süßen Weinen. Gleiches gilt für den Jahrgang 2002.

84 ▶ **2002 Elbling trocken Bremmer Laurentiusberg** klar, direkt, feine Frucht; geradlinig im Mund, Frucht und Biss (3,60 €/1l)

86 ▶ **2002 Riesling Hochgewächs trocken Bremmer Calmont** herrlich klare Rieslingfrucht, leicht mineralische Noten; gute Harmonie im Mund, reife Frucht (5,20 €)

86 ▶ **2002 Riesling Spätlese „feinherb" Bremmer Calmont** klare reife Rieslingfrucht, etwas Zitrusfrüchte, mineralische Noten; harmonisch im Mund, gute Frucht (6,20 €)

89 ▶ **2002 Riesling Auslese Bremmer Calmont** würzig und konzentriert im Bouquet, jugendliche eindringliche Rieslingfrucht; kraftvoll im Mund, herrlich füllig, harmonisch (9,50 €)

84 ▶ **2002 Blauer Spätburgunder Rosé trocken** feine klare Frucht, Frische, Kirschen; gute etwas süße Frucht im Mund (4,60 €)

Weitere Weine: 83 ▶ 2002 Weißburgunder trocken ■ **83** ▶ 2002 Riesling trocken Bremmer Calmont (1l) ■

Weingut
Lehnert-Veit ★★★
Mosel-Saar-Ruwer

In der Dur 10, 54498 Piesport
Tel. 06507-2123, Fax: 06507-7145
www.weingut-lehnert-veit.de
weingut-lv@gmx.net
Inhaber: Erich Lehnert
Rebfläche: 6,5 Hektar
Besuchszeiten: täglich 9-20 Uhr
Straußwirtschaft von Mai - Oktober,
Gästezimmer, Ferienwohnung

Seit 1967 wird dieser Betrieb, der sich seit 1648 in Familienbesitz befindet, von Erich Lehnert geleitet. Neben Weinen aus dem jüngsten Jahrgang findet man bei Erich Lehnert auch viele gereifte Rieslinge im Programm.

Die trockenen und halbtrockenen 2000er kamen dann nicht an ihre Vorgänger heran, Spätlese und Auslese aus dem Goldtröpfchen aber fand ich sehr gut. Im Jahrgang 2001 gefielen mir alle Rieslinge: die trockenen und halbtrockenen waren fruchtbetont wie 1999, dabei ein wenig stoffiger. Und der Eiswein krönte eine überzeugende süße Kollektion. Der Jahrgang 2002 schließt nahtlos daran an. Alle Weine sind wunderschön reintönig und fruchtbetont: eine überzeugende Kollektion.

87 ▶ **2002 Riesling Spätlese trocken Piesporter Goldtröpfchen** klar, konzentriert, herrlich eindringliche jugendliche Frucht; wunderschön fruchtbetont im Mund, klar, zupackend (7 €)

89 ▶ **2002 Riesling Auslese trocken Piesporter Goldtröpfchen** gute Konzentration, klare reife Rieslingfrucht, sehr eindringlich; fruchtbetont im Mund, füllig, harmonisch, viel Riesling (8,50 €)

85 ▶ **2002 Riesling Kabinett halbtrocken Piesporter Falkenberg** würzige Noten, zurückhaltende Frucht; klar und harmonisch im Mund, gute süße Frucht (5,20 €)

86 ▶ **2002 Riesling Spätlese halbtrocken Piesporter Goldtröpfchen** gute Konzentration, sehr klare jugendliche Rieslingfrucht; frisch und klar, viel süße Frucht (7 €)

86 ▶ **2002 Riesling Kabinett Piesporter Günterslay** feine Frucht, Frische, sehr klar; gute Harmonie im Mund, feine süße Frucht, Biss (5,20 €)

87 ▶ **2002 Riesling Spätlese Piesporter Goldtröpfchen** sehr klare reife Frucht, fruchtbetontes Rieslingbouquet; frisch im Mund, süße Frucht, gute Konzentration (5,20 €)

89 ▶ **2002 Riesling Spätlese** Piesporter Goldtröpfchen** gute Konzentration, klare reife Rieslingfrucht, sehr eindringlich; viel süße Frucht im Mund, kraftvoll, konzentriert, gute Frische (8,50 €)

Weingut Bruno **Leiner** ★★
Pfalz

Zum Mütterle 20, 76829 Landau-Wollmesheim
Tel. 06341-30953, Fax: 06341-34142
Inhaber: Bruno Leiner
Rebfläche: 18 Hektar
Besuchszeiten: Mo.-Sa. 8:30-11:30 + 13-17 Uhr, So. 9-11:30 Uhr (erstes Wochenende im Monat geschlossen)

Die Weinberge von Bruno Leiner liegen in den Lagen Wollmesheimer Mütterle, Ilbesheimer Herrlich und Billigheimer Rosenberg. Die Böden sind leichte bis tiefgründige Löss-Lehmböden mit hohem Kalkgehalt. An weißen Sorten finden sich nehmen den klassischen Rebsorten auch einige Neuzüchtungen im Programm von Bruno Leiner. Sein rotes Sortiment hat er zuletzt ergänzt um Merlot und Cabernet Sauvignon. Die Weißweine werden in kleinen Edelstahltanks bei niedriger Temperatur vergoren. Die Rotweine reifen nach der Maischegärung in großen und kleinen Eichenholzfässern. 90 Prozent der Weine werden an Privatkunden verkauft.

Im vergangenen Jahr hatte Bruno Leiner eine überzeugende, sehr gleichmäßige Kollektion, die eindrucksvoll seine Stärke zeigte: die Zuverlässigkeit jedes einzelnen Weins. Gleiches gilt für die neue Kollektion, angeführt von einem barriqueausgebauten Cabernet Sauvignon.

86 ▶ **2001 Riesling Sekt Extra Brut Wollmesheimer Mütterle** feine Würze, direkt, gute Frucht; wunderschön klar im Mund, gute Frucht und Harmonie (8,20 €)

84 ▶ **2002 Grüner Silvaner Kabinett trocken Wollmesheimer Mütterle** feine Frucht, klar, Würze; klare Frucht im Mund, gute Harmonie (4,20 €)

85 ▶ **2002 Weißer Burgunder Kabinett trocken Wollmesheimer Mütterle** gute Frucht und Konzentration, klar; harmonisch, klare etwas süße Frucht (4,50 €)

86 ▶ **2002 Chardonnay Spätlese trocken** reife süße Frucht, etwas Ananas; harmonisch, viel süße Frucht (6,80 €)

85 ▶ **2002 Riesling Spätlese trocken Wollmesheimer Mütterle** sehr klare Frucht, Limone, Frische; harmonisch im Mund, klare süße Frucht (5,50 €)

86 ▶ **2002 Gewürztraminer Spätlese trocken Wollmesheimer Mütterle** gute Konzentration, sehr klare Traminerfrucht; harmonisch, klar, gute Fülle und Frucht (5,50 €)

85 ▶ **2002 Dunkelfelder trocken Wollmesheimer Mütterle** recht würzig, direkt, jugendliche Frucht; gute Fülle, viel Frucht, kompakt, jugendlich (5,80 €)

86 ▶ **2002 Frühburgunder Spätlese trocken Wollmesheimer Mütterle** sehr klare Frucht, rauchige Noten; harmonisch im Mund, gute Fülle und Frucht (10,50 €)

85 ▶ 2001 Spätburgunder trocken Holzfass Wollmesheimer Mütterle recht würzig, klare Frucht; weich und harmonisch, gute Frucht (4,80 €)

87 ▶ 2001 Cabernet Sauvignon trocken Barrique Wollmesheimer Mütterle gute Konzentration, würzige Cabernetfrucht; kraftvoll im Mund, klare reife Frucht, harmonisch und lang, jugendliche Tannine (16 €)

Weitere Weine: 82 ▶ 2002 Rivaner Kabinett trocken ■ 83 ▶ 2002 Grauer Burgunder Kabinett trocken Wollmesheimer Mütterle ■

Weingut Jürgen Leiner ★★
Pfalz

Arzheimer Straße 14, 76831 Ilbesheim
Tel. 06341-30621, Fax: 06341-34401
www.weingut-leiner.de
weingut-leiner@t-online.de
Inhaber: Jürgen Leiner
Rebfläche: 11 Hektar
Besuchszeiten: nach Voranmeldung
Ferienwohnungen

Das in den siebziger Jahren gegründete Weingut Jürgen Leiner liegt im Ortskern von Ilbesheim, einem Winzerdorf am Fuß der Kleinen Kalmit. Die Weinberge liegen in Ilbesheim, Arzheim und Göcklingen. Rote Sorten, insbesondere Dornfelder und Spätburgunder, nehmen zusammen ein Drittel der Weinberge von Jürgen Leiner ein. Bei den weißen Sorten sind neben Riesling und den Burgundersorten der Fläche nach Silvaner und Müller-Thurgau am wichtigsten. Die Rotweine kommen nach der Maischegärung ins Holzfass oder Barrique. Weißweine werden im Stahltank ausgebaut, Riesling und Grauburgunder Spätlese kommen ins Holzfass. Verantwortlich für den Keller ist Sohn Sven.

Der Jahrgang 2000 wie auch der Jahrgang 2001 bestachen mit dem guten, gleichmäßigen Niveau aller Weine. Gleiches gilt für 2002: alle verkosteten Weine habe ich zwischen 83 und 86 Punkten bewertet. Darauf lässt sich aufbauen.

84 ▶ 2002 Chardonnay trocken feine Würze, jugendliche Frucht; recht süß im Mund, süffig (5,20 €)

84 ▶ 2002 Grüner Silvaner Kabinett trocken würzige klare Frucht, dezent Zitrus; frisch, klar, gute Frucht und Biss (4,50 €)

84 ▶ 2002 Weißer Burgunder Kabinett trocken feine würzige Frucht, direkt; harmonisch, gute Frucht, Biss (4,70 €)

84 ▶ 2002 Riesling Kabinett trocken frisch, direkt, würzige Frucht, dezent Zitrus; frisch, klar, feine süße Frucht (4,80 €)

86 ▶ 2002 Grauer Burgunder Spätlese trocken gute Konzentration, würzige Frucht, gelbe Früchte; harmonisch, viel reife süße Frucht, fülliger Grauburgunder (7 €)

86 ▶ 2002 Riesling Spätlese würzige Rieslingfrucht; viel süße Frucht, schmeichelnd und lang (6,50 €)

85 ▶ 2002 Gewürztraminer Spätlese reife süße Frucht, herrlich reintönig; gute Fülle, weich, klare Frucht (5,70 €)

84 ▶ 2001 Dunkelfelder trocken gute Konzentration, würzige eindringliche Frucht; weich, kompakt, zurückhaltende Frucht (5 €)

Weitere Weine: 83 ▶ 2002 Riesling trocken (1l) ■ 83 ▶ 2001 Spätburgunder trocken ■

Weingut Leiningerhof ★★★
Fam. Benzinger
Pfalz

Weinstraße Nord 24, 67281 Kirchheim
Tel. 06359-1339, Fax: 06359-2327
www.leiningerhof.de
weingut.leiningerhof.kirchheim@t-online.de
Inhaber: Volker Benzinger
Rebfläche: 13 Hektar
Besuchszeiten: Mo.-Fr. 8-12 + 13-17 Uhr, Sa. nach Vereinbarung

Der Leiningerhof in Kirchheim im Leiningerland wird heute von Volker und Inge Benzinger geführt. Die Weinberge liegen in verschiedenen Lagen von Kirchheim, Bockenheim und Obersülzen. Neben Riesling und den weißen Burgundersorten spielen die roten Sorten Spätburgunder, Dornfelder und Portugieser eine sehr wichtige Rolle. Im Jahr 2001 hat er etwas Merlot, Cabernet Sauvignon und Cabernet Franc gepflanzt, die er für Cuvées nutzt. Der Rotweinanteil liegt inzwischen bei 35 Prozent. 90 Prozent der Weine werden trocken ausgebaut.

Seinen 2000er Weinen merkte man an, dass Volker Benzinger konsequent auf gesundes Traubenmaterial setzt: alle Weine waren wunderschön klar und frisch. Der 99er Barrique-Spätburgunder gehörte zu den besten Spätburgundern der Pfalz. Die letztjährige Kollektion war nochmals besser. Sie bestach durch ihre Zuverlässigkeit und durch das hohe Niveau aller Weine. Grauburgunder und Weißburgunder gehörten zu den Jahrgangsbesten in Deutschland. In diesem Jahr ist der Weißburgunder SL mein Favorit. Alle Weißweine überzeugen wie gewohnt, die Rotweine haben weiter zugelegt, Spätburgunder und Dornfelder gehören zu den Besten in der Pfalz.

85 ▶ 2002 Riesling Kabinett trocken Kirchheimer Steinacker sehr klare Frucht, direkt; frisch, harmonisch, klare Frucht, Biss (4,50 €)

85 ▶ 2002 Weißer Burgunder Kabinett trocken frisch, klar, feine Frucht; herrlich klar im Mund, feine süße Frucht (4,50 €)

85 ▶ 2002 Grauer Burgunder Kabinett trocken Kirchheimer Geißkopf klare Frucht, gelbe Früchte; weich im Mund, viel süße Frucht (4,50 €)

87 ▶ 2002 Grauer Burgunder Spätlese trocken Kirchheimer Geißkopf reife klare süße Frucht, gelbe Früchte; gute Fülle im Mund, reife sehr klare Frucht (6 €)

89 ▶ 2002 Weißer Burgunder Spätlese trocken „SL" Kirchheimer Kreuz herrlich reintönige Frucht, gute Konzentration; wunderschön harmonisch im Mund, klare Frucht, konzentriert, mit Länge (7,50 €)

86 ▶ 2002 Riesling Spätlese trocken Kirchheimer Steinacker feine klare Rieslingfrucht, direkt; gute Fülle und Frucht, etwas Limone, klar und direkt (6 €)

85 ▶ 2002 Kerner Kabinett „feinherb" Julia sehr klare Frucht, Frische, Aprikosen; gute Harmonie, klare süße Frucht, süffig (4,50 €)

85 ▶ 2002 Dornfelder trocken Kirchheimer Steinacker feine Frische, rote Früchte; harmonisch, süße klare Frucht, süffig (4,50 €)

85 ▶ 2002 Spätburgunder trocken Kirchheimer Kreuz rauchige Noten, feine klare Frucht; klare süße Frucht, harmonisch, süffig (4,70 €)

88 ▶ 2001 Dornfelder trocken Holzfass Kirchheimer Steinacker rauchige Noten, gute Konzentration, reife klare Frucht; herrlich füllig im Mund, reife süße Frucht, Vanille, Struktur, guter Nachhall (6 €)

88 ▶ 2001 Dornfelder trocken Barrique Kirchheimer Steinacker gute Konzentration, rauchige Noten, etwas Gewürze und Schokolade, eindringlich; herrlich füllig im Mund, etwas Schokolade, gute Struktur, jugendliche Tannine, Nachhall (10,50 €)

88 ▶ 2001 Spätburgunder trocken Barrique Kirchheimer Kreuz herrlich konzentriert, Gewürznoten, sehr klare eindringliche Frucht, reintönig; viel süße reife Frucht, Vanille, schmeichelnd, harmonisch und lang bei jugendlicher Bitternote im Abgang (13,50 €)

86 ▶ 2002 „Oporto" trocken Holzfass Kirchheimer Steinacker herrlich klare jugendliche Frucht, Vanille, feines Bouquet; fruchtbetont im Mund, wunderschön klar, süffig (6,50 €)

Weingut Josef Leitz ★★★★
Rheingau

Theodor-Heuss-Straße 5, 65385 Rüdesheim
Tel. 06722-48711, Fax: 06722-47658
www.leitz-wein.de
info@leitz-wein.de
Inhaber: Johannes Leitz
Rebfläche: 10 Hektar
Besuchszeiten: nach Vereinbarung

Weinbau gibt es in der Familie Leitz bereits seit 1744, aber erst in den fünfziger Jahren des letzten Jahrhunderts hatte sich Josef Leitz, der Großvater des heutigen Besitzers Johannes Leitz, ganz auf Weinbau spezialisiert. Nach dem frühen Tod des Vaters hat die Mutter von Johannes Leitz das Weingut als Feierabendbetrieb erhalten. Er selbst hat dann bereits 1985 seinen ersten Jahrgang selbst vinifiziert. Johannes Leitz hat seine Rebfläche vergrößert, so dass er nun 8 Hektar selbst besitzt und 2 Hektar mit Bewirtschaftungsvertrag kontrolliert. Er baut nur Riesling an und vergärt sie mit ihren natürlichen Hefen im Holz. Seine Weine gären recht lange und werden relativ spät abgefüllt. Seit dem Jahr 2001 gibt es eine Serie mit Selektionsweinen in besonderer Ausstattung. In dieser Serie gibt es jeweils einem Wein aus dem Schlossberg, dem Rottland und dem Kaisersteinfels.

Schon der schwierige Jahrgang 2000 war Johannes Leitz sehr gut gelungen. Kraftvolle trockene Rieslinge die gekrönt wurden von einem wunderschön reintönigen Eiswein, wie man im Jahrgang 2000 nur ganz wenige im Rheingau fand. Die letztjährige Kollektion war grandios und gehörte zu den besten des Jahrgangs in Deutschland. Alle Weine waren herrlich kraftvoll und mineralisch. Vor allem die Selektionsweine hatten mich begeistert mit ihrer enormen Nachhaltigkeit. Aber auch die edelsüßen Rieslinge, von denen Johannes Leitz noch nie so viel geerntet hat wie im Jahrgang 2001, gehörten wie gewohnt zur Spitze im Rheingau. Genauso grandios wie die Vorjahreskollektion ist nun auch der Jahrgang 2002 bei Johannes Leitz. Herrlich stoffige, kraftvolle trockene Rieslinge hat er wieder, alle sehr jugendlich und geprägt von mineralischen Noten. Mit diesen trockenen Rieslingen gehört er ebenso wie mit seinen weichen, schmeichelnden edelsüßen Rieslingen zur Spitze in Deutschland.

87 ▶ 2002 Riesling Spätlese trocken Rüdesheimer Bischofsberg gute Konzentration, sehr klare Frucht, jugendlich; kraftvoll, kompakt, herrlich viel Frucht (9,50 €)

88 ▶ 2002 Riesling trocken Rüdesheimer Berg Schlossberg würzig, direkt, klare Frucht, gute Konzentration; kraftvoll im Mund, herrlich stoffiger Riesling (12 €)

86 ▶ 2002 Riesling Spätlese trocken Rüdesheimer Klosterlay feine würzige Rieslingfrucht, klar, jugendlich; gute Harmonie, klare Frucht, Biss (18 €)

90 ▶ 2002 Riesling Spätlese trocken Rüdesheimer Berg Kaisersteinfels konzentriert, enorm dominant, jugendliche reintönige Frucht; kraftvoll im Mund, herrlich viel Frucht, stoffig, jugendlich (19,50 €)

90 ▶ 2002 Riesling Spätlese trocken Rüdesheimer Berg Schlossberg herrlich konzentriert, jugendliche sehr eindringliche Rieslingfrucht, sehr reintönig; kraftvoll im Mund, herrlich viel Frucht, Fülle, sehr dominant, viel Nachhall (19,50 €)

91 ▶ 2002 Riesling Spätlese trocken Rüdesheimer Berg Rottland herrlich konzentriert im Bouquet, reife sehr klare Rieslingfrucht, etwas Aprikosen und Pfirsiche; viel Frucht im Mund, konzentriert, kraftvoll, stoffig, enormer Nachhall (25 €)

86 ▶ 2002 Riesling Kabinett Rüdesheimer Kirchenpfad feine klare Frucht, Frische, jugendlich; klar und direkt im Mund, gute Frucht (8,50 €)

86 ▶ 2002 Riesling Spätlese Rüdesheimer Magdalenenkreuz feine Frische, klare Frucht; gute Harmonie, klare süße Frucht (9 €)

86 ▶ 2002 Riesling Spätlese Rüdesheimer Klosterlay frisch, klar, feine Würze und Frucht; gute Harmonie im Mund, viel süße Frucht (9 €)

89 ▶ 2002 Riesling Spätlese Rüdesheimer Berg Roseneck gute Konzentration, würzige jugendliche Rieslingfrucht; klar und füllig im Mund, viel reife süße Frucht (19,50 €)

88 ▶ 2002 Riesling Spätlese Rüdesheimer Berg Schlossberg frisch, gute Frucht, eindringlich Zitrusfrüchte; gute Harmonie im Mund, viel süße Frucht, sehr reintönig (19,50 €)

90 ▶ 2002 Riesling Auslese Rüdesheimer Berg Rottland herrlich würzig, dominant, konzentrierte Frucht; enorm füllig im Mund, stoffig, viel Frucht, sehr klar und lang (35 €/0,5l)

92 ▶ 2002 Riesling Beerenauslese Rüdesheimer Kirchenpfad gute Konzentration, reife eindringliche Rieslingfrucht, sehr klar; wunderschön reintönig im Mund, schmeichelnd, viel süße Frucht, sehr lang (80 €/0,375l)

91 ▶ 2002 Riesling Beerenauslese Rüdesheimer Berg Schlossberg reife süße Frucht im Bouquet, enorm konzentriert und eindringlich; dominant, würzig, wunderschön reintönig, viel süße Frucht, weich und schmeichelnd, lang (Versteigerungswein, 0,375l)

94 ▶ 2002 Riesling Trockenbeerenauslese Rüdesheimer Kirchenpfad konzentriert, sehr klare reife Frucht, enorm eindringlich und dominant; dick und konzentriert im Mund, herrlich reintönige süße Frucht, schmeichelnd und lang, viel Nachhall (120 €/0,375l)

Weingut Lenz-Dahm ★
Mosel-Saar-Ruwer

Hauptstraße 3, 56862 Pünderich
Tel. 06542-22950, Fax: 06542-21487
www.lenz-dahm.de
lenz-dahm@lenz-dahm.de
Geschäftsführer Heinrich Lenz-Dahm GmbH:
Peter Arens, Karl Schaaf
Rebfläche: 4,3 Hektar
Besuchszeiten: nach Vereinbarung

Die Weinberge des Weinguts Lenz-Dahm liegen in Pünderich und Kröv an der Mosel, sowie in Kasel an der Ruwer. Es wird fast ausschließlich Riesling angebaut. Die Weine werden nach kontrollierter, kühler Vergärung teils im Holz, teils im Edelstahl ausgebaut. Eine Spezialität des Weingutes sind die Sekte, von denen drei ohne Dosage „Extra Brut" ausgebaut werden.

Die 2002er Kollektion von Lenz-Dahm überzeugt mit kraftvollen, eigenwilligen Weinen.

85 ▶ 2002 Riesling Auslese trocken „Trockener Heinrich" Pündericher Marienburg konzentriert, dominant, jugendliche Frucht; kraftvoll im Mund, stoffig, jugendlicher Riesling (13,50 €)

84 ▶ 2002 Riesling Spätlese Kaseler Nies'chen jugendliche Frucht, klar und direkt; gute Harmonie, süße Frucht (8,50 €)

84 ▶ 2002 Riesling Spätlese „Alte Reben" Pündericher Marienburg würzig, jugendlich, herrlich eindringlich; kompakt, reife Frucht (9,50 e)

86 ▶ 2002 Riesling Auslese „Nikolauswein" Pündericher Marienburg konzentriert, herrlich eindringlich und klar; süß, konzentriert, dominant, füllig (13,50 €/0,5l)

Weitere Weine: 81 ▶ 2002 Riesling Kabinett trocken Pündericher Marienburg ▪ 83 ▶ 2002 Riesling Spätlese trocken „Alte Reben" Pündericher Marienburg ▪ 80 ▶ 2002 Riesling Kabinett halbtrocken Kaseler Hitzlay ▪ 83 ▶ 2002 Riesling Hochgewächs Kröver Letterlay ▪

Weingut Lergenmüller ★★★
Pfalz

Weinstraße 16, 76835 Hainfeld
Tel. 06341-96333, Fax: 06341-96334
lergenmueller@t-online.de
www.lergenmueller.de
Inhaber: Familie Lergenmüller
Rebfläche: 65 Hektar
Besuchszeiten: täglich
Gutsrestaurant mit Hotel (Landhaus Herrenberg in Landau-Nußdorf))

Kaum ein anderes Weingut in der Pfalz hat ein solch klares Konzept wie das Weingut Lergenmüller. Stefan und Jürgen Lergenmüller verzichten konsequent auf Lagennamen und bauen ihre Weine fast ausschließlich trocken aus. Ihre Weinberge setzen sich aus 250 einzelnen Parzellen von Godramstein bis Rhodt unter Rietburg zusammen. 1998 haben sie in Burrweiler das Weingut St. Annaberg übernommen, das als eigenständiges Weingut weitergeführt wird (siehe eigenen Eintrag). Für Furore sorgten die beiden Brüder in den neunziger Jahren mit ihren Rotweinen. Neben Spätburgunder und Dornfelder galt ihr besonderes Interesse schon immer dem St. Laurent. Aber auch mit Cuvées oder internationalen Sorten wie Cabernet Sauvignon gehörten sie zu den Vorreitern in der Pfalz. Ihre besten Weißweine vermarkten sie in der „S"-Klasse.

Im Vorjahr hatten mir Graubugunder und Chardonnay am besten gefallen, die zu den besten Weinen in der Pfalz gehörten. Gleiches gilt in diesem Jahr, auch für den Weißburgunder. Noch besser aber ist in diesem Jahr die rote Kollektion, angeführt vom „Philipp L", einem der großen Rotweine Deutschlands.

86 ▶ **2002 Weißer Burgunder trocken** herrlich reintönige Frucht, feine Würze; klare Frucht, gute Harmonie (5,90 €/1l)

85 ▶ **2002 Rivaner trocken** feine Würze, klare süße Frucht, dezent Aprikosen; frisch, klar, feine Frucht (4,20 €)

87 ▶ **2002 Grauer Burgunder trocken** herrlich konzentriert, sehr klare Frucht; gute Fülle, reife klare Frucht, gelbe Früchte (5,90 €)

86 ▶ **2002 „Delvino" trocken** Riesling und Chardonnay; würzige reife süße Frucht; recht süße im Mund, gute Frucht und Biss (7 €)

87 ▶ **2002 „Johannes L" Riesling trocken** gute Konzentration, klare mineralische Frucht; gute Fülle, reife klare Frucht (6,40 €)

88 ▶ **2002 Weißer Burgunder „S" trocken** gute Konzentration, herrlich reintönige jugendliche Frucht; kraftvoll im Mund, viel Frucht, zupackend (8 €)

88 ▶ **2002 Grauer Burgunder „S" trocken** herrlich konzentriert, eindringlich, jugendliche Frucht, sehr klar; kraftvoll im Mund, viel Frucht, konzentriert und klar (9 €)

89 ▶ **2002 Chardonnay „S" trocken** viel Konzentration, reife süße Frucht, etwas Tropenfrüchte, Ananas; herrlich füllig, viel reife süße Frucht, elegant und klar (11 €)

85 ▶ **2002 Dornfelder trocken** herrlich klare jugendliche Frucht; frisch, klar, feine Frucht (6,65 €)

85 ▶ **2002 Schwarzriesling trocken** feine Würze, klar und direkt; frisch, direkt, feine Frucht (7 €)

87 ▶ **2001 Saint Laurent trocken** konzentriert, herrlich klar, feine Frucht und Frische; dezente Vanille, sehr klare Frucht, feine Frische, Biss (9 €)

87 ▶ **2001 Merlot trocken** gute Konzentration, reife klare sehr eindringliche Frucht; kraftvoll, klare jugendliche Frucht, Biss (11 €)

89 ▶ **2001 „Selection LP" trocken** gute Konzentration, viel Frucht, Vanille, sehr eindringlich; kraftvoll im Mund, reife Frucht, gute Fülle, Vanille, harmonisch und lang (16 €)

91 ▶ **2001 „Philipp L" trocken** reife eindringliche Frucht, Gewürze, rauchige Noten, ein wenig Vanille, Kakao, herrlich dominant; enorm füllig und konzentriert, viel reife süße Frucht, faszinierend lang, nachhaltig (30 €)

Weitere Weine: 84 ▶ 2002 Grüner Silvaner trocken ■ 84 ▶ 2002 Spätburgunder trocken ■

Weingut Lersch ★
Nahe

◆ Cramerstraße 34, 55450 Langenlonsheim
Tel. 06704-1236, Fax: 06704-962959
weingut.lersch@t-online.de
Inhaber: Jürgen und Thomas Lersch
Rebfläche: 5 Hektar
Besuchszeiten: nach Vereinbarung

Das Weingut Lersch wurde Anfang der sechziger Jahre von Heinrich-August Lersch gegründet. Er setzte auf Rebsorten, die hohe Mostgewichte brachten und hatte beispielsweise eine Neuzüchtung namens Senator im Programm, die bis 1998 exklusiv nur beim Weingut Lersch zu haben war. Heute führen Jürgen Lersch und sein Sohn Thomas das Gut. Dieser will wieder verstärkt Lagenunterschiede herausarbeiten und verzichtet zum Beispiel teilweise auf die Zugabe von Reinzuchthefen.

84 ▶ **2002 Spätburgunder Weißherbst Spätlese halbtrocken** jugendliche klare Frucht, Frische, rote Früchte; recht süß, gute Frucht, feiner Biss (4,80 €)

86 ▶ **2002 Huxelrebe Spätlese Langenlonsheimer Steinchen** wunderschön reintönige reife Frucht, feines Bouquet; süß und schmeichelnd im Mund, wunderschön füllig und harmonisch (4,60 €)

Weitere Weine: 83 ▶ 2002 Gewürztraminer Spätlese trocken Langenlonsheimer Steinchen ■ 80 ▶ 2002 Riesling Spätlese trocken Langenlonsheimer Königsschild ■ 83 ▶ 2002 Riesling Auslese trocken Langenlonsheimer Königsschild ■ 80 ▶ 2002 Weißburgunder Classic ■

Weingut Schloss Lieser ★★
Mosel-Saar-Ruwer

Am Markt 1, 54470 Lieser
Tel. 06531-6431, Fax: 06531-1068
www.weingut-schloss-lieser.de
info@weingut-schloss-lieser.de
Inhaber: Thomas Haag
Rebfläche: 7 Hektar
Besuchszeiten: nach Vereinbarung

Das Weingut Schloss Lieser wurde in den neunziger Jahren von Thomas Haag, dem Sohn von Wilhelm Haag (Weingut Fritz Haag in Brauneberg) übernommen. Thomas Haag baut ausschließlich Riesling an. Das Gros seiner Weinberge liegt in Lieser, vor allem in der Lage Niederberg Helden.

Die Stärke von Thomas Haag sind ohne Zweifel die süßen Weine, die alle recht filigran und süffig sind. Die trockenen Rieslinge konnten mich in den letzten Jahren nicht ganz überzeugen. Die 2001er Spätlese trocken war ein deutlicher Schritt voran, die 2002er Spätlese trocken gefällt mir nochmals besser, ist fülliger (wie alle 2002er). Jahr für Jahr sind die interessantesten Weine die Auslesen, die betriebsintern mit bis zu drei Sternen gekennzeichnet werden.

88 ▶ **2002 Riesling Spätlese trocken** gute Konzentration und Würze im Bouquet; gute Fülle im Mund, herrlich viel Frucht, klar, feine mineralische Noten

85 ▶ **2002 Riesling Kabinett** jugendliche Frucht, etwas duftig, Frische; süße Frucht im Mund, herrlich harmonisch und süffig

88 ▶ **2002 Riesling Spätlese Lieser Niederberg Helden** gute Würze und Konzentration, herrlich klare eindringliche Frucht; viel Frucht, kraftvoll, konzentriert, feiner Nachhall

89 ▶ **2002 Riesling Auslese Lieser Niederberg Helden** jugendliche etwas zurückhaltende Frucht, leicht duftig; weich, gute Fülle, klare würzige Frucht, Biss, feiner Nachhall

Weitere Weine: 80 ▶ 2001 Riesling trocken ■

Weingut
Lindenhof *
Nahe

◆ Lindenhof, 55452 Windesheim
Tel. 06707-330, 06707-8310
www.lindenhof.de
www.lindenhof.de
weingut.lindenhof@t-online.de
Inhaber: Martin Reimann
Rebfläche: 9,5 Hektar
Besuchszeiten: Mo.-Fr. 8-18 Uhr, Sa. 9-16 Uhr
und nach Vereinbarung

Der Lindenhof ist seit über 100 Jahren in Familienbesitz und wird heute von Martin Reimann geführt. Riesling, Weißburgunder und Spätburgunder sind seine wichtigsten Rebsorten. Hin zu kommt ein klein wenig Chardonnay, Gewürztraminer und Dornfelder. 60 Prozent der Weine werden trocken ausgebaut.

86 ▶ 2001 Weißer Burgunder Sekt Brut verhaltene Frucht, dezente Süße; gute Harmonie im Mund, füllig, süße Frucht (15 €)

85 ▶ 2002 Weißer Burgunder Spätlese trocken würzig, klar, gute Frucht und Konzentration; kraftvoll im Mund, gute etwas süße Frucht (5,40 €)

87 ▶ 2002 Weißer Burgunder Spätlese trocken Barrique gute Konzentration, würzig Noten, ganz dezent Zitrus und Vanille im Hintergrund; süß im Mund, füllig, reife klare Frucht (8,50 €)

85 ▶ 2002 Gewürztraminer Spätlese trocken feine Frische, sehr klarer Duft; kompakt, gute süße Frucht (6,50 €)

85 ▶ 2002 Riesling Spätlese trocken klare wenn auch zurückhaltende Rieslingfrucht; frisch, klar, feine ganz leicht süße Frucht, Biss (6,50 €)

84 ▶ 2002 Riesling halbtrocken gute klare Rieslingfrucht; frisch, klar, gute süße Frucht, Biss (4,60 €)

86 ▶ 2002 Riesling Spätlese klare jugendliche Frucht im Bouquet, zurückhaltend; viel süße Frucht im Mund, schmeichelnd, süffig (6,20 €)

89 ▶ 2002 Riesling Spätlese Goldkapsel gute Konzentration, jugendlich zurückhaltende Frucht; herrlich reintönig im Mund, viel süße Frucht, Nachhall (8,50 €)

90 ▶ 2002 Riesling Eiswein konzentrierte reife klare Rieslingfrucht im Bouquet, feine Frische, etwas Litschi; konzentriert auch im Mund, herrlich klar und eindringlich, viel Nachhall (15 €/0,375l)

Weitere Weine: 82 ▶ 2002 Weißer Burgunder Spätlese trocken ■ 83 ▶ 2002 Riesling ■

Weingut
Peter Lingen *
Ahr

Teichstraße 3, 53474 Bad Neuenahr-Ahrweiler
Tel. 02641-29545, Fax: 02641-201136
weingut-lingen@t-online.de
Inhaber: Peter Lingen
Rebfläche: 3,6 Hektar
Besuchszeiten: täglich 9-19 Uhr
Ferienwohnungen; Weinbergswanderungen mit Weinproben

Seit 1599 betreibt die Familie Weinbau, seit 1920 vermarktet sie die Weine selbst. Seit 1987 wird das Weingut in vierter Generation von Peter Lingen geführt. Seine Weinberge liegen in Neuenahr (vor allem im Sonnenberg) und in Ahrweiler. Wichtigste Rebsorte ist Spätburgunder, gefolgt von Portugieser, Frühburgunder und Dornfelder. Der Weißweinanteil liegt bei 15 Prozent und soll weiter reduziert werden. Kerner wurde inzwischen gerodet und an seiner Stelle Spätburgunder angepflanzt. Die Weine werden überwiegend direkt an Privatkunden verkauft.

Die Rotweine werden alle in offenen Bütten maischevergoren und kommen nach dem biologischen Säureabbau für etwa vier bis fünf Monate ins Holzfass. Peter Lingen hat inzwischen auch einige gebrauchte Barriques angeschafft, möchte aber seinen Stil - fruchtbetonte Weine - nicht ändern. Nach guten 2001ern überzeugen auch die 2002er Weine von Peter Lingen mit ihrer klaren Frucht.

85 ▶ **2002 Spätburgunder trocken Neuenahrer Sonnenberg** feine würzige Noten, klare Frucht; gute Harmonie, klare Frucht (7,50 €)

84 ▶ **2002 Spätburgunder trocken Neuenahrer Kirchtürmchen** rauchige Noten, feiner Duft; frisch, klar, süffig, feine Frucht (7 €)

86 ▶ **2002 Spätburgunder trocken Neuenahrer Schieferley** gute Würze und Konzentration, jugendliche Frucht; gute Harmonie, sehr klare reife süße Frucht, süffig (8 €)

86 ▶ **2002 Frühburgunder trocken Ahrweiler Ursulinengarten** sehr klare Frucht, ganz leicht rauchige Noten; gute Harmonie, klare reife Frucht, süffig (12 €)

Weitere Weine: 82 ▶ 2002 Spätburgunder Weißherbst trocken ▪ 83 ▶ 2002 Dornfelder trocken Neuenahrer Sonnenberg ▪

Weingut
Carl Loewen ★★★★
Mosel-Saar-Ruwer

Matthiasstraße 30, 54340 Leiwen
Tel. 06507-3094, Fax: 06507-802332
www.weingut-loewen.de
mail@weingut-loewen.de
Inhaber: Karl Josef Loewen
Rebfläche: 7 Hektar
Besuchszeiten: Mo.-Fr. nach Vereinbarung, Sa. 13-16 Uhr

Karl-Josef Loewen hat zum Riesling im letzten Jahr ein klein wenig Weißburgunder hinzugepflanzt. Dazu gibt es ein wenig Müller-Thurgau, den er in einer Cuvée zusammen mit Riesling vermarktet. Seine wichtigsten Lagen sind Detzemer Maximiner Klosterlay (wo seine Vorfahren bereits vor 200 Jahren Weinberge erwarben), Thörnicher Ritsch und Leiwener Laurentiuslay, in der er sich in den letzten Jahren kontinuierlich vergrößert hat, so dass er heute einen Hektar von der zwölf Hektar großen Lage besitzt.

Karl-Josef Loewen hat sein Programm klar gegliedert. Neben Lagenweinen und der Blauschiefer genannten Cuvée gibt es als Besonderheit bei ihm den Varidor. Jahrzehntelang wurden bei der Klonenselektion leistungsfähigere Reben gesucht, wobei die Leistungsfähigkeit am Ertrag und am Mostgewicht festgemacht wurde. Inzwischen hat man erkannt, dass es lohnt, das Erbgut alter Reben zu erhalten. Nach Abschluss der Flurbereinigung in Piesport sollten über 100 Jahre alte Rieslingreben gerodet werden. Die Staatliche Lehr- und Versuchsanstalt Trier selektierte in diesen Weinbergen einige hundert Rebstöcke, die sich durch goldgelbe Beeren auszeichneten. Mit diesen uralten Klonen legte Karl Josef Loewen einen neuen Weinberg an. Die Trauben in diesem Weinberg erreichen zwar nicht ganz die Mostgewichte von anderen Rieslingklonen, zeichnen sich aber durch ein sehr eigenständiges, intensives Aroma aus.

Im Jahrgang 2000 ragten die süßen Weine hervor, insbesondere die Auslese Leiwener Laurentiuslay (91) und die Spätlese Thörnicher Ritsch (91). In der letztjährigen Kollektion überzeugten trockene und süße Weine gleichermaßen. Die Weine waren wunderschön reintönig in der Frucht und zeigten eine klare, eigene Handschrift. Die Kollektion war ähnlich geschlossen wie im Jahrgang 1999, in der Spitze gar noch überzeugender. Und im wesentlich problematischeren Jahrgang 2002 bietet Karl-Josef Loewen eine ebenso starke Kollektion mit faszinierend reintönigen Weinen.

Weingut Fürst Löwenstein ★★
Franken/Baden

Rathausgasse 5, 97892 Kreuzwertheim
Tel. 09342-92350, Fax: 09342-923550
www.loewenstein.de / www.internetwein.de
kreuzwertheim@loewenstein.de
Inhaber: Alois Konstantin Fürst zu Löwenstein
Gutsleiter: Robert Haller
Rebfläche: 30 Hektar
Besuchszeiten: Mo.-Fr. 8-12 + 13-17 Uhr,
Sa. 9-12 Uhr

Neben den Weinbergen in Homburg (Kallmuth), Lengfurt (Alter Berg, Oberrot) und Bürgstadt (Centgrafenberg), die zum Weinbaugebiet Franken gehören, besitzt das Weingut Fürst Löwenstein auch Weinberge in Reicholzheim, in der Lage Satzenberg und in Bronnbach in den Lagen Josefsberg und Kemelrain, die zum Bereich Tauberfranken (Baden) zählen. Kernstück des Weingutes ist aber der Homburger Kallmuth, ein Terrassenweinberg, dessen größter Teil Fürst Löwenstein gehört. Seit 1997 wird auch das - zuvor an Schloss Vollrads verpachtete - gleichnamige Weingut im Rheingau (siehe den folgenden Eintrag) wieder in eigener Regie geführt. Wichtigste Rebsorte ist der Silvaner, der mehr als ein Drittel der Rebfläche einnimmt. Es folgen Spätburgunder, Müller-Thurgau, Riesling, Bacchus und Kerner. Die beiden Spitzenweine aus dem Homburger Kallmuth tragen die Bezeichnungen Asphodill (Silvaner) und Coronilla (Riesling).

Nach einer guten Kollektion im vergangenen Jahr gefällt mir 2002 noch besser. Vor allem die Basisweine sind deutlich verbessert, die Spitzenweine wunderschön füllig.

85 ▶ 2002 „Blauschiefer" trocken frisch, klar, jugendliche Frucht; frisch, klar, feine süße Frucht, kompakt (4,40 €)

87 ▶ 2002 „Varidor" Riesling trocken konzentriert, klar, herrlich eindringliche mineralische Rieslingfrucht; kraftvoll, klar, viel Frucht, kompakt (4,90 €)

88 ▶ 2002 Riesling trocken „Alte Reben" Leiwener Laurentiuslay konzentriert, dominant, herrlich reintönige mineralische Rieslingfrucht; viel reife Frucht, klar, kompakt (7,90 €)

88 ▶ 2002 „Christopher's Wine" Riesling Detzemer Maximiner Klosterlay konzentriert, klare jugendliche Frucht; herrlich füllig im Mund, reintönige Frucht, kompakt, feiner Nachhall (7,60 €)

84 ▶ 2002 Riesling Classic feine Würze, klare süße Frucht, etwas Zitrus; klar, direkt, feine süße Frucht (4,40 €)

86 ▶ 2002 Riesling Kabinett Leiwener Klostergarten klar direkt, feine eindringliche Frucht; wunderschön reintönig im Mund, feiner Nachhall (4,90 €)

89 ▶ 2002 Riesling Spätlese Maximiner jugendliche wunderschön reintönige Frucht; viel süße Frucht, klar und zupackend, feiner Nachhall (7,30 €)

88 ▶ 2002 Riesling Spätlese Leiwener Laurentiuslay herrlich konzentrierte jugendliche Frucht, reintönig; viel süße Frucht, wunderschön klar, reife Frucht, kompakter Riesling (7,80 €)

90 ▶ 2002 Riesling Spätlese Thörnicher Ritsch konzentriert, wunderschön klar, eindringliche Frucht; viel reife süße Frucht, sehr reintönig und lang (8,90 €)

91 ▶ 2002 Riesling Auslese Leiwener Laurentiuslay konzentrierte wunderschön reintönige Frucht; viel reife süße Frucht, füllig, sehr reintönig, lang (14 €)

90 ▶ 2002 Riesling Auslese Thörnicher Ritsch herrlich konzentriert, faszinierend reintönige Frucht; wunderschön füllig, harmonisch, viel reife Frucht, gute Länge und feiner Nachhall (14 €)

90 ▶ 2002 Riesling Eiswein Leiwener Klostergarten faszinierend klar, süße eingelegte Aprikosen, sehr reintönig; viel süße Frucht, schmeichelnd, wunderschön harmonisch und lang (25 €/0,375l)

84 ▶ 2002 Silvaner trocken CF frisch, klar, feine Frucht, Birnen; klare Frucht, gute Harmonie (4,70 €)

84 ▶ **2002 Silvaner Kabinett trocken Homburger Kallmuth** klar, frisch, feine Würze; gute Harmonie, klare Frucht, direkt (7,40 €)

84 ▶ **2002 Riesling Kabinett trocken Homburger Kallmuth** frisch, direkt, Zitrusfrüchte; klar und direkt, feine Frucht (7,20 €)

85 ▶ **2002 Silvaner Spätlese trocken Lengfurter Alter Berg** würzige Noten, reife klare Silvanerfrucht; frisch, klar, gute Fülle und Harmonie (10 €)

85 ▶ **2002 Silvaner Spätlese trocken Homburger Kallmuth** gute Konzentration, würzige jugendliche Frucht; kraftvoll, klar, enorm kompakter Silvaner (12 €)

85 ▶ **2002 Riesling Spätlese trocken Homburger Kallmuth** viel Würze, jugendliche Frucht, dezent Zitrusfrüchte; klar, direkt, gute Fülle und Biss (11,20 €)

87 ▶ **2002 „Coronilla" Riesling trocken Homburger Kallmuth** herrlich konzentriert, reife klare Frucht, dominant; viel Frucht, gute Fülle und Würze, kompakter Riesling (15,50 €)

87 ▶ **2002 „Asphodill" Silvaner trocken Homburger Kallmuth** herrlich würzige jugendliche mineralische Frucht; füllig, viel süße Frucht, harmonisch und lang (16,50 €)

84 ▶ **2001 Spätburgunder trocken Bürgstadter Centgrafenberg** rauchige Noten, klare Frucht; harmonisch, klare Frucht, Biss (8,40 €)

Weitere Weine: 82 ▶ 2001 Spätburgunder trocken Barrique Lengfurter Oberrot ▪

Weingut Fürst **Löwenstein** ★★
Rheingau

Niederwaldstraße 8
65375 Hallgarten/Oestrich-Winkel
Tel. 06723-999770, Fax: 06723-999771
hallgarten@loewenstein.de
www.loewenstein.de
Inhaber: Carl Friedrich Erbprinz zu Löwenstein
Gutsleiter: Robert Haller
Verkauf: Heide Hennecken
Rebfläche: 20 Hektar
Besuchszeiten: Di.-Fr. 13-17 Uhr,
Sa. 10-14 Uhr und nach Vereinbarung
Weinproben und kulinarische Weinproben nach Vereinbarung

Das bereits seit 1736 bestehende Weingut wurde 1875 durch das Fürstenhaus zu Löwenstein-Wertheim-Rosenberg erworben. Nachdem das Gut jahrelang an Schloss Vollrads verpachtet war, hat Fürst Löwenstein 1997 das Pachtverhältnis gelöst und bewirtschaftet das Weingut wieder in eigener Regie. Neben 95 Prozent Riesling werden 5 Prozent Spätburgunder angebaut. Die Weinberge liegen alle in Hallgarten, in den Lagen Jungfer, Schönhell und Hendelberg.

Die ersten beiden Jahrgänge deuteten an, dass von hier in den nächsten Jahren noch einiges zu erwarten ist. Die 2000er blieben dann ein klein wenig hinter ihren Vorgängern zurück. Die 2001er Kollektion bestach mit einem sehr guten Riesling „R" und einem stoffigen Ersten Gewächs Hallgarten Schönhell. Ganz bemerkenswert fand ich auch den Frühburgunder mit seiner reintönigen Frucht. Die 2002er Kollektion ist noch ausgewogener, an der Spitze das herrlich kraftvolle Erste Gewächs.

85 ▶ **2002 Riesling Kabinett trocken Hallgartner Jungfer** gute Würze und Konzentration, jugendlich; klar, kraftvoll, viel Frucht, kompakt (5,60 €)

87 ▶ **2002 Riesling Spätlese trocken Hallgartner Schönhell** feine Würze, jugendliche Frucht, gute Konzentration; klar, kompakt, reife Frucht (12 €)

89 ▶ **2002 Riesling Erstes Gewächs Hallgartner Schönhell** gute Konzentration, enorm eindringliche jugendliche Frucht, dominant; kraftvoll im Mund, kompakt, reife Frucht, herrlich fülliger Riesling mit feinem Nachhall (18 €)

87 ▶ **2002 Riesling Spätlese Hallgartner Schönhell** gute Konzentration, herrlich eindringliche Frucht; gute Fülle, reife klare Frucht, kompakter Riesling (12 €)

86 ▶ **2001 Spätburgunder und Frühburgunder trocken Hallgartner Schönhell** feine jugendliche Frucht, rote Früchte; gute Harmonie, sehr klare Frucht, Biss (9,20 €)

Weitere Weine: 83 ▶ 2002 Riesling trocken ▪

Weingut Dr. Loosen ★★★★
Mosel-Saar-Ruwer

St. Johannishof, 54470 Bernkastel-Kues
Tel. 06531-3426, Fax: 06531-4248
www.drloosen.de
vertrieb@drloosen.de
Inhaber: Ernst F. Loosen
Rebfläche: 11,5 Hektar
Besuchszeiten: nach Vereinbarung

Ernst Loosen baut neben Riesling ein klein wenig Müller-Thurgau an. Zu 98 Prozent sind seine Weinberge mit wurzelechten Reben bepflanzt, deren durchschnittliches Alter 60 Jahre beträgt. Er besitzt Weinberge in besten Lagen von Erden (Prälat, Treppchen), Ürzig (Würzgarten, mit teilweise 100 Jahre alten Reben), Wehlen (Sonnenuhr), Graach (Himmelreich) und Bernkastel (Lay). Für seine trockenen Weine verwendet er keine Prädikatsbezeichnungen mehr. Auch im Ausland ist Ernst Loosen inzwischen als Weinmacher gefragt: in Washington erzeugt er zusammen mit Chateau Ste. Michelle einen Eroica genannten Riesling.

Ernst Loosen hatte sein Weingut in den neunziger Jahren kontinuierlich an die Spitzenbetriebe der Mosel herangeführt. Vor allem mit seinen edelsüßen Weinen wusste er immer wieder zu brillieren. Die 2000er Kollektion war insgesamt etwas schwächer geraten und auch den süßen Weinen fehlte ein wenig die Brillanz früherer Jahre. 2001 war da wesentlich besser, vor allem bei den trockenen Rieslingen. Der neue Jahrgang gefällt mir nun insgesamt nochmals besser, trocken wie süß.

86 ▶ **2002 Riesling trocken Blauschiefer** gute klare jugendliche Frucht im Bouquet; gute Fülle im Mund, klare Frucht, feiner geradliniger Riesling

89 ▶ **2002 Riesling trocken Ürziger Würzgarten** gute Konzentration im Bouquet, sehr klare jugendliche Frucht; viel reife süße Frucht im Mund, herrlich klar und kraftvoll, mineralische Noten, Nachhall

87 ▶ **2002 Riesling Kabinett Ürziger Würzgarten** würzige Noten, klare Frucht; feine süße Frucht dann im Mund, sehr klar, Biss

86 ▶ **2002 Riesling Kabinett Erdener Treppchen** würzig und klar, wunderschön reintönige Frucht; viel süße Frucht im Mund, wunderschön süffig

88 ▶ **2002 Riesling Spätlese Erdener Treppchen** sehr klare jugendliche Frucht, etwas Litschi, eindringlich; viel süße Frucht im Mund, sehr harmonisch und klar

91 ▶ **2002 Riesling Auslese Wehlener Sonnenuhr** herrlich würzige reife klare Frucht im Bouquet, feine Frische; viel reife süße Frucht auch im Mund, kraftvoll und klar, herrlich nachhaltig

91 ▶ **2002 Riesling Auslese Erdener Prälat** herrlich konzentriert im Bouquet, sehr klare jugendliche Frucht, dominant und vielversprechend; viel süße Frucht im Mund, wunderschön füllig, dominant, harmonisch und lang

93 ▶ **2002 Riesling Auslese Goldkapsel Erdener Treppchen** herrlich dominant und eindringlich im Bouquet, sehr klare Frucht, süße Aprikosen, Litschi; konzentriert im Mund, herrlich viel Frucht, sehr klar, sehr nachhaltig

Weingut Lorch ★★
Westerheymer Hof
Rheinhessen

In der Hüttstädt, 55294 Bodenheim
Tel. 06135-5404, Fax: 06135-80105
weingut_lorch@t-online.de
Inhaber: Familie Lorch
Rebfläche: 8,5 Hektar
Besuchszeiten: nach Vereinbarung

Der Westerheymer Hof ist ein Familienbetrieb inmitten der Bodenheimer Weinberge, geführt von Ira und Thomas

Lorch, die hier mit ihren Söhnen Maximilian und Marius leben. 37 Prozent der Weinberge sind mit Rotweinsorten bepflanzt, ein Drittel der Weinberge mit weißen Burgundern. Neuzüchtungen wie Dornfelder oder Scheurebe nehmen nur 10 Prozent der Rebfläche ein. Die Weinberge befinden sich in Ingelheim, Laubenheim, Bodenheim, Nackenheim und Nierstein.

Wie im vergangenen Jahr hat das Weingut Lorch eine überzeugende, sehr gleichmäßige Kollektion, wieder mit den gleichen vier „Schnäppchen".

86 ▶ 2002 RS-Rheinhessen Silvaner trocken frisch, klar, sehr reintönige Frucht, weiße Früchte, etwas Würze; geradlinig im Mund, feine ganz leicht süße Frucht, schöne Frische und Biss (4,10 €)

85 ▶ 2002 Weißer Burgunder trocken gute klare ganz leicht würzige Frucht; geradlinig im Mund, kraftvoller zupackender Weißburgunder (3,60 €)

85 ▶ 2002 Grauer Burgunder trocken sehr klare Frucht, gute Würze und Konzentration, gelbe Früchte; klar und direkt im Mund, feine Frucht, ganz leicht cremige Noten (3,60 €)

84 ▶ 2002 Chardonnay trocken Bodenheimer Silberberg enorm würzig, leicht cremige Noten; weich im Mund, gute Fülle, süße Frucht (5,80 €)

87 ▶ 2002 Riesling Auslese Bodenheimer Hoch frisch, würzig, dezent Aprikosen, Zitrusfrüchte; viel süße Frucht, herrlich klar und zupackend, feine Frische (5,40 €/0,5l)

84 ▶ 2002 Spätburgunder trocken Laubenheimer Klosterberg feine rauchige Frucht, wunderschön reintönig; weich im Mund, gute süße Frucht, feine Frische und Biss (5,40 €)

85 ▶ 2002 „Création Marius Lorch" Rotwein trocken gute jugendliche Frucht, süße rote Früchte, etwas Erdbeeren und Kirschen; enorm süffig, viel süße Frucht, fast schon etwas gefällig, Biss (3,90 €)

Weitere Weine: 83 ▶ 2002 Riesling Spätlese trocken Bodenheimer Hoch ■ 83 ▶ 2002 Riesling Spätlese „feinherb" Bodenheimer Hoch ■

Weingut Lorenz ★
Mosel-Saar-Ruwer

Neustraße 6, 54340 Detzem
Tel. 06507-3802, Fax: 06507-4830
www.lorenz-weine.com
info@lorenz-weine.com
Inhaber: Nikolaus Lorenz
Rebfläche: 6 Hektar
Besuchszeiten: täglich nach Vereinbarung

Nikolaus Lorenz baut neben Riesling (85 Prozent der Anbaufläche) auch ein wenig Weißburgunder, Spätburgunder, Müller-Thurgau und Chardonnay an. Seine Weinberge liegen in Detzem (Würzgarten, Maximiner Klosterlay), Thörnich (Ritsch), Pölich (Held) und Trittenheim (Apotheke, Altärchen). Die Weine werden teils im Edelstahl, teils im Holzfass ausgebaut. 80 Prozent der Weine bietet er trocken oder halbtrocken an. Dem Weingut ist auch eine Brennerei angegliedert, in der Trester- und Obstbrände hergestellt werden.

Im schwierigen Jahrgang 2000 hatte Nikolaus Lorenz gleichermaßen überzeugende trockene und süße Weine, an der Spitze eine wunderschöne Auslese Detzemer Maximiner Klosterlay. Der Jahrgang 2001 knüpfte daran an. 2002 nun ist deutlich schwächer, den meisten Weinen fehlt die klare Frucht, die mir sonst immer so gefallen hatte.

85 ▶ 2002 Riesling Spätlese „feinherb" Detzemer Maximiner Klosterlay würzige jugendliche Rieslingfrucht; klare Frucht im Mund, zupackend (6,50 €)

Weitere Weine: 80 ▶ 2002 Weißer Burgunder trocken Detzemer Würzgarten ■ 82 ▶ 2002 Riesling Kabinett trocken Detzemer Maximiner Klosterlay ■ 82 ▶ 2002 Riesling Spätlese trocken Pölicher Held ■ 82 ▶ 2002 Riesling Auslese trocken Detzemer Maximiner Klosterlay ■ 82 ▶ 2002 Chardonnay Detzemer Würzgarten ■ 80 ▶ 2002 Riesling Kabinett halbtrocken Thörnicher Ritsch ■ 83 ▶ 2002 Riesling Kabinett Trittenheimer Apotheke ■

Lubentiushof ★★
Weingut Andreas Barth
Mosel-Saar-Ruwer

Kehrstraße 16, 56332 Niederfell
Tel. 02607-8135, Fax: 02607-8425
www.lubentiushof.de
weingut@lubentiushof.de
Inhaber: Andreas Barth
Rebfläche: 4,9 Hektar
Besuchszeiten: nach Vereinbarung

Andreas Barth ist Quereinsteiger: er hat Jura studiert und dann 1994 den Lubentiushof übernommen. Der Lubentiushof bestand zum damaligen Zeitpunkt aus einem alten Betriebsgebäude und 2,5 Hektar Weinbergen. Seitdem hat Andreas Barth die Rebfläche nach und nach ausgeweitet. Seine Weinberge, darunter welche mit 70 bis 90 Jahre alten Reben, liegen in Gondorf, Kobern, Niederfell und Dieblich. Von der 3 Hektar großen Lage Gondorfer Gäns gehören ihm 2,5 Hektar. Dort hat er alte Terrassen wieder neu errichtet und bepflanzt. Neben Riesling baut er ein klein wenig Spätburgunder an. 80 Prozent seiner Weine baut er trocken aus. Alle Weine werden mit den natürlichen Hefen sehr langsam vergoren, ohne Schönung und mit nur einer Filtration spät auf die Flasche gefüllt (der Jahrgang 2001 zum Beispiel wurde komplett erst am 31. Juli abgefüllt). Mit später Lese und geringen Erträgen versucht er Spitzenweine zu erzeugen. Was ihm - angesichts der wenigen Jahre, in denen er Winzer ist - schon erstaunlich gut gelingt. In kurzer Zeit hat er es geschafft, qualitativ zu den besten Betrieben an der Untermosel aufzuschließen. Mit dem neuen Jahrgang verzichtet Andreas Barth auf Prädikatsangaben bei trockenen Weinen.

Selbst in einem schwierigen Jahr wie 2000 hatte Andreas Barth herrlich kraftvolle und eindringliche Rieslinge. 2001 war dann nochmals besser. Neben der hervorragenden Auslese waren es wieder die beiden trockenen Rieslinge Gondorfer Gäns die begeisterten. Die Weine des Jahrgangs 2002 hat Andreas Barth noch später gefüllt als in den Jahren zuvor, so dass ich sie Ende September 2003 lediglich als Fassproben verkosten konnte. Sie scheinen ähnlich kraftvoll und konzentriert zu sein wie ihre Vorgänger.

Fassproben 2002: (85) ► 2002 Riesling trocken „Burg von der Leyen" ■(88) ► 2002 Riesling trocken Gondorfer Gäns ■(84) ► 2002 Riesling „feinherb" „Burg von der Leyen" ■(88) ► 2002 Riesling Auslese Gondorfer Gäns ■(90) ► 2002 Riesling Eiswein Gondorfer Gäns ■

Weingut Lucashof ★★★
Pfalz

Wiesenweg 1a, 67147 Forst
Tel. 06326-336, Fax: 06326-5794
www.lucashof.de
weingut@lucashof.de
Inhaber: Klaus Lucas
Rebfläche: 16 Hektar
Besuchszeiten: Mo.-Fr. 8-12 + 13-18 Uhr, Sa. 8-16 Uhr, So. 10-12 Uhr
Gästehaus (7 Doppelzimmer)

Fast 90 Prozent der Weinberge beim Lucashof in Forst sind mit Riesling bepflanzt. Neben Weinbergen in den Forster Lagen Ungeheuer, Pechstein, Musenhang und Stift besitzt Klaus Lucas auch Reben im Deidesheimer Herrgottsacker. Die Weine werden in Holzfässern ausgebaut.

Mit dem Jahrgang 2001 knüpfte Klaus Lucas an die reintönigen 98er Weine an: gute Frucht in allen Weinen, gute

Weingut Gebr. Ludwig ★★
Mosel-Saar-Ruwer

◆ Im Bungert 10, 54340 Thörnich
Tel. 06507-3760, Fax: 06507-4677
www.gebruederludwig.de
gebruederludwig@t-online.de
Inhaber: Thomas Ludwig
Rebfläche: 8 Hektar
Besuchszeiten: nach Vereinbarung

Thomas Ludwig hat das Weingut im Jahr 2000 übernommen. Bereits mit seinem Studienbeginn 1995 hatte die Familie mit umfangreichen Erneuerungsmaßnahmen begonnen. Knapp die Hälfte der Weinberge befinden sich in den bekannten Steillagen Thörnicher Ritsch und Klüsserather Bruderschaft. Neben Riesling gibt es seit 1995 auch Weißburgunder.

Harmonie und Nachhall - eine sehr gelungene Kollektion. Gleiches gilt für den Jahrgang 2002: eine homogene, sehr überzeugende Kollektion.

85 ▶ 2002 Riesling Kabinett trocken Forster Stift frisch, klar, feine Frucht; klare Frucht im Mund, harmonisch (4,80 €)

85 ▶ 2002 Riesling Kabinett trocken Deidesheimer Herrgottsacker frische klare ganz leicht würzige Frucht; frisch, direkt, gute Frucht, kompakt (5 €)

87 ▶ 2002 Riesling Kabinett trocken Forster Ungeheuer sehr klare jugendliche Frucht; herrlich fruchtbetont im Mund, gute Harmonie (6,20 €)

88 ▶ 2002 Riesling Spätlese trocken Forster Ungeheuer gute Konzentration, jugendliche Rieslingfrucht; gute Fülle, kompakt, viel Frucht (9 €)

89 ▶ 2002 Riesling Spätlese trocken Forster Pechstein konzentriert, jugendlich, sehr eindringliche Frucht; herrlich süffig im Mund, viel reife Frucht, harmonisch und lang (9 €)

85 ▶ 2002 Riesling Kabinett halbtrocken Forster Elster frisch, klar, feine Frucht; gute Frucht, harmonisch, frisch, feiner Nachhall (5,50 €)

86 ▶ 2002 Riesling Spätlese halbtrocken Forster Musenhang würzige Noten, etwas Zitrusfrüchte, jugendliche Frucht; viel süße Frucht, süffig (7,50 €)

88 ▶ 2002 Riesling Spätlese Forster Ungeheuer klare reife Frucht, eindringlich; harmonisch im Mund, viel süße Frucht (9 €)

88 ▶ 2002 Riesling Auslese Forster Pechstein gute Konzentration, viel klare eindringliche Rieslingfrucht, Pfirsiche; herrlich harmonisch im Mund, viel reife süße Frucht (16 €)

88 ▶ 2002 Riesling Beerenauslese Forster Ungeheuer konzentriert, enorm botrytiswürzig und dominant; süß und klebrig, dominant, eindringliche Frucht, Nachhall (25 €/0,375l)

84 ▶ 2002 Weißburgunder trocken frisch, klar, süße Frucht, weiße Früchte; süß im Mund, enorm süffig (5,50 €)

86 ▶ 2002 „Domis" Riesling Spätlese trocken Thörnicher Ritsch gute Konzentration, würzige klare Frucht, eindringlich; kraftvoll im Mund, gute Frucht und Struktur, mineralische Noten im Abgang (6,50 €)

86 ▶ 2002 Riesling Spätlese trocken Thörnicher Schießlay würzige klare Rieslingfrucht, direkt; kraftvoll im Mund, klare reife Frucht, harmonisch, süffiger Riesling (4,80 €)

84 ▶ 2002 Riesling Classic frisch, klar, feine würzige Rieslingfrucht; recht süß im Mund, harmonisch, süffig (4 €)

86 ▶ „Montis" 2002 Riesling Auslese „TR" Thörnicher Ritsch würzige Rieslingfrucht, sehr eindringlich; klare süße Frucht, harmonisch, kompakt (9,50 €)

86 ▶ 2002 Riesling Spätlese Thörnicher Ritsch herrlich würzige eindringliche Rieslingfrucht, konzentriert, klar; viel reife süße Frucht, herrlich füllig und harmonisch (6,50 €)

89 ▶ 2002 Riesling Eiswein Thörnicher Schießlay konzentrierte reife Frucht, süße Aprikosen; wunderschön reintönig, viel süße Frucht, weich, schmeichelnd, lang (29 €/0,5l)

88 ▶ **2002 Weißburgunder Beerenauslese Thörnicher Schießlay** süße Frucht, eindringlicher Duft, Litschi, Zitrusfrüchte; herrlich füllig und harmonisch im Mund, viel süße Frucht, lang (24 €/0,5l)

Weitere Weine: 81 ▶ 2001 Gutsriesling trocken ∎

Weingut
U. Lützkendorf ★
Saale-Unstrut

◆ Saaleberge 31, 06628 Kösen
Tel. 034463-610000, Fax: 034463-610001
www.weingut-luetzkendorf.de
Weingut.luetzkendorf@t-online.de
Inhaber: Uwe Lützkendorf
Rebfläche: 10,75 Hektar
Besuchszeiten: nach Vereinbarung

Uwe Lützkendorf hat sein Weingut 1991 gegründet und nach und nach auf die heutige Fläche von knapp 11 Hektar erweitert. Ein Drittel davon entfällt auf Silvaner. Es folgen Riesling, Weißburgunder, Portugieser und Spätburgunder. Seine Weinberge befinden sich in den Lagen Karsdorfer Hohe Gräte, Freyburger Edelacker und Pfortenser Klöppelberg.

84 ▶ **2000 Silvaner Auslese Karsdorfer Hohe Gräte** reife süße Frucht, etwas Aprikosen, Reifenoten; viel süße Frucht, eindringlich, süffig, Reifenoten im Hintergrund (10,50 €/0,5l)

84 ▶ **2000 Riesling Auslese Karsdorfer Hohe Gräte** klare reife Rieslingfrucht, dezente Petrolnote; klare Frucht im Mund, viel Biss (11,50 €/0,5l)

85 ▶ **2000 Riesling Trockenbeerenauslese Karsdorfer Hohe Gräte** reife süße Frucht, leicht duftig, ein klein wenig Klebstoff; enorm konzentriert und dick, viel süße Frucht, eindringlich (61,50 €/0,375l)

Weitere Weine: 83 ▶ 2001 Silvaner Karsdorfer Hohe Gräte ∎ **80** ▶ 2001 Riesling trocken Pfortenser Köppelberg ∎ **81** ▶ 2001 Weißburgunder Karsdorfer Hohe Gräte ∎ **80** ▶ 2001 Portugieser Karsdorfer Hohe Gräte ∎

Weingut
Heinrich Männle ★★★
Baden

Sendelbach 16, 77770 Durbach
Tel. 0781-41101, Fax: 0781-44010
weingutmaennle@aol.com
Inhaber: Heinrich und Wilma Männle
Rebfläche: 5,5 Hektar
Besuchszeiten: Mo.-Sa. 8-18 Uhr, So. nach Vereinbarung
Naturstein-Gewölbekeller für Weinlehrproben, 3 Ferienwohnungen

Spätburgunder ist bei Heinrich Männle - dem „Rotwein-Männle" - mit einem Anteil von 60 Prozent die wichtigste Rebsorte. Hinzu kommen Weiß- und Grauburgunder, Scheurebe, Riesling, Traminer und bereits seit 1991 auch etwas Cabernet Sauvignon und Merlot. 3,5 Hektar seiner Weinberge liegen in einer arrondierten Fläche in der Lage Durbacher Kochberg direkt beim Weingut. Seine Barriqueweine bleiben alle für mindestens 20 Monate im Fass.

Heinrich Männle gehört seit vielen Jahren zu den besten Winzern der Ortenau. Vor allem seine Spätburgunder gehören immer zu den besten in Baden, aber auch Riesling und die weißen Burgunder sind immer zuverlässig gut. Die letztjährige Kollektion war nochmals ein wenig besser als in den Jahren zuvor. Weißburgunder und Riesling waren besonders gut gelungen, seine Scheureben faszinierten wie gewohnt und sein barriqueausgebauter Spätburgunder war wunderschön elegant. Die neue Kollektion schließt nahtlos daran an, wobei in diesem Jahr mich besonders die Rotweine begeistern.

85 ▶ **2002 Riesling Spätlese trocken Nr. 2/03 Durbacher Kochberg** würzig und konzentriert im Bouquet, jugendliche Frucht, dezent Limone; frisch, klar, gute Harmonie, süße Frucht (7,20 €)

85 ▶ 2002 Riesling Spätlese trocken Nr. 3/03 Durbacher Kochberg feine Würze und Konzentration, jugendliche Frucht; klar, kompakt, reife süße Frucht (7,20 €)

84 ▶ 2002 Weißburgunder Spätlese trocken Durbacher Kochberg feine Frucht, würzige Noten; gute Harmonie im Mund, viel süße Frucht (8,80 €)

86 ▶ 2002 Scheurebe Spätlese trocken Durbacher Kochberg herrlich eindringlich und klar, Cassis, feines Bouquet; frisch, klar, feine Frucht, gute Harmonie (7,20 €)

86 ▶ 2002 Scheurebe Spätlese Durbacher Kochberg frisch, direkt, feiner Cassisduft; klare süße Frucht, harmonisch und lang (7,20 €)

84 ▶ 2002 Spätburgunder Kabinett trocken Durbacher Kochberg klar, frisch, direkt; klare Frucht im Mund, sehr reintönig (8,80 €)

84 ▶ 2002 Spätburgunder Spätlese trocken Nr. 13/03 Durbacher Kochberg gute Konzentration, jugendliche Frucht, klar, direkt, feine ganz leicht süße Frucht (11,50 €)

86 ▶ 2002 Spätburgunder Spätlese trocken Nr. 15/03 Durbacher Kochberg gute Konzentration, klare Frucht, rauchige Noten; kraftvoll im Mund, gute Frucht und Harmonie (15,50 €)

88 ▶ 2000 Spätburgunder trocken Barrique Durbacher Kochberg gute Konzentration im Bouquet, klare jugendliche Frucht; kraftvoll und klar im Mund, zupackend, jugendliche Tannine (16,90 €)

90 ▶ 2001 Spätburgunder Spätlese trocken Barrique Durbacher Kochberg enorm konzentriert und eindringlich im Bouquet, jugendliche Frucht; kraftvoll im Mund, konzentriert, herrlich viel Frucht, jugendliche Tannine, mit Zukunft (24,50 €)

87 ▶ 2000 Cabernet Sauvignon trocken Barrique Durbacher Kochberg gute Konzentration, reife klare Frucht; gute Harmonie, viel Frucht, Struktur, rote Früchte (20,50 €)

Weitere Weine: 82 ▶ 2002 Spätburgunder trocken Durbacher Kochberg ∎

Weingut Maibachfarm ★
Ahr

♣ Im Maibachtal 100
53474 Bad Neuenahr-Ahrweiler
Tel. 02641-36679, Fax: 02641-36643
www.weingut-maibachfarm.de
info@weingut-maibachfarm.de
Inhaber: Günter Gatzmaga
Rebfläche: 9 Hektar
Besuchszeiten: Bioladen (Markt 8):
Mo. 9-13 Uhr, Di.-Do. 9-13 + 14-18:30 Uhr,
Fr. 9-18:30 Uhr, Sa. 9-13 Uhr

Günter Gatzmaga ist Diplom-Landwirt und betreibt ökologische Landwirtschaft, Garten- und Gemüsebau, sowie eine Käserei. Vor vier Jahren ergab sich für ihn die Möglichkeit Weinberge zu übernehmen. Er gründete das Weingut Maibachfarm, das heute 9 Hektar Weinberge in besten Lagen des Ahrtals, darunter die Terrassenlagen Walporzheimer Domlay und Dernauer Goldkaul, umfasst. Der Schwerpunkt der Produktion liegt auf roten Sorten wie Spätburgunder, Frühburgunder und Portugieser, von dem er einen Weinberg mit über 100 Jahre alte Reben besitzt. Die Weinberge werden ökologisch bewirtschaft (Mitglied bei Bioland). Zuletzt hat Günter Gatzmaga in die Kellerwirtschaft, in Maischetanks und einen Holzgärbottich, investiert.

Schon im vergangenen Jahr deutete eine Spätburgunder Auslese an, dass das Weingut auf dem richtigen Weg ist. Die beiden Frühburgunder aus dem Jahrgang 2002 unterstreichen dies eindrucksvoll.

84 ▶ 2002 Spätburgunder Weißherbst Eiswein Walporzheimer Domlay konzentriert, enorm würzig und dominant, etwas Orangenschalen; süß, konzentriert, dominant, eigenwillig kurz (33 €/0,375l)

84 ▶ **2001 Spätburgunder trocken Ahrweiler Ursulinengarten** rauchige Noten, gute Frucht und Konzentration; weich, gute Fülle und Harmonie, leichte Bitternote (9 €)

86 ▶ **2002 Frühburgunder trocken Bachemner Karlskopf Nr. 6/03** herrlich klare Frucht, reintöniges Frühburgunderbouquet; harmonisch im Mund, gute Fülle, sehr klare Frucht (10 €)

88 ▶ **2002 Frühburgunder trocken Bachemner Karlskopf Nr. 14/03** Barriqueausbau; Gewürznoten, reife eindringliche Frucht, ganz dezent Kaffee, reintönig; gute Fülle und Harmonie, reife süße Frucht, etwas Schokolade (10,50 €)

Weitere Weine: 81 ▶ 2001 Würzer Sekt Trocken Marienthaler Rosenberg ■ 81 ▶ 2002 Spätburgunder Weißherbst trocken Walporzheimer Domlay ■ 82 ▶ 2002 Regent trocken Dernauer Goldkaul ■

Weingut
Manz ★★★★
Rheinhessen

Lettengasse 6, 55278 Weinolsheim
Tel. 06249-7981,7186, Fax: 06249-80022
weingut_manz@t-online.de
Inhaber: Erich Manz
Rebfläche: 13 Hektar
Besuchszeiten: nach Vereinbarung
Rustikale Weinprobierstube

Erich Manz hat zu seinen Weinbergen in den Gemeinden Weinolsheim, Uelversheim, Dalheim und Dexheim in den letzten Jahren Weinberge in Oppenheim, Nierstein und Guntersblum hinzugekauft. Wichtigste Rebsorten sind Dornfelder (ein Viertel der Gesamtrebfläche) und Riesling. Außer weiterem Spätburgunder und Riesling hat er zuletzt auch Cabernet Dorsa neu angepflanzt. Neben dem Weingut betreibt Erich Manz als zweites Standbein einen Abfüllbetrieb.

Erich Manz hat sich in den letzten Jahren kontinuierlich gesteigert. Die Vorjahreskollektion war die beste und interessanteste bisher. Die süßen und edelsüßen Weine von Erich Manz waren allesamt große Schmeichler. Die trockenen Weine überzeugten mit ihrer reintönigen Frucht, waren allerdings immer merklich auch von Restsüße geprägt. Sehr viel Restsüße ist immer ein Balanceakt, vor allem bei den Burgundersorten. Im Jahrgang 2002 wirken diese durch die Restsüße nun etwas allzu gefällig. In diesem Jahrgang brilliert Erich Manz vor allem mit seinen edelsüßen Weinen, alle herrlich schmeichelnd und lang.

86 ▶ **2002 Riesling Spätlese trocken Oppenheimer Herrenberg** reife klare Frucht, etwas Pfirsiche; feine Frische, sehr klare süße Frucht (5,20 €)

88 ▶ **2002 Riesling Spätlese trocken „M"*** Oppenheimer Sackträger** reife klare süße Frucht, eindringlich; viel süße Frucht, harmonisch, wunderschön süffig (7,50 €)

88 ▶ **2002 Riesling Auslese trocken Guntersblumer Steig-Terrassen** gute Konzentration, enorm eindringliche reife süße Frucht; harmonisch, füllig, viel reife süße Frucht, klar und lang (8,50 €)

86 ▶ **2002 Chardonnay Spätlese trocken Weinolsheimer Kehr** reife süße Frucht, sehr reintönig; gute Harmonie im Mund, klare süße Frucht, süffig (6,70 €)

86 ▶ **2002 Gewürztraminer Spätlese trocken Guntersblumer Steig-Terrassen** herrlich klare Traminerfrucht im Bouquet, feine Frische, dezent Zitrusfrüchte, Litschi; lebhaft, viel süße Frucht (5,20 €)

87 ▶ **2002 Huxelrebe Spätlese halbtrocken Uelversheimer Schloß** reife klare Frucht, sehr reintönig; viel süße Frucht, schmeichelnd, wunderschön harmonisch (3,80 €)

87 ▶ **2002 Riesling Spätlese halbtrocken Weinolsheimer Kehr** reife sehr klare Frucht im Bouquet, ein wenig Aprikosen; viel süße Frucht im Mund, wunderschön harmonisch und klar (5,20 €)

87 ▶ 2002 Riesling Spätlese Weinolsheimer Kehr klare würzige Rieslingfrucht, direkt; viel süße Frucht, herrlich harmonisch und süffig, lang (4,50 €)

90 ▶ 2002 Riesling Spätlese „M"*** Oppenheimer Sackträger gute Konzentration, Würze, sehr klare Frucht, reintönig; herrlich reintönig auch im Mund, reife süße Frucht, enorm lang (6,30 €)

90 ▶ 2002 Riesling Auslese „M"*** Oppenheimer Sackträger konzentriert, würzig, jugendlich sehr klare Frucht, reintöniges Bouquet; viel süße Frucht, dominant, klar, Litschi und süße Aprikosen, feiner Nachhall (9,50 €)

90 ▶ 2002 Huxelrebe Auslese Uelversheimer Schloß klare ganz leicht würzige Frucht, zurückhaltend; dominant süß im Mund, herrlich viel Frucht, Frische, gute Konzentration, viel Nachhall (6 €)

89 ▶ 2002 Weißer Burgunder Beerenauslese Weinolsheimer Kehr enorm würzig, direkt, süße Frucht; süß, dominant, viel Frucht, dezent Zitrusfrüchte (11,50 €/0,375l)

92 ▶ 2002 Riesling Eiswein Weinolsheimer Kehr (1. Tag) gute Konzentration, reife süße Frucht, Litschi, sehr eindringlich; herrlich konzentriert und dominant, reife süße Frucht, Litschi, süße Aprikosen, nachhaltig (15 €/0,375l)

92 ▶ 2002 Riesling Eiswein „M"*** „2. Tag" Weinolsheimer Kehr konzentriert, enorm würzig, dominante Frucht; enorm süß im Mund, eingelegte süße Aprikosen, dick, viel Nachhall (27 €/0,375l)

93 ▶ 2002 Riesling Trockenbeerenauslese herrlich würzig und klar, konzentrierte Rieslingfrucht; enorm dominant im Mund, viel reife süße Frucht, Frische, dick, sehr klar, viel Nachhall (45 €/0,375l)

Weitere Weine: 84 ▶ 2002 Riesling Kabinett trocken ▪ **85** ▶ 2002 Riesling Kabinett trocken Guntersblumer Steig-Terrassen ▪ **85** ▶ 2002 Grüner Silvaner Kabinett trocken „M"*** Oppenheimer Kreuz ▪ **85** ▶ 2002 Weißer Burgunder trocken „M"*** Dalheimer Kranzberg ▪ **85** ▶ 2002 Weißer Burgunder Spätlese trocken Oppenheimer Herrenberg ▪ **85** ▶ 2002 Grauer Burgunder Spätlese trocken „Alte Reben" ▪ **85** ▶ 2001 Spätburgunder trocken Weinolsheimer Kehr ▪

Margarethenhof *
Weingut Bunn
Rheinhessen

Mainzer Straße 84-88, 55283 Nierstein
Tel. 06133-59290, Fax: 06133-60309
www.weingut-margarethenhof.de
info@weingut-margarethenhof.de
Inhaber: Georg und Sabine Bunn
Rebfläche: 10,5 Hektar
Besuchszeiten: werktags 9-18:30 Uhr, sonntags nach Absprache
„Bunn's Weinfactory":
Ladengeschäft mit Artikeln rund um Wein, Essen und besondere Präsente

Georg und Sabine Bunn, beide Ingenieure für Weinbau und Kellerwirtschaft, führen heute in dritter Generation das Familienweingut Margarethenhof. Ihre Weinberge erstrecken sich über Lagen in den Gemeinden Nierstein, Dienheim, Ludwigshöhe, Guntersblum und Alsheim. Neben den klassischen Sorten wie Riesling, Gewürztraminer, Silvaner und Müller-Thurgau finden sich Kerner und Weißburgunder, aber auch eine Reihe von bukettreichen Neuzüchtungen in ihren Weinbergen. An roten Sorten bauen sie Spätburgunder und Dornfelder an.

Nach etwas wechselhaften Kollektionen in den vergangenen Jahren gefällt mir der Jahrgang 2002 beim Margarethenhof etwas besser.

86 ▶ 2002 Gewürztraminer Selection feiner Traminerduft, sehr klar; klar und direkt im Mund, feine Frucht, süffiger Gewürztraminer (5,50 €)

84 ▶ 2002 Scheurebe Kabinett feiner Duft, etwas Cassis; frisch, klar, feine süße Frucht (3,80 €)

85 ▶ 2002 Riesling Auslese klare reife süße Frucht im Bouquet; kompakt, klar, viel süße Frucht (4,90 €)

Weitere Weine: 82 ▶ 2002 Grüner Silvaner Classic ▪ **83** ▶ 2002 Riesling Auslese trocken ▪ **80** ▶ 2002 Blauer Spätburgunder Classic ▪

Weingut
Margarethenhof ★
Franz Lucas
Pfalz

Wiesenweg 4, 67147 Forst
Tel. 06326-8302, Fax: 06326-980161
Inhaber: Franz Lucas
Rebfläche: 13 Hektar
Besuchszeiten: Mo.-Sa. 8-18 Uhr

Der Margarethenhof ist ein Familienbetrieb in Forst, dessen Weinberge seit 1999 nach den Richtlinien des kontrolliert umweltschonenden Weinbaus bewirtschaftet werden. Riesling nimmt 70 Prozent der Weinberge von Franz Lucas ein, hinzu kommen 20 Prozent mit roten Sorten. Die Weine werden gezügelt vergoren, Rotweine werden immer in Eichenholzfässern ausgebaut. Die Weine werden ausschließlich über die Flasche vermarktet, 95 Prozent an Privatkunden.

Sehr gut hatte mir das gleichmäßige Niveau vor zwei Jahren gefallen, als ich die Weine von Franz Lucas zum ersten Mal verkostete. Gleiches galt im vergangenen Jahr ebenso wie für die neue Kollektion.

84 ▶ **2002 Riesling Kabinett trocken Forster Mariengarten** sehr klare Frucht, etwas Aprikosen; frisch, klar, feine Frucht (3,40 €)

85 ▶ **2002 Riesling Spätlese trocken Forster Mariengarten** feine Würze, jugendliche Frucht; frisch, harmonisch, klare Frucht, kompakter Riesling (5,70 €)

86 ▶ **2002 Riesling Spätlese trocken Forster Ungeheuer** gute Konzentration, jugendliche klare Frucht; füllig, süffig, sehr klare reife Frucht (5,60 €)

84 ▶ **2001 Spätburgunder trocken** frische jugendliche Frucht, rote Früchte; klar, direkt, feine Frucht (3,80 €)

Weitere Weine: 79 ▶ 2002 Riesling trocken Forster Schnepfenflug ■ **83** ▶ 2002 Weißburgunder trocken ■ **80** ▶ 2002 Riesling halbtrocken Deidesheimer Nonnenstück ■ **82** ▶ 2002 Riesling Kabinett halbtrocken Forster Stift ■ **81** ▶ 2002 Riesling Kabinett halbtrocken Forster Musenhang ■ **82** ▶ 2002 Scheurebe Friedelsheimer Gerümpel ■ **82** ▶ 2001 Dornfelder trocken ■

Weingut
Emil Marget ★
Baden

Schloßgartenstraße 4,
79379 Müllheim-Hügelheim
Tel. 07631-2354, Fax: 07631-172465
www.weingut-emil-marget.de
weingute.marget@gmx.de
Inhaber: Erbengemeinschaft Marget
Rebfläche: 8 Hektar
Besuchszeiten: Mo.-Fr. 8-12 + 13:30-18 Uhr,
Sa. 8-12 + 14-17 Uhr, mit Bitte um Anmeldung

Das Weingut Marget in Hügelheim war der erste Weinbaubetrieb im Markgräflerland, der seine Weine in Flaschen abfüllte. Das Gut selbst ist eine alte, in sich geschlossene fränkische Hofanlage, die in ihrem Ursprung auf das Jahr 1450 zurückgeht. Das Weingut Marget ist ein traditioneller Markgräfler Betrieb: die Hälfte der Weinberge sind mit Gutedel bepflanzt. Daneben gibt es vor allem Spät- und Weißburgunder, aber auch Silvaner, Nobling, Grauburgunder, Traminer und Müller-Thurgau, sowie eine Versuchsanlage mit Cabernet Sauvignon. Die Weinberge werden seit 1989 nach den Richtlinien des umweltschonenden Weinbaus bewirtschaftet, sämtliche Rebanlagen sind dauerbegrünt. Die Weine werden im alten Gewölbekeller in Holzfässern ausgebaut. Alle Weine sind durchgegoren, auf Süßreserve und Entsäuerung wird verzichtet.

Die neue Kollektion ist sehr ausgeglichen, aber wie schon im Vorjahr vermisse ich ein wenig die klare Frucht, die mir im den Weinen des Jahrgangs 2000 so gut gefallen hatte.

84 ▶ 2002 „Cuvée Friedrich Marget" Gutedel Nobling Kabinett trocken gute Würze und Konzentration; gute Frucht, kompakt (5,60 €)

84 ▶ 2002 Müller-Thurgau Beerenauslese Hügelheimer Schloßgarten enorm duftig, konzentriert, etwas Orangenschalen, getrocknete Früchte; konzentriert, dick, Bitternoten (15 €/0,375l)

Weitere Weine: 83 ▶ 2002 Gutedel Kabinett trocken „R" Hügelheimer Schloßgarten ▪ 82 ▶ 2002 Gutedel Kabinett trocken Hügelheimer Gottesacker ▪ 82 ▶ 2002 Weißburgunder Kabinett trocken Hügelheimer Schloßgarten ▪ 83 ▶ 2001 Spätburgunder Kabinett trocken Hügelheimer Höllberg ▪

Weingut Klaus-Martin Marget Heitersheim ★★
Baden

Johanniterstraße 57, 79423 Heitersheim
Tel. 07634-2254, Fax: 07634-35658
weingut.marget@t-online.de
Inhaber: Klaus-Martin Marget
Rebfläche: 7,3 Hektar
Besuchszeiten: Mo.-Fr. 14-18:30 Uhr, Sa. 9-12:30 Uhr und nach Vereinbarung

Klaus-Martin und Hilke Marget haben zusammen in Geisenheim Önologie studiert und gingen nach gemeinsamen Lehrjahren im Rheingau, in der Pfalz und am Hochrhein 1989 ins Markgräflerland, wo sie eine eigene kleine Sektkellerei gründeten. Später kamen eigene Weine hinzu und mit der Möglichkeit, einen Winzerbetrieb in Heitersheim zu übernehmen, wagten sie 1996 den Schritt vom Weinbau im Nebenerwerb zum „richtigen" Weingut. Neben Gutedel und den Burgundersorten pflegen sie auch Silvaner und Nobling als Spezialität für die Sektbereitung. Die Weine werden überwiegend trocken und durchgegoren ausgebaut.

Wie schon im vergangenen Jahr haben Klaus-Martin und Hilke Marget eine sehr homogene Kollektion mit kraftvollen, fruchtbetonten Weinen und wiederum gefällt mir der barriqueausgebaute Spätburgunder am besten.

86 ▶ 2001 Nobling Sekt Brut Nature feine Frucht, rauchige Noten, dezent Aprikosen; gute Harmonie im Mund, füllig, feiner Nachhall (8,90 €)

86 ▶ 2002 Gutedel trocken Heitersheimer Maltesergarten sehr reintönige Frucht, weiße und gelbe Früchte; gute Harmonie, klare reife Frucht (4,30 €)

85 ▶ 2002 Gutedel trocken Barrique sur lie gute Konzentration, feine Würze; fruchtbetont, gute Struktur, kompakt (6,60 €)

84 ▶ 2002 Grauburgunder Kabinett trocken Heitersheimer Schloßgarten gute Würze und Frucht; klare Frucht, gute Harmonie (5,90 €)

86 ▶ 2001 Grauburgunder Spätlese trocken Barrique Heitersheimer Schloßgarten gute Würze und Konzentration; reife Frucht, kompakt, gute Struktur (9,40 €)

86 ▶ 2001 Chardonnay Spätlese trocken Barrique Heitersheimer Schloßgarten reife süße Frucht, etwas Ananas; kompakt, klar, reife Frucht (9,90 €)

85 ▶ 2002 Spätburgunder Weißherbst Spätlese trocken blanc de noir feine Frucht, sehr reintönig; gute Fülle und Harmonie, viel süße Frucht (6,90 €)

86 ▶ 2001 Rotwein-Cuvée trocken Barrique gute Konzentration, reife Frucht, dezent Gewürze; weich im Mund, gute Frucht, Fülle, Struktur (14,50 €)

87 ▶ 2001 Spätburgunder trocken Barrique klare Frucht im Bouquet, gute Konzentration, rauchige Noten; herrlich viel Frucht im Mund, gehaltvoll, kompakt, jugendliche Bitternoten (12,50 €)

Weitere Weine: 83 ▶ 2002 Weißburgunder Kabinett trocken ▪ 83 ▶ 2001 Spätburgunder trocken ▪

Weingut Hans-Josef **Maringer** ★★
Mosel-Saar-Ruwer

Am Kreuzweg 4, 54349 Trittenheim
Tel. 06507-2532, Fax: 06507-7152
Inhaber: Hans-Josef Maringer
Rebfläche: 3 Hektar
Besuchszeiten: ganzjährig nach Vereinbarung
Gästezimmer

Die Weinberge von Hans-Josef Maringer, der das Weingut nach einer Erbteilung seit 1965 führt, liegen alle in den Trittenheimer Lagen Apotheke und Altärchen. Neben dem dominierenden Riesling baut er ein klein wenig Müller-Thurgau und Kerner an. Die Weine werden alle in Fuderfässern gezügelt vergoren und, je nach Jahrgang, zwischen März und Mai abgefüllt. Die Jahresproduktion von etwa 15.000 Flaschen wird ausschließlich an Endverbraucher verkauft. Etwa die Hälfte seiner Weine baut Hans-Josef Maringer lieblich auf, die andere Hälfte zu etwa gleichen Teilen trocken und halbtrocken.

Nach einer überzeugenden 2001er Kollektion folgt eine ebenso überzeugende 2002er nach. Die Weine sind alle enorm süffig und süß bei reintöniger Frucht.

84 ▶ 2002 Riesling Kabinett trocken Trittenheimer Altärchen feine Würze und Frucht, sehr klar; gute Harmonie, kompakt (4,30 €)

84 ▶ 2002 Riesling Kabinett „feinherb" Trittenheimer Altärchen feine Würze im Bouquet, klare Frucht; süß, geschmeidig, süffig (4,30 €)

85 ▶ 2002 Riesling Spätlese „feinherb" Trittenheimer Apotheke herrlich viel Frucht, sehr reintönig; gute Harmonie, klare Frucht, kompakt (5 €)

85 ▶ 2002 Riesling Kabinett Trittenheimer Altärchen klare feine süße Frucht; klare Frucht, gute Harmonie, süffig (4,30 €)

85 ▶ 2002 Riesling Spätlese Trittenheimer Apotheke würzige Noten, direkt; viel süße Frucht, kompakt, süffig (5 €)

88 ▶ 2002 Riesling Spätlese „Juwel" Trittenheimer Apotheke herrlich dominant, reife süße Rieslingfrucht, Litschi; viel süße Frucht, schmeichelnd, harmonisch und lang (6,80 €)

88 ▶ 2002 Riesling Auslese Trittenheimer Apotheke klare Frucht, Pfirsiche, gute Konzentration; viel süße Frucht, schmeichelnd, reintönig, feiner Biss (10 €)

Weingut Max **Markert** ★★★
Franken

Am Zöller 1, 97246 Eibelstadt
Tel. 09303-1795, Fax: 09303-1090
Inhaber: Max Markert
Rebfläche: 7,5 Hektar
Besuchszeiten: nach Vereinbarung

Max Markert betreibt Weinbau erst seit 1996 im Vollerwerb. Seine Weinberge liegen in den Eibelstadter Lagen Mönchsleite und Kapellenberg, sowie im Randersackerer Dabug. Wichtigste Weißweinsorten bei Markert sind Müller-Thurgau, Silvaner und Bacchus. Ein knappes Viertel der Fläche hat er inzwischen mit den roten Sorten Domina, Portugieser, Spätburgunder und Dornfelder bepflanzt. Neben den überwiegend trocken ausgebauten Weinen erzeugt er auch Edelbrände in der eigenen Brennerei.

Vor zwei Jahren war jeder Wein von Max Markert fruchtbetont und klar, sehr interessant waren vor allem auch alle Rotweine. Die letztjährige Kollektion war sehr gleichmäßig und gut, gleiches gilt in diesem Jahr, wobei mir neben dem Silvaner Selection insbesondere die Rieslaner Spätlese gefällt.

Weingut Marx ★
Rheinhessen

Hauptstraße 83, 55232 Alzey-Weinheim
Tel. 06731-41313, Fax: 06731-45290
www.weingut-marx.de
info@weingut-marx.de
Inhaber: Klaus Marx
Rebfläche: 10 Hektar
Besuchszeiten: Mo.-Fr. 8-19 Uhr, Sa. 8-16 Uhr, So. 10-12 Uhr und nach Vereinbarung

Das Weingut Marx in Weinheim bei Alzey wurde in den sechziger Jahren von Hans Marx, dem Vater des heutigen Besitzers Klaus Marx, aufgebaut. Die Vorfahren hatten seit Generationen einen eigenen Sandsteinbruch in Weinheim und waren Steinmetze. Hans Marx jedoch entschloss den Beruf des Winzers zu erlernen und ein Weingut zu gründen. Seit 1989, seit Beendigung der Ausbildung zum Weinbautechniker in Veitshöchheim, ist Klaus Marx im Betrieb tätig. Die Reben wachsen in Weinheim auf rotliegenden Gesteinsverwitterungsböden. Riesling ist die wichtigste Rebsorte im Betrieb, gefolgt von Grauburgunder, Silvaner, Müller-Thurgau, Portugieser und Dornfelder. Dazu gibt es noch etwas Weißburgunder, Huxelrebe, Kerner, Scheurebe und Siegerrebe, sowie Cabernet Mitos. Die Weißweine werden temperaturkontrolliert vergoren und in Edelstahl ausgebaut. Die Rotweine kommen nach der Maischegärung ins Holzfass. 80 Prozent der Weine werden trocken oder halbtrocken ausgebaut. Die Weine werden überwiegend an Privatkunden verkauft.

85 ▶ 2002 Bacchus Kabinett trocken Eibelstadter Mönchsleite wunderschön klare Frucht, direkt; kraftvoll und klar im Mund, feine Frucht (4,40 €)

85 ▶ 2002 Riesling Kabinett trocken Eibelstadter Teufelstor frisch, klar, feine Rieslingfrucht; gute etwas süße Frucht, klar, süffig, Biss (4,80 €)

86 ▶ 2002 Scheurebe Kabinett trocken Eibelstadter Teufelstor sehr klare Frucht, direkt, Cassis; frisch, wunderschön klare Frucht, Biss (4,50 €)

88 ▶ 2002 Silvaner Selection Eibelstadter Teufelstor gute Konzentration im Bouquet, sehr klare jugendliche Frucht; klar und kraftvoll im Mund, gute Frucht und Konzentration, jugendlich (7 €)

84 ▶ 2002 Kerner Kabinett Eibelstadter Kapellenberg frisch, klar, feine süße Frucht; lebhaft im Mund, klare Frucht (3,50 €)

86 ▶ 2002 Scheurebe Kabinett Eibelstadter Teufelstor feine Frucht, Frische, dezent Cassis; klare Frucht, gute Harmonie (4,50 €)

85 ▶ 2002 Bacchus Kabinett Eibelstadter Mönchsleite sehr klare Frucht im Bouquet, etwas Cassis; klare süße Frucht, wunderschön süffig (4,40 €)

88 ▶ 2002 Rieslaner Spätlese Eibelstadter Kapellenberg sehr klare Frucht, gute Konzentration; klare Frucht im Mund, gute Harmonie, Biss und Nachhall (7,70 €)

84 ▶ 2001 Dornfelder trocken Eibelstadter Kapellenberg rauchig-würzige Noten, jugendlich; frisch, direkt, klare Frucht (5,70 €)

84 ▶ 2002 Portugieser trocken Eibelstadter Teufelstor frisch, direkt, Kirschen, klare Frucht; frisch und direkt im Mund, klare Frucht, Biss (5,10 €)

84 ▶ 2001 Spätburgunder trocken Eibelstadter Kapellenberg Frische, klare Frucht, rote Früchte, Kirschen; frisch, klar, feine Frucht, Biss (6,20 €)

86 ▶ 2000 Domina trocken Barrique Eibelstadter Teufelstor reife süße Frucht, Gewürznoten; klare süße Frucht im Mund, Tannine und Biss (11,30 €)

84 ▶ 2002 Silvaner trocken Weinheimer klare Frucht, etwas Würze; gute Frucht und Harmonie im Mund (3,20 €/1l)

85 ▶ 2002 Weißer Burgunder Spätlese halbtrocken Weinheimer klare reife süße Frucht; gute Fülle, viel süße Frucht (4 €)

85 ▶ **2002 Huxelrebe Spätlese Weinheimer Hölle** klare reife Frucht, direkt; viel süße Frucht, harmonisch, süffig (4 €)

86 ▶ **2001 Siegerrebe Auslese Weinheimer Hölle** reife süße Zitrusfrüchte, etwas Grapefruit; süß im Mund, geschmeidig, viel reife Frucht (8,10 €)

84 ▶ **2001 Cabernet Mitos Barrique trocken Weinheimer** reife würzige Frucht, herrlich eindringlich; gute Frische, Vanille, kompakt, leichte Bitternote (9,10 €)

Weitere Weine: 82 ▶ 2002 Rivaner trocken Weinheimer ■ 82 ▶ 2002 Riesling Kabinett halbtrocken Weinheimer Kapellenberg ■ 83 ▶ 2002 Kerner Spätlese halbtrocken Weinheimer ■ 82 ▶ 2002 Silvaner Kabinett Weinheimer Hölle ■ 80 ▶ 2002 Dornfelder trocken Weinheimer ■ 79 ▶ 2002 Dornfelder + Portugieser trocken Weinheimer ■

Weingut Rudolf May ★★
Franken

Im Eberstal, 97282 Retzstadt
Tel. 09364-5760, Fax: 09364-896434
www.weingut-may.de
info@weingut-may.de
Inhaber: Rudolf May
Rebfläche: 7,5 Hektar
Besuchszeiten: nach Vereinbarung
Weinprobierraum für Veranstaltungen, 2 x im Jahr Heckenwirtschaft

Seit 1987 vermarktet Rudolf May seine Weine selbst. Seither hat er seine Rebfläche verdreifacht. 1997 wurde der Betrieb in das Eberstal an den Ortsrand von Retzstadt ausgesiedelt, wo Petra und Rudolf May ein neues Weingut errichtet haben. Die Weine wachsen in Retzstadt und Umgebung, hauptsächlich auf Muschelkalkböden. Wichtigste Rebsorten bei Rudolf May sind Müller-Thurgau und Silvaner. Neben Spätburgunder und Dornfelder hat er zuletzt etwas Rieslaner und Weißburgunder neu angelegt. Ausgewählte Weine, auch Weißweine, baut er im Barrique aus.

Der Jahrgang 2000 brachte eine deutlich verbesserte Kollektion mit reintönigen, fruchtbetonten Weinen. 2001 war nochmals ein klarer Schritt voran. Alle Weine waren wunderschön klar in der Frucht, die Silvaner Spätlese zählte zu den Jahrgangsbesten in Deutschland. Die Silvaner Spätlese hat mir auch 2002 wieder besonders gut gefallen, ebenso die ersten Rieslaner von Rudolf May.

85 ▶ **2002 Müller-Thurgau trocken Frank & Frei** frisch, klar, wunderschön reintönige Frucht; frisch, klare Frucht (5 €)

84 ▶ **2002 Silvaner trocken** klare Frucht, Frische, etwas Birnen; klar auch im Mund, feine süße Frucht (4,30 €/1l)

86 ▶ **2002 Silvaner Kabinett trocken Retzstadter Langenberg** sehr klare Frucht, Birnen, reintönig, feine Frische; gute Harmonie, reife süße Frucht, herrlich süffig (5,50 €)

86 ▶ **2002 Riesling Kabinett trocken Retzstadter Langenberg** klar, direkt, jugendliche Frucht; frisch, klar, feine Frucht, mit Biss und Nachhall (6,20 €)

88 ▶ **2002 Silvaner Spätlese trocken Retzstadter Langenberg** konzentrierte reife Frucht, reintönig, weiße Früchte; gute Harmonie, reife süße Frucht, füllig, klar

85 ▶ **2002 Grauburgunder Spätlese trocken Stettener Stein** feine Würze, klare Frucht; weich und harmonisch, klare süße Frucht

86 ▶ **2002 Kerner Spätlese Retzstadter Langenberg** sehr reintönige Frucht, reife süße Aprikosen und Pfirsiche; viel süße klare Frucht, harmonisch, feine Frische und Biss (7,20 €)

84 ▶ **2001 „Balthasar" Spätlese trocken** Silvaner und Grauburgunder; gute Konzentration, Würze, Vanille, dezent gelbe Früchte; kompakt, zurückhaltende Frucht, Biss (10 €)

86 ▶ **2001 „Benedikt" Spätburgunder trocken** rauchige Noten, ganz leicht Speck; gute Fülle und Harmonie, Vanille, Biss und Tannine im Abgang (14,80 €)

88 ▶ **2002 Rieslaner Spätlese Retzstadter Langenberg** wunderschön reintönige Frucht, Frische, Zitrusfrüchte; harmonisch, sehr klar, elegant, feine Frucht und Biss

89 ▶ **2002 Rieslaner Auslese Retzstadter Langenberg** herrlich konzentriert, reintönige Frucht, Zitrusfrüchte, Grapefruit; sehr klar, viel süße Frucht, feiner Biss, mit Nachhall

Weingut
Medinger ★★★
Württemberg

Brühlstraße 6, 71394 Kernen-Stetten
Tel. 07151-44513, Fax: 07151-41737
www.weingut-medinger.de
weingut.medinger@t-online.de
Inhaber: Barbara Medinger-Schmid und
Markus Schmid
Rebfläche: 5,2 Hektar
Besuchszeiten: Mo.-Fr. 18-19:30 Uhr,
Sa. 15:30-18 Uhr

Erst 1988, als Barbara Medinger ihre Ausbildung beendet hatte, begann das Weingut Medinger mit der Selbstvermarktung (zuvor wurden die Trauben an die Genossenschaft geliefert). Damals hatte man 80 Prozent Weißwein im Programm, heute liegt der Rotweinanteil bei 60 Prozent. Die Rotweine werden in 800 bis 1000-Liter-Fässern ausgebaut, teilweise auch im Barrique.

Nach überzeugenden, gleichmäßigen Kollektionen in den vergangenen Jahren gefällt mir die neue Kollektion nun noch etwas besser. Die Rotweine weisen eine gute Frucht auf und sind allesamt sehr gekonnt gemacht, die Rieslinge sind kraftvoll und zupackend.

86 ▶ 2002 Riesling Kabinett trocken „S" Stettener Pulvermächer gute klare jugendliche Rieslingfrucht; kraftvoll im Mund, viel Frucht, zupackend (6 €)

88 ▶ 2002 Riesling Selection Stettener Pulvermächer konzentriert, klar, eindringliche jugendliche Frucht; viel reife Frucht, kompakt und klar, fülliger stoffiger Riesling (9,20 €)

86 ▶ 2002 Lemberger trocken Holzfaß Strümpfelbacher Altenberg reife süße Frucht, dezente Vanille, eindringlich; herrlich süffig im Mund, viel Frucht, klar, jugendliche Tannine (6,20 €)

86 ▶ 2002 Acolon trocken Holzfaß reife süße Frucht, etwas Cassis, rote Früchte, dezente Vanille; etwas Frische im Mund, viel Frucht, wunderschön klar, mit Biss (4,90 €)

87 ▶ 2001 Spätburgunder Spätlese trocken Holzfaß klare reintönige Spätburgunderfrucht; harmonisch im Mund, etwas Vanille, gute Frucht, sehr lang, guter Biss (8,50 €)

86 ▶ 2001 „Friedrich Maximilian" Trollinger trocken Holzfaß sehr klare Frucht, gute Konzentration, rauchige Noten; klar und direkt im Mund, gute reife Frucht (5,20 €)

89 ▶ 1999 „Benedikt" Rotwein Cuvée Barrique Gewürznoten im Bouquet, eindringliche Frucht, etwas Toast, reife rote und dunkle Früchte; gute Fülle und Harmonie, reife Frucht, schmeichelnd, sehr lang (12,80 €)

Weitere Weine: 83 ▶ 2002 Riesling trocken Stettener Faß Nr. 9 (1l) ∎

Staatsweingut
Meersburg ★
Baden

Seminarstraße 6, 88709 Meersburg
Tel. 07532-357, Fax: 07532-358
www.staatsweingut-meersburg.de
info@staatsweingut-meersburg.de
Inhaber: Finanzministerium Baden-Württemberg
Leiter: Dr. Jürgen Dietrich
Rebfläche: 60 Hektar
Besuchszeiten: Mai-Okt.: Mo.-Fr. 7:30-18 Uhr, Sa. 9-13 Uhr; Nov.-April: Mo.-Fr. 7:30-12 + 13-18 Uhr

Neben Weinbergen in verschiedenen Meersburger Lagen (darunter die Lagen Rieschen, Bengel, Jungfernstieg und Lerchenberg in Alleinbesitz) gehören dem Staatsweingut auch Weinberge am Hohentwieler Olgaberg (mit 530 Metern über Meeresspiegel der höchstgelegene Weinberg Deutschlands) und in der Gailinger Ritterhalde. Wichtigste Rebsorte ist Spätburgunder, der zu zwei Dritteln als Weißherbst vermarktet wird. Wichtigste Weißweinsorte ist Müller-Thurgau, aber auch Weiß- und Grauburgunder, sowie Chardonnay spielen eine wichtige Rolle. Als Spezialitäten pflegt man beim Staatsweingut auch Traminer und Riesling, sowie den zertifiziert ökologisch angebauten Regent. Das Programm gliedert sich in Rebsortenweine, Lagenweine und die neue Kategorie der Premiumweine, die die Raritäten und Spitzenprodukte des Staatsweingutes umfasst, wie die im Barrique gereiften Chardonnay und Spätburgunder. Im Jahr 2002 hat Jürgen Dietrich die Leitung des Staatsweingutes übernommen. Er war zuvor Leiter des Staatlichen Hofkellers in Würzburg und davor Leiter des Weinguts des Hauses Württemberg in Ludwigsburg.

„Burgund am Bodensee?", hatte ich im vergangenen Jahr angesichts zwei toller barriqueausgebauter Weine - Spätburgunder und Chardonnay - gefragt. Solche Highlights fehlen in der allzu braven 2002er Kollektion.

84 ▶ **2002 Müller-Thurgau trocken** frisch, klar, feine Frucht, etwas Limone; süß im Mund, gute Frucht, süffig (4,50 €)

84 ▶ **2002 Weißburgunder trocken Hohentwieler Olgaberg** feine Frische, süße Frucht; süß, geschmeidig, gute Frucht (6,40 €)

84 ▶ **2002 Spätburgunder trocken Hohentwieler Olgaberg** frisch, klare Frucht; lebhaft im Mund, gute Frucht, klar (7,10 €)

Weitere Weine: 83 ▶ (2002) Secco Perlwein ▪ 83 ▶ 2002 Müller-Thurgau trocken Meersburger Jubiläumsfüllung ▪ 82 ▶ 2002 Weißburgunder trocken Meersburger Jungfernstieg ▪ 83 ▶ 2002 Grauer Burgunder trocken Meersburger Rieschen ▪ 83 ▶ 2002 Weißburgunder Chardonnay trocken Meersburger Chorherrenhalde ▪ 82 ▶ 2002 Spätburgunder Weißherbst trocken Meersburger Bengel ▪ 79 ▶ 2002 Spätburgunder Weißherbst Meersburger Jungfernstieg ▪ 83 ▶ 2002 Spätburgunder trocken Gailinger Ritterhalde ▪

Weingut Götz **Meintzinger** ★★ & Söhne
Franken

Babenbergplatz 2-4, 97252 Frickenhausen
Tel. 09331-87110, Fax: 09331-7578
www.meintzinger.de
weingut.meintzinger@t-online.de
Inhaber: Fam. Meintzinger
Rebfläche: 15 Hektar
Besuchszeiten: 8-12 + 13-18 Uhr
Hotel garni im Haus

Seit 1790 betreibt die Familie Meintzinger ein Weingut in Frickenhausen, zu dem heute auch ein Hotel und ein Gästehaus gehören. Götz Meintzinger hat das Weingut 1966 von seinen Eltern übernommen. Damals war es noch ein landwirtschaftlicher Gemischtbetrieb mit 3 Hektar Weinbergen. Götz Meintzinger hat sich nach und nach ganz auf Weinbau konzentriert. Heute wird er im Betrieb unterstützt von seinen Söhnen: Peter Meintzinger ist für den Verkauf zuständig, sein Bruder Jochen seit dem Jahrgang 2000 für den Keller. Vater Götz kümmert sich vor allem um den Außenbetrieb. Ihre Weinberge liegen alle in Frickenhausen, in den Lagen Kapellenberg und Fischer. 72 Prozent der Weinberge nehmen weiße Sorten ein, vor allem Müller-Thurgau, Silvaner, Riesling, Rieslaner und Bacchus. Nachdem 1964 die letzten Rotweinreben gerodet worden waren, hat Götz Meintzinger bereits 1980 wieder Spätburgunder und Domina gepflanzt. In den neunziger Jahren sind dann Portugieser, Schwarzriesling und Dornfelder hinzugekommen.

Vor zwei Jahren zeigte sich die Kollektion insgesamt deutlich verbessert, mit einem faszinierenden 99er Scheurebe Eiswein Frickenhäuser Kapellenberg (91) an der Spitze. Auch die Vorjahreskollektion spiegelte klar die Fortschritte wider, gerade auch bei den Rotweinen, wobei aber wiederum die süßen und edelsüßen Weine mich am meisten begeistert hatten. Die 2002er präsentieren sich sehr ausgewogen und zuverlässig.

84 ▶ **2002 Riesling Kabinett trocken Frickenhäuser Kapellenberg** feine Würze, klare Frucht; frisch, klar, süße Frucht (6 €)

85 ▶ **2002 Weißer Burgunder Kabinett trocken Frickenhäuser Kapellenberg** sehr klar im Bouquet, weiße Früchte; klare süße Frucht, süffig (6 €)

86 ▶ **2002 Silvaner Spätlese trocken Frickenhäuser Kapellenberg** feine Würze und Frucht, klar; gute Harmonie, reife süße Frucht (8 €)

86 ▶ **2002 Rieslaner Kabinett Frickenhäuser Fischer** frisch, klar, feine süße Frucht, Grapefruit; gute Harmonie im Mund, sehr klare süße Frucht (6 €)

87 ▶ **2002 Bacchus Spätlese Frickenhäuser Kapellenberg** klare Frucht, gute Konzentration; süß im Mund, schmeichelnd, herrlich süffig und lang, sehr reintönig (6,90 €)

84 ▶ **2002 Traminer Spätlese Frickenhäuser Kapellenberg** reife Traminerfrucht, klar, etwas Litschi; süß, schmeichelnd, süffig (8,50 €)

87 ▶ **2002 Kerner Spätlese Frickenhäuser Markgraf Babenberg** gute Konzentration, würzige jugendliche Frucht, sehr klar; reife süße Frucht, gute Harmonie, herrlich süffig, dabei Biss (6 €)

84 ▶ **2002 Portugieser Weißherbst Frickenhäuser Kapellenberg** feine süße Frucht, Kirschen; frisch, klar, herrlich süffig (5 €)

84 ▶ **2002 Domina trocken Frickenhäuser Markgraf Babenberg** reife klare Frucht, rote Früchte; klare süße Frucht, süffig (7 €)

Weitere Weine: 82 ▶ 2002 Silvaner trocken ▪ 83 ▶ 2002 Müller-Thurgau trocken Frank & Frei ▪ 83 ▶ 2002 Silvaner Kabinett trocken Frickenhäuser Kapellenberg ▪

Weingut Melsheimer ★
Mosel-Saar-Ruwer

♣ ◆ *Dorfstraße 21, 56861 Reil*
Tel. 06542-2422, Fax: 06542-1265
www.melsheimer-riesling.de
thorsten.melsheimer@t-online.de
Inhaber: Thorsten Melsheimer
Rebfläche: 10,5 Hektar
Besuchszeiten: Mo.-Fr. 9-12 + 14-18 Uhr, So. 10-13 Uhr, Sa. nach Vereinbarung
Gästehaus

Das Weingut ist seit 200 Jahren in Familienbesitz. 1995 ist Thorsten Melsheimer nach seinem Weinbaustudium in den Betrieb eingestiegen und hat mit der Umstellung auf ökologischen Weinbau begonnen (ECOVIN). Seine Weinberge liegen alle in Steillagen. Er baut ausschließlich Riesling an, sieht man von Versuchsanlagen mit pilzresistenten Rebsorten ab.

84 ▶ **2001 Riesling Sekt Brut Reiler Mullay-Hofberg** rauchig, klar, reife Frucht; gute Fülle und Harmonie, feine Frucht (10,30 €)

85 ▶ **2002 Riesling Kabinett trocken Reiler Goldlay** würzig, klar, herrlich eindringliche Frucht; kraftvoll im Mund, gute Frucht und Biss (6,50 €)

86 ▶ **2002 Riesling Spätlese Reiler Mullay-Hofberg** reife süße würzige Frucht, eindringlich; viel süße Frucht, schmeichelnd, harmonisch (9,60 €)

86 ▶ **2002 Riesling Auslese Reiler Goldlay** konzentriert, klar, reife Aprikosen, herrlich eindringliche Frucht; viel süße Frucht im Mund, konzentriert, füllig, leichte Bitternoten (15,50 €/0,5l)

92 ▶ **2002 Riesling Eiswein Pündericher Marienburg** herrlich konzentriert im Bouquet, reife Aprikosen und Äpfel, dominant; viel süße Frucht, wunderschön klar und konzentriert, füllig, enorm nachhaltig (34 €/0,375l)

Weitere Weine: 83 ▶ 2001 Riesling Sekt Extra Brut Reiler Mullay-Hofberg ▪ 82 ▶ 2002 Riesling trocken Melsheimer ▪ 83 ▶ 2002 Riesling halbtrocken Melsheimer ▪

Weingut Mend ★

Franken

Weinbergstraße 13, 97346 Iphofen
Tel. 09323-3013, Fax: 09323-870171
www.weingut-mend.iphofen.de
weingut-mend@t-online.de
Inhaber: Thomas Mend
Rebfläche: 7 Hektar
Besuchszeiten: Mo.-Fr. 9-12 + 13-18 Uhr,
Sa. 10-17 Uhr, So. ab 15 Uhr
Weinstube (Weinproben bis 34 Personen)

Die Weinberge von Thomas Mend liegen alle in Iphofen, in den Lagen Julius-Echter-Berg, Kronsberg und Kalb. Wichtigste Rebsorte ist der Silvaner, gefolgt von Müller-Thurgau, Bacchus, Kerner und Scheurebe. Dazu gibt es Riesling und Weisburgunder, sowie die roten Sorten Portugieser, Spätburgunder und Domina. Über die Hälfte der Weine wird trocken ausgebaut, weitere 30 Prozent halbtrocken. Neben Weinen stellt Thomas Mend auch Sekte und Obst- und Weinbrände her.

Nach einer sehr gleichmäßigen Kollektion im vergangenen Jahr gefällt mir die neue Kollektion von Thomas Mend nochmals besser. Angeführt von einem kraftvollen Silvaner aus dem Julius-Echter-Berg sind alle Weine von guter, sehr gleichmäßiger Qualität.

84 ▶ **2002 Rivaner Kabinett trocken** feine etwas süße Frucht, klar; gute Frische, süße Frucht, süffig (4,60 €)

84 ▶ **2002 Silvaner Kabinett trocken Iphöfer Kronsberg** klare Frucht, etwas weiße Früchte; frisch, direkt, klare Frucht und Biss (5,37 €)

84 ▶ **2002 Silvaner Kabinett Iphöfer Kronsberg** klare Frucht, weiße Früchte; klar auch im Mund, gute Harmonie, süffig (5,37 €)

84 ▶ **2002 Weißer Burgunder Spätlese trocken Iphöfer Kronsberg** gute Würze und Konzentration, klare Frucht; füllig, harmonisch, reife Frucht (7,15 €)

88 ▶ **2002 Silvaner Spätlese trocken Iphöfer Julius-Echter-Berg** herrlich reintönige Frucht, Birnen, feines Bouquet; gute Harmonie, sehr klare reife Frucht, füllig und lang (10 €)

Weitere Weine: 82 ▶ 2002 Riesling Kabinett trocken Iphöfer Kalb ■ 83 ▶ 2002 Riesling Spätlese trocken Iphöfer Kalb ■ 82 ▶ 2002 Domina trocken Iphöfer Kronsberg ■ 82 ▶ 2002 Spätburgunder trocken Iphöfer Kalb ■ 83 ▶ 2002 Portugieser trocken ■

Weingut Peter Mentges ★

Mosel-Saar-Ruwer

♣ Kirchstrasse 1, 56859 Bullay
Tel. 06542-2718, Fax: 06542-2711
peter-mentges@t-online.de
Inhaber: Peter Mentges
Rebfläche: 1,74 Hektar
Besuchszeiten: jederzeit, am besten nach Vereinbarung
eine Ferienwohnung

Die Weinberge von Peter Mentges liegen im Bullayer Kroneberg, der sich in Alleinbesitz von Peter Mentges befindet. Der Kroneberg ist ein steiler Südhang, der in mehrere Einzelterrassen unterteilt ist. Seit 1983 bewirtschaftet er seine Weinberge ökologisch. Er ist Mitglied im Bundesverband Ökologischer Weinbau (ECOVIN). Um die feine Struktur seiner Rieslinge zu erhalten, baut er die Weine sehr schonend aus. Die Weine werden vorgeklärt und anschließend mit den eigenen Hefen vergoren. Der Ausbau erfolgt in Fuderfässern. 1997 hat Peter Mentges eine Parzelle von 2.500 qm mit Spätburgunder bepflanzt, so dass er seit dem Jahrgang 2000 auch einen Rotwein im Programm hat.

Ich hatte vor zwei Jahren zum ersten Mal Weine von Peter Mentges probiert, und was ich zu verkosten bekam, hat mir gut gefallen. Eine schöne Auslese aus dem Jahrgang 1999, aber auch herrlich kraftvolle trockene Rieslinge wie die Spätlese 1999 oder den Riesling Kabinett im Jahrgang 2000. In der 2001er Kollektion ragte die Auslese hervor. Der Jahrgang 2002 von Peter Mentges präsentiert sich sehr homogen.

86 ▶ **2002 Riesling Spätlese** trocken Bullayer Kronenberg** viel Konzentration, herrlich reintönige Frucht; kraftvoll, klar, gute Fülle und Frucht (7,90 €)

84 ▶ **2002 Riesling Kabinett** Bullayer Kronenberg** feine Würze und Frucht, Frische; klar, direkt, feine süße Frucht (5,40 €)

Weitere Weine: 81 ▶ 2002 Riesling Kabinett* trocken Bullayer Kronenberg ▪ 82 ▶ 2002 Riesling Kabinett** trocken Bullayer Kronenberg ▪ 83 ▶ 2002 Riesling Spätlese* trocken Bullayer Kronenberg ▪

Weingut Herbert **Meßmer** ★★★
Pfalz

Gaisbergstraße 5, 76835 Burrweiler
Tel. 06345-2770, Fax: 06345-7917
Inhaber: Herbert Meßmer
Rebfläche: 26 Hektar
Besuchszeiten: Mo.-Fr. 8-11:30 + 13:30-17 Uhr, Sa. 9-13 Uhr
Komfort-Ferienwohnungen

1960 haben Herbert und Elisabeth Meßmer ihr Weingut gegründet. Beide stammen aus Winzerfamilien und haben sich mit dem Kauf eines bestehenden Weingutes selbstständig gemacht. Neben den klassischen Pfälzer Rebsorten gibt es internationale Sorten wie Chardonnay, Cabernet Sauvignon oder Merlot. Der Rotweinanteil beträgt etwa ein Drittel.

Der Jahrgang 2000 bestach mit der sehr gleichmäßigen Qualität aller Weine. Die trockene Riesling Spätlese Burrweiler Schäwer war noch nie so gut wie in diesem Jahr und der barriqueausgebaute St. Laurent aus dem Jahrgang 1998 gehörte zu den besten Rotweinen der Pfalz. In der letztjährigen Kollektion war der Grauburgunder aus dem Burrweiler Schlossgarten mein Favorit, in diesem Jahr ist es wieder die trockene Riesling Spätlese Burrweiler Schäwer.

85 ▶ **2002 Riesling Kabinett trocken Burrweiler Altenforst** frisch, klar, feiner Rieslingduft; frisch, lebhaft, klare Frucht (5,90 €)

85 ▶ **2002 Grauburgunder Kabinett trocken** frisch, klar, würzige jugendliche Frucht;, gelbe Früchte; süß im Mund, geschmeidig, süffig (6,40 €)

84 ▶ **2002 Chardonnay Selection trocken** frisch, duftig, etwas Ananas; süß im Mund, kompakt, süffig (9 €)

89 ▶ **2002 Riesling Spätlese trocken Burrweiler Schäwer** gute Konzentration, mineralische Noten, sehr klare Frucht; kraftvoll im Mund, reife Frucht, kompakt, feiner Nachhall (11,80 €)

85 ▶ **2001 Spätburgunder Selection Burrweiler Schloßgarten** feine rauchige Noten, gute Frucht; weich im Mund, gute Fülle, zurückhaltende Frucht, Struktur (16 €)

Weitere Weine: 82 ▶ 2000 „Cuvée Julius Weber" ▪

Weingut J. **Mett** ★
Rheinhessen

Mainzer Straße 31, 55218 Ingelheim
Tel. 06132-2682, Fax: 06132-3271
www.weingut-mett.de
info@weingut-mett.de
Inhaber: Jürgen Mett
Rebfläche: 9 Hektar
Besuchszeiten: Mo.-Fr. 9-12:30 + 13:20-18 Uhr, Sa. 9-17 Uhr
Vinothek mit Kreuzgewölbe

Die Familie Mett bewirtschaftet seit fünf Generationen Weinberge auf den Hügeln rund um Ingelheim. Mehr als die

Hälfte der Weinberge ist mit roten Sorten bestockt, wobei Spätburgunder den größten Anteil einnimmt. Die Weinberge werden nach den Richtlinien des kontrolliert umweltschonenden Weinbaus bewirtschaftet. Neben Spätburgunder wird vor allem noch Riesling, Silvaner, Grauburgunder und Frühburgunder angebaut. Die Weine werden zum größten Teil ab Hof an Privatkunden verkauft.

Wie im vergangenen Jahr schon hat Jürgen Mett eine gute, gleichmäßige Kollektion, wiederum mit leichten Vorteilen bei den Rotweinen.

84 ▶ **2002 Grauer Burgunder Spätlese trocken** klare reife Frucht im Bouquet, etwas Würze, dezent Aprikosen; gute Fülle, reife süße Frucht (4,20 €)

84 ▶ **2002 Spätburgunder trocken** herrlich klare reife Spätburgunderfrucht, etwas Kirschen, rauchige Noten; gute Harmonie, sehr klar (4,50 €)

86 ▶ **2001 Spätburgunder trocken Barrique** Gewürznoten, sehr klar und eindringlich, reife Frucht; gute Harmonie, etwas Vanille, klare Frucht (7,80 €)

85 ▶ **2002 Spätburgunder Spätlese trocken** feine Spätburgunderfrucht, etwas Würze, reintönig; gute Harmonie im Mund, rauchige Noten, klar (8 €)

85 ▶ **2002 Frühburgunder Auslese trocken** klare reife Frucht, süße rote Früchte, Erdbeeren, Kirschen, rauchige Noten; weich im Mund, gute Fülle und Harmonie (11,40 €)

Weitere Weine: 81 ▶ 2002 Rivaner trocken (1l) ▪ 82 ▶ 2002 Regent trocken ▪ 83 ▶ 2002 Spätburgunder Weißherbst trocken ▪ 81 ▶ 2002 Regent trocken ▪ 82 ▶ 2001 Dornfelder trocken ▪

Weingut Graf Wolff Metternich ★★
Baden

Grol 4, 77770 Durbach
Tel. 0781-42779, Fax: 0781-42553
www.weingut-metternich.de
espe@weingut-metternich.de
Inhaber: Gertraud und Rüdiger Hurrle
Betriebsleiter: Hans-Bert Espe
Rebfläche: 36 Hektar
Besuchszeiten: Mo.-Fr. 8-12 + 13-17 Uhr, Sa. 9-12 Uhr
Weinproben (bis 100 Personen)

Das Weingut Graf Wolff Metternich in Durbach, war über Generationen im Besitz der Familie Zorn von Bulach. Seit 1995 sind die Durbacher Unternehmer Gertraud und Rüdiger Hurrle Eigentümer des Weingutes. Vier Lagen befinden sich im Alleinbesitz des Weingutes: Durbacher Schloß Grohl (5 Hektar) und Durbacher Schloßberg (18 Hektar), Lahrer Herrentisch (5 Hektar, Breisgau), sowie die Oberkircher Lage Geheimrat Haeuser (6 Hektar). Wichtigste Rebsorten nach Spätburgunder und Riesling sind Weiß- und Grauburgunder, sowie Müller-Thurgau. Eine Spezialität des Weinguts ist der Sauvignon, der bereits seit 1830 hier angebaut wird. Weitere Sorten sind Chardonnay, Scheurebe, Traminer, sowie Merlot und Cabernet Sauvignon, die im Filetstück des Schloßberges angepflanzt wurden und 2001 ihren ersten Ertrag brachten. Der Jahrgang 2001 war der erste unter der Regie des neuen Betriebsleiters Hans-Bert Espe, der nach Geisenheim-Diplom in Oregon gearbeitet hatte.

Der im vergangenen Jahr erkennbare Aufwärtstrend setzt sich fort. Die Stärken liegen nach wie vor bei den edelsüßen Weinen. Der Spätburgunder gehört dieses Jahr zu den besten in Baden und auch die Weißweine haben merklich zugelegt.

84 ▶ 2002 Klingelberger Riesling Kabinett trocken Durbacher Schloß Grohl frisch, klar, würzige Frucht; klare süße Frucht, gute Harmonie (6,80 €)

85 ▶ 2002 Klingelberger Riesling Spätlese trocken Durbacher Schloßberg würzig, direkt, zurückhaltende Frucht; viel süße Frucht schmeichelnd im Mund (9 €)

86 ▶ 2002 Klingelberger Riesling Auslese trocken Durbacher Schloß Grohl reife süße Frucht, leicht duftig; kommt, eindringliche Frucht, gehaltvoller Riesling (19,80 €)

87 ▶ 2002 Sauvignon Blanc Spätlese trocken Durbacher Schloß Grohl sehr klare Frucht, Stachelbeeren, feines Bouquet; kraftvoll und klar, gute reife Frucht (16,80 €)

84 ▶ 2002 Chardonnay Spätlese trocken Durbacher Schloßberg viel süße Frucht, etwas Tropenfrüchte; süß, schmeichelnd, enorm süffig, leichte Bitternote im Hintergrund (9 €)

85 ▶ 2001 Chardonnay Spätlese trocken Durbacher Schloßberg (Barrique) herrlich konzentriert, klar, feiner Toast; gute Fülle und Harmonie, kompakter Chardonnay mit Wärme im Abgang (16 €)

86 ▶ 2002 Klingelberger Riesling Spätlese Durbacher Schloßberg süße Frucht, Zitrusfrüchte; viel süße Frucht im Mund, wunderschön süffig (9 €)

89 ▶ 2002 Klingelberger Riesling Auslese Durbacher Schloßberg konzentriert, würzig, Litschi, eindringliche Frucht; schmeichelnd im Mund, viel süße Frucht, lang (16,80 €/0,5l)

92 ▶ 2002 Scheurebe Beerenauslese Durbacher Schloß Grohl herrlich reintönig und konzentriert, faszinierende Frucht; schmeichelnd, wunderschön fruchtbetont und konzentriert, klar, gehaltvoll, viel Nachhall (35 €/0,5l)

95 ▶ 2002 Clevner Traminer Trockenbeerenauslese Durbacher Schloßberg herrlich konzentriert, reife eindringliche Frucht, dominant, sehr reintönig; enorm süß und konzentriert im Mund, faszinierende Frucht, wunderschön harmonisch, sehr lang (90 €/0,5l)

90 ▶ 2001 Spätburgunder Auslese trocken Durbacher Schloßberg reife süße Pinotfrucht, herrlich klar, rauchige Noten, gute Konzentration; wunderschön harmonisch, reife süße Frucht, schmeichelnd, sehr lang (19,80 €)

Weitere Weine: 82 ▶ 2002 Weisser Burgunder Kabinett trocken Durbacher Grohl ■

Weingut Edmund **Meyer** & Sohn ★
Pfalz

Bahnhofstraße 10, 76831 Heuchelheim-Klingen
Tel. 06349-5895, Fax: 06349-7812
www.meyer-weingut.de
mail@meyer-weingut.de
Inhaber: Karl-Heinz Meyer
Rebfläche: 10 Hektar
Besuchszeiten: Mo.-Sa. 9-12 + 13-18 Uhr
Weinprobierstube, Weinproben mit Essen, Hoffest (Mitte Juni)

Das Weingut Edmund Meyer & Sohn ist der älteste flaschenweinvermarktende Betrieb in Heuchelheim-Klingen. Es wird heute von Karl-Heinz und Gudrun Meyer geführt. Seit dem Jahrgang 1999 nutzt Karl-Heinz Meyer für seine Weißweine das Kaltgärverfahren, um so fruchtbetontere Weine zu erzeugen.

Sehr gleichmäßig war vor zwei Jahren das Niveau der, von mir zum ersten Mal verkosteten Weine von Karl-Heinz Meyer, mit einem überzeugenden Chardonnay an der Spitze. In der recht gleichmäßigen 2001er Kollektion war wie jetzt auch im Jahrgang 2002 die trockene Spätburgunder Spätlese mein Favorit.

84 ▶ 2002 Weißer Burgunder Kabinett trocken frisch, klar, feines Weißburgunderbouquet; viel süße Frucht, süffig (3,80 €)

85 ▶ 2002 Spätburgunder Spätlese trocken reife klare Frucht, konzentriert; gute Fülle im Mund, sehr klare Frucht (7,30 €)

Weitere Weine: 83 ▶ 2002 Grauer Burgunder trocken ■ 83 ▶ 2002 Weißer Burgunder Classic ■ 82 ▶ 2002 Spätburgunder ■

Stiftsweingut
Frank Meyer ★★
Pfalz

Weinstraße 37, 76889 Klingenmünster
Tel. 06349-7446, Fax: 06349-5752
stiftsweingut-meyer@t-online.de
Inhaber: Frank Meyer und
Manuela Cambeis-Meyer
Rebfläche: 8 Hektar
Besuchszeiten: Sa. 9-17 Uhr, ansonsten nach telefonischer Vereinbarung

Der Keller des Weingutes Frank Meyer ist im ehemaligen Benediktinerkloster in Klingenmünster untergebracht. Neben den traditionellen Holzfässern nutzt Frank Meyer auch Edelstahl und Barriques für den Ausbau seiner Weine.

Frank Meyer bietet Jahr für Jahr sehr zuverlässige Kollektionen. Immer wieder bemerkenswert ist, dass die Weiß- und Rotweine gleichermaßen überzeugen. Wobei der Jahrgang 2001 Frank Meyer noch ein wenig besser geraten war als die Jahrgänge zuvor, die Weine waren allesamt wunderschön klar in der Frucht. Gleiches gilt 2002: wiederum konnten die verkosteten Weine vollauf überzeugen, alle waren sehr klar in der Frucht.

85 ▶ 2002 Riesling Kabinett trocken würzige jugendliche Rieslingfrucht, klar; frisch, feine Frucht, viel Biss

88 ▶ 2002 Weißburgunder Kabinett trocken enorm konzentriert, jugendliche eindringliche Frucht; reife Frucht, herrlich klar und füllig

88 ▶ 2002 Riesling Spätlese trocken klare Frucht, Limone, feines Bouquet; klar und kraftvoll im Mund, reife Frucht

88 ▶ 2002 Grauburgunder Spätlese trocken herrlich konzentriert, sehr klare jugendliche Frucht; kraftvoll, viel Frucht und Harmonie

87 ▶ 2002 Spätburgunder Weißherbst trocken sehr reintönige Frucht, feines Bouquet; klar und direkt, feine Frucht und Biss

86 ▶ 2002 „Meyer's Roter" klare Frucht, gute Konzentration, feines Bouquet; harmonisch, gute Fülle und Harmonie

Weingut
Meyer-Näkel ★★★★
Ahr

Friedensstraße 15, 53507 Dernau
Tel. 02643-1628, Fax: 02643-3363
www.meyer-naekel.de
weingut.meyer-naekel@t-online.de
Inhaber: Werner Näkel
Rebfläche: 12,5 Hektar
Besuchszeiten: nach Vereinbarung
Gutsschenke Weingut Meyer-Näkel, Bachstraße 26, 53507 Dernau (An der Kirche; Tel. 02643-1540)

Werner Näkel ist zweifellos der renommierteste Winzer an der Ahr. Mit seinen Spitzenweinen von Spätburgunder und Frühburgunder hat er bundesweit für Furore gesorgt. Aber auch seine Basisweine sind von zuverlässiger Qualität. 75 Prozent seiner Weinberge nimmt Spätburgunder ein. Hinzu kommen 15 Prozent Frühburgunder und jeweils 5 Prozent Dornfelder und Riesling. Er verzichtet auf die Bezeichnungen Kabinett und Spätlese für Rotweine, nur Auslesen gibt es in guten Jahren. Seine Spitzenweine baut er in 300-Liter-Fässern aus Allierreiche aus, medium getoastet. Werner Näkel füllt diese meist im Herbst vor der neuen Ernte ab. Vom Jahrgang 2001 hat er jedoch einige Partien etwas länger im Fass gelassen.

Zusammen mit Neil Ellis stellt Werner Näkel auch in Südafrika Weine her, die unter dem Namen „Zwalu" (auf deutsch „Neubeginn") vermarktet werden. Bis zum Jahr 2005 will er in Stellenbosch eine eigene Kellerei errichten. Aber auch in Portugal ist er aktiv, wo er zusammen mit Bernd Philippi (Weingut Koehler-Ruprecht) und Bernhard Breuer (Weingut Georg Breuer) ein kleines Weingut am Douro hat, die Quinta da Carvalhosa.

2001 war für Werner Näkel ein sehr gutes Jahr. Nach den, im vergangenen Jahr verkosteten überzeugenden Basisweinen haben mich auch die diesmal verkosteten Spitzenweine begeistert. Was für eine Kollektion an hervorragenden Burgundern! Sie präsentieren sich noch geschlossener als die gleichfalls faszinierenden 99er von und stellen das absolut Beste dar, was ich in diesem Jahr von der Ahr zu verkosten bekam. Eine außergewöhnliche Kollektion!

87 ▶ **2001 Spätburgunder trocken „Blauschiefer"** frisch und klar im Bouquet, herrlich würzige rauchige Frucht; harmonisch im Mund, gute klare reife Frucht, feine dezente Vanille (16 €)

87 ▶ **2001 Frühburgunder trocken Neuenahrer Sonnenberg** reife süße Frucht, ganz leicht duftig; harmonisch, schmeichelnd, klare Frucht, süffiger Frühburgunder (21 €)

90 ▶ **2001 Spätburgunder trocken „S"** gute Konzentration im Bouquet, wunderschön klare Frucht, reife rote Früchte; schmeichelnd im Mund, reife süße Frucht, wunderschön harmonisch und elegant, feine Vanille, mit Struktur, sehr nachhaltig (27 €)

91 ▶ **2001 Spätburgunder trocken „S" Goldkapsel** konzentriert, eindringliche Frucht, rauchige Noten, Gewürze; herrlich klar und kraftvoll im Mund, zupackend, füllig, gute Struktur, Nachhall (45 €)

91 ▶ **2001 Frühburgunder Auslese trocken Dernauer Pfarrwingert** herrlich konzentriert im Bouquet, reife süße Frucht, Schokolade, Vanille; wunderschön harmonisch im Mund, viel Frucht, schmeichelnd, Schokolade, sehr lang (40 €)

91 ▶ **2001 Spätburgunder Auslese trocken Walporzheimer Kräuterberg** herrlich konzentriert, feine Würze, sehr klare reife Frucht; gute Fülle und Harmonie, klare reife Frucht, etwas Gewürznoten und Vanille, harmonisch und lang (45 €)

91 ▶ **2001 Spätburgunder Auslese trocken Dernauer Pfarrwingert** enorm rauchig im Bouquet, dominant, Gewürznoten, reife eindringliche Frucht, viel Konzentration; füllig und kraftvoll im Mund, viel reife Frucht, rauchig-würzige Noten, enorm konzentriert, nachhaltig (Versteigerungswein, 98 €)

Weingut Michel ★★★★★
Baden

Winzerweg 24, 79235 Achkarren
Tel. 07662-429, Fax: 07662-763
weingutmichel@t-online.de
Inhaber: Josef Michel
Rebfläche: 11,5 Hektar
Besuchszeiten: Mo.-Fr. 9-12 + 13:30-17 Uhr,
Sa. 10-12 Uhr und nach Vereinbarung
Straußwirtschaft

Vor allem Burgunder baut Josef Michel an: 41 Prozent seiner Weinberge sind mit Spätburgunder bepflanzt, 26 Prozent mit Grauburgunder und 16 Prozent mit Weißburgunder. Neben den dominierenden Burgundersorten hat Josef Michel auch Chardonnay, ein klein wenig Müller-Thurgau und Silvaner. Das Gros der Weinberge von Josef Michel liegt in Achkarren. Dort besitzt er 5,5 Hektar am Achkarrer Schlossberg und 3,5 Hektar am Achkarrer Castellberg. Dazu gehören ihm 2 Hektar Weinberge in Munzingen am Tuniberg, in denen er ausschließlich Spätburgunder anbaut.

Das Ziel von Josef Michel ist es reintönige Weine zu erzeugen, die Frucht, Spiel und Frische aufweisen. Was ihm in den letzten Jahren immer ganz phantastisch gelungen ist. Wobei seine faszinierendsten Weine immer wieder die Grauburgunder aus dem Schlossberg sind. Die 3-Sterne-Spätlese gehört jedes Jahr zu den Topweinen in Deutschland. Schon den vierten Jahrgang in Folge habe ich mit mindestens 91 Punkten bewertet. Doch die „normale" Spätlese steht ihr nur wenig nach. Die beiden Grauburgunder Kabinett - Schlossberg und Castellberg - sind jedes Jahr wunderschön sortentypisch und - relativ, wir sind hier am Kaiserstuhl - leicht.

Aber auch die Weißburgunder von Josef Michel sind Jahr für Jahr sehr gut, ebenso wie die Cuvée aus Weißburgunder und Chardonnay. Die Finesse, die seine Weißweine auszeichnet, findet man auch in allen Spätburgundern wieder. Sein barriqueausgebauter Wein aus dem Schlossberg gehört zwar nicht zu den „dicksten", dafür aber immer wieder zu den „feinsten" Spätburgundern vom Kaiserstuhl.

In den Jahrgängen 2000 und 2001 waren die Burgunder, ob weiß oder rot wieder herausragend. Und das alles bei recht moderaten Preisen. Auch 2002 haben seine weißen Burgunder mir besonders gut gefallen mit ihrer reintönigen Frucht. Aber auch Spätburgunder Chardonnay sind sehr gut, allein der süße Silvaner will mir nicht so recht gefallen.

88 ▶ **2002 Grauburgunder Kabinett trocken Achkarrer Castellberg** wunderschön klare reintönige Frucht, feine Frische, gelbe Früchte; gute Harmonie, sehr klare Frucht, wunderschön unkompliziert (5,60 €)

88 ▶ **2002 Weißburgunder Kabinett trocken Achkarrer Schlossberg** wunderschön klare Frucht, Frische, weiße Früchte; herrlich harmonisch, sehr klare Frucht, gute Länge (6,20 €)

87 ▶ **2002 Grauburgunder Kabinett trocken Achkarrer Schlossberg** feine Frucht, wunderschön klar; frisch, harmonisch, feine Frucht (6,50 €)

90 ▶ **2002 Weißburgunder Spätlese trocken Achkarrer Schlossberg** herrlich reintönige faszinierende Frucht, gute Konzentration; viel Frucht im Mund, reintönig, gute Konzentration, Frische, Länge (8 €)

90 ▶ **2002 Grauburgunder Spätlese trocken Achkarrer Schlossberg** klar und konzentriert, sehr reintönige Frucht, gelbe Früchte, sehr eindringlich; harmonisch im Mund, viel klare reife Frucht, Länge und Nachhall (8 €)

91 ▶ **2002 Grauburgunder Spätlese*** trocken Achkarrer Schlossberg** enorm konzentriert, herrlich klare eindringliche Frucht, vielversprechend; kraftvoll, viel reife Frucht, dominant, kompakt, jugendlich (11,50 €)

89 ▶ **2002 Chardonnay trocken** gute Konzentration, klare jugendliche Frucht; kraftvoll im Mund, jugendliche Frucht, gute Fülle und Harmonie (11,50 €)

84 ▶ **2002 Silvaner Spätlese Achkarrer Schlossberg** reife süße Frucht, dezent Litschi; süß, kompakt, würzige Noten (8 €)

85 ▶ **2001 Spätburgunder trocken Achkarrer Schlossberg** reife süße Frucht mit rauchig-würzigen Noten; frisch, klar, feine reintönige Frucht (7,40 €)

88 ▶ **2001 Spätburgunder trocken Barrique Achkarrer Schlossberg** reife süße Frucht im Bouquet, Vanille; füllig, harmonisch, sehr klare Frucht (15 €)

88 ▶ **2001 Spätburgunder trocken Barrique Ihringer Winklerberg** konzentriert, reife süße Frucht, enorm dominant; harmonisch, reintönig, feine süße Frucht, wunderschön eleganter Spätburgunder (15 €)

Cisterzienser Weingut Michel ★
Rheinhessen

Dalbergstraße 28,
67596 Dittelsheim-Hessloch
Tel. 06244-4921, Fax: 06244-5499
www.weinmichel.com oder
www.cisterzienser-weingut.de
weinmichel@t-online.de
Inhaber: Familie Michel
Rebfläche: 18 Hektar
Besuchszeiten: Mo.-Fr. 8-19 Uhr, Sa. 9-13 Uhr

Das heutige Cisterzienser Weingut Michel geht auf ein im Jahr 1173 vom Cisterzienser Kloster Otterberg gegründetes Wein- und Hofgut zurück. 1780 wurde es von den Vorfahren der heutigen Eigentümer erworben. Ulrich Michel, Geisenheim-Absolvent, ist seit 1993 für den Weinausbau verantwortlich. Bis in die neunziger Jahre war das Gut ein landwirtschaftlicher Gemischtbetrieb. Inzwischen hat man die Ackerflächen verpachtet und konzentriert sich ganz auf den Weinbau. Die Weinberge befinden sich in Hessloch (dort überwiegen tiefgründige Löss-Lehmböden mit hohem Kalkanteil) und im Bechtheimer Hasensprung, wo die Böden eisenerzhaltig sind und den Weinen mineralische Noten mitgeben. Wichtigste Rebsorten in einer breiten Palette sind Dornfelder und Riesling. Ulrich Michel hat vor das Sortiment hin zu den klassischen und internationalen Rebsorten zu verändern. Chardonnay, Gewürztraminer, Sauvignon Blanc, Merlot, Cabernet Sauvignon und Frühburgunder wurden in den letzten Jahren gepflanzt. Der Rotweinanteil beträgt zur Zeit 42 Prozent. Die Rotweine werden nach der Maischegärung im Holzfass ausgebaut, Weißweine im Edelstahl. 70 Prozent der Produktion wird an Privatkunden verkauft.

Wie im vergangenen Jahr hat Ulrich Michel eine sehr gleichmäßige Kollektion. Seine trockenen Weine sind alle sehr von Restsüße geprägt und wirken dadurch ein wenig gefällig.

85 ▶ 2002 Sauvignon Blanc herrlich grasig und direkt, feine Sauvignonfrucht; frisch, klar, gute recht süße Frucht (7,20 €)

86 ▶ 2002 Grauer Burgunder trocken Hesslocher Mondschein gute würzige Grauburgunderfrucht, sehr klar und eindringlich; füllig, reife süße Frucht, süffig (5,20 €)

85 ▶ 2002 Riesling Spätlese trocken Bechtheimer Hasensprung gute Konzentration, feine klare Rieslingfrucht, etwas Limone; recht süß im Mund, gute Frucht (4,80 €)

84 ▶ 2002 Huxelrebe frisch, klar, würzige Frucht; klare Frucht, schmeichelnd, guter Biss (3,80 €)

84 ▶ 2002 Riesling Auslese Bechtheimer Hasensprung würzig, konzentriert, jugendliche Frucht; dominant, süße Frucht, füllig, Bitternoten (3,90 €/0,5l)

87 ▶ 2002 Riesling Eiswein herrlich konzentriert, süße eingelegte Aprikosen, Sirup, Litschi; süß, dominant, konzentriert und kompakt (16 €)

85 ▶ 2002 Dornfelder trocken Bechtheimer Hasensprung klare jugendliche Frucht, eindringlich; wunderschön fruchtbetont im Mund, recht süß, süffig (4,60 €)

84 ▶ 2002 Spätburgunder trocken Hesslocher Liebfrauenberg feine Würze, klare Frucht; recht süße Frucht, unkompliziert und süffig (4,80 €)

85 ▶ 2002 Früher Burgunder Hesslocher Edle Weingärten rauchige Noten, feine Frucht; süß im Mund, herrlich süffig bei klarer Frucht, Biss (4,80 €)

Weitere Weine: 82 ▶ 2002 Grüner Silvaner trocken Hesslocher Mondschein ▪ 82 ▶ 2002 Rivaner ▪ 83 ▶ 2002 Gewürztraminer Kabinett halbtrocken ▪

Weingut Michel-Pfannebecker ★★★★
Rheinhessen

Langgasse 18-19, 55234 Flomborn
Tel. 06735-355, Fax: 06735-836
www.michel-pfannebecker.de
wgtmi.pfa@t-online.de
Inhaber: Heinfried und Gerold Pfannebecker
Rebfläche: 11,8 Hektar
Besuchszeiten: Mo.-Sa. 9-18 Uhr nach Vereinbarung

Heinfried und Gerold Pfannebecker in Flomborn gehören zu den Shooting Stars in Rheinhessen. Mit durchweg zuverlässiger Qualität geben sie eine Vorstellung davon, was in wenig bekannten Gemeinden Rheinhessens möglich ist. Heinfried Pfannebecker kümmert sich vor allem um die Weinberge, Gerold mehr um den Keller. In Zukunft möchten sie noch mehr auf die klassischen Rebsorten setzen. Vor allem den Anteil von Riesling und Spätburgunder möchten sie in den kommenden Jahren weiter deutlich erhöhen. Wobei sie versuchsweise auch 400 Stöcke Cabernet

Sauvignon gepflanzt haben. Etwa 80 Prozent ihrer Weine bauen sie trocken aus (die trockenen Weißweine sind allerdings oft von einer merklichen Restsüße geprägt).

Wie in den Jahrgängen zuvor warteten Heinfried und Gerold Pfannebecker auch im Jahrgang 2000 mit einer durchgängig überzeugenden Kollektion auf. Meine Favoriten waren Chardonnay und Blanc de Noir. Alle Weine waren wunderschön reintönig und fruchtbetont. In der letztjährigen Kollektion fiel es mir schwer, einzelne Weine herauszuheben. Es war die beste Kollektion der Brüder Pfannebecker die ich bis dato verkostet hatte. Die neue Kollektion ist auf gleichem, sehr hohem Niveau mit gleichermaßen beeindruckenden Weiß- und Rotweinen.

86 ▶ **2002 „Tegula alba" Weißwein trocken Flomborner Feuerberg** Riesling, Silvaner und Gewürztraminer; gute Konzentration, jugendliche Frucht; gute Harmonie, Frucht, kompakt (5,20 €)

86 ▶ **2002 Silvaner Spätlese trocken Flomborner Feuerberg** reife sehr klare Frucht, gute Konzentration; herrlich füllig im Mund, reife süße Frucht (4,90 €)

88 ▶ **2002 Silvaner trocken Selection Rheinhessen Flomborner Feuerberg** reife klare Frucht, würzige Noten, gute Konzentration; füllig, herrlich viel Frucht, kompakt (8,20 €)

88 ▶ **2002 Scheurebe Spätlese trocken Flomborner Feuerberg** klare Frucht, jugendlich, gute Konzentration; sehr klare Frucht, harmonisch, feine Länge (5,20 €)

88 ▶ **2002 Weißburgunder Spätlese trocken Flomborner Feuerberg** reife klare süße Frucht, gute Konzentration, reintönig; füllig, harmonisch, viel süße reife Frucht (6,20 €)

87 ▶ **2002 Chardonnay Spätlese trocken Flomborner Goldberg** konzentriert, herrlich klare reife Frucht; gute Fülle im Mund, viel reife süße Frucht (6,90 €)

86 ▶ **2002 Riesling Spätlese trocken Westhofener Steingrube Nr. 13/03** reife klare Rieslingfrucht, Limone; frisch, klar, direkt, feine süße Frucht (5,70 €)

87 ▶ **2002 Riesling Spätlese trocken Westhofener Steingrube Nr. 6/03** würzig, konzentriert, jugendliche Frucht; gute Fülle, reife süße Frucht (8,60 €)

88 ▶ **2002 Riesling trocken Selection Rheinhessen Flomborner Feuerberg** konzentriert, herrlich würzige eindringliche Frucht; gute Fülle, viel süße Frucht, kompakt, Nachhall (8,60 €)

87 ▶ **2002 Würzer Spätlese Flomborner Feuerberg** reife klare Frucht, gute Konzentration; harmonisch, viel süße Frucht, schmeichelnd, sehr klar (4,40 €)

89 ▶ **2002 Riesling Eiswein Flomborner Feuerberg** sehr klar, reife Aprikosen, Zitrusfrüchte; frisch, direkt, sehr reintönige Frucht, mit Biss und Nachhall (17,80 €/0,375l)

89 ▶ **2001 Dornfelder trocken Barrique Westhofener Bergkloster** gute Konzentration, viel reife süße Frucht, eindringlich; viel reife süße Frucht auch im Mund, füllig, harmonisch, gute Struktur, jugendliche Bitternote (8,90 €)

88 ▶ **2001 Spätburgunder trocken Flomborner Goldberg** wunderschön klare reife Frucht, Vanille, rauchige Noten; harmonisch im Mund, klare Frucht, Vanille, lang (13,80 €)

89 ▶ **2001 Spätburgunder trocken Selection Rheinhessen Gundersheimer Höllenbrand** gute Konzentration, sehr klare Frucht mit rauchigen Noten, Vanille, dezenter Toast; viel reife süße Frucht, harmonisch, sehr reintönig, mit Länge (16,40 €)

Weitere Weine: 85 ▶ 2002 Silvaner trocken Flomborner Feuerberg ▪ 85 ▶ 2002 Riesling Spätlese trocken Eppelsheimer Felsen ▪ 85 ▶ 2002 Riesling Spätlese trocken Flomborner Feuerberg ▪

Weingut Karl-Hermann Milch ★★★
Rheinhessen

Rüstermühle, 67590 Monsheim
Tel. 06243-337, Fax: 06243-6707
www.weingut-milch.de
info@weingut-milch.de
Inhaber: Karl-Hermann Milch
Rebfläche: 11,3 Hektar
Besuchszeiten: nach Vereinbarung
Fremdenzimmer

Karl-Hermann Milch hat 2001 das Weingut von seinem Vater Karlheinz Milch übernommen. Seine Winzerlehre hat er bei den Weingütern Keller in Flörsheim-Dalsheim und Knipser in Laumersheim verbracht, die Ausbildung zum Weinbautechniker hat er im Jahr 2000 abgeschlossen. In den letzten Jahren wurde der Rotweinanteil auf gut ein Drittel erhöht. Neu gepflanzt wurden Frühburgunder, Merlot und Cabernet Sauvignon. Bereits seit 1990 gibt es auch Domina. An weißen Sorten wurden zuletzt Weiß- und Grauburgunder gepflanzt. Auch vom Chardonnay, den es beim Weingut bereits seit 1993 gibt, wurde mehr gepflanzt. Etwa 40.000 Flaschen füllt und vermarktet Karl-Hermann Milch selbst, hauptsächlich an Privatkunden. Seit dem Jahrgang 2002 (Weißweine) bzw. 2000 (Rotweine) werden keine Prädikatsbezeichnungen mehr für trockene Weine verwendet, die Spitzenweine tragen die Zusatzbezeichnung „S".

Neu im Programm sind Weiß- und Grauburgunder, die im Jahr 2002 ebenso wie Merlot und Frühburgunder den ersten Ertrag brachten. Nach guten Leistungen in den vergangenen Jahren bringt die neue Kollektion Karl-Hermann Milch einen klaren Schritt voran. Die barriqueausgebauten Rotweine, egal ob Spätburgunder, St. Laurent oder Domina, gehören zur Spitze in Rheinhessen.

86 ▶ **2002 Riesling trocken Monsheimer** frisch, klar, wunderschön reintönige Rieslingfrucht; lebhaft und klar im Mund, gute Frucht und Biss (3 €)

85 ▶ **2002 Weißer Burgunder trocken Monsheimer Silberberg** klar, ganz leicht würzige Frucht, weiße Früchte; gute Frucht, harmonisch, reintöniger feiner Weißburgunder (4,20 €)

85 ▶ **2002 Chardonnay trocken Monsheimer Silberberg** zurückhaltende Frucht, direkt; klare Frucht, gute Harmonie, Biss (4,35 €)

86 ▶ **2002 Grauer Burgunder trocken Monsheimer Silberberg** gute Konzentration, sehr klare jugendliche Frucht, gelbe Früchte; kraftvoll im Mund, gute Struktur, Fülle (6,90 €)

85 ▶ **2002 Chardonnay „S" trocken Monsheimer Silberberg** konzentriert, klar, herrlich reife süße Frucht; gute Fülle, reife Frucht, klar und konzentriert (7,90 €)

86 ▶ **2002 Gewürztraminer Spätlese Monsheimer Rosengarten** feine Frische, dezent Rosen; süß und geschmeidig im Mund, herrlich süffig (4 €)

86 ▶ **2001 Spätburgunder trocken Holzfass Mörstädter Nonnengarten** sehr reintönige Frucht, rauchige Noten; gute Harmonie, sehr klare Frucht, dezente Vanille (6 €)

88 ▶ **2001 St. Laurent trocken Barrique Monsheimer Rosengarten** gute Konzentration, reife eindringliche Frucht, dezent Minze; harmonisch, reife Frucht, Schokolade und dezent Vanille (9,20 €)

88 ▶ **2001 Domina trocken Barrique Monsheimer Silberberg** würzig, konzentriert, sehr klare reife Frucht, feiner Toast; sehr klare Frucht im Mund, feine Frische, gute Harmonie, Nachhall (10,50 €)

88 ▶ **2001 Spätburgunder trocken Barrique Monsheimer Silberberg** gute Würze und Konzentration, sehr klare Frucht; harmonisch, feine Vanille, klare reife Frucht (9,80 €)

90 ▶ **2001 Spätburgunder „S" trocken Barrique Monsheimer Silberberg** konzentriert, reintönig, herrlich eindringliche jugendliche Frucht; gute Fülle im Mund, reife Frucht, harmonisch, klar, feine Vanille (14,80 €)

Weingut
Milz - Laurentiushof ★★★★
Mosel-Saar-Ruwer

Moselstraße 7-9, 54349 Trittenheim
Tel. 06507-2300, Fax: 06507-5650
milz-laurentiushof@t-online.de
Inhaber: Markus Milz
Rebfläche: 6 Hektar
Besuchszeiten: nach Vereinbarung
Veranstaltungen und Weinproben
(bis 100 Personen)

Die Weinberge vom Laurentiushof befinden sich zu 90 Prozent in Steillagen, darunter drei Lagen in Alleinbesitz: Trittenheimer Leiterchen und Trittenheimer Felsenkopf, beide jeweils knapp einen Hektar groß, sowie Neumagener Nusswingert (etwa 0,6 Hektar). Das Weingut Milz ist aber auch in den Lagen Trittenheimer Apotheke, Trittenheimer Altärchen und Dhron Hofberger vertreten. Das Gros der Weine wird mit den eigenen Hefen vergoren. Bis auf die einfacheren Qualitäten werden alle Weine im traditionellen Fuderfass ausgebaut.

Ähnlich wie das Bild im vergangenen Jahr: eine starke Kollektion wird gekrönt von einem faszinierenden Eiswein!

84 ▶ **2002 Riesling Kabinett trocken Trittenheimer Altärchen** würzige Noten, klare Frucht; frisch, direkt, klar, feine Frucht (5,90 €)

88 ▶ **2002 Riesling Spätlese trocken Trittenheimer Altärchen** klare Frucht, jugendlich, sehr eindringlich; gute Harmonie im Mund, sehr klare Frucht, Biss, Nachhall (7,20 €)

84 ▶ **2002 Riesling Kabinett halbtrocken Dhron Hofberger** würzige Noten, leicht streng; klar und direkt im Mund, gute süße Frucht (6,90 €)

87 ▶ **2002 Riesling Spätlese halbtrocken Trittenheimer Apotheke** würzig, direkt, gute Konzentration; wunderschön harmonisch im Mund, reife klare süße Frucht (7,30 €)

86 ▶ **2002 Riesling Kabinett Neumagener Nusswingert** würzig, direkt, feine Frucht; frisch, klar, geradlinig, gute Frucht (6,90 €)

88 ▶ **2002 Riesling Spätlese Trittenheimer Apotheke** würzig, konzentriert, eindringliche jugendliche Frucht; herrlich dominant im Mund, reife süße Frucht, harmonisch, klar (7,80 €)

88 ▶ **2002 Riesling Spätlese Trittenheimer Felsenkopf** würzig, konzentriert, jugendliche Rieslingfrucht; viel süße Frucht, schmeichelnd, klar, Frische und Biss (7,90 €)

89 ▶ **2002 Riesling Spätlese Trittenheimer Leiterchen** konzentriert, würzig, mineralische Noten; kraftvoll im Mund, herrlich füllig, harmonisch, viel Frucht (9 €)

89 ▶ **2002 Riesling Auslese Trittenheimer Felsenkopf** würzig, konzentriert, jugendliche Rieslingfrucht; herrlich kraftvoll im Mund, viel reife süße Frucht (15,50 €)

90 ▶ **2002 Riesling Auslese Goldkapsel Trittenheimer Felsenkopf** würzig, dominant, herrlich konzentriert, etwas Aprikosen, süße Zitrusfrüchte; herrlich füllig im Mund, süße Früchte, dominant (25 €/0,5l)

87 ▶ **2002 Riesling Auslese Trittenheimer Leiterchen** würzig, eindringlich, enorm dominant, reife Rieslingfrucht, leicht duftig, Litschi; sehr klar dann im Mund, gute Frucht, harmonisch (15,50 €)

93 ▶ **2002 Riesling Eiswein Trittenheimer Apotheke** herrlich würzig und direkt, konzentrierte klare Rieslingfrucht, reife süße Aprikosen, Zitrusfrüchte, Orangen, Orangenschalen; dominant im Mund, viel süße Frucht, konzentriert, herrlich süffig, harmonisch und lang (36 €/0,375l)

Weingut
Ernst Minges ★
Pfalz

Staatsstraße 51, 67483 Edesheim
Tel. 06323-5713, Fax: 06323-5865
www.minges-wein.de
info@minges-wein.de
Inhaber: Ernst Minges
Rebfläche: 24,5 Hektar
Besuchszeiten: Mo.-Sa. 9-19 Uhr

Die Weinberge von Ernst Minges liegen in Edesheim, Edenkoben, Rhodt und

Walsheim. Rote Sorten kommen inzwischen auf einen Anteil von 47 Prozent. Wichtigste Rebsorten sind Dornfelder und Riesling, gefolgt von Müller-Thurgau, Portugieser, Kerner und Spätburgunder. Seit 1993 werden die Weinberge umweltschonend bewirtschaftet. Etwa 15 Prozent der Ernte werden zu Sekt verarbeitet.

Vor zwei Jahren hatten mir die Rotweine recht gut gefallen. Interessant war neben dem Spätburgunder insbesondere der barriqueausgebaute Dunkelfelder. Auch im vergangenen Jahr gefielen mir die Rotweine wieder ein wenig besser als die Weißweine. In diesem Jahr nun ist die Kollektion wesentlich ausgewogener mit gleichermaßen kraftvollen Weiß- und Rotweinen an der Spitze.

85 ▶ 2002 „Cuvée Charlotte" trocken Grauburgunder, Weißburgunder, Riesling und Gewürztraminer; feine Würze, verhaltene Frucht; klar, harmonisch, recht süße Frucht (5,45 €)

87 ▶ 2002 Riesling Selection Edesheimer Forst gute Konzentration, jugendliche Rieslingfrucht; kraftvoll, klar, herrlich viel Frucht (8,30 €)

85 ▶ 2002 Gelber Muskateller Kabinett Rhodter Rosengarten feine Muskatfrucht, Frische; lebhaft im Mund, klare süße Frucht (4,40 €)

86 ▶ 2000 Dunkelfelder trocken Barrique Rhodter Schloßberg recht würzig, konzentriert, dominant; gute Fülle, Frucht, Schokolade, kräftige Bitternote (10,50 €)

85 ▶ 2001 Cabernet Sauvignon trocken Holzfass Walsheimer Silberberg klare Würze und Frucht im Bouquet; gute Frucht, Frische, harmonisch (5,70 €)

Weitere Weine: 82 ▶ 2002 Rivaner Classic ▪ 82 ▶ 2002 Riesling Classic ▪ 84 ▶ 2002 Chardonnay trocken Rhodter Rosengarten ▪ 84 ▶ 2002 Grauburgunder Kabinett trocken Edesheimer Forst ▪ 84 ▶ 2002 Portugieser Rosé trocken Rhodter Rosengarten ▪ 84 ▶ 2000 Dornfelder trocken Rhodter Rosengarten ▪ 84 ▶ 2000 Dunkelfelder trocken Edesheimer Forst ▪ 83 ▶ 1999 Saint Laurent trocken Barrique Edenkobener Kirchberg ▪ 83 ▶ 2001 Spätburgunder trocken Holzfass Hainfelder Kirchenstück ▪ 84 ▶ 2001 Merlot trocken Holzfass Walsheimer Silberberg ▪ 82 ▶ 2001 Saint Laurent trocken Edenkobener Kirchberg ▪ 84 ▶ 2002 „Emrondo" Cuvée trocken ▪ 81 ▶ 2002 Spätburgunder halbtrocken Rhodter Schloßberg ▪ 81 ▶ 2002 Dornfelder Classic ▪

Weingut Theo **Minges** ★★★★
Pfalz

Bachstraße 11, 76835 Flemlingen
Tel. 06323-93350, Fax: 06323-93351
theominges@firemail.de
Inhaber: Theo Minges
Rebfläche: 19 Hektar
Besuchszeiten: Mo.-Sa. 9-18 Uhr

Der Weinkeller von Theo Minges stammt aus dem 15. Jahrhundert und gehörte damals als Zehntkeller den Grafen von der Leyen. Wichtigste Rebsorte bei ihm ist Riesling, der knapp ein Drittel seiner Weinberge einnimmt. Dann kommen Grauburgunder, Weißburgunder und Chardonnay. Wichtigste rote Sorte ist der Spätburgunder. Hinzu kommen Dornfelder und St. Laurent, aber auch Cabernet Sauvignon, Cabernet Franc und Merlot. Rote Sorten nehmen zur Zeit etwa die Hälfte der Rebfläche von Theo Minges ein. Er möchte den Anteil in den kommenden Jahren aber etwas reduzieren. Den Riesling hat er vor allem in der Gleisweiler Hölle stehen. Die Weißweine werden nach Maischestandzeiten von 6 bis 30 Stunden kühl und langsam vergoren und bleiben recht lange auf der Feinhefe. Seine Rotweine baut Theo Minges recht lange im Fass aus.

Nach kontinuierlichen Steigerungen in den vergangenen Jahren brachte der Jahrgang 2001 Theo Minges nochmals einen Schritt voran. Die weißen Burgunder und auch die Rieslinge waren so gut wie noch nie. Der Riesling Eiswein war einer der herausragenden edelsüßen Weine des Jahrgangs in der Pfalz. Auch die neue Kollektion überzeugt, wobei die stärksten Weine im Programm die süßen und edelsüßen Rieslinge sind.

87 ▶ **2002 Weißburgunder Spätlese trocken Böchinger Rosenkranz** konzentriert, sehr klar, jugendliche Frucht; kraftvoll und klar im Mund, gute Fülle (7 €)

87 ▶ **2002 Chardonnay Spätlese trocken Hainfelder Letten** gute Würze und Konzentration, jugendliche Frucht; harmonisch, klar, gute Fülle und Frucht (7 €)

86 ▶ **2002 Gewürtraminer Spätlese trocken „Edition Rosenduft"** reife süße Frucht, sehr klar, Aprikosen und Litschi; kraftvoll im Mund, klar, gute Frucht, jugendlich (8 €)

86 ▶ **2002 Riesling Spätlese trocken Gleisweiler Hölle** klare Frucht, mineralische Noten; klar und direkt im Mund, feine Frucht (7 €)

87 ▶ **2002 Riesling Kabinett Gleisweiler Hölle** sehr klare Frucht, zurückhaltend; harmonisch, viel süße Frucht, sehr klar (5 €)

87 ▶ **2002 Riesling Spätlese Gleisweiler Hölle** reife klare Rieslingfrucht, direkt; viel süße Frucht, wunderschön reintönig (7,20 €)

88 ▶ **2002 Scheurebe Spätlese Gleisweiler Hölle** reife klare Frucht, Cassis, feine Frische; viel süße Frucht, harmonisch, herrlich süffig und lang (7 €)

87 ▶ **2002 Gewürtraminer Spätlese „Edition Rosenduft"** reife süße Traminerfrucht, Litschi; gute Fülle, reife süße Frucht, harmonisch und lang (8 €)

88 ▶ **2002 Riesling Auslese Gleisweiler Hölle** süße Frucht, herrlich konzentriert und direkt; viel süße Frucht, schmeichelnd, süffig (8 €/0,5l)

90 ▶ **2002 Riesling Auslese Goldkapsel Gleisweiler Hölle** konzentriert im Bouquet, reife süße Frucht, süße Aprikosen; konzentriert, dominant, viel süße Frucht, sehr reintönig (10 €/0,5l)

Weitere Weine: 81 ▶ 2002 Riesling Kabinett trocken Gleisweiler Hölle ■

Wein- und Sekthaus G.L. Möller ★★
Pfalz

Weinstraße 65, 76835 Hainfeld
Tel. 06323-81140, Fax: 06323-980143
Inhaber: Gunter und Ilona Möller
Rebfläche: nur Zukauf
Besuchszeiten: Mo.-Sa. nach Vereinbarung
Degustationsausschank im Hotel-Restaurant Sonnenhof (Siebeldingen)

Gunter Möller besitzt selbst keine Weinberge und ist für seine Sekt- und Weinproduktion auf die Zusammenarbeit mit Vertragswinzern angewiesen. Nach der Sektherstellung - er versektet auch die Grundweine anderer Winzer - hat er 1993 auch mit der Produktion von Barrique-Rotweinen. 2000 kamen dann noch einige Weißweine ins Programm, darunter ein Sauvignon Blanc und eine Burgundercuvée. Die Rotweine baut er alle etwa achtzehn Monate im Barrique aus. Damit die Weine nicht allzu dominiert sind vom Holz benutzt er Barriques verschiedener Herkunft und hält den Anteil neuer Fässer meist bei etwa einem Viertel. Er verfügt über sechzig Barriques und nutzt in letzter Zeit auch 310-Liter-Fässer.

Gunter Möller hatte bisher ein sehr interessantes Programm mit gleichermaßen guten Weißweinen und Sekten. Die in diesem Jahr verkosteten Weißweine aus dem Jahrgang 2001 wirken allzu gereift. Zuverlässig wie zuletzt präsentieren sich Sekte und Rotweine.

84 ▶ **2001 Weißburgunder Sekt Extra Brut** rauchige Noten, leicht streng; klar, weich, gute Fülle, weiße Früchte (10 €)

84 ▶ **2001 Spätburgunder Rosé Sekt Brut** feine rauchige Noten im Bouquet, verhalten; klar, harmonisch, süße Frucht (9,75 €)

84 ▶ **2001 „Cuvée M" Rotwein trocken** reife rote Früchte, würzige Noten; harmonisch, feine Frucht, Frische und Biss (8 €)

86 ▶ **2000 Merlot trocken Barrique** gute Konzentration, reife Frucht, Gewürznoten; klar, direkt, feine Frucht, viel Biss, jugendlich (14,40 €)

Weitere Weine: 80* ▶ 2001 Chardonnay Kabinett trocken ▪ 82* ▶ 2001 Grauburgunder Kabinett trocken ▪

Weingut
Mönchhof ★★★★
Robert Eymael
Mosel-Saar-Ruwer

Mönchhof, 54539 Ürzig
Tel. 06532-93164, Fax: 06532-93166
www.moenchhof.de
moenchhof.eymael@t-online.de
Inhaber: Robert Eymael
Rebfläche: 10 Hektar
Besuchszeiten: Mo.-Sa. 9-17 Uhr, am Wochenende nach Vereinbarung
3 Gästezimmer

Der Mönchhof, der ehemals der Zisterzienserabtei Himmerod gehörte, ist eines der ältesten Weingüter an der Mosel. Zum Mönchhof gehören Weinberge in berühmten Lagen wie Ürziger Würzgarten (an dessen Fuß das Weingut liegt), Erdener Treppchen oder Erdener Prälat. Sie sind ausschließlich mit wurzelechten, teilweise hundert Jahre alten Rieslingreben bepflanzt. Robert Eymael, der das elterliche Weingut 1994 übernommen hat, baut nur Riesling an. Alle Weine werden im alten Gewölbekeller in Holzfässern ausgebaut. Neben dem Gutsgebäude aus dem 16. Jahrhundert kann man eine weitere Sehenswürdigkeit aus der Römerzeit bewundern, nämlich die älteste bislang bekannte römische Kelteranlage nördlich der Alpen, die in den Erdener Weinbergen des Mönchshofs entdeckt wurde.

Im schwierigen Jahrgang 2000 war Robert Eymael eine weitere Steigerung gelungen. Vor allem seine edelsüßen Weine bestachen durch ihre Brillanz und Reintönigkeit, wobei mir neben der Auslese Erdener Prälat (91) die Spätlese aus dem Ürziger Würzgarten (90) am besten gefiel. Auch im Jahrgang 2001 hatte er wieder eine ganze Reihe von faszinierenden edelsüßen Rieslingen im Programm. Aber auch die trockenen Weine hatten in diesem Jahrgang deutlich an Struktur und Ausdruck gewonnen. 2002 schließt nahtlos daran an mit wunderschön reintönigen Weinen.

85 ▶ **2002 Riesling trocken** sehr reintönige Frucht; frisch, klar, feine süße Frucht (6,80 €)

88 ▶ **2002 Riesling Spätlese trocken Erdener Treppchen** feine Würze, klare eindringliche süße Frucht; frisch, klar, direkt, feine reintönige Frucht (10,80 €)

84 ▶ **2002 Riesling halbtrocken** feine Würze, klare Frucht; harmonisch, füllig, klare süße Frucht, Biss (6,80 €)

85 ▶ **2002 Riesling Spätlese halbtrocken Ürziger Würzgarten** würzige Noten, verhaltene Frucht; klar, süße Frucht, süffig (10,80 €)

87 ▶ **2002 Riesling Kabinett Ürziger Würzgarten** feine Würze, jugendliche Frucht, Frische; frisch, klar, direkt, süße Frucht (8,60 €)

89 ▶ **2002 Riesling Spätlese Ürziger Würzgarten** würzig, klar, jugendliche Frucht; frisch und direkt, viel süße Frucht, wunderschön reintönig, harmonisch und lang (10,80 €)

88 ▶ **2002 Riesling Spätlese Erdener Treppchen** sehr reintönige wenn auch zurückhaltende Frucht; gute Harmonie, wunderschön klare süße Frucht, gute Fülle (10,80 €)

89 ▶ **2002 Riesling Auslese Ürziger Würzgarten** süße Frucht, klar, direkt, sehr reintönig; gute Harmonie, viel süße Frucht, wunderschön reintönig (14,80 €)

89 ▶ **2002 Riesling Auslese Erdener Treppchen** feine Frische, sehr reintönige Frucht, ein wenig gelbe Früchte; gute Harmonie, viel klare reife Frucht, kompakter Riesling (14,80 €)

90 ▶ **2002 Riesling Auslese Erdener Prälat** viel Würze, Konzentration, sehr eindringliche Frucht; harmonisch, klar, reife süße Frucht, gute Fülle, sehr lang (18,90 €)

91 ▶ **2002 Riesling Eiswein Ürziger Würzgarten** herrlich reintönige jugendliche Rieslingfrucht, etwas Zitrusfrüchte, Litschi; frisch und klar, viel süße Frucht, Zitrusfrüchte, Biss, wunderschön reintönig (65 €/0,375l)

Weingut & Brennerei
Mößner *
Baden

◆ Heimbacher Straße 3, 79331 Teningen-Köndringen
Tel. 07641-2808, Fax: 07641-54003
www.weingutmoessner.de
eva@weingutmoessner.de
Inhaber: Martin Mößner
Rebfläche: 2 Hektar
Besuchszeiten: Sa 9-16 Uhr u. n. Vereinbarung

Die Familie Mößner hat in den achtziger Jahren begonnen, eigenen Wein auszubauen. An weißen Sorten gibt es vor allem Grau- und Weißburgunder. Wichtigste rote Sorte ist der Spätburgunder. Im Jahr 2000 wurde eine Parzelle mit Merlot, Cabernet Sauvignon, Cabernet Dorio und Cabernet Mitos bepflanzt. Der Betrieb wird heute von Martin und Anneliese Mößner geführt. Eine ihrer vier Töchter, Eva, hat die Ausbildung zur Technikerin für Weinbau und Kellerwirtschaft gemacht und ist seit der Ernte 2000 für die Vinifikation verantwortlich.

84 ▶ **2002 Riesling „S" trocken** Limone, feine Frische, sehr klare Frucht; lebhaft im Mund, gute Frucht (6 €)

84 ▶ **2001 Spätburgunder Kabinett trocken Köndringer Alte Burg** frisch, klar, feine Würze, sehr reintönige Frucht; frisch, klar, gute Frucht und Biss (5,50 €)

87 ▶ **2001 Spätburgunder trocken Barrique Köndringer Alte Burg** wunderschön klar im Bouquet, sehr reintönige Spätburgunderfrucht; harmonisch, reife klare Frucht, herrlich elegant, sehr lang, feine Bitternoten (8,50 €)

88 ▶ **2001 „Cuvée No. 1" Rotwein trocken Barrique** Cabernet Sauvignon, Merlot und Spätburgunder; rauchige Noten, rote Früchte, klar; reife Frucht, etwas Säure, herrlich klar und lang (8,50 €)

Weitere Weine: 83 ▶ 2002 Weißburgunder trocken Köndringer Alte Burg ■ 81 ▶ 2002 Grauburgunder Kabinett trocken Köndringer Alte Burg ■

Weingut
Mohr & Söhne *
Mittelrhein

Krautsgasse 16 / Hauptstraße 12
56599 Leutesdorf
Tel. 02631-72111 oder 71529
Fax: 02631-75731 oder 778175
weingut-mohr@t-online.de
Inhaber: Georg und Martin Mohr
Rebfläche: 7 Hektar
Besuchszeiten: Mo.-Fr. 8-12 + 13:30 - 19 Uhr, Sa. 10-17 Uhr, So. 11-13 Uhr
Weinproben auf Anfrage

Wichtigste Rebsorte beim Weingut Mohr ist der Riesling mit einem Anteil von 78 Prozent. Daneben gibt es etwas Grauburgunder, Spätburgunder, Kerner und Müller-Thurgau. Die Rebflächen liegen in den Steilhängen der Burg Hammerstein und der Leutesdorfer Lagen Gartenlay, Forstberg und Rosenberg. Die Weine werden mit den natürlichen Hefen vergoren und zum Jahresende durch schonende Filtration geklärt. 60 Prozent der Weine werden trocken ausgebaut, weitere 25 Prozent halbtrocken.

Nach gleichmäßigen Kollektionen in den vergangenen beiden Jahren gefällt mir der Jahrgang 2002 nun deutlich besser: die Rieslinge sind klarer in der Frucht, auch der Grauburgunder ist wunderschön reintönig.

87 ▶ **2002 Grauburgunder trocken Leutesdorfer** frisch und klar im Bouquet, wunderschön reintönige Grauburgunderfrucht; frisch und direkt im Mund, klare reife Frucht, harmonisch (5,60 €)

84 ▶ **2002 Riesling trocken Leutesdorfer Gartenlay** klare Rieslingfrucht im Bouquet, sehr eindringlich; feine süße Frucht im Mund, süffig (4,60 €)

84 ▶ **2002 Riesling Kabinett „feinherb" Leutesdorfer Forstberg** frisch, klar, feine Frucht; recht süß im Mund, unkompliziert und süffig (5,20 €)

M

86 ▶ **2002 Riesling Kabinett Leutesdorfer Rosenberg** klare eindringliche Frucht, etwas Zitrusfrüchte; frisch, klar, viel süße Frucht, reintönig, feiner Nachhall (5,20 €)

Weitere Weine: 81 ▶ 2002 Kerner Kabinett trocken Leutesdorfer ■ 82 ▶ 2001 Spätburgunder trocken Barrique Leutesdorfer Forstberg ■

Weingut Wilhelm Mohr Erben ★★★
Rheingau

Rheinstraße 21, 65391 Lorch
Tel. 06726-9484, Fax: 06726-1694
www.weingut-mohr.de
info@weingut-mohr.de
Inhaber: Jochen Neher
Rebfläche: 4,5 Hektar
Besuchszeiten: nach Vereinbarung
Straußwirtschaft (ab Mai 2004)

Das 1875 von Wilhelm Mohr gegründete Weingut wird heute von dessen Urenkel Jochen Neher und seiner Frau Saynur geführt. Hauptrebsorte bei Jochen Neher ist der Riesling. Daneben gibt es Spätburgunder, Weißburgunder, Silvaner und Scheurebe. Die Weine werden mit Reinzuchthefen in Edelstahltanks vergoren. Die Rotweine werden nach der Maischegärung in Eichenholzfässern ausgebaut.

Vor zwei Jahren hatte ich erstmals Weine von Jochen Neher vorgestellt. Die letztjährige Kollektion brachte ihn einen großen Schritt voran. Der Weißburgunder gehörte wie die Rieslinge zu den Jahrgangsbesten im Rheingau: einer der Aufsteiger im Rheingau. Gleiches gilt in diesem Jahr: ob Sekt oder Rotwein, Riesling trocken oder edelsüß, die gesamte Kollektion überzeugt: wiederum einer der Aufsteiger des Jahres im Rheingau.

87 ▶ **2001 Riesling Sekt Brut** herrlich klare reife Rieslingfrucht, faszinierend eindringlich, rauchige Noten, süße Frucht; herrlich füllig, reife Frucht, viel Biss (13,50 €)

86 ▶ **2002 Weißer Burgunder trocken** wunderschön reintönige Frucht, weiße Früchte; süß, sehr klare Frucht, feiner Biss (5,50 €)

84 ▶ **2002 Riesling Kabinett trocken** reife sehr klare Rieslingfrucht, Aprikosen; frisch und direkt, gute klare Frucht (5,50 €)

88 ▶ **2002 Riesling Spätlese trocken Lorcher Pfaffenwies** gute Konzentration, herrlich klare eindringliche Frucht, Pfirsiche und Zitrusfrüchte; kraftvoll, klare Frucht, jugendlicher zupackender Riesling, feiner Nachhall (8 €)

89 ▶ **2002 Riesling Erstes Gewächs Lorcher Krone** gute Konzentration, herrlich klare jugendliche Frucht, sehr eindringlich; viel süße Frucht, herrlich schmeichelnd, füllig, saftiger Riesling, feiner Nachhall (14,90 €)

89 ▶ **2002 Riesling Auslese Lorcher Krone** viel Konzentration, reife süße Frucht, Litschi, Aprikosen; schmeichelnd, viel süße Frucht, klar, sehr reintönig, Nachhall (15,90 €/0,5l)

90 ▶ **2002 Riesling Auslese Lorcher Kapellenberg** faszinierend konzentriert im Bouquet, eindringliche reife Rieslingfrucht; viel süße Frucht, herrlich reintönig, konzentriert, zupackend, feiner Nachhall ((18 €/0,5l)

91 ▶ **2002 Riesling Eiswein Lorcher Kapellenberg** sehr klare Frucht im Bouquet, eindringlich, direkt, würzig; viel süße Frucht, konzentriert, dominant, herrlich klar und nachhaltig (30 €/0,375l)

92 ▶ **2002 Riesling Beerenauslese Lorcher Pfaffenwies** herrlich eindringliche reintönige Frucht, konzentriert; faszinierend reintönige Frucht dann im Mund, schmeichelnd, herrlich harmonisch und lang, Nachhall (23 €/0,375l)

86 ▶ **2001 Spätburgunder trocken Assmannshäuser Höllenberg** feine rauchige Noten, sehr klare Frucht; wunderschön klar auch im Mund, gute Harmonie, elegant, feiner Spätburgunder (13 €)

Weitere Weine: 83 ▶ 2000 Pinot Sekt Brut ■ 82 ▶ 2002 Riesling trocken ■

Weingut Karl-Joh. Molitor ★
Rheingau

◆ Wieder Weg 1, 65346 Hattenheim
Tel. 06723-2537, Fax: 06723-7517
www.molitor-wein.de
info@molitor-wein.de
Inhaber: Klaus Molitor
Rebfläche: 12,2 Hektar
Besuchszeiten: täglich nach Vereinbarung

Das Weingut Molitor befindet sich in Hattenheim direkt neben der bekannten Lage Steinberg. Neben Riesling baut Klaus Molitor Spätburgunder und seit einigen Jahren auch St. Laurent an. Seine Weinberge verteilen sich auf vierzehn verschiedene Lagen im Rheingau.

84 ▶ 2002 Riesling „feinherb" trocken Hattenheimer Schützenhaus sehr klare Rieslingfrucht, feine Frische; süße Frucht, herrlich süffig (3,60 €)

87 ▶ 2002 Riesling Spätlese Rüdesheimer Berg Schlossberg reife sehr klare Rieslingfrucht, eindringlich; viel süße Frucht, schmeichelnd, herrlich süffig und klar (7,50 €)

Weingut Markus Molitor ★★★★★
Mosel-Saar-Ruwer

Haus Klosterberg, 54470 Bernkastel-Wehlen
Tel. 06532-3939, Fax: 06532-4225
www.wein-markus-molitor.de
weingut.markus.molitor@t-online.de
Inhaber: Markus Molitor
Rebfläche: 40 Hektar
Besuchszeiten: Mo.-Fr. 8-20 Uhr, Sa./So. 10-20 Uhr
Probierraum (bis 100 Personen)

Das Weingut Molitor ist das größte Weingut an der mittleren Mosel. Und Markus Molitor hat sich noch einmal stark vergrößert. 15 Hektar Weinberge hat er hinzugekauft. 4,5 Hektar davon an der Saar im Niedermenniger Herrenberg, die vorher Reichsgraf von Kesselstatt gehörten. Desweiteren einen weiteren Hektar von einem Wehlener Betrieb und Weinberge in Zeltingen (wo ihm insgesamt etwa ein Viertel der berühmten Zeltinger Sonnenuhr gehört). Direkt am Weingut besitzt er 10 Hektar Weinberge, das größte arrondierte Stück an der Mittelmosel.

Markus Molitor vergärt alle Weine ohne Reinzuchthefen. Er lässt sie recht lange auf der Feinhefe und füllt sehr spät ab. In ihrer Jugend wirken sie dadurch oft etwas streng und verschlossen, vor allem im Bouquet. Zum Ausbau nutzt er Edelstahl und Holzfässer, will aber den Holzfassanteil in den nächsten Jahren weiter vergrößern. Er strebt an etwa zwei Drittel der Weine, vor allem die trockenen, zukünftig im Holz auszubauen. Neben Riesling besitzt er auch 1,3 Hektar Weißburgunder und 2,5 Hektar Spätburgunder. Die Burgunder werden bei ihm prinzipiell im Holz ausgebaut. Einmalig an der Mosel ist, dass Markus Molitor seit 1988 in jedem Jahr mindestens eine Beerenauslese und Trockenbeerenauslese geerntet hat. Und in 15 der 16 letzten Jahre gab es bei ihm mindestens einen Eiswein.

Markus Molitor hat sich in den letzten Jahren stetig gesteigert. Selbst ein problematisches Jahr wie 2000 konnte ihn nicht daran hindern, noch bessere Weine auf die Flasche zu füllen. In diesem Jahr hatte er eine grandiose Kollektion: keiner in Deutschland hatte beeindruckendere edelsüße Weine. Aber nicht nur mit seinen edelsüßen Weinen war Markus Molitor Spitze. Seine trockenen Weine waren noch nie so gut wie in diesem Jahr. Hier zahlte sich der hohe Leseaufwand und das akribische Selektieren jeder einzelnen Beere aus. Nur ausschließlich gesunde Trauben werden verwendet um Kabinett und Spätlesen zu erzeugen - edelsüße Trauben sind für die edelsüßen Weine bestimmt. Eine grandiose Kollektion!

Aber wie gesagt, Markus Molitor wird immer besser. Und seine 2001er sind nochmals deutlich besser als die 2000er. Von den Weinen des Jahrgangs 2001 waren 70 Prozent Anfang Juni 2002 noch am Gären. Jeden anderen hätte schon lange zuvor die Panik ergriffen und er hätte mit Reinzuchthefen nachgeholfen. Nicht so Markus Molitor. Er lässt seinen Weinen alle Zeit die sie brauchen. Eine 94er Trockenbeerenauslese beispielsweise hat dreieinhalb Jahre gegoren.

2001 war ein großes Jahr für die Mittelmosel und die Weine von Markus Molitor waren noch nie so gut wie in diesem Jahr. Die trockenen Weine sind überwältigend. Angefangen vom Gutsriesling ist jeder Wein beeindruckend kraftvoll und eindringlich. Einige sind unwahrscheinlich stoffig. Die beiden Alte Reben-Weine zum Beispiel. Einer kommt von der Saar, wo Markus Molitor seinen ersten Jahrgang gemacht hat. Welcher andere Winzer an der Saar hat in diesem Jahrgang einen solch phantastischen trockenen Riesling gemacht? Der andere Alte Reben-Riesling war im Barrique ausgebaut - und hat das problemlos „weggesteckt".

Seine trockenen Auslesen klassifiziert Markus Molitor, wie die süßen auch, nach eigener Einschätzung mit bis zu drei Sternen. In den vergangenen Jahren habe ich manchmal Weine mit weniger Sternen höher bewertet als solche mit mehr Sternen. In der neuen Kollektion 2002 ist das anders, die interne Klassifizierung erscheint mir sehr schlüssig, weil die „höherbesternten" Weine nicht nur einfach dicker, sondern auch komplexer sind. Dies gilt von trocken bis edelsüß.

Die 2002er Kollektion ist wieder einmal exzellent. Keiner hat in diesem Jahrgang so viele Spitzenweine an der Mosel wie Markus Molitor. Von trocken bis edelsüß, in jeder Kategorie ist er ganz oben. Und der Jahrgang 2002 war nicht ganz unproblematisch, war an der mittleren Mosel keineswegs so phantastisch wie 2001. Aber davon bleibt Markus Molitor unbeeindruckt.

Schon im vergangenen Jahr war ich erstaunt über Spätburgunder von Markus Molitor. Sie waren konzentriert, vom Schiefer geprägt wie sonst nur an der Ahr, sehr klar, weil keine Restsüße die Mineralität cachierte. Sie hatten das Holz voll integriert, waren enorm jugendlich, ganz am Anfang ihrer Entwicklung. „Markus Molitor ist auf dem richtigen Weg große Burgunder zu machen", hatte ich geschlossen. Der Jahrgang 2001 bestätigt dies voll und ganz. Gleich fünf Spätburgunder bekam ich zu verkosten, einer war besser als der andere. Und alle zeigten einen klaren, kompromisslosen Stil. Es ist schon unglaublich, was Markus Molitor alles kann: auch mit seinen Spätburgundern zählt er zur Spitze in Deutschland.

87 ▶ **2002 Riesling Kabinett trocken Wehlener Klosterberg** konzentriert, klar, jugendlich; kraftvoll, klar, viel Frucht (8,50 €)

88 ▶ **2002 Riesling Spätlese trocken Zeltinger Schlossberg** faszinierend klar, direkt, viel Frucht; reintönig im Mund, kraftvoll und zupackend (10,90 €)

88 ▶ **2002 Riesling Spätlese trocken Bernkasteler Lay** klar, konzentriert, jugendliche herrlich eindringliche Frucht; gute Harmonie, klare jugendliche Frucht (11,50 €)

88 ▶ 2002 Riesling Spätlese trocken Ürziger Würzgarten dominant, würzig, eindringlich; kraftvoll, klar, viel süße Frucht, kompakt (12,50 €)

90 ▶ 2002 Riesling Spätlese trocken Zeltinger Sonnenuhr konzentriert, jugendlich, herrlich klar und eindringlich; kraftvoll, kompakt, viel reife Frucht, Nachhall (12,50 €)

90 ▶ 2002 Riesling Auslese* trocken Zeltinger Sonnenuhr dominant und konzentriert im Bouquet, faszinierende Frucht, reintönig; füllig, konzentriert, viel Frucht, jugendlich, stoffig (19,40 €)

90 ▶ 2002 Riesling trocken „Alte Reben Saar" konzentriert, dominant, herrlich eindringlich, reintönig; füllig, konzentriert, fruchtig, Nachhall (11,80 €)

90 ▶ 2002 Riesling trocken „Alte Reben Mosel" konzentriert, mineralische Frucht, eindringlich; viel Frucht, konzentriert, harmonisch, füllig, Länge (12,30 €)

93 ▶ 2002 Riesling Auslese** trocken Zeltinger Sonnenuhr reintönige Frucht, konzentriert und dominant, enorm vielversprechend; herrlich viel Frucht, kraftvoll, konzentriert, füllig, wunderschön nachhaltig (23,50 €)

87 ▶ 2002 Riesling Kabinett „feinherb" Zeltinger Himmelreich faszinierend eindringliche Frucht, viel Konzentration; füllig, kompakt, klare Frucht (8,10 €)

87 ▶ 2002 Riesling Spätlese „feinherb" Bernkasteler Badstube konzentriert, klar, reintönige Frucht; gute Fülle und Harmonie, kompakt, klar (11,20 €)

88 ▶ 2002 Riesling Spätlese „feinherb" Graacher Himmelreich konzentriert im Bouquet, dominant, eindringliche Frucht; füllig, viel reife Frucht, wunderschön harmonisch (11,40 €)

88 ▶ 2002 Riesling Spätlese „feinherb" Wehlener Klosterberg konzentriert, jugendlich, enorm dominant; viel reife Frucht, füllig und klar (11,50 €)

92 ▶ 2002 Riesling Auslese* „feinherb" Zeltinger Sonnenuhr faszinierende Frucht, konzentriert, sehr reintönig; herrlich füllig im Mund, viel reife süße Frucht, reintönig, wunderschön lang (16,20 €)

87 ▶ 2002 Riesling Kabinett Niedermenniger Herrenberg klar, direkt, jugendliche Frucht; viel süße Frucht, konzentriert, sehr reintönig (8,10 €)

89 ▶ 2002 Riesling Spätlese Ürziger Würzgarten konzentriert, würzig, eindringlich; viel süße Frucht, harmonisch, lang (12,10 €)

88 ▶ 2002 Riesling Spätlese Nr. 22/03 Zeltinger Sonnenuhr würzig, dominant, faszinierende Frucht; kraftvoll, klar, viel reife Frucht (12,50 €)

91 ▶ 2002 Riesling Spätlese Nr. 23/03 Zeltinger Sonnenuhr konzentriert, dominant, klare jugendliche Frucht; herrlich reintönig im Mund, viel süße Frucht, faszinierend lang und nachhaltig (Versteigerungswein, 40,40 €)

88 ▶ 2002 Riesling Auslese* Nr. 60/03 Zeltinger Sonnenuhr klar, jugendlich, reintönige Frucht; viel süße Frucht, kompakt (18,50 €)

88 ▶ 2002 Riesling Auslese* Nr. 26/03 Zeltinger Sonnenuhr eindringliche jugendliche Frucht, dominant; viel süße Frucht, enorm füllig (19,70 €)

91 ▶ 2002 Riesling Auslese** Niedermenniger Herrenberg klar, viel reintönige Frucht, etwas Zitrusfrüchte und Äpfel; viel süße Frucht, herrlich dominant, süße Aprikosen, füllig und lang (12,40 €/0,375l)

90 ▶ 2002 Riesling Auslese** Nr. 27/03 Zeltinger Sonnenuhr würzige Frucht, jugendlich, sehr eindringlich; konzentriert im Mund, süße Frucht, harmonisch und lang (12,90 €/0,375l)

94 ▶ 2002 Riesling Auslese** Nr. 28/03 Zeltinger Sonnenuhr dominant, viel Würze, jugendlich enorm eindringliche Frucht; dick und stoffig im Mund, herrlich viel Frucht, enorm dominant und nachhaltig (Versteigerungswein, 77,50 €/0,375l)

94 ▶ 2002 Riesling Auslese*** Nr. 29/03 Zeltinger Sonnenuhr konzentriert, herrlich reintönig, faszinierende Frucht; viel süße Frucht, konzentriert, dominant, dick und stoffig, enormer Nachhall (Versteigerungswein, 157,50 €/0,375l)

91 ▶ 2002 Riesling Eiswein Wehlener Sonnenuhr würzig und frisch, sehr klare frucht, dominant; süß und konzentriert, faszinierend klar, viel Nachhall (37,50 €/0,375l)

91 ▶ 2002 Riesling Eiswein Wehlener Klosterberg konzentriert, sehr klare eindringliche Frucht; süße schmeichelnde Frucht, harmonisch und lang, viel Nachhall (74,80 €)

92 ▶ 2002 Riesling Eiswein Brauneberger Mandelgraben konzentriert, jugendliche Frucht, herrlich dominant; süß, konzentriert, viel Frucht, dominant, nachhaltig (42 €/0,375l)

Weingut Molitor - Rosenkreuz ★★★
Mosel-Saar-Ruwer

Am Rosenkreuz 1, 54518 Minheim
Tel. 06507-6739, Fax: 06507-992109
Inhaber: Achim W. Molitor
Rebfläche: 5,2 Hektar
Besuchszeiten: jederzeit nach Vereinbarung

Achim Molitor, Bruder von Markus Molitor vom Haus Klosterberg bei Wehlen, hat 1995 ein Weingut in Minheim gekauft. Dadurch kam er in den Besitz von 4 Hektar Weinbergen in Piesport, darunter über 50 Jahre alte Reben im Piesporter Goldtröpfchen. Hinzu kam 1 Hektar mit 40 bis 80 Jahre alten Reben in Wintrich. Bis zum Jahrgang 1997 wurden die Weine im Klosterberg-Keller ausgebaut. 1998 hat Achim Molitor dann in neue Kelter- und Kelleranlagen in Minheim investiert. Neben 95 Prozent Riesling baut er 5 Prozent Spätburgunder an. Die Hälfte der Jahresproduktion von etwa 36.000 Flaschen wird exportiert.

Vor zwei Jahren hatte ich erstmals Weine von Achim Molitor verkostet - aus den Jahrgängen 1999 und 2000 - und ich war besonders fasziniert von den edelsüßen Rieslingen, die die Highlights in einer überzeugenden Kollektion waren. „Im Auge behalten!", hatte ich geschrieben. Zu Recht. Denn die letztjährige Kollektion war dann noch überzeugender geraten mit herrlich kraftvollen, eindringlichen Rieslingen, die zum Zeitpunkt meiner Verkostung alle erst am Anfang ihrer Entwicklung standen. Auch 2002 hat er wieder herrlich kraftvolle, zupackende Rieslinge, die alle noch sehr jugendlich wirken.

94 ▶ **2002 Riesling Eiswein* Wehlener Klosterberg** dominant im Bouquet, reintönig, reife Pfirsiche und Aprikosen, auch Äpfel; herrlich viel Frucht im Mund, dominant, sehr reintönig, wunderschön lang, viel Nachhall (Versteigerungswein)

96 ▶ **2002 Riesling Beerenauslese* Zeltinger Sonnenuhr** dominant, reife süße Aprikosen und Zitrusfrüchte, faszinierendes Bouquet; klar, konzentriert, enorm dominant, viel süße reintönige Frucht, gewaltig lang und nachhaltig (Versteigerungswein)

98 ▶ **2002 Riesling Trockenbeerenauslese* Zeltinger Sonnenuhr** konzentriert, eindringliche dominante Frucht, feine Würze; konzentriert und dick im Mund, gewaltig eindringliche süße Frucht, süße eingelegte Aprikosen, gewaltiger Nachhall (Versteigerungswein)

87 ▶ **2001 Spätburgunder trocken MOLITOR** rauchige Noten, viel Frucht, eindringlich; kraftvoll, klar, zupackend, jugendliche Frucht (15,90 €)

89 ▶ **2001 Spätburgunder trocken Graacher Himmelreich** dominant im Bouquet, eindringliche reintönige Frucht; kraftvoll, viel Frucht, Struktur, rote Früchte, dominant und nachhaltig (21,80 €)

90 ▶ **2001 Spätburgunder** trocken Graacher Himmelreich** klar, jugendliche Frucht, herrlich eindringlich; kraftvoll im Mund, reintönige Frucht, Struktur, jugendliche Tannine (32,70 €)

91 ▶ **2001 Spätburgunder trocken Trarbacher Schlossberg** konzentriert, enorm dominant, eindringliche jugendliche Frucht; kraftvoll im Mund, viel Frucht, Struktur, zupackend, jugendlich (22,90 €)

91 ▶ **2001 Spätburgunder trocken** Trarbacher Schlossberg** jugendliche Frucht, herrlich konzentriert und eindringlich; stoffig im Mund, viel Frucht und Kraft, Tannine, enorm jugendlich (33,90 €)

Weitere Weine: 84 ▶ 2002 Riesling trocken MOLITOR ▪ 84 ▶ 2002 Riesling Kabinett trocken Zeltinger Schlossberg ▪ 85 ▶ 2002 Riesling Kabinett trocken Niedermenniger Herrenberg ▪ 86 ▶ 2002 Riesling Kabinett trocken Graacher Domprobst ▪ 86 ▶ 2002 Riesling „feinherb" MOLITOR ▪ 86 ▶ 2002 Riesling Kabinett „feinherb" Niedermenniger Herrenberg ▪ 86 ▶ 2002 Riesling Kabinett Zeltinger Sonnenuhr ▪

85 ▶ 2002 Riesling Spätlese trocken „sur lie" konzentriert, dominant, eindringliche Frucht; gute Fülle, viel Frucht (7,50 €)

87 ▶ 2002 Riesling Spätlese trocken Wintrich Ohligsberg gute Konzentration, jugendliche Frucht; klar, kompakt, eindringlich, herrlich viel Frucht (9,50 €)

87 ▶ 2002 Riesling Spätlese halbtrocken Piesporter Goldtröpfchen herrlich eindringlich, jugendlich, klare Frucht; füllig, reife Frucht (10 €)

88 ▶ 2002 Riesling Spätlese Piesporter Grafenberg konzentriert, eindringlich, jugendliche Frucht; herrlich füllig, viel süße reintönige Frucht (9 €)

86 ▶ 2002 Riesling Spätlese Piesporter Goldtröpfchen konzentriert, eindringlich, herrlich viel Frucht; füllig, klar, reife Frucht (12 €)

88 ▶ 2002 Riesling Auslese* Piesporter Goldtröpfchen herrlich klar, jugendliche konzentrierte Frucht; viel reife Frucht, harmonisch und lang (16 €)

89 ▶ 2002 Riesling Auslese** Wintrich Großer Herrgott viel Konzentration, faszinierende Frucht, was für ein Bouquet!; herrlich füllig, viel reife Frucht, ganz dezente Bitternote im Hintergrund (18 €)

89 ▶ 2002 Riesling Auslese** Wintrich Ohligsberg jugendlich Frucht im Bouquet, faszinierend klar und direkt; viel Frucht, reintönig, kompakt, feiner Nachhall, ganz dezente Bitternote (12 €/0,375l)

89 ▶ 2002 Riesling Eiswein Wintrich Großer Herrgott dominant, herrlich eindringliche jugendliche Frucht; viel süße Frucht, konzentriert, kraftvoll, ganz leichte Bitternote, harmonisch und lang (24 €/0,375l)

Weitere Weine: 83 ▶ 1999 Crémant Riesling Sekt Brut ▪ 84 ▶ 2002 Riesling trocken MOLITOR ▪ 84 ▶ 2001 Spätburgunder trocken ▪ 82 ▶ 2001 „Amo Nigra" Rotwein trocken ▪

Weingut Montigny ★★
Nahe

Weidenpfad 46, 55452 Laubenheim/Nahe
Tel. 06704-1468, Fax: 06704-1602
www.montigny.de
sascha.montigny@montigny.de
Inhaber: Sascha Montigny
Rebfläche: 5,5 Hektar
Besuchszeiten: Mo.-Sa. 10-18 Uhr nach Vereinbarung

Das Weingut Montigny wurde in den sechziger Jahren von den Eltern des heutigen Besitzers gegründet. Sascha Montigny ist seit fast zwanzig Jahren im Weingut tätig, das er 1994 übernommen hat. Ungewöhnlich für die Nahe ist, dass mittlerweile die Hälfte der Rebfläche mit roten Sorten bestockt ist. Spätburgunder, den es bereits seit 1975 gibt, ist die wichtigste rote Sorte. Zweite wichtige Rotweinsorte ist der St. Laurent. Wichtigste weiße Rebsorte ist der Riesling, der ein Drittel der Rebfläche einnimmt. Die Weißweine werden kühl in Edelstahltanks vergoren. Die Rotweine werden maischevergoren und anschließend in Eichenholzfässern ausgebaut, teils in Stückfässern, teils in Barriques.

Wie im Vorjahr hat Sascha Montigny 2002 eine sehr homogenen Kollektion, die in der Weiß- wie Rotweine gleichermaßen überzeugen.

86 ▶ 2002 Grauburgunder trocken Laubenheimer Karthäuser gute Frucht und Konzentration; kraftvoll im Mund, reife klare süße Frucht (6 €)

86 ▶ 2002 Riesling Spätlese trocken Laubenheimer Karthäuser würzige klare Rieslingfrucht, eindringlich; frisch, klar, gute Frucht, harmonischer Riesling (5,50 €)

86 ▶ 2002 Riesling Spätlese halbtrocken Laubenheimer Karthäuser frisch, klar, würzig; geradlinig im Mund, klare reife süße Frucht, harmonisch (5,50 €)

86 ▶ **2002 Riesling Spätlese Laubenheimer Karthäuser** frisch, klare Frucht, rauchige Noten; süß im Mund, geschmeidig (5,50 €)

85 ▶ **2002 Spätburgunder Weißherbst trocken Laubenheimer** frisch, klar, feine Frucht; gute recht süße Frucht, süffig (4,50 €)

84 ▶ **2001 Spätburgunder trocken Laubenheimer** reife klare süße Frucht; gute Harmonie, klare Frucht, Biss (5 €)

87 ▶ **2001 Spätburgunder trocken Barrique** reife süße Frucht, süße Kirschen, rote Früchte; gute Harmonie im Mund, wunderschön klar; Struktur (9,50 €)

86 ▶ **2001 Saint Laurent trocken Barrique** konzentriert, reife Frucht, etwas Vanille und Schokolade; füllig, kraftvoll, jugendliche zurückhaltende Frucht, Tannine (10,50 €)

86 ▶ **2001 „Cuvée Mariage" trocken Barrique** viel Vanille und Schokolade, reife süße Frucht; feine Frische, jugendliche Frucht, gute Struktur, Tannine (13,50 €)

Weitere Weine: 82 ▶ 2002 Riesling trocken (1l)
■ 83 ▶ 2002 Riesling trocken Laubenheimer
■ 83 ▶ 2002 Grauburgunder trocken Laubenheimer ■

M

Weingut Georg **Mosbacher** ★★★★★
Pfalz

Weinstraße 27, 67147 Forst
Tel. 06326-329, Fax: 06326-6774
www.georg-mosbacher.de
mosbacher@t-online.de
Inhaber: Familie Mosbacher
Rebfläche: 14,2 Hektar
Besuchszeiten: Mo.-Fr. 8-12 + 13:30-18 Uhr, Sa. 9-13 Uhr

Beim Weingut Mosbacher arbeiten heute zwei Generationen Hand in Hand: Richard Mosbacher wird im Betrieb unterstützt von Tochter Sabine und ihrem Ehemann Jürgen Düringer, beide Absolventen der Weinbauschule in Geisenheim. Riesling ist die wichtigste Rebsorte im Weingut. Daneben gibt es ein klein wenig Weißburgunder, Gewürztraminer, Spätburgunder, Dornfelder und Sauvignon Blanc. Das Weingut besitzt beste Lagen in Forst (Ungeheuer, Freundstück, Pechstein) und Deidesheim (Kieselberg, Mäushöhle).

Der Jahrgang 2000 schloss nahtlos an die sehr guten Vorjahre an. Besonders beeindruckt war ich wieder vom Ungeheuer und vom Kieselberg - zwei wahrhaft Große Gewächse. Auch 2001 war wieder bestechend gut. Schon der Liter-Riesling war herrlich klar und fruchtbetont. Bei den Großen Gewächsen fiel es mir in den vergangenen Jahren schwer zu entscheiden, welcher von beiden mein Favorit ist. In diesem Jahr war mir die Entscheidung - pro Ungeheuer! - leicht gefallen. Auch 2002 hat in einer faszinierenden Kollektion für mich wieder das Ungeheuer ganz knapp die Nase vorn. Das schöne aber ist, dass auch die Kabinettweine schon alle sehr gut sind und viel Freude machen.

85 ▶ **2002 Riesling Kabinett trocken** würzig, klar, feine Frucht; frisch, direkt, klare Frucht (4,80 €)

86 ▶ **2002 Riesling Kabinett trocken Forster Elster** feine Würze, sehr klare jugendliche Frucht; herrlich direkt, gute Fülle und Frucht, feiner Nachhall (6,50 €)

88 ▶ **2002 Riesling Kabinett trocken Deidesheimer Mäushöhle** jugendliche Frucht, wunderschön klar und konzentriert; kraftvoll im Mund, viel Frucht, reintönig, Struktur, Nachhall (7,90 €)

89 ▶ **2002 Riesling Spätlese trocken Forster Stift** klar, eindringlich, herrlich reintönige Frucht, jugendlich; reintönig auch im Mund, viel Frucht, kraftvoll und klar (10,60 €)

88 ▶ **2002 Riesling Spätlese trocken Forster Pechstein** würzig, eindringliche Frucht, jugendlich; klar und direkt, gute Fülle, viel Frucht (12 €)

88 ▶ **2002 Riesling Spätlese trocken Deidesheimer Leinhöhle** faszinierend klar, jugendliche Frucht, Frische; harmonisch im Mund, viel reife süße Frucht, kompakt (13 €)

89 ▶ 2002 KIESELBERG Deidesheim Riesling Spätlese trocken (Großes Gewächs) herrlich konzentriert, eindringlich, sehr reintönige Frucht, jugendlich; gute Harmonie, Fülle, klare Frucht (17 €)

91 ▶ 2002 FREUNDSTÜCK Forst Riesling Spätlese trocken (Großes Gewächs) konzentriert, herrlich eindringlich und dominant, jugendliche reintönige Frucht; füllig, sehr reintönige Frucht, stoffig, jugendlich (17 €)

92 ▶ 2002 UNGEHEUER Forst Riesling Spätlese trocken (Großes Gewächs) viel Konzentration, dominant, jugendliche Frucht, enorm eindringlich; füllig, harmonisch, viel reife Frucht, herrlich kompakt und stoffig, mit Nachhall (17 €)

87 ▶ 2001 Merlot trocken klar im Bouquet, konzentriert, feine reintönige Frucht, jugendlich; gute Harmonie, reife klare Frucht, feiner Nachhall (15 €)

Weingut Martin Müllen ★★★
Mosel-Saar-Ruwer

Alte Marktstraße 2, 56841 Traben-Trarbach
Tel. 06541-9470, Fax: 06541-9470
www.weingutmuellen.de
martinmuellen@t-online.de
Inhaber: Martin Müllen
Rebfläche: 4,3 Hektar
Besuchszeiten: Mo.-Sa. 11-18 Uhr

Martin Müllen hat 1991 sein eigenes Weingut gegründet, mit einer „Hobby-Rebfläche", zu der er nach und nach weitere Parzellen in besten Lagen von Kröv und Wolf hinzu erworben hat. Inzwischen hat er auch einen Weinberg im Trarbacher Hühnerberg gekauft, der mit dem Jahrgang 2000 die erste Ernte gebracht hat. Neben Riesling baut er ein wenig Weißburgunder, Spätburgunder und Dornfelder an. Die Weine werden mit den natürlichen Hefen vergoren und lange auf der Feinhefe in Eichenholzfässern ausgebaut. Sie zeichnen sich durch ihr sehr gutes Alterungspotenzial aus.

Die Weine von Martin Müllen zeigen eine klare Handschrift: sie sind kraftvoll und zupackend, konzentriert und sehr nachhaltig, Jahr für Jahr. Auch in einem schwierigen Jahr wie 2000 überzeugte er mit dem guten Niveau seiner Basisweine. Die 2001er waren noch etwas kraftvoller und konzentrierter, teilweise sehr jugendlich und verschlossen: Weine mit Zukunft. Sehr ähnlich sind auch die 2002er von Martin Müllen, wobei mir in diesem Jahrgang die restsüßen Rieslinge besser gefallen als die trockenen.

85 ▶ 2002 Riesling trocken Trarbacher Hühnerberg gute Konzentration, sehr klare würzige Rieslingfrucht; klar, kraftvoll, jugendliche Frucht, kompakter Riesling (9,90 €)

84 ▶ 2002 Riesling Kabinett trocken Kröver Letterlay feine Würze, Frische, klar und direkt; geradlinig im Mund, feine Frucht (6,40 €)

85 ▶ 2002 Riesling Spätlese trocken Kröver Letterlay gute Konzentration, sehr klare jugendliche Frucht; kraftvoll, direkt, feine Frucht, kompakt (8,50 €)

84 ▶ 2002 Weißer Burgunder jugendliche Frucht; klar, süß, schmeichelnd, süffig (7,20 €)

86 ▶ 2002 Riesling Spätlese halbtrocken Kröver Letterlay gute Konzentration, jugendliche sehr eindringliche Frucht; klar, harmonisch, feine süße Frucht, sehr elegant (8,50 €)

84 ▶ 2002 Riesling Kabinett Kinheimer Rosenberg feine süße Frucht, Frische, direkt; klar, frisch, süße Frucht, süffig (6,90 €)

87 ▶ 2002 Riesling Trarbacher Hühnerberg jugendliche Frucht, sehr reintöniges Bouquet; gute Harmonie, klare süße Frucht (9,90 €)

89 ▶ 2002 Riesling Auslese Trarbacher Hühnerberg klar und konzentriert, eindringliche jugendliche Frucht; frisch, klar, gute Konzentration, viel Frucht, Nachhall (25 €/0,375l)

90 ▶ 2002 Riesling Eiswein Trarbacher Hühnerberg klare wenn auch verhaltene Frucht, Frische; harmonisch, klare süße Frucht, guter Biss und Nachhall (39 e/0,375l)

Weitere Weine: 81 ▶ 2002 Riesling trocken (1l) ■ 83 ▶ 2002 Riesling Kröver Paradies ■

Weingut Adam Müller ★
Baden

Adam-Müller-Straße 1, 69181 Leimen
Tel. 06224-97100, Fax: 06224-971047
www.weingut-adam-mueller.de
verkauf@weingut-adam-mueller.de
Inhaber: Matthias und Marcus Müller
Rebfläche: 21 Hektar
Besuchszeiten: Mo.-Fr. 8-18 Uhr, Sa. 9-13 Uhr

Die Cousins Marcus und Matthias Müller, die das Weingut zum 1. Januar 2003 von ihren Vätern übernommen haben, bringen seit vier Jahren ihre durch viele Auslandsaufenthalte geprägten Erfahrungen in dieses traditionsreiche Leimener Haus ein. Zunächst haben sie das eigene Weingut und den Kellereibetrieb getrennt. Nur die besten Weine aus den eigenen Weinbergen werden in anderer Ausstattung in der Weingutslinie vermarktet. Neben Weinbergen in den Leimener Lagen Kreuzweg und Herrenberg haben sie von der Stadt Heidelberg einen 1,2 Hektar großen Weinberg in der Lage Sonnenseite ob der Druck gepachtet, den sie neu mit Riesling und Spätburgunder bepflanzt haben. An roten Sorten, die ein Drittel der Rebfläche einnehmen, gibt es neben Spätburgunder noch Lemberger und Portugieser. Alle Rotweine werden im Barrique ausgebaut. Wichtigste weiße Sorten sind Riesling, Weiß- und Grauburgunder. Marcus Müller ist für den Weinausbau verantwortlich, Matthias Müller für den kaufmännischen Bereich, dessen Frau Nathalie für Kundenbetreuung und Öffentlichkeitsarbeit.

Im vergangenen Jahr hatte ich eine überzeugende Kollektion vom Weingut Adam Müller verkostet mit gleichermaßen guten Weiß- und Rotweinen. Da kommt die neue Kollektion nicht ganz heran, in der bei vielen Weinen die klare Frucht fehlt, die mir im Vorjahr so gefallen hatte.

84 ▶ 2001 Pinot Sekt Brut Leimener Kreuzweg feine würzige Noten, zurückhaltend; gute Fülle, süße Frucht (10,40 €)

84 ▶ 2002 Auxerrois Kabinett trocken Leimener Kreuzweg leicht würzige Noten, verhaltene Frucht; weich, gute Fülle (5,90 €)

84 ▶ 2001 Lemberger Spätlese trocken „Edition Ludwig" Leimener Kreuzweg würzige Noten, etwas Frische, klare Frucht; weich, füllig, Vanille (16,10 €)

84 ▶ 2001 Spätburgunder Spätlese trocken „Edition M" Leimener Herrenberg würzig-rauchige Noten, dezent Speck, reife Frucht; frisch, klar, gute Frucht (12,30 €)

Weitere Weine: 83 ▶ 2001 Spätburgunder Weißherbst Sekt Extra Trocken Heidelberger ■ 81 ▶ 2002 Weißer Burgunder Kabinett trocken Leimener Kreuzweg ■ 83 ▶ 2002 Weißer Burgunder Spätlese trocken Leimener Herrenberg ■ 79 ▶ 2002 Grauer Burgunder Spätlese trocken „Edition S" Leimener Herrenberg ■ 82 ▶ 2002 Spätburgunder Rosé Kabinett trocken Heidelberger Burg ■

Weingut Eugen Müller ★★★
Pfalz

Weinstraße 34a, 67147 Forst
Tel. 06326-330, Fax: 06326-6802
www.weingut-eugen-mueller.de
weingut_eugen_mueller@t-online.de
Inhaber: Kurt Müller
Rebfläche: 17 Hektar
Besuchszeiten: Mo.-Fr. 8-12 + 13:30-18 Uhr, Sa. 9-16 Uhr
Ferienwohnungen

Mehr als drei Viertel der Weinberge von Kurt Müller sind mit Riesling bestockt. Hinzu kommt etwas Rotwein mit Dornfelder, Spätburgunder, Portugieser, Dunkelfelder und Cabernet Cubin, aber auch Weiß- und Grauburgunder, sowie Rieslaner und Scheurebe. 75 Prozent der Weine werden trocken ausgebaut, weitere 15 Prozent halbtrocken. Kurt Müller besitzt beste Lagen vor allem in Forst, mit größeren Anteilen an Pechstein, Ungeheuer, Jesuitengarten und Kirchenstück, aber auch in Deidesheim und Ruppertsberg. Die Weine werden in Eichenholzfässern kühl vergoren, Dunkelfelder, Cabernet Cubin und Weißburgunder werden danach in Barriques ausgebaut. Seit Mitte 2000 wird Kurt Müller im Betrieb von seinem ältesten Sohn Stephan unterstützt, der nach seinem Geisenheim-Studium ein halbes Jahr in Australien war, wo er im Barossa Valley beim Weingut Glaetzer gearbeitet hat.

2001 brachte einen Quantensprung bei Kurt und Stephan Müller. Die trockenen Rieslinge waren allesamt herrlich klar und kraftvoll, ebenso der sehr geschickt im Barrique ausgebaute Weißburgunder. Sie gehörten zu den besten Weinen des Jahrgangs in der Pfalz und in Deutschland. Gleiches galt für die edelsüßen Rieslinge: alle brillant klar, bestachen sie mit viel Frucht, verbanden sie mustergültig Eleganz und Konzentration. Die edelsüßen Weine sind im Jahrgang 2002 nicht ganz so brillant wie ihre Vorgänger, gehören aber zum Besten, was die Pfalz in diesem Jahrgang an edelsüßen Weinen hervorgebracht hat. Die trockenen Weine überzeugen allesamt, Riesling wie Weißburgunder, und bieten wieder eine Reihe von Schnäppchen. Und beim Rotwein hat Stephan Müller weiter zugelegt: schon wieder eine tolle Kollektion!

88 ▶ **2002 Weißburgunder trocken Barrique** herrlich klare Frucht, gute Konzentration; kraftvoll, herrlich viel Frucht, kompakt, klar und nachhaltig (10 €)

85 ▶ **2002 Riesling Kabinett trocken** klare Frucht, jugendlich, feines Bouquet; klar, direkt, feine Frucht, zupackend, Nachhall (4,20 €/1l)

87 ▶ **2002 Riesling Kabinett trocken Forster Pechstein** feine Frucht, wunderschön reintöniges Rieslingbouquet; klar, kraftvoll, herrlich zupackend, jugendliche Frucht, mit Biss und Nachhall (4,50 €)

88 ▶ **2002 Riesling Kabinett trocken Forster Jesuitengarten** klare reife Frucht, Aprikosen und Pfirsiche; wunderschön klar im Mund, zupackend, kompakt, feiner Nachhall (5,50 €)

88 ▶ **2002 Riesling Spätlese trocken Forster Ungeheuer** faszinierend klar, sehr konzentriert und eindringlich, etwas Pfirsiche und Aprikosen; herrlich kraftvoll, klar und zupackend, jugendliche Frucht, feiner Nachhall (7,70 €)

89 ▶ **2002 Riesling Spätlese trocken Forster Kirchenstück** herrlich konzentriert, würzige jugendliche Frucht, enorm reintönig und eindringlich; herrlich füllig und fruchtbetont, sehr reintönig, kompakt, feiner Nachhall (8,70 €)

88 ▶ **2002 Riesling Auslese trocken Forster Kirchenstück** herrlich dominant, eindringliche süße Frucht, feine Würze, reife gelbe Früchte; reife Frucht, füllig, süß, kompakt (9,30 €/0,5l)

85 ▶ **2002 Grauburgunder Kabinett halbtrocken** klare Frucht, jugendlich, gelbe Früchte; harmonisch, klar, süße Frucht, Biss (4,90 €)

86 ▶ **2002 Riesling Spätlese Forster Ungeheuer** feine Würze, klare Frucht, etwas Aprikosen und Mirabellen; gute Harmonie, füllig, reife süße Frucht, klar und direkt (7,30 €)

89 ▶ **2002 Riesling Auslese Forster Kirchenstück** klar, jugendliche Frucht; schmeichelnd, harmonisch, sehr reintönig, feine Frische und Biss, elegant, feiner Nachhall (9 €/0,5l)

92 ▶ **2002 Scheurebe Eiswein Forster Ungeheuer** reife Äpfel, ganz dezent Johannisbeeren, gute Konzentration, ein klein wenig auch Marzipan; konzentriert, dominant, enorm eindringliche Frucht, jugendlich, feiner Nachhall (25 €/0,375l)

91 ▶ **2002 Riesling Eiswein Forster Kirchenstück** duftig, eindringlich, etwas Trockenfrüchte; konzentriert, klar, stoffig, jugendlicher Biss, enormer Nachhall (27 €/0,375l)

88 ▶ **2002 „Barrot C" Rotwein trocken** Cabernet Cubin und Cabernet Sauvignon, dazu etwas Spätburgunder und Dunkelfelder; eindringliche Frucht, reife rote Früchte, Johannisbeeren; harmonisch, klare Frucht, Schokolade, jugendliche Tannine im Abgang (13 €)

Weitere Weine: 83 ▶ 2002 „Virtuoso" Spätburgunder Blanc de Noir ■ 82 ▶ 2002 „Jana Sophie" Riesling trocken ■

Weingut Fritz **Müller** ★
Pfalz

Bergbornstraße 17, 76833 Frankweiler
Tel. 06345-1707, Fax: 06345-7654
www.weingut-m.de
weingut_mueller@t-online.de
Inhaber: Fritz Müller
Rebfläche: 13 Hektar
Besuchszeiten: Mo.-Fr. 14-18 Uhr,
Sa. 8-18 Uhr, So. 10-12 Uhr

Das Weingut Fritz Müller ist ein Familienbetrieb in Frankweiler an der südlichen Weinstraße. Wichtigste Rebsorte ist der Riesling, gefolgt von Spätburgunder und Dornfelder. Weitere wichtige Rebsorten im Sortiment sind Grauburgunder, Weißburgunder, Chardonnay und St. Laurent. Als Spezialität seines Weingutes bezeichnet Fritz Müller die von Kalksteinverwitterungsböden geprägten Riesling- und Burgunderweine. Alle Rotweine werden maischevergoren und anschließend im großen Holzfass ausgebaut.

Im vergangenen Jahr hatte ich das Weingut Fritz Müller zum ersten Mal vorgestellt. In einer gleichmäßigen Kollektion hatte mir die trockene Silvaner Spätlese am besten gefallen. Diese gefällt mir auch in diesem Jahr wieder sehr gut. Noch besser aber habe ich Gewürztraminer und Chardonnay bewertet: eine überzeugende Vorstellung mit einer Reihe von Schnäppchen.

85 ▶ **2002 Riesling Spätlese trocken** klare würzige Rieslingfrucht, etwas Zitrusfrüchte; gute klare Frucht, direkt (3,90 €)

85 ▶ **2002 Silvaner Spätlese trocken** frisch, sehr klare Frucht, Birnen, weiße Früchte; gute Fülle im Mund, klare Frucht (3,60 €)

86 ▶ **2002 Chardonnay Spätlese trocken** reife klare sehr eindringliche Frucht; kraftvoll im Mund, gute Frucht, stoffiger Chardonnay (4 €)

86 ▶ **2002 Gewürztraminer Spätlese trocken** feine Traminerfrucht, sehr klar und direkt; geradlinig im Mund, sehr reintönige Frucht, Biss (3,60 €)

84 ▶ **2002 Spätburgunder trocken No. 29** wunderschön klare Frucht im Bouquet; frisch, klar, gute Frucht und Biss (3,50 €)

Weitere Weine: 83 ▶ 2002 Riesling trocken ■ 83 ▶ 2002 Weißer Burgunder Kabinett trocken ■ 83 ▶ 2002 Grauer Burgunder Spätlese trocken ■ 81 ▶ 2002 Spätburgunder trocken ■

Weingut Gebrüder **Müller** ★
Baden

◆ Richard-Müller-Straße 5, 79206 Breisach
Tel. 07667-511, Fax: 07667-6581
www.netfit.de/weingut-mueller
weingut-mueller@netfit.de
Inhaber: Peter Bercher
Gutsverwalter: Joachim Lang
Rebfläche: 10 Hektar
Besuchszeiten: Mo.-Fr. 9-12 Uhr + 14-17 Uhr,
Sa. 9-12 Uhr oder nach Vereinbarung

Das 1822 gegründete Weingut gehört seit 1988 Peter Bercher, Gutsverwalter ist seit 1990 Joachim Lang. Die Weinberge befinden sich in den Ihringer Lagen Winklerberg und Fohrenberg, sowie im Breisacher Eckartsberg. Alle Weine werden durchgegoren. Die Rotweine werden maischevergoren und lagern mindestens zwölf Monate in Holzfässern.

84 ▶ **2002 Grauer Burgunder Kabinett trocken Breisacher Eckartsberg** zurückhaltende aber klare Frucht; geradlinig im Mund, gute zurückhaltende Frucht, mit Biss (7,10 €)

86 ▶ **2002 Weißer Burgunder Kabinett trocken Breisacher Eckartsberg** gute Frucht, zurückhaltend; sehr geradlinig im Mund, zupackend, feine klare Frucht (6,60 €)

85 ▶ **2001 Grauer Burgunder Spätlese trocken Breisacher Eckartsberg** leicht würzige Noten, zurückhaltende aber klare Frucht; kraftvoll, gute Frucht und Biss (8,55 €)

87 ▶ 2001 Weißer Burgunder Spätlese trocken Barrique Breisacher Eckartsberg reife klare Frucht, konzentriert, herrlich eindringlich; gute Fülle, reife Frucht, kompakter Weißburgunder (10,20 €)

87 ▶ 2001 Weißer Burgunder Eiswein Ihringer Fohrenberg süß, konzentriert, etwas Kaffee, Orangenschalen; dick, konzentriert, klebrige süße Frucht, dominant, dezente Bitternote im Abgang (40 €/0,375l)

86 ▶ 2001 Spätburgunder Spätlese trocken Barrique Ihringer Winklerberg feine rauchige Noten, sehr klare Frucht; harmonisch, klare Frucht, guter Biss, rauchige Noten (17,90 €)

88 ▶ 2000 Spätburgunder Auslese trocken Ihringer Winklerberg eindringliche Gewürznoten, reife süße Frucht, herrlich direkt; gute Fülle, reife Frucht, gute Harmonie, Struktur (20 €)

86 ▶ 1998 Cabernet & Merlot trocken Barrique Ihringer Winklerberg klare reife Frucht, etwas Frische; harmonisch, süße Frucht, feine Frische, Vanille (17,90 €)

Weitere Weine: 83 ▶ 2002 Weißer Burgunder trocken Ihringer Fohrenberg ▪ 82 ▶ 2001 Spätburgunder trocken Ihringer Fohrenberg ▪ 81 ▶ 2000 Spätburgunder Kabinett trocken Breisacher Eckartsberg ▪ 83 ▶ 2000 Spätburgunder Spätlese trocken Ihringer Winklerberg ▪

Weingut Herbert **Müller** Erben ★★
Pfalz

Mandelring 169, 67433 Neustadt-Haardt
Tel. 06321-66067, Fax: 06321-60785
wgtmueerb@aol.com
Inhaber: Ulrich Müller
Rebfläche: 10 Hektar
Besuchszeiten: Mo.-Fr. 8-12 Uhr + 13-18 Uhr, Sa. 9-15 Uhr

Die Familie Müller betreibt seit fünf Generationen Weinbau in der Pfalz. Schwerpunkte im Anbau ist mit etwa 50 Prozent Riesling, dazu kommen 35 Prozent an roten Sorten, vor allem Spätburgunder und Portugieser. Die Weinberge befinden sich in den Haardter Lagen Herzog, Herrenletten, Bürgergarten und Mandelring, sowie im Neustadter Grain. Die Bewirtschaftung der Weinberge erfolgt nach den Richtlinien des kontrolliert umweltschonenden Weinbaus.

Die 2002er von Ulrich Müller sind insgesamt etwas verhaltener als ihre Vorgänger.

85 ▶ 2002 Riesling Spätlese trocken Haardter Herzog würzige Noten, klare Rieslingfrucht; frisch, direkt, gute reife Frucht, kompakter Riesling (6,30 €)

86 ▶ 2002 Gewürztraminer Spätlese Haardter Herzog frisch, klar, feine Traminerfrucht; harmonisch, schmeichelnd, viel süße Frucht, dezente Bitternote im Abgang (5,80 €)

Weitere Weine: 79 ▶ 2002 Riesling trocken (1l) ▪ 82 ▶ 2002 Riesling Kabinett trocken Haardter Herrenletten ▪ 81 ▶ 2002 Weißburgunder trocken Neustadter Graim ▪ 81 ▶ 2002 Chardonnay Spätlese trocken Haardter Herzog ▪ 83 ▶ 2002 Spätburgunder Weißherbst Kabinett trocken ▪ 83 ▶ 2002 Spätburgunder trocken Haardter Bürgergarten ▪

Weingut Matthias **Müller** ★★★★
Mittelrhein

Mainzer Straße 45, 56322 Spay
Tel. 02628-8741, Fax: 02628-3363
weingut.matthias.mueller@t-online.de
Inhaber: Familie Matthias Müller
Rebfläche: 7,5 Hektar
Besuchszeiten: ganztägig, So. 10-18 Uhr
Hofschoppenfest am 1. Septemberwochenende

Die Weinberge von Matthias Müller liegen in den Steillagen des Bopparder Hamm. Neben 85 Prozent Riesling baut er ein wenig Grauburgunder und Spätburgunder an. Den Spätburgunder will er allerdings ausschließlich als Rosé ausbauen. Matthias Müller hat sein Programm neu gegliedert: seit dem Jahrgang 2000 werden ausgewählte Spitzenweine in der Serie „Edition MM" vermarktet. Matthias Müller versucht alle Weine spontan zu vergären, das heißt ohne Reinzuchthefen. Was sicherlich dazu beiträgt, dass seine Rieslinge alle sehr eigenständige Aromen aufweisen und jeder sich klar vom anderen unterscheidet.

Kein anderer am Mittelrhein hat sich in den vergangenen Jahren so kontinuierlich gesteigert wie Matthias Müller - und das auch in schwierigen Jahrgängen. Wobei mir meist die restsüßen Rieslinge ein klein wenig besser gefielen als die trockenen. Das sicherlich auch mit den problematischen Jahrgängen zu tun hatte. Seine Kollektion im schwierigen Jahrgang 2000 konnte sich sehen lassen: lauter reintönige Rieslinge mit klarer Frucht und gutem Biss hatte er zu bieten. Im Jahrgang 2000 hat er den Weinen bewusst die kräftige Säure belassen, zur Harmonisierung nur ein wenig die Restsüße erhöht. Seine 2000er Kollektion gehörte zu den Top-Leistungen des Jahrgangs am Mittelrhein! Und mit dem Jahrgang 2001 legte er weiter zu - auch mit den trockenen Rieslingen. Alle Weine waren faszinierend reintönig. Der Jahrgang 2002 nun gefällt mir nochmals besser. Wieder ist jeder Wein zuverlässig gut, jeder Wein besticht mit seiner reintönigen Frucht. Hinzu kommen faszinierende edelsüße Rieslinge: Spitze am Mittelrhein.

85 ▶ 2002 Riesling Hochgewächs trocken Bopparder Hamm Mandelstein frisch, klar, würzige Frucht, jugendlich; gute Harmonie, klare Frucht, Biss (3,90 €)

85 ▶ 2002 Riesling Hochgewächs trocken Bopparder Hamm Feuerlay klar, jugendlich, reintönige Frucht; gute Fülle und Harmonie, klare Frucht (4,50 €)

87 ▶ 2002 Riesling Spätlese trocken Bopparder Hamm Ohlenberg gute Konzentration, herrlich klare eindringliche Frucht; füllig, klare reife Frucht, kompakter Riesling (5,50 €)

88 ▶ 2002 Riesling Spätlese trocken Bopparder Hamm Mandelstein viel Konzentration, herrlich eindringlich und klar, jugendliche Frucht; kraftvoll, füllig, viel Frucht, jugendlich, Nachhall (6 €)

85 ▶ 2002 Riesling Hochgewächs halbtrocken Bopparder Hamm Engelstein klare Frucht, Würze, jugendlich; frisch, klar, feine Frucht und Biss, süffig (4,50 €)

87 ▶ 2002 Riesling Spätlese halbtrocken Bopparder Hamm Feuerlay viel Konzentration, sehr eindringliche jugendliche Frucht; kompakt, klar, reife süße Frucht, harmonisch (5,20 €)

89 ▶ 2002 Riesling Spätlese halbtrocken Bopparder Hamm Mandelstein enorm würzig, dominant, eindringliche jugendliche Frucht; kraftvoll im Mund, herrlich viel Frucht, reintönig, harmonisch, lang, viel Nachhall (7 €)

89 ▶ 2002 Riesling Spätlese Bopparder Hamm Feuerlay herrlich würzig und konzentriert, viel Frucht, enorm eindringlich; faszinierend reintönige Frucht, herrlich lang und nachhaltig (7,50 €)

91 ▶ 2002 Riesling Auslese Bopparder Hamm Feuerlay klar und konzentriert im Bouquet, faszinierende Frucht, herrlich reintönig; viel süße Frucht, konzentriert, wunderschön reintönig, süße Zitrusfrüchte, lang und nachhaltig (20 €/0,5l)

94 ▶ 2002 Riesling Eiswein Bopparder Hamm Feuerlay konzentrierte süße Frucht, süße eingelegte Aprikosen, Zitrusfrüchte; dominant, klar, wunderschön reintönige Frucht, süße Zitrusfrüchte, Litschi, enormer Nachhall (35 €/0,5l)

Weingut
Max Müller I ★★★
Franken

Hauptstraße 46, 97332 Volkach
Tel. 09381-1218, Fax: 09381-1690
www.max-mueller.de
info@max-mueller.de
Inhaber: Rainer und Monika Müller
Rebfläche: 10 Hektar
Besuchszeiten: Mo.-Fr. 9-18 Uhr, Sa. 9-15 Uhr, So. 10-12 Uhr
barocke Weinprobierstuben

Das heute von Rainer Müller geführte Familienweingut hat seinen Sitz in einem 1692 von den Würzburger Fürstbischöfen erbauten Winzerhof. Die Weinberge liegen in Volkach, Sommerach und Obereisenheim. Wichtigste Rebsorten sind Silvaner und Müller-Thurgau, dann folgen Riesling und Bacchus. Rainer Müller stellt seit einigen Jahren bei seinen Kunden einen Trend hin zu Riesling fest. Die roten Sorten Spätburgunder, Domina und Schwarzriesling nehmen inzwischen 15 Prozent der Rebfläche ein. Die Weißweine werden überwiegend im Edelstahl ausgebaut und lagern recht lange auf der Feinhefe. Rainer Müller will die Aromenvielfalt und Frische der Weine erhalten. Die Rotweine kommen nach der Maischegärung ins große Holzfass, der Domina auch ins Barrique.

Im Jahrgang 2000 hatte Rainer Müller eine tadellose Kollektion mit wunderschön fruchtbetonten und frischen Weinen, so wie er sie anstrebt. Im vergangenen Jahr war ihm eine weitere Steigerung gelungen: brillant klar und wunderschön sortentypisch waren seine Weine. Gleiches gilt für den Jahrgang 2002: sehr reintönige Weine allesamt, als Krönung ein faszinierender Eiswein.

85 ▶ 2002 Riesling trocken jugendliche Frucht, klar und direkt; geradlinig im Mund, feine süße Frucht, Biss (4,90 €)

86 ▶ 2002 Riesling Kabinett trocken Sommeracher Katzenkopf jugendliche Rieslingfrucht, sehr klar; zupackend im Mund, klare Frucht, Biss (5,60 €)

85 ▶ 2002 Silvaner Kabinett trocken Volkacher Ratsherr sehr reintönige Frucht, weiße Früchte; gute Harmonie, klare süße Frucht, süffig (4,90 €)

86 ▶ 2002 Weißer Burgunder Kabinett trocken Sommeracher Katzenkopf wunderschön reintönig im Bouquet, feine Frucht; harmonisch im Mund, süße Frucht, herrlich süffig (6,20 €)

88 ▶ 2002 Riesling Spätlese trocken Sommeracher Katzenkopf gute Konzentration, klare Frucht, etwas Pfirsiche und Aprikosen; klar und kraftvoll im Mund, reife süße Frucht, reintöniger Riesling (7,80 €)

86 ▶ 2002 Silvaner Spätlese trocken Volkacher Ratsherr gute Konzentration, weiße Früchte, klar; füllig im Mund, klare reife süße Frucht, kompakter Silvaner (7,30 €)

86 ▶ 2002 Scheurebe Spätlese trocken Volkacher Ratsherr sehr klare Frucht, ein wenig Cassis; klar und direkt im Mund, gute Frucht, feine reintönige Scheurebe (7 €)

86 ▶ 2002 Scheurebe Kabinett Volkacher Ratsherr klare würzige Frucht, eindringlich, etwas Litschi, süße Zitrusfrüchte; viel süße Frucht, kompakt, klar (4,70 €)

89 ▶ 2002 Rieslaner Auslese Volkacher Ratsherr gute Konzentration, reife Grapefruit, Zitrusfrüchte, Litschi; herrlich konzentriert und reintönig im Mund, viel süße Frucht, füllig und lang (15,50 €)

87 ▶ 2002 Riesling Beerenauslese Sommeracher Katzenkopf enorm würzig, Litschi, viel süße Frucht; sehr dominant im Mund, viel süße Frucht, dick, Biss (20 €/0,375l)

92 ▶ 2002 Silvaner Eiswein Volkacher Ratsherr herrlich konzentriert im Bouquet, reife klare süße Frucht, ein wenig eingelegte Aprikosen; herrlich konzentriert auch im Mund, dominant, viel süße Frucht, harmonisch, sehr lang (30 €/0,375l)

Weingut Werner Müller ★★
Mosel-Saar-Ruwer

Schulstraße 16, 56843 Burg/Mosel
Tel. 06541-6763, Fax: 06541-5489
www.ferienweingut-mueller.de
weingut-mueller@t-online.de
Inhaber: S. Müller
Rebfläche: 2 Hektar
Besuchszeiten: nach Vereinbarung
Gästezimmer, Ferienwohnung

Riesling ist die wichtigste Rebsorte beim kleinen Weingut Werner Müller in Burg. Dazu gibt es Müller-Thurgau und Kerner, aber auch rote Sorten wie Regent und Dornfelder. Nach gleichmäßigen 2000ern stellte die 2001er Kollektion eine deutliche Steigerung dar mit wunderschön klaren, fruchtbetonten Rieslingen. Die 2002er kommen da in der Spitze nicht ganz heran, aber wiederum überzeugt die Kollektion mit vielen reintönigen, fruchtbetonten Rieslingen, wobei die süßen Weine mir etwas besser gefallen als die trockenen.

85 ▶ 2002 Riesling Spätlese trocken Burger Hahnenschrittchen gute Würze und Frucht im Bouquet; harmonisch, kompakt, klare Frucht

86 ▶ 2002 Riesling Spätlese „feinherb" Burger Hahnenschrittchen konzentrierte Frucht, jugendlich; süß, geschmeidig, herrlich süffig

84 ▶ 2002 Kerner Spätlese Burger Falklay feine Frucht und Frische; gute Harmonie, süße Frucht, süffig

87 ▶ 2002 Riesling Spätlese Burger Wendelstück feine Frische, sehr klare süße Frucht, Litschi, süße Pfirsiche; harmonisch, schmeichelnd viel süße Frucht, lang

88 ▶ 2002 Riesling Auslese Burger Wendelstück sehr klare Rieslingfrucht, reintöniges Bouquet; süß und geschmeidig im Mund, herrlich harmonisch und lang

Weitere Weine: 82 ▶ 2002 Riesling Hochgewächs trocken Burger Falklay ▪ 81 ▶ 2002 Riesling trocken Burger Hahnenschrittchen ▪ 82 ▶ 2002 Riesling Kabinett „feinherb" Burger Hahnenschrittchen ▪ 81 ▶ 2002 Regent trocken Holzfass ▪

Weingut Müller-Catoir ★★★★
Pfalz

Mandelring 25, 67433 Neustadt-Haardt
Tel. 06321-2815, Fax: 06321-480014
Inhaber: Familie Catoir
Rebfläche: 20 Hektar
Besuchszeiten: Mo.-Fr. 8-12 + 13-17 Uhr (keine Gruppen)

Wichtigste Rebsorte beim Weingut Müller-Catoir ist Riesling, hinzu kommen Weiß-, Grau- und Spätburgunder, sowie als Spezialitäten Rieslaner, Scheurebe und Gelber Muskateller. Die immer sehr beeindruckenden Rieslaner von Müller-Catoir haben dazu geführt, dass diese Rebsorte heute bei einer ganzen Reihe von Pfälzer Gütern im Angebot zu finden ist. Der langjährige Kellermeister und technischer Betriebsleiter Hans-Günther Schwarz ist nicht mehr für das Weingut tätig. Hans-Günther Schwarz hat wie kein anderer das Bild der ganzen Region Pfalz geprägt. Wie kaum ein anderes Weingut hat Müller-Catoir unter seiner Regie einen eigenen Stil entwickelt mit unverkennbaren Weinen, ob trocken oder edelsüß. Nachfolger von Hans-Günther Schwarz ist Martin Franzen, der zuletzt Kellermeister bei Gut Nägelsförst war. Unter seiner Regie wurde der Jahrgang 2002 eingebracht.

Die Zweifel, ob dieser „Müller-Catoir-Stil" nach dem Weggang von Hans-Günther Schwarz erhalten bleibt, waren unbegründet. Die 2002er Weine sind brillant klar, frisch und elegant, wie ihre Vorgänger - eben ganz Müller-Catoir.

88 ▶ 2002 Muskateller trocken Haardter Bürgergarten feine Muskatnote, klare Frucht; reintönig, sehr klare Frucht, feiner Biss (9 €)

84 ▶ 2002 Riesling Kabinett trocken Hambacher Römerbrunnen feine Würze, klare zurückhaltende Frucht; frisch, klar, lebhafter Riesling (7 €)

85 ▶ 2002 Riesling Kabinett trocken Mußbacher Eselshaut feine Würze, klare Frucht; frisch, direkt, feine Frucht (8 €)

86 ▶ 2002 Riesling Kabinett trocken Haardter Bürgergarten würzige Rieslingfrucht, gute Konzentration; kraftvoll im Mund, klare jugendliche Frucht (9 €)

88 ▶ 2002 Grauburgunder Spätlese trocken Haardter Herrenletten herrlich reintönig im Bouquet, faszinierende Grauburgunderfrucht; harmonisch und reintönig im Mund, feine Frucht, elegant (12 €)

89 ▶ 2002 Weißburgunder Spätlese trocken Hambacher Römerbrunnen gute Konzentration, sehr klare reife Frucht; faszinierend klar im Mund, gute Frucht, elegant, feiner Nachhall (12 €)

89 ▶ 2002 Riesling Spätlese trocken Haardter Bürgergarten konzentriert, sehr klare eindringliche Frucht; viel Frucht im Mund, kraftvoll, füllig, gute Harmonie (12 €)

89 ▶ 2002 Riesling Spätlese trocken Gimmeldinger Mandelgarten herrlich konzentriert, eindringliche jugendliche Frucht; kraftvoll im Mund, viel Frucht, stoffiger Riesling (12 €)

89 ▶ 2002 Riesling Spätlese Haardter Bürgergarten konzentriert, herrlich reintönige faszinierende Frucht; reintönig auch im Mund, viel süße Frucht, schmeichelnd, lang (12 €)

88 ▶ 2002 Riesling Spätlese Gimmeldinger Mandelgarten klare reife Rieslingfrucht, konzentriert; reintönig im Mund, viel süße Frucht, schmeichelnd und lang (12 €)

91 ▶ 2002 Rieslaner Auslese Gimmeldinger Mandelgarten reife süße Frucht, sehr direkt, etwas Aprikosen, Pfirsiche, auch Zitrusfrüchte; herrlich harmonisch im Mund, viel süße Frucht, wunderschön lang (14 €/0,375l)

92 ▶ 2002 Rieslaner Beerenauslese Gimmeldinger Schlössel faszinierend klare reife süße Frucht im Bouquet, süße Aprikosen, konzentriert; herrlich reintönig im Mund, sehr elegant, konzentriert, dick, klar und nachhaltig (35 €/0,375l)

Wein & Sektgut
Müller-Ruprecht ★★
Pfalz

Freinsheimerstraße 31, 67169 Kallstadt
Tel. 06322-2792, Fax: 06322-8298
www.muellers-landhotel.de
info@muellers-landhotel.de
Inhaber: Ulrich Müller
Rebfläche: 22 Hektar
Besuchszeiten: Mo.-Fr. 8-11 Uhr, Sa. 9-16 Uhr, So. 10-12 Uhr
Landhotel, Weincafé

Neu im Programm beim Weingut Müller-Ruprecht ist die „Johann"-Linie, benannt nach dem Gründer des Weingutes, Johann Georg Ruprecht. In dieser Linie werden ausgesuchte Spitzenweine vermarktet. Ein neuer Wein im Programm ist auch der Blanc de Noir, ein weißgekelterter Spätburgunder. Spezialität des Weingutes Müller-Ruprecht sind die nach der traditionellen Methode hergestellten Sekte, die bis zu 36 Monate auf der Hefe lagern (allerdings konnte ich in diesem Jahr keine neuen Sekte von Müller-Ruprecht verkosten).

Vor zwei Jahren gefielen mir neben einer Huxelrebe Auslese die trockene Riesling Spätlese aus dem Annaberg und der eigenwillige Barrique Spätburgunder am besten. Die letztjährige Kollektion war nochmals besser und interessanter mit faszinierenden Rieslingen und einem der besten trockenen Gewürztraminer in Deutschland. In der aktuellen Kollektion gefällt mir wiederum die Johann genannte Riesling Auslese besonders gut, ebenso wie die süße Scheurebe aus dem Ungsteiner Honigsäckel.

84 ▶ 2002 Riesling Kabinett trocken Kallstadter Saumagen feine Würze im Bouquet, klare Frucht; frisch, direkt, gute Frucht, Biss (4 €)

86 ▶ 2002 Chardonnay Spätlese trocken Herxheimer Honigsack reife sehr klare Frucht; reife süße Frucht auch im Mund, harmonisch, klar und süffig (5,50 €)

87 ▶ 2002 Riesling Spätlese trocken Kallstadter Annaberg herrlich eindringliche Rieslingfrucht, mineralische Noten; gute Fülle, viel reife süße Frucht (5,80 €)

87 ▶ 2002 Scheurebe Auslese trocken Ungsteiner Honigsäckel reife sehr klare eindringliche Frucht, Cassis; gute Harmonie, sehr klare reife Frucht (7 €)

89 ▶ 2002 „Johann" Riesling Auslese trocken Ungsteiner Weilberg klare reife Rieslingfrucht, Aprikosen und Pfirsiche; harmonie, sehr klare reife Frucht, feiner Nachhall (10 €)

89 ▶ 2002 Scheurebe Auslese Ungsteiner Honigsäckel herrlich viel Frucht, Cassis, sehr eindringlich; reintönig im Mund, viel süße Frucht, harmonisch und lang (6,70 €)

87 ▶ 2001 Merlot trocken sehr klare eindringliche Frucht; gute Fülle im Mund, viel Frucht, harmonisch (6,50 €)

Weitere Weine: 82 ▶ 2002 Riesling trocken (1l) ■ 82 ▶ 2002 Weißburgunder Kabinett trocken Kallstadter Kobnert ■ 83 ▶ 2002 Grauburgunder Kabinett trocken Kallstadter Kobnert ■ 82 ▶ 2002 Blanc de Noir trocken ■ 83 ▶ 2002 Spätburgunder trocken ■

Weingut Münzberg ★★
Pfalz

Hofgut, 76829 Landau-Godramstein, Pfalz
Tel. 06341-60935, Fax: 06341-64210
www.weingut-muenzberg.de
wein@weingut-muenzberg.de
Inhaber: Lothar Kessler & Söhne
Rebfläche: 13,5 Hektar
Besuchszeiten: Mo.-Fr. 8-12 + 14-18 Uhr, Sa. 9-16 Uhr

Lothar Kessler zog 1974 aus dem Godramsteiner Ortskern in den Münzberg um, wo er heute gemeinsam mit seinen Söhnen Rainer und Gunter das Weingut führt. Fast die Hälfte der Weinberge nehmen die Burgundersorten ein. Hinzu kommen 20 Prozent Riesling, sowie Silvaner, Müller-Thurgau, Dornfelder, Portugieser und Gewürztraminer.

Die starken Weißburgunder sind zusammen mit der Gewürztraminer Auslese die herausragenden Weine in der aktuellen Kollektion.

84 ▶ 2002 Weißer Burgunder Kabinett trocken würzige Noten, jugendliche Frucht; klar, harmonisch, gute Frucht

86 ▶ 2002 Grauer Burgunder Kabinett trocken sehr klare Frucht, gelbe Früchte; harmonisch, gute Frische und Frucht, klar

84 ▶ 2002 Riesling Kabinett trocken frisch, klar, feine würzige Rieslingfrucht; klare Frucht, feine Frische

88 ▶ 2002 Weißer Burgunder Spätlese trocken gute Konzentration, sehr klare jugendliche Frucht; viel reife süße Frucht im Mund, kompakt, harmonisch, mit Nachhall

89 ▶ 2002 Weißer Burgunder Großes Gewächs Auslese trocken „Schlangenpfiff" herrlich konzentriert, viel reife süße Weißburgunderfrucht, sehr eindringlich; füllig und kraftvoll im Mund, viel Frucht, stoffiger Weißburgunder

90 ▶ 2002 Gewürztraminer Auslese herrlich reintönig und konzentriert, faszinierend klare Frucht, etwas Litschi; schmeichelnd im Mund, viel reife süße Frucht, herrlich füllig und lang (0,375l)

84 ▶ 2000 Spätburgunder Spätlese trocken eigenwillig duftig, rauchige Noten; viel Biss im Mund, recht unharmonisch, gute Substanz, vielleicht in zwei Jahren nochmals verkosten (84+? Punkte) [kontrovers beurteilt, ein Mitverkoster wollte sich „zwei Kisten kaufen"]

Weitere Weine: 83 ▶ 1999 Pinot Sekt Brut ■ 82 ▶ 2002 Müller-Thurgau trocken (1l) ■ 80 ▶ 2002 Silvaner trocken (1l) ■ 83 ▶ 2002 Riesling trocken (1l) ■ 83 ▶ 2001 Spätburgunder Spätlese trocken ■

Weingut Georg **Naegele** ★★
Pfalz

Schlossstraße 27-29, 67434 Neustadt-Hambach
Tel. 06321-2880, Fax: 06321-30708
naegele-wein@t-online.de
Inhaber: Familie Bonnet
Rebfläche: 14 Hektar
Besuchszeiten: Mo.-Fr. 8-12 + 13-17:30 Uhr,
Sa. 9:30-12 Uhr und nach Vereinbarung
Klassik-Musikfest im Juni,
Hoffest am 1. Juliwochenende,
Theaterfestival im September

Das Weingut Georg Naegele am Schlossberg in Hambach ist ein bereits 1796 gegründetes Familien-Weingut. Zu den Trauben der 14 Hektar eigenen Weinberge werden die Trauben von befreundeten Winzern hinzugekauft. Volker und Gerda Bonnet werden heute im Betrieb von der nächsten Generation unterstützt: Eva (nach Studium in Heilbronn) und ihr Mann Ralf (nach Studium in Geisenheim) führen heute zusammen mit ihnen das Weingut. Sie haben in den letzten Jahren vor allem in die Kellertechnik investiert. In den Weinbergen haben sie verstärkt rote Sorten angepflanzt, wie Domina, Cabernet Sauvignon, Dornfelder oder Spätburgunder. Hauptrebsorte ist aber weiterhin der Riesling mit einem Anteil von 35 Prozent. Unter dem Namen „Naegele Chronos" werden barriqueausgebaute Spitzenweine angeboten.

Nach einer gleichmäßigen 2001er Kollektion gefielen mir die 2002er insgesamt etwas besser mit kraftvollen trockenen Spätlesen und einer wunderschön reintönigen Gewürztraminer Auslese. Diese gefällt mir im Jahrgang 2002 nochmals besser. Die Barriqueweine zeigen viel Kraft und Struktur, der Sekt ist sehr gekonnt gemacht: im Auge behalten!

87 ▶ **2001 Sekt Brut Nature** Spätburgunder, Chardonnay und Schwarzriesling; feine rauchige Noten, Frucht, sehr klar; geradlinig im Mund, zupackend, gute Fülle und Harmonie

85 ▶ **2002 Chardonnay Spätlese trocken Hambacher Schloßberg** konzentriert im Bouquet, direkt, klare Frucht; kompakt, reife süße Frucht (7,40 €)

86 ▶ **2002 Riesling Spätlese trocken Hambacher Schloßberg** klare Frucht, Zitrusfrüchte, direkt; klar, direkt, gute reife Frucht (6,80 €)

86 ▶ **2002 Weißburgunder Spätlese trocken Hambacher Schloßberg** verhaltene Frucht, gute Konzentration; klar, kraftvoll, gute Fülle und Frucht (6,90 €)

86 ▶ **2002 Grauburgunder Spätlese trocken Hambacher Römerbrunnen** jugendliche Frucht, gute Konzentration; kraftvoll, füllig, herrlich viel Frucht (7,10 €)

87 ▶ **2002 Riesling Spätlese Hambacher Römerbrunnen** reife süße Rieslingfrucht, Limone; gute Fülle, sehr klare Frucht, nachhaltig (7,40 €)

88 ▶ **2002 Gewürztraminer Auslese Hambacher Schloßberg** reife eindringliche Frucht, herrlich konzentriert; reintönige Frucht, geschmeidig, konzentriert und lang (8,60 €)

86 ▶ **2001 „Naegele Chronos Cuvée C.D." Rotwein trocken** Cabernet Sauvignon und Domina, achtzehn Monate Barriqueausbau; reife süße Frucht, etwas Gewürze, Schokolade; weich, füllig, verhaltene Frucht (12 €)

86 ▶ **2002 „Naegele Chronos" Dornfelder trocken Barrique** gute Konzentration im Bouquet, klare jugendliche Frucht, etwas Gewürze; füllig, gute Konzentration bei zurückhaltender Frucht

Weitere Weine: 81 ▶ 2002 Riesling trocken Hambacher Schlossberg (1) ■ 83 ▶ 2002 Riesling Kabinett trocken Hambacher Schloßberg ■ 83 ▶ 2002 Riesling Kabinett halbtrocken Hambacher Schloßberg ■

Gut Nägelsförst ★★
Baden

Nägelsförst 1, 76534 Baden-Baden (Varnhalt)
Tel. 07221-35550, Fax: 07221-355556
www.naegelsfoerst.de
info@naegelsfoerst.de
Inhaber: Reinhard J. Strickler
Kellermeister: Robert Schätzle
Rebfläche: 30 Hektar
Besuchszeiten: Mo.-Fr. 9-18 Uhr, Sa. 10-16 Uhr
Probierstube, Herrenhaus mit Bankett-Räumen, Gutspark für Wein-Menüs

Wichtigste Rebsorte bei Gut Nägelsförst ist Riesling mit einem Anteil von 50 Prozent. Es folgen Spätburgunder, Weißburgunder und Chardonnay, sowie Müller-Thurgau, Grauburgunder und ein wenig Bacchus. Gut Nägelsförst hat sich in den letzten Jahren kontinuierlich gesteigert. Insbesondere die Burgunder sind deutlich besser geworden und die Rieslinge haben an Konstanz gewonnen. Im Januar 2003 wurde Robert Schätzle neuer Betriebsleiter bei Gut Nägelsförst als Nachfolger von Martin Franzen. Robert Schätzle hat in Bordeaux und im Elsaß studiert und anschließend bei renommierten Betrieben wie Heger (Baden), Zind-Humbrecht (Elsaß), Roland de By (Médoc) und Clos du Val (Napa Valley) gearbeitet.

Die 2001er gefielen mir in der Spitze deutlich besser als zuvor, sowohl Riesling wie Spätburgunder. Die Basisweine waren zuverlässig. 2002 präsentiert sich etwas weniger gleichmäßig: zwar gefallen mir die Spätburgunder besser und der Riesling „RJS Prestige" ist herrlich kraftvoll, aber einige der anderen Weine im Programm kommen nicht ganz an ihre Vorgänger heran.

84 ▶ 2002 Riesling „sur lie" trocken feine Frucht, sehr klar; frisch, klar, feine Frucht (7,60 €)

87 ▶ 2002 Riesling trocken Varnhalter Klosterbergfelsen gute Konzentration im Bouquet, herrlich klare jugendliche Frucht; kraftvoll im Mund, eindringliche Frucht, zupackend (11,90 €)

86 ▶ 2002 Riesling trocken Neuweierer Mauerberg klare Frucht, eindringlich; frisch im Mund, klare süße Frucht, harmonisch (11,90 €)

89 ▶ 2002 Riesling trocken „RJS Prestige" reife süße Frucht im Bouquet, herrlich konzentriert und eindringlich; kraftvoll im Mund, jugendliche Rieslingfrucht, mit Biss und Nachhall (14 €)

87 ▶ 2001 Spätburgunder trocken Barrique reife süße Frucht, rote Früchte, gute Konzentration; reife klare Frucht im Mund, gute Harmonie (15,90 €)

87 ▶ 2001 Spätburgunder trocken Barrique „RJS Prestige" klare Frucht mit rauchigen Noten; gute Harmonie, klare reife Frucht, Vanille, Tannine, jugendlich (25 €)

Weitere Weine: 80 ▶ 2002 Riesling trocken ■ 82 ▶ 2002 Burgunder-Cuvée trocken ■ 82 ▶ 2002 Riesling „GutsSpätlese" trocken ■ 82 ▶ 2002 Gewürztraminer trocken ■ 82 ▶ 2002 Sauvignon Blanc trocken ■ 83 ▶ 2002 Riesling trocken Umweger Stich den Buben ■

Weingut K. Neckerauer ★
Pfalz

Ritter-von-Geißler-Straße 9
67256 Weisenheim am Sand
Tel. 06353-8059, Fax: 06353-6699
www.weingut-neckerauer.de
www.vinonet.de/neckerauer.htm,
kneckerauer@t-online.de
Inhaber: Klaus Neckerauer
Rebfläche: 14,5 Hektar
Besuchszeiten: Mo.-Fr. 8-18 Uhr,
Sa. 8:30-17 Uhr
Weinprobierraum (maximal 35 Personen)

Das Weingut Neckerauer liegt in Weisenheim am Sand, wo die Weine geprägt werden von den sandigen Böden. Es wird heute geführt von Klaus Neckerauer und seinem Sohn Arnd, der für Weinberg und Keller verantwortlich ist. Riesling und Portugieser sind die Hauptrebsorten. Daneben gibt es Müller-Thurgau, Kerner, Grauburgunder, Spätburgunder, Dornfelder und seit dem Jahrgang 2000 auch Weißburgunder. Als Spezialitäten werden Gewürztraminer, Scheurebe und Sankt Laurent angebaut. Der Anteil an Burgundersorten und roten Rebsorten soll mittelfristig erhöht werden.

Nach etwas verhaltenen 2001ern gefallen mir in der neuen Kollektion von Klaus Neckerauer vor allem die Rieslinge deutlich besser.

84 ▶ **2002 Riesling Kabinett trocken Weisenheimer Altenberg** feine Frucht, Frische, klar; frisch, klar, süße Frucht (4,70 €)

86 ▶ **2002 Riesling Spätlese Weisenheimer Halde** frisch, klar, feine Rieslingfrucht; viel süße Frucht im Mund, schmeichelnd, harmonisch, herrlich süffig (7,10 €)

Weitere Weine: 83 ▶ 2002 Riesling Kabinett trocken Weisenheimer Rosenbühl (1l) ▪ 82 ▶ 2002 Grauer Burgunder Kabinett trocken Weisenheimer Hasenzeile ▪ 79 ▶ 2002 Spätburgunder Weißherbst trocken Weisenheimer Hasenzeile ▪ 83 ▶ 2002 Portugieser halbtrocken Weisenheimer Rosenbühl ▪

Weingut Ewald **Neder** ★★
Franken

Urbanusweg 5, 97729 Ramsthal
Tel. 09704-5692, Fax: 09704-7469
neder@vr-web.de
Inhaber: Ewald Neder
Rebfläche: 6,97 Hektar
Besuchszeiten: Mo.-Fr. 14-19 Uhr, Sa. 9-16 Uhr oder nach Vereinbarung
Probierstube (bis 20 Personen)

Ganz im Norden des fränkischen Anbaugebietes liegt in einem Seitental der fränkischen Saale der Ort Ramsthal mit etwa 50 Hektar Weinbergen. Die Weinberge von Ewald Neder liegen allesamt in Steillagen in der Lage Ramsthaler St. Klausen oder im Wirmsthaler Scheinberg. Er baut Grauburgunder, Silvaner, Kerner, Bacchus, Müller-Thurgau und Scheurebe, sowie die Rotweinsorten Domina und Dornfelder an. Trockene Weine sind bei Ewald Neder meist durchgegoren und „fränkisch trocken" (d.h. mit weniger als 4 Gramm Restzucker).

Vor zwei Jahren hatte mir neben Kerner und Bacchus der sehr gekonnt gemachte Barrique Dornfelder aus dem Jahrgang 1999 am besten gefallen. Nach einer guten Vorjahreskollektion bestätigt Ewald Neder auch mit dem neuen Jahrgang, dass man sich bei ihm auf jeden Wein verlassen kann.

84 ▶ **2002 Bacchus trocken Ramsthaler St. Klausen** feine Frische, herrlich reintönige Frucht, etwas Cassis; frisch, direkt, gute Frucht (3,60 €)

84 ▶ **2002 Müller-Thurgau Kabinett trocken Ramsthaler St. Klausen** klare Frucht, dezente Muskatnote; kraftvoll und direkt im Mund, gute Frucht (3,80 €)

85 ▶ **2002 Silvaner Kabinett trocken Ramsthaler St. Klausen** feine herrlich klare Frucht, Birnen, sehr reintönig; kraftvoll im Mund, gute Frucht, Biss (4,80 €)

85 ▶ **2002 Grauer Burgunder Kabinett trocken Ramsthaler St. Klausen** gute Frucht, konzentriert, gelbe Früchte; kraftvoll im Mund, zupackend, klare Frucht (5,20 €)

85 ▶ **2002 Bacchus Kabinett halbtrocken Ramsthaler St. Klausen** feine jugendliche Frucht, schöne Frische; klar, zupackend, gute Frucht und Harmonie (4,20 €)

86 ▶ **2002 Scheurebe Spätlese halbtrocken Ramsthaler St. Klausen** feiner klarer Scheurebeduft, schönes Bouquet; klar im Mund, gute Fülle, reife Frucht (6,90 €)

Weingut Neef-Emmich ★★
Rheinhessen

Alzeyerstraße 15, 67593 Bermersheim
Tel. 06244-905254, Fax: 06244-905255
info@neef-emmich.de
Inhaber: Dirk Emmich
Rebfläche: 15 Hektar
Besuchszeiten: nach Vereinbarung
Weinprobierstube

Das Weingut Neef-Emmich in Bermersheim bei Worms ist ein Familienbetrieb, der bisher nur die Hälfte seiner Produktion selbst auf Flaschen füllt, die andere Hälfte noch als Fasswein verkauft. Wichtigste Weißweinsorten bei Dirk Emmich sind Riesling, Weißburgunder, Silvaner und Müller-Thurgau. Bei den roten Sorten dominieren Dornfelder, Spätburgunder und Portugieser. Die Rotweine werden nach der Maischegärung im Holzfass ausgebaut. Die Weißweine werden kühl vergoren.

Jahr für Jahr ein ähnliches Bild bei Dirk Emmich: gleichmäßiges, zuverlässiges Niveau mit einem herausragenden edelsüßen Wein - und moderaten Preisen.

84 ▶ **2002 Grüner Silvaner trocken** klare wenn auch zurückhaltende Frucht; frisch, direkt, klare Frucht und Biss (3,80 €)

85 ▶ **2002 „Cuvée No. 1"** eindringliche Frucht, etwas Johannisbeeren; frisch, recht süße Frucht, feiner Biss (3,50 €)

85 ▶ **2002 Müller-Thurgau Spätlese** sehr klare Frucht, direkt; viel süße Frucht im Mund, Frische, süffig (3,90 €)

84 ▶ **2002 Siegerrebe Beerenauslese** gute Konzentration, herrlich klare eindringliche Frucht, etwas Aprikosen, Litschi, Zitrusfrüchte; herrlich konzentriert im Mund, eindringliche, recht süße Frucht, Zitrusfrüchte, feiner Nachhall (9 €/0,5l)

85 ▶ **2002 Dornfelder trocken** jugendliche Frucht, sehr klar, eindringlich, gute Konzentration; kraftvoll, gute Frucht und Harmonie, feiner Dornfelder (3,90 €)

Weitere Weine: 81 ▶ 2002 Müller-Thurgau trocken (1l) ▪ 83 ▶ 2002 Riesling Kabinett trocken ▪ 83 ▶ 2002 Weißer Burgunder Kabinett trocken ▪ 83 ▶ 2002 Müller-Thurgau Kabinett halbtrocken ▪ 83 ▶ 2002 Riesling Kabinett halbtrocken ▪ 83 ▶ 2002 Blauer Spätburgunder trocken ▪

Weingut des Grafen Neipperg ★★
Württemberg

Schlossstraße 12, 74193 Schwaigern
Tel. 07138-941400, Fax: 07138-4007
neipperg@t-online.de
Inhaber: Erbgraf zu Neipperg
Rebfläche: 31,5 Hektar
Besuchszeiten: Mo.-Fr. 8-11:30 + 13-16 Uhr, Sa. 9-11:30 Uhr
Gaststätte „Zum alten Rentamt"

Wichtigste Rebsorten beim Grafen Neipperg sind Lemberger und Riesling, die jeweils etwa ein Viertel der Rebfläche einnehmen. Es folgen Schwarzriesling, Spätburgunder und Trollinger. Vor allem für Riesling und Lemberger ist das Weingut des Grafen Neipperg auch außerhalb der Region bekannt.

Nach gleichmäßigen Kollektionen in den vergangenen Jahren gefallen mir die wenigen diesmal verkosteten Weine in der Spitze besser, vor allem der herrlich kraftvolle Samtrot.

87 ▶ **2001 RUTHE Schwaigern Riesling trocken** (Großes Gewächs) recht würzig, gute Konzentration; füllig, süffig, viel Frucht, Struktur, feiner Nachhall

88 ▶ **2001 Samtrot trocken Barrique Neipperger Schlossberg** rauchig-würzige Noten, fruchtig, Vanille, gute Konzentration; viel süße Frucht im Mund, herrlich harmonisch und süffig, jugendliche Bitternote im Abgang

Weitere Weine: 82 ▶ 2002 Rivaner trocken ▪ 83 ▶ 2002 Rose trocken ▪

Weingut Ludi Neiss ★★
Pfalz

Hauptstraße 91, 67271 Kindenheim
Tel. 06359-4327, Fax: 06359-40476
weingut-neiss@t-online.de
Inhaber: Familie Neiss
Rebfläche: 12 Hektar
Besuchszeiten: Mo.-Sa. 9-18 Uhr,
So. nach Vereinbarung
Veranstaltungsraum

Axel Neiss hat in den letzten Jahren das elterliche Weingut in Kindenheim auf Rebsorten wie Riesling, Spät- und Weißburgunder und auf kontrolliert umweltschonende Bewirtschaftung umgestellt. Rote Sorten nehmen die Hälfte der Weinberge ein. Neben Spätburgunder, Dornfelder und Portugieser baut er auch Frühburgunder, Dunkelfelder, Regent, Cabernet Sauvignon, Merlot und Syrah an. An weißen Sorten hat er neben Riesling und Weißburgunder noch Müller-Thurgau, Silvaner und seit dem Jahrgang 2001 auch Chardonnay. Die Weinberge befinden sich alle in der Lage Kindenheimer Grafenstück, in der die Reben auf recht schweren, kalksteindurchzogenen Lehmböden wachsen.

Die letztjährige Kollektion war ein deutlicher Schritt voran. Neben dem faszinierenden Dornfelder und dem wunderschön reintönigen Spätburgunder hatten mich die Weißweine sehr überrascht, die deutlich an Ausdruck und Klarheit gewonnen haben. In der aktuellen Kollektion sind nun wieder eindeutig die barriqueausgebauten Rotweine meine Favoriten.

85 ▶ **2002 Silvaner trocken** frisch, klar, wunderschön reintönige Frucht, weiße Früchte, Birnen; harmonisch im Mund, gute Frucht, klar (4,20 €)

85 ▶ **2002 Weißburgunder trocken** würzige Noten, zurückhaltende Frucht; gute Frucht im Mund, harmonisch (6,20 €)

85 ▶ **2002 Riesling Spätlese trocken** gute Konzentration, würzige jugendliche Rieslingfrucht; frisch, klar, gute Frucht (6,20 €)

87 ▶ **2002 Riesling trocken „Alte Reben"** konzentriert, klar, herrlich eindringliche Rieslingfrucht; kompakt, klar, gute Frucht, fülliger Riesling (8 €)

84 ▶ **2002 Dornfelder halbtrocken** viel Frucht, klar; süß im Mund, enorm süffig, unkompliziert (4,60 €)

89 ▶ **2001 „Cuvée N" Rotwein trocken Barrique** intensiv Vanille im Bouquet, reife süße Frucht; intensive reife Frucht auch im Mund, rote Beeren, dezente Vanille, lang und nachhaltig (12,90 €)

88 ▶ **2001 Frühburgunder trocken Barrique** rauchige Noten, viel süße Frucht, rote Früchte; viel süße Frucht auch im Mund, herrlich harmonisch, vanillig (14,10 €)

86 ▶ **2001 Cabernet Sauvignon Merlot trocken Barrique** gute Frucht, viel Vanille; harmonisch im Mund, reintönig, klare Frucht, schmeichelnd, gut gemacht (12,90 €)

Weitere Weine: 79 ▶ 2002 Riesling trocken (1l) ■ 82 ▶ 2002 Chardonnay trocken ■ 83 ▶ 2002 Spätburgunder trocken Blanc de Noir ■

Weingut Nelles ★★★
Ahr

Göppinger Straße 13a, 53474 Heimersheim
Tel. 02641-24349, Fax: 02641-79586
www.weingut-nelles.de
weingutnelles@web.de
Inhaber: Thomas Nelles
Kellermeister: Alfred Emmerich
Rebfläche: 6,5 Hektar
Besuchszeiten: Mo.-Fr. 9-12 + 13:30-18 Uhr,
Sa. 10-12 Uhr
Hotel-Restaurant Weinhaus Nelles
(Tel. 02641/6868)

Toni Nelles hat mit 25 Prozent (Riesling und Grauburgunder) einen für die Ahr recht hohen Weißweinanteil. Bei den

Rotweinen dominiert der Spätburgunder, der knapp die Hälfte der Fläche einnimmt. Hinzu kommen Portugieser, Domina und Frühburgunder. Seine Weinberge liegen in den Heimersheimer Lagen Landskrone und Burggarten, sowie im Bad Neuenahrer Sonnenberg und Schieferlay. Alle Rotweine werden nach der Maischegärung in Holzfässern ausgebaut.

Seine Spitzenweine lässt Toni Nelles etwas länger im Fass reifen im Gegensatz zu vielen anderen Ahr Winzer, was sicherlich der Entwicklungsfähigkeit seiner Weine zugute kommt. Die 2000er waren etwas zugänglicher, auch eleganter als ihre Vorgänger. 2001 nun gefällt mir deutlich besser. Die Weine sind alle herrlich reintönig und kraftvoll.

86 ▶ 2001 Spätburgunder „B" trocken herrlich rauchige Frucht, wunderschön reintöniges feines Pinotbouquet; viel reife klare Frucht, Harmonie, Vanille (14 €)

87 ▶ 2001 Spätburgunder „B 48" trocken klare Frucht, konzentriert, jugendlich; gute Harmonie, herrlich reintönige Frucht, eleganter feiner Spätburgunder (18 €)

88 ▶ 2001 Spätburgunder „B 52" trocken rauchig, klar, feine Pinotfrucht; gute Harmonie, klare reife Frucht, direkt, elegant (25 €)

87 ▶ 2001 Spätburgunder „B 59" trocken rauchige Noten, sehr reintönige Frucht; gute Fülle und Harmonie, klare reife Frucht, jugendlich (ca. 35 €)

89 ▶ 2001 Spätburgunder „B 52 Goldkapsel" trocken herrlich eindringlich, sehr reintönige Pinotfrucht, direkt; füllig, sehr klare jugendliche Frucht, Tannine, eindringlicher jugendlicher Spätburgunder (ca. 42 €)

87 ▶ 2002 Frühburgunder „B" trocken frisch, klar, reintönige Frucht, rote Früchte; harmonisch im Mund, feine Frucht, Vanille, lang (ca. 21 €)

Weingut Jakob Neumer ★★
Rheinhessen

♣ Guntersblumer Straße 52-56,
55278 Uelversheim
Tel. 06249-8458, Fax: 06249-7128
www.weingut-neumer.de
weingut.neumer@t-online.de
Inhaber: Lucia und Hubertus Weinmann
Rebfläche: 16 Hektar
Besuchszeiten: nach Vereinbarung

1990 hat Walter Jakob Neumer das Weingut an seine Tochter Lucia und ihren Ehemann Hubertus Weinmann übergeben, die dann im Jahr darauf auf ökologische Bewirtschaftung umgestellt haben (ECOVIN-Mitglied). Die Weinberge liegen in Uelversheim, Dienheim und Oppenheim. Wichtigste Rebsorte ist der Weißburgunder. Weitere Spezialitäten sind die Barrique-Rotweine und die nach der klassischen Methode hergestellten Sekte.

In der letztjährigen, sehr gleichmäßigen Kollektion war der Weißburgunder aus der Selection Rheinhessen mein Favorit. Auch der Jahrgang 2002 ist wieder sehr gleichmäßig und zuverlässig.

84 ▶ 2002 „Theodor" Weißer Burgunder trocken feine Frische und Frucht; klar, gute Fülle, feiner Weißburgunder (4 €)

85 ▶ 2002 Weißer Burgunder trocken Uelversheimer Aulenberg jugendliche Frucht, sehr klar; gute Harmonie, klare Frucht, kompakt (4,90 €)

85 ▶ 2002 Riesling trocken Dienheimer Tafelstein frisch, klar, direkt, süße Frucht; feine süße Frucht, klar und frisch (4,90 €)

86 ▶ 2002 Chardonnay trocken Uelversheimer Tafelstein gute Konzentration, eindringliche Frucht, jugendlich; kraftvoll und klar im Mund, viel reife Frucht (6,60 €)

84 ▶ 2002 Gewürztraminer trocken Uelversheimer Aulenberg klarer Traminerduft, feines Bouquet; gute Fülle und Harmonie, klare Frucht, Biss (4,80 €)

85 ▶ 2002 Gewürztraminer Spätlese Uelversheimer Aulenberg klare Frucht, Rosen, Frische; schmeichelnd, süße Frucht, herrlich süffig (4,80 €)

Weitere Weine: 82 ▶ 2002 Rivaner trocken Uelversheimer Schloss ▪ 83 ▶ 2002 „Felix" Spätburgunder Weißherbst trocken ▪ 83 ▶ 2002 Spätburgunder trocken Dienheimer Tafelstein ▪ 83 ▶ 2002 Regent trocken Uelversheimer Tafelstein ▪

Weingut Schloss Neuweier ★★★★
Baden

Mauerbergstraße 21, 76534 Baden-Baden
Tel. 07223-96670, Fax: 07223-60864
www.weingut-schloss-neuweier.de
kontakt@weingut-schloss-neuweier.de
Inhaber: Gisela Joos
Rebfläche: 10 Hektar
Besuchszeiten: Mo.-Fr. 9-12 + 13-17 Uhr, Sa. 9-13 Uhr

Die Familie Joos hat 1992 Schloss Neuweier gekauft und Keller und Weinberge sukzessive saniert. Unter anderem wurde eine Jahrzehnte brachliegende Steillage im Neuweierer Mauerberg, das so genannte „Goldene Loch", durch Querterrassen wieder bewirtschaftbar gemacht. Die zweite Spitzenlage neben dem Mauerberg ist der Neuweierer Schlossberg, der dem Weingut in Alleinbesitz gehört. Riesling ist mit einem Anteil von 84 Prozent die mit Abstand wichtigste Rebsorte bei Schloss Neuweier. Hinzu kommt Spätburgunder, sowie ein klein wenig Weißburgunder und Gewürztraminer. Das Gros der Weine wird trocken ausgebaut. Schloss Neuweier gehört heute zu den Top-Betrieben in Baden mit immer zuverlässigen, reintönigen Rieslingen.

2001 war ein weiterer Schritt voran. Schon die „einfachen" Rieslinge waren herrlich klar und von leicht mineralischen Noten geprägt. Während Schloss Neuweier selbst den Wein aus dem „Goldenen Loch" als großes Gewächs am höchsten einstuft, war mein Favorit in den letzten Jahren aber meist die trockene Spätlese von alten Reben aus dem Schlossberg. Aber auch die „normale" Spätlese aus dem Mauerberg gefällt mir ähnlich gut wie das Goldene Loch. Auch 2002 stehen gleich vier beeindruckende Spätlesen fast gleichwertig nebeneinander.

86 ▶ 2002 Riesling trocken klar und direkt im Bouquet, etwas Limone; frisch, klar, feine Frucht (6 €)

85 ▶ 2002 Riesling Kabinett trocken Neuweierer Mauerberg klare jugendliche Frucht, zurückhaltend; gute Fülle und Harmonie (9 €)

87 ▶ 2002 Riesling Kabinett trocken Neuweierer Schlossberg jugendliche Frucht, klar, eindringlich; kraftvoll, viel Frucht, kompakter Riesling (9,50 €)

89 ▶ 2002 Riesling Spätlese trocken Neuweierer Mauerberg herrlich würzig und klar, konzentrierte jugendliche Frucht; füllig, klar, reife Frucht, wunderschön reintönig (10,50 €)

89 ▶ 2002 „Mauer-Wein" Riesling Spätlese trocken konzentriert und dominant im Bouquet, mineralische Rieslingfrucht, jugendlich; füllig, viel Frucht, stoffiger Riesling, feiner Nachhall (14 €)

90 ▶ 2002 Riesling Spätlese trocken „alte Reben" Neuweierer Schlossberg konzentriert, klar, jugendliche mineralische Rieslingfrucht; kraftvoll und klar im Mund, zupackend, mineralischer Nachhall (12,50 €)

90 ▶ 2002 Riesling Spätlese trocken „Goldenes Loch" Neuweierer Mauerberg herrlich konzentriert, etwas Zitrusfrüchte, Limone, direkt; gute Fülle, reife klare süße Frucht, kompakt (16 €)

85 ▶ 2002 Gewürztraminer Spätlese trocken Neuweierer Schlossberg konzentriert, Rosen, sehr reintönig und eindringlich; gute Fülle, reife Frucht, kompakt (8,50 €/0,5l)

85 ▶ 2002 Weißburgunder Kabinett trocken Neuweierer Mauerberg feine Frucht, klar, direkt; gute Fülle und Harmonie, klare Frucht (9 €)

86 ▶ **2002 Weißburgunder Spätlese trocken Neuweierer Mauerberg** gute Würze und Konzentration, jugendliche Frucht; füllig, klare reife Frucht (10,50 €)

85 ▶ **2001 Spätburgunder Spätlese trocken Neuweierer Heiligenstein** jugendliche Frucht, klar, feine Frische; gute Harmonie, klare Frucht, Struktur (11,50 €)

Weitere Weine: 81 ▶ 2002 Spätburgunder Rosé trocken ■

Gutsverwaltung Niederhausen-Schloßböckelheim ★★
Nahe

*Ehemalige Weinbaudomäne,
55585 Niederhausen
Tel. 06758-92500, Fax: 06758-925019
www.riesling-domaene.de
info@riesling-domaene.de
Inhaber: Familie Erich Maurer
Betriebsleiter: Kurt Gabelmann
Rebfläche: 37,03 Hektar
Besuchszeiten: Mo.-Fr. 8-12 + 13-18 Uhr,
Sa. 10-16 Uhr; Juni-Sept. auch So. 10-16 Uhr
Repräsentative Kelterhalle für Gruppen bis 100 Personen*

Die ehemalige Weinbaudomäne wurde 1998 privatisiert und gehört seither der Pfälzer Familie Maurer. Über 90 Prozent der Weinberge sind mit Riesling bepflanzt. Daneben gibt es ein klein wenig Müller-Thurgau und rote und weiße Burgunder. Die Domäne besitzt Weinberge in erstklassigen Lagen von Schloßböckelheim - mit Kupfergrube und Felsenberg - und Niederhausen (Hermannsberg, Hermannshöhle), aber auch im Altenbamberger Rotenberg und in der Traisener Bastei.

Nachdem mir der Jahrgang 2001 nicht ganz so gefallen hatte wie die Jahrgänge zuvor - trotz faszinierender edelsüßer Weine - sind die 2002er wieder klarer in der Frucht, harmonisch und süffig.

84 ▶ **2002 Riesling trocken Niederhäuser Steinberg** frisch, klar, feine Rieslingfrucht; harmonisch, gute süße Frucht (5,30 €)

86 ▶ **2002 Riesling trocken Schloßböckelheimer Kupfergrube** klare reife Rieslingfrucht; harmonisch, klar, süße Frucht, feiner eleganter Riesling (5,80 €)

85 ▶ **2002 Riesling Kabinett trocken Traiser Bastei** gute Konzentration, würzige Frucht; weich, kompakt, gute Frucht (6,60 €)

88 ▶ **2002 Riesling Spätlese halbtrocken Niederhäuser Hermannshöhle** herrlich klare reife Rieslingfrucht, konzentriert und eindringlich; viel süße Frucht, harmonisch und klar, kompakt (8,80 €)

87 ▶ **2002 Riesling Spätlese Schloßböckelheimer Kupfergrube** gute Konzentration, reife klare Frucht; viel süße Frucht, sehr klar, harmonisch und lang (8,80 €)

90 ▶ **2002 Riesling Auslese Niederhäuser Hermannshöhle** klar, konzentriert, herrlich eindringliche reintönige Frucht; viel reife süße Frucht, wunderschön harmonisch, schmeichelnd und lang (7 €/0,375l)

Weitere Weine: 83 ▶ 2002 Spätburgunder Weißherbst trocken Blanc de Noir ■

Weingut Heinz Nikolai ★★
Rheingau

*Ringstraße 16, 65346 Erbach
Tel. 06123-62708, Fax: 06123-81619
www.heinznikolai.de
weingut.heinz.nikolai@t-online.de
Inhaber: Heinz, Helga und Frank Nikolai
Rebfläche: 9,5 Hektar
Besuchszeiten: Mo.-Fr. 10-18 Uhr,
Sa./So. 10-14 Uhr
Straußwirtschaft während der Rheingauer Schlemmerwochen (April/Mai)*

Heinz und Helga Nikolai und Sohn Frank, der für den Keller verantwortlich ist, bauen in ihren Weinbergen zu 85

Prozent Riesling an. Hinzu kommt etwas Spätburgunder, seit kurzem auch Weißburgunder. Ihre besten Lagen sind Erbacher Michelmark, Erbacher Steinmorgen und Hallgartener Jungfer. Nach intensiver Vorklärung werden die Moste kühl und gezügelt vergoren. Die Rieslinge werden grundsätzlich im Edelstahl ausgebaut. Der Spätburgunder kommt nach der Maischegärung ins Eichenholzfass.

Im vergangenen Jahr glänzte Frank Nikolai mit seinen edelsüßen Rieslingen, die zu den besten im Rheingau zählten. Auch in diesem Jahr hat er mit dem Eiswein Kiedricher Sandgrub einen der faszinierendsten edelsüßen Weine des Jahrgangs im Rheingau.

85 ▶ 2002 „Primus Maximus" Riesling Spätlese gute Konzentration im Bouquet, reife klare Rieslingfrucht; klar, gute Fülle, reife Frucht (7,50 €)

85 ▶ 2002 Riesling Spätlese trocken Erbacher Michelmark klare reife Frucht, Aprikosen; kompakt, reife Frucht (6 €)

87 ▶ 2002 Riesling Erstes Gewächs Erbacher Steinmorgen würzig, konzentriert, jugendliche Frucht; kraftvoll und klar im Mund, reife Frucht, kompakter Riesling (13 €)

84 ▶ 2002 Riesling Kabinett halbtrocken Hallgartener Jungfer würzig, klar, direkt, gute Frucht; frisch, klar, gute süße Frucht (4,80 €)

85 ▶ 2002 Riesling Spätlese halbtrocken Erbacher Steinmorgen reife süße Frucht, Aprikosen, Würze; viel süße Frucht, kompakter Riesling (6 €)

87 ▶ 2002 Riesling Spätlese Erbacher Steinmorgen konzentriert, klar, Litschi, süße Aprikosen; enorm schmeichelnd im Mund, viel klare süße Frucht (6 €)

87 ▶ 2002 Riesling Auslese** Erbacher Honigberg enorm direkt, reife süße Frucht, Aprikosen und Zitrusfrüchte; konzentrierte süße Frucht, dominant (7,50 €/0,375l)

92 ▶ 2002 Riesling Eiswein „SL" Kiedricher Sandgrub enorm konzentriert, klar, reife süße Frucht, süße Aprikosen, Litschi, Zitrusfrüchte; enorm konzentriert, süße eingelegte Aprikosen, Litschi, dominant, lang (38 €/0,375l)

Weitere Weine: 80 ▶ 2002 Riesling trocken Erbacher Michelmark ■ 81 ▶ 2002 Riesling Kabinett trocken Hallgartener Schönhell ■ 83 ▶ 2002 Riesling Classic „Rheingauer" ■ 82 ▶ 2002 Riesling halbtrocken Erbacher Honigberg ■

Weingut Ingo Norwig ★
Mosel-Saar-Ruwer

Am Frohnbach 1, 54472 Burgen
Tel. 06534-763, Fax: 06534-949504
www.weingut-norwig.de
weingut-norwig@t-online.de
Inhaber: Ingo Norwig
Rebfläche: 6 Hektar
Besuchszeiten: nach Vereinbarung

Ingo Norwig baut neben Riesling auch etwas Müller-Thurgau, Ortega, Spätburgunder und Dornfelder an. Seine Weinberge befinden sich in Burgen, Brauneberg, Veldenz und Mülheim. Die Weine werden kühl vergoren und bleiben recht lange auf der Feinhefe.

Nach einer gleichmäßigen Kollektion im Jahrgang 2000 gefiel mir 2001 besser, zwei sehr gute edelsüße Weine ragten aus dem guten Gesamtprogramm hervor. Der Jahrgang 2002 kommt da nicht ganz heran.

86 ▶ 2002 Riesling Auslese Burgener Hasenläufer viel Würze, jugendliche Frucht; klar, süße Frucht, enorm süffig (9 €)

Weitere Weine: 80 ▶ 2002 Riesling trocken ■ 83 ▶ 2002 Riesling Spätlese trocken Brauneberger Juffer ■ 82 ▶ 2002 Riesling Kabinett Burgener Römerberg ■

Winzergenossenschaft Oberbergen ★★
Baden

Badbergstraße 2, 79235 Vogtsburg-Oberbergen
Tel. 07662-94600, Fax: 07662-946024
www.wg-oberbergen.com
info@wg-oberbergen.com
Geschäftsführer: Rolf Hofschneider
Rebfläche: 325 Hektar
Mitglieder: 430
Besuchszeiten: Mo.-Fr. 7:30-12 + 13:30-17 Uhr, Sa. 8:30-12:30 Uhr

Die Mitglieder der 1924 gegründeten Genossenschaft von Oberbergen bauen neben Spätburgunder vor allem weiße Sorten wie Müller-Thurgau, Silvaner, Weißburgunder und Grauburgunder an. Daneben gibt es insbesondere noch Gewürztraminer, Muskateller, Kerner und Riesling. In der bekannten Lage Bassgeige finden sich die steilsten Terrassen am Kaiserstuhl.

Der schon im vergangenen Jahr erkennbare Aufwärtstrend hält an. Auch in diesem Jahr fasziniert eine Spätburgunder Auslese und wie im vergangenen Jahr, damals mit einer Müller-Thurgau Beerenauslese, hat die Winzergenossenschaft Oberbergen einen tollen edelsüßen Wein im Programm.

84 ▶ 2002 „Sommer-Ouvertüre" Müller-Thurgau trocken Oberbergener Bassgeige würzig, frisch, feine Muskatnote; klar im Mund, süße Frucht (3,85 €)

84 ▶ 2002 Weißer Burgunder Spätlese trocken Oberbergener Bassgeige gute würzige Frucht, zurückhaltend; gute Fülle, reife süße Frucht (6,35 €)

87 ▶ 2001 Chardonnay Spätlese trocken Barrique Oberbergener Bassgeige gute Konzentration, Toast, eindringliche Frucht; füllig, harmonisch, herrlich klar (19,90 €/0,5l)

85 ▶ 2002 Gewürztraminer Spätlese Oberbergener Bassgeige feiner Traminerduft, sehr klar; harmonisch, kompakt, viel süße Frucht (7,20 €)

85 ▶ 2001 Müller-Thurgau Auslese Oberbergener Bassgeige reife süße Frucht, feiner Duft, etwas Litschi; kompakt, süße Frucht, herbe Noten (10,25 €/0,5l)

91 ▶ 2001 Muskateller Beerenauslese Oberbergener Bassgeige klare zurückhaltende Muskatellerfrucht, konzentriert, süße Zitrusfrüchte, getrocknete Orangenschalen; konzentriert, klar, dominant, herrlich reintönige Frucht, viel Nachhall (25,90 €/0,375l)

86 ▶ 2002 Weißer Burgunder Eiswein Oberbergener Bassgeige duftig, konzentriert, viel süße Frucht, Aprikosen; süß, dominant, sehr eindringlich (21,90 €/0,25l)

84 ▶ 2002 Spätburgunder trocken Oberbergener Bassgeige frische klare Frucht, rote Früchte; frisch, direkt, gute etwas süße Frucht (8,55 €)

88 ▶ 2001 Spätburgunder Auslese trocken Barrique Oberbergener Bassgeige herrlich konzentriert im Bouquet, reife würzige Spätburgunderfrucht; herrlich eindringliche süße Frucht im Mund, wunderschön harmonisch und klar, gute Struktur, Nachhall (19,90 €)

Weitere Weine: 81 ▶ 2002 Weißer Burgunder Kabinett trocken Oberbergener Bassgeige ▪ 82 ▶ 2002 Grauer Burgunder Kabinett trocken Oberbergener Bassgeige ▪ 83 ▶ 2002 Grauer Burgunder Spätlese trocken Oberbergener Bassgeige ▪

Weingut Hermann Ockenfels ★
Mittelrhein

Oelbergstraße 3, 56599 Leutesdorf
Tel. 02631-72593, Fax: 02631-979396
weingut-ockenfels@leutesdorf-rhein.de,
lreblaus@aol.com
Inhaber: Beate Ockenfels
Rebfläche: 3,2 Hektar
Besuchszeiten: nach telefonischer Vereinbarung Weinstube (geöffnet Anfang März - Ende Mai / Anfang Sept. - Ende Nov., Freitag/Samstag/Sonntag)

Hermann Ockenfels, gelernter Winzer, hat lange Zeit eine Fleischerei geführt. Kurz vor seinem 60. Geburtstag hat er seine Fleischerei aufgegeben, um sich ganz seiner Liebe, dem Weinbau zu widmen. Im Juli 2000 ist seine älteste Tochter Beate in den Betrieb eingestiegen. Die Weinberge befinden sich in den Leutesdorfer Lagen Rosenberg, Gartenlay und Forstberg. Riesling nimmt 80 Prozent der Rebfläche ein. Die restlichen 20 Prozent verteilen sich zu gleichen Teilen auf Kerner, Müller-Thurgau, Portugieser, Dornfelder und Regent.

Wie in den vorausgegangenen Jahren hat Beate Ockenfels eine sehr gleichmäßige Kollektion.

84 ▶ **2002 Riesling Classic** würzig, klar, gute Frucht; geradlinig im Mund, viel Frucht und Biss (4,50 €)

85 ▶ **2002 Riesling Spätlese trocken Leutesdorfer Gartenlay** gute Würze und Konzentration, jugendliche Rieslingfrucht; kraftvoll, klar, zupackend, gute Frucht

85 ▶ **2002 Riesling Kabinett halbtrocken Leutesdorfer Rosenberg** klar, würzig, jugendliche Rieslingfrucht; klar im Mund, gute Frucht und Harmonie (4 €)

85 ▶ **2002 Riesling Spätlese Leutesdorfer Rosenberg** klar, konzentriert, würzige Rieslingfrucht; konzentriert auch im Mund, gute süße Frucht

Weitere Weine: 79 ▶ 2002 Rivaner Kabinett trocken Leutesdorfer Gartenlay ▪ **80** ▶ 2002 Kerner trocken ▪ **83** ▶ 2002 Riesling Hochgewächs trocken Leutesdorfer Forstberg ▪ **81** ▶ 2002 Riesling Kabinett trocken Leutesdorfer Rosenberg ▪ **83** ▶ 2002 Riesling Hochgewächs halbtrocken Leutesdorfer Gartenlay ▪ **82** ▶ 2002 Riesling Hochgewächs Leutesdorfer Gartenlay ▪ **83** ▶ 2002 Regent trocken Leutesdorfer Gartenlay ▪ **83** ▶ 2002 Dornfelder halbtrocken Leutesdorfer Forstberg ▪

Weingut Johannes Ohlig ★★★
Rheingau

Hauptstraße 68, 65375 Oestrich-Winkel
Tel. 06723-2012, Fax: 06723-87872
www.weingut-ohlig.de
Inhaber: Johannes Ohlig
Rebfläche: 8 Hektar
Besuchszeiten: Mo.-Fr. 8-12 + 14-18 Uhr, Sa. nach Vereinbarung
Gutsausschank Zehnthof ganzjährig geöffnet (Mi. Ruhetag), Innenhof (bei schönem Wetter)

Johannes Ohlig führt heute in vierter Generation dieses Weingut, das in einem 400 Jahre alten Zehnthof untergebracht ist. Wichtigste Rebsorte ist Riesling, der 85 Prozent der Fläche einnimmt. Hinzu kommen 13 Prozent Spätburgunder, sowie ein klein wenig Müller-Thurgau. Drei Viertel der Weine werden trocken oder halbtrocken ausgebaut.

Jahr für Jahr hat Johannes Ohlig gute Kollektionen: seine Rieslinge überzeugen - und die Preise sind nach wie vor sehr moderat.

84 ▶ **2002 Riesling Kabinett trocken Winkeler Hasensprung** feine Würze, klare Frucht; frisch, klar, gute Frucht (4,50 €)

84 ▶ **2002 Riesling Classic** frisch, klar, feine Rieslingfrucht; harmonisch, süße Frucht, süffig (4,20 €)

86 ▶ **2002 Riesling Spätlese „feinherb" Winkeler Jesuitengarten** gute Konzentration, sehr klare Frucht; kompakt, klar, gute Fülle und Frucht (6 €)

86 ▶ **2002 Riesling Spätlese halbtrocken Mittelheimer Edelmann** gute Konzentration, sehr klare Frucht, eindringlich; herrlich harmonisch, klare süße Frucht, kompakt (6 €)

87 ▶ **2002 Riesling Kabinett Mittelheimer Edelmann** klare Frucht, jugendlich, herrlich direkt; kraftvoll im Mund, viel klare Frucht, gute Harmonie (4,50 €)

87 ▶ **2002 Riesling Spätlese Geisenheimer Kläuserweg** reife klare Frucht, etwas Litschi; süß, schmeichelnd, harmonisch und lang (6 €)

88 ▶ **2002 Riesling Auslese Geisenheimer Kläuserweg** reife süße Frucht, Würze, süße Aprikosen und Litschi; geschmeidig, viel süße Frucht, Biss (11 €/0,5l)

91 ▶ **2002 Riesling Eiswein Johannisberger Goldatzel** konzentriert, herrlich eindringliche süße Frucht, Aprikosen; konzentriert auch im Mund, dominant, reife süße Frucht, wunderschön süffig, sehr nachhaltig (29 €/0,375l)

Weitere Weine: 83 ▶ 2002 Riesling Kabinett halbtrocken Winkeler Jesuitengarten ▪

Weingut
Ollinger-Gelz ★
Mosel-Saar-Ruwer

◆ Marienstraße 40, 66706 Perl
Tel. 06867-461, Fax: 06867-861
weingut.ollinger-gelz@t-online.de
Inhaber: Willi Ollinger
Rebfläche: 6 Hektar
Besuchszeiten: nach Vereinbarung

Das Weingut Ollinger-Gelz ist einer der wenigen selbstvermarktenden Betriebe im Saarland. Seit 1980 führen Willi und Inge Ollinger das Gut. Elbling und die Burgundersorten bilden den Schwerpunkt. Dazu gibt es Müller-Thurgau, Gewürztraminer und Dornfelder. Die Böden sind hier vom gelbbraunen Muschelkalk geprägt. Im Jahr 2001 hat Willi Ollinger mit der Umstellung auf ökologischen Weinbau begonnen.

84 ▶ **2002 Auxerrois trocken** gute Würze und Frucht im Bouquet; harmonisch im Mund, gute süße Frucht, Fülle, klar (4,20 €)

85 ▶ **2002 Grauer Burgunder trocken** würzig, direkt, gelbe Früchte; gute Fülle, reife Frucht, klar (4,50 €)

87 ▶ **2002 Auxerrois Spätlese trocken Perler Hasenberg** gute Konzentration, würzige eindringliche Frucht; viel süße Frucht, kompakt und klar, eindringlich (5,50 €)

Weitere Weine: 82 ▶ 2002 Elbling trocken ▪ 82 ▶ 2002 Weißburgunder trocken ▪ 83 ▶ 2002 Grauer Burgunder Spätlese trocken Perler Hasenberg ▪

Staatliche Weinbaudomäne
Oppenheim ★
Rheinhessen

Wormser Straße 162, 55276 Oppenheim
Tel. 06133-930305, Fax: 06133-930323
www.domaene-oppenheim.de
domaenenverkauf.slva.op@agrarinfo.rpl.de
Inhaber: Land Rheinland-Pfalz
Betriebsleiter: Otto Schätzel
Rebfläche: 23 Hektar
Besuchszeiten: Mo.-Do. 9-12 + 13-16 Uhr, Fr. 9-12 + 13-18 Uhr

Dieses 1895 gegründete Weingut ist heute ein staatlicher Lehr- und Versuchsbetrieb. Die Weinbaudomäne bewirtschaftet Weinberge in besten Lagen der Rheinterrasse. Die Lage Niersteiner Glöck befindet sich in Alleinbesitz der Domäne. Über die Hälfte der Weinberge ist mit Riesling bepflanzt.

Jahr für Jahr bietet die Domäne Oppenheim homogene Kollektionen, aus denen hin und wieder einzelne edelsüße Rieslinge hervorragen.

84 ▶ **2002 Sauvignon Blanc trocken Domäne Oppenheim** klare schön aggressive Sauvignonfrucht, grasige Noten; geradlinig im Mund, gute etwas süße Frucht, Biss (5,10 €)

87 ▶ **2002 Riesling Auslese Oppenheimer Herrenberg** würzig eindringliche jugendliche Rieslingfrucht; viel süße Frucht, gute Harmonie, herrlich süffig (7,70 €/0,5l)

Weitere Weine: 81 ▶ 2002 RS-Rheinhessen-Silvaner trocken ▪ 80 ▶ 2002 Riesling Kabinett trocken Niersteiner Oelberg ▪ 81 ▶ 2002 Cuvée Ernst-Ludwig Weißwein trocken ▪ 83 ▶ 2002 Riesling Spätlese trocken Oppenheimer Herrenberg ▪ 81 ▶ 2002 Riesling Spätlese Oppenheimer Herrenberg ▪

Weingut Schloss **Ortenberg** ★★★
Baden

Am St. Andreas 1, 77799 Ortenberg
Tel. 0781-93430, Fax: 0781-934320
www.weingut-schloss-ortenberg.de
info@weingut-schloss-ortenberg.de
Inhaber: Zweckverband Weingut Schloss Ortenberg
Geschäftsführer: Winfried Köninger
Rebfläche: 45 Hektar
Besuchszeiten: Mo.-Fr. 8-12 + 13-17 Uhr, Sa. 9-12:30 Uhr

Das Weingut Schloss Ortenberg ist 1997 durch Zusammenlegung des Weingutes Schloss Ortenberg des Ortenaukreises mit dem St. Andreas-Weingut der Stadt Offenburg entstanden. Den Rotweinanteil will Winfried Köninger keinesfalls erhöhen, nur ein klein wenig Merlot hat er zuletzt noch angelegt. Bei den Weißweinen setzt er - neben Riesling selbstverständlich - auf Weißburgunder und Chardonnay und Sauvignon Blanc. Schon die letztjährige Kollektion blieb ein klein wenig hinter ihren Vorgängern zurück. Gleiches gilt für den Jahrgang 2002. Vielen Weinen fehlt ein bisschen die Brillanz, die mir Ende der neunziger Jahre so gut gefallen hatte. Am Augenfälligsten wird dies bei den edelsüßen Weinen.

87 ▶ **2002 Sauvignon Blanc trocken** klare reife süße Frucht im Bouquet, Tropenfrüchte; kompakt im Mund, klar, jugendliche Frucht (12,50 €)

86 ▶ **2002 Weißer Burgunder Spätlese trocken „SL"** reife klare Frucht, weiße Früchte; klar und kompakt, viel Frucht (12,50 €)

87 ▶ **2002 Grauer Burgunder Spätlese trocken** gute Würze und Konzentration im Bouquet, jugendliche Frucht; konzentriert, klar, viel Frucht (7,70 €)

84 ▶ **2002 Klingelberger Riesling Spätlese trocken** reife süße Frucht, recht würzig; kompakt, süße Frucht (10 €)

88 ▶ **2002 Klingelberger Riesling Spätlese trocken „SL"** reife Frucht, klar und eindringlich; recht füllig im Mund, klare Frucht, dezente Bitternote (12,50 €)

88 ▶ **2002 Chardonnay Spätlese trocken** gute Konzentration, sehr klare Frucht, eindringlich; kraftvoll im Mund, klare Frucht, Struktur (10 €)

85 ▶ **2002 Scheurebe Auslese** klar, direkt, viel Würze; gute Fülle und Harmonie, verhaltene Frucht (11,50 €/0,5l)

85 ▶ **2002 Chardonnay Eiswein** enorm würzig, direkt, konzentriert; süß, dick, gute Konzentration (33 €/0,375l)

87 ▶ **2002 „Duett rot" Cuvée trocken Barrique** rote Früchte, Frische, dezent Vanille; klare Frucht, gute Harmonie, Vanille (12,50 €)

Weitere Weine: 83 ▶ 2002 Weißer Burgunder Kabinett trocken ▪ 82 ▶ 2002 Sauvignon blanc et gris trocken ▪ 83 ▶ 2002 Rosé Kabinett trocken ▪

Weingut von **Othegraven** ★★★
Mosel-Saar-Ruwer

Weinstraße 1, 54441 Kanzem
Tel. 06501-150042, Fax: 06501-18879
www.von-othegraven.de
von-othegraven@t-online.de
Inhaber: Dr. Heidi Kegel
Rebfläche: 8 Hektar
Besuchszeiten: Mo.-Fr. 8-12 + 13-17 Uhr und nach Vereinbarung

1995 hat die heutige Besitzerin Heidi Kegel das traditionsreiche Weingut von Othegraven von ihrer Tante übernommen. Zum Weingut gehört ein 7 Hektar großer, voll arrondierter Weinberg im Herzstück des Kanzemer Altenberg, der ausschließlich mit Riesling bestockt ist. Mit dem Jahrgang 1997 wurde das Programm für die trockenen Weine neu gestaltet: an der Spitze steht der Kanzem Altenberg als „Erstes Gewächs" bzw. nun „Erste Lage" nach gutsinterner

Klassifizierung. Dann folgt der Maximus, der im Sinne eines Zweitweines die nächst besten Partien enthält, schließlich QbA und Kabinett trocken und süße und edelsüße Rieslinge.

Im schwierigen Jahrgang 2000 hatte das Aushängeschild des Weingutes, der Kanzem Altenberg, deutlich an Struktur und Ausdruck gewonnen, wobei ihm der Maximus nur wenig nachstand. Dieser Aufwärtstrend setzte sich im Jahrgang 2001 fort: alle Weine, ob trocken oder edelsüß, waren nochmals kraftvoller geworden, boten viel Frucht und mineralische Noten. Eine der Top-Kollektionen des Jahrgangs an der Saar! Gleiches gilt im Jahrgang 2002: jeder Wein überzeugt, die Spitzen aus Altenberg und Bockstein gehören zu den besten Weinen an der Saar.

86 ▶ **2002 Riesling trocken** feine klare Rieslingfrucht, etwas Aprikosen; gute Harmonie, klare süße Frucht, kraftvoll (5,85 €)

85 ▶ **2002 Riesling „feinherb"** feine Frische, Frucht, dezent Zitrusfrüchte; frisch, klar, reife süße Frucht, süffig (5,85 €)

85 ▶ **2002 Riesling Kabinett halbtrocken Wiltinger Kupp** jugendliche Frucht, feine Würze; frisch, klar, süffig (6,20 €)

87 ▶ **2002 Riesling „Maximus"** viel Würze, herrlich klare Frucht; kraftvoll, gute Fülle und Frucht (7,95 €)

89 ▶ **2002 Riesling Ockfen Bockstein** gute Konzentration, jugendliche mineralische Frucht, sehr direkt; viel reife süße Frucht, klar, kraftvoll, stoffiger Riesling, enormer Nachhall (12,80 €)

90 ▶ **2002 Riesling Kanzem Altenberg** (Erste Lage) herrlich konzentriert, mineralisch, eindringlich, jugendliche Frucht; kraftvoll im Mund, viel reife süße Frucht, stoffiger Riesling (14,20 €)

85 ▶ **2002 Riesling Kabinett Kanzemer Altenberg** frisch, klar, feine Würze; viel süße Frucht, wunderschön süffig (6,95 €)

85 ▶ **2002 Riesling Kabinett Wiltinger Kupp** klar, würzig, feine Frucht; viel süße Frucht, klar und süffig (6,20 €)

87 ▶ **2002 Riesling Spätlese Kanzemer Altenberg Nr. 8/03** würzig, direkt, jugendliche Frucht; weich, klar, viel süße Frucht (11,40 €)

88 ▶ **2002 Riesling Spätlese Kanzemer Altenberg Nr. 9/03** (Erste Lage) würzig, konzentriert, jugendliche Frucht, sehr eindringlich; gute Fülle und Harmonie, reife süße Frucht (12,50 €)

86 ▶ **2002 Riesling Spätlese Ockfener Bockstein** klare mineralische Frucht, jugendlich; weich, klar, reife süße Frucht (11,40 €)

Weingut Paulinshof ★★
Mosel-Saar-Ruwer

Paulinsstraße 14, 54518 Kesten
Tel. 06535-544, Fax: 06535-1267
www.paulinshof.de
paulinshof@qt-online.de
Inhaber: Klaus Jüngling
Rebfläche: 8 Hektar
Besuchszeiten: Mo.-Fr. 8-18 Uhr, Sa. 9-17 Uhr

Der Paulinshof ist ein ehemaliger Stiftshof der Kirche St. Paulin, der erstmals im Jahr 936 urkundlich erwähnt wurde. Die heutigen Besitzer Klaus und Christa Jüngling, denen der Paulinshof seit 1969 gehört, haben sich vor allem mit ihren trockenen und halbtrockenen Weinen einen guten Namen geschaffen. Die Lage Brauneberger Kammer bewirtschaften sie in Alleinbesitz. Daneben gehören ihnen Weinberge in den Kestener Lagen Paulins-Hofberger, Paulinsberg und Herrenberg, sowie in den Brauneberger Lagen Juffer und Juffer-Sonnenuhr.

Im Jahrgang 2002 bietet sich ein etwas wechselhaftes Bild. Währen die trockenen Weine mit Ausnahme der Auslese nicht ganz überzeugen, dominieren die edelsüßen Rieslinge mit viel Fülle und Kraft.

88 ▶ **2002 Riesling Auslese trocken Kestener Paulins-Hofberger** herrlich dominant, eindringliche reintönige Frucht; klar im Mund, füllig, reintönig (12,50 €)

86 ▶ **2002 Riesling Spätlese halbtrocken Brauneberger Kammer** feine Würze und Frucht, jugendlich; klar, direkt, reife Frucht (9,50 €)

84 ▶ **2002 Riesling Kabinett Brauneberger Juffer** feine Frucht, Würze, Frische; klare süße Frucht, feiner Biss (8,50 €)

87 ▶ **2002 Riesling Spätlese Kestener Paulinsberg** herrlich viel Frucht, klar und direkt; kraftvoll, klar, feine reife Frucht (9,50 €)

88 ▶ **2002 Riesling Auslese Brauneberger Kammer** viel süße Frucht, Litschi, Zitrusfrüchte; süß, konzentriert, reife Frucht (13 €/0,5l)

87 ▶ **2002 Riesling Auslese Fels 26 Brauneberger Juffer-Sonnenuhr** dominant, jugendlich, würzig; süß, klar, füllig, feine Frucht (15 €/0,375l)

91 ▶ **2002 Riesling Beerenauslese Brauneberger Juffer-Sonnenuhr** konzentriert, herrlich dominant, süße Zitrusfrüchte und Aprikosen; viel süße Frucht, dominant, wunderschön eindringlich, faszinierend klare Beerenauslese (38 €/0,375l)

Weitere Weine: 80 ▶ 2002 Riesling trocken Brauneberger Juffer ■ 83 ▶ 2002 Riesling Spätlese trocken Brauneberger Juffer-Sonnenuhr ■ 79 ▶ 2002 Riesling halbtrocken ■ 81 ▶ 2002 Riesling Kabinett halbtrocken Kestener Paulins-Hofberger ■

Weingut Dr. Pauly-Bergweiler ★★★★
Mosel-Saar-Ruwer

Gestade 15, 54470 Bernkastel-Kues
Tel. 06531-3002, Fax: 06531-7201
pauly-bergweiler@t-online.de
Inhaber: Dr. Peter Pauly
Rebfläche: 14 Hektar
Besuchszeiten: Mo.-Sa. 10–18 Uhr, So. nur nach Vereinbarung

Peter Pauly und seine Frau Helga verfügen über beste Lagen in Bernkastel, Graach, Wehlen, Zeltingen, Ürzig (darunter die ganze Lage Ürziger Goldwingert in Familienbesitz), Erden und Brauneberg, wobei die Weine aus Ürzig und Erden traditionell unter dem Namen des Weingutes Peter Nicolay vermarktet werden.

Im Jahrgang 2000 gehörten die edelsüßen Weine zur Spitze an der Mosel mit einer Reihe von Glanzlichtern, wie der Trockenbeerenauslese Ürziger Würzgarten (93), dem Eiswein (90) und der Beerenauslese (90) Bernkasteler Lay, den Auslesen Ürziger Würzgarten (93) und Bernkasteler alte Badstube am Doctorberg (92), nicht zu vergessen die faszinierende Spätlese Ürziger Würzgarten (91). Mit dem Jahrgang 2001 schloss Peter Pauly nahtlos an die Vorjahre an, wobei man angesichts der Vielzahl an hervorragenden edelsüßen Rieslingen nicht den Rest des ebenso überzeugenden Rieslingprogramms übersehen sollte. Und auch 2002 hat er wieder bemerkenswert stoffige und doch reintönige Rieslinge im Programm.

87 ▶ **2002 Riesling Kabinett Bernkasteler alte Badstube am Doctorberg** klare Frucht, etwas reife Äpfel; harmonisch, viel süße Frucht, herrlich elegant

89 ▶ **2002 Riesling Spätlese Bernkasteler alte Badstube am Doctorberg** gute Konzentration, reife klare Frucht, etwas Äpfel; herrlich reintönig, schmeichelnde süße Frucht, lang

90 ▶ **2002 Riesling Auslese Bernkasteler alte Badstube am Doctorberg** konzentriert, reife klare Frucht, Würze und Litschi; süß und schmeichelnd, herrlich harmonisch und lang

91 ▶ **2002 Riesling Eiswein Bernkasteler Badstube** herrlich reintönige Frucht, faszinierend klares Bouquet; reintönig auch im Mund, wunderschön harmonisch, viel süße Frucht

90 ▶ **2002 Riesling Eiswein Ürziger Würzgarten** konzentriert, enorm würzig, eindringliche Frucht; viel süße Frucht, herrlich stoffig, eindinglich, viel Nachhall

92 ▶ **2002 Riesling Trockenbeerenauslese Ürziger Würzgarten** konzentriert, dominant, Zitrusfrüchte, jugendlich; dominant und konzentriert, viel süße Frucht, nachhaltig

Weingut
Pauly-Bohn ★
Mosel-Saar-Ruwer

Brauneberger Straße 2, 54472 Burgen,
Tel. 06534-489, Fax: 06534-948982
Mobil: 0179-2191843
www.pauly-bohn.de
pauly-bohn@t-online.de
Inhaber: Dr. Jörg Pauly
Rebfläche: 3,65 Hektar
Besuchszeiten: nach Vereinbarung

Das Weingut Pauly-Bohn ist ein Familienweingut in Burgen an der Mittelmosel, das heute von Jörg Pauly geführt wird. Wichtigste Rebsorte der in Steillagen gelegenen Weinberge ist Riesling. Hinzu kommen Kerner und Müller-Thurgau, im Frühjahr 2001 wurde Regent gepflanzt. Seit September 2002 befindet sich der Betrieb in Umstellung auf ökologischen Weinbau.

Gut gefallen hatten mir die 2001er Weine von Jörg Pauly, vor allem der wunderschön frische Filius und die Beerenauslese. Aus der neuen, ansonsten gleichmäßigen Kollektion ragt der Eiswein hervor.

84 ▶ **2001 Riesling Spätlese trocken Burgener Hasenläufer** feine Würze, klare Frucht, direkt; gute Harmonie, Würze, Biss (4,60 €)

84 ▶ **2001 Riesling Spätlese halbtrocken Burgener Hasenläufer** würzige klare Frucht, feine Reifenoten; harmonisch, kompakt, klare Frucht (4,60 €)

85 ▶ **2001 Riesling Spätlese Veldenzer Kirchberg** frisch, klar, feine Würze, etwas Salzgebäck; gute Harmonie und klare Frucht (4,90 €)

89 ▶ **2002 Riesling Eiswein Burgener Hasenläufer** frisch, klare Frucht, süße Aprikosen, etwas Zitrusfrüchte; herrlich reintönig im Mund, gute Harmonie, kompakt (27 €/0,375l)

Weitere Weine: 82 ▶ 2002 „Filius" Rivaner trocken ▪ 83 ▶ 2002 Riesling Hochgewächs trocken Steillage ▪ 81 ▶ 2001 Kerner „feinherb" ▪

Weingut
Castel Peter ★★★
Pfalz

Am Neuberg 2, 67098 Bad Dürkheim
Tel. 06322-5899, Fax: 06322-67978
weingut-castel-peter@t-online.de
Inhaber: Familie Peter
Rebfläche: 12 Hektar
Besuchszeiten: Mo.-Fr. 9-12 + 13-18 Uhr,
Sa. 9-16 Uhr oder nach Vereinbarung

Wilfried und Heike Peter haben 1983 das Weingut Castel Peter gegründet. Der Schwerpunkt der Produktion liegt bei Weißweinen, insbesondere Riesling. Hinzu kommen die Burgundersorten, aber auch Gewürztraminer, Rieslaner, Portugieser, Dornfelder oder Cabernet Sauvignon. Alle Rotweine werden maischevergoren und dann im Holzfass ausgebaut. Eine Spezialität des Weingutes sind barriqueausgebaute Weine. Wilfried Peter war Hauptinitiator der Gründung des Pfälzer Barrique-Forums. Der Großteil der Weine wird trocken ausgebaut.

Seit zwei Jahren verzichtet Wilfried Peter auf Prädikatsangaben und verwendet ein eigenes System mit bis zu 3 Sternen. Seit dem Jahrgang 2001, nach Ausbildung zum Weinbautechniker und Praktika in Australien und Neuseeland, ist Sohn Karsten im Betrieb verantwortlich für die Vinifikation. Neu im Programm ist seit dem Jahrgang 2001 die „Fingerprint"-Serie, in der die Spitzenweine des Weingutes vermarktet werden.

Vor zwei Jahren hatte mir die Kollektion von Wilfried und Karsten Peter gut gefallen: die Weine waren klarer in der Frucht und auch gehaltvoller als im Jahr zuvor, die Rotweine überzeugten mit viel Frucht und Harmonie. Das vergangenen Jahr brachte eine gewaltige Stei-

Weingut Johannes Peters ★★
Mosel-Saar-Ruwer

gerung. Riesling und Chardonnay aus der „Fingerprint"-Serie, sowie Merlot und Cabernet Sauvignon gehörten zu den Spitzenweinen in der Pfalz. Der Aufwärtstrend hält an: in der überzeugenden neuen Kollektion ragen die sehr gekonnt vinifizierten Rotweine hervor.

85 ▶ **2002 Riesling* trocken** herrlich klare Rieslingfrucht, direkt; feine Frische im Mund, viel klare Frucht (4,90 €/1l)

85 ▶ **2002 Riesling** trocken Dürkheimer Hochbenn** würzig und klar, viel Frucht; frisch, klar, gute Frucht und Biss (5,30 €)

87 ▶ **2002 Riesling** trocken „von den Terrassen"** feine Rieslingfrucht, Zitrusfrüchte, direkt; klare reife Frucht, wunderschön harmonisch, kompakt (8,50 €)

85 ▶ **2002 Chardonnay** trocken** reife süße Frucht; harmonisch im Mund, gute Fülle und Frucht (6,90 €)

88 ▶ **2002 „Tu Le Mérites" Cuvée Weißwein** (gemeinsame Cuvée der Weingüter Hensel, Klaus Schneider und Castel Peter) reife süße Frucht, gute Konzentration; herrlich viel süße Frucht, schmeichelnd, sehr lang

85 ▶ **2002 Riesling** halbtrocken Dürkheimer Hochbenn** reife sehr klare Frucht, etwas Zitrusfrüchte; harmonisch, gute süße Frucht (5,50 €)

87 ▶ **2000 „Pierre Noir"*** trocken** reife Frucht, Vanille und Schokolade, gute Konzentration; gute Harmonie im Mund, reife süße Frucht, geschmeidig und lang (14 €)

88 ▶ **2001 Merlot*** trocken** reife süße Frucht, rauchige Noten; viel reife süße Frucht im Mund, wunderschön harmonisch und klar (16 €)

90 ▶ **2001 Cabernet Sauvignon*** trocken** intensive Cabernetfrucht im Bouquet, viel Vanille und Schokolade, eindringlich; schmeichelnd im Mund, viel reife süße Frucht, Schokolade, harmonisch und lang (22 €)

90 ▶ **2001 „Fingerprint" St. Laurent*** trocken** herrlich eindringlich und klar, reife Frucht, sehr reintönig; viel reife klare Frucht, konzentriert, faszinierend harmonisch und lang (14 €)

Zum Schloßberg, 54459 Wiltingen
Tel. 06501-18753, Fax: 06501-18755,
www.peterswein.de
info@peterswein.de
Inhaber: Johannes Peters
Rebfläche: 7 Hektar
Besuchszeiten: nach Vereinbarung

Johannes Peters hat nach seiner Ausbildung und einem Auslandspraktikum in Australien bei verschiedenen deutschen Weingütern gearbeitet, bevor er 1991 sein eigenes Weingut gründete. Seine Weinberge liegen in den Wiltinger Lagen Braunfels, Klosterberg, Kupp und Rosenberg, sowie in der Lage Scharzhofberger. 70 Prozent der Rebfläche nimmt Riesling ein, der Rest verteilt sich auf Weißburgunder und Müller-Thurgau. 80 Prozent seiner Weine baut er trocken aus.

2000 war ein sehr schwieriges Jahr für die Saar mit starken Niederschlägen von Juli bis in den Herbst. Trotzdem konnte Johannes Peters die gute Leistung des Vorjahres wiederholen. Er hatte im Jahrgang 2000 intern von höheren Prädikaten zu Qualitätsweinen abgestuft. Der Jahrgang 2001 gefiel mir dann deutlich besser, die Weine waren alle sehr reintönig, vor allem die trockenen Rieslinge waren kraftvoller als in den Jahren zuvor. Der Jahrgang 2002 ist sehr gleichmäßig, kommt in der Spitze aber nicht an das Vorjahr heran.

84 ▶ **2002 Riesling trocken** klar, direkt, feine Frucht; gute Fülle und Harmonie, süße Frucht (5,34 €/1l)

85 ▶ **2002 Weißburgunder trocken** feine klare Frucht im Bouquet, Frische; klare süße Frucht im Mund, wunderschön harmonisch und süffig (5,80 €)

85 ▶ **2002 Riesling Spätlese trocken Scharzhofberger** gute Konzentration im Bouquet, reife süße Rieslingfrucht, klar; frisch, klar, feine Frucht (8,12 €)

85 ▶ **2002 Riesling Spätlese Wiltinger Braunfels** enorm würzige Noten; süß und schmeichelnd im Mund, süffig (7,89 €)

88 ▶ **1999 Riesling Auslese Wiltinger Braunfels** Reifenoten, sehr klare Frucht, eindringlich; gute Harmonie, viel reife süße Frucht, sehr reintönig, süffig (12,18 €)

Weitere Weine: 83 ▶ 2002 Riesling Kabinett trocken Wiltinger Braunfels ▪ 83 ▶ 2002 Riesling halbtrocken Wiltinger Klosterberg ▪ 82 ▶ 2002 Riesling Classic ▪

86 ▶ **2002 Grauer Burgunder trocken Kriegsheimer Rosengarten** (Selection Rheinhessen) gute Konzentration, klare jugendliche Frucht; herrlich füllig, viel reife Frucht (8,50 €)

84 ▶ **2002 Grauer Burgunder trocken Bermersheimer Seilgarten** klare Frucht; kompakt, gelbe Früchte (3,20 €)

85 ▶ **2001 Dornfelder trocken Barrique Bermersheimer Seilgarten** reife Frucht, rote Früchte, Gewürze; gute Fülle, zurückhaltende Frucht (7,70 €/0,5l)

Weitere Weine: 80 ▶ 2002 Riesling trocken Westhofener Bergkloster ▪ 82 ▶ 2002 Weißburgunder trocken Bermersheimer Hasenlauf ▪ 83 ▶ 2002 Riesling Spätlese trocken Westhofener Bergkloster ▪ 80 ▶ 2002 Riesling halbtrocken Westhofener Bergkloster ▪ 82 ▶ 2002 Riesling Kabinett Westhofener Aulerde ▪ 83 ▶ 2002 Riesling Spätlese Westhofener Bergkloster ▪ 83 ▶ 2002 Dornfelder trocken Bermersheimer Seilgarten ▪

Weingut Heinfried Peth ★
Rheinhessen

Wormser Strasse 24, 67593 Bermersheim
Tel. 06244-4417, Fax: 06244-57344
Inhaber: Heinfried Peth
Rebfläche: 12,5 Hektar
Besuchszeiten: Mo.-Sa. 8-19 Uhr, So. 10-13 Uhr
Weinprobierraum bis 50 Personen

Die Weinberge von Heinfried Peth - mit bis zu 60 Jahre alten Reben - liegen nicht nur in Bermersheim, sondern auch in den umliegenden Gemeinden Gundersheim, Westhofen, Gundheim, Flörsheim-Dalsheim und Kriegsheim. Die unterschiedlichen Lagen und Böden bieten die Möglichkeit, jede Rebsorte in für sie optimalen Standorten anzupflanzen. Die Weißweine werden kühl vergoren, die Rotweine in Holzfässern oder Barriques ausgebaut.

Sehr gleichmäßige Kollektionen hatte Heinfried Peth in den vergangenen beiden Jahren. Ebenso in diesem Jahr, nur in der Spitze ist es etwas zu wenig.

84 ▶ **2002 „Peth's Secco" Perlwein** feine Frische und Frucht; recht süß, klar, zupackend (4,90 €)

Weingut Wolfgang Peth ★
Rheinhessen

Alzeyer Strasse 28, 67592 Flörsheim-Dalsheim
Tel. 06243-908800, Fax: 06243-9088090
www.peth.de
wolfgang@peth.de
Inhaber: Wolfgang Peth
Rebfläche: 13 Hektar
Besuchszeiten: Mo.-Sa. 9-19 Uhr, So. 9-12 Uhr
Gästehaus, Weinproben,
2 x jährlich Vernissagen

Das Weingut ist seit Generationen in Familienbesitz und wird heute von Wolfgang Peth geführt. Insgesamt 19 Rebsorten zählt er in seiner Betriebsbeschreibung auf, von Portugieser bis Schwarzriesling, von Müller-Thurgau bis Ortega. Sich selbst bezeichnet er als „Winzer aus Leidenschaft, der auf pluralistische Geschmackskitzel setzt".

Wie schon im vergangenen Jahr überzeugt Wolfgang Peth am meisten mit seinen süßen Weinen.

84 ▶ **2001 Siegerrebe Spätlese Nieder-Flörsheimer Steig** reife süße Zitrusfrüchte, etwas Orangen; süß und schmeichelnd, viel Frucht, dezente Reifenoten (3,50 €)

86 ▶ **1999 Ortega Beerenauslese Kriegsheimer Rosengarten** duftig, Reifenoten, süße Frucht, etwas Zitrusfrüchte, Orangen; süß im Mund, gute Konzentration, dominant, süße Zitrusfrüchte, feiner Nachhall (7,40 €/0,5l)

87 ▶ **1999 Huxelrebe Beerenauslese Nieder-Flörsheimer Frauenberg** Reifenoten, viel Würze; süß und schmeichelnd im Mund, herrlich konzentriert (8,50 €/0,5l)

85 ▶ **2000 Dornfelder trocken Barrique N° 1 Nieder-Flörsheimer Steig** feine Würze, klarer Duft, Vanille; gute Fülle und Harmonie, süffiger feiner Dornfelder (8,40 €/0,5l)

Weitere Weine: 83 ▶ 1999 Huxelrebe Auslese Nieder-Flörsheimer Burg Rodenstein ▪ 82 ▶ 2002 Spätburgunder Weißherbst trocken Nieder-Flörsheimer Steig ▪ 80 ▶ 2001 Portugieser Weißherbst halbtrocken Kriegsheimer Rosengarten ▪ 83 ▶ 2002 Spätburgunder Weißherbst Nieder-Flörsheimer Steig ▪ 83 ▶ 2002 Schwarzriesling trocken Kriegsheimer Rosengarten ▪ 79 ▶ 2001 Spätburgunder trocken Nieder-Flörsheimer Frauenberg ▪

Weingut
Peth-Wetz ★★
Rheinhessen

Alzeyer Straße 16, 67593 Bermersheim
Tel. 06244-4494, Fax: 06244-4424
www.weingut-peth-wetz.de
info@weingut-peth-wetz.de
Inhaber: Familie Peth
Rebfläche: 13 Hektar
Besuchszeiten: Mo.-Sa. 9-12 + 13-18 Uhr, So. 12-18 Uhr
Probierstube (bis 50 Personen)

Das Bermersheimer Weingut Peth-Wetz wird heute in dritter Generation von Johanna und Hartmut Peth geführt. Sohn Christian studiert zur Zeit in Geisenheim. Er hat seine Ausbildung bei den Weingütern Knipser und Keller absolviert und mehrere Praktika in den USA gemacht. Im elterlichen Betrieb ist er für den Keller zuständig. Die Weinberge befinden sich vor allem in den Lagen Westhofener Bergkloster, Bermersheimer Seilgarten und Bermersheimer Hasenlauf. Auf diesen sehr kalkhaltigen Böden wachsen Riesling, Müller-Thurgau, Silvaner, Weißburgunder, Huxelrebe, Scheurebe, Chardonnay und andere weiße Sorten. Bei den roten Sorten setzte die Familie Peth in den letzten Jahren verstärkt auf Spätburgunder, hat aber auch Cabernet Sauvignon und Merlot gepflanzt. Daneben gibt es Dornfelder, Portugieser und St. Laurent. Die Spitzenweine werden mit drei Sternen gekennzeichnet. Grundsätzlich werden nur gesunde Trauben verarbeitet. Die Weine werden kühl vergoren und lagern bis Januar auf der Feinhefe, hochwertige Qualitäten bis Februar auf der Vollhefe. Rotweine werden generell maischevergoren und in großen Holzfässern oder im Barrique ausgebaut.

Nach der guten überzeugenden Kollektion im vergangenen Jahr, als ich das Weingut zum ersten Mal vorgestellt habe, bringt der neue Jahrgang eine weitere, kräftige Steigerung. Ob rot oder weiß, trocken oder edelsüß, alle Weine sind sehr gekonnt vinifiziert, zeigen Klarheit und Frucht. Im Auge behalten!

85 ▶ **2002 Müller-Thurgau trocken Dalsheimer Hubacker** frisch und klar im Bouquet, wunderschön reintönige Frucht, feine Muskatnote; lebhaft, klare recht süße Frucht, herrlich süffig (2,60 €)

86 ▶ **2002 Riesling Spätlese trocken*** Bermersheimer Hasenlauf** recht würzige klare reife Frucht, etwas Pfirsiche und Zitrusfrüchte; klar und kraftvoll im Mund, gute reife Frucht (7,90 €)

89 ▶ **2002 „Me mystère doux" Bacchus Auslese** gute Konzentration, wunderschön reintönige Frucht, etwas Johannisbeeren; viel süße Frucht im Mund, herrlich klar, zupackend, lang, feine Frische (8,50 €)

89 ▶ **2002 Scheurebe Beerenauslese Westhofener Bergkloster** herrlich reintönig im Bouquet, konzentriert, süße Zitrusfrüchte und Aprikosen, Litschi; konzentrierte süße Frucht auch im Mund, geschmeidig, herrlich süffig, feiner Nachhall (30 €)

84 ▶ **2002 „Rosé d'une Nuit" Portugieser Rosé trocken** würzig, klar, jugendliche Frucht, Frische; lebhaft, klare recht süße Frucht, süffig (4 €)

84 ▶ **2002 „Illusion" Spätburgunder Weißherbst** gute klare süße Frucht, feine Frische; süß im Mund, schmeichelnd, klare Frucht, süffig (4,50 €)

87 ▶ **2001 Dornfelder trocken*** Barrique** sechzehn Monate Barriqueausbau; herrlich konzentriert, reife süße Frucht, rauchige Noten, rote und dunkle Früchte; sehr reintönig im Mund, gute Harmonie, Frucht, dezente Vanille (13 €)

87 ▶ **2001 „Cuvée N° 1"** gute Konzentration, rote Früchte, eindringlich; fruchtbetont, gute Konzentration, Harmonie, Struktur, Nachhall

88 ▶ **2001 Spätburgunder Auslese trocken*** Barrique Westhofener Bergkloster** herrlich rauchige Noten im Bouquet, reife süße Frucht, sehr klar; schmeichelnd im Mund, viel reife süße Frucht, dezente Vanille, Toast, sehr lang, kraftvoll, gute Struktur und viel Nachhall (18 €)

Weingut
Petri ★★★
Pfalz

Weinstraße 43, 67273 Herxheim am Berg
Tel. 06353-2345, Fax: 06353-4181
www.weingut-petri.de
weingut-petri@aol.com
Inhaber: Sigrun und Gerd Petri
Rebfläche: 11 Hektar
Besuchszeiten: Mo.-Sa. 8-12 + 13-18 Uhr
Gutsausschank (mit Pfälzer Spezialitäten)

Als Gerd Petri das Weingut 1977 von seinem Vater übernommen hatte, wurde noch die komplette Ernte als Fassware vermarktet. Inzwischen wird alles über die Flasche verkauft. Die Weinberge bewirtschaften Sigrun und Gerd Petri nach den Richtlinien des kontrollierten umweltschonenden Weinbaus. Die Weinberge liegen in den Herxheimer Lagen Himmelreich und Honigsack, aber auch im Kallstadter Saumagen. Wichtigste Rebsorte ist der Riesling, der gut 40 Prozent der Weinberge einnimmt. Hinzu kommen vor allem Spätburgunder und Grauburgunder, aber auch Weißburgunder, Chardonnay, St. Laurent und Portugieser. Cabernet Cubin, Merlot und Frühburgunder vervollständigen das Programm. Die roten Sorten nehmen inzwischen ein Drittel der Fläche ein. Seine Rotweine baut Gerd Petri alle im Holzfass aus, ebenso wie die meisten Rieslinge. 80 Prozent seiner Weine baut Gerd Petri trocken aus.

Sein Ziel ist es mineralische Rieslinge zu erzeugen - und diesem Ziel kommt er sehr nahe. Wie im vergangenen Jahr hat er herrlich kraftvolle Weißweine, alle mit Biss, Struktur und immer mit deutlich mineralischen Noten. Mit ihrer Stoffigkeit kommen seine Weine wie keine anderen denen von Bernd Philippi im benachbarten Kallstadt nahe. Jahr für Jahr hat er zuverlässige Kollektionen, in denen mich meist die Rieslinge am meisten begeistern. Aber auch die weißen Burgunder und Chardonnay sind immer überzeugend und zeigen die gleiche klare Handschrift. Die Rotweine gefallen mir immer etwas weniger als die Weißweine. In der aktuellen Kollektion zeigt die neue „Cuvée Petri" aber, dass zukünftig auch beim Rotwein mit Gerd Petri zu rechnen ist.

85 ▶ **2002 Riesling Kabinett trocken Holzfass Herxheimer Honigsack** herrlich klar, direkt, jugendliche Frucht; kraftvoll, kompakt, Biss (3,80 €)

85 ▶ **2002 Riesling Spätlese trocken Herxheimer Honigsack** konzentriert, jugendliche mineralische Frucht; klar, gute Fülle (5,10 €)

88 ▶ 2002 Riesling Spätlese trocken Kallstadter Saumagen konzentriert, klar, jugendliche Rieslingfrucht, mineralische Noten; herrlich füllig im Mund, herrlich klar (6,50 €)

86 ▶ 2002 Riesling Spätlese trocken Holzfass Herxheimer Honigsack viel Konzentration, jugendliche mineralische Rieslingfrucht, eindringlich; füllig, viel Frucht (5,10 €)

87 ▶ 2002 Grauburgunder Spätlese trocken Herxheimer Honigsack klare Frucht, jugendlich, direkt; kraftvoll im Mund, viel Frucht, Struktur, klar (5,50 €)

87 ▶ 2002 Chardonnay Spätlese trocken Barrique Herxheimer Himmelreich herrlich dominant, konzentriert, eindringliche Frucht, dezenter Toast; füllig, viel reife Frucht, kompakter Chardonnay (8,70 €)

89 ▶ 2002 Riesling Auslese trocken Herxheimer Himmelreich herrlich konzentriert, eindringliche jugendliche Frucht, reintönig; wunderschön füllig, klare Frucht, kraftvoller kompakter Riesling (7 €)

84 ▶ 2002 Gewürztraminer Spätlese trocken Herxheimer Himmelreich klare Frucht, herrlich direkt; klar im Mund, gute Harmonie, zurückhaltende Frucht, kompakt (5 €)

86 ▶ 2002 Riesling Spätlese halbtrocken Herxheimer Honigsack klare Frucht, feine Würze; harmonisch, klar, feine süße Frucht (5,10 €)

84 ▶ 2002 Merlot trocken Holzfass Herxheimer Honigsack jugendliche Frucht, klar, feine Würze; gute Harmonie, klare jugendliche Frucht, Biss (5 €)

84 ▶ 2002 St. Laurent trocken Holzfass Herxheimer Himmelreich feine Würze und Frucht, sehr klar; kraftvoll, klare Frucht und Biss (5,10 €)

86 ▶ 2002 „Cuvée Petri" Spätlese trocken Barrique 40 % Cabernet Cubin, 30 % Merlot und 30 % Spätburgunder; rauchige Noten, gute Konzentration, etwas Gewürze, reife Frucht; gute Fülle, verhaltene Frucht, jugendliche Tannine (12 €)

Winzergenossenschaft Pfaffenweiler ★★
Baden

Weinstraße 40, 79292 Pfaffenweiler
Tel. 07664-97960, Fax: 07664-979644
www.pfaffenweiler-wein.de
info@wg-pfaffenweiler.de
Geschäftsführer: Heinrich Stefan Männle
Rebfläche: 100 Hektar
Mitglieder: 270
Besuchszeiten: Mo.-Fr. 8-12 + 13-17 Uhr, Sa. 9-12 Uhr

Wichtigste Rebsorten in den Weinbergen der 270 Pfaffenweiler Genossen sind Gutedel, Spätburgunder und Müller-Thurgau. Die Weinberge befinden sich in den Pfaffenweiler Lagen Oberdürrenberg und Batzenberg.

Vor zwei Jahren fand ich vor allem den Cabernet Sauvignon deutlich verbessert, die Weißweine interessant wie immer. Im vergangenen Jahr hatte mich besonders der Sauvignon Blanc mit seiner sehr reintönigen Frucht beeindruckt. Die in diesem Jahr verkosteten beiden Sauvignon Blanc haben mir sehr gut gefallen, auch wenn sie eine sehr auffällige Restsüße aufweisen. Sehr gut und gleichmäßig präsentierte sich das restliche Programm.

85 ▶ 2002 Weißburgunder trocken Pfaffenweiler Batzenberg feine Würze und klare Frucht; klar und direkt, gute Frucht (4,20 €/1l)

85 ▶ 2002 Weißburgunder Spätlese trocken „Primus" Pfaffenweiler Oberdürrenberg reife klare Frucht im Bouquet; füllig, viel süße Frucht, süffig (7,90 €)

86 ▶ 2002 Weißer Sauvignon Spätlese trocken Pfaffenweiler Oberdürrenberg gute Würze und Konzentration, jugendliche Frucht; frisch, klar, viel süße Frucht, kompakter Sauvignon Blanc (7,10 €)

86 ▶ 2002 Weißer Sauvignon Spätlese trocken „Primus" Pfaffenweiler Oberdürrenberg konzentriert, enorm dominant, eindringliche Frucht; viel süße Frucht im Mund, kompakt und klar (8,50 €)

85 ▶ 2002 Cabernet Sauvignon Spätlese trocken Pfaffenweiler Oberdürrenberg gute Würze und Frucht; füllig, viel süße Frucht, süffig (7,50 €)

85 ▶ 2001 Cabernet Sauvignon trocken Barrique Pfaffenweiler Oberdürrenberg rauchige Noten, Speck, Vanille; gute Harmonie, klare Frucht, Frische und Biss (11,90 €)

85 ▶ 2001 Merlot trocken Barrique Pfaffenweiler Oberdürrenberg reife süße Frucht, süße Vanille, Schokolade; geschmeidig, viel süße Frucht, Frische und Biss, süffig (11,90 €)

86 ▶ 2001 Spätburgunder Spätlese trocken Barrique Pfaffenweiler Oberdürrenberg reife süße Frucht, viel Vanille; frisch, klar, gute Frucht, Struktur, Vanille, Tannine (12,90 €)

Weitere Weine: 83 ▶ 2002 Gutedel trocken Pfaffenweiler Pfaffenberg ▪ 82 ▶ 2002 Merlot weiß Auslese trocken Pfaffenweiler Oberdürrenberg ▪

Weingut Karl **Pfaffmann** ★★★
Pfalz

Allmendstraße 1, 76833 Walsheim
Tel. 06341-61856, Fax: 06341-62609
www.weingut-karl-pfaffmann.de
info@weingut-karl-pfaffmann.de
Inhaber: Helmut Pfaffmann
Rebfläche: 32 Hektar
Besuchszeiten: Mo.-Fr. 8-12 + 13-18 Uhr, Sa. 8-16 Uhr, So. 10-12 Uhr

Bei Helmut Pfaffmann und Sohn Markus, der nach seinem Studium in Geisenheim seit 1998 im Betrieb mitarbeitet und für den Keller verantwortlich ist, sind etwa 35 Prozent der Weinberge mit roten Reben bepflanzt, vor allem Dornfelder und Spätburgunder, aber auch Portugieser, Dunkelfelder und Sankt Laurent. Wichtigste Weißweinsorte ist Riesling, gefolgt von Weiß- und Grauburgunder, Chardonnay, Müller-Thurgau, Silvaner, Huxelrebe und Gewürztraminer. Die Weinberge befinden sich in Walsheim und Nußdorf.

Beim Weingut Karl Pfaffmann hat man in den letzten Jahren die Qualität kontinuierlich gesteigert. 2001 war die Kollektion hervorragend: zuverlässige Basisweine und tolle trockene Spätlesen, ob Weißburgunder oder Riesling, Grauburgunder oder Chardonnay. 2002 schließt nahtlos daran an, alle Weine überzeugen mit ihrer reintönigen, meist merklich süßen Frucht.

86 ▶ 2002 Chardonnay Kabinett trocken Nußdorfer Bischofskreuz klar, gute Konzentration, jugendliche Frucht; harmonisch im Mund, reife klare Frucht (4,30 €)

87 ▶ 2002 Weißburgunder Kabinett trocken Nußdorfer Bischofskreuz klare süße Frucht, gute Konzentration; klare süße Frucht auch im Mund, gute Harmonie (4,30 €)

86 ▶ 2002 Grüner Silvaner Spätlese trocken Walsheimer Silberberg herrlich konzentriert, eindringlich, jugendliche Frucht; viel reife Frucht, gute Fülle (5,90 €)

88 ▶ 2002 Grauburgunder Spätlese trocken Walsheimer Silberberg konzentriert, klare eindringliche Frucht, gelbe Früchte; kraftvoll im Mund, gute Fülle, sehr reintönig (5,90 €)

88 ▶ 2002 Weißburgunder Spätlese trocken Knöringer Hohenrain gute Konzentration, reife eindringliche Frucht; kraftvoll im Mund, viel Frucht, reintönig (7,40 €)

88 ▶ 2002 Riesling Spätlese trocken Walsheimer Silberberg klare würzige Frucht, konzentriert; füllig, viel Frucht, kompakt (7,40 €)

87 ▶ 2002 Riesling Spätlese trocken Nußdorfer Herrenberg gute Konzentration, sehr klare jugendliche Frucht, etwas Pfirsiche; harmonisch, füllig, viel süße Frucht (5,90 €)

89 ▶ 2002 Huxelrebe Auslese Walsheimer Silberberg konzentriert, herrlich klar, reife Frucht, Aprikosen; gute Harmonie, viel süße Frucht, herrlich reintönig und lang (7,50 €)

90 ▶ 2002 Huxelrebe Beerenauslese Walsheimer Silberberg konzentriert, herrlich klar und eindringlich, viel Frucht; konzentriert auch im Mund, reife süße Frucht, reintönig, harmonisch und lang (12 €/0,375l)

88 ▶ 2002 Riesling Eiswein Walsheimer Silberberg viel Konzentration, klare Frucht, Litschi; konzentriert und klar im Mund, viel süße Frucht, nachhaltig (18,70 €/0,375l)

Weingut Rolf **Pfaffmann** ★★
Pfalz

Weingut Rolf Pfaffmann GdbR
Am Stahlbühl, 76833 Frankweiler
Tel. 06345-1364, Fax: 06345-5202
www.wein-pfaffmann.de
r-t-pfaffmann@t-online.de
Inhaber: Rolf Pfaffmann und Tina Pfaffmann
Rebfläche: 15 Hektar
Besuchszeiten: Mo.-Sa. 8-12 + 13-18 Uhr, So. nach Vereinbarung

Das Weingut Rolf Pfaffmann ist ein Aussiedlerhof, der mitten in den Weinbergen bei Frankweiler liegt. Das Gut wurde 1970/71 erbaut. Rolf Pfaffmann hat sich auf Weißweinsorten spezialisiert, auf Riesling und die Burgundersorten vor allem, dazu speziell auch auf Silvaner. Das Weingut ist ein Familienbetrieb: Monika Pfaffmann kümmert sich um den Verkauf, Rolf Pfaffmann und Tochter Tina sind für Außenbetrieb und Keller zuständig. Die Weine werden gezügelt vergoren, nur einmal filtriert und werden mit der natürlichen Kohlensäure abgefüllt. Rolf Pfaffmann möchte fruchtbetonte Weine erzeugen das ihm auch gut gelingt. Besonders mit den Weinen der Serie „Pfaffmann Exklusiv".

Vor zwei Jahren überraschte das Weingut mit Silvaner und Grauburgunder aus der Serie „Pfaffmann Exklusiv", beide herrlich konzentriert und fruchtbetont, die zu den Jahrgangsbesten in der Pfalz gehörten. Im vergangenen Jahr beeindruckten mich neben dem faszinierenden Muskateller vor allem die Burgunder - füllige, üppige Weine, alle herrlich fruchtbetont und süffig. In der sehr gleichmäßigen 2002er Kollektion - mit vielen Schnäppchen - hat mir wieder der Muskateller besonders gut gefallen.

86 ▶ 2002 Grüner Silvaner Kabinett trocken jugendliche Frucht, wunderschön klar und direkt; süß, viel Frucht, Frische, klar (3,90 €)

85 ▶ 2002 Riesling Kabinett trocken gute Konzentration, sehr klare Frucht, würzig, etwas Zitrus; frisch, klar, feine Frucht und Biss (3,70 €)

85 ▶ 2002 Riesling Spätlese trocken würzig, klar, jugendliche Frucht; harmonisch, gute Fülle, klare Frucht (4,85 €)

86 ▶ 2002 Weißer Burgunder Spätlese trocken gute Konzentration, sehr klare reife Frucht; kraftvoll im Mund, herrlich füllig, reife Frucht (4,75 €)

85 ▶ 2002 Grauer Burgunder Spätlese trocken konzentriert im Bouquet, klare jugendliche Frucht; geschmeidig im Mund, viel süße Frucht (4,90 €)

88 ▶ 2002 Muskateller „exklusiv" klare Muskatellerfrucht, Frische, schön aggressiv; kraftvoll und klar im Mund, viel süße Frucht, Biss, gute Harmonie (5,90 €)

87 ▶ 2002 Riesling Spätlese viel Würze, jugendliche Frucht; klar, geschmeidig, gute Frucht und Biss (5,65 €)

Weitere Weine: 82 ▶ 2002 Riesling trocken (1l) ■ 83 ▶ 2002 Weißer Burgunder Kabinett trocken ■ 83 ▶ 2002 Riesling Kabinett trocken (1l) ■ 82 ▶ 2002 Spätburgunder Rosé trocken „exklusiv" ■ 83 ▶ 2001 Dornfelder trocken ■

Weingut **Pfeffingen** ★★★★
Fuhrmann-Eymael
Pfalz

Weinstraße, 67098 Bad Dürkheim-Pfeffingen
Tel. 06322-8607, Fax: 06322-8603
www.vdp.de/weingut/pfeffingen
pfeffingen@t-online.de
Inhaber: Familien Fuhrmann-Eymael
Rebfläche: 11 Hektar
Besuchszeiten: Mo.-Sa. 8-12 + 13-18 Uhr, So. 9-12 Uhr

Das Weingut Pfeffingen im gleichnamigen Bad Dürkheimer Ortsteil wird heute von Doris Eymael geführt. Dabei wird sie unterstützt von Kellermeister Rainer Gabel und zwei Generationen der Familien Fuhrmann und Eymael. Wichtigste Rebsorte hier ist der Riesling. Eine Besonderheit ist der recht hohe Anteil an Scheurebe (10 Prozent), von der Jahr für Jahr faszinierende edelsüße Weine erzeugt werden. Daneben findet man Weißburgunder, Gewürztraminer und Silvaner, sowie Spätburgunder und Dornfelder. Die Weinberge liegen alle nicht weit vom Weingut in Ungstein, die besten Lagen sind Herrenberg und Weilberg. Doris Eymael verzichtet weit gehend auf Lagenbezeichnungen. Nur einzelne Spitzenweine werden mit den Ungsteiner Lagennamen Herrenberg, Weilberg oder Nußriegel versehen.

Kaum ein anderes Weingut macht gleichermaßen faszinierende trockene und edelsüße Weine. Nicht nur der Riesling gelingt immer sehr gut. Auch Silvaner und Scheurebe gehören regelmäßig zu den besten in der Pfalz. Und Chardonnay und Weißburgunder gewinnen immer mehr an Konstanz und Klasse. Unter den edelsüßen Weinen haben mir in den letzten Jahren die Scheureben am besten gefallen, wie im Jahrgang 2000 die Auslese (90). Aber der beeindruckendste Wein vor zwei Jahren war keine Scheurebe, sondern ein Rieslaner, nämlich die brillante Beerenauslese aus dem Ungsteiner Honigsäckel (93). In der 2001er Kollektion hatte mir ein Riesling am besten gefallen, allerdings nicht das „Große Gewächs" aus dem Weilberg, sondern die „einfache" Spätlese trocken aus dem Herrenberg. In diesem Jahr ist es umgekehrt, Weilberg liegt knapp vor Herrenberg, beides faszinierend reintönige und nachhaltige Rieslinge. Dazu gibt es wiederum wunderschöne edelsüße Scheureben: eine überzeugende Kollektion.

84 ▶ 2002 Riesling trocken frisch, klar, feine Frucht; geradlinig im Mund, gute Frucht und Biss (4,40 €/1l)

85 ▶ 2002 Riesling Kabinett trocken Ungsteiner Herrenberg würzig, frisch, klare Frucht; geradlinig im Mund, gute Frucht und Biss (6,50 €)

89 ▶ 2002 Riesling Spätlese trocken Ungsteiner Herrenberg viel Würze, jugendliche eindringliche Frucht, direkt; herrlich füllig im Mund, viel reife klare Frucht, kompakt, mit Nachhall (8,50 €)

90 ▶ 2002 Riesling trocken Ungsteiner Weilberg (Großes Gewächs) konzentriert, klar, wunderschön reintönige eindringliche Frucht; viel reife süße Frucht im Mund, gehaltvoll, dominant, feiner Nachhall (16 €)

89 ▶ 2002 Scheurebe Auslese Ungsteiner Herrenberg faszinierend klar und konzentriert, feine Schärfe, sehr eindringlich; viel reife süße Frucht, herrlich schmeichelnd, sehr klar (13 €)

91 ▶ 2002 Scheurebe Beerenauslese Ungsteiner Herrenberg konzentriert, herrlich klar, würzige Frucht; wunderschön reintönige Frucht, enorm konzentriert, harmonisch und lang (21 €)

86 ▶ 2000 Spätburgunder trocken gute Konzentration, reife klare eindringliche Frucht; kraftvoll im Mund, kompakter Spätburgunder (7,60 €)

Weingut Pfirmann ★
Pfalz

◆ Wollmersheimer Hauptstraße 84,
76829 Landau-Wollmesheim
Tel. 06341-32584, Fax: 06341-930066
info@weingut-pfirmann.de
Inhaber: Otto Pfirmann
Rebfläche: 11,5 Hektar
Besuchszeiten: nach Vereinbarung

Das Weingut Pfirmann wird heute in vierter Generation von Otto Pfirmann geführt. Sohn Jürgen ist seit Abschluss seiner Ausbildung zum Weinbautechniker im Jahr 2001 für den Ausbau der Weine verantwortlich. Die Weinberge befinden sich in den Lagen Wollmesheimer Mütterle und Mörzheimer Pfaffenberg. Wichtigste Rebsorte ist Riesling, gefolgt von Spätburgunder, Weißburgunder, Dornfelder, Grauburgunder, Chardonnay und Silvaner. Auch Merlot und Cabernet Sauvignon werden angebaut. In Zukunft soll der Anteil der weißen Burgundersorten erhöht werden. Die Weißweine werden in Edelstahltanks ausgebaut und bleiben bis zur Abfüllung teils auf der Vollhefe, teils auf der Feinhefe. Die Rotweine werden maischevergoren und in kleinen oder großen Holzfässern ausgebaut.

86 ▶ **2002 Weißer Burgunder Spätlese trocken Wollmesheimer Mütterle** viel Würze, reife klare Frucht; frisch, klar, reife süße Frucht, feiner Nachhall (5,70 €)

87 ▶ **2002 Chardonnay Spätlese trocken Wollmesheimer Mütterle** gute reife sehr klare Frucht, etwas Tropenfrüchte, Ananas; gute Fülle, reife klare Frucht, kompakt, nachhaltig (5,70 €)

84 ▶ **2002 Riesling Spätlese** reife klare süße Frucht, gute Konzentration; herrlich süffig, reife süße Frucht (5,70 €)

84 ▶ **2001 St. Laurent trocken Holzfass** klare feine Frucht, rote Früchte, leicht rauchige Noten; gute Harmonie im Mund, klare süße Frucht (10,90 €)

87 ▶ **2001 „Cuvée Johannes M."** würzig, klar, jugendliche Frucht, gute Konzentration, Gewürze; harmonisch, reife süße Frucht, herrlich süffig bei guter Struktur (9,90 €)

Weitere Weine: 80 ▶ 2002 Riesling trocken (1l) ▪ 81 ▶ 2002 Grüner Silvaner Kabinett trocken Wollmesheimer Mütterle ▪ 82 ▶ 2002 Weißer Burgunder Kabinett trocken Wollmesheimer Mütterle ▪ 83 ▶ 2002 Grauer Burgunder Kabinett trocken Wollmesheimer Mütterle ▪ 82 ▶ 2002 Riesling Kabinett ▪ 83 ▶ 2002 Spätburgunder Weißherbst Kabinett trocken ▪

Weingut Jakob Pfleger ★★★★
Pfalz

Weinstraße 38, Tel. 67273 Herxheim am Berg
Tel. 06353-7465, Fax: 06353-6850
weingutjpfleger@compuserve.de
Inhaber: Roland Pfleger
Rebfläche: 7,5 Hektar
Besuchszeiten: Mo.-Fr. 8-12 + 13-18 Uhr,
Sa. 9-17 Uhr oder nach Vereinbarung

Bei den weißen Sorten dominiert bei Roland Pfleger der Riesling, hinzu kommen Grauburgunder, Scheurebe, Chardonnay und etwas Sauvignon Blanc. An Rotweinsorten (40 Prozent) baut er Spätburgunder, Dornfelder, St. Laurent, Portugieser und etwas Merlot an. Dazu hat er etwas Cabernet Franc und Cabernet Sauvignon, die er zusammen mit Merlot als Cuvée ausbaut. Bereits 1985 hat er seine ersten Barriqueweine erzeugt. Diese werden ohne Lagenangabe als „Edition Curator" vermarktet. 80 Prozent der Weine baut er trocken aus.

Vor allem die Barriqueweine sind es immer wieder, die mich begeistern. Dornfelder und Spätburgunder zunächst, dann der Chardonnay und schließlich St, Laurent und Merlot. Jeder Wein überzeugt. Und sie werden immer besser. Nur wenige Winzer in Deutschland gehen so gekonnt mit dem Barrique um wie Roland Pfleger. Es fällt mir schwer einen Favoriten unter den Barrique-Rotweinen von Roland Pfleger auszuwählen. Der Spätburgunder R, den er in guten Jahren wie 1996, 1997 und 1999 machte, ist immer beeindruckend. Desgleichen Cuvée Laura und Dornfelder. Die in diesem Jahr verkosteten 2001er sind alle sehr elegant und klar, nicht allzu konzentriert.

Darüber sollte man aber auf keinen Fall die „einfachen" Rotweine von Roland Pfleger vergessen, die er sehr gekonnt mit dezenter Holznote ausbaut. Deutlich zugelegt haben zuletzt auch seine Weißweine. Ganz faszinierend war die vor zwei Jahren verkostete Beerenauslese vom Sauvignon Blanc - Jahrgang 1997, aber erst im Januar 2001 abgefüllt. Die trockene Riesling Spätlese weist wie schon im vergangenen Jahr feine mineralische Noten auf.

86 ▶ **2001 Pinot Sekt Brut** reife süße Frucht im Bouquet, dezent Aprikosen; harmonisch im Mund, gute Fülle, schmeichelnd und lang (9,10 €)

84 ▶ **2002 Chardonnay Kabinett trocken Herxheimer Honigsack** reife süße Frucht, dezent Honig; weich, harmonisch, süße Frucht (5,50 €)

85 ▶ **2002 Grauburgunder Kabinett trocken Herxheimer Honigsack** jugendliche Frucht, klar, direkt; frisch, direkt, klare Frucht (4,50 €)

85 ▶ **2002 Riesling Kabinett trocken Kallstadter Steinacker** frisch, klar, feine Frucht; frisch, direkt, klare etwas süße Frucht (4,50 €)

86 ▶ **2002 Sauvignon Blanc Spätlese trocken Herxheimer Honigsack** reife süße Frucht, gute Konzentration; gute Fülle, reife Frucht, dezent Tropenfrüchte (7,50 €)

87 ▶ **2002 Chardonnay Edition Curator** gute Konzentration, feiner Toast, Vanille; viel süße Frucht, schmeichelnd, viel Vanille, gute Struktur (12,50 €)

87 ▶ **2002 Riesling Spätlese trocken Herxheimer Honigsack** gute Konzentration, sehr klare Frucht, mineralische Noten; gute Fülle und Harmonie, reife klare Frucht (6,70 €)

89 ▶ **2001 Scheurebe Beerenauslese Herxheim/Berg Honigsack** herrlich klar und konzentriert im Bouquet, feine eindringliche Frucht, dezent Honig; schmeichelnd im Mund, süße Frucht, feine Frische, sehr klar (0,375l)

89 ▶ **2002 Riesling Eiswein Kallstadter Steinacker** reife süße Frucht, süße Zitrusfrüchte, Litschi; schmeichelnd, viel süße Frucht, sehr lang (11,90 €/0,375l)

86 ▶ **2002 Spätburgunder Spätlese trocken Herxheimer Honigsack** würzig-rauchige Noten, jugendliche Frucht; harmonisch, reife klare Frucht, Vanille, Biss (7,50 €)

85 ▶ **2002 Dornfelder trocken Herxheimer Kirchenstück** jugendliche Frucht im Bouquet, sehr klar und direkt; gute Harmonie, klare Frucht (4,80 €)

87 ▶ **2002 Merlot Spätlese trocken Herxheimer Kirchenstück** feine Frucht im Bouquet, rote Früchte; frisch, klar, feine Frucht, gute Harmonie (9,50 €)

87 ▶ **2001 Spätburgunder Edition Curator** frisch, direkt, feine Gewürznoten; wunderschön elegant im Mund, klare Frucht (13,60 €)

88 ▶ **2001 Sankt Laurent Edition Curator** intensive Frucht, klar und konzentriert, jugendlich; kraftvoll im Mund, klare Frucht, jugendliche Tannine, Biss (13,90 €)

88 ▶ **2001 „Cuvée Laura" Edition Curator** 94 % Merlot und 6 % St. Laurent; Vanille, reife klare Frucht, rote Früchte; gute Harmonie im Mund, elegant, Struktur, jugendlich (15,50 €)

Landesweingut Kloster **Pforta** ★
Saale-Unstrut

◆ *Saalhäuser, 06628 Bad Kösen*
Tel. 034463-300-0, Fax: 034463-300-35
lwg-kloster_pforta@t-online.de
Inhaber: Land Sachsen-Anhalt
Rebfläche: 55 Hektar
Besuchszeiten: Verkaufsstelle Schulpforte täglich von 10-18 Uhr

Das heutige Landesweingut Kloster Pforta wurde 1993 vom Land Sachsen-Anhalt gegründet. Es ist ein Muster- und Demonstrationsweingut, das den bestehenden und künftigen Weinbau an Saale und Unstrut fördern will. Bei den weißen Rebsorten dominieren Weißburgunder, Müller-Thurgau, Silvaner, Riesling, Morio-Muskat, Traminer und Gutedel. An roten Sorten gibt es die traditionellen Portugieser und Spätburgunder, dazu André und Zweigelt.

85 ▶ **2002 Weißburgunder Spätlese trocken Saalhäuser** gute Konzentration, recht würzige Frucht; gute Harmonie, reife süße Frucht, kompakter Weißburgunder (14,10 €)

90 ▶ **2001 Riesling Eiswein Saalhäuser** enorm duftig, würzig, viel süße Frucht; konzentriert im Mund, dick, fast klebrig, viel süße Frucht, süße eingelegte Aprikosen, Nachhall (62,50 € / 0,375l)

Weitere Weine: 82 ▶ 2001 Riesling trocken Saalhäuser ■ 80 ▶ 2002 Silvaner trocken Gosecker Dechantenberg ■ 83 ▶ 2002 Blauer Zweigelt trocken Naumburger Paradies ■ 80 ▶ 2002 Portugieser trocken Pfortenser Köppelberg ■

Weingut H x Pix x R ★★★★
Baden

♣ Eisenbahnstraße 19, 79241 Ihringen
Tel. 07668-879, Fax: 07668-902678
www.weingut-pix.de
info@weingut-pix.de
Inhaber: Helga und Reinhold Pix
Rebfläche: 4 Hektar
Besuchszeiten: immer, nach tel. Voranmeldung

Die Weinberge, sowie 10 Hektar Acker und Wiesen werden von Helga und Reinhold Pix seit 1984 nach den Bioland-Richtlinien bewirtschaftet. Dazu gibt es im Betrieb auch Viehhaltung mit „Hinterwälder"-Rindern. Spezialität des Weinguts ist neben den Burgundersorten der Silvaner. Aber auch der Gewürztraminer von alten Reben bringt Jahr für Jahr interessante Weine. Alle Weine werden durchgegoren ausgebaut, die Rotweine bleiben mindestens ein Jahr im Barrique.

Jahr für Jahr überzeugen die Kollektionen von Helga und Reinhold Pix rundum, egal ob Sekt, Weiß- oder Rotwein. Im vergangenen Jahr war die Ge-

würztraminer Spätlese mein Favorit und in diesem Jahr kam ein noch faszinierenderer Gewürztraminer, aus dem gleichen Jahrgang 2001, nach. Aber auch die anderen Weine beeindrucken: tolle Kollektion, Öko und Spitze!

87 ▶ **2002 Grüner Silvaner Kabinett trocken Ihringer Winklerberg** sehr reintönige Frucht, gute Konzentration, feines Silvanerbouquet; kraftvoll, viel reife Frucht, Biss (6 €)

87 ▶ **2002 Weißer Burgunder Kabinett trocken Ihringer Fohrenberg** gute Konzentration, sehr reintönige Frucht; kraftvoll, klar, geradlinig, feine Frucht, Nachhall (7,50 €)

85 ▶ **2002 Grauer Burgunder Kabinett trocken Ihringer Fohrenberg** konzentriert, klar, feine Würze, etwas gelbe Früchte; füllig, harmonisch (7,50 €)

88 ▶ **2001 „Pinoxx" Spätlese trocken Barrique Ihringer Fohrenberg** Grauburgunder und Weißburgunder; reife eindringliche Frucht, herrlich konzentriert, etwas Vanille; füllig, kraftvoll, viel Vanille, viel Frucht, kompakt und klar (12,50 €)

90 ▶ **2001 Gewürztraminer Auslese Ihringer Fohrenberg** herrlich eindringlicher Rosenduft, reintönig, faszinierendes Bouquet; viel süße Frucht, schmeichelnd, reintönig, herrlich lang und mit viel Nachhall (12,50 €)

88 ▶ **2001 Spätburgunder „SP" trocken Barrique Ihringer Winklerberg** herrlich reintönige Frucht, rauchige Noten, viel Frucht, feine Vanille, sehr klar; gute Fülle und Harmonie, sehr klare Frucht, Struktur, jugendlich (12 €)

Weingut Karl O. Pohl ★
Mosel-Saar-Ruwer

Reitzengang 9, 54470 Bernkastel-Wehlen
Tel. 06531-8372, Fax: 06531-1792
www.weinpohl.de
weingut-pohl-wehlen@t-online.de
Inhaber: Familie Pohl
Rebfläche: 1,8 Hektar
Besuchszeiten: täglich 9-20 Uhr
Gutsweinstube (Mai-Oktober, Mi.-Sa. ab 17 Uhr, So. ab 11 Uhr und nach Vereinbarung)

Dieses kleine Wehlener Weingut befindet sich seit 400 Jahren in Familienbesitz. Die Weinberge liegen in besten Lagen von Wehlen, Graach und Bernkastel. Es wird ausschließlich Riesling angebaut. Ohne Fehl und Tadel waren die gereiften Rieslinge vom Jahrgang 1994 bis 1999 die ich vor zwei Jahren zu verkosten bekam. In der 2001er Kollektion war die Auslese Graacher Domprobst mein Favorit, diesmal ist es die Spätlese aus der Wehlener Sonnenuhr.

84 ▶ 2002 Riesling Spätlese trocken Wehlener Sonnenuhr würzige klare Frucht, herrlich eindringlich; frisch, klar, feine Frucht (6,70 €)

85 ▶ 2002 Riesling Spätlese Graacher Himmelreich klare Frucht, Frische, feines Rieslingbouquet; lebhaft im Mund, reife klare süße Frucht (6 €)

86 ▶ 2002 Riesling Spätlese Wehlener Sonnenuhr gute Konzentration bei zurückhaltender Frucht; kraftvoll, klar, gute Frucht und Harmonie (7,50 €)

Weitere Weine: 82 ▶ 2002 Riesling trocken ■ 79 ▶ 2002 Riesling Classic ■ 81 ▶ 2002 Riesling Kabinett halbtrocken Wehlener Sonnenuhr ■ 82 ▶ 2002 Riesling Kabinett Wehlener Sonnenuhr ■ 83 ▶ 2002 Riesling Spätlese Graacher Domprobst ■

Weingut Posthof - Doll & Göth ★★★
Rheinhessen

Kreuznacher Straße 2,
55271 Stadecken-Elsheim
Tel. 06136-3000, Fax: 06136-6001
www.doll-goeth.de
weingut.posthof@doll-goeth.de
Inhaber: Karl-Theo und Roland Doll
Rebfläche: 15 Hektar
Besuchszeiten: Mo.-Sa. 8-19 Uhr
Probierstube

Die Familien Doll und Göth haben ihr Weingut in Stadecken-Elsheim im Selztal nach einer ehemaligen kaiserlichen Poststation benannt. Wichtigste Rebsorte mit einem Viertel der Rebfläche ist Riesling. Dazu gibt es die in Rheinhessen übliche breite Sortenpalette mit Dornfelder, Spätburgunder, Portugieser und St. Laurent, sowie den weißen Sorten Grau- und Weißburgunder, Silvaner, Gewürztraminer, Huxelrebe und Kerner.

Wie in den vorausgegangenen Jahren haben Karl-Theo und Roland Doll eine sehr gleichmäßige Kollektion, ohne Schwächen, aber auch ohne Highlights.

84 ▶ 2002 RS-Rheinhessen Silvaner trocken frisch, klar, würzige Frucht; klar und direkt im Mund, gute Frucht (4,35 €)

86 ▶ 2002 Grauer Burgunder Spätlese trocken Gau-Bischofsheimer Kellersberg klar, würzig, gute Konzentration; kraftvoll, füllig, zupackend, feiner Grauburgunder (6,35 €)

86 ▶ 2002 Riesling Spätlese trocken Stadecker Lenchen würzig, klar, gute Konzentration; klare reife Frucht, sehr harmonisch, mit Biss (5,85 €)

84 ▶ 2002 Scheurebe Kabinett halbtrocken Elsheimer Blume klar, feine Frucht, direkt, etwas Cassis; geradlinig und klar, feine Frucht (3,55 €)

84 ▶ 2002 Rivaner Classic würzig, direkt, klare Frucht; frisch im Mund, klare süße Frucht (3,55 €)

85 ▶ 2002 Riesling Classic frisch, klar, feine jugendliche Frucht; lebhaft, klare recht süße Frucht, süffig (4,35 €)

85 ▶ 2002 Grauer Burgunder Classic würzige klare jugendliche Frucht; geschmeidig im Mund, süße Frucht (6,35 €)

85 ▶ 2002 Gewürztraminer halbtrocken Stadecker Lenchen etwas verhaltene Frucht, Würze; süße und geschmeidig, klare süße Frucht (4,65 €)

85 ▶ 2002 Spätburgunder Weißherbst trocken klare würzige Frucht, rauchige Noten, etwas Kirschen, feines Bouquet; frisch und klar, gute etwas süße Frucht (3,95 €)

87 ▶ 2002 Silvaner Eiswein Stadecker Spitzberg würzige süße Frucht, gute Konzentration, etwas Aprikosen; weich im Mund, gute Fülle, konzentriert (11 €/0,375l)

84 ▶ 2001 Saint Laurent trocken frisch, sehr reintönige jugendliche Frucht; klare Frucht, unkompliziert und süffig (5,35 €)

86 ▶ 2001 Dornfelder trocken Barrique intensive jugendliche Frucht, herrlich konzentriert und klar; gute Harmonie, sehr klare jugendliche Frucht, Vanille (7,65 €)

Weingut Bernhard Praß ★
Mittelrhein

Blücherstraße 132, 55422 Bacharach-Steeg
Tel. 06743-1585, Fax: 06743-3260
weingut-prass@t-online.de
Inhaber: Bernhard Praß
Rebfläche: 2 Hektar
Besuchszeiten: Mo.-So. nach Vereinbarung
Hoffest am ersten Samstag im August

Die Weinberge von Bernhard Praß, der den elterlichen Betrieb 1976 übernommen hat, liegen alle im Steeger Tal. Er baut neben 60 Prozent Riesling noch Spätburgunder, Weißburgunder und Dornfelder an. Die Weißweine werden ausschließlich im Edelstahl ausgebaut, die Rotweine reifen nach der Maischegärung in Holzfässern (auch Barriques).

Der Jahrgang 2001 war Bernhard Praß sehr gut gelungen: alle Weine waren sehr reintönig in der Frucht, Spätlese und Auslese aus der Bacharacher Wolfshöhle gehörten zu den Jahrgangsbesten am Mittelrhein. Sehr beachtenswert fand ich im vergangenen Jahr auch den Spätburgunder. Noch besser ist sein Nachfolger, der beste Rotwein, den ich bisher vom Mittelrhein zu verkosten bekam. Sehr interessant sind in der neuen Kollektion auch die Sekte, ebenso wie die Eisweine.

86 ▶ 2001 Riesling Sekt Brut Bacharacher Schloss Stahleck feine klare Frucht mit rauchigen Noten; frisch, klar, herrlich zupackend, feiner Rieslingsekt (8 €)

85 ▶ 2001 Riesling Sekt Trocken Bacharacher Schloss Stahleck rauchige Noten, klare Frucht; gute Harmonie im Mund, klare Frucht, feine Süße und Biss (8 €)

87 ▶ 2002 Riesling Eiswein Bacharacher viel Würze, eindringliche Frucht, gute Konzentration; süß im Mund, konzentriert, sehr klar, viel Biss (24 €/0,375l)

90 ▶ 2002 Riesling Eiswein „S" Bacharacher viel Konzentration und Würze im Bouquet, süße Frucht; dominant süß im Mund, konzentriert, herrlich füllig und klar, enorm dick, nachhaltig (28 €/0,375l)

87 ▶ 2002 Spätburgunder „S" trocken Bacharacher viel reife süße Frucht im Bouquet, Erdbeeren und Kirschen; süße Frucht im Mund, gute Fülle, reif und klar, feiner Nachhall (6,50 €)

Weitere Weine: 80 ▶ 2002 Riesling Hochgewächs trocken Bacharacher ■ 82 ▶ 2002 Riesling Hochgewächs halbtrocken Bacharacher ■ 82 ▶ 2002 Riesling Classic ■

P

Weingut Prinz ★★★★
Rheingau

Im Flachsgarten 5, 65375 Hallgarten
Tel. 06723-999847, Fax: 06723-999848
prinzfred@gmx.de
Inhaber: Familie Prinz
Rebfläche: 1,8 Hektar
Besuchszeiten: nach vorheriger Anmeldung

In den Weinbergen des Weingutes Prinz in Hallgarten gibt es neben der dominierenden Rebsorte Riesling ein klein wenig Spätburgunder. Alle Rieslinge zeichnen sich, Jahr für Jahr, durch eine sehr reintönige Frucht aus.

Auch im schwierigen Jahrgang 2000 war jeder Wein bestechend klar. Die 2001er waren nochmals besser, egal ob trocken oder süß, die Rieslinge vom Weingut Prinz gehören zur Spitze im Rheingau. 2002 schließ nahtlos daran an, auch wenn die Weine in der Spitze ein klein wenig hinter ihren Vorgängern zurückbleiben.

86 ▶ **2002 Gutsriesling trocken** klar, direkt, eindringliche Frucht; gute Harmonie, viel süße Frucht (5,40 €)

86 ▶ **2002 Riesling Kabinett trocken Hallgartener Schönhell** viel Würze, klare jugendliche Frucht, sehr eindringlich; gute Harmonie, kompakt und klar (7,40 €)

86 ▶ **2002 Riesling „feinherb" Hallgartener Hendelberg** klar und direkt im Bouquet, feine jugendliche Frucht; klare reife Frucht, gute Harmonie (5,40 €)

89 ▶ **2002 Riesling Erstes Gewächs Hallgartener Jungfer** würzig, konzentriert, eindringliche Frucht; herrlich harmonisch im Mund, schmeichelnd, füllig (17 €)

87 ▶ **2002 Riesling Kabinett Hallgartener Jungfer** feine Frucht, Würze, klar und direkt; viel süße Frucht, wunderschön harmonisch (7,80 €)

86 ▶ **2002 Riesling Spätlese Hallgartener Schönhell** konzentriert, jugendlich, klare eindringliche Frucht; kraftvoll, kompakt, klar (10,30 €)

88 ▶ **2002 Riesling Spätlese Hallgartener Jungfer** feine Würze, süße Frucht; klar, kompakt, reife süße Frucht (12,20 €)

89 ▶ **2002 Riesling Spätlese Goldkapsel Hallgartener Jungfer** frisch, direkt, eindringliche jugendliche Frucht; klar, harmonisch, viel süße Frucht, kompakter Riesling (15 €)

90 ▶ **2002 Riesling Auslese Hallgartener Jungfer** herrlich reintönig, faszinierende Frucht, eindringlich; konzentriert, würzig, viel süße Frucht, süße Aprikosen und Pfirsiche, schmeichelnd und lang (20 €/0,375l)

Weingut Eckhard Probst ★
Baden

Schleifsteinhof, 79219 Staufen-Grunern
Tel. 07633-808233, Fax: 07633-808234
www.weingutprobst.de
probst.ch@debitel.net
Inhaber: Christian Probst (seit 1.6.2002)
Rebfläche: 8 Hektar
Besuchszeiten: Mo.-Fr. 8-12 + 15-18 Uhr, Sa. 8-12 Uhr
Weinstube

Bei Christian Probst, der das Weingut zum 1. Juni 2002 übernommen hat, werden neben den 8 Hektar Weinbergen einige Obstflächen bewirtschaftet. Neben Rebsorten wie Müller-Thurgau, Spätburgunder, Nobling und Gutedel findet man hier auch Roten Muskateller, Gewürztraminer, Grauburgunder, Regent, Sauvignon Blanc und Cabernet Sauvignon. Die Weißweine werden relativ lange auf der Feinhefe ausgebaut, die Rotweine kommen nach der Maischegärung ins Holzfass, ausgesuchte Weine auch ins Barrique.

Ich hatte im vergangenen Jahr zum ersten Mal Weine vom Weingut Eckhard Probst verkostet - und war angenehm überrascht vom guten Niveau. In diesem Jahr nun vermisse ich etwas die „Spitzen".

84 ▶ **Probst-Secco Perlwein** (2002) süße Frucht, Frische, etwas duftig; süß im Mund, süffig, unkompliziert (4,80 €)

84 ▶ **2002 „Robin" Rotweincuvée trocken Grunern Altenberg** Regent und Spätburgunder; fruchtbetont, rote und dunkle Früchte; gute Frucht, klar, mit Biss (6 €)

Weitere Weine: 80 ▶ 2002 Gutedel trocken Grunern Altenberg ▪ 83 ▶ 2002 Roter Gutedel halbtrocken Grunern Altenberg ▪ 81 ▶ 2002 Nobling Kabinett Grunern Altenberg ▪ 82 ▶ 2002 Müller-Thurgau Spätlese Grunern Altenberg ▪ 82 ▶ 2002 Spätburgunder Weißherbst Auslese Grunern Altenberg ▪ 83 ▶ 2000 Cabernet Sauvignon trocken Barrique Grunern Altenberg ▪

Weingut Werner **Probst** ★★★
Franken

Hauptstraße 35, 91478 Markt Nordheim
Tel. 09165-1231, Fax: 09165-995532
www.weingut-probst.de
post@weingut-probst.de
Inhaber: Werner Probst
Rebfläche: 4,5 Hektar
Besuchszeiten: täglich nach Vereinbarung
Probierstube (bis 10 Personen)

1964 wurde der erste Wein im Familienbetrieb Probst abgefüllt. Der stammte zwar noch nicht aus eigener Produktion, doch wurden die Weichen für die Entwicklung des Weinguts gestellt: 1966 erlernte Werner Probst den Beruf des Weinküfers, 1981 hat er eigene Rebflächen angelegt. Sohn Christoph begann 1990 seine Ausbildung zum Winzer (unter anderem bei Johann Ruck in Iphofen). Seit seinem Einstieg in den Betrieb wurde die Rebfläche sukzessive auf die heutige Größe erweitert. Die Weinberge liegen an den Südhängen des Steigerwaldes in den vier Lagen Markt Nordheimer Hohenkottenheim, Bad Windsheimer Rosenberg, Ippesheimer Frankenberger Schloßstück und Krassolzheimer Pfaffenberg - alles Namen, die selbst Kennern des Frankenweins kaum bekannt sind. Die Reben wachsen hier überwiegend auf Gipskeuperböden. An weißen Sorten bauen Werner und Christoph Probst Bacchus, Müller-Thurgau, Silvaner, Riesling, Kerner und Weißburgunder an. Zu den roten Sorten Schwarzriesling und Portugieser hat er Dornfelder, Zweigelt und Regent hinzugepflanzt, Lemberger ist in Planung. Neben dem Weingut betreibt Christoph Probst eine Lohnabfüllanlage.

Nach überzeugenden 2000ern mit klarer süßer Frucht gefiel mir 2001 nochmals besser. Die Weine waren wunderschön fruchtbetont und reintönig. 2002 schließt nahtlos daran an: eine homogenen Kollektion, die wieder einige Schnäppchen enthält.

86 ▶ **2002 Rivaner trocken** frisch, klar, feine Muskatnote, sehr reintönig; gute Harmonie im Mund, sehr klare Frucht (3,40 €)

84 ▶ **2002 Riesling Kabinett trocken Bad Windsheimer Rosenberg** frisch, direkt, feine Zitrusnote; gute Harmonie, kompakt (4,90 €)

86 ▶ **2002 Riesling Spätlese trocken Bad Windsheimer Rosenberg** gute Konzentration, jugendliche würzige Rieslingfrucht; weich, gute Frucht, kompakter Riesling (7,50 €)

88 ▶ **2002 Silvaner Spätlese trocken Spätlese Bad Windsheimer Rosenberg** gute Konzentration, sehr klare jugendliche Silvanerfrucht; füllig, harmonisch, viel süße Frucht, kompakt und klar (7,50 €)

86 ▶ **2002 Silvaner Spätlese trocken Spätlese Ippesheimer Frankenberger Schlossstück** rauchige Noten, klare Frucht, konzentriert; gute Fülle und Harmonie, süffig, lang (7 €)

87 ▶ **2000 Silvaner Spätlese trocken Barrique** gute Konzentration, viel Würze, klare reife Frucht; füllig, harmonisch, reife süße Frucht, Vanille, Wärme im Abgang (9,50 €)

87 ▶ **2002 Bacchus Spätlese Bad Windsheimer Rosenberg** reife klare Frucht, sehr eindringlich; schmeichelnd im Mund, viel süße Frucht, harmonisch und lang (6,50 €)

87 ▶ **2002 Kerner Spätlese Markt Nordheimer Hohenkottenheim** konzentriert im Bouquet, sehr klar, feine Frucht, Litschi; gute Frucht und Harmonie, reife sehr klare Frucht, feine Frische (5,30 €)

85 ▶ **2002 Rotling trocken** frisch, klar, würzig, dezente Muskatnote; frisch, lebhaft, gute süße Frucht (3,60 €)

Weitere Weine: 81 ▶ 2002 Silvaner trocken ▪ 83 ▶ 2002 Bacchus Ippesheimer Frankenberger Schlossstück (1l) ▪

85 ▶ **2002 Riesling Spätlese Mehringer Zellerberg** konzentriert, würzig, sehr klare Frucht; klar, direkt, feine süße Frucht (4,75 €)

Weitere Weine: 80 ▶ 2000 Riesling Crémant Extra Brut Maximin Probsthofer ▪ 81 ▶ 2002 Riesling trocken Mehringer Zellerberg ▪ 81 ▶ 2002 Riesling trocken Feller Maximiner Burgberg ▪ 82 ▶ 2002 Riesling Kabinett trocken Mehringer Zellerberg ▪ 82 ▶ 2002 Riesling Spätlese halbtrocken Mehringer Zellerberg ▪ 81 ▶ 2002 Riesling halbtrocken Rioler Römerberg ▪ 79 ▶ 2002 Riesling Rioler Römerberg ▪ 83 ▶ 2002 Spätburgunder trocken Rioler Römerberg ▪

Wein- und Sektgut
Probsthof *
Mosel-Saar-Ruwer

Hauptstraße 6, 54340 Riol
Tel. 06502-8593, Fax: 06502-20761
weingut-probsthof@web.de
Inhaber: Manfred Schmitz
Rebfläche: 7,5 Hektar
Besuchszeiten: tgl. n. Vereinbarung (bis 22 Uhr)

Die Weinberge von Manfred und Elisabeth Schmitz befinden sich in den Lagen Mehringer Zellerberg, Longuicher Maximiner Herrenberg, Feller Maximiner Burgberg und Rioler Römerberg. Neben dem dominierenden Riesling bauen sie ein wenig Müller-Thurgau, Spätburgunder, Dornfelder und Bacchus an. Über die Hälfte der Weine wird trocken ausgebaut, ein weiteres Drittel halbtrocken.

Nach einer starken 2001er Kollektion mit faszinierenden Rieslingen bleibt der Jahrgang 2002 deutlich dahinter zurück.

85 ▶ **2002 Riesling Spätlese trocken Mehringer Zellerberg** herrlich konzentriert, jugendliche Frucht; frisch, direkt, feine klare Frucht (5,40 €)

86 ▶ **2002 Riesling Spätlese trocken Longuicher Maximiner Herrenberg** gute Konzentration, reife klare Frucht, jugendlich; gute Fülle, klare Frucht, harmonisch (5,40 €)

Weingut
Schloss Proschwitz *
Prinz zur Lippe
Sachsen

Dorfanger 19, 01665 Zadel
Tel. 03521-76760, Fax: 03521-767676
www.schloss-proschwitz.de
schloss-proschwitz@t-online.de
Inhaber: Dr. Georg Prinz zur Lippe
Rebfläche: 55 Hektar
Besuchszeiten: Mo.-So. 10-18 Uhr

Das seit 1991 mit Investitionen von zehn Millionen Mark wieder aufgebaute Gut ist das größte private Weingut in den ostdeutschen Anbaugebieten. Die wichtigsten Rebsorten sind Grauburgunder, Müller-Thurgau, Elbling, Spätburgunder und Weißburgunder. Es folgen Riesling, Traminer, Dornfelder, Goldriesling und Scheurebe. Die Weinberge werden nach den Richtlinien des kontrolliert umweltschonenden Weinbaus bewirtschaftet.

Schloss Proschwitz ist heute der bekannteste Betrieb in den ostdeutschen Anbaugebieten. Wie im Vorjahr gefällt mir die Scheurebe am besten.

84 ▶ **2002 Goldriesling trocken** frisch im Bouquet, klare Frucht; geradlinig im Mund, gute Frucht (8,50 €)

84 ▶ **2002 Grauburgunder Kabinett trocken** reife klare Frucht, gelbe Früchte; harmonisch im Mund, gute Frucht (10,50 €)

87 ▶ **2002 Scheurebe Kabinett trocken** feiner Duft, Cassis, sehr klar; gute Harmonie, sehr reintönige Frucht (10,50 €)

85 ▶ **2001 Spätburgunder trocken Barrique** reife süße Frucht, feine rauchige Noten; gute Harmonie, füllig, jugendliche Bitternote (20 €)

Weitere Weine: 83 ▶ 2001 Riesling Kabinett trocken ▪ **82** ▶ 2001 Weißburgunder Kabinett ▪

Weingut Joh. Jos. Prüm ★★
Mosel-Saar-Ruwer

Uferallee 19, 54470 Bernkastel-Wehlen
Tel. 06531-3091, Fax: 06531-6071
Inhaber: Dr. Manfred und Wolfgang Prüm
Rebfläche: 15 Hektar
Besuchszeiten: nach Vereinbarung

Manfred Prüm baut ausschließlich Riesling an. Er verfügt über beste Lagen in Wehlen, Graach, Zeltingen und Bernkastel und füllt seine Weine erst sehr spät ab. Sehr jung probiert, d.h. im ersten Jahr, sind seine Weine oft nicht so recht zugänglich sondern sehr von der Spontangärung geprägt.

Die Stärken von Manfred Prüm liegen sicherlich nicht bei trockenen und halbtrockenen Weinen, sondern im edelsüßen Bereich, „ab Spätlese aufwärts", wie es ein befreundeter Journalist einmal formulierte. Wobei der in diesem Jahr verkostete wunderschön leichte Kabinett aus der Sonnenuhr dies widerlegt.

87 ▶ **2002 Riesling Kabinett Wehlener Sonnenuhr** würzige Noten, jugendliche Frucht; klar, direkt, feine Frische und Frucht, elegant und mit Biss

87 ▶ **2001 Riesling Spätlese Bernkasteler Badstube** würzige Noten, sehr eindringlich, jugendliche verhaltene Frucht; geradlinig im Mund, feine Frucht, Biss

Weitere Weine: 81 ▶ 2001 Riesling trocken ▪ **82** ▶ 2001 Riesling Kabinett ▪

Weingut S.A. Prüm ★★★★
Mosel-Saar-Ruwer

Uferallee 25-26, 54470 Bernkastel-Wehlen
Tel. 06531-3110, Fax: 06531-8555
www.sapruem.com
info@sapruem.com
Inhaber: Raimund Prüm
Rebfläche: 16,5 Hektar
Besuchszeiten: Mo.-Fr. 10-12 + 14-18 Uhr, Sa. 10-16 Uhr
Vinothek, exklusives Gästehaus, Veranstaltungsräume, Gutsausschank

Raimund Prüm, der das Weingut seit 1971 leitet, baut neben dem dominierenden Riesling auf etwa 10 Prozent seiner Fläche Weißburgunder an. 9,5 Hektar seiner Weinberge (einige noch mit ungepfropften Reben bestockt) liegen in der berühmten Wehlener Sonnenuhr. Dazu hat er Weinbergsbesitz in den Lagen Graacher Domprobst und Bernkasteler Graben. Seit 1999 ist dem Weingut ein Gästehaus angeschlossen, das von Erika Prüm geleitet wird.

Die edelsüßen Rieslinge von Raimund Prüm gehören Jahr für Jahr zu den Spitzenweinen an der Mosel. Selbst in schwierigen Jahrgängen wie 2000 brilliert er mit herrlich reintönigen Weinen. Auch im neuen Jahrgang hat er wieder sehr gute und hervorragende edelsüße Rieslinge, auch wenn sie in Punkto Brillanz nicht ganz an die faszinierenden 2001er heranreichen.

88 ▶ **2001 Riesling „VISION"** reife eindringliche Frucht, konzentriert; kraftvoll, viel Fülle, feine reife Frucht, Nachhall (16,50 €)

86 ▶ **2002 Riesling Spätlese Graacher Himmelreich** würzig, klar, jugendliche konzentrierte Frucht; klar im Mund, harmonisch, elegant (14,50 €)

88 ▶ **2002 Riesling Spätlese Wehlener Sonnenuhr** gute Konzentration, herrlich reintönige eindringliche Frucht; kraftvoll und klar, viel reife süße Frucht, harmonisch, lang (15,50 €)

87 ▶ 2002 Riesling Auslese Faß 59 Wehlener Sonnenuhr konzentriert, klar, würzige Frucht; klar auch im Mund, viel süße Frucht, gute Harmonie (17,50 €/0,375l)

88 ▶ 2002 Riesling Eiswein Faß 56 Graacher Domprobst eindringliche süße Frucht, dominant; süß, klar, harmonisch, feine Frucht, mit Nachhall (72 €/0,375l)

89 ▶ 2002 Riesling Eiswein Faß 58 Graacher Himmelreich sehr eindringliche konzentrierte Frucht im Bouquet, süße Zitrusfrüchte; frisch, klar, viel süße Frucht und Biss, feiner Nachhall (76 €/0,375l)

90 ▶ 2002 Riesling Beerenauslese Faß 62 Graacher Domprobst klare Frucht im Bouquet, süße Aprikosen, enorm eindringlich; viel süße Frucht im Mund, kompakt, klar, sehr nachhaltig (Versteigerungswein/0,375l)

90 ▶ 2002 Riesling Trockenbeerenauslese Faß 61 Graacher Domprobst konzentriert, würzig, etwas Kaffee, sehr eindringlich; dick, konzentriert, viel süße Frucht, enorm stoffig (115 €/0,375l)

91 ▶ 2002 Riesling Trockenbeerenauslese Faß 60 Graacher Domprobst konzentriert, klar, viel Frucht, Kaffee; süß und konzentriert im Mund, herrlich dick, dominant, nachhaltig (Versteigerungswein/0,375l)

Weitere Weine: 84 ▶ 2002 Riesling trocken ▪ 82 ▶ 2002 Riesling Kabinett trocken ▪ 83 ▶ 2002 Riesling Kabinett trocken Wehlener Sonnenuhr ▪ 83 ▶ 2002 Riesling Spätlese trocken Wehlener Sonnenuhr ▪ 83 ▶ 2002 Riesling halbtrocken ▪ 84 ▶ 2002 Riesling Kabinett halbtrocken ▪ 84 ▶ 2002 Riesling Kabinett Wehlener Sonnenuhr ▪

Weingut Wilfried **Querbach** ★★★★
Rheingau

Lenchenstraße 19, 65375 Oestrich-Winkel
Tel. 06723-3887, Fax: 06723-87405
www.querbach.com
mail@querbach.com
Inhaber: Resi, Wilfried und Peter Querbach
Rebfläche: 10 Hektar
Besuchszeiten: Mo.-Fr. 8-12 + 13-18 Uhr, Sa. 9-12 Uhr oder nach Anmeldung

Wilfried Querbach und Sohn Peter bauen neben Riesling noch etwas Spätburgunder an. In den letzten Jahren haben sie ihr Sortiment neu gestaltet. Die Basis bilden die Liter- und Guts-Rieslinge, dann die Orts-Rieslinge, schließlich der Lagenriesling aus dem Oestricher Lenchen („Querbach N° 1") und das Erste Gewächs aus dem Oestricher Doosberg. Seit dem Jahrgang 1999 bieten Wilfried und Peter Querbach ihre Weine mit dem von Peter Querbach entwickelten Verschlusssystem, basierend auf einem Edelstahlverschluss (eine Art Kronkorken) an. Für den Weintrinker ist dies zunächst einmal ungewohnt, gerade auch auf einem „Ersten Gewächs" einen Verschluss zu sehen, der an Bierflaschen erinnert, aber es ist sicherlich ein probates Mittel gegen Korkfehler. Den Jahrgang 2000 haben sie komplett mit dem neuen Verschluss abgefüllt.

Nach einer Maischestandzeit von ca. zwölf Stunden werden die Moste mit den natürlichen Hefen vergoren. In dem Keller am Ortsrand von Oestrich werden alle Weine in Edelstahltanks ausgebaut. Die Weine bleiben recht lange auf der Hefe und werden relativ spät abgefüllt. Die Weine von Wilfried und Peter Querbach zeigen eine klare Handschrift: geradlinig und klar in der Frucht, mustergültige Rheingau-Rieslinge.

Die 2000er Kollektion gehörte zu den besten des Jahrgangs im Rheingau. Der 2001er Jahrgang schloss nahtlos daran an mit herrlich kraftvollen, stoffigen Rheingau-Rieslingen. Gleiches gilt für den Jahrgang 2002: alle Weine sind herrlich kraftvoll und von einer Nachhaltigkeit, wie man sie nur selten im Rheingau findet. Und noch etwas zeichnet alle Querbach-Weine aus, etwas, das leider sehr selten geworden ist im Rheingau: alle Weine sind enorm langlebig und zeigen ihre ganze Klasse erst nach einiger Zeit auf der Flasche.

86 ▶ **2002 Riesling Classic** frisch, herrlich klare Frucht; gute Harmonie im Mund, sehr reintönige Frucht (5,20 €)

87 ▶ **2002 Riesling Edition** jugendliche Frucht, herrlich klar und eindringlich; kraftvoll im Mund, klare Frucht, zupackend (6,30 €)

90 ▶ **2002 Riesling Hallgarten** klare Frucht, jugendlich, würzig, sehr eindringlich; kraftvoll im Mund, viel Frucht, Biss, sehr klar, enormer Nachhall (9 €)

89 ▶ **2002 „Querbach No. 1" Riesling Oestrich Lenchen** gute Konzentration, Zitrusfrüchte, klar und direkt; kraftvoll im Mund, gute Fülle, sehr klare reife Frucht, Biss, Nachhall (11 €)

90 ▶ **2002 Riesling Erstes Gewächs Oestrich Doosberg** konzentriert, herrlich dominant, viel eindringliche Frucht, jugendlich; kraftvoll im Mund, enorm füllig, konzentriert, reintönige Frucht, Nachhall (15 €)

Weingut E. W. Rapp ★★
Nahe

Schlossgartenstraße 100
55583 Bad Münster am Stein-Ebernburg
Tel. 06708-2312, Fax: 06708-3074
www.weingut-rapp.de
info@weingut-rapp.de
Inhaber: Walter Rapp
Rebfläche: 8 Hektar
Besuchszeiten: Mo.-Sa. und So. vormittags
Landgästehaus mit Weinstube & Weingarten
(für Hausgäste oder nach Absprache geöffnet)

Anders als andere Nahewinzer hat Walter Rapp sich in den achtziger Jahren durch Zukauf von Weinbergen in Hang- und Steillagen erweitert, in denen sich heute knapp die Hälfte seiner Weinberge befinden. Wichtigste Rebsorte ist Riesling mit einem Anteil von über 50 Prozent. Jeweils 40 Prozent der Weine werden trocken und halbtrocken ausgebaut.

Jahr für Jahr überzeugen die Weine von Walter Rapp durch ihre klare Frucht. Jahr für Jahr findet man auch immer wieder „Schnäppchen" darunter: Weine mit besonders gutem Preis-Leistungs-Verhältnis. Die Jahrgänge 2000 und 2001 waren etwas uneinheitlicher in der Qualität, wobei mir jeweils die Rieslinge am besten gefielen. Auch im Jahrgang 2002 überzeugen die trockenen und halbtrockenen Riesling Spätlesen am meisten.

85 ▶ **2002 Riesling Hochgewächs trocken Ebernburger Stephansberg** würzig, direkt, jugendliche Frucht; klar im Mund, viel Frucht, Biss

85 ▶ **2002 Grauburgunder Spätlese trocken Ebernburger Feuerberg** klare Frucht im Bouquet, gelbe Früchte; harmonisch, kompakt, viel Frucht (5 €)

85 ▶ **2002 Riesling Spätlese trocken Altenbamberger Rotenberg** gute Konzentration, jugendliche eindringliche Frucht; klar, kraftvoll, jugendliche Frucht (5,50 €)

85 ▶ **2002 Riesling Spätlese trocken Ebernburger Schlossberg** gute Konzentration, jugendliche Frucht; klar, direkt, viel Frucht, Biss (6 €)

85 ▶ **2002 Riesling Spätlese halbtrocken Ebernburger Schlossberg** würzig, konzentriert, klare Frucht; reife klare Frucht, kompakter Riesling (4,90 €)

85 ▶ **2002 Riesling Spätlese halbtrocken Altenbamberger Rotenberg** konzentriert, sehr reintönig, eindringliche Frucht; gute Fülle und Harmonie, süße Frucht (5,50 €)

Weitere Weine: 83 ▶ 2002 Silvaner Classic ▪ 83 ▶ 2002 Weißburgunder trocken Ebernburger Köhler Köpfchen ▪ 83 ▶ 2002 Grauburgunder trocken ▪ 81 ▶ 2002 Riesling halbtrocken Ebernburger (1l) ▪ 83 ▶ 2002 Riesling Kabinett halbtrocken Altenbamberger Rotenberg ▪ 82 ▶ 2002 Spätburgunder Rosé „feinherb" Ebernburger ▪ 83 ▶ 2002 Spätburgunder trocken Ebernburger ▪

Weingut
Ratzenberger ★★★
Mittelrhein

Blücherstraße 167, 55422 Bacharach
Tel. 06743-1337, Fax: 06743-2842
www.weingut-ratzenberger.de
weingut-ratzenberger@t-online.de
Inhaber: Familie Ratzenberger
Rebfläche: 8,8 Hektar
Besuchszeiten: Mo.-Sa. 9-18 Uhr, So. 10-15 Uhr

Drei Viertel der Fläche beim Weingut Ratzenberger nimmt Riesling ein. Dazu kommt ein mit 15 Prozent für den Mittelrhein recht hoher Spätburgunderanteil, sowie jeweils 5 Prozent Grauburgunder und Müller-Thurgau. Die Weinberge liegen in Steeg (St. Jost) und Bacharach (Wolfshöhle, Posten).

Aus dem problematischen Jahrgang 2000 hat Jochen Ratzenberger das Beste gemacht: während alle anderen Bacharacher Weingüter mehr oder weniger schwache Kollektionen aufwiesen, konnte er das Niveau der Vorjahre halten. Mit dem Jahrgang 2001 legte er weiter zu und der Jahrgang 2002 bestätigt den guten Vorjahreseindruck: sehr reintönig sind die Weine, beeindrucken mit Frucht und mineralischen Noten.

85 ▶ **2002 Riesling trocken Bacharacher** würzig, klar, wunderschön reintönige Frucht; klare Frucht, zupackender feiner Riesling (5 €)

87 ▶ **2002 Riesling Kabinett trocken Bacharacher** frisch, würzig, sehr reintönige Frucht, dezent Aprikosen und Zitrusfrüchte; geradlinig, klare Frucht, wunderschön reintönig (6 €)

87 ▶ **2002 Riesling Kabinett halbtrocken Steeger St. Jost** klar, konzentriert, herrlich eindringliche jugendliche Frucht; kraftvoll, gute Frucht und Struktur, feiner mineralischer Nachhall (6,20 €)

88 ▶ **2002 Riesling Spätlese halbtrocken Bacharacher Posten** herrlich konzentriert, mineralische Noten, eindringliche jugendliche Frucht; kraftvoll, gute Frische, Struktur, reife Frucht (8,70 €)

88 ▶ **2002 Riesling Spätlese Bacharacher Wolfshöhle** klar, konzentriert, herrlich eindringliche jugendliche Frucht; viel reife süße Frucht, füllig, klar und fruchtbetont, feiner Nachhall (8,40 €)

90 ▶ **2002 Riesling Eiswein Bacharacher Kloster Fürstental** konzentriert und würzig im Bouquet, herrlich eindringliche klare Frucht; viel süße Frucht, gute Fülle, sehr klar, mit Säure und Nachhall (39,50 €/0,375l)

Weitere Weine: 82* ▶ 1999 Riesling Sekt Brut Bacharacher Kloster Fürstental ▪ 80 ▶ 2002 Grauer Burgunder trocken Bacharacher ▪

Weingut Familie **Rauen** ★
Mosel-Saar-Ruwer

◆ Hinterm Kreuzweg 5, 54340 Thörnich
Tel. 06507-3403, Fax: 06507-8382
weingut.familie-rauen@t-online.de
Inhaber: Harald Rauen,
Rebfläche: 7 Hektar
Besuchszeiten: nach Vereinbarung
Weinprobierstube

Harald Rauen hat 1982 das elterliche Weingut, damals überwiegend Fassweinbetrieb, übernommen und 1997 den Sitz von Detzem nach Thörnich verlagert. Seine Weinberge befinden sich in den Lagen Detzemer Würzgarten, Detzemer Maximiner Klosterlay und Thörnicher Schießlay. Neben Riesling gibt es ein wenig Weißburgunder, Spätburgunder, Müller-Thurgau und Dornfelder. 80 bis 90 Prozent der Weine werden trocken ausgebaut, zwei Drittel der Produktion wird über den Fachhandel vermarktet.

84 ▶ **2002 Weißer Burgunder trocken Detzemer St. Michael** sehr klare Frucht, weiße Früchte; weich, klare süße Frucht (4,60 €)

85 ▶ **2002 Riesling Spätlese trocken Detzemer Maximiner Klosterlay** gute Konzentration, sehr würzige Rieslingfrucht; klar, direkt, gute Frucht und Biss (4,90 €)

85 ▶ **2002 Riesling Spätlese halbtrocken Detzemer Maximiner Klosterlay** würzig, konzentriert, klare jugendliche Rieslingfrucht; gute reife süße Frucht, kompakt (4,90 €)

86 ▶ **2002 Riesling Spätlese Detzemer Maximiner Klosterlay** sehr reintönige Rieslingfrucht im Bouquet; süß im Mund, schmeichelnd, herrlich süffig (4,90 €)

88 ▶ **2002 Riesling Auslese Detzemer Maximiner Klosterlay** konzentriert, klar, herrlich eindringliche Frucht; reife süße Rieslingfrucht, harmonisch und lang (7,80 €)

88 ▶ **2002 Riesling Auslese Thörnicher St. Michael** herrlich konzentriert und würzig, sehr eindringliche Frucht; viel süße Frucht, dominant, harmonisch und lang (5 €/0,5l)

90 ▶ **2002 Riesling Eiswein Detzemer Würzgarten** reife süße Aprikosen, sehr eindringliche Frucht; herrlich konzentriert im Mund, viel süße Frucht, Frische, klar, sehr nachhaltig (25 €)

Weitere Weine: 81 ▶ 2002 Riesling trocken Detzemer Würzgarten (1l) ▪ 82 ▶ 2002 Riesling Kabinett trocken Detzemer Würzgarten ▪ 83 ▶ 2002 Riesling Kabinett halbtrocken Detzemer Würzgarten ▪ 82 ▶ 2002 Riesling Detzemer Würzgarten (1l) ▪

Weingut Walter **Rauen** ★★★
Mosel-Saar-Ruwer

Im Würzgarten, 54340 Detzem
Tel. 06507-3278, Fax: 06507-8372
www.weingut-rauen.de
info@weingut-rauen.de
Inhaber: Walter und Irmtrud Rauen, Stefan Rauen
Rebfläche: 9,5 Hektar
Besuchszeiten: nach Vereinbarung
Weinprobierstube

Walter Rauen ist Ende der sechziger Jahre an den Ortsrand von Detzem ausgesiedelt. Ursprünglich ein reiner Fassweinbetrieb, hat er nach und nach auf Selbstvermarktung umgestellt. Das Gros seiner Weinberge liegt in den Detzemer Lagen Würzgarten und Maximiner Klosterlay. Riesling nimmt zwei Drittel der Weinberge ein. Dazu gibt es etwas Müller-Thurgau, Kerner und Weißburgunder, sowie Spätburgunder, Dornfelder und Regent. Seit 1992 ist Sohn Stefan für den Ausbau der Weine verantwortlich. Alle Weine werden im Edelstahl vergoren, die besseren Qualitäten kommen dann für zwei bis drei Monate ins Holzfass. Etwa drei Viertel der Weine baut Stefan Rauen trocken oder halbtrocken aus.

Nach überzeugenden 2000ern waren die 2001er von Stefan Rauen nochmals besser, er hatte kraftvolle Spätlesen und eine faszinierende Auslese. Mit der neuen Kollektion schließt er nahtlos daran an. Auch in diesem Jahr kann man sich auf jeden Wein verlassen - und findet eine ganze Reihe von Schnäppchen in seinem Programm.

85 ▶ 2002 Weißer Burgunder trocken frisch, klar, feine würzige Frucht; klar und harmonisch im Mund, feine süße Frucht (4,20 €)

86 ▶ 2002 Riesling Kabinett trocken frisch, klar, jugendliche Frucht, eindringlich; gute Harmonie, klare Frucht, zupackend (4,20 €)

87 ▶ 2002 Riesling Spätlese trocken viel Konzentration, herrlich eindringliche jugendliche Frucht; klar, direkt, feine Frucht, kraftvoller Riesling (5,20 €)

85 ▶ 2002 Riesling Kabinett halbtrocken würzig, direkt, jugendliche Frucht; klar und direkt im Mund, feine Frucht, harmonisch (4,20 €)

87 ▶ 2002 Riesling Spätlese halbtrocken würzig, konzentriert, jugendliche herrlich eindringliche Frucht; kraftvoll im Mund, viel reife Frucht, harmonisch und lang (5,60 €)

85 ▶ 2002 „Delphinfass" feine süße Frucht, etwas Litschi; harmonisch, klar, süße Frucht, kompakt (Bremer Ratskeller)

87 ▶ 2002 Riesling Spätlese klar, jugendliche herrlich eindringliche Frucht; viel Frucht, sehr reintönig, harmonisch und lang (5,80 €)

89 ▶ 2002 Riesling Auslese*** klar und konzentriert, reife süße Zitrusfrüchte, Litschi; sehr reintönig im Mund, viel süße Frucht, konzentriert, lang (7,40 €)

89 ▶ 2002 Riesling Eiswein dominant, feine Frucht, etwas Marzipan; viel süße Frucht, harmonisch, klar, herrlich eindringlich und lang (21 €)

Weitere Weine: 83 ▶ 2002 Riesling Hochgewächs halbtrocken (1l) ∎

Weingut Gunther Rauh ★★
Rheinhessen

Hauptstraße 2, 55234 Dintesheim
Tel. 06735-329, Fax: 06735-637
www.weingut-rauh.de
gunther@weingut-rauh.de
Inhaber: Gunther Rauh sen. und Gunther Rauh jr.
Rebfläche: 12 Hektar
Besuchszeiten: Mo.-Fr. 8-18 Uhr, Sa. 8-16 Uhr
Probenraum (bis 50 Personen)

Das Weingut Gunther Rauh befindet sich in Dintesheim, einem kleinen Ort 5 Kilometer südlich von Alzey. Der Senior Gunther Rauh kümmert sich um die Weinberge, sein Sohn ist für den Keller verantwortlich. Wichtigste Weißweinsorten sind Müller-Thurgau, Silvaner, Riesling und die Burgundersorten. Dazu kommen 3 Hektar mit verschiedenen Neuzüchtungen. An roten Sorten gibt es Dornfelder, Portugieser und Spätburgunder.

Nach einer sehr gleichmäßigen Kollektion im vergangenen Jahr ragen diesmal die beiden Weine der Selection Rheinhessen aus dem guten Gesamtprogramm hervor.

84 ▶ 2002 Weißer Burgunder trocken gute klare Weißburgunderfrucht, konzentriert; frisch im Mund, klare Frucht, Biss (5 €)

87 ▶ 2002 Riesling trocken Morstein gute Konzentration, herrlich reintönige Frucht, eindringlich; kraftvoll, herrlich klar und zupackend, feine Frucht (5 €)

85 ▶ 2002 Chardonnay trocken gute Frucht und Konzentration; frisch, klar, feine etwas süße Frucht (6,50 €)

85 ▶ 2002 Grauer Burgunder trocken gute Konzentration, sehr klare jugendliche Frucht; frisch, klar, gute etwas süße Frucht, Biss (5 €)

88 ▶ 2002 Riesling trocken Selection Rheinhessen herrlich konzentriert, jugendliche sehr eindringliche Frucht; wunderschön füllig, viel reife Frucht, kompakt, klar, mit Nachhall (8 €)

87 ▶ **2002 Gewürztraminer Spätlese** herrlich würzig, klar, gute konzentrierte Frucht; schmeichelnd im Mund, viel reife süße Frucht, reintönig, feiner Nachhall (4,60 €)

87 ▶ **2002 Huxlrebe Auslese** gute Konzentration, sehr klare Frucht, etwas Aprikosen; schmeichelnd, herrlich konzentriert, viel süße Frucht (7 €)

88 ▶ **2001 Spätburgunder trocken Selection Rheinhessen** gute Konzentration, feiner Toast, sehr klare Frucht; wunderschön harmonisch im Mund, klare reife Frucht, Vanille, elegant und lang (15 €)

Weitere Weine: 82 ▶ 2002 Riesling trocken (1l) ■ 82 ▶ 2002 Rivaner trocken ■ 82 ▶ 2002 RS-Rheinhessen-Silvaner trocken ■ 81 ▶ 2002 Spätburgunder Weißherbst trocken ■

Weingut Burg Ravensburg ★★
Baden

Hauptstraße 44, 75056 Sulzfeld
Tel. 07269-91410, Fax: 07269-914140
www.burg-ravensburg.de
weingut@burg-ravensburg.de
Inhaber: Erbengemeinschaft Freiherren von Göler
Geschäftsführer: Claus Burmeister
Rebfläche: 28 Hektar
Besuchszeiten: Mo.-Fr. 9-12 + 14-17 Uhr, Sa. 10-13 Uhr
Restaurant Burg Ravensburg (Montag + Dienstag Ruhetag)

Wichtigste Rebsorte bei Burg Ravensburg ist der Riesling, gefolgt von Schwarzriesling, Lemberger und Spätburgunder. Dem Weingut gehören die Lagen Burg Ravensburger Löchle, Burg Ravensburger Dicker Franz und Burg Ravensburger Husarenkappe in Alleinbesitz. Das Weingut, das einer Erbengemeinschaft gehört, wird von Claus Burmeister geführt, der auch Vorsitzender des VDP Baden ist. Die barriqueausgebauten Weine werden in der Corvus genannten Linie vermarktet.

Die Rieslinge von Burg Ravensburg waren schon in den Jahrgängen 2000 und 2001 deutlich interessanter geworden. 2002 ist nochmals ein klarer Schritt voran: das Große Gewächs aus der Husarenkappe gehört zur Spitze in Baden.

85 ▶ **2002 Riesling Kabinett trocken Burg Ravensburger Husarenkappe** verhaltene Frucht, dezente Würze; weich, klare Frucht, dezente Würze (6,40 €)

90 ▶ **2002 Riesling Spätlese trocken Burg Ravensburger Husarenkappe** (Großes Gewächs) gute Konzentration gute Konzentration, eindringliche jugendliche Frucht, reintönig; herrlich füllig, reife klare Frucht, kompakt, viel Riesling (14 €)

86 ▶ **2002 Riesling Kabinett Burg Ravensburger Löchle** gute klare Frucht, Limone; harmonisch im Mund, sehr klare Frucht (6,40 €)

87 ▶ **2002 Riesling Spätlese Burg Ravensburger Löchle** gute würzige Rieslingfrucht, direkt; weich im Mund, gute Fülle, reife süße Frucht (8,50 €)

85 ▶ **2001 Schwarzriesling trocken Burg Ravensburger Dicker Franz** gute Frucht, rauchige Noten; klar, frisch, feine Frucht (6,80 €)

86 ▶ **2001 Lemberger trocken Burg Ravensburger Dicker Franz** klare jugendliche Frucht im Bouquet; harmonisch im Mund, dezente Vanille, klare Frucht (8,90 €)

84 ▶ **2001 Spätburgunder trocken Burg Ravensburger Löchle** sehr klare Frucht mit rauchigen Noten; weich, klar, gute Frucht (8,90 €)

87 ▶ **2001 Spätburgunder trocken Corvus** viel Vanille, feiner Toast, reife eindringliche Frucht, gute Konzentration; gute Fülle und Frucht, harmonisch, feine Frische

87 ▶ **2001 Lemberger trocken Corvus** würzig, direkt, jugendliche Frucht; gute Harmonie, weich, füllig, viel Frucht, nachhaltig und lang

Weitere Weine: 82 ▶ 2002 Weißburgunder Kabinett trocken Burg Ravensburger Löchle ■

Weingut Rebenhof ★★★
Johannes Schmitz
Mosel-Saar-Ruwer

Hüwel 2-3, 54539 Ürzig
Tel. 06532-4546, Fax: 06532-1565
www.rebenhof.de
info@rebenhof.de
Inhaber: Johannes Schmitz
Rebfläche: 3,8 Hektar
Besuchszeiten: Mo.-Fr. 10-18 Uhr,
Wochenende nach Vereinbarung
Gästezimmer, Apartments,
kulinarische Wochenenden

Der Rebenhof in Ürzig wird von Johannes und Doris Schmitz bewirtschaftet. Die Weinberge liegen größtenteils in der Ürziger Moselschleife, in der Lage Ürziger Würzgarten. Die Trauben aus benachbarten Lagen gehen in den Gutsriesling ein. Neben 3,5 Hektar Riesling gibt es noch ein klein wenig Müller-Thurgau. Johannes Schmitz vergärt die Weine langsam und kühl, teils in Holzfässern, teils im Edelstahl, und lässt sie recht lange auf der Feinhefe liegen.

Schon vor zwei Jahren, als ich erstmals Weine von Johannes Schmitz verkostete, war ich angenehm überrascht von der guten Kollektion im schwierigen Jahrgang 2000. Da hatte ich dann schon gehofft, dass im Jahrgang 2001 noch bessere Weine folgen würden. Dass er dann aber gleich drei edelsüße Granaten folgen ließ, hatte mich doch sehr überrascht. Solche edelsüßen Highlights fehlen in der ansonsten mustergültigen 2002er Kollektion.

84 ▶ **2002 Riesling trocken** würzig, klar, jugendliche Frucht, frisch, direkt, klare recht süße Frucht (1l)

87 ▶ **2002 Riesling Kabinett trocken Ürziger Würzgarten** gute Frucht und Konzentration, jugendlich; kraftvoll, klar, zupackender feiner Riesling

88 ▶ **2002 Riesling Spätlese trocken Ürziger Würzgarten** gute Konzentration, eindringliche Frucht, jugendlich, direkt; kompakt, klar, feine Frucht

84 ▶ **2002 Riesling halbtrocken** feine Würze, jugendliche Frucht; frisch, direkt, feine süße Frucht (1l)

86 ▶ **2002 Riesling „vom roten Schiefer" halbtrocken** feine Würze, herrlich reintönige Frucht; gute Harmonie, klare süße Frucht

88 ▶ **2002 Riesling Spätlese halbtrocken Ürziger Würzgarten** gute Konzentration, herrlich klare jugendliche mineralische Frucht; klare reife Frucht, gute Harmonie, reintönig

86 ▶ **2002 Riesling Kabinett Ürziger Würzgarten** reintönige Frucht, jugendlich; klare reife süße Frucht, harmonisch, elegant und süffig

89 ▶ **2002 „Von alten Reben" Ürziger Würzgarten** gute Konzentration, mineralische Frucht, herrlich eindringlich und klar; viel reife süße Frucht, schmeichelnd, harmonisch und lang

88 ▶ **2002 Riesling Spätlese Ürziger Würzgarten** würzig, konzentriert, jugendliche Frucht; reife klare süße Frucht, herrlich schmeichelnd und lang

90 ▶ **2002 Riesling Auslese Ürziger Würzgarten** würzige eindringliche Rieslingfrucht; viel klare süße Frucht, schmeichelnd, herrlich reintönig und lang

Weitere Weine: 82 ▶ 2002 Rivaner trocken ■

Weingut Ökonomierat
Rebholz ★★★★
Pfalz

Weinstraße 54, 76833 Siebeldingen
Tel. 06345-3439, Fax: 06345-7954
www.oekonomierat-rebholz.de
wein@oekonomierat-rebholz.de,
weingut.rebholz@t-online.de
Inhaber: Hansjörg Rebholz
Rebfläche: 13,5 Hektar
Besuchszeiten: Mo.-Sa. 9-12 + 14-17 Uhr,
tel. Vereinbarung erwünscht

Wichtigste Rebsorten bei Hansjörg Rebholz sind Riesling und Spätburgunder. Hinzu kommen die weißen Burgundersorten, Chardonnay, Silvaner und Müller-Thurgau, sowie als Spezialitäten Gewürztraminer und Muskateller. Hansjörg Rebholz hat in den letzten Jahren sein Programm neu strukturiert. An der Spitze der Pyramide stehen die Großen Gewächse: Riesling aus dem Birkweiler Kastanienbusch, sowie Riesling, Weißburgunder und Spätburgunder aus dem Siebeldinger Im Sonnenschein. Dann folgen klassifizierte Lagenweine aus Lagen Godramsteiner Münzberg, Siebeldinger Rosenberg und Albersweiler Latt.

Seit Ende der achtziger Jahre kenne ich nun die Weine von Rebholz: kein Anderer im Süden der Pfalz hat sich so kontinuierlich Jahr für Jahr gesteigert wie Hansjörg Rebholz. 1999 war ein sehr gutes Jahr bei Hansjörg Rebholz, 2000 blieb ein klein wenig dahinter zurück. Der Jahrgang 2001 war hervorragend mit gleichermaßen faszinierenden Weiß- und Rotweinen.

Vor allem mit seinen Spätburgundern ist Hansjörg Rebholz bundesweit bekannt geworden. Diese waren in den letzten Jahren für meinen Geschmack oft ein wenig zu hart und zu sehr vom Holz geprägt. Die im vergangenen Jahr verkosteten 99er gefielen mir deutlich besser als ihre Vorgänger: zwar waren sie kraftvoll und tanninbetont wie eh und je, bestachen aber gleichzeitig durch ihre reintönige Frucht. 2002 nun sind die barriqueausgebauten Weißweine meine Favoriten in einer sehr gelungenen Kollektion. Die Großen Gewächse waren nicht ganz so ausdrucksstark wie im vergangenen Jahr.

87 ▶ 2002 Grauer Burgunder Kabinett trocken gute Konzentration, gelbe Früchte, klar; harmonisch, feine Frucht, reintöniger Grauburgunder

86 ▶ 2002 Muskateller Kabinett trocken feine Muskatnote, sehr klare Frucht; frisch, direkt, klare Frucht, Biss

87 ▶ 2002 Riesling vom Bundsandstein Spätlese trocken klare reife würzige Frucht, gute Konzentration; klar und direkt, feine etwas süße Frucht

86 ▶ 2002 Riesling vom Rotliegenden Spätlese trocken gute Konzentration, reife würzige Frucht; klar im Mund, gute Frucht, Biss, kompakter Riesling

85 ▶ 2002 Weißer Burgunder Spätlese trocken reife süße Frucht, gute Konzentration; füllig, reife Frucht, kompakter Weißburgunder

89 ▶ 2002 „Pi No" Spätlese trocken „R" reife süße Frucht, konzentriert, feiner dezenter Toast, herrlich eindringlich; füllig, viel reife süße Frucht, harmonisch und lang, ganz feine Bitternote im Abgang

90 ▶ 2002 Chardonnay Spätlese trocken „R" viel Konzentration, herrlich eindringliche reife Frucht, klar; kraftvoll, viel Frucht, Fülle, herrlich harmonisch und lang

88 ▶ 2002 Riesling Spätlese trocken KASTANIENBUSCH Birkweiler reife sehr klare Frucht, eindringlich; herrlich füllig und fruchtbetont, kompakter Riesling

85 ▶ 2002 Riesling Spätlese trocken IM SONNENSCHEIN Siebeldingen reife süße Frucht, würzig, ein wenig Honig; füllig im Mund, viel süße Frucht, kompakt, süffig

88 ▶ 2002 Weißer Burgunder Spätlese trocken IM SONNENSCHEIN Siebeldingen gute Konzentration, wunderschön reintönige Frucht, herrlich füllig im Mund, viel reife Frucht, kompakt, lang

86 ▶ 2002 Gewürztraminer Spätlese sehr klare Frucht, feiner Rosenduft; harmonisch, kompakt, klare süße Frucht

Weingut Zum Rebstock *
Thomas Heidrich
Mittelrhein

Mainzer Straße 1, 55422 Bacharach
Tel. 06743-93023, Fax: 06743-93024
www.weingut-heidrich.de
zum-rebstock@weingut-heidrich.de
Inhaber: Familie Rolf und Thomas Heidrich
Rebfläche: 3,4 Hektar
Besuchszeiten: nach Vereinbarung
Gutsausschank von Ostern bis Mitte November (Dienstag Ruhetag)

Beim Weingut Zum Rebstock nimmt der Riesling 60 Prozent der Rebfläche ein. Hinzu kommt Bacchus, Dornfelder, Spätburgunder und Müller-Thurgau. Zum Weingut gehören auch eine Brennerei und ein Gutsausschank, über den ein guter Teil der Weine verkauft wird.

Die 2001er hatten mir gut gefallen. Noch überzeugender sind die 2002er, die sich wesentlich homogener präsentieren als ihre Vorgänger.

84 ▶ 2002 Riesling Spätlese trocken Bacharacher Wolfshöhle frisch, klar, jugendliche zurückhaltende Frucht; klar, direkt, feine Frucht (6,20 €)

85 ▶ 2002 Riesling Spätlese halbtrocken Bacharacher Wolfshöhle feine Würze, jugendliche Frucht; klar, direkt, reife Frucht, kompakter Riesling (6,20 e)

84 ▶ 2002 Riesling „Jakob 1505 feinherb" gute Konzentration, viel Würze; reife süße Frucht, kompakt (8 €)

85 ▶ 2002 Riesling Spätlese Bacharacher Wolfshöhle würzige Noten, zurückhaltende Frucht; süß, klar, kompakt, feiner Biss (6,20 €)

Weitere Weine: 80 ▶ 2002 Riesling trocken Bacharacher Schloss Stahleck ■ **82 ▶** 2002 Riesling Hochgewächs halbtrocken Bacharacher Wolfshöhle ■ **82 ▶** 2002 Dornfelder trocken Bacharacher Wolfshöhle ■ **83 ▶** 2002 Spätburgunder trocken Steeger St. Jost ■

Weingut Franz-Josef Regnery ★★★
Mosel-Saar-Ruwer

Mittelstraße 39, 54340 Klüsserath
Tel. 06507-4636, Fax: 06507-3053
www.weingut-regnery.de
Inhaber: Peter Regnery
Rebfläche: 5,2 Hektar
Besuchszeiten: täglich nach Vereinbarung
Weinprobierstube

Franz-Josef Regnery hatte in den zurückliegenden Jahren seine Weinberge in Flachlagen verkauft und Parzellen in den besten Lagen der Klüsserather Bruderschaft hinzugekauft. Davon profitiert heute sein Sohn Peter, der im Januar 2000 sein Studium in Geisenheim beendet hat und heute den väterlichen Betrieb führt, unterstützt von den Eltern Franz-Josef und Waltraud. Während seines Studiums hatte er jeweils zweimonatige Praktika in Neuseeland (Corban's) und Südafrika (Louisvale) gemacht. Neben Riesling baut Paul Regnery 30 Prozent Spätburgunder an, von dem es vier verschiedene Klone beim Weingut Regnery gibt. Alle seine Weinberge liegen im „Herzstück" der Klüsserather Bruderschaft. Die Rieslinge werden überwiegend im Edelstahl ausgebaut, kommen aber während des Ausbaus alle auch für kurze Zeit (maximal zwei Monate) ins Holzfass. 80 Prozent der Weine werden trocken ausgebaut.

Die 2000er waren schlank und filigran, zeigten viel Spiel bei guter Frucht. Sehr beachtenswert fand ich auch den Spätburgunder. Im Jahrgang 2001 waren die Rieslinge kraftvoller und konzentrierter. Auch die 2002er sind recht kraftvoll und füllig.

85 ▶ 2002 Riesling Spätlese trocken Klüsserather Bruderschaft konzentriert, würzige Frucht; kompakt, klare reife Frucht (6,40 €)

88 ▶ **2002 Riesling Auslese trocken Klüsserather Bruderschaft** konzentriert und würzig, enorm dominant; stoffig, harmonisch, kompakt, viel Frucht (Versteigerungswein)

87 ▶ **2002 Riesling Selection Klüsserather Bruderschaft** klar, direkt, jugendliche Frucht; kraftvoll, füllig, viel reife Frucht (10,50 €)

87 ▶ **2002 Riesling Spätlese Klüsserather Bruderschaft** wunderschön reintönige Frucht, Frische; gute Harmonie, klare reife Frucht (7 €)

87 ▶ **2002 Riesling Auslese Klüsserather Bruderschaft** klar, konzentriert, würzige Frucht, zurückhaltend; füllig, harmonisch, viel süße Frucht (10 €)

88 ▶ **2002 Riesling Auslese Versteigerungswein Klüsserather Bruderschaft** konzentriert, jugendlich, klare Frucht; viel süße Frucht, sehr klar (Versteigerungswein)

88 ▶ **2002 Riesling Eiswein Klüsserather Bruderschaft** feine Frucht, Zitrusfrüchte, süße Aprikosen; viel süße Frucht, schmeichelnd, harmonisch und lang (23 €)

86 ▶ **2001 Blauer Spätburgunder trocken Barrique Klüsserather Bruderschaft** klar, konzentriert, reife Frucht mit rauchigen Noten; gute Harmonie, klare Frucht, Frische und Biss (8,10 €)

Weitere Weine: 80 ▶ 2002 Riesling trocken (1l) ■ 81 ▶ 2002 Riesling Kabinett trocken Klüsserather Bruderschaft ■ 81 ▶ 2002 Riesling halbtrocken (1l) ■

Weingut
Reh ★★★★
Mosel-Saar-Ruwer

Weierbachstraße 12, 54340 Schleich
Tel. 06507-99110, Fax: 06507-99111
weingut-reh@t-online.de
Inhaber: Winfried und Sigrid Reh
Rebfläche: 6,5 Hektar
Besuchszeiten: nach Vereinbarung

Winfried Reh hat in den vergangen Jahren begonnen sein Weingut neu zu strukturieren. Er hat Weinberge in schlechteren Lagen verkauft und konzentriert sich immer mehr auf Riesling und Toplagen. Im Mehringer Blattenberg beispielsweise hat er 1,1 Hektar wurzelechte Rieslingreben stehen, die vor mehr als 100 Jahren gepflanzt wurden. Neben Riesling, der inzwischen 80 Prozent seiner Weinberge einnimmt, baut Winfried Reh ein wenig Weiß- und Spätburgunder, Müller-Thurgau und Ortega an. Seine Weine vergärt er mit Reinzuchthefen, sehr langsam, damit die Frucht gut zur Geltung kommt. 70 Prozent seiner Weine baut er trocken aus.

Im Jahrgang 2001 brillierte Winfried Reh mit einer faszinierenden Reihe an edelsüßen Weinen. Das Augenfällige an allen süßen Rieslingen war ihre Reintönigkeit. Wenig andere Winzer erzeugen süße Rieslinge mit einer solchen Brillanz und Nachhaltigkeit wie Winfried Reh. Großartige Weine, zu Schnäppchen-Preisen. Dies gilt auch für 2002. Allerdings kommen die Weine in der Spitze nicht an ihre großartigen Vorgänger heran.

84 ▶ **Weißer Burgunder Sekt Brut** feine Würze, rauchige Noten; gute Fülle, recht süße Frucht (8 €)

85 ▶ **2002 Riesling trocken** klar, direkt, jugendliche Frucht; klare Frucht, gute Harmonie, kompakt (4 €/1l)

84 ▶ **2002 Riesling Hochgewächs trocken** frisch, würzig, jugendliche Frucht; füllig, harmonisch, süße Frucht (4,25 €)

86 ▶ **2002 Riesling Hochgewächs trocken „Schieferterrasse"** konzentriert, würzig, herrlich klare jugendliche Frucht; klar, direkt, reife Frucht (5 €)

88 ▶ **2002 Riesling Spätlese trocken Mehringer Blattenberg** herrlich konzentriert im Bouquet, jugendliche eindringliche Frucht, faszinierend klar; kraftvoll, viel reife Frucht, kompakt (6,50 €)

86 ▶ **2002 Riesling Hochgewächs halbtrocken „Schieferterrasse"** klar, jugendlich, eindringliche Frucht; füllig, reife Frucht, sehr reintönig (5 €)

85 ▶ **2002 Riesling** frisch, klar, jugendliche Frucht; gute Harmonie, viel süße Frucht, süffig (4 €/1l)

86 ▶ **2002 Riesling Spätlese Mehringer Zellerberg** konzentriert, viel Würze; kraftvoll im Mund, reife klare Frucht (6,50 €)

89 ▶ **2002 Riesling Spätlese „S" Mehringer Zellerberg** konzentriert, herrlich eindringlich und dominant, viel Frucht; kraftvoll im Mund, viel süße Frucht, dick, dominant (8,50 €)

90 ▶ **2002 Riesling Eiswein Pölicher Held** herrlich klar im Bouquet, jugendliche konzentrierte Frucht, etwas Zitrusfrüchte; wunderschön reintönig im Mund, konzentriert, feiner Nachhall (22 €/0,375l)

93 ▶ **2002 Riesling Eiswein* Pölicher Held** viel Konzentration im Bouquet, faszinierende Frucht, dominant, reintönig; herrlich dick im Mund, viel Frucht, konzentriert, enormer Nachhall (26 €/0,375l)

Privat-Sektkellerei
Reinecker ★★
Baden

Oberdorfstraße 17, 79424 Auggen
Tel. 07631-3441, Fax: 07631-14509
www.sektkellerei-reinecker.de
info@sektkellerei-reinecker.de
Inhaber: Herbert Reinecker
Rebfläche: 3 Hektar
Besuchszeiten: Di.-Fr. 9-12 + 14-18 Uhr,
Sa. 10-13 Uhr

Herbert Reinecker stellt ausschließlich Sekt nach dem traditionellen Verfahren her. Die eigenen Weinberge befinden sich in den Lagen Auggener Schäf und Auggener Letten. Neben den 20.000 Flaschen eigenen Sekt kauft er etwa 10.000 bis 15.000 Liter Riesling pro Jahr zu, der unter einer separaten Marke über Handelsvertreter oder als Hausmarke von Weingütern und Winzergenossenschaften vertrieben wird. Daneben versektet er im Lohnverfahren für Weingüter und Winzergenossen-

schaften, sowohl in der eigenen Kellerei, als auch mobil in den Betrieben vor Ort. Die eigenen Sekte stellt er ausschließlich in den Geschmacksrichtungen Brut oder Extra Brut her.

In den letzten beiden Jahren war der Crémant mein Favorit, in diesem Jahr ist es die „Cuvée Classic"

86 ▶ **Crémant Brut** sehr klare Frucht, etwas weiße Früchte, Butter, leicht rauchige Noten; gute Harmonie, sehr elegant, weich und lang (9 €)

85 ▶ **Weißer Burgunder Sekt Brut** feine rauchige Frucht, klar und direkt; kraftvoll im Mund, zupackend, mit Biss (9,50 €)

87 ▶ **„Cuvée Classic" Sekt Brut** Pinot Noir, Pinot Meunier und Chardonnay; feine rauchige Noten, ein klein wenig Butter und Buttergebäck; gute Fülle und Harmonie, lang (12,50 €)

85 ▶ **Pinot Sekt Brut** (Blanc de Noirs) Pinot Noir und Pinot Meunier; verhalten, rauchigwürzig Noten; geradlinig im Mund, kraftvoll, mit Biss (9,50 €)

Weingut
Johann Peter Reinert ★★
Mosel-Saar-Ruwer

Alter Weg 7a, 54441 Kanzem
Tel. 06501-13277, Fax: 06501-150068
www.weingut-reinert.de
kontakt@weingut-reinert.de
Inhaber: Johann Peter Reinert
Rebfläche: 4,2 Hektar
Besuchszeiten: nach Vereinbarung
Probierstube, Hoffest Ende August

1813 gründete Johann Peter Reinert, ein Vorfahre des heutigen Inhabers, das gleichnamige Weingut in Kanzem. Der heutige Inhaber, der wie seine vier Vorgänger ebenfalls den Namen Johann Peter Reinert trägt, hat das Weingut 1965 im Alter von einundzwanzig Jahren übernommen. Seit 1970 befindet sich das Weingut am Ortsrand von Kanzem. 1987 hat Johann Peter Reinert die Reberziehung im gesamten Betrieb umgestellt: er hat den Zeilenabstand vergrößert und die Reben von den Spanndrähten befreit. So können viele junge Blätter am Stock belassen werden, was nach Meinung von Johann Peter Reinert zu einer deutlichen Qualitätssteigerung führt. Die Vielfalt der Lagen hängt mit der Geschichte des Weingutes zusammen: jede der Ehefrauen brachte einige Weinberge in die Ehe mit. So besitzt Johann Peter Reinert heute Weinberge - alle in Steillagen - in Wiltingen, Filzen, Ayl, Wawern und natürlich Kanzem. Neben Riesling gibt es auch etwas Elbling, der an der Obermosel in Igel in der Lage „Dullgärten" wächst, Müller-Thurgau, Weißburgunder und Ortega. Alle Weine werden im traditionellen Fuder ausgebaut und reifen meist bis zum Mai im Fass.

Die letztjährige Kollektion, angeführt von der Auslese aus dem Wiltinger Schlossberg, gefiel mir gut. Noch besser aber gefallen mir die 2002er Rieslinge von Johann Peter Reinert, die alle sehr reintönig und harmonisch sind.

87 ▶ 2002 Riesling Auslese halbtrocken Filzener Steinberger klare Frucht, konzentriert; viel reife süße Frucht im Mund, herrlich kompakt (9,50 €)

87 ▶ 2002 Riesling Spätlese Wiltinger Schlossberg reife süße sehr klare Frucht im Bouquet; füllig, viel süße Frucht, süffig und lang (7,50 €)

88 ▶ 2002 Riesling Auslese Kanzemer Altenberg konzentriert, klare Frucht, eindringlich; viel süße Frucht im Mund, schmeichelnd, herrlich harmonisch und lang (12,20 €)

89 ▶ 2002 Riesling Eiswein Wiltinger Schlangengraben reintönige Rieslingfrucht, reife Äpfel, feines Bouquet; viel süße Frucht, wunderschön reintönig und lang (32 €/0,375l)

Weitere Weine: 83 ▶ 2002 Weisser Burgunder trocken ▪ 83 ▶ 2002 Riesling halbtrocken Kanzemer Sonnenberg ▪

Weingut Schloss Reinhartshausen ★★
Rheingau

Hauptstraße 41, 65346 Eltville
Tel. 0800-6763400, Fax: 06123-4222
www.schloss-reinhartshausen.de
service@schloss-reinhartshausen.de
Inhaber: „Freunde von Reinhartshausen GbR"
Geschäftsführender Direktor: Walter Bibo
Rebfläche: 80 Hektar
Besuchszeiten: Vinothek Mo.-Fr. 9-18 Uhr, Sa./So. 11-17 Uhr
Schlossausschank (Mo.-Fr. ab 16 Uhr, Sa./So. ab 11 Uhr, Frau Schubert)

Schloss Reinhartshausen baut neben knapp 90 Prozent Riesling noch etwas Weißburgunder, Chardonnay und Spätburgunder an. Zum ausgedehnten Lagenbesitz im mittleren Rheingau gehören zum Beispiel Weinberge im Erbacher Marcobrunn, Erbacher Schlossberg (in Alleinbesitz), Hattenheimer Wisselbrunnen und Hattenheimer Nussbrunnen. Dazu eine eigene Insel im Rhein mit 24 Hektar Rebfläche. 1999 wurde das Weingut von einer Gruppe übernommen, die sich „Freunde von Schloss Reinhartshausen" nennt. Die Weine werden in Edelstahltanks vergoren und dann in Holzfässern gelagert.

In den letzten Jahren waren die Kollektionen von Schloss Reinhartshausen immer etwas ungleichmäßig in der Qualität, vor allem die Basisweine waren wenig überzeugend. Daran wird der neue geschäftsführende Direktor Walter Bibo, bisher Betriebsleiter des Weingutes Otto Fischer am Kaiserstuhl, arbeiten müssen. Aber auch in der Spitze ist sicherlich noch mehr möglich. Das Potenzial der Lagen ist riesig, wie einige Weine auch in diesem Jahr wieder andeuten, allen voran die Rieslinge aus dem Marcobrunn.

84 ▶ 2002 Riesling trocken feine Frucht, Frische; klar, direkt, feine süße Frucht (7,50 €)

88 ▶ 2002 Riesling Spätlese trocken Erbacher Marcobrunn jugendliche Frucht, klar, konzentriert, sehr eindringlich; füllig, harmonisch, viel Frucht (22,50 €)

85 ▶ 2002 Riesling Kabinett halbtrocken Hattenheimer Wisselbrunnen feine Frucht, Frische, etwas Zitrusfrüchte; klare Frucht, gute Harmonie (9,50 €)

88 ▶ 2002 Riesling Erstes Gewächs Erbacher Schlossberg viel Würze, Konzentration, sehr klare eindringliche Frucht; füllig, viel klare Frucht, kompakter Riesling mit feinem Nachhall (22,50 €)

90 ▶ 2002 Riesling Erstes Gewächs Erbacher Marcobrunn gute Konzentration, wunderschön klare jugendliche Frucht; gute Fülle, viel reife Frucht, klar, dominant, kompakt, feiner Nachhall (25 €)

85 ▶ 2002 Riesling Kabinett Erbacher Schlossberg frisch, direkt, klare Frucht; klar und direkt im Mund, feine Frucht, harmonisch (9,50 €)

87 ▶ 2002 Riesling Spätlese Erbacher Marcobrunn konzentriert, klar, würzige jugendliche Frucht; gute Fülle, reife klare Frucht, kompakter Riesling (22,50 €)

88 ▶ 2002 Riesling Spätlese Hattenheimer Wisselbrunnen gute Konzentration, würzige jugendliche Frucht; füllig, reife klare Frucht, harmonisch und lang (14,30 €)

Weitere Weine: 78 ▶ 2002 Weißburgunder & Chardonnay trocken Erbacher Rheinhell ■ 81 ▶ 2002 Riesling Kabinett trocken Erbacher Schlossberg ■ 83 ▶ 2002 Weißburgunder & Chardonnay Spätlese trocken Erbacher Rheinhell ■ 81 ▶ 2002 Riesling Classic ■

Weingut Reiss ★★
Franken

Unterdürrbacher Straße 182, 97080 Würzburg
Tel. 0931-94600, Fax: 0931-960408
www.weingut-reiss.com
info@weingut-reiss.com
Inhaber: Christian Reiss
Rebfläche: 14,5 Hektar
Besuchszeiten: Mo.-Sa. 8-19 Uhr
Kulinarische Verkostungen (bis 100 Personen)

Das Weingut Reiss liegt im Dürrbachtal, am Fuß des Pfaffenberg. 1960 hat Bruno Reiss das Weingut gegründet. Sohn Christian, der seit 1997 für den Keller verantwortlich ist, hat das Weingut im vergangenen Jahr übernommen. 60 Prozent der Weinberge liegen in Würzburg in den Lagen Pfaffenberg und Stein. Hinzu kommen Weinberge in Thüngersheim, Himmelstadt, Randersacker und Veitshöchheim. Wichtigste Rebsorten sind Müller-Thurgau und Silvaner mit 25 bzw. 20 Prozent. Bacchus, Kerner, Riesling und die Burgundersorten nehmen jeweils 10 Prozent der Rebfläche ein. Hinzu kommen auch rote Sorten - auf inzwischen 18 Prozent der Fläche - wie Portugieser, Schwarzriesling, Domina, Dornfelder und Spätburgunder. Spezialität des Weingutes sind neben den edelsüßen Weinen barriqueausgebaute Weiß- und Rotweine.

2001 gefiel mir gut, vor allem die Basisweine waren klarer in der Frucht. Brillant waren wieder einmal die edelsüßen Weine, vor allem die beiden Eisweine aus dem Thüngersheimer Scharlachberg. Gleiches Bild im Jahrgang 2002: zuverlässige Basisweine mit guter süßer Frucht, tolle edelsüße Weine, wiederum mit zwei grandiosen Eisweinen an der Spitze.

85 ▶ 2002 Müller-Thurgau trocken Würzburger Stein feine Muskatnote, klare Frucht; füllig, harmonisch, klare Frucht (4,80 €)

85 ▶ 2002 Silvaner Kabinett trocken Würzburger Stein reife klare Silvanerfrucht, Birnen; harmonisch, klar, reife süße Frucht (6,50 €)

85 ▶ 2002 Silvaner Spätlese trocken Würzburger Stein viel reife süße Frucht, klar; harmonisch, gute Fülle, süße Frucht (11,50 €)

85 ▶ 2002 Bacchus Kabinett Würzburger Pfaffenberg herrlich klar und eindringlich, viel Frucht; gute Harmonie, viel süße Frucht, reintönig (4,50 €)

85 ▶ 2002 Scheurebe Kabinett Würzburger Pfaffenberg reife klare Frucht, Cassis; viel süße Frucht, schmeichelnd, reintönig (5,50 €)

85 ▶ 2002 Kerner Spätlese Thüngersheimer Ravensburg süße sehr klare Frucht im Bouquet; süß und geschmeidig im Mund, wunderschön süffig (7,50 €)

87 ▶ 2002 Rieslaner Spätlese „Körperreich" gute Konzentration, reife süße Frucht, etwas Orangenschalen; viel reife süße Frucht, konzentriert, kompakt, feiner Nachhall (10 €/0,5l)

87 ▶ 2002 Silvaner Auslese Würzburger Pfaffenberg reife süße Frucht, Aprikosen und Zitrusfrüchte; geschmeidig im Mund, konzentriert, enorm süß, dominant (18 €/0,5l)

89 ▶ 2002 Silvaner Beerenauslese Würzburger Pfaffenberg konzentriert, viel süße Frucht, sehr eindringlich; klar und konzentriert auch im Mund, dominante süße Frucht (40 €/0,5l)

92 ▶ 2002 Riesling Eiswein Thüngersheimer Scharlachberg konzentriert im Bouquet, herrlich klare eindringliche Frucht; enorm süß im Mund, konzentriert, füllig, herrlich reintönig, lang und nachhaltig (50 €/0,5l)

94 ▶ 2002 Silvaner Eiswein Würzburger Pfaffenberg konzentrierte herrlich reintönige Frucht im Bouquet, eindringlich; enorm süß im Mund, dominant, klar, herrlich viel Frucht und gewaltiger Nachhall (65 €/0,5l)

Weitere Weine: 83 ▶ 2002 Silvaner Kabinett trocken Veitshöchheimer Sonnenschein ■ 82 ▶ 2002 Riesling Kabinett trocken Thüngersheimer Scharlachberg ■ 82 ▶ 2002 Grauer Burgunder Spätlese trocken Würzburger Pfaffenberg ■ 84 ▶ 2002 Grauer Burgunder Spätlese trocken Barrique Würzburger Pfaffenberg ■ 82 ▶ 2002 Rieslaner Spätlese trocken Barrique Thüngersheimer Scharlachberg ■ 83 ▶ 2002 Weißer Burgunder Spätlese trocken Würzburger Pfaffenberg ■ 82 ▶ 2002 Bacchus Kabinett Himmelstadter Kelter (1l) ■ 84 ▶ 2002 Schwarzriesling Weißherbst Würzburger Pfaffenberg ■

Weingut Hans Resch ★★★
Mosel-Saar-Ruwer

Kirchstraße 29, 54459 Wiltingen
Tel. 06501-16450, Fax: 06501-14586
Inhaber: Franz-Andreas Resch
Rebfläche: 6,6 Hektar
Besuchszeiten: Mo.-Sa. 8:30-18 Uhr, nach Vereinbarung

Neben Riesling baut Franz-Andreas Resch jeweils 5 Prozent Chardonnay, Weiß- und Spätburgunder an. Etwa 70 Prozent der Weine baut er trocken aus, knapp ein Drittel der Trauben nutzt er für die Erzeugung von Sekt.

Im Jahrgang 2000 hatte Franz-Andreas Resch auf die Produktion von Prädikatsweinen verzichtet, da ihm die Weine im Vergleich zu ihren Vorgängern zu schlank erschienen. Er hat sehr darauf geachtet nur gesundes Lesegut einzubringen und bewusst auf höhere Oechslegrade verzichtet. Was den Weinen gut bekommen ist. Sie waren sehr klar, manche recht konzentriert. 2001 war dann nochmals klar besser: herrlich kraftvoll waren alle Rieslinge, sehr „typisch Saar". Ähnlich überzeugend und geschlossen präsentieren sich auch die 2002er, mit denen Franz-Andreas Resch wieder eine der besten Kollektionen an der Saar zu bieten hat.

87 ▶ 2002 Riesling Spätlese trocken Wiltinger Rosenberg konzentriert im Bouquet, jugendliche würzige Frucht, mineralische Noten; kraftvoll, klare Frucht, gute Substanz, Nachhall (6,50 €)

86 ▶ 2002 Chardonnay Spätlese Wiltinger Schlangengraben reife süße Frucht, klar, konzentriert; gute Fülle und Harmonie, reintönige süße Frucht (6,50 €)

84 ▶ 2002 Riesling Kabinett „feinherb" Wiltinger Klosterberg würzig-mineralische Frucht, direkt; klar, feine Frische, süße Frucht (5 €)

85 ▶ 2002 Riesling Spätlese „feinherb" Wiltinger Klosterberg gute Konzentration, sehr reintönige jugendliche Frucht; gute Fülle, viel reife Frucht (6,50 €)

85 ▶ 2002 Riesling Kabinett Wiltinger Klosterberg feine Würze, jugendliche Frucht; frisch, klar, feine süße Frucht (5 €)

86 ▶ 2002 Riesling Spätlese Wiltinger Klosterberg gute Konzentration, würzige jugendliche Frucht, Frische; klar, harmonisch, kompakt, feine Frucht (6,50 €)

88 ▶ 2002 Riesling Spätlese Scharzhofberger würzig, konzentriert, herrlich dominante Frucht; süße reife Frucht, füllig, lang (9,50 €)

89 ▶ 2002 Riesling Auslese Wiltinger Klosterberg herrlich konzentriert und würzig, klare eindringliche Rieslingfrucht; viel süße Frucht, geschmeidig, harmonisch, reintönig und lang (12,50 €/0,375l)

88 ▶ 2002 Riesling Auslese Wiltinger Rosenberg konzentriert, würzig, jugendliche Frucht; sehr reintönig im Mund, elegant, feiner Riesling (11,50 €/0,5l)

Weitere Weine: 83 ▶ 2002 Riesling trocken „Selection" Wiltinger Klosterberg ■

Weingut Edmund **Reverchon** ★★
Mosel-Saar-Ruwer

Saartalstraße 2-3, 54329 Konz-Filzen
Tel. 06501-923500, Fax: 06501-923509
www.weingut-reverchon.de
edmund.reverchon@t-online.de
Inhaber: Eddie Reverchon
Rebfläche: 13 Hektar
Besuchszeiten: Mo.-Fr. 8-13 + 14-18 Uhr
"Reverchons Weingarten" (Straußwirtschaft, Do.-So.)

Das Weingut Reverchon an der Saar ist seit über 300 Jahren in Familienbesitz. Eddie Reverchon führt das Weingut seit 1967. Er besitzt Weinberge in berühmten Saar-Lagen wie Wiltinger Gottesfuß und Ockfener Bockstein, sowie den gut 6 Hektar großen Filzener Herrenberg in Alleinbesitz.

Die 2002er Kollektion ist die beste der letzten Jahre bei Eddie Reverchon. Die Weine haben Ecken und Kanten, faszinieren mit viel Frucht und mineralischen Noten.

86 ▶ 2002 Riesling „Jagd" Filzener Herrenberg frisch, klar, feine Frucht; gute Harmonie, viel süße Frucht, schmeichelnd (8,20 €)

87 ▶ 2002 Riesling Spätlese trocken Filzener Steinberger reife klare sehr eindringliche Frucht; gute Harmonie, herrlich füllig und lang (11,80 €)

87 ▶ 2002 Riesling Spätlese trocken Filzener Herrenberg eindringliche Frucht, gute Konzentration, jugendlich; kraftvoll im Mund, viel Frucht, kompakt (12,80 €)

86 ▶ 2002 Riesling Auslese trocken Filzener Herrenberg herrlich dominant, reife süße Frucht; konzentriert, kompakt, klare Frucht (15,30 €)

87 ▶ 2002 Riesling Auslese halbtrocken Filzener Herrenberg konzentriert, viel eindringliche Frucht; herrlich füllig im Mund, viel süße Frucht (15,30 €)

86 ▶ 2002 Riesling Spätlese Filzener Herrenberg viel Frucht im Bouquet, jugendlich, mineralische Noten; harmonisch, weich, süße Frucht (14,80 €)

89 ▶ 2002 Riesling Auslese Goldkapsel Filzener Herrenberg eingelegte süße Aprikosen im Bouquet, Zitrusfrüchte, eindringlich; viel süße Frucht, konzentriert, reintönig, füllig (15,50 €/0,375l)

89 ▶ 2002 Riesling Beerenauslese Filzener Herrenberg konzentriert, viel süße Frucht, Zitrusfrüchte und Aprikosen; herrlich füllig, reife süße Frucht, kompakt und klar (38 €/0,375l)

90 ▶ 2002 Riesling Trockenbeerenauslese Filzener Herrenberg eindringlich, enorm konzentriert, etwas Orangenschalen; süß, dick, konzentriert, herrlich dominant (65 €/0,375l)

Weitere Weine: 80 ▶ 2002 Landwein der Saar trocken ■ 85 ▶ 2002 „Reverchon 1685" Riesling & Weißburgunder trocken ■ 84 ▶ 2002 Weißburgunder trocken ■ 84 ▶ 2002 trocken Filzener Herrenberg ■ 83 ▶ 2002 Riesling Kabinett trocken Filzener Steinberger ■ 84 ▶ 2002 Riesling Kabinett trocken Filzener Herrenberg ■ 81 ▶ 2002 Riesling „feinherb" (1l) ■ 85 ▶ 2002 Riesling Kabinett Wiltinger Gottesfuß ■ 81 ▶ 2002 Rose sur lie trocken ■

Weingut Max Ferd. **Richter** ★★
Mosel-Saar-Ruwer

Hauptstraße 37/85, 54486 Mülheim
Tel. 06534-933003/93304, Fax: 06534-1211
www.maxferdrichter.com
weingut@maxferdrichter.com
Inhaber: Horst M.F. Richter, sen.,
Dr. Dirk M.F. Richter, jr.
Rebfläche: 15 Hektar
Besuchszeiten: nach Vereinbarung

Das Weingut Max Ferd. Richter geht auf ein 1680 gegründetes Handelsunternehmen zurück. Die Kellerei wurde 1880 errichtet und beherbergt den größten Holzfasskeller an der mittleren Mosel. Die Weinberge von Max Ferd. Richter liegen in Trarbach, Wehlen, Graach, Bernkastel, Brauneberg, Mülheim und Veldenz. Die Lagen Mülheimer Herrenkloster, ein 1 Hektar großer relativ flacher nach Südwesten ausgerichteter Weinberg, und Veldenzer Elisenberg, 4,3 Hektar groß, gehören dem Weingut in Alleinbesitz. 90 Prozent der Weinberge des Weingutes Max Ferd. Richter sind mit Riesling bepflanzt. Alle Rieslinge werden in Eichenholzfässern vergoren und ausgebaut. Die Hälfte der Weine wird trocken oder halbtrocken ausgebaut, die andere Hälfte restsüß. Nur Rieslinge erhalten Lagenbezeichnungen.

Eleganz und Frische zeichnet die Weine von Max Ferd. Richter aus. Wie in den Vorjahren lagen im Jahrgang 2001 die Stärken eindeutig bei den süßen und edelsüßen Rieslingen. Gleiches gilt für den Jahrgang 2002.

88 ▶ **2002 Riesling Spätlese Brauneberger Juffer** würzig, direkt, klar, eindringlich Zitrusfrüchte; herrlich viel süße Frucht, harmonisch, süffig, wunderschön lang (8,50 €)

86 ▶ **2002 Riesling Spätlese Brauneberger Juffer Sonnenuhr** konzentriert, herrlich klar und eindringlich, viel Frucht; viel reife süße Frucht im Mund, füllig und klar (9,50 €)

86 ▶ **2002 Riesling Auslese Brauneberger Juffer** faszinierend klar und frisch im Bouquet, konzentriert, feine Würze; harmonisch im Mund, viel süße Frucht, kompakt (12 €)

87 ▶ **2002 Riesling Auslese Brauneberger Juffer Sonnenuhr** konzentriert, würzig, herrlich eindringliche Frucht; frisch im Mund, viel süße Frucht, herrlich süffig (15,75 €)

Weitere Weine: 81 ▶ 2002 Riesling Classic ■ 83 ▶ 2002 Riesling Kabinett Wehlener Sonnenuhr ■ 80 ▶ 2002 Riesling Kabinett Mülheimer Helenenkloster ■

Weingut Richard **Richter** ★★★
Mosel-Saar-Ruwer

Marktstraße 19, 56333 Winningen
Tel. 02606-311, Fax: 02606-1457
www.weingut-richter.net
info@weingut-richter.net
Inhaber: Thomas und Claus-Martin Richter
Rebfläche: 6 Hektar
Besuchszeiten: Mo.-Fr. 8-18 Uhr, Sa.+So. nach Vereinbarung
Weinproben im Gewölbefasskeller

Über 90 Prozent Riesling und etwas Spätburgunder gibt es in den Weinbergen des Weingutes Richard Richter, das heute von den Vettern Horst-Dieter und Claus-Martin Richter geführt wird. Die Weinberge liegen alle in der Winninger Gemarkung, in den Lagen Uhlen, Röttgen, Brückstück, und Hamm. Die Rieslinge werden temperaturgeführt vergoren und in Edelstahltanks ausgebaut. Die Spätburgunder werden in gebrauchten Barriques ausgebaut.

Der Jahrgang 2001 gefiel mir sehr gut: alle Weine waren wunderschön reintönig und fruchtbetont. 2002 schließt nahtlos daran mit kraftvollen, wunderschön fruchtbetonten Weinen.

Weingut Riffel ★★★
Rheinhessen

Mühlweg 9, 55411 Bingen
Tel. 06721-994690, Fax: 06721-994691
www.weingut-riffel.de
service@weingut-riffel.de
Inhaber: Erik und Gerhard Riffel
Rebfläche: 11 Hektar
Besuchszeiten: nach telefonischer Vereinbarung

Das Weingut Riffel in Büdesheim-Bingen ist Ende der fünfziger Jahre als landwirtschaftlicher Gemischtbetrieb mit Ackerbau, Viehzucht, Obst- und Weinbau entstanden, hat in den siebziger Jahren die ersten eigenen Weine vermarktet und sich danach immer mehr auf Weinbau spezialisiert. Die wichtigsten Rebsorten sind Riesling, Silvaner und Dornfelder. An der bekannten Binger Lage Scharlachberg besitzt das Weingut über einen Hektar. Die Weißweine werden langsam und gezügelt vergoren um ausdrucksstarke, fruchtbetonte Weine zu erhalten. Bei Rotweinen wird prinzipiell ein biologischer Säureabbau durchgeführt. Seit 1994 kommen ausgesuchte Rotweine auch ins Barrique. Die Weine werden überwiegend trocken ausgebaut. Nur die besten Weine werden mit Lagenbezeichnung vermarktet. Ausgewählte Spitzenweine erhalten auf dem Etikett den Zusatz „S".

Der vergangene Jahrgang war ein kräftiger Schritt voran für Erik Riffel. Vor allem in der Spitze waren die Weine wesentlich verbessert, waren konzentrierter und kraftvoller. Im sehr überzeugenden Gesamtprogramm ragten die beiden Weine der neuen Serie „S" - Riesling und Weißburgunder - hervor. Gleiches gilt für die Weine des Jahrgangs 2002. Vor allem die Rieslinge ü-

84 ▶ 1999 Riesling Sekt Trocken frisch, rauchig-würzige Frucht, klar; gute Fülle und Harmonie, süße Frucht, kompakt (9,50 €)

85 ▶ 2002 Chardonnay reife süße Frucht; gute Harmonie, viel süße Frucht (7,20 €)

85 ▶ 2002 Riesling trocken Winninger Domgarten frisch, klar, feine Frucht; gute Harmonie, feine Frucht und Biss (4,30 €/1l)

87 ▶ 2002 Riesling Kabinett trocken Winninger Brückstück frisch, klar, feine süße Rieslingfrucht; gute Fülle im Mund, feine Frucht (5,70 €)

89 ▶ 2002 Riesling „Felsenterrassen" viel Konzentration, herrlich reintönige Frucht, sehr eindringlich; reife süße Frucht, füllig, herrlich stoffiger Riesling (8,95 €)

87 ▶ 2002 Riesling Spätlese trocken Winninger Brückstück gute Konzentration im Bouquet, klare reife Rieslingfrucht, Aprikosen und Pfirsiche; kraftvoll im Mund, feine Frucht, Frische (7,70 €)

88 ▶ 2002 Riesling Spätlese trocken Winninger Uhlen gute Konzentration, reife klare Frucht, Würze; füllig, harmonisch, viel süße Frucht, Nachhall (12,50 €)

85 ▶ 2002 Riesling Kabinett halbtrocken Winninger Brückstück würzige Noten, klare Frucht; frisch, klar, feine süße Frucht (5,70 €)

85 ▶ 2002 Riesling Spätlese halbtrocken Winninger Brückstück würzige jugendliche Rieslingfrucht, klar und direkt; frisch, klar, feine süße Frucht (7,70 €)

88 ▶ 2002 Riesling Auslese Winninger Brückstück herrlich klare jugendliche Frucht, sehr reintönig, feine Frische; gute Harmonie, klare reife süße Frucht, süffig und lang (8,50 €)

88 ▶ 2002 Riesling Auslese Winninger Röttgen viel Würze und Konzentration, süße klare Frucht; gute Fülle im Mund, reife süße Frucht, harmonisch (8,20 €/0,5l)

Weitere Weine: 82 ▶ 2002 Spätburgunder Weißherbst halbtrocken ■

berzeugen mit viel Kraft und Nachhaltigkeit.

84 ▶ **2002 Morio-Muskat trocken** feine Muskatnote, Frische, klar; frisch, direkt, viel Biss (3,50 €)

86 ▶ **2002 Silvaner trocken** frisch, klar, herrlich eindringliche Frucht; kraftvoll, klar, gute Frucht und Biss, Nachhall (3,20 €)

84 ▶ **2002 Riesling trocken** Frische, klare wenn auch zurückhaltende Frucht; frisch, direkt, guter Biss (3,50 €)

87 ▶ **2002 Silvaner Spätlese trocken Binger Scharlachberg** konzentriert im Bouquet, sehr eindringliche Frucht, ganz leicht würzige Noten; herrlich füllig, stoffig, viel Frucht feiner Nachhall (4,80 €)

89 ▶ **2002 Riesling Spätlese trocken Binger Scharlachberg** gute Konzentration, herrlich eindringliche jugendliche Frucht; gute Fülle, herrlich reintönig, reife klare Frucht, feiner Nachhall (4,80 €)

91 ▶ **2002 Riesling Spätlese „S" trocken Binger Scharlachberg** herrlich würzig und konzentriert, sehr klare eindingliche Rieslingfrucht, mineralische Noten, jugendlich; viel reife süße Frucht, enorm füllig, konzentriert, leicht mineralische Noten, enorm nachhaltig (12 €)

89 ▶ **2002 Weißer Burgunder „S" trocken Binger Bubenstück** Barriqueausbau; gute Konzentration, reife sehr klare Frucht; gute Fülle, klar, weiße Früchte, kompakt, sehr reintönig, feiner Nachhall (15 €)

85 ▶ **2002 Dornfelder trocken** herrlich viel Frucht, sehr klar; viel süße Frucht, Harmonie, feine jugendliche Bitternote (3,80 €)

86 ▶ **2000 Dornfelder trocken Barrique** gute Konzentration, reife würzige Frucht, sehr eindringlich; gute Fülle, dezent Schokolade, kompakter Dornfelder (12 €)

Weitere Weine: 83 ▶ 2002 Rotwein halbtrocken ∎

Weingut
Römerhof ★★★★
Mosel-Saar-Ruwer

Burgstraße 2, 54340 Riol
Tel. 06502-2189, Fax: 06502-20671
www.weingut-roemerhof.de
mail@weingut-roemerhof.de
Inhaber: Irmgard und Franz-Peter Schmitz
Rebfläche: 7 Hektar
Besuchszeiten: nach Vereinbarung

Franz-Peter Schmitz hat die Rebfläche ein wenig verkleinert und möchte sich in Zukunft noch mehr auf Riesling und auf Steillagen konzentrieren. Neben Riesling setzt er verstärkt auf Rotwein. Zu einem Hektar mit Spät- und Frühburgunder hat er einen weiteren halben Hektar Frühburgunder hinzugepflanzt. Franz-Peter Schmitz baut die Rieslinge reduktiv aus - das Gros trocken und halbtrocken.

Im Jahrgang 2000 waren alle Weine herrlich fruchtbetont und kraftvoll. 2001 gefiel mir nochmals besser: ob trocken oder süß, ob Sekt oder Spätburgunder, die ganze Kollektion überzeugte. 2002 kommt zwar insgesamt da nicht ganz heran. Trotzdem hat Franz-Peter Schmitz wieder eine tolle Kollektion mit beeindruckenden Weinen.

86 ▶ **2000 „Rigodulum" Riesling Sekt Trocken Rioler Römerberg** feine rauchige Noten, süße Rieslingfrucht; herrlich süffig und klar, macht Spaß (8,20 €)

84 ▶ **2002 Riesling Hochgewächs trocken** klare Frucht; frisch, klar, fein Frucht (5,50 €)

87 ▶ **2002 Riesling Spätlese trocken Mehringer Zellerberg** gute Konzentration, eindringlich jugendliche Frucht; herrlich füllig, fruchtbetont, sehr klar und lang (7 €)

89 ▶ **2002 Riesling Spätlese trocken „Alte Reben" Mehringer Zellerberg** viel Konzentration, faszinierend reintönige Frucht; herrlich füllig und klar im Mund, viel Frucht, Nachhall (10,50 €)

88 ▶ **2002 Riesling Spätlese halbtrocken „Felsenterrasse" Mehringer Zellerberg** konzentriert, herrlich reintönige Frucht; füllig, klar, viel Frucht, reintönig und lang (9,80 €)

88 ▶ **2002 Riesling Spätlese „feinherb" Selection Mehringer Zellerberg** viel Würze und Konzentration im Bouquet, jugendliche Frucht; füllig, klar, harmonisch und lang, reintöniger Riesling (7,80 €)

85 ▶ **2002 Riesling Kabinett Mehringer Zellerberg** klare süße Frucht, Frische; gute Harmonie, klare Frucht, süffig (5 €)

88 ▶ **2002 Riesling Spätlese „No. 1" Mehringer Zellerberg** herrlich konzentriert, reintönig eindringliche Frucht; füllig, viel reife süße Frucht, sehr reintönig (9 €)

92 ▶ **2002 Riesling Eiswein Rioler Römerberg** enorm konzentriert, reintönige süße Frucht, süße Zitrusfrüchte, Litschi; faszinierend reintönig im Mund, herrlich viel süße Frucht, sehr lang (29 €/0,5l)

85 ▶ **2002 Frühburgunder trocken** klare rauchige Frucht, süße rote Früchte; gute Fülle und Harmonie, klar, Biss (9,50 €)

Weitere Weine: 83 ▶ 2002 Riesling Kabinett trocken Mehringer Zellerberg ■

Weingut
Römmert ★★
Franken

Erlachhof 1, 97332 Volkach
Tel. 09381-2366, Fax: 09381-4185
weingut_roemmert@t-online.de
Inhaber: Isolde Flammersberger
Rebfläche: 10 Hektar
Besuchszeiten: Mo.-Fr. 9-18 Uhr, Sa. 9-16 Uhr, So. 10-13 Uhr und nach Vereinbarung

Die Besonderheit beim Weingut Römmert ist, dass es immer von der Mutter an die Tochter vererbt wird, erklärte mir Andrea Flammersberger. Sie ist seit vier Jahren im Betrieb und kümmert sich um die Vermarktung der Weine, ihre Mutter Isolde Flammersberger um den Außenbetrieb und Vater Wolfgang um den Keller. Das Gros der Weinberge liegt in Volkach in der Lage Ratsherr, 2 Hektar liegen etwa 25 km entfernt im Steigerwald in der Lage Altmannsdorfer Sonnenwinkel. Der Anteil an klassischen Sorten wie Silvaner und Riesling soll in den kommenden Jahren ebenso erhöht werden wie der Anteil der roten Sorten, diese macht inzwischen 14 Prozent aus.

Im Jahrgang 2000 überwogen halbtrockene Weine, die alle durch ihre klare Frucht bestachen und dank der kräftigen Säure mehr trocken denn süß wirkten. Auch die edelsüßen Weine waren wieder beeindruckend gut, ebenfalls der barriqueausgebaute Spätburgunder. Im vergangenen Jahr gefielen mir die weniger prätentiösen Weine am besten. 2002 gefällt mir insgesamt besser. Die gute Kollektion mit wunderschön reintönigen Weinen wird gekrönt von einem hervorragenden Eiswein.

85 ▶ **2002 Silvaner Kabinett trocken Volkacher Ratsherr** frisch, klar, feine Frucht, weiße Früchte; gute Harmonie, klare süße Frucht (5,10 €)

84 ▶ **2002 Müller-Thurgau trocken „Frank & Frei"** frisch, klar, feine Frucht; gute Harmonie, klare süße Frucht (5,20 €)

87 ▶ **2002 Riesling Spätlese trocken Volkacher Ratsherr** reife klare Rieslingfrucht, Pfirsiche und Aprikosen; gute Harmonie, klare süße Frucht, kompakt (8,90 €)

85 ▶ **2002 Chardonnay Spätlese trocken Volkacher Ratsherr** gute Konzentration, reife klare Frucht; süß, kompakt, klare Frucht (11 €)

86 ▶ **2002 Bacchus Kabinett Volkacher Ratsherr** feine Frucht, Johannisbeeren; klar und frisch im Mund, viel Frucht, herrlich lang und süffig (4,60 €)

90 ▶ **2002 Riesling Eiswein Volkacher Ratsherr** reife eindringliche Frucht, etwas Trockenfrüchte; konzentriert, viel reife süße Frucht, harmonisch und lang (50 €/0,5l)

85 ▶ **2002 Schwarzriesling trocken Volkacher Ratsherr** frisch, klar, Kirschen, feine Frucht; gute Harmonie, klare Frucht (7,50 €)

85 ▶ **2002 Dornfelder trocken Volkacher Ratsherr** jugendliche Frucht, eindringlich; klar, direkt, feine Frucht, Biss (7,50 €)

Weitere Weine: 82 ▶ 2002 Domina Weißherbst Kabinett trocken Volkacher Ratsherr ▪ 83 ▶ 2002 Domina trocken Volkacher Ratsherr ▪

Weingut
Rohr ★★
Nahe

Hauptstraße 104, 55592 Raumbach
Tel. 06753-2827, Fax: 06753-6278
www.weingut-rohr.de
weingut-rohr@t-online.de
Inhaber: Michael Rohr
Rebfläche: 4,7 Hektar
Besuchszeiten: Mo.-Fr. 8-18 Uhr oder nach Vereinbarung

Die Weinberge von Michael Rohr liegen in Steillagen mit Sandsteinverwitterungsböden in den Gemarkungen Raumbach (Schwalbennest, Schloßberg) und Meisenheim (Obere Heimbach). Hinzu kommt ein kleiner Weinberg im Weilerer Klostergarten. Hauptrebsorte ist der Riesling, der knapp die Hälfte der Fläche einnimmt. Dazu gibt es Müller-Thurgau, Kerner, Weißburgunder und Bacchus, sowie über 20 Prozent an roten Sorten (Dornfelder, Spätburgunder und Portugieser). Die Weine werden gezügelt vergoren und im Edelstahl oder im Holzfass ausgebaut. Die Rotweine und der Weißburgunder durchlaufen den biologischen Säureabbau. 95 Prozent der Weine werden an Endverbraucher verkauft.

Vor zwei Jahren hatte ich zum ersten Mal Weine von Michael Rohr verkostet: durchgängig gutes Niveau, beeindruckende, reintönige Spätlesen. „Im Auge behalten!" hatte ich geschrieben. Der Folgejahrgang war ihm noch besser geraten. Alle Weine überzeugten mit ihrer klaren Frucht, die edelsüßen Rieslinge gehörten mit zur Spitze an der Nahe. Seine 2002er reichen da, bei gutem Niveau, nicht ganz heran.

86 ▶ **2001 Riesling Sekt Brut Meisenheimer obere Heimbach** klare Rieslingfrucht, ganz leicht rauchige Noten; gute Fülle, klare Frucht, harmonisch und lang (7,95 €)

85 ▶ **2002 Weißer Burgunder trocken Meisenheimer obere Heimbach** feine Würze, verhaltene Frucht; harmonisch im Mund, klare etwas süße Frucht (4,40 €)

84 ▶ **2002 Riesling Hochgewächs halbtrocken Raumbacher Schloßberg** klare Frucht, direkt; viel süße Frucht, herrlich süffig (3,50 €)

86 ▶ **2002 Kerner Spätlese halbtrocken Raumbacher Schloßberg** klare jugendliche Frucht, etwas Pfirsiche; gute Harmonie, sehr reintönig, herrlich süffiger Kerner (4,30 €)

87 ▶ **2002 Riesling Spätlese halbtrocken Raumbacher Schwalbennest** klare jugendliche Rieslingfrucht, direkt; herrlich füllig im Mund, harmonisch, gute Frucht (5 €)

85 ▶ **2002 Kerner Spätlese Raumbacher Schloßberg** süße Zitrusfrüchte, würzige Noten, Frische; süß und geschmeidig im Mund, enorm süffig (4,50 €)

Weitere Weine: 82 ▶ 2002 Riesling Hochgewächs trocken Raumbacher Schlossberg ▪ 83 ▶ 2002 Riesling Kabinett trocken Raumbacher Schwalbennest ▪ 83 ▶ 2002 Spätburgunder trocken Raumbacher Schlossberg ▪

Weingut
Josef Rosch ★★★★★
Mosel-Saar-Ruwer

Mühlenstraße 8, 54340 Leiwen
Tel. 06507-4230, Fax: 06507-8287
weingut-josef-rosch@t-online.de
Inhaber: Werner Rosch
Rebfläche: 5,2 Hektar
Besuchszeiten: nach Vereinbarung

Werner Rosch besitzt Weinberge in den Trittenheimer Lagen Apotheke und Altärchen, in der Leiwener Laurentiuslay, der Klüsserather Bruderschaft, der Köwericher Bruderschaft, sowie in der Lage Dhron Hofberger. Er baut ausschließlich Riesling an. Die Moste werden fast alle spontanvergoren, das heißt mit ihren natürlichen Hefen.

Die 2000er Kollektion war grandios. Von acht verkosteten Weinen - darunter der Gutsriesling - habe ich keinen mit weniger als 89 Punkten bewertet! Auch in der 2001er Kollektion überzeugte jeder Wein. Was mir besonders gut gefiel ist, dass alle Weine sehr eigenständig waren und sich klar voneinander unterschieden. Dies gilt auch für den Jahrgang 2002. Aus der überzeugenden Kollektion ragt der Eiswein hervor.

85 ▶ **2002 Riesling trocken Leiwener Klostergarten** klar, direkt, verhaltene Frucht; klar und direkt im Mund, viel Biss (4,60 €)

88 ▶ **2002 Riesling Spätlese trocken*** „Selection J.R."** gute Konzentration, eindringliche jugendliche Frucht; kraftvoll im Mund, viel Frucht, jugendlich (11,50 €)

86 ▶ **2002 Riesling „J.R. Junior"** klare jugendliche Frucht, zurückhaltend; frisch, klar, feine Frucht (7 €)

85 ▶ **2002 Riesling Kabinett Leiwener Klostergarten** feine Würze im Bouquet und klare Frucht; frisch, harmonisch, feine süße Frucht (5,80 €)

88 ▶ **2002 Riesling Spätlese Dhron Hofberger** konzentriert, klar, jugendliche eindringliche Frucht; viel süße Frucht, klar und zupackend (8,20 €)

89 ▶ **2002 Riesling Spätlese Trittenheimer Apotheke** eindringlich, klar, jugendliche Frucht; gute Konzentration, herrlich viel Frucht, Nachhall (9,50 €)

89 ▶ **2002 Riesling Auslese Trittenheimer Apotheke** klar, jugendlich, gute Konzentration; herrlich fruchtbetont, kraftvoll, viel süße Frucht, füllig (10 €/0,5l)

90 ▶ **2002 Riesling Auslese Leiwener Klostergarten** konzentriert, würzig, jugendliche Frucht; gute Fülle und Harmonie, konzentriert, viel Biss (11,50 €/0,5l)

91 ▶ **2002 Riesling Auslese*** Trittenheimer Apotheke** konzentriert, jugendlich, klare zurückhaltende Frucht; herrlich füllig, viel süße Frucht, eindringlich, lang (22 €/0,5l)

94 ▶ **2002 Riesling Eiswein Leiwener Klostergarten** reife süße konzentrierte Rieslingfrucht, etwas süße Aprikosen, Litschi; faszinierend konzentriert und klar im Mund, viel süße Frucht, füllig, schmeichelnd, mit Nachhall (40 €/0,375l)

Weingut
Fritz **Rothenbach** ★
Rheingau

Eisenbahnstraße 12, 65375 Oestrich-Winkel
Tel. 06723-2695, Fax: 06723-889851
www.weingut-rothenbach.de
info@weingut-rothenbach.de
Inhaber: Fritz Lothar Rothenbach
Rebfläche: 5 Hektar (+ 2,5 Hektar zugepachtet von Sohn Fritz Peter)
Besuchszeiten: Mo.-Sa. 8-18 Uhr, sonst nach Vereinbarung

Die Weinberge von Fritz Rothenbach verteilen sich auf elf verschiedene Lagen in Oestrich, Mittelheim und Hallgarten. Zu den 5 Hektar eigenen Weinbergen hat Sohn Peter weitere 2,5 Hektar hinzugepachtet. Neben Riesling und Spätburgunder baut Fritz Lothar Rothenbach etwas Portugieser und Dunkelfelder, sowie als Spezialitäten Frühburgunder und Huxelrebe an. Die Weißweine werden kühl vergoren und meist im Edelstahl ausgebaut. Die Rotweine kommen nach der Maischegärung ins Holzfass. Jeweils 45 Prozent der Weine werden trocken und halbtrocken ausgebaut.

Nach überzeugenden 2000ern, allen voran der stoffige Riesling aus dem Oestricher Doosberg, folgte eine ebenso überzeugende 2001er Kollektion mit einem fülligen Ersten Gewächs aus dem Doosberg und einer schmeichelnden Huxelrebe Auslese an der Spitze. Die neue Kollektion wird von kraftvollen edelsüßen Weinen angeführt.

84 ▶ **2002 Riesling Spätlese trocken Mittelheimer Edelmann** reife süße Frucht im Bouquet, feine Würze; harmonisch, süffig, süße Frucht (4,80 €)

84 ▶ **2002 Riesling Spätlese Oestricher Klosterberg** feine Würze und Frucht; klar, feine süße Frucht, süffig (5,40 €)

85 ▶ **2002 Huxelrebe Beerenauslese Oestricher Klosterberg** Würze, Frische, klare Frucht, dezent Zitrusfrüchte; sanft, schmeichelnd, feine Frische (5,40 €/0,375l)

86 ▶ **2002 Riesling Beerenauslese Oestricher Klosterberg** feine Würze, zurückhaltende Frucht; süß, klar, schöne Frische und Frucht (15 €/0,375l)

88 ▶ **2002 Riesling Eiswein Oestricher Klosterberg** würzige Noten im Bouquet, süße zurückhaltende Frucht, ein wenig Zitrusfrüchte; schmeichelnd im Mund, harmonisch und lang (20 €/0,375l)

Weitere Weine: 82 ▶ 2002 Riesling Kabinett halbtrocken Oestricher Doosberg ▪ 80 ▶ 2002 Riesling Kabinett halbtrocken Hallgartener Jungfer ▪ 80 ▶ 2002 Riesling Classic ▪

Weingut Rothweiler ★
Hessische Bergstraße

◆ *Ludwigstraße 55, 64625 Bensheim-Auerbach*
Tel. 06251-76569, Fax: 06251-76569
www.weingut-rothweiler.de
mail@weingut-rothweiler.de
Inhaber: Hanno Rothweiler
Rebfläche: 3 Hektar
Besuchszeiten: Mo.-Fr. 17-19 Uhr,
Sa. 10-13 Uhr und nach Vereinbarung

Die Spezialitäten von Hanno Rothweiler sind Riesling, der 56 Prozent seiner Rebfläche einnimmt, sowie barriqueausgebaute Rotweine. Die Rotweine werden mit den Rappen maischevergoren und dann gut ein Jahr im Barrique ausgebaut. Weitere weiße Sorten sind Chardonnay, Grauburgunder, Silvaner, Ehrenfelser und Gewürztraminer. Die Weine baut er überwiegend trocken aus. Zusammen mit den Weingütern Simon-Bürkle, Brücke-Ohl und dem Weingut der Stadt Bensheim gehört das Weingut Rothweiler zu den Gründern der Winzergruppe „Via Montana". Neben Weinen hat Hanno Rothweiler auch Obstbrände und Liköre im Programm.

86 ▶ **2001 Dornfelder trocken Barrique Auerbacher Fürstenlager** gute reife klare Frucht im Bouquet, dezente Vanille; gute Harmonie im Mund, reife klare Frucht, Vanille, ein wenig Schokolade, Bitternote im Abgang, feiner Nachhall (9 €/0,5l)

85 ▶ **2001 St. Laurent trocken Barrique Auerbacher Fürstenlager** frisch und klar im Bouquet, feine Frucht, rote Früchte; weich im Mund, geschmeidig, sanft und süffig bei klarer Frucht (9,60 €/0,5l)

Weitere Weine: 82 ▶ 2001 Riesling Kabinett trocken Auerbacher Fürstenlager ▪ 82 ▶ 2001 Riesling Spätlese trocken Zwingenbacher Steingeröll ▪ 81 ▶ 2001 Grauburgunder trocken Auerbacher Fürstenlager ▪ 83 ▶ 2000 Chardonnay trocken Barrique Auerbacher Höllberg ▪

Weingut Johann Ruck ★★★★
Franken

Marktplatz 19, 97346 Iphofen
Tel. 09323-800880, Fax: 09323-800888
www.ruckwein.de
info@ruckwein.de
Inhaber: Johann Ruck
Rebfläche: 12 Hektar
Besuchszeiten: werktags 9-12 + 13-18 Uhr,
So. 10-12 Uhr

Die Weinberge von Johann Ruck liegen in den Iphöfer Lagen Julius-Echter-Berg (3,5 Hektar), Kronsberg und Kalb, sowie in den Rödelseer Lagen Schwanleite und Küchenmeister. Silvaner ist mit einem Anteil von 40 Prozent die mit Abstand wichtigste Rebsorte bei Ruck. Es folgen Müller-Thurgau, Riesling und Grauburgunder, dann Scheurebe, Kerner und Domina. Anstelle des Kerner hat er mehr Spätburgunder gepflanzt. Er setzt dabei auf einige Spätburgunderklone aus Burgund. Sohn Johannes, der im Januar 2000 seine Ausbildung in Geisenheim beendet hat, unterstützt seinen Vater heute im Betrieb und ist für den Keller verantwortlich. Die Weine werden im Edelstahl vergoren und bleiben lange auf ihrer Hefe. Die Silvaner wurden erstmals im Jahrgang 2000 alle mit den natürlichen Hefen vergoren. Für seine Barriqueweine hat Johann Ruck Holz aus dem eigenen Iphöfer Wald schlagen lassen, das in Österreich zu Barriques verarbeitet wurde. Diese Barriques kamen erstmals mit dem Jahrgang 2001 zum Einsatz. Überhaupt spielt das Thema Barrique eine wichtige Rolle im Hause Ruck, nicht nur bei Rotweinen. Auch bei Weißweinen experimentiert Johann Ruck jr. mit den kleinen Eichenholzfässern.

Im Jahrgang 2000 waren die trockenen Weine von Vater und Sohn Ruck wieder bestechend klar, egal ob Silvaner oder Riesling, Scheurebe oder Grauburgunder. Im vergangenen Jahr war der Riesling aus dem Julius-Echter-Berg mein Favorit, der beste Riesling 2001 in Franken. In der neuen Kollektion wirken einige Weine durch die Spontangärung ein wenig „unfreundlich". Neben den trockenen Spätlesen, Riesling und Scheurebe hat mir der Silvaner Eiswein besonders gefallen.

84 ► 2002 „Johann blanc" trocken feine Würze, jugendliche Frucht; herrlich klar, süße Frucht (5,50 €)

85 ► 2002 Weißburgunder Kabinett trocken Rödelseer Schwanleite würzig, direkt, jugendliche Frucht; frisch, direkt, kompakt (8 €)

85 ► 2002 Riesling Kabinett trocken Iphöfer Julius-Echter-Berg feine Würze im Bouquet, jugendliche Frucht; klar, direkt, jugendliche Frucht (10 €)

88 ► 2002 Scheurebe Spätlese trocken Iphöfer Julius-Echter-Berg wunderschön reintönige Frucht, direkt; geradlinig im Mund, herrlich knackig und klar, zupackend, jugendlicher Biss (12 €)

86 ► 2002 Silvaner Spätlese trocken „TRIAS" Iphöfer Julius-Echter-Berg gute Konzentration und Frucht; dick, kompakt, klare Frucht (14 €)

89 ► 2002 Riesling Spätlese trocken „TRIAS" Iphöfer Julius-Echter-Berg konzentriert, herrlich eindringliche jugendliche Frucht; kraftvoll, viel Frucht, stoffig, jugendlich (16 €)

87 ► 2001 „Myophorium" trocken Silvaner; gute Konzentration, viel Frucht, Vanille, Toast; füllig, verhaltene Frucht, Biss (15 €)

91 ► 2002 Silvaner Eiswein Rödelseer Schwanleite konzentriert, herrlich eindringlich, viel süße Frucht, Aprikosen und Litschi; viel süße Frucht, dick, dominant, sehr lang und nachhaltig (55 €)

85 ► 2002 „Johann rouge" trocken jugendliche Frucht, klar, rote Früchte; klar und direkt, unkompliziert (7 €)

86 ► 2002 „Cuvée J.R." trocken rauchige Noten, etwas rote Früchte, gute Konzentration; kraftvoll, kompakt, jugendliche verhaltene Frucht (16 €)

Weitere Weine: 83 ► 2002 Silvaner Kabinett trocken Iphöfer Kalb ∎

Weingut Rudloff ★★
Franken

◆ Mainstraße 19, 97334 Nordheim
Tel. 09381-2130, Fax: 09381-2136
info@weingut-rudloff.de
Inhaber: Dorothea Rudloff
Kellermeister: Peter Rudloff
Rebfläche: 4,5 Hektar
Besuchszeiten: Mo.-Sa. 9-18 Uhr,
So. nach Vereinbarung
Probierstube, Ferienwohnungen.

Seit Ende des 19. Jahrhunderts sind die Müllers Weinbauern in Nordheim. Das heutige Gut wurde 1980 von der jetzigen Inhaberin, Dorothea Rudloff, geb. Müller, erbaut. 1998 wurde eine Probierstube und Ferienwohnungen eingerichtet. Seit 1990 ist Sohn Peter für den Weinausbau verantwortlich. Die Weinberge befinden sich in den Nordheimer Lagen Vögelein und Kreuzberg, sowie im Sommeracher Katzenkopf. 70 Prozent der Fläche nehmen weiße Reben ein, vor allem Müller-Thurgau und Silvaner, gefolgt von Weißburgunder und Bacchus. Zu den roten Sorten Domina und Spätburgunder hat Peter Rudloff zuletzt Cabernet Dorio, Cabernet Dorsa und Zweigelt hinzugepflanzt. Das Programm ist in vier Linien unterteilt: Edle Rebe, Klassische Beere, Junge Triebe und Gute Traube. Die Weine werden gezügelt und langsam vergoren. Die Weine der einfachen Linien werden im Edelstahl ausgebaut. Die besten Weine, rot wie weiß, werden vorsichtig im Barrique ausgebaut, wobei Peter Rudloff darauf achtet, dass das Barrique schön im Hintergrund bleibt.

84 ▶ 2002 Silvaner Kabinett trocken Sommeracher Katzenkopf herrlich klare Frucht im Bouquet, Birnen; gute Frucht auch im Mund, harmonisch (4,80 €)

84 ▶ 2002 Weißer Burgunder Kabinett trocken Nordheimer Vögelein sehr klare Frucht, feine Würze; geradlinig, feine Frucht und Biss (4,80 €)

86 ▶ 2002 Silvaner Spätlese trocken gute Konzentration, würzige Silvanerfrucht; kraftvoll im Mund, kompakter Silvaner (8,50 €)

90 ▶ 2002 Weißer Burgunder Spätlese trocken gute Konzentration im Bouquet, wunderschön reintönige eindringliche Frucht; herrlich füllig im Mund, viel reife süße Frucht, harmonisch und lang (9 €)

87 ▶ 2002 Gewürztraminer Spätlese feiner Traminerduft, sehr klare Frucht; gute Harmonie, reife süße Frucht, schmeichelnd (8,50 €)

Weitere Weine: ■ 82 ▶ 2002 Müller-Thurgau trocken Nordheimer Vögelein (1l) ■ 83 ▶ 2002 Domina Weißherbst Spätlese ■

Weingut Russbach ★
Rheinhessen

Alzeyer Straße 22, 55234 Eppelsheim
Tel. 06735-960302, Fax: 06735-8412
www.rheinhessenwein.de/russbach
berndrussbach@arcormail.de
Inhaber: Bernd Russbach
Rebfläche: 12 Hektar
Besuchszeiten: Mo.-Sa. 9-18 Uhr
2 Weinprobierstuben à 20 Personen

Die Weinberge von Bernd Russbach befinden sich in den Lagen Eppelsheimer Felsen und Gundersheimer Bergkloster. Rotwein nimmt zur Zeit 30 Prozent der Fläche ein, wobei zu Dornfelder, Portugieser und Spätburgunder noch Dunkelfelder und Merlot hinzugekommen sind. 60 Prozent der Weine werden trocken ausgebaut.

Wie im vergangenen Jahr hat Bernd Russbach eine gute, sehr gleichmäßige Kollektion - und wieder ist der Chardonnay mein Favorit.

86 ▶ 2002 Chardonnay trocken Eppelsheimer Felsen gute Würze und Konzentration, klare Frucht; viel Frucht im Mund, gute Harmonie, süffig (5,80 €)

85 ▶ 2002 Weißer Burgunder trocken Eppelsheimer Felsen würzige Frucht, klar, gute Harmonie, klare reife süße Frucht (4,50 €)

85 ▶ 2002 Huxelrebe Spätlese trocken Eppelsheimer Felsen reife klare eindringliche Frucht; gute Harmonie, klare Frucht, feiner Nachhall (4,70 €)

85 ▶ 2002 Riesling Spätlese halbtrocken Eppelsheimer Felsen würzige Noten, etwas Frische, zurückhaltende Frucht; frisch, klar, reife süße Frucht (5,30 €)

84 ▶ 2002 Spätburgunder Weißherbst trocken Gundersheimer Bergkloster feine frische Frucht, sehr klar; süß im Mund, feine Frische und Frucht (6,20 €)

Weitere Weine: 80 ▶ 2002 Kerner trocken Eppelsheimer Felsen (1l) ▪ 81 ▶ 2002 Riesling Classic ▪ 83 ▶ 2002 RS-Rheinhessen-Silvaner trocken ▪ 83 ▶ 2002 Rivaner Classic ▪ 83 ▶ 2002 Silvaner Classic ▪ 81 ▶ 2002 Portugieser Weißherbst „feinherb" Gundersheimer Bergkloster ▪ 82 ▶ 2002 Dornfelder trocken Gundersheimer Bergkloster ▪

Weingut Ernst **Rußler** ★
Rheingau

Weinbergstraße 1, 65345 Rauenthal
Tel. 06123-71434, Fax: 06123-74898
www.weingut-russler.de
Inhaber: Ernst Rußler
Kellermeister: Uwe Rußler
Rebfläche: 5,7 Hektar
Besuchszeiten: Mo.-Sa. 9-12 + 15-22 Uhr, sonst nach Vereinbarung

Das Weingut Rußler bearbeitet seit 275 Jahren Weinberge in Rauenthal. Ernst Rußler baut überwiegend Riesling und Spätburgunder an, dazu etwas Rotberger und Dornfelder, sowie neuerdings auch Auxerrois. Die Weinberge liegen in den Rauenthaler Lagen Wülfen, Rothenberg und Gehrn.

Wie in den letzten Jahren, präsentierte das Weingut eine gleichmäßige Kollektion, in der ich ein wenig die Klarheit und Highlights vermisse.

84 ▶ 2002 Riesling Spätlese Rauenthaler Gehrn würzige Noten, süße Frucht, direkt; klare süße Frucht, geschmeidig (6,40 €)

84 ▶ 2002 Riesling Eiswein Rauenthaler Wülfen recht duftig; viel süße Frucht, konzentriert, Biss (26,90 €)

Weitere Weine: 80 ▶ 2001 Riesling Sekt Extra Trocken Rauenthaler Wülfen ▪ 82 ▶ 2002 Riesling trocken Rauenthaler Steinmächer (1l) ▪ 83 ▶ 2002 Riesling Kabinett trocken Rauenthaler Steinmächer ▪ 82 ▶ 2002 Riesling Spätlese trocken Rauenthaler Wülfen ▪ 81 ▶ 2002 Riesling halbtrocken Rauenthaler Steinmächer (1l) ▪ 79 ▶ 2001 Riesling Classic (1l) ▪ 83 ▶ 2002 Riesling lieblich Rauenthaler Steinmächer ▪ 82 ▶ 2002 Riesling Auslese Rauenthaler Wülfen ▪ 80 ▶ 2002 Rotberger Weißherbst Rauenthaler Steinmächer ▪ 82 ▶ 2002 Spätburgunder trocken Rauenthaler Steinmächer ▪

Weingut Schloss **Saarstein** ★★
Mosel-Saar-Ruwer

54455 Serrig
Tel. 06581-2324, Fax: 06581-6523
www.vinonet.com/saarstein.htm
schloss.saarstein@t-online.de
Inhaber: Christian Ebert
Rebfläche: 11 Hektar
Besuchszeiten: nach Vereinbarung

Christian Ebert baut neben Riesling (97 Prozent) noch ein klein wenig Weißburgunder an. Die Lage „Serriger Schloss Saarsteiner" gehört ihm in Alleinbesitz. Schon die letztjährige Kollektion hatte mir gut gefallen, vor allem die restsüßen Rieslinge, die zu den besten an der Saar gehörten. Der Jahrgang 2002 von Christian Ebert gefällt mir nochmals besser mit seinen kraftvollen, von mineralischen Noten geprägten Weinen, trocken wie süß.

87 ▶ **2002 Weißer Burgunder trocken** reife würzige Frucht, sehr klar; recht süß, gute Fülle, reife reintönige Frucht, herrlich süffig (6 €)

86 ▶ **2002 Riesling trocken** herrlich würzig und klar, jugendliche süße Frucht; frisch und direkt im Mund, viel Frucht, klar und zupackend, feiner Nachhall (5,50 €)

85 ▶ **2002 Riesling Kabinett trocken** würzig, gute Konzentration, sehr klare Frucht; kraftvoll, klar, feine Frucht, Nachhall (7,50 €)

88 ▶ **2002 Riesling Spätlese trocken** würzig, konzentriert, herrlich eindringliche jugendliche Frucht; kraftvoll im Mund, herrlich zupackend, mineralischer Nachhall (12,50 €)

84 ▶ **2002 Riesling Kabinett Serriger Schloss Saarsteiner** frisch, wunderschön reintönig, mineralische Noten; fruchtbetont im Mund, gute Harmonie, süffig (7,50 €)

89 ▶ **2002 Riesling Spätlese Serriger Schloss Saarsteiner** gute Konzentration, würzig-mineralische Noten, herrlich eindringlich; kraftvoll, herrlich stoffig, reife süße Frucht, dominant, feiner Nachhall (12 €)

Prinz zu Salm-Dalberg'sches ★★ Weingut
Nahe

♣ Schloss Wallhausen, 55595 Wallhausen
Tel. 06706-94440, Fax: 06706-944424
www.salm-salm.de
salm-dalberg@salm-salm.de
Inhaber: Michael Prinz zu Salm-Salm
Rebfläche: 11,7 Hektar
Besuchszeiten: Mo.-Fr. 8-12 + 13-17 Uhr

Mit 20 Prozent hat Salm-Dalberg einen für die Nahe recht hohen Spätburgunderanteil. Unbestritten die Nummer eins ist aber der Riesling, der 60 Prozent der Rebfläche einnimmt. Daneben gibt es etwas Grauburgunder, Silvaner, Scheurebe, Kerner und Müller-Thurgau. Michael Prinz zu Salm-Salm, der auch Vorsitzender des VDP (Verband Deutscher Prädikats- und Qualitätsweingüter) ist, hat 1989 mit der Umstellung auf ökologischen Weinbau begonnen. Das Weingut ist seit 1995 zertifizierter Naturland-Betrieb. Mit Lagenbezeichnung werden bei Salm-Dalberg nur noch Rieslinge aus den Lagen Wallhäuser Johannisberg und Felseneck, sowie aus dem Roxheimer Berg vermarktet. Der Ausbau der Weine erfolgt in Holzfässern. Jeweils etwa ein Drittel der Weine wird trocken, halbtrocken und süß ausgebaut. Die Stärke des Weingutes sind die süßen/edelsüßen Rieslinge.

Der Jahrgang 2000 hat mir wenig gefallen. Die 2001er Weine waren etwas besser, wie gewohnt überzeugten die restsüßen Rieslinge. 2002 ist das mit Abstand beste Jahr seit langem. Die Weine sind sehr ausgeprägt, überzeugen mit Fülle und Frucht.

84 ▶ **2002 Riesling trocken** feine Würze, sehr klare Frucht; direkt, feine Frucht, Biss

86 ▶ **2002 Riesling trocken „SD"** gute Konzentration, sehr reintönige jugendliche Frucht; kraftvoll, stoffig, klare Frucht, viel Biss

84 ▶ **2002 Riesling halbtrocken** würzig, direkt, klare Frucht; kraftvoll, klare Frucht

85 ▶ **2002 Riesling Kabinett** würzig, streng, leicht duftig, jugendlich; kraftvoll, jugendliche Frucht, klar

87 ▶ **2002 Riesling Kabinett Wallhäuser Felseneck** gute Konzentration, sehr klare süße Frucht, eindringlich; klare Frucht, gute Harmonie, kompakt

89 ▶ **2002 Riesling Spätlese Wallhäuser Felseneck** konzentriert, klar, herrlich eindringliche Frucht; viel reife süße Frucht, süße Aprikosen und Litschi, dominant

88 ▶ **2002 Riesling Spätlese Roxheimer Berg** konzentriert, jugendlich, sehr klare Frucht; viel süße Frucht, schmeichelnd, wunderschön harmonisch und süffig

88 ▶ **2002 Riesling Auslese Wallhäuser Johannisberg** herrlich konzentriert, würzig, jugendliche eindringliche süße Frucht; viel reife süße Frucht, Litschi, süße Aprikosen, süffig und lang

90 ▶ **2002 Riesling Eiswein Wallhäuser Felseneck** konzentriert, herrlich eindringliche Frucht, süße eingelegte Aprikosen, Litschi; dominant süß, geschmeidig, lang, nachhaltig

Weingut Salwey ★★★★
Baden

Hauptstraße 2, 79235 Oberrotweil/Kaiserstuhl
Tel. 07662-384, Fax: 07662-6340
www.salwey.de,
weingut@salwey.de
Inhaber: Wolf-Dietrich Salwey
Rebfläche: 20 Hektar
Besuchszeiten: Mo.-Sa. 8-12:30 + 14-18 Uhr

Das Gros der Weinberge von Wolf-Dietrich Salwey liegt in Oberrotweil, in den Lagen Käsleberg, Henkenberg, Eichberg und der kleinen Lage Kirchberg, die ihm zu etwa 80 Prozent gehört. Hier am Kaiserstuhl wachsen die Reben auf vulkanischen Gesteinsböden und fruchtbaren Lössterrassen. Daneben besitzt er aber auch Weinberge im Glottertal, einem Schwarzwaldtal, an dessen Südwesthängen auf Gneisverwitterungsböden insbesondere Spätburgunder angebaut wird. Wichtigste Rebsorten bei Wolf-Dietrich Salwey sind Spätburgunder, der 40 Prozent seiner Rebfläche einnimmt, und Grauburgunder mit 30 Prozent. Hinzu kommen noch Weißburgunder, Riesling, Silvaner und Müller-Thurgau, aber auch Chardonnay, Auxerrois, Muskateller und Gewürztraminer. Eine Spezialität ist der Oberrotweiler Spätburgunder „Rappen vergoren", der zu 100 Prozent mit den Stilen vergoren wird.

Im Jahrgang 2001 waren die Weißweine wunderschön fruchtbetont und wiesen feine mineralische Noten auf. Seine 99er Barriqueweine hatte Wolf-Dietrich Salwey zusammen mit den 2000ern erst im Frühjahr 2002 abgefüllt: Chardonnay und Grauburgunder gefielen mir sehr gut, die beiden Weißburgunder noch ein klein wenig besser.

Im Jahrgang 2002 hat Wolf-Dietrich Salwey faszinierend stoffige Grau- und Weißburgunder, die zu den Besten in Deutschland gehören.

Die 99er Spätburgunder waren überzeugend, vor allem die Spätlese aus dem Oberrotweiler Kirchberg. Im problematischen Jahrgang 2000 fand ich diesen Wein nochmals besser, er gehörte zu den besten Spätburgundern des Jahres am Kaiserstuhl. 2001 nun hat Wolf-Dietrich Salwey die besten Spätburgunder am Kaiserstuhl. Drei tolle Weine hat er im Programm (einer davon aus dem Glottertal, nicht vom Kaiserstuhl), bei denen es schwer fällt, einen Favoriten zu wählen. Ich habe, in zwei „blinden" Verkostungsrunden, jeweils ganz leicht den Wein vom Oberrotweiler Eichberg favorisiert. Ein drittes Mal, offen nebeneinander, konnte ich mich überhaupt nicht entscheiden. Deshalb: selbst vergleichen!

84 ▶ **2002 Weißburgunder Kabinett trocken Oberrotweiler Käsleberg** klare wenn auch verhaltene Frucht; klar und direkt im Mund, feine Frucht (7,50 €)

85 ▶ **2002 Grauburgunder trocken Oberrotweiler Käsleberg** klare Frucht im Bouquet, gelbe Früchte; kraftvoll und klar im Mund, feine Frucht (6,75 €)

86 ▶ **2002 Grauburgunder Kabinett trocken Oberrotweiler Henkenberg** jugendliche Frucht, klar, konzentriert; gute Harmonie und Fülle, sehr klare Frucht (7,50 €)

90 ▶ **2002 Grauburgunder Spätlese trocken Oberrotweiler Henkenberg** sehr reintönige Frucht, gute Konzentration, eindringlich; viel reife süße Frucht, konzentriert, füllig, enormer Nachhall (11,75 €)

91 ▶ **2002 Weißburgunder Spätlese*** trocken Oberrotweiler Kirchberg** herrlich konzentriert und eindringlich, reife süße Weißburgunderfrucht, enorm dominant; viel reife eindringliche Frucht, dominant, konzentriert, enormer Nachhall (15 €)

90 ▶ 2002 Grauburgunder Spätlese* trocken Oberrotweiler Eichberg** enorm konzentriert, dominant, jugendliche Frucht; herrlich reintönig im Mund, kraftvoll, stoffig, viel Frucht und Konzentration, dezente jugendliche Bitternote im Hintergrund [kontrovers beurteilter Wein] (19,95 €)

86 ▶ 2002 Spätburgunder Weißherbst Spätlese trocken Glottertäler Eichberg sehr klare Frucht, würzig, gute Konzentration; kraftvoll, klar, jugendliche Frucht, viel Biss (9,80 €)

85 ▶ 2001 Spätburgunder trocken Oberrotweiler Henkenberg feine rauchige Noten, sehr klare Frucht; frisch, direkt, feine Frucht und Biss (7,85 €)

90 ▶ 2001 Spätburgunder trocken „RS" Glottertäler Eichberg gute Konzentration, anfangs Frische, klar, herrlich viel Frucht, rote Früchte; harmonisch, füllig, viel Frucht, sehr reintönig, etwas Schokolade, enormer Nachhall (14,30 €)

91 ▶ 2001 Spätburgunder trocken „RS" Oberrotweiler Eichberg enorme Konzentration, herrlich viel reintönige Frucht, dominant, ein wenig Gewürze, Frische; gute Fülle, viel reife süße Frucht, harmonisch, sehr lang (19 €)

90 ▶ 2001 Spätburgunder Spätlese* trocken Oberrotweiler Kirchberg** rauchige Noten, klar, Gewürze, reife süße Frucht, Vanille; gute Konzentration, Fülle und Biss, klare Frucht, jugendliche Tannine, feiner Nachhall (29 €)

88 ▶ 2000 Spätburgunder trocken „RS" Barrique frisch, würzig, klare Frucht; gute Harmonie, klare Frucht, herrlich elegant, etwas Schokolade, feiner Nachhall (15 €)

Weingut Sander ★★
Rheinhessen

♣ *In den Weingärten 11, 67582 Mettenheim*
Tel. 06242-1583, Fax: 06242-6589
www.weingut-sander.de
info@weingut-sander.de
Inhaber: Familie Sander
Rebfläche: 23 Hektar
Besuchszeiten: nach Vereinbarung

Schon in den fünfziger Jahren hatte Otto Heinrich Sander konsequent auf chemische Mittel verzichtet und sich dem ökologischen Weinbau verschrieben. Sohn Gerhard und Enkel Stefan führen heute diese Arbeit fort. 17 Hektar Weinberge gehören ihnen selbst, von weiteren 6 Hektar, die von zwei Demeterbetrieben bewirtschaftet werden, verarbeiten sie die Trauben. An weißen Sorten, die 55 Prozent der Weinberge einnehmen, gibt es neben Riesling, Weißburgunder, Silvaner und Müller-Thurgau auch Sauvignon Blanc und Chardonnay. Auch bei den roten Sorten finden sich mit Merlot und Cabernet Sauvignon zwei Newcomer neben Spätburgunder, Dornfelder, Portugieser und Schwarzriesling. Die Weine werden zu über 90 Prozent trocken ausgebaut, jedoch weisen diese trockenen Weine meist eine merkliche Restsüße auf.

Wie schon in den vergangenen Jahren hat das Weingut Sander eine homogene, überzeugende Kollektion vorzuweisen mit gleichermaßen interessanten Weiß- und Rotweinen.

84 ▶ 2002 „Trio" Weißwein trocken wunderschön fruchtbetont im Bouquet, eindringlich; gute Harmonie, reife süße Frucht, kompakt (5,50 €)

85 ▶ 2002 Weißer Burgunder „S" würzig, klar, jugendliche Frucht; weich im Mund, gute Fülle, viel süße Frucht (9,50 €)

84 ▶ **2002 Sauvignon Blanc trocken** würzige Frucht, klar und direkt; frisch, klar, feine etwas süße Frucht (8,40 €)

85 ▶ **2002 Riesling Kabinett trocken** feine Frische, ganz dezent Limone; frisch, klar, gute Frucht und Biss (5,50 €)

87 ▶ **2002 Riesling „S"** herrlich konzentriert, jugendliche eindringliche Rieslingfrucht; füllig, reife süße Frucht, gute Harmonie (9,50 €)

85 ▶ **2002 Grauer Burgunder Auslese** enorm würzig bei guter Konzentration; schmeichelnd im Mund, viel süße Frucht, ganz leichte Bitternote (9,50 €/0,5l)

86 ▶ **2001 Spätburgunder trocken Barrique** rauchige Noten, etwas Speck, reife Frucht; klar im Mund, gute Fülle bei etwas zurückhaltender Frucht, ein wenig Vanille, kompakter Spätburgunder (14,60 €)

87 ▶ **2001 Dornfelder trocken Barrique** gute Konzentration, feine Frucht, rauchige Noten; gute Frische im Mund, klare Frucht, Struktur, feiner Nachhall (11,50 €)

Weingut
St. Annaberg ★★★
Pfalz

St. Annagut, 76835 Burrweiler
Tel. 06345-3258, Fax: 06345-918140
www.sankt-annaberg.de
lergenmueller@t-online.de
Inhaber: Familie Lergenmüller
Rebfläche: 7,5 Hektar
Besuchszeiten: nach Voranmeldung
Gutsschänke (geöffnet Mi.-Fr. ab 15 Uhr, Sa./So. ab 12 Uhr)

Die Weinberge vom Weingut St. Annaberg sind arrondiert in der Monopollage St. Annaberg, drei Hektar davon sind Terrassenlagen. Das Weingut wurde 1998 von der Familie Lergenmüller (siehe dort) übernommen, wird aber als eigenständiges Gut weitergeführt. Neben Riesling gibt es etwas Gewürztraminer, Gelben Muskateller und Spätburgunder.

Schon in den letzten Jahren überzeugte St. Annaberg mit kraftvollen Rieslingen. Die neue Kollektion mit den Crus Hölle, Steinacker und Schäwer an der Spitze bringt nochmals eine kräftige Steigerung: herrlich reintönige Rieslinge, mit Nachhall und mineralischen Noten. Klasse!

84 ▶ **2002 Riesling trocken „Die Terrassen"** klare jugendliche Rieslingfrucht im Bouquet, würzige Noten; harmonisch im Mund, klare Frucht (6,50 €)

86 ▶ **2002 Riesling trocken „S-Napoleon" Burrweiler St. Annaberg** würzig, klar, jugendliche konzentrierte Rieslingfrucht; harmonisch im Mund, reife klare Frucht (8,50 €)

88 ▶ **2002 Riesling trocken Gleisweiler Hölle** enorm würzig, dominant, konzentrierte jugendliche Frucht; gute Fülle und Harmonie, reife klare Rieslingfrucht (10,50 €)

90 ▶ **2002 Riesling trocken Burrweiler Schäwer** würzig, konzentriert, jugendliche eindringliche Rieslingfrucht; gute Fülle und Frucht, sehr reintönig, harmonisch, mineralischer Nachhall (12 €)

89 ▶ **2002 Riesling trocken „Steinacker" Burrweiler St. Annaberg** gute Konzentration, mineralische jugendliche Rieslingfrucht; herrlich kraftvoll im Mund, gute Fülle, feiner Nachhall (13 €)

86 ▶ **2002 Gelber Muskateller „Die Terrassen"** klare zurückhaltende Muskatellerfrucht; wunderschön klar, viel Frucht, Harmonie, feiner Muskateller, mit Biss (6,50 €)

Weingut
St. Nikolaus-Hof ★★
Mosel-Saar-Ruwer

Mühlenstraße 44, 54340 Leiwen
Tel. 06507-8107, Fax: 06507-802821
www.nikolaus-hof.de
klausschweicher@aol.com
Inhaber: Klaus und Annegret Schweicher
Rebfläche: 8 Hektar
Besuchszeiten: Sa. 11-14 Uhr
oder nach Vereinbarung
Weinprobierstube

Der Vater von Klaus Schweicher hatte den Betrieb bis in die achtziger Jahre als reinen Fassweinbetrieb geführt und dann nach und nach begonnen, Weine auch über die Flasche zu verkaufen. Im Jahr 2000 hat Klaus Schweicher den Betrieb übernommen und setzt nun konsequent auf Ertragsbeschränkung und Qualität. Durch Zukauf hat er seine Fläche in der Leiwener Spitzenlage Laurentiuslay vergrößert. Dort hat er Querterrassen angelegt und einen Hektar neu bepflanzt. Daneben besitzt er unter anderem auch Weinberge im Wintricher Ohligsberg und in der Trittenheimer Apotheke. Die Moste werden in Jahren wie 2000 mit Reinzuchthefen vergoren und dann teils im Edelstahl, teils im traditionellen Fuder ausgebaut. Nachdem vorher ausschließlich Riesling über die Flasche vermarktet wurde, hat er seit einigen Jahren auch einen Müller-Thurgau im Programm.

Vor zwei Jahren hatte ich erstmals Weine vom St. Nikolaus-Hof verkostet. Selten zuvor hatte ein mir zuvor unbekanntes Weingut mich mit einer solch beeindruckenden Kollektion überrascht. Ob trocken, halbtrocken oder edelsüß, alle Weine überzeugten. Wie im Vorjahr hat Klaus Schweicher auch 2002 wieder beeindruckende süße und edelsüße

Rieslinge, an die leider die trockenen Weine nicht heranreichen.

86 ▶ **2002 Riesling Spätlese halbtrocken Wintricher Ohligsberg** klare konzentrierte Frucht, direkt; feine Frucht im Mund, klar und zupackend (5,50 €)

87 ▶ **2002 Riesling Spätlese Trittenheimer Apotheke** gute Konzentration, sehr klare Frucht; harmonisch im Mund, elegant, feine süße Frucht (5,50 €)

88 ▶ **2002 Riesling Spätlese Leiwener Laurentiuslay** konzentriert, klar, feine Würze und Frucht; herrlich harmonisch im Mund, schmeichelnde süße Frucht, süffig, lang (6,50 €)

89 ▶ **2002 Riesling Auslese Leiwener Laurentiuslay** gute Konzentration bei zurückhaltender Frucht, etwas Würze, Orangen; harmonisch im Mund, schmeichelnde süße Frucht, sehr lang, feiner Nachhall ((10,50 €/0,5l)

91 ▶ **2002 Riesling Eiswein Leiwener Klostergarten** konzentriert, herrlich reintönige Frucht, etwas Orangen, feines Bouquet; viel süße Frucht im Mund, dominant, klar, herrlich fruchtbetont, sehr lang (21 €/0,375l)

Weitere Weine: 82 ▶ 2002 Riesling trocken ■ 83 ▶ 2002 Riesling Hochgewächs trocken Leiwener Klostergarten ■ 83 ▶ 2002 Rivaner trocken ■ 81 ▶ 2002 Riesling halbtrocken ■ 83 ▶ 2002 Riesling Hochgewächs halbtrocken Leiwener Klostergarten ■

Weingut
St. Remigius ★
Baden

Rittgasse 17, 79291 Merdingen
Tel. 07668-5718, Fax: 07668-7252
st.remigius@web.de
www.weingut-st-remigius.de
Inhaber: Edgar Bärmann und Conrad Isele
Rebfläche: 6,6 Hektar
Besuchszeiten: nach Vereinbarung
Weinproben mit Vesper (bis 15 Personen)

Das Weingut St. Remigius wurde 1988 von Edgar Bärmann und Conrad Isele gegründet. Neben Weinbergen am Tuniberg in der Lage Merdinger Bühl besitzen sie auch Weinberge am Kaiserstuhl, und zwar in der Lage Achkarrer Schlossberg. Gut die Hälfte der Rebfläche nimmt Spätburgunder ein. Es folgen Grau- und Weißburgunder. Daneben haben sie ein wenig Chardonnay, Müller-Thurgau, Riesling, Sauvignon Blanc und andere Versuchssorten. Die Weine werden überwiegend trocken ausgebaut. Nicht nur Spätburgunder, sondern auch Chardonnay und Weißburgunder werden im Barrique ausgebaut. Neben Weinbau gibt es bei Edgar Bärmann und Conrad Isele eineinhalb Hektar mit Kern- und Steinobst, deren Ertrag in der hauseigenen Brennerei verwertet wird.

Sehr konstant und zuverlässig wie schon in den vergangenen Jahren ist auch die neue Kollektion von Edgar Bärmann und Conrad Isele.

86 ▶ **2002 Grauer Burgunder Spätlese trocken Achkarrer Schlossberg** gute Konzentration, klare jugendliche Frucht; weich, füllig, viel reife Frucht (6,70 €)

85 ▶ **2002 Sauvignon Blanc Spätlese trocken Achkarrer Schlossberg** gute grasige Frucht, konzentriert und klar; füllig, harmonisch, reife Frucht (8,80 €)

84 ▶ **2001 Chardonnay Spätlese trocken Barrique** würzig, direkt, etwas Zitrusfrüchte; füllig im Mund, reife Frucht (11 €)

Weitere Weine: 83 ▶ 2002 Grauer Burgunder Kabinett trocken Merdinger Bühl ∎

Weingut Sankt Urbans-Hof ★★
Mosel-Saar-Ruwer

Urbanusstraße 16, 54340 Leiwen
Tel. 06507-93770, Fax: 06507-937730
www.weingut-st-urbans-hof.de
st.urbans-hof@t-online.de
Inhaber: Nik Weis
Rebfläche: 35 Hektar
Besuchszeiten: Mo.-Fr. 9-18 Uhr, Sa./So. nach Vereinbarung
Landhaus St. Urban (Büdlicherbrück/Naurath)

Der St. Urbans-Hof wurde 1947 auf einer Anhöhe bei Leiwen von Nicolaus Weis erbaut und wird heute in dritter Generation von seinem Enkel Nik Weis geführt. Er baut neben 90 Prozent Riesling noch einige andere Sorten wie Müller-Thurgau an. Neben Weinbergen an der mittleren Mosel (z.B. in den Lagen Leiwener Laurentiuslay und Piesporter Goldtröpfchen) besitzt er auch Weinberge an der Saar (Ockfener Bockstein, Wiltinger Schlangengraben). Die Trauben werden aber alle in Leiwen gekeltert, wo auch alle Weine ausgebaut und abgefüllt werden. Die Weine werden teils im Edelstahl, teils im Holzfass ausgebaut. Ein Teil der Weine wird mit den eigenen Hefen vergoren, ein Teil mit Reinzuchthefen.

Nach einer gleichmäßigen Kollektion im vergangenen Jahr sind die 2002er, soweit verkostet, von vergleichbarer Qualität.

85 ▶ **2002 Riesling Ockfener Bockstein** würzig, klar, feine jugendliche Frucht; frisch, klar, recht süße Frucht, herrlich viel Biss

86 ▶ **2002 Riesling Leiwener Laurentiuslay** klare Frucht und Konzentration, reintöniges Bouquet; weich im Mund, gute Fülle, klare süße Frucht

Weitere Weine: 83 ▶ 2002 Riesling Kabinett Wiltinger Schlangengraben ∎

Winzergenossenschaft Sasbach ★★
Baden

Jechtinger Straße 26, 79361 Sasbach
Tel. 07642-90310, Fax: 07642-903150
winzergenossenschaft-sasbach@t-online.de
Geschäftsführer: Rolf Eberenz
Mitglieder: 331
Rebfläche: 99 Hektar
Besuchszeiten: Mo.-Fr. 8-12:30 + 13:30-17 Uhr, Sa. 9-12 Uhr

Die 1935 gegründete Genossenschaft zählt heute 331 Mitglieder. Gut die Hälfte der Rebfläche ist mit Spätburgunder bepflanzt. Daneben gibt es insbesondere Müller-Thurgau und die weißen Burgundersorten. Die Rotweine werden mindestens fünf bis sechs Monate in Holzfässern ausgebaut.

Vor zwei Jahren hatte mir die Kollektion der Sasbacher Genossen gut gefallen, vor allem die zwei sehr gut gemachten, barriqueausgebauten Spätburgunder. Daran knüpften die im letzten Jahr verkosteten Weine an - mit zuverlässigen, guten Weißweinen und sehr interessanten Spätburgundern. Die barriqueausgebaute Auslese gehörte zu den besten Spätburgundern in Deutschland. Auch in der neuen Kollektion überzeugen die sehr guten Rotweine. Die beiden Weißweine allerdings haben mir weniger gefallen als im vergangenen Jahr.

87 ▶ 2001 Spätburgunder Weißherbst Eiswein Sasbacher Rote Halde duftig, konzentriert, süße Frucht, Frische; dominant süß im Mund, kompakt, dabei klar, feiner Nachhall (25,40 € / 0,375l)

86 ▶ 2002 Spätburgunder Spätlese trocken Sasbacher Rote Halde jugendliche Frucht, klar, feine Frische; kraftvoll, klar, direkt, feine Frucht (11,60 €)

87 ▶ 2001 Cabernet Sauvignon trocken Sasbacher Rote Halde feine rauchige Noten, viel Vanille; harmonisch klar, gute Fülle und Frucht (14,95 €)

88 ▶ 2000 Spätburgunder Auslese trocken Sasbacher Rote Halde konzentriert, würzige Noten, sehr klare Frucht; gute Fülle und Harmonie, klare reife Frucht, Vanille (26,40 €)

Weitere Weine: 81 ▶ 2002 Riesling Kabinett trocken Sasbacher Limburg ■ 83 ▶ 2002 Weißer Burgunder Spätlese trocken Sasbacher Limburg ■

Weingut Heiner Sauer ★★★
Pfalz

♣ *Hauptstraße 44, 76833 Böchingen*
Tel. 06341-61175, Fax: 06341-64380
heiner.sauer.bioweingut@gmx.de
Inhaber: Heiner Sauer
Rebfläche: 14 Hektar
Besuchszeiten: nach telefonischer Vereinbarung

Die Familie von Heiner Sauer hat lange schon Weinbau betrieben, das Weingut in seiner jetzigen Form existiert aber erst seit 1987. Von Anfang an hat Heiner Sauer nach biologischen Grundsätzen gearbeitet und sich dem Bioland-Verband angeschlossen. Riesling und Weißburgunder sind seine wichtigsten Weißweinsorten, Spätburgunder und St. Laurent die wichtigsten Rotweinsorten. Sehr bemerkenswert sind auch die Weine, die Heiner Sauer von seinem ebenfalls ökologisch bewirtschafteten Weingut Bodegas Palmera in Utiel-Requeña in Südspanien erzeugt.

Heiner Sauer gehört mit Weißburgunder und Sankt Laurent, aber auch mit seinen Spätburgundern zu den besten Erzeugern in der Pfalz. Vor zwei Jahren gefiel mir bei den Weißweinen einmal mehr die Weißburgunder Spätlese am besten. Im vergangenen Jahr beeindruckte Heiner Sauer auch mit einem interessanten Riesling und Gewürztraminer. Weißburgunder und Sankt Laurent waren auf gewohnt gutem Niveau. In der überzeugenden neuen Kollektion ist der barriqueausgebaute St. Laurent mein Favorit.

84 ▶ **2002 Riesling Kabinett trocken Burrweiler Schäwer** würzig, klar, jugendliche Frucht; frisch, direkt, klare Frucht (5 €)

84 ▶ **2002 Riesling Kabinett trocken Nußdorfer Herrenberg** feine klare Frucht, zurückhaltend; frisch, klar, gute Frucht (4,70 €)

86 ▶ **2002 Chardonnay Kabinett trocken Nußdorfer Herrenberg** sehr klare Frucht, gute Konzentration; kraftvoll im Mund, viel Frucht, nachhaltig (5 €)

85 ▶ **2002 Weißburgunder Kabinett trocken Böchinger Rosenkranz** frisch, klar, feine Frucht; klare Frucht im Mund, gute Harmonie (4,60 €)

86 ▶ **2002 Riesling Spätlese trocken Gleisweiler Hölle** viel Würze im Bouquet, jugendliche Frucht; frisch, klar, reife süße Frucht, reintöniger Riesling

87 ▶ **2002 Weißburgunder Spätlese trocken Godramsteiner Münzberg** gute Konzentration, sehr klare eindringliche Frucht; kraftvoll im Mund, füllig, viel süße Frucht (7,20 €)

87 ▶ **2001 Weißburgunder Spätlese trocken Barrique Böchinger Rosenkranz** rauchige Noten, gute Konzentration, sehr eindringliche Frucht; kraftvoll im Mund, reife Frucht, Vanille, gute Struktur (11,50 €)

85 ▶ **2002 Gewürztraminer Auslese Nußdorfer Herrenberg** enorm konzentriert und dominant, Rosen; gute Fülle und Harmonie, gehaltvoller Gewürztraminer (9,50 €/0,5l)

86 ▶ **2002 St. Laurent trocken Nußdorfer Herrenberg** jugendliche Frucht, herrlich reintönig; gute Fülle, reife klare Frucht, zupackend, jugendliche Tannine

88 ▶ **2001 St. Laurent trocken Barrique Böchinger Rosenkranz** herrlich klar, konzentriert, reife Frucht, Vanille; gute Fülle, kraftvoll, jugendliche zurückhaltende Frucht, Tannine, etwas Vanille und Schokolade (12,50 €)

Weitere Weine: 82 ▶ 2002 Riesling trocken Gleisweiler Hölle (1l) ▪ 83 ▶ 2002 Spätburgunder Kabinett Rosé trocken Böchinger Rosenkranz ▪

Weingut Horst Sauer ★★★★★
Franken

Bocksbeutelstraße 14, 97332 Escherndorf
Tel. 09381-4364, Fax: 09381-6843
mail@weingut-horst-sauer.de
Inhaber: Horst Sauer
Rebfläche: 10,2 Hektar
Besuchszeiten: Mo.-Fr. 13-18 Uhr,
Sa. 10:30-17 Uhr, So. 10-12 Uhr

Mitte der achtziger Jahre hat Horst Sauer begonnen seinen Betrieb kontinuierlich auf die heutige Größe auszudehnen. In seinen Weinbergen in den Escherndorfer Lagen Lump und Fürstenberg stehen neben Müller-Thurgau und Silvaner vor allem noch Riesling, Bacchus und Kerner. In den neunziger Jahren hat er dann seine Passion für edelsüße Weine entdeckt. Jahr für Jahr erzeugt er aus Riesling und Silvaner edelsüße Weine, die zu den besten in Deutschland gehören. Diese edelsüßen Weine aus dem Escherndorfer Lump sind immer wieder unter den deutschen Weinen, die von mir Höchstwertungen erhalten. Wobei zu Silvaner und Riesling in den letzten Jahren auch edelsüße Spätburgunder (Weißherbst) hinzugekommen sind. Kaum ein anderer Winzer in Deutschland erzeugt in dieser Zuverlässigkeit und Menge edelsüße Weine auf solch hohem Niveau.

Sicherlich, hervorragende edelsüße Rieslinge findet man viele. Aber kein anderer macht in dieser Konstanz edelsüße Weine vom Silvaner. Ob Auslese oder Beerenauslese, Trockenbeerenauslese oder Eiswein, immer wieder betören die edelsüßen Silvaner von Horst Sauer. Wie im Vorjahr haben mich Eiswein und Trockenbeerenauslese am meisten fasziniert. Was für die edelsüßen Silvaner von Horst Sauer gilt, trifft auch auf seine edelsüßen Rieslinge zu: grandiose Kollektionen, jedes Jahr. Auch beim Riesling waren in diesem Jahr Trockenbeerenauslese und Eiswein meine Favoriten.

Genauso gefallen mir die trockenen Weine von Horst Sauer. Müller-Thurgau und Silvaner gehören jedes Jahr zu den Besten in Deutschland, die Rieslinge von Horst Sauer gehören - zumindest in Franken - regelmäßig zur Spitze. Aber auch Bacchus, Scheurebe oder Kerner, restsüß ausgebaut, bestechen immer wieder durch ihre reintönige Frucht und machen herrlich viel Spaß. Jahr für Jahr.

86 ▶ 2002 Müller-Thurgau Kabinett trocken Escherndorfer Fürstenberg feine Frucht, Frische, dezente Muskatnote; frisch, klar, feine süße Frucht, herrlich süffig (4,30 €)

86 ▶ 2002 Silvaner Kabinett trocken Escherndorfer Fürstenberg frisch, direkt, feine klare Frucht; lebhaft, klar, feine Frucht, unkomplizierter Silvaner (5,80 €)

87 ▶ 2002 Silvaner Kabinett trocken Escherndorfer Lump gute Konzentration, jugendliche Frucht, direkt; klare Frucht, gute Harmonie, feiner Silvaner (6,50 €)

86 ▶ 2002 Riesling Kabinett trocken Escherndorfer Lump feine Frische, sehr klare Frucht, etwas Aprikosen und Pfirsiche; frisch, klar, feine Frucht (7 €)

89 ▶ 2002 Silvaner Spätlese trocken Escherndorfer Lump herrlich klare jugendliche Frucht, gute Konzentration, eindringlich; viel reife klare Frucht, füllig, harmonisch, sehr nachhaltig (8,80 €)

87 ▶ 2002 Riesling Spätlese trocken Escherndorfer Lump reife eindringliche Frucht, jugendlich; klar; frisch, klar, feine Frucht, harmonisch, kompakt (10,20 €)

89 ▶ 2001 „Sehnsucht" Silvaner trocken eindringliche reife Frucht, etwas Tropenfrüchte; füllig, viel süße Frucht, herrlich süffig und lang (16 €)

89 ▶ 2002 „Sehnsucht" Silvaner trocken reife eindringliche Frucht, viel Konzentration; herrlich füllig im Mund, viel süße Frucht, kompakt, süffig (16 €)

88 ▶ 2002 Silvaner Auslese trocken Escherndorfer Lump (Großes Gewächs) viel reife süße Frucht im Bouquet, eindringlich; enorm füllig, reife süße Frucht, kompakter Silvaner (16 €)

89 ▶ 2002 Riesling Auslese trocken Escherndorfer Lump (Großes Gewächs) konzentriert, klare, reife süße Rieslingfrucht; herrlich füllig im Mund, viel süße Frucht, harmonisch, lang (17 €)

88 ▶ 2002 Scheurebe Kabinett Escherndorfer Lump herrlich direkt, Cassis, sehr klar; wunderschön reintönig im Mund, viel Frucht, harmonisch, klar (6,50 €)

89 ▶ 2002 Scheurebe Spätlese Escherndorfer Lump gute Konzentration im Bouquet, herrlich eindringliche Frucht, jugendlich; süß, schmeichelnd, wunderschön harmonisch und lang (9 €)

87 ▶ 2002 Bacchus Spätlese Escherndorfer Fürstenberg herrlich eindringlich, sehr reintönige Frucht, klar und direkt; gute Harmonie, klare reife Frucht, lang (6,80 €)

87 ▶ 2002 Kerner Spätlese Escherndorfer Fürstenberg wunderschön klar und konzentriert, feine Frucht, sehr reintönig; viel reife klare Frucht, herrlich harmonisch, schmeichelnd (7 €)

88 ▶ 2002 Riesling Spätlese Escherndorfer Lump feine klare Rieslingfrucht, Pfirsiche und Aprikosen; gute Harmonie, reife süße Frucht, süffig (9,60 €)

89 ▶ 2002 Silvaner Auslese Escherndorfer Lump klar und direkt, reife süße Frucht, dominant; viel süße Frucht im Mund, schmeichelnd, wunderschön harmonisch und lang, feiner Biss (14 €/0,5l)

90 ▶ 2002 Riesling Auslese Escherndorfer Lump wunderschön konzentriert, reife süße Frucht, Aprikosen, etwas Litschi; dominant, viel süße Frucht, herrlich füllig, harmonisch, lang (15 €/0,5l)

90 ▶ 2002 Silvaner Beerenauslese Escherndorfer Lump reife süße eingelegte Aprikosen im Bouquet, sehr klar und dominant; süß, schmeichelnd, herrlich harmonisch und lang (28 €/0,5l)

90 ▶ 2002 Riesling Beerenauslese Escherndorfer Lump konzentriert und klar, süße Aprikosen und Zitrusfrüchte; viel süße Frucht, schmeichelnd, süffig, harmonisch, feiner Biss und Nachhall (30 €/0,5l)

92 ▶ 2002 Silvaner Trockenbeerenauslese Escherndorfer Lump konzentriert, herrlich dominant, eindringliche süße Frucht, Litschi, süße Zitrusfrüchte und Aprikosen; süß, konzentriert, enorm dominant, viel süße Frucht, lang und nachhaltig (52 €/0,5l)

93 ▶ 2002 Riesling Trockenbeerenauslese Escherndorfer Lump konzentriert, dominant, herrlich eindringliche süße Frucht; viel süße konzentrierte Frucht, enorm dominant im Mund, eindringlich süße Aprikosen, herrlich nachhaltig (55 €/0,5l)

91 ▶ 2002 Silvaner Eiswein Escherndorfer Lump konzentriert, klar, wunderschön reintönige Frucht, süße Aprikosen; reintönig im Mund, viel süße Frucht, Frische, sehr klar, lang und nachhaltig (50 €/0,5l)

91 ▶ 2002 Riesling Eiswein Escherndorfer Lump konzentriert, eingelegte süße Aprikosen, Litschi, dominant; konzentriert auch im Mund, viel süße Frucht, schmeichelnd, harmonisch und lang (50 €/0,5l)

Weitere Weine: 85 ▶ 2002 Müller-Thurgau Spätlese trocken Escherndorfer Fürstenberg ∎

Weingut Rainer Sauer ★★★★
Franken

Bocksbeutelstraße 15, 97332 Escherndorf
Tel. 09381-2527, Fax: 09381-71340
www.weingut-rainer-sauer.de
info@weingut-rainer-sauer.de
Inhaber: Rainer Sauer
Rebfläche: 8 Hektar
Besuchszeiten: Mo.-Sa. 9-18 Uhr,
So. nach Vereinbarung
Heckenwirtschaft (März+April),
Wein-Sommerfest (3. Juli-Wochenende)

Seit 1979 führen Helga und Rainer Sauer das elterliche Weingut und haben mit der Selbstvermarktung begonnen. Seither haben sie den Betrieb auf heute 7,5 Hektar vergrößert, wovon 2,5 Hektar im Escherndorfer Lump liegen. In den Weinbergen nehmen Müller-Thurgau und Silvaner jeweils ein knappes Drittel der Rebfläche ein. Es folgen Kerner, Bacchus und Riesling. Dazu gibt es noch ein klein wenig Traminer und Weißburgunder, sowie Portugieser und Schwarzriesling. Bei der Bewirtschaftung seiner Weinberge wird Rainer Sauer von seinen Eltern unterstützt, Ehefrau Helga kümmert sich um Kunden und Vermarktung. 70 Prozent der Weine sind trocken ausgebaut, der Rest (mit Ausnahme edelsüßer Weine) halbtrocken. Die Weine werden fast ausschließlich an Endverbraucher verkauft. Seit dem Jahrgang 2000 gibt es die „L-Serie", in der ausgesuchte Weine aus dem Herzstück der Lage Escherndorfer Lump vermarktet werden.

Vor zwei Jahren hatte Rainer Sauer durchweg überzeugende Weine, mit einem faszinierenden Silvaner „L" und einem nicht minder beeindruckenden Kerner an der Spitze. Die letztjährige Kollektion war nochmals besser. Sein Silvaner aus dem Herzstück des Lump war Spitze nicht nur in Franken, sondern in Deutschland. Aber auch Weißburgunder, Riesling oder Traminer gehörten zu den besten Weinen des Jahrgangs in Franken. 2002 schließt nahtlos daran an. Der Silvaner „L" ist wieder Spitze in Deutschland, die trockenen Spätlesen sind allesamt große Klasse, ebenso der Riesling Eiswein: erneut eine faszinierende Kollektion!

85 ▶ 2002 „Frank & Frei" Müller-Thurgau trocken klar, feine frische Frucht; kompakt, klar, recht süße Frucht, Biss (4,80 €)

86 ▶ 2002 Silvaner Kabinett trocken Escherndorfer Lump sehr reintönige Frucht, weiße Früchte, Frische; klar, harmonisch, feine Frucht (5,50 €)

87 ▶ 2002 Riesling Kabinett trocken Escherndorfer Lump frisch, direkt, klare Frucht, etwas Limone; gute Fülle und Harmonie, sehr reintönige Frucht (6 €)

88 ▶ 2002 Weißburgunder Spätlese trocken Escherndorfer Lump herrlich konzentriert, reintönige jugendliche Frucht; kraftvoll, viel reife Frucht, kompakt und lang (8,50 €)

89 ▶ 2002 Riesling Spätlese trocken Escherndorfer Lump viel Konzentration, herrlich würzige eindringliche Frucht; klar und kraftvoll im Mund, viel reife Frucht, füllig und lang (8,80 €)

89 ▶ 2002 Silvaner Spätlese trocken Escherndorfer Lump gute Konzentration, herrlich reintönige eindringliche Frucht; kraftvoll im Mund, füllig, viel klare Frucht, lang (8,50 €)

91 ▶ 2002 „L" Silvaner Spätlese trocken Escherndorfer Lump herrlich konzentriert und eindringlich im Bouquet, viel reife Frucht, faszinierend; wunderschön konzentriert und füllig im Mund, dominant, herrlich harmonisch und lang (12,50 €)

87 ▶ 2002 Traminer Spätlese trocken Escherndorfer Lump feiner Duft, herrlich reintönig, Rosen; gute Fülle, viel süße Frucht, harmonisch und lang (8,50 €)

91 ▶ 2002 Riesling Eiswein Escherndorfer Lump konzentriert, herrlich reintönig, faszinierende Frucht, viel süße Aprikosen; schmeichelnd im Mund, herrlich süffig, harmonisch, viel süße Frucht, eingelegte süße Aprikosen, sehr lang (32 €/0,375l)

& Mugler (siehe dort). Bei den weißen Sorten dominieren Riesling und Burgunder, neu angelegt wurden Sauvignon Blanc, Auxerrois und Rieslaner. Gut ein Drittel der Rebfläche nehmen rote Rebsorten ein. Mit dem Jahrgang 2003 will er erstmals einen Spätburgunder im Barrique ausbauen.

84 ▶ 2002 Chardonnay Kabinett trocken Maikammer Mandelhöhe klare Frucht, feine Frische; weich im Mund, süße Frucht, süffig (3,10 €)

84 ▶ 2002 Weißburgunder Spätlese trocken Maikammer Heiligenberg herrlich würzige klare Weißburgunderfrucht; weich, viel süße Frucht (3,70 €)

85 ▶ 2002 Grauer Burgunder Spätlese trocken Maikammer Heiligenberg würzig, klar, gute jugendliche Frucht; gute Frucht, gelbe Früchte, kompakt (4,50 €)

85 ▶ 2002 Gewürztraminer Spätlese trocken Maikammer Kapellenberg würzige Noten, feiner Rosenduft; gute süße Frucht im Mund, füllig (3,80 €)

87 ▶ 2002 Kerner Auslese Maikammer Heiligenberg würzig, klar, gute Frucht; schmeichelnd im Mund, viel süße Frucht, etwas Pfirsiche und Aprikosen, feiner Nachhall (4,80 €)

Weitere Weine: 83 ▶ 2002 Riesling Kabinett trocken Maikammer Heiligenberg ■

Weingut
M. Schädler ★
Pfalz

◆ Weinstraße Süd 43, 67487 Maikammer
Tel. 06321-5235, Fax: 06321-57394
Inhaber: Steffen Mugler
Rebfläche: 10 Hektar
Besuchszeiten: Sa. 9-18 Uhr, So. 9-12 Uhr und nach Vereinbarung

Steffen Mugler hat seit 1. Juli 2002 das Weingut M. Schädler in Maikammer gepachtet. Zuvor war er Kellermeister im elterlichen Betrieb (Weingut Kurt Mugler). Zusammen mit Michael Andres gehört ihm die Sektkellerei Andres

Weingut
Joh. Bapt. Schäfer ★★★
Nahe

Burg Layen 8, 55452 Burg Layen
Tel. 06721-43552, Fax: 06721-47841
goldloch@web.de
Inhaber: Sebastian Schäfer
Rebfläche: 5,5 Hektar
Besuchszeiten: nach Vereinbarung

Das Weingut Joh. Bapt. Schäfer ist ein Familienbetrieb in vierter Generation. Seit Beendigung seiner Lehre 1997 baut Sohn Sebastian die Weine aus. Wichtigste Rebsorte ist Riesling, dessen Anteil Sebastian Schäfer auf 50 Prozent ausweiten möchte. Im Jahr 2001 hat Sebastian Schäfer seine Ausbildung zum Weinbautechniker abgeschlossen und wurde gleichzeitig in einem Wettbewerb zum besten Nachwuchswinzer Deutschlands gekürt.

Wie in den vergangenen beiden Jahren hat Sebastian Schäfer eine überzeugende Kollektion, wiederum mit einer Vielzahl wunderschön reintöniger, süßer Rieslinge.

84 ▶ 2002 Riesling Classic frisch, klar, feine Frucht; feine süße Rieslingfrucht (4,90 €)

88 ▶ 2002 Riesling Selection Dorsheimer Pittermännchen gute Konzentration, würzige jugendliche Rieslingfrucht; viel süße Frucht im Mund, sehr klar, feiner Nachhall (10,80 €)

89 ▶ 2002 Riesling Selection Dorsheimer Goldloch gute reife klare Rieslingfrucht, konzentriert; süß im Mund, herrlich viel Frucht, klar (13,80 €)

86 ▶ 2002 Riesling Kabinett Dorsheimer Pittermännchen gute süße Frucht, Aprikosen; harmonisch, viel süße Frucht, süffig (5,80 €)

89 ▶ 2002 Riesling Spätlese Dorsheimer Goldloch gute Konzentration, herrlich klare jugendliche Rieslingfrucht; viel süße Frucht, schmeichelnd, sehr lang (8,80 €)

90 ▶ 2002 Riesling Spätlese Dorsheimer Pittermännchen gute Konzentration, herrlich klare eindringliche Frucht; viel Frucht auch im Mund, sehr reintönig, harmonisch, sehr lang (11,80 €)

93 ▶ 2002 Riesling Beerenauslese Dorsheimer Goldloch herrlich reintönig, konzentriert, faszinierende Rieslingfrucht, Litschi und süße Aprikosen; schmeichelnd im Mund, faszinierend reintönig, harmonisch und lang (0,375l)

Weitere Weine: 82 ▶ 2002 Weisser Burgunder trocken ▪ 83 ▶ 2002 Spätburgunder Weissherbst ▪

Weingut Karl Schaefer ★★
Pfalz

Weinstraße 30, 67098 Bad Dürkheim
Tel. 06322-2138, Fax: 06322-8729
www.weingutschaefer.de
info@weingutschaefer.de
Inhaber: Gerda Lehmeyer
Rebfläche: 17 Hektar
Besuchszeiten: Mo.-Fr. 8-12 + 13-18 Uhr,
Sa. 9-12 Uhr

Beim Weingut Karl Schaefer werden die Weine ausschließlich in Holzfässern ausgebaut. Die dominierende Rebsorte ist der Riesling, der 85 Prozent der Rebfläche einnimmt. Daneben gibt es eine für die Mittelhaardt ungewöhnlich breite Palette an anderen Rebsorten, wie Weißburgunder, Silvaner, Chardonnay, Gewürztraminer, Scheurebe, Rieslaner, Muskateller und Spätburgunder.

Das Highlight im Jahrgang 2000 war die brillante Rieslaner Beerenauslese (92)! Im vergangenen Jahr gefiel mir dann der Riesling Eiswein (91) am besten. In der neuen Kollektion ist mit dem Riesling aus dem Michelsberg nun einmal ein trockener Wein mein Favorit in einer überzeugenden, homogenen Kollektion.

85 ▶ 2002 Weißer Burgunder Kabinett trocken sehr klare Frucht, jugendlich, direkt; feine Frucht, klar und zupackend (6,20 €)

84 ▶ 2002 Riesling Kabinett trocken Ungsteiner Herrenberg gute Konzentration, jugendliche zurückhaltende Frucht; frisch, klar, viel Biss (7 €)

85 ▶ 2002 Riesling Spätlese trocken Wachenheimer Gerümpel würzige Noten, jugendliche Frucht; klar, direkt, feine Frucht, Biss (10,30 €)

89 ▶ 2002 Riesling Spätlese trocken Dürkheimer Michelsberg feine Frucht, klar, mineralische Noten, herrlich eindringlich; kraftvoll im Mund, gute Fülle, viel Frucht, jugendlich (16 €)

85 ▶ **2002 Riesling Spätlese Dürkheimer Spielberg** würzig, direkt, jugendliche Frucht; gute Harmonie, klare süße Frucht (10 €)

88 ▶ **2000 Riesling Eiswein Dürkheimer Spielberg** reife süße Frucht, eingelegte Aprikosen, sehr eindringlich; Reifenoten im Mund, viel süße Frucht dominant (25,50 €/0,375l)

85 ▶ **2001 Spätburgunder trocken Wachenheimer Fuchsmantel** klare Frucht, Frische; geradlinig im Mund, feine süße Frucht (10 €)

Weitere Weine: 83 ▶ 2002 Silvaner Kabinett trocken Dürkheimer Spielberg ▪ 83 ▶ 2002 Riesling Kabinett trocken Wachenheimer Fuchsmantel ▪ 81 ▶ 2002 Spätburgunder Rosé trocken ▪

Weingut
Reinhard Schäfer ★
Württemberg

Weinbergstraße 21
71711 Steinheim-Kleinbottwar
Tel. 07148-8937, Fax: 07148-4545
www.schaeferwein.com
info@schaeferwein.com
Inhaber: Reinhard Schäfer
Rebfläche: 4 Hektar
Besuchszeiten: Mo.-Fr. 17-18:30 Uhr,
Sa. 8-13 Uhr oder nach Vereinbarung
Weinproben (mit Essen), Gästezimmer

Reinhard Schäfer war zweiter Kellermeister bei der Genossenschaft in Mundelsheim als er sich 1981 mit damals 70 Ar selbstständig machte. Von Anfang an hat er auf durchgegorene Weine gesetzt - eine Seltenheit in Württemberg. Seine inzwischen auf 4 Hektar angewachsenen Weinberge liegen alle in Kleinbottwar, unter anderem auch am Götzenberg. Er baut zu 70 Prozent rote Sorten an, zu 30 Prozent weiße Sorten, bei denen Riesling und Grauburgunder dominieren. Hinzu kommen als Spezialitäten etwas Silvaner und Gewürztraminer. Bei den Rotweinen dominieren die Burgundersorten (Spätburgunder, Samtrot, Schwarzriesling). Danach kommen Lemberger und Trollinger mit jeweils etwa 15 Prozent. Die Rotweine werden nach der Maischegärung überwiegend in Holzfässern ausgebaut. Zuletzt hat Reinhard Schäfer Cabernet Dorsa, Lemberger und Merlot angelegt, sowie einen kleinbeerigen Trollinger-Klon. Cabernet Dorsa und Merlot möchte Reinhard Schäfer aber nur für Cuvées nutzen.

Auch in der neuen Kollektion von Reinhard Schäfer gefallen mir die Rotweine wieder besser als die Weißweine.

85 ▶ **2001 Rotwein-Cuvée trocken** rote Früchte, etwas Johannisbeeren, auch Kirschen; fruchtbetont im Mund, unkompliziert, feiner Biss (5,90 €)

85 ▶ **2001 Lemberger trocken** jugendliche klare Frucht im Bouquet, rote Früchte: harmonisch im Mund, gute Fülle, klare Frucht, Tannine (5,65 €)

86 ▶ **2001 Spätburgunder Spätlese trocken** klare rauchige Spätburgunderfrucht; harmonisch im Mund, wunderschön reintönige Frucht (7,20 €)

Weitere Weine: 81 ▶ 2000 Riesling Sekt Brut ▪ 80 ▶ 2002 Riesling trocken (1) ▪ 80 ▶ 2002 Silvaner trocken ▪ 80 ▶ 2002 Grauburgunder Kabinett trocken ▪ 83 ▶ 2002 Traminer Spätlese trocken ▪ 83 ▶ 2002 Trollinger trocken Kleinbottwarer Götzenberg ▪ 83 ▶ 2001 Spätburgunder trocken ▪

Weingut Willi Schaefer ★★★★
Mosel-Saar-Ruwer

Hauptstraße 130, 54470 Graach
Tel. 06531-8041, Fax: 06531-1414
Inhaber: Christoph und Willi Schaefer
Rebfläche: 3 Hektar
Besuchszeiten: Mo.-Fr. 9-12 + 14-18 Uhr,
Sa. 10-12 Uhr

Die Weinberge von Willi Schaefer liegen in Graach und in Wehlen, alle in Steillagen und alle mit Riesling bestockt, teilweise mit bis zu 70 Jahre alten Reben. Jahr für Jahr hat Willi Schaefer tadellose Kollektionen mit höchst zuverlässigen, wunderbar fruchtbetonten Weinen.

Vor allem die Auslesen aus dem Graacher Domprobst gehören immer wieder zu den Spitzenweinen an der Mosel. Wobei mir besonders gefällt, dass sie wirklich den Charakter einer Moselauslese mustergültig zeigen. Während andere Winzer immer mehr auf Kraft und Konzentration setzen und Weine als Auslesen vermarkten, die eigentlich dem Charakter nach Beerenauslesen oder Trockenbeerenauslesen sind, setzt Willi Schaefer auf Reintönigkeit, Eleganz und Finesse. Willi Schaefer zieht die Verspieltheit der Fülle vor, er will, dass seine Auslesen lebendig sind und zum Weitertrinken reizen. Wie in den letzten Jahren sind auch 2002 die Auslesen aus dem Domprobst die Spitzen in seiner Kollektion.

Was für die Auslesen gilt, gilt auch für die Spätlesen von Willi Schaefer: sie bestechen mit ihrer reintönigen Frucht, mit Eleganz und Finesse. Wobei die 2002er nicht ganz die Konzentration ihrer Vorgänger aufweisen. Die Gutsrieslinge und Kabinettweine sind alle wunderschön klar und elegant, machen überhaupt nicht „satt" wie bei manch anderen Winzern.

85 ▶ **2002 Riesling trocken** klar, direkt, feine Frucht; gute Harmonie, klare Frucht, kompakt (5,30 €)

84 ▶ **2002 Riesling halbtrocken Graacher Himmelreich** feine Würze, zurückhaltende Frucht; klar, direkt, feine Frucht (5,30 €)

86 ▶ **2002 Riesling Graacher Himmelreich** frisch, direkt, sehr reintönige Frucht; harmonisch im Mund, wunderschön klare süße Frucht (5,30 €)

85 ▶ **2002 Riesling Kabinett Graacher Himmelreich** sehr reintönige Frucht, eindringlich; gute Harmonie, klare Frucht, unkompliziert (7,60 €)

86 ▶ **2002 Riesling Kabinett Wehlener Sonnenuhr** feine Würze, jugendliche Frucht; klar und direkt im Mund, feine süße Frucht (7,60 €)

85 ▶ **2002 Riesling Kabinett Graacher Domprobst** feine Würze und Frucht, jugendlich; frisch, klar, feine reintönige Frucht (7,60 €)

88 ▶ **2002 Riesling Spätlese Graacher Domprobst** konzentriert, würzig, klare jugendliche Frucht, sehr eindringlich; gute Fülle und Harmonie, kompakt, klare süße Frucht (13 €)

88 ▶ **2002 Riesling Spätlese Versteigerungswein Graacher Domprobst** sehr reintönige Frucht, konzentriert; harmonisch im Mund, viel süße Frucht, wunderschön elegant und lang (Versteigerungswein, 48 €)

90 ▶ **2002 Riesling Auslese Graacher Domprobst** klare Frucht, konzentriert, sehr reintönig, Würze; gute Konzentration, wunderschön klare Frucht, harmonisch und lang (Versteigerungswein, 32 €/0,375l)

91 ▶ **2002 Riesling Auslese Versteigerungswein Graacher Domprobst** gute Konzentration im Bouquet, klare würzige jugendliche Frucht; füllig im Mund, harmonisch, reife süße reintönige Frucht, wunderschön elegant und lang (Versteigerungswein, 102 €/0,375l)

Weingut Schäfer-Fröhlich ★★★★
Nahe

Schulstraße 6, 55595 Bockenau
Tel. 06758-6521, Fax: 06758-8794
www.weingut-schaefer-froehlich.de
info@weingut-schaefer-froehlich.de
Inhaber: Hans, Karin und Tim Fröhlich
Rebfläche: 11,5 Hektar
Besuchszeiten: nach Vereinbarung

Die Familie Fröhlich baut zu 60 Prozent Riesling an, dazu kommen 25 Prozent Burgundersorten. Neben Weinbergen in Bockenau besitzt sie auch Weinberge in Schloßböckelheim und Monzingen. Mit der stetigen Flächenausweitung wurden in den letzten Jahren auch die Weine immer besser. Hans und Karin Fröhlich im Betrieb unterstützt von Sohn Tim, der seit 1995 für den Keller verantwortlich ist. .

Vor zwei Jahren bestätigte Schäfer-Fröhlich den guten Eindruck der Vorjahre, die Burgunder hatten mich besonders überrascht. „Schäfer-Fröhlich ist ein Weingut, von dem man in den kommenden Jahren sicher noch viel hören wird!" war mein Schlusssatz vor zwei Jahren. Die nachfolgende Kollektion, Jahrgang 2001, glich einem Paukenschlag. Keines der etablierten Weingüter an der Nahe hatte eine solche Kollektion an edelsüßen Weinen. Auch der Rest der Kollektion überzeugte voll und ganz: eine beeindruckende Vorstellung! Nun folgt ein ebenso grandioser Jahrgang 2002 nach: tolle Burgunder, hervorragende Rieslinge, trocken bis edelsüß. Fazit: eine der besten Kollektion des Jahrgangs in Deutschland!

87 ▶ 2002 Riesling trocken Bockenauer Felseneck frisch, klar, gute Frucht; gute Harmonie, viel klare Frucht, harmonisch, mineralische Noten, feiner Biss und Nachhall (6,50 €)

89 ▶ 2002 Riesling Spätlese trocken Bockenauer Felseneck konzentriert, reife eindringliche Frucht, direkt; gute Fülle, herrlich viel Frucht, mineralischer Nachhall (8,50 €)

90 ▶ 2002 Riesling Spätlese trocken Schlossböckelheimer Felsenberg reife klare Frucht, gute Konzentration; herrlich reintönig, viel reife Frucht, süffig, viel Nachhall (13 €)

91 ▶ 2002 Riesling Spätlese trocken „S" Bockenauer Felseneck reife herrlich eindringliche Frucht im Bouquet; gute Fülle, konzentriert, wunderschön eindringliche Frucht, mineralischer Nachhall

90 ▶ 2002 Riesling trocken Monzinger Frühlingsplätzchen konzentriert, herrlich klare Frucht, enorm eindringlich; füllig im Mund, reife süße Frucht, kompakt, kraftvoll, guter Nachhall (14,50 €)

87 ▶ 2002 Weißer Burgunder trocken Nr. 1/03 Bockenauer jugendliche Frucht, klar; süße Frucht, kraftvoll, füllig, enormer Nachhall (6 €)

88 ▶ 2002 Weißer Burgunder trocken Nr. 24/03 Bockenauer gute Konzentration, würzige Noten, reife klare Frucht; kraftvoll, gute Fülle, süße Frucht, geschmeidig, süffig, Biss, wunderschön nachhaltig (6 €)

89 ▶ 2002 Grauer Burgunder trocken „S" Bockenauer gute Konzentration, herrlich eindringliche Frucht; viel reife Frucht, kompakt, wunderschön klar, guter Nachhall (9 €)

90 ▶ 2002 Weißer Burgunder trocken „S" Bockenauer viel reife Frucht, herrlich konzentriert; klare reife Frucht, eindringlich, wunderschön harmonisch, füllig, konzentriert, mit Nachhall (9 €)

90 ▶ 2002 Riesling Spätlese halbtrocken Bockenauer Felseneck konzentriert, herrlich eindringliche Frucht, direkt; kraftvoll, füllig, stoffig, viel Biss und Nachhall (8 €)

87 ▶ 2002 Riesling Kabinett Schlossböckelheimer Felsenberg frisch, wunderschön klar, feine Frucht; klare Frucht, harmonisch, feiner Riesling mit Biss (6 €)

85 ▶ 2002 Riesling Bockenauer Felseneck duftig, eindringlich; gute Fülle, reife Frucht, guter Nachhall (6 €)

90 ▶ 2002 Riesling Spätlese Bockenauer Felseneck gute Konzentration, sehr klare Frucht; herrlich viel Frucht im Mund, reintönig, kompakt, feine Frische, viel Nachhall (9 €)

90 ▶ 2002 Riesling Spätlese Monzinger Frühlingsplätzchen gute Konzentration, sehr klare Frucht; herrlich klar, kraftvoll, gute Konzentration, viel Harmonie und feiner Nachhall (8,50 €)

90 ▶ 2002 Riesling Spätlese Monzinger Halenberg konzentriert im Bouquet, reife sehr klare Frucht, herrlich eindringlich; viel Frucht, konzentriert, viel Biss, faszinierender Nachhall (9 €)

92 ▶ 2002 Riesling Spätlese Goldkapsel Bockenauer Felseneck konzentriert, enorm dominant, wunderschön eindringliche klare Frucht; herrlich süffig, viel Frucht, konzentriert, enorm stoffig, gewaltiger Nachhall (12 €)

91 ▶ 2002 Riesling Auslese frisch, klar, wunderschön eindringliche Rieslingfrucht; herrlich reintönig im Mund, viel süße Frucht, sehr reintönig, wunderschön elegant, viel Nachhall (22 €/0,375l)

94 ▶ 2002 Riesling Auslese Goldkapsel Bockenauer Felseneck enorm eindringliche reife süße Frucht, konzentriert, sehr reintönig; konzentriert und klar, süße Zitrusfrüchte und Aprikosen, herrlich reintönig, dick, gewaltiger Nachhall (Versteigerungswein)

93 ▶ 2002 Riesling Eiswein Nr. 18/03 Bockenauer Felseneck konzentriert, faszinierend klare reife süße Frucht, herrlich eindringlich und reintönig; dominant, konzentriert, enorm süße schmeichelnde Frucht, gewaltiger Nachhall (55 €/0,375l)

97 ▶ 2002 Riesling Eiswein Nr. 19/03 Bockenauer Felseneck konzentriert, klar, faszinierend reintönige Frucht, süße eingelegte Aprikosen; faszinierend reintönig auch im Mund, konzentriert, viel Frucht, schmeichelnd und lang, stoffig und doch elegant, gewaltiger Nachhall (Versteigerungswein)

Weingut Schäfer-Heinrich ★★
Württemberg

♣ Im Letten 3, 74074 Heilbronn
Tel. 07131-162454, Fax: 07131-165659
www.ecovin.de/wuerttemberg
Inhaber: Elke und Andreas Hieber
Rebfläche: 8 Hektar
Besuchszeiten: Mo.-Do. ab 17 Uhr, Fr. ab 13 Uhr, Sa. ab 9 Uhr

1986 haben Elke und Andreas Hieber das elterliche Weingut übernommen, und dann Schritt für Schritt auf ökologische Bewirtschaftung umgestellt. 1990 sind sie Mitglied beim Bundesverband Ökologischer Weinbau (ECOVIN) geworden. 70 Prozent der Weinberge sind mit roten Rebsorten bestockt, vor allem Trollinger und Lemberger, aber auch Spätburgunder, Clevner, Dornfelder und Samtrot. Mit dem Jahrgang 1999 sind Regent und Cabernet Mitos hinzugekommen. Bei den weißen Sorten dominiert der Riesling. Daneben gibt es etwas Kerner, Grauburgunder und Müller-Thurgau.

Vor zwei Jahren gehörten Spätburgunder und Lemberger aus dem Barrique ebenso wie der Clevner zu den besten Rotweinen in Württemberg. Die letztjährige Kollektion war sehr gleichmäßig, am besten gefiel mir der Cabernet Mitos. Auch die aktuelle Kollektion ist von sehr gleichmäßiger Qualität.

86 ▶ 2002 Grauburgunder Kabinett trocken klare Frucht, gute Konzentration, gelbe Früchte, Würze; harmonisch im Mund, reife süße Frucht (4,60 €)

84 ▶ 2002 Riesling Spätlese trocken Heilbronner Stiftsberg würzige Noten, verhaltene Frucht; klar, direkt, viel Biss (6,90 €)

85 ▶ 2002 „Laurentius" Kerner Spätlese trocken sehr klare Frucht, etwas Zitrusfrüchte, Pfirsiche und Aprikosen; frisch, direkt, viel süße Frucht, Biss (6,20 €)

85 ▶ **2001 Riesling Eiswein Heilbronner Stiftsberg** würzig, etwas streng; süß, konzentriert, dick, ganz leichte Bitternote im Hintergrund (22 €/0,375l)

85 ▶ **2002 Clevner trocken Heilbronner Stiftsberg** klare Frucht, feine Würze; frisch, klar und direkt, gute Frucht und Biss (5,10 €)

85 ▶ **2002 Lemberger trocken Holzfass Heilbronner Stiftsberg** feine Würze, jugendliche Frucht, direkt; frisch, klar, feine Frucht (4,80 €)

85 ▶ **2002 Cabernet Mitos trocken Barrique Heilbronner Stiftsberg** rauchige Noten, gute Konzentration, Gewürze, zurückhaltende Frucht; füllig, zupackend, viel Biss (9,90 €)

Weitere Weine: 83 ▶ 2002 Riesling Kabinett trocken Heilbronner Stiftsberg ▪ 82 ▶ 2002 Florus Rotwein trocken ▪ 82 ▶ 2002 Dornfelder trocken Holzfass Heilbronner Stiftsberg ▪

Weingut Egon Schäffer ★★
Franken

Astheimer Straße 17, 97332 Escherndorf
Tel. 09381-9350, Fax: 09381-4834
www.weingut-schaeffer.de
info@weingut-schaeffer.de
Inhaber: Egon Schäffer
Rebfläche: 3,32 Hektar
Besuchszeiten: Mo.-Sa. 9-18 Uhr

Die Weinberge von Egon Schäffer liegen in den Escherndorfer Lagen Lump und Fürstenberg, sowie im Untereisenheimer Sonnenberg. Müller-Thurgau und Silvaner sind seine wichtigsten Rebsorten, dazu gibt es Riesling, Bacchus und seit kurzem auch etwas Weißburgunder. Egon Schäffer baut seine Weine durchgegoren aus und lässt ihnen viel Zeit zur Reife. Er bringt viele Weine oft erst ein Jahr nach der Ernte in den Verkauf. Seine besten Weine bietet er seit dem Jahrgang 1999 auch in der 0,5-Liter-Flasche und mit Schraubverschluss an.

Egon Schäffer pflegt einen eigenen, oftmals etwas eigenwilligen Stil: alle Weine sind kraftvoll und markant, mit Ecken und Kanten. Nach einem guten Jahrgang 2000, in dem mir die Müller-Thurgau Spätlese aus dem Fürstenberg am besten gefiel, folgte ein ebenso guter, gleichmäßiger Jahrgang 2001 nach. Auch 2002 hat er wieder herrlich kraftvolle Weine, die Zeit brauchen um sich zu entfalten. Zum Zeitpunkt meiner Verkostung (Ende September 2003) stellten die Spätlesen (Riesling und Silvaner) im Vergleich zu den Kabinettweinen keine Steigerung dar, beide bleiben (noch?) ein wenig kurz. Lediglich die Weißburgunder Spätlese war schon wesentlich zugänglicher.

88 ▶ **2002 Weißburgunder Spätlese trocken Escherndorfer Fürstenberg** jugendliche zurückhaltende Frucht, gute Konzentration; kraftvoll, klar, herrlich viel Frucht (ca. 10 €)

85 ▶ **2002 Silvaner Kabinett trocken Escherndorfer Lump** klare Frucht, jugendlich; kraftvoll, kompakt, klare reife Frucht (ca. 7 €)

85 ▶ **2002 Silvaner Spätlese trocken Escherndorfer Lump** gute Konzentration, würzige Noten, jugendliche Frucht; klar, harmonisch, kompakt (ca. 10 €)

85 ▶ **2002 Riesling Kabinett trocken Escherndorfer Lump** frisch, klar, würzig, jugendliche Frucht; klar und direkt im Mund, feine Fülle und Frucht (ca. 7,50 €)

86 ▶ **2002 Riesling Spätlese trocken Escherndorfer Lump** herrlich konzentriert, klare jugendliche Frucht; kompakt, stoffig, jugendlich, zurückhaltend (ca. 10 €)

Weitere Weine: 82 ▶ 2002 Müller-Thurgau trocken Escherndorfer Fürstenberg ▪

Weingut Leopold Schätzle ★★★
Baden

Wilhelmshöfe 1, 79346 Endingen
Tel. 07642-3361, Fax: 07642-2460
www.schaetzle-weingut.de
info@schaetzle-weingut.de
Inhaber: Leopold Schätzle
Rebfläche: 13,5 Hektar
Besuchszeiten: nach Vereinbarung

Leopold Schätzle begann 1970 mit einem Hektar Weinberg und einem gemieteten Keller. Zwei Jahre später baute er einen Aussiedlerhof zwischen Endingen und Riegel. Wichtigste Rebsorte bei ihm ist Spätburgunder, gefolgt von Riesling, Grauburgunder, Müller-Thurgau, Scheurebe, Weißburgunder und ein klein wenig Gewürztraminer.

Im vergangenen Jahr hatte Leopold Schätzle mich mit kraftvollen Grauburgunder überrascht, die alle herrlich zupackend und reintönig in der Frucht waren. Gleiches in diesem Jahr: tolle Grauburgunder, die noch übertroffen werden von einem faszinierenden, im Barrique ausgebauten Gewürztraminer Eiswein.

85 ▶ 2002 Scheurebe Kabinett trocken Endinger Engelsberg feine klare Frucht, Cassis; harmonisch im Mund, klare Frucht (6,90 €)

87 ▶ 2002 Weißburgunder Kabinett trocken Hecklinger Burg Lichteneck gute Konzentration bei zurückhaltender Frucht; süße Frucht, harmonisch, herrlich süffig (6,60 €)

85 ▶ 2002 Grauburgunder Kabinett trocken Oberbergener Baßgeige klare würzige Grauburgunderfrucht; harmonisch im Mund, gute reife süße Frucht (8,20 €)

86 ▶ 2001 Weißburgunder Spätlese trocken Hecklinger Burg Lichteneck frisch, klar, feien Frucht; lebhaft, viel süße Frucht (8,70 €)

88 ▶ 2002 Grauburgunder Spätlese trocken Endinger Steingrube gute Konzentration, sehr eindringliche jugendliche Frucht; herrlich füllig im Mund, viel reife süße Frucht (9,90 €)

89 ▶ 2002 Grauburgunder Spätlese trocken Barrique Oberbergener Baßgeige gute Konzentration, herrlich eindringliche reife Frucht; wunderschön füllig im Mund, viel reife süße Frucht, sehr lang (15,90 €)

86 ▶ 2001 Grauburgunder Auslese trocken Barrique Endinger Engelsberg etwas Zitrusfrüchte, duftig; viel reife süße Frucht, kompakter Grauburgunder (16,40 €)

87 ▶ 2002 Riesling Spätlese Endinger Steingrube wunderschön klare Frucht, Limone, feines Bouquet; viel süße Frucht, schmeichelnd, herrlich süffig (9,10 €)

91 ▶ 2001 Gewürztraminer Eiswein Barrique Endinger Engelsberg konzentriert, etwas Kaffee, Rosen; schmeichelnd im Mund, enorm dominant, herrlich viel Frucht und Nachhall (26,40 €/0,375l)

84 ▶ 2001 Spätburgunder trocken Bombacher Sommerhalde frisch, sehr klare Frucht; harmonisch im Mund, süße Frucht, süffig (6,80 €)

85 ▶ 2001 Spätburgunder Spätlese trocken Endinger Engelsberg gute Konzentration, rauchige jugendliche Frucht, rote Früchte; harmonisch, schmeichelnd, süße Frucht (9,90 €)

85 ▶ 2001 Spätburgunder Spätlese trocken Kenzinger Hummelberg reife süße Spätburgunderfrucht, klar; harmonisch, gute süße Frucht, schmeichelnd und süffig (9,70 €)

Weingut Schales ★★★
Rheinhessen

Alzeyer Straße 160, 67592 Flörsheim-Dalsheim
Tel. 06243-7003, Fax: 06243-5230
www.schales.de
weingut.schales@t-online.de
Inhaber: Arno Schales, Kurt Schales, Heinrich Schales
Rebfläche: 53 Hektar
Besuchszeiten: Mo.-Fr. 8-12 + 13-18 Uhr, Sa. 8-12 Uhr oder nach Vereinbarung

Das 1783 von Christian Schales gegründete Weingut gehört heute drei Brüdern: Arno Schales ist für den Verkauf zuständig, Heinrich Schales für die

Weinberge und Kurt Schales für den Keller. Riesling ist mit 30 Prozent die wichtigste Rebsorte, wobei man beim Weingut den Anteil ein wenig reduzieren möchte. Dafür möchte man den Burgunder- und Rotweinanteil etwas vergrößern, aber auch etwas Sauvignon Blanc und Muskateller wurden gepflanzt. Seit dem Jahrgang 2001 findet man bei den Brüder Schales wieder einige Weine mit Lagenbezeichnungen auf dem Etikett.

Im Jahrgang 2000 glänzte das Weingut mit edelsüßen Weinen, allen voran die Siegerrebe Trockenbeerenauslese (93). Im Jahrgang 2001 war es dann umgekehrt: die trockenen Weine waren wieder auf gewohnt hohem Niveau, dafür fehlte den edelsüßen Weinen ein wenig Brillanz. Die neue Kollektion nun ist die homogenste und beste der letzten Jahre, trockene und edelsüße Weine überzeugen gleichermaßen.

86 ▶ **2002 Gelber Muskateller trocken** frisch, feiner Duft, schön aggressiv; geradlinig im Mund, klare Frucht und Biss (5,64 €)

87 ▶ **2002 Weißer Burgunder Spätlese trocken** frisch, klar, feine Frucht, dezente Würze, weiße Früchte; gute Harmonie, klare ganz leicht süße Frucht (5,68 €)

86 ▶ **2002 Riesling Auslese trocken** klare reife Frucht, ein wenig weiße Früchte; gute Fülle, reife Frucht, dezente Bitternote im Abgang (8,70 €)

89 ▶ **2002 Weißer Burgunder Selection** gute Konzentration, sehr klare reife Frucht; herrlich füllig und konzentriert, reife Frucht, kraftvoll, mit Nachhall (9,51 €)

87 ▶ **2002 Riesling Selection** klare reife Rieslingfrucht, feines Bouquet; gute Fülle, reife klare Frucht, kompakt (9,51 €)

84 ▶ **2002 Riesling Spätlese halbtrocken** frisch, klar, feine Frucht; unkompliziert im Mund, gute süße Frucht (5,68 €)

85 ▶ **2002 Scheurebe Kabinett** feiner Cassisduft, Frische; schmeichelnd im Mund, klare feine süße Frucht (4,29 €)

87 ▶ **2002 Kanzler Auslese** reife konzentrierte Frucht, reife Äpfel, eindringlich und klar; gute Fülle und Harmonie, viel reife Frucht (7,19 €)

91 ▶ **2002 Riesling Eiswein Nr. 12/03** klare Frucht, konzentriert, etwas Litschi und Aprikosen, reife Äpfel; herrlich stoffig und dominant im Mund, viel süße Frucht, nachhaltig (23,20 €/0,375l)

89 ▶ **2002 Riesling Eiswein Nr. 13/03** herrlich klare Frucht im Bouquet, sehr reintönig, etwas Litschi und Aprikosen; herrlich süffig im Mund, süße Zitrusfrüchte, wunderschön klar (32,48 €/0,375l)

85 ▶ **2002 Cabernet Dorsa trocken** klare Frucht, rote Beeren, Johannisbeeren; harmonisch, gute Frucht, jugendlich (9,51 €)

Weitere Weine: 83 ▶ 2002 Silvaner Classic ■

Biologisches Weingut
Schambachhof ★★
Baden

♣ Schambachhof, 79268 Bötzingen
Tel. 07663-1474, Fax: 07663-1461
www.schambachhof.de
schambachhof@t-online.de
Inhaber: Adolf und Matthias Höfflin
Rebfläche: 8,5 Hektar
Besuchszeiten: Mo.-Fr. 8-17 Uhr, Sa. nach Vereinbarung

Der Schambachhof ist bereits seit 1974 Biolandbetrieb. Neben den 7 Hektar Weinbergen werden auf weiteren 7 Hektar Obst und Gemüse angebaut. 1994 wurde zur Weinlagerung ein Keller gebaut, dessen Dach mit einer Erdschicht bedeckt und begrünt ist. Im Anbau dominieren die Burgundersorten. Alle Weine (mit Ausnahme einiger edelsüßer Weine) werden durchgegoren ausgebaut. In den letzten Jahren überzeugten die Weine vom Schambachhof immer wieder mit ihrer guten und gleichmäßigen Qualität.

Im vergangenen Jahr ragte aus einer guten Kollektion die faszinierende trockene Grauburgunder Auslese hervor. Die neue Kollektion ist wiederum sehr gleichmäßig, überzeugt gleichermaßen mit Weiß- und Rotweinen.

86 ▶ **1997 Pinot Rosé Sekt Brut** feine rauchige Noten, reife süße Frucht, Hefewürze; weich, gute Fülle, reife süße Frucht, cremige Noten

84 ▶ **2002 Weißer Burgunder trocken** feine Frucht, klar und direkt; frisch, klar, feine Frucht

86 ▶ **2002 Gewürztraminer trocken** reife Traminerfrucht, Rosen, sehr klar und eindringlich; füllig, viel reife Frucht, kompakter Gewürztraminer

86 ▶ **2002 Grauer Burgunder Spätlese trocken** gute Konzentration, würzige jugendliche Frucht, kraftvoll, reife Frucht, kompakt

86 ▶ **2000 Spätburgunder trocken Barrique** klare reife süße Frucht, Vanille; frisch, direkt, gute Frucht, Struktur

86 ▶ **2000 „Rufus" trocken Barrique** gute Konzentration, reife Frucht mit rauchigen Noten; weich, kompakt, gute Fülle, Vanille

Weitere Weine: 79 ▶ 2002 Müller-Thurgau trocken (1l) ■ **82** ▶ 2002 Grauer Burgunder trocken ■ **82** ▶ 2002 Auxerrois Kabinett trocken ■

Weingut Schauß & Sohn *
Nahe

Römerstraße 5 & 12, 55569 Monzingen
Tel. 06751-2882, Fax: 06751-6860
www.weingut-schauss.de
weingut-schauss@web.de
Inhaber: Edgar und Elmar Schauß
Rebfläche: 12,5 Hektar
Besuchszeiten: Mo.-Fr. 8-19:30 Uhr,
Sa. 9-18 Uhr, So. 10-17 Uhr

Das Weingut Schauß wurde im Jahr 1800 in Monzingen gegründet. Teile der heutigen Betriebsgebäude und der Gewölbekeller stammen noch aus dieser Zeit. Die Weinberge von Edgar und Elmar Schauß liegen zum größten Teil in den Hang- und Steillagen rund um Monzingen, so im Halenberg und im Frühlingsplätzchen. Hauptrebsorte im Betrieb ist der Riesling.

Vor zwei Jahren hatten mir die süßen und edelsüßen Rieslinge aus dem Jahrgang 1999 am besten gefallen, während mir die 2000er doch etwas zu verhalten wirkten. Die 2001er Kollektion war wesentlich gleichmäßiger, ohne aber in der Spitze an den Jahrgang 1999 heranzureichen. 2002 ist nun viel interessanter, mit einem faszinierenden Eiswein an der Spitze.

87 ▶ **2002 Riesling Spätlese trocken* Monzinger Frühlingsplätzchen** gute konzentrierte Frucht, würzig und direkt; kraftvoll und klar im Mund, viel frucht, jugendlicher Riesling (6,20 €)

84 ▶ **2002 Weißburgunder „feinherb"** gute Würze und Konzentration; enorm süß im Mund, füllig, süffig (4,30 €)

85 ▶ **2002 Riesling Spätlese halbtrocken Monzinger Halenberg** feine würzige Rieslingfrucht, direkt; gute süße Frucht, harmonisch, süffig (5,90 €)

87 ▶ **2002 Riesling Spätlese Monzinger Frühlingsplätzchen** würzig, konzentriert, herrlich klare jugendliche Frucht; gute Fülle und Harmonie, sehr klare Frucht (5,90 €)

92 ▶ **2002 Riesling Eiswein*** Monzinger Halenberg** süße Aprikosen im Bouquet, herrlich eindringliche Frucht; schmeichelnd im Mund, viel süße klare Frucht, gute Würze und Konzentration, dominant, dick, mit Nachhall (33 €/0,375l)

Weitere Weine: 83 ▶ 2002 Grauer Burgunder Spätlese halbtrocken Monzinger Frühlingsplätzchen ■

Weingut
Scheidgen ★
Mittelrhein

Hauptstraße 10, 56598 Hammerstein
Tel. 02635-2329, Fax: 02635-6082
www.weingut-scheidgen.de
winzer@weingut-scheidgen.de
Inhaber: Georg Scheidgen
Rebfläche: 12 Hektar
Besuchszeiten: Mo.-Sa. 8-19 Uhr,
So. 9:30-18 Uhr
Weinprobierstube bis 60 Personen

Die Weinberge des Weingutes Scheidgen liegen in verschiedenen Lagen der Gemarkungen Rheinbrohl, Hammerstein und Leutesdorf. Neben Riesling hat Georg Scheidgen auch Weißburgunder, Chardonnay, Silvaner, Kerner und Müller-Thurgau, sowie an Rotweinsorten Portugieser, Dornfelder und Spätburgunder im Anbau. Scheidgen gehört zu den wenigen Winzern in Deutschland, die den Restzucker der Weine auf dem Etikett vermerken.

Wie schon in den vergangenen Jahren hat Georg Scheidgen eine sehr gleichmäßige Kollektion, wie in jedem Jahr mit einem guten Weißburgunder.

85 ▶ **2002 Weißer Burgunder trocken** gute Frucht und Konzentration, klar; kraftvoll im Mund, kompakter Weißburgunder (4,10 €)

85 ▶ **2001 Riesling Auslese halbtrocken** Reifenoten, klare Frucht; sehr klar im Mund, süße Frucht, gute Harmonie (10,40 €)

86 ▶ **2002 Riesling Auslese** süße konzentrierte Frucht, reife süße Aprikosen, Litschi, weich im Mund, viel süße Frucht (12 €/0,5l)

85 ▶ **2002 Kerner Auslese** feine Frucht, sehr klar, gute Harmonie, viel süße Frucht (8,30 €)

Weitere Weine: 81 ▶ 2001 Riesling Sekt Brut ■ **80** ▶ 2002 Weißer Burgunder Sekt Extra Brut ■ **83** ▶ 2002 Grauer Burgunder trocken ■ **81*** ▶ 2001 Riesling Spätlese halbtrocken ■ **83** ▶ 2002 Riesling Hochgewächs ■ **81** ▶ 2002 Spätburgunder Rosé trocken ■ **83** ▶ 2002 Spätburgunder trocken ■

Weingut
Adolf Schembs ★★★
Rheinhessen

Schmiedgasse 23, 67550 Worms
Tel. 06241-52056, Fax: 06241-591720
www.schembs-worms.de
info@schembs-worms.de
Inhaber: Arno Schembs
Rebfläche: 8 Hektar
Besuchszeiten: nur nach Vereinbarung

Die beste Lage von Arno Schembs ist das Wormser Liebfrauenstift Kirchenstück, eine ehemals sehr berühmte Lage (und Namensgeber für die Liebfraumilch), der er zusammen mit Gerhard Gutzler wieder zu altem Renommee verhelfen möchte. Wichtigste Rebsorten sind Spätburgunder und Riesling. Dann folgen Dornfelder, Schwarzriesling und Portugieser, sowie die weißen Sorten Weißburgunder, Silvaner, Müller-Thurgau, Grauburgunder und Chardonnay. 90 Prozent der Weine werden an den Fachhandel oder an Industriekunden verkauft.

Starke Leistung von Arno Schembs: klare Weißweine, toller Sekt und sehr geschickt vinifizierte Rotweine. Einer der Aufsteiger des Jahres.

88 ▶ **2001 „Cuvée Schembs" Sekt Brut** rauchige Noten, herrlich klar, feiner Hefetouch; wunderschön füllig im Mund, reife süße Frucht, gute Harmonie (12 €)

88 ▶ **2002 Weißer Riesling trocken** würzige klare Rieslingfrucht, herrlich eindringlich; kraftvoll, sehr klare Frucht, gute Harmonie, Biss, mineralischer Nachhall (5,80 €)

85 ▶ **2002 Silvaner trocken** gute Konzentration, würzig, klare Frucht; klar und zupackend, gute Fülle und Frucht (5,40 €)

85 ▶ **2002 Weißer Burgunder trocken** jugendliche Frucht, sehr reintönig; recht süß im Mund, klare Frucht, Frische (5,80 €)

86 ▶ **2001 Schwarzriesling trocken Holzfass** klare Frucht, rote Früchte, etwas Erdbeeren, feines Bouquet; sehr reintönig im Mund, gute Frucht und Harmonie (12 €)

88 ▶ 2001 St. Laurent trocken Barrique klare reife süße Frucht, dezenter Toast, Vanille; wunderschön reintönig im Mund, gute Frucht, sehr klar (9 €)

86 ▶ 2001 Blauer Portugieser trocken Barrique feiner Toast, sehr klare reife Frucht; sehr klar im Mund, jugendliche Frucht, etwas Vanille, guter Nachhall (19 €)

88 ▶ 2001 Blauer Spätburgunder trocken Barrique reife klare Frucht mit rauchigen Noten, Vanille; harmonisch, elegant, feine klare Frucht, Vanille (12 €)

89 ▶ 2001 Blauer Spätburgunder*** trocken Barrique gute Konzentration, intensive Frucht und süße Vanille; wunderschön harmonisch und elegant im Mund, fruchtbetont, feine Frische, Länge (19 €)

Weingut
Scherner-Kleinhanss ★★★
Rheinhessen

Alzeyer Straße 10, 67592 Flörsheim-Dalsheim
Tel. 06243-435, Fax: 06243-5665
scherner.kleinhanss@freenet.de
Inhaber: Klaus Scherner
Rebfläche: 12 Hektar
Besuchszeiten: nach Vereinbarung
Kulinarische Weinproben

Klaus Scherner war nach seinem Studium in Geisenheim vier Jahre in Nordamerika tätig, bevor er die Verantwortung im Weingut der eigenen Familie übernahm. Seine wichtigsten Rebsorten sind Riesling, Weißburgunder, Müller-Thurgau und Spätburgunder. Unter dem Namen „Turmalin" bietet er barriqueausgebaute Weine (z.B. Frühburgunder und Dornfelder) an.

Wie im vergangenen Jahr überzeugt Klaus Scherner mit einer homogenen Kollektion, aus der der Riesling Eiswein herausragt.

86 ▶ 2002 Riesling „S" trocken Nieder-Flörsheimer Goldberg gute Konzentration, eindringliche klare Rieslingfrucht; harmonisch im Mund, reife süße Frucht (8,50 €)

85 ▶ 2002 Weißburgunder Spätlese trocken Nieder-Flörsheimer Steig gute Konzentration, klare Frucht; harmonisch, süffig, gute süße Frucht (5,50 €)

84 ▶ 2002 Riesling Kabinett halbtrocken Dalsheimer Bürgel etwas Zitrus, Würze; frisch, klar, reife Frucht (4 €)

86 ▶ 2002 Riesling Spätlese Dalsheimer Bürgel gute würzige Rieslingfrucht, etwas Limone; schmeichelnd im Mund, viel süße Frucht (4,70 €)

90 ▶ 2002 Riesling Eiswein Nieder-Flörsheimer Frauenberg konzentriert, eindringliche süße Frucht, enorm würzig und dominant; süß und konzentriert, herrlich frisch, dominant, ganz dezente Bitternote im Hintergrund, viel Nachhall (50 €/0,375l)

84 ▶ 2001 Frühburgunder trocken „Turmalin" duftig, reife Frucht, Gewürze, dezent Kaffee; weich im Mund, gute Fülle (12,70 €)

86 ▶ 2001 Blauer Spätburgunder trocken Barrique „Turmalin" reife Frucht, konzentriert, etwas Vanille; kraftvoll im Mund, jugendliche Tannine, mit Bitternoten im Abgang (12,70 €)

Weitere Weine: 82 ▶ 2002 Rivaner trocken Dalsheimer Sauloch ▪ 82 ▶ 2002 Silvaner Kabinett trocken Monsheimer Rosengarten ▪ 83 ▶ 2002 Weißburgunder trocken Nieder-Flörsheimer Frauenberg ▪ 83 ▶ 2002 Riesling Spätlese trocken Nieder-Flörsheimer Frauenberg ▪ 83 ▶ 2002 Spätburgunder trocken Monsheimer Rosengarten ▪

Weinhof
Scheu ★★★
Pfalz

Hauptstraße 33, 76889 Schweigen-Rechtenbach
Tel. 06342-7229, Fax: 06342-919975
weinhof.scheu@t-online.de
Inhaber: Günter Scheu
Rebfläche: 11,5 Hektar
Besuchszeiten: Mo.-Fr. nach Vereinbarung,
Sa./So. 10-18 Uhr

Der Weinhof Scheu wurde 1964 von Günter Scheu gegründet, der ihn heute noch zusammen mit Sohn Klaus führt. Der Schwerpunkt im Weingut liegt auf Riesling und den Burgundersorten. Hinzu kommen insbesondere Müller-Thurgau und Gewürztraminer. Die besten Weine werden seit dem Jahrgang 2001 in der Linie „GS" vermarktet. Diese Weine sind alle **trocken**, auch wenn es nicht auf dem Etikett vermerkt ist.

Vor allem die Reintönigkeit der Weine gefällt mir immer besonders gut. Bei den 2001er kamen zur Reintönigkeit noch Kraft und Konzentration. Grauburgunder Spätlese wie auch Weißburgunder Spätlese gehörten zu den Jahrgangsbesten in der Pfalz. Noch überzeugender ist die 2002er Kollektion, alle Weine vereinen Kraft und Reintönigkeit. Im Auge behalten!

85 ▶ 2002 Riesling trocken Schweigener Sonnenberg feine Frucht, klar, direkt; geradlinig, klare Frucht, feiner Riesling (3,40 €/1l)

86 ▶ 2002 Chardonnay trocken Schweigener Sonnenberg reife süße Frucht, dezent Ananas, weiße Früchte; harmonisch im Mund, süße Frucht, süffig (6 €)

86 ▶ 2002 Weißburgunder Kabinett trocken Schweigener Sonnenberg klare Frucht, feine Frische; kraftvoll im Mund, klare Frucht, jugendlich (4,30 €)

89 ▶ 2002 Riesling „GS" Schweigener Sonnenberg gute Konzentration, mineralische Noten, herrlich eindringliche Rieslingfrucht; kraftvoll, füllig, klar, feiner kompakt (7 €)

88 ▶ 2002 Weißburgunder „GS" Schweigener Sonnenberg konzentriert, klar, herrlich reintönige Frucht; wunderschön füllig im Mund, reife klare Frucht, harmonisch und lang (7 €)

88 ▶ 2002 Grauburgunder „GS" Schweigener Sonnenberg herrlich würzig, klar, enorm konzentriert; kraftvoll im Mund, viel Frucht, stoffiger Grauburgunder (7,20 €)

87 ▶ 2002 Gewürztraminer „GS" Schweigener Sonnenberg herrlich reintönig, reife süße Frucht, Rosen und Litschi; kraftvoll im Mund, viel Frucht, wunderschön reintöniger Gewürztraminer (7,50 €)

88 ▶ 2002 Riesling Auslese Schweigener Sonnenberg herrlich klare reife Frucht, etwas Litschi und Orangen; viel süße Frucht, harmonisch, reintönig (7,50 €)

Weingut
Schindler ★★
Baden

Bachgasse 4, 79379 Müllheim
Tel. 07631-2597, Fax: 07631-174306
Inhaber: Wolfgang Schindler
Rebfläche: 8 Hektar
Besuchszeiten: Mo.-Fr. 9-12:30 + 14-18:30 Uhr,
Sa. 9-13 + 15-18 Uhr

Großvater und Vater von Wolfgang Schindler haben ihre Trauben an die Genossenschaft abgeliefert. Wolfgang Schindler hat vor zwanzig Jahren das Weingut mit damals 4 Hektar Weinbergen übernommen und auf Selbstvermarktung umgestellt. Damals wie heute war das Weingut ein Burgunderbetrieb mit 40 Prozent Spätburgunderanteil, aber auch Weiß- und Grauburgunder. Wichtig ist natürlich auch der Gutedel. Als Spezialitäten pflegt Wolfgang Schindler Riesling und Muskateller. Zuletzt hat er Chardonnay angelegt und ein wenig Regent, ein interspezifische

Kreuzung im „Cabernettyp" folgt. Die Weinberge von Wolfgang Schindler befinden sich vor allem in Müllheim, wo die Reben teils auf Löss, teils auf sehr schweren Böden wachsen. Auch in Badenweiler und Auggen besitzt er Parzellen. Die Weißweine werden kühl vergoren und lagern bis zur Abfüllung im März auf der Feinhefe. Der Spätburgunder wird je nach Jahrgang ganz oder teilweise im Barrique ausgebaut.

Die neue Kollektion von Wolfgang Schindler it noch überzeugender als im Vorjahr. Alle Weine sind wunderschön reintönig und zeichnen sich durch ihr gutes Preis-Leistungs-Verhältnis aus.

85 ▶ **2002 Gutedel trocken** frisch, klar, gute Frucht, direkt; gute Harmonie, feine klare Frucht (3,70 €)

86 ▶ **2002 Chardonnay Kabinett trocken** wunderschön reintönige Frucht, sehr klar und eindringlich; gute Harmonie, viel süße Frucht, klar (4,90 €)

85 ▶ **2002 Grauburgunder Kabinett trocken** feine Würze, sehr klare Frucht; gute Harmonie, feine Frucht (4,50 €)

86 ▶ **2002 Muskateller Kabinett trocken** feine Muskatnote, sehr klar; gute Harmonie, klare Frucht, eleganter Muskateller (4,50 €)

86 ▶ **2002 Riesling Kabinett trocken** klare Frucht, Würze, feines Bouquet; frisch, direkt, klare Frucht (4,30 €)

88 ▶ **2002 Gutedel Spätlese trocken** gute Konzentration, viel klare eindringliche Frucht; füllig im Mund, viel reife Frucht, gehaltvoller Gutedel (5,90 €)

86 ▶ **2001 Spätburgunder trocken Müllheimer Sonnhalde** gute Konzentration, reife Frucht; harmonisch im Mund, sehr klare Frucht (4,90 €)

86 ▶ **2001 Spätburgunder trocken Müllheimer Pfaffenstück** klare Frucht mit rauchigen Noten, reintöniges Bouquet; gute Harmonie, etwas Frische, sehr klare Frucht (4,70 €)

Weingut Schlör ★★★★
Baden

Martin-Schlör-Straße 22
97877 Wertheim-Reicholzheim
Tel. 09342-4976, Fax: 09342-6959
www.weingut-schloer.de
weingut.schloer@t-online.de
Inhaber: Konrad Schlör
Rebfläche: 4,1 Hektar
Besuchszeiten: nach Vereinbarung
Besenwirtschaft im Gewölbekeller (3 Wochen im November, 3 Wochen nach Aschermittwoch)

Das Weingut Schlör in Reicholzheim liegt im badischen Teil des Taubertals. Seit 1984, nach dem Austritt aus der Genossenschaft, vermarkten Konrad und Monika Schlör ihre Weine selbst. Die Weinberge liegen alle im Reicholzheimer First. Wichtigste Rebsorten sind Müller-Thurgau, Schwarzriesling und Spätburgunder. Dazu gibt es Kerner, Bacchus, Weißburgunder, Dornfelder, Silvaner und Riesling. Die Weißweine werden kühl oder kalt vergoren, die Rotweine werden alle maischevergoren. Ausgewählte Weine baut Konrad Schlör im Barrique aus.

Vor zwei Jahren hatte Konrad Schlör die gesamte Müller-Thurgau-Ernte für zwei Trockenbeerenauslesen (94 bzw. 92 Punkte) eingesetzt und mit 243° Oechsle den absoluten Mostgewicht-Spitzenwert im Jahrgang 2000 in Deutschland erzielt. Die trockenen Weine von Konrad Schlör sind immer herrlich kraftvoll und reintönig. So auch in diesem Jahr, wo er neben faszinierenden Weißweinen herrlich kraftvolle und geschmeidige Barrique-Rotweine im Programm hat.

86 ▶ **2002 „First S" Kabinett Reicholzheimer First** verhaltene Frucht; viel süße Frucht im Mund, kompakt (4,50 €)

85 ▶ 2002 Silvaner Kabinett trocken Reicholzheimer First würzige Noten, klare jugendliche Frucht; kraftvoll im Mund, gute Fülle und Frucht (6,20 €)

85 ▶ 2002 Riesling Kabinett trocken Reicholzheimer First frisch, klar, jugendliche zurückhaltende Frucht; klare Frucht, zupackender geradliniger Riesling (6,50 €)

88 ▶ 2002 Riesling Spätlese trocken Reicholzheimer First gute Konzentration, klare jugendliche Frucht; kraftvoll im Mund, klare Frucht, jugendlich (8,40 €)

90 ▶ 2002 Weißburgunder Spätlese trocken Reicholzheimer First herrlich reintönig im Bouquet, gute Konzentration, weiße Früchte; bestechend klar im Mund, harmonisch, sehr reintönige Frucht, lang (8 €)

88 ▶ 2001 Schwarzriesling Spätlese trocken Reicholzheimer First gute klare reife Frucht, Vanille; harmonisch im Mund, gute Fülle und Harmonie, Vanille, lang (13,30 €)

90 ▶ 2001 Spätburgunder Spätlese trocken Reicholzheimer First viel Konzentration im Bouquet, sehr klare reife Frucht mit rauchigen Noten, Vanille; harmonisch im Mund, schmeichelnd, herrlich viel Frucht, lang (22 €)

88 ▶ 2001 „M" Cuvée trocken Reicholzheimer First gute Konzentration, zurückhaltende Frucht, dezente Vanille; kraftvoll im Mund, jugendliche zurückhaltende Frucht (13,50 €)

Weitere Weine: 80 ▶ 2002 Müller-Thurgau trocken Reicholzheimer First (1l) ■

Weingut
Schloßmühlenhof ★
Rheinhessen

Kirchstraße 18, 55234 Kettenheim
Tel. 06731-43459, Fax: 06731-42105
www.schlossmuehlenhof.de
weingut_schlossmuehlenhof@t-online.de
Inhaber: Walter Michel
Rebfläche: 19 Hektar
Besuchszeiten: Mo.-Fr. 8-12 + 13-18 Uhr, Sa. 8-14 Uhr, sonst nach Vereinbarung
Weinprobierstube (bis 50 Personen), Ferienwohnung

Der Schloßmühlenhof in Kettenheim ist seit über 150 Jahren in Besitz der Familie Michel. 1846 kaufte der Müller Johann Michel aus Neu-Bamberg die Schloßmühle, eine Mahlmühle für Weizen und Roggen, nebst angegliedertem Weinbaubetrieb. Seit den zwanziger Jahren hat man sich mehr auf Weinbau konzentriert und schon vor dem Zweiten Weltkrieg wurde der größte Teil der Produktion über die Flasche vermarktet. Seit 1985 führt Walter Michel den Schloßmühlenhof in fünfter Generation. Er besitzt Weinberge in den Lagen Alzeyer Wartberg, Wahlheimer Schelmen, Weinheimer Sybillenstein und Westhofener Bergkloster. Neben klassischen Rebsorten finden sich eine Vielzahl von Neuzüchtungen in seinem Programm.

85 ▶ 2002 Würzer Spätlese würzig, eindringliche, klare reife süße Frucht; weich im Mund, viel süße Frucht (4,30 €)

84 ▶ 2002 Siegerrebe Spätlese feine Zitrusnoten, süße Frucht; süß und schmeichelnd im Mund (4,30 €)

85 ▶ 1999 Ortega / Siegerrebe Beerenauslese konzentriert, Reifenoten, süße Orangen, Orangenschalen; konzentriert, viel süße Frucht, dick, Reifenoten (7,70 €/0,375l)

Weitere Weine: 82 ▶ 2002 Weißer Burgunder trocken ■ **81 ▶** 2002 Chardonnay trocken ■ **82 ▶** 2001 Kerner Spätlese trocken ■ **79 ▶** 2001 Silvaner Classic ■ **81 ▶** 2002 Grauer Burgunder Classic ■ **80 ▶** 2002 Riesling Kabinett halbtrocken ■ **82 ▶** 2002002 Huxelrebe Spätlese■ **83 ▶** 2001 Spätburgunder trocken ■ **81 ▶** 2002 Dornfelder trocken ■

Privat-Weingut
H. Schlumberger ★★★★
Baden

Weinstraße 19, 79295 Laufen
Tel. 07634-8992, Fax: 07634-8255
www.schlumbergerwein.de
info@schlumbergerwein.de
Inhaber: Claudia Schlumberger-Bernhart und Ulrich Bernhart
Rebfläche: 8 Hektar
Besuchszeiten: Mo.-Fr. 8-12 + 14-18 Uhr, Sa. 9-12 + 14-16 Uhr
Probierraum im Keller

Hartmut Schlumberger hat den Betrieb inzwischen übergeben an Tochter Claudia und deren Ehemann Ulrich Bernhart, der schon zuvor für den Keller verantwortlich war. Neben Gutedel bauen sie vor allem Burgundersorten an. Spätburgunder hat flächenmäßig inzwischen gar den Gutedel überholt. In den letzten Jahren haben sie auch ein klein wenig Merlot und Cabernet Sauvignon angepflanzt.

Die Weine von Ulrich Bernhart sind in den letzten Jahren stetig besser geworden. Immer wieder sind es die Burgunder, rot wie weiß, die mich besonders beeindrucken. Aber auch die Scheurebe bereitet mir immer viel Spaß. Auch mit der aktuellen Kollektion gehört das Weingut wieder mit zur Spitze in Baden.

85 ▶ 2002 Gutedel Kabinett trocken frisch, klar, sehr reintönige Frucht; klar und direkt im Mund, feine Frische (4,70 €)

86 ▶ 2002 Weißburgunder Kabinett trocken feine Frucht, klar und konzentriert; gute Fülle und Harmonie, klare Frucht (6,50 €)

89 ▶ 2002 Weißburgunder Spätlese trocken herrlich klar und eindringlich im Bouquet, konzentrierte Frucht; gute Fülle, reife süße Frucht, harmonisch und lang (9,20 €)

87 ▶ 2002 Grauburgunder Kabinett trocken gute Konzentration, sehr klare Frucht; harmonisch, gute Fülle und klare Frucht (6,70 €)

89 ▶ 2002 Grauburgunder Spätlese trocken konzentriert, klar, reife süße Frucht, herrlich eindringlich; gute Fülle, reife süße Frucht, stoffiger Grauburgunder (9,50 €)

89 ▶ 2002 Scheurebe Spätlese trocken herrlich eindringliche reintönige Frucht, Cassis, klar und konzentriert; gute Harmonie, reife süße Frucht, sehr klar (10,50 €)

86 ▶ 2001 Spätburgunder „S" trocken gute Konzentration, Gewürze, etwas rote Früchte; frisch, direkt, klare Frucht, Frische, Nachhall (9,80 €)

88 ▶ 2001 Pinot Noir trocken gute Konzentration, reife süße Frucht, rote Früchte; füllig, reife süße Frucht, harmonisch, dann Tannine (15 €)

88 ▶ 2001 Cabernet Sauvignon & Merlot trocken wunderschön reintönige Frucht, etwas Cassis, klar, feine Vanille; gute Frische im Mund, klare Frucht, harmonisch, Tannine und Biss (20 €)

Weingut
Rainer Schlumberger ★
Baden

Obere Holzgasse 4, 79295 Sulzburg-Laufen
Tel. 07634-592240, Fax: 07634-592241
www.weingut-schlumberger.de
info@weingut-schlumberger.de
Inhaber: Rainer Schlumberger
Rebfläche: 5 Hektar
Besuchszeiten: Mo.-Sa. 9-18 Uhr

Wichtigste Rebsorten bei Rainer Schlumberger sind Gutedel und Spätburgunder mit 40 bzw. 20 Prozent Anteil an der Rebfläche. Eine Spezialität von Rainer Schlumberger ist der naturtrüb abgefüllte, als Tafelwein verkaufte Gutedel und ebenso die Huxelrebe, die mir sonst noch nicht im Markgräflerland begegnet ist.

In den letzten beiden Jahren hatte Rainer Schlumberger sehr gleichmäßige Kollektionen, in denen vor zwei Jahren der herrlich dominante Nobling Eiswein hervorstach. Die neue Kollektion besticht mit einigen eigenwilligen, ungewöhnlichen Weinen.

85 ▶ **2001 Huxelrebe Sekt Brut Nature Laufener Altenberg** feine Frucht mit rauchigen Noten, sehr klar; gute Fülle und Harmonie, feine Frische, Biss, Nachhall (8,50 €)

84 ▶ **2002 Grauburgunder Kabinett trocken Laufener Altenberg** feine klare Frucht, gelbe Früchte; harmonisch, sehr klare Frucht (4,50 €)

87 ▶ **2001 Gewürztraminer Auslese trocken Barrique Laufener Altenberg** reife süße wenn auch zurückhaltende Traminerfrucht, Rosen, sehr direkt; gehaltvoll, viel reife Frucht im Mund, gute Struktur, dezente Bitternote im Abgang (13 €/0,5l)

86 ▶ **2002 Huxelrebe Auslese Laufener Altenberg** reife klare Frucht im Bouquet, süße Aprikosen, auch Litschi und Grapefruit; konzentriert im Mund, viel Frucht, schmeichelnd, Biss (8,50 €/0,5l)

Weitere Weine: 83 ▶ 2002 Gutedel trocken (naturtrüb) Laufener Altenberg ■ 82 ▶ 2002 Weißburgunder Kabinett trocken Laufener Altenberg ■

Weingut Heinrich Schmitges ★★★
Mosel-Saar-Ruwer

Im Unterdorf 12, 54492 Erden
Tel. 06532-2743, Fax: 06352-3934
www.schmitges-weine.de
info@schmitges-weine.de
Inhaber: Andreas Schmitges
Rebfläche: 8 Hektar
Besuchszeiten: nach Vereinbarung

Das Weingut Heinrich Schmitges in Erden wird seit Anfang der neunziger Jahre von Waltraud und Andreas Schmitges geführt. Außer Riesling baut Andreas Schmitges etwas Müller-Thurgau an. Neben Weinbergen im Erdener Treppchen besitzt er einen Anteil am Erdener Prälat, wo er 70 Jahre alte Reben stehen hat und im vergangenen Jahr eine weitere Parzelle erwerben konnte.

War ich überrascht im vergangenen Jahr, solch faszinierende 2001er Weine von Andreas Schmitges zu bekommen? Nein, denn ich hatte schon erwartet, dass er sich im Jahrgang 2001 steigern würde, nachdem er im Vorjahr im schwierigen Jahrgang 2000, als manches renommierte Weingut an der Mosel schwächelte, eindrucksvoll gezeigt hatte, dass er sein Metier beherrscht. Dass er aber dann gleich mit solch einer großartigen Kollektion aufwartet ist schon bemerkenswert. Vom Grauschiefer bis zur Spätlese überzeugten alle Rieslinge mit ihrer reintönigen Frucht und ihrer guten Konzentration. Die 2002er Kollektion präsentiert sich sehr gleichmäßig, ohne aber in der Spitze die 2001er zu erreichen.

84 ▶ **2002 Riesling trocken Grauschiefer** viel Würze, jugendliche Frucht; frisch, klar, feine Frucht, gute Fülle

85 ▶ **2002 Riesling Spätlese trocken Erdener Treppchen** gute Konzentration und Würze, jugendliche Frucht, ganz leicht mineralische Noten; gute Fülle und Harmonie, kompakter Riesling

85 ▶ **2002 Riesling Spätlese „feinherb" Erdener Treppchen** klar, direkt, jugendliche Frucht; harmonisch, klar, gute Harmonie, kompakter Riesling

87 ▶ **2002 Riesling Kabinett No. 12 Erdener Treppchen** würzige Noten, gute Konzentration; viel süße Frucht im Mund, schmeichelnd und lang

87 ▶ **2002 Riesling Spätlese No. 17 Erdener Treppchen** viel Würze, jugendliche eindringliche Frucht; viel süße Frucht im Mund, kompakt, süffig

90 ▶ **2002 Riesling Auslese* Erdener Treppchen** viel Würze, jugendliche zurückhaltende Frucht; weich, geschmeidig, viel süße Frucht, wunderschön harmonisch und lang

87 ▶ **2002 Riesling Eiswein Erdener** ein klein wenig duftig, zurückhaltende Frucht; konzentriert, zupackend, viel Frucht und Biss

Weitere Weine: 82 ▶ 2002 Riesling Kabinett trocken Erdener Treppchen ■ 82 ▶ 2002 Riesling „feinherb" ■

Weingut Egon Schmitt ★★★
Pfalz

Am Neuberg 6, 67098 Bad Dürkheim
Tel. 06322-5830, Fax: 06322-68899
www.weingut-egon-schmitt.de
info@weingut-egon-schmitt.de
Inhaber: Fam. Schmitt
Rebfläche: 12 Hektar
Besuchszeiten: Mo.-Fr. 10:30-12 + 14-19 Uhr, Sa. 9-15 Uhr

Bis in die siebziger Jahre war das Weingut ein Gemischtbetrieb, der in der Stadtmitte von Bad Dürkheim angesiedelt war. 1976 wurde dann der Betrieb am Neuberg gebaut, zwei Jahre später folgte der Austritt aus der Genossenschaft. Aber erst in den letzten Jahren hat Egon Schmitt auch überregional Beachtung gefunden. Was sicherlich auch Sohn Jochen zu verdanken ist, der - nach Geisenheim-Studium - seit 1997 für den Keller verantwortlich ist. In den letzten Jahren haben Egon und Jochen Schmitt auch in den Weinbergen Änderungen vorgenommen. Rote Sorten nehmen inzwischen die Hälfte der Fläche ein, Sorten wie Silvaner, Ortega oder Kerner sind ganz verschwunden. Neue Sorten wurden gepflanzt, wie z.B. Cabernet Sauvignon, Acolon und St. Laurent, der Anbau von Spätburgunder und auch Regent wurde verstärkt. Wichtigste Weißweinsorte ist der Riesling. Daneben gibt es die Burgundersorten, aber auch Scheurebe und Rieslaner. Etwas Prinzipal wurde versuchsweise angelegt - insgesamt werden 22 Rebsorten angebaut! Die Weinberge befinden sich in verschiedenen Dürkheimer und Ungsteiner Lagen.

Seit Jochen Schmitt die Regie im Keller übernommen hat, wurden die Weine stetig besser. Die Rieslinge vor allem, aber auch die Rotweine. Schon im vergangenen Jahr hatten mir die Rotweine besonders gut gefallen. Sie waren herrlich fruchtbetont und füllig. Auch in diesem Jahr sind die barriqueausgebauten Rotweine meine Favoriten im sehr guten Programm von Jochen Schmitt.

84 ▶ **2002 Riesling Kabinett trocken Dürkheimer Hochmess** frisch, klar, feine Rieslingfrucht; frisch auch im Mund, feine Frucht, Biss (4,60 €)

84 ▶ **2002 Weißer Burgunder trocken** sehr klare Frucht, weiße Früchte; frisch und klar, direkt, feine süße Frucht (4,40 €)

85 ▶ **2002 Chardonnay trocken** klar, direkt, feine reife Frucht; direkt, harmonisch, viel süße Frucht (5,50 €)

87 ▶ **2002 Riesling Spätlese trocken Dürkheimer Spielberg** klare wenn auch zurückhaltende Frucht, konzentriert; kraftvoll und klar im Mund, gute Konzentration (6,70 €)

85 ▶ **2002 Riesling Spätlese Ungsteiner Honigsäckel** reife klare süße Frucht, Würze; würzige Noten, süße Frucht (6,30 €)

84 ▶ **2001 Spätburgunder trocken** frisch, klar, feine Frucht; süß im Mund, klare Frucht, Biss (3,90 €)

86 ▶ **2001 „Thor" Acolon trocken** gute Konzentration, reife Frucht, rauchige Noten; gute Fülle, reife klare Frucht, Vanille, harmonisch (15,30 €)

87 ▶ **2001 „Taurus" Dornfelder trocken** reife klare Frucht, viel Vanille, Schokolade; harmonisch im Mund, füllig, klare Frucht, Vanille (8,80 €)

88 ▶ **2001 Regent trocken** gute Konzentration, sehr klare eindringliche Frucht, Vanille; kraftvoll, klare reife Frucht, Vanille und Schokolade, harmonisch und lang (10,20 €)

88 ▶ **2000 „Duca XI" trocken** gute Konzentration, reife süße Frucht, viel Vanille und Schokolade; herrlich füllig, reife süße Frucht, kompakt, klar, jugendliche Tannine im Abgang (15,30 €)

Weitere Weine: 83 ▶ 2002 Riesling trocken Dürkheimer Steinberg ■ 83 ▶ 2002 Spätburgunder Weißherbst trocken ■

Weingut Heinz **Schmitt** ★★★★
Mosel-Saar-Ruwer

Stephanusstraße 4, 54340 Leiwen
Tel. 06507-4276, Fax: 06507-8161
www.weingut-heinz-schmitt.de
weinguthenzschmitt@t-online.de
Inhaber: Heinz Schmitt
Rebfläche: 22 Hektar
Besuchszeiten: Mo.-Sa. 8-18 Uhr und nach Vereinbarung

Bei der ständigen Vergrößerung des Betriebes hat Heinz Schmitt sehr darauf geachtet, dass sein Programm überschaubar bleibt und seine Weinkarte nicht ausufert. Er hat sich Weinberge in sehr guten Lagen gesichert, teils mit alten, wurzelechten Rieslingreben. So ist er heute unter anderem vertreten im Schweicher Annaberg, dem Neumagener Rosengärtchen, der Klüsserather Bruderschaft, dem Mehringer Blattenberg, der Köwericher Laurentiuslay und dem Longuicher Maximiner Herrenberg. Aber er achtet darauf, aus jedem Weinberg Jahr für Jahr wieder erkennbare Weine im gleichen Typus zu erzeugen.

Die 2000er Kollektion war von sehr guter Qualität, reichte aber in der Spitze nicht ganz an die 99er heran. Im vergangenen Jahr hatten mich zwei Auslesen, Klüsserather Bruderschaft und Mehringer Blattenberg, am meisten begeistert. Die 2002er sind herrlich kraftvoll und faszinierend mit ihrer reintönigen Frucht, trocken wie süß.

87 ▶ **2002 Riesling Spätlese trocken Mehringer Zellerberg** faszinierend konzentriert und klar, viel Frucht; gute Fülle, klare Frucht, kompakter Riesling (9,50 €)

87 ▶ **2002 Riesling Spätlese trocken Detzemer Maximiner Klosterlay** konzentriert, wunderschön klare jugendliche Frucht; frisch, direkt, klare Frucht, Nachhall (9,50 €)

89 ▶ **2002 Riesling Spätlese trocken Schweicher Annaberg** reintönige jugendliche Frucht, faszinierendes Bouquet; füllig im Mund, klar, herrlich zupackend, viel Frucht, Nachhall (11 €)

86 ▶ **2002 Riesling Spätlese „feinherb" Trittenheimer Altärchen** konzentriert, jugendliche Frucht; feine Frucht, klar, süffig (8,50 €)

88 ▶ **2002 Riesling Spätlese Longuicher Maximiner Herrenberg** herrlich konzentriert, faszinierende Frucht, dominant; viel süße Frucht, reintönig, harmonisch, lang (9,50 €)

89 ▶ **2002 Riesling Spätlese Schweicher Annaberg** konzentriert, sehr klare jugendliche Frucht; herrlich füllig, reife süße Frucht, schmeichelnd, sehr lang (9,50 €)

89 ▶ **2002 Riesling Spätlese Neumagener Rosengärtchen** jugendlich, wunderschön klar und direkt, viel Frucht; herrlich füllig im Mund, viel süße Frucht, reintönig (10 €)

87 ▶ **2002 Riesling Spätlese Trittenheimer Apotheke** konzentriert, viel Frucht, herrlich dominant, jugendlich; viel süße Frucht, reintönig (9,50 €)

91 ▶ **2002 Riesling Auslese „wurzelecht" Mehringer Blattenberg** dominant, würzig, viel süße Frucht; enorm klar im Mund, kraftvoll, konzentrierte reintönige Frucht, Nachhall (17,50 €)

89 ▶ **2002 Riesling Auslese „wurzelecht" Neumagener Rosengärtchen** faszinierend klar im Bouquet, jugendlich, viel Frucht; dominant, viel reife Frucht, herrlich kompakt (17 €)

90 ▶ **2002 Riesling Auslese Köwericher Laurentiuslay** enorm konzentriert, würzig, jugendliche sehr eindringliche Frucht; konzentriert, klar, viel Frucht, harmonisch, herrlich reintönig (16 €)

86 ▶ **2002 Riesling Eiswein Nr. 3/03 Leiwener Klostergarten** Zitrusfrüchte, klar, konzentriert; dick, füllig, süße Frucht (25 €)

87 ▶ **2002 Riesling Eiswein Nr. 4/03 Leiwener Klostergarten** duftig, konzentriert, jugendlich; süß, klar, dick, viel Frucht (30 €)

Weitere Weine: 85 ▶ 2000 Spätburgunder Rosé Sekt Brut ■ 84 ▶ 2002 Rivaner trocken ■ 79 ▶ 2001 Weißer Burgunder ■ 83 ▶ 2002 Riesling trocken Nr. 9/03 ■ 82 ▶ 2002 Riesling trocken Nr. 17/03 ■ 85 ▶ 2002 Riesling Kabinett trocken Schweicher Annaberg ■ 83 ▶ 2002 Riesling halbtrocken ■ 82 ▶ 2002 Riesling Kabinett halbtrocken Longuicher Maximiner Herrenberg ■

Weingut Niko **Schmitt** *
Mosel-Saar-Ruwer

◆ Moselweinstraße 43, 54349 Trittenheim
Tel. 06507-701736, Fax: 06507-701738
weingut.n.schmitt@freenet.de
Inhaber: Niko Schmitt
Rebfläche: 2 Hektar
Besuchszeiten: Mo.-Fr. 8-18 Uhr, sonst nach Vereinbarung

Niko Schmitt hat seine Ausbildung beim Weingut Dr. Crusius und anschließend in Weinsberg den Weinbautechniker gemacht. Vor zwei Jahren hat er das elterliche Weingut übernommen. Alle Weinberge befinden sich in den beiden Trittenheimer Lagen Apotheke und Altärchen. Neben Riesling gibt es Müller-Thurgau und seit diesem Jahr auch Spätburgunder im Anbau.

84 ▶ **2002 Riesling Kabinett halbtrocken Trittenheimer Altärchen** frisch, klare Frucht, direkt; klare süße Frucht im Mund, gute Harmonie, lebhaft (4 €)

86 ▶ **2002 Riesling Spätlese Trittenheimer Apotheke** klar, würzig, jugendliche zurückhaltende Rieslingfrucht; süß und schmeichelnd im Mund, viel klare Frucht (5 €)

Weitere Weine: 83 ▶ **2002 Gutsriesling trocken** ▪ **83** ▶ **2002 Riesling Kabinett trocken Trittenheimer Apotheke** ▪ **82** ▶ **2002 Rivaner** ▪ **82** ▶ **2002 Riesling Classic** ▪

Weingut Reinhard & Esther **Schmitt** *
Pfalz

Arzheimer Straße 24, 76831 Ilbesheim
Tel. 06341-33442, Fax: 06341-33389
www.mein-winzer.de
weingut-schmitt@mein-winzer.de
Inhaber: Reinhard und Esther Schmitt
Rebfläche: 13,8 Hektar
Besuchszeiten: nach Vereinbarung

Dieses Weingut in Ilbesheim, ganz im Süden der Pfalz, wird in dritter Generation heute von Reinhard und Esther Schmitt geführt. Ihre Weinberge befinden sich in Ilbesheim (Rittersberg, Sonnenberg), Göcklingen (Kaiserberg), Mörzheim (Pfaffenberg), Wollmesheim (Mütterle) und Eschbach (Hasen), die alle zur Großlage Ilbesheimer Herrlich gehören. In der breiten Sortenpalette gibt es neben den in der Pfalz üblichen Weißweinsorten auch Sauvignon Blanc und Gewürztraminer. An roten Sorten haben sie neben Portugieser, Dornfelder und Spätburgunder auch Dunkelfelder, Cabernet Dorsa, Acolon und Cabernet Mitos im Anbau. Reinhard und Esther Schmitt haben im letzten Jahr den alten Zementfasskeller umgebaut und durch einen Holzfasskeller ersetzt. Die von Armin Hott gestalteten Etiketten - z.B. für den Raben-Dusel - gehören zu den witzigsten in Deutschland.

Vor zwei Jahren hatte ich erstmals Weine von Reinhard und Esther Schmitt verkostet. In der sehr überzeugenden, gleichmäßigen Kollektion hatte mir neben einer trockenen Grauburgunder Spätlese aus dem Jahrgang 1999 ein 97er barriqueausgebauter Portugieser am besten gefallen. Die letztjährige Kollektion präsentierte sich nicht ganz so geschlossen, die trockene Chardonnay

Spätlese war mein Favorit. Der neue Jahrgang zeigt sich wieder sehr geschlossen mit gleichermaßen überzeugenden Weiß- und Rotweinen.

86 ▶ **2002 Riesling Spätlese trocken** feine Frucht, sehr klar und direkt; geradlinig im Mund, klare süße Frucht (6,50 €)

85 ▶ **2002 Weißburgunder Spätlese trocken** klare Frucht, feine Würze; gute Harmonie, klare Frucht (5,50 €)

84 ▶ **2002 Grauburgunder Spätlese trocken** klare Frucht im Bouquet, gelbe Früchte; gute Harmonie, klare Frucht, kompakt (5,50 €)

86 ▶ **2002 Chardonnay Spätlese trocken** sehr klare Frucht, gute Konzentration; viel Frucht im Mund, kraftvoll, reintönig (6,50 €)

84 ▶ **2002 Portugieser Weißherbst trocken** feine klare Frucht im Bouquet, Kirschen; schöne Frische, klare süße Frucht (4,50 €)

87 ▶ **2000 Cabernet Dorsa trocken Barrique** gute Konzentration, eindringliche rauchige Noten, rote Früchte; kraftvoll im Mund, gute Konzentration, rauchige Frucht (11,50 €)

Weitere Weine: 83 ▶ 2002 Weißburgunder Kabinett trocken ▪ 81 ▶ 2002 Riesling halbtrocken (1l) ▪ 83 ▶ 2002 Morio-Muskat (1l) ▪ 82 ▶ 2002 Scheurebe Kabinett ▪ 82 ▶ 2001 Portugieser trocken ▪

triebsgebäude mit Keller, Lagerhalle und Probierzimmer entstanden. Durch Zukauf und Zupachtung wurde die Rebfläche von 8 auf 12 Hektar erweitert. Seither hat Reinhard Peitz die Flaschenweinvermarktung ausgeweitet und verstärkt rote Rebsorten angepflanzt, die heute schon über 30 Prozent der Rebfläche einnehmen. Hauptrebsorte unter den insgesamt 14 angebauten Sorten ist aber der Riesling mit einem Viertel an der Gesamtfläche. Die Weißweine werden in Edelstahltanks ausgebaut, Rotweine werden nach der Maischegärung in Eichenholzfässern gelagert.

Gute Kollektion von Reinhard Peitz auch in diesem Jahr, mit einigen kraftvollen, barriquegeprägten Rotweinen.

85 ▶ **2002 Riesling Spätlese Wallhäuser Pastorenberg** klare konzentrierte Frucht; füllig, harmonisch, gute klare Frucht (5,30 €)

84 ▶ **2002 Riesling Spätlese Wallhäuser Johannisberg** frisch, würzig, Zitrusfrüchte; klare süße Frucht, direkt (5,50 €)

84 ▶ **2002 Riesling Spätlese Wallhäuser Backöfchen** feine reife Frucht, würzig, direkt; viel reiße süße Frucht, kraftvoll (5 €)

85 ▶ **2001 Dunkelfelder trocken Barrique Wallhäuser Pastorenberg** reife klare jugendliche Frucht, Frische, Würze; weich im Mund, gute Fülle, jugendlich, Tannine (9 €)

85 ▶ **2001 Blauer Spätburgunder trocken Barrique Wallhäuser Johannisberg** würzig, direkt, klare zurückhaltende Frucht; harmonisch im Mund, gute Fülle, Biss (9,50 €)

84 ▶ **2001 „Grand Rouge" trocken Barrique** enorm würzig und dominant, rote Früchte; kraftvoll, zurückhaltende Frucht (9,50 €)

Weitere Weine: 79 ▶ 2002 Silvaner trocken Wallhäuser Backöfchen ▪ 79 ▶ 2002 Riesling trocken Wallhäuser Pastorenberg ▪ 82 ▶ 2002 Riesling Spätlese trocken Wallhäuser Pastorenberg ▪ 81 ▶ 2002 Weißer Burgunder halbtrocken Wallhäuser Pastorenberg ▪ 81 ▶ 2002 Riesling Kabinett Wallhäuser Pastorenberg ▪ 82 ▶ 2001 Dunkelfelder trocken Wallhäuser Pastorenberg ▪

Weingut
Schmitt-Peitz ★
Nahe

Hauptstraße 35, 55595 Wallhausen
Tel. 06706-346, Fax: 06706-6346
www.weingut-schmitt-peitz.de
Inhaber: Reinhard Peitz
Rebfläche: 12,1 Hektar
Besuchszeiten: Mo.-So. nach Vereinbarung
Gutsausschank (80 Sitzplätze), Weingarten und Terrasse

Das Weingut Schmitt-Peitz ist 1989 aus dem Ortskern von Wallhausen ausgesiedelt an den Dorfrand, wo die neuen Be-

Weingut
Schmitt's Kinder ★★★★
Franken

Am Sonnenstuhl, 97236 Randersacker
Tel. 0931-7059197, Fax: 0931-7059198
www.schmitts-kinder.de
info@schmitts-kinder.de
Inhaber: Karl Martin Schmitt
Rebfläche: 14 Hektar
Besuchszeiten: Mo.-Fr. 8-18 Uhr, Sa. 9-17 Uhr

Wichtigste Rebsorten bei Karl Martin Schmitt sind Silvaner und Müller-Thurgau, dazu kommen Riesling und Bacchus, aber auch Kerner, Scheurebe, Silvaner, Rieslaner oder als Kuriosum Würzer, eine Rebsorte, die mir sonst noch nie in Franken begegnet ist. In diesem Jahr hat er im Sonnenstuhl auch Spätburgunder gepflanzt.

Die 2000er waren kraftvoll, an der Spitze hatte Karl Martin Schmitt faszinierende edelsüße Weine, allen voran die Riesling Beerenauslese aus dem Sonnenstuhl (93). Aber auch seine Spätlesen, ob trocken oder süß, gehörten zur Spitze in Franken. Im Jahrgang 2001 erreichten gerade die Spätlesen nicht das Niveau ihrer Vorgänger. Der Jahrgang 2002 gefällt mir wieder besser, die Weine sind sehr kraftvoll und klar.

84 ▶ **2002 Rivaner trocken** würzige klare Frucht, sehr reintönig; frisch, direkt, feine Frucht (4 €)

84 ▶ **2002 Silvaner Kabinett trocken Randersackerer Pfülben** klare Frucht im Bouquet, weiße Früchte; kompakt im Mund, gute etwas zurückhaltende Frucht (6,40 €)

87 ▶ **2002 Riesling Kabinett trocken Randersackerer Pfülben** gute reife Rieslingfrucht, klar und konzentriert; füllig, klare reife Frucht, stoffiger Riesling (8 €)

87 ▶ **2002 Silvaner Spätlese trocken Randersackerer Marsberg** reife süße Silvanerfrucht, weiße Früchte, gute Konzentration, herrlich füllig im Mund, viel reife Frucht, kompakt, enorm süß (12,80 €)

87 ▶ **2002 Riesling Spätlese trocken Randersackerer Marsberg** frisch, würzig, klare Frucht; harmonisch, klare Frucht (11,80 €)

89 ▶ **2002 Riesling Spätlese trocken Randersackerer Pfülben** herrlich klar und direkt, gute Konzentration, feine Frische; gute Fülle im Mund, reife klare Frucht

91 ▶ **2002 Riesling Eiswein Randersackerer Pfülben** konzentriert, reintönig, süße Aprikosen, Pfirsiche; klar, füllig, schmeichelnd, harmonisch, faszinierend lang (60 €/0,375l)

Weingut
Schmitt-Weber ★
Mosel-Saar-Ruwer

◆ Bergstraße 66, 66706 Perl
Tel. 06867-366, Fax: 06867-560367
www.schmitt-weber.de
info@schmitt-weber.de
Inhaber: Thomas Schmitt
Rebfläche: 6 Hektar
Besuchszeiten: nach Vereinbarung

Das Weingut Schmitt-Weber wird heute in dritter Generation von Thomas und Tanja Schmitt geführt. Vor allem Burgundersorten bauen sie an, aber auch Elbling und Müller-Thurgau. Die Weißweine werden kühl vergoren und in Edelstahltanks ausgebaut.

84 ▶ **2002 Elbling Perler St. Quirinusberg** würzige Noten, Frische, verhaltene Frucht; klare süße Frucht, feiner Biss (5 €)

84 ▶ **2002 Auxerrois Spätlese Perler St. Quirinusberg** reife würzige süße Frucht, konzentriert; kraftvoll, süße Frucht, feiner Biss (5 €)

84 ▶ **2002 Weißer Burgunder Spätlese Perler Hasenberg** verhaltene Frucht, etwas Würze, weiße Früchte; klare süße Frucht, Biss (7 €)

84 ▶ **2002 Grauer Burgunder Spätlese Sehndorfer Marienberg** würzig, reife wenn auch zurückhaltende Frucht; viel süße Frucht im Mund, klar, gelbe Früchte (7 €)

85 ▶ **2002 Weißer Burgunder Beerenauslese** würzige Noten, verhaltene Frucht; süß und konzentriert, reife Frucht (13 €/0,375l)

Weitere Weine: 83 ▶ 2002 Auxerrois Beerenauslese ■

Weingut Rainer Schnaitmann ★★★★
Württemberg

Untertürkheimer Straße 4, 70734 Fellbach
Tel. 0711-574616, Fax: 0711-5780803
www.weingut-schnaitmann.de
weingut-schnaitmann@t-online.de
Inhaber: Rainer Schnaitmann
Rebfläche: 9,8 Hektar
Besuchszeiten: Di. + Fr. 16:30-18:30 Uhr,
Sa. 9-13 Uhr

Rainer Schnaitmann hat mit dem Jahrgang 1997 die ersten Weine unter dem eigenen Etikett vermarktete. Davor hatte der Geisenheim-Absolvent Praktika in Neuseeland (Morton) und in Südtirol (Waldthaler) gemacht. Das Gros der Weinberge von Rainer Schnaitmann liegt im Fellbacher Lämmler. Wichtigste Rebsorten sind Riesling und Trollinger, dann folgen Spätburgunder und Schwarzriesling. Versuchsweise baut er aber auch Rebsorten wie Cabernet Sauvignon, Merlot, Syrah und Sauvignon Blanc an. Ausgesuchte Weine werden im Barrique ausgebaut und unter dem Namen „Simonroth" verkauft. Im Jahrgang 2000 gab es durch den starken Hagel in Fellbach praktisch keine Simonroth-Weine. Beim „A Grandine Creata" („aus dem Hagel geboren") handelt es sich um 300 Liter von 4 Hektar Weinbergen, eine Cuvée von Spätburgunder, Lemberger, Merlot, Schwarzriesling und Dornfelder, alles Trauben, die den Hagel hinter Pfosten versteckt überstanden haben und im November gelesen wurden.

1999 war Rainer Schnaitmann eine tolle Kollektion gelungen, angeführt von einem hervorragenden Eiswein aus dem Fellbacher Lämmler (91). Dann kam der Hagel am 5. Juni 2000 und hat 90 Prozent seiner Weinberge zerstört. So musste er den größten Teil seiner neuen Weine aus zugekauften Trauben erzeugen. Dafür hatte er wieder eine überraschend gute, gleichmäßige Kollektion, auch wenn er die Spitzen des Vorjahres nicht ganz erreichte. Die letztjährige Kollektion war die beste, die Rainer Schnaitmann bisher hatte: überzeugende trockene Weißweine, gekonnt gemachte, fruchtbetonte Rotweine und als Krönung ein faszinierender Eiswein. Die neue Kollektion ist nochmals klar besser, jeder Wein überzeugt, alle sind wunderschön klar und fruchtbetont. Mit Sauvignon Blanc und Lemberger, Frühburgunder und Merlot gehört er zur Spitze nicht nur in Württemberg, sondern in Deutschland: Am faszinierendsten aber sind seine beiden barriqueausgebauten Spätburgunder aus dem Jahrgang 2001, die alle anderen Weine noch überragen und sich mit den Besten im In- und Ausland messen können. Mein Aufsteiger des Jahres in Deutschland!

87 ▶ 2002 Weißburgunder** trocken feine jugendliche Frucht, klar, direkt; frisch, viel Frucht, gute Harmonie (9,50 €)

89 ▶ 2002 Sauvignon Blanc*** trocken herrlich klar, reife süße Sauvignonfrucht; gute Fülle, viel reife süße Frucht, kompakt, herrlich reintönig und lang (12,50 €)

89 ▶ 2002 Riesling Beerenauslese Fellbacher Lämmler gute Konzentration, reife würzige Rieslingfrucht, Zitrusfrüchte und Litschi; viel süße Frucht, schmeichelnd, herrlich harmonisch und lang (24,50 €/0,375l)

86 ▶ 2002 Trollinger trocken (wunderschön klar, jugendliche, Kirschen, feine Frucht; klar, direkt, feine Frucht, Kirschen, Biss (4,60 €/1l)

87 ▶ 2002 Schwarzriesling** trocken frisch, klar, jugendliche Frucht, herrlich reintönig; klare Frucht im Mund, gute Harmonie, sehr reintönig (8,70 €)

87 ▶ 2002 Lamberger** trocken klar, jugendliche Frucht, rote Früchte; frisch, direkt, feine klare Frucht, sehr reintöniger Lemberger (8,70 €)

89 ▶ **2002 Merlot*** trocken** Gewürze, konzentriert, jugendliche Frucht, viel Konzentration; klar, direkt, feine Frucht, rauchige Noten, viel Biss und Nachhall (12,50 €)

89 ▶ **2002 Frühburgunder*** trocken** herrlich reintöniges Bouquet, viel Frucht, jugendlich; konzentriert, gute Fülle, wunderschön reintönig, viel Frucht und Biss, feiner Frühburgunder (18 €)

91 ▶ **2001 Simonroth Spätburgunder trocken** konzentriert, Gewürze, herrlich viel Frucht, wunderschön reintönig und dominant, jugendlich; gute Konzentration, kraftvoll,, faszinierend viel Frucht, enormer Nachhall (25 €)

88 ▶ **2001 Simonroth Lemberger trocken** klare reife Frucht, konzentriert, sehr eindringlich, reintönig; gute Fülle im Mund, viel Frucht, Struktur und Biss, jugendlich (18,40 €)

92 ▶ **2001 Simonroth Spätburgunder „R" trocken** konzentriert, Gewürznoten, herrlich klar und eindringlich, faszinierendes Bouquet; füllig und konzentriert, viel reife süße Frucht, faszinierend kraftvoll, reintönig und lang, enormer Nachhall (34 €)

Weingut Claus **Schneider** ★★
Baden

Lörracher Straße 4, 79576 Weil am Rhein
Tel. 07621-72817, Fax: 07621-78014
www.schneiderweingut.de
info@schneiderweingut.de
Inhaber: Claus und Susanne Schneider
Rebfläche: 8 Hektar
Besuchszeiten: Di.-Sa. 9-12:30 Uhr,
Mo./Di./Do./Fr. 14:30-18:30 Uhr und nach Vereinbarung

Sechs Hektar Weinberge von Claus und Susanne Schneider liegen im Weiler Schlipf, wo die Reben auf schweren, kalkhaltigen Lehmböden wachsen. Weitere zwei Hektar befinden sich in der Stiege in Haltingen. Spätburgunder, die Traditionssorte am Weiler Schlipf, nimmt 40 Prozent ihrer Weinberge ein. Es folgen Gutedel, Weißburgunder, Grauburgunder und Chardonnay. Die Rotweine lagern mindestens zwölf Monate in großen oder kleinen Eichenholzfässern. Alle Weine werden vollständig durchgegoren. „CS" (Creation S) steht für besondere Weine aus Steillagen mit niedrigem Ertrag.

Nach einer gleichmäßigen Kollektion im vergangenen Jahr gefällt mir der neue Jahrgang von Claus Schneider nochmals besser: kraftvolle Weißweine, sehr reintönige Spätburgunder, dazu ein klasse Eiswein!

84 ▶ **2002 Gutedel trocken „CS"** feine Würze, klare Frucht; weich, kompakt, klar (4,40 €)

84 ▶ **2002 Grauer Burgunder Kabinett trocken** feine Frucht, zurückhaltend; füllig, gute Frucht, kompakter Grauburgunder (6,20 €)

85 ▶ **2002 Grauer Burgunder Kabinett trocken „CS"** feine würzige Frucht; kraftvoll, klar, kompakt, feine Frucht (7,40 €)

87 ▶ **2002 Chardonnay Kabinett trocken „CS"** gute Konzentration, sehr klare reife Frucht; herrlich viel Frucht, stoffig, Wärme im Abgang (7,90 €)

85 ▶ **2002 Weißer Burgunder Spätlese trocken „CS"** würzig, gute Konzentration; füllig, gute Frucht (7,90 €)

86 ▶ **2002 Johanniter Kabinett** feine Frucht, dezent Brennnesseln; gute süße Frucht, harmonisch und klar (4,80 €)

91 ▶ **2001 Grauer Burgunder Eiswein** konzentriert, eindringliche süße Frucht, dezent Kaffee, getrocknete Früchte; enorm klar, konzentriert, süße Frucht, dominant (68 €/0,375l)

85 ▶ **2001 „Pinocchio" Blanc de Noir trocken** rauchige Noten, zurückhaltende Frucht; kompakt, kraftvoll, klare Frucht (5,60 €)

85 ▶ **2002 Spätburgunder Rosé trocken** feine würzige Spätburgunderfrucht; frisch, klar, feine Frucht (5,40 €)

85 ▶ **2001 Rotwein Cuvée trocken „CS"** jugendliche verhaltene Frucht, dunkle Früchte; harmonisch, gute Fülle und Frucht (7,90 €)

86 ▶ **2001 Spätburgunder trocken „CS"** dezente Toastnote, sehr klare Frucht; harmonisch im Mund, klare Frucht (8,60 €)

88 ▶ **2001 Spätburgunder trocken Barrique** feine rauchige Noten, gute Konzentration, klare Frucht; weich im Mund, gute Fülle und Harmonie, klare Frucht (12,80 €)

Weingut Jakob **Schneider** ★★
Nahe

Winzerstraße 15, 55585 Niederhausen
Tel. 06758-93533, Fax: 06758-93535
www.schneider-wein.de
weingut.jakob.schneider@nahenet.de
Inhaber: Jakob Schneider
Rebfläche: 11 Hektar
Besuchszeiten: Mo.-Sa. 8-19 Uhr,
So. nach Vereinbarung

Das 1575 gegründete Weingut wird heute von Jakob und Monika Schneider geführt. Die Weinberge, allesamt in Niederhausen und Norheim gelegen, befinden sich zu 80 Prozent in Steillagen und zu 20 Prozent in Hanglagen. Riesling ist bei Jakob Schneider mit über 90 Prozent Anteil an der Rebfläche die wichtigste Rebsorte. Hinzu kommt ein klein wenig Dornfelder und Grauburgunder. Sohn Jakob, Jahrgang 1983, hilft schon tatkräftig im Betrieb mit und ist für die Junior genannte Auslese verantwortlich.

In den Jahren 1998, 1999 und 2000 hatte Jakob Schneider faszinierende Kollektionen: alle Weine waren wunderschön fruchtbetont und klar, mit einer erstaunlichen Palette von edelsüßen Weinen an der Spitze. Im vergangenen Jahr gefielen mir seine Weine dann nicht so gut und auch die neue Kollektion kommt nicht an diese Spitzenleistungen heran, auch wenn sie gleichmäßiger ist als im Vorjahr und die edelsüßen Weine etwas reintöniger sind.

84 ▶ 2002 Riesling Spätlese Niederhäuser Hermannshöhle würzig, direkt, verhaltene Frucht; klar und direkt, viel Biss (5 €)

84 ▶ 2002 Riesling Spätlese Norheimer Dellchen würzig, klar, jugendliche Frucht; frisch, klar, viel Biss (5,30 €)

85 ▶ 2002 Riesling Auslese Norheimer Kirschheck konzentriert, würzig, klare Frucht; klare Frucht, kompakter Riesling (6,50 €/0,5l)

85 ▶ 2002 Riesling Auslese Niederhäuser Hermannshöhle duftig, jugendliche Frucht; viel süße reife Frucht im Mund (8,50 €)

87 ▶ 2002 Riesling Auslese „JUNIOR" Niederhäuser Hermannshöhle feine Würze, konzentriert, jugendlich; füllig, viel süße Frucht, dominant (8 €/0,375l)

89 ▶ 2002 Riesling Eiswein Niederhäuser Hermannshöhle konzentriert, würzig, jugendliche Frucht; schmeichelnd, weich, viel süße Frucht (20 €/0,375l)

90 ▶ 2002 Riesling Eiswein „MAGNUS" Niederhäuser Hermannshöhle herrlich dominant, eindringliche süße Frucht, Litschi, Zitrusfrüchte; harmonisch, wunderschön stoffig, dick, viel süße Frucht (30 €/0,375l)

Weitere Weine: 82 ▶ 2002 Riesling trocken (1l) ▪ 82 ▶ 2002 Riesling Hochgewächs trocken Niederhäuser Hermannshöhle ▪ 83 ▶ 2002 Riesling Spätlese trocken Niederhäuser Hermannshöhle ▪ 83 ▶ 2002 Riesling Spätlese trocken Niederhäuser Rosenheck ▪ 83 ▶ 2002 Riesling Spätlese halbtrocken Niederhäuser Felsensteyer ▪

Weingut Klaus **Schneider** ★★
Pfalz

Georg-Fitz-Straße 12, 67158 Ellerstadt
Tel. 06237-3739, Fax: 06237-3739
Inhaber: Klaus und Markus Schneider
Rebfläche: 25 Hektar
Besuchszeiten: Mo.-Do. nach Vereinbarung, Fr. 8-18 Uhr, Sa. 8-16 Uhr

1990 kaufte Klaus Schneider ein altes Weingut, welches in den fünfziger Jahren aufgegeben worden war. Seit 1993 vermarktet er seinen Wein selbst. Heute wird er unterstützt von Sohn Markus, der drei Jahre bei Bürklin-Wolf gelernt hat. Die Rotweine - immerhin 50 Prozent der Produktion - werden bei Klaus Schneider im Holzfass ausgebaut. Die Sekte bleiben mindestens achtzehn Monate auf der Hefe. Nur Riesling- und

Burgundertrauben werden zur Sektbereitung genutzt. Bei den Weißweinen arbeitet Markus Schneider mit Maischestandzeiten bis zu 48 Stunden. Sie bleiben bis unmittelbar vor der Füllung auf der Feinhefe, teils in Edelstahltanks, teils in Holzfässern, auch Barriques.

Im Jahrgang 2002 haben Klaus und Markus Schneider ihre Riesling-Linie ausgebaut. Sie betont die Herkunft der Rieslinge von unterschiedlichen Böden, deren Namen die neuen Rieslinge auch tragen. Die Rotweine und Barriqueweißweine werden erst Anfang kommenden Jahres abgefüllt. Wie schon im vergangenen Jahr überzeugen die Rieslinge mit viel Kraft und jugendlicher Frucht.

87 ▶ 2002 Riesling trocken Ellerstadter Kirchenstück jugendliche Rieslingfrucht, klar; kraftvoll im Mund, viel Frucht, herrlich kompakter Riesling (8,50 €)

86 ▶ 2002 Riesling trocken „Kalkmergel" würzig-mineralische Rieslingfrucht; harmonisch im Mund, gute Fülle und Frucht (10 €)

87 ▶ 2002 Riesling trocken „Buntsandstein" herrlich würzig und eindringlich, viel Frucht; kompakt, reife Frucht, fülliger Riesling (10 €)

87 ▶ 2002 Riesling trocken „Basalt" konzentriert, jugendliche Frucht, eindringlich; viel Frucht und Fülle im Mund, stoffiger Riesling (12,50 €)

84 ▶ 2002 Chardonnay trocken reife Frucht, etwas Ananas; kompakt, süße Frucht (6,30 €)

85 ▶ 2002 Grauburgunder trocken gute Frucht und Würze im Bouquet; kompakt, gute Frucht (6,30 €)

87 ▶ 2001 Saint Laurent trocken reife süße Frucht, würzige Noten, gute Konzentration; füllig, reife klare Frucht, gute Struktur, samtiger Saint Laurent (19 €)

Weitere Weine: 82 ▶ 2002 Riesling trocken ▪ 83 ▶ 2002 Weißburgunder trocken ▪

Weingut Reinhold & Cornelia Schneider ★★★★★
Baden

Königschaffhauser Straße 2, 79346 Endingen
Tel. 07642-5278, Fax: 07642-2091
www.weingutschneider.com
weingutschneider@aol.com
Inhaber: Reinhold und Cornelia Schneider
Rebfläche: 8 Hektar
Besuchszeiten: Mo.-Fr. nach Vereinbarung,
Sa. 9-12:30 + 13:30-18 Uhr

70 Prozent der Rebfläche von Reinhold und Cornelia Schneider sind mit Burgundersorten bepflanzt, hinzu kommen Silvaner, Riesling, Muskateller und Müller-Thurgau. Die Weine werden ohne Lagenbezeichnung vermarktet und - mit Ausnahme edelsüßer Weine - ausschließlich trocken ausgebaut. Es ist faszinierend zu sehen, wie die Spätburgunder, je nach den Böden auf denen sie wachsen, eine völlig eigenständige Identität aufweisen. Der A, benannt nach Sohn Alexander, stammt von jungen Reben, die auf Lehmböden wachsen. Der C, benannt nach Cornelia Schneider, stammt von Lössböden und ist ein wenig filigraner und zugänglicher als der R, benannt nach Reinhold Schneider, der von Vulkanböden stammt und in seiner Jugend wesentlich kantiger und kratziger wirkt. So die Erklärung von Reinhold Schneider. Im Ausbau der Weine ist Reinhold Schneider kompromisslos: sie werden mit den eigenen Hefen vergoren, alle machen einen biologischen Säureabbau durch und lagern recht lange auf der Feinhefe. Er füllt seine Weine recht spät ab. So werden beispielsweise die besten Grauburgunder - die er weiterhin konsequent Ruländer nennt - erst nach mehr als einem Jahr abgefüllt.

Seit einigen Jahren gehören die Spätburgunder von Reinhold und Cornelia Schneider zur Spitze in Deutschland. Wobei mir der „R" immer ein wenig besser gefällt als der „C". Vor zwei Jahren, mit dem Jahrgang 1999, war der „R" (92) für mich einer der beiden besten Spätburgunder in Deutschland. Auch im Jahrgang 2000 war er wieder hervorragend (91), ebenso wie der „C" (90). Der 2001er „C" war zum Zeitpunkt meiner Verkostung noch etwas bissig. Der „R" allerdings präsentierte sich wie gewohnt in hervorragender Verfassung.

Aber nicht nur mit ihren Spätburgundern, auch mit Weiß- und Grauburgunder, pardon: Ruländer, gehören Reinhold und Cornelia Schneider zur deutschen Spitze. Jedes Jahr haben sie bei beiden Rebsorten Weine im Programm - mit und ohne Barrique ausgebaut - die ihresgleichen suchen in Deutschland. Ihre Weine verbinden Kraft und Finesse, sind herrlich filigran und klar. Der faszinierendste Wein in diesem Jahr, die Ruländer Auslese, ist aus dem Jahrgang 2001. Die 2002er sind allesamt herrlich kraftvoll und jugendliche, alles Weine mit guter Zukunft.

85 ▶ **2002 Silvaner Kabinett trocken** feine Frische, zurückhaltende Frucht; klar, direkt, zurückhaltend (6 €)

86 ▶ **2002 Muskateller Kabinett trocken** feine Muskatnote, etwas Zitrus; klar und direkt im Mund, feine Frucht, Biss (7 €)

87 ▶ **2002 Ruländer Kabinett trocken** wunderschön reintönige Frucht; klar, harmonisch, gute Fülle und Frucht (7,20 €)

86 ▶ **2002 Auxerrois Kabinett trocken** gute Konzentration, klare Frucht; kompakt, weich, klare Frucht (6,20 €)

89 ▶ **2002 Weißer Burgunder Spätlese*** trocken „trio"** sehr klare Frucht, gute Konzentration, Frische; wunderschön reintönig im Mund, klar, kraftvoll, jugendlich (10 €)

90 ▶ **2002 Weißer Burgunder Spätlese*** trocken** klare konzentrierte Frucht, reintöniges Weißburgunderbouquet; kraftvoll im Mund, sehr reintönige Frucht, Nachhall (10 €)

88 ▶ **2002 Ruländer Spätlese trocken „C"*** gute Konzentration, klare wenn auch zurückhaltende Frucht; kraftvoll im Mund, geradlinig, gute Frucht, Struktur (10 €)

90 ▶ **2002 Ruländer Spätlese trocken „R"*** viel Konzentration, jugendliche zurückhaltende Frucht; kraftvoll im Mund, klare jugendliche Frucht, klar und zupackend, mit Nachhall (10 €)

90 ▶ **2002 Ruländer Spätlese trocken „C"*** Barrique** jugendliche zurückhaltende Frucht, konzentriert; kraftvoll im Mund, viel Konzentration, jugendliche Frucht, stoffig (11,30 €)

92 ▶ **2001 Ruländer Auslese trocken** enorm konzentriert, faszinierende reife klare Frucht, eindringlich; herrlich füllig im Mund, viel reife Frucht, Kraft, Struktur, jugendlich (18 €)

89 ▶ **2002 Riesling Spätlese halbtrocken*** sehr reintönige Frucht, Frische; wunderschön klar im Mund, feine süße Frucht, Biss, mit Nachhall (9 €)

88 ▶ **2001 Spätburgunder trocken** herrlich klare Spätburgunderfrucht mit rauchigen Noten; gute Harmonie, sehr klare Frucht, rauchige Noten, feiner Biss, eleganter Spätburgunder (11 €)

88 ▶ **2001 Spätburgunder trocken „C"*** Gewürznoten, lebhaft, direkt, feine Frucht; klar, reife süße Frucht, wunderschön reintönig, jugendlicher Biss (15 €)

91 ▶ **2001 Spätburgunder trocken „R"*** Gewürznoten, herrlich viel Frucht, eindringlich, dominant; frisch klar, wunderschön reintönige Frucht, gute Konzentration, viel Biss und Nachhall, faszinierend eleganter und reintöniger Spätburgunder (18 €)

Weingut Roman **Schneider** ★
Franken

Hauptstraße 31, 97334 Nordheim
Tel. 09381-6788, Fax: 09381-6534
www.schneiderwein.com
info@schneiderwein.com
Inhaber: Joachim Schneider
Rebfläche: 7 Hektar
Besuchszeiten: Mo.-Do. ab 18 Uhr, Fr. + Sa. ganztägig, So. 10-14 Uhr und nach telefonischer Vereinbarung
Probierstube (bis 35 Personen)

Zwar gibt es bereits seit 1786 Weinbau in der Familie, das Weingut wurde aber erst in den fünfziger Jahren von Roman Schneider gegründet. 1996 hat sein Sohn Joachim den Betrieb übernommen. Seither hat er zu den in Franken üblichen Sorten Chardonnay und Weißburgunder hinzugepflanzt. An roten Sorten baut er Spätburgunder und Schwarzriesling an. Seine Weinberge liegen in Nordheim, Volkach, Sommerach, Iphofen und Gerolzhofen. Die Weine werden teils im Edelstahl, teils im Holzfass ausgebaut. Jeweils 40 Prozent der Weine baut Joachim Schneider trocken und halbtrocken aus.

Wie in den vorausgegangenen Jahren hatte Joachim Schneider auch im Jahrgang 2001 eine gleichmäßige Kollektion, in der viele der trockenen Weine merklich süß und von Botrytisnoten geprägt waren. Auch bei den 2002er vermisse ich etwas die Klarheit und Frucht.

85 ▶ **2002 Silvaner Eiswein Nordheimer Vögelein** duftige Noten, süße Frucht; kompakt im Mund, viel süße Frucht (0,5l)

85 ▶ **2002 Rieslaner Beerenauslese Sommeracher Katzenkopf** duftig, viel Würze, süße Frucht; süß im Mund, klar, süße Zitrusfrüchte, viel Biss (0,5l)

Weitere Weine: 81 ▶ 2002 Müller-Thurgau trocken Volkacher Ratsherr (1l) ■ 81 ▶ 2002 Müller-Thurgau Kabinett trocken Nordheimer Vögelein ■ 82 ▶ 2002 Chardonnay Kabinett trocken ■ 82 ▶ 2002 Silvaner Kabinett trocken Iphöfer Kalb (1l) ■ 83 ▶ 2002 „Saphir" Silvaner Kabinett trocken ■ 81 ▶ 2002 Riesling Kabinett halbtrocken Nordheimer Vögelein ■ 83 ▶ 2002 Spätburgunder Weißherbst Auslese trocken Nordheimer Vögelein ■ 82 ▶ 2002 Schwarzriesling trocken Nordheimer Vögelein ■ 83 ▶ 2002 „Rubin" Spätburgunder trocken ■

Alois **Schneiders** ★
Weingut Josefshof
Mosel-Saar-Ruwer

Bahnhofstraße 3, 56829 Pommern
Tel. 02672-2550, Fax: 02672-2825
www.schneiders-josefshof.de
alois-schneiders@t-online.de
Inhaber: Alois Schneiders
Rebfläche: 2 Hektar
Besuchszeiten: nach Vereinbarung
Probier- und Weinstube (Strausswirtschaft)

Alois Schneiders baut zu 80 Prozent Riesling an. Der Rest seiner Weinberge ist mit Elbling bestockt. Der Ausbau aller Weine erfolgt im traditionellen Fuder. Die Weine werden überwiegend trocken ausgebaut. Nach einer gleichmäßigen 2001er Kollektion gefällt mir der Jahrgang 2002 von Alois Schneiders noch ein wenig besser.

84 ▶ **2002 Riesling Hochgewächs trocken Pommerner Sonnenuhr** herrlich klare Rieslingfrucht, Frische; klar, direkt, feine Frucht und Biss (4 €)

85 ▶ **2002 Riesling Auslese trocken Pommerner Rosenberg** würzig, klar, herrlich eindringliche Frucht; kraftvoll im Mund, herrlich zupackend und klar (6,70 €)

Weitere Weine: 81 ▶ 2002 Elbling trocken ■ 80 ▶ 2002 Riesling Kabinett trocken Pommerner Sonnenuhr ■ 82 ▶ 2002 Spätlese trocken Valwiger Herrenberg ■ 83 ▶ 2002 Riesling Hochgewächs Pommerner Zeisel ■

Weingut Martin Schömann ★★
Mosel-Saar-Ruwer

◆ Uferallee 50, 54492 Zeltingen
Tel. 06532-2347, Fax: 06532-1010
www.schoemann-weine.de
m.schoemann@t-online.de
Inhaber: Martin Schömann
Rebfläche: 5 Hektar
Besuchszeiten: nach Vereinbarung

Martin Schömann baut zu 90 Prozent Riesling an. 1982 hatte er das Weingut von seinem Vater übernommen, damals mit einem Hektar Weinbergen. Durch Zukauf und Pacht hat er die Flächen erweitert, vor allem in der Zeltinger Sonnenuhr. Hinzu kamen Weinberge seiner Frau Helga in Wintrich.

89 ▶ **2002 Riesling Spätlese** trocken Zeltinger Sonnenuhr** gute Konzentration im Bouquet, klare eindringliche Rieslingfrucht; herrlich kraftvoll im Mund, viel Stoff, jugendliche Frucht (12,50 €)

85 ▶ **2002 Riesling Hochgewächs halbtrocken Wintricher Großer Herrgott** klar, würzig, eindringliche Frucht; kraftvoll im Mund, guter Stoff, jugendlich (6 €)

85 ▶ **2002 Riesling Kabinett halbtrocken Zeltinger Sonnenuhr** klar, konzentriert, jugendliche Frucht; klar und direkt im Mund, jugendlich (9,50 €)

88 ▶ **2002 Riesling Spätlese halbtrocken Graacher Domprobst** konzentriert, herrlich würzig und klar; kraftvoll im Mund, klare jugendliche Frucht (8,50 €)

85 ▶ **2002 Riesling Hochgewächs Bernkasteler Johannisbrünnchen** würzig, klar, jugendliche Rieslingfrucht; frisch, klar, feine süße Frucht (8 €)

88 ▶ **2002 Riesling Spätlese Zeltinger Sonnenuhr** sehr konzentriert und würzig, eindringliche Rieslingfrucht; reife süße Frucht, würzig, ganz leichte Bitternote (11 €)

91 ▶ **2002 Riesling Auslese** Zeltinger Sonnenuhr** konzentriert, reife süße Äpfel, eindringliche Frucht; dominant im Mund, süße Frucht, konzentriert, herrlich klar und nachhaltig (0.375l)

90 ▶ **2002 Riesling Eiswein Zeltinger Himmelreich** konzentriert, klar, reife Äpfel, zurückhaltende Frucht; herrlich konzentriert auch im Mund, reife süße Frucht, nachhaltig (0,375l)

Weitere Weine: 81 ▶ 2002 Riesling trocken ∎
83 ▶ 2002 Riesling Kabinett trocken Zeltinger Sonnenuhr ∎

Weingut Meinolf Schömehl ★★
Nahe

Binger Straße 2, 55452 Dorsheim
Tel. 06721-45675, Fax: 06721-48623
www.schoemehl.de
weingut@schoemehl.de
Inhaber: Hartmut Hahn und Elke Schömehl-Hahn
Rebfläche: 11 Hektar
Besuchszeiten: Mo.-Sa. 8-19 Uhr und nach Vereinbarung

Das Weingut Meinolf Schömehl ist ein Familienbetrieb in Dorsheim. Die Hauptrebsorte ist Riesling, weitere Schwerpunkte sind weiße Burgunder und Rotweine. Die besten Weinberge von Hartmut Hahn und Elke Schömehl-Hahn befinden sich in den Dorsheimer Lagen Burgberg, Goldloch und Pittermännchen, sowie im Laubenheimer Karthäuser.

Wie in den letzten Jahren präsentieren Helmut Hahn und Elke Schömehl-Hahn eine homogene Kollektion, in der mir wieder einmal die Rieslinge besonders gut gefallen haben.

86 ▶ **2002 Riesling Spätlese trocken Dorsheimer Goldloch** gute Konzentration, sehr klare reife Frucht; gute Fülle, herrlich kraftvoll und fruchtbetont (4,80 €)

85 ▶ **2002 Riesling Kabinett halbtrocken Dorsheimer Pittermännchen** klare würzige Rieslingfrucht; harmonisch, gute süße Frucht, süffiger Riesling (4 €)

85 ▶ 2002 Riesling Spätlese halbtrocken Laubenheimer Karthäuser gute Konzentration, sehr klare Frucht; füllig, harmonisch, reife süße Frucht (5 €)

86 ▶ 2002 Riesling Spätlese Laubenheimer Karthäuser gute Konzentration, klare würzige Rieslingfrucht, süße Zitrusfrüchte; weich, geschmeidig, viel süße Frucht, harmonisch und lang (5 €)

89 ▶ 2002 Riesling Eiswein Laubenheimer Karthäuser konzentriert im Bouquet, wunderschön klare reife Frucht; viel süße Frucht, harmonisch, süffig und lang (20 €/0,375l)

Weitere Weine: 83 ▶ 2001 Cuvée Riesling Sekt Brut ▪ 81 ▶ 2002 Weißburgunder trocken Laubenheimer Hörnchen ▪ 83 ▶ 2002 Grauburgunder Spätlese trocken Laubenheimer Hörnchen ▪ 82 ▶ 2002 Grauburgunder Spätlese halbtrocken Laubenheimer Hörnchen ▪ 83 ▶ 2002 Spätburgunder trocken Laubenheimer Vogelsang ▪

Domänenweingut Schloss Schönborn ★★★★
Rheingau

Hauptstraße 53, 65347 Hattenheim
Tel. 06723-91810, Fax: 06723-918191
www.schoenborn.de
schloss-schoenborn@t-online.de
Inhaber: Paul Graf von Schönborn-Wiesentheid
Gutsdirektor: Günter Thies
Kellermeister: Peter Barth
Rebfläche: 50 Hektar
Besuchszeiten: Mo.-Fr. 8-12 + 13-16 Uhr

Schloss Schönborn ist eines der größten privaten Weingüter im Rheingau. Gleichzeitig ist es eines der ältesten Weingüter Deutschlands und gehört seit 1349 der Familie der Grafen Schönborn. Schloss Schönborn besitzt Weinberge in nahezu allen renommierten Rheingauer Lagen, von Hochheim bis Lorch. Das Weingut ist größter Anteilseigner am Erbacher Marcobrunn und Alleineigentümer des Hattenheimer Pfaffenberg. Neben 91 Prozent Riesling gibt es etwas Spätburgunder und Weißburgunder. 70 Prozent der Weine gehen in den Export. Nach einer kleinen Schwächephase Anfang der neunziger Jahre hat Gutsdirektor Günter Thies das Weingut wieder in die Rheingauer Spitze geführt.

Im Jahrgang 2000 waren die süßen Spätlesen und die edelsüßen Rieslinge die interessantesten Weine bei Schloss Schönborn. Im Jahrgang 2001 hatte Schloss Schönborn eine grandiose Kollektion an trockenen Spätlesen und Ersten Gewächsen: einmalig im Rheingau. Die Weine waren alle herrlich kraftvoll und mineralisch, stoffig und nachhaltig. Die 2002er Kollektion überzeugt, auch wenn die trockenen Rieslinge in der Spitze nicht ganz an ihre Vorgänger heranreichen.

84 ▶ 2002 Riesling trocken Schloss Schönborn klar, direkt, feine Würze; frisch, klar, feine Frucht (5,50 €)

85 ▶ 2002 Riesling Kabinett trocken Hattenheimer Nussbrunnen recht würzig und direkt im Bouquet; kompakt im Mund, reife Frucht (6,40 €)

87 ▶ 2002 Riesling Kabinett trocken Erbacher Marcobrunn viel Konzentration, Würze, jugendliche Frucht; kraftvoll, klar, herrlich viel Frucht (7,55 €)

88 ▶ 2002 Riesling Spätlese trocken Rüdesheimer Berg Schlossberg klar, jugendlich, würzige Frucht; frisch, klar, herrlich füllig und fruchtbetont (9,85 €)

88 ▶ 2002 Riesling Spätlese trocken Hattenheimer Wisselbrunnen würzig, direkt, gute Konzentration; klar und kraftvoll im Mund, viel Frucht, fülliger Riesling (9,60 €)

84 ▶ 2002 Riesling Classic würzig, direkt, klare Frucht; weich, kompakt, süße Frucht (5,75 €)

90 ▶ 2002 Riesling Erstes Gewächs Hattenheim Pfaffenberg viel Würze und Konzentration im Bouquet, jugendliche Frucht, leicht streng, eindringlich; kraftvoll, füllig, viel reife Frucht (17,45 €)

89 ▶ 2002 Riesling Erstes Gewächs Erbach Marcobrunn dominant, jugendlich, enorm würzige eindringliche Frucht; gute Fülle im Mund, viel reife Frucht, enorm kompakter Riesling (19,95 €)

88 ▶ 2002 Riesling Spätlese Erbacher Marcobrunn klar, würzig, direkt; gute Harmonie, viel süße Frucht, süffig (12,75 €)

89 ▶ 2002 Riesling Spätlese Hattenheimer Pfaffenberg gute Würze und Konzentration, mineralische Frucht; kraftvoll, gute Fülle, reife süße Frucht (17,45 €)

Weingut
W. **Schoeneck** ★
Rheinhessen

♦ *Pfandturmstraße 15, 67595 Bechtheim*
Tel. 06242-1495, Fax: 06242-7406
schoeneck-bechtheim@t-online.de
Inhaber: Wolfgang Schoeneck
Rebfläche: 4,9 Hektar
Besuchszeiten: nach Vereinbarung

Das Weingut Schoeneck verkauft Flaschenweine seit 1921 und wird heute in dritter Generation von Wolfgang Schoeneck geführt. Aufgrund betrieblicher Umstrukturierungen wurden vom Jahrgang 2002 nur kleine Mengen gefüllt.

84 ▶ 2002 Riesling Spätlese trocken Bechtheimer Stein klare Rieslingfrucht, direkt; frisch, klar, feine etwas süße Frucht (4,10 €)

84 ▶ 2002 Dornfelder trocken Bechtheimer Geyersberg jugendliche sehr beerige Frucht; harmonisch im Mund, klare süße Frucht, süffig (3,90 €)

Weitere Weine: 81 ▶ 2002 Weißburgunder trocken Bechtheimer Geyersberg ■ **81** ▶ 2002 Grauburgunder trocken Bechtheimer Hasensprung ■ **82** ▶ 2002 Gewürztraminer Spätlese trocken Bechtheimer Geyersberg ■ **82** ▶ 2002 Riesling halbtrocken Bechtheimer Stein ■

Weingut
Eugen **Schönhals** ★★
Rheinhessen

♣ *Hauptstraße 23, 55234 Biebelnheim*
Tel. 06733-960050, Fax: 06733-960052
www.weingut-schoenhals.de
schoenhals@weingut-schoenhals.de
Inhaber: Eugen Schönhals
Rebfläche: 10 Hektar
Besuchszeiten: Mo.-Sa., nach Vereinbarung

Eugen Schoenhals hat 1986 auf ökologischen Weinbau umgestellt und ist seit 1988 ECOVIN-Mitglied. Seit 1995 führt er den Betrieb zusammen mit Martin Knab. Rotweine nehmen die Hälfte der Fläche in den Weinbergen von Eugen Schönhals ein, insbesondere Dornfelder, Portugieser und Spätburgunder. Bei den Weißweinen dominiert der Riesling. Aber auch mehltauresistente Rebsorten wie Rondo, Regent oder Saphira sind bei Eugen Schönhals zu finden.

Die neue Kollektion gefällt mir nochmals besser als im Vorjahr, als die Huxelrebe Spätlese und der sehr eigenständige barriqueausgebaute Spätburgunder mir am besten gefielen.

84 ▶ 2002 Weißburgunder trocken würzige Frucht im Bouquet, klar und direkt; frisch, klare wenn auch zurückhaltende Frucht, feiner Biss (4,95 €)

86 ▶ 2002 Riesling Spätlese trocken gute Würze und Konzentration, sehr klare Frucht; klar und direkt im Mund, gute reife Frucht, zupackender feiner Riesling (5,20 €)

88 ▶ 2001 „Cuvée No. 1" Weißwein trocken Huxelrebe, Weißburgunder und Saphira, die Hälfte des Weines in neuen Barriques ausgebaut; würzig, direkt, feine Vanille und Toast, gute Konzentration; reife Frucht dann im Mund, Struktur, viel Nachhall (7,95 €)

85 ▶ 2002 Riesling Spätlese „feinherb" würzige Noten, klare jugendliche Frucht; viel süße Frucht, schmeichelnd, herrlich süffig, Biss und Nachhall (6,20 €)

86 ▶ **2002 Huxelrebe Spätlese** sehr reintönige Frucht, direkt, etwas Aprikosen; herrlich frisch und klar im Mund, gute Frucht, feiner Biss (5,40 €)

85 ▶ **2001 Dornfelder trocken** jugendliche wunderschön beerige Frucht; frisch, klar, sehr reintönige Frucht, Biss (4,95 €)

86 ▶ **2001 „Cuvée 5" Rotwein trocken** Rondo, Regent und Portugieser, ein Viertel im Barrique, drei Viertel im großen Holzfass ausgebaut; gute Würze, etwas Minze, jugendliche Frucht, rote und dunkle Früchte; frisch, viel Frucht, Struktur, Biss (5,90 €)

Weitere Weine: 83 ▶ 2002 Riesling Kabinett trocken ▪ 83 ▶ 2002 Spätburgunder Weißherbst Spätlese trocken ▪

Wein- und Sektgut F.B. **Schönleber** ★
Rheingau

◆ Obere Roppelsgasse 1,
65375 Oestrich-Winkel
Tel. 06723-3474, Fax: 06723-4759
www.fb-schoenleber.de
info@fb-schoenleber.de
Inhaber: Franz und Katharina Schönleber
Betriebsleiter: Bernd und Ralf Schönleber
Rebfläche: 9,5 Hektar
Besuchszeiten: Mo.-Sa. 7:30-11:30 + 13-18:30 Uhr
Hotel F.B. Schönleber

Das Weingut mit 200jähriger Tradition wird heute von Bernd und Ralf Schönleber geführt, den Söhnen von Franz und Katharina Schönleber. Sie bauen hauptsächlich Riesling an, dazu 10 Prozent Spätburgunder und ein klein wenig Grauburgunder, der wie Teile des Spätburgunders zu Sekt verarbeitet wird. Manche Weine durchlaufen den biologischen Säureabbau.

84 ▶ **2002 Riesling Spätlese trocken Mittelheimer St. Nikolaus** feine Würze, jugendliche Frucht; frisch, klare Frucht, Biss (7,10 €)

85 ▶ **2002 Riesling Spätlese halbtrocken Oestricher Doosberg** würzig, direkt, klare Frucht; kompakt, klar, reife Frucht (7,10 €)

87 ▶ **2002 Riesling Erstes Gewächs Mittelheimer St. Nikolaus** viel Konzentration, Würze, klare Frucht; kompakt, kraftvoll, viel süße Frucht (15 €)

85 ▶ **2002 Riesling Spätlese Mittelheimer Edelmann** feine Würze, klare süße Frucht; süß, schmeichelnd, enorm süffig (7,10 €)

88 ▶ **2002 Riesling Spätlese Oestricher Doosberg** konzentriert, herrlich dominant, würzige süße Rieslingfrucht; gute Harmonie und Konzentration, reife süße Frucht, gute Länge (13 €)

Weitere Weine: 83 ▶ 2001 „Creation Karat" Sekt Brut ▪ 81 ▶ 2002 Riesling trocken Nr. 15/03 (1l) ▪ 81 ▶ 2002 Riesling trocken Nr. 27/03 (1l) ▪ 80 ▶ 2002 Riesling trocken Mittelheimer Edelmann ▪ 81 ▶ 2002 Riesling Classic ▪ 82 ▶ 2002 Riesling Kabinett trocken Oestricher Lenchen ▪ 83 ▶ 2002 Riesling (1l) ▪ 82 ▶ 2002 Spätburgunder Weißherbst halbtrocken Erbacher Honigberg ▪

Weingut **Scholler** ★★★
Pfalz

Alte Kirchstraße 7, 76831 Birkweiler
Tel. 06345-3529, Fax: 06345-8535
www.weingut-scholler.de
weingutscholler@t-online.de
Inhaber: Helmut Scholler
Rebfläche: 13 Hektar
Besuchszeiten: Mo.-Sa. 8-12 + 13-18 Uhr
Weinprobe mit kleinen Gerichten, Brennerei

Seit 1991 führen Helmut und Bettina Scholler dieses Weingut, das seit Jahrhunderten in Familienbesitz ist und seit 1889 den Namen Scholler trägt. Die Weinberge verteilen sich auf 40 Parzellen von Birkweiler bis Nussdorf. Hauptrebsorten sind Riesling, Weißburgunder und Spätburgunder mit jeweils 15 Prozent. Es folgen Müller-Thurgau und Silvaner - deren Anteil Helmut Scholler weiter verringern will - und Sankt Laurent. Hinzugekommen sind zuletzt Chardonnay, Regent und noch mehr Sankt Laurent, die Neuzüchtungen wie z.B. Ehrenfelser, Forta und teilweise Scheurebe ersetzt haben. Rote Sorten nehmen inzwischen 30 Prozent der Weinberge von Helmut Scholler ein und er möchte diesen Anteil noch etwas erhöhen. Im Birkweiler Kastanienbusch wird Riesling und neuerdings Spätburgunder auf Rotliegendem und Weißburgunder auf Buntsandsteinverwitterungsböden angebaut. Im Mandelberg Riesling und Chardonnay auf Muschelkalk. Im Rosenberg mit seinen lehmigen und tonigen Böden wächst Gewürztraminer, Weißburgunder, Spätburgunder und Sankt Laurent. Im Nussdorfer Herrenberg mit seinen Lößböden wachsen Silvaner, Riesling, Portugieser und Spätburgunder. Helmut Scholler versucht möglichst spät zu lesen. Die Rotweine werden nach der Maischegärung in Holzfässern ausgebaut, die Weißweine werden temperaturkontrolliert vergoren und im Edelstahl ausgebaut. Ausgesuchte Weine kommen ins Barrique. Die Weine werden überwiegend trocken ausgebaut und vor allem an Privatkunden verkauft.

Wie schon in den vergangenen Jahren hat Helmut Scholler wieder wunderschön reintönige Weißweine, viele davon wahrhafte Schnäppchen.

87 ▶ **2001 Spätburgunder Sekt Blanc de Noirs Extra Brut Birkweiler Kastanienbusch** feine rauchige Noten, dezent Butter; gute Harmonie, sehr klar, elegant, feiner Nachhall (8 €)

84 ▶ **2002 Weißburgunder Kabinett trocken Birkweiler Kastanienbusch** feine würzige Weißburgunderfrucht, klar; weich im Mund, schmeichelnd (4,30 €)

87 ▶ **2002 Weißburgunder Spätlese trocken Birkweiler Kastanienbusch** gute Konzentration, sehr klare würzige Frucht; weich, gute Frische, viel reife klare süße Frucht (4,80 €)

84 ▶ **2002 Riesling Kabinett trocken** frisch, klar, feine Würze; gute Frucht, harmonisch, süffig (3,80 €/1l)

85 ▶ **2002 Riesling Kabinett trocken Nußdorfer Kaiserberg** frische klare Rieslingfrucht; frisch, süße Frucht, süffig (3,90 €)

86 ▶ **2002 Riesling Spätlese trocken Birkweiler Mandelberg** würzig, konzentriert, jugendliche Frucht; weich im Mund, viel süße Frucht (4,60 €)

88 ▶ **2002 Scheurebe Auslese Birkweiler Kastanienbusch** herrlich intensive eindringliche Frucht, Cassis, dominant, konzentriert; viel Frucht im Mund, herrlich füllig, harmonisch (4,90 €)

Weitere Weine: 81 ▶ 2002 Weißburgunder Kabinett trocken (1l) ■ 81 ▶ 2002 Spätburgunder Weißherbst Kabinett trocken Blanc de Noirs ■ 83 ▶ 2002 Regent trocken ■ 83 ▶ 2001 Sankt Laurent trocken ■

Weingut Martin **Schropp** ★
Württemberg

◆ Straßenäcker 1, 74235 Erlenbach
Tel. 07132-7644, Fax: 07132-5553
www.weingut-martin-schropp.de
weingut-martin-schropp@t-online.de
Inhaber: Martin Schropp
Rebfläche: 11 Hektar
Besuchszeiten: Mo.-Fr. 15-18 Uhr,
Sa. 9-18 Uhr oder nach Vereinbarung
Besenwirtschaft, Weinladen

Der ursprünglich landwirtschaftliche Betrieb bietet seit 1973 auch eigenen Wein an. Martin Schropp baut seine Weine teils in Edelstahltanks, teils in Holzfässern aus.

84 ▶ **2002 Gewürztraminer Spätlese Erlenbacher Kayberg** wunderschön klare Traminerfrucht, etwas Frische, dezent Zitrus; füllig, reife süße Frucht (6,50 €)

84 ▶ **2002 Dornfelder trocken Erlenbacher Kayberg** jugendliche Frucht, schöne Frische, sehr klar; gute Frucht, unkompliziert, jugendliche Bitternote (4,80 €)

85 ▶ **2001 „Sankt Florian" Rotwein trocken Erlenbacher Kayberg** jugendliche Frucht, rote Früchte, Frische; klar und direkt im Mund, gute süße Frucht, harmonisch, süffig (7,50 €)

Weitere Weine: 83 ▶ 2002 Weißer Burgunder trocken Erlenbacher Kayberg ■ **83** ▶ 2002 Trollinger Rosé Spätlese trocken Erlenbacher Kayberg ■ **81** ▶ 2002 Trollinger Spätlese Erlenbacher Kayberg ■ **83** ▶ 2002 Samtrot Erlenbacher Kayberg ■

C. von Schubert'sche ★★★★
Gutsverwaltung Grünhaus
Mosel-Saar-Ruwer

Grünhaus, 54318 Mertesdorf
Tel. 0651-5111, Fax: 0651-52122
www.vonschubert.com
info@vonschubert.com
Inhaber: Dr. Carl-Ferdinand von Schubert
Rebfläche: 34 Hektar
Besuchszeiten: Mo.-Fr. 8-12 + 13-16:30 Uhr,
Sa. 9-12 Uhr (nur nach Vereinbarung)

Die Weinberge von Maximin Grünhaus befinden sich in einer arrondierten Lage auf der linken Seite der Ruwer. Alle drei Teile dieser Lage, Bruderberg, Herrenberg und Abtsberg gehören Carl-Ferdinand von Schubert in Alleinbesitz. Dank einer sehr klaren Linie sind von den angebotenen Weinen „vernünftige" Mengen vorhanden. Von Qualitätsweinen, Kabinett und Spätlesen werden jeweils etwa 10.000 Flaschen erzeugt.

Wie nur bei wenigen anderen Weingütern in Deutschland, zeigen die Weine von Maximin Grünhaus eine klare, unverwechselbare Handschrift, sind wieder erkennbar. Sie sind kraftvoll und mineralisch, in ihrer Jugend oft etwas streng und verschlossen. Selbst einfache Rieslinge von Maximin Grünhaus sind von bemerkenswerter Lagerfähigkeit. Kein Wunder, dass man diese Weine in der gehobenen Gastronomie fast überall findet.

Das Jahr 2000 war kein glückliches Jahr für das Weingut. Am 11. Mai hatte Hagel die jungen Triebe zu 80 Prozent geschädigt. Der Herbst brachte dann sehr niedrige Erträge. Die Basisweine waren gut - aber die Highlights fehlten in der 2000er Kollektion. Sehr ähnlich ihren Vorgängern waren die 2001er Qualitäts- und Kabinettweine. Sie waren sehr klar, meist geprägt von mineralischen Noten. Die Spätlesen aber brachten keine große Steigerung. Aber die edelsüßen Weine waren herrlich reintönig und zupackend, faszinierend nachhaltig. Die Eisweine aus dem Abtsberg gehörten zu den großen Eisweinen des Jahrgangs in der Region. Im Jahrgang 2002 nun überzeugt die Kollektion von den Qualitätsweinen bis zu den Spätlesen. Auslesen und Eisweinen aber fehlt die Brillanz ihrer Vorgänger.

87 ▶ **2002 Riesling trocken Maximin Grünhäuser Herrenberg** würzig, jugendlich, herrlich klar und direkt; viel reife klare Frucht, herrlich harmonisch und lang (8 €)

86 ▶ **2002 Riesling trocken Maximin Grünhäuser Abtsberg** gute Konzentration, würzige jugendliche Frucht, mineralische Noten; füllig, klar, reife süße Frucht (8,50 €)

87 ▶ **2002 Riesling Kabinett trocken Maximin Grünhäuser Herrenberg** herrlich konzentriert, sehr klare mineralische Frucht, jugendlich; klar, direkt, feine Frucht, mit Biss und Nachhall (10 €)

87 ▶ **2002 Riesling Kabinett trocken Maximin Grünhäuser Abtsberg** würzig, direkt, jugendliche Frucht; klar, kraftvoll, reife Frucht, viel Biss (10,50 €)

89 ▶ **2002 Riesling Spätlese trocken Maximin Grünhäuser Abtsberg** konzentriert, herrlich würzige jugendliche Frucht, sehr eindringlich; kraftvoll im Mund, viel Frucht, Struktur, Nachhall (13,50 €)

86 ▶ **2002 Riesling halbtrocken Maximin Grünhäuser Herrenberg** frisch, klar, herrlich würzige Frucht; harmonisch, süß, geschmeidig, reintöniger Riesling (8 €)

Weingut Schumacher ★★★★
Pfalz

86 ▶ 2002 Riesling Kabinett halbtrocken Maximin Grünhäuser Herrenberg viel Würze und Konzentration im Bouquet, klare jugendliche Frucht; harmonisch, klar, reife süße Frucht, süffig (10 €)

87 ▶ 2002 Riesling Kabinett Maximin Grünhäuser Abtsberg frisch, klare jugendliche Rieslingfrucht, etwas Pfirsiche und Aprikosen; klar, harmonisch, reife süße Frucht (10,50 €)

88 ▶ 2002 Riesling Spätlese Maximin Grünhäuser Herrenberg feine Würze und Frucht, sehr klar; gute Harmonie, klare reife Frucht, feiner Nachhall (12 €)

88 ▶ 2002 Riesling Spätlese Maximin Grünhäuser Abtsberg konzentriert, jugendlich, herrlich klare Frucht; gute Fülle, klare reife Frucht (13,50 €)

87 ▶ 2002 Riesling Auslese Maximin Grünhäuser Herrenberg würzig und direkt, jugendliche Frucht; harmonisch, kompakt, gute Frucht (17 €)

88 ▶ 2002 Riesling Auslese Maximin Grünhäuser Abtsberg würzige Noten, jugendliche Frucht; reife Frucht, füllig, harmonisch, klar (19 €)

87 ▶ 2002 Riesling Auslese Nr. 93 Maximin Grünhäuser Abtsberg duftig, eindringlich; viel süße Frucht, klar und direkt (38 €)

87 ▶ 2002 Riesling Eiswein Maximin Grünhäuser Herrenberg recht würzig und duftig, konzentriert; viel süße Frucht, dominant, füllig (70 €/0,375l)

88 ▶ 2002 Riesling Eiswein Maximin Grünhäuser Abtsberg viel Duft, Kaffee, eindringlich; viel süße Frucht, dick, konzentriert, Biss und Nachhall (80 €/0,375l)

88 ▶ 2002 Riesling Eiswein Nr. 211 Maximin Grünhäuser Abtsberg viel Duft, Kaffee; dominante süße Frucht im Mund, dick, konzentriert (110 €/0,375l)

Weitere Weine: 85 ▶ 2002 Riesling Maximin Grünhäuser Herrenberg ▪ 85 ▶ 2002 Riesling Maximin Grünhäuser Bruderberg ▪

Hauptstraße 40, 67273 Herxheim am Berg
Tel. 06353-93590, Fax: 06353-935922
www.schumacher-weine.de
weingut-schumacher@t-online.de
Inhaber: Annetrud Franke
Gutsverwalter: Michael Acker
Rebfläche: 11,3 Hektar
Besuchszeiten: Mo.-Fr. 9-12 + 14-18 Uhr, Sa. 10-14 Uhr

Früher wurden die Weine des Weinguts Schumacher exklusiv über die Gutsschänke Neuhof bei Frankfurt verkauft. Erst seit einer Erbteilung müssen Annetrud und Wilhelm Franke sich selbst um die Vermarktung ihrer Weine kümmern. 40 Prozent der Weinberge sind mit Rotweinsorten bepflanzt, mit Spätburgunder, Dornfelder und Portugieser. Alle Rotweine werden im Holzfass ausgebaut. Bei den weißen Sorten dominiert Riesling, hinzu kommen Silvaner, Weiß- und Grauburgunder, sowie Scheurebe und Auxerrois. Die Anlage mit Chardonnay hat Gutsverwalter Michael Acker gerodet, da er mit den Ergebnissen nicht zufrieden war. Die mit dem Zusatz „Garten" versehenen Weine sind die Spitzenweine aus einer arrondierten Lage unmittelbar beim Weingut.

Durch konsequente Qualitätsorientierung entstehen beim Weingut Schumacher Weine, die zu den besten der Pfalz gehören. Nach der sehr guten 98er Kollektion brachte der Jahrgang 1999 eine weitere Steigerung. Die 2000er Kollektion bestätigte mit sehr guten Weißweinen den hervorragenden Eindruck der beiden Vorjahre - und bot darüber hinaus einen faszinierenden Frühburgunder. Die letztjährige Kollektion war prächtig, alle Weine überzeugten, ob weiß, rot oder edelsüß. Gleiches gilt im neuen Jahrgang, in dem mir die beiden Riesling Spätlesen besonders gut gefallen.

Alle Rieslinge des Weinguts, vom Gutsriesling angefangen, sind immer wunderschön reintönig. Sie haben Frucht und Biss, sind niemals fett. In diesem Jahr ist wieder die Spätlese „Garten", aus dem Weinberg unmittelbar am Weingut, mein Favorit.

Die weißen Burgunder sind in den letzten Jahren stetig besser geworden, der Auxerrois gehört immer zu den besten Auxerrois in Deutschland. Immer wieder interessant sind auch die Silvaner, die Michael Acker macht. Im vergangenen Jahr hatte er erstmals einen Teil auch im Barrique ausgebaut. Mit zwei Trockenbeerenauslesen, Silvaner und Scheurebe, hatte er im letzten Jahr auch zwei hervorragende edelsüße Weine im Programm, die besten Edelsüßen, die ich bisher von hier verkostet habe.

Der Aufwärtstrend hält an und das ist überall zu erkennen, auch beim Rotwein. Frühburgunder und Spätburgunder gehören immer wieder zu den besten Rotweinen der Pfalz. Im vergangenen Jahr hatte mich der Spätburgunder „Garten R" aus dem Jahrgang 1999 (90) besonders beeindruckt. Im Jahrgang 2001 fällt mir die Wahl zwischen Früh- und Spätburgunder schwer, beide faszinieren gleichermaßen mit ihrer reintönigen Frucht.

84 ▶ **2002 Riesling Kabinett trocken** feine Würze, klare jugendliche Frucht; frisch, klar, feine Frucht und Biss (5 €/1l)

86 ▶ **2002 Riesling Kabinett trocken Herxheimer Himmelreich** frisch, klar, feine jugendliche Frucht, eindringlich; harmonisch, sehr klare Frucht, Struktur (5 €)

85 ▶ **2002 Weißburgunder Kabinett trocken Herxheimer Himmelreich** feine jugendliche Frucht, weiße Früchte, klar; gute Harmonie, klare Frucht, kompakt (4,60 €)

86 ▶ **2002 Silvaner Spätlese trocken Herxheimer Honigsack** wunderschön klare eindringliche Frucht, weiße Früchte; harmonisch, kompakt, viel reife klare Frucht (5,80 €)

87 ▶ **2002 Grauburgunder Spätlese trocken Herxheimer Himmelreich** gute Konzentration, sehr klare jugendliche Frucht; reife klare Frucht, kompakter Grauburgunder (7 €)

88 ▶ **2002 Auxerrois Spätlese trocken Herxheimer Himmelreich** herrlich viel Frucht, klar, konzentriert, eindringlich; kraftvoll im Mund, viel Frucht, klar, lang (11,80 €)

90 ▶ **2002 Riesling Spätlese trocken Herxheimer Himmelreich** jugendliche Frucht, herrlich klar und eindringlich, ein wenig Aprikosen; harmonisch im Mund, viel reife klare Frucht, kraftvoll, feiner Nachhall (7,60 €)

92 ▶ **2002 Riesling Spätlese trocken „Garten" Herxheimer Himmelreich** enorm dominant, konzentrierte jugendliche Rieslingfrucht, herrlich eindringlich; kraftvoll im Mund, viel reife Frucht, reintönig, faszinierend lang und nachhaltig (9,70 €)

87 ▶ **2002 Scheurebe Spätlese Herxheimer Honigsack** feiner Duft, Cassis, wunderschön reintöniges Bouquet; viel reife Frucht, harmonisch, schmeichelnd, sehr lang (6,50 €)

85 ▶ **2001 St. Laurent trocken Freinsheimer Musikantenbuckel** klare Frucht, feines Bouquet; frisch, klare Frucht, Biss (8 €)

86 ▶ **2002 Spätburgunder trocken** klare jugendliche Frucht, sehr reintönig; gute Harmonie, sehr klare Frucht, Frische (9,70 €)

89 ▶ **2001 Frühburgunder Spätlese trocken Herxheimer Himmelreich** wunderschön reintönige Frucht mit rauchigen Noten; klar im Mund, gute Fülle und Frucht, harmonisch, elegant (14 €)

89 ▶ **2001 Spätburgunder Spätlese trocken „Garten" Herxheimer Himmelreich** enorm würzig, konzentriert, herrlich eindringliche Frucht; gute Fülle, sehr klare Frucht, Struktur, jugendlich (13,50 €)

Weingut Schwab ★★★
Franken

Bühlstraße 17, 97291 Thüngersheim
Tel. 09364-89183, Fax: 09364-89184
www.weingut-schwab-franken.de
info@weingut-schwab-franken.de
Inhaber: Thomas Schwab
Rebfläche: 10,5 Hektar
Besuchszeiten: Mo.-Fr. 8-18 Uhr, Sa.+So. nach Vereinbarung
Probierstube (bis 70 Personen)

Das Weingut Schwab war ursprünglich ein landwirtschaftlicher Mischbetrieb, bevor Gregor und Barbara Schwab Mitte der siebziger Jahre sich ganz auf Weinbau spezialisierten. Seit 1990 bewirtschaftet mit Thomas und Andrea Schwab die nächste Generation das Familienweingut. Die Weinberge von Thomas Schwab liegen in den Thüngersheimer Lagen Johannisberg und Scharlachberg. Wichtigste Rebsorte ist Müller-Thurgau, gefolgt von Riesling, Silvaner, Bacchus, Kerner und Spätburgunder.

Wie schon in den vergangenen Jahren überzeugen alle Weine von Thomas Schwab mit ihrer glasklaren, sehr sortentypischen Frucht. Und noch einen Satz aus dem vergangenen Jahr kann ich wiederholen: die Preise sind nach wie vor moderat.

86 ▶ **2002 Silvaner Kabinett trocken Thüngersheimer Johannisberg** klare Frucht, weiße Früchte, schöne Frische; frisch, klar, feine Frucht, schön reintöniger Silvaner (5,10 €)

86 ▶ **2002 Müller-Thurgau Kabinett trocken Thüngersheimer Johannisberg** frisch, herrlich klar und lebhaft, feine Frucht; klar auch im Mund, feine Frische, klare süße Frucht (4,60 €)

87 ▶ **2002 Bacchus Kabinett trocken Thüngersheimer Johannisberg** feines Bouquet, sehr klare Frucht, Frische; kraftvoll und klar im Mund, viel Frucht, Frische (4,60 €)

85 ▶ **2002 Riesling Kabinett trocken Thüngersheimer Johannisberg** frisch, klar, feine Würze; klare Frucht und feiner Biss (5,30 €)

87 ▶ **2002 Scheurebe Kabinett trocken Thüngersheimer Johannisberg** verhaltene aber klare Frucht, dezent Johannisbeeren; frisch und klar im Mund, sehr reintönig, harmonisch, elegant (5,10 €)

85 ▶ **2002 Kerner Kabinett trocken Thüngersheimer Scharlachberg** feine Würze, zurückhaltende aber klare Frucht, Frische; klare Frucht, feiner Biss (4,60 €)

88 ▶ **2002 Silvaner Spätlese trocken Thüngersheimer Johannisberg** klar, konzentriert, feine Silvanerfrucht; kraftvoll, klar, herrlich zupackend (7,50 €)

88 ▶ **2002 Riesling Selection Thüngersheimer Johannisberg** würzig, klar, gute Konzentration; wunderschön fruchtbetont, harmonisch, füllig, sehr klar (9,50 €)

85 ▶ **2002 Spätburgunder Rosé Kabinett trocken Thüngersheimer Johannisberg** frisch, klar, feine Frucht; gute Fülle und Harmonie, klare Frucht (5 €)

85 ▶ **2002 Dornfelder trocken Thüngersheimer Johannisberg** rote Früchte im Bouquet, Blaubeeren; jugendliche Frucht im Mund, gute Harmonie, herrlich süffig

85 ▶ **2001 Spätburgunder trocken Thüngersheimer Johannisberg** frisch, klar, feine Würze und Frucht; gute Harmonie, Struktur, feine Bitternote (5,50 €)

Weingut
Heinz J. Schwab ★
Württemberg

◆ Wassergasse 4, 74626 Bretzfeld-Dimbach
Tel. 07946-1418, Fax: 07946-95023
weingut.schwab@t-online.de
Inhaber: Heinz J. Schwab
Rebfläche: 6,5 Hektar
Besuchszeiten: nach Vereinbarung, während Besenzeiten ganztägig
Besen vom September bis Mai (1x monatlich 6 Tage, Di. bis So.)
„Schwab's Wild(e) Tage" (1./2. November)
Weinprobiertage (letztes Februarwochenende)

Heinz und Karin Schwab haben 1991 ihr Weingut gegründet. 4 Hektar bewirtschaften sie im Dimbacher Himmelreich. Zudem kommt seit 2002 ein 2,5 Hektar großer Weinberg in Unterheimbach in der Lage Schneckenhof, der hinzugepachtet wird. 70 Prozent der Fläche nehmen rote Rebsorten ein, vor allem Trollinger, Spätburgunder, Lemberger, Schwarzriesling und Dornfelder. Bei den weißen Sorten dominiert Riesling.

84 ▶ **2002 Lemberger trocken** frisch, klar, feine Frucht, rote Früchte; lebhaft im Mund, feine klare Frucht (4,10 €)

85 ▶ **2002 Zweigelt trocken** klare jugendliche Frucht, rote Früchte, Frische; frisch, sehr klare Frucht, feiner Zweigelt (3,80 €)

84 ▶ **2002 Regent Spätlese trocken** reife klare Frucht, sehr eindringlich; geradlinig im Mund, klare Frucht, Biss (6 €)

87 ▶ **2001 Lemberger Barrique** rauchige Noten, sehr klare reife Frucht, feiner Toast; klare reife Frucht im Mund, wunderschön harmonisch, süffig, gute Struktur (9,20 €)

Weitere Weine: 81* ▶ 2001 Weißwein trocken ■ 81 ▶ 2002 Riesling (1l) ■ 83 ▶ 2002 Trollinger Weißherbst ■ 83 ▶ (o.J.) „Sankt Lutia" Rotwein-Cuvée trocken ■ 83 ▶ 2002 Trollinger mit Lemberger (1l) ■ 81 ▶ 2002 Lemberger ■

Weingut
Martin Schwab ★
Pfalz

◆ ♣ Eckgasse 9, 76833 Böchingen
Tel. 06341-63715, Fax: 06341-962817
www.weingut-schwab.de
info@weingut-schwab.de
Inhaber: Martin Schwab
Rebfläche: 6 Hektar
Besuchszeiten: nach Vereinbarung

Martin Schwab ist Quereinsteiger. Er machte eine Winzerlehre und war dann mehrere Jahre Betriebsleiter bei einem Weingut in Rheinhessen, bevor er sein eigenes Weingut in Böchingen aufbaute. Mehr als die Hälfte seiner Fläche nehmen rote Rebsorten ein. Hauptrebsorten sind Sankt Laurent, Dornfelder und Spätburgunder. Dazu gibt es Dunkelfelder und demnächst auch Cabernet Sauvignon und Merlot. Seit 1997 ist er Mitglied bei Bioland.

85 ▶ **2002 Gewürztraminer Auslese Böchinger Rosenkranz** reife süße Traminerfrucht, Rosen; füllig, harmonisch, viel süße Frucht (7,90 €/0,5l)

84 ▶ **2002 Dornfelder trocken** klare Frucht, jugendlich; frisch, klar, feine Frucht (4,40 €)

Weitere Weine: 82 ▶ 2000 Pinot Sekt Blanc de Noir Brut ■ 82 ▶ 2001 Spätburgunder trocken ■

Konrad **Schwarz** ★
Weingut am Ölspiel
Franken

Schleifweg 13, 97286 Sommerhausen
Tel. 09333-221, Fax: 09333-726
Inhaber: Konrad Schwarz
Rebfläche: 6 Hektar
Besuchszeiten: täglich, Weinproben nach Vereinbarung

Konrad Schwarz baut neben Müller-Thurgau, Silvaner, Bacchus und Kerner auch Riesling, Weißburgunder und Scheurebe an. An roten Sorten gibt es beim ihm Domina und Spätburgunder. Die meisten seiner Weine vermarktet er unter der Sommerhäuser Lagenbezeichnung Ölspiel, die leider mit dem Weingesetz 1971 zur Großlage wurde. Aber auch die Sommerhäuser Einzellage Steinbach findet man bei ihm, so wie einen Spätburgunder aus dem Kleinochsenfurter Herrenberg. Die Rotweine werden im klassischen Holzfass ausgebaut. Neben Wein erzeugt er auch Edelbranntweine.

Ich hatte vor zwei Jahren zum ersten Mal Weine von Konrad Schwarz verkostet und war angenehm überrascht vom guten, gleichmäßigen Niveau mit gleichermaßen interessanten Weiß- und Rotweinen. Im vergangenen Jahr hatten mir die jungen Weine aus dem Jahrgang 2001 besser gefallen als die 2000er. Den Jahrgang 2002 finde ich nun noch ein klein wenig besser, vor allem die jungen Rotweine überzeugen.

86 ▶ **2002 Riesling Spätlese Sommerhäuser Ölspiel** gute Konzentration, sehr klare jugendliche Rieslingfrucht; frisch, direkt, herrlich viel Frucht, harmonischer Riesling (7,20 €)

86 ▶ **2002 Domina trocken Sommerhäuser Ölspiel** gute Konzentration, sehr klare Frucht; harmonisch, viel klare Frucht (6,40 €)

86 ▶ **2002 Spätburgunder trocken Sommerhäuser Ölspiel** klare würzige Frucht, direkt; gute Harmonie und klare Frucht (6,50 €)

Weitere Weine: **81** ▶ 2001 Silvaner Kabinett trocken Sommerhäuser Ölspiel ■ **83** ▶ 2002 Weißer Burgunder Kabinett trocken Sommerhäuser Ölspiel ■ **83** ▶ 2001 Scheurebe Kabinett halbtrocken Sommerhäuser Ölspiel ■ **82** ▶ 2002 Rotling trocken Sommerhäuser Ölspiel ■

Weingut
Albrecht **Schwegler** ★★★
Württemberg

Steinstraße 35, 71404 Korb
Tel. 07151-34895, Fax: 07151-34978
weingut.a.schwegler@web.de
Inhaber: Albrecht Schwegler
Rebfläche: 1,46 Hektar
Besuchszeiten: nach Vereinbarung

Albrecht Schwegler hat eine eigene Firma mit 25 Mitarbeitern, die „Korb Linearsysteme". Aber Albrecht Schwegler ist auch Winzer aus Leidenschaft, eine Leidenschaft die seine Frau Andrea mit ihm teilt. Und so hat er vor mehr als zehn Jahren begonnen Weine zu machen, so wie sie seiner Vorstellung von Rotwein entsprechen. Er macht nur Rotwein. Nur vier Weine - und die auch nicht in jedem Jahr. Zunächst einmal in der Literflasche, „d'r Oifache", der meist einen größeren Anteil Trollinger enthält. Dann kommt der „Beryll", der in gebrauchten Barriques ausgebaut wird, anschließend der „Saphir" und schließlich - aber wirklich nur in Spitzenjahren - der „Granat", der es zu gewissem Kultstatus unter Weinliebhabern gebracht hat. 1990 gab es den ersten Granat, dann erst wieder 1993, 1994 und 1997. Albrecht Schwegler setzt beim Rotwein ganz auf Cuvées. Zweigelt ist die wichtigste Rebsorte bei ihm. Dazu gibt es

Lemberger, Merlot und Trollinger. Vor drei Jahren hat er seine Rebfläche fast verdoppelt auf nunmehr knapp eineinhalb Hektar - und hat auch Syrah, Regent und Cabernet Franc angepflanzt. Er verwendet ausschließlich französische Barriques, nur Allier- und Limousineiche. Die Weine werden ohne jede Filtration abgefüllt - so wie es vor fünfzig Jahren alle Winzer gemacht haben, und worauf sich erst in den letzten Jahren in Deutschland wieder einige besinnen.

Seine Weine sind auf Haltbarkeit angelegt. Das hatte Albrecht Schwegler mir vor zwei Jahren mit seinem ersten Wein, dem Granat aus dem Jahrgang 1990, eindrucksvoll bewiesen. Nachdem 1998 ein „granatloser" Jahrgang war, befand Albrecht Schwegler den Jahrgang 1999 als „granatwürdig". Diesen Weine habe ich im vergangenen Jahr verkostet und er war für mich die beste Rotweincuvée Deutschlands. In diesem Jahr habe ich ihn erneut verkostet und war wieder fasziniert von ihm.

84 ▶ „d'r Oifache" feine Frucht, Frische, direkt; gute Harmonie im Mund, feine Frucht und Biss (6,20 €/1l)

87 ▶ 1999 Beryll intensive Frucht, klar und eindringlich; schmeichelnd im Mund, viel reife süße Frucht, wunderschön harmonisch, lang (11 €)

86 ▶ 2000 Beryll reife rote Früchte, sehr eindringlich; gute Harmonie im Mund, Tannine, klar, jugendlich (11 €)

87 ▶ 2000 Saphir herrlich konzentriert, reife süße Frucht, rauchige Noten, feine Würze; gute Harmonie, kraftvoll, kompakt, tanninbetont im Abgang (22 €)

90 ▶ 1999 Granat reife Frucht mit rauchigen Noten, herrlich eindringlich; viel Frucht und Kraft im Mund, etwas Vanille und Schokolade, gute Struktur, lang und mit Nachhall, jugendlich (34,50 €)

Weingut Bürgermeister Willi Schweinhardt Nf. ★★★★
Nahe

Heddesheimer Straße 1, 55450 Langenlonsheim
Tel. 06704-93100, Fax: 06704-931050
www.schweinhardt.de
info@schweinhardt.de
Inhaber: Wilhelm und Axel Schweinhardt
Rebfläche: 36,5 Hektar
Besuchszeiten: Mo.-Fr. 9-12 + 13-18 Uhr, Sa. 10-12 Uhr

Bürgermeister Willi Schweinhardt Nachf. gehört mit einer durchschnittlichen Jahresproduktion von 300.000 Flaschen zu den größten Weingütern an der Nahe. 90 Prozent davon werden an Privatkunden verkauft. Wichtigste Rebsorten bei Wilhelm und Axel Schweinhardt sind Riesling und die Burgundersorten, sowie in den letzten Jahren verstärkt auch rote Sorten wie Spätburgunder, Dornfelder, Portugieser, Frühburgunder, Merlot und Cabernet Sauvignon. So hat Axel Schweinhardt zuletzt mehr Spätburgunder im Langenlonsheimer Rothenberg angelegt. Wobei man hier auf eine lange Rotweintradition zurückblickt und bereits seit den fünfziger Jahren Rotwein erzeugt. Auch Grau- und Weißburgunder haben schon immer eine wichtige Rolle gespielt und Chardonnay gibt es auch schon seit zehn Jahren. Die Weine werden recht kühl mit Reinzuchthefen vergoren.

Jahr für Jahr überzeugt dieses Weingut mit dem durchgängig hohen Niveau seiner Weine. Weiß- und Grauburgunder, aber auch Riesling und Chardonnay gehören immer wieder zu den besten Weinen an der Nahe. Und die Rotweine sind in den letzten Jahren stetig besser geworden. Selbst in einem schwierigen Jahr wie 2000 überzeugte das Weingut mit einer sehr guten, gleichmäßigen Kollektion, angeführt vom Riesling Eiswein aus dem Königsschild (90). Der Jahrgang 2001 war nochmals ein wenig besser: ein toller Weißburgunder und zwei edelsüße Rieslinge ragten aus der stimmigen Kollektion hervor. Auch in der neuen Kollektion hält der Aufwärtstrend an, jeder Wein überzeugt, ob weiß oder rot, süß oder trocken (wobei die trockenen Burgunder sehr, fast zu sehr, von Restsüße geprägt sind).

87 ▶ **2002 Chardonnay trocken** klare reife Frucht, sehr reintönig; gute Fülle und Harmonie, viel süße Frucht, süffig (6,50 €)

86 ▶ **2002 Grauer Burgunder trocken Langenlonsheimer Löhrer Berg** klare Frucht, gelbe Früchte; klar auch im Mund, süße Frucht, harmonisch, süffig (6,30 €)

88 ▶ **2002 Weißer Burgunder Spätlese trocken Langenlonsheimer Löhrer Berg** gute Konzentration, herrlich eindringliche reintönige Frucht; klare Frucht auch im Mund, harmonisch, kompakt (7,10 €)

88 ▶ **2002 Riesling Spätlese trocken Langenlonsheimer Rothenberg** würzig, klar, jugendliche Frucht, eindringlich, kraftvoll im Mund, herrlich viel Frucht, zupackender Riesling (6 €)

88 ▶ **2002 Weißer Burgunder Auslese Langenlonsheimer Löhrer Berg** gute Konzentration, Toast, Vanille, reife süße Frucht; kraftvoll im Mund, viel reife süße Frucht, kompakter Weißburgunder (11,50 €)

88 ▶ **2002 Riesling Spätlese Langenlonsheimer Königsschild** herrlich reintönige Frucht, klar und direkt, feine Würze; viel süße Frucht im Mund, klar, zupackend (6,90 €)

87 ▶ **2002 Gewürztraminer Auslese „feinherb" Langenlonsheimer Königsschild** gute Konzentration, dominant, viel Frucht, Rosen; kraftvoll, stoffig, jugendliche Frucht (9,50 €)

90 ▶ **2002 Riesling Auslese Langenlonsheimer Rothenberg** konzentriert im Bouquet, herrlich reintönige reife Rieslingfrucht; füllig, viel reife süße Frucht, konzentriert und klar, sehr lang (10,80 €/0,5l)

92 ▶ **2002 Riesling Eiswein Langenlonsheimer Löhrer Berg** herrlich viel Frucht, Litschi, süße Aprikosen und Mandarinen, faszinierend klar; faszinierend viel süße Frucht dann im Mund, sehr reintönig, süffig, wunderbar lang und nachhaltig (33 €/0,5l)

88 ▶ **2001 Frühburgunder trocken Barrique** reife klare Frucht mit rauchigen Noten, sehr reintönig; gute Harmonie im Mund, reife süße Frucht (15,50 €)

Weingut
Sculetus-Brüssel ★
Rheinhessen

◆ *Winzerstraße 15, 67595 Bechtheim*
Tel. 06242-7048, Fax: 06242-7077
www.weingut-scultetus-bruessel.de
mail@weingut-scultetus-bruessel.de
Inhaber: Dieter Brüssel
Rebfläche: 10 Hektar
Besuchszeiten: nach Vereinbarung

Dieter Brüssel hat zwei Standbeine was die Rebsorten betrifft: Riesling und die Burgundersorten. Aber auch Chardonnay, Merlot und Cabernet Sauvignon baut er inzwischen an.

84 ▶ **2002 Riesling Kabinett trocken** würzige klare Frucht, direkt; sehr reintönig im Mund, gute Frucht (3,80 €)

84 ▶ **2002 Weißer Burgunder Spätlese trocken** gute Würze und Konzentration; reife süße Frucht, süffig (4 €)

85 ▶ **2002 Grauer Burgunder Spätlese trocken** klare Frucht im Bouquet, etwas gelbe Früchte; frisch im Mund, klare süße Frucht, süffig (4,20 €)

86 ▶ **2002 Chardonnay Spätlese trocken** reife süße Frucht, weiße Früchte; viel süße Frucht im Mund, herrlich süffig, feiner Nachhall (4,70 €)

89 ▶ **2002 Huxelrebe Beerenauslese** enorm dominant und konzentriert, würzige eindringliche Frucht; konzentriert im Mund, viel süße Frucht, süße eingelegte Aprikosen, Mirabellen, sehr reintönig (12,50 €/0,375l)

Weingut Heinrich Seebrich ★★★
Rheinhessen

Schmiedgasse 3, 55283 Nierstein
Tel. 06133-60150, Fax: 06133-60165
www.seebrich-weingut.de
weingut.seebrich@t-online.de
Inhaber: Heinrich Seebrich
Rebfläche: 10 Hektar
Besuchszeiten: nach Vereinbarung
Gesellschafts- und Tagungsräume (bis 50 Personen)

Das Weingut Seebrich in Nierstein befindet sich seit seiner Gründung 1783 in Familienbesitz. Wichtigste Rebsorte bei Heinrich Seebrich ist der Riesling mit einem Anteil von 40 Prozent. Hinzu kommen Müller-Thurgau, Kerner, Silvaner, Traminer, Dornfelder und die Burgundersorten. Der überwiegende Teil der Weinberge von Heinrich Seebrich befindet sich im Niersteiner Roten Hang. Die Weine werden langsam vergoren und dann im Holzfass oder im Edelstahltank ausgebaut.

Wie in den Vorjahren überzeugt Heinrich Seebrich mit einer sehr homogenen Kollektion, aus der wieder die edelsüßen Rieslinge herausragen.

84 ▶ **2002 Riesling Kabinett trocken Niersteiner Heiligenbaum** sehr klare jugendliche Frucht, Frische; geradlinig im Mund, gute Frucht, Biss (4,60 €)

84 ▶ **2002 Weißer Burgunder Kabinett trocken Niersteiner Ölberg** klare Frucht, etwas weiße Früchte; unkompliziert, gute ganz leicht süße Frucht (4,60 €)

Weitere Weine: 80 ▶ 2002 Grüner Silvaner Kabinett trocken ▪ 83 ▶ 2002 Kerner Spätlese ▪ 81 ▶ 2001 Merlot trocken ▪ 81 ▶ 2001 Spätburgunder Classic ▪

86 ▶ **2002 Riesling Spätlese halbtrocken Niersteiner Heiligenbaum** würzige Rieslingfrucht, klar und direkt; geradlinig im Mund, klare Frucht, kompakt, Biss (6,20 €)

85 ▶ **2002 Riesling Spätlese Niersteiner Ölberg** würzige Noten, klare Frucht; viel süße Frucht, klar (5,80 €)

85 ▶ **2002 Gewürztraminer Spätlese Niersteiner Ölberg** gute Konzentration, sehr klare Traminerfrucht; süß im Mund, kompakt, klare Frucht (6 €)

85 ▶ **2002 Riesling Spätlese Niersteiner Hipping** gute Konzentration, etwas Litschi, reife Frucht; viel süße Frucht, Frische, klar (5,80 €)

88 ▶ **2002 Riesling Auslese Niersteiner Hipping** reife süße Frucht, klar, viel Litschi, süße Aprikosen; schmeichelnd, herrlich harmonisch, reife süße Frucht (7,90 €)

90 ▶ **2002 Riesling Eiswein Niersteiner Ölberg** gute Konzentration, reife süße Aprikosen, sehr eindringlich; viel süße Frucht, wunderschön reintönig, geschmeidig, lang und nachhaltig (18,50 €/0,375l)

Weitere Weine: 82 ▶ 2002 Riesling Kabinett trocken Niersteiner Brückchen (1l) ▪ 81 ▶ 2002 Riesling Kabinett halbtrocken Niersteiner Rosenberg (1l) ▪ 82 ▶ 2002 Weißer Burgunder Spätlese „feinherb" Niersteiner Bildstock ▪ 83 ▶ 2002 Riesling Kabinett Niersteiner Ölberg ▪

Weingut Seeger ★★★★
Baden

Rohrbacher Straße 101, 69181 Leimen
Tel. 06224-72178, Fax: 06224-78363
www.seegerweingut.de
Inhaber: Thomas Seeger
Rebfläche: 6 Hektar
Besuchszeiten: nach Vereinbarung
Gutsausschank „Jägerlust", Di.-Fr. 18-23 Uhr

Die Weinberge von Thomas Seeger liegen alle im Herrenberg, der teils zu Leimen, teils zu Heidelberg gehört. Riesling und die Burgunder sind die wichtigsten Sorten. Zu Spätburgunder und Schwarzriesling, Weiß- und Grauburgunder hat er zuletzt ein wenig Auxerrois hinzu gepflanzt. Die Barrique-Rotweine werden für etwa 22 Monate in französischer Eiche ausgebaut. Seine Barriqueweine kennzeichnet er nach eigener Einschätzung mit den Buchstaben S, R und RR, in aufsteigender Reihenfolge. Im Jahrgang 2000 hat er keinen Spätburgunder RR gemacht und die dafür vorgesehenen Partien dem R beigegeben. Alle Weine werden trocken ausgebaut. Die Weine stammen aus dem Herrenberg, tragen aber nur zum Teil die Lagenbezeichnung auf dem Etikett.

Im vergangenen Jahr hatten mir bei den Weißweinen von Thomas Seeger vor allem die Grauburgunder gefallen. Gleich drei von ihnen hatte ich mit 89 Punkten bewertet. Im Jahrgang 2002 bin ich wieder von ihnen begeistert, aber auch von den Weißburgundern. Der „Anna Maria" genannte Riesling finde ich, wie im Vorjahr, sehr gelungen.

Unter den vielen beeindruckenden Rotweinen von Thomas Seeger waren im vergangenen Jahr die Spätburgunder „S" (89) und „R" (90) aus dem schwierigen Jahrgang 2000 meine Favoriten. Im Jahrgang 2001 gibt es wieder einen „RR", der durch seine Reintönigkeit, Kraft und Eleganz besticht. Ganz außergewöhnlich ist auch der Schwarzriesling, ein Pinot Meunier von Format.

85 ▶ **2002 Weißer Burgunder trocken** feine Würze, klar und direkt, Frische; frisch, klar, gute Harmonie und feine Frucht (4,50 €)

85 ▶ **2002 Grauer Burgunder Kabinett trocken** feine Würze, klare zurückhaltende Frucht; harmonisch, kompakt, feine Frucht (6,50 €)

88 ▶ **2002 Weißer Burgunder Spätlese trocken** sehrklare Frucht, gute Konzentration, Frische; wunderschön füllig im Mund, reife klare Frucht, harmonisch und lang (9 €)

89 ▶ **2002 Grauer Burgunder Spätlese trocken „AS"** gute Konzentration, sehr klare reife Frucht, eindringlich; füllig, harmonisch, viel reife süße Frucht, schmeichelnd, lang (9 €)

90 ▶ **2002 Weißer Burgunder Spätlese trocken „S"** herrlich konzentriert, reife eindringliche Frucht; füllig im Mund, viel reife klare Frucht, herrlich harmonisch und lang (12 €)

90 ▶ **2002 Grauer Burgunder Spätlese trocken „S"** klare reife Frucht im Bouquet, Vanille, gute Konzentration; viel reife Frucht, wunderschön füllig und harmonisch, nachhaltig (12,50 €)

87 ▶ **2002 Weißer Riesling Spätlese trocken „Philipp Georg"** konzentriert und würzig, jugendliche Frucht; herrlich reintönig im Mund, klare reife Frucht (9 €)

88 ▶ **2002 Weißer Riesling Spätlese trocken „Anna Maria"** gute Konzentration im Bouquet, reintönige Rieslingfrucht; harmonisch im Mund, reife süße Frucht, schmeichelnd, lang (12,50 €)

87 ▶ **2002 Blauer Spätburgunder trocken** jugendliche Frucht, klar, rote Früchte; viel süße Frucht, sehr klar, geschmeidig, feiner Spätburgunder (7 €)

85 ▶ **2001 Lemberger trocken** frisch, klar, rote Früchte; süße Frucht, unkompliziert, frisch (6 €)

85 ▶ **2001 „Cuvée M" trocken** konzentriert, würzig, verhaltene Frucht; kompakt, gute Konzentration, viel Biss (9,50 €)

88 ▶ **1999 Lemberger trocken „S"** sehr klare Frucht im Bouquet, etwas Vanille, rote Früchte, dezenter Toast; wunderschön klar auch im Mund, gute Frucht, feine Vanille, sehr eleganter Lemberger (kein aktueller Jahrgang)

89 ▶ **2001 Schwarzriesling trocken „R"** wunderschön reintönige Frucht mit rauchigen Noten, dezent Vanille und Schokolade; herrlich reintönig auch im Mund, harmonisch, viel Frucht, elegant und lang (20 €)

88 ▶ **2001 Lemberger trocken „R"** gute Konzentration, feine Frucht, klar und eindringlich; viel Frucht, Konzentration, jugendliche Tannine (20 €)

87 ▶ **2001 „Cuvée Anna" trocken** rauchige Noten im Bouquet, jugendliche Frucht, gute Fülle und Frucht, dezent Schokolade, jugendlich (12,50 €)

87 ▶ **2001 „Cuvée Naan" trocken** Gewürze, rote Früchte, gute Konzentration; kraftvoll, gute Fülle, jugendlich (15 €)

88 ▶ **2001 Blauer Spätburgunder trocken „S"** klare Frucht, reife rote Früchte, rauchige Noten; gute Harmonie, sehr klare reife Frucht, schmeichelnd, feiner Spätburgunder (18 €)

89 ▶ **2001 Blauer Spätburgunder trocken „R"** wunderschön reintönige Frucht, rauchige Noten, feines Pinotbouquet; gute Konzentration, sehr klare reife Frucht, wunderschön eleganter Spätburgunder (30 €)

91 ▶ **2001 Blauer Spätburgunder trocken „RR"** faszinierende Frucht, reintönig, gute Konzentration, rauchige Pinotfrucht; herrlich reintönig auch im Mund, viel Frucht, Kraft und Eleganz, mit Länge und Nachhall (62 €)

Weitere Weine: 84 ▶ 2002 Grauer Burgunder trocken ■ 84 ▶ 2002 Weißer Burgunder Kabinett trocken ■

Weingut Seehof ★★★
Ernst Fauth
Rheinhessen

Seegasse 20, 67593 Westhofen
Tel. 06244-4935, Fax: 06244-907465
weingut-seehof@t-online.de
Inhaber: Familie Fauth
Rebfläche: 15 Hektar
Besuchszeiten: Mo.-Sa. nach Vereinbarung
Gästezimmer

Seit vier Generationen baut die Familie Fauth auf dem 1200 Jahre alten Seehof in Westhofen Wein an. Besonderer Augenmerk gilt trockenen und halbtrockenen Weinen aus den klassischen rheinhessischen Rebsorten. Inzwischen werden Ernst und Ruth Fauth von Sohn Florian im Betrieb unterstützt, der seit 1999 für den Keller verantwortlich ist. Ernst und Florian Fauth wollen noch stärker auf Riesling setzen und haben neue Anlagen im Westhofener Morstein und der Westhofener Aulerde gepflanzt. Zuletzt haben sie auch Weißburgunder neu angelegt, der 2000 den ersten Ertrag gebracht hat. Bei den roten Sorten kam zu Spätburgunder, Dornfelder und Portugieser der Frühburgunder hinzu, der 2001 erstmals Ertrag gebracht hat. Schwerpunkt bei den roten Sorten soll aber der Spätburgunder bleiben, von dem sie verschiedene Klone neu gepflanzt haben.

Wie in den vergangenen Jahren ist auch die neue Kollektion von Ernst und Florian Fauth wieder sehr überzeugend: gute, sehr gleichmäßige Qualität, in diesem Jahr mit einer faszinierenden Trockenbeerenauslese an der Spitze.

84 ▶ **2002 Rivaner trocken Westhofener Rotenstein** frisch, klar, feine süße Frucht; lebhaft und süffig im Mund, klare süße Frucht (2,90 €/1l)

84 ▶ 2002 Grüner Silvaner trocken Westhofener Rotenstein feine Würze, klare Frucht; frisch, klar, feien süße Frucht (3,50 €)

86 ▶ 2002 Grauer Burgunder Classic sehr reintönige Frucht, gelbe Früchte; gute klare Frucht im Mund, harmonisch, feiner Grauburgunder (3,70 €)

85 ▶ 2002 Chardonnay Spätlese trocken Westhofener Steingrube gute Konzentration, reife Chardonnayfrucht, etwas Frische; gute Fülle, weicher cremiger Chardonnay (5 €)

86 ▶ 2002 Chardonnay „S" trocken Westhofener Steingrube viel Konzentration, reife süße Frucht, Vanille; füllig, viel süße Frucht, kompakter Chardonnay (8 €)

85 ▶ 2002 Riesling Spätlese trocken Westhofener Kirchspiel frisch, klar, feien Rieslingfrucht, Limone; lebhaft, klare süße Frucht, harmonisch (5 €)

88 ▶ 2002 Riesling trocken Westhofener Morstein gute Konzentration, klare Frucht, Frische, Limone; harmonisch im Mund, klare reife Rieslingfrucht, feiner Biss (8 €)

86 ▶ 2002 Kerner Spätlese Westhofener Kirchspiel würzige klare Frucht, feines Bouquet; frisch, direkt, viel süße Frucht, herrlich kraftvoll und süffig (3,90 €)

86 ▶ 2002 Riesling Spätlese Westhofener Morstein feine würzige Rieslingfrucht; frisch, klar, viel süße Frucht (5 €)

86 ▶ 2002 Huxelrebe Spätlese Westhofener Rotenstein sehr klare Frucht, Frische, dezent Aprikosen; viel süße Frucht im Mund, harmonisch, herrlich süffig (4 €)

89 ▶ 2002 Cuvée Seehof Beerenauslese klar, reife süße Zitrusfrüchte, sehr eindringlich; viel süße Frucht, konzentriert, füllig, herrlich harmonisch, viel Nachhall (9 €/0,5l)

94 ▶ 2002 Scheurebe Trockenbeerenauslese Westhofener Morstein herrlich eindringliche dominante Scheurebe-Frucht, konzentriert, sehr klar; enorm konzentriert im Mund, reintönig, herrlich dominant und stoffig, dick, gewaltiger Nachhall (16 €/0,375l)

Weitere Weine: 82 ▶ 2001 Frühburgunder trocken Barrique „Derby" Westhofener Aulerde ∎

Weingut Tobias Georg Seitz *
Hessische Bergstraße

◆ Weidgasse 8, 64625 Bensheim-Auerbach
Tel. 06251-75825, Fax: 06251-71029
Inhaber: Familie Schott
Rebfläche: 10 Hektar
Besuchszeiten: Mo.-Fr. 9-12 + 14-19 Uhr, Sa. 9-12 + 14-18 Uhr, So. nach Vereinbarung

Das von Tobias Georg Seitz gegründete Weingut wird heute von dessen Tochter Margarete und ihrem Mann Peter Schott geführt. Die Weinberge befinden sich in den Auerbacher Lagen Fürstenlager und Höllberg. Wichtigste Rebsorte ist Riesling mit einem Anteil von 60 Prozent. Dazu gibt es vor allem noch Grau- und Weißburgunder, Silvaner und Müller-Thurgau, sowie an roten Sorten Spätburgunder und Dornfelder.

84 ▶ 2001 Riesling Kabinett trocken Auerbacher Fürstenlager frisch, klar, feine Frucht, Zitrusfrüchte; sehr klar und direkt im Mund, gute Frucht, Biss, feiner Nachhall (4,80 €)

85 ▶ 2001 Riesling Spätlese trocken Auerbacher Fürstenlager herrlich klare reife süße Frucht im Bouquet, süße Zitrusfrüchte, Orangen und Mandarinen; klar und zupackend im Mund, Frucht und Biss (6,10 €)

87 ▶ 2001 Riesling Auslese Auerbacher Fürstenlager reife süße Frucht, wunderschön reintönig, Frische, Litschi, süße Zitrusfrüchte; harmonisch im Mund, sehr klar und direkt, wiederum süße Zitrusfrüchte (11,70 €)

Weitere Weine: 83 ▶ 2001 Müller-Thurgau Auerbacher Höllberg (1l) ∎ 83 ▶ 2001 Dornfelder trocken ∎

Weingut Selbach-Oster ★★★★
Mosel-Saar-Ruwer

Uferallee 23, 54492 Zeltingen
Tel. 06532-2081, Fax: 06532-4014
www.selbach-oster.de
info@selbach-oster.de
Inhaber: Johannes Selbach
Rebfläche: 14 Hektar
Besuchszeiten: nach Vereinbarung
Probierstube

Johannes Selbach besitzt Weinberge in besten Lagen wie Graacher Domprobst, Zeltinger Sonnenuhr und Schlossberg, Wehlener Sonnenuhr und Bernkasteler Badstube. Er baut ausschließlich Riesling an. Jahr für Jahr fallen die Rieslinge von Selbach-Oster selbst in umfangreichen Mosel-Verkostungen auf: sie bestechen durch ihre Eleganz und Reintönigkeit, und somit wirkt die Süße niemals vordergründig: klassische Mosel-Rieslinge!

Selbst in einem schwierigen Jahrgang: wie 2000 hatte Johannes Selbach eine bemerkenswerte, ausgeglichene Kollektion. Am meisten hatte mich der einzige verkostete trockene Riesling beeindruckt: stoffig und klar, mit herrlicher Frucht, einer der besten trockenen Rieslinge des Jahrgangs an der Mosel. Das einzige Problem, mit dem sich Johannes Selbach im Jahrgang 2001 konfrontiert sah, war, wie er seiner Betriebsphilosophie treu bleiben sollte, das heißt schlanke, elegante - eben moseltypische - Rieslinge und keine allzu dicken Weine abzufüllen. Aber er hat es geschafft. Während viele Rieslinge in diesem Jahrgang fett und füllig daherkamen, waren seine Weine alle wunderschön fein und elegant. Hier erkennt man klar die Handschrift des Winzers, den Stil des Hauses. Auch 2002 ist dieser Stil klar zu erkennen. Höhepunkt einer konsistenten Kollektion ist der Eiswein aus der Badstube.

84 ▶ **2002 Riesling halbtrocken** frisch, klar, feine Würze und Frucht; lebhaft, klar, feine süße Frucht (5,15 €/1l)

86 ▶ **2002 Riesling Kabinett Bernkasteler Badstube** frisch, klare Frucht, etwas reife Äpfel; harmonisch, elegant, feine Frucht (7,10 €)

85 ▶ **2002 Riesling Spätlese* Zeltinger Sonnenuhr** konzentriert im Bouquet, eindringlich, herrlich klare Frucht; reife süße Frucht, kompakt (11,30 €)

87 ▶ **2002 Riesling Spätlese* Zeltinger Schlossberg** feine Würze, gute Konzentration, jugendliche Frucht; harmonisch, kompakt, sehr klare Frucht (11,80 €)

89 ▶ **2002 Riesling Auslese Zeltinger Schlossberg** klare Würze und Frucht, jugendlich; schmeichelnd, sehr harmonisch, viel süße Frucht, lang (15,50 €)

89 ▶ **2002 Riesling Auslese* Zeltinger Sonnenuhr** gute Konzentration im Bouquet, reife reintönige Frucht, ganz dezent Marzipan; süß, harmonisch, herrlich reintönige Frucht, lang (9,50 €/0,375l)

90 ▶ **2002 Riesling Auslese** Bernkasteler Badstube** herrlich viel Frucht, konzentriert, Litschi, süße Zitrusfrüchte; gute Harmonie, sehr klare Frucht, faszinierend lang und nachhaltig (12,50 €/0,375l)

92 ▶ **2002 Riesling Eiswein* Zeltinger Himmelreich** herrlich konzentriert, reintönige eindringliche Rieslingfrucht, Zitrusfrüchte; dominant, viel süße Frucht, süße Aprikosen und Zitrusfrüchte, schmeichelnd, herrlich harmonisch und lang (88 €/0,375l)

Weitere Weine: 83 ▶ 2002 Riesling trocken Zeltinger Schlossberg ▪ 83 ▶ 2002 Riesling Kabinett trocken Zeltinger Sonnenuhr ▪

Weingut Selt ★★
Mittelrhein

Zehnthofstraße 22, 56599 Leutesdorf
Tel. 02631-75118, Fax: 02631-77352
Inhaber: Horst Peter Selt
Rebfläche: 3 Hektar
Besuchszeiten: Mo.-Fr. 18-20 Uhr, Sa. 8-18 Uhr und nach Vereinbarung
2x jährlich Hoffest

Die Weinberge von Horst Peter Selt, der das Weingut 1979 von seinem Vater übernommen hat, befinden sich überwiegend in Steillagen mit bis zu 75 Prozent Steigung. Riesling ist bei ihm die wichtigste Rebsorte mit einem Anteil von 70 Prozent. Hinzu kommt etwas Kerner, Müller-Thurgau, Dornfelder und Portugieser. Die Weine werden gekühlt in Edelstahltanks mit den natürlichen Hefen vergoren. 70 Prozent der Weine werden trocken ausgebaut, weitere 25 Prozent halbtrocken.

Vor zwei Jahren habe ich erstmals Weine von Horst Peter Selt verkostet, und die hatten mich sehr überzeugt. Alle Weine waren wunderschön fruchtbetont und klar, ganz faszinierend auch der trockene Rieslingsekt. Seine Kollektion war für mich die größte Überraschung meiner Mittelrhein-Verkostung im vergangenen Jahr. Mit dem Jahrgang 2001 legte er weiter zu: wunderschön mineralische trockene Rieslinge, dazu zwei edelsüße Rieslinge, die zu den Topweinen am Mittelrhein gehörten. Mit der 2002er Kollektion bestätigt er den guten Eindruck der Vorjahre. Aus der gelungenen Kollektion ragt die halbtrockene Auslese Leutesdorfer Gartenlay hervor.

84 ▶ 2002 Riesling trocken Leutesdorfer Forstberg würzig, klare jugendliche Frucht; frisch, direkt, klare etwas süße Frucht (4,20 €)

86 ▶ 2002 Riesling „S" trocken würzig, konzentriert, eindringliche Frucht; kraftvoll im Mund, herrlich viel Frucht, zupackender Riesling mit mineralischem Nachhall (4,50 €)

85 ▶ 2002 Riesling Kabinett trocken Leutesdorfer Gartenlay feien Frucht, Frische, klar; klar und zupackend im Mund, jugendliche Frucht (4,90 €)

86 ▶ 2002 Riesling Spätlese trocken Leutesdorfer Forstberg reife klare Rieslingfrucht, süße Zitrusfrüchte und Aprikosen; klar, kraftvoll, herrlich füllig und lang (6,50 €)

85 ▶ 2002 Riesling Kabinett halbtrocken Leutesdorfer Rosenberg frisch, würzig, klare Frucht; klar und direkt im Mund, harmonisch, süffig (4,90 €)

89 ▶ 2002 Riesling Auslese halbtrocken Leutesdorfer Gartenlay würzig, klar, herrlich konzentriert, jugendliche Frucht; fruchtbetont, füllig, reife süße Frucht, kompakt (7,50 €/0,5l)

Weingut Dr. Alex Senfter ★
Rheinhessen

◆ Wörrstädter Straße 10, 55283 Nierstein
Tel. 06133-5478, Fax: 06133-60408
www.weingut-senfter.de
senfterwein@t-online.de
Inhaber: Jost & Katrin Senfter
Rebfläche: 13 Hektar
Besuchszeiten: täglich außer Mi. 10-18 Uhr
Straußwirtschaft (Mai bis September)

Jost Senfter hat das Weingut 1988 von seinem Vater übernommen und führt es seit 1992 zusammen mit seiner Frau Katrin. Er besitzt Weinberge in Nierstein, Oppenheim und Gabsheim. In Nierstein ist er in den Lagen Auflangen, Heiligenbaum, Kranzberg und Oelberg vertreten, die kleine Einzellage Hölle gehört ihm ab 2004 in Alleinbesitz. Riesling und die Burgunder sind die wichtigsten Sorten, neu gepflanzt wurde zuletzt Cabernet Sauvignon.

Weingut Sermann-Kreuzberg ★
Ahr

◆ Seilbahnstraße 22, 53505 Altenahr
Tel. 02643-7105, Fax: 02643-901646
www.sermann.de
weingut-sermann@t-online.de
Inhaber: Klaus Sermann
Rebfläche: 5,8 Hektar
Besuchszeiten: täglich außer Mi. 10-18 Uhr
Gästezimmer

Seit 1775 betreibt die Familie Weinbau aber erst seit 1936 besteht das eigenen Weingut. Mit der Übernahme des Gutes durch Klaus Sermann im Jahr 1995 und dem Erwerb des Weingutes Kreuzberg in Reimerzhoven wurde das Weingut auf knapp 6 Hektar Weinberge erweitert. Spätburgunder nimmt 60 Prozent der Rebfläche ein. Es folgen Frühburgunder, Riesling und Portugieser. In den letzten Jahren sind Kerner und Bacchus ganz verschwunden, Müller-Thurgau und Portugieser wurden stark reduziert. Die Kunststofftanks sind durch Edelstahl ersetzt und eine Kühlanlage ist angeschafft worden.

86 ▶ 2002 Chardonnay trocken klare Frucht, weiße Früchte, gute Konzentration; gute Fülle und Harmonie, (6,20 €)

84 ▶ 2002 Grauer Burgunder trocken feine Würze, klare Frucht, etwas gelbe Früchte; gute Harmonie, kompakt (4,30 €)

86 ▶ 2002 Weißer Burgunder trocken sehr klare jugendliche Frucht, reintönig; gute Harmonie und Fülle, sehr klare Frucht (4,30 €)

85 ▶ 2002 Riesling „Terra Rubra" Spätlese trocken Niersteiner Oelberg feine Würze, sehr klare Frucht; gute Harmonie, süße Frucht, klar und direkt (6,70 €)

84 ▶ 2002 Riesling Kabinett halbtrocken Niersteiner Auflangen feine klare Frucht, Frische; klar und direkt im Mund, (4,50 €)

84 ▶ 2002 Riesling Spätlese Niersteiner Hölle feine Würze, klare Frucht; süß, schmeichelnd, enorm süffig (5,20 €)

86 ▶ 2001 Riesling Auslese Niersteiner Oelberg feine Rieslingfrucht, dezente Reifenoten, zurückhaltend; viel süße Frucht, harmonisch, klar (6,20 €)

85 ▶ 1999 Gewürztraminer Auslese Niersteiner Hölle feiner Traminerduft, Reifenoten; harmonisch, klar, süße Frucht, kompakter Gewürztraminer (7,10 €)

87 ▶ 1999 Riesling Beerenauslese Niersteiner Oelberg Reifenoten, Würze; süß, geschmeidig, herrlich viel Frucht, Reifenoten, Biss (12,80 €)

85 ▶ 2002 Spätburgunder wunderschön klare jugendliche Frucht, Frische; gute Harmonie, klare Frucht, feiner Spätburgunder (6 €)

84 ▶ 2002 Saint Laurent klare Frucht, süße rote Früchte; harmonisch, klar, feine Frucht, Frische, Biss (5,10 €)

Weitere Weine: 83 ▶ 2002 Riesling „klassik" ■

86 ▶ 2001 Riesling Auslese Altenahrer Eck reife würzige Rieslingfrucht, klar; gute Konzentration, klare süße Rieslingfrucht, Reifenoten, harmonisch (7,50 €)

84 ▶ 2001 Spätburgunder trocken Altenahrer Eck gute Würze, klare Frucht; klar und direkt, gute Frucht, feiner Nachhall (6,60 €)

85 ▶ 2001 Frühburgunder trocken Barrique Mayschosser Burgberg Gewürze, klare Frucht, rote Früchte; gute Fülle, Vanille, kompakt, zurückhaltende Frucht (11 €)

87 ▶ 2001 Spätburgunder Auslese trocken Barrique Ahrweiler Rosenthal gute Konzentration, Gewürze, reife süße Frucht, Erdbeeren, rote Früchte; schmeichelnd im Mund, gute Fülle, Vanille, reife Frucht (13,50 €)

Weitere Weine: 83 ▶ 2002 „Bellabianca" Spätburgunder Weißherbst trocken ■ 81 ▶ 2002 Dornfelder trocken Mayschosser Laacherberg ■ 83 ▶ 2001 Frühburgunder trocken Mayschosser Burgberg ■ 83 ▶ 2001 Spätburgunder trocken Ahrweiler Forstberg ■

Weingut
Karl Seyffer ★
Württemberg

Schwabstraße 4, 74189 Weinsberg
Tel. 07134-6439, Fax: 07134-23019
Inhaber: Karl und Thomas Seyffer
Rebfläche: 7 Hektar
Besuchszeiten: nach Vereinbarung

Die Weinbautradition der Familie Seyffer in Weinsberg reicht zurück bis ins Jahr 1650. Heute leben vier Generationen auf dem Weingut, das von Karl Seyffer und Sohn Thomas geführt wird. 70 Prozent ihrer Weinberge nehmen rote Sorten ein, vor allem Trollinger, Lemberger und Samtrot. Wichtigste Weißweinsorten sind Riesling, Kerner und Muskateller. Alle Rotweine werden maischevergoren. Ein Teil kommt anschließend ins Barrique oder ins alte Holzfass. Die Weißweine werden kühl vergoren und machen bis zur Prädikatsstufe Kabinett einen biologischen Säureabbau.

84 ▶ 2000 Kerner Spätlese sehr reintönige Frucht im Bouquet; süß, schmeichelnd, enorm süffig (4,80 €)

84 ▶ 2000 Spätburgunder Spätlese trocken feine klare Frucht, rote Früchte; klar, direkt, feine Frucht (7,80 €)

Weitere Weine: 79 ▶ 2002 Riesling trocken (1) ■ 82 ▶ 2002 „Cuvée weiß" Spätlese trocken ■ 83 ▶ 2002 Riesling Spätlese trocken ■ 83 ▶ 2002 Samtrot Weißherbst Kabinett ■ 79 ▶ 2001 „Cuvée CS" trocken ■ 79 ▶ 2002 Dornfelder trocken ■ 81 ▶ 2002 Lemberger trocken ■ 80 ▶ 2002 Spätburgunder trocken ■ 83 ▶ 2002 Samtrot Spätlese trocken ■ 82 ▶ 2001 Spätburgunder trocken Barrique ■

Weingut
Georg Siben Erben ★★
Pfalz

♣ *Weinstraße 21, 67146 Deidesheim*
Tel. 06326-989363, Fax: 06326-989365
siben_weingut@t-online.de
Inhaber: Andreas Siben
Rebfläche: 17,85 Hektar
Besuchszeiten: Mo.-Fr. 9-12 + 14-19 Uhr, Sa. 9-12 + 14-18 Uhr So. nach Vereinbarung

Das Weingut Siben Erben in Deidesheim wird heute in zehnter Generation von Andreas Siben geführt, der den Betrieb 1997 von seinem Vater Wolfgang übernommen hat. Die Weinberge werden ökologisch bewirtschaftet, seit 1992 ist das Weingut Mitglied bei Naturland. Die Weinberge von Andreas Siben liegen in besten Lagen von Deidesheim, Ruppertsberg und Forst. Riesling nimmt als wichtigste Rebsorte drei Viertel der Fläche ein, hinzu kommen 15 Prozent Burgundersorten. Das Weingut Siben gehört Jahr für Jahr zu den zuverlässigsten Betrieben an der Mittelhaardt.

Die Vorjahreskollektionen überzeugten durch ihre Geschlossenheit. Da kommt der Jahrgang 2002 nicht ganz mit: einige Weine wollen nicht so recht Spaß machen. Nur die Riesling Spätlesen überzeugen wie gewohnt.

84 ▶ 2002 Weißburgunder trocken Ruppertsberger Linsenbusch feine klare Frucht, Frische; weich, klar, gute Frucht (6,10 €)

85 ▶ 2002 Riesling Spätlese trocken Deidesheimer Leinhöhle konzentriert, würzige eindringliche Frucht; weich und direkt, gute Fülle (8,60 €)

87 ▶ 2002 Riesling Spätlese trocken Deidesheimer Kieselberg reife klare Rieslingfrucht, etwas Pfirsiche; gute Harmonie, füllig, saftiger Riesling (8,60 €)

Weitere Weine: 79 ▶ 2002 Riesling Kabinett trocken Ruppertsberger Reiterpfad ■ 83 ▶ 2002 Grauburgunder trocken Ruppertsberger Reiterpfad ■ 80 ▶ 2002 Riesling Kabinett trocken Deidesheimer Langenmorgen (9/03) ▪ 77 ► 2002 Riesling Kabinett trocken Deidesheimer Langenmorgen (16/03) ▪ 81 ► 2002 Riesling Kabinett halbtrocken Deidesheimer Herrgottsacker ▪ 82 ► 2002 Riesling Kabinett halbtrocken Ruppertsberger Nussbien ▪ 83 ► 2002 Riesling Spätlese Forster Ungeheuer ▪ 82 ► 2002 Spätburgunder Rosé trocken Ruppertsberger Reiterpfad ▪

Weingut Siegrist ★★★
Pfalz

Am Hasensprung 4, 76829 Leinsweiler
Tel. 06345-1309, Fax: 06345-7542
www.weingut-siegrist.de
wein@weingut-siegrist.de
Inhaber: Familien Siegrist & Schimpf
Rebfläche: 12,8 Hektar
Besuchszeiten: Mo.-Fr. 8-12 + 13:30-18 Uhr, Sa. bis 17 Uhr
Gutsausschank „Weinstube im Zehntkeller" (geöffnet Do./Fr. ab 17 Uhr, Sa./So. ab 12 Uhr)

Die Weinberge vom Weingut Siegrist liegen in Leinsweiler, Ilbesheim, Eschbach und Wollmesheim. Wichtigste Rebsorte ist Riesling, gefolgt von Spätburgunder, Müller-Thurgau, Weißburgunder, Chardonnay und Silvaner. Thomas Siegrist ist einer der „Fünf Freunde" aus der Südpfalz und Mitglied beim Verein „Kontrolliert umweltschonender Weinbau". Das Weingut Siegrist gehört seit Jahren zu den festen Größen in der Südpfalz.

Vor zwei Jahren bestach die Kollektion von Thomas Siegrist durch ihr gutes und sehr gleichmäßiges Niveau. Gleiches gilt auch im vergangenen Jahr, wobei mich das Große Gewächs aus dem Sonnenberg (Jahrgang 2000!) besonders beeindruckt hat. Der gleiche Wein, Jahrgang 2002, ist mein Favorit in der sehr guten, aktuellen Kollektion.

86 ► **2002 Riesling Kabinett trocken** frisch, klar, feine Frucht, etwas Limone; lebhaft im Mund, harmonisch, klare Frucht, Biss (6 €)

89 ► **2002 Riesling Spätlese trocken** klar und konzentriert, jugendliche herrlich eindringliche Frucht; viel Frucht, klar, kompakt, sehr reintönig, lang und nachhaltig (7,80 €)

90 ► **2002 Riesling Spätlese trocken** (Großes Gewächs) herrlich konzentriert, reintönige eindringliche Frucht, kraftvoll im Mund, viel Frucht, Biss, jugendlich, mit Nachhall (13 €)

87 ► **2002 Weißburgunder Kabinett trocken** sehr klare Frucht, weiße Früchte; klar und direkt im Mund, reintönige Frucht, feiner Weißburgunder (5,50 €)

86 ► **2002 Weißburgunder Spätlese trocken** reife süße Frucht, etwas Ananas; gute Fülle und Harmonie, klare reife Frucht (7,50 €)

85 ► **2002 Grauburgunder Kabinett trocken** feine Würze, zurückhaltende Frucht; klar, direkt, feine Frucht (6,20 €)

85 ► **2002 Chardonnay Kabinett trocken** konzentriert, klar, jugendliche Frucht; kraftvoll, klar, feine jugendliche Frucht (6,20 €)

87 ► **2002 Chardonnay Spätlese trocken** konzentriert, klar, zurückhaltende Frucht; kraftvoll, klar, geradlinig (8,40 €)

85 ► **2002 Dornfelder trocken** jugendliche Frucht, rote und dunkle Früchte; gute Harmonie, klare Frucht

86 ► **2001 „Cuvée Johann Adam Hauck" Rotwein trocken**** gute Konzentration, reife Frucht, rote und dunkle Früchte; harmonisch, klar, viel Frucht, Fülle (8,80 €)

85 ► **2001 Spätburgunder trocken**** feine rauchige Noten, reife rote Früchte, Gewürze; klar im Mund, feine Frucht (14,90 €)

87 ► **2001 Spätburgunder trocken***** enorm konzentriert im Bouquet, jugendliche Frucht; kraftvoll, tanninbetont, zurückhaltende Frucht, mit Zukunft (87+? Punkte) (24,60 €)

Weingut
Siener ⋆⋆
Pfalz

*Weinstraße 31, 76831 Birkweiler
Tel. 06345-3539, Fax: 06345-9191-00
weingutsiener@aol.de
Inhaber: Helmut, Sieglinde und Peter Siener
Rebfläche: 8,5 Hektar
Besuchszeiten: Mo.-Fr. 8-12 + 13-18 Uhr,
Sa. 9-16 Uhr (um Anmeldung wird gebeten)*

In den letzten Jahren standen die Zeichen auf Expansion beim Weingut Siener in Birkweiler. Helmut und Sieglinde Siener, sowie Sohn Peter, der nach seiner Lehre bei Jülg und Siegrist im Jahr 2000 in den Betrieb eingestiegen ist, haben in den letzten Jahren ihre Rebfläche von 5 auf inzwischen 8,5 Hektar erweitert. Wichtigste Rebsorte ist der Riesling, bei dem Peter Siener in den kommenden Jahren klarer die unterschiedlichen Charaktere - je nach Bodenart - herausarbeiten möchte. Hinzu kommen vor allem die Burgundersorten. Spätburgunder ist die wichtigste rote Rebsorte im Betrieb, es folgen St. Laurent und Dornfelder, aber auch etwas Cabernet Sauvignon und Merlot wurde angelegt. Vom St. Laurent hat Peter Siener noch mehr gepflanzt und möchte ihn zukünftig auch sortenrein anbieten. Im Jahrgang 2001 hat er erstmals mit Maischestandzeiten bei den weißen Rebsorten gearbeitet.

Im vergangenen Jahr hatte Peter Siener zwei Highlights im Programm, einen Spätburgunder und die trockene Riesling Auslese. In diesem Jahr bietet er eine sehr homogene Kollektion mit gleichermaßen überzeugenden Weiß- und Rotweinen.

85 ▶ 2002 Grauer Burgunder trocken sehr klare jugendliche Frucht, gelbe Früchte; klar im Mund, gute Frucht, harmonisch (5 €)

84 ▶ 2002 Riesling Kabinett trocken Birkweiler Kastanienbusch klare Frucht, gute Konzentration, feines Bouquet; gute Fülle, reife klare Frucht (4,30 €)

86 ▶ 2002 Weißer Burgunder Spätlese trocken Birkweiler Mandelberg gute Konzentration, reife sehr klare Frucht, eindringlich; gute Fülle, reife klare Frucht (6,80 €)

86 ▶ 2002 Riesling Spätlese trocken Birkweiler Kastanienbusch gute Konzentration, würzige jugendliche Frucht, mineralische Noten; viel reife Frucht, harmonisch, klar und direkt (5,80 €)

87 ▶ 2002 Riesling trocken „Rotschiefer" Birkweiler Kastanienbusch herrlich würzig, mineralische Rieslingfrucht, klar und direkt; kraftvoll im Mund, gute Frucht, mineralische Noten (7 €)

84 ▶ 2002 St. Laurent trocken Birkweiler Rosenberg feine klare jugendliche Frucht; frisch, klare Frucht (5,80 €)

86 ▶ 2001 Spätburgunder trocken „No. 1" Birkweiler Kastanienbusch herrlich reintönige Frucht; harmonisch, gute Fülle und Harmonie (6,20 €)

Weitere Weine: 83 ▶ 2002 Riesling trocken ■ 83 ▶ 2002 Weißer Burgunder Kabinett trocken Birkweiler Rosenberg ■ 82 ▶ 2002 Spätburgunder Weißherbst trocken ■

Öko-Weingut
Siglinger ⋆⋆
Württemberg

*♣ Rebenstraße 21,
71384 Weinstadt-Großheppach
Tel. 07151-906288, Fax: 07151-906289
www.weingut-siglinger.de
weingut-siglinger@gmx.de
Inhaber: Familie Siglinger
Rebfläche: 2 Hektar
Besuchszeiten: Fr. 17-19 Uhr, Sa. 9-13 Uhr*

Die Siglingers bauen in ihrem kleinen Weingut im Remstal neben den üblichen Sorten wie Trollinger, Spätburgunder, Riesling und Kerner als Spezialität Chardonnay und Regent an. Zuletzt wurden noch Muskattrollinger und Gewürztraminer hinzugepflanzt. Bereits 1989, mit der Übernahme der elterlichen Weinberge, wurde der Betrieb komplett auf ökologischen Anbau umgestellt. Anfangs wurden die Trauben verkauft, seit 1995 werden die Weine selbst ausgebaut und vermarktet. Die Weißweine werden nach der Ganztraubenpressung gezügelt vergoren, um die Fruchtigkeit der Weine hervorzuheben. Die Rotweine werden nach der Maischegärung in Holzfässern ausgebaut.

Vor zwei Jahren hatten mir neben Chardonnay und Kerner vor allem die Rotweine gefallen. Auch im vergangenen Jahr setzte sich der Aufwärtstrend fort: unter den vielen guten Weinen ragte die (trockene) Riesling Auslese hervor. Eine solche Spitze fehlt in der neuen, sehr gleichmäßigen Kollektion.

84 ▶ **2002 Riesling Kabinett trocken** feine Frucht und Würze, klar; frisch, klar, feine süße Frucht, Biss (5,30 €)

84 ▶ **2001 Trollinger trocken Holzfass** klare Frucht, feine Würze; frisch, klar, Kirschen, feine Frucht (5 €)

85 ▶ **2001 Spätburgunder Spätlese trocken Holzfass** rauchige Noten, dezent Speck; klare reife süße Frucht, harmonisch, feiner Spätburgunder (8,20 €)

Weitere Weine: 83 ▶ 2002 Riesling Spätlese trocken ▪ 81 ▶ 2001 Trollinger trocken ▪ 81 ▶ 2001 Regent trocken Holzfass ▪ 83 ▶ 2001 Dornfelder trocken Holzfass ▪

Weingut Friedel Simon ★
Franken

Schlossbergstrasse 1a,
63755 Alzenau-Wasserlos
Tel. 06023-5477, Fax: 06023-5420
www.weingut-simon.de
info@weingut-simon.de
Inhaber: Klaus Simon
Rebfläche: 6,3 Hektar
Besuchszeiten: Mo.-Sa. 9-19 Uhr und nach Vereinbarung
Weinstube Simon (Fr. ab 17 Uhr, Sa. + So. ab 15 Uhr)

Die Weinberge von Klaus Simon liegen in Wasserlos (Schlossberg und Luhmännchen), Hörstein (Abtsberg und Reuschberg) und Michelbach (Apostelgarten und Steinberg), ganz im Nordwesten des fränkischen Weinanbaugebietes. Neben Müller-Thurgau, Silvaner, Bacchus, Kerner und Riesling baut er auch Faberrebe und Schwarzriesling an.

Wie schon in den vergangenen Jahren ist auch die neue Kollektion von Klaus Simon sehr zuverlässig und von gleichmäßiger Qualität.

85 ▶ **2002 Rivaner Kabinett trocken R-Klasse** herrlich klare Frucht, Frische, sehr reintönig; gute Harmonie, klare süße Frucht (5 €)

84 ▶ **2002 Bacchus Kabinett trocken Wasserloser Schlossberg** frisch, direkt, sehr klar; gute Harmonie, klare Frucht (5,50 €)

84 ▶ **2002 Silvaner Kabinett trocken Michelbacher Apostelgarten** feine würzige Frucht, klar und direkt; gute Harmonie, süße Frucht, kompakt (5,90 €)

85 ▶ **2002 Bacchus Kabinett halbtrocken Wasserloser Luhmännchen** klare reife Frucht, Cassis, direkt; gute Harmonie, viel süße Frucht, süffig (4,80 €)

84 ▶ **2002 Riesling Kabinett halbtrocken Hörsteiner Abtsberg** würzig, direkt, jugendliche Frucht, etwas Zitrusfrüchte; frisch, klar, viel süße Frucht (6 €)

85 ▶ 2002 „Ludovica" Kabinett feine Frische und Frucht; frisch, feine süße Frucht, enorm süffig (6 €)

85 ▶ 2002 Faberrebe Spätlese Wasserloser Schlossberg würzig, klar, konzentriert; gute Harmonie, viel süße Frucht, schmeichelnd (8,20 €)

Weitere Weine: 83 ▶ 2002 Riesling Kabinett trocken R-Klasse ▪ 83 ▶ 2002 Riesling Kabinett trocken Michelbacher Apostelgarten ▪ 81 ▶ 2002 Kerner Kabinett halbtrocken Wasserloser Schlossberg ▪ 82 ▶ 2002 Rotling halbtrocken R-Klasse ▪ 82 ▶ 2002 Schwarzriesling trocken Wasserloser Luhmännchen ▪

Gebrüder Simon ★★
- Weingut -
Mosel-Saar-Ruwer

Hauptstraße 6, 54492 Lösnich
Tel. 06532-2130, Fx: 06532-94369
www.weine-sekte.de
weingut@gebrueder-simon.de
Inhaber: Hermann und Ingo Simon
Rebfläche: 4,8 Hektar
Besuchszeiten: 8-20 Uhr (bitte anmelden)
Probierstube, Weinseminare, Weinerlebnistouren, individueller Weinpräsent-Service

Das 1724 gegründete Weingut Gebrüder Simon wird heute von Hermann Simon und Sohn Ingo geführt. Neben Riesling bauen sie etwas Weißburgunder, Spätburgunder, Kerner und Müller-Thurgau an. Die Hälfte ihrer Weinberge befinden sich in Steillagen, im Erdener Treppchen und in der Lösnicher Försterlay. Die Weine werden teils im Stahltank, teils im traditionellen Fuder ausgebaut. Aber auch Barriqueweine finden sich im Programm, ebenso wie Eisweinsekte oder - versuchsweise - Strohwein.

Im vergangenen Jahr hatte ich die Weine von Ingo Simon zum ersten Mal vorgestellt. Die diesjährige Kollektion gefällt mir nochmals deutlich besser mit vielen charaktervollen, interessanten Rieslingen. Im Auge behalten!

87 ▶ 2002 Riesling trocken Version III Kinheimer Rosenberg sehr klare eindringliche Frucht, würzige Noten, gute Konzentration; kraftvoll, herrlich viel Frucht (5,50 €)

86 ▶ 2002 Riesling Spätlese Lösnicher Försterlay klare reife süße Frucht, Pfirsiche und Aprikosen; gute Harmonie im Mund, viel süße Frucht, schmeichelnd (5,50 €)

87 ▶ 2002 Riesling Spätlese Erdener Treppchen gute Konzentration, reintönige jugendliche Rieslingfrucht; süß, herrlich süffig und lang (6,80 €)

89 ▶ 2002 Riesling Auslese Erdener Treppchen konzentriert, würzig, klar, jugendliche Frucht; viel süße Frucht, schmeichelnd, herrlich harmonisch und lang (8 €/0,5l)

90 ▶ 2002 Riesling Eiswein Lösnicher Burgberg konzentriert, herrlich klar, süße Zitrusfrüchte und Aprikosen; frisch, klar, viel süße Frucht, Biss, viel Nachhall (33 €/0,375l)

89 ▶ 2002 Riesling Eiswein** konzentriert, klar, süße Aprikosen, auch Zitrusfrüchte, Litschi; süß im Mund, schmeichelnd, direkt, guter Biss, Nachhall (20 €/0,375l)

Weitere Weine: 83 ▶ 2002 Weißer Burgunder Erdener Treppchen ▪ 83 ▶ 2002 Riesling trocken Version II Kinheimer Rosenlay ▪

Weingut
Simon-Bürkle ★★★
Hessische Bergstraße

Wiesenpromenade 13, 64673 Zwingenberg
Tel. 06251-76446, Fax: 06251-788641
www.simon-buerkle.de
info@simon-buerkle.de
Inhaber: Dagmar Simon und Wilfried Bürkle
Rebfläche: 12 Hektar
Besuchszeiten: Mo.-Fr. 9-12 + 15-18 Uhr, Sa. 9-13 Uhr
Weinstube Piano, Obertor 6, Zwingenberg, täglich ab 17 Uhr, sonn- und feiertags ab 11 Uhr

Die Studienkollegen Kurt Simon, der im Februar 2003 verstorben ist, und Wilfried Bürkle haben 1991 gemeinsam dieses Weingut in Zwingenberg gegründet. Sie bauen Riesling, Weiß- und Graubürgunder, Chardonnay, Silvaner und Kerner an. Hinzu kommt ein für die Hessische Bergstraße recht hoher Rotweinanteil von 15 Prozent, der sich aufteilt auf Spätburgunder, Lemberger, Cabernet Sauvignon, St. Laurent und Dunkelfelder.

Das Weingut Simon-Bürkle ist heute der Spitzenbetrieb an der Hessischen Bergstraße. Vor zwei Jahren hatte mich ein beeindruckender roter „PAN" überrascht. Aber auch Chardonnay, Scheurebe und Riesling gefielen mir sehr gut. Im vergangenen Jahr fand ich die Weine weiter verbessert, mein Favorit war die Scheurebe Spätlese aus dem Auerbacher Höllberg. Der Aufwärtstrend hält auch in diesem Jahr an mit überzeugenden Rotweinen, tollem Barrique-Chardonnay und reintönigen Rieslingen.

86 ▶ **2002 Riesling trocken Zwingenberger** frisch, klare jugendliche Rieslingfrucht; lebhaft im Mund, klare Frucht, guter Biss, Nachhall (4,50 €/1l)

87 ▶ **2002 Grauburgunder Kabinett trocken Zwingenberger Alte Burg** herrlich klare würzige Frucht, gute Konzentration; weich im Mund, kraftvoll, gute Frucht (7,50 €)

89 ▶ **2002 Riesling Spätlese trocken Zwingenberger Steingeröll** eindringliche reife Rieslingfrucht, süße Zitrusfrüchte und Aprikosen; viel klare Frucht auch im Mund, zupackend, mit Nachhall (7,50 €)

88 ▶ **2001 Chardonnay Spätlese trocken Barrique Auerbacher Höllberg** gute Konzentration, dezente Vanille, klare reife Frucht; viel reife süße Frucht im Mund, geschmeidig, harmonisch, füllig und lang (10,50 €)

85 ▶ **2002 Riesling halbtrocken Zwingenberger Alte Burg** klare jugendliche Rieslingfrucht, süße Aprikosen; klar und frisch im Mund, gute Frucht und Biss (4,50 €)

87 ▶ **2001 „PAN" Rotwein trocken Barrique** rauchige Noten, gute Konzentration; frisch, klar, harmonisch, gute Frucht und Konzentration (16,80 €)

87 ▶ **2000 Cabernet Sauvignon trocken Auerbacher Höllberg** frisch, klar, rote Johannisbeeren; gute Frucht im Mund, harmonisch, Tannine und Biss (28,20 €)

Weitere Weine: 83 ▶ 2002 „PAN" Weißwein trocken ▪ 83 ▶ 2002 „Susi's Blanc de Noir" Rosé halbtrocken ▪

Weingut Rudolf Sinß ★
Nahe

◆ *Hauptstraße 18, 55452 Windesheim*
Tel. 06707-253, Fax: 06707-8510
rudolf.sinss@t-online.de
Inhaber: Rudolf Sinß
Rebfläche: 9 Hektar
Besuchszeiten: Mo.-Sa. 9-18 Uhr und nach Vereinbarung

Rudolf Sinß hat 1985 den elterlichen Betrieb übernommen. In den neunziger Jahren richtete er dann das Weingut auf Riesling und die Burgundersorten aus. Spätburgunder ist heute die wichtigste Rebsorte im Betrieb, gefolgt von Riesling, Weißburgunder und Grauburgunder. An roten Sorten, etwa 40 Prozent der Produktion, gibt es noch Dornfelder und Portugieser. Neu gepflanzt hat Rudolf Sinß Cabernet Dorsa, Cabernet Mitos und Merlot, die aber noch nicht in Ertrag sind. Die Rotweine werden alle maischevergoren und teilweise in Holzfässern, auch Barriques, ausgebaut. Die Weißweine werden in Edelstahltanks kühl vergoren. Das Gros der Weine wird trocken ausgebaut.

84 ▶ **2002 Grauburgunder trocken Windesheimer Rosenberg** klar, konzentriert, gute Frucht, gelbe Früchte; reife süße Frucht, harmonisch (4,60 €)

87 ▶ **2002 Weißer Burgunder Spätlese trocken Windesheimer Rosenberg** gute Konzentration, klare eindringliche Frucht; kraftvoll, gute reife süße Frucht, lang (5,70 €)

87 ▶ **2002 Grauburgunder Auslese trocken Windesheimer Rosenberg** faszinierend klar und konzentriert, jugendliche eindringliche Frucht; viel Frucht im Mund, herrlich füllig, harmonisch, schmeichelnder Grauburgunder (9,40 €)

84 ▶ **2002 Weißer Burgunder halbtrocken Windesheimer Rosenberg** klare jugendliche Frucht; frisch im Mund, viel süße Frucht, klar und süffig (4,80 €)

85 ▶ **2002 Spätburgunder Weißherbst trocken Windesheimer Rosenberg** sehr klare Frucht, etwas Kirschen; klare süße Frucht auch im Mund, harmonisch und lang (5,20 €)

85 ▶ **2001 Spätburgunder trocken Barrique Windesheimer Rosenberg** rauchige Noten, sehr klare reife Spätburgunderfrucht; gute Harmonie im Mund, Frische, Frucht, Vanille (10,70 €)

Weingut Wilhelm Sitzius ★★★
Nahe

Naheweinstraße 87, 55450 Langenlonsheim
Tel. 06704-1309, Fax: 06704-2781
www.sitzius.de
weingut@sitzius.de
Inhaber: Wilhelm und Sonja Sitzius
Rebfläche: 15 Hektar
Besuchszeiten: Mo.-Sa. 8-18 Uhr, Sonntag nach Vereinbarung

Wilhelm Sitzius hat Weinberge nicht nur in besten Lagen von Langenlonsheim, Guldental und Laubenheim, sondern - durch seine Frau Sonja - auch in Oberhausen und Niederhausen. Wichtigste Rebsorte bei ihm ist Riesling, der etwa die Hälfte seiner Rebfläche einnimmt. Es folgen Spätburgunder, Kerner und Portugieser, dann Weiß- und Grauburgunder, von denen er ebenfalls in den kommenden Jahren noch mehr pflanzen will. An roten Sorten hat er Frühburgunder gepflanzt, aber auch Acolon, den Wilhelm Sitzius ebenso wie Cabernet Dorsa für Cuvées nützen will.

Vor zwei Jahren glänzte Wilhelm Sitzius mit 2000er Eiswein (92) und 99er Spätburgunder Auslese (88) - der beste Rotwein, den ich bis dato von der Nahe zu verkosten bekam. Im vergangenen Jahr trumpfte er wieder mit einem hervorragenden Riesling Eiswein (93) auf. Der 2002er Jahrgang überzeugt wieder, auch wenn er nicht ganz an seine Vorgänger heranreicht. Überhaupt hinterlassen die Rieslinge den stärksten Eindruck in der aktuellen Kollektion.

87 ▶ **2002 Riesling Spätlese trocken Langenlonsheimer Rothenberg** würzige jugendliche Rieslingfrucht, direkt; gute reife süße Frucht, harmonisch (11 €)

88 ▶ **2002 Riesling Spätlese trocken Langenlonsheimer Rothenberg** gute Würze und Konzentration, sehr klare eindringliche Frucht; klar, kraftvoll, zupackend, herrlich viel Stoff (8 €)

85 ▶ **2002 Weißburgunder Spätlese trocken** gute Würze und Konzentration, eindringlich; füllig, reife klare Frucht (7 €)

84 ▶ **2002 Grauburgunder Spätlese trocken** würzig, direkt, viel Frucht; gute Fülle und Frucht, kompakter Grauburgunder (7,80 €)

86 ▶ **2002 Riesling Spätlese halbtrocken Langenlonsheimer Löhrer Berg** feine klare süße Rieslingfrucht, etwas Aprikosen, Zitrusfrüchte; gute Harmonie, sehr klare Frucht (6,50 €)

89 ▶ **2002 Riesling Eiswein** reife süße Frucht, eingelegte Aprikosen, Litschi; konzentriert im Mund, dick, enorm süße Frucht, lang (40 €/0,375l)

84 ▶ **2002 Spätburgunder trocken** gute würzige Spätburgunderfrucht, direkt; klare Frucht im Mund, unkompliziert (7 €)

87 ▶ **2001 Spätburgunder Auslese trocken** herrlich konzentriert und würzig, reife süße rote Früchte; schmeichelnd im Mund, viel Frucht, süffig (14,50 €)

Weitere Weine: 81 ▶ 2002 Riesling trocken ▪ 83 ▶ 2002 Silvaner trocken ▪ 80 ▶ 2002 Chardonnay trocken ▪

Weingut Sohns ★
Rheingau

Hospitalstraße 25, 65366 Geisenheim
Tel. 06722-8940, Fax: 06722-75588
weingut-sohns@t-online.de
www.weingut-sohns.de
Inhaber: Erich Sohns
Rebfläche: 6 Hektar
Besuchszeiten: Mo.-Sa. 8-18 Uhr
Straußwirtschaft (Anfang Aug. - Mitte Sept.)

Das Weingut Sohns ist ein kleiner Familienbetrieb in Geisenheim, der neben Riesling, der 70 Prozent der Fläche einnimmt, insbesondere noch Spätburgunder (20 Prozent) anbaut. Die Weinberge befinden sich in verschiedenen Lagen rund um Geisenheim, sowie im benachbarten Winkel. Der Riesling wird komplett in Stahltanks ausgebaut, der Spätburgunder im Holzfass.

Im schwierigen Jahrgang 2000 hatte Erich Sohns eine interessante Kollektion, mit überzeugenden Spätlesen an der Spitze. In der guten 2001er Kollektion gefiel mir die Auslese Geisenheimer Mönchspfad am besten. Die 2002er sind sehr gleichmäßig in der Qualität, wobei mir die restsüßen Rieslinge etwas besser gefallen als die trockenen.

84 ▶ 2002 Riesling trocken wunderschön klare Rieslingfrucht, direkt; klar, gute Frucht (3,50 €)

84 ▶ 2002 Riesling Kabinett trocken Geisenheimer Kläuserweg würzige Frucht, Frische, dezent Zitrus; recht süß im Mund, feine Frucht, Biss (4 €)

84 ▶ 2002 Riesling Spätlese trocken Geisenheimer Mäuerchen klare Rieslingfrucht, konzentriert; klar, gute Harmonie (7 €)

84 ▶ 2002 Riesling halbtrocken Geisenheimer Mönchspfad klare Frucht, feine Würze; harmonisch, klare süße Frucht (3,20 €)

86 ▶ 2002 Riesling Spätlese halbtrocken Geisenheimer Kläuserweg klare reife Rieslingfrucht, sehr reintönig; gute Harmonie, klare reife Frucht, feiner süffiger Riesling (6 €)

85 ▶ 2002 Riesling Spätlese Geisenheimer Kläuserweg würzig, klar, reife süße Frucht, Aprikosen; süß, kompakt, herrlich süffig (8 €)

84 ▶ 2002 Spätburgunder Weißherbst trocken Blanc de Noir zurückhaltende aber klare Frucht; guter Biss, klare Frucht (4 €)

Weitere Weine: 81 ▶ 2002 Riesling Kabinett halbtrocken Winkeler Jesuitengarten ▪ 82 ▶ 2002 Spätburgunder Weißherbst trocken ▪

Winzerkeller Sommerach ★★
Franken

Zum Katzenkopf 1, 97334 Sommerach
Tel. 09381-8061-0, Fax: 09381-4551
www.winzerkeller-sommerach.de
info@winzerkeller-sommerach.de
Geschäftsführer: Eugen Preißinger
Rebfläche: 151 Hektar
Mitglieder: 240
Besuchszeiten: Mo.-Fr. 8-12 + 13-17:30 Uhr, Sa. 9:30-16 Uhr, So. 13-18 Uhr
Weinproben (bis 100 Personen)

Der Winzerkeller Sommerach ist die älteste fränkische Winzergenossenschaft (gegründet 1901). Wichtigste Rebsorten sind Müller-Thurgau, Silvaner und Bacchus. Rotweinsorten (Schwarzriesling, Domina, Spätburgunder) nehmen 11 Prozent der Fläche ein. 90 Prozent der Weine werden trocken oder halbtrocken ausgebaut.

Die letztjährige Kollektion überzeugte durch ihre Ausgewogenheit und ihr gutes Niveau. Bei gleichermaßen guten Rot- und Weißweinen ragte der restsüße Rieslaner hervor. Auch die neue Kollektion überzeugt durch ihre Homogenität und Zuverlässigkeit.

84 ▶ 2002 Silvaner Kabinett trocken Sommeracher Katzenkopf feine Frucht und Würze im Bouquet; süße Frucht im Mund, harmonisch, klar (4,35 €)

Weingut Schloss Sommerhausen ★★★
Franken

85 ▶ 2002 Silvaner Spätlese trocken Sommeracher Katzenkopf frisch, klar, wunderschön reintönige Frucht; kraftvoll im Mund, gute süße Frucht (6,90 €)

84 ▶ 2002 Bacchus Kabinett Oberschwarzacher Herrenberg feine Frucht, sehr reintönig; süße Frucht, Frische, klar (4,35 €)

86 ▶ 2002 Riesling Spätlese Sommeracher Katzenkopf klare Rieslingfrucht, feine Würze, direkt; gute Harmonie, sehr klare süße Frucht (7,40 €)

85 ▶ 2002 Scheurebe Spätlese Sommeracher Katzenkopf klare Frucht, Cassis, direkt; klar süße Frucht, harmonisch, süffig (6,10 €)

86 ▶ 2002 Rieslaner Spätlese Sommeracher Katzenkopf feine Frucht, klar, dezent Grapefruit; gute Fülle, reife süße Frucht (7,40 €)

85 ▶ 2002 Gewürztraminer Spätlese Sommeracher Katzenkopf feiner Duft, sehr klar wenn auch zurückhaltend; weich, harmonisch, süße Frucht (7,40 €)

85 ▶ 2002 Domina trocken Volkacher Ratsherr klare jugendliche Frucht; gute Harmonie, jugendliche Frucht, Biss, jugendliche Bitternote (6,50 €)

85 ▶ 2001 Domina trocken Barrique Sommeracher Katzenkopf reife süße Frucht im Bouquet, viel Vanille; kompakt, klare Frucht, Vanille (8,20 €/0,5l)

85 ▶ 2001 „Granat" Rotwein-Cuvée trocken Barrique gute Konzentration, reife Frucht, dezenter Toast; viel süße Frucht, kompakt (12,50 €)

Weitere Weine: 82 ▶ 2002 Spätburgunder trocken Oberschwarzacher Steige ∎

Ochsenfurter Straße 17-19,
97286 Sommerhausen
Tel. 09333-260, Fax: 09333-1488
www.weingut-schloss-sommerhausen.de
info@weingut-schloss-sommerhausen.de
Inhaber: Martin Steinmann
Rebfläche: 20 Hektar
Besuchszeiten: Mo.-Fr. 7:30-18 Uhr, Sa. 8-12 Uhr oder nach Vereinbarung
Weinproben in Gewölbekeller und Kelterhalle, Kabarettspektakel im Schloss (3 Wochen im Juli/August),
Gästehaus am Schloss (Familie Steinmann-Weth, Hauptstraße 19)

Johann Kaspar Steinmann hat 1968 das Schloss Sommerhausen mit den dazugehörigen Weinbergen gekauft. Sein Sohn Martin hat vor drei Jahren das Weingut Schloss Sommerhausen von den Eltern übernommen. Die vormals zum Weingut gehörende Rebschule wird von seiner Schwester weitergeführt. Durch die Tatsache, dass dem Weingut immer eine Rebzüchtung angeschlossen war, erklärt sich auch, dass neben Silvaner und Riesling die Burgundersorten - mit für Franken ungewöhnlichen 35 Prozent - einen wichtigen Platz in den Weinbergen in Sommerhausen, Eibelstadt und Randersacker einnehmen. Auch Spezialitäten wie Chardonnay, Rieslaner, Blauer Silvaner oder Auxerrois - den es bereits seit 1976 gibt - findet man bei Schloss Sommerhausen. An roten Sorten gibt es neben Spät- und Frühburgunder - von dem Schloss Sommerhausen eigene Klone hat - auch Zweigelt und Blauburger. Martin Steinmann setzt bei den Rotweinen seit dem Jahrgang 2002 ganz auf Cuvées und macht nur noch zwei Rotweine: eine Cuvée aus Spät- und Frühburgunder, die andere aus Spätburgunder und Domina mit ein wenig Blauburger und Zweigelt.

Die Weine werden temperaturgesteuert vergoren und bleiben dann recht lange auf der Feinhefe liegen. Ziel von Martin Steinmann ist es, den Sortencharakter in den Weinen herauszuarbeiten. Die Weine werden überwiegend trocken ausgebaut. Bereits seit 1984 kommen besondere Weine ins Barrique. In den achtziger Jahren habe ich hier zum ersten Mal einen barriqueausgebauten Auxerrois verkostet.

Seit einigen Jahren gehört Schloss Sommerhausen zu den Spitzenbetrieben in Franken. Vor allem mit edelsüßen Weinen haben die Steinmanns Jahr für Jahr auf sich aufmerksam gemacht. Aber auch die trockenen Weine sind zuletzt stetig besser geworden. Im Jahr 2000 beeindruckten alle Spätlesen, egal ob trocken oder süß, ob Silvaner oder Riesling, Grauburgunder oder Scheurebe. Auch die 2001er Kollektion war bestechend gut und auch 2002 hat Martin Steinmann wieder herrlich kraftvolle trockene Weine, dazu eine breite Palette an edelsüßen Weinen.

Eine Besonderheit von Schloss Sommerhausen sind die Sekte, die es hier seit 1982 gibt. Seit 1990 werden sie komplett im eigenen Haus hergestellt. Die Jahresproduktion beträgt etwa 15.000 Flaschen. Alle Sekte werden für mindestens drei Jahre, meist vier Jahre und mehr auf der Hefe ausgebaut. Eine Spezialität ist der ohne Dosage abgefüllte Auxerrois-Sekt.

86 ▶ **1998 Auxerrois Sekt Extra Brut** rauchige Noten, etwas Butter; gute Fülle, reife Frucht, cremig (13 €)

87 ▶ **1996 Riesling Sekt Brut** würzig, direkt, ganz dezent Kamille; gute Fülle und Harmonie, klar, direkt, rauchige Noten, feiner Nachhall (13 €)

86 ▶ **2002 „Ohne viel Worte" Silvaner trocken** klar, direkt, jugendliche eindringliche Frucht; kraftvoll und klar im Mund, feine Frucht und Biss (5,50 €)

87 ▶ **2002 Silvaner Kabinett trocken Randersackerer Sonnenstuhl** wunderschön reintönige Frucht im Bouquet; klar, geschmeidig, gute Frucht und Biss

86 ▶ **2002 Riesling Kabinett trocken Sommerhäuser Steinbach** recht würzige Noten, klare Frucht; kompakt, süße Frucht (7,50 €)

89 ▶ **2002 Silvaner Spätlese trocken Sommerhäuser Steinbach** herrlich konzentriert, dominant, reintönige Frucht; füllig, viel reife Frucht, klar und zupackend

88 ▶ **2002 Riesling Spätlese trocken Sommerhäuser Steinbach** herrlich konzentriert, jugendliche eindringliche Frucht; stoffig, eindringlich, viel Frucht und Nachhall (12,50 €)

88 ▶ **2002 Weißer Burgunder Spätlese trocken Eibelstadter Kapellenberg** würzig, klar, gute Konzentration, viel reife Frucht; stoffig, dominant, kompakt, feiner Biss (12,50 €)

89 ▶ **2002 Silvaner Beerenauslese Randersackerer Marsberg** konzentriert, klare süße Frucht, Frische, dezent Litschi; süß, schmeichelnd, harmonisch, süffig (25 €/0,375l)

90 ▶ **2002 Silvaner Beerenauslese Randersackerer Sonnenstuhl** konzentriert, klare reife süße Frucht, Litschi, etwas Aprikosen und Zitrusfrüchte; süß, schmeichelnd, herrlich harmonisch und lang (25 €/0,375l)

89 ▶ **2002 Riesling Beerenauslese Sommerhäuser Steinbach** konzentriert, herrlich eindringliche reintönige Frucht; klar, frisch, feine Frucht, sehr reintönig, elegante feine Beerenauslese (25 €/0,375l)

90 ▶ **2002 Riesling Eiswein Sommerhäuser Steinbach** reife süße eingelegte Aprikosen, herrlich reintönig und konzentriert; frisch, klar, wunderschön reintönige Frucht, harmonisch und lang (45 €/0,375l)

90 ▶ **2002 Gewürztraminer Eiswein Sommerhäuser Steinbach** konzentriert, reife süße Frucht, etwas Litschi und Rosen; frisch, wunderschön reintönig, herrlich viel süße Frucht (50 €/0,375l)

Weingut
Sonnenberg ★
Ahr

Heerstraße 98, 53474 Bad Neuenahr
Tel. 02641-6713, Fax: 02641-201037
www.weingut-sonnenberg.de
info@weingut-sonnenberg.de
Inhaber: Görres-Linden
Rebfläche: 5 Hektar
Besuchszeiten: Mo.-Fr. 10-18 Uhr, Sa. 10-14 Uhr, So. 10-12 Uhr
Straußwirtschaft (Frühjahr und Herbst)

Das Weingut Sonnenberg wurde 1980 mit 1,5 Hektar Weinbergen gegründet. Heute werden 5 Hektar bewirtschaftet, vor allem Spätburgunder, der 72 Prozent der Rebfläche einnimmt. Hinzu kommen Frühburgunder, Grauburgunder und Weißburgunder, sowie auch etwas Portugieser, Dornfelder, Domina und Riesling. Zwei Drittel der Weine werden trocken ausgebaut.

Wie schon im vergangenen Jahr ist auch die 2002er Kollektion sehr ausgewogen.

84 ▶ **2002 Spätburgunder trocken Neuenahrer Schieferlay** feine rauchige Noten, sehr klare Frucht; gute Harmonie und klare Frucht im Mund (8 €)

84 ▶ **2002 Spätburgunder trocken Walporzheimer** frisch, klar, rote Früchte; geradlinig im Mund, gute Frucht und Biss (7,50 €)

84 ▶ **2002 Frühburgunder trocken Ahrweiler Ursulinengarten** feine Würze, rauchige Noten; frisch und direkt, klare Frucht und Biss (11 €)

Weitere Weine: 82 ▶ 2002 Spätburgunder Spätlese trocken Neuenahrer Sonnenberg ∎ 82 ▶ 2002 Spätburgunder Selektion Fh ∎

Weingut
Sonnenhof ★★
Bezner-Fischer
Württemberg

Sonnenhof 2, 71665 Vaihingen
Tel. 07042-81888-0, Fax: 07042-81888-6
www.weingutsonnenhof.de
weingut.sonnenhof@t-online.de
Inhaber: Albrecht und Charlotte Fischer
Rebfläche: 29 Hektar
Besuchszeiten: Mo.-Fr. 8-12 + 13-18 Uhr, Sa. 9-12 Uhr + 13-17 Uhr
Probierstube (bis 50 Personen)

Als ich Ende der achtziger Jahre das erste Mal den Sonnenhof besuchte, hatte Albrecht Fischer gerade begonnen, als Mitglied der HADES Gruppe, mit seinen holzfassausgebauten Weinen überregional Aufmerksamkeit zu finden. Bis in die siebziger Jahre waren auf dem Bezner-Hof und dem Fischer-Hof Weinbau und Landwirtschaft nebeneinander betrieben worden. Dann hat man sich - bei gerade mal 5 Hektar Weinbergen - ganz auf den Weinbau verlegt. Heute gehört der Sonnenhof mit einer Jahresproduktion von etwa 250.000 Flaschen zu den größten privaten Weingütern in Württemberg. Das Gros der Reben wächst an Südhängen mit Keuperböden, viele der Weinberge gehörten ehemals dem Kloster Maulbronn. Die Rotweinsorten nehmen drei Viertel der Fläche ein, den größten Anteil haben Trollinger und Lemberger. Wichtigste Weißweinsorte ist der Riesling.

Vor zwei Jahren hatte Albrecht Fischer eine überzeugende Kollektion mit vielen interessanten Weinen. Am meisten beeindruckt hatte mich wieder der HADES Spätburgunder (Jahrgang 1999), einer der besten Spätburgunder in Deutschland. Die letztjährige Kollektion knüpfte daran an, auch wenn ich die HADES-Spitzen doch ein wenig vermisst habe. In der aktuellen Kollektion nun gibt es sie: kraftvolle, sehr gekonnt vinifizierte Barriqueweine.

87 ▶ 2002 Chardonnay Kabinett trocken gute jugendliche Frucht, wunderschön klar und direkt, leichte Apfelnote; kraftvoll und klar im Mund, gute Frucht und Biss (6,50 €)

84 ▶ 2002 Grauburgunder Kabinett trocken Gündelbacher Wachtkopf würzig, sehr klar, gute Konzentration, feines Grauburgunderbouquet; frisch im Mund, gute Frucht, unkompliziert (6,70 €)

84 ▶ 2002 Muskateller Kabinett trocken Gündelbacher Wachtkopf frisch, klar, direkt, feine ganz leicht aggressive Muskatnote; frisch auch im Mund, klare Frucht, herrlich geradliniger Muskateller (6,50 €)

85 ▶ 2001 Chardonnay trocken Barrique HADES zwölf Monate Barriqueausbau; reife süße Frucht, etwas Vanille, Zitrusfrüchte, gute Konzentration; füllig, viel reife süße Frucht, Struktur, Holz nicht ganz integriert, (noch?) etwas unharmonisch (12,50 €)

86 ▶ 2002 Traminer Spätlese Gündelbacher Wachtkopf feiner schön zurückhaltender Traminerduft, Rosen, sehr klar; viel süße Frucht im Mund, schmeichelnd, harmonisch und klar, feiner Nachhall (8,60 €)

87 ▶ 2002 Riesling Auslese Gündelbacher Wachtkopf zurückhaltende aber sehr klare Frucht, Litschi, auch etwas Aprikosen und Pfirsiche; klar im Mund, wunderschön elegant, etwas Aprikosen, auch Zitrusfrüchte, feine Länge (8,70 €)

86 ▶ 2001 Lemberger Spätlese trocken Gündelbacher Wachtkopf gute Frucht, klar, rauchige Noten, direkt; viel Frucht im Mund, harmonisch, sehr klar (9,20 €)

86 ▶ 2001 Spätburgunder trocken Barrique HADES rauchige Noten, reife rote Früchte, Vanille; harmonisch, klare Frucht, jugendliche Tannine (15 €)

87 ▶ 2001 Dornfelder trocken Barrique HADES klare reife Frucht, gute Konzentration; reife süße Frucht auch im Mund, wunderschön harmonisch, feine Frische (15 €)

88 ▶ 2001 Lemberger trocken Barrique HADES intensive Frucht, rauchig-würzige Noten; viel süße reife Frucht, viel Vanille, dezent Schokolade, harmonisch und lang (18 €)

88 ▶ 1999 „Julius" Rotweincuvee trocken Barrique HADES 35 Monate Barriqueausbau; reife süße Frucht im Bouquet, rote und dunkle Früchte, viel Vanille und Schokolade, ein klein wenig Kokos; schmeichelnd im Mund, viel süße Frucht, fast schon gefällig süffig, sehr weich (19 €)

86 ▶ 2001 Lemberger Spätlese halbtrocken Gündelbacher Wachtkopf Kirschen, klare Frucht, feines Bouquet; süß im Mund, geschmeidig, enorm süffig, dabei Struktur, Tannine (9,20 €)

86 ▶ 2002 Muskattrollinger Gündelbacher Wachtkopf wunderschön klare Frucht, feine Muskatnote, sehr reintöniges Bouquet; sehr klar auch im Mund, feine süße Frucht, zupackend (5,60 €)

85 ▶ 2002 Regent Kabinett Gündelbacher Wachtkopf reife süße Frucht, rote Früchte, eindringlich; süß im Mund, gute Fülle und Frucht, Frische, süffig (6,80 €)

85 ▶ 2002 Samtrot Spätlese Gündelbacher Wachtkopf gute Konzentration, jugendliche klare Frucht, leicht rauchige Noten; klar und zupackend im Mund, gute Frucht, feiner Nachhall (8,60 €)

Weitere Weine: 83 ▶ 2002 Riesling trocken Gündelbacher Stromberg ■ 82 ▶ 2002 Riesling Kabinett trocken ■ 82 ▶ 2002 Schillerwein Gündelbacher Stromberg (1l) ■ 83 ▶ 2002 Dornfelder trocken Gündelbacher Stromberg ■ 84 ▶ 2002 Lemberger trocken Gündelbacher Stromberg ■ 84 ▶ 2002 Trollinger Rosé halbtrocken ■

Weingut
Sonnenhof *
Michael Mattmüller
Baden

Sonnenhof, 79241 Ihringen
Tel. 07668-5801, Fax: 07668-7767
Inhaber: Michael Mattmüller
Rebfläche: 7,5 Hektar
Besuchszeiten: täglich 8-20 Uhr

Die Weinberge des Sonnenhofs liegen in den Ihringer Lagen Winklerberg und Fohrenberg, sowie im Merdinger Bühl.

60 Prozent der Rebfläche nimmt der Spätburgunder ein. Hinzu kommen 20 Prozent mit Grauburgunder, Weißburgunder und Chardonnay, sowie weitere 20 Prozent mit Müller-Thurgau, Silvaner, Gewürztraminer und Scheurebe. Michael Mattmüller baut seine Weine überwiegend trocken aus. Alle Rotweine werden in Eichenholzfässern ausgebaut.

Vor zwei Jahren hatten mir Chardonnay, Silvaner und Grauburgunder Spätlese aus dem Fohrenberg am besten gefallen. Die Weine der letztjährigen Kollektion reichten nicht ganz an ihre Vorgänger heran. Die neue Kollektion ist wieder ein bisschen besser und gleichmäßiger.

85 ▶ **2002 Gewürztraminer Spätlese Merdinger Bühl** feiner Rosenduft, sehr klar; gute Harmonie, klare süße Frucht (6,70 €)

85 ▶ **2001 Spätburgunder trocken Ihringer Fohrenberg** gute Konzentration, klare jugendliche Frucht; harmonisch, klare reife Frucht, Biss (6,20 €)

Weitere Weine: 80 ▶ 2002 Chardonnay trocken Merdinger Bühl ▪ 83 ▶ 2002 Grauer Burgunder Kabinett trocken Ihringer Fohrenberg ▪ 81 ▶ 2002 Silvaner halbtrocken Ihringer Fohrenberg ▪ 83 ▶ 2001 Ruländer Spätlese Ihringer Fohrenberg ▪ 82 ▶ 2002 Spätburgunder Weißherbst trocken Ihringer Fohrenberg ▪ 83 ▶ 2001 Spätburgunder trocken Merdinger Bühl ▪

Weingut
Später-Veit ★★
Mosel-Saar-Ruwer

Brückenstraße 13, 54498 Piesport
Tel. 06507-5158, Fax: 06507-6760
Inhaber: Heinz Welter-Später
Rebfläche: 7 Hektar
Besuchszeiten: nach Vereinbarung

Heinz Welter-Später, der das Weingut 1988 von seinem Schwiegervater übernommen hat baut überwiegend Riesling an. Dazu gibt es etwas Spätburgunder, aber auch Müller-Thurgau und Weißburgunder. Neben Weinbergen in Piesport, darunter 1,4 Hektar im Goldtröpfchen, besitzt er auch Weinberge im Wintricher Ohligsberg. Heinz Welter-Später baut seine Weine teils im Holz, teils im Edelstahl aus. Die Weine werden kalt vergoren, zum Teil mit den traubeneigenen Hefen. Sie bleiben dann bis zur relativ späten Füllung auf der Feinhefe liegen. Der Spätburgunder wird nach vierwöchiger Maischestandzeit in Holzfässern ausgebaut.

Im vergangenen Jahr hatte ich die Weine von Heinz Welter-Später zum ersten Mal vorgestellt. Seine 2002er nun, mit zwei wunderschönen Auslesen an der Spitze, sind nochmals besser und interessanter.

84 ▶ **2002 Riesling trocken** viel Würze im Bouquet, klare Frucht; feine süße Frucht, klar und direkt (4 €)

87 ▶ **2002 Riesling Spätlese halbtrocken Piesporter Goldtröpfchen** herrlich klar und konzentriert, würzige Rieslingfrucht; kraftvoll im Mund, klar, gute Fülle und Frucht, sehr reintönig (7 €)

85 ▶ **2002 Riesling Spätlese Piesporter Goldtröpfchen** klar, konzentriert, jugendliche Frucht; gute Fülle, reife süße Frucht (6 €)

84 ▶ **2002 Riesling Spätlese No. 34 Piesporter Goldtröpfchen** würzig, konzentriert, direkt; süße Frucht, geradlinig, würzig (7 €)

87 ▶ **2002 Riesling Spätlese No. 35 Piesporter Goldtröpfchen** enorm würzig und dominant, jugendliche Frucht; viel süße Frucht, sehr klar und lang (7,50 €)

89 ▶ **2002 Riesling Auslese Wintricher Ohligsberg** konzentriert, herrlich würzig und eindringlich, viel Frucht; faszinierend viel Frucht auch im Mund, jugendlich, reintönig, viel Nachhall (10 €)

89 ▶ **2002 Riesling Auslese Piesporter Goldtröpfchen** würzig, konzentriert, jugendliche eindringliche Frucht; süß im Mund, schmeichelnd, feiner Biss, sehr lang (13 €)

84 ▶ 2001 Spätburgunder trocken feine Frucht mit rauchigen Noten; gute Harmonie, sehr klare Frucht, Biss (7 €)

Weitere Weine: 82 ▶ 2002 Riesling Kabinett trocken Piesporter Domherr ■ 82 ▶ 2002 Riesling Kabinett halbtrocken Piesporter Falkenberg ■ 83 ▶ 2002 Riesling Kabinett Piesporter Domherr ■

Weingut Heinrich Spindler ★★★★
Pfalz

Weinstraße 44, 67147 Forst
Tel. 06326-280, Fax: 06326-7877
www.spindler-weine.de
hch.spindler@t-online.de
Inhaber: Hans Spindler
Rebfläche: 13 Hektar
Besuchszeiten: Mo.-Sa. 8-18 Uhr
Weinrestaurant (So.+ Mo. geschlossen)

Hans Spindler besitzt Weinberge in allen Spitzenlagen von Forst, sowie in Ruppertsberg und Deidesheim. 85 Prozent seiner Rebfläche ist mit Riesling bestockt. Die restlichen 15 Prozent sind mit Weißburgunder, Gewürztraminer, Scheurebe und den roten Sorten Dornfelder und Spätburgunder bepflanzt. Die Bewirtschaftung der Weinberge erfolgt nach den Richtlinien des kontrolliert umweltschonenden Weinbaus.

Hans Spindler gehörte zu den wenigen, die im schwierigen Jahrgang 2000 ihre Vorjahresleistung wiederholen konnten. Der Jahrgang 2001 war Hans Spindler nochmals besser geraten, jeder Wein überzeugte. Alle Kabinettweine erwiesen sich als ausgesprochene Schnäppchen. Die trockenen Spätlesen waren alle wunderschön kraftvoll und fruchtbetont. Und dass sich Hans Spindler auch auf edelsüßen Riesling versteht, bewies er eindrucksvoll mit der Auslese aus dem Forster Ungeheuer. Auch die neue Kollektion ist sehr homogen und überzeugt mit der klaren Frucht aller Weine.

84 ▶ 2002 Riesling Kabinett trocken Forster Stift klare Frucht, Frische; frisch auch im Mund, unkompliziert, süffig (4,70 €)

86 ▶ 2002 Riesling Kabinett trocken Forster Ungeheuer gute würzige Frucht, jugendlich; klar im Mund, wunderschön fruchtbetont und harmonisch (5,60 €)

87 ▶ 2002 Riesling Kabinett trocken „Philosophie" würzig, klar, herrlich jugendliche Rieslingfrucht; frisch und klar im Mund, viel Frucht (5,40 €)

88 ▶ 2002 Riesling Spätlese trocken Forster Ungeheuer konzentriert, klar, jugendliche Rieslingfrucht; frisch im Mund, guter Stoff, herrlich fruchtbetont und reintönig (8,60 €)

89 ▶ 2002 Riesling Spätlese trocken Forster Kirchenstück würzig, klar, konzentriert, jugendliche Frucht; viel Frucht im Mund, kompakt, kraftvoll, herrlich stoffiger Riesling (9 €)

86 ▶ 2002 Riesling Spätlese trocken Forster Pechstein klare Rieslingfrucht, etwas Frische; harmonisch, viel süße Frucht, süffiger Riesling (8 €)

87 ▶ 2002 Riesling Spätlese trocken Forster Jesuitengarten konzentriert, klar, würzig, gute Frucht; harmonisch im Mund, gute Frucht, kompakt (8,30 €)

86 ▶ 2002 Riesling Spätlese halbtrocken Forster Pechstein gute Würze und Frucht, süße Zitrusfrüchte; lebhaft im Mund, viel süße Frucht, süffig (8 €)

87 ▶ 2002 Gewürztraminer Spätlese Forster Stift klare reife Frucht, gute Konzentration; herrlich füllig im Mund, viel reife süße Frucht (8 €)

Weingut Josef Spreitzer ★★★★
Rheingau

Rheingaustraße 86, 65375 Oestrich
Tel. 06723-2625, Fax: 06723-4644
www.weingut-spreitzer.de
weingut-spreitzer@t-online.de
Inhaber: Bernd und Andreas Spreitzer
Rebfläche: 13 Hektar
Besuchszeiten: Mo.-Fr. 9-12 + 13-19 Uhr,
Sa. 9-16 Uhr
„Schlemmerwochen" Ende April/Anfang Mai

Das Weingut Spreitzer ist eines der ältesten Weingüter in Oestrich und wird seit 1997 von den Brüdern Bernd und Andreas Spreitzer geführt. Es ist in einer Jugendstil-Villa in der Nähe des Rheins untergebracht. Dort lagern die Weine in einem alten um 1743 erbauten Gewölbekeller. Die Weinberge sind zu 90 Prozent mit Riesling, der Rest mit Spätburgunder bepflanzt. Die Moste werden, wenn möglich, spontanvergoren. Der Ausbau der Weine erfolgt teils im Edelstahl, teils in Holzfässern, wobei auch die im Edelstahl vergorenen Weine für kurze Zeit ins Holzfass kommen. Neu im Programm ist seit dem Jahrgang 2000 die Riesling Spätlese „303". Der Name rührt daher, dass der Großvater der heutigen Besitzer, Josef Spreitzer, als Gutsverwalter des Weinguts Hess, das er 1929 kaufte, im Jahr 1920 einen Wein mit 303 Oechsle Mostgewicht erntete. Diese 600 Liter Wein trugen die Bezeichnung 1920er Oestricher Bremerberg-Eiserberg Trockenbeerenauslese und wurden zum Höchstpreis von 75.000 Reichsmark auf der Rheingauer Weinversteigerung im Kloster Eberbach versteigert (die Lage Bremerberg-Eiserberg ist später in der Lage Oestricher Lenchen aufgegangen).

Vor zwei Jahren hatten Bernd und Andreas Spreitzer zwar keine edelsüßen Spitzen, aber insgesamt hatten ihre Weine im Jahrgang 2000 weiter an Konstanz und Ausdruck gewonnen. Auch der Jahrgang 2001 überzeugte. Die Spätlese trocken aus dem Doosberg gehörte ebenso wie das Erste Gewächs aus dem Lenchen zu den Jahrgangsbesten im Rheingau. Dazu gab es einige faszinierende edelsüße Rieslinge. 2002 schließt nahtlos daran an. Die Kollektion besticht durch ihr hohes Niveau, gekrönt durch hervorragende edelsüße Weine. Bernd und Andreas Spreitzer haben ihr Weingut fest in der Rheingauer Spitze etabliert.

85 ▶ **2002 Riesling Kabinett trocken Oestricher Doosberg** klar, jugendliche Frucht, direkt; konzentriert, klar, jugendliche Frucht (6,10 €)

86 ▶ **2002 Riesling Spätlese trocken Oestricher Doosberg** viel Würze, herrlich klare eindringliche Frucht; gute Harmonie, kompakt, klar (8,25 €)

88 ▶ **2002 Riesling Erstes Gewächs Oestricher Lenchen** herrlich viel Frucht, Zitrusfrüchte, eindringlich; gute Fülle und Harmonie, klare Frucht

89 ▶ **2002 Riesling Erstes Gewächs Hattenheimer Wisselbrunnen** konzentriert, dominant, enorm eindringlich; kraftvoll im Mund, viel Frucht, kompakt und klar

85 ▶ **2002 Riesling Kabinett halbtrocken Oestricher Lenchen** frisch, klar, feine Frucht, etwas Zitrusfrüchte; klar, direkt, feine süße Frucht, Biss (6,10 €)

86 ▶ **2002 Riesling Spätlese halbtrocken Oestricher Lenchen** gute Würze und Frucht, direkt; klar, harmonisch, feine süße Frucht (8,25 €)

85 ▶ **2002 Riesling Kabinett Oestricher Doosberg** frisch, klar, feine Würze; klar, harmonisch, viel süße Frucht (6,10 €)

88 ▶ **2002 Riesling Spätlese Oestricher Lenchen** konzentriert, würzig, jugendliche Frucht; klar, direkt, herrlich viel Frucht, zupackend (8,25 €)

90 ▶ **2002 Riesling Spätlese „303" Oestricher Lenchen** viel Konzentration, jugendliche Frucht; gute Fülle, viel reife Frucht, kompakter süßer eindringlicher Riesling (12,85 €)

90 ▶ **2002 Riesling Auslese Oestricher Lenchen** konzentriert, würzig, eindringliche Frucht; gute Fülle und Harmonie, viel süße Frucht (11 €/0,375l)

91 ▶ **2002 Riesling Eiswein Mittelheimer St. Nikolaus** herrlich viel Frucht, konzentriert, wunderschön reintönig; viel süße Frucht im Mund, schmeichelnd, gute Fülle und Harmonie, herrlich reintönig, dominant, viel Nachhall (41 €/0,375l)

90 ▶ **2002 Riesling Beerenauslese Oestricher Lenchen** feine Frucht, sehr reintönig, süße Zitrusfrüchte; gute Harmonie, viel süße Frucht, lang, feiner Nachhall (41 €/0,375l)

93 ▶ **2002 Riesling Trockenbeerenauslese Oestricher Lenchen** gute Konzentration im Bouquet, feiner Duft, enorm eindringlich; herrlich dominant im Mund, viel süße Frucht, konzentriert, enorm dick und lang, viel Nachhall (59 €/0,375l)

Weingut
Staffelter Hof ★
Mosel-Saar-Ruwer

Robert-Schuman-Straße 208, 54536 Kröv
Tel. 06541-3708, Fax: 06541-3933
www.staffelter-hof.de
staffelter-hof@t-online.de
Inhaber: Gerd und Gundi Klein
Rebfläche: 5,2 Hektar
Besuchszeiten: Mo.-Fr den ganzen Tag, am Wochenende nach Vereinbarung
Gästezimmer, Ferienappartements

Das Weingut Staffelter Hof in Kröv ist eines der ältesten Weingüter an der Mosel. Im Jahre 862 schenkte Kaiser Lothar II. den Hof dem Kloster Stavelot. Bis zur Säkularisation war der Hof im Besitz der Mönche. 1805 erwarb der letzte Hofmann des Klostergutes, Peter Schneiders, ein Vorfahre der heutigen Besitzer, das Anwesen vom französischen Staat. Heute führen Gerd und Gundi Klein das Weingut. Ihre Weinberge, hauptsächlich mit Riesling bestockt, befinden sich in Kröv, Piesport und Neumagen-Dhron. Neben Weinen erzeugt Gerd Klein in der hauseigenen Destille auch Hefe-, Trester- und Obstbrände.

Auch in diesem Jahr hat das Weingut Staffelter Hof wieder eine interessante Kollektion mit eigenwilligen, manchmal zu eigenwilligen, Weinen.

86 ▶ **2002 Riesling Spätlese trocken Dhron Hofberger** klare Frucht, etwas Aprikosen, feines Rieslingbouquet; gute Harmonie, klare Frucht, kompakt (8 €)

84 ▶ **2002 Riesling Spätlese halbtrocken Dhron Hofberger** recht würzig und direkt; frisch, klar, feine süße Frucht (6,50 €)

86 ▶ **2002 Riesling Spätlese Kröv Steffensberg** klar, jugendliche Frucht, gute Konzentration; klare süße Frucht, wunderschön harmonisch und lang (6,50 €)

86 ▶ **2002 Riesling Auslese Kröv Steffensberg** konzentriert und klar im Bouquet, direkt; viel süße Frucht, würzige Noten, feiner Nachhall (13 €/0,375l)

88 ▶ **2002 Riesling Eiswein Kröv Paradies** gute Konzentration, klare eindringliche Frucht, dominant, feiner Duft; viel süße Frucht, konzentriert, klar, mit Biss (32 €/0,375l)

84 ▶ **2001 Rotwein trocken Barrique** viel Würze, eindringliche Frucht, konzentriert; kraftvoll im Mund, zurückhaltende Frucht, kompakt (12 €)

Weitere Weine: 82 ▶ 2002 Riesling trocken ▪ **78** ▶ 2000 Riesling trocken Barrique ▪ **81** ▶ 2002 Riesling Hochgewächs halbtrocken ▪ **83** ▶ 2002 Riesling Kabinett Kröv Steffensberg ▪

Weingut Stallmann-Hiestand ★★
Rheinhessen

Eisgasse 15, 55278 Uelversheim
Tel. 06249-8463, Fax: 06249-8614
www.weingut-stallmann-hiestand.de
info@weingut-stallmann-hiestand.de
Inhaber: Werner Hiestand
Rebfläche: 16,5 Hektar
Besuchszeiten: nach Vereinbarung

Werner Hiestand, bis Sommer 2003 Präsident des rheinhessischen Weinbauverbandes, will in Zukunft noch stärker auf die klassischen Rebsorten setzen - bei Weißweinen zumindest - und möchte den Anteil des Weißburgunders in seinen Weinbergen weiter erhöhen. Zur Zeit ist Riesling die wichtigste Rebsorte, gefolgt von Silvaner und den Burgundersorten. An roten Sorten gibt es Spätburgunder, Dornfelder und Portugieser. Zuletzt hat Werner Hiestand Cabernet Cubin und Acolon, Cabernet Dorsa und Sauvignon Blanc gepflanzt.

In der sehr gleichmäßigen Kollektion im vergangenen Jahr gefiel mir der Cabernet Cubin am besten. Der Folgejahrgang ist nochmals deutlich besser und der Cabernet Cubin ist der herausragende Weine in der überzeugenden neuen Kollektion von Werner Hiestand.

84 ▶ **2002 Silvaner trocken** klare wenn auch zurückhaltende Frucht; klare Frucht, feine Frische (4,20 €)

85 ▶ **2002 Grauer Burgunder trocken** würzige Noten, klare Frucht; kraftvoll im Mund, gute Fülle und Frucht (4,80 €)

86 ▶ **2002 Weißer Burgunder Spätlese trocken** gute Konzentration, würzige Noten, klare Frucht; harmonisch im Mund, gute Fülle, klare Frucht (5,50 €)

86 ▶ **2002 Grauer Burgunder Spätlese trocken** würzig, konzentriert, klare jugendliche Frucht; klare reife Frucht im Mund, kompakter Graubugunder (6 €)

87 ▶ **2002 Riesling Spätlese trocken** würzige Rieslingfrucht, herrlich klar und direkt; wunderschön reintönig im Mund, feine Frucht, Frische, mit Nachhall (5,80 €)

85 ▶ **2002 Riesling Spätlese halbtrocken** würzige klare reife Rieslingfrucht im Bouquet, direkt; frisch im Mund, reintönige Frucht, Biss (5,80 €)

87 ▶ **2002 Cabernet Dorsa trocken** herrlich fruchtbetont, jugendlich, feine Frische, rote Früchte; fruchtbetont auch im Mund, gute Frische, herrlich klar und süffig, feiner Nachhall (8,50 €)

84 ▶ **2001 Spätburgunder trocken** sehr klare rauchige Spätburgunderfrucht, direkt; frisch im Mund, reintönige Frucht, Biss (5,10 €)

90 ▶ **2001 Cabernet Cubin trocken Barrique** viel Konzentration, reife klare Frucht, etwas Cassis; herrlich füllig im Mund, konzentriert, reife süße Frucht, kraftvoll, nachhaltig (10 €)

Weitere Weine: 83 ▶ 2002 Riesling trocken ■ **83** ▶ 2002 Weißer Burgunder trocken ■ **83** ▶ 2002 Spätburgunder Weißherbst trocken ■

Weingut Markgraf v. Baden, Schloss Staufenberg ★★★
Baden

Schloss Staufenberg 1, 77770 Durbach
Tel. 0781-42778, Fax: 0781-440578
www.markgraf-von-baden.de
info@schloss-staufenberg.de
Inhaber: Markgraf von Baden
Betriebsleiter: Achim Kirchner
Kellermeister: Martin Kölble
Rebfläche: 27 Hektar
Besuchszeiten: Mo.-Fr. 9:30-12 + 13-17 Uhr, Sa. 10-16 Uhr
Gutsausschank

Schloss Staufenberg kam 1693 in den Besitz des Hauses Baden. In den Weinbergen von Schloss Staufenberg, am Durbacher Schlossberg, spielt Riesling mit einem Anteil von 45 Prozent die wichtigste Rolle. Es folgen 30 Prozent Spätburgunder und dazu Müller-

Thurgau, Traminer, Weiß- und Grauburgunder, sowie Chardonnay. In den letzten zwölf Monaten hat sich viel getan bei Schloss Staufenberg. Seit 2002 ist Achim Kirchner, der vorher bei Bürklin-Wolf war, neuer Betriebsleiter und mit Martin Kölble ist ein neuer Kellermeister gekommen. Der Keller wurde komplett neu ausgestaltet. Achim Kirchner will des Programm von Schloss Staufenberg klar strukturieren: zwei Weine aus dem Durbacher Schlossberg, Riesling und Spätburgunder, sollen quasi als „Große Gewächse" die Aushängeschilder des Weinguts werden. Die Rieslinge werden alle in Edelstahltanks ausgebaut, Spätburgunder im Barrique.

Vor zwei Jahren hatte Schloss Staufenberg ein gutes Programm, in dem die edelsüße Riesling Auslese mein Favorit war. Die letztjährige Kollektion gefiel mir nochmals besser, da sie ausgeglichener war als in den Vorjahren. Überrascht hat mich vor allem der Grauburgunder, einer der besten in der Ortenau. In der sehr homogenen 2002er Kollektion ist der Riesling „Carl Friedrich" mein Favorit.

85 ▶ **2002 Chardonnay trocken** würzig, verhaltene Frucht; harmonisch, füllig, reife Frucht (6,70 €)

87 ▶ **2002 Chardonnay trocken „S"** würzig, feiner Toast, klare zurückhaltende Frucht; kraftvoll, frisch, kompakter Chardonnay (9 €)

85 ▶ **2002 Klingelberger Riesling Kabinett trocken** gute Konzentration, klare jugendliche Frucht, Limone; frisch, klar, gute Frucht (6 €)

86 ▶ **2002 Grauburgunder Spätlese trocken** gute Konzentration, reife Frucht; weich, füllig, reife sehr süße Frucht (9 €)

88 ▶ **2002 Klingelberger Riesling Spätlese trocken „Carl Friedrich"** gute Konzentration, herrlich eindringliche Frucht; füllig, kraftvoll, jugendliche Frucht, herrlich stoffig (9 €)

86 ▶ **2002 Klingelberger Riesling Spätlese** reife süße Rieslingfrucht, Limone; gute Harmonie, klare süße Frucht, süffig (9 €)

84 ▶ **2002 Spätburgunder trocken** reife klare süße Frucht, etwas Erdbeeren und Kirschen; weich, süße Frucht (6 €)

85 ▶ **2002 Spätburgunder trocken „Carl Friedrich"** frisch, klar, rote Früchte; süße Frucht im Mund, harmonisch, süffig (9 €)

Weitere Weine: 83 ▶ 2002 Klingelberger Riesling trocken ▪

Weingut Stauffer ★
Rheinhessen

Borngasse 24-26, 55234 Flomborn
Tel. 06735-1521, Fax: 06735-1579
www.weingutstauffer.de
info@weingutstauffer.de
Inhaber: Karl-Michael Stauffer
Rebfläche: 13 Hektar
Besuchszeiten: wochentags 10-19 Uhr, So. nach Vereinbarung
Weinproben im Kreuzgewölbekeller

Das Weingut Stauffer ist ein Familienbetrieb in Flomborn, einem kleinen Ort südlich von Alzey. Seit 1989 wird das ehemalige Klostergut von Karl-Michael und Doris Stauffer geführt. Die Weinberge liegen zum größten Teil in Flomborn und Eppelsheim. Karl-Michael Stauffer hat in den vergangenen Jahren vor allem rote Sorten hinzugepflanzt, wie Dornfelder, Dunkelfelder, Cabernet Sauvignon und Merlot. Dazu möchte er noch mehr Spätburgunder und Dunkelfelder anlegen. Bei den Weißweinen will er zukünftig verstärkt auf die klassischen Sorten setzen und mehr weiße Burgunder, sowie „säurearme" Rieslingklone anpflanzen. Die Rotweine werden überwiegend im Holzfass ausgebaut, die Weißweine meist im Edelstahl. Die Weine werden etwa zur Hälfte jeweils trocken und lieblich ausgebaut.

Vor zwei Jahren hatten mir die Weine von Karl-Michael Stauffer gut gefallen, allen voran der 99er Grauburgunder Selection Rheinhessen. In Jahr darauf konnten mich abgesehen von Frühburgunder und Cabernet Sauvignon seine Weine nicht überzeugen. Die neue Kollektion gefällt mir da wesentlich besser, da sie gleichmäßiger in der Qualität ist.

85 ▶ **2002 Grauer Burgunder Spätlese trocken Flomborner Feuerberg** gute Würze und Konzentration, jugendliche Frucht; kompakt, klar, reife Frucht, gelbe Früchte (6,80 €)

85 ▶ **2002 Chardonnay trocken Eppelsheimer Felsen** gute Konzentration, viel Würze; kompakt, klare reife süße Frucht (7,40 €)

85 ▶ **2001 Frühburgunder trocken Barrique** rauchige Noten, verhaltene Frucht, dezente Vanille; gute Fülle und Harmonie, jugendliche Frucht (8,70 €)

Weitere Weine: 80 ▶ 2002 Riesling trocken (1l) ■ 82 ▶ 2002 Rivaner trocken ■ 83 ▶ 2002 Cabernet Sauvignon trocken Flomborner Feuerberg ■

85 ▶ **2002 Riesling Spätlese trocken Merler Fettgarten** konzentriert, klar, jugendliche Rieslingfrucht; klar und direkt im Mund, gute Frucht (8,20 €)

84 ▶ **2002 Riesling Auslese halbtrocken Merler Königslay-Terrassen** klare jugendliche Frucht, reife Aprikosen, gute Konzentration; süß im Mund, geschmeidig, recht süffig (8 €)

86 ▶ **1999 Riesling Auslese Merler Königslay-Terrassen** konzentriert, klar, Reifenoten, feine Rieslingfrucht; süß im Mund, gute Fülle und Harmonie (8,50 €)

89 ▶ **1995 Riesling Auslese Merler Königslay-Terrassen** Reifenoten, herrlich klare Rieslingfrucht; gute Fülle im Mund, viel süße Frucht (6 €/0,5l)

85 ▶ **1997 Kerner Beerenauslese Merler Klosterberg** duftig, reife Aprikosen, viel Frucht; viel süße Frucht, frisch, unkompliziert (11 €/0,375l)

88 ▶ **2001 Riesling Eiswein Merler Adler** würzige Noten, gute Konzentration bei zurückhaltender Frucht; viel süße Frucht, frisch, harmonisch und lang (22 €/0,375l)

89 ▶ **2002 Riesling Eiswein Merler Adler** reife süße Rieslingfrucht, klar und konzentriert; viel süße Frucht, dominant, füllig, kompakter Eiswein, feiner Nachhall (22 €/0,375l)

Weitere Weine: 81 ▶ 2002 Rivaner trocken ■ 83 ▶ 2001 Riesling Auslese trocken Merler Stephansberg ■ 80 ▶ 2002 Riesling Classic ■ 81 ▶ 2002 Riesling Hochgewächs halbtrocken ■ 82 ▶ 2001 Riesling Spätlese Merler Adler ■

Weingut
Ernst Steffens ★
Mosel-Saar-Ruwer

◆ *Hauptstraße 47, 56856 Zell-Merl*
Tel. 06542-2402, Fax: 06542-1607
www.weingut-steffens.de
info@weingut-steffens.de
Inhaber: Paul-Werner Steffens
Rebfläche: 2,8 Hektar
Besuchszeiten: täglich von 8-18 Uhr

Die Weinberge von Paul-Werner Steffens liegen in Merl, Zell und Briedel. Er baut seine Weine überwiegend in 1000-Liter-Holzfässern aus. Neben Riesling gibt es etwas Kerner, Bacchus und Müller-Thurgau. Seine älteste Tochter, Silvia, ist zur Zeit Gebietsweinprinzessin Mosel-Saar-Ruwer.

Weingut
Steffens-Keß ★★
Mosel-Saar-Ruwer

◆ ♣ *Moselstraße 63, 56861 Reil/Mosel*
Tel. 06542-1246, Fax: 06542-1353
www.steffens-kess.de
weingut@steffens-kess.de
Inhaber: Harald Steffens
Rebfläche: 2,9 Hektar
Besuchszeiten: nach Vereinbarung

Harald Steffens und Marita Keß bauen ausschließlich Riesling an. Bereits seit

1982 betreiben sie ökologischen Weinbau. Sie sind Mitglied bei ECOVIN. Die Moste werden mit den traubeneigenen Hefen vergoren. Alle Weine werden in Eichenholzfässern ausgebaut und sind überwiegend trocken.

Die Weine von Steffens-Keß gehörten zu den angenehmsten Überraschungen meiner Verkostungsrunde mit - mir unbekannten Weingütern - eine meiner Entdeckungen des Jahres in Deutschland!

84 ▶ **2002 Riesling trocken Briedeler Nonnengarten** feine würzige Frucht im Bouquet, klar; klare ganz leicht süße Frucht, gute Harmonie (4,80 €)

84 ▶ **2002 Riesling trocken Reiler Goldlay** gute Würze und Konzentration, klare jugendliche Frucht; kraftvoll, gute Fülle und Frucht (4,90 €)

85 ▶ **2002 Riesling trocken Burger Hahnenschrittchen** frisch, direkt, feine Würze, klare Frucht, dezent Zitrusfrüchte; kraftvoll im Mund, gute klare Frucht, Biss (5 €)

88 ▶ **2002 Riesling Spätlese trocken Reiler Goldlay** herrlich konzentriert, jugendliche eindringliche Rieslingfrucht; kraftvoll im Mund, gute Fülle, viel Biss, feiner Nachhall (7,50 €)

86 ▶ **2002 Riesling Spätlese trocken Burger Wendelstück** gute reife Frucht, zurückhaltend, konzentriert; geradlinig im Mund, gute Frucht und Biss (7,60 €)

87 ▶ **2002 Riesling Spätlese Reiler Goldlay** gute Konzentration, herrlich reintönige jugendliche Frucht; klare süße Frucht im Mund, feine Frische, saftiger fruchtbetonter Riesling (7,80 €)

Weingut Steinbachhof *
Württemberg

◆ *Hofgut Steinbachhof 1,*
71665 Vaihingen an der Enz-Gündelbach
Tel. 07042-21452, Fax: 07042-24790
www.weingut-steinbachhof.de
weingut-steinbachhof@t-online.de
Inhaber: Ulrich und Nanna M. Eißler
Rebfläche: 4 Hektar
Besuchszeiten: Fr. 14-18 Uhr, Sa. 10-16 Uhr und nach Vereinbarung

Der Steinbachhof, inmitten des Strombergs gelegen, besteht seit dem Frühmittelalter. Zunächst Eigentum des Klosters Maulbronn, wurde er später vom Königshaus Württemberg erworben. Seit Mitte des 19. Jahrhunderts waren die Vorfahren der heutigen Besitzer Pächter des Steinbachhofs, bis die Eltern 1974 den Hof und einen Teil der dort befindlichen Weinberge der Lage Gündelbacher Steinbachhof erwerben konnten. Ulrich und Nanna M. Eißler haben das Weingut Steinbachhof 1999 als Kommanditgesellschaft gegründet und die Weinbautradition des Steinbachhofs nach über 40 Jahren wieder aufleben lassen. Ihr erster Jahrgang war 2000. Sie bewirtschaften 2,7 Hektar Weinberge in Querterrassen direkt am Steinbachhof (bunter Mergel), sowie 1,3 Hektar Terrassenweinberge in Mühlhausen an der Enz, wo Muschelkalkverwitterungsböden vorherrschen. Lemberger, Riesling und Schwarzriesling sind die wichtigsten Rebsorten. Dazu gibt es Spätburgunder und Trollinger. Riesling und Rosé werden nach Ganztraubenpressung kühl vergoren. Die Rotweine werden maischevergoren. Alle trockenen Weine sind durchgegoren. Auch die nicht als trocken bezeichneten Weine liegen im gesetzlich trockenen Bereich (unter 9 Gramm Restzucker).

84 ▶ 2000 Riesling Kabinett trocken Gündelbacher Wachtkopf klare Frucht, Frische, eindringlich; gute Frucht auch im Mund, klar und mit Biss (7 €)

84 ▶ 2001 Riesling Kabinett trocken Gündelbacher Wachtkopf sehr klare Rieslingfrucht im Bouquet, eindringlich; geradlinig im Mund, gute Frucht und Biss (7,50 €)

84 ▶ 2001 Riesling Kabinett trocken Gündelbacher Wachtkopf sehr klare Rieslingfrucht im Bouquet, eindringlich; geradlinig im Mund, gute Frucht und Biss (7,50 €)

85 ▶ 2002 Riesling Kabinett trocken Gündelbacher Wachtkopf herrlich klare jugendliche Rieslingfrucht, direkt; geradlinig im Mund, gute klare Frucht (7,50 €)

84 ▶ 2001 Cuvée Frühlingslicht Mühlhäuser Halde fruchtbetont, etwas Tropenfrüchte,; wunderschön frisch im Mund, gute etwas süße Frucht (6 €)

85 ▶ 2002 Riesling Kabinett Gündelbacher Wachtkopf herrlich klare Rieslingfrucht, etwas Limone; reife klare Frucht, gute Harmonie (7,50 €)

85 ▶ 2001 Lemberger trocken Holzfaß feine Frucht, Frische, direkt; klare Frucht im Mund, Struktur, Biss (6 €)

88 ▶ 2002 Lemberger trocken* Gündelbacher Wachtkopf konzentriert, reife klare Frucht, herrlich eindringlich; kraftvoll im Mund, rote Früchte, wunderschön klar und harmonisch, nachhaltig (8,50 €)

Weitere Weine: 81 ▶ 2001 Riesling trocken Gündelbacher Wachtkopf (1l) ▪ 83 ▶ 2002 Schwarzriesling Weißherbst trocken Gündelbacher Steinbachhof ▪ 83 ▶ 2001 Lemberger trocken Gündelbacher Steinbachhof ▪ 83 ▶ 2000 Lemberger trocken Holzfaß ▪

Weingut Dr. Steiner ★ Johanneshof
Pfalz

Johanneshof, 76833 Siebeldingen
Tel. 06345-3664, Fax: 06345-8994,
georg.steiner@t-online.de
www.weinsteiner.de
Inhaber: Georg Steiner
Rebfläche: 15 Hektar
Besuchszeiten: Mo.-Fr. 8-12 + 14-18 Uhr,
Sa. 9-12 Uhr oder nach Vereinbarung
Vinothek (Weinproben bis 40 Personen)

Das Weingut Dr. Steiner entstand 1987, als Georg Steiner 15 Hektar Weinberge von seinen Eltern und seinem Onkel zunächst in Pacht übernommen hatte. Seine Weinberge befinden sich in Siebeldingen, Frankweiler, Birkweiler und Godramstein. 70 Prozent der Fläche nehmen weiße Sorten ein. Die wichtigsten sind Riesling und Silvaner, es folgen die Burgunder. Wichtigste rote Sorte ist der Spätburgunder, dessen Anbau Georg Steiner weiter forcieren möchte. Dazu gibt es etwas Dornfelder und seit kurzem auch Cabernet Sauvignon, Merlot und Dunkelfelder. Die Weißweine werden im Edelstahl ausgebaut, die Rotweine im großen Holzfass oder im Barrique, wobei er keine zu holzdominierten Weine anstrebt und deshalb den Anteil neuen Holzes auf maximal ein Drittel begrenzt. Die Weine werden überwiegend trocken ausgebaut, auch wenn es beispielsweise beim Spätburgunder nicht auf dem Etikett vermerkt ist.

Im vergangenen Jahr hatte ich das Weingut zum ersten Mal vorgestellt. Gleichermaßen kraftvoll waren da Weiß- und Rotweine. In diesem Jahr nun ist mir eine merkliche Diskrepanz aufgefallen: die Weißweine, angeführt vom beeindruckenden Silvaner „Justus

Franz", waren herrlich kraftvoll und klar, noch besser als im vergangenen Jahr. Anders die Rotweine. „Kein schönes Holz", hatte ich zweimal bei den Verkostungsnotizen von Georg Steiners Rotweinen notiert, auch „schade!".

84 ▶ **2002 Weißer Burgunder Kabinett trocken** frisch, klar, feine süße Frucht; harmonisch im Mund, klare Frucht, süffig (4,90 €)

85 ▶ **2002 Grauer Burgunder Kabinett trocken** sehr klare Frucht, gelbe Früchte; klar und direkt im Mund, gute Harmonie, reintöniger Grauburgunder (4,90 €)

88 ▶ **2002 Silvaner Spätlese trocken „Justus Frantz"** reife süße sehr reintönige Frucht, klar und eindringlich; füllig, viel reife süße Frucht, herrlich harmonisch und lang (8,20 €)

87 ▶ **2002 Riesling Selection** konzentriert, würzig, jugendliche Rieslingfrucht; klar im Mund, harmonisch, reintönig, süffig (8 €)

84 ▶ **2000 Spätburgunder Selection** rauchige Noten, süße reife rote Früchte; frisch, direkt, feine Frucht, Vanille (9,90 €)

Weitere Weine: 83 ▶ 2002 Riesling trocken (1l) ■ **78** ▶ 2002 Trockenbeerenauslese Nr. 11 ■ **81** ▶ 2000 Dornfelder Selection ■ **83** ▶ 2000 Cuvée „Johann Steiner" ■ **83** ▶ 2002 „Cuvée Isabelle" Cabernet Sauvignon Merlot ■

Weingut
Christoph Steinmann ★★
Franken

Neuenbergshof, 97286 Sommerhausen
Tel. 09333-436, Fax: 09333-785
www.weingut.steinmann.de
weingut.steinmann@t-online.de
Inhaber: Christoph Steinmann
Rebfläche: 12 Hektar
Besuchszeiten: Mo.-Sa. 8-18 Uhr
Weinstube (bis 65 Personen), Weinproben nach Anmeldung, Häckerwirtschaft im Mai + Oktober

Das Weingut Christoph Steinmann entstand in den sechziger Jahren als Aussiedlerbetrieb auf dem Neuenberg, inmitten der Weinberge. Neben Weinbau haben die Steinmanns bis vor kurzem auch Landwirtschaft (vor allem Getreideanbau) und Obstbau (Sauerkirschen und Zwetschgen) betrieben. Zur Zeit ist der Betrieb im Generationswechsel: die Rebfläche wurde reduziert, in den nächsten Jahren soll eine weitere Sortimentsbereinigung erfolgen und der Vertrieb neu ausgerichtet werden. Zukünftig sollen verstärkt „Events" rund um den Wein angeboten werden. Wichtigste Rebsorten sind Silvaner, Müller-Thurgau, Riesling, Weißburgunder, Domina, Spätburgunder und Portugieser. Drei Viertel der Weine werden trocken ausgebaut.

Wie schon in den vergangenen beiden Jahren sind alle Weine von Christoph Steinmann sehr kraftvoll und klar in der Frucht: ein guter Jahrgang 2002, obwohl zwei starke Fröste die Weinberge schädigten. Vor zwei Jahren war ein Riesling Eiswein aus dem Eibelstadter Kapellenberg (91) mein Favorit, im vergangenen Jahr ein Silvaner und diesmal ist es ein Weißburgunder.

84 ▶ **2002 „Frankolino" Silvaner trocken Sommerhäuser Ölspiel** frisch, klare Frucht; viel süße Frucht, Harmonie und Biss (3,90 €)

85 ▶ **2002 Silvaner trocken Sommerhäuser Ölspiel** frisch und direkt, feine klare Frucht, Birnen; klare Frucht, Frische, Biss (4,20 €/1l)

84 ▶ **2002 Traminer Kabinett trocken Sommerhäuser Steinbach** frisch, direkt, sehr verhaltene Frucht; gute Harmonie im Mund, sehr klare Frucht (4,70 €)

86 ▶ **2002 Scheurebe Kabinett Sommerhäuser Steinbach** feiner Duft, wunderschön klare Frucht; gute Harmonie, sehr reintönige Frucht (4,70 €)

87 ▶ **2002 Weißburgunder Spätlese trocken Sommerhäuser Steinbach** gute Konzentration, sehr klare eindringliche Frucht; kraftvoll, viel Frucht, kompakter Weißburgunder (7 €)

84 ▶ **2002 Domina Spätlese trocken Sommerhäuser Steinbach** reife süße rote Früchte, dominant; schmeichelnd, viel Frucht, Tannine im Abgang (8,20 €)

Weingut Steitz ★★
Rheinhessen/Nahe

Mörsfelderstraße 3, 55599 Stein-Bockenheim
Tel. 06703-93080, Fax: 06703-930890
www.weingut-steitz.de
mail@weingut-steitz.de
Inhaber: Gernod, Christian und Heidrun Steitz
Rebfläche: 12,5 Hektar
Besuchszeiten: täglich außer sonntags, nach Vereinbarung
Weinprobierstube, Gästezimmer, Gewölbekeller für Weinproben

Gernod und Heidrun Steitz werden seit 1994 im Betrieb von Sohn Christian unterstützt, der für Keller und Weinberge verantwortlich ist. Der Anbauschwerpunkt liegt auf den klassischen Rebsorten, vor allem den Burgundersorten (Weiß-, Grau- und Spätburgunder), die zusammen etwa 40 Prozent der Rebfläche einnehmen, sowie Riesling. Hinzu kommen Sorten wie Portugieser, Dornfelder, Müller-Thurgau und Chardonnay. St. Laurent ist inzwischen in Ertrag, dazu wurde ein wenig Cabernet Dorsa gepflanzt, der aber nur in Cuvées verwendet werden soll. Die Rotweine werden nach der Maischegärung im Holzfass ausgebaut. Die Weißweine werden reduktiv mit langem Feinhefelager ausgebaut. Prädikatsbezeichnungen werden nur für restsüße Weine verwendet. Neben der Basislinie gibt es die Linie „Steitz Classic", in der die besten Weine aus traditionellen Rebsorten (meist mit Mostgewichten im Spätlesebereich) vermarktet werden. In der Linie „Steitz N°1" werden die barriqueausgebauten Weine angeboten.

Wie schon in den vergangenen Jahren gefällt mir der barriqueausgebaute Dornfelder besonders gut. Meine anderen Favoriten sind der barriqueausgebaute Spätburgunder und der Riesling von der Nahe.

85 ▶ 2002 Weißburgunder trocken „Steitz Classic" sehr klare Frucht, gute Konzentration, feines Bouquet; gute Harmonie, klare süße Frucht, süffig (5,80 €)

87 ▶ 2002 Riesling trocken Bad Kreuznacher Narrenkappe würzige klare Rieslingfrucht, sehr eindringlich; kraftvoll im Mund, gute Fülle, reife süße Frucht, sehr reintönig (8 €)

87 ▶ 2001 Spätburgunder trocken „Steitz No. 1" rauchige süße Frucht, Vanille, sehr klar; harmonisch im Mund, klare reife Frucht, Vanille (12 €)

85 ▶ 2002 St. Laurent trocken klare reife Frucht, rote Früchte; kraftvoll im Mund, geradlinig, feine Frucht (6,20 €)

88 ▶ 2001 Dornfelder trocken „Steitz N° 1" konzentriert, Gewürze, sehr klare reife Frucht, jugendlich; füllig, kraftvoll, viel Frucht, etwas Schokolade (12 €)

Weitere Weine: 83 ▶ „Schwips" Perlwein ■ 82 ▶ 2002 Silvaner trocken (11) ■ 82 ▶ 2002 Weißer Burgunder trocken ■ 83 ▶ 2002 Grauer Burgunder trocken ■ 83 ▶ 2002 Chardonnay trocken „Steitz Classic" ■ 83 ▶ 2002 Riesling ■ 83 ▶ 2002 Portugieser trocken ■

Weingut Jürgen Stentz ★
Pfalz

Hauptstraße 47, 76829 Landau-Mörzheim
Tel. 06341-30121, Fax: 06341-34565
www.stentz.de
stentz@t-online.de
Inhaber: Jürgen Stentz
Rebfläche: 11 Hektar
Besuchszeiten: Mi.-Fr. 9-12 + 14-18 Uhr, Sa. 9-12 Uhr
Gästehaus, Weinprobierstube (bis 50 Personen)

Das Weingut Stentz ist in einem alten, denkmalgeschützten Anwesen, der ehemaligen Wagnerei, untergebracht. Die Weißweine werden kühl und langsam vergoren. Die Rotweine kommen nach der Maischegärung ins große oder kleine Eichenholzfass.

Der Jahrgang 2000 brachte Jürgen Stentz einen weiteren Schritt nach vorne. Der gut gemachte Chardonnay zeigte einen sehr gekonnten Umgang mit dem Barrique, der Weißburgunder und die weiße Cuvée Stentz überzeugten mit feiner Frucht. Auch im Jahr darauf waren Weißburgunder und Chardonnay wieder meine Favoriten. Und in der neuen Kollektion findet sich neben dem reintönigen, süffigen Weißburgunder ein kraftvoller Spätburgunder an der Spitze.

84 ▶ **2002 Stentz Secco Perlwein** feine Frische und Frucht im Bouquet; lebhaft im Mund, unkompliziert und süffig (5 €)

84 ▶ **2002 „Der Stentz" Weißwein trocken** Chardonnay und Müller-Thurgau; frisch, klar, feine Würze, ganz dezente Muskatnote; lebhaft, gute süße Frucht, süffig (4,20 €)

86 ▶ **2002 Weißer Burgunder Spätlese trocken Mörzheimer Pfaffenberg** konzentriert, klar, jugendliche eindringliche Frucht; viel reife süße Frucht, wunderschön füllig und lang (4,40 €)

86 ▶ **2001 Spätburgunder trocken No. 1** feine klare rauchige Spätburgunderfrucht; viel reife Frucht im Mund, wunderschön füllig und lang (12 €)

Weitere Weine: 83 ▶ 2001 Riesling Sekt Trocken ▪ 83 ▶ 2002 Grauer Burgunder Kabinett trocken ▪

Weingut Markus **Stentz** ★
Pfalz

Godramsteiner Hauptstraße 63
76829 Landau-Godramstein
Tel. 06341-62689, Fax: 06341-62689
weingut-stentz@t-online.de
Inhaber: Markus Stentz
Rebfläche: 11 Hektar
Besuchszeiten: Mo.-Fr.. 8-12 + 13–18 Uhr, Sa. 8-12 + 13-16 Uhr (mit Bitte um telefonische Voranmeldung)
Weinprobierstube (bis 20 Personen)

Das Weingut der Familie Stentz in Godramstein ist ein Familienbetrieb in fünfter Generation. Neben den klassischen Sorten der Südpfalz werden auch Chardonnay und Dornfelder angebaut.

Die Weine sind stetig interessanter geworden: nach einer Reihe von gleichmäßigen Kollektionen, immer wieder mit interessanten Rotweinen, zeigten sich vor zwei Jahren vor allem die barriqueausgebauten Rotweine deutlich verbessert. Neben dem 98er Dornfelder (87) hatte mich der 99er Dunkelfelder (88) sehr beeindruckt. In der guten letztjährigen Kollektion gefielen mir die Weißweine ein wenig besser als die Rotweine, in diesem Jahr nun ist es umgekehrt.

85 ▶ **2002 „Cuvée Palatina" Rotwein trocken Godramsteiner Münzberg** reife eindringliche Frucht, jugendlich; intensive Frucht im Mund, gute Harmonie, süffig (4,50 €)

85 ▶ **2002 Spätburgunder Spätlese trocken Godramsteiner Münzberg** reife klare süße Frucht im Bouquet; frisch, klar, gute Frucht, süffig, Biss (5 €)

87 ▶ **2001 Dunkelfelder trocken Barrique Godramsteiner Münzberg** gute Konzentration, sehr eindringliche jugendliche Frucht, dominant; herrlich füllig, gute Frucht, kompakter Dunkelfelder (8,50 €)

Weitere Weine: 83 ▶ 2002 Grauer Burgunder Kabinett trocken Godramsteiner Münzberg ▪ 83 ▶ 2002 Chardonnay Spätlese trocken Godramsteiner Münzberg ▪

Weingut Stigler ★★★
Baden

Bachenstraße 29, 79241 Ihringen
Tel. 07668-297, Fax: 07668-94120
www.weingut-stigler.de
info@weingut-stigler.de
Inhaber: Andreas Stigler
Rebfläche: 9,6 Hektar
Besuchszeiten: Mo.-Fr. 10-12 + 15-18 Uhr,
Sa. nach Vereinbarung

Wichtigste Rebsorten bei Andreas Stigler sind Spätburgunder und Riesling, gefolgt von Weißburgunder und Silvaner. Das Gros seiner Weinberge liegt im Ihringer Winklerberg. Daneben besitzt Andreas Stigler auch Weinberge im Oberrotweiler Eichberg, im Ihringer Fohrenberg und seit 1992 auch im Freiburger Schlossberg, wo er vor allem Spätburgunder stehen hat. Die Weine von Andreas Stigler sind Spätentwickler und kommen meist auch erst ein Jahr nach der Ernte in den Verkauf. Es sind Weine mit Ecken und Kanten, die dem allgemeinen Trend hin zu süffigeren, früher trinkfertigen Weinen trotzen. Sie sind überwiegend durchgegoren: nur Weine unter vier Gramm Restzucker werden als trocken bezeichnet.

Die Jahrgänge 1999 und 2000, waren sehr gleichmäßig in der Qualität. Der Jahrgang 2001 brachte Andreas Stigler die beste Kollektion der letzten Jahre. Die Weine waren konzentriert und stoffig, fruchtbetont und sehr geprägt von mineralischen Noten. Gleiches gilt für 2002: herrlich kraftvolle Weine, noch jugendlich verschlossen und mit enormer Nachhaltigkeit.

86 ▶ **Pinot Sekt Brut** (2000) reife klare Frucht, dezent rauchige Noten; gute Fülle, Frucht, direkt (12,50 €)

85 ▶ **2002 Grauburgunder Kabinett trocken Ihringer Winklerberg** gute Konzentration, sehr klare Frucht; kraftvoll, zupackend, gute Frucht, jugendlich (8,70 €)

87 ▶ **2002 Chardonnay Kabinett trocken Ihringer Winklerberg** reife klare sehr eindringliche Frucht, gute Konzentration; herrlich füllig im Mund, viel reife Frucht, harmonisch, klar, feiner Nachhall (8,70 €)

89 ▶ **2002 Chardonnay Spätlese trocken Ihringer Winklerberg** herrlich konzentriert, sehr klare eindringliche Frucht, jugendlich; kraftvoll im Mund, viel reife Frucht, stoffig, mit Zukunft (12,90 €)

89 ▶ **2002 Grauburgunder Spätlese trocken Ihringer Winklerberg** (Großes Gewächs) herrlich konzentriert, eindringliche jugendliche Frucht; kraftvoll, stoffig, viel Frucht, kompakter jugendlicher Grauburgunder (12,90 €)

90 ▶ **2002 Weißburgunder Spätlese trocken Ihringer Winklerberg** (Großes Gewächs) konzentriert, sehr reintönige Frucht, enorm eindringlich; enorm dominant und kraftvoll im Mund, jugendliche Frucht, mineralische Noten, sehr klar, nachhaltig

88 ▶ **2002 Riesling Spätlese trocken „F 36" Ihringer Winklerberg** (Großes Gewächs) herrlich konzentriert, sehr reintönige Frucht, Limone, eindringlich; kraftvoll im Mund, stoffig, jugendlich, viel Frucht, Nachhall (12,90 €)

88 ▶ **2002 Spätburgunder Spätlese trocken Freiburger Schlossberg** konzentriert, sehr klar, jugendliche Frucht; herrlich füllig, reife süße Frucht, harmonisch und lang

87 ▶ **2001 Spätburgunder Weißherbst Beerenauslese Freiburger Schlossberg** verhaltene Frucht, enorm würzige Noten, etwas rote Früchte; viel süße Frucht im Mund, feine Frische und Biss, dominant, ein wenig Wärme im Abgang (28 €/0,375l)

85 ▶ **2001 Traminer Auslese Ihringer Winklerberg** feiner Traminerduft, schöne Frische, Rosen, sehr direkt, leicht streng; frisch, klar, zupackend, viel Biss, füllig, Bitternote, feiner Nachhall (19,50 €/0,375l)

86 ▶ **2000 Spätburgunder trocken Freiburger Schlossberg** klare reife süße Spätburgunderfrucht, Vanille; harmonisch, sehr klare reife Frucht, reintönig und lang (11 €)

Weingut Jean **Stodden** ★★★
Ahr

Rotweinstraße 7-9, 53506 Rech
Tel. 02643-3001, Fax: 02643-3003
www.stodden.de
info@stodden.de
Inhaber: Gerhard Stodden
Rebfläche: 6,5 Hektar
Besuchszeiten: Mo.-Fr. 9-12 + 13-18 Uhr,
Sa. 10-15 Uhr

Die Weinberge von Gerhard Stodden liegen zu 90 Prozent in Steilhängen. Neben Spätburgunder baut er insbesondere noch etwas Riesling, Portugieser und Frühburgunder an. Alle Rotweine reifen nach der Maischegärung im Eichenholzfass. Ausgesuchte Weine werden auch in Barriques ausgebaut Diese Weine werden in der Serie „JS" vermarktet, die es seit 1989 gibt. Gerhard Stodden hat in den letzten Jahren den Barriqueanteil kräftig erhöht, ebenso den Anteil neuen Holzes. Er nutzt 228-Liter-Barriques aus Alliereiche, medium getoastet. Seit 1999 nutzt er für seine Spitzenweine nur noch neue Barriques. Auch hat er zuletzt die Maischestandzeiten auf mindestens vierzehn Tage für Spätburgunder verlängert. Seine Spitzenweine, insbesondere die aus seiner Grand Cru-Lage Recher Herrenberg, füllt Gerhard Stodden seit dem Jahrgang 1999 ohne Filtration ab. Er will gerbstoffreiche Weine machen, die sich durch gute Lagerungsfähigkeit auszeichnen. Seit Anfang 2001 ist Sohn Alexander - nach Studium und Lehrjahren in Oregon und Südafrika - im Betrieb und hat seinen ersten Spätburgunder gemacht, „Next Generation" genannt, der aus einem neu zugekauften Weinberg im Neuenahrer Sonnenberg stammt.

Während die meisten anderen Winzer an der Ahr ihre Spitzenweine schon im August oder September des auf die Ernte folgenden Jahres abfüllen, bleiben bei Gerhard Stodden die Weine mindestens 15 Monate im Barrique oder im großen Holzfass. Mit dem Effekt, dass seine Weine wesentlich haltbarer sind als die anderer Ahrwinzer. Seine 97er beispielsweise strotzen vor Kraft und Frucht. Einige andere „Spitzenweine" aus diesem Jahrgang, die ich im vergangenen Jahr verkostet hatte, wiesen schon deutliche Reifenoten auf und sollten keineswegs länger gelagert werden. Nicht so bei Gerhard Stodden. Er setzt seine Vision von einem großen Spätburgunder von der Ahr konsequent in die Tat um. Und große Spätburgunder zeichnen sich nun einmal auch durch ihr gutes Alterungspotenzial aus.

So sind die Rotweine von Gerhard Stodden in ihrer Jugend allesamt sehr tanninbetont. Haben sie Substanz und Frucht entgegenzusetzen, wie seine großen Weine im Jahrgang 1997 oder 1999, gehören sie zu den Besten in Deutschland. Selbst im schwierigen Jahrgang 2000 gelangen ihm erstaunliche Rotweine, wie nur wenigen anderen Winzern in Deutschland. Auch in diesem Jahr hat Gerhard Stodden beeindruckend konzentrierte Rotweine, die allerdings enorm jugendlich wirken und noch etwas Zeit brauchen, um sich ganz zu entfalten.

88 ▶ 2001 „Cuvée blanc JS" trocken feiner Toast, viel Frucht, eindringlich; kraftvoll im Mund, viel Biss, herrlich jugendlich (14,50 €)

87 ▶ 2002 Riesling Spätlese Recher Herrenberg gute Konzentration, klare reife Frucht; viel süße Frucht, gute Fülle, süffiger Riesling (18 €)

84 ▶ 2001 Spätburgunder trocken rauchige Noten, verhaltene Frucht; klar im Mund, gute Frucht und Biss (9 €)

Weingut Josef **Störrlein** ★★★
Franken

Schulstraße 14, 97236 Randersacker
Tel. 0931-708281, Fax: 0931-701155
www.stoerrlein.de
info@stoerrlein.de
Inhaber: Armin Störrlein
Rebfläche: 8 Hektar
Besuchszeiten: Mo.-Sa. 8-19 Uhr,
So. nach Vereinbarung
mehrmals Kultur-Kulinarische Wochenenden

Wichtigste Rebsorten bei Armin Störrlein sind Silvaner, Riesling und Müller-Thurgau, gefolgt von den roten Sorten Schwarzriesling, Domina und Spätburgunder. Seine Rotweine baut Armin Störrlein immer im Holz aus (teils auch im Barrique). Auch die meisten Weißweine kommen nach dem Ausbau im Edelstahl noch für einige Monate in große Holzfässer und werden relativ spät abgefüllt.

Vor zwei Jahren hatte Armin Störrlein mit seinen 2000er Weißweinen und den 99er Rotweinen eine der besten Kollektionen in Franken. Auch die letztjährige Kollektion zeigte, dass Armin Störrlein sich wie kaum ein anderer in Franken gleichermaßen auf Weißweine wie Rotweine versteht. Neben dem Barrique-Silvaner gehörten die trockenen weißen Spätlesen, die Rotweine und der Sekt zu den besten in Franken. In der aktuellen Kollektion ist die Riesling Spätlese aus dem Sonnenstuhl mein Favorit. Die Rotweine sind kraftvoll, aber noch sehr jugendlich.

84 ▶ 2001 Spätburgunder trocken Recher Herrenberg gute Würze und Frucht, klar; klar und direkt im Mund, rauchige Frucht, jugendliche Tannine (10 €)

85 ▶ 2001 „Cuvée Jeanne JS" trocken reife klare Frucht, rote Früchte, feine Würze; frisch, klar, jugendliche Frucht, Tannine (15 €)

85 ▶ 2001 Spätburgunder trocken „JS" enorm würzig, direkt, jugendliche Frucht; gute Fülle im Mund, Biss (16 €)

88 ▶ 2001 Spätburgunder trocken „JS" Recher Herrenberg gute Konzentration, rauchige Noten, sehr klare Frucht; füllig, harmonisch, jugendliche Frucht, Nachhall, enorm jugendlich (24 €)

89 ▶ 2001 Spätburgunder trocken „JS" Ahrweiler Rosenthal konzentriert, herrlich klare reife Frucht, dominant, würzig; kraftvoll im Mund, jugendliche Frucht, Tannine, Nachhall (28 €)

89 ▶ 2001 Frühburgunder trocken „JS" Recher Herrenberg anfangs zurückhaltend, gute Konzentration, eindringlich rauchige Noten, ganz dezent Kaffee und Schokolade; kraftvoll im Mund, enorm füllig, jugendliche Frucht, mit Zukunft (32 €)

89 ▶ 2001 Spätburgunder Auslese*** trocken „JS" Recher Herrenberg konzentriert, Gewürze, herrlich eindringliche Frucht; füllig, harmonisch, viel Frucht und Konzentration, Schokolade, enorm jugendlich (45 €)

87 ▶ 2001 „Next Generation" Spätburgunder Auslese trocken „JS" anfangs recht verhaltene Frucht, Vanille, Gewürze, gute Konzentration; füllig im Mund, gute Konzentration, viel Biss (35 €)

86 ▶ 2000 Riesling Sekt Brut Randersackerer rauchige Noten, wunderschön klare Frucht; füllig, harmonisch und lang, feine Frucht, schöner Rieslingsekt (10,80 €)

84 ▶ 2002 Rivaner Kabinett trocken feine Muskatnote, Frische, klar; klar und direkt im Mund, feine Frucht (4,50 €)

84 ▶ **2002 Silvaner Kabinett trocken Randersackerer Sonnenstuhl** feine Würze, klare jugendliche Frucht; gute Harmonie, verhaltene Frucht (5,50 €)

86 ▶ **2002 Riesling Kabinett trocken Randersackerer Sonnenstuhl** frisch, klar, feine Rieslingfrucht; geradlinig im Mund, gute Frucht und Biss (6,40 €)

89 ▶ **2002 Riesling Spätlese trocken Randersackerer Sonnenstuhl** sehr klare Rieslingfrucht, jugendlich, dezent Pfirsiche und Aprikosen, auch Zitrusfrüchte; kraftvoll und klar im Mund, jugendliche Frucht (15 €)

88 ▶ **2001 Silvaner Eiswein Randersackerer Sonnenstuhl** herrlich konzentriert, reife süße Aprikosen, Litschi; süß und konzentriert im Mund, stoffig, ganz leicht Kaffee (35 €/0,5l)

88 ▶ **2000 Schwarzriesling Spätlese trocken Randersackerer Ewig Leben** gute Konzentration, klare Pinotfrucht mit rauchigen Noten; kraftvoll im Mund, gute Fülle und Frucht, jugendlich (14,50 €)

87 ▶ **2001 „Casparus" Rotweincuvée trocken** gute Konzentration, rauchige Noten, rote und dunkle Früchte; kraftvoll im Mund, jugendliche Frucht, Tannine, kompakt (13 €)

Weitere Weine: 82 ▶ 2002 Silvaner Kabinett trocken Randersackerer Ewig Leben (1l) ▪

Weingut Studert-Prüm ★★★
- Maximinhof
Mosel-Saar-Ruwer

Hauptstraße 150, 54470 Bernkastel-Wehlen
Tel. 06531-2487, Fax: 06531-3920
www.studert-pruem.com
info@studert-pruem.com
Inhaber: Stephan und Gerhard Studert
Rebfläche: 5 Hektar
Besuchszeiten: Mo.-Fr. 8-19 Uhr,
Sa. 10-16 Uhr, So. nach Vereinbarung

Stephan und Gerhard Studert bauen in ihren Weinbergen ausschließlich Riesling an. Der größte Teil ihrer Weinberge liegt in der Wehlener Sonnenuhr. Aber sie besitzen auch Weinberge in Graach und Bernkastel. Die Weine werden teils im Edelstahl, teils im Holz ausgebaut. Aber auch die im Edelstahl ausgebauten Weine kommen für mindestens drei Monate ins Holz.

Die letztjährige Kollektion überzeugte mit der hohen Qualität aller Weine. Vor allem die trockenen Rieslinge von Stephan und Gerhard Studert hatten mich angenehm überrascht, allen voran die Spätlese Wehlener Sonnenuhr. Die edelsüßen Weine waren brillant, wie gewohnt. Die Trockenbeerenauslese (95) überstrahlte die anderen Weine aber noch und gehörte zu den großen Weinen des Jahrgangs an der Mosel. Ein ebenso großer Wein folgt im Jahrgang 2002 nach. Ansonsten bleiben, jahrgangsbedingt, die Weine ein klein wenig hinter den 2001ern zurück.

86 ▶ **2002 Riesling Spätlese halbtrocken Wehlener Sonnenuhr** würzig, direkt, jugendliche Frucht; klar auch im Mund, gute Harmonie und feine Frucht (7,70 €)

85 ▶ **2002 Riesling Bernkasteler Badstube** klar, würzig, feine Frucht, reintönig; gute Harmonie, reife Frucht (4,90 €)

85 ▶ **2002 Riesling Kabinett Wehlener Sonnenuhr** frisch, klar, feine Würze, jugendliche Frucht; klar, harmonisch, feine Frucht (5,30 €)

85 ▶ **2002 Riesling Spätlese Graacher Himmelreich** feine Würze, jugendliche Frucht; frisch, klar, süffig (7,40 €)

87 ▶ **2002 Riesling Spätlese Wehlener Sonnenuhr** klare jugendliche Frucht, herrlich eindringlich; viel süße Frucht, harmonisch, herrlich süffig und lang (7,70 €)

87 ▶ **2002 Riesling Auslese Wehlener Sonnenuhr** klar, feine Frische, jugendliche Frucht; frisch, klare Frucht, elegante Auslese (9 €)

88 ▶ **2002 Riesling Auslese** Wehlener Sonnenuhr** konzentriert, klar, enorm würzig, jugendlich; viel süße Frucht, dominant, kraftvoll, füllig (13 €/0,375l)

91 ▶ **2002 Riesling Auslese*** Wehlener Sonnenuhr** konzentriert, herrlich reintönig, eindringliche Rieslingfrucht, Litschi, süße Zitrusfrüchte und Aprikosen; schmeichelnd, konzentriert, herrlich würzig, eindringliche süße Frucht, lang, nachhaltig (Versteigerungswein)

94 ▶ **2002 Riesling Trockenbeerenauslese Wehlener Sonnenuhr** konzentriert, dominant, herrlich viel Frucht; konzentriert auch im Mund, faszinierende Frucht, süße eingelegte Aprikosen, kraftvoll, dominant, herrlich lang und nachhaltig (Versteigerungswein)

89 ▶ **2002 Riesling Eiswein Wehlener Nonnenberg** reife süße eingelegte Aprikosen, viel Duft; süß, konzentriert, enorm dick, dominant, ja klebrig im Mund (Versteigerungswein)

Weitere Weine: 83 ▶ 1999 Riesling Maximiner Cabinet Sekt Trocken ■ **82** ▶ 2002 Riesling trocken ■ **83** ▶ 2002 Riesling Classic ■ **84** ▶ 2002 Riesling Spätlese trocken Wehlener Sonnenuhr ■ **84** ▶ 2002 Riesling Kabinett Graacher Himmelreich ■

Weingut
Studier ★
Pfalz

Fließstraße 34-36, 67158 Ellerstadt
Tel. 06237-3113, Fax: 06237-5577
www.weingut-studier.de
weingut.studier@t-online.de
Inhaber: Reinhard Studier
Rebfläche: 10 Hektar
Besuchszeiten: Mo.-Sa. 8-19 Uhr
Sandsteinkeller und toskanischer Innenhof (bis 120 Personen)

Sibylle und Reinhard Studier, beides Diplom-Kaufleute, haben nach ihrem Studium das elterliche Weingut in Ellerstadt übernommen. Zwei Drittel der Weinberge sind mit weißen Rebsorten bepflanzt, wobei der Riesling knapp die Hälfte der Weißweinfläche einnimmt. Als weiße Spezialitäten bauen sie auch Sorten wie Auxerrois oder Sauvignon Blanc an. Die Weißweine werden reduktiv in Edelstahltanks ausgebaut, ein kleiner Teil auch im Barrique. Bei den roten Sorten dominiert Portugieser. Daneben gibt es Dornfelder, Spätburgunder, Merlot, Cabernet Sauvignon und Dunkelfelder. Die Rotweine werden maischevergoren, ausgesuchte Weine kommen dann ins Barrique. Die Weinberge werden nach den Richtlinien des kontrolliert umweltschonenden Weinbaus bewirtschaftet.

Vor zwei Jahren hatte mir in einem guten Gesamtprogramm der barriqueausgebaute Dornfelder aus dem Jahrgang 1998 am besten gefallen, im Jahr darauf eine halbtrockene Riesling Spätlese. Die neue Kollektion ist sehr gleichmäßig. Darauf ließe sich aufbauen.

85 ▶ **2002 Riesling trocken Ellerstadter Bubeneck** feine Frucht, dezent Limone; klar, frisch, feine Frucht und Biss (4,70 €)

84 ▶ **2002 Grauburgunder trocken Ellerstadter Bubeneck** jugendliche Frucht im Bouquet, klar; kompakt und klar im Mund, feine Frucht (4,30 €)

85 ▶ **2002 Weißburgunder Kabinett trocken Deidesheimer Hofstück** gute Würze und Konzentration, klar; füllig, harmonisch, klare Frucht (6 €)

85 ▶ **2002 Riesling Kabinett halbtrocken Ellerstadter Kirchenstück** feine Rieslingfrucht, sehr klar; frisch, direkt, feine Frucht (4,50 €)

84 ▶ **2002 Dornfelder trocken Dürkheimer Feuerberg** jugendliche sehr klare Frucht; harmonisch, klare Frucht (4,10 €)

Weitere Weine: 80 ▶ 2002 Riesling trocken Ellerstadter Bubeneck (1l) ■ **83** ▶ 2002 Chardonnay trocken Ellerstadter Bubeneck ■ **83** ▶ 2002 „P-I-N-O" Cuvée trocken Ellerstadter ■ **82** ▶ 2002 Spätburgunder Rosé trocken Ellerstadter Bubeneck ■ **82** ▶ 2002 „Noblesse" Portugieser Weißherbst Blanc de Noir Ellerstadter Bubeneck ■ **79** ▶ 2002 Portugieser Rosé halbtrocken Ellerstadter Kirchenstück (1l) ■ **82** ▶ 2002 Dornfelder halbtrocken Dürkheimer Feuerberg ■

Weingut der Stadt Stuttgart ★
Württemberg

Dorotheenstraße 2, 70173 Stuttgart
Tel. 0711-2163682 oder 2167140,
Fax: 0711-2167683
www.stuttgart.de/weingut
weingut@stuttgart.de
Inhaber: Stadt Stuttgart,
Amt für Liegenschaften und Wohnen
Betriebsleiter: Bernhard Nanz
Rebfläche: 17,5 Hektar
Besuchszeiten: Mo.-Fr. 13-17 Uhr, Sa. 9-12 Uhr
Ratskeller Stuttgart, Flair Hotel zur Weinsteige, Weinhaus Stetter (alle auch Verkaufsstellen für die Weine)

1949 baute die Stadt Stuttgart in Bad Cannstatt eine eigene Kelter für den Ausbau und die Abfüllung ihrer Weine und legte damit den Grundstein für das heutige Weingut der Stadt Stuttgart. Die Weinberge befinden sich in den Lagen Stuttgarter Mönchhalde, Cannstatter Halde und Cannstatter Zuckerle. Die wichtigsten Rebsorten sind Riesling und Trollinger, gefolgt von Spätburgunder, Lemberger und Müller-Thurgau. Dazu gibt es etwas Dornfelder, Muskat-Trollinger, Kerner und Traminer, sowie als Spezialität St. Laurent.

Jahr für Jahr überzeugt das Weingut der Stadt Stuttgart mit gleichmäßigen Kollektionen, aus der hin und wieder edelsüße Weine hervorragen.

84 ▶ **2002 Traminer Kabinett Cannstatter Halde** feiner Traminerduft im Bouquet, etwas Rosen, sehr klar; gute Harmonie im Mund, klare Frucht

84 ▶ **2001 Trollinger trocken Stuttgarter Weinsteige** feine Würze, sehr klare Frucht; frisch, klar, gute Frucht, Biss

85 ▶ **2002 Spätburgunder Auslese trocken Stuttgarter Mönchhalde** gute Konzentration, dezente Gewürznoten; weich, gute Fülle, süße Frucht

84 ▶ **2001 Saint Laurent Spätlese trocken Barrique Stuttgarter Mönchhalde** reife süße Frucht, Gewürznoten; gute wenn auch zurückhaltende Frucht, kompakt

85 ▶ **2001 Spätburgunder Auslese trocken Barrique Stuttgarter Mönchhalde** Gewürznoten, reife Frucht; weich, kompakt, viel Vanille

Weitere Weine: 82* ▶ 2001 Riesling Spätlese Cannstatter Halde ■ 82 ▶ 2001 Rotwein trocken Stuttgarter Mönchhalde ■ 83 ▶ 2000 Trollinger trocken Cannstatter Zuckerle ■ 83 ▶ 2001 Lemberger Kabinett trocken Stuttgarter Mönchhalde ■ 83 ▶ 2002 Saint Laurent trocken Stuttgarter Mönchhalde ■ 83 ▶ 2002 Spätburgunder Spätlese trocken Stuttgarter Mönchhalde ■ 82 ▶ 2002 Lemberger Stuttgarter Mönchhalde ■

Weingut Andreas Stutz ★
Württemberg

♣ Liebigstraße 49, 74074 Heilbronn
Tel. 07131-251325, Fax: 07131-251367
www.weingut-stutz.de
mail@weingut-stutz.de
Inhaber: Andreas Stutz
Rebfläche: 7,8 Hektar
Besuchszeiten: nach Vereinbarung

Andreas Stutz hat nach Beendigung seiner Ausbildung in Weinsberg das elterliche Weingut 1994 übernommen und von naturnaher Wirtschaftsweise auf kontrolliert ökologischen Anbau umgestellt. Seit 1995 ist er Mitglied bei ECOVIN, seit Januar 2000 ist Andreas Stutz Vorsitzender des Württemberger ECOVIN-Verbandes. Alle seine Weinberge befinden sich - verteilt auf 23 Parzellen - in der Gemarkung Heilbronn. Vermarktet werden die Weine unter den Einzellagen Heilbronner Stiftsberg und Wartberg, sowie der Großlage Heilbronner Staufenberg. Ein Drittel der Rebfläche nimmt Trollinger ein, ein knappes Viertel entfällt auf Riesling. Neben den weiteren typischen Württemberger Rebsorten wie Lemberger, Samtrot, Clevner, Gewürztraminer, Grau- und Weißburgunder pflanzt er seit 1998 auch pilzresistente Rebsorten wie Regent, Johanniter, Helios oder Léon Millot an.

Wie im vergangenen Jahr hat Andreas Stutz eine gute, sehr gleichmäßige Kollektion, allerdings ohne ein Highlight, wie es im Vorjahr der Riesling Eiswein gewesen war.

84 ▶ **2002 Weißburgunder Kabinett trocken** leicht würzige Noten; weich, kompakt, gute Frucht (5,60 €)

84 ▶ **2002 Riesling Auslese** gute reife Rieslingfrucht, würzige Noten, etwas Litschi und Aprikosen; kompakt, frisch, viel Frucht, leichte Bitternote (9,50 €/0,5l)

84 ▶ **2002 Dornfelder trocken** jugendliche Frucht, klar und direkt; weich, kompakt, klare Frucht (5 €)

84 ▶ **2002 Regent Spätlese trocken Holzfass** reife süße sehr klare Frucht im Bouquet; sehr klare Frucht, Frische und Biss (10 €)

84 ▶ **2000 „Cuvée Straub" Rotwein trocken Barrique** Spätburgunder und Lemberger; enorm würzig, direkt, zurückhaltende Frucht; kompakt, würzig, verhaltene Frucht (10 €)

Weitere Weine: 83 ▶ 2001 Pinot Blanc de Noir Sekt Brut ■ 78 ▶ Vino Resisto Blanc (Helios) ■ 83 ▶ 2002 Riesling Spätlese trocken ■ 80 ▶ 2002 Gewürztraminer Kabinett ■ 80 ▶ 2002 Léon Millot trocken ■ 83 ▶ 2001 Lemberger trocken Holzfass ■ 81 ▶ 2002 Samtrot ■

Weingut Peter **Terges** ★★
Mosel-Saar-Ruwer

Oleviger Straße 145, 54295 Trier
Tel. 0651-31096, Fax: 0651-309671
Inhaber: Peter Terges
Rebfläche: 4,9 Hektar
Besuchszeiten: Mo.-So. nach Vereinbarung
Weinstube (bis 80 Personen)

Peter Terges hat neben 70 Prozent Riesling noch 15 Prozent Weißburgunder (den er bereits seit über zwanzig Jahren anbaut), Müller-Thurgau und Kerner im Anbau. Das Gros seiner Weinberge befindet sich in den Trierer Lagen Burgberg, Deutschherrenberg und Jesuitenwingert.

Im Jahrgang 2000 waren die süßen Weine die interessantesten im Programm von Peter Terges. Alle Weine waren recht schlank und frisch, betont süffig. Gleiches gilt für den Jahrgang 2001 und für die diesjährige Kollektion, wobei die edelsüßen Rieslinge mir 2002 in der Spitze besser gefallen.

84 ▶ **2002 Weißer Burgunder Classic** frisch, klar, süße weiße Früchte; gute Harmonie, süße Frucht, reintönig (4,80 €)

84 ▶ **2002 Riesling Auslese halbtrocken Trierer Jesuitenwingert** würzig, direkt, jugendliche Frucht; viel reife süße Frucht, kompakt (10 €)

85 ▶ **2002 Riesling Spätlese Trierer Jesuitenwingert** frisch, klar, feine jugendliche Rieslingfrucht; lebhaft, viel süße Frucht, süffig (8 €)

85 ▶ **2002 Riesling Spätlese Trierer Deutschherrenberg** klar im Bouquet, konzentriert, jugendliche Frucht; elegant, klar, reife süße Frucht (7 €)

87 ▶ **2002 Riesling Auslese Trierer Burgberg** konzentriert, würzige jugendliche Frucht; klar und harmonisch im Mund, feine süße Frucht (12 €)

87 ▶ **2002 Riesling Auslese Trierer Jesuitenwingert** jugendliche würzige Rieslingfrucht; klar, harmonisch, viel süße Frucht, schmeichelnd und lang (13,50 €)

85 ▶ **2002 Riesling Auslese Nr. 24/02 Trierer Deutschherrenberg** feine Würze, sehr klare Frucht, jugendlich; viel süße Frucht, würzige Noten, harmonisch, süffig (10 €)

89 ▶ **2002 Riesling Auslese** **Nr. 27/02 Trierer Deutschherrenberg** konzentriert, herrlich klare jugendliche Frucht, dominant; kraftvoll im Mund, feine Frucht, sehr klar, feiner Nachhall (15 €)

Weitere Weine: 82 ▶ 2002 Weißer Burgunder trocken Trierer Burgberg ■ 81 ▶ 2002 Weißer Burgunder Spätlese trocken Trierer Burgberg ■ 80 ▶ 2002 Riesling Spätlese trocken Trierer Deutschherrenberg ■

Weingut Tesch ★★★★
Nahe

Naheweinstraße 99, 55450 Langenlonsheim
Tel. 06704-93040, Fax: 06704-930415
www.weingut-tesch.de
info@weingut-tesch.de
Inhaber: Hartmut Tesch
Betriebsleiter: Dr. Martin Tesch
Rebfläche: 18,8 Hektar
Besuchszeiten: Mo.-Fr. ab 8 Uhr nach Vereinbarung

Das Weingut Tesch war bis in die siebziger Jahre hinein eines der größten Güter an der Nahe. Neben 35 Hektar Weinbergen gehörten noch 100 Hektar landwirtschaftliche Flächen zum Betrieb. Hartmut Tesch hat sich dann ganz auf Weinbau konzentriert - bei den Weinbergen auf die besten Lagen. In Laubenheim auf die Lagen Karthäuser, St. Remigiusberg und Krone, in Langenlonsheim auf den Löhrer Berg und den Königsschild. Heute führt sein Sohn Martin den Betrieb. Dominierende Rebsorte beim Weingut Tesch ist Riesling, der 80 Prozent der Fläche einnimmt. Martin Tesch ist es in den vergangenen Jahren gelungen, das Weingut Tesch wieder zurück in die Spitze der Region zu führen.

Mit dem „Riesling-Unplugged" greift Martin Tesch den Naturweingedanken wieder auf und versucht eine Gegenbewegung zu initiieren zu dem, was in Deutschland zur Zeit in Mode ist: immer alkoholreichere und süßere - angeblich trockene - Weine zu erzeugen. Er setzt auf durchgegorene Weine, die nicht aufgebessert werden, das heißt der Alkoholgehalt wird weder durch Chaptalisierung noch durch andere kellertechnische Verfahren (wie beispielsweise Konzentration der Moste) erhöht. Im vergangenen Jahr hat er sein Sortiment gestrafft und übersichtlicher gestaltet, so dass die verschiedenen Lagen schon anhand der Etiketten unterschieden werden können.

Im schwierigen Jahrgang 2000 hatte Martin Tesch eine großartige Kollektion, keiner hatte in diesem Jahr so faszinierende trockene Rieslinge an der Nahe. Auch im Jahrgang 2001 hatte er wieder einige der besten trockenen Rieslinge in der Region. Auch die homogene 2002er Kollektion überzeugt mit kraftvollen trockenen Rieslingen.

86 ▶ **2002 Riesling trocken** frisch, klar, feine Frucht; harmonisch, direkt, zupackend, jugendliche Frucht (4,50 €/1l)

85 ▶ **2002 Weißburgunder trocken** klar, weiße Früchte; klar im Mund, feine Frucht (4,50 €/1l)

88 ▶ **2002 Riesling „Unplugged"** frisch, direkt, herrlich klare Frucht; gute Harmonie und Frucht, klar und zupackend, Biss (7,40 €)

87 ▶ **2002 Riesling Löhrer Berg** feine Frische, klare jugendliche Frucht; kraftvoll, klar, kompakt, gute Fülle und Frucht (8 €)

88 ▶ **2002 Riesling Königsschild** herrlich eindringliche jugendliche Rieslingfrucht, würzig, direkt; gute Fülle im Mund, klare Frucht (8 €)

88 ▶ **2002 Riesling Karthäuser** konzentriert, würzig, herrlich eindringliche jugendliche Frucht; kraftvoll im Mund, kompakt, klare Frucht (9 €)

89 ▶ **2002 Riesling St. Remigiusberg** (Nr. 11/03) konzentriert, herrlich dominant, eindringliche jugendliche Frucht; kraftvoll, harmonisch, wunderschön füllig, feiner Nachhall, fruchtbetonter kompakter Riesling (11 €)

89 ▶ **2002 Riesling St. Remigiusberg Versteigerungswein** (Nr. 16/03) konzentriert, klar, eindringliche jugendliche Frucht; kraftvoll im Mund, füllig, klare Frucht, Struktur, Biss (Versteigerungswein)

Weingut Teschke ★★
Rheinhessen

Laurenziberg 14, 55435 Gau-Algesheim
Tel. 06725-2331, Fax: 06725-963633
michael.teschke@epost.de
Inhaber: Michael Teschke
Rebfläche: 7 Hektar
Besuchszeiten: nach Vereinbarung
Hoffest jährlich am ersten Wochenende im August; kulinarische Weinproben

Michael Teschke hatte gar nicht vor Winzer zu werden. Eigentlich sollte sein älterer Bruder das Weingut übernehmen. Der verzichtete, und so übernahm Michael Teschke die Verantwortung und machte eine Ausbildung zum Winzer. Auch die Geschichte des Weinguts Teschke ist wenig typisch: anders als die meisten anderen rheinhessischen Weinbaubetriebe kann man auf keine generationenlange Weinbautradition verweisen. Die Familie stammt aus Königsberg und kam nach dem Krieg nach Rheinhessen, wo der Großvater das Weingut im Laurenziberg bei Gau-Algesheim zunächst pachtete und dann kaufte. Vor allem über seine Rebsorten möchte Michael Teschke sich ein klares Profil geben. Seine besondere Vorliebe gilt dem Sylvaner (bei ihm mit „y" geschrieben), von dem er über 40 Jahre alte Reben besitzt. Dazu gibt es Riesling, Portugieser und die roten und weißen Burgundersorten. Alle trockenen und halbtrockenen Weine werden ausschließlich aus gesundem Traubenmaterial erzeugt. Die Weine werden gezügelt und kühl vergoren, teils im Edelstahl, teils im Holz ausgebaut.

Vor zwei Jahren hatte ich zum ersten Mal Weine von Michael Teschke verkostet. Die Silvaner hatten mir besonders gut gefallen, dazu seine edelsüßen Weine aus dem Jahrgang 1999, aber auch die Rotweine beeindruckten mich sehr. Michael Teschke war für mich die Entdeckung des Jahres in Rheinhessen. Mit der letztjährigen Kollektion bestätigte er den guten Eindruck. In der gleichmäßigen Kollektion stachen die Silvaner heraus. Das gleiche Bild zeigt sich 2002: homogene Kollektion, beeindruckende Silvaner an der Spitze.

84 ▶ **2002 Sylvaner Classic** klare Frucht, weiße Früchte; feine süße Frucht, kompakt (3,10 €)

86 ▶ **2002 Sylvaner Spätlese trocken** gute Konzentration, herrlich reintönige Frucht; kraftvoll im Mund, viel süße Frucht, kompakter Silvaner (4,30 €)

87 ▶ **2002 Sylvaner Spätlese trocken „primus inter pares"** viel Konzentration, dominant, jugendliche Frucht; füllig, harmonisch, viel süße Frucht (5,20 €)

89 ▶ **2002 Sylvaner Selection Rheinhessen** konzentriert, dominant, herrlich klar und eindringlich; viel reife Frucht im Mund, füllig, jugendlich, lang (9,20 €)

85 ▶ **2002 Riesling Kabinett trocken** würzig und klar im Bouquet, feine Frucht; kraftvoll, klar, geradliniger Riesling (3,60 €)

84 ▶ **2002 Kerner Spätlese** reintönige Frucht, Frische; klare süße Frucht, enorm süffig (3,90 €)

86 ▶ **2002 Kanzler Spätlese** reife Frucht, dezent Zitrusfrüchte; gute Harmonie, viel süße Frucht, kompakt (3,90 €)

86 ▶ **2001 „Michel Noir" Rotwein trocken Barrique** Spätburgunder und Dunkelfelder; frisch, würzig, jugendliche Frucht; klar, harmonisch, gute Fülle und Frucht (7,20 €)

86 ▶ **2001 Spätburgunder trocken Barrique** feine jugendliche Frucht, rote Früchte; gute Harmonie, klare Frucht, viel Vanille (11,50 €)

Thalsbach ★
Weinkellerei
Baden

Kraichgauer Weinstraße, 76684 Östringen
Tel. 07253-2789900, Fax: 07253-2789901
www.thalsbach.com
welcome@thalsbach.com
Inhaber: Axel Rothermel, Birgit Frost
Rebfläche: 0,4 Hektar und Traubenzukauf
Besuchszeiten: Do.+Fr. 16-18 Uhr, Sa. 10-12
Uhr oder nach Vereinbarung
Weinproben, Schulungen, Seminare,
Exkursionen

Die Kellerei Thalsbach wurde im September 2000 gegründet und ist nach dem gleichnamigen Bach in Östringen benannt. Axel Rothermel war zuvor unter anderem verantwortlicher Kellermeister bei Rippon Vineyards in Neuseeland und beim benachbarten Weingut Heitlinger in Tiefenbach. Dort hat er auch seinen ersten Jahrgang produziert (insgesamt 6.500 Flaschen). Für die Ernte 2000 haben Axel Rothermel und Birgit Frost eine eigene kleine Kellerei errichtet. Die Produktion soll mittelfristig auf etwa 40.000 Liter erhöht werden. Axel Rothermel bewirtschaftet eigene Weinberge und bezieht Trauben von befreundeten Winzern.

Die Weine werden ausschließlich **trocken** ausgebaut. Nach einer sehr gleichmäßigen, guten Kollektion vor zwei Jahren vermochte Axel Rothermel auch mit dem Folgejahrgang zu überzeugen. In diesem Jahr ist der Grauburgunder neu im Programm, dessen Produktion in den kommenden Jahren gesteigert werden soll.

85 ▶ 2002 Rivaner trocken feine klare Frucht, dezente Muskatnote; gute Harmonie, klare Frucht (5,20 €)

85 ▶ 2002 Rosé trocken klare Frucht, Kirschen; harmonisch, klare Frucht (5,20 €)

Weitere Weine: 83 ▶ 2002 Pinot Blanc trocken ■ 81 ▶ 2002 Grauburgunder trocken ■

Wwe. Dr. H. Thanisch ★★
Erben Müller-Burggraef
Mosel-Saar-Ruwer

◆ Saarallee 24, 54470 Bernkastel-Kues
Tel. 06531-7570, Fax: 06531-7910
www.dr-thanisch.de
info@dr-thanisch.de
Inhaber: Margrit Müller-Burggraef
Gutsverwalter: Hans-Eduard Leiendecker
Rebfläche: 13 Hektar
Besuchszeiten: Mo.-Fr. 10-16 Uhr,
Wochenende nach Vereinbarung

Das Weingut entstand 1986 aus der Teilung des Weinguts Wwe. Dr. H. Thanisch (der andere Teil ist das Weingut Wwe. Dr. H. Thanisch Erben Thanisch). Die Weinberge befinden sich in besten Lagen in Bernkastel (mit einem Anteil am berühmten „Doctor"), Brauneberg, Wehlen, Graach und Lieser.

85 ▶ 2001 Riesling Spätlese trocken gute klare reife Rieslingfrucht, etwas Aprikosen, sehr reintönig, feine Würze; klar und direkt, gute ganz leicht süße Frucht, feiner Biss und Nachhall (8 €)

86 ▶ 2001 Riesling Auslese trocken Wehlener Sonnenuhr gute Konzentration im Bouquet, sehr klare reife süße Frucht, eindringlich; viel reife Frucht im Mund, kraftvoll, harmonisch (12,50 €)

87 ▶ 2001 Riesling Spätlese Bernkasteler Graben frisch, klar, zurückhaltende Frucht; viel süße Frucht, wunderschön klar und harmonisch, feiner Biss und Nachhall (9 €)

86 ▶ 2001 Riesling Spätlese Graacher Himmelreich zurückhaltende aber sehr klare Frucht, feine Würze; frisch im Mund, klare Frucht, herrlich süffiger feiner Riesling (9 €)

88 ▶ 2001 Riesling Spätlese Brauneberger Juffer-Sonnenuhr gute Konzentration bei verhaltener aber klarer Frucht; frisch, klar, viel süße Frucht, wunderschön reintönig, mit viel Biss (9 €)

86 ▶ 2002 Riesling Spätlese Brauneberger Juffer-Sonnenuhr konzentrierte Frucht im Bouquet, würzige Noten; frisch, klar, viel süße Frucht (9 €)

Wwe. Dr. H. Thanisch ★★★★
Erben Thanisch
Mosel-Saar-Ruwer

Saarallee 31, 54470 Bernkastel-Kues
Tel. 06531-2282, Fax: 06531-2226
Inhaber: Sofia Thanisch-Spier
Rebfläche: 6,5 Hektar
Besuchszeiten: nach Vereinbarung

Sophia Thanisch-Spier baut in ihren Weinbergen in Bernkastel, Graach und Brauneberg ausschließlich Riesling an. Im Jahrgang 2000 hatte sie füllige, herrlich fruchtbetonte Weine mit der beeindruckenden Spätlese aus dem Bernkasteler Doctor (91) an der Spitze. Die letztjährige Kollektion war nochmals deutlich besser. Neben den gewohnt brillant klaren süßen und edelsüßen Weinen gefielen mir in diesem Jahrgang die trockenen Weine so gut wie noch nie. In der gelungenen 2002er Kollektion beeindrucken vor allem die Weine aus dem Bernkasteler Doctor.

91 ▶ 2001 Riesling Spätlese Bernkasteler Doctor gute Konzentration im Bouquet, herrlich reintönige reife Frucht; faszinierend füllig im Mund, viel Frucht, reintönig, enormer Nachhall (20 €)

86 ▶ 2002 Riesling Spätlese Bernkasteler Doctor viel Würze, jugendliche ganz leicht strenge Frucht, eindringlich; wunderschön harmonisch, schmeichelnde süße Frucht, e-norm süffig (20 €)

88 ▶ 2001 Riesling Auslese Bernkasteler Lay gute konzentrierte reife Rieslingfrucht, herrlich klar und eindringlich, etwas Litschi und süße Aprikosen; viel Frucht im Mund, Frische, recht würzig (12,50 €)

87 ▶ 2002 Riesling Auslese Bernkasteler Lay feine süße Frucht, etwas Aprikosen; frisch, klar, viel süße Frucht, harmonisch (12,50 €)

88 ▶ 2001 Riesling Auslese Braueberger Juffer-Sonnenuhr gute Konzentration, verhaltene Frucht, etwas würzige Noten; herrlich kraftvoll im Mund, viel Frucht, viel Biss, feiner Nachhall (12,50 €)

89 ▶ 2002 Riesling Auslese Bernkasteler Doctor konzentrierte süße Frucht, eingelegte süße Aprikosen, dominant; viel süße Frucht, wunderschön klar, konzentriert, viel Biss und Nachhall (55 €/0,375l)

90 ▶ 2002 Riesling Eiswein Bernkasteler Doctor gute klare reife Rieslingfrucht, herrlich würzig und direkt, etwas Aprikosen und Mandarinen; viel süße Frucht, wunderschön harmonisch und schmeichelnd, süffig und lang, feiner Nachhall (18 €/0,375l)

90 ▶ 2001 Riesling Beerenauslese Bernkasteler Doctor herrlich würzig und konzentriert im Bouquet, eindringliche Frucht, dominant; viel süße Frucht, enorm stoffig, direkt, feine dezente Bitternote im Hintergrund, nachhaltig (56 €/0,375l)

92 ▶ 1996 Riesling Beerenauslese Bernkasteler Doctor reife klare Rieslingfrucht im Bouquet, feine Würze, herrlich eindringlich; viel süße Frucht im Mund, harmonisch, sehr klar, herrlich eindringlich, faszinierender Nachhall (60 €/0,375l)

Weitere Weine: 83 ▶ 2001 Riesling Classic ■ 84 ▶ 2002 Riesling Selection Lieserer Niederberg-Helden ■ 82 ▶ 2001 Riesling Kabinett Wehlener Sonnenuhr ■ 84 ▶ 2001 Riesling Kabinett Bernkasteler Doctor ■ 81 ▶ 1999 Dornfelder ■ 82 ▶ 2001 Spätburgunder ■

86 ▶ 1992 Riesling trocken Wwe. Dr. Thanisch Reifenoten, klare Frucht, direkt; kraftvoll im Mund, viel Frucht, zupackend (5,50 €)

85 ▶ 2002 Riesling Wwe. Dr. Thanisch klar, direkt, feine Frucht; gute Harmonie, klare süße Frucht (6,50 €)

86 ▶ 2002 Riesling Kabinett Bernkasteler Badstube frisch, würzig, jugendliche Rieslingfrucht; klare Frucht, feine Frische, Nachhall (7,70 €)

89 ▶ 2002 Riesling Kabinett Bernkasteler Doctor gute Konzentration, herrlich eindringliche jugendliche Frucht; kraftvoll, klar, viel reife Frucht, nachhaltig, lang (14,50 €)

87 ▶ 2002 Riesling Spätlese Bernkasteler Badstube würzige Noten, direkt, klare Frucht; reintönig im Mund, feine Frucht, kompakt (9,70 €)

88 ▶ 2001 Riesling Spätlese Bernkasteler Badstube klar, direkt, feine würzige Frucht; gute Harmonie, viel klare Frucht, herrlich süffiger Riesling (9,50 €)

Weingut Ludwig
Thanisch & Sohn ★★
Mosel-Saar-Ruwer

Moselstraße 56, 54470 Lieser
Tel. 06531-8227, Fax: 06531-8294
www.thanisch.de
info@thanisch.de
Inhaber: Jörg Thanisch
Rebfläche: 5,3 Hektar
Besuchszeiten: ganztägig geöffnet

Seit 1648 gibt es Weinbau in der Familie. 2001 hat Jörg Thanisch das Weingut von seinen Eltern übernommen. Neben dem dominierenden Riesling, der 85 Prozent seiner Weinberge einnimmt, baut er ein wenig Müller-Thurgau, Kerner, Dornfelder und bereits seit 1988 auch Spätburgunder an. 70 Prozent seiner Weinberge befinden sich in Steillagen. Als seine wichtigste Lagen bezeichnet er die Lieser Lagen Niederberg Helden und Süßenberg, sowie Brauneberger Juffer. Die Weine werden temperaturgesteuert in Edelstahltanks vergoren und mit nur einer Filtration im März des auf die Ernte folgenden Jahres abgefüllt.

Nach einer überzeugenden 2001er Kollektion ist auch der Jahrgang 2002 recht homogen bei Jörg Thanisch ausgefallen.

85 ▶ 2002 Riesling Spätlese trocken Lieserer Niederberg-Helden gute Konzentration, jugendliche Frucht; kraftvoll und klar im Mund, fülliger Riesling (6 €)

85 ▶ 2002 Riesling Spätlese „feinherb" Lieserer Niederberg-Helden jugendliche eindringliche Frucht; klar, kraftvoll, jugendliche Frucht, Fülle (6 €)

90 ▶ 2002 Riesling Spätlese Bernkasteler Doctor klar, konzentriert, herrlich reintönige Frucht, dominant; viel süße Frucht, kraftvoll, dick, gute Harmonie, Nachhall (23 €)

84 ▶ 2002 Riesling Spätlese Brauneberger Juffer würzige jugendliche Frucht, klar; gute Harmonie, klare Frucht, direkt (6 €)

86 ▶ 2002 Riesling Spätlese Lieserer Süssenberg jugendliche Frucht, konzentriert und klar; füllig, viel reife Frucht, herrlich harmonisch und klar (6 €)

86 ▶ 2002 Riesling Auslese Bernkastel-Kueser Kardinalsberg gute Konzentration, klare frucht, eindringlich; viel süße Frucht im Mund, kompakt (10 €/0,5l)

87 ▶ 2002 Riesling Eiswein süße Zitrusfrüchte, feiner Duft; süße Frucht, feine Frische, klar (14,50 €/0,375l)

Weitere Weine: 81 ▶ 2002 Riesling trocken (1l) ■ 83 ▶ 2002 Riesling Kabinett trocken Lieserer Niederberg-Helden ■ 81 ▶ 2002 Riesling halbtrocken (1l) ■ 82 ▶ 2002 Riesling Kabinett halbtrocken Lieserer Niederberg-Helden ■

Weingut
Theodorhof ★★
Pfalz

Theodorhof, 76835 Hainfeld
Tel. 06323-5034, Fax: 06323-980430
www.theodorhof.de
weingutheodorhof@t-online.de
Inhaber: Thomas Lergenmüller
Rebfläche: 14 Hektar
Besuchszeiten: Mo.-Fr. 9-17 Uhr, Sa. 9-15 Uhr, So. 9:30-12:30 Uhr
Weinprobierstube

Der Theodorhof der Familie Lergenmüller entstand 1975 durch Aussiedlung an den Ortsrand von Hainfeld. Das Weingut wird seit 1996 in fünfter Generation von Thomas Lergenmüller geführt. Seine Weinberge liegen in Hainfeld, Edesheim, Weyher, Burrweiler und Siebeldingen. Er hat ein breites Sortiment an Rebsorten, möchte aber in den kommenden Jahren mehr rote Sorten anbauen (Cabernet Sauvignon und Merlot) und bei den Weißweinen die Burgundersorten forcieren.

Wie schon in den beiden vergangenen Jahren präsentiert sich auch die neue Kollektion von Thomas Lergenmüller sehr gleichmäßig und bietet eine ganze Reihe von Schnäppchen. Bei den fülligen Rotweinen könnte ich mir vorstellen, dass sie bei der Wahl anderer Fässer noch interessanter geworden wären.

87 ▶ 2002 Grauer Burgunder Spätlese trocken S Siebeldinger im Sonnenschein wunderschön klare jugendliche Frucht, herrlich frisch und reintönig; klare Frucht im Mund, gute Fülle, gelbe Früchte (6,20 €)

86 ▶ 2002 Chardonnay Spätlese trocken S Edesheimer Rosengarten gute Konzentration, sehr klare reife Frucht, feine Frische, eindringlich; gute Fülle im Mund, sehr reintönig, recht süße Frucht (4,80 €)

86 ▶ 2002 Riesling Spätlese trocken Siebeldinger im Sonnenschein herrlich klare reife süße Rieslingfrucht, dezent Aprikosen und Pfirsiche; harmonisch, sehr klar, reife süße Frucht (4,30 €)

85 ▶ 2002 Roter Muskateller halbtrocken S Flemlinger Herrenbuckel feine Muskatnote, Frische, sehr klar und direkt; süße feine Frucht, Frische, unkompliziert (4,10 €)

84 ▶ 2002 Riesling Hochgewächs S Siebeldinger im Sonnenschein reife süße klare Frucht, etwas Zitrusfrüchte, eigenwillig blumige Noten; süß im Mund, unkompliziert, feine Frucht, sehr süffig (2,90 €)

86 ▶ 2002 Riesling Spätlese Siebeldinger im Sonnenschein süße reife sehr klare Rieslingfrucht im Bouquet, etwas Aprikosen; viel süße Frucht, harmonisch, süffig, feiner Biss (4,20 €)

85 ▶ 2002 Kerner Spätlese Edesheimer Rosengarten süße Frucht, Zitrusfrüchte, sehr klar, etwas Aprikosen; viel süße Frucht im Mund, harmonisch, sehr süffig (3,80 €)

85 ▶ 2002 Gewürztraminer Spätlese Hainfelder Letten klare Frucht im Bouquet, viel Würze, schön zurückhaltend bei guter Konzentration; viel süße Frucht im Mund, sehr harmonisch und klar, geschmeidiger Gewürztraminer (4,60 €)

85 ▶ 2001 Grauer Burgunder Spätlese Siebeldinger im Sonnenschein reife süße Frucht, klar und konzentriert; süß im Mund, geschmeidig, gute Frucht, süffig (3,80 €)

87 ▶ 2000 Cuvée DORUS trocken S Barrique Siebeldinger im Sonnenschein 53 % Saint Laurent, 32 % Spätburgunder und 15 % Dornfelder; gute Konzentration, Schokolade, reife Frucht; herrlich fruchtbetont und füllig, dezent Schokolade, gute Harmonie (8,20 €)

86 ▶ 2000 Spätburgunder Spätlese trocken Barrique Siebeldinger im Sonnenschein fünfzehn Monate Barriqueausbau; gute Konzentration, Schokolade, etwas zurückhaltende Frucht; enorm schokoladig im Mund, gute Fülle und Konzentration (9 €)

85 ▶ 2000 Saint Laurent trocken S Barrique dreizehn Monate Barriqueausbau; klare Frucht im Bouquet, dezente Vanille; harmonisch, gute Fülle und Frucht, rauchige Noten (8,20 €)

Weitere Weine: 83 ▶ 2002 Riesling Hochgewächs trocken S Siebeldinger im Sonnenschein ■ 84 ▶ 2002 Grauer Burgunder Kabinett trocken S Siebeldinger im Sonnenschein ■ 85 ▶ 2002 Weisser Burgunder Spätlese trocken S Hainfelder Kapelle ■ 84 ▶ 2002 Grauer Burgunder Spätlese trocken S Siebeldinger im Sonnenschein ■ 83 ▶ 2002 Ortega Hainfelder Kapelle ■ 84 ▶ 2002 Cuvée Katrin Rosée trocken ■ 85 ▶ 2001 Cuvée „Dorus" trocken S Siebeldinger im Sonnenschein ■ 84 ▶ 2001 Saint Laurent trocken S ■ 84 ▶ 2001 Spätburgunder trocken S Siebeldinger im Sonnenschein ■

Weingut Josef **Thielmann** ★★
Mosel-Saar-Ruwer

Herrenstraße 10, 56814 Ernst
Tel. 02671-7078, 02671-7166
www.weingut-thielmann.de
weingut-thielmann@t-online.de
Inhaber: Josef Thielmann
Rebfläche: 5,1 Hektar
Besuchszeiten: täglich 8-20 Uhr
Weinprobierstube (bis 40 Personen),
Ferienwohnungen

Josef Thielmann baut zu 70 Prozent Riesling an, hinzu kommen noch Müller-Thurgau, Elbling, Kerner, Spätburgunder und Dornfelder. Alle Weine werden in Holzfässern ausgebaut.

Nach einer guten 2000er Kollektion mit durchweg wunderschön klaren Rieslingen waren die 2001er von Josef Thielmann ebenso überzeugend. Am besten gefielen mir die beiden Auslesen und der Riesling Selection, alle drei aus dem Valwiger Herrenberg. In diesem Jahr sind einmal mehr die süßen Rieslinge aus dem Herrenberg meine Favoriten.

85 ▶ 2002 Riesling Spätlese Valwiger Herrenberg viel Würze, jugendliche Frucht; klar, direkt, feine süße Frucht (5,20 €)

87 ▶ 2002 Riesling Auslese Valwiger Herrenberg sehr reintönige feine Frucht, etwas Zitrusfrüchte; harmonisch, viel süße Frucht, schmeichelnd, lang (7,20 €)

84 ▶ 2002 Spätburgunder Weißherbst Ernster feine Frische, verhaltene Frucht, dezente Würze; klare süße Frucht im Mund, enorm süffig (4,40 €)

Weitere Weine: 82 ▶ 2002 Riesling Hochgewächs trocken Cochemer Klostergarten ▪ **83 ▶** 2002 Riesling Spätlese trocken Valwiger Herrenberg ▪ **82 ▶** 2002 Riesling Kabinett Valwiger Herrenberg ▪

Thüringer ★★
Weingut Bad Sulza
Saale-Unstrut

Ortsteil Sonnendorf, 99518 Bad Sulza
Tel. 036461-20600, Fax: 036461-20861
www.thueringer-wein.de
info@thueringer-wein.de
Inhaber: Familie Burkhardt, Stadt Bad Sulza, Andreas Clauß
Geschäftsführer: Andreas Clauß
Rebfläche: 25 Hektar
Besuchszeiten: Mo.-Fr. 9-18 Uhr, Sa. 9-17 Uhr, So. 10-13 Uhr oder nach Vereinbarung
Weinproben im Gewölbekeller (ab 15 Personen), Ferienwohnung

Das Thüringer Weingut Bad Sulza wurde 1992 als erstes Weingut in Thüringen gegründet. Die kleine Fläche von damals 13 Hektar Weinbergen in Thüringen gehört weinbaugeografisch zum Weinanbaugebiet Saale-Unstrut, das größtenteils im Bundesland Sachsen-Anhalt liegt. 1998 hat das Thüringer Weingut seine neue Betriebsstätte in Sonnendorf, einem Ortsteil von Bad Sulza, bezogen. Die Weinberge liegen an den Hängen des Ilmtals zwischen Auerstedt, Bad Sulza und Großheringen. Angebaut werden die Rebsorten Müller-Thurgau, Traminer, Gutedel, Kerner, Riesling, Weißburgunder und Regent. Weitere Sorten wie Grauburgunder, Spätburgunder und Silvaner wurden inzwischen neu angepflanzt. Die Weine hier sind geprägt von den Muschelkalkböden. Die Erzeugerabfüllungen des Weingutes tragen alle den Zusatz „Thüringer". Die mit der Bezeichnung „Abfüller: Andreas Clauß" versehenen Weine stammen von zugekauften Trauben und tragen alle den regionalen Zusatz „Saale-Unstrut".

Die vor zwei Jahren verkosteten 99er und 2000er waren aber doch eine sehr große Überraschung mit dem durchgängig guten Niveau sämtlicher Weine: „einer der Top-Betriebe in den ostdeutschen Anbaugebieten!" hatte ich geschrieben. Die letztjährige Kollektion bestätigte voll und ganz diese Aussage. Neben dem faszinierenden Traminer Eiswein hatten mich vor allem zwei Weine der wenig bekannten Rebsorte Kernling besonders beeindruckt. In diesem Jahr gefällt mir der herrlich stoffige, im Barrique ausgebaute Kerner aus dem Jahrgang 1999 in einer ausgewogenen Kollektion am besten.

84 ▶ 2002 Müller-Thurgau trocken Holzfass feine Frucht im Bouquet, klar und direkt; klare jugendliche Frucht im Mund, Frische und Biss (6,50 €)

84 ▶ 2002 Müller-Thurgau Kabinett trocken feine Frische, klare Frucht; herrlich klar und zupackend im Mund (6,60 €)

84 ▶ 2002 Traminer trocken feiner Traminerduft, etwas Litschi, Rosen; gute Fülle, reife süße Frucht (6,40 €)

86 ▶ 2002 Weißburgunder Spätlese trocken gute Konzentration, würzige Noten; kraftvoll im Mund, reife Frucht (8,70 €)

87 ▶ 2002 Kerner Spätlese frisch, sehr klare Frucht; süß im Mund, herrlich reintönig und lang (7,90 €)

88 ▶ 1999 Kerner Auslese trocken Barrique reife süße Frucht, etwas Vanille, Frische; herrlich kraftvoll und füllig im Mund, viel Frucht, Struktur (16 €)

Weitere Weine: 82 ▶ 2002 Gutedel trocken ■ 83 ▶ 2002 „Castello di Auerstedt" trocken ■ 82 ▶ 2002 Grauburgunder trocken ■ 82 ▶ 2002 Dornfelder trocken ■ 81 ▶ 2001 Regent trocken ■

Weingut
Trautwein *
Baden

♣ Riegeler Straße 2, 79353 Bahlingen
Tel. 07663-2650, Fax: 07663-50027
www.trautweingut.com
info@trautweingut.com
Inhaber: Hans-Peter und Elfriede Trautwein
Rebfläche: 8 Hektar
Besuchszeiten: samstags und nach Vereinbarung

Bereits seit 1980 werden die Weinberge von Hans-Peter und Elfriede Trautwein ökologisch bewirtschaftet (Mitglied bei Bioland). Ihre Weinberge liegen alle in Bahlingen. Knapp die Hälfte der Rebfläche nimmt Spätburgunder ein, gefolgt von Grauburgunder, Müller-Thurgau und Weißburgunder. Dazu gibt es etwas Gewürztraminer, Chardonnay und Regent. Die Weißweine baut Hans-Peter Trautwein im Edelstahl aus, Chardonnay und Grauburgunder auch im Barrique. Die Rotweine kommen nach der Maischegärung alle ins Holzfass, ausgesuchte Weine auch ins Barrique. Alle

Weine tragen die Ortsbezeichnung **Bahlinger** auf dem Etikett.

Im vergangenen Jahr war eine 99er trockene Gewürztraminer Spätlese mein Favorit im Programm. Auch in diesem Jahr überzeugen die Gewürztraminer, dazu vor allem der wunderschön reintönige Müller-Thurgau.

85 ▶ 2002 Rivaner trocken wunderschön reintönige Frucht, feines Bouquet; gute Harmonie, sehr klare Frucht (4 €)

84 ▶ 2002 Gewürztraminer Spätlese trocken feiner Traminerduft, sehr klare Frucht; klar und harmonisch im Mund, feine Frucht und Biss (7,50 €/0,5l)

87 ▶ 2001 Gewürztraminer Eiswein viel Duft, Litschi, Rosen, Kaffee; klar und füllig im Mund, reife süße Frucht, dicht (28,50 €/0,375l)

Weitere Weine: 82 ▶ 1999 Pinot Rosé Reserve Sekt Brut ■ 81 ▶ 2002 Müller-Thurgau trocken (1l)■ 83 ▶ 2002 Weißburgunder trocken ■ 81 ▶ 2002 Grauburgunder trocken ■ 82 ▶ 2002 Chardonnay trocken „Edition RS" ■ 83 ▶ 2001 Grauburgunder Auslese „Edition" ■ 80 ▶ 2001 Spätburgunder trocken ■ 83 ▶ 2001 Spätburgunder trocken Barrique ■ 80 ▶ 2000 Spätburgunder trocken „Edition RS" ■

Weingut
Troitzsch-Pusinelli *
Rheingau

♣ Bächergrund 12, Haus Schöneck, 65391 Lorch
Tel. 06726-9481, Fax: 06726-9010
mail@troitzsch-pusinelli.de
Inhaber: Arne Pusinelli
Rebfläche: 1,6 Hektar
Besuchszeiten: Mo.-Sa. nach Vereinbarung

Das 1887 gegründete Weingut wird heute in fünfter Generation von Arne und Ulla Pusinelli geführt. Arne Pusinelli ist spezialisiert auf klassisch durchgegorene Weine. Neben Riesling, der gut die Hälfte seiner Rebfläche einnimmt, baut er Weißburgunder, Spätburgunder, Silvaner, Scheurebe, Gewürztraminer und Müller-Thurgau an. Seine Weinberge liegen in den Lorcher Lagen Kapellenberg, Krone, Pfaffenwies, Bodental-Steinberg und Schloßberg. Die Weinberge werden seit 1995 nach ökologischen Richtlinien bewirtschaftet (Mitglied bei ECOVIN). Seit dem Jahrgang 1995 wird teilweise auf die Angaben von Lage und Ort verzichtet, um die Sorte mehr zu betonen. Nach der Ganztraubenpressung werden alle Weine im Holzfass ausgebaut. Alle Weine sind durchgegoren und trocken.

Die Weine von Arne Pusinelli tun sich schwer in Blindproben: die meisten anderen Rheingauer Winzer versuchen ihre trockenen Weine bei 8,9 Gramm Restzucker „einzustellen" - da wirken die durchgegorenen Weine von Arne Pusinelli im Vergleich sehr hart und aggressiv. Sie gehören eben in eine andere Kategorie, nämlich in die Kategorie durchgegorene Weine - und nicht in die Kategorie „gesetzlich trockene Weine". Und stehen damit einsam und allein im Rheingau. Von den, in diesem Jahr verkosteten Weinen hatte keiner mehr als 0,3 Gramm Restzucker. Die Weine sind kraftvoll und klar und weisen feine mineralische Noten auf. Die neue Kollektion, überwiegend Jahrgang 2001, gefällt mir besser als in den Jahren zuvor.

84 ▶ 2001 Riesling trocken würzig, direkt, sehr klare Frucht; kraftvoll und klar im Mund, gute Frucht, Biss (5,30 €/1l)

84 ▶ 2001 Weißburgunder Kabinett trocken klar, würzig, feine mineralische Frucht; geschmeidig im Mund, gute Fülle, Biss (6 €)

86 ▶ 2001 Riesling Kabinett trocken Lorcher Kapellenberg herrlich reintönige Frucht, würzig, mineralisch; kraftvoll im Mund, sehr klare Frucht, zupackender Riesling (5,50 €)

Weitere Weine: 83 ▶ 2001 Gewürztraminer Kabinett trocken ■ **82** ▶ 2001 Spätburgunder Weißherbst trocken ■ **82** ▶ 2000 Spätburgunder trocken ■

Weingut Ullrichshof ★★
Familie Faubel
Pfalz

◆ Marktstraße 86, 67487 Maikammer
Tel. 06321-5048, Fax: 06321-57388
www.ullrichshof-faubel.de
ullrichshof@tz-online.de
Inhaber: Familie Faubel
Rebfläche: 20 Hektar
Besuchszeiten: Mo.-Fr. 8-12 + 13-18 Uhr,
Sa. 8-12 + 13-16 Uhr, So. 9-13 Uhr und
nach Vereinbarung

Christa Faubel, geborene Ullrich, hat das Weingut 1978 gemeinsam mit Ehemann Heinz Faubel von ihren Eltern übernommen. Seit 1998 ist Sohn Gerd für die Vinifikation der Weine verantwortlich. Die Weinberge liegen in Maikammer, Haardt und Gimmeldingen.

85 ▶ 2002 Weißburgunder Kabinett trocken Maikammer Mandelhöhe feine Frucht, Frische, weiße Früchte; klar und direkt im Mund, gute Frucht (5 €)

85 ▶ 2002 Riesling Kabinett trocken Maikammer Kapellenberg klare Frucht im Bouquet, Limone, direkt; zupackend, feine Frucht und Biss (5 €)

87 ▶ 2002 Chardonnay Spätlese trocken Maikammer Kapellenberg reife Frucht, gute Konzentration; klar im Mund, gute Fülle, viel Frucht (7 €)

85 ▶ 2002 Grauburgunder Spätlese trocken Maikammer Kapellenberg klare reife Grauburgunderfrucht, direkt; recht süß im Mund, gute Fülle und reife Frucht (6,50 €)

87 ▶ 2002 Weißburgunder Spätlese trocken Maikammer Heiligenberg gute Konzentration bei zurückhaltender Frucht, dezente Würze; gute Fülle, reife süße Frucht, harmonisch (6 €)

87 ▶ 2002 Riesling Spätlese trocken Maikammer Heiligenberg konzentriert, klar, herrlich eindringliche Rieslingfrucht; kraftvoll im Mund, viel Frucht, klar (5,50 €)

86 ▶ 2002 Riesling Spätlese trocken Gimmeldinger Kapellenberg klare Frucht, etwas Würze, Limone; gute Harmonie, reife klare etwas süße Frucht, feiner Nachhall (5,50 €)

85 ▶ 2002 Gewürztraminer Spätlese trocken Maikammer Heiligenberg klare konzentrierte Frucht, feines Traminerbouquet; gute Fülle, reife klare Frucht (5,50 €)

86 ▶ 2002 Riesling Spätlese halbtrocken Haardter Herzog klare würzige Rieslingfrucht; frisch, klar, feine süße Frucht (5,50 €)

84 ▶ 2002 Riesling Spätlese Gimmeldinger Meerspinne würzige Noten, zurückhaltende Frucht; süß und schmeichelnd, feine Frucht (5,50 €)

84 ▶ 2001 Spätburgunder trocken Maikammer Mandelhöhe gute Würze, herrlich klare Frucht, direkt; kommt klar in den Mund, harmonisch, dann feine Bitternote (5 €)

Weitere Weine: 83 ▶ 2002 Riesling Kabinett trocken Maikammer Heiligenberg ■

84 ▶ 2002 Chardonnay Spätlese trocken würzige klare zurückhaltende Frucht; gute Harmonie, weich, süße Frucht (6,20 €)

85 ▶ 2001 Chardonnay trocken Barrique Gewürznoten, dezenter Toast, Frische; gute Fülle, süße Frucht, Wärme im Abgang (14 €)

84 ▶ 2002 Bacchus Kabinett wunderschön reintönige Frucht, etwas Johannisbeeren, klar und frisch; frisch und harmonisch im Mund, klare süße Frucht (3,40 €)

85 ▶ 2002 Samtrot Spätlese trocken klare würzige reife Frucht, rauchige Noten, Süßkirschen und Erdbeeren; harmonisch, klare süße Frucht, feiner Biss (5,70 €)

85 ▶ 2002 Cabernet Mitos trocken gute Würze, rote Johannisbeeren, reife Frucht; weich im Mund, viel süße Frucht, süffig, Biss (7,50 €)

Weitere Weine: 82 ▶ 2002 Riesling Kabinett trocken ■ 82 ▶ 2001 Riesling Spätlese trocken ■ 82 ▶ 2002 Trollinger Classic ■ 83 ▶ 2001 Dornfelder trocken Barrique ■

Weingut Ungerer ★
Württemberg

◆ Harsberger Straße 15, 74629 Renzen
Tel. 07949-419, Fax: 07949-419
Inhaber: Familie Ungerer
Rebfläche: 5,3 Hektar
Besuchszeiten: Sa. 9-13 Uhr oder nach Vereinbarung
Weinstube

Karl Ungerer und Sohn Karlheinz haben 1993 mit der Selbstvermarktung begonnen. Alle ihre Weinberge befinden sich in der Lage Heuholzer Dachsteiger. 65 Prozent der Fläche nehmen rote Sorten ein, vor allem Lemberger, Trollinger und die Burgundersorten. Dazu gibt es Dornfelder und Cabernet Mitos, der im Jahrgang 2002 erstmals sortenrein ausgebaut wurde. Zuletzt wurde etwas Regent in einer Steillage gepflanzt. Wichtigste weiße Rebsorten sind Riesling, Kerner und Chardonnay. Die Rotweine werden maischevergoren. Die Weißweine vergären in Edelstahltanks, ausgesuchte Partien auch im Barrique.

Weinmanufaktur Untertürkheim ★★★
Württemberg

Strümpfelbacher Straße 47, 70327 Stuttgart
Tel. 0711-336381-0, Fax: 0711-336381-24
www.weinmanufaktur.de
weinmanufakftur-untertuerkheim@t-online.de
Geschäftsführer: Günter Hübner
Mitglieder: 75
Rebfläche: 75 Hektar
Besuchszeiten: Mo.-Fr. 8-18 Uhr, Sa. 9-13 Uhr
Weinproben (nach Vereinbarung)

Die Weinberge der 1887 gegründeten Untertürkheimer Genossenschaft liegen in den Untertürkheimer Lagen Mönchberg und Altenberg. Wichtigste Rebsorten sind Trollinger und Riesling. Neben weiteren, in Württemberg üblichen Rebsorten findet man hier unter anderem auch Regent und Merlot. Die Weißweine werden überwiegend im Edelstahl ausgebaut. Rotweine werden teils maischeerhitzt, teils maischevergoren.

Ausgewählte Weine werden im 1902 erbauten Kreuzgewölbekeller auch im großen Holzfass oder im Barrique ausgebaut.

Schon vor zwei Jahren präsentierten die Untertürkheimer Genossen eine sehr überzeugende Kollektion, an der Spitze ein wunderschöner Eiswein (91) aus dem Jahrgang 1999. Im vergangenen Jahr hatte die Genossenschaft nicht nur ihren Namen in „Weinmanufaktur Untertürkheim" geändert, sondern auch ihr Programm neu gegliedert und versieht seither die besten Weine, nach eigener Einschätzung, mit zwei oder drei Sternen. Die letztjährige Kollektion war beeindruckend gut. Von keiner anderen württembergischen Genossenschaft konnte ich in diesem Jahr so tolle Weine verkosten. Egal ob rot oder weiß, alle Weine überzeugten. Der mit drei Sternen versehene Riesling gehörte wie der Spätburgunder aus dem Jahrgang 1999 zur Spitze in Württemberg.

Nun gefällt es mir ja eigentlich nicht, was die Weinmanufaktur Untertürkheim macht. Die Tatsache nämlich, dass man bei fast allen Weinen, weiß wie rot, eine merkliche Restsüße stehen lässt. Vor allem, weil die Weine so gut sind, dass sie diesen Hauch Gefälligkeit gar nicht brauchen. Die neue Kollektion ist so stark, dass ich die Untertürkheimer Weinmanufaktur als erste deutsche Genossenschaft meiner Kategorie „sehr gute Erzeuger" (3 Sterne) zurechne. Jeder Wein ist zuverlässig gut, Lemberger und Spätburgunder gehören zu den Besten in Deutschland.

85 ▶ **2002 Weißer Burgunder* trocken** feine Frucht, sehr reintönig; gute Frucht, wunderschön harmonisch und klar (5,10 €)

85 ▶ **2002 Riesling* trocken** klar, direkt, feine jugendliche Frucht; klare Frucht im Mund, kompakt (5,10 €)

85 ▶ **2001 Grauer Burgunder*** trocken Barrique** würzig, konzentriert, viel Toast, Vanille; kraftvoll, verhaltene Frucht, fülliger Grauburgunder (15,45 €)

88 ▶ **2002 Riesling*** trocken** herrlich klar, dominant, viel Frucht; kraftvoll im Mund, viel reife klare Frucht, kompakt (9,80 €)

85 ▶ **2002 „Mönch Berthold"** Rotwein trocken** frisch, klar, jugendliche Frucht, rote Früchte; lebhaft und klar im Mund, feine Frucht (6,75 €)

86 ▶ **2002 Lemberger** trocken** frisch, klar, feine Frucht; gute Harmonie, viel süße Frucht (7,45 €)

86 ▶ **2001 Dornfelder** trocken** herrlich eindringlich, feiner Duft, viel Frucht; viel süße Frucht im Mund, wunderschön süffig (6,65 €)

86 ▶ **2002 Acolon** trocken** reife eindringliche Frucht, rote Früchte; harmonisch, viel süße Frucht, herrlich süffig (6,75 €)

89 ▶ **2001 Spätburgunder*** trocken Barrique** viel Konzentration, Gewürze, Vanille, reife süße Frucht; harmonisch, klar, viel reife süße Frucht, vanillig und lang (19,50 €)

90 ▶ **2001 Lemberger*** trocken Barrique** herrlich konzentriert, dominant, enorm eindringliche Frucht, Gewürznoten; herrlich konzentriert auch im Mund, füllig, jugendliche Frucht, Tannine, viel Nachhall (22,50 €)

Weingut P.J. Valckenberg ★
Rheinhessen

Weckerlingplatz 1, 67547 Worms / Rhein
Tel. 06241-9111-0, Fax: 06241-9111-61
www.valckenberg.com
inland@valckenberg.com
Inhaber: Wilhelm Steifensand
Gutsverwalter: Tilman Queins
Rebfläche: 14,3 Hektar
Besuchszeiten: Di.-Fr. 10-18 Uhr, Do. bis 19 Uhr, Sa. 10-15 Uhr („Der Weinladen")

1786 gründete Peter Joseph Valckenberg das noch heute existierende, gleichnamige Weinhandelshaus in Worms. 1808 erwarb er das Kapuzinerkloster und die historischen Weingärten um die Liebfrauenkirche. Bereits Mitte des 19. Jahrhunderts wurden die Valckenberg-Weine in alle Welt exportiert. Nachdem die Weinberge lange Jahre vom Weingut Heyl zu Herrnsheim bewirtschaftet wurden, hat man mittlerweile wieder selbst die Regie übernommen und den Önologen Tilman Queins als Gutsverwalter eingesetzt.

Wie schon im vergangenen Jahr hat dieser eine sehr gleichmäßige, überzeugende Kollektion vorgestellt.

84 ▶ **2002 Riesling trocken** würzige jugendliche Rieslingfrucht, direkt; frisch im Mund, gute Frucht und Biss (4,95 €)

84 ▶ **2002 Riesling Kabinett trocken Wormser Liebfrauenstift-Kirchenstück** frisch, klar, feine würzige Frucht; klar und direkt im Mund, feine Frucht, Biss (6,50 €)

86 ▶ **2002 Riesling Spätlese trocken Wormser Liebfrauenstift-Kirchenstück** gute Konzentration, klare reife Frucht, süße Aprikosen, Litschi; klare Frucht im Mund, gute Harmonie (8,60 €)

86 ▶ **2002 Riesling Spätlese Wormser Liebfrauenstift-Kirchenstück** süße würzige Rieslingfrucht, klar; süß und geschmeidig im Mund, herrlich harmonisch und süffig (8,35 €)

Weitere Weine: 82 ▶ 2002 Riesling trocken (1l) ■ 83 ▶ 2002 Weißburgunder trocken ■

Weingut
Van Volxem ★★★★
Mosel-Saar-Ruwer

Dehenstraße 2, 54459 Wiltingen/Saar
Tel. 06501-16510, Fax: 06501-13106
www.vanvolxem.de
vanvolxem@t-online.de
Inhaber: Roman Niewodniczanski
Rebfläche: 13 Hektar
Besuchszeiten: Mo.-Sa. nach Vereinbarung

Das ehemalige Klosterweingut der Luxemburger Jesuiten wurde auf den Fundamenten einer römischen Hofanlage erbaut. Ende 1999 wurde es von Roman Niewodniczanski erworben, der es seitdem gemeinsam mit Gernot Kollmann führt. Zu den Weinbergen in den Wiltinger Lagen Scharzhofberger, Braunfels, Klosterberg und Gottesfuß konnte er 2001 1,5 Hektar Reben in den besten Lagen der Wiltinger Kupp hinzuerwerben. 95 Prozent seiner Weinberge - alle in Steillagen - sind mit Riesling bepflanzt. Das durchschnittliche Alter der Reben liegt bei 40 Jahren. Die ältesten Reben, im Wiltinger Gottesfuß, sind 120 Jahre alt. Roman Niewodniczanski und Gernot Kollmann wollen die Charakteristik der Lagen in den Weinen herausarbeiten. Nach der schonenden Pressung werden die Weine im traditionellen Fuderfass langsam vergoren, zum größten Teil mit den eigenen Hefen.

Ihr Programm ist klar gegliedert: es gibt den Saar- und den Wiltinger Gutsriesling, die Wiltinger Lagen-Rieslinge und schließlich die Rieslinge der großen Lagen. Hierzu gehören der Vols, der bis 1971 eine Einzellage war, der Pergentsknopp (die beste Scharzhofberger-Parzelle), und zwei Weine aus dem Gottesfuß, darunter der „Alte Reben" vom ältesten und steilsten Weinberg des Gutes. Die Weine tragen keine Prädikats- oder Geschmacksbezeichnungen.

Nach dem beeindruckenden Debüt im schwierigen Jahrgang 2000 folgte 2001 eine ebenso bemerkenswerte Kollektion nach. Alle Weine sind „typisch Saar", klar und konzentriert. Der Jahrgang 2002 ist nochmals besser, alle Weine sind wunderschön konzentriert und reintönig. Allerdings finde ich, wie schon im vergangenen Jahr, dass die kräftige Süße den Weinen ein wenig von ihrer Lagentypizität nimmt.

86 ▶ **2002 Weißburgunder** gute Konzentration, reife klare Frucht, eindringlich; gute Harmonie, viel süße Frucht, Vanille (8 €)

85 ▶ 2002 Riesling Saar reife klare Frucht, mineralische Noten; frisch, klar, viel süße Frucht (7 €)

87 ▶ 2002 Riesling Wiltinger reife klare Frucht, mineralische Noten; frisch, klar, viel süße Frucht, kompakter Riesling (8 €)

85 ▶ 2002 Riesling Wiltinger Braunfels konzentriert, klar, eindringliche mineralische Frucht; kompakt, klar, reife Frucht (9 €)

88 ▶ 2002 Riesling Wiltinger Braunfels VOLS viel Konzentration, herrlich reintönige jugendliche Frucht; füllig, klar, reife süße Frucht, harmonisch und lang (16 €)

87 ▶ 2002 Riesling Wiltinger Schlangengraben herrlich würzig, konzentriert, klare reife Frucht; viel süße Frucht, schmeichelnd, wunderschön harmonisch und lang (9 €)

88 ▶ 2002 Riesling Wiltinger Kupp mineralische Noten, konzentriert, eindringliche Frucht; viel reife süße Frucht, schmeichelnd und lang (15 €)

89 ▶ 2002 Riesling Scharzhofberger konzentriert, mineralische jugendliche Frucht, dominant; reintönig im Mund, herrlich viel Frucht, konzentriert, viel Nachhall (12 €)

90 ▶ 2002 Riesling Wiltinger Gottesfuß konzentriert, herrlich eindringliche jugendliche Frucht, sehr reintönig; viel reife süße Frucht, herrlich reintönig, schmeichelnd, harmonisch und lang (14 €)

91 ▶ 2002 Riesling Scharzhofberger PERGENTSKNOPP konzentriert, herrlich reintönige jugendliche Frucht, dominant, leicht mineralische Noten; viel reife süße Frucht, schmeichelnd, harmonisch, süffig, viel Länge (22 €)

92 ▶ 2002 Riesling Wiltinger Gottesfuß ALTE REBEN faszinierend konzentrierte jugendliche Frucht im Bouquet, enorm dominant; schmeichelnd im Mund, reife süße Frucht, herrlich füllig und lang, viel Nachhall (28 €)

88 ▶ 2002 Riesling Eiswein Scharzhofberger enorm dominant, süß, viel Frucht, etwas Zitrusfrüchte und Aprikosen; viel süße Frucht, harmonisch, klar, gute Länge

Winzergenossenschaft Varnhalt ★★
Baden

Weinsteige 11, 76534 Baden-Baden-Varnhalt
Tel. 07223-5359, Fax: 07223-60184
www.germanwine.de/wg/varnhalt
Wg-varnhalt@t-online.de
Geschäftsführer: Emil Kopp
Rebfläche: 85 Hektar
Mitglieder: 350
Besuchszeiten: Mo.-Fr. 8-17 Uhr, Sa. 9-12 Uhr
Saal für 180 Personen, Weinwanderungen, Weinproben, Weinmenüs

Die wichtigste Rebsorte in den Weinbergen der etwa 350 Genossenschaftswinzer von Varnhalt, einem Stadtteil von Baden-Baden, ist der Riesling mit einem Anteil von 80 Prozent. Der Rotweinanteil liegt bei 7 Prozent.

Geschäftsführer Emil Kopp, der vor zwei Jahren das Klostergut Fremersberg mit der Lage Feigenwäldchen gepachtet hat, hat die Varnhalter Genossenschaft in den letzten Jahren auf Vordermann gebracht. Die Weine sind stetig besser geworden. Die letztjährige Kollektion überzeugte mit durchweg sehr fruchtbetonten, klaren Weinen. Die sehr gleichmäßige 2002er Kollektion kommt da nicht ganz heran.

86 ▶ 2002 Riesling Kabinett trocken Varnhalter Klosterbergfelsen würzige Noten, gute Konzentration, klare Frucht; kraftvoll im Mund, viel Frucht, klar (5,40 €)

84 ▶ 2002 Riesling Kabinett trocken Sinzheimer Frühmessler klare würzige Frucht; harmonisch, klare Frucht (4,80 €)

Weitere Weine: 82 ▶ 2002 Riesling trocken Varnhalter ■ 83 ▶ 2002 Riesling trocken Varnhalter Klosterbergfelsen ■ 83 ▶ 2002 Riesling trocken Sinzheimer Frühmessler ■ 82 ▶ 2002 Riesling Classic ■ 83 ▶ 2002 Weißer Burgunder trocken Varnhalter ■ 82 ▶ 2002 Riesling Kabinett Varnhalter Steingrübler ■

Güterverwaltung
Vereinigte Hospitien ★★★
Mosel-Saar-Ruwer

Krahnenufer 19, 54290 Trier
Tel. 0651-9451210, -9451211
Fax: 0651-9452060
www.vereinigtehospitien.de
weingut@vereinigtehospitien.de
Inhaber: Stiftung des öffentlichen Rechts
Betriebsleiter: Joachim Arns
Rebfläche: 25 Hektar
Besuchszeiten: Mo.-Do. 8-12:30 + 13:30-17 Uhr, Fr. 8-12:30 + 13:30-16 Uhr

Die Vereinigten Hospitien bauen ausschließlich Riesling und Burgundersorten an. Die Weinberge liegen in bekannten Saar- und Mosel-Lagen, darunter drei in Alleinbesitz: Serriger Schloss Saarfelser Schlossberg (5 Hektar), Trierer Augenscheiner (3,5 Hektar) und Wiltinger Hölle (2,5 Hektar). Aber auch in der Lage Scharzhofberger und im Piesporter Goldtröpfchen ist man vertreten. Neben Riesling bauen die Vereinigten Hospitien auch etwas Weiß-, Grau- und Spätburgunder an. Der Jahrgang 2001 war für die Vereinigten Hospitien einer der mengenmäßig kleinsten Jahrgänge mit Durchschnittserträgen von 40 hl/ha an der Saar und 65 hl/ha an der Mosel. Über 90 Prozent der Moste lagen im Prädikatsbereich.

Infolgedessen waren die edelsüßen Weine 2001 noch brillanter und besser als in den Jahren zuvor. Mein Favorit war die Goldkapsel Auslese Scharzhofberger (91). Auch in der neuen Kollektion ragen die edelsüßen Weine heraus, allen voran der Eiswein Scharzhofberger.

86 ▶ **2000 Riesling Sekt Brut** rauchig-würzige Noten im Bouquet; gute Fülle, sehr harmonisch und klar, feine süße Frucht und Biss (8,95 €)

84 ▶ **2002 Grauer Burgunder trocken** würzig, klar, gelbe Früchte, Frische; gute Harmonie im Mund, viel süße Frucht (5,20 €)

85 ▶ **2002 Riesling Spätlese trocken Wiltinger Kupp** gute Würze und Konzentration, sehr klar, mineralische Noten, etwas Zitrusfrüchte; kraftvoll, gute Fülle, Struktur und Biss (8,70 €)

85 ▶ **2002 Riesling Spätlese halbtrocken Serriger Schloss Saarfelser Schlossberg** klare würzige Frucht, feine Frische, ganz leicht mineralische Noten; gute Fülle und Frucht, kompakter Riesling (8,70 €)

84 ▶ **2002 Riesling Spätlese „feinherb" Piesporter Goldtröpfchen** reife süße Rieslingfrucht, etwas Litschi, süße Aprikosen; viel süße Frucht, süffig ((10,60 €)

85 ▶ **2002 Riesling Kabinett Piesporter Goldtröpfchen** süße klare Frucht im Bouquet; harmonisch, klare süße Rieslingfrucht (8,10 €)

87 ▶ **2002 Riesling Spätlese Scharzhofberger** würzig-mineralische Noten, leicht streng; herrlich füllig im Mund, reife süße Frucht, schmeichelnd und lang (9,50 €)

88 ▶ **2002 Riesling Auslese Piesporter Goldtröpfchen** gute Konzentration, sehr reintönige Frucht, feines Rieslingbouquet; viel süße Frucht, harmonisch, herrlich süffig und lang (18,90 €)

88 ▶ **2002 Riesling Auslese Goldkapsel Scharzhofberger** gute Konzentration, herrlich reintönige eindringliche Frucht; viel süße Frucht, enorm konzentriert, dick, würzig, ganz leichte Bitternote (Versteigerungswein)

92 ▶ **2002 Riesling Eiswein Scharzhofberger** konzentriert, herrlich reintönige eindringliche Frucht, süße Aprikosen und Litschi; faszinierend reintönig im Mund, viel süße Frucht, schmeichelnd, wunderschön harmonisch und lang (69 €/0,375l)

85 ▶ **2002 Spätburgunder Rosé trocken** feine Kirschenfrucht, klar; frisch und klar im Mund, gute Frucht (6 €)

Weitere Weine: 83 ▶ 2002 Riesling Spätlese trocken Scharzhofberger ■

Fritz **Völcker'sche** ★
Gutsverwaltung
Pfalz

◆ An der Eselshaut 15, 67435 Neustadt /
Mußbach
Tel. 06321-66050, Fax: 06321-66054
Weingut-voelcker@t-online.de
Inhaber: Theresia Völcker
Rebfläche: 11,6 Hektar
Besuchszeiten: Mo.-Fr. 8-17 Uhr, Sa./So. nach Vereinbarung

Das heutige Weingut der Fritz Völcker'schen Gutsverwaltung ist aus einer ehemaligen Mühle entstanden und wird in der neunten Generation von der Familie Völcker geleitet.

84 ▶ **2002 Spätburgunder Rosé trocken** frisch, klar, feine Frucht; recht süß im Mund, gute Frucht, süffig (4,10 €)

84 ▶ **2002 Riesling Kabinett trocken Mußbacher Eselshaut** etwas Limone, feine Rieslingfrucht; lebhaft, klar, gute süße Frucht, Biss (3,70 €)

84 ▶ **2002 Grauer Burgunder Kabinett trocken** frisch, klar, feine Frucht; frisch auch im Mund, lebhaft, klare Frucht (4,10 €)

84 ▶ **2002 Riesling Spätlese trocken Gimmeldingen Biengarten** gute Würze und Frucht, Frische, etwas Limone; gute Fülle, süße Frucht, klar (5,20 €)

Weitere Weine: 83 ▶ 2002 Weißburgunder Kabinett trocken ■ 83 ▶ 2002 St. Laurent trocken ■

Weingut
Vollenweider ★★★★
Mosel-Saar-Ruwer

Wolfer Weg 53, 56841 Traben-Trarbach
Tel. 06541-814433, Fax: 06541-816773
www.weingut-vollenweider.de
mail@weingut-vollenweider.de
Inhaber: Daniel Vollenweider
Rebfläche: 1,8 Hektar
Besuchszeiten: nur nach Vereinbarung; Verkauf Deutschland: Wildbad Wein (Tel. 06541-814440)

Daniel Vollenweider bewirtschaftet seit dem Jahrgang 2000 Reben in der Lage Wolfer Goldgrube in Traben-Trarbach. Die Lage ist nicht flurbereinigt, so dass fast alle Parzellen dort noch mit wurzelechten Reben bepflanzt sind. Nachteil in einer solchen Lage ist der enorme Arbeitsaufwand. Die Weine von Daniel Vollenweider gehen zu fast 100 Prozent in den Export. Er produziert ausschließlich Prädikatsweine, was in Toplagen bei vernünftigen Erträgen eigentlich immer möglich ist. Anfangs hat er nur restsüße Weine produziert, im Jahrgang 2002 hat er aber auch einen trockenen Wein im Programm. Er teilt seine Weine in Prädikate nicht nur nach dem Mostgewicht, sondern auch nach dem sensorischen Empfinden ein. Kabinett und Spätlese sind immer Weine ohne Botrytis, wobei die Spätlese eine schöne physiologische Reife aufweisen muss. Ab dem Prädikat Auslese aufwärts erzeugt er seine Weine aus reinen Botrytistrauben.

Im vergangenen Jahr waren die Weine von Daniel Vollenweider eine der großen Überraschungen in meinen Verkostungen. Die neue Kollektion nun ist nochmals beeindruckender, jeder Wein ist herrlich kraftvoll und zupackend. Interessant ist, was Daniel Vollenweider von einer nahezu unbekannten Lage für faszinierende Weine erzeugt.

89 ▶ **2002 Riesling Spätlese trocken Wolfer Goldgrube** sehr klar im Bouquet, eindringliche Rieslingfrucht, jugendlich; herrlich viel Frucht im Mund, konzentriert und klar, eindringlich (16 €)

89 ▶ **2002 Riesling Spätlese „feinherb" Wolfer Goldgrube** gute Konzentration, herrlich klare eindringliche Frucht; kraftvoll im Mund, reife Frucht, Nachhall, dominant, fülliger Riesling (14,30 €)

89 ▶ **2002 Riesling Kabinett Wolfer Goldgrube** würzige jugendliche Rieslingfrucht, eindringlich; herrlich reintönig im Mund, viel süße Frucht, faszinierend klarer Riesling (10 €)

89 ▶ **2002 Riesling Spätlese Wolfer Goldgrube Nr. 3/03** konzentriert, sehr reintönig, eindringliche jugendliche Frucht; faszinierend klar, viel Frucht, gute Harmonie (14,30 €)

92 ▶ **2002 Riesling Spätlese „Reiler" Wolfer Goldgrube** faszinierend konzentrierte reintönige Frucht im Bouquet, mineralische Noten; herrlich stoffig im Mund, gute Frucht, harmonisch und klar, viel Nachhall (19,50 €)

91 ▶ **2002 Riesling Auslese Wolfer Goldgrube** eindringliche klare jugendliche Frucht im Bouquet, dominant; viel reife süße Frucht im Mund, harmonisch, gehaltvoll, sehr lang (12,75 €/0,375l)

Weingut Schloss **Vollrads** ★★
Rheingau

Schloss Vollrads, 65375 Oestrich-Winkel
Tel. 06723-660, Fax: 06723-6666
www.schlossvollrads.com
schloss_vollrads@t-online.de,
info@schlossvollrads.com
Inhaber: Nassauische Sparkasse
Gutsdirektor: Dr. Rowald Hepp
Rebfläche: 58 Hektar
Besuchszeiten: Mo.-Fr. 8:30-18 Uhr,
Sa. + So. 11-19 Uhr
Gutsrestaurant Schloss Vollrads im Kavaliershaus

Schloss Vollrads steht beispielhaft für die Entwicklungen im Rheingau in den neunziger Jahren. Gerade viele der renommierten Weingüter zehrten nur noch von ihrem Namen. Sie erzielten nach wie vor hohe Preise, gewiss, aber qualitativ traten sie auf der Stelle oder ließen gar nach. Einige dieser Renommierbetriebe sind in den letzten Jahren wieder aufgewacht. So auch Schloss Vollrads. Mit Rowald Hepp als Gutsdirektor ist Schloss Vollrads wieder auf richtigem Kurs. In den letzten Jahren hat Schloss Vollrads weitere Weinberge erworben. Rowald Hepp verspricht sich dadurch noch bessere Möglichkeiten für Selektionen.

Die beeindruckende 99er Kollektion hatte gezeigt, was für ein Potenzial in den Weinbergen von Schloss Vollrads - in denen ausschließlich Riesling angebaut wird - steckt. Die 2000er Rieslinge schlossen nahtlos daran an, auch wenn in der Spitze nicht ganz die Vorjahresleistung erreicht wurde. Auch die 2001er Kollektion überzeugte. Vor allem die Spätlesen und die Edition Grünsilber haben mir mit ihrer wunderschön reintönigen Frucht besonders gut gefallen. Die edelsüßen Rieslinge allerdings brachten dann nicht die erhoffte Steigerung. Diese edelsüßen Rieslinge gefallen mir nun 2002 ein klein wenig besser. Dafür sind die Basisweine doch recht enttäuschend.

85 ▶ **2002 Riesling Spätlese trocken** feine würzige Rieslingfrucht, klar und direkt; klare Frucht, geradliniger Riesling (13,10 €)

84 ▶ **2002 Riesling Kabinett** frisch, direkt, feine Würze; lebhaft im Mund, klare süße Frucht, süffig (8,90 €)

86 ▶ **2002 Riesling Spätlese** süße Rieslingfrucht, würzige Noten, dezent Aprikosen; harmonisch, viel süße Frucht, schmeichelnd (13,10 €)

87 ▶ **2002 Riesling Auslese** reife süße Frucht, Litschi, Würze; süß, schmeichelnd, herrlich süffig und lang (29,50 €/0,5l)

89 ▶ **2002 Riesling Beerenauslese** herrlich konzentriert, würzig, dominant, viel süße Frucht; klar, herrlich füllig, viel süße Frucht, reintönig (122 €/0,375l)

92 ▶ **2002 Riesling Trockenbeerenauslese Schatzkammer Nr. 31/03** konzentriert, herrlich reintönige Frucht, süße eingelegte Aprikosen; süß, schmeichelnd, konzentriert, herrlich lang und nachhaltig (Versteigerungswein)

90 ▶ **2002 Riesling Trockenbeerenauslese Nr. 29/03** konzentriert, viel Duft, enorm eindringlich; dick, konzentriert, süße Aprikosen, enorm dominant (174 €/0,375l)

87 ▶ **2002 Riesling Eiswein** konzentriert, enorm duftig; süß, konzentriert, harmonisch, viel Frucht (91 €/0,375l)

Weitere Weine: 80 ▶ 2002 Riesling trocken (1l) ■ 82 ▶ 2002 Riesling trocken ■ 83 ▶ 2002 Riesling Kabinett trocken ■ 83 ▶ 2002 Riesling halbtrocken (1l) ■ 80 ▶ 2002 Riesling halbtrocken ■ 83 ▶ 2002 Riesling ■

Weinbau
Wachtstetter ★★★
Württemberg

Michelbacher Straße 8, 74397 Pfaffenhofen
Tel. 07046-329, Fax: 07046-931000
www.wachtstetter.de
info@wachtstetter.de
Inhaber: Rainer Wachtstetter
Rebfläche: 11 Hektar
Besuchszeiten: Mo.-Do. nach Vereinbarung,
Fr. + Sa. 9-18 Uhr
Gasthaus Adler (Fr.-So. 11:30-24 Uhr, am letzten Wochenende im Monat geschlossen)

Seit Rainer Wachtstetter die Regie übernommen hat, hat sich hier einiges getan. Die Rebfläche wurde erweitert und der Rotweinanteil ist auf mittlerweile 75 Prozent gestiegen. Trollinger und Lemberger sind weiterhin die wichtigsten Sorten, gefolgt von Spätburgunder, Schwarzriesling, Samtrot und Dornfelder. Aber auch Cabernet Cubin und Acolon kamen hinzu. Bei den weißen Sorten dominiert der Riesling. Die Weinberge liegen in den Pfaffenhofener Lagen Hohenberg und Heuchelberg.

Vor zwei Jahren gefielen mir die Barrique-Rotweine am besten, allen voran der Dornfelder aus dem Jahrgang 1999 (89), der Beste der von mir verkosteten Dornfelder in Deutschland Auch der 2000er Dornfelder hatte mich wieder überzeugt. Mein Favorit in diesem Jahr war aber der faszinierende Riesling Eiswein (91). Die neue Kollektion ist insgesamt nochmals stärker als in den Jahren zuvor. Weißweine wie Rotweine haben gleichermaßen zugelegt.

85 ▶ **2002 Riesling Kabinett trocken „Ernst Combé Serie"** sehr klare jugendliche Frucht; harmonisch, klar, feine süße Frucht (5,75 €)

86 ▶ **2002 Graubrurgunder trocken Holzfass „Ernst Combé Serie"** klare Frucht, gute Konzentration; harmonisch, süße Frucht, kompakt und klar (8,15 €)

88 ▶ **2001 „Cuvée Ernst Combé" Weißwein trocken Barrique „Ernst Combé Serie"** herrlich konzentriert im Bouquet, reife süße Frucht, dezenter Toast, eindringlich; füllig, viel reife süße Frucht, herrlich harmonisch und lang (9,65 €/0,5l)

86 ▶ **2002 Gewürztraminer Spätlese trocken** gute Konzentration im Bouquet, herrlich klare Traminerfrucht, eindringlich; füllig, klar, reife Frucht, kompakter Gewürztraminer (6,75 €)

86 ▶ **2002 Kerner Spätlese** herrlich reintönige reife Frucht, Pfirsiche und Aprikosen; gute Harmonie, viel süße Frucht, reintönig (5,25 €)

84 ▶ **2002 Trollinger Steillage trocken** herrlich klare Frucht, feines Bouquet; gute Harmonie, klare Frucht, Frische (5,30 €)

84 ▶ **2002 Lemberger trocken** frisch, klar, jugendliche Frucht; klare süße Frucht, Frische, süffig, Biss (5,30 €)

88 ▶ **2002 Dornfelder trocken** herrlich eindringliche Frucht im Bouquet, wunderschön klar, konzentriert, jugendlich; viel Frucht im Mund, geschmeidig, füllig, sehr klar, harmonisch und lang (5,15 €)

86 ▶ **2001 „W-Cuvée" trocken Holzfass** reife eindringliche Frucht, etwas Gewürze; gute Fülle, reife Frucht (7,15 €)

88 ▶ 2001 „Cuvée Ernst Combé" Rotwein trocken Barrique „Ernst Combé Serie" enorm dominant, eindringliche jugendliche Frucht, Gewürznoten und Toast; konzentriert, viel reife Frucht, füllig, harmonisch, lang (13,65 €)

87 ▶ 2001 Spätburgunder trocken Barrique „Ernst Combé Serie" herrlich würzig, klar, reifes süße Frucht; harmonisch im Mund, süße Frucht, Vanille (12,65 €)

87 ▶ 2001 Lemberger trocken Barrique „Ernst Combé Serie" rauchige Noten, etwas Gewürze, reife Frucht, Vanille; gute Harmonie, klare reife Frucht, Vanille, harmonisch und lang (11,15 €)

Sächsisches Staatsweingut Schloss Wackerbarth ★
Sachsen

Sächsisches Staatsweingut GmbH
Wackerbarthstraße 1, 01445 Radebeul
Tel. 0351-8955155, Fax: 0351-8955150
www.schloss-wackerbarth.de
kontakt@schloss-wackerbarth.de
Inhaber: Sächsische AufbauBank GmbH
Geschäftsführerin: Sonja Schilg
Rebfläche: 93 Hektar
Besuchszeiten: täglich 10-18 Uhr
Gasthaus

Die Sächsische Staatsweingut GmbH mit Sitz in Schloss Wackerbarth bewirtschaftet an der Sächsischen Weinstraße zwischen Diesbar-Seußlitz und Radebeul 93 Hektar Weinberge, ein Viertel davon in Steillagen. An weißen Sorten gibt es vor allem Riesling, Müller-Thurgau, Traminer, Weiß- und Grauburgunder, sowie Goldriesling. Wichtigste rote Rebsorten sind Spätburgunder und Dornfelder. Im Sommer 2002 wurde die umfangreiche, zweijährige Sanierung des Schlosses abgeschlossen.

Im vergangenen Jahr hatte mir in einer guten, gleichmäßigen Kollektion die Traminer Spätlese aus dem Jahrgang 2000 am besten gefallen. Auch in der neuen Kollektion ist der Traminer wieder mein Favorit.

84 ▶ 2002 Goldriesling trocken frisch, direkt, feine Frucht; lebhaft im Mund, frisch, direkt (7,49 €)

85 ▶ 2002 Bacchus trocken sehr reintönige Frucht, feines Bouquet; klar und direkt im Mund, feine Frucht, Biss (7,49 €)

85 ▶ 2002 Scheurebe feine klare Frucht, dezent Cassis; harmonisch, klar, viel Frucht, kompakt (8,49 €)

87 ▶ 2002 Traminer Spätlese Radebeuler Lößnitz feiner Traminerduft, sehr klar; gute Harmonie, viel süße Frucht, sehr reintönig (11,49 €)

84 ▶ 2002 Dornfelder trocken sehr klare jugendliche Frucht, direkt; frisch, klar, süße Frucht, Biss (8,49 €)

Weitere Weine: 81 ▶ Schloss Wackerbarth Cuvée Tradition Sekt Halbtrocken ▪ 81 ▶ 2002 Rivaner trocken ▪ 80 ▶ 2002 Grauburgunder trocken ▪ 82 ▶ 2001 Weißburgunder Spätlese trocken Radebeuler Lößnitz ▪ 80 ▶ 2001 „Cuvée Wackerbarth" Rotwein trocken ▪

Winzerhof am Teufelsberg, Fam. H. Wadle ★
Pfalz

◆ Hainbachtalstraße 23, 76835 Gleisweiler
Tel. 06345-2118, Fax: 06345-2712
www.winzerhof-am-teufelsberg.de
info@winzerhof-am-teufelsberg.de
Inhaber: Heidi und Hermann Wadle
Rebfläche: 6 Hektar
Besuchszeiten: nach Vereinbarung
Weinproben, Weinlehrpfad

Heidi und Hermann Wadle, beide Diplom-Ingenieur für Weinbau und Önologie, bewirtschaften 6 Hektar Weinberge. Wichtigste Rebsorte ist der Riesling, der 40 Prozent der Fläche einnimmt, gefolgt von Portugieser. Neu gepflanzt wurden Grauburgunder, Spätburgunder und

Roter Traminer, die aber noch nicht in Ertrag stehen.

83 ▶ **2002 Riesling trocken** frisch, direkt, klare Rieslingfrucht; geradlinig im Mund, gute Frucht, unkompliziert (3 €/1l)

86 ▶ **2001 Riesling Spätlese trocken Gleisweiler Hölle** sehr klare Frucht, gute Konzentration; reife klare süße Frucht, zupackender Riesling (5,30 €)

85 ▶ **2001 Scheurebe Spätlese trocken Frankweiler Königsgarten** feiner Duft, etwas Cassis; harmonisch, süffig, gute Frucht, feiner Nachhall (5 €)

84 ▶ **2002 Faberrebe Kabinett halbtrocken** feine süße Frucht, direkt; recht süß im Mund, gute Frucht, süffig (2,90 €/1l)

84 ▶ **1999 Huxelrebe Auslese Gleisweiler Hölle** duftig, Reifenoten, klare Frucht; viel süße Frucht, konzentriert, leichte Bitternote (6,30 €)

84 ▶ **2001 Blauer Portugieser trocken Frankweiler Königsgarten** frisch, klar, feine Frucht; klare Frucht auch im Mund, zupackend (4 €)

Weingut
Wageck-Pfaffmann ★★
Pfalz

Luitpoldstraße 1, 67281 Bissersheim
Tel. 06359-2216, Fax: 06359-86668
www.wageck-pfaffmann.de
weingut@wageck-pfaffmann.de
Inhaber: Gunter und Gertraud Pfaffmann, Frank und Thomas Pfaffmann
Rebfläche: 38,5 Hektar
Besuchszeiten: Mo.-Sa. 8-12 + 13-18 Uhr, So. 10-12 Uhr und nach Vereinbarung Probierstube (bis 50 Personen)

Die Weinberge von Gunter Pfaffmann liegen in Bissersheim (Goldberg, Steig, Orlenberg) und Großkarlbach (Burgweg und Osterberg). Das Weingut ist Mitglied im Pfälzer Barriqueforum. Gunter und Gertraud Pfaffmann werden im Betrieb unterstützt von ihren Söhnen Frank und Thomas. Geisenheim-Absolvent Frank - mit Diplomarbeit über Rotweinbereitung - kümmert sich hauptsächlich um Keller und Außenbetrieb. Thomas, der zur Zeit in Geisenheim studiert, ist für Büro und Verkauf zuständig. 15 Hektar der Rebfläche nehmen insgesamt 12 verschiedene rote Sorten ein. Wichtigste Rotweinsorte ist Dornfelder, zuletzt wurden Dunkelfelder und Lemberger angelegt. Der Jahrgang 2000 brachte den ersten Frühburgunder. Der Anteil der barriqueausgebauten Weine nimmt stetig zu. Wichtigste weiße Sorten sind Riesling, Müller-Thurgau und Chardonnay, hinzukommen vor allem noch Weiß- und Grauburgunder, Rieslaner und Sauvignon Blanc. Die Weine werden intern mit bis zu drei Sternen gekennzeichnet, auf Prädikatsangaben wird verzichtet (mit Ausnahme edelsüßer Weine).

Herrlich fruchtbetonte Weißweine und eindringliche Rotweine mit einem faszinierenden Frühburgunder an der Spitze habe ich im vergangenen Jahr verkostet. Gleiches Bild in diesem Jahr - eine schöne Kollektion.

85 ▶ **2002 Riesling**** **trocken** feine Frische, Limone, klar; gute Harmonie, sehr klare etwas süße Frucht (4 €)

87 ▶ **2002 Chardonnay**** **trocken** gute Konzentration, reife süße Frucht, direkt; herrlich füllig, viel süße Frucht, feiner kompakter Chardonnay (5,20 €)

87 ▶ **2002 Riesling***** **trocken** reife klare Rieslingfrucht, Limone; klare süße Frucht, gute Fülle und Harmonie (6,50 €)

87 ▶ **2002 Weißer Burgunder***** **trocken** frisch, klar, würzige Noten, gute Konzentration; reife süße Frucht, gute Harmonie (6 €)

85 ▶ **2001 Gewürztraminer***** **trocken** gute klare Frucht, Rosen; harmonisch und klar, zurückhaltende ganz leicht süße Frucht (5 €)

86 ▶ **2002 Riesling**** **halbtrocken** frisch, klare Frucht, herrlich würzig und direkt; gute Harmonie, reife süße Frucht (4 €)

Weingut Wagner-Stempel ★★★
Rheinhessen

Wöllsteiner Straße 10, 55599 Siefersheim
Tel. 06703-960330, Fax: 06703-960331
Inhaber: Familie Wagner
Rebfläche: 12,5 Hektar
Besuchszeiten: nach Vereinbarung
Gästehaus, Weinproben im Kreuzgewölbe (bis 85 Personen)

86 ▶ 2001 Spätburgunder** trocken gute klare Frucht im Bouquet, rauchige Noten; wunderschön harmonisch im Mund, sehr klare Frucht, feiner eleganter Spätburgunder (5 €)

87 ▶ 2001 Frühburgunder*** trocken Barrique herrlich klare reife Frucht, rote Früchte; harmonisch, gute Frucht, jugendliche Tannine (10 €)

85 ▶ 2001 Merlot*** trocken Barrique gute Konzentration, reife klare Frucht, feiner Toast; unkompliziert, gute Frucht, Struktur (13 €)

86 ▶ 2001 Cabernet Sauvignon*** trocken Barrique klare reife Frucht, Johannisbeeren, etwas Frische; gute Harmonie, klare Frucht, direkt, jugendliche Bitternote (12 €)

85 ▶ 2001 Schwarzriesling*** trocken Barrique frisch, klar, feien Kirschenfrucht, schönes Bouquet; weich, harmonisch, etwas Vanille (10 €)

87 ▶ 2001 Spätburgunder*** trocken Barrique gute Konzentration, feiner Toast, würzige klare Spätburgunderfrucht; füllig, gute Frucht, Harmonie, Struktur (10 €)

88 ▶ 2001 Dornfelder*** trocken Barrique enorm würzige eindringliche sehr konzentrierte Frucht; gute Fülle und Konzentration, reife süße Frucht, jugendliche Bitternote (8,50 €)

87 ▶ 2001 „Cuvée W" trocken Barrique reife Frucht, rote Früchte, eindringlich; gute Frucht, harmonisch, weich, dezente Vanille (15,50 €)

Weitere Weine: 83 ▶ 2001 Spätburgunder Blanc de Noir Sekt Brut ▪ 82 ▶ 2002 Riesling* trocken ▪ 84 ▶ 2002 Grauer Burgunder** trocken ▪ 80 ▶ 2002 Rivaner** halbtrocken ▪ 83 ▶ 2002 Frühburgunder Blanc de Noir*** halbtrocken ▪ 83 ▶ 2001 Dornfelder** trocken ▪ 84 ▶ 2002 Dornfelder** trocken ▪ 85 ▶ 2002 Spätburgunder Weißherbst** trocken ▪

Lothar Wagner hat 1985 mit der Flaschenweinvermarktung begonnen, seit 1995 ist dem Weingut ein Gästehaus mit 18 Betten angegliedert, das von seiner Frau Lore geführt wird. Für den Ausbau der Weine ist seit 1992 Sohn Daniel zuständig. Die Weinberge liegen in den Siefersheimer Lagen Heerkretz, Höllberg und Goldenes Horn. Das besondere an den Siefersheimer Lagen ist der Porphyr-Fels im Untergrund, der den Weinen eine ganz eigene Note verleiht. Die meisten Weine werden allerdings nur mit Rebsortenangabe vermarktet. Lediglich die zwei Großen Gewächse aus Höllberg und Heerkretz werden mit der Lage versehen. Wichtigste Rebsorte ist Riesling mit einem Anteil von über 50 Prozent, Tendenz steigend. Daneben werden Silvaner und Müller-Thurgau, verschiedene Burgundersorten, sowie Chardonnay, Sauvignon Blanc (2000 gepflanzt) und Scheurebe angebaut. Dazu kommen die roten Sorten St. Laurent, Spätburgunder und Merlot, zukünftig auch ein wenig Frühburgunder. St. Laurent war eine Spezialität in Siefersheim, wo es vor dem Zweiten Weltkrieg insgesamt 35 Hektar Weinberge mit dieser Rebsorte gab. Danach geriet sie in Vergessenheit, wird aber bereits seit 1991 wieder bei Wagner-Stempel angebaut. Alle Rotweine werden im Barrique ausgebaut und werden unfiltriert abgefüllt. In den letzten

Jahren wurde das Weingut modernisiert. Zuletzt kam ein neues Kelterhaus hinzu, in dem die Trauben nur durch Kippen und ohne jedes Pumpen verarbeitet werden können.

Im schwierigen Jahrgang 2000 war Daniel Wagner eine weitere Steigerung gelungen mit einer der besten Kollektionen in Rheinhessen, wobei mir die Weißweine, allen voran der Riesling trocken Goldkapsel aus dem Siefersheimer Höllberg (89), ein wenig besser gefallen hatten als die Spätburgunder. In der letztjährigen Kollektion zeigten sich die Rotweine klar verbessert. Der Spätburgunder Reserve gehörte zu den Jahrgangsbesten in Rheinhessen. Aber auch die Weißweine hatten weiter zugelegt, so dass nicht nur ein Riesling, sondern auch Chardonnay und Weißburgunder zur Spitzenklasse gehörten. Auch 2002 hat Daniel Wagner wieder eine ganze Reihe von faszinierenden Weißweinen, ob Riesling oder Silvaner, Chardonnay oder Sauvignon Blanc. Auch der Rest der Kollektion überzeugt, lediglich der Reserve-Spätburgunder aus dem Jahrgang 2001 will mir mit seinen rosinigen Noten nicht so recht gefallen.

85 ▶ **2002 Silvaner trocken** sehr reintönige Frucht, weiße Früchte, Birnen, feines Bouquet; klar, direkt, feine Frucht, Biss (4,30 €)

85 ▶ **2002 Weißburgunder trocken** klare Frucht, sehr direkt; klar im Mund, gute Frucht, harmonisch, feiner Biss (4,80 €)

86 ▶ **2002 Grauburgunder trocken** gute Konzentration, sehr klare Frucht, weiße und gelbe Früchte; gute Harmonie, sehr klare Frucht, reintöniger Grauburgunder (4,70 €)

86 ▶ **2002 Chardonnay trocken** klare Frucht, feine Würze; gute Fülle und Harmonie, weich. leicht cremig (7,20 €)

88 ▶ **2002 Chardonnay trocken „S"** gute Konzentration, feiner Toast; gute Fülle und Harmonie, sehr klare feine Frucht, schön elegant, feiner Nachhall mit ganz dezenter Bitternote (12,50 €)

87 ▶ **2002 Weißburgunder trocken „S"** gute Würze und Konzentration, sehr klare Frucht; Fülle und Harmonie, klar, direkt, feine Frucht, mineralische Noten im Abgang (9,80 €)

88 ▶ **2002 Silvaner trocken „S"** klare Frucht, sehr reintönig, feine Hefewürze; herrlich viel Frucht, harmonisch, faszinierend klar (6,50 €)

88 ▶ **2002 Sauvignon Blanc trocken** wunderschön klare Frucht, etwas Johannisbeeren und Paprika; herrlich reintönig im Mund, viel süße Frucht, elegant, feine Frische, mineralische Noten (7,30 €)

84 ▶ **2002 Riesling trocken** frisch, klar, feine Rieslingfrucht; klare ganz leicht süße Frucht, feiner Biss (4,80 €)

87 ▶ **2002 Riesling „vom Porphyr" trocken** gute Konzentration, sehr klare reife Frucht; kraftvoll, klare Frucht und Biss, feiner Nachhall (7,20 €)

88 ▶ **2002 Riesling trocken Höllberg Siefersheim** (Großes Gewächs) konzentriert, Zitrus mit mineralischen Noten; klar, direkt, feine Frucht und Biss, viel Nachhall (14,50 €)

89 ▶ **2002 Riesling trocken Heerkretz Siefersheim** (Großes Gewächs) konzentriert, eindringlich, herrlich reintönige jugendliche Frucht; kraftvoll, konzentriert, mineralische jugendliche Frucht, viel Nachhall (15,50 €)

86 ▶ **2001 Spätburgunder trocken** wunderschön klare Frucht, feiner dezenter Toast, rauchige Noten; gute Harmonie, ein wenig Vanille, Tannine, ganz feine Bitternote (9,70 €)

84 ▶ **2001 Spätburgunder trocken „R"** reife eindringliche Frucht, ganz leicht rosinige Noten, Kaffee; gute Harmonie, viel Frucht, etwas Kaffee, dann Tannine (ca. 17 €)

88 ▶ **2000 Spätburgunder trocken „R"** rauchige Noten, klare jugendliche Frucht, ganz dezent Kaffee, Gewürze; klare Frucht, feine Frische, Biss, mit Nachhall (16,50 €)

86 ▶ **2001 Merlot trocken** klare Frucht, etwas Vanille, dezenter Toast; gute Fülle, reife klare Frucht, jugendliche Tannine (ca. 15 €)

87 ▶ **2002 Riesling Spätlese Heerkretz Siefersheim** süße Aprikosen und Pfirsiche, auch Zitrusfrüchte; sehr reintönig im Mund, viel Frucht, viel Biss (7,20 €)

89 ▶ **2002 Riesling Auslese Höllberg Siefersheim** konzentriert, Litschi, süße Zitrusfrüchte, herrlich klar und eindringlich; sehr reintönig im Mund, herrlich viel Frucht, feiner Nachhall (12,50 €)

Winzergenossenschaft
Walporzheim ★★
Ahr

Walporzheimer Straße 173
53474 Bad Neuenahr-Ahrweiler
Tel. 02641-34763, Fax: 02641-31410
www.winzergenossenschaft-walporzheim.de
ahrwein@winzergenossenschaft-walporzheim.de
Geschäftsführer: Markus Mumme
Kellermeister: Henry Wolf
Rebfläche: 20 Hektar
Mitglieder: 110
Besuchszeiten: Mo.-Fr. 8:30-17:30 Uhr, Sa./So. 10-19 Uhr
Restaurant „Weingarten Walporzheim"

Die Weinberge der Mitglieder der bereits 1871 gegründeten Genossenschaft von Walporzheim liegen in den Walporzheimer Steillagen Domlay, Alte Lay, Kräuterberg und Pfaffenberg, sowie in der Tallage Himmelchen. Spätburgunder ist mit einem Anteil von drei Viertel die wichtigste Rebsorte, gefolgt von Portugieser, Müller-Thurgau, Dornfelder, Frühburgunder, Riesling und Kerner. Die Rotweine werden nach der Maischegärung im Holzfass ausgebaut, ausgesuchte Spätburgunder, Frühburgunder und Dornfelder auch im Barrique. Die Weißweine werden im Edelstahltank ausgebaut.

Die Winzergenossenschaft Walporzheim hat sich in den letzten Jahren kontinuierlich gesteigert. Die letztjährige Kollektion gefiel mir nochmals besser. Die Weine waren alle wunderschön fruchtbetont und klar, manchmal aber merklich süß. In der sehr homogenen neuen Kollektion gefällt mir ein Frühburgunder aus dem Jahrgang 2001 am besten. Sehr interessant finde ich auch die im Holzfass ausgebaute Ortega.

86 ▶ 2002 Ortega trocken Walporzheimer Klosterberg (neues Holzfass) sehr klare Frucht, etwas Orangen; gute Harmonie, klare Frucht, dezente Vanille, kompakt (7,30 €)

84 ▶ 2001 Spätburgunder Spätlese trocken Walporzheimer Domlay würzig-rauchige Noten; klare Frucht, süß, gefällig (10,80 €)

86 ▶ 2001 Spätburgunder Auslese trocken „Bunte Kuh" reife Frucht, wunderschön klar, reife rote Früchte; kraftvoll im Mund, gute Frucht und Harmonie (15,90 €)

85 ▶ 2001 Frühburgunder trocken Walporzheimer Pfaffenberg (neues Holzfass) klare Frucht, gute Konzentration; klar und direkt im Mund bei verhaltener Frucht (13 €)

87 ▶ 2001 Frühburgunder trocken „blaues Etikett" Walporzheimer Pfaffenberg (neues Holzfass) feine Würze, sehr reintönige Frucht; gute Harmonie, klare reife Frucht, kompakter Frühburgunder (14,90 €)

84 ▶ 2002 Frühburgunder trocken Walporzheimer Pfaffenberg (neues Holzfass) frisch, würzig, klare Frucht; frisch, direkt, sehr jugendlich (84+? Punkte) (13 €)

Weitere Weine: **83** ▶ 2001 Spätburgunder trocken Walporzheimer Alte Lay ■ **82** ▶ 2002 Spätburgunder trocken Walporzheimer Domlay ■

Weingut
Fritz Walter ★★
Pfalz

Weingut Fritz Walter GbR,
Landauer Straße 82, 76889 Niederhorbach
Tel. 06343-93655-0, Fax: 06343-93655-51
www.fritz-walter.de
info@fritz-walter.de
Inhaber: Familien Fritz Walter
Rebfläche: 50 Hektar
Besuchszeiten: Mo.-Fr. 8-12 + 14-18 Uhr, Sa. 8-12 + 14-20 Uhr, So. ab 10 Uhr
Weinlokal (täglich außer Mo./Di./Do.), Gästehaus

Fritz Walter hat den, von den Eltern übernommenen Betrieb nach und nach von einem landwirtschaftlichen Gemischtbetrieb zu einem reinen Weingut umgewandelt. Heute haben seine beiden Söhne die Regie übernommen: Fritz Walter (junior) ist zuständig für den Keller, Eckhard Walter für Weinberge,

Marketing und Organisation. Gut 40 Prozent der Weinberge sind inzwischen mit roten Sorten bepflanzt, vor allem Dornfelder, St. Laurent, Regent, Spätburgunder und Portugieser. Zuletzt haben sie etwas Acolon angelegt, der in Cuvées eingehen soll. Bei den weißen Sorten dominieren Riesling, Weiß- und Grauburgunder, Chardonnay und Müller-Thurgau. Diese Sorten möchten Fritz und Eckhard Walter zusammen mit den roten Sorten in den kommenden Jahren noch verstärkt anpflanzen, zu Lasten der Bukettsorten (mit Ausnahme des Traminers). Die Weine werden hauptsächlich an Privatkunden verkauft.

Ich kenne das Weingut Fritz Walter seit vielen Jahren mit immer zuverlässigen Weinen zu recht niedrigen Preisen. Auch in schwierigen Jahren wie 1999 oder 2000 waren alle Weine von guter, gleichmäßiger Qualität. Die Vorjahreskollektion war noch besser geraten: alle Weine waren wunderschön fruchtbetont und reintönig. Auch die neue Kollektion gefällt mir gut - nur die Spitzen vermisse ich ein wenig.

84 ▶ **2002 Grauer Burgunder trocken** klar, würzig, jugendliche Frucht; kompakt, klar, gute Frucht (4,10 €)

85 ▶ **2002 Chardonnay trocken** sehr klare Frucht, konzentriert; klare Frucht im Mund, harmonisch (4,10 €)

84 ▶ **2002 Weißer Burgunder trocken** würzig, klar, jugendliche Frucht; frisch, klar, viel süße Frucht (4,10 €)

85 ▶ **2002 Gewürztraminer trocken** feiner Traminerduft, sehr klar; viel süße Frucht, kompakt und klar (4,10 e)

84 ▶ **2001 Spätburgunder trocken** sehr klare Frucht, Frische, rauchige Noten; weich im Mund, klare Frucht, feine Frische (4,80 €)

Weitere Weine: 80 ▶ 2002 Riesling trocken (1l) ■ 82 ▶ 2002 Riesling Classic ■ 83 ▶ 2001 Dornfelder trocken ■ 79 ▶ 2001 „Selection F." Rotwein trocken ■

Weingut Josef **Walter** ★★
Franken

◆ Trieb 1, 63927 Bürgstadt
Tel. 09371-8922, Fax: 09371-948767
Inhaber: Josef und Brigitte Walter
Pächter: Christoph Walter
Rebfläche: 3 Hektar
Besuchszeiten: täglich geöffnet
Heckenwirtschaft (Mitte November, 10 Tage)

Josef und Brigitte Walter haben ihr Weingut an Sohn Christoph verpachtet, der nach Ausbildung in Veitshöchheim und Stationen bei verschiedenen Weingütern seit einigen Jahren für die Weine im elterlichen Weingut verantwortlich ist. Er hat mit dem Barriqueausbau begonnen, nicht nur bei Rotweinen, sondern auch beim Silvaner. Wobei die roten Sorten, angeführt vom Spätburgunder, die wichtigste Rolle im Betrieb spielen. Dazu gibt es Frühburgunder und seit kurzem auch Domina und Regent. An weißen Sorten gibt es Silvaner, Müller-Thurgau, Riesling, Bacchus und Kerner. Alle Weinberge liegen im Bürgstadter Centgrafenberg.

87 ▶ **2001 Silvaner Spätlese trocken Bürgstadter Centgrafenberg** gute Konzentration, etwas Vanille, klare reife Frucht; wunderschön fruchtbetont im Mund, gut integriertes Barrique, harmonisch (11 €)

87 ▶ **2001 Frühburgunder trocken Bürgstadter Centgrafenberg** jugendliche Frucht, zurückhaltend, dezente Vanille, öffnet sich dann; klare Frucht im Mund, Struktur, Tannine, feiner Nachhall (15 €)

87 ▶ **2001 Domina trocken Barrique Bürgstadter Centgrafenberg** gute Frucht und Konzentration, rauchige Noten, rote Früchte; kraftvoll im Mund, sehr klare jugendliche Frucht, feine Bitternoten im Abgang (11 €)

84 ▶ **2001 Regent trocken Barrique Bürgstadter Centgrafenberg** süße Frucht, rauchige Noten; sehr klar im Mund, gute Frucht, jugendliche Bitternote (11 €)

87 ▶ 2000 Spätburgunder „J" trocken Barrique Bürgstadter Centgrafenberg sehr klare Frucht, etwas Kirschen, feine Würze; klare süße Frucht im Mund, wunderschön harmonisch und elegant, feine Tannine (10 €)

88 ▶ 1999 Spätburgunder „J" Spätlese trocken Barrique Bürgstadter Centgrafenberg feine rauchige Noten, sehr klare süße Frucht, reintöniges Bouquet; harmonisch, klare reife Frucht, dezente Vanille, gute Länge (15,10 €)

Winzergenossenschaft
Wasenweiler ★
Baden

(♣) *Raiffeisenstraße 6, 79241 Wasenweiler*
Tel. 07668-5076, Fax: 07668-5008
Geschäftsführer: Johann W. Haberl
Kellermeister: Werner Giener
Mitglieder: 210
Rebfläche: 91 Hektar
Besuchszeiten: Mo.-Fr. 7:30-12 + 13-17:30 Uhr, Sa. 9-12:30 Uhr

Über 50 Prozent der Rebfläche bei den Genossen von Wasenweiler ist mit Spätburgunder bepflanzt. Daneben gibt es Grauburgunder, Müller-Thurgau, Weißburgunder und Silvaner als weitere flächenmäßig bedeutende Rebsorten in den beiden Wasenweiler Lagen Kreuzhalde und Lotberg. Als erste und bisher einzige Genossenschaft am Kaiserstuhl erzeugt man in Wasenweiler auch Weine aus ökologischem Anbau („Die Neun") und ist Mitglied bei ECOVIN.

Ein Münchner! Nicht im Himmel, sondern am Kaiserstuhl. Hat die Wasenweiler Genossen auf Vordermann gebracht. Seit Johann Haberl 1992 die Führung der Winzergenossenschaft Wasenweiler übernommen hat, ging es stetig bergauf. Die Wasenweiler stellen Jahr für Jahr unter Beweis, dass sie zu den besten Genossenschaften in Baden zählen, mit Weißweinen wie mit Rotweinen. Gerade die Spätburgunder haben in jedem Jahr zugelegt. Auch in diesem Jahr gehört der Barrique-Spätburgunder aus der Kreuzhalde wieder zu den besten Rotweinen des Jahrgangs am Kaiserstuhl. Aber auch die Weißweine gefallen mir in diesem Jahr noch besser als zuletzt.

85 ▶ 2002 Silvaner Kabinett trocken „Die Neun" Wasenweiler Lotberg frisch, klare Frucht, Birnen, feines Bouquet; gute Frucht, klar und harmonisch, feiner Silvaner (4 €)

85 ▶ 2002 Muskateller trocken Wasenweiler Kreuzhalde feine Muskatnote, Frische, Zitrus; klare Frucht, gute Harmonie (4,10 €)

87 ▶ 2002 Grauburgunder Spätlese trocken Wasenweiler Kreuzhalde gute Konzentration, herrlich klare Frucht, gelbe Früchte; reife süße Frucht, wunderschön füllig und lang (6 €)

84 ▶ 2002 Spätburgunder trocken „Die Neun" Wasenweiler Kreuzhalde klare Frucht, reife rote Früchte; harmonisch, klare Frucht, feine Frische (6 €)

88 ▶ 2000 Spätburgunder trocken Barrique Wasenweiler Kreuzhalde rauchige Noten, viel reife süße Frucht, etwas Vanille, Gewürze; harmonisch im Mund, füllig, viel süße Frucht, Vanille, schmeichelnd und lang (14 €)

Weitere Weine: 82 ▶ 2002 „Cupido" Weißwein trocken ■ 81 ▶ 2002 Weißburgunder Kabinett halbtrocken Wasenweiler Lotberg ■ 81 ▶ 2002 Spätburgunder Weißherbst Kabinett halbtrocken Wasenweiler Kreuzhalde ■ 83 ▶ 2001 Spätburgunder trocken Wasenweiler Kreuzhalde ■

Weingut
Fritz Waßmer ★★
Baden

◆ *Lazariterstraße 2,*
79189 Bad-Krozingen-Schlatt
Tel. 07633-3965, Fax: 07633-4458
fwassmer@gmx.de
Inhaber: Fritz Waßmer
Rebfläche: 15 Hektar
Besuchszeiten: Mo.-Fr. 9-17 Uhr, Sa. 9-14 Uhr

Fritz Waßmer baut wie sein Bruder Martin nicht nur Wein an, sondern

Weingut Martin Waßmer ★★
Baden

Am Sportplatz 3, 79189 Bad-Krozingen-Schlatt
Tel. 07633-15292, Fax: 07633-13384
www.weingut-wassmer.de
wassmer-krozingen@t-online.de
Inhaber: Martin Waßmer
Rebfläche: 8,5 Hektar
Besuchszeiten: April-Juni täglich von 8-20 Uhr,
sonst nach Vereinbarung
Weinprobierstube, Bauernladen

auch Erdbeeren und Spargel, dazu verkauft er Weihnachtsbäume. 1999 hat er sich Weinberge im Breisgau gekauft. Zu 80 Prozent baut er Pinot Noir an. Er hat ausschließlich Klone aus Burgund gepflanzt, auf schwach tragenden Unterlagsreben, bis zu 13.000 Stock je Hektar. Die Trauben werden in kleinen Kisten nach Schlatt transportiert und dort verarbeitet. Alle Spätburgunder werden spontanvergoren, teils in Holzgärtanks, teils in Edelstahltanks. 1999 hat er seine ersten Rotweine gemacht, zwei Jahre später die ersten Weißweine. Mit dem Jahrgang 2003 haben die neu gepflanzten Burgunderklone ihren ersten Ertrag gebracht.

Martin Waßmer stammt aus einem landwirtschaftlich orientierten Betrieb, der schon seit Generationen auch Weinbau betreibt. Während seiner Ausbildung zum Koch hat er 1980 mit dem Anbau von Spargel begonnen. Spargel und Erdbeeren sind flächenmäßig die wichtigsten landwirtschaftlichen Produkte in seinem Betrieb. Seine Liebe gilt aber dem Wein. Durch Seminare und Besuche bei anderen Winzern im In- und Ausland hat er sich Kenntnisse im Weinausbau verschafft und beschlossen selbst Wein zu machen und zu vermarkten. 1998 hat er zum letzten Mal an die Genossenschaft abgeliefert. Wichtigste Rebsorte bei Martin Waßmer ist der Spätburgunder, der 63 Prozent seiner Fläche einnimmt. Es folgen Weißburgunder, Müller-Thurgau, Grauburgunder und erst an letzter Stelle in der Rebsortenstatistik - wir sind hier im Markgräflerland! - der Gutedel. Alle Weine werden recht lange auf der Hefe ausgebaut. Die Rotweine kommen alle ins Holzfass, die besten Qualitäten ins Barrique.

Im vergangenen Jahr hatte ich zum ersten Mal die Weine von Martin Waßmer vorgestellt: eine gleichmäßige Kollektion. Der neue Jahrgang gefällt mir gut: kraftvolle weiße und rote Burgunder, an der Spitze ein faszinierender Spätbur-

85 ▶ **2002 Muskateller trocken** klare Frucht, würzig, direkt; klare Frucht auch im Mund, gute Harmonie (7,50 €)

85 ▶ **2001 Grauer Burgunder trocken Reserve** würzige Noten, gelbe Früchte; gute Fülle, klare reife Frucht (9 €)

87 ▶ **2002 Weißer Burgunder trocken Barrique** feiner Toast, klare jugendliche Frucht; gute Fülle, reife Frucht, kompakter feiner Weißburgunder (9 €)

84 ▶ **2001 Spätburgunder trocken** feine Frucht, Frische, Würze; frisch, direkt, feine süße Frucht (5 €)

86 ▶ **2001 Spätburgunder trocken Barrique** rauchige Noten, gute Konzentration, reife Frucht; harmonisch, gute Fülle, viel Frucht (12,50 €)

86 ▶ **2001 Spätburgunder trocken Barrique Alte Reben** gute Konzentration, reife Frucht, sehr direkt; herrlich füllig, viel Frucht, Struktur (14,50 €)

87 ▶ **2001 Spätburgunder trocken Barrique Pinot Noir** wunderschön reintönig, rauchige Noten, feine Frucht; harmonisch im Mund, viel reife Frucht, klar (15 €)

Weitere Weine: 83 ▶ 2002 Grauer Burgunder trocken ▪ 81 ▶ 2002 Spätburgunder Weißherbst Spätlese trocken ▪ 83 ▶ 2001 Regent trocken ▪

gunder „SW", der zu den besten Rotweinen des Jahrgangs in Baden gehört.

85 ▶ **2002 Grauer Burgunder Spätlese trocken** feine Frucht, klar und konzentriert; gute Fülle und Harmonie, viel Frucht (8,40 €)

87 ▶ **2002 Weißburgunder Spätlese trocken** gute Konzentration, reife klare Frucht; harmonisch im Mund, viel reife Frucht, kompakt und kraftvoll (8,40 €)

88 ▶ **2001 Weißburgunder Spätlese trocken „R"** gute Konzentration, reife klare Frucht, Toast, eindringlich; kompakt, viel reife Frucht, gehaltvoll, stoffig (12,50 €)

86 ▶ **2002 Weißburgunder Spätlese trocken „SW" Schlatter Maltesergarten** gute Frucht, klar und konzentriert; füllig, viel reife Frucht, Vanille, kompakt (11,50 €)

85 ▶ **2001 Spätburgunder trocken** reife recht würzige Spätburgunderfrucht; gute Harmonie, klare Frucht, Biss (6,50 €)

86 ▶ **2001 Spätburgunder trocken Schlatter Maltesergarten** gute Konzentration, rauchige Noten, feine Spätburgunderfrucht; gute Harmonie, klare Frucht, feiner Spätburgunder (11,50 €)

89 ▶ **2001 Spätburgunder trocken „SW" Schlatter** herrlich konzentriert, rauchige Noten, intensive Frucht, jugendlich; viel reife süße Frucht, schmeichelnd, gehaltvoll, kraftvoller Spätburgunder (19,90 €)

Weitere Weine: 82 ▶ 2002 Rivaner trocken ■ 80 ▶ 2002 Gutedel trocken ■ 82 ▶ 2002 Weißburgunder Kabinett trocken ■

Weingut
Udo **Weber** ★
Nahe

Soonwaldstraße 41, 55569 Monzingen
Tel. 06751-3278, Fax: 06751-2076
www.weingut-udo-weber.de
info@weingut-udo-weber.de
Inhaber: Udo Weber
Rebfläche: 10 Hektar
Besuchszeiten: täglich
Weinprobierstube (bis 50 Personen)

Das Weingut Weber in Monzingen an der oberen Nahe ist ein Familienbetrieb, dessen wichtigste Rebsorte, mit einem Anteil von 40 Prozent, Riesling ist. Es folgen Dornfelder, Spätburgunder, Grauburgunder, Weißburgunder und Bacchus, 2001 ist auch Chardonnay hinzugekommen. Udo Weber hat in den letzten Jahren vor allem den Anbau der Burgundersorten forciert.

Es ist Jahr für Jahr das gleiche Spiel: die edelsüßen Rieslinge überzeugen, ja sind in diesem Jahr noch besser geraten als in den Jahren zuvor. Die trockenen Weine reichen da nicht heran.

85 ▶ **2002 Riesling Spätlese Monzinger Frühlingsplätzchen** klare jugendliche Rieslingfrucht, etwas süße Zitrusfrüchte, eindringlich; viel süße Frucht, schmeichelnd (4,70 €)

88 ▶ **2002 Riesling Auslese Monzinger Frühlingsplätzchen 17/03** gute Konzentration, würzige jugendliche Rieslingfrucht, klar und direkt; viel süße Frucht, reintönig, harmonisch und lang (7,70 €)

91 ▶ **2002 Riesling Auslese Monzinger Frühlingsplätzchen 10/03** konzentriert, klar, süße Zitrusfrüchte und Litschi; schmeichelnd, viel süße Frucht, konzentriert, sehr klar, feiner Nachhall (9,50 €/0,5l)

92 ▶ **2002 Riesling Eiswein Sobernheimer Marbach** herrlich konzentriert, reife süße Aprikosen und Litschi; konzentriert und klar im Mund, viel süße Frucht, dominant, süße Zitrusfrüchte, nachhaltig (22,50 €/0,5l)

Weitere Weine: 80 ▶ 2002 Rivaner trocken ■ 81 ▶ 2002 Silvaner trocken Monzinger Frühlingsplätzchen ■ 79 ▶ 2002 Chardonnay trocken Monzinger Frühlingsplätzchen ■ 82 ▶ 2002 Riesling Kabinett trocken Monzinger Frühlingsplätzchen ■ 83 ▶ 2002 Scheurebe halbtrocken Monzinger Frühlingsplätzchen ■ 81 ▶ 2002 Grauer Burgunder Spätlese „feinherb" Monzinger Frühlingsplätzchen ■ 83 ▶ 2002 Weißburgunder Spätlese „feinherb" Monzinger Frühlingsplätzchen ■ 82 ▶ 2002 Portugieser Rosé Monzinger Frühlingsplätzchen ■

Weingut Weedenbornhof ★★
Rheinhessen

Am Römer 4-6, 55234 Monzernheim
Tel. 06244-387, Fax: 06244-57331
www.weedenbornhof.de
Inhaber: Heidrun und Udo Mattern
Rebfläche: 15 Hektar
Besuchszeiten: nach telefonischer Vereinbarung

Der Weedenbornhof liegt mitten im Ortskern von Monzernheim. Wichtigste Rebsorten sind Riesling, Weißburgunder, Huxelrebe, Chardonnay und Kerner, sowie die roten Sorten Spätburgunder, Portugieser, St. Laurent, Dornfelder, Regent und Cabernet Sauvignon. Heidrun und Udo Mattern haben ihr Weingut auf 15 Hektar vergrößert, indem sie von einem anderen Weingut langfristig Weinberge in besten Lagen von Monzernheim hinzugepachtet haben. Seit einem Jahr gibt es die „Vinus MM" genannten Weine aus Cuvées im Premiumbereich, versehen mit einem Künstleretikett. Udo Mattern baut seine Weine überwiegend trocken aus. Die Rotweine reifen in großen oder kleinen Holzfässern. Seit 1986 stellt er auch eigene Sekte - mit mindestens achtzehn Monate Hefelager - her.

Nach gleichmäßigen Kollektionen in den vergangenen Jahren gefällt mir die aktuelle Kollektion von Udo Mattern noch besser. Vor allem die Rieslinge waren noch nie so gut wie in diesem Jahr.

88 ▶ **2002 Riesling trocken** gute Konzentration, reife klare Frucht; viel süße Frucht, harmonisch, klar, feiner Nachhall (4,80 €)

88 ▶ **2002 Riesling Selection** gute Konzentration, herrlich klare Frucht, direkt; süß im Mund, gute Fülle und Frucht, klar, feiner Nachhall (7,90 €)

85 ▶ **2002 Kerner Spätlese** klare Frucht, Aprikosen, Litschi; harmonisch, klar (6,70 €)

88 ▶ **2002 Riesling Spätlese** gute Konzentration, herrlich klare würzige Frucht, eindringlich; viel süße Frucht, füllig, harmonisch, wunderschön süffig und lang (8,50 €)

87 ▶ **2002 Kerner Auslese** reife klare würzige Frucht, sehr direkt, etwas Litschi; viel süße Frucht im Mund, feine Frische, herrlich süffig (7,90 €)

88 ▶ **2002 Silvaner Eiswein** reife süße Frucht im Bouquet, viel Litschi; herrlich harmonisch im Mund, viel süße Frucht, süffig und lang (24 €/0,375l)

84 ▶ **2002 Portugieser trocken** feine Frucht und Frische, Würze; gute Harmonie, sehr klare süße Frucht (4,50 €)

84 ▶ **2002 Dornfelder trocken** sehr klare Frucht, rote Früchte; gute Harmonie, klar, süffig (4,50 €)

85 ▶ **2000 St. Laurent Barrique** Gewürznoten, klare Frucht, eindringlich, süße rote Früchte; gute Harmonie, süße Frucht, ein wenig gefällig (10,50 €)

Weitere Weine: 83 ▶ 2002 Rivaner trocken (1l) ■ 82 ▶ 2002 Chardonnay trocken ■ 82 ▶ 2002 Chardonnay Selection ■

Weingut Weegmüller ★★
Pfalz

Mandelring 23, 67433 Neustadt-Haardt
Tel. 06321-83772, Fax: 06321-480772
www.weegmueller-weine.de
weegmueller-weine@t-online.de
Inhaber: Stefanie Weegmüller-Scherr
Rebfläche: 14,5 Hektar
Besuchszeiten: 8-12:30 + 13:30-17 Uhr

Das traditionsreiche Haardter Familienweingut wird heute von Stefanie Weegmüller-Scherr geleitet. Während sie für den Keller verantwortlich ist, kümmert sich ihr Mann Richard Scherr um die Weinberge. Riesling ist mit einem Anteil von über 60 Prozent die wichtigste Rebsorte. Dazu gibt es insbesondere etwas Scheurebe, Grauburgunder, Weißburgunder und Gewürztraminer. Über 60

Prozent der Weine werden trocken ausgebaut.

Im vergangenen Jahr ragten zwei Scheureben aus einer guten, gleichmäßigen Kollektion hervor. Auch in der neuen, sehr stimmigen Kollektion gefallen mir die Scheureben besonders gut. Die Rieslinge sind klar und zupackend und gefallen mir besser als im Vorjahr.

86 ▶ **2002 Weißer Burgunder trocken** sehr klare Frucht, weiße Früchte; frisch, klar, feine süße Frucht (5,50 €)

87 ▶ **2002 Scheurebe trocken** herrlich klare Frucht, sehr reintönig, etwas Cassis; frisch klar, reintönige Frucht, herrlich viel Biss, zupackend, Nachhall (6 €)

84 ▶ **2002 Riesling trocken** frisch, direkt, dezent Aprikosen; frisch, klar, herrlich zupackend, viel Biss (4 €/1l)

84 ▶ **2002 Riesling Kabinett trocken Haardter Mandelring** verhaltene Frucht, direkt; frisch, klar, feine Frucht, Nachhall (5 €)

85 ▶ **2002 Riesling Kabinett trocken Gimmeldinger Schlössel** frisch, klar, dezente Zitrusnote; klar auch im Mund, feine Frucht, viel Biss, Nachhall (5,50 €)

87 ▶ **2002 Riesling Kabinett trocken Haardter Herrenletten** feine klare Frucht, Frische, direkt; klare süße Frucht, mineralische Noten, mit Nachhall (6,50 €)

89 ▶ **2002 Riesling Spätlese trocken Haardter Herrenletten** klare reife Frucht im Bouquet, etwas Pfirsiche, auch reife Äpfel; reife klare Frucht, jugendlich, zupackend, herrlich nachhaltig (9,50 €)

85 ▶ **2002 Grauburgunder Spätlese Haardter Herrenletten** feine Würze, klare Frucht, gelbe Früchte; süß, kompakt, reife Frucht (9 €)

85 ▶ **2002 Riesling Kabinett halbtrocken Mußbacher Eselshaut** klar und direkt, jugendliche Frucht; frisch, klar, feine Frucht, Biss, gute Harmonie (5,50 €)

89 ▶ **2002 Riesling Auslese Haardter Herzog** konzentriert, reife Frucht, Litschi, süße Aprikosen, Zitrusfrüchte; konzentriert, direkt, klare Frucht, feiner Nachhall (9,50 €/0,375l)

90 ▶ **2002 Scheurebe Auslese Haardter Mandelring** feiner Duft, Cassis, etwas Maracuja, herrlich klar und konzentriert; viel süße Frucht, konzentriert, enorm eindringlich, stoffig, sehr nachhaltig (9,50 €/0,375l)

Geheimrat J. Wegeler Erben ★★ Gutshaus Oestrich
Rheingau

Friedensplatz 9, 65375 Oestrich-Winkel
Tel. 06723-9909-0, Fax: 06723-990966
www.wegeler.com
info@wegeler.com
Inhaber: Rolf Wegeler
Gutsverwalter: Oliver Haag
Rebfläche: 48 Hektar
Besuchszeiten: nach Vereinbarung

Geheimrat J. Wegeler Erben gehört mit Weinbergen in Rüdesheim, Winkel, Geisenheim und Oestrich zu den größten Privatgütern im Rheingau. 99 Prozent der Weinberge sind mit Riesling bepflanzt. Insgesamt 16 verschiedene Weinberge gehören zu den als „Erste Gewächse" klassifizierten Lagen. Die Weine werden überwiegend trocken und halbtrocken ausgebaut und exklusiv über Gastronomie und Weinfachhandel vertrieben. Seit der Trennung von der Sektkellerei Deinhard Koblenz wird das Weingut von Anja Wegeler-Drieseberg und ihrem Mann Thomas geführt, Betriebsleiter des Oestricher Gutshauses ist Oliver Haag.

In den letzten Jahren war die Qualität der Kollektionen des Rheingauer Wegeler-Gutes von guter Qualität, wobei immer wieder einzelne edelsüße Weine, wie vor zwei Jahren die 2000er Auslese Geisenheimer Rothenberg, hervorragte. Die aktuelle Kollektion überzeugt durch ihre Gleichmäßigkeit.

85 ▶ **1998 „Geheimrat J" Riesling Sekt Brut** frisch und würzig im Bouquet, feine rauchige Noten; gute Fülle im Mund, klare süße Frucht (22 €)

85 ▶ **2002 Riesling Kabinett trocken Oestricher Lenchen** feine Würze im Bouquet, jugendliche Frucht; zupackend, klare Frucht, mit Biss (8,50 €)

84 ▶ 2002 Riesling Spätlese trocken Winkeler Hasensprung klare Frucht im Bouquet, feine Würze; frisch, klar, feine etwas süße Frucht (11,60 €)

86 ▶ 2002 „Geheimrat J" Riesling Spätlese trocken gute Konzentration, jugendliche Frucht; gute Harmonie im Mund, kompakt, würzige jugendliche Frucht (20 €)

87 ▶ 2002 Riesling Erstes Gewächs Winkel Jesuitengarten gute Konzentration, würzige jugendliche Rieslingfrucht; füllig, reife süße Frucht, kompakter Riesling (16,30 €)

86 ▶ 2002 Riesling Erstes Gewächs Rüdesheimer Berg Schlossberg gute Konzentration, klare reife Frucht; füllig, klar, viel Frucht (16,30 €)

87 ▶ 2002 Riesling Spätlese Rüdesheimer Berg Rottland reife klare Rieslingfrucht, etwas Pfirsiche; frisch, klar, feine süße Frucht, süffig und lang (11,60 €)

87 ▶ 2002 Riesling Auslese Geisenheimer Rothenberg herrlich würzig, jugendlich, klare Frucht; viel süße Frucht, harmonisch, klar, schmeichelnd (22 €)

Weitere Weine: 82 ▶ 2000 Riesling Sekt Brut ▪ 82 ▶ 2002 Riesling trocken ▪

Geheimrat J. **Wegeler** Erben *
Gutshaus Deidesheim
Pfalz

◆ Weinstraße 10, 67146 Deidesheim
Tel. 06723-99090, Fax: 06723-990966
www.wegeler.com
info@wegeler.com
Inhaber: Rolf Wegeler
Gutsverwalter: Heinz Bauer
Rebfläche: 8 Hektar
Besuchszeiten: nach Vereinbarung

Beim Pfälzer Gut von Rolf Wegeler hat man in den vergangenen Jahren die Rebfläche verringert. Verwaltet und bewirtschaftet wird das Gut von der Belegschaft des Weingutes Dr. Deinhard unter Leitung von Heinz Bauer

84 ▶ 2002 Riesling Kabinett trocken Deidesheimer Herrgottsacker feine Frische, klare Frucht; harmonisch im Mund, klare etwas süße Frucht (7,70 €)

84 ▶ 2002 Riesling Kabinett halbtrocken Forster Ungeheuer klare Frucht, direkt; frisch, klar, feine etwas süße Frucht (7,70 €)

85 ▶ 2002 Riesling Spätlese trocken Forster Ungeheuer klare reife Rieslingfrucht im Bouquet; harmonisch, klare Frucht, kompakt, Biss (11,60 €)

Weitere Weine: 83 ▶ 2002 Riesling trocken ▪ 79 ▶ 2002 Weißburgunder Kabinett trocken Ruppertsberger Linsenbusch ▪

Geheimrat J. **Wegeler** Erben ★★★
Gutshaus Bernkastel
Mosel-Saar-Ruwer

Martertal 2, 54470 Bernkastel-Kues
Tel. 06531-2493, Fax: 06531-8723
www.wegeler.com
info@wegeler.com
Inhaber: Rolf Wegeler
Gutsverwalter: Norbert Breit
Rebfläche: 15 Hektar
Besuchszeiten: nach Vereinbarung

Die Weine des Mosel-Weingutes von Wegeler Erben werden wie die des Rheingauer Gutes (siehe vorstehenden Eintrag) exklusiv über Fachhandel und Gastronomie vertrieben. Meist sind die süßen Rieslinge die überzeugenden Weine im Programm. So auch im schwierigen Jahrgang 2000, wo Spätlese und Auslese aus dem Bernkasteler Doctor herausragten.

Die 2001er waren noch ein wenig besser geraten: die trockene Sonnenuhr-Spätlese knüpft an den 99er Jahrgang an, Spätlese und Auslese aus dem Bernkasteler Doctor waren noch ein wenig beeindruckender als im Jahr zuvor. Auch 2002 ragen die restsüßen Weine wieder hervor. Geheimrat J. Wegeler gehört zu den wenigen Weingütern, die am „Erste Lage"-Konzept des VDP Mosel-Saar-Ruwer teilnehmen. Der hierfür vorgesehene Wein aus dem Bernkasteler Doctor ist der eigenwilligste Wein im Programm: kraftvoll und dominant, irgendwie noch recht unausgewogen, wirkt er insgesamt enorm jugendlich.

86 ▶ **2002 Riesling Spätlese trocken Wehlener Sonnenuhr** sehr reintönige Frucht, Aprikosen und Pfirsiche; gute Harmonie, sehr klare Frucht und Biss (11,60 €)

86 ▶ **2002 Riesling Bernkasteler Doctor** (geplante Erste Lage) konzentriert, herrlich eindringliche Frucht, dominant, füllig, kraftvoll, gute Struktur, Biss, (noch?) etwas unausgewogen und kurz (86+? Punkte) (28,90 €)

84 ▶ **2002 Riesling Kabinett Wehlener Sonnenuhr** klare Rieslingfrucht, feines Bouquet; frisch, klar, feine Frucht (8,30 €)

89 ▶ **2002 Riesling Spätlese Bernkasteler Doctor** viel süße Frucht, gute Konzentration; wunderschön reintönig im Mund, konzentriert, harmonisch und elegant, feiner Riesling (28,90 €)

89 ▶ **2002 Riesling Auslese Wehlener Sonnenuhr** viel süße Frucht, herrlich reintönig, konzentriert, jugendlich; schmeichelnd im Mund, viel süße Frucht, herrlich süffig und lang (22,40 €)

Weitere Weine: 80 ▶ 2002 Riesling Kabinett trocken ▪ **82** ▶ 2002 Riesling halbtrocken ▪ **82** ▶ 2002 Riesling Kabinett halbtrocken Graacher Himmelreich ▪

Weingut Karl **Wegner** & Sohn ★★
Pfalz

Am Neuberg 4, 67098 Bad Dürkheim
Tel. 06322-989327, Fax: 06322-989328
www.weingut-wegner.de
wegnerjf@yahoo.com
Inhaber: Joachim Wegner
Rebfläche: 8,5 Hektar
Besuchszeiten: Mo.-Fr. 9-12 + 13-19 Uhr,
Sa. 9-17 Uhr
Ferienwohnung

Karl Wegner ist 1976 an den Neuberg in Bad Dürkheim ausgesiedelt. Damals noch reiner Fassweinbetrieb, hat er dann 1980 mit der Flaschenvermarktung begonnen. 1989, nach Beendigung seines Geisenheim-Studiums, ist dann Sohn Joachim voll in den Betrieb eingestiegen und ist seither für den Keller verantwortlich. Die Weinberge liegen alle in Bad Dürkheim und Ungstein. Wichtigste Rebsorte ist Riesling mit einem Anteil von 30 Prozent. Rotweine nehmen inzwischen 40 Prozent der Rebfläche ein, vor allem Dornfelder und Spätburgunder. 1996 wurde Sauvignon Blanc gepflanzt, zwei Jahre später dann Cabernet Sauvignon und Merlot. Aber auch die Weinsberger Neuzüchtungen Cabernet Dorsa, Cabernet Cubin und Cabernet Mitos hat Joachim Wegner angepflanzt, die er aber nur für Cuvées nutzen will.

Nachdem ich in den vergangenen Jahren immer wieder einzelne interessante Barriqueweine von Joachim Wegner verkostet hatte, konnte ich vor zwei Jahren zum ersten Mal einen größeren Querschnitt aus seinem Programm probieren: eine überzeugende Leistung! Die Vorjahreskollektion brachte Joachim Wegner nochmals einen Schritt voran: gute Weißweine, kraftvolle Barrique-Rotweine und ein interessanter barri-

Weingut Dr. Wehrheim ★★★★
Pfalz

Weinstraße 8, 76831 Birkweiler
Tel. 06345-3542, Fax: 06345-3869
www.weingut-wehrheim.de
dr.wehrheim@t-online.de
Inhaber: Karl-Heinz Wehrheim
Rebfläche: 12,2 Hektar
Besuchszeiten: Mo.-Fr. 9-12 + 14-18 Uhr, Sa. 10-16 Uhr
Gutsausschank: 3. und 4. Wochenende im August und 1. Wochenende im September (Do.-So.)

Seit den achtziger Jahren schon gehört das Weingut Dr. Wehrheim zu den führenden Betrieben in der Südpfalz. Als eines der ersten Weingüter hier hat man konsequent auf trocken ausgebaute Weine, auf Burgundersorten und Riesling gesetzt. Der Riesling nimmt heute 35 Prozent der Weinberge ein, 20 Prozent der Weißburgunder. Weitere wichtige Sorten sind Spätburgunder, Silvaner, St. Laurent, Chardonnay und Grauburgunder. Dazu pflegt man Südpfälzer Spezialitäten wie Gewürztraminer und Muskateller. Wichtigste Lagen von Karl-Heinz Wehrheim sind die beiden Birkweiler Lagen Kastanienbusch und Mandelberg. Der Kastanienbusch, wo gut die Hälfte der Weinberge liegen, besteht aus unterschiedlichen Böden: aus Rotliegendem, Buntsandstein und Keuper. Der Mandelberg hingegen besteht aus Muschelkalk. Hier hat Karl-Heinz Wehrheim zwei Parzellen mit Weißburgunder stehen, aus denen sein Großes Gewächs Mandelberg kommt. Seit kurzem hat er hier auch ein wenig Chardonnay stehen. Seine beiden anderen Großen Gewächse, Riesling und Spätburgunder, kommen aus dem Kastanienbusch. Nur diese Großen Gewächse

queausgebauter Eiswein. Genauso überzeugend ist auch die aktuelle Kollektion, wobei einige der trockenen Weine durch die merkliche Restsüße ein wenig gefällig wirken.

84 ▶ 2002 Riesling Kabinett trocken Ungsteiner Herrenberg feien klare Rieslingfrucht; süß im Mund, herrlich süffig (4,60 €)

87 ▶ 2002 Riesling Spätlese trocken Ungsteiner Herrenberg gute Konzentration, reife Rieslingfrucht; harmonisch im Mund, viel süße Frucht, schmeichelnd (7,70 €)

86 ▶ 2002 Chardonnay Spätlese trocken Dürkheimer Feuerberg gute Konzentration, reife Frucht; weich im Mund, viel süße Frucht, schmeichelnd (6,40 €)

85 ▶ 2002 Sauvignon Blanc Spätlese trocken Dürkheimer Schenkenböhl reife süße Frucht, leicht duftig; weich im Mund, viel süße Frucht, süffig (8,20 €)

87 ▶ 2002 Chardonnay trocken Barrique Dürkheimer Schenkenböhl gute Konzentration, viel klare reife Frucht; geschmeidig, viel süße Frucht, harmonisch und süffig (14,60 €)

85 ▶ 2002 Gewürztraminer Spätlese Dürkheimer Feuerberg Rosen, sehr klar, etwas Litschi; harmonisch, viel süße Frucht, schmeichelnd und lang (5,10 €)

85 ▶ 2002 Riesling Spätlese Ungsteiner Honigsäckel reife klare Frucht, etwas Pfirsiche; schmeichelnd, viel süße Frucht, süffig und lang (5,10 €)

84 ▶ 2000 Dornfelder trocken Holzfass Dürkheimer Feuerberg feine rauchige Noten, klare Frucht; kraftvoll, klar, gute Fülle (4,20 €)

86 ▶ 2000 Dornfelder trocken Barrique Dürkheimer Feuerberg Gewürznoten, reife süße Frucht, herrlich eindringlich; gute Fülle im Mund, viel Frucht, kompakt, klar (11,60 €)

85 ▶ 2000 Cabernet Sauvignon trocken Barrique Dürkheimer Feuerberg 24 Monate Barriqueausbau; würzige Noten, dominant, reife süße Frucht; weich, kompakt, zurückhaltende Frucht, Tannine im Abgang (14,60 €)

88 ▶ 2000 „Cuvée Philipp" trocken Barrique Dürkheimer Feuerberg 24 Monate Barriqueausbau; reife Frucht, konzentriert, herrlich eindringlich; schmeichelnd im Mund, gute Konzentration, kraftvoll, Schokolade (14,60 €)

Weitere Weine: 83 ▶ 2002 „Cuvée Summertime" Kabinett trocken ■

tragen eine Lagenbezeichnung. Zur Kennzeichnung der Weine nach dem Terroir, auf dem sie gewachsen sind, bezeichnet Karl-Heinz Wehrheim einige Weine nach den Böden. Im Ausbau arbeitet er verstärkt mit Maischestandzeiten bei den Weißweinen. Bis auf einige wenige edelsüße Weine werden alle Weine trocken ausgebaut. Alle Rotweine werden im Barrique ausgebaut (die „einfachen" Weine in gebrauchten Barriques).

Im Jahrgang 2000 hatte Karl-Heinz Wehrheim eine durchgängig überzeugende Kollektion mit zwei faszinierenden „Großen Gewächsen" an der Spitze! 2001 war nochmals deutlich besser geraten. Der erstmals 1998 als Großes Gewächs erzeugte Weißburgunder aus dem Mandelberg gehört wie im Jahr zuvor zu den besten Weißburgundern in Deutschland. Aber auch schon die ohne Lagenbezeichnung versehene Weißburgunder Spätlese war beeindruckend gut, ebenso wie Grauburgunder und Chardonnay. Auch in diesem Jahr brillieren wieder alle Burgunder, angeführt von dem betörenden Großen Gewächs aus dem Mandelberg.

Die große Überraschung für mich waren im letzten Jahr die Rieslinge von Karl-Heinz Wehrheim. Alle waren herrlich knackig und durchgegoren, glänzten mit Finesse und Kraft, mit Klarheit und mineralischer Nachhaltigkeit. Das 2002er Große Gewächs ist so brillant klar und nachhaltig wie kaum ein anderer Pfälzer Riesling dieses Jahrgangs.

87 ▶ **2002 Weißer Burgunder Kabinett trocken** faszinierend klar im Bouquet, feine Frucht, sehr reintönig; wunderschön klar auch im Mund, feine Frucht (5,40 €)

89 ▶ **2002 Grauer Burgunder Spätlese trocken** gute Konzentration, reife sehr klare Frucht; gute Fülle und Harmonie, viel reife klare Frucht (15 €)

88 ▶ **2002 Weißer Burgunder Spätlese trocken aus dem Muschelkalk** sehr reintönige Frucht, feines Bouquet; wunderschön klar auch im Mund, geradlinig, elegant (9 €)

90 ▶ **2002 Weißer Burgunder Spätlese trocken aus dem Buntsandstein** sehr klare Frucht, gute Konzentration; klar und direkt im Mund, viel Frucht, reintönig, feiner Nachhall (8,80 €)

92 ▶ **2002 Weißer Burgunder Mandelberg** (Großes Gewächs) herrlich konzentriert und eindringlich im Bouquet, faszinierende Frucht, reintönig; wunderschön füllig im Mund, reife klare Frucht, reintönig, konzentriert, enormer Nachhall (17,40 €)

92 ▶ **2002 Riesling Kastanienbusch** (Großes Gewächs) faszinierend viel Frucht im Bouquet, reintönig, konzentriert, reife sehr klare Rieslingfrucht; wunderschön füllig und fruchtbetont im Mund, herrlich reintönig, harmonisch, saftig, sehr lang, faszinierend viel Riesling (18,50 €)

Weingut E. Weidenbach ★
Rheinhessen

♣ Bahnhofstraße 86, 55218 Ingelheim
Tel. 06132-2173, Fax: 06132-41418
Inhaber: Rainer und Gerti Weidenbach
Rebfläche: 7,5 Hektar
Besuchszeiten: nach Voranmeldung, Mo.-Fr. 9-12 + 14-18:30 Uhr, Sa. 9-15 Uhr

Das Weingut Weidenbach ist ein traditionsreicher Familienbetrieb in Ingelheim, der stark auf Rotwein setzt. Der Spätburgunder ist die wichtigste Rebsorte. Das besondere Interesse gilt den alten Qualitätsklonen. Die Rotweine werden im Holzfass (auch im Barrique) ausgebaut und oft unfiltriert abgefüllt. Zu den traditionellen Rebsorten wie Riesling, Spät-, Früh- und Grauburgunder, ist in den letzten Jahren Cabernet Sauvignon hinzugekommen. 80 Prozent der Weine werden trocken oder halbtrocken ausgebaut. Seit 1995 werden beim Weingut Weidenbach die Weinberge nach den Richtlinien des Bundesverbandes Ökologischer Weinbau (ECOVIN) bewirtschaftet.

Die Rotweine gehören seit vielen Jahren immer wieder zu den besten in Rheinhessen. Vor allem die barriqueausgebauten Früh- und Spätburgunder, oft im Rahmen der Selection Rheinhessen, überzeugen mit ihrer Frucht und schön integrierter, niemals vordergründiger Holznote. So auch in der aktuellen Kollektion, in der mir wieder einmal der Spätburgunder Selection Rheinhessen am besten gefällt.

84 ▶ **2001 „Cuvée N° 5" Cabernet Sauvignon + Spätburgunder Ingelheimer Burgberg** feiner Duft, etwas Cassis, rote Früchte; frisch, klar, süße Frucht, herrlich süffig, dann Biss (8,20 €)

86 ▶ **2001 Spätburgunder trocken Selection Rheinhessen Ingelheimer** reife süße Frucht, herrlich klar, rauchige Noten, feines Bouquet; harmonisch, klare süße Frucht, süffig und lang (10,20 €)

Weitere Weine: 82 ▶ 2001 St. Laurent trocken Ingelheimer Sonnenhang ■ **83** ▶ 2001 Spätburgunder trocken Barrique Ingelheimer Burgberg ■ **81** ▶ 2001 Frühburgunder Spätlese trocken Ingelheimer Pares ■ **82** ▶ 2001 Frühburgunder Auslese trocken Ingelheimer Pares ■

Weidenhof ★★
H.G. Schweickardt & Sohn
Rheinhessen

Breitgasse 48, 55437 Appenheim
Tel. 06725-2723, Fax: 06725-963046
www.weingut-schweickardt.de
info@weingut-schweickardt.de
Inhaber: Heinz-Gerd Schweickardt
Rebfläche: 11,7 Hektar
Besuchszeiten: Mo.-Fr. 8-19 Uhr, Sa. 9-17 Uhr, So. 10-12 Uhr
Probierstube (bis 70 Personen)

Der Weidenhof ist ein 1870 gegründeter Familienbetrieb, der heute von Heinz-Gerd und Christa Schweickardt geführt wird. Sohn Gunnar ist für den Ausbau der Weine verantwortlich. Die Weinberge von Heinz-Gerd Schweickardt liegen in den Appenheimer Lagen Eselspfad, Hundertgulden und Daubhaus, sowie im Gau-Algesheimer Goldberg. Die Weine werden fast komplett ab Hof verkauft.

Im Jahrgang 2000 hatte der Weidenhof eine gute Kollektion, vor allem die Rieslinge gefielen mir. 2001 überzeugten alle Weine mit ihrer guten, sehr gleichmäßigen Qualität - und den niedrigen Preisen. Gleiches gilt wieder für den Jahrgang 2002: gute Qualität, moderate Preise.

84 ▶ **2002 Grauer Burgunder Classic** gute Würze, klare jugendliche Frucht; frisch, klare süße Frucht, Biss (3,50 €)

85 ▶ **2002 Bacchus halbtrocken** würzig, klar, feine süße Frucht, Frische; lebhaft im Mund, viel süße Frucht (3,20 €)

85 ▶ **2002 Riesling Classic** frische klare Frucht, direkt; frisch, klare süße Frucht, süffig (3,60 €)

86 ▶ **2002 Bacchus Spätlese** frische sehr klare Frucht, etwas Johannisbeeren, direkt; süß im Mund, klare Frucht, wunderschön harmonisch, feiner Nachhall (3,70 €)

Weitere Weine: 83 ▶ 2002 Weißer Burgunder Classic ■ **82** ▶ 2002 Spätburgunder halbtrocken ■

Weingut Weik ★★
Pfalz

Lutwitzistraße 10, 67435 Neustadt-Mußbach
Tel. 06321-66838, Fax: 06321-60941
www.weingut-weik.de
weingut.weik@t-online.de
Inhaber: Dominique Runck und Bernd Weik
Rebfläche: 5 Hektar
Besuchszeiten: Fr. 13-18 Uhr, Sa. 10-16 Uhr
und nach Vereinbarung

Die Weinberge von Dominique Runck und Bernd Weick liegen in Mußbach und Gimmeldingen, sowie Haardt und Königsbach. Wichtigste Rebsorte ist der Riesling mit einem Anteil von über 45 Prozent an der Rebfläche, gefolgt von Spät- und Weißburgunder, St. Laurent und Portugieser. Die Weinberge werden umweltschonend bewirtschaftet, was neben der Begrünung der Weinberge den Verzicht auf Insektizide und Herbizide beinhaltet. Die Weißweine werden im Edelstahl ausgebaut, die Rotweine meist im Holzfass.

Was ich vor zwei Jahren verkostet habe, hat mich sehr überzeugt. In dem schwierigen Jahrgang 1999 haben Dominique Runck und Bernd Weik eine sehr gute Kollektion vorgestellt. Die trockenen Spätlesen, ob Weißburgunder oder Chardonnay gehörten zu den besten in der Pfalz. Das gleiche gilt für die trockene Riesling Auslese aus dem Haardter Herzog, die noch ein klein wenig besser ausfiel als die 98er Auslese aus dem Gimmeldinger Schlössel. Und auch mit dem gerade in diesem Teil der Mittelhaardt sehr problematischen Jahrgang 2000 waren sie wesentlich besser zurechtgekommen als manche ihrer berühmteren Kollegen. Die neue Kollektion besticht durch die gleichmäßige Qualität aller Weine, ohne aber in der Spitze an die 99er heranzureichen.

84 ▶ 2002 Weißer Burgunder Spätlese trocken klare Frucht, etwas Würze; weich, süße Frucht, kompakter Weißburgunder (5,60 €)

86 ▶ 2002 Riesling Spätlese trocken feine klare würzige Rieslingfrucht; geradlinig im Mund, gute Frucht und Biss (6 €)

85 ▶ 2002 Riesling Kabinett halbtrocken feine Würze, klare jugendliche Frucht; frisch, klar, feine Frucht (4,50 €)

86 ▶ 2002 Riesling Spätlese klar, gute Konzentration, jugendliche Frucht; viel süße Frucht, wunderschön fülliger Riesling (5,60 €)

85 ▶ 2001 Cabernet Sauvignon trocken reife klare Frucht, rote Früchte, Cassis; weich, kompakt, klare Frucht (9,80 €)

Weitere Weine: 83 ▶ 2002 Riesling Kabinett trocken ∎

Weingut Robert Weil ★★★★★
Rheingau

Mühlberg 5, 65399 Kiedrich
Tel. 06123-2308, Fax: 06123-1546
www.weingut-robert-weil.com
info@weingut-robert-weil.com
Inhaber: Suntory, Wilhelm Weil
Rebfläche: 65 Hektar
Besuchszeiten: Mo.-Fr. 8-17:30 Uhr,
Sa. 10-16 Uhr, So. 11-17 Uhr

Das Weingut Weil wird heute in vierter Generation von Wilhelm Weil geleitet. Gegründet wurde es von Robert Weil, der 1867 die ersten Weinberge im Kiedricher Berg kaufte. Heute wächst in den Weinbergen zu 98 Prozent Riesling, ergänzt um ein wenig Spätburgunder, der bereits 1975 gepflanzt wurde. 8 Hektar liegen im Kiedricher Gräfenberg, einer relativ hoch gelegenen Lage, wo die Trauben durch den Wind vom Taunus her recht lange am Stock bleiben können. Beim Weingut Robert Weil wird deshalb drei bis vier Wochen später geerntet als in den direkt am Rhein gelegenen Weinbergen. Die Trauben werden in mehreren Lesedurchgängen (bis zu 20!) recht spät geerntet. Nach etwa achtzehnstündiger Sedimentation werden die Moste recht zügig vergoren und mit nur einer Filtration relativ früh gefüllt.

Mit dem Jahrgang 2002 hat man beim Weingut Robert Weil zum vierzehnten Mal in Folge alle Prädikate bis hin zum Eiswein und zur Trockenbeerenauslese geerntet. Und gerade mit diesen edelsüßen Weinen hat Wilhelm Weil dem Weingut in den neunziger Jahren zu weltweitem Renommee verholfen. Kein anderer hat damit im letzten Jahrzehnt so viel für den Ruf des Rheingauer Weines getan wie Wilhelm Weil. Und für das Renommee des deutschen Weines insgesamt. Während viele traditionsreiche Rheingauer Weingüter eine Schwächephase durchlebten, hat er es geschafft, mit herausragenden edelsüßen Weinen national und international Zeichen zu setzen. Jahr für Jahr erzeugt er edelsüße Spitzenweine auf höchstem Niveau.

Im Jahrgang 2001 hat das Weingut Robert Weil die klar beste „trockene" Kollektion der letzten Jahre. Vom Literriesling bis zum Ersten Gewächs aus dem Gräfenberg waren alle Weine wunderschön klar in der Frucht. Gleiches gilt für den Jahrgang 2002: eine sehr stimmige Kollektion, angeführt von einem beeindruckenden Ersten Gewächs, von dem es immerhin 18.000 Flaschen gibt.

Die trockenen Rieslinge sind damit auf gleichem Niveau wie die restsüßen Rieslinge. An der Spitze steht, wie in den letzten Jahren, die Spätlese aus dem Gräfenberg, wobei sie im Jahrgang 2001 etwas weniger edelsüß wirkte, dadurch aber eleganter und nachhaltiger. Auch im Jahrgang 2002 bestechen die Weine durch Eleganz und Mineralität. Wie bei den trockenen Rieslingen will Wilhelm Weil auch im restsüßen Bereich keine „aufgemotzten Mantas". Er strebt alkoholarme und trotzdem ausdrucksstarke Rieslinge an.

Die Glanzlichter setzen aber immer wieder die edelsüßen Rieslinge. Wobei die 2001er sich noch geschlossener und brillanter präsentieren als ihre Vorgänger. Sicherlich, im Jahrgang 2000 war es kaum möglich mit Eleganz zu brillieren. Die 2000er edelsüßen Weine waren im Stil deutlich anders als ihre Vorgänger. Sie waren enorm gehaltvoll und konzentriert, aber weniger fein und klar als in den Vorjahren. Bei den meisten Weinen war eine mehr oder weniger stark an Kaffee oder Mokka erinnernde Note auffällig, wie man sie sonst eher bei älteren, gereifteren edelsüßen Weinen findet. Ganz anders die 2001er: wunderschön reintönig war jeder Wein, faszinierend lang und nachhaltig. Auch im Jahrgang 2002 ist die Kollektion wieder faszinierend. Sie wird angeführt von der Trockenbeerenauslese, dem besten edelsüßen Riesling des Jahrgangs im Rheingau.

87 ▶ 2002 Riesling trocken Robert Weil
sehr klare Frucht, feine Würze; harmonisch im Mund, sehr klare süße Frucht, Frische und Biss, feiner Nachhall (9 €)

87 ▶ 2002 Riesling Kabinett trocken Robert Weil würzig und klar im Bouquet, mineralische reintönige Frucht; süße Frucht, klar, direkt, wunderschön leichter Riesling mit mineralischen Noten (12 €)

89 ▶ 2002 Riesling Kabinett trocken Kiedrich Gräfenberg gute Frucht, sehr reintöniges Bouquet; harmonisch im Mund, direkt, elegant, feine Frucht und jugendlicher Biss, Nachhall (14,80 €)

89 ▶ 2002 Riesling Spätlese trocken Robert Weil sehr klare Frucht im Bouquet, wunderschön reintönig, ganz dezent Aprikosen und Zitrusfrüchte; harmonisch und elegant im Mund, feine Frucht, Nachhall (17,20 €)

87 ▶ **2002 Riesling Kabinett halbtrocken Robert Weil** klare Frucht, etwas Zitrusfrüchte, gute Konzentration; viel süße Frucht im Mund, wunderschön harmonisch (12 €)

89 ▶ **2002 Riesling Spätlese halbtrocken Robert Weil** gute Konzentration, sehr reintönige Frucht, direkt; herrlich viel reife Frucht, sehr reintönig, füllig, enormer mineralischer Nachhall (17,20 €)

91 ▶ **2002 Riesling Erstes Gewächs Kiedrich Gräfenberg** herrlich klar und direkt, gute Konzentration, mineralische Noten, sehr reintönige Frucht; gute Harmonie klare reife Frucht, kraftvoll, herrlich füllig und lang, mit Nachhall (27,50 €)

88 ▶ **2002 Riesling Kabinett** feine Würze, jugendliche Frucht, klar; feine Frische im Mund, reintönige süße Frucht (12 €)

90 ▶ **2002 Riesling Spätlese Kiedrich Gräfenberg** konzentriert, herrlich klar und würzig, eindringliche Frucht; viel reife süße Frucht im Mund, harmonisch, elegant, wunderschön lang (27,50 €)

92 ▶ **2002 Riesling Auslese Kiedrich Gräfenberg** würzig, frisch, jugendliche klare Frucht; herrlich füllig und harmonisch, geschmeidig, sehr lang, viel Nachhall (55 €)

93 ▶ **2002 Riesling Beerenauslese Kiedrich Gräfenberg** feiner Duft, viel Konzentration, Würze; süß, konzentriert, dick, dominant, eingelegte Aprikosen, enorm stoffig (224 €)

97 ▶ **2002 Riesling Trockenbeerenauslese Kiedrich Gräfenberg** konzentriert, dick, herrlich eindringliche Frucht, faszinierend reintönig im Mund, dick und dominant, enorm süß, herrlich süffig und nachhaltig (460 €)

Weingut
Willi Weinbach ★
Rheinhessen/Pfalz

◆ Wormser Straße 30, 67591 Offstein
Tel. 06243-7427, Fax: 06243-903259
Inhaber: Willi Weinbach
Rebfläche: 12 Hektar
Besuchszeiten: Mo.-Sa. 9-18 Uhr

Das Weingut Weinbach wurde 1922 vom Großvater des heutigen Besitzers gegründet. Heute führen Willi und Hilde Weinbach das Gut, beide Söhne machen eine Ausbildung zum Winzer. 50 Prozent der Rebfläche nehmen rote Sorten ein. Zu Portugieser, Dornfelder und Spätburgunder wurde zuletzt St. Laurent und Merlot hinzugepflanzt. Wichtigste weiße Sorte ist Riesling, zuletzt hat man insbesondere Grauburgunder und Chardonnay gepflanzt. Die Rotweine werden maischevergoren und in Holzfässern ausgebaut, die Weißweine in Edelstahltanks.

84 ▶ **2002 Huxelrebe Auslese** viel Duft, Würze, leicht streng; süße Frucht, harmonisch, feiner Nachhall (4,20 €)

85 ▶ **2002 Huxelrebe Beerenauslese** reife süße Frucht, dominant; süß, klar, konzentriert, dezente Bitternote (6,50 €/0,5l)

84 ▶ **2002 St. Laurent trocken** jugendliche Frucht, feine Würze; klar und direkt im Mund, feine Frucht und Biss (3,50 €)

Weitere Weine: 83 ▶ 2002 Riesling trocken (1l) ■ 83 ▶ 2002 Grauer Burgunder Spätlese trocken ■ 81 ▶ 2002 Portugieser trocken ■

Weingut
Weingart ★★★★
Mittelrhein

Mainzer Straße 32, 56322 Spay
Tel. 02628-8735, Fax: 02628-2835
www.weingut-weingart.de
mail@weingut-weingart.de
Inhaber: Familie Florian Weingart
Rebfläche: 9 Hektar
Besuchszeiten: nach Vereinbarung: Mo.-Sa. 8-20 Uhr, So. 14-19 Uhr
Weinproben bis 40 Personen

Riesling nimmt 98 Prozent der Fläche bei Florian Weingart ein. Dazu gibt es 20 Ar mit Grauburgunder, der bereits Ende der siebziger Jahre nach der Flurbereinigung im Bopparder Hamm angelegt wurde. Alle anderen Sorten hat er -

wie zuletzt den Müller-Thurgau - gerodet. Die Weine werden bei Florian Weingart überwiegend mit Reinzuchthefen vergoren. Mit dem Jahrgang 2000 hat er erstmals auch einen Wein, den Grauburgunder, im Barrique ausgebaut.

Florian Weingart hat sich in den letzten Jahren stetig gesteigert. Und das will viel bedeuten, angesichts schwieriger Jahre wie 1999 und 2000. Wobei mir meist die halbtrockenen und süßen Rieslinge ein klein wenig besser gefallen haben als die trockenen. Die 2000er zeichneten sich allesamt durch ihre Klarheit, hohe Extraktwerte und eine knackige Säure aus (wodurch sie in ihrer Jugend noch nicht so recht zugänglich waren). Damit gefielen sie mir etwas besser als die 99er, auch wenn Florian Weingart selbst anderer Meinung war. Die 2001er waren nochmals besser als die 2000er, allesamt sehr klar in der Frucht, einige mit wunderschön mineralischen Noten. 2002 ist die Kollektion wieder hervorragend. Sie wird gekrönt von einer faszinierenden Trockenbeerenauslese: Top-Betrieb am Mittelrhein!

86 ▶ 2002 Riesling Spätlese trocken Bopparder Hamm Ohlenberg klare reife Rieslingfrucht, direkt; kraftvoll im Mund, viel klare Frucht, feiner Biss (7 €)

85 ▶ 2002 Riesling Spätlese trocken Bopparder Hamm Feuerlay konzentriert, klar, feine jugendliche Frucht; frisch und direkt, klare Frucht, Biss (7 €)

88 ▶ 2002 Riesling Spätlese trocken* Bopparder Hamm Feuerlay gute Konzentration, jugendliche eindringliche Rieslingfrucht; kompakt, gute Struktur und Frucht, jugendlicher Riesling (9 €)

84 ▶ 2002 Riesling Hochgewächs halbtrocken feine klare süße Frucht, etwas Pfirsiche; frisch, klar, feine Frucht (4 €)

86 ▶ 2002 Riesling Spätlese halbtrocken Bopparder Hamm Ohlenberg gute Konzentration, jugendliche zurückhaltende Frucht; klar, direkt, feine Frucht und Harmonie (6,50 €)

89 ▶ 2002 Riesling Spätlese halbtrocken* Bopparder Hamm Ohlenberg gute Konzentration im Bouquet, herrlich eindringliche Frucht; enorm füllig, viel Frucht, herrlich stoffiger Riesling (10 €)

87 ▶ 2002 Riesling Spätlese Bopparder Hamm Ohlenberg klare reife Rieslingfrucht, Pfirsiche und Aprikosen; herrlich harmonisch im Mund, reife süße Frucht, süffig und lang (6,50 €)

87 ▶ 2002 Riesling Spätlese Bopparder Hamm Feuerlay klare reife Rieslingfrucht, feine Frische; gute Harmonie, Fülle, reife süße Frucht (7 €)

89 ▶ 2002 Riesling Auslese Bopparder Hamm Feuerlay gute Konzentration, würzige jugendliche Frucht; herrlich füllig, reife süße Frucht, Litschi (14 €)

90 ▶ 2002 Riesling Eiswein Schloss Fürstenberg enorm konzentriert im Bouquet, eindringliche Frucht, etwas Litschi; herrlich reintönig im Mund, viel Konzentration, süße Frucht (12 €/0,375l)

93 ▶ 2002 Riesling Trockenbeerenauslese Bopparder Hamm enorm dominant im Bouquet, konzentriert, eindringliche Frucht, sehr würzig; schmeichelnd im Mund, viel süße Frucht, dick, klebrig, viel Biss, enormer Nachhall (50 €/0,375l)

Staatsweingut Weinsberg ★★★
Württemberg

(♣) *Traubenplatz 5, 74189 Weinsberg*
Tel. 07134-504-167, Fax: 07134- 504-168
www.lvwo.bwl.de
staatsweingut@lvwo.bwl.de
Inhaber: Land Baden-Württemberg
Direktor: Dr. Günter Bäder
Rebfläche: 40 Hektar
Besuchszeiten: Mo.-Fr. 9-17 Uhr

Von den 40 Hektar Weinbergen des Staatsweingutes Weinsberg befinden sich 18 Hektar in Weinsberg, 10 Hektar in Gundelsheim und 12 Hektar rund um die Burg Wildeck (in Alleinbesitz, wird ökologisch bewirtschaftet). Die 1868 als „Königliche Weinbauschule" gegründete Wein- und Obstbauschule in Weinsberg ist das älteste Weinbau-Lehrinstitut in Deutschland. Aus der Weinsberger Rebenzüchtung sind Rebsorten wie Kerner oder Dornfelder hervorgegangen. 1999 wurden sechs Rotwein-Neuzüchtungen der Öffentlichkeit vorgestellt: Acolon, Cabernet Cubin, Cabernet Dorio, Cabernet Dorsa, Cabernet Mitos und Palas. Man hat in die Kellerwirtschaft investiert und einen Kellerneubau fertig gestellt. Das Staatsweingut ist Mitglied der HADES-Gruppe.

Vor zwei Jahren ragten zwei HADES-Weine aus dem Jahrgang 1999, Chardonnay und Lemberger, aus dem gleichmäßigen Programm hervor. Im vergangenen Jahr gefiel mir neben den Lembergern der „Traum 1999" am besten. Den Nachfolger, „Traum 2000", fand ich auch sehr gelungen. Mein Favorit in der neuen Kollektion ist allerdings wieder einmal ein HADES-Wein, die weiße Cuvée, Jahrgang 2001.

86 ▶ 2002 Muskateller Secco feine Muskatellerfrucht, wunderschön klar; gute Harmonie, klare süße Frucht (5,60 €)

86 ▶ 2002 Riesling „S" trocken konzentriert, enorm würzig; klar, direkt, feine Frucht, fülliger Riesling (8,62 €)

84 ▶ 2002 „Justinus K." Kerner trocken klar, feine Frucht, dezent Zitrus; klar, direkt, gute Harmonie, süße Frucht (5,95 €)

87 ▶ 2001 Grauer Burgunder trocken HADES konzentriert, herrlich eindringliche Frucht; kraftvoll, konzentriert, verhaltene Frucht, jugendlicher kompakter Grauburgunder (11,38 €)

90 ▶ 2001 Cuvée Weiß trocken HADES eindringlich, konzentriert, jugendliche Frucht, Toast; kraftvoll im Mund, herrlich viel Frucht, füllig, jugendlich, nachhaltig (12,07 €)

85 ▶ 2002 Traminer „S" viel Duft, feine Frucht; klare süße Frucht im Mund, wunderschönsüffig (8,45 €)

86 ▶ 2001 Lemberger „S" trocken herrlich klare reife Frucht, ganz leicht würzige Noten; gute Harmonie und Frucht, kraftvoll und klar (11,03 €)

85 ▶ 2000 Lemberger trocken HADES würzig, direkt, dominant; kraftvoll im Mund, verhaltene Frucht, Tannine, sehr jugendlich (85+ Punkte) (17,24 €)

87 ▶ 2000 Spätburgunder trocken HADES feine rauchige Noten, klare Pinotfrucht; klar, gute Fülle, viel Vanille, eleganter Spätburgunder (18,53 €)

86 ▶ 2000 „Traumzeit 2000" trocken süße rote Früchte, ganz dezent Gewürze; gute Harmonie, viel Frucht (11,03 €)

88 ▶ 2000 „Traum 2000" trocken rauchige Noten, herrlich eindringliche Frucht, konzentriert; gute Fülle und Harmonie, reife Frucht, kompakt, Struktur, jugendlich (31,03 €)

Weingut Dr. F. Weins-Prüm ★★★
Mosel-Saar-Ruwer

Uferallee 20, 54470 Bernkastel-Wehlen
Tel. 06531-2270, Fax: 06531-3181
Inhaber: Bert Selbach
Rebfläche: 3,84 Hektar
Besuchszeiten: nach Vereinbarung

Bert Selbach baut ausschließlich Riesling an. Seine Reben stehen in den Lagen Wehlener Sonnenuhr, Graacher Himmelreich und Domprobst, Ürziger Würzgarten, sowie im Kernstück des Erdener Prälat. Das Gros seiner Weine baut er im traditionellen Fuder aus, die restsüßen Weine vergären mit den traubeneigenen Hefen, nur die Qualitätsweine werden im Edelstahl ausgebaut. Etwa die Hälfte der Produktion wird an inländische Privatkunden verkauft (Tendenz steigend), die andere Hälfte exportiert Bert Selbach.

Nach sehr guten 99ern und schwächeren 2000ern hatte Bert Selbach im

Jahrgang 2001 seine Weine überwiegend süß ausgebaut und eine Reihe beeindruckender Spätlesen und Auslesen im Programm. 2002 kommt, bei gleichmäßiger Qualität, in der Spitze da nicht ganz heran.

85 ▶ **2002 Riesling Spätlese trocken Graacher Domprobst** viel Würze, klare Frucht; weich, füllig, süße Frucht, Biss

84 ▶ **2002 Riesling Kabinett Graacher Domprobst** gute Würze, jugendliche Frucht; frisch, klar, feine süße Frucht

86 ▶ **2002 Riesling Spätlese Graacher Domprobst** viel Würze, klare Frucht, direkt; weich, harmonisch, schmeichelnd, viel süße Frucht

85 ▶ **2002 Riesling Spätlese Wehlener Sonnenuhr** viel Würze, jugendliche Frucht; weich, kompakt, süße Frucht

87 ▶ **2002 Riesling Spätlese Erdener Prälat** gute Konzentration, jugendliche sehr eindringliche Frucht; füllig, harmonisch, reife süße Frucht

87 ▶ **2002 Riesling Eiswein Graacher Himmelreich** feine Würze, jugendliche verhaltene Frucht; klar, direkt, feine süße Frucht, Biss

89 ▶ **2002 Riesling Eiswein Wehlener Sonnenuhr** klare reife Frucht, feiner Duft; süße Frucht, schmeichelnd, süße Zitrusfrüchte, harmonisch und lang

Weitere Weine: 83 ▶ 2002 Riesling Kabinett trocken Wehlener Sonnenuhr ■ 83 ▶ 2002 Riesling ■ 83 ▶ 2002 Riesling Kabinett Wehlener Sonnenuhr ■

Wein- und Sektgut Ernst **Weisbrodt** ★
Pfalz

Saarstraße 3, 67150 Niederkirchen
Tel. 06326-8836, Fax: 06326-5424
weingut-weisbrodt@t-online.de
Inhaber: Ernst und Regina Weisbrodt
Rebfläche: 8 Hektar
Besuchszeiten: Mo.-Fr. 8-19 Uhr, Sa. 9-18 Uhr, Mi. vormittags geschlossen

Ernst und Regine Weisbrodt bearbeiten seit 1991 ihre Weinberge nach den Richtlinien des kontrolliert umweltschonenden Weinbaus.

Vor zwei Jahren hatte Ernst Weisbrodt wunderschön süffige, unkomplizierte Rieslinge in einem überzeugenden Gesamtprogramm. Nachdem mir im Jahrgang 2001 die Rieslinge etwas zu verhaltene waren, gefällt mir die neue Kollektion wieder besser, gerade die Rieslinge.

86 ▶ **2001 Riesling Sekt Brut Deidesheimer Herrgottsacker** sehr reintönige Frucht, feine Frische; gute Fülle und Harmonie, sehr klare Frucht (7,50 €)

85 ▶ **2002 Riesling Kabinett trocken Deidesheimer Herrgottsacker** klare jugendliche Frucht, direkt; frisch, klar, feine süße Frucht, Biss (4 €)

85 ▶ **2002 Riesling Kabinett trocken Deidesheimer Letten** frisch, klar, feine Frucht; lebhaft im Mund, klar, süße Frucht, Biss (4 €)

Weitere Weine: 83 ▶ 2002 Chardonnay Kabinett trocken Niederkirchener Schlossberg ■ 82 ▶ 2002 Weißburgunder Kabinett trocken Deidesheimer Nonnenstück ■ 83 ▶ 2002 Riesling Kabinett halbtrocken Deidesheimer Letten ■

Weingut
Weis-Diel ★★
Mosel-Saar-Ruwer

◆ *Klostergartenstraße 5 (Büro), Urbanusstraße 10 (Betrieb), 54340 Leiwen*
Tel. 06507-938888, Fax: 06507-938889
www.weis-diel.de
Weingut.weis-diel@t-online.de
Inhaber: Christoph Weis
Rebfläche: 5 Hektar
Besuchszeiten: nach Vereinbarung
Ferienwohnungen

Mit seinen Eltern Robert und Anneliese bewirtschaftet Christoph Weis 5 Hektar Weinberge in den Lagen Leiwener Laurentiuslay, Leiwener Klostergarten, Köwericher Laurentiuslay und Trittenheimer Apotheke. Neben Riesling baut er ein wenig Müller-Thurgau, Dornfelder und Spätburgunder an, Weißburgunder soll demnächst hinzukommen.

86 ▶ 2001 Riesling Spätlese trocken Leiwener Laurentiuslay reife klare Rieslingfrucht, Würze; gute Fülle im Mund, klare reife Frucht (14 €)

84 ▶ 2001 Riesling Spätlese „feinherb" Leiwener Laurentiuslay verhaltene Frucht, ganz leicht cremige Noten; klare recht süße Frucht, süffig (7 €)

84 ▶ 2001 Riesling Auslese Leiwener Laurentiuslay reife würzige Frucht, klar, Reifenoten; viel süße Frucht, schmeichelnd, herrlich süffig (8 €)

88 ▶ 2001 Riesling Auslese „Philippa" Leiwener Laurentiuslay gute Konzentration, Würze, Reifenoten, klar; konzentriert im Mund, viel reife süße Frucht, herrlich dominant (7 €/0,5l)

85* ▶ 1998 Riesling Eiswein Leiwener Klostergarten Reifenoten, dezent Petrol, viel Würze; konzentriert im Mund, viel reife süße Frucht, würzig, dominant (17,50 €/0,5l)

84 ▶ 2001 Spätburgunder Dornfelder trocken Leiwener Klostergarten frisch, klar, Würze und Frucht; gute Frucht und Harmonie, Biss (4,50 €)

Weingut
Eckhard Weitzel ★★
Rheinhessen

♣ *Backesgasse 7, 55218 Ingelheim*
Tel. 06130-447, Fax: 06130-8438
www.biowein-weitzel.de, eweitzel@t-online.de
Inhaber: Eckhard und Elke Weitzel
Rebfläche: 5 Hektar
Besuchszeiten: werktags nach Vereinbarung

Eckhard Weitzel hat 1993 auf ökologischen Weinbau umgestellt und ist Mitglied im Bundesverband Ökologischer Weinbau (ECOVIN). Rotweine haben bei ihm einen Anteil von 60 Prozent. Seine Weinberge liegen in Großwinternheim, gut die Hälfte davon in der Lage Bockstein (mit einer Steigung von bis zu 45 Prozent). Wichtigste Rotweinsorten sind Portugieser und Spätburgunder, bei den Weißweinen überwiegt Riesling.

Im vergangenen Jahr gefielen mir die Rotweine besonders: nicht nur Spät- und Frühburgunder, sondern gerade auch die beiden Portugieser überzeugten mit ihrer nachhaltigen Frucht. Auch die neue Kollektion ist sehr homogen, jeder Wein überzeugt mit seiner Reintönigkeit.

85 ▶ 2002 Riesling Spätlese trocken Groß-Winternheimer Bockstein feine würzige Rieslingfrucht, direkt; frisch, klar, gute süße Frucht und Biss (5,50 €)

86 ▶ 2002 Weißer Burgunder Spätlese trocken Ingelheimer klare Frucht, weiße Früchte, feine Frische; klar auch im Mund, gute Fülle, Frische, dezente Süße (5,80 €)

86 ▶ 2002 Grauer Burgunder Spätlese trocken Groß-Winternheimer sehr klare Frucht, direkt; geradlinig im Mund, feine Frucht, etwas Süße, Frische (5,80 €)

85 ▶ 2002 Riesling Spätlese halbtrocken Groß-Winternheimer Bockstein klare Frucht, etwas Limone, direkt; klare Frucht im Mund, gute Harmonie (5,50 €)

84 ▶ **Cuvée Muskat** dezent Muskatnote, zurückhaltend, ein klein wenig Zitrus; feine süße Frucht, harmonisch, süffig (3,90 €)

84 ▶ 2001 „Cuvée No. 4" **Portugieser Cabernet Sauvignon** trocken reife rote Früchte, etwas Cassis; feine Frische im Mund, gute Frucht (6,40 €)

84 ▶ 2001 **Spätburgunder** trocken **Groß Winternheimer Bockstein** feine Würze, sehr klare Frucht; frisch im Mund, geradlinig, gute Frucht (5,80 €)

87 ▶ 2001 **Spätburgunder** trocken Barrique **Groß Winternheimer Bockstein** konzentriert, rauchig, sehr klare reife Frucht; gute Harmonie, sehr klare Frucht, eleganter feiner Spätburgunder (12,50 €)

Weitere Weine: 83 ▶ Cuvée Rosé Secco Perlwein ■

Weingut
Welker-Emmerich ★
Nahe

◆ Nahestraße 15, 55593 Rüdesheim
Tel. 0671-40555, Fax: 0671-46834
www.welker-emmerich.de
weingut.welker-emmerich@t-online.de
Inhaber: Erhard und Thomas Emmerich
Rebfläche: 13 Hektar
Besuchszeiten: nach Vereinbarung

Die Weinberge von Erhard und Thomas Emmerich befinden sich in den Rüdesheimer Lagen Rosengarten, Wiesberg und Goldgrube. Wichtigste Rebsorten sind Müller-Thurgau, Dornfelder und Riesling. Zuletzt haben sie mehr Rotwein angelegt, Spät- und Frühburgunder vor allem.

85 ▶ 2002 **Grauer Burgunder Spätlese trocken Rüdesheimer Rosengarten** jugendliche Frucht, etwas Zitrusfrüchte, gelbe Früchte; klar und zupackend, gute Frucht, Fülle (4,90 €)

85 ▶ 2002 **Riesling Spätlese trocken Rüdesheimer Wiesberg** gute Konzentration, sehr klare jugendliche Rieslingfrucht; frisch, direkt, feine klare Frucht (4,60 €)

84 ▶ 2002 **Müller-Thurgau Rüdesheimer Goldgrube** klare Frucht, feine würzige Noten; süße Frucht, herrlich süffig (3,50 €)

84 ▶ 2002 **Scheurebe Rüdesheimer Rosengarten** gute Konzentration, sehr klare jugendliche Frucht; frisch, klar, viel süße Frucht (4 €)

86 ▶ 2002 „Mila" **Rüdesheimer Rosengarten** Cuvée aus Siegerrebe und Riesling; reife süße Frucht, herrlich konzentriert, etwas Zitrusfrüchte, feiner Duft; viel süße Frucht, füllig, süffig (4,80 €)

84 ▶ 2001 **Riesling Spätlese Rüdesheimer Wiesberg** süße Rieslingfrucht, Reifenoten; süß im Mund, gute Frucht (5,20 €)

Weitere Weine: 81 ▶ 2002 Rivaner Classic ■ 82 ▶ 2002 Riesling Hochgewächs halbtrocken Rüdesheimer Rosengarten ■ 83 ▶ 2002 Kerner Spätlese Rüdesheimer Rosengarten ■ 83 ▶ 2002 Portugieser Weißherbst Rüdesheimer Rosengarten ■ 81 ▶ 2002 Dornfelder trocken Rüdesheimer Rosengarten ■ 81 ▶ 2002 Spätburgunder halbtrocken Rüdesheimer Rosengarten ■

Weingut
Wolfgang Weltner ★★★
Franken

Wiesenbronner Straße 17, 97348 Rödelsee
Tel. 09323-3646, Fax: 09323-3846
weingut.weltner@t-online.de
Inhaber: Wolfgang Weltner
Rebfläche: 6,5 Hektar
Besuchszeiten: Mo.-Sa. 9-18 Uhr

Die Weinberge von Wolfgang Weltner liegen an den südwestlichen Hängen des Schwanberges, in den Rödelseer Lagen Küchenmeister und Schwanleite. Die Hälfte der Weinberge ist mit Silvaner bepflanzt, es folgen Müller-Thurgau, Riesling, Scheurebe, Traminer, Bacchus und Domina. In Zukunft sollen noch mehr Riesling und Spätburgunder angepflanzt werden. Für den Ausbau der Weine ist Sohn Paul - nach der Schule in Weinsberg und nach

Lehrjahren in der Pfalz und in Burgund - verantwortlich.

Mit dem Jahrgang 2000 legte Paul Weltner kräftig zu mit einer Reihe von sehr guten und hervorragenden süßen Weinen. 2001 wurden keine edelsüßen Weine erzeugt. Dafür waren die trockenen und halbtrockenen Spätlesen noch interessanter als zuletzt. In der neuen, sehr ausgeglichenen Kollektion überrascht Paul Weltner nun mit wunderschön reintönigen Rotweinen.

84 ▶ 2002 Silvaner trocken klare Frucht; frisch, direkt, klar, feiner Silvaner (4,10 €/1l)

86 ▶ 2002 Silvaner Kabinett trocken Rödelseer Küchenmeister klare Frucht, etwas Birnen; harmonisch, gute klare Frucht (5,30 €)

84 ▶ 2002 Silvaner Kabinett trocken Iphöfer Julius-Echter-Berg sehr klare Frucht, weiße Früchte; füllig, klar, gute Frucht (5,50 €)

86 ▶ 2002 Silvaner Spätlese trocken Rödelseer Küchenmeister würzig, direkt, gute Frucht; harmonisch, klare reife Frucht (9 €)

86 ▶ 2002 Weißer Burgunder Spätlese trocken Iphöfer Julius-Echter-Berg reife würzige Frucht, konzentriert; klare süße Frucht, eindringlich, füllig, feine Bitternoten (9,50 €)

88 ▶ 2002 Riesling Spätlese trocken Rödelseer Küchenmeister klare reife Rieslingfrucht, etwas Pfirsiche und Aprikosen; harmonisch und klar, viel reife süße Frucht (8,80 €)

85 ▶ 2002 Scheurebe Kabinett Iphöfer Kronsberg feine Frucht, zurückhaltend, dezent Cassis; weich, harmonisch, klare süße Frucht (5,10 €)

87 ▶ 2002 Scheurebe Spätlese Rödelseer Schwanleite gute Konzentration, jugendliche Frucht, sehr klar; kraftvoll im Mund, viel Frucht, zupackend (8,20 €)

87 ▶ 2001 Domina trocken Rödelseer Küchenmeister klare jugendliche Fruchte, sehr reintönig, rote Früchte; gute Harmonie im Mund, sehr klare Frucht (7 €)

89 ▶ 2001 Domina trocken herrlich konzentriert, reife klare Frucht, etwas Schokolade und Vanille; enorm füllig, konzentriert, jugendliche Frucht, stoffig, jugendliche Tannine (12 €)

Weitere Weine: 83 ▶ 2002 Müller-Thurgau Kabinett trocken ■ 83 ▶ 2002 Traminer Spätlese Rödelseer Küchenmeister ■

Weingut Dirk Wendel ★★
Rheinhessen

Zellertalstraße 48, 67551 Worms-Pfeddersheim
Tel. 06247-5720, Fax: 06247-5718
www.weingut-wendel.de
weingut.wendel@t-online.de
Inhaber: Dirk Wendel
Rebfläche: 5,5 Hektar
Besuchszeiten: täglich von 8-17 Uhr
Weinstube für 20-50 Personen

Nach seiner Lehre hat Dirk Wendel sich noch einige Jahre in der Pfalz und in Rheinhessen umgesehen. Dort hat er bei einem Weingut, einem Sekthaus und einem Rebveredler gearbeitet und übernahm dann 1999 den elterlichen Betrieb. Er setzt auf Holzfässer, in denen er inzwischen 100 Prozent seiner Weine ausbaut. Auf Lagen- und Prädikatsbezeichnungen verzichtet er inzwischen ganz und bietet alle Weine als Qualitätsweine an.

Die neue Kollektion von Dirk Wendel ist sehr homogen mit gleichermaßen überzeugenden Weiß- und Rotweinen - und moderaten Preisen.

85 ▶ 2002 Grauer Burgunder trocken Frische, gelbe Früchte, sehr klar; recht süß, feine klare Frucht, unkompliziert (3,90 €)

85 ▶ 2002 Sauvignon Blanc trocken frisch, wunderschön klare Frucht; klare süße Frucht auch im Mund, feiner Biss (4,80 €)

85 ▶ 2002 Gewürztraminer „feinherb" sehr klare reife Frucht, Rosen, feines Bouquet; klare süße Frucht, schön lebhaft, feiner Biss (4,20 €)

84 ▶ 2002 Portugieser Weißherbst trocken klare Frucht, würzig, frisch, feines Bouquet; gute recht süße Frucht, süffig (4,50 €)

85 ▶ 2002 Portugieser trocken Holzfass frisch, würzig, jugendliche Frucht, sehr klar; wunderschön reintönig, gute Frucht und Konzentration, jugendlich (3,80 €)

85 ▶ 2001 „La'Wendel" Rotwein trocken rauchige Noten, gute Konzentration, jugendlich; klar, direkt, harmonisch, Biss (5,20 €)

Die besten deutschen Weinerzeuger und ihre Weine von A bis Z

Weingut Hermann **Wendel** ★
Rheinhessen

Helmutstraße 9, 55411 Bingen-Büdesheim
Tel. 06721-41215, Fax: 06721-47657
weingut-h.wendel@t-online.de
Inhaber: Hermann Wendel
Rebfläche: 20 Hektar
Besuchszeiten: nach Vereinbarung
Weinprobierstube

Dieses über 100 Jahre alte Weingut im Bingener Stadtteil Büdesheim wird seit 1975 von Birgit und Hermann Wendel geführt, die den Betrieb zu einem reinen Weinbaubetrieb mit Flaschenweinvermarktung ausbauten. Wichtigste Rebsorte im Betrieb ist der Riesling, der hauptsächlich trocken und halbtrocken ausgebaut wird. Hermann Wendel besitzt auch einen Anteil an der bekanntesten Binger Lage, dem Scharlachberg.

Wie schon im vergangenen Jahr - mit starken restsüßen Weinen - hat Hermann Wendel eine gleichmäßige Kollektion.

84 ▶ **2002 Kerner Spätlese** gute Würze, reife Frucht; süß und schmeichelnd im Mund, klare Frucht (3,90 €)

86 ▶ **2002 Kerner Auslese** gute Konzentration, reife süße Frucht, Aprikosen, Zitrusfrüchte; süß, herrlich klar, Litschi, Zitrusfrüchte, Biss (4,90 €)

85 ▶ **2001 Cabernet Sauvignon trocken Barrique** gute Würze, dezent Cassis, reife Frucht; harmonisch, weich, gute Fülle (6,30 €/0,5l)

Weitere Weine: 81 ▶ 2002 Riesling Hochgewächs trocken ■ 82 ▶ 2002 Silvaner Classic ■ 80 ▶ 2002 Rivaner Classic ■ 82 ▶ 2002 Riesling Spätlese trocken ■ 82 ▶ 2002 Weißburgunder Spätlese trocken ■ 81 ▶ 2002 Müller-Thurgau halbtrocken ■ 81 ▶ 2002 „Cuvée M" trocken ■

Weingut Klaus **Wendel** ★
Rheinhessen

Enzingerstraße 36, 67551 Worms-Pfeddersheim
Tel. 06247-1536, Fax: 06247-6445
wein_wendel@hotmail.com
Inhaber: Klaus Wendel
Rebfläche: 7,5 Hektar
Besuchszeiten: täglich von 8-17 Uhr
Weinprobierstube

Lieblingskind von Klaus Wendel ist der Chardonnay, den er schon seit über zehn Jahren mit Erfolg vermarktet. Daneben gibt es die weißen Sorten Riesling, Müller-Thurgau, Würzer, Siegerrebe und Huxelrebe. An roten Sorten, die 40 Prozent der Fläche einnehmen, baut Klaus Wendel St. Laurent, Regent, Spätburgunder, Dornfelder, Dunkelfelder und Portugieser an. Die Rotweine kommen nach der Maischegärung für sechs Monate ins Holz. Die Weißweine werden in kleinen Edelstahltanks gezügelt vergoren.

Wie im vergangenen Jahr haben mir die restsüßen Weine am besten gefallen, während das „Lieblingskind" von Klaus Wendel, der Chardonnay, mich nicht restlos überzeugt.

84 ▶ **2002 Rivaner Classic** frisch, würzig, klare jugendliche Frucht; harmonisch, klare reife süße Frucht, enorm süffig (4,20 €)

87 ▶ **2002 Siegerrebe Spätlese** reife süße Frucht, süße Aprikosen, dabei verhalten; herrlich schmeichelnd im Mund, konzentriert, reife süße eingelegte Früchte (Aprikosen), dabei Frische und Biss (4 €)

87 ▶ **2000 Siegerrebe Beerenauslese Pfeddersheimer Kreuzblick** konzentriert, dominant, würzig, Kaffee, viel süße Frucht; dominant und konzentriert auch im Mund, etwas Kaffee, Zitrusfrüchte, ganz leichte Bitternote (6,70 €/0,5l)

84 ▶ **2001 Spätburgunder Barrique** klare reife Frucht, rote Früchte, Frische; geradlinig im Mund, gute Frucht und Biss (8 €)

624

Weitere Weine: 83 ▶ 2001 Riesling Spätlese trocken ■ 83 ▶ 2002 Riesling Spätlese trocken ■ 82 ▶ 2002 Chardonnay Spätlese trocken Pfeddersheimer ■ 83 ▶ 2002 Chardonnay Spätlese lieblich Pfeddersheimer ■ 83 ▶ 2002 Dornfelder trocken ■ 83 ▶ 2002 Regent trocken ■ 81 ▶ 2002 St. Laurent trocken ■

Weingut Arndt F. **Werner** ★★
Rheinhessen

♣ *Mainzer Straße 97, 55218 Ingelheim*
Tel. 06132-1090, Fax: 06132-431335
www.weingutwerner.de
weingut-a.werner@t-online.de
Inhaber: Arndt und Birgit Werner
Rebfläche: 9,5 Hektar
Besuchszeiten: Mo.-Fr. 9-12:30 + 14-19:30 Uhr, Sa. 9:30-12:30 + 14-18 Uhr
Probierzimmer und Weinterrasse, Proben im Barriquekeller, Weinseminare

Arndt Werner baut in seinen Weinbergen zu 70 Prozent rote Sorten an. Die Rotweine werden nach der Maischegärung in Holzfässern ausgebaut. Bei Weißweinen beschränkt er sich auf Riesling, Silvaner und Chardonnay, sowie Grau- und Weißburgunder. Bereits 1983 hat Arndt Werner, Diplom-Geograph, als erster in Ingelheim auf ökologische Bewirtschaftung umgestellt. Im selben Jahr hat er mit gleich denkenden Winzern den ersten Verband ökologischer Winzer in Deutschland gegründet. Heute ist er Mitglied bei ECOVIN und BIOLAND. Darüber hinaus ist das Weingut Demonstrations-Ökoweingut des Bundesministeriums für Landwirtschaft und Verbraucherschutz. Im vergangenen Jahr hat er durch Zupachtung der Weinberge eines anderen Ingelheimer Ökowinzers seine Rebfläche auf 9,5 Hektar vergrößert. Mit dem Jahrgang 2002 wird es erstmals einen Cabernet Sauvignon geben.

Vor zwei Jahren waren die beiden Barriqueweine (Frühburgunder und Spätburgunder) die herausragenden Weine bei Arndt Werner. Die letztjährige Kollektion war, rot wie weiß, wesentlich homogener als in den Jahren zuvor. Die vorsichtig im Barrique ausgebauten Spätburgunder überzeugten mit Harmonie und Finesse. Sehr homogen präsentiert sich auch die aktuelle Kollektion, in der mir die barriqueausgebauten Spätburgunder zusammen mit dem Weißburgunder am besten gefallen..

85 ▶ **2002 Silvaner Spätlese trocken Ingelheimer Steinacker** gute klare Silvanerfrucht, jugendlich, zurückhaltend; klar im Mund, gute Frucht, feiner zupackender Silvaner (5 €)

88 ▶ **2002 Weißburgunder Spätlese trocken Ingelheimer** sehr reintönige Frucht, gute Konzentration; kraftvoll im Mund, viel süße Frucht, viel Biss, klar, Nachhall

85 ▶ **2002 Riesling Spätlese trocken Ingelheimer Steinacker** frisch, klar, feine Frucht; klare Frucht, harmonisch, feiner Riesling (5 €)

85 ▶ **2002 Grauer Burgunder Spätlese trocken** klare ganz leicht würzige Frucht; frisch, klar, viel süße Frucht, süffig (6,50 €)

86 ▶ **2001 Spätburgunder trocken Barrique Ingelheimer** rauchig, klar, konzentriert, feine Frucht; feine Frische, harmonisch, klar (9,80 €)

86 ▶ **2001 Spätburgunder trocken Selection Rheinhessen** reintönige Frucht, rauchige Noten; klare Frucht im Mund, harmonisch, dezente Vanille (10,80 €)

89 ▶ **2002 Spätburgunder trocken Selection Rheinhessen** frisch, klar, feine rauchige Noten, rote Früchte, reintönig; gute Harmonie, geradlinig, feine Frucht und Biss, rote Früchte, reintönig (10,80 €)

Weitere Weine: 82 ▶ 2002 Silvaner Kabinett trocken Ingelheimer Steinacker ■ 83 ▶ 2002 Chardonnay Spätlese trocken Ingelheimer ■ 84 ▶ 2002 Riesling Spätlese halbtrocken Ingelheimer Steinacker ■ 84 ▶ 2002 Blauer Portugieser trocken Ingelheimer Höllenweg ■ 80 ▶ 2002 „Cuvée No. 5" Rotwein trocken Ingelheimer ■ 82 ▶ 2002 Dornfelder trocken Ingelheimer ■ 82 ▶ 2002 Regent trocken Ingelheimer ■ 84 ▶ 2002 „Frühburgunder Auslese trocken Ingelheimer ■ 81 ▶ 2002 Blauer Spätburgunder trocken Ingelheimer Rotes Kreuz ■

Weingut
O. **Werner** & Sohn ★★
Mosel-Saar-Ruwer

Römerstraße 17, 54340 Leiwen
Tel. 06507-4341, Fax: 06507-8355
www.weingut-werner.de
weingut1@aol.com
Inhaber: Bernhard Werner
Rebfläche: 6 Hektar
Besuchszeiten: Mo.-Sa. 10-18 Uhr
Probierstube (Weinprobe mit Essen)

Bernhard Werner war fast zehn Jahre Vorsitzender der „Vereinigung der Leiwener Jungwinzer", die seit Mitte der achtziger Jahre mit hochwertigen Rieslingen auf sich aufmerksam machen. 80 Prozent seiner Weine baut er trocken oder halbtrocken aus. Im letzten Jahr hat Bernhard Werner sein Programm neu strukturiert. Bei den trockenen Weinen verzichtet er nun bewusst auf Prädikatsangaben wie Spätlese oder Auslese. Seine Spitzenweine vermarktet er als Qualitätsweine mit Lagenbezeichnung. Seine besten Parzellen liegen in den Lagen Schweicher Annaberg, Trittenheimer Apotheke und Leiwener Laurentiuslay. Neben diesen Lagenweinen vermarktet er die anderen Rieslinge aus besten Lagen als „Maximin" trocken oder feinherb. Prädikatsbezeichnungen nutzt er nur noch für süße und edelsüße Weine.

Die letztjährige Kollektion hatte mich enorm überrascht. Mit seinen trockenen Rieslingen hatte Bernhard Werner ganz gewaltig zugelegt. Noch faszinierender aber waren seine edelsüßen Weine, die zu den Besten an der Mosel gehörten. Drei Weine hatte ich mit 92 bis 95 Punkten bewertet. Solche Highlights fehlen im Jahrgang 2002. Nichtsdestotrotz bietet Bernhard Werner eine überzeugende Kollektion.

84 ▶ 2002 Riesling Hochgewächs trocken frisch, klar, feine Frucht; gute Harmonie, klare Frucht (5,20 €)

84 ▶ 2002 Riesling „Maximin" trocken gute Konzentration, klare Frucht; kompakt, klar, harmonisch, süße Frucht (7,80 €)

86 ▶ 2002 Riesling trocken Schweicher Annaberg konzentriert, herrlich eindringliche Frucht; gute Harmonie, reife Frucht (11,50 €)

86 ▶ 2002 Riesling „Maximin feinherb" gute Würze und Konzentration; füllig, harmonisch, reife süße Frucht (7,80 €)

86 ▶ 2002 Riesling Spätlese Schweicher Annaberg würzig, konzentriert, jugendlich; viel süße Frucht, sehr klar und süffig (7,40 €)

87 ▶ 2002 Riesling Auslese Schweicher Annaberg konzentriert, feine Würze, süße Frucht; füllig im Mund, harmonisch, viel süße Frucht (Versteigerungswein)

89 ▶ 2002 Riesling Auslese Trittenheimer Apotheke klare süße reife Frucht, etwas Zitrusfrüchte, konzentriert; herrlich harmonisch, reife süße Frucht, lang (12,90 €)

90 ▶ 2002 Riesling Eiswein Leiwener Klostergarten viel süße Frucht, konzentriert, Zitrusfrüchte, Litschi; herrlich füllig, harmonisch, dominant, lang und nachhaltig (28 €/0,375l)

Weitere Weine: 83 ▶ 2002 Riesling Kabinett halbtrocken Trittenheimer Altärchen ▪ 81 ▶ 2002 Riesling Classic ▪ 83 ▶ 2002 Riesling Kabinett Schweicher Annaberg ▪

Domdechant
Werner'sches ★★
Weingut
Rheingau

Rathausstraße 30, Postfach 1205
65234 Hochheim
Tel. 06146-835037, Fax:835038
www.domdechantwerner.com
weingut@domdechantwerner.com
Inhaber: Dr. Franz-Werner Michel
Rebfläche: 12,5 Hektar
Besuchszeiten: Mo.-Fr. 8:30-17 Uhr, Sa. 9-12 Uhr, sonst nach telefonischer Anmeldung
Weinproben für Gruppen ab 20 Personen nach Absprache

1780 erwarb der Vater des Mainzer Domdechanten Dr. Franz Werner vom

Grafen Jork dieses Hochheimer Weingut. Domdechant Werner wird heute in siebter Generation von Franz-Werner Michel geführt. Seine Weinberge liegen in den Hochheimer Lagen Domdechaney, Kirchenstück, Hölle, Stein, Stielweg und Reichestal. Neben Riesling (98 Prozent) baut er ein klein wenig Spät- und Frühburgunder an. Die Weine werden überwiegend an Gastronomie und Fachhandel verkauft, etwa die Hälfte der Produktion wird exportiert.

Im Jahrgang 2000 gehörten die beiden Spätlesen aus dem Kirchenstück zu den Besten im Rheingau. Für den schwierigen Jahrgang 2000 eine gute Leistung - da hätte ich aber in einem wenig problematischen Jahrgang wie 2001 dann doch eine Steigerung erwartet. Die trockenen und halbtrockenen Rieslinge waren ein wenig zu verhalten, die beiden süßen Rieslinge wirkten „sehr edelsüß". Auch 2002 vermisse ich wieder die Klarheit in den Weinen, gerade das, was mir früher so gut bei Domdechant Werner gefallen hatte.

85 ▶ 2002 Riesling Spätlese trocken Hochheimer Kirchenstück viel Frucht, klar, eindringlich; gute Fülle und Harmonie, kompakter Riesling, dezente Bitternote (12,80 €)

85 ▶ 2002 Riesling Spätlese trocken Hochheimer Domdechaney gute Konzentration, Würze, jugendliche Frucht; klar, kompakt (13,20 €)

85 ▶ 2002 Riesling Spätlese Hochheimer Kirchenstück klar, würzig, direkt; viel süße Frucht, kompakt (12,80 €)

88 ▶ 2002 Riesling Auslese Hochheimer Kirchenstück feine Frische, Würze, klare Frucht; gute Harmonie, elegant, feine süße Frucht (20 €)

87 ▶ 2002 Riesling Auslese Hochheimer Domdechaney dominant, enorm würzig, viel Duft; konzentriert, süße Frucht, süffig (25 €)

Weitere Weine: 82 ▶ 2002 Riesling Kabinett trocken Hochheimer Hölle ■ 82 ▶ 2002 Riesling Kabinett halbtrocken Hochheimer Stein ■ 81 ▶ 2002 Riesling Classic ■ 82 ▶ 2002 Riesling Kabinett Hochheimer Hölle ■

Weingut Hans **Wernersbach** *
Rheinhessen

◆ Spitalstraße 41, 67596 Dittelsheim-Heßloch
Tel. 06244-4477, Fax: 06244-249
www.wernersbach-weine.de
weingut@wernersbach-weine.de
Inhaber: Hans Wernersbach
Rebfläche: 5 Hektar
Besuchzeiten: nach Vereinbarung

Das Weingut in seiner heutigen Form wurde 1941 gegründet, doch lässt sich bis ins 17. Jahrhundert zurück Weinbau in der Familie nachweisen. Heute führen Hans und Regina Wernersbach das Gut zusammen mit Sohn Stephan, der Weinbau und Getränketechnologie studiert. Die Weißweine werden nach kühler Gärung meist in Akazienholzfässern ausgebaut, Rotweine kommen nach der Maischegärung auch ins Barrique.

84 ▶ 2002 Chardonnay Spätlese trocken Hesslocher Liebfrauenberg gute Konzentration, feine Würze und Frucht; kraftvoll im Mund, viel süße Frucht, guter Biss (5 €)

85 ▶ 2002 Weißer Burgunder Spätlese trocken Hesslocher Liebfrauenberg gute Konzentration, klare jugendliche Frucht; kraftvoll im Mund, klare Frucht (5,50 €)

85 ▶ 2002 Weißer Riesling Auslese trocken Hesslocher Mondschein gute reife klare Rieslingfrucht, etwas Aprikosen; herrlich stoffig im Mund, gute Frucht und Kraft (7,20 €)

85 ▶ 2001 Würzer Kabinett Dittelsheimer Geiersberg herrlich würzig und klar, reife Frucht, Frische, Zitrusfrüchte (Grapefruit); viel süße Frucht, schmeichelnd, herrlich süffig, wiederum ein wenig Grapefruit (3,10 €)

85 ▶ 2001 Huxelrebe Auslese Dittelsheimer Geiersberg reife süße Frucht, dezente Reifenoten, gleichzeitig Frische, Zitrusfrüchte; süß im Mund, gute klare Frucht, feiner Biss (6,20 €)

85 ▶ 2001 Dornfelder trocken Hesslocher Edle Weingärten reife süße Frucht, sehr klar; herrlich fruchtbetont und süffig (4,10 €)

Weitere Weine: 79 ▶ 2001 Müller-Thurgau trocken (11) ■ 83 ▶ 2002 Grüner Silvaner Classic ■ 79 ▶ 2001 Riesling Classic ■ 81 ▶ 2002 Riesling Classic ■ 83 ▶ 2001 Riesling Auslese trocken Bechtheimer Hasensprung ■

Weingut Schloss **Westerhaus** ★
Rheinhessen

◆ Hofgut Westerhaus, 55218 Ingelheim
Tel. 06130-6674, Fax: 06230-6608
www.schloss-westerhaus.de
westerhaus@t-online.de
Inhaber: Dr. Heinz von Opel
Kellermeister: Paul Shefford
Rebfläche: 15 Hektar
Besuchszeiten: Mo.-Fr. 8-17 Uhr, Sa. 11-16 Uhr

Das im Jahr 1900 von Heinrich Opel, einem der Söhne Adam Opels, gekaufte Weingut wird seit 1978 in dritter Generation von Heinz von Opel geführt. 13 Hektar Weinberge befinden sich direkt beim Schloss in der arrondierten Einzellage Oberingelheimer Schloss Westerhaus. Zwei Hektar mit Spätburgunder sind zugepachtet im Ingelheimer Sonnenhang. Jeweils die Hälfte der Weinberge nehmen weiße und rote Rebsorten ein. Zu 30 Prozent Riesling gibt es an weißen Sorten 15 Prozent Grauburgunder, sowie ein wenig Weißburgunder, Müller-Thurgau und Silvaner. Bei den roten Sorten dominiert Spätburgunder, mit dem Jahrgang 2003 wird der neu angepflanzte Frühburgunder in Ertrag kommen. In den letzten Jahren wurden die alten Holzfässer zum Teil durch Edelstahl ersetzt. Kellermeister bei Schloss Westerhaus ist der Neuseeländer Paul Shefford.

88 ▶ **2002 Riesling Spätlese trocken** würzig, klar, jugendliche Frucht, Frische; gute Harmonie, elegant, feiner mineralischer Nachhall (8,50 €)

85 ▶ **2002 Riesling Kabinett halbtrocken** klare reife Frucht, etwas Aprikosen; süße Frucht, harmonisch, sehr süffig (4,50 €)

88 ▶ **2002 Weißer Burgunder Spätlese trocken** feine würzig-mineralische Noten, sehr klar; gute Fülle, reife süße Frucht, feiner Nachhall (7 €)

88 ▶ **2002 Grauer Burgunder Spätlese trocken** konzentriert, reife sehr klare Frucht; gute Fülle und Harmonie, jugendlich, kraftvoll, schön integrierte dezente Barriquenote, mit Nachhall (7,50 €)

87 ▶ **2002 Riesling Spätlese** reife süße sehr klare Rieslingfrucht; gute Fülle, feine Frische und Frucht, Nachhall (7,50 €)

85 ▶ **2002 Spätburgunder trocken** würzig, direkt, klar; frisch, feine Frucht und Biss (6 €)

87 ▶ **2001 Spätburgunder trocken „Grand Prix"** achtzehn Monate Barriqueausbau; rauchige Noten, ein wenig Gewürze, reife rote Früchte, dezenter Toast; viel reife süße Frucht, gute Harmonie (17 €)

Weitere Weine: 84 ▶ 2002 Riesling trocken ▪ 81 ▶ 2002 Riesling (1l) ▪ 83 ▶ 2002 Riesling halbtrocken „Spargelwein" ▪ 84 ▶ 2002 Grauer Burgunder trocken ▪ 83 ▶ 2002 Grauer Burgunder „Hummerwein" ▪ 81 ▶ 2002 Spätburgunder Weißherbst Kabinett trocken weißgekeltert ▪ 82 ▶ 2002 Spätburgunder Rosé Spätlese trocken „LichtRoter" ▪ 82 ▶ 2002 Spätburgunder Rosé ▪ 82 ▶ 2002 Spätburgunder trocken (1l) ▪ 84 ▶ 2002 Spätburgunder ▪

Weingut Landeshauptstadt **Wiesbaden** ★
Rheingau

◆ Kapellenstraße 99, 65193 Wiesbaden
Tel. 0611-31-3750, Fax: 0611-31-2972
weingut@wiesbaden.de
Inhaber: Stadt Wiesbaden
Rebfläche: 8 Hektar
Besuchszeiten: Di.-Do. 10-12 + 14-17 Uhr, Fr. 10-18 Uhr, Sa. 10-13 Uhr

Im Jahr 1900 erwarb die Stadt Wiesbaden den 4,2 Hektar großen Neroberg, der sich noch heute exklusiv in ihrem Besitz befindet. 1965 erweiterte das Weingut seine Anbaufläche um knapp 4 Hektar im Wiesbadener Stadtteil Frauenstein. Im Jahr 2002 wurde der Keller modernisiert und mit Edelstahltanks ausgestattet. 82 Prozent der Rebfläche nimmt Riesling ein, den Rest Spätburgunder. 90 Prozent der Weine werden trocken oder halbtrocken ausgebaut.

88 ▶ 2002 Riesling trocken Wiesbadener Neroberg gute Konzentration, herrlich reintönige Frucht, Aprikosen und Pfirsiche, eindringlich; kraftvoll im Mund, gute Struktur, klar, harmonisch, feiner Nachhall (12 €)

84 ▶ 2002 Riesling Kabinett halbtrocken würzig, direkt, klare Frucht; klare süße Frucht, harmonisch, unkompliziert, süffig (7,90 €)

84 ▶ 2002 Riesling Kabinett feine klare Frucht, Würze; süß, geschmeidig, herrlich klar und süffig (7,90 €)

89 ▶ 2002 Riesling Eiswein Wiesbadener Neroberg konzentriert, reintönige eindringliche Frucht; feine Frische im Mund, sehr klare süße Frucht, dominant, konzentriert, Biss im Abgang (40 €/0,375l)

Weitere Weine: 83 ▶ 2002 Riesling trocken ∎ 81 ▶ 2002 Spätburgunder Weißherbst Kabinett ∎

gibt es Gutedel, aber auch Silvaner, Gewürztraminer und Riesling.

Nach einer gleichmäßigen Vorjahreskollektion hat Michael Wiesler in diesem Jahr mit dem Spätburgunder Selektion von 1954 gepflanzten Reben einen herausragenden Wein im ansonsten gleichmäßigen Programm.

84 ▶ 2002 Gutedel trocken feine Würze, jugendliche Frucht; gute Harmonie, klare Frucht (3,70 €)

84 ▶ 2001 Spätburgunder trocken gute Frucht, sehr klar; klare süße Frucht im Mund, süffig (5,40 €)

87 ▶ 2001 Spätburgunder trocken Selektion gute Konzentration, rauchige Spätburgunderfrucht; weich, füllig, viel süße Frucht, etwas Vanille, harmonisch und lang (9,90 €)

Weitere Weine: 81 ▶ 2002 Riesling trocken ∎ 80 ▶ 2002 Weißer Burgunder trocken ∎ 82 ▶ 2002 Grauer Burgunder Kabinett trocken ∎

Weingut Michael **Wiesler** ★
Baden

Krozinger Straße 26, 79219 Staufen
Tel. 07633-6905, Fax: 07633-6917
weingut.wiesler@t-online.de
Inhaber: Michael Wiesler
Rebfläche: 5,6 Hektar
Besuchzeiten: Mo.-Fr. 15-18:30 Uhr, Sa. 9-13:30 Uhr
Weinproben (bis 80 Personen)

Das Weingut Wiesler in Staufen im Markgräflerland wurde 1927 von Karl Alfred Wiesler gegründet, dem Großvater des heutigen Besitzers Michael Wiesler. Dieser hat das Weingut 1990 übernommen. Seine Weinberge liegen zu 70 Prozent in Hang- und Steillagen, alle im Staufener Schlossberg. Ein Teil der Weinberge wurde bereits in den fünfziger Jahren gepflanzt. Der Schwerpunkt liegt auf den Burgundersorten. Dazu

Weingut Hubert und Pirmin **Wilhelm** ★
Pfalz

◆ *Friedhofstraße 90, 67487 Maikammer*
Tel. 06321-952669, Fax: 06321-952659
www.hubert-wilhelm.de
weingut@hubert-wilhelm.de
Inhaber: Pirmin Wilhelm
Rebfläche: 13 Hektar
Besuchzeiten: Sa. 9-18 Uhr, So. 9-13 Uhr, sonst nach Vereinbarung

Hauptrebsorten beim Weingut Wilhelm sind Riesling und die Burgundersorten, sowie Dornfelder, Heroldrebe und Spätburgunder. Pirmin Wilhelm unterstützt seinen Vater Hubert Wilhelm seit 1995 im Betrieb und ist für den Ausbau der Weine verantwortlich.

84 ▶ 2002 Riesling trocken feine frische klare Frucht; guter Biss (2,90 €/1l)

87 ▶ **2002 Riesling Spätlese trocken** gute Konzentration, herrlich klare würzige Frucht; klar im Mund, gute Frucht, zupackend, feiner Riesling, nachhaltig (4,40 €)

84 ▶ **2002 Riesling halbtrocken** klare Frucht, Frische; klar, direkt, feine süße Frucht, Frische und Biss (2,80 €/1l)

86 ▶ **2002 Riesling Spätlese halbtrocken** jugendliche klare Rieslingfrucht, feines Bouquet; viel süße Frucht im Mund, süffig, feiner Nachhall (3,90 €)

86 ▶ **2002 Grauburgunder Spätlese trocken** gute Konzentration, rauchige Noten, klare Frucht; viel süße Frucht, gelbe Früchte, harmonisch, sehr klar (3,75 €)

84 ▶ **2002 Chardonnay Spätlese** reife süße Frucht, etwas Ananas; weich im Mund, viel süße Frucht, süffig (4,40 €/0,5l)

86 ▶ **2002 Gewürztraminer Spätlese** reife klare süße Traminerfrucht; viel süße Frucht im Mund, gute Fülle und Harmonie (4,40 €)

86 ▶ **2002 Scheurebe Spätlese** reife klare Frucht, Johannisbeeren, direkt; reife süße Frucht, harmonisch, herrlich reintönig und süffig (3,45 €)

Weitere Weine: 78 ▶ 1999 Chardonnay Spätlese Barrique ■ **80** ▶ 2002 Weißer Burgunder Kabinett ■ **80** ▶ 2002 Heroldrebe & Dornfelder (1l) ■ **81** ▶ 2002 Spätburgunder trocken ■

Weingut
Wilhelmshof ★★★
Pfalz

Queichstraße 1, 76833 Siebeldingen
Tel. 06345-919147, Fax: 06345-919148
www.wilhelmshof.de
mail@wilhelmshof.de
Inhaber: Familie Roth
Rebfläche: 13,5 Hektar
Besuchszeiten: Mo.-Fr. 8-12 + 13-18 Uhr,
Sa. 9-17 Uhr
Kellerführung nach Voranmeldung

1975 haben die beiden Diplom-Önologen Christa und Herbert Roth den Wilhelmshof übernommen. Vor allem mit ihren Sekten wurden sie bald auch außerhalb der Region bekannt. Sie gehörten zu den ersten Winzern in der Pfalz, die handgerüttelte Sekte nach Vorbild der Champagne herstellten. Etwa 30.000 Flaschen Sekt erzeugen sie im Jahr, das ist ein Drittel ihrer gesamten Produktion. Alle Sekte sind brut oder extra brut. Bekannt ist das Wilhelmshof-Wein-Kulinarium, Wein-Menüs mit Spitzengastronomen der Region. Bei den Rebsorten konzentrieren sich Christa und Herbert Roth auf nur fünf (ursprünglich hatten sie dreizehn): Riesling, Weiß-, Grau- und Spätburgunder, sowie Dornfelder.

Schon seit vielen Jahren gehören die Sekte von Christa und Herbert Roth zu den besten Sekten in Deutschland. Jahr für Jahr. Wobei meist der Blanc de Noir mein persönlicher Favorit ist, so auch in der aktuellen Kollektion. Gleichermaßen überzeugend sind auch die Weiß– und Rotweine von Christa und Herbert Roth. Die aktuelle Kollektion überzeugt: jeder Wein ist kraftvoll und klar. Einer der Top-Betriebe im Süden der Pfalz.

86 ▶ **2001 Riesling Sekt Extra Brut** feine würzige Noten, herrlich klar; gute Fülle, rauchige Noten, zupackend (9,50 €)

86 ▶ **2001 Riesling Sekt Brut** rauchig, klar, feine Frucht; gute Harmonie, klare ganz leicht süße Frucht (9,50 €)

87 ▶ **2000 Blanc de Noirs Sekt Brut** wunderschön klar, feine rauchige Noten, direkt; gute Harmonie im Mund, klar und direkt (13,30 €)

85 ▶ **2002 Riesling Kabinett trocken** feine Frische und Frucht, dezent Limone; frisch, klar, feine Frucht (5,10 €)

88 ▶ **2002 Riesling Spätlese trocken** sehr klare Rieslingfrucht, feine Frische, Limone; wunderschön harmonisch im Mund, klare Frucht, Biss (9,50 €)

86 ▶ **2002 Grauer Burgunder Kabinett trocken** feine Frucht, gelbe Früchte; harmonisch, reife süße Frucht, schmeichelnd (5,10 €)

88 ▶ **2002 Grauer Burgunder Spätlese trocken** gute Konzentration, reife klare Frucht, eindringlich; herrlich viel Frucht im Mund, reintönig (7,70 €)

88 ▶ **2002 Grauer Burgunder Auslese trocken** gute Konzentration, klare reife Frucht, jugendlich; herrlich füllig, viel Frucht, stoffiger Grauburgunder, Wärme im Abgang (15 €)

89 ▶ **2002 Grauer Burgunder Auslese trocken Barrique** konzentriert, reife süße Frucht, sehr klar und eindringlich; füllig im Mund, viel reife süße Frucht, dominant, eindringlich, ganz dezente Bitternote im Hintergrund, jugendlich, Nachhall (15 €/0,5l)

88 ▶ **2002 Weißer Burgunder Spätlese trocken** herrlich klare Frucht, konzentriert; viel süße Frucht, schmeichelnd, sehr lang (7,40 €)

88 ▶ **2002 Weißer Burgunder Spätlese trocken Barrique** herrlich eindringliche Frucht, klar, konzentriert; enorm füllig, kompakt, kraftvoll, viel Frucht, Vanille (12 €)

88 ▶ **2002 Burgunder-Cuvée trocken Barrique** gute Konzentration, klare reife Frucht, jugendlich, etwas Vanille; viel reife Frucht, enorm füllig, Vanille (13 €/0,5l)

86 ▶ **2001 Spätburgunder Spätlese trocken** herrlich klare Frucht, Vanille; weich im Mund, gute Fülle und Frucht, Vanille (9,20 €/0,5l)

87 ▶ **2001 Spätburgunder Spätlese trocken „Alte Reben"** Gewürznoten, feiner Toast, reife klare Frucht; gute Harmonie, füllig, reife Frucht, Vanille (13 €/0,5l)

85 ▶ **2001 Wilhelmshof „Ambition" Rotwein trocken** jugendliche Frucht, rote Früchte; unkompliziert im Mund, gute Frucht, dezente Vanille (6,40 €/0,5l)

Weingut
Wilhelmy *
Nahe

*Untere Grabenstraße 29,
55450 Langenlonsheim
Tel. 06704-1550, Fax: 06704-1502
Inhaber: Ralf Wilhelmy
Rebfläche: 6,35 Hektar
Besuchszeiten: Mo.-Sa. 8-18 Uhr n. Vereinbarung*

Ralf Wilhelmy hat das Weingut 1998 von seinem Vater übernommen. Seine Weinberge liegen in Langenlonsheim, Guldental und Laubenheim. Wichtigste Rebsorte ist zur Zeit noch Kerner. Dann folgen Riesling, Silvaner, Müller-Thurgau und Chardonnay. Wichtigste rote Sorten sind Spätburgunder, Dornfelder und Portugieser, dazu gibt es ein klein wenig Dunkelfelder. Den Rotweinanteil möchte er vergrößern, vor allem mit Spätburgunder und auch ein wenig Merlot. Nach und nach möchte er in seinem Keller die Kunststofftanks durch Edelstahl ersetzen. Das Gros der Weine baut er halbtrocken oder süß aus.

Die 2001er waren Ralf Wilhelmy sehr gut gelungen, allen voran die edelsüßen Rieslinge. Da kommt der Jahrgang 2002 leider nicht ganz heran.

85 ▶ **2002 Kerner Auslese Langenlonsheimer Steinchen** klare würzige Frucht; süß im Mund, geschmeidig, klare Frucht (6,60 €)

85 ▶ **2002 Silvaner Beerenauslese Langenlonsheimer Steinchen** reife süße Aprikosen, leicht würzige Noten; süß, konzentriert, klar (9,40 €/0,5l)

85 ▶ **2002 Riesling Beerenauslese Langenlonsheimer Königsschild** würzige Noten, süße Frucht; süß im Mund, konzentriert, dominant (11,40 €/0,5l)

84 ▶ **2002 Rotwein Cuvée trocken Langenlonsheimer Steinchen** Spätburgunder und Dunkelfelder; rote Früchte, Frische; feine Frucht im Mund, unkompliziert (5 €)

Weitere Weine: 80 ▶ 2002 Scheurebe Kabinett trocken Langenlonsheimer Steinchen ■ 78 ▶ 2002 Chardonnay Spätlese trocken Guldentaler Schloßkapelle ■ 80 ▶ 2002 Silvaner Kabinett halbtrocken Guldentaler Hipperich ■ 83 ▶ 2002 Weißburgunder Kabinett halbtrocken Laubenheimer Krone ■ 82 ▶ 2002 Riesling Spätlese halbtrocken Langenlonsheimer Steinchen ■ 83 ▶ 2002 Kerner Spätlese Langenlonsheimer Steinchen ■

Weingut Wilker ★★
Pfalz

Hauptstraße 30, 76889 Pleisweiler-Oberhofen
Tel. 06343-2202, Fax: 06343-4379
www.wilker.de
info@wilker.de
Inhaber: Heinz und Jürgen Wilker
Rebfläche: 18 Hektar
Besuchszeiten: Mo.-Sa. 9-18 Uhr
Gutsausschank und Flammkuchenabende (nach Anmeldung), Gästehaus mit Weinstube

Heinz und Helga Wilker haben 1964 erstmals Weine selbst vermarktet. Heinz Wilker hat seitdem den ehemaligen landwirtschaftlichen Gemischtbetrieb ganz auf Wein ausgerichtet. Aus den Maisfeldern wurden Weinberge und aus dem Kuhstall der Weinkeller. Seit 1990 arbeitet Sohn Jürgen, der unter anderem Praktika in Oregon, Australien und Südafrika gemacht hat, im Betrieb mit und ist für den Keller verantwortlich. Rote Sorten nehmen 45 Prozent der Weinberge ein. Die wichtigsten roten Sorten sind Dornfelder und Trollinger, dann Spätburgunder und Portugieser. In den letzten Jahren wurden Acolon, Cabernet Cubin, Cabernet Dorsa, Cabernet Sauvignon und Frühburgunder gepflanzt. Das Weingut Wilker ist einer der ganz wenigen Betriebe in der Pfalz, der Trollinger anbaut, eine Rebsorte, die früher häufiger in den Weinbergen zwischen Wissembourg und Bad Bergzabern zu finden war. Wichtigste Weißweinsorte ist Riesling, gefolgt von Weißburgunder, Müller-Thurgau, Grauburgunder und Silvaner. Die Jahresproduktion von etwa 150.000 Flaschen wird fast ganz an Privatkunden verkauft, die meist ihre Weine direkt vom Weingut abholen.

Vor zwei Jahren war Heinz und Jürgen Wilker eine weitere Steigerung gelungen, wobei mich die Rotweine am meisten beeindruckt hatten. Auch im Vorjahr überzeugten die Rotweine, die Weißweine hatten weiter an Konstanz gewonnen. In der diesjährigen Kollektion überraschen wieder die barriqueausgebauten Rotweine: sie sind herrlich kraftvoll und konzentriert, nur die Holznote will mir nicht so ganz gefallen. Ob mit anderen Fässern die Weine noch spannender wären?

84 ▶ **2002 Riesling Kabinett trocken** würzig, direkt, jugendliche Frucht; frisch, klar, feine Frucht und Biss (4,60 €)

84 ▶ **2002 Weißer Burgunder Kabinett trocken** frisch, klar, feine Frucht; recht süß im Mund, süffig (5,30 €)

87 ▶ **2002 Frühburgunder Weißherbst Spätlese** würzig, klare süße Frucht, Kirschen; viel süße Frucht, schmeichelnd, herrlich süffig und lang (5,30 €/0,5l)

87 ▶ **2002 Silvaner Auslese** würzige Noten, süße Frucht, weiße Früchte und Litschi; süß und dominant im Mund, konzentriert, enorm süffig (6,90 €)

86 ▶ **2002 Silvaner Eiswein** konzentriert im Bouquet, würzig, zurückhaltende Frucht; süß im Mund, gehaltvoll, harmonisch und lang (21,40 €/0,375l)

85 ▶ **2002 Frühburgunder Spätlese trocken** feine klare Frucht, rote Früchte, Erdbeeren, reintönig; süß im Mund, geschmeidig und süffig (6,90 €)

89 ▶ **2001 Frühburgunder Spätlese trocken Barrique** rauchige Noten, sehr klare Frucht, Vanille; gute Fülle, reife süße Frucht, herrlich harmonisch und lang

88 ▶ **2001 Spätburgunder Spätlese trocken Barrique** konzentriert, enorm würzig, eindringlich; kraftvoll im Mund, viel Konzentration, eindringliche Barriquewürze

89 ▶ **2001 „Cuvée No. 2" trocken Barrique** gute Konzentration, rauchige Noten, reife süße Frucht; viel süße reife Frucht, konzentriert, leicht rauchig-würzige Noten, kraftvoll und mit Nachhall

Weitere Weine: 83 ▶ 2002 Riesling trocken (1l) ■ 82 ▶ 2002 Spätburgunder Weißherbst Spätlese trocken ■ 81 ▶ 2001 Dornfelder trocken Holzfass ■

Weingut
Willems-Willems ★★
Mosel-Saar-Ruwer

◆ *Mühlenstraße 13, 54320 Konz-Oberemmel*
Tel. 06501-15816, Fax: 06501-150387
weingutwillems@aol.com
Inhaber: Maria Willems
Rebfläche: 4 Hektar
Besuchszeiten: nach Vereinbarung

Maria Willems, geborene Willems (daher der Name Willems-Willems für das Weingut) hat das Weingut 1971 übernommen und führt es zusammen mit Ehemann Karl. Unterstützt werden sie von Tochter Carolin, die zur Zeit in Geisenheim studiert und bereits praktische Erfahrungen in Australien und Südafrika, sowie an der Ahr beim Deutzerhof gesammelt hat. 70 Prozent der Rebfläche nimmt Riesling ein. Hinzu kommen Spätburgunder, Dornfelder, Müller-Thurgau und Weißburgunder, der 2002 den ersten Ertrag brachte. Die Weinberge liegen überwiegend in Oberemmel, ein Riesling-Weinberg in Niedermernnig. Die Rotweine werden maischevergoren und teils im Barrique ausgebaut. Der „Fusion II" genannte Riesling ist ein Gemeinschaftsprojekt von Carolin Willems und ihrem Freund Jürgen Hofmann aus Appenheim und vereint Trauben von der Saar und aus Rheinhessen.

84 ▶ **2002 Riesling trocken** frisch, klare Frucht; klar und direkt im Mund, feine Frucht (4 €/1l)

86 ▶ **2002 Riesling Classic** klare würzige Rieslingfrucht, gute Konzentration; klare Frucht, gute Harmonie, Biss (5 €)

85 ▶ **2002 Riesling „Fusion II"** feine Frucht, sehr klar, etwas Pfirsiche; gute Harmonie, klare süße Frucht, süffig (10 €)

88 ▶ **2002 Riesling Spätlese „feinherb"** klare Frucht, gute Konzentration, sehr reintöniges Bouquet; viel süße Frucht, klar, kraftvoll, feiner zupackender Riesling (5,50 €)

86 ▶ **2002 Kerner Spätlese** sehr reintönige Frucht, etwas Zitrusfrüchte, klar und direkt; feine süße Frucht, herrlich harmonisch und süffig (5,50 €)

88 ▶ **2002 Riesling Spätlese** herrlich viel Frucht, klar und eindringlich, sehr reintönig; viel süße Frucht, reintönig, wunderschön harmonisch und lang (5,50 €)

91 ▶ **2002 Riesling Eiswein** faszinierend klar, reife süße Aprikosen und Zitrusfrüchte; viel süße Frucht, herrlich reintönig, füllig, harmonisch und lang, feiner Nachhall

86 ▶ **2001 Spätburgunder Barrique** feine rauchige Noten, sehr klare Frucht; gute Harmonie, klare süße Frucht, Struktur und Biss (8,50 €)

86 ▶ **2001 Dornfelder Barrique** gute Konzentration, sehr klare reife Frucht; gute Fülle, klare Frucht, Frische und Biss (8,50 €)

Weingut
Ewald Willwert ★★
Mosel-Saar-Ruwer

Am Kautenbach 19, 54340 Ensch
Tel. 06507-3515, Fax: 06507-4303
www.weingut-willwert.de
kontakt@weingut-willwert.de
Inhaber: Ewald Willwert
Rebfläche: 3 Hektar
Besuchszeiten: nach Vereinbarung
Straußwirtschaft, Gästehaus „Lydia"

Das Weingut in seiner heutigen Form besteht seit den siebziger Jahren und ging aus zwei Betrieben in Thörnich und Trittenheim hervor. So erstrecken sich die Weinberge auf die Lagen Mühlenberg in Ensch, Bruderschaft in Klüsserath, Apotheke und Altärchen in Trittenheim, sowie Maximiner Klosterlay in Detzem. 92 Prozent der Fläche nimmt Riesling ein. Bei Ewald Willwert liegt der Schwerpunkt auf trockenen und halbtrockenen Weinen. Dem Weingut angeschlossen ist ein Gästehaus mit Zimmern und Ferienwohnungen. Neu im Programm im Jahrgang 2001 ist der Spätburgunder.

Nach einer guten Leistung im schwierigen Jahrgang 2000 ist Ewald Willwert mit dem Jahrgang 2001 eine deutliche Steigerung gelungen. Seine Weine waren alle herrlich klar und fruchtbetont und machten viel Spaß. Auch die 2002er Kollektion ist wieder von zuverlässiger, gleichmäßiger Qualität.

86 ▶ **2002 Riesling Spätlese trocken Trittenheimer Apotheke** klare reife Rieslingfrucht, feines Bouquet; gute Harmonie, klar und kompakt (5,50 €)

85 ▶ **2002 Riesling Spätlese halbtrocken Detzemer Maximiner Klosterlay** jugendliche Frucht, gute Konzentration; klar und direkt im Mund, kompakt, Biss (5 €)

88 ▶ **2002 Riesling Auslese Trittenheimer Altärchen** klare Frucht, wunderschön reintönig; geschmeidig im Mund, viel süße Frucht, lang (7,50 €)

84 ▶ **2002 Spätburgunder trocken** jugendliche Frucht, herrlich klar; gute Harmonie, süße Frucht, wunderschön süffig (6 €)

Weitere Weine: 83 ▶ 2002 Riesling Classic ■ 83 ▶ 2002 „Willwert's" Riesling Classic ■ 82 ▶ 2002 Riesling Hochgewächs halbtrocken ■ 82 ▶ 2002 Müller-Thurgau ■

Weingut
Winter ★
Rheinhessen

Hauptstraße 17, 67596 Dittelsheim-Hessloch
Tel. 06244-7446, Fax: 06244-57046
weingut-winter@t-online.de
Inhaber: Edmund Winter
Rebfläche: 19,5 Hektar
Besuchszeiten: jederzeit nach Vereinbarung

Das Weingut Winter liegt im südlichen Rheinhessen, in Dittelsheim am Fuße des Kloppbergs, der höchsten Erhebung des Wonnegau. Das Familienweingut wird heute von Edmund und Hiltrud Winter geführt. Sohn Stefan besucht zur Zeit die Fachschule in Oppenheim. Ihre Weinberge liegen in Dittelsheim in den Lagen Geyersberg, Leckerberg, Pfaffenmütze und Mönchhube. Sie wollen im Anbau zukünftig vor allem auf Riesling und die Burgundersorten setzen. Die Weine werden teils im Edelstahl, teils im Holzfass ausgebaut.

Ich hatte im vergangenen Jahr zum ersten Mal Weine des Weinguts verkostet. Die Kollektion war von gutem, gleichmäßigem Niveau, alle Weine hatten kräftig Säure und Biss. Auch die neue Kollektion überzeugt: gutes Niveau, moderate Preise.

86 ▶ **2002 Riesling Spätlese trocken** gute Konzentration, sehr klare jugendliche Frucht; klare Frucht im Mund, gute Harmonie, zupackend (4,80 €)

87 ▶ **2002 Grauburgunder Selection** gute Konzentration, sehr klare reife Frucht, gelbe Früchte; kraftvoll im Mund, gute Fülle, reife süße Frucht (4,80 €)

85 ▶ **2002 Huxelrebe Spätlese** sehr klare Frucht, würzige Noten, dezent Aprikosen; frisch, klar, feine Säure und Biss, gute Frucht (3,50 €)

86 ▶ **2001 Spätburgunder trocken „S"** herrlich reintönige Frucht im Bouquet, etwas Erdbeeren; wunderschön reintönig auch im Mund, klare Frucht, feiner Biss (10,50 €)

Weitere Weine: 81 ▶ 2002 Silvaner Classic ■ 78 ▶ 2002 Grauburgunder Classic ■ 81 ▶ 2002 Chardonnay trocken ■ 82 ▶ 2002 Riesling Classic ■ 83 ▶ 2002 Riesling Spätlese ■

Winzer von Erbach ★
Rheingau

Winzer von Erbach eG, Ringstraße 28,
65346 Erbach
Tel. 06123-62414, Fax: 06123-4799
www.winzer-von-erbach.de
info@winzer-von-erbach.de
Geschäftsführer: Ronald Müller-Hagen
Kellermeister: Ernst Chalupa
Mitglieder: 45
Rebfläche: 58 Hektar
Besuchszeiten: Mo.-Fr. 8-12 + 13-17 Uhr, Sa. und jeden ersten Sonntag im Monat 10-15 Uhr

Die Weinberge der Mitglieder des Erbacher Winzervereins liegen in den Erbacher Lagen Michelmark, Steinmorgen und Honigberg, sowie in der Kiedricher Sandgrub. Neben Riesling, der 93 Prozent der Fläche einnimmt, gibt es ein klein wenig Spätburgunder, Grauburgunder und Müller-Thurgau. Die Weine werden überwiegend im Edelstahl ausgebaut.

Vor zwei Jahren hatten mir vor allem die restsüßen Rieslinge aus älteren Jahrgängen gefallen. Die 2001er Kollektion war von sehr gleichmäßiger Qualität. Im Jahrgang 2002 glänzen mit Auslese und Eiswein Erbacher Honigberg wiederum die edelsüßen Rieslinge.

87 ▶ **2002 Riesling Auslese Erbacher Honigberg** konzentriert und klar, süße eingelegte Aprikosen; schmeichelnd, reife süße Frucht, harmonisch und lang (12,50 €/0,5l)

90 ▶ **2002 Riesling Eiswein Erbacher Honigberg** süße eingelegte Aprikosen, klare reife Frucht; süß und schmeichelnd im Mund, wunderschön füllig, konzentriert und dick, viel Nachhall (34,80 €/0,375l)

Weitere Weine: 80 ▶ 2002 Riesling Kabinett trocken ■ 82 ▶ 2002 Riesling Classic ■ 82 ▶ 2002 Riesling halbtrocken Kiedricher Sandgrub ■ 82 ▶ 2002 Riesling Kabinett halbtrocken ■

Weingut Hans Wirsching ★★★
Franken

Ludwigstraße 16, 97346 Iphofen
Tel. 09323-87330, Fax: 09323-873390
www.wirsching.de
wirsching@t-online.de
Inhaber: Dr. Heinrich Wirsching
Rebfläche: 69 Hektar
Besuchszeiten: tägl. 8-18 Uhr, Sonn- und Feiertage 10-12:30 Uhr
„Zur Iphöfer Kammer" (Marktplatz 24)

Das Weingut Wirsching gehört heute zu den größten Betrieben in Franken. Es verfügt über beträchtlichen Weinbergbesitz in den Iphöfer Renommierlagen Julius-Echter-Berg, Kronsberg und Kalb. Wichtigste Rebsorte ist der Silvaner mit einem Anteil von 38 Prozent. Es folgen Riesling, Müller-Thurgau, Scheurebe, Weißburgunder und Portugieser.

Das Weingut Hans Wirsching gehört seit Jahren zu den zuverlässigsten Betrieben in Franken. Die Stärke des Weinguts sind die trockenen Spätlesen, wie auch der Jahrgang 2002 beweist.

84 ▶ **2002 Silvaner Kabinett trocken Iphöfer Julius-Echter-Berg** frisch, klar, feine Würze; geradlinig im Mund, kompakt (7,50 €)

85 ▶ **2002 Riesling Kabinett trocken Iphöfer Julius-Echter-Berg** frisch, feine Würze, etwas Zitrusfrüchte; gute Harmonie, klare Frucht, Biss (8,80 €)

87 ▶ **2002 Scheurebe Spätlese trocken Iphöfer Kronsberg** zurückhaltende aber klare Frucht, dezent Cassis; herrlich süffig, feine Frucht und Biss (8,50 €)

89 ▶ **2002 Silvaner Spätlese trocken Iphöfer Julius-Echter-Berg** feine reife Frucht, gute Konzentration, mineralische Noten; viel Frucht im Mund, füllig, dominant (14 €)

90 ▶ **2002 Riesling Spätlese trocken Iphöfer Julius-Echter-Berg** gute Konzentration, reife klare Rieslingfrucht, herrlich eindringlich; kraftvoll und klar im Mund, viel Frucht und Fülle (14 €)

89 ▶ 2002 Grauer Burgunder Spätlese trocken Iphöfer Julius-Echter-Berg gute Konzentration, viel reife Frucht; herrlich füllig im Mund, reife sehr klare Frucht, kompakt, lang (12,50 €)

88 ▶ 2002 Rieslaner Auslese Iphöfer Julius-Echter-Berg reife süße Frucht, klar, zurückhaltend; schmeichelnd im Mund, viel süße Frucht, gute Harmonie und Biss, dezente Bitternote (10 €/0,375l)

Weingut Wittmann ★★★★★
Rheinhessen

♣ Mainzer Straße 19, 67593 Westhofen
Tel. 06244-905036, Fax: 06244-5578
www.wittmannweingut.com
info@wittmannweingut.com
Inhaber: Günter und Philipp Wittmann
Rebfläche: 23 Hektar
Besuchszeiten: nach Vereinbarung

Günter und Elisabeth Wittmann begannen Mitte der achtziger Jahre mit der Umstellung auf ökologische Bewirtschaftung und sind seit 1990 Mitglied bei Naturland. Heute werden sie im Betrieb unterstützt von Sohn Philipp. Alle trockenen Weine werden als Qualitätswein vermarktet, nur die süßen Weine sind mit Prädikatsangabe versehen. Die Weine werden teils mit den eigenen Hefen, teils mit Reinzuchthefen vergoren, recht lange auf der Hefe ausgebaut und nur einmal vor der Abfüllung filtriert. Das Gros der Weine wird trocken ausgebaut. Die große Liebe von Günter Wittmann gilt dem Riesling. Drei Große Gewächse machen er und Sohn Philipp und zwar von den Westhofener Lagen Aulerde, Kirchspiel und Morstein. Diese bilden die Spitze der Pyramide. Danach kommt der Westhofener Riesling und schließlich der Gutsriesling. Die Spitzenweine der anderen weißen Sorten werden in der Reihe „S" vermarktet. Neben Chardonnay und Weißburgunder gab es im Jahrgang 2001 erstmals einen Silvaner „S".

Kontinuierlich sind die Weine von Wittmann besser geworden. Schon die 98er überzeugten mit ihrer gleichmäßigen, guten Qualität. Der Jahrgang 1999 brachte dann einen großen Schritt nach vorne mit herrlich kraftvollen, geradlinigen trockenen Weinen, aber auch faszinierenden edelsüßen Rieslingen. Der Jahrgang 2000 bestätigte diesen sehr guten Eindruck mit großartigen Rieslingen an der Spitze. 2001 war nochmals ein gewaltiger Schritt voran. Die Rieslinge waren noch besser geworden, trocken wie edelsüß. Wie auch der Rest des Programms. 2002 übertrifft alles bisherige: schon die Basisweine sind bestechend klar, ob Silvaner oder Scheurebe, Riesling oder Weißburgunder. Die Großen Gewächse und die Weine der „S"-Klasse gehören zu den besten Weinen des Jahrgangs in Deutschland.

Unter den drei Großen Gewächsen ist regelmäßig der Morstein mein Favorit. Wie schon 2001 (93) ist er auch 2002 wieder hervorragend, einer der großen trockenen Rieslinge des Jahrgangs in Deutschland. Gleiches gilt für den Riesling aus dem Kirchspiel. Von den beiden „S"-Weinen, Chardonnay und Weißburgunder, habe ich wie schon im Vorjahr ganz leicht den Weißburgunder vorgezogen.

Günter und Philipp Wittmann zeigten im Jahrgang 2001 eindrucksvoll, dass sie auch mit edelsüßen Rieslingen zur Spitze in Deutschland gehören. Schon 1999 beeindruckten einige edelsüße Weine im Programm. Und 2001 hatten sie mit der faszinierend reintönigen Trockenbeerenauslese (96) einen wahrhaft großen Wein an der Spitze. Auch 2002 gibt es wieder einige faszinierende, hervorragende edelsüße Weine, nicht nur Riesling, sondern auch Albalonga.

Wie schon im Vorjahr: eine großartige Kollektion!

88 ▶ 2002 Grüner Silvaner trocken herrlich klar, reintönige Frucht, Birnen, weiße Früchte; kraftvoll, klar, Biss (5,30 €)

88 ▶ 2002 Scheurebe trocken viel Frucht, Cassis, klar und direkt: herrlich kraftvoll, zupackend, fruchtig, Biss, wunderschön nachhaltig (6,10 €)

87 ▶ 2002 Weisser Burgunder trocken gute Konzentration; herrlich reintönig im Mund, viel Frucht, feiner Nachhall (6,70 €)

88 ▶ 2002 Chardonnay trocken etwas Tropenfrüchte, klar, dezente Vanille; reife klare Frucht, gute Fülle, Biss, recht vanillig (8,95 €)

91 ▶ 2002 Weisser Burgunder trocken „S" konzentriert, reife sehr eindringliche Frucht, herrlich dominant; faszinierend viel Frucht, klar, konzentriert, enormer Nachhall (19,50 €)

90 ▶ 2002 Chardonnay trocken „S" konzentriert, herrlich eindringlich, viel jugendliche Frucht; reife Frucht, wunderschön konzentriert, viel Nachhall (19,50 €)

88 ▶ 2002 Gutsriesling trocken frisch, direkt, feine Frucht; klar, direkt, zupackend, faszinierend reintöniger Riesling (6,70 €)

89 ▶ 2002 Riesling trocken „S" Westhofener eindringliche reife Frucht, herrlich reintönig; wunderschön klar und harmonisch im Mund, feine Nachhaltigkeit (10,50 €)

89 ▶ 2002 Riesling trocken Westhofen AULERDE (Großes Gewächs) konzentriert, sehr klare eindringliche Frucht; herrlich füllig, reife Frucht, klar, enormer Nachhall (18,50 €)

92 ▶ 2002 Riesling trocken Westhofen KIRCHSPIEL (Großes Gewächs) konzentriert, herrlich reintönige Rieslingfrucht, etwas Zitrusfrüchte, klar und direkt; herrlich kraftvoll im Mund, viel Frucht, reintönig, enormer Nachhall (19,90 €)

94 ▶ 2002 Riesling trocken Westhofen MORSTEIN (Großes Gewächs) faszinierend klar, herrlich eindringliche Frucht; konzentriert, viel Frucht, wunderschön reintönig, gewaltiger Nachhall, enorm jugendlich (23 €)

87 ▶ 2002 Riesling Spätlese Westhofener Morstein Litschi, Tropenfrüchte, eindringliches Bouquet; herrlich reintönig im Mund, viel Biss, feiner Nachhall (9,90 €)

90 ▶ 2002 Riesling Auslese „S" Westhofener Morstein reife süße Frucht, süße Aprikosen, wunderschön klar und eindringlich; konzentriert, faszinierend Frucht, lang, viel Nachhall (14,60 €/0,375l)

91 ▶ 2002 Albalonga Beerenauslese konzentriert im Bouquet, enorm eindringlich, dominante Frucht; konzentriert auch im Mund, herrlich dick, stoffig, faszinierend nachhaltig (45 €/0,375l)

93 ▶ 2002 Riesling Trockenbeerenauslese Westhofener Aulerde enorm konzentriert im Bouquet, eindringliche dominante Frucht, Litschi, süße Zitrusfrüchte; faszinierend viel Frucht, konzentriert, herrlich dominant und dick, zupackend (66 €/0,375l)

Weingut Stadt Lahr - Familie **Wöhrle** ★★★★
Baden

♣ *Weinbergstraße 3, 77933 Lahr*
Tel. 07821-25332, Fax: 07821-39398
www.ecovin.de/weingut-stadt-lahr
Inhaber: Familie Wöhrle
Rebfläche: 13 Hektar
Besuchszeiten: Mo.-Fr. 17-18:30 Uhr,
Sa. 9-13 Uhr

Das Weingut der Familie Wöhrle ist ein Familienbetrieb, der 1979 aus dem traditionsreichen Weingut der Stadt Lahr und dem Weinbaubetrieb Wöhrle entstanden ist. Die Reben wachsen alle am Lahrer Schutterlindenberg. Die Weinberge werden ökologisch bewirtschaftet und seit 1990 ist Hans Wöhrle Mitglied im Bundesverband Ökologischer Weinbau (ECOVIN). Alle Weine werden grundsätzlich durchgegoren.

In den Jahrgängen 1998 und 1999 waren Hans Wöhrle sehr überzeugende

Vorstellungen gelungen: alle Weine waren wunderschön fruchtbetont und sortentypisch. Und die 2000er schlossen daran an, auch wenn sie ein klein wenig zurückhaltender waren als ihre Vorgänger. 2001 gefiel mir dann wieder besser, vor allem Chardonnay und Grauburgunder. 2002 sind die Weine wieder ein klein wenig verhaltener, aber wie immer wunderschön reintönig und sortentypisch.

85 ▶ 2002 „Bacat" Lahrer Schutterlindenberg Johanniter und Bronner; frisch, direkt, gute Frucht; frisch und direkt auch im Mund, gute süße Frucht (5,60 €)

84 ▶ 2002 Riesling Kabinett trocken Lahrer Schutterlindenberg würzig, direkt, Frische; klar, direkt, zupackend (6 €)

86 ▶ 2002 Auxerrois Kabinett trocken Lahrer Schutterlindenberg klare süße Frucht, gute Konzentration; kraftvoll und klar im Mund, reife Frucht (6 €)

86 ▶ 2002 Weißburgunder Kabinett trocken Lahrer Schutterlindenberg klare Frucht, sehr reintöniges Bouquet; gute Harmonie im Mund, reife süße klare Frucht (6 €)

88 ▶ 2002 Weißburgunder Spätlese trocken Lahrer Schutterlindenberg sehr klar und direkt, reintönige Weißburgunderfrucht; süße Frucht, sehr klar, harmonisch und schmeichelnd (9 €)

86 ▶ 2002 Chardonnay Spätlese trocken Lahrer Schutterlindenberg reife süße Frucht, gute Konzentration; kompakt, klar, süße Frucht (9 €)

88 ▶ 2001 Chardonnay Spätlese trocken Barrique Lahrer Schutterlindenberg gute Konzentration, Vanille, klare reife Frucht; harmonisch, wunderschön füllig, viel süße Frucht (12,80 €)

86 ▶ 2001 Spätburgunder trocken Bestes Fass Lahrer Schutterlindenberg gute Würze und Konzentration, klare jugendliche Frucht; frisch und direkt im Mund, feine Frucht, gute Harmonie (9 €)

Weingut Wöhrwag ★★★
Württemberg

Grunbacher Straße 5
70327 Stuttgart-Untertürkheim
Tel. 0711-331662, Fax: 0711-332431
www.woehrwag.de
info@woehrwag.de
Inhaber: Hans-Peter Wöhrwag
Rebfläche: 17,5 Hektar
Besuchszeiten: Mo.-Fr. 8-12 + 15-18:30 Uhr,
Sa. 9-13 Uhr

Hans-Peter Wöhrwag baut etwa zur Hälfte Rot- und Weißwein an. Wichtigste Rebsorte ist der Riesling, der über 40 Prozent seiner Fläche einnimmt. Hinzu kommen Weiß- und Grauburgunder, aber auch ein wenig Sauvignon Blanc, den es laut Hans-Peter Wöhrwag auch schon früher als Muskat-Sylvaner in Württemberg gab. Bei den roten Sorten dominierte bisher der Trollinger. Nach dem schweren Hagel im Juni 2000 hatte Hans-Peter Wöhrwag aber zwei Hektar mit Trollinger gerodet und dort Lemberger angelegt. Spätburgunder gibt es dazu noch bei ihm, aber auch etwas Cabernet Sauvignon und Dornfelder. Auch mit Cabernet Dorio, Cabernet Dorsa, Acolon und Cabernet Cubin hat er 70 Ar angelegt. Bei Rotweinen will er zukünftig noch stärker auf Cuvées setzen: neben „Moritz" gibt es seit 1998 „Philipp" und seit zwei Jahren die „X" genannte Cabernet-Lemberger-Cuvée.

Die Rieslinge sind die Stärke von Hans-Peter Wöhrwag. Egal ob trocken oder edelsüß, Jahr für Jahr gehören sie zu den besten Weißweinen in Württemberg. Auch die Rotweine gewinnen allmählich an Statur. Vor allem der „X" hat mich in diesem Jahr überzeugt. Eine gelungene Kollektion.

86 ▶ 2002 Riesling Kabinett trocken Goldkapsel Untertürkheimer Herzogenberg feine Frucht, Frische, sehr klar; reintönige süße Frucht, Biss (7,19 €)

86 ▶ 2002 Riesling Kabinett trocken „SC" Untertürkheimer Herzogenberg herrlich würzig, direkt, jugendliche Frucht; klar im Mund, feine Frucht, füllig (nur an Wiederverkäufer)

87 ▶ 2002 Riesling Spätlese trocken Goldkapsel Untertürkheimer Herzogenberg enorm würzig, feiner Duft; kraftvoll, klar, viel Frucht, kompakter Riesling (12,50 €)

89 ▶ 2002 Riesling Auslese Untertürkheimer Herzogenberg konzentriert, klar, herrlich reintönige Frucht; harmonisch, viel süße Frucht, elegante feine Auslese (14,96 €/0,375l)

90 ▶ 2002 Riesling Beerenauslese Untertürkheimer Herzogenberg reife süße Aprikosen und Zitrusfrüchte, klare wenn auch verhaltene Frucht; gute Harmonie, viel süße Frucht, schmeichelnd und lang (19,95 €/0,375l)

85 ▶ 2002 „Rädles" Trollinger trocken frisch, klar, feine Frucht, Kirschen; gute Harmonie, klare süße Frucht, süffig (6,15 €)

85 ▶ 2002 Lemberger** trocken Untertürkheimer Herzogenberg klare reife Frucht, rote Früchte; herrlich viel Frucht im Mund, süß, süffig (11,99 €)

85 ▶ 2002 Spätburgunder** trocken Untertürkheimer Herzogenberg klare Frucht, Würze, direkt; reife Frucht, kraftvoll, klar (11,99 €)

87 ▶ 2002 Lemberger*** trocken Untertürkheimer Herzogenberg gute Konzentration, rauchig-würzige Frucht, klar und eindringlich; gute Konzentration, viel Frucht, harmonisch, klar (22,50 €)

87 ▶ 2002 Spätburgunder*** trocken Untertürkheimer Herzogenberg viel Würze, jugendliche Frucht, direkt; reife Frucht, kompakt, klar (22,50 €)

86 ▶ 2002 „Philipp" Rotweincuvée trocken viel Schokolade und Vanille, eindringlich; klare reife Frucht, harmonisch und lang (15 €)

88 ▶ 2001 „X" Rotweincuvée trocken herrlich konzentriert, reife süße Frucht, Vanille und Schokolade; viel süße Frucht, schmeichelnd, harmonisch und lang (19,50 €)

Weingut Wolf ★
Pfalz

Kirchstraße 28, 67098 Bad Dürkheim-Ungstein
Tel. 06322-1501, Fax: 06322-980829
www.weingut-wolf.de
michael@weingut-wolf.de
Inhaber: Familie Wolf
Rebfläche: 10 Hektar
Besuchszeiten: Mo.-Fr. 10-12 + 13-18 Uhr, Sa. 10-17 Uhr, So. 10-12 Uhr nach Vereinbarung
Wein-Restaurant „Honigsäckel", Weinstube

Michael Wolf hatte zunächst Betriebswirtschaft studiert, bevor er sich doch noch für den Weinbau entschloss und ein Studium in Geisenheim anhängte. Im Januar 2001 hat er dieses Studium beendet und unterstützt seither seinen Vater Helmut ganztägig im Betrieb. Die Rebfläche wurde in den letzten Jahren von 6 Hektar auf heute etwa 10 Hektar ausgeweitet. Die Weinberge befinden sich hauptsächlich in den verschiedenen Ungsteiner Lagen. Wichtigste Rebsorte beim Weingut Wolf ist der Riesling. Hinzu kommen die Burgundersorten und rote Sorten, deren Anteil von 25 Prozent auf 40 Prozent steigen soll. Hier setzen Vater und Sohn Wolf vor allem auf Spätburgunder, St. Laurent und Cabernet Sauvignon, den sie bereits seit 1991 anbauen. Eine Spezialität des Weingutes sind barriqueausgebaute Weine (Mitglied im Pfälzer Barrique-Forum).

Die vor zwei Jahren verkosteten Weine bestachen mit ihrer gleichmäßigen Qualität. Wobei die trockenen Weine, auch die Rotweine, durch ihre Restsüße ein wenig gefällig wirkten. Ähnlich präsentiert sich der Jahrgang 2001: gleichmäßiges Niveau, am besten gefiel mir der Grauburgunder. In diesem Jahr nun finde ich den Sekt am besten.

86 ▶ **Chardonnay Sekt Brut** klare Frucht, rauchig-buttrige Noten; schmeichelnd im Mund, herrlich süffig, viel süße Frucht (7,90 €)

84 ▶ **2001 Spätburgunder trocken Barrique** rauchige Noten im Bouquet, zurückhaltende Frucht; weich, kompakt, süße Frucht, Spätburgunder? (14,50 €)

Weitere Weine: 82 ▶ 2002 Riesling Kabinett trocken Ungsteiner Nußriegel (1l) ■ 82 ▶ 2002 Riesling Kabinett trocken Ungsteiner Kobnert ■ 80 ▶ 2002 Chardonnay Kabinett trocken Ungsteiner Kobnert ■ 83 ▶ 2002 Chardonnay trocken „Selection Cato" ■ 76 ▶ 2002 Spätburgunder blanc de noir trocken ■ 83 ▶ 2002 St. Laurent trocken Holzfass Ungsteiner Osterberg ■ 83 ▶ 2002 Cabernet Sauvignon trocken Holzfass Ungsteiner Osterberg ■ 79 ▶ 2001 Cabernet Sauvignon trocken Barrique ■ 82 ▶ 2001 Dornfelder trocken Barrique ■

Weingut Peter Wolf ★
Rheinhessen

Brunnengasse 2, 55599 Eckelsheim
Tel. 06703-1346, Fax: 06703-3181
www.weingut-peter-wolf.de
info@weingut-peter-wolf.de
Inhaber: Peter Wolf
Rebfläche: 11,5 Hektar
Besuchszeiten: jederzeit nach Vereinbarung
Weinprobierstube

Das Weingut Wolf in Eckelsheim in der Rheinhessischen Schweiz wird von Peter Wolf geführt. Seine wichtigsten Rebsorten sind Riesling, Müller-Thurgau, Kerner, Portugieser, Dornfelder und die Burgundersorten. Rote Sorten nehmen 35 Prozent seiner Weinberge ein. Über 80 Prozent seines Weines vermarktet Peter Wolf über die Flasche.

Nach einer gleichmäßigen Kollektion im vergangenen Jahr hat Peter Wolf in diesem Jahr mit Huxelrebe und Scheurebe zwei wunderschön reintönige edelsüße Weine, die aus dem ansonsten wiederum gleichmäßigen Programm herausragen.

84 ▶ **2002 Grauer Burgunder Classic** sehr klare Frucht, Frische; frisch, klar, feine süße Frucht (3,40 €)

87 ▶ **2002 Huxelrebe Auslese Eckelsheimer Kirchberg** würzig und konzentriert, Litschi, süße Aprikosen; schmeichelnd, viel süße Frucht, wunderschön reintönig, harmonisch und lang (4,50 €/0,5l)

89 ▶ **2002 Scheurebe Eiswein Eckelsheimer Kirchberg** klar und konzentriert im Bouquet, reintönige Frucht, eindringlich; viel süße Frucht, dominant, reife süße Aprikosen, klar, Biss, Nachhall (9 €/0,375l)

84 ▶ **2002 Spätburgunder Weißherbst trocken Eckelsheimer Kirchberg** zurückhaltende Frucht, rauchig-würzige Noten; klare Frucht, feine Frische und Biss (3,35 €)

84 ▶ **2002 Spätburgunder Weißherbst Eckelsheimer Kirchberg** feine Frucht, rauchige Noten; viel süße Frucht im Mund, süffig, Kirschen, Biss (3,35 €)

Weitere Weine: 78 ▶ 2002 Riesling trocken Eckelsheimer Eselstreiber (1l) ■ 82 ▶ 2002 RS-Rheinhessen Silvaner trocken ■ 81 ▶ 2002 Grauer Burgunder trocken Eckelsheimer Eselstreiber ■ 83 ▶ 2002 Weißer Burgunder Classic ■ 81 ▶ 2002 Riesling Classic ■ 83 ▶ 2002 Regent trocken Eckelsheimer Kirchberg ■ 82 ▶ 2002 Dornfelder trocken Eckelsheimer Eselstreiber ■

Weingut Herzog von Württemberg ★★
Württemberg

Schloß Monrepos, 71634 Ludwigsburg
Tel. 07141-221060, Fax: 07141-22160-260
www.hofkammer.de
weingut@hofkammer.de
Inhaber: Carl Herzog von Württemberg
Betriebsleiter: Michael Herzog von Württemberg, Hartmut Otter, Bernhard Idler
Rebfläche: 40 Hektar
Besuchszeiten: Mo.-Fr. 9-18 Uhr, Sa. 10-14 Uhr
Schlosshotel Monrepos mit Restaurant
Gutsschenke, Golfplatz

Das bisherige „Weingut des Hauses Württemberg" firmiert neu unter dem Namen „Weingut Herzog von Württemberg". Mit seinen 40 Hektar Weinbergen ist es das größte private Weingut in Württemberg. Die Weinberge befinden sich in den Gemarkungen Maulbronn (Eilfingerberg), Stetten (Brotwasser), Mundelsheim (Käsberg), Asperg (Berg) und Untertürkheim (Mönchberg). Wichtigste Rebsorte ist der Riesling, der etwa die Hälfte der Rebfläche einnimmt. Es folgen Trollinger auf etwa einem Viertel der Fläche, Lemberger und Spätburgunder. Die 1981 fertig gestellte Kellerei liegt im Park von Schloss Monrepos in Ludwigsburg.

Der Jahrgang 2001 gefiel mir sehr gut, vor allem die Rieslinge hatten Kraft und Struktur. Die Spätlese aus dem Eilfingerberg zeigte ähnlich wie die Auslese feine Mineralität und gehörte zu den besten trockenen Rieslingen des Jahrgangs in Württemberg. Leider kommen da die 2002 nicht ganz heran, jedoch zuverlässig wie im Vorjahr präsentieren sich die Rotweine.

84 ▶ **2002 Traminer Kabinett trocken Maulbronner Eilfingerberg** feiner Traminerduft, Rosen; gute Harmonie, klare Frucht (8 €)

85 ▶ **2002 „Attempto" Weißwein-Cuvée trocken** frisch, würzig, direkt; klar im Mund, feine süße Frucht (9,80 €)

86 ▶ **2002 Riesling Spätlese trocken Stettener Brotwasser** klare Frucht, direkt; feine Frucht im Mund, klar und direkt, Biss (15 €)

85 ▶ **2002 Lemberger trocken Maulbronner Eilfingerberg** frisch, klare reife Frucht, rauchige Noten, rote Früchte; gute Harmonie, klar, kompakt (8,70 €)

85 ▶ **2002 Lemberger trocken Gündelbacher Steinbachhof** frisch, klar, feine Frucht; lebhaft, klare süße Frucht, Biss (7,50 €)

85 ▶ **2001 „Attempto" Rotwein-Cuvée trocken** frisch, direkt, etwas Johannisbeeren; klar, harmonisch, feine Frucht, Biss (9,80 €)

Weitere Weine: 82 ▶ 2002 Riesling trocken (1l) ■ **82** ▶ 2002 Silvaner trocken Maulbronner Eilfingerberg ■ **81** ▶ 2002 Riesling Kabinett trocken Maulbronner Eilfingerberg ■ **83** ▶ 2002 Riesling Kabinett trocken Stettener Brotwasser ■ **82** ▶ 2002 Lemberger Weißherbst trocken Gündelbacher Steinbachhof ■

Weingut
Rugard **Zahn** ★
Mittelrhein

Blücherstraße 242, 55422 Bacharach-Steeg
Tel. 06743-1267, Fax: 06743-3157
www.weingut-zahn.com
walterzahn@lycos.de
Inhaber: Walter Zahn
Rebfläche: 2,7 Hektar
Besuchszeiten: ganzjährig geöffnet, nach Vereinbarung
Probierstube mit 45 Sitzplätzen, Weinproben mit Weingutsbesichtigung

Die Weinberge von Walter Zahn liegen allesamt in Steillagen in Bacharach und Steeg. Wichtigste Rebsorte ist Riesling mit einem Anteil von 70 Prozent. Hinzu kommen Müller-Thurgau, Portugieser und Scheurebe.

Sehr ausgewogen ist die neue Kollektion von Walter Zahn mit wunderschön unkomplizierten Weinen bei moderaten Preisen.

84 ▶ **2002 Riesling Hochgewächs trocken Bacharacher Wolfshöhle** klare reife Rieslingfrucht; wunderschön klar im Mund, gute süße Frucht (4 €)

84 ▶ **2002 „Loreley" Riesling halbtrocken** feine würzige Rieslingfrucht; frisch, süße Frucht, herrlich süffig (4 €)

84 ▶ **2002 Riesling Bacharacher Kloster Fürstental** klare würzige Frucht; süße Frucht im Mund, herrlich süffig (4 €)

Weitere Weine: 81 ▶ 2002 Riesling trocken ■ **83** ▶ 2002 Riesling halbtrocken Bacharacher Schloß Stahleck (1l) ■ **83** ▶ 2002 Riesling ■ **83** ▶ 2002 Portugieser Rosé halbtrocken Steeger Hambusch (1l) ■ **81** ▶ 2002 Blauer Portugieser trocken ■

Weingut Zehnthof ★★★★
Franken

Kettengasse 3, 97320 Sulzfeld
Tel. 09321-6536, Fax: 09321-5077
www.weingut-zehnthof.de
luckert@weingut-zehnthof.de
Inhaber: Familie Luckert
Rebfläche: 12 Hektar
Besuchszeiten: Mo.-Sa. 8-12 + 13-18 Uhr

1962 hat Theo Luckert seinen ersten Jahrgang auf Flaschen gefüllt und selbst vermarktet. 1970 hat er dann den ehemaligen Zehnthof aus dem Jahr 1558 erworben, der Sitz und Namensgeber des Weingutes ist. Heute bewirtschaften Ulrich und Wolfgang Luckert mit ihren Familien die ausschließlich in Sulzfeld in den Lagen Maustal und Cyriakusberg liegenden Weinberge. Die wichtigsten Rebsorten beim Zehnthof sind Silvaner und Müller-Thurgau. Hinzu kommen vor allem noch Weißburgunder, Riesling, Kerner, sowie etwas Traminer, Rieslaner, Spätburgunder und Domina. In den letzten Jahren sind auch kleine Anbauflächen mit Chardonnay, Frühburgunder und Merlot hinzugekommen. Drei Viertel der Weine werden durchgegoren ausgebaut.

In den letzten Jahren waren die Weine vom Zehnthof von sehr gleichmäßiger Qualität, wobei mir oft die Chardonnays am besten gefielen. Die Vorjahreskollektion war dann deutlich besser geraten. Die Weine waren herrlich stoffig und fruchtbetont. Die beiden besten der verkosteten Weine, Chardonnay und Weißburgunder, waren zwar nicht gerade typisch für Franken, beeindruckten mich aber ganz enorm mit ihrer Kraft und Konzentration. In der neuen Kollektion bestechen alle Weine mit viel Kraft und Konzentration, Frucht und Fülle. Nicht nur Weißburgunder und Chardonnay, sondern auch Silvaner, Riesling und Rieslaner gehören zu den besten in Deutschland. Noch mehr erstaunt aber haben mich die Rotweine vom Zehnthof: eine überzeugende Kollektion!

85 ▶ 2002 Müller-Thurgau trocken Sulzfelder Cyriakusberg feien Frucht, dezente Muskatnote, klar; kraftvoll im Mund, gute Fülle und Frucht (4,10 €)

85 ▶ 2002 Silvaner Kabinett trocken Sulzfelder Cyriakusberg gute Konzentration, klare jugendliche Frucht; klar im Mund, weich und füllig, gute Frucht (5,50 €)

87 ▶ 2002 Silvaner Kabinett trocken Sulzfelder Maustal gute Konzentration, sehr klare jugendliche Frucht; kraftvoll im Mund, viel Frucht, zupackender fülliger Silvaner (7 €)

87 ▶ 2002 Riesling Kabinett trocken Sulzfelder Cyriakusberg würzige klare Rieslingfrucht; gute Fülle, reife klare Frucht (7 €)

90 ▶ 2002 Silvaner Spätlese trocken Sulzfelder Maustal herrlich konzentriert im Bouquet, reintönige reife Frucht; kraftvoll im Mund, enorm füllig, viel reife Frucht, stoffiger Silvaner (13,50 €)

90 ▶ 2002 Chardonnay Spätlese trocken Sulzfelder Cyriakusberg gute Konzentration, jugendliche sehr eindringliche Frucht; kraftvoll im Mund, herrlich viel Frucht, stoffig, guter Nachhall (13,50 €)

90 ▶ 2002 Weißer Burgunder Spätlese trocken Sulzfelder Cyriakusberg viel Konzentration, sehr reintönige jugendliche Frucht; kraftvoll im Mund, herrlich konzentriert, klar, jugendliche Frucht, mit Nachhall (14,50 €)

89 ▶ 2002 Riesling Spätlese trocken Sulzfelder Cyriakusberg konzentriert, herrlich dominante eindringliche Rieslingfrucht, jugendlich; kraftvoll im Mund, viel reife süße Frucht, faszinierend stoffiger Riesling (15,50 €)

90 ▶ 2002 Rieslaner Auslese trocken Sulzfelder Maustal konzentriert, enorm dominant, reintönige Frucht, etwas Grapefruit; dominant im Mund, konzentriert, klare jugendliche Frucht, enorm stoffig und nachhaltig (17 €)

88 ▶ 2001 Spätburgunder*** reife rauchige Spätburgunderfrucht, etwas Erdbeeren, rote Früchte; harmonisch im Mund, schmeichelnd, Vanille, gute Fülle (17 €)

90 ▶ **2001 Frühburgunder***** konzentriert, reife Frucht, sehr klar, rauchige Noten; gute Fülle im Mund, reife klare Frucht, Vanille, sehr harmonisch und lang (22 €)

88 ▶ **2001 Merlot***** rauchige Noten, Gewürze, sehr eindringlich, gute Konzentration; füllig im Mund, klare Frucht, rote Früchte, Vanille, jugendliche Bitternote (24 €)

Winzergenossenschaft Zell-Weierbach ★★
Baden

Schulstraße 5, 77654 Offenburg
Tel. 0781-34773, Fax: 0781-33124
www.wg-zell-weierbach.de
wg-zell-weierbach@t-online.de
Geschäftsführer: Georg Huschle
Mitglieder: 300
Rebfläche: 80 Hektar
Besuchszeiten: Mo.-Fr. 8-12 + 13:30-17 Uhr,
Sa. 8-12 Uhr und nach Vereinbarung
Weinproben (bis 250 Personen)

Wichtigste Rebsorten bei den Mitgliedern der 1923 gegründeten Genossenschaft von Zell-Weierbach sind Spätburgunder und Müller-Thurgau. Es folgen Riesling und Grauburgunder. Dazu gibt es etwas Gewürztraminer, Muskateller, Scheurebe, Weißburgunder und Chardonnay. Die Rotweine werden von Kellermeister Christian Idelhauser maischevergoren und anschließend in Holzfässern (ausgewählte Weine auch im Barrique) ausgebaut.

Nach einer sehr gleichmäßigen 2000er Kollektion waren die 2001er ein klarer Schritt voran. Vor allem mit den beiden „SL"-Weinen zeigte die Genossenschaft Zell-Weierbach, dass sie mit den besten Privatgütern der Ortenau konkurrieren kann. Auch die neue Kollektion überzeugt. Die kraftvollen Spätburgunder weisen alle deutliche Bitter-noten im Abgang auf.

84 ▶ **2002 „Weißer Abt" Cuvée trocken** feien Würze, klare Frucht; weich im Mund, gute süße Frucht (5,90 €)

85 ▶ **2002 Grauer Burgunder trocken Zeller Abtsberg** feine klare frische Frucht; frisch, süß, enorm süffig (4,40 €)

87 ▶ **2002 Weißburgunder trocken „SL" Zeller Abtsberg** würzig, konzentriert, eindringliche Frucht; weich, schmeichelnd, viel süße Frucht, enorm süffig und lang (9,90 €)

88 ▶ **1999 Weißburgunder Eiswein Zeller Abtsberg** konzentriert, würzig, eingelegte Aprikosen; enorm süß im Mund, kompakt, dick, Nachhall (20,40 €)

84 ▶ **2002 Klingelberger (Riesling) Spätlese trocken Zeller Abtsberg** feine Frische, Zitrusfrüchte, klar; frisch, direkt, gute Frucht (6,90 €)

85 ▶ **2001 Spätburgunder Spätlese trocken Barrique Zeller Abtsberg** reife rauchige Spätburgunderfrucht, rote Früchte, etwas Kirschen; kraftvoll, zurückhaltende Frucht, Bitternoten (14,90 €)

85 ▶ **2001 Spätburgunder trocken „SL" Zeller Abtsberg** gute Konzentration, reife würzige Spätburgunderfrucht; füllig, reife süße Frucht, Bitternoten (11,40 €)

88 ▶ **2001 Spätburgunder Beerenauslese Barrique Zeller Abtsberg** konzentriert, würzig, dominant, rauchige Noten; kraftvoll im Mund, fruchtbetont, sehr klar, gute Struktur und Nachhall (35 €)

Weitere Weine: 80 ▶ 2001 Chardonnay trocken Barrique Zeller Abtsberg ■ 83 ▶ 2002 Müller-Thurgau Zeller Abtsberg ■ 83 ▶ 2002 „Schwarzer Abt" Rotwein Cuvée ■ 83 ▶ 2002 Spätburgunder Kabinett trocken Zeller Abtsberg ■

Weingut August Ziegler ★
Pfalz

Bahnhofstraße 5, 67487 Maikammer
Tel. 06321-9578-0, Fax: 06321-957878
aug.ziegler@t-online.de
Inhaber: Harald und Uwe Ziegler
Rebfläche: 17 Hektar
Besuchszeiten: Mo.-Fr. 8-18 Uhr, Sa. 9-15 Uhr,
So. 10-12 Uhr nach Vereinbarung
Weinproben (während der Besuchszeiten)

Das Weingut August Ziegler wird heute in achter Generation von Harald und Uwe Ziegler geführt. Uwe Ziegler ist für Weinbau und Keller verantwortlich, Harald Ziegler für den Vertrieb. Wichtigste Rebsorte ist der Riesling, gefolgt von Spätburgunder, Dornfelder, Weißburgunder, Gewürztraminer, Portugieser, St. Laurent und Scheurebe. Aber auch weiße Sorten wie Rieslaner und Sauvignon Blanc oder rote Sorten wie Cabernet Cubin, Shiraz, Merlot und Cabernet Franc bauen die beiden Brüder an. Ihre Weinberge verteilen sich auf die Gemarkungen Maikammer, Gimmeldingen, Kirrweiler und Mußbach. Der Ausbau der Weine erfolgt teils im Edelstahl, teils in Holzfässern. Ausgesuchte Weine werden auch im Barrique ausgebaut.

Nach einer homogenen Kollektion vor zwei Jahren folgte im Vorjahr wiederum eine gleichmäßige Kollektion mit einem herrlich reintönigen Merlot an der Spitze. Der neue Jahrgang bleibt da insgesamt ein wenig zurück.

85 ▶ **2002 Chardonnay Spätlese trocken Kirrweiler Römerweg** gute Würze und Frucht im Bouquet; weich, füllig, viel süße Frucht (7,80 €)

85 ▶ **2002 Gewürztraminer Spätlese trocken Maikammer Mandelhöhe** reife süße Traminerfrucht, klar; viel süße Frucht, harmonisch, dezente Bitternote (7,80 €)

86 ▶ **2002 Rieslaner Auslese Gimmeldinger Meerspinne** viel süße Frucht, etwas Litschi, Grapefruit; viel süße Frucht auch im Mund, schmeichelnd, harmonisch (10 €)

84 ▶ **2002 St. Laurent rocken Alsterweiler Kapellenberg** gute Frucht und Würze, jugendlich; weich im Mund, viel süße Frucht, enorm süffig (5,50 €)

Weitere Weine: 81 ▶ 2002 Riesling trocken (1l) ■ **79** ▶ 2002 Silvaner Kabinett trocken Alsterweiler Kapellenberg ■ **81** ▶ 2002 Riesling Kabinett trocken Maikammer Kirchenstück ■ **82** ▶ 2002 Sauvignon Blanc Kabinett trocken Maikammer Mandelhöhe ■ **83** ▶ 2002 Weißer Burgunder Spätlese trocken Kirrweiler Römerweg ■ **83** ▶ 2002 Riesling Spätlese trocken Alsterweiler Kapellenberg ■ **83** ▶ 2002 Grauburgunder Spätlese trocken Alsterweiler Kapellenberg ■ **82** ▶ 2000 Spätburgunder Kabinett trocken Maikammer Mandelhöhe ■

Weingut Zimmerle ★★
Württemberg

Kirchstraße 14, 71404 Korb
Tel. 07151-33893, Fax: 07151-37422
www.weingut-zimmerle.de
info@weingut-zimmerle.de
Inhaber: Friedrich Zimmerle
Rebfläche: 9,3 Hektar
Besuchszeiten: Mo.-Fr. 17-18:30 Uhr,
Sa. 9-14 Uhr
Gutsausschank „Zum Korber Besa" (Okt., Nov., Jan.-Febr., März)

Friedrich Zimmerle baut zu 70 Prozent Rotweinsorten und zu 30 Prozent Weißweinsorten an. Die Weißweine werden kalt vergoren; die Rotweine werden zum größten Teil maischevergoren, ausgesuchte Weine werden im Barrique ausgebaut. Für seine Barriqueweine nutzt er französische und schwäbische Eiche. Friedrich Zimmerle betreibt auch zwei Edelbranntwein-Brennereien.

Vor zwei Jahren hatte Friedrich Zimmerle eine überzeugende Kollektion:

zuverlässig jeder Wein, gekonnt gemachte Barriqueweine und ein ganz faszinierender Eiswein Korber Steingrüble (93). Dieser Eiswein war auch das Glanzlicht im Jahrgang 2001 (95). Auch in der neuen Kollektion glänzt Friedrich Zimmerle mit edelsüßen Weinen. Beeindruckend finde ich aber auch die barriqueausgebauten Rotweine. Weiter im Aufwärtstrend!

84 ▶ 2002 Chardonnay Astum** würzige Noten bei zurückhaltender Frucht; klare Frucht, etwas Süße, Biss (8,30 €)

85 ▶ 2002 Riesling Astum*** gute Würze und Frucht, direkt; viel süße Frucht, kompakt, leichte Bitternote (13 €)

88 ▶ 2002 Riesling Auslese Korber Steingrüble herrlich reintönig und konzentriert, reife süße Aprikosen, Litschi, faszinierend klar; viel süße Frucht im Mund, kompakt, zupackend, ganz dezente Bitternote im Hintergrund (14,50 €/0,5l)

91 ▶ 2002 Riesling Beerenauslese Korber Steingrüble faszinierend konzentriert und klar, süße eingelegte Aprikosen, auch Litschi; herrlich viel Frucht im Mund, konzentriert, dick, sehr reintönig, lang (39 €/0,375l)

84 ▶ 2002 Lemberger trocken frisch, würzig, klare jugendliche Frucht; klare Frucht, Biss, geradlinig (5,30 €)

84 ▶ 2002 „Korbinian" trocken frisch, klar, rote Früchte; lebhaft, klar, viel süße Frucht, Biss (4,80 €)

84 ▶ 2002 Zweigelt Astum* herrlich klar, jugendliche Kirschenfrucht; wunderschön fruchtbetont im Mund, klar, unkompliziert, feine jugendliche Bitternote (7 €)

84 ▶ 2002 Samtrot Astum** würzige Pinotfrucht, klar; frisch, klare etwas süße Frucht, süffig (9,50 €)

87 ▶ 2001 Dornfelder würzig-rauchige Noten, sehr eindringliche Frucht; füllig im Mund, klare reife Frucht (15 €)

87 ▶ 2001 Lemberger viel Vanille, klare Frucht, Frische; gute Harmonie im Mund, viel Frucht, jugendliche Tannine (16 €)

88 ▶ 2001 Samtrot rauchige Noten, eindringliche jugendliche Frucht, Vanille; herrlich füllig, viel Vanille und Frucht, Nachhall (18 €)

Weitere Weine: 84 ▶ 2002 Trollinger mit Lemberger Korber Sommerhalde ■

Weingut Zimmermann ★
Baden

◆ *Auf dem Schliengener Berg, 79418 Schliengen*
Tel. 07635-665, Fax: 07635-463
www.zimmermann-wein.de
info@zimmermann-wein.de
Inhaber: Karl-Ernst Zimmermann
Rebfläche: 9 Hektar
Besuchszeiten: Mo.-Fr. 9-12 + 14-18 Uhr, Sa. 10-12 Uhr

Das Weingut Zimmermann besteht seit 1985 und wird geführt von Karl-Ernst und Martina Zimmermann. Die Weinberge liegen in den Gemarkungen Schliengen, Bad Bellingen, Liel, Mauchen und Niedereggen. Angebaut werden Gutedel, Spätburgunder, Regent, Riesling, Nobling und Müller-Thurgau.

84 ▶ 1999 Gutedel trocken Schliengener Sonnenstück würzig, Hefenoten, cremig; weich im Mund, süße Frucht, harmonisch, cremig (6,60 €)

86 ▶ 2001 Spätburgunder trocken Barrique Schliengener Sonnenstück rauchige Noten, gute Konzentration, sehr eindringliche Frucht; kraftvoll im Mund, gute Frucht und Harmonie (12 €)

86 ▶ 2001 Grauburgunder Spätlese trocken Barrique Schliengener Sonnenstück feine Frucht im Bouquet, etwas Zitrus und Toast; harmonisch im Mund, reife klare Frucht, feiner Nachhall (8,90 €)

Weitere Weine: 80 ▶ 2002 Gutedel trocken Schliengener Sonnenstück (1) ■ **82 ▶ 2002 Roter Gutedel trocken Schliengener Sonnenstück** ■ **80 ▶ 2002 Gutedel trocken Maucherner Sonnenstück** ■ **83 ▶ 2002 Riesling Kabinett trocken Maucherner Sonnenstück** ■ **82 ▶ 2002 Spätburgunder Weißherbst Schliengener Sonnenstück** ■ **82 ▶ 2001 Spätburgunder Classic** ■

Weingut Zipf *
Württemberg

Vorhofer Straße 4, 74245 Löwenstein
Tel. 07130-6165, Fax: 07130-9725
www.zipf.com
weingut@zipf.com
Inhaber: Familie Zipf
Rebfläche: 10 Hektar
Besuchszeiten: Mo.-Fr. 13-18:30 Uhr, Sa. 9-17, So. 9-12 Uhr
Probierstube (bis 15 Personen)

Vater Reinhard Zipf und Sohn Jürgen bauen zu 65 Prozent rote Sorten an. Neben Schwarzriesling, Lemberger und Trollinger gibt es Dornfelder und Muskattrollinger. Zuletzt haben sie etwas Spätburgunder, Acolon und Cabernet Cubin angelegt. Bei den weißen Sorten dominiert Riesling. Weinbau betreibt die Familie Zipf in Löwenstein schon seit über 100 Jahren, das Weingut wurde jedoch erst 1963 gegründet. Seit 1999 ist Jürgen Zipf - nach Abschluss in Weinsberg und anschließender Tätigkeit dort in der Rebenzüchtung - voll im Betrieb tätig. Die Weine bleiben recht lange auf der Feinhefe und machen fast alle einen biologischen Säureabbau durch - auch Riesling. Die Weine werden trocken oder halbtrocken ausgebaut (steht nicht trocken auf dem Etikett, so handelt es sich - wie auch sonst in Württemberg oft üblich - um nach dem Weingesetz halbtrockene Weine).

In den Jahrgängen 2000 und 2001 überzeugte die gleichmäßige Qualität aller Weine, wobei im vergangenen Jahr ein Riesling Eiswein (91) herausragte. Auch die neue Kollektion ist ausgewogen, wobei die im Holz ausgebauten Weine unter unangenehmen Fassnoten „leiden". Mein Rat: andere Fässer anschaffen!

85 ▶ 2002 Gewürztraminer „Steillage" trocken Löwensteiner Wohlfahrtsberg feiner Traminerduft, frisch und direkt; viel Frucht im Mund, wunderschön klar, kompakt (5,50 €)

86 ▶ 2002 Trollinger** „Steillage" trocken Löwensteiner würzige Noten, gute Konzentration, klar; harmonisch, klare Frucht, Struktur, Nachhall (4,90 €)

84 ▶ 2002 Blauer Spätburgunder*** trocken Holzfass Löwensteiner Wohlfahrtsberg reife süße Frucht, rauchige Noten, dezent Speck; kompakt, verhaltene Frucht (8,50 €)

84 ▶ 2002 Lemberger*** trocken Holzfass Löwensteiner Wohlfahrtsberg reife süße rote Früchte im Bouquet; kompakt, Frucht, viel Biss (7,50 €)

84 ▶ 2002 Trollinger mit Lemberger Löwensteiner feine Frucht, Kirschen; süß im Mund, geschmeidig, süffig (4,30 €/1l)

Weitere Weine: 82 ▶ 2002 Riesling trocken Löwensteiner Wohlfahrtsberg (1l) ■ 83 ▶ 2002 Scheurebe Spätlese trocken Löwensteiner Wohlfahrtsberg ■ 82 ▶ 2002 Schwarzriesling** trocken Löwensteiner Wohlfahrtsberg ■ 80 ▶ 2000 Rotwein Cuvée trocken Barrique Löwensteiner Wohlfahrtsberg ■

Weingut-Weinkellerei Julius Zotz ★★
Baden

Staufener Straße 1, 79423 Heitersheim
Tel. 07634-1059, Fax: 07634-4758
weingut.zotz@t-online.de
Inhaber: Julius und Martin Zotz
Rebfläche: 9 Hektar Weingut, 50 Hektar Erzeugergemeinschaft
Besuchszeiten: Mo.-Fr. 8-12 + 13-17:30 Uhr, Sa. 9-12 Uhr

1845 erwarb Karl Zotz das Malteserschloss in Heitersheim und baute ein Weingut auf. Dies wird heute von seinen Urenkeln Julius und Martin Zotz geführt. Sie setzen auf die typischen Markgräfler Rebsorten wie Gutedel, Müller-Thurgau, Silvaner, die Burgundersorten, Nobling und Gewürztraminer. Das Weinprogramm teilt sich in eine Basislinie, die Serie „Exclusiv-Auswahl" für die jeweils besten Fässer, sowie die „Selektions"-Weine von ertragsreduzierten, alten Weinbergen, die nach den Richtlinien des kontrolliert umweltschonenden Weinbaus bearbeitet werden.

Die letztjährige Kollektion war ein deutlicher Schritt voran. Sowohl Gutedel und Grauburgunder als auch die barriqueausgebauten Chardonnay und Spätburgunder gehörten zu den Jahrgangsbesten im Markgräflerland. In der neuen Kollektion gefallen mir die beiden Barriqueweine am besten.

85 ▶ 2002 Chasslie trocken Heitersheimer Maltesergarten feine Würze, zurückhaltend; frisch, klar, gute Fülle und Frucht (6,60 €)

84 ▶ 2002 Grauer Burgunder Classic klare Frucht, gelbe Früchte; harmonisch im Mund, weich, klare Frucht (4,60 €)

86 ▶ 2002 Chardonnay Spätlese trocken Barrique Selektion Heitersheimer Maltesergarten würzige Noten, dezenter Toast, gute Konzentration; kraftvoll im Mund, klar, reife Frucht (9 €)

84 ▶ 2002 Gewürztraminer Kabinett Heitersheimer Maltesergarten feiner Rosenduft, klar; weich im Mund, gute Frucht (5,30 €)

86 ▶ 2001 Spätburgunder Auslese trocken Barrique Heitersheimer Maltesergarten reife klare Frucht mit rauchigen Noten, Vanille; schön harmonisch im Mund, viel Frucht, Vanille (10 €/0,5l)

Weitere Weine: 80 ▶ 2001 Pinot Blanc Sekt Brut Heitersheimer Maltesergarten ■ 80 ▶ 2002 Gutedel trocken Heitersheimer Maltesergarten (1l) ■ 83 ▶ 2002 Riesling Kabinett trocken Heitersheimer Maltesergarten ■ 81 ▶ 2002 Weißer Burgunder Kabinett trocken Heitersheimer Maltesergarten ■ 83 ▶ 2002 Weißer Burgunder trocken Selektion Heitersheimer Maltesergarten ■ 82 ▶ 2002 Spätburgunder Rosé trocken Heitersheimer Maltesergarten ■

Anhang

I. Schnäppchen   649

II. Die besten Weine   665

III. Verzeichnis der Weingüter   689

IV. Verzeichnis der Orte   698

I. Schnäppchen

Im Kapitel „Die besten deutschen Weinerzeuger und ihre Weine von A bis Z" sind Weine mit besonders gutem Preis-Leistungs-Verhältnis dadurch hervorgehoben, dass die Preise dieser Weine rot hervorgehoben sind. In diesem Verzeichnis sind alle diese Weine noch einmal getrennt nach Anbaugebieten aufgelistet. Darunter finden sich sowohl preiswerte Literweine mit überzeugender Qualität, als auch eine Reihe von Spitzenweinen, die gerade auch im internationalen Vergleich noch - fast - konkurrenzlos günstig sind. Zu jedem Wein wird in Klammern die Bewertung, die der Wein erhalten hat, sowie der Preis aufgeführt (z.B. 86 / 4,50 €). Ist weiter nichts angegeben, handelt es sich um Preise für 0,75-Liter-Flaschen.

Baden

Alde Gott Winzergenossenschaft
2002 Rivaner trocken
Sasbachwaldener Alde Gott (85/3,70 €)

Weingut Bercher
2002 Weißer Burgunder Kabinett trocken
Burkheimer Feuerberg (89/7,30 €)
2002 Grauer Burgunder Spätlese trocken
Jechtinger Eichert (91/10,75 €)
2001 Chardonnay trocken Selection
Barrique (93/15 €)

Weingut Fischer
2002 Rivaner trocken
Nimburg-Bottinger Steingrube (86/4,80 €)

Weingut Freiherr v. Franckenstein
2002 Grauburgunder Kabinett trocken
Zell-Weierbacher Abtsberg (88/6,80 €)

Weingut Thomas Hagenbucher
2002 Riesling trocken
(84/3,90 €/1l)

Weingut Ernst Heinemann & Sohn
2000 Chardonnay Sekt Brut
Scherzinger Batzenberg (90/9,90 €)

Weingut Achim Jähnisch
2002 Gutedel trocken
(86/4,50 €)

Weingut Knab
2002 Grauer Burgunder Kabinett trocken
Endinger Engelsberg (87/6 €)

2002 Weißer Burgunder Spätlese trocken
Endinger Engelsberg (89/7,50 €)

Weingut Kopp
2002 Grauburgunder trocken
(87/6 €)
2001 Spätburgunder trocken Alte Reben
(91/12 €)

Weingut Krebs
2002 Gutedel trocken
Binzener Sonnhohle (85/3,20 €)

Weingut Andreas Laible
2002 Riesling Spätlese trocken „SL" Nr. 33
Durbacher Plauelrain (92/11 €)
2002 Riesling Spätlese trocken „SL" Nr. 7
Durbacher Plauelrain (92/11 €)
2002 Riesling Spätlese trocken „Achat"
Durbacher Plauelrain (94/15 €)
2002 Riesling Spätlese halbtrocken Nr. 22
Durbacher Plauelrain (90/10 €)
2002 Riesling Auslese halbtrocken
Durbacher Plauelrain (92/15 €)
2002 Gewürztraminer Spätlese trocken
Durbacher Plauelrain (90/9,20 €)
2002 Scheurebe Spätlese trocken
Durbacher Plauelrain (91/9,20 €)
2002 Scheurebe Spätlese
Durbacher Plauelrain (90/9,20 €)
2002 Scheurebe Auslese
Durbacher Plauelrain (92/15 €)

Weingut Klaus-Martin Marget
2002 Gutedel trocken
Heitersheimer Maltesergarten (86/4,30 €)

Weingut Michel
2002 Grauburgunder Kabinett trocken
Achkarrer Castellberg (88/5,60 €)

2002 Weißburgunder Kabinett trocken
Achkarrer Schlossberg (88/6,20 €)

2002 Weißburgunder Spätlese trocken
Achkarrer Schlossberg (90/8 €)

2002 Grauburgunder Spätlese trocken
Achkarrer Schlossberg (90/8 €)

2002 Grauburgunder Spätlese*** trocken
Achkarrer Schlossberg (91/11,50 €)

Winzergenossenschaft Pfaffenweiler
2002 Weißburgunder trocken
Pfaffenweiler Batzenberg (85/4,20 €/1l)

Weingut H + R Pix
2002 Grüner Silvaner Kabinett trocken
Ihringer Winklerberg (87/6 €)

Weingut Schindler
2002 Gutedel trocken
(85/3,70 €)

2002 Chardonnay Kabinett trocken
(86/4,90 €)

2002 Muskateller Kabinett trocken
(86/4,50 €)

2002 Riesling Kabinett trocken
(86/4,30 €)

2002 Gutedel Spätlese trocken
(88/5,90 €)

2001 Spätburgunder trocken
Müllheimer Sonnhalde (86/4,90 €)

2001 Spätburgunder trocken
Müllheimer Pfaffenstück (86/4,70 €)

Weingut Schlör
2002 „First S" Kabinett
Reicholzheimer First (86/4,50 €)

Weingut Claus Schneider
2002 Johanniter Kabinett
(86/4,80 €)

Weingut Reinhold & Cornelia Schneider
2002 Weißburgunder Spätlese*** trocken
(90/10 €)

2002 Ruländer Spätlese trocken R***
(90/10 €)

Winzergenossenschaft Wasenweiler
2002 Silvaner Kabinett trocken „Die Neun"
Wasenweiler Lotberg (85/4 €)

2002 Grauburgunder Spätlese trocken
Wasenweiler Kreuzhalde (87/6 €)

Ökologisches Weingut Trautwein
2002 Rivaner trocken
(85/4 €)

Franken

Weingut Augustin
2002 Müller-Thurgau Kabinett trocken
Sulzfelder Maustal (86/4,60 €)

2002 Silvaner Kabinett trocken
Sulzfelder Cyriakusberg (86/4,70 €)

Weingut Heinz Braun
2002 Silvaner trocken
Volkacher Ratsherr (85/4 €/1l)

Weingut Emmerich
2002 Müller-Thurgau Spätlese
Seinsheimer Hohenbühl (86/5 €)

Weingut Walter Erhard
2002 Silvaner trocken
Volkacher Ratsherr (84/4 €/1l)

2002 Müller-Thurgau trocken Frank & Frei
(86/5 €)

Weingut Clemens Fröhlich
2002 Müller-Thurgau Kabinett trocken
Escherndorfer Fürstenberg (86/4,20 €/1l)

2002 Silvaner Kabinett trocken
Escherndorfer Fürstenberg (85/4,30 €/1l)

2002 Silvaner Kabinett trocken
Escherndorfer Lump (85/4,50 €/1l)

2002 Riesling Kabinett trocken
Escherndorfer Lump (86/5,40 €/1l)

2002 Riesling Kabinett trocken
Escherndorfer Lump (87/4,90 €)

2002 Silvaner Spätlese trocken
Escherndorfer Lump (89/6 €)

2002 Kerner Spätlese trocken
Escherndorfer Fürstenberg (87/5,70 €)

Weingut Michael Fröhlich
2002 Muskateller Kabinett
Untereisenheimer Sonnenberg (87/5 €)

Weingut Klaus Giegerich
2002 Müller-Thurgau trocken
(84/3,80 €/1l)

2002 „Bellissima" Müller-Thurgau trocken
(86/4,90 €)

2002 Müller-Thurgau Kabinett trocken
(86/3,90 €)

2002 Riesling Kabinett
(87/5,40 €)

2002 Kerner Kabinett halbtrocken
(86/4,40 €)

2002 Rieslaner Kabinett
(87/5,80 €)

Weingut Glaser-Himmelstoss
2002 Müller-Thurgau Kabinett trocken
Obervolkacher Landsknecht (85/4,70 €/1l)

2002 Kerner Kabinett
Nordheimer Kreuzberg (86/5 €)

Weingut Familie Hart
2002 Kerner Kabinett
(85/4,20 €/1l)

Weingut Werner Höfling
2002 Bacchus
Eußenheimer First (85/3,60 €)

2002 Kerner Kabinett halbtrocken
Eußenheimer First (85/4 €)

Weingut Hofmann
2002 Rivaner trocken
(85/3,85 €)

2002 Bacchus trocken
(84/3,90 €/1l)

2002 Silvaner Kabinett trocken
(86/4,50 €)

Weingut Am Stein - Ludwig Knoll
2002 Müller-Thurgau trocken Frank & Frei
(87/5,50 €)

Weingut Max Markert
2002 Scheurebe Kabinett trocken
Eibelstadter Teufelstor (86/4,50 €)

2002 Silvaner Selection
Eibelstadter Teufelstor (88/7 €)

2002 Scheurebe Kabinett
Eibelstadter Teufelstor (86/4,50 €)

Weingut Götz Meintzinger & Söhne
2002 Kerner Spätlese
Frickenhäuser Markgraf Babenberg (87/6 €)

Weingut Max Müller I
2002 Scheurebe Kabinett
Volkacher Ratsherr (86/4,70 €)

Weingut Römmert
2002 Bacchus Kabinett
Volkacher Ratsherr (86/4,50 €)

Weingut Rudloff
2002 Weißer Burgunder Spätlese trocken
(90/9 €)

Weingut Horst Sauer
2002 Müller-Thurgau Kabinett trocken
Escherndorfer Fürstenberg (86/4,70 €)

2002 Scheurebe Kabinett
Escherndorfer Lump (88/6,50 €)

Weingut Rainer Sauer
2002 Riesling Kabinett trocken
Escherndorfer Lump (87/6 €)

2002 Silvaner Spätlese trocken
Escherndorfer Lump (89/8,50 €)

Weingut Schwab
2002 Müller-Thurgau Kabinett trocken
Thüngersheimer Johannisberg (86/4,60 €)

2002 Bacchus Kabinett trocken
Thüngersheimer Johannisberg (87/4,60 €)

2002 Scheurebe Kabinett trocken
Thüngersheimer Johannisberg (87/5,10 €)

Weingut Christoph Steinmann
2002 Silvaner trocken
Sommerhäuser (85/4,20 €/1l)

2002 Scheurebe Kabinett
Sommerhäuser Steinbach (86/4,70 €)

Hessische Bergstraße

Weingut Simon-Bürkle
2002 Riesling trocken
Zwingenberger (85/4,50 €/1l)

2002 Riesling Spätlese trocken
Zwingenberger Steingeröll (89/7,50 €)

Mittelrhein

Weingut Didinger
2002 Riesling Spätlese trocken
Bopparder Hamm Feuerlay (86/4,80 €)

2002 Riesling Spätlese* trocken
Bopparder Hamm Feuerlay (87/5,50 €)

2002 Riesling Spätlese* halbtrocken
Bopparder Hamm Feuerlay (87/5,50 €)

2002 Riesling Kabinett
Bopparder Hamm Fässerlay (85/4 €)

2002 Riesling Spätlese*
Bopparder Hamm Feuerlay (88/5,50 €)

2002 Riesling Auslese*
Bopparder Hamm Feuerlay (89/5,30 €/0,5l)

Weingut Albert Lambrich
2002 Riesling Spätlese trocken
Oberweseler Römerkrug (86/5 €)

2002 Riesling Spätlese
Oberweseler Römerkrug (89/5 €)

Weingut Mohr & Söhne
2002 Grauburgunder trocken
Leutesdorfer (87/5,60 €)

Weingut Matthias Müller
2002 Riesling Hochgewächs trocken
Bopparder Hamm Mandelstein (85/3,90 €)

2002 Riesling Spätlese trocken
Bopparder Hamm Ohlenberg (87/5,50 €)

2002 Riesling Spätlese trocken
Bopparder Hamm Mandelstein (88/6 €)

2002 Riesling Spätlese halbtrocken
Bopparder Hamm Feuerlay (87/5,20 €)

2002 Riesling Spätlese halbtrocken
Bopparder Hamm Mandelstein (89/7 €)

2002 Riesling Spätlese
Bopparder Hamm Feuerlay (89/7,50 €)

Weingut Hermann Ockenfels
2002 Riesling Kabinett halbtrocken
Leutesdorfer Rosenberg (85/4 €)

Weingut Selt
2002 Riesling „S" trocken
(86/4,50 €)

Mosel-Saar-Ruwer

Weingut Hubertus M. Apel
2002 Elbling trocken
Nitteler Rochusfels (85/3,70 €)

Weingut Bastgen
2002 Riesling trocken
(85/4,50 €/1l)

2002 Riesling Spätlese „S"
Kestener Paulinshofberg (90/9,50 €)

Weingut Klaus Berweiler-Merges
2002 Riesling Spätlese
Pölicher Held (87/4,80 €)

2002 Riesling Auslese
Neumagener Rosengärtchen (87/5,20 €)

Weingut Erben von Beulwitz
2002 Riesling halbtrocken
(86/5,50 €/1l)

2002 Riesling Kabinett trocken
Kaseler Nies'chen (87/5,90 €)

2002 Riesling Kabinett halbtrocken
Kaseler Nies'chen (87/5,90 €)

2002 Riesling Kabinett
Kaseler Nies'chen (87/5,90 €)

2002 Riesling Spätlese*
Kaseler Nies'chen (89/7,50 €)

2002 Riesling Spätlese***
Kaseler Nies'chen (90/9,50 €)

Weingut Heribert Boch
2002 Riesling Spätlese
Trittenheimer Apotheke (87/4,90 €)

Weingut Dietmar Clüsserath - Hilt
2002 Riesling Spätlese* trocken Longuicher
Maximiner Herrenberg (87/5,90 €)

2002 Riesling Spätlese
Mehringer Zellerberg (88/5,40 €)

2002 Riesling Spätlese* Longuicher
Maximiner Herrenberg (89/6 €)

Weingut Dahmen-Kuhnen
2002 Riesling Spätlese
Mehringer Zellerberg (87/4,50 €)

Weingut & Gutsstube Michael Dixius
2002 „Secco" Perlwein
(85/4 €)

2000 Rivaner
(85/3 €)

2000 Riesling Spätlese
Mehringer Zellerberg (87/4,90 €)

2002 Riesling Spätlese
Mehringer Zellerberg (88/5,50 €)

Weingut Bernhard Eifel
2002 Riesling Spätlese trocken
Trittenheimer Apotheke (88/7 €)

Weingut Franz-Josef Eifel
2002 Riesling trocken
(85/5 €/1l)

2002 Riesling Kabinett trocken
Trittenheimer Apotheke (88/6,50 €)

2002 Riesling Auslese „feinherb"
Trittenheimer Apotheke (91/12 €)

2002 Riesling Kabinett
Trittenheimer Apotheke (89/6,50 €)

2002 Riesling Spätlese
Trittenheimer Altärchen (90/10 €)

2002 Riesling Spätlese*
Trittenheimer Apotheke (92/12 €)

Weingut Eifel-Pfeiffer
2002 Riesling Kabinett halbtrocken
Graacher Himmelreich (87/5,80 €)

2002 Riesling Spätlese „Der Wurzelechte"
Graacher Domprobst (90/8,50 €)

2002 Riesling Kabinett
Trittenheimer Altärchen (87/6 €)

2002 Riesling Spätlese
Wehlener Sonnenuhr (90/9,50 €)

Sekt- und Weingut Stephan Fischer
2002 Riesling trocken
Zeller Schwarze Katz (87/3,50 €/1l)

2002 Riesling Hochgewächs trocken
Zeller Schwarze Katz (87/5 €)

2002 Riesling Spätlese
Zeller Nußberg (88/5 €)

Weingut Reinhard Fuchs
2002 Müller-Thurgau trocken
Pommerner Rosenberg (86/3,90 €)

Weingut Forstmeister Geltz-Zilliken
2002 Riesling „Butterfly"
(87/6 €)

Weingut Michael Goerg
2002 Riesling Spätlese
Neumagener Engelgrube (86/4,90 €)

Weingut Gernot Hain
2002 Riesling Kabinett
Piesporter Goldtröpfchen (87/5,50 €)

Weingut Bernd Hermes
2002 Riesling Hochgewächs
(87/3,90 €/0,5l)

Weingut Matthias Hild
2002 Elbling trocken Nr. 3/03
(86/5 €)

Weingut Hoffmann-Simon
2002 Riesling trocken
(86/4,35 €)

2002 Riesling Spätlese trocken
Klüsserather Bruderschaft (88/5,90 €)

2002 Riesling Spätlese halbtrocken
Köwericher Laurentiuslay (87/5,90 €)

2002 Riesling Kabinett
Piesporter Goldtröpfchen (87/4,90 €)

2002 Riesling Spätlese
Piesporter Goldtröpfchen (89/6,10 €)

2002 Riesling Spätlese
Köwericher Laurentiuslay (89/6,50 €)

2002 Riesling Spätlese
Maringer Honigberg (87/5,50 €)

2002 Riesling Auslese
Köwericher Laurentiuslay (90/8,50 €)

Weingut Kanzlerhof
2002 Riesling Spätlese trocken
Mehringer Blattenberg (86/4,90 €)

2002 Riesling Spätlese „feinherb"
Mehringer Blattenberg (86/5 €)

Weingut Kirsten
2002 Riesling Spätlese trocken
„Herzstück" (89/8,50 €)

Weingut **Knebel-Lehnigk**
2001 Riesling Spätlese halbtrocken
Winninger Hamm (87/5,20 €)

Weingut **Rüdiger Kröber**
2002 Riesling trocken
Winninger Domgarten (86/4 €/1l)

2002 Kröber's Riesling trocken
(86/4,50 €)

2002 Riesling Kabinett trocken
Winninger Uhlen (87/5,50 €)

2002 Riesling Kabinett
Winninger Röttgen (87/4,70 €)

2002 Riesling Spätlese
Winninger Röttgen (89/7 €)

Weingut **Laurentiushof**
2002 Elbling trocken
Bremmer Laurentiusberg (84/3,60 €/1l)

Weingut **Lehnert-Veit**
2002 Riesling Auslese trocken
Piesporter Goldtröpfchen (89/8,50 €)

2002 Riesling Spätlese
Piesporter Goldtröpfchen (87/5,20 €)

2002 Riesling Spätlese**
Piesporter Goldtröpfchen (89/8,50 €)

Weingut **Carl Loewen**
2002 „Varidor" Riesling trocken
(87/4,90 €)

2002 Riesling Spätlese
Maximiner (89/7,30 €)

2002 Riesling Spätlese
Thörnicher Ritsch (90/8,90 €)

Weingut Gebr. **Ludwig**
2002 Riesling Spätlese trocken
Thörnicher Schießlay (86/4,50 €)

Weingut Hans-Josef **Maringer**
2002 Riesling Spätlese „Juwel"
Trittenheimer Apotheke (88/6,80 €)

Weingut **Ollinger-Gelz**
2002 Auxerrois Spätlese trocken
Perler Hasenberg (87/5,50 €)

Weingut **Familie Rauen**
2002 Riesling Spätlese
Detzemer Maximiner Klosterlay (86/4,90 €)

Weingut **Walter Rauen**
2002 Riesling Kabinett trocken
(86/4,20 €)

2002 Riesling Spätlese trocken
(87/5,20 €)

2002 Riesling Spätlese halbtrocken
(87/5,60 €)

2002 Riesling Spätlese
(87/5,80 €)

2002 Riesling Auslese***
(89/7,40 €)

Weingut **Reh**
2002 Riesling trocken
(85/4 €/1l)

2002 Riesling Hochgewächs trocken
„Schieferterrasse" (86/5 €)

2002 Riesling Spätlese trocken
Mehringer Blattenberg (88/6,50 €)

2002 Riesling Hochgewächs halbtrocken
„Schieferterrasse" (86/5 €)

2002 Riesling
(85/4 €/1l)

2002 Riesling Spätlese „S"
Mehringer Zellerberg (89/8,50 €)

Weingut **Richard Richter**
2002 Riesling trocken
Winninger Domgarten (85/4,30 €/1l)

Weingut Schloss **Saarstein**
2002 Weißer Burgunder trocken
(87/6 €)

Weingut **St.-Nikolaus-Hof**
2002 Riesling Spätlese
Trittenheimer Apotheke (87/5,50 €)

2002 Riesling Spätlese
Leiwener Laurentiuslay (88/6,50 €)

Weingut Niko **Schmitt**
2002 Riesling Spätlese
Trittenheimer Apotheke (86/5 €)

Weingut Gebrüder **Simon**
2002 Riesling trocken Version III
Kinheimer Rosenberg (87/5,50 €)

Nahe

Weingut Carl Adelseck
2002 Riesling trocken
(84/3,90 €/1l)

2002 Riesling trocken
Münsterer Pittersberg (86/5,60 €)

Wein- und Sektgut Karl-Kurt Bamberger & Sohn
2002 Riesling Spätlese
Meddersheimer Altenberg (86/4,90 €)

2002 Riesling Spätlese*
Meddersheimer Altenberg (88/6,50 €)

2002 Riesling Auslese
Meddersheimer Altenberg (89/8 €)

Weingut Konrad Closheim
2002 Bacchus
Langenlonsheimer Steinchen (85/3,50 €)

Weingut Dr. Crusius
2002 Weißburgunder-Auxerrois trocken
Traiser (87/5,60 €)

2002 Riesling
(86/4,90 €/1l)

Weingut Graf-Binzel
2002 Grauburgunder Spätlese trocken
Langenlonsheimer Steinchen (86/4,90 €)

Weingut Hahnmühle
2002 Riesling trocken „Alter Wingert"
Cöllner Rosenberg (86/4,90 €)

2002 Riesling halbtrocken
Oberndorfer Beutelstein (86/4,60 €)

Weingut Helmut Hexamer
2002 Riesling „Quarzit" Meddersheimer
Rheingrafenberg (87/5,70 €)

Weingut Kruger-Rumpf
2002 Weißer Burgunder trocken
(87/5,70 €)

2002 Weißer Burgunder trocken
Silberkapsel (89/8,50 €)

2002 Grauer Burgunder trocken
Silberkapsel (90/8,90 €)

2002 Riesling Classic
(86/4,90 €)

2002 Riesling Kabinett trocken
Binger Scharlachberg (87/5,50 €)

2002 Riesling Kabinett „feinherb"
Dorsheimer Burgberg (87/5 €)

2002 Riesling Kabinett trocken
Münsterer Kapellenberg (87/5 €)

2002 Riesling Kabinett trocken
Münsterer Pittersberg (88/5 €)

2002 Riesling Kabinett trocken Silberkapsel
Münsterer Pittersberg (89/5,60 €)

2002 Riesling Kabinett trocken
Münsterer Dautenpflänzer (89/5,40 €)

2002 Riesling Kabinett halbtrocken
Münsterer Pittersberg (87/5,40 €)

2002 Riesling Kabinett halbtrocken
Münsterer Kapellenberg (87/5 €)

2002 Riesling Kabinett halbtrocken
Münsterer Dautenpflänzer (88/6,40 €)

2002 Riesling Kabinett
Münsterer Pittersberg (88/5,40 €)

2002 Riesling Kabinett
Münsterer Kapellenberg (87/5,40 €)

Weingut Lersch
2002 Huxelrebe Spätlese
Langenlonsheimer Steinchen (86/4,60 €)

Weingut Lindenhof
2002 Riesling Spätlese Goldkapsel
(89/8,50 €)

Weingut Rohr
2002 Kerner Spätlese halbtrocken
Raumbacher Schloßberg (86/4,30 €)

2002 Riesling Spätlese halbtrocken
Raumbacher Schwalbennest (87/5 €)

Weingut Schäfer-Fröhlich
2002 Riesling Spätlese
Monzinger Halenberg (90/9 €)

2002 Riesling Spätlese Goldkapsel
Bockenauer Felseneck (92/12 €)

Weingut Schauß & Sohn
2002 Riesling Spätlese
Monzinger Frühlingsplätzchen (87/5,90 €)

Weingut Meinolf Schömehl
2002 Riesling Spätlese trocken
Dorsheimer Goldloch (86/4,80 €)

Schnäppchen

2002 Riesling Kabinett halbtrocken
Dorsheimer Pittermännchen (85/4 €)

2002 Riesling Spätlese
Laubenheimer Karthäuser (86/5 €)

Weingut Bgm. Willi Schweinhardt
2002 Riesling Spätlese trocken
Langenlonsheimer Rothenberg (88/6 €)

2002 Riesling Spätlese
Langenlonsheimer Königsschild (88/6,90 €)

Weingut Rudolf Sinß
2002 Weißer Burgunder Spätlese trocken
Windesheimer Rosenberg (87/5,70 €)

Weingut Tesch
2002 Riesling trocken
(86/4,50 €/1l)

Weingut Welker-Emmerich
2002 „Mila"
Rüdesheimer Rosengarten (86/4,80 €)

Pfalz

Weingut Peter Argus
2002 Chardonnay trocken
(85/4 €)

2002 Grauburgunder Spätlese trocken
(87/5 €)

2002 Weißburgunder Spätlese trocken
(86/4,80 €)

Weingut Bärenhof
2002 Riesling Spätlese trocken
„JB Collection" (87/6 €)

2002 Scheurebe Spätlese
Ungsteiner Kobnert (85/3,80 €)

2002 Silvaner Spätlese
Ungsteiner Weilberg (86/5 €)

Weingut Fred Becker
2002 Spätburgunder Rosé Kabinett trocken
(85/3 €)

2002 „Cuvée Gustav" Rotwein trocken
(85/3,10 €)

Weingut Friedrich Becker
2002 Grauer Burgunder Kabinett trocken
(87/5,60 €)

2002 Auxerrois Kabinett trocken
(87/5,90 €)

2002 Grauer Burgunder Spätlese trocken
(89/7,40 €)

Weingut Bergdolt St. Lamprecht
2002 Riesling trocken
(84/4 €/1l)

Weingut Brenneis-Koch
2002 Grauburgunder Kabinett trocken
Kallstadter Steinacker (86/4,40 €)

2002 Riesling Spätlese trocken
Kallstadter Steinacker (88/7 €)

2002 Weißburgunder Spätlese trocken
Deidesheimer Hofstück (88/7 €)

2002 Muskateller
Leistadter Kirchenstück (87/4,80 €)

Wein- und Sektgut Corbet
2002 Riesling trocken
(84/3,60 €/1l)

2002 Weißer Burgunder Kabinett trocken
Diedesfelder Berg (86/4,90 €)

2002 Grauer Burgunder Kabinett trocken
Diedesfelder Berg (87/4,90 €)

2002 Chardonnay trocken
(87/5,20 €)

Weingut Doppler-Hertel
2002 Kerner Spätlese
(85/3,80 €)

Weingut Fader
2002 Weißer Burgunder Kabinett trocken
Rhodter Ordensgut (85/3,80 €)

2002 Weißer Burgunder Spätlese trocken
Rhodter Rosengarten (86/4,40 €)

2002 Grauer Burgunder Spätlese trocken
Rhodter Rosengarten (87/4,60 €)

2002 Gewürztraminer Spätlese trocken
Rhodter Klosterpfad (87/4,80 €)

Weingut Gies-Düppel
2002 Riesling trocken
(85/3,40 €/1l)

2002 Weißer Burgunder Kabinett trocken
Birkweiler Kastanienbusch (86/4,30 €)

2002 Weißer Burgunder Spätlese trocken
Birkweiler Kastanienbusch (89/6,80 €)

2002 Grauer Burgunder Spätlese trocken
Birkweiler Rosenberg (90/6,70 €)

2002 Riesling Kabinett trocken
Birkweiler Kastanienbusch (86/4,80 €)

2002 Riesling Spätlese trocken
Birkweiler Kastanienbusch (88/6,80 €)

2002 Auxerrois Kabinett trocken
Birkweiler Rosenberg (87/4,60 €)

Weingut Familie Gnägy

2002 Grauer Burgunder Kabinett trocken
Schweigener Sonnenberg (85/3,80 €)

2002 Weißer Burgunder Kabinett trocken
Schweigener Sonnenberg (85/3,90 €)

2002 Riesling Spätlese trocken
Schweigener Sonnenberg (87/5,30 €)

2002 Weißburgunder Spätlese trocken
Schweigener Sonnenberg (87/5,30 €)

Weingut Bernd Grimm

2002 Weißer Burgunder Kabinett trocken
(85/4 €)

2002 Chardonnay Kabinett trocken
(86/4,50 €)

2002 Weißer Burgunder Spätlese trocken
(87/6 €)

2002 Grauer Burgunder Spätlese trocken
(87/6 €)

2002 Chardonnay Spätlese trocken
(88/6,50 €)

Weingut Bruno Grimm & Sohn

2002 Riesling trocken
Schweigener Sonnenberg (83/2,60 €/1l)

2001 Dornfelder trocken
Schweigener Sonnenberg (85/3,50 €)

Weingut Christian Heußler

2002 Riesling Kabinett trocken
Rhodter Schlossberg (85/3,60 €)

2002 Grauburgunder Spätlese trocken
Rhodter Klosterpfad (85/3,80 €)

2002 Dunkelfelder trocken
Rhodter Schlossberg (86/3,80 €)

Weingut Kaiserberghof

2002 Weißburgunder trocken
(85/3,50 €)

2002 Grauburgunder trocken
(85/3,50 €)

Winzergenossenschaft Kallstadt

2002 Riesling Kabinett trocken
Kallstadter Saumagen (85/3,50 €)

Wein- und Sektgut Bernhard Koch

2002 Riesling Kabinett trocken
(85/3,50 €)

Weingut Koehler-Ruprecht

2002 Riesling Kabinett
Kallstadter Steinacker (86/5 €)

2002 Riesling Spätlese
Kallstadter Saumagen (90/9,50 €)

Weingut Dr. Andreas Kopf

2002 Spätburgunder Weißherbst trocken
(85/4 €)

Weingut Kranz

2002 Riesling Hochgewächs trocken
(85/3,85 €)

2002 Riesling Spätlese trocken „Kalmit"
(88/6,20 €)

2002 Auxerrois Kabinett trocken
(86/4,80 €)

2002 Spätburgunder Kabinett Rosé trocken
(85/3,85 €)

Weingut Leiningerhof

2002 Grauer Burgunder Spätlese trocken
Kirchheimer Geißkopf (87/6 €)

2002 Weißer Burgunder Spätlese trocken SL
Kirchheimer Kreuz (89/7,50 €)

2001 Dornfelder trocken Holzfass
Kirchheimer Steinacker (88/6 €)

Weingut Lergenmüller

2002 Weißer Burgunder trocken
(86/5,90 €/1l)

2002 Grauer Burgunder trocken
(87/5,90 €)

Weingut Theo Minges

2002 Riesling Kabinett
Gleisweiler Hölle (87/5 €)

2002 Scheurebe Spätlese
Gleisweiler Hölle (88/7 €)

Weingut Eugen Müller

2002 Riesling Kabinett trocken
(85/4,20 €/1l)

2002 Riesling Kabinett trocken
Forster Pechstein (87/4,50 €)

2002 Riesling Kabinett trocken
Forster Jesuitengarten (88/5,50 €)

Weingut Fritz Müller

2002 Riesling Spätlese trocken
(85/3,90 €)

2002 Silvaner Spätlese trocken
(85/3,60 €)

2002 Chardonnay Spätlese trocken
(86/4 €)

2002 Gewürztraminer Spätlese trocken
(86/3,60 €)

Wein- und Sektgut Müller-Ruprecht

2002 Riesling Spätlese trocken
Kallstadter Annaberg (87/5,80 €)

2002 Scheurebe Auslese
Ungsteiner Honigsäckel (89/6,70 €)

Weingut Castel Peter

2002 Riesling* trocken
(85/4,90 €/1l)

Weingut Petri

2002 Riesling Kabinett trocken Holzfass
Herxheimer Honigsack (85/3,80 €)

2002 Riesling Spätlese trocken
Kallstadter Saumagen (88/6,50 €)

2002 Grauburgunder Spätlese trocken
Herxheimer Honigsack (87/5,50 €)

2002 Riesling Auslese trocken
Herxheimer Himmelreich (89/8 €)

Weingut Karl Pfaffmann

2002 Chardonnay Kabinett trocken
Nußdorfer Bischofskreuz (86/4,30 €)

2002 Weißburgunder Kabinett trocken
Nußdorfer Bischofskreuz (87/4,30 €)

2002 Grauburgunder Spätlese trocken
Walsheimer Silberberg (88/5,90 €)

2002 Riesling Spätlese trocken
Nußdorfer Herrenberg (87/5,90 €)

2002 Huxelrebe Auslese
Walsheimer Silberberg (89/7,50 €)

Weingut Rolf Pfaffmann

2002 Grüner Silvaner Kabinett trocken
(86/3,90 €)

2002 Riesling Kabinett trocken
(85/3,70 €)

2002 Weißer Burgunder Spätlese trocken
(86/4,75 €)

2002 Muskateller „exklusiv"
(88/5,90 €)

2002 Riesling Spätlese
(87/5,65 €)

Weingut Pfeffingen - Fuhrmann-Eymael

2002 Riesling Spätlese trocken
Ungsteiner Herrenberg (89/8,50 €)

Weingut Pfirmann

2002 Chardonnay Spätlese trocken
Wollmesheimer Mütterle (87/5,70 €)

Weingut Heiner Sauer

2002 Chardonnay Kabinett trocken
Nußdorfer Herrenberg (86/5 €)

Weingut M. Schädler

2002 Gewürztraminer Spätlese trocken
Maikammer Kapellenberg (85/3,80 €)

2002 Kerner Auslese
Maikammer Heiligenberg (87/4,80 €)

Weinhof Scheu

2002 Riesling trocken
Schweigener Sonnenberg (85/3,40 €/1l)

2002 Weißburgunder Kabinett trocken
Schweigener Sonnenberg (86/4,30 €)

2002 Riesling „GS"
Schweigener Sonnenberg (89/7 €)

2002 Weißburgunder „GS"
Schweigener Sonnenberg (88/7 €)

Weingut Scholler

2002 Riesling Kabinett trocken
(84/3,80 €/1l)

2002 Riesling Kabinett trocken
Nußdorfer Kaiserberg (85/3,90 €)

2002 Riesling Spätlese trocken
Birkweiler Mandelberg (86/4,60 €)

2002 Weißburgunder Spätlese trocken
Birkweiler Kastanienbusch (87/4,80 €)

2002 Scheurebe Auslese
Birkweiler Kastanienbusch (88/4,90 €)

Weingut Schumacher
2002 Riesling Kabinett trocken
Herxheimer Himmelreich (86/5 €)

2002 Riesling Spätlese trocken
Herxheimer Himmelreich (90/7,60 €)

2002 Riesling Spätlese trocken „Garten"
Herxheimer Himmelreich (92/9,70 €)

Weingut Siegrist
2002 Riesling Spätlese trocken
(89/7,80 €)

2002 Weißburgunder Kabinett trocken
(87/5,50 €)

Weingut Heinrich Spindler
2002 Riesling Kabinett trocken
„Philosophie" (87/5,40 €)

Weingut Jürgen Stentz
2002 Weißer Burgunder Spätlese trocken
Mörzheimer Pfaffenberg (86/4,40 €)

Weingut Theodorhof
2002 Chardonnay Spätlese trocken S
Edesheimer Rosengarten (86/4,50 €)

2002 Riesling Spätlese trocken
Siebeldinger im Sonnenschein (86/4,30 €)

2002 Riesling Hochgewächs S
Siebeldinger im Sonnenschein (84/2,90 €)

2002 Riesling Spätlese
Siebeldinger im Sonnenschein (86/4,20 €)

2002 Kerner Spätlese
Edesheimer Rosengarten (85/3,80 €)

2001 Grauer Burgunder Spätlese
Siebeldinger im Sonnenschein (85/3,80 €)

Weingut Ullrichshof
2002 Weißburgunder Spätlese trocken
Maikammer Heiligenberg (87/6 €)

2002 Riesling Spätlese trocken
Maikammer Heiligenberg (87/5,50 €)

Weingut Wageck-Pfaffmann
2002 Riesling** trocken
(85/4 €)

2002 Chardonnay** trocken
(87/5,20 €)

2002 Weißer Burgunder*** trocken
(87/6 €)

2002 Riesling** halbtrocken
(86/4 €)

Weingut Weegmüller
2002 Scheurebe trocken
(87/6 €)

2002 Riesling trocken
(84/4 €/1l)

Weingut Dr. Wehrheim
2002 Weißer Burgunder Kabinett trocken
(87/5,40 €)

2002 Weißer Burgunder Spätlese trocken
aus dem Buntsandstein (90/8,80 €)

Wein- und Sektgut Ernst Weisbrodt
2002 Riesling Kabinett trocken
Deidesheimer Herrgottsacker (85/4 €)

2002 Riesling Kabinett trocken
Deidesheimer Letten (85/4 €)

Weingut Hubert und Pirmin Wilhelm
2002 Riesling trocken
(84/2,90 €/1l)

2002 Riesling Spätlese trocken
(87/4,40 €)

2002 Riesling halbtrocken
(84/2,80 €/1l)

2002 Riesling Spätlese halbtrocken
(86/3,90 €)

2002 Grauburgunder Spätlese trocken
(86/3,75 €)

2002 Gewürztraminer Spätlese
(86/4,40 €)

2002 Scheurebe Spätlese
(86/3,45 €)

Rheingau

Weingut Oek.Rat. J Fischer Erben
2002 Riesling Spätlese trocken
Eltviller Sonnenberg (89/8 €)

Weingut George - J.&J. Wagenitz
2002 Riesling trocken
Rüdesheimer Berg Rottland (89/8,50 €)

Weingut Jakob Jung
2002 Riesling Spätlese trocken
Erbacher Hohenrain (90/8,80 €)

Weingut Baron zu Knyphausen
2002 Riesling trocken
(87/5,60 €)

Weingut Heinz Nikolai
2002 Riesling Spätlese
Erbacher Steinmorgen (87/6 €)

Weingut Johannes Ohlig
2002 Riesling Kabinett
Mittelheimer Edelmann (87/4,50 €)

2002 Riesling Spätlese
Geisenheimer Kläuserweg (87/6 €)

Weingut Wilfried Querbach
2002 Riesling Hallgarten
(90/9 €)

Rheinhessen

Weingut Bendehof
2002 Blauer Portugieser trocken
(84/4 €/1l)

Brenner'sches Weingut
2002 Riesling Spätlese trocken
(86/4,90 €)

2002 Auxerrois Spätlese trocken
(86/5 €)

Weingut Ilse Dittewig-Bogen
2002 Chardonnay Spätlese trocken
Niersteiner Kirchplatte (86/5 €)

Weingut Frieder Dreißigacker
2002 Chardonnay Auslese trocken
(87/5,90 €)

2002 Huxelrebe Auslese
(88/5,80 €)

Weingut Udo & Timo Eppelmann
2002 Graburgunder Spätlese trocken
(87/4,90 €)

2002 Rivaner Classic
(85/3,80 €)

Weingut Kurt Erbeldinger & Sohn
2002 Riesling Spätlese trocken
(86/4,90 €)

2002 Riesling Auslese
(87/5,60 €)

2002 Huxelrebe Auslese
(87/5,40 €)

Weingut Fischborn-Schenk
2002 Riesling Spätlese trocken
Biebelsheimer Kieselberg (86/4,50 €)

Weingut Fogt
2002 Bacchus Spätlese lieblich
Wöllsteiner Ölberg (85/3,40 €)

Weingut Gallé
2002 Spätburgunder trocken
(85/4 €)

Weingut Göhring
2002 Albalonga Auslese
Nieder-Flörsheimer Frauenberg (89/8 €)

Weingut Goldschmidt
2002 Weißer Burgunder trocken
Pfeddersheimer Kreuzblick (86/4,20 €)

2002 „Jeanette" Spätlese trocken
(87/4,80 €)

2002 Grauer Burgunder Spätlese trocken
Pfeddersheimer St. Georgenberg (87/4,50 €)

2002 Gewürztraminer Spätlese trocken
Dalsheimer Sauloch (86/4,80 €)

2002 Riesling Spätlese halbtrocken
Dalsheimer Hubacker (87/4,40 €)

Weingut Eckehart Gröhl
2002 Silvaner trocken
(84/2,95 €/1l)

2002 Weißer Burgunder trocken
(86/4,50 €)

2002 Weißer Burgunder Spätlese trocken
Weinolsheimer Hohberg (89/5,50 €)

2002 Grauer Burgunder Spätlese trocken
Dalheimer Kranzberg (88/6,90 €)

2002 Riesling Spätlese trocken
Oppenheimer Herrenberg (87/4,60 €)

2002 Riesling Auslese trocken „F"
Weinolsheimer Kehr (89/6,90 €)

2002 Riesling halbtrocken
(86/3,40 €)

2002 Riesling Kabinett
Dalheimer Kranzberg (85/3,90 €)

2002 Riesling Spätlese
Oppenheimer Herrenberg (87/4,50 €)

2002 Huxelrebe Spätlese
Uelversheimer Aulenberg (88/3,70 €)

Weingut Heinrich Groh
2002 Riesling Spätlese trocken
Bechtheimer Heilig-Kreuz (87/4,70 €)

2002 Chardonnay Auslese trocken
(87/5,90 €)

2002 Huxelrebe Auslese
(88/5,80 €)

Weingut Gerhard Gutzler
2002 Silvaner trocken
(86/4,60 €)

2002 Riesling trocken
(88/4,60 €)

2002 Weißer Burgunder trocken
(87/4,60 €)

2002 Spätburgunder trocken weißgekeltert
(87/5,70 €)

2002 Silvaner trocken
Niersteiner Ölberg (89/8,30 €)

2002 Grauer Burgunder GS
(89/8,30 €)

2002 Chardonnay GS
(90/8,30 €)

2002 Portugieser Holzfass
(86/4,50 €)

2002 Dornfelder Holzfass
(86/4,90 €)

2002 Spätburgunder Holzfass
(87/6 €)

Weingut Hauck
2002 Grauburgunder Spätlese trocken
(87/5 €)

2002 Bacchus Spätlese
(86/4,35 €)

2002 Optima Auslese
(87/6 €)

Weingut Beck Hedesheimer Hof
2002 Weißer Burgunder Kabinett trocken
Stadecker Lenchen (85/4 €)

Weingut Dr. Heyden
2002 Riesling Spätlese
Oppenheimer Sackträger (86/4,85 €)

Weingut Johannishof
2002 Gewürztraminer Spätlese
(86/4,50 €)

Weingut Georg Jung
2002 Riesling Spätlese trocken
(85/4 €)

2002 Dornfelder trocken
(85/4 €)

Weingut Kapellenhof
2002 Riesling Spätlese trocken
Hahnheimer Knopf (86/5 €)

2002 Riesling trocken „Oekonomie-Rat E"
Hahnheimer Knopf (90/8,80 €)

Weingut Karlheinz Keller
2002 Riesling Classic
(86/3,30 €)

2001 Frühburgunder Selection
(87/5,80 €)

Weingut Klaus Keller
2002 Silvaner trocken
(88/4,80 €)

2002 Grauer Burgunder trocken
(88/6,80 €)

2002 Riesling trocken
(88/5,50 €)

2002 Riesling trocken „von der Fels"
(90/9,80 €)

2002 Scheurebe Spätlese
(93/12,50 €)

2002 Scheurebe Auslese
(94/14,50 €)

2002 Riesling Auslese
Dalsheimer Hubacker (94/18,80 €)

Weingut Georg Jakob + Matthias Keth
2002 Riesling trocken
(86/3,50 €/1l)

2002 Rivaner trocken
(86/3,50 €)

2002 Weißburgunder trocken
(86/3,60 €)

2002 Chardonnay trocken
(87/5,40 €)

2002 Muskateller
(86/3,60 €)

Weingut Kissinger
2002 Riesling Spätlese trocken
Uelversheimer Tafelstein (87/5 €)

2002 Weißburgunder Spätlese trocken
Uelversheimer Tafelstein (87/5,10 €)

2002 Chardonnay Auslese trocken
Uelversheimer Tafelstein (90/9,20 €)

2002 Grauburgunder Auslese trocken
(90/8,20 €)

2002 Riesling Auslese trocken
Dienheimer Kreuz (89/8,20 €)

2002 Riesling Spätlese halbtrocken
Dienheimer Tafelstein (87/5 €)

2002 Riesling Spätlese
Oppenheimer Sackträger (87/5 €)

2002 Gewürztraminer Spätlese
Guntersblumer Himmeltal (88/4,20 €)

Weingut Klaus Knobloch
2002 Weißer Burgunder trocken
Westhofener Morstein (86/4,60 €)

2002 Grauer Burgunder trocken
Westhofener Morstein (86/4,60 €)

2002 Riesling Kabinett trocken
Westhofener Morstein (86/4,60 €)

2002 Grauer Burgunder trocken „OPAL"
Westhofener Morstein (89/7,70 €)

Wein- und Sektgut Axel Kreichgauer
2002 Riesling trocken
Oppenheimer Herrengarten (85/4,70 €/1l)

2002 Riesling Kabinett trocken
Oppenheimer Herrengarten (86/4,95 €)

2002 Riesling Spätlese trocken
Dorn-Dürkheimer Hasensprung (88/6,95 €)

Weingut Kühling-Gillot
2002 Grauer Burgunder trocken Qvinterra
(87/6 €)

Weingut Lorch, Westerheymer Hof
2002 RS-Rheinhessen Silvaner trocken
(86/4,10 €)

2002 Weißer Burgunder trocken
(85/3,60 €)

2002 Grauer Burgunder trocken
(85/3,60 €)

2002 „Création Marius Lorch"
Rotwein trocken (85/3,90 €)

Weingut Manz
2002 Huxelrebe Spätlese halbtrocken
Uelversheimer Schloß (87/3,80 €)

2002 Riesling Spätlese halbtrocken
Weinolsheimer Kehr (87/5,20 €)

2002 Riesling Spätlese
Weinolsheimer Kehr (87/4,50 €)

2002 Riesling Spätlese „M"***
Oppenheimer Sackträger (90/9,50 €)

2002 Huxelrebe Auslese
Uelversheimer Schloß (90/6 €)

Weingut Marx
2002 Silvaner trocken
Weinheimer (84/3,20 €/1l)

2002 Weißer Burgunder Spätlese
halbtrocken Weinheimer (85/4 €)

2002 Huxelrebe Spätlese
Weinheimer Hölle (85/4 €)

Weingut Michel-Pfannebecker
2002 Silvaner Spätlese trocken
Flomborner Feuerberg (86/4,90 €)

2002 Scheurebe Spätlese trocken
Flomborner Feuerberg (88/5,20 €)

2002 Weißburgunder Spätlese trocken
Flomborner Feuerberg (86/6,20 €)

2002 Würzer Spätlese
Flomborner Feuerberg (87/4,40 €)

Weingut Karl-Hermann Milch
2002 Riesling trocken
Monsheimer (86/3 €)

2002 Gewürztraminer Spätlese
Monsheimer Rosengarten (86/4 €)

Weingut Neef-Emmich
2002 „Cuvée No. 1"
(85/3,50 €)

2002 Müller-Thurgau Spätlese
(85/3,90 €)

2002 Dornfelder trocken
(85/3,90 €)

Weingut Peth-Wetz
2002 Müller-Thurgau trocken
Dalsheimer Hubacker (85/2,60 €)

Weingut Posthof
2002 Spätburgunder Weißherbst trocken
(85/3,95 €)

Weingut Gunther Rauh
2002 Gewürztraminer Spätlese
(87/4,60 €)

Weingut Riffel
2002 Silvaner trocken
(86/3,20 €)

2002 Silvaner Spätlese trocken
Binger Scharlachberg (87/4,80 €)

2002 Riesling Spätlese trocken
Binger Scharlachberg (89/4,80 €)

2002 Riesling Spätlese „S" trocken
Binger Scharlachberg (91/12 €)

2002 Dornfelder trocken
(85/3,80 €)

Weingut Schales
2002 Weißer Burgunder Spätlese trocken
(87/5,68 €)

Weingut Adolf Schembs
2002 Weißer Riesling trocken
(88/5,80 €)

Weingut Scherner-Kleinhanss
2002 Riesling Spätlese
Dalsheimer Bürgel (86/4,70 €)

Weingut Scultetus-Brüssel
2002 Chardonnay Spätlese trocken
(86/4,70 €)

Weingut Seehof, Ernst Fauth
2002 Rivaner trocken
Westhofener Rotenstein (84/2,90 €/1l)

2002 Grauer Burgunder Classic
(86/3,70 €)

2002 Kerner Spätlese
Westhofener Kirchspiel (86/3,90 €)

2002 Riesling Spätlese
Westhofener Morstein (86/5 €)

2002 Huxlrebe Spätlese
Westhofener Rotenstein (86/4 €)

Weingut Dr. Alex Senfter
2002 Weißer Burgunder trocken
(86/4,30 €)

Weingut Stallmann-Hiestand
2002 Riesling Spätlese trocken
(87/5,80 €)

2001 Cabernet Cubin trocken Barrique
(90/10 €)

Weingut Teschke
2002 Sylvaner Spätlese trocken
(86/4,30 €)

2002 Sylvaner Spätlese trocken
„primus inter pares" (87/5,20 €)

2002 Riesling Kabinett trocken
(85/3,60 €)

Weingut Wagner-Stempel
2002 Grauburgunder trocken
(86/4,70 €)

2002 Silvaner trocken „S"
(88/6,50 €)

Weingut Weidenhof
2002 Bacchus halbtrocken
(85/3,20 €)

2002 Riesling Classic
(85/3,60 €)

2002 Bacchus Spätlese
(86/3,70 €)

Weingut Weedenbornhof
2002 Riesling trocken
(88/4,80 €)

Weingut Dirk Wendel
2002 Grauer Burgunder trocken
(85/3,90 €)

2002 Portugieser trocken Holzfass
(85/3,80 €)

Weingut Hermann Wendel
2002 Kerner Auslese
(86/4,90 €)

Weingut Klaus Wendel
2002 Siegerrebe Spätlese
(87/4 €)

Weingut Hans Wernersbach
2001 Würzer Kabinett
Dittelsheimer Geiersberg (85/3,10 €)

Weingut Schloss Westerhaus
2002 Weißer Burgunder Spätlese trocken
(88/7 €)

Weingut Winter
2002 Riesling Spätlese trocken
(86/4,80 €)

2002 Grauburgunder Selection
(87/4,80 €)

2002 Huxelrebe Spätlese
(85/3,50 €)

Weingut Wittmann
2002 Grüner Silvaner trocken
(88/5,30 €)

2002 Scheurebe trocken
(88/6,10 €)

2002 Gutsriesling trocken
(88/6,70 €)

Weingut Schäfer-Heinrich
2002 Grauburgunder Kabinett trocken
(86/4,60 €)

Weingut Rainer Schnaitmann
2002 Trollinger trocken
(86/4,60 €/1l)

Weingut Wachtstetter
2002 Dornfelder trocken
(88/5,15 €)

Weingut Zipf
2002 Trollinger** „Steillage" trocken
Löwensteiner (86/4,90 €)

Württemberg

Weingut Graf Adelmann
2002 Sylvaner Kabinett trocken
Kleinbottwarer Oberer Berg (87/5,80 €)

Weingut Amalienhof
2003 Wildmuskat
(88/6,99 €)

Weingut Beurer
2002 Riesling Kabinett
Stettener Häder (87/6 €)

Weingut Birkert
2002 Bacchus
(84/3,30 €/1l)

Weingut Heid
2002 St. Laurent trocken Holzfass
Fellbacher Lämmler (87/6 €)

Weingut Kistenmacher-Hengerer
2002 Riesling Spätlese
Heilbronner Wartberg (87/6 €)

Weingut Medinger
2002 Acolon trocken Holzfaß
(86/4,90 €)

II. Die besten Weine

Die folgenden Übersichten sollen denjenigen, die sich für spezielle Rebsorten oder einen speziellen Weintyp interessieren die Orientierung erleichtern. Ich habe bewusst darauf verzichtet, die Übersichten an den gesetzlichen Bezeichnungen wie Spätlese oder Auslese festzumachen, weil diese Bezeichnungen keine Weintypen repräsentieren, und die Weine, die diese Bezeichnungen tragen, selten miteinander vergleichbar sind. So findet man beispielsweise in einer Verkostung von süßen Riesling-„Spätlesen" immer seltener Weine, die dem klassischen Typ einer Spätlese entsprechen. Die meisten Rieslinge in solchen Verkostungen sind abgestufte Auslesen, gar Beerenauslesen, andere wieder mit einem Anteil Eiswein „aufgemotzt". Gleiches gilt auch für trockene Weine. Ist denn eine Kategorie „Kabinett" sinnvoll, wenn dort Weine mit 14,5% Alkohol vertreten sind (jawohl, das gibt es!)? Da im deutschen Weingesetz nur Mindest-, aber keine Höchstgrenzen für den potentiellen Alkoholgehalt der Weine der einzelnen Prädikatsbezeichnungen festgesetzt sind, sind diese Prädikate als Weintypen nicht geeignet. Ich unterscheide folglich nur zwischen trockenen (bis maximal 9 Gramm Restzucker je Liter) und süßen Weinen. Weine aus zurückliegenden Jahrgängen, die nicht mehr im Verkauf sind, sind nicht mehr in den Übersichten vertreten. Desgleichen Weine, die schon in früheren Ausgaben vorgestellt wurden.

Es folgen Übersichten in der Reihenfolge

Trockene Weißweine
- Riesling
- Weißburgunder
- Graubaurgunder
- Chardonnay
- Silvaner
- sonstige weiße Rebsorten / Cuvées.

süße / edelsüße Weine
- Riesling
- sonstige edelsüße Weine

Rotweine
- Spätburgunder
- Cuvées
- sonstige rote Rebsorten.

Sekte

Riesling

Keine andere Rebsorte erbringt Jahr für Jahr so viele faszinierende trockene Weine in Deutschland wie Riesling. Selbstverständlich, sollte man meinen, denn schließlich ist Riesling die meistangebaute Rebsorte Deutschlands. Und doch herrscht oft noch die Meinung vor, dass Riesling nur süß oder edelsüß hervorragende Ergebnisse bringen kann. Dass viele im Ausland so denken, mag vielleicht noch verzeihlich sein. Denn wer im Ausland lebt und nicht die Gelegenheit hat, Deutschland zu bereisen und deutschen Wein vor Ort zu verkosten, kann sich sein Bild von deutschem Wein nur über den nationalen Handel machen - und der führt Riesling - und überhaupt deutschen Wein - fast ausschließlich in „süßer Form". Dass man gleiches - Riesling sei nur süß hervorragend - aber auch noch in Deutschland zu hören bekommt, kann ich überhaupt nicht verstehen, auch dann nicht, wenn man diese Aussage auf eine Region begrenzt, beispielsweise Mosel-Saar-Ruwer.

Keine Region in Deutschland hat in den vergangenen Jahren mehr trockene Spitzen-Rieslinge hervorgebracht als Mosel-Saar-Ruwer. Gerade in einem Jahr wie 2001 - einem großen Jahr an der Mittelmosel - sollten dies auch all jene notieren, die bisher immer noch die Nase rümpfen wenn sie „Mosel" hören, weil sie automatisch Mosel mit süß gleichsetzen.

Aber nicht nur an der Mosel, auch in den meisten anderen deutschen Anbaugebieten gab es im Jahrgang 2001 eine Vielzahl von tollen Rieslingen wie selten zuvor. Besonders aufgefallen war mir dabei eine Gegend: noch niemals zuvor habe ich so herrlich klare, mineralische Rieslinge aus dem Süden der Pfalz verkostet. Einige Weingüter hatten im Jahrgang 2001 ihre besten trockenen Rieslinge seit Jahren gemacht. Im Rheingau und am Mittelrhein zum Beispiel. Bei vielen anderen Weingütern setzt sich der stetige Aufwärtstrend fort.

Im Jahrgang 2002 ist das Bild wesentlich differenzierter. 71 trockene Rieslinge habe ich mit 90 oder mehr Punkten bewertet. Das ist eine beeindruckende Zahl, auch wenn es weniger Weine sind wie im vergangenen Jahr. Die meisten kamen aus der Pfalz, gefolgt von Mosel, Nahe und Rheinhessen, auch Rheingau und Baden sind gut vertreten. Aber aus Rheinhessen kommen viele der von mir am höchsten bewerteten Weine. Was vor allem den Weingütern Keller und Wittmann zu verdanken ist, von denen acht der zehn rheinhessischen Spitzenrieslinge stammen. Hinzu kommt jeweils ein Wein von Riffel und Kühling-Gillot.

Diese Namen Keller und Wittmann fanden sich im vergangenen Jahr schon an der Spitze und auch sonst findet man viele vertraute Namen. In Baden sind es wiederum die Ortenauer, Andreas Laible und Schloss Neuweier, ergänzt um einen Kraichgauer von Burg Ravensburg. Württemberg ist dreimal vertreten mit Aldinger, Haidle und Dautel, Franken einzig und allein durch Wirsching. Für das Rheingau halten Leitz und Breuer die Fahne hoch, die beide mehrfach vertreten sind, dazu Flick und Jung. Die Nahe hat 2002 wesentlich mehr Spitzenweine als 2001. Emrich-Schönleber ist wie im Vorjahr ganz oben, dazu Kruger-Rumpf, Diel, Schäfer-Fröhlich und Dönnhoff.

Auch die Pfälzer Namen kennt man schon aus den letzten Jahren: Köhler-Ruprecht und Mosbacher, Schumacher und Buhl, Wehrheim und Christmann, Bürklin-Wolf, Siegrist und Bergdolt. Neu in diesem Reigen ist lediglich das Sankt Annagut der Brüder Lergenmüller.

Die Mosel ist in diesem Jahr bei weitem nicht so stark vertreten wie 2001, viele Weingüter konnten gerade mit trockenen Weinen nicht ihre Vorjahresleistung wiederholen.. Molitor ist gleich mehrfach wieder dabei, auch Clüsserath-Weiler, Busch und Kuntz. Franzen findet sich wieder und Reinhold und Beate Knebel. Der einzige „Neuzugang" ist das Weingut Ansgar Clüsserath

96 Punkte
Weingut Klaus Keller
(Rheinhessen)
2002 „G-Max" Riesling trocken

95 Punkte
Weingut Klaus Keller
(Rheinhessen)
2002 Riesling trocken
Dalsheim Hubacker

94 Punkte
Weingut Andreas Laible
(Baden)
2002 Riesling Spätlese trocken „Achat"
Durbacher Plauelrain

Weingut Wittmann
(Rheinhessen)
2002 Riesling trocken
Westhofener Morstein

93 Punkte
Weingut Klaus Keller
(Rheinhessen)
2002 Riesling trocken
Westhofen Morstein

Weingut Koehler-Ruprecht
(Pfalz)
2001 Riesling Auslese trocken „R"
Kallstadter Saumagen

Weingut Markus Molitor
(Mosel-Saar-Ruwer)
2002 Riesling Auslese** trocken
Zeltinger Sonnenuhr

92 Punkte
Weingut Gerhard Aldinger
(Württemberg)
2002 Riesling Spätlese trocken
Fellbacher Lämmler

Weingut Reichsrat von Buhl
(Pfalz)
2002 Riesling Spätlese trocken
Forster Pechstein

Weingut Emrich-Schönleber
(Nahe)
2002 Riesling Auslese trocken
Monzinger Halenberg

Weingut Klaus Keller
(Rheinhessen)
2002 Riesling Spätlese trocken „R"

Weingut Andreas Laible
(Baden)
2002 Riesling Spätlese trocken „SL" Nr. 7
Durbacher Plauelrain

Weingut Andreas Laible
(Baden)
2002 Riesling Spätlese trocken „SL" Nr. 33
Durbacher Plauelrain

Weingut Mosbacher
(Pfalz)
2002 Riesling Spätlese trocken
Forster Ungeheuer

Weingut Schumacher
(Pfalz)
2002 Riesling Spätlese trocken „Garten"
Herxheimer Himmelreich

Weingut Dr. Wehrheim
(Pfalz)
2002 Riesling Kastanienbusch

Weingut Wittmann
(Rheinhessen)
2002 Riesling trocken
Westhofener Kirchspiel

91 Punkte

Weingut Clüsserath-Weiler
(Mosel-Saar-Ruwer)
2002 Riesling Spätlese „S"
Trittenheimer Apotheke

Schlossgut Diel
(Nahe)
2002 Riesling Selection
Dorsheimer Pittermännchen

Weingut Klaus Keller
(Rheinhessen)
2002 Riesling trocken
Westhofen Kirchspiel Turmstück

Weingut Reinhard & Beate Knebel
(Mosel-Saar-Ruwer)
2002 Riesling Spätlese trocken
Winninger Uhlen

Weingut Koehler-Ruprecht
(Pfalz)
2001 Riesling Spätlese trocken „R"
Kallstadter Saumagen

Weingut Koehler-Ruprecht
(Pfalz)
2001 Riesling Auslese trocken
Kallstadter Saumagen

Weingut Kruger-Rumpf
(Nahe)
2002 Riesling
Münsterer Dautenpflänzer

Weingut Kruger-Rumpf
(Nahe)
2002 Riesling
Münsterer Pittersberg

Weingut Sybille Kuntz
(Mosel-Saar-Ruwer)
2002 Riesling Spätlese trocken
Wehlener Sonnenuhr

Weingut Josef Leitz
(Rheingau)
2002 Riesling Spätlese trocken
Rüdesheimer Berg Rottland

Weingut Mosbacher
(Pfalz)
2002 Riesling Spätlese trocken
Forster Freundstück

Weingut Riffel
(Rheinhessen)
2002 Riesling Spätlese „S" trocken
Binger Scharlachberg

Weingut Schäfer-Fröhlich
(Nahe)
2002 Riesling Spätlese trocken „S"
Bockenauer Felseneck

90 Punkte

Weingut Bergdolt St. Lamprecht
(Pfalz)
2002 Riesling Spätlese trocken
Ruppertsberger Reiterpfad

Weingut Georg Breuer
(Rheingau)
2002 Riesling
Berg Schlossberg

Weingut Georg Breuer
(Rheingau)
2002 Riesling
Nonnenberg

Weingut Bürklin-Wolf
(Pfalz)
2002 Riesling „Edition G.C."
Forster Jesuitengarten

Weingut Reichsrat von Buhl
(Pfalz)
2002 Riesling Spätlese trocken
Forster Kirchenstück

Weingut Reichsrat von Buhl
(Pfalz)
2002 Riesling Spätlese trocken
Ruppertsberger Reiterpfad

Weingut Clemens Busch
(Mosel-Saar-Ruwer)
2002 Riesling Spätlese*** trocken
Pündericher Marienburg

Weingut Clemens Busch
(Mosel-Saar-Ruwer)
2002 Riesling Auslese trocken
Pündericher Marienburg

Weingut Christmann
(Pfalz)
2002 Riesling Spätlese trocken
Idig Königsbach

Die besten Weine

Weingut Ansgar Clüsserath
(Mosel-Saar-Ruwer)
2002 Riesling Auslese trocken
Trittenheimer Apotheke

Weingut Clüsserath-Weiler
(Mosel-Saar-Ruwer)
2002 Riesling „Alte Reben"
Trittenheimer Apotheke

Weingut Dautel
(Württemberg)
2002 Riesling Spätlese trocken
Bönnigheimer Sonnenberg

Schlossgut Diel
(Nahe)
2002 Riesling Selection
Dorsheimer Burgberg

Schlossgut Diel
(Nahe)
2002 Riesling Selection
Dorsheimer Goldloch

Weingut Hermann Dönnhoff
(Nahe)
2002 Riesling Spätlese trocken
Niederhäuser Hermannshöhle

Weingut Emrich-Schönleber
(Nahe)
2002 Riesling Spätlese trocken
Monzinger Halenberg

Weingut Joachim Flick
(Rheingau)
2002 Riesling Erstes Gewächs
Wickerer Mönchsgewann

Weingut Reinhold Franzen
(Mosel-Saar-Ruwer)
2002 Riesling Goldkapsel
Bremm Calmont

Weingut Karl Haidle
(Württemberg)
2002 Riesling Selektion
Stettener Pulvermächer

Weingut Jakob Jung
(Rheingau)
2002 Riesling Spätlese trocken
Erbacher Hohenrain

Weingut Klaus Keller
(Rheinhessen)
2002 Riesling trocken „von der Fels"

Weingut Kruger-Rumpf
(Nahe)
2002 Riesling
Dorsheimer Burgberg

Weingut Kühling-Gillot
(Rheinhessen)
2002 Riesling trocken
Oppenheim Sackträger

Weingut Sybille Kuntz
(Mosel-Saar-Ruwer)
2002 „Dreistern" Riesling Spätlese trocken
Lieserer Niederberg-Helden

Weingut Andreas Laible
(Baden)
2002 Riesling Spätlese trocken „SL" Nr. 14
Durbacher Plauelrain

Weingut Josef Leitz
(Rheingau)
2002 Riesling Spätlese trocken
Rüdesheimer Berg Kaisersteinfels

Weingut Josef Leitz
(Rheingau)
2002 Riesling Spätlese trocken
Rüdesheimer Berg Schlossberg

Weingut Markus Molitor
(Mosel-Saar-Ruwer)
2002 Riesling Spätlese trocken
Zeltinger Sonnenuhr

Weingut Markus Molitor
(Mosel-Saar-Ruwer)
2002 Riesling Auslese* trocken
Zeltinger Sonnenuhr

Weingut Markus Molitor
(Mosel-Saar-Ruwer)
2002 Riesling trocken „Alter Reben Saar"

Weingut Markus Molitor
(Mosel-Saar-Ruwer)
2002 Riesling trocken „Alter Reben Mosel"

Weingut Schloss Neuweier
(Baden)
2002 Riesling Spätlese trocken „alte Reben"
Neuweierer Schlossberg

Weingut Schloss Neuweier
(Baden)
2002 Riesling Spätlese trocken
„goldenes Loch" Neuweierer Mauerberg

Weingut Pfeffingen - Fuhrmann-Eymael
(Pfalz)
2002 Riesling trocken
Ungsteiner Weilberg

Weingut Burg Ravensburg
(Baden)
2002 Riesling Spätlese trocken
Burg Ravensburger Husarenkappe

Weingut St. Annaberg
(Pfalz)
2002 Riesling trocken
Burrweiler Schäwer

Weingut Schäfer-Fröhlich
(Nahe)
2002 Riesling Spätlese trocken
Schloßböckelheimer Felsenberg

Weingut Schäfer-Fröhlich
(Nahe)
2002 Riesling trocken
Monzinger Frühlingsplätzchen

Weingut Schumacher
(Pfalz)
2002 Riesling Spätlese trocken
Herxheimer Himmelreich

Weingut Siegrist
(Pfalz)
2002 Riesling Spätlese trocken

Weingut Hans Wirsching
(Franken)
2002 Riesling Spätlese trocken
Iphöfer Julius-Echter-Berg

Weißburgunder

Aus Baden kommen in diesem Jahr die meisten Spitzen-Weißburgunder, fast die Hälfte aller Spitzenweine. Baden führt damit mit weitem Abstand vor der Pfalz und - welch eine Überraschung - Franken. Dann kommt Rheinhessen mit Wittmann und Keller, aber auch Gutzler, Riffel und Schales. Dazu jeweils ein Wein aus Saale-Unstrut (Gussek) und von der Nahe (Schäfer-Fröhlich).

In Baden dominiert der Kaiserstuhl mit den bekannten Namen: Heger und Bercher, Salwey und Michel, Knab und Keller, dazu Stigler und Reinhold & Cornelia Schneider. Neben dem Kaiserstuhl gibt es vereinzelt weitere Spitzenweine in Tauberfranken (Schlör), im Markgräflerland (Schlumberger) und an der Badischen Bergstraße (Seeger).

In der Pfalz sind wieder einmal Wehrheim und Bergdolt ganz oben dabei, dazu Müller-Catoir, Leiningerhof, Gies-Düppel und Münzberg.

Am meisten überrascht aber haben mich die vielen tollen Weißburgunder aus Franken. Von Paul Fürst weiß man ja schon, dass er nicht nur mit seinen Rotweinen deutsche Spitze ist. Andere, wie Brügel, Glaser-Himmelstoß oder Zehnthof waren bisher eher mit anderen Rebsorten ins Rampenlicht gerückt. Ganz neu im Buch und gleich in dieser Bestenliste ist das Weingut Rudloff aus Nordheim.

92 Punkte

Weingut Rudolf Fürst
(Franken)
2002 Weißer Burgunder „R"
Centgrafenberg

Weingut Dr. Wehrheim
(Pfalz)
2002 Weißer Burgunder Mandelberg

91 Punkte

Weingut Bercher
(Baden)
2002 Weißer Burgunder Spätlese trocken
Burkheimer Feuerberg

Weingut Bergdolt St. Lamprecht
(Pfalz)
2002 Weißburgunder Spätlese trocken
Kirrweiler Mandelberg

Weingut Dr. Heger
(Baden)
2002 Weißburgunder Spätlese*** trocken
Barrique Ihringer Winklerberg

Die besten Weine

Weingut Salwey
(Baden)
2002 Weißburgunder Spätlese*** trocken
Oberrotweiler Kirchberg

Weingut Wittmann
(Rheinhessen)
2002 Weißer Burgunder trocken „S"

90 Punkte

Weingut Rudolf Fürst
(Franken)
2002 Weißer Burgunder
Centgrafenberg

Weingut Dr. Heger
(Baden)
2002 Weißburgunder Spätlese trocken
Holzfass Ihringer Winklerberg

Weingut Schwarzer Adler - Franz Keller
(Baden)
2002 Weißburgunder Selection A

Weingut Klaus Keller
(Rheinhessen)
2002 Weißer Burgunder trocken „S"

Weingut Knab
(Baden)
2002 Weißer Burgunder Spätlese trocken***
Endinger Engelsberg

Weingut Michel
(Baden)
2002 Weißburgunder Spätlese trocken
Achkarrer Schlossberg

Weingut Rudloff
(Franken)
2002 Weißer Burgunder Spätlese trocken

Weingut Schäfer-Fröhlich
(Nahe)
2002 Weißer Burgunder trocken „S"
Bockenauer

Weingut Schlör
(Baden)
2002 Weißburgunder Spätlese trocken
Reicholzheimer First

Weingut Reinhold und Cornelia Schneider (Baden)
2002 Weißburgunder Spätlese*** trocken

Weingut Seeger
(Baden)
2002 Weißer Burgunder Spätlese trocken S

Weingut Stigler
(Baden)
2002 Weißburgunder Spätlese trocken
Ihringer Winklerberg

Weingut Dr. Wehrheim
(Pfalz)
2002 Weißer Burgunder Spätlese trocken
aus dem Buntsandstein

Weingut Zehnthof
(Franken)
2002 Weißer Burgunder Spätlese trocken
Sulzfelder Cyriakusberg

89 Punkte

Weingut Bercher
(Baden)
2002 Weißer Burgunder Kabinett trocken
Burkheimer Feuerberg

Weingut H. Brügel
(Franken)
2001 Weißburgunder Spätlese trocken
Barrique

Weingut Gies-Düppel
(Pfalz)
2002 Weißburgunder Spätlese trocken
Birkweiler Kastanienbusch

Weingut Glaser-Himmelstoss
(Franken)
2002 Weißburgunder Spätlese trocken
Nordheimer Vögelein

Weingut Eckehart Gröhl
(Rheinhessen)
2002 Weißer Burgunder Spätlese trocken
Weinolsheimer Hohberg

Winzerhof Gussek
(Saale-Unstrut)
2001 Weißburgunder Spätlese trocken
Barrique Kaatschener Dachsberg

Weingut Dr. Heger
(Baden)
2002 Weißburgunder Auslese*** trocken
Barrique Ihringer Winklerberg

Weingut Knab
(Baden)
2002 Weißburgunder Spätlese trocken
Endinger Engelsberg

Weingut Leiningerhof (Pfalz)
2002 Weißer Burgunder Spätlese trocken SL
Kirchheimer Kreuz

Weingut Müller-Catoir
(Pfalz)
2002 Weißburgunder Spätlese trocken
Hambacher Römerbrunnen

Weingut Münzberg
(Pfalz)
2002 Weißer Burgunder Auslese trocken
Großes Gewächs „Schlangenpfiff"

Weingut Riffel
(Rheinhessen)
2002 Weißer Burgunder „S" trocken
Binger Bubenstück

Weingut Schales
(Rheinhessen)
2002 Weißer Burgunder Selection

Privat-Weingut H. Schlumberger
(Baden)
2002 Weißburgunder Spätlese trocken

Weingut Reinhold und Cornelia Schneider (Baden)
2002 Weißburgunder Spätlese*** trocken „trio"

Grauburgunder

Baden ist Grauburgunderland. Noch deutlicher als beim Weißburgunder dominiert Baden beim Grauburgunder: 20 der 31 Weine in der folgenden Liste kommen aus dieser Region. Innerhalb Badens dominiert ganz eindeutig der Kaiserstuhl. Die Namen sind die gleichen wie beim Weißburgunder und viele sind gleich mehrfach in der Bestenliste vertreten: Reinhold & Cornelia Schneider, Heger, Bercher, Michel, Salwey, Stigler und Knab, dazu Schätzle. Aus der Ortenau Laible und Freiherr von Franckenstein, Seeger von der Badischen Bergstraße. Schlumberger aus dem Markgräflerland und Klumpp aus dem Kraichgau vervollständigen das Bild.

Jeweils vier Weine kommen aus Rheinhessen und der Pfalz. In Rheinhessen ist dies einmal mehr Keller, dazu Kissinger, Knobloch und Gutzler. In der Pfalz sind es Gies-Düppel, Becker, Wehrheim und Wilhelmshof. Hinzu kommen zwei Weine von der Nahe (Kruger-Rumpf und Schäfer-Fröhlich) und einer aus Franken (Wirsching).

92 Punkte

Weingut Dr. Heger
(Baden)
2001 Grauburgunder Auslese*** trocken
Barrique Ihringer Winklerberg

Weingut Klaus Keller
(Rheinhessen)
2002 Grauer Burgunder trocken „S"

Weingut Reinhold und Cornelia Schneider (Baden)
2001 Ruländer Auslese trocken

91 Punkte

Weingut Bercher
(Baden)
2002 Grauer Burgunder Spätlese trocken
Jechtinger Eichert

Weingut Dr. Heger
(Baden)
2002 Grauburgunder Spätlese*** trocken
Barrique Achkarrer Schlossberg

Weingut Dr. Heger
(Baden)
2002 Grauburgunder Spätlese trocken
Ihringer Winklerberg

Weingut Michel
(Baden)
2002 Grauburgunder Spätlese*** trocken
Achkarrer Schlossberg

90 Punkte

Weingut Gies-Düppel
(Pfalz)
2002 Grauer Burgunder Spätlese trocken
Birkweiler Rosenberg

Weingut Kissinger
(Rheinhessen)
2002 Grauburgunder Spätlese trocken

Die besten Weine

Weingut Kruger-Rumpf
(Nahe)
2002 Grauer Burgunder trocken
Silberkapsel

Weingut Michel
(Baden)
2002 Grauburgunder Spätlese trocken
Achkarrer Schlossberg

Weingut Salwey
(Baden)
2002 Grauburgunder Spätlese trocken
Oberrotweiler Henkenberg

Weingut Salwey
(Baden)
2002 Grauburgunder Spätlese*** trocken
Oberrotweiler Eichberg

Weingut Reinhold und Cornelia Schneider (Baden)
2002 Ruländer Spätlese trocken R***

Weingut Reinhold und Cornelia Schneider (Baden)
2002 Ruländer Spätlese trocken C***
Barrique

Weingut Seeger
(Baden)
2002 Grauer Burgunder Spätlese trocken
„S"

89 Punkte

Weingut Friedrich Becker
(Pfalz)
2002 Grauburgunder Spätlese trocken

Weingut Freiherr v. Franckenstein
(Baden)
2002 Grauburgunder Spätlese trocken
Zell-Weierbacher Abtsberg

Weingut Gerhard Gutzler
(Rheinhessen)
2002 Grauer Burgunder GS

Weingut Klumpp
(Baden)
2002 Grauer Burgunder trocken „Premium"

Weingut Knab
(Baden)
2002 Grauer Burgunder Spätlese trocken***
Endinger Engelsberg

Weingut Klaus Knobloch
(Rheinhessen)
2002 Grauer Burgunder trocken „OPAL"
Westhofener Morstein

Weingut Andreas Laible
(Baden)
2002 Grauer Burgunder Spätlese trocken
Durbacher Plauelrain

Weingut Schäfer-Fröhlich
(Nahe)
2002 Grauer Burgunder trocken „S"
Bockenauer

Weingut Leopold Schätzle
(Baden)
2002 Grauburgunder Spätlese trocken
Barrique Oberbergener Baßgeige

Privat-Weingut H. Schlumberger
(Baden)
2002 Grauburgunder Spätlese trocken

Weingut Seeger
(Baden)
2002 Grauer Burgunder Spätlese trocken
„AS"

Weingut Stigler
(Baden)
2002 Grauburgunder Spätlese trocken
Ihringer Winklerberg

Weingut Dr. Wehrheim
(Pfalz)
2002 Grauer Burgunder Spätlese trocken

Weingut Wilhelmshof
(Pfalz)
2002 Grauer Burgunder Auslese trocken
Barrique

Weingut Hans Wirsching
(Franken)
2002 Grauer Burgunder Spätlese trocken
Iphöfer Julius-Echter-Berg

Chardonnay

Auch beim Chardonnay hat Baden die Nase vorne. Anders aber als bei Weiß- und Grauburgunder dominiert der Kaiserstuhl nicht ganz so stark, auch wenn er mit den Weinen von Bercher, Keller, Knab, Michel und Stigler ein Viertel aller Weine in der folgenden Bestenliste stellt. Zweimal vertreten ist die Ortenau (Kopp, Laible), je einmal der Breisgau (Huber) und das Markgräflerland (Dörflinger).

Auch beim Chardonnay folgt auf Baden die Pfalz mit vier Weinen von Becker, Rebholz, Köhler-Ruprecht und Lergenmüller. Dreimal vertreten ist Rheinhessen (Gutzler, Kissinger und Wittmann), zweimal Württemberg mit Dautel und Haidle, je einmal Franken (Zehnthof) und Nahe (Kruger-Rumpf).

91 Punkte

Weingut Friedrich Becker
(Pfalz)
2001 Chardonnay trocken

Weingut Bercher
(Baden)
2001 Chardonnay trocken Selection Barrique

90 Punkte

Weingut Gerhard Gutzler
(Rheinhessen)
2002 Chardonnay GS

Weingut Kissinger
(Rheinhessen)
2002 Chardonnay Auslese trocken Uelversheimer Tafelstein

Weingut Koehler-Ruprecht
(Pfalz)
2001 Chardonnay „R" Philippi

Weingut Kopp
(Baden)
2001 Chardonnay trocken „S"

Weingut Kruger-Rumpf
(Nahe)
2002 Chardonnay trocken Silberkapsel

Weingut Andreas Laible
(Baden)
2002 Chardonnay Spätlese trocken Durbacher Plauelrain

Weingut Ökonomierat Rebholz
(Pfalz)
2002 Chardonnay Spätlese trocken „R"

Weingut Wittmann
(Rheinhessen)
2002 Chardonnay trocken „S"

Weingut Zehnthof
(Franken)
2002 Chardonnay Spätlese trocken Sulzfelder Cyriakusberg

89 Punkte

Weingut Dautel
(Württemberg)
2001 Chardonnay****

Weingut Hermann Dörflinger
(Baden)
2002 Chardonnay Spätlese trocken Müllheimer Reggenhag

Weingut Karl Haidle
(Württemberg)
2001 Chardonnay trocken Barrique

Weingut Bernhard Huber
(Baden)
2001 Chardonnay trocken

Weingut Schwarzer Adler - Franz Keller
(Baden)
2002 Chardonnay Selection S

Weingut Knab
(Baden)
2002 Chardonnay Spätlese trocken Barrique Endinger Engelsberg

Weingut Lergenmüller
(Pfalz)
2002 Chardonnay „S" trocken

Weingut Michel
(Baden)
2002 Chardonnay trocken

Weingut Stigler
(Baden)
2002 Chardonnay Spätlese trocken
Ihringer Winklerberg

Silvaner

In diesem Jahr stimmt sie wieder, die Gleichung: Frankenland = Silvanerland. In Rheinhessen wächst zwar mehr Silvaner als in Franken, aber meine Bestenliste spricht ein eindeutiges Urteil: 13:3 für Franken. Andere Regionen? Fehlanzeige.

In Franken ist wie im vergangenen Jahr das kleine Escherndorf mit seinem Lump ganz groß, mit Rainer Sauer und Horst Sauer, auch Clemens Fröhlich. Dazu Glaser-Himmelstoß, Zehnthof, Knoll, das Bürgerspital und Schloss Sommerhausen, vom Steigerwald noch Wirsching.

In Rheinhessen ganz oben mit seinem „Erstlingswerk" Silvaner S ein weiteres Mal Klaus und Klaus Peter Keller, dazu Gutzler und Teschke.

91 Punkte
Weingut Klaus Keller
(Rheinhessen)
2002 Silvaner trocken „S"

Weingut Rainer Sauer
(Franken)
2002 „L" Silvaner Spätlese trocken
Escherndorfer Lump

90 Punkte
Weingut Glaser-Himmelstoss
(Franken)
2002 Silvaner Spätlese trocken
Dettelbacher Berg-Rondell

Weingut Am Stein - Ludwig Knoll
(Franken)
2002 Silvaner Spätlese trocken
Würzburger Stein

Weingut Zehnthof
(Franken)
2002 Silvaner Spätlese trocken
Sulzfelder Maustal

89 Punkte
Bürgerspital zum Heiligen Geist
(Franken)
2002 Silvaner Spätlese trocken
Würzburger Stein

Weingut Clemens Fröhlich
(Franken)
2002 Silvaner Spätlese trocken
Escherndorfer Lump

Weingut Glaser-Himmelstoss
(Franken)
2002 Silvaner Spätlese trocken
Nordheimer Vögelein

Weingut Gerhard Gutzler
(Rheinhessen)
2002 Silvaner trocken
Niersteiner Ölberg

Weingut Horst Sauer
(Franken)
2002 Silvaner Spätlese trocken
Escherndorfer Lump

Weingut Horst Sauer
(Franken)
2002 „Sehnsucht" Silvaner trocken

Weingut Horst Sauer
(Franken)
2001 „Sehnsucht" Silvaner trocken

Weingut Rainer Sauer
(Franken)
2002 Silvaner Spätlese trocken
Escherndorfer Lump

Weingut Schloss Sommerhausen
(Franken)
2002 Silvaner Spätlese trocken
Sommerhäuser Steinbach

Weingut Teschke
(Rheinhessen)
2002 Sylvaner Selection Rheinhessen

Weingut Hans Wirsching
(Franken)
2002 Silvaner Spätlese trocken
Iphöfer Julius-Echter-Berg

Sonstige weiße Rebsorten und Cuvées

Wie beim Rotwein gibt es auch beim Weißwein einen auffälligen Trend hin zu Cuvées. Mit einem Unterschied allerdings: beim Weißwein wird nicht versucht „Neuzüchtungen zu verstecken". Die weißen Cuvées sind oft Kombinationen verschiedener Burgundersorten und/oder Chardonnay, oder aber Riesling mit Burgundersorten, aber auch Riesling mit Gewürztraminer.

Im vergangenen Jahr hatten mich noch die trockenen Gewürztraminer besonders überrascht. 2002 hat mich nur der Wein von Laible begeistert. Andreas Laible hat auch eine faszinierende Scheurebe im Programm, Jahr für Jahr; ebenso Schlumberger, der auch im vergangenen Jahr schon ganz oben dabei war. Ein Rieslaner aus Franken (Zehnthof) und ein einzelner Sauvignon Blanc aus Württemberg (Schnaitmann) komplettieren das Bild der Spitzenweine aus „sonstigen" Rebsorten.

Von allen Cuvées haben mir drei besonders gut gefallen: eine aus Württemberg vom Staatsweingut Weinsberg, zwei Weine aus der Pfalz (Knipser, Rebholz).

91 Punkte

Weingut Andreas Laible
(Baden)
2002 Scheurebe Spätlese trocken
Durbacher Plauelrain

90 Punkte

Weingut Andreas Laible
(Baden)
2002 Gewürztraminer Spätlese trocken
Durbacher Plauelrain

Weingut **Zehnthof**
(Franken)
2002 Rieslaner Auslese trocken
Sulzfelder Maustal

Staatseingut **Weinsberg**
(Württemberg)
2001 Cuvée Weiß trocken HADES

89 Punkte

Weingut Knipser
(Pfalz)
2002 Gewürztraminer & Riesling Spätlese trocken

Weingut Ökonomierat **Rebholz**
(Pfalz)
2002 „Pi No" Spätlese trocken „R"

Privat-Weingut H. **Schlumberger**
(Baden)
2002 Scheurebe Spätlese trocken

Weingut Rainer **Schnaitmann**
(Württemberg)
2002 Sauvignon Blanc*** trocken

Süße / edelsüße Rieslinge

Ganz so viele edelsüße Spitzenweine wie im Jahrgang 2001 gibt es im Jahrgang 2002 nicht. Die folgenden Liste ist aber immer noch beeindruckend lang. Nirgendwo sonst auf der Welt gibt es so viele edelsüße Spitzenweine wie in Deutschland. Allerdings sei vorab bemerkt, dass viele der im Folgenden aufgeführten Weine eigentlich gar nicht erhältlich sind. Weil es so wenig davon gibt. Von vielen dieser Weine gibt es nicht einmal 100 Liter. Sollte man über solche Mikrovinifikationen überhaupt schreiben? In dieser Liste stehen die Weine quasi gleichberechtigt nebeneinander, egal ob es 50 Liter oder 500 Liter von ihnen gibt. Und ganz egal, ob sie nur auf Weinversteigerungen zu erstehen sind oder auch beim Winzer selbst.

Die faszinierendsten edelsüßen Rieslinge hat für mich auch in diesem Jahr wie schon in den beiden Vorjahren Klaus Keller. Aber noch ein weiterer großer Wein kommt aus Rheinhessen, die 98er Trockenbeerenauslese Goldkapsel von Gunderloch. Weitere Spitzen kommen von Manz und Wittmann.

An der Mosel ist einmal mehr Markus Molitor „ganz dicke dabei" mit vielen faszinierenden Weine. Dazu aus den Vorjahren bekannte Namen wie Franz-Josef Eifel, Erben von Beulwitz, Christoffel-Erben, Immich-Batterieberg, Kees-Kieren oder Clüsserath-Weiler, aber auch Studert-Prüm, Kerpen, Milz-Laurentiushof, Loosen, Reh und Rosch. Große Weine aus der Region kamen in diesem Jahr aber auch von zwei Weingüter, die ich bisher noch nicht ganz vorne mit dabei hatte: Forstmeister Geltz-Zilliken und Rüdiger Kröber mit seinen edelsüßen Rieslingen aus dem Jahrgang 2001. Dazu das Weingut Eifel-Pfeiffer als „Shooting Star". Ganz neu im Buch und schon in der Hitliste ist der Deutschherrenhof in Trier.

Bärenstark sind auch die Nahe-Winzer mit vielen faszinierenden Weinen: Emrich-Schönleber und Schäfer-Fröhlich, Dönnhoff und Diel, Hexamer, Joh. Bapt. Schäfer und die Hahnmühle. Viele große Weine aus einer kleinen Region!

Im Rheingau haben wie gewohnt Wilhelm Weil und Peter Jakob Kühn faszinierende Weine und auch Johannes Leitz wiederholt seine großartige Leistung aus dem Vorjahr, die Brüder Spreitzer legen weiter zu.

Aber auch andere deutsche Regionen zeigen vereinzelt große Klasse: der Mittelrhein mit Lanius-Knab, Müller und Weingart, die Hessische Bergstraße mit der Staatsdomäne oder Franken mit Horst Sauer.

99 Punkte
Weingut Klaus Keller (Rheinhessen)
2002 Riesling Trockenbeerenauslese Goldkapsel

98 Punkte
Weingut Gunderloch (Rheinhessen)
1998 Riesling Trockenbeerenauslese Goldkapsel Nackenheim Rothenberg

Weingut Klaus Keller (Rheinhessen)
2002 Riesling Eiswein Goldkapsel Dalsheimer Hubacker

Weingut Markus Molitor (Mosel-Saar-Ruwer)
2002 Riesling Trockenbeerenauslese* Zeltinger Sonnenuhr

97 Punkte
Weingut Emrich-Schönleber (Nahe)
2002 Riesling Eiswein Monzinger Halenberg

Weingut Rüdiger Kröber (Mosel-Saar-Ruwer)
2001 Riesling Trockenbeerenauslese Winninger Röttgen

Weingut Schäfer-Fröhlich (Nahe)
2002 Riesling Eiswein Nr. 19/03 Bockenauer Felseneck

Weingut Robert Weil (Rheingau)
2001 Riesling Trockenbeerenauslese Kiedrich Gräfenberg

96 Punkte
Weingut Hermann Dönnhoff (Nahe)
2002 Riesling Eiswein Nr. 18/03 Oberhäuser Brücke

Weingut Forstmeister Geltz-Zilliken
(Mosel-Saar-Ruwer)
2002 Riesling Eiswein
Saarburger Rausch

Weingut Klaus Keller
(Rheinhessen)
2002 Riesling Auslese***
Dalsheimer Hubacker

Weingut Markus Molitor
(Mosel-Saar-Ruwer)
2002 Riesling Beerenauslese*
Zeltinger Sonnenuhr

95 Punkte

Weingut Erben von Beulwitz
(Mosel-Saar-Ruwer)
2002 Riesling Trockenbeerenauslese
Kaseler Nies'chen

Weingut Hermann Dönnhoff
(Nahe)
2002 Riesling Eiswein Nr. 19/03
Oberhäuser Brücke

Weingut Franz-Josef Eifel
(Mosel-Saar-Ruwer)
2002 Riesling Eiswein
Trittenheimer Altärchen

Weingut Lanius-Knab
(Mittelrhein)
2002 Riesling Eiswein
Engehöller Goldemund

94 Punkte

Domaine Bergstraße
(Hessische Bergstraße)
2001 Riesling Eiswein
Heppenheimer Centgericht

Schlossgut Diel
(Nahe)
2002 Riesling Auslese Goldkapsel
Dorsheimer Burgberg

Schlossgut Diel
(Nahe)
2002 Riesling Eiswein
Dorsheimer Pittermännchen

Weingut Eifel-Pfeiffer
(Mosel-Saar-Ruwer)
2002 Riesling Eiswein
Trittenheimer Altärchen

Weingut Forstmeister Geltz-Zilliken
(Mosel-Saar-Ruwer)
2002 Riesling Auslese Lange Goldkapsel
Saarburger Rausch

Weingut Gunderloch
(Rheinhessen)
2001 Riesling Trockenbeerenauslese
Nackenheim Rothenberg

Weingut Immich-Batterieberg
(Mosel-Saar-Ruwer)
2002 Riesling Eiswein
Enkircher Steffensberg

Weingut Kees-Kieren
(Mosel-Saar-Ruwer)
2002 Riesling Eiswein
Graacher Himmelreich

Weingut Klaus Keller
(Rheinhessen)
2002 Riesling Auslese
Dalsheimer Hubacker

Weingut Rüdiger Kröber
(Mosel-Saar-Ruwer)
2001 Riesling Eiswein
Winninger Hamm

Weingut Josef Leitz
(Rheingau)
2002 Riesling Trockenbeerenauslese
Rüdesheimer Kirchenpfad

Weingut Markus Molitor
(Mosel-Saar-Ruwer)
2002 Riesling Auslese** Nr. 28/03
Zeltinger Sonnenuhr

Weingut Markus Molitor
(Mosel-Saar-Ruwer)
2002 Riesling Auslese*** Nr. 29/03
Zeltinger Sonnenuhr

Weingut Markus Molitor
(Mosel-Saar-Ruwer)
2002 Riesling Eiswein*
Wehlener Klosterberg

Weingut Mathias Müller
(Mittelrhein)
2002 Riesling Eiswein
Bopparder Hamm Feuerlay

Weingut Josef Rosch
(Mosel-Saar-Ruwer)
2002 Riesling Eiswein
Leiwener Klostergarten

Die besten Weine

Weingut Schäfer-Fröhlich
(Nahe)
2002 Riesling Auslese Goldkapsel
Bockenauer Felseneck

Weingut Studert-Prüm
(Mosel-Saar-Ruwer)
2002 Riesling Trockenbeerenauslese
Wehlener Sonnenuhr

93 Punkte

Weingut Erben von Beulwitz
(Mosel-Saar-Ruwer)
2002 Riesling Eiswein
Kaseler Nies'chen

Weingut Joh. Jos. Christoffel Erben
(Mosel-Saar-Ruwer)
2002 Riesling Auslese***
Ürziger Würzgarten

Weingut Joh. Jos. Christoffel Erben
(Mosel-Saar-Ruwer)
2002 Riesling Eiswein
Ürziger Würzgarten

Weingut Clüsserath-Eifel
(Mosel-Saar-Ruwer)
2002 „Celsius" Riesling Auslese***
Trittenheimer Apotheke

Weingut Clüsserath-Weiler
(Mosel-Saar-Ruwer)
2002 Riesling Auslese**
Trittenheimer Apotheke

Weingut Clüsserath-Weiler
(Mosel-Saar-Ruwer)
2002 Riesling Eiswein
Trittenheimer Apotheke

Weingut Deutschherrenhof
(Mosel-Saar-Ruwer)
2002 Riesling Eiswein
Trierer Deutschherrenberg

Schlossgut Diel
(Nahe)
2002 Riesling Spätlese Goldkapsel
Dorsheimer Burgberg

Weingut Hermann Dönnhoff
(Nahe)
2002 Riesling Auslese
Oberhäuser Brücke

Weingut Hermann Dönnhoff
(Nahe)
2002 Riesling Auslese Goldkapsel
Oberhäuser Brücke

Weingut Franz-Josef Eifel
(Mosel-Saar-Ruwer)
2002 Riesling Auslese
Trittenheimer Altärchen

Weingut Gunderloch
(Rheinhessen)
1999 Riesling Beerenauslese Goldkapsel
Nackenheim Rothenberg

Weingut Hahnmühle
(Nahe)
2002 Riesling Eiswein
Cöllner Rosenberg

Weingut Helmut Hexamer
(Nahe)
2002 Riesling Eiswein
Meddersheimer Rheingrafenberg

Weingut Helmut Hexamer
(Nahe)
2002 Riesling Eiswein
Sobernheimer Marbach

Weingut Heribert Kerpen
(Mosel-Saar-Ruwer)
2002 Riesling Eiswein
Bernkasteler Bratenhöfchen

Weingut Peter Jakob Kühn
(Rheingau)
2002 Riesling Eiswein
Oestrich Lenchen

Weingut Peter Jakob Kühn
(Rheingau)
2002 Riesling Beerenauslese Goldkapsel
Oestrich Lenchen

Weingut Peter Jakob Kühn
(Rheingau)
2002 Riesling Trockenbeerenauslese
Oestrich Lenchen

Weingut Dr. Loosen
(Mosel-Saar-Ruwer)
2002 Riesling Auslese Goldkapsel
Erdener Treppchen

Weingut Manz
(Rheinhessen)
2002 Riesling Trockenbeerenauslese

Weingut Milz - Laurentiushof
(Mosel-Saar-Ruwer)
2002 Riesling Eiswein
Trittenheimer Apotheke

Weingut Reh
(Mosel-Saar-Ruwer)
2002 Riesling Eiswein*
Pölicher Held

Weingut Horst Sauer
(Franken)
2002 Riesling Trockenbeerenauslese
Escherndorfer Lump

Weingut Joh. Bapt. Schäfer
(Nahe)
2002 Riesling Beerenauslese
Dorsheimer Goldloch

Weingut Schäfer-Fröhlich
(Nahe)
2002 Riesling Eiswein Nr. 18/03
Bockenauer Felseneck

Weingut Josef Spreitzer
(Rheingau)
2002 Riesling Trockenbeerenauslese
Oestricher Lenchen

Weingut Robert Weil
(Rheingau)
2001 Riesling Beerenauslese
Kiedrich Gräfenberg

Weingut Weingart
(Mittelrhein)
2002 Riesling Trockenbeerenauslese
Bopparder Hamm

Weingut Wittmann
(Rheinhessen)
2002 Riesling Trockenbeerenauslese
Westhofener Aulerde

Edelsüße Weine: sonstige Rebsorten

In den beiden Vorjahren war jeweils die großartige Rieslaner Trockenbeerenauslese von Klaus Keller mein Spitzenreiter in dieser Liste. Auch den neuen Jahrgang finde ich wieder weltklasse. Trotzdem hat ein anderer Wein mir in diesem Jahrgang noch besser gefallen. Der kommt allerdings ebenfalls von Klaus und Klaus Peter Keller, ist ebenfalls eine Trockenbeerenauslese, nur die Rebsorte ist eine andere: Scheurebe. Überhaupt Scheurebe: was für ein Potenzial für edelsüße Weine! Sechs Weine in meinen „Top Ten" sind Scheureben!

Andreas Laible aus der Ortenau hat gleich zwei faszinierende Beerenauslesen im Programm, der Seehof in Westhofen eine Trockenbeerenauslese und Keller ist mit zwei weiteren Weinen, Auslese und Spätlese vertreten. Zwei Rieslaner sind mit von der Partie, zwei Trockenbeerenauslese, von Ludwig Knoll und von Keller, wie eingangs erwähnt. Dazu ein Traminer aus der Ortenau (Graf Wolff Metternich) und ein Silvaner Eiswein aus Franken (Reiss).

98 Punkte

Weingut Klaus Keller
(Rheinhessen)
2002 Scheurebe Trockenbeerenauslese

96 Punkte

Weingut Klaus Keller
(Rheinhessen)
2002 Rieslaner Trockenbeerenauslese Goldkapsel

Weingut Andreas Laible
(Baden)
2002 Scheurebe Beerenauslese Nr. 41
Durbacher Plauelrain

95 Punkte
**Weingut Graf Wolff Metternich
(Baden)**
2002 Clevner Trockenbeerenauslese
Durbacher Schloßberg

94 Punkte
**Weingut Klaus Keller
(Rheinhessen)**
2002 Scheurebe Auslese

**Weingut Am Stein - Ludwig Knoll
(Franken)**
2002 Rieslaner Trockenbeerenauslese
Stettener Stein

**Weingut Reiss
(Franken)**
2002 Silvaner Eiswein
Würzburger Pfaffenberg

**Weingut Seehof, Ernst Fauth
(Rheinhessen)**
2002 Scheurebe Trockenbeerenauslese
Westhofener Morstein

93 Punkte
**Weingut Klaus Keller
(Rheinhessen)**
2002 Scheurebe Spätlese

**Weingut Andreas Laible
(Baden)**
2002 Scheurebe Beerenauslese Nr. 42
Durbacher Plauelrain

Spätburgunder

„Es werden immer mehr! In allen Regionen." Dieser Satz vom vergangenen Jahr gilt unverändert. Hatte ich im vergangenen Jahr noch 40 Weine mit 89 oder mehr Punkten bewertet, sind es in diesem Jahr 66 Weine. Deutschlands Spätburgunder werden immer besser. Immer mehr Winzer in immer mehr Regionen machen hervorragende Spätburgunder. Die größte Überraschung dabei war für mich, dass sich darunter auch Weine von Mosel und Nahe befinden.

Baden stellt knapp die Hälfte der besten deutschen Spätburgunder. Mit weitem Abstand folgen die Ahr und Rheinhessen. Die Pfalz, im vergangenen Jahr noch an zweiter Stelle, folgt gleichauf mit Württemberg.

Innerhalb Badens kommen immer noch die meisten Spitzenweine vom Kaiserstuhl. Am meisten beeindruckt aber hat mich ein Wein aus der Ortenau, von Ewald Kopp. Genau genommen sogar zwei Weine sind es, die ich von ihm ganz oben hatte. Überhaupt ist die Ortenau ganz stark vertreten mit Jacob Duijn, Andreas Laible, Heinrich Männle und Graf Wolff Metternich.

Aber auch am Kaiserstuhl gibt es wieder viele hervorragende Spätburgunder. Johner und Salwey haben mich in diesem Jahr besonders begeistert, dazu Reinhold & Cornelia Schneider, Bercher, Heger, Knab, Fischer, Koch, Kiefer und Hermann. Es werden immer mehr.

Aber auch sonst ist Baden nicht ohne: Thomas Seeger an der Badischen Bergstraße hat faszinierende 2001er, ebenso die Brüder Aufricht am Bodensee. Für Tauberfranken hält Konrad Schlör die Fahne hoch und dreimal ist das Markgräflerland vertreten mit Bernhard Frick, Martin Waßmer und Lothar Heinemann.

Neun Spätburgunder aus dieser Liste kommen von der Ahr, allein vier davon von Meyer-Näkel, der tolle 2001er hat. Aber auch Stodden, Kreuzberg, Nelles und Deutzerhof sind ganz oben in Deutschland mit dabei.

Rheinhessen folgt auf die Ahr, an der Spitze ein faszinierendes Großes Gewächs von Klaus und Klaus Peter Keller. Dazu weitere Namen, teils mehr, teils weniger bekannt: Gutzler und Schembs, Keth und Werner, Michel-Pfannebecker und Milch. Der schlafende Riese Rheinhessen ist endgültig erwacht, auch was Spätburgunder betrifft.

Die Pfalz strahlt in diesem Jahr nicht ganz so hell, was den Spätburgunder betrifft. Bernd Philippi und die Brüder Knipser haben faszinierende Weine, aber sonst tut sich nicht viel in der Spitze, sieht man einmal von den Weingütern Corbet und Schumacher ab. Da muss man aber aufpassen, dass man nicht vom nördlichen Nachbarn Rheinhessen abgehängt wird.

Württemberg hat mich überrascht, was den Spätburgunder betrifft. Vor allem Rainer Schnaitmann, der gleich zwei tolle Weine im Programm hat. Aber auch Drautz-Able, Schlossgut Hohenbeilstein und die Untertürkheimer Genossen haben überzeugt.

In Franken ist natürlich vor allem Paul Fürst zu nennen mit Jahr für Jahr hervorragenden Spätburgundern, auch Ludwig Knoll hat mit schon im Vorjahr einen tollen „Montonia" im Programm. Im Rheingau hat allein August Kesseler den Sprung in die Bestenliste geschafft.

Überraschungen gab es noch anderswo. An der Mosel vor allen Dingen. Schon im vergangenen Jahr hatte ich auf die Weine von Markus Molitor hingewiesen habe. „Da muss sich die Ahr warm anziehen", meinte ein Freund, mit dem ich eine gemeinsame „Mosel-Tour" machte, als wir die Weine von Markus Molitor verkosteten. Und in diesem Jahr kommt eine weitere Region mit hervorragenden Spätburgundern hinzu: Stefan Rumpf und Armin Diel haben die Nahe mit hervorragenden Weinen neu auf der deutschen „Rotweinkarte" platziert.

Ich freue mich heute schon auf die Überraschungen im nächsten Jahr.

92 Punkte
Weingut Klaus Keller
(Rheinhessen)
2001 Spätburgunder trocken Dalsheim Bürgel

Weingut Kopp
(Baden)
2001 Spätburgunder trocken „R"

Weingut Rainer Schnaitmann
(Württemberg)
2001 Simonroth Spätburgunder „R" trocken

91 Punkte
Weingut Johner
(Baden)
2001 Blauer Spätburgunder „SJ"

Weingut Knipser
(Pfalz)
2001 Spätburgunder trocken Im Großen Garten Großkarlbacher Burgweg

Weingut Koehler-Ruprecht
(Pfalz)
2001 Pinot Noir „R" Philippi

Weingut Kopp
(Baden)
2001 Spätburgunder trocken „Alte Reben"

Weingut Kruger-Rumpf
(Nahe)
2001 Spätburgunder trocken „R"

Weingut Meyer-Näkel
(Ahr)
2001 Spätburgunder trocken „S" Goldkapsel

Weingut Meyer-Näkel
(Ahr)
2001 Spätburgunder Auslese trocken Walporzheimer Kräuterberg

Weingut Meyer-Näkel
(Ahr)
2001 Spätburgunder Auslese trocken Dernauer Pfarrwingert

Weingut Markus Molitor
(Mosel-Saar-Ruwer)
2001 Spätburgunder trocken Trarbacher Schlossberg

Weingut Markus Molitor
(Mosel-Saar-Ruwer)
2001 Spätburgunder** trocken Trarbacher Schlossberg

Weingut Salwey
(Baden)
2001 Spätburgunder trocken „RS"
Oberrotweiler Eichberg

Weingut Rainer Schnaitmann
(Württemberg)
2001 Simonroth Spätburgunder trocken

Weingut Reinhold & Cornelia Schneider (Baden)
2001 Spätburgunder trocken „R"***

Weingut Seeger
(Baden)
2001 Blauer Spätburgunder trocken „RR"

90 Punkte

Weingut Aufricht
(Baden)
2001 Spätburgunder trocken
„Isabel 3-Lilien"

Schlossgut Diel
(Nahe)
2001 Pinot Noir „Cuvée Caroline"

Weingut Jacob Duijn
(Baden)
2001 Spätburgunder trocken „SD"

Weingut Frick
(Baden)
2000 Spätburgunder Auslese
Binzener Sonnhohle

Weingut Rudolf Fürst
(Franken)
2001 Spätburgunder „R"
Centgrafenberg

Weingut Andreas Laible
(Baden)
2001 Spätburgunder Spätlese trocken
Barrique Durbacher Plauelrain

Weingut Heinrich Männle
(Baden)
2001 Spätburgunder Spätlese trocken
Barrique Durbacher Kochberg

Weingut Graf Wolff Metternich
(Baden)
2001 Spätburgunder Auslese trocken
Durbacher Schloßberg

Weingut Meyer-Näkel
(Ahr)
2001 Spätburgunder trocken „S"

Weingut Markus Molitor
(Mosel-Saar-Ruwer)
2001 Spätburgunder** trocken
Graacher Himmelreich

Weingut Salwey
(Baden)
2001 Spätburgunder trocken „RS"
Glottertäler Eichberg

Weingut Salwey
(Baden)
2001 Spätburgunder Spätlese*** trocken
Oberrotweiler Kirchberg

Weingut Schlör
(Baden)
2001 Spätburgunder Spätlese trocken
Reicholzheimer First

89 Punkte

Weingut Bercher
(Baden)
2001 Spätburgunder Spätlese trocken
Burkheimer Feuerberg

Wein- und Sektgut Corbet
(Pfalz)
2001 Spätburgunder Spätlese trocken „R"
Hambacher Schlossberg

Weingut Deutzerhof
(Ahr)
2002 Spätburgunder trocken
Mayschosser Mönchberg

Weingut Drautz-Able
(Württemberg)
1999 Spätburgunder trocken HADES

Weingut Fischer
(Baden)
2001 Spätburgunder*** trocken Barrique
Nimburg-Bottinger Steingrube

Weingut Rudolf Fürst
(Franken)
2001 Spätburgunder „R"
Karthäuser

Weingut Gerhard Gutzler
(Rheinhessen)
2000 Spätburgunder GS Barrique

Weingut Dr. Heger
(Baden)
2001 „MIMUS" Spätburgunder trocken
Barrique Ihringer Winklerberg

Weingut Ernst Heinemann & Sohn
(Baden)
2001 Spätburgunder Spätlese trocken
Barrique Scherzinger Batzenberg

Weingut Klaus Hermann
(Baden)
2001 „Cantus Avis" Spätburgunder trocken

Schlossgut Hohenbeilstein
(Württemberg)
2001 Spätburgunder trocken Barrique

Weingut Bernhard Huber
(Baden)
2001 Spätburgunder trocken „alte Reben"

Weingut Bernhard Huber
(Baden)
2001 Spätburgunder trocken „Reserve"

Weingut Johner
(Baden)
2001 Blauer Spätburgunder

Weingut Klaus Keller
(Rheinhessen)
2001 Spätburgunder trocken „S"

Weingut August Kesseler
(Rheingau)
2001 Spätburgunder trocken
Rüdesheimer Berg Schlossberg

Weingut Georg Jakob + Matthias Keth
(Rheinhessen)
2001 Spätburgunder trocken Barrique
Selection Rheinhessen

Weingut Friedrich Kiefer
(Baden)
2001 Spätburgunder trocken Barrique
Eichstetter Herrenbuck

Weingut Knab
(Baden)
1999 Spätburgunder trocken Reserve
Barrique Endinger Engelsberg

Weingut Am Stein - Ludwig Knoll
(Franken)
2001 Spätburgunder trocken Montonia

Weingut Holger Koch
(Baden)
2001 Spätburgunder „S*** Pinot Noir"

Weingut Koehler-Ruprecht
(Pfalz)
2001 Pinot Noir Philippi

Weingut Kreuzberg
(Ahr)
2001 Spätburgunder trocken
Devonschiefer Goldkapsel

Weingut Andreas Laible
(Baden)
2002 Spätburgunder Spätlese trocken
Durbacher Plauelrain

Weingut Michel-Pfannebecker
(Rheinhessen)
2001 Spätburgunder trocken Selection
Rheinhessen Gundersheimer Höllenbrand

Weingut Karl-Hermann Milch
(Rheinhessen)
2001 Spätburgunder „S" trocken Barrique
Monsheimer Silberberg

Weingut Markus Molitor
(Mosel-Saar-Ruwer)
2001 Spätburgunder trocken
Graacher Himmelreich

Weingut Nelles
(Ahr)
2001 Spätburgunder „B 52" trocken
Goldkapsel

Weingut Adolf Schembs
(Rheinhessen)
2001 Blauer Spätburgunder*** trocken
Barrique

Weingut Schumacher
(Pfalz)
2001 Spätburgunder Spätlese trocken
„Garten" Herxheimer Himmelreich

Weingut Seeger
(Baden)
2001 Blauer Spätburgunder trocken „R"

Weingut Jean Stodden
(Ahr)
2001 Spätburgunder trocken „JS"
Ahrweiler Rosenthal

Weingut Jean Stodden
(Ahr)
2001 Spätburgunder Auslese*** trocken
„JS" Recher Herrenberg

Weinmanufaktur Untertürkheim
(Württemberg)
2001 Spätburgunder*** trocken Barrique

Weingut Martin Waßmer
(Baden)
2001 Spätburgunder trocken „SW"
Schlatter

Weingut Arndt F. Werner
(Rheinhessen)
2002 Spätburgunder trocken
Selection Rheinhessen

Rotweine: Cuvées

Im vergangenen Jahr hatten die Württemberger die Nase vorn, hatten mehr hervorragende Rotweincuvées als alle anderen Anbaugebiete zusammen. Dieses Jahr liegen sie nur an zweiter Stelle, hinter der Pfalz.

Die Brüder Knipser haben zugeschlagen mit ihrer Cuvée X und haben darüber hinaus noch eine Reserve-Version dieses Weines, die für mich die beste Rotweincuvée des Jahres in Deutschland ist. Knapp dahinter ein alter Bekannter, ebenfalls aus der Pfalz, der „Philipp L" der Brüder Lergenmüller, der schon einige Male ganz oben stand in meiner persönlichen Favoritenliste deutscher Rotweine. Aber auch der Ikarus von Thomas Hensel begeistert mich jedes Jahr. Neu im Buch und in der Liste ist die Cuvée Cadu von Manfred Karst, eine beeindruckende Cuvée aus Cabernet Sauvignon und Dunkelfelder. Die Pfalz ist weiter vertreten mit der Selection L.P. der Brüder Lergenmüller, der Cuvée N von Axel Neiss und der Cuvé No. 2 vom Weingut Wilker.

Württemberg ist Jahr für Jahr stark bei den roten Cuvées. Der Jodukus vom Weingut Drautz-Able hat mich gleich mit zwei Jahrgängen begeistert. Dazu vor allem Graf Adelmann mit der Cuvée Vignette und das Weingut Medinger mit dem Benedikt. Hinzu kommen Einzelkämpfer aus Franken (Fürst) und Rheinhessen (Gutzler).

92 Punkte
Weingut Knipser
(Pfalz)
2001 „Cuvée X" trocken „R"

91 Punkte
Weingut Lergenmüller
(Pfalz)
2001 „Philipp L" trocken

90 Punkte
Weingut Drautz-Able
(Württemberg)
1999 „Jodokus" trocken HADES

Weingut Rudolf Fürst
(Franken)
2001 Parzival „R"

Weingut Gerhard Gutzler
(Rheinhessen)
„Cuvée R 99" GS Barrique

Weingut Walter Hensel
(Pfalz)
2000 „Ikarus" trocken Barrique
(Cabernet Cubin)

Weingut Knipser
(Pfalz)
2001 „Cuvée X" trocken

89 Punkte
Weingut Graf Adelmann
(Württemberg)
2000 „Cuvée Vignette" trocken

Weingut Drautz-Able
(Württemberg)
2000 „Jodokus" trocken HADES

Weingut Ernst Karst & Sohn
(Pfalz)
2000 „Cuvée Cadu" Barrique

Weingut Lergenmüller
(Pfalz)
2001 „Selection L.P." trocken

Weingut Ludi Neiss
(Pfalz)
2001 „Cuvée N" trocken Barrique

**Weingut Medinger
(Württemberg)**
1999 „Benedikt" Rotwein Cuvée Barrique

**Weingut Wilker
(Pfalz)**
2001 „Cuvée No. 2" trocken Barrique

Sonstige rote Rebsorten

Diese Liste ist erheblich länger geworden. Waren es im vergangenen Jahr nur zehn Weine, die ich mit mindestens 89 Punkten bewertet hatte, sind es in diesem Jahr schon 28. Nicht nur die Qualität, auch die Vielfalt nimmt zu.

„Gewinner" unter den Rebsorten ist eindeutig der Frühburgunder. Gleich in mehreren deutschen Anbaugebieten gibt es Spitzenweine. Die Ahr ist vertreten mit Werner Näkel und Gerhard Stodden. In Franken gesellte sich zum einsamen Streiter Paul Fürst mit dem Zehnthof ein weiteres Weingut mit einem hervorragenden Frühburgunder. Hinzu kommen drei Weine aus der Pfalz (Kuhn, Schumacher, Wilker) und ein Wein aus Württemberg, wo der Frühburgunder bisher meist Clevner genannt wurde (Schnaitmann).

Der Dornfelder legt in der Menge weiter gewaltig zu, Spitzenweine aber waren in diesem Jahr rar gesät. Gerhard Gutzler hat einen hervorragenden Wein, auch Knipser und Michel-Pfannebecker haben mich überzeugt. Auch der Sankt Laurent wird in allen deutschen Anbauregionen immer beliebter. Die Spitzenweine kommen nach wie vor aus der Pfalz, wie in diesem Jahr die Weine von Bernhart und Knipser.

Drei hervorragende Lemberger habe ich in diesem Jahr verkostet. Die Überraschung dabei war, dass einer der drei nicht aus Württemberg kommt, sondern vom Kaiserstuhl, vom Weingut Otto Fischer. Meine Favoriten unter den Württemberger Lembergern kamen vom Schlossgut Hohenbeilstein und von der Weinmanufaktur Untertürkeim.

Weitere Weine von unterschiedlichen Rebsorten haben mir besonders gut gefallen, darunter einige von sogenannten internationalen Rebsorten: die Cabernet Sauvignon vom Kaiserstühler Weingut Bercher und von Castel Peter in der Pfalz;, der Syrah der Brüder Knipsers und zwei Merlot aus Württemberg, von Wolfgang Klopfer und Rainer Schnaitmann.

Dazu Einzelkämpfer wie Schwarzriesling von Thomas Seeger, Domina vom Weingut Weltner, Dunkelfelder vom Weingut Gallé, Cabernet Cubin von Werner Hiestand und Regent vom Schlossgut Hohenbeilstein.

91 Punkte

**Weingut Gerhard Gutzler
(Rheinhessen)**
1999 Dornfelder GS Barrique

**Weingut Meyer-Näkel
(Ahr)**
2001 Frühburgunder Auslese trocken Dernauer Pfarrwingert

90 Punkte

**Wein- und Sektgut Bernhart
(Pfalz)**
2001 Sankt Laurent trocken „S"

**Weingut Fischer
(Baden)**
2001 Lemberger trocken Barrique Nimburg-Bottinger Steingrube

**Weingut Rudolf Fürst
(Franken)**
2001 Frühburgunder „R" Centgrafenberg

Weingut Gerhard Gutzler
(Rheinhessen)
2000 Cabernet Sauvignon Römerberg

Schlossgut Hohenbeilstein
(Württemberg)
2000 Lemberger trocken Barrique

Weingut Knipser
(Pfalz)
2001 St. Laurent trocken
Großkarlbacher Burgweg

Weingut Castel Peter
(Pfalz)
2001 Cabernet Sauvignon*** trocken

Weingut Castel Peter
(Pfalz)
2001 „Fingerprint" St. Laurent*** trocken

Weingut Stallmann-Hiestand
(Rheinhessen)
2001 Cabernet Cubin trocken Barrique

Weinmanufaktur Untertürkheim
(Württemberg)
2001 Lemberger*** trocken Barrique

Weingut Zehnthof
(Franken)
2001 Frühburgunder***

89 Punkte

Weingut Bercher
(Baden)
2001 Cabernet Sauvignon trocken Selection Barrique Sasbacher Limburg

Weingut Gallé
(Rheinhessen)
2001 Dunkelfelder trocken Barrique

Schlossgut Hohenbeilstein
(Württemberg)
2001 Regent trocken Holzfass

Weingut Klopfer
(Württemberg)
2001 Merlot trocken Barrique

Weingut Knipser
(Pfalz)
2001 Syrah trocken

Weingut Knipser
(Pfalz)
2001 Dornfelder trocken
Laumersheimer Kirschgarten

Weingut Philipp Kuhn
(Pfalz)
2001 Frühburgunder trocken Barrique Kirschgarten

Weingut Michel-Pfannebecker
(Rheinhessen)
2001 Dornfelder trocken Barrique Westhofener Bergkloster

Weingut Rainer Schnaitmann
(Württemberg)
2002 Merlot*** trocken

Weingut Rainer Schnaitmann
(Württemberg)
2002 Frühburgunder*** trocken

Weingut Schumacher
(Pfalz)
2001 Frühburgunder Spätlese trocken Herxheimer Himmelreich

Weingut Seeger
(Baden)
2001 Schwarzriesling trocken „R"

Weingut Jean Stodden
(Ahr)
2001 Frühburgunder trocken „JS"
Recher Herrenberg

Weingut Wilker
(Pfalz)
2001 Frühburgunder Spätlese trocken Barrique

Weingut Wolfgang Weltner
(Franken)
2001 Domina trocken

Sekte

Auch in diesem Jahr liegt die Pfalz wieder ganz klar vorne. Was vor allem zwei Weingütern bzw. Sektkellereien zu verdanken ist, Andres & Mugler und Corbet, die mit vier bzw. drei Sekten zusammen fast die Hälfte aller Sekte in meiner Bestenliste stellen. Zwei weitere Pfälzer, von Gehrig und Bernd Grimm, vervollständigen das Bild. Mein persönlicher Favorit aber kommt in diesem Jahr aus dem Markgräflerland, der Chardonnay-Sekt von Lothar Heinemann. Ein weiteres Mal ist das Markgräflerland vertreten durch Lämmlin-Schindler, der Kaiserstuhl wird wie schon im vergangenen Jahr mit dem faszinierenden Pinotsekt von Bercher würdig vertreten.

An der Mosel hat mir wieder ein Sekt von Stephan Fischer besonders gefallen, an der Nahe zwei Rieslingsekte von Armin Diel. Rheinhessen ist vertreten durch eine Cuvée von Arno Schembs.

Der zaghafte Aufwärtstrend hält an. Trotzdem: es ist noch mehr möglich!

90 Punkte

Weingut Ernst Heinemann & Sohn
(Baden)
2000 Chardonnay Brut
Scherzinger Batzenberg

89 Punkte

Sektkellerei Andres & Mugler
(Pfalz)
2001 Riesling Brut

Sektkellerei Andres & Mugler
(Pfalz)
2001 Chardonnay-Auxerrois Brut

Weingut Bercher
(Baden)
1997 Pinot Sekt Extra Brut

Wein- und Sektgut Corbet
(Pfalz)
2001 Weißer Burgunder Brut

88 Punkte

Sektkellerei Andres & Mugler
(Pfalz)
2001 Weißburgunder Brut

Sektkellerei Andres & Mugler
(Pfalz)
2001 „Cuvée Elena" Brut

Wein- und Sektgut Corbet
(Pfalz)
2001 Pinot Rosé Brut

Wein- und Sektgut Corbet
(Pfalz)
2001 Riesling Brut

Schlossgut Diel
(Nahe)
1999 Riesling Brut

Schlossgut Diel
(Nahe)
1999 Riesling Brut
Dorsheimer Goldloch

Sekt- und Weingut Stephan Fischer
(Mosel-Saar-Ruwer)
2001 Riesling Brut
Zeller Nußberg

Weingut Gehrig
(Pfalz)
1999 Pinot Blanc de Noir Brut

Weingut Bernd Grimm
(Pfalz)
2001 Weißer Burgunder Brut

Weingut Lämmlin-Schindler
(Baden)
2001 Lämmlin-Schindler Brut

Weingut Adolf Schembs
(Rheinhessen)
2001 „Cuvée Schembs" Brut

III. Verzeichnis der Weingüter

In diesem Verzeichnis sind die Weingüter nach Regionen geordnet und innerhalb dieser die Erzeuger alphabetisch.

Ahr

Weingut J.J. **Adeneuer** 80
Ahr Winzer 83
Brogsitter's Weingüter und Privatkellerei 131
Weingut **Burggarten** 138
Weingut **Deutzerhof** - Cossmann-Hehle 160
Weingut **Kreuzberg** 352
Weingut Peter **Lingen** 383
Weingut **Maibachfarm** 392
Weingut **Meyer-Näkel** 407
Weingut **Nelles** 439
Weingut **Sermann-Kreuzberg** 550
Weingut **Sonnenberg** 561
Weingut Jean **Stodden** 576
Winzergenossenschaft **Walporzheim** 603

Baden

Weingut **Abril** 76
Winzergenossenschaft **Achkarren** 76
Affentaler Winzergenossenschaft Bühl 81
Alde Gott Winzergenossenschaft 83
Weingut **Aufricht** 90
Winzergenossenschaft **Auggen** 91
Weingut L. **Bastian** 100
Weinhaus L. **Bastian** 101
Weingut Michael **Baumer** 102
Weingut **Bercher** 108
Weingut **Bercher-Schmidt** 110
Weinkellerei **Bimmerle** 119
Weingut Peter **Briem** 130
Winzergenossenschaft **Burkheim** 139
HOFGUT **CONSEQUENCE** 148
Weingut Hermann **Dörflinger** 168
Weingut Jacob **Duijn** 173
Ehrenstetter Winzerkeller 178
Weingut **Engelhof** 188
Weingut **Engist** 188
Weingut Otto **Fischer** 198

Weingut Freiherr von und zu
    Franckenstein 204
Staatsweingut
    Freiburg & Blankenhornsberg 207
Weingut **Frick** 208
Weingut Freiherr von **Gleichenstein** 229
Öko Wein & Sektgut **Gretzmeier** 237
Weingut Thomas **Hagenbucher** 248
Wein- und Sektgut **Harteneck** 254
Weingut Dr. **Heger** 257
Weinhaus Joachim. **Heger** 258
Weingut Ernst **Heinemann** & Sohn 262
Weingut Albert **Heitlinger** 265
Ökologisches Wein- und Sektgut **Helde** & Sohn 265
Weingut Klaus **Hermann** 267
Winzerkeller **Hex vom Dasenstein** 270
Weingut Bernhard **Huber** 285
Weingut **Huck-Wagner** 286
Wein & Sektgut Bernd **Hummel** 287
Weingut Felix und Kilian **Hunn** 288
Weingut **Ingrosso** 290
Weingut Achim **Jähnisch** 291
Weingut Karl H. **Johner** 295
Kalkbödele - Weingut der Gebrüder Mathis 302
Weingut Schwarzer Adler - Franz **Keller** 313
Winzergenossenschaft **Kiechlinsbergen** 322
Weingut Friedrich **Kiefer** 323
Weingut **Hügle** - **Kirchberghof** 323
Weingut Ulrich **Klumpp** 329
Weingut **Knab** 330
Weingut Holger **Koch** 340
Winzergenossenschaft
    Königschaffhausen 344
Weingut **Konstanzer** 345
Weingut **Kopp** 347
Weingut **Kramer**, Inh. Harald Pfaff 348
Weingut **Krebs** 350
Weingut **Lämmlin-Schindler** 363

Weingut Andreas **Laible** 364
Weingut **Landmann** 368
Weingut Clemens **Lang** 369
Weingut Heinrich **Männle** 391
Weingut Emil **Marget** 395
Weingut Klaus-Martin **Marget** Heitersheim 396
Staatsweingut **Meersburg** 400
Gräflich Wolff **Metternich'sches** Weingut 405
Weingut **Michel** 408
Weingut & Brennerei **Mößner** 417
Weingut Adam **Müller** 426
Weingut Gebrüder **Müller** 428
Gut **Nägelsförst** 436
Weingut Schloss **Neuweier** 441
Winzergenossenschaft **Oberbergen** 442
Weingut Schloss **Ortenberg** 447
Winzergenossenschaft **Pfaffenweiler** 455
Weingut H × **PIX** × R 461
Weingut Eckhard **Probst** 464
Weingut Burg **Ravensburg** 473
Privat-Sektkellerei **Reinecker** 478
Weingut **Salwey** 494
Weingut **St. Remigius** 497
Winzergenossenschaft **Sasbach** 499
Weingut Leopold **Schätzle** 510
Biologisches Weingut **Schambachhof** 511
Weingut **Schindler** 515
Weingut Konrad **Schlör** 516
Privat-Weingut H. **Schlumberger** 518
Weingut Rainer **Schlumberger** 518
Weingut Claus **Schneider** 526
Weingut Reinhold & Cornelia **Schneider** 528
Weingut **Seeger** 545
Weingut **Sonnenhof**, Michael Mattmüller 562
Weingut Markgraf v. Baden,
   Schloss Staufenberg 567
Weingut **Stigler** 575
Thalsbach Weinkellerei 584
Weingut **Trautwein** 589
Winzergenossenschaft **Varnhalt** 594
Winzergenossenschaft **Wasenweiler** 605
Weingut Fritz **Waßmer** 606

Weingut Martin **Waßmer** 606
Weingut Michael **Wiesler** 629
Weingut Stadt Lahr - Familie **Wöhrle** 637
Winzergenossenschaft **Zell-Weierbach** 643
Weingut **Zimmermann** 645
Weingut-Weinkellerei Julius **Zotz** 647

Franken

Winzerhof Johann **Arnold** 89
Weingut **Augustin** 92
Weingut **Baldauf** 95
Weingut **Behringer** 106
Weingut **Bickel-Stumpf** 118
Bocksbeutel-Hof Escherndorf 123
Weingut Heinz **Braun** 125
Weingut **Brennfleck**, Inh. Hugo Brennfleck 128
Weinbau Heinrich **Brügel** 133
Bürgerspital zum Heiligen Geist 134
Weingut Ignaz **Bunzelt** 137
Fürstlich **Castell'sches** Domänenamt 140
Weingut Josef **Deppisch** 159
Weingut **Emmerich** 185
Weingut Walter **Erhard** 191
Weingut Clemens **Fröhlich** 212
Weingut Michael **Fröhlich** 213
Weingut Rudolf **Fürst** 215
Weingut Klaus **Giegerich** 226
Weingut **Glaser-Himmelstoß** 228
Weingut Martin **Göbel** 231
Weingut Familie **Hart** 253
Weingut Dr. **Heigel** 260
Weingut **Hirn** 276
Weingut Werner **Höfling** 277
Staatlicher **Hofkeller** Würzburg 280
Weinbau Alois **Hofmann** 281
Weingut **Juliusspital** Würzburg 299
Weingut O. **Knapp** 331
Weingut Am Stein - Ludwig **Knoll** 337
Weingut Wolfgang **Kühn** 359
Weingut Fürst **Löwenstein** 385
Weingut Max **Markert** 397
Weingut Rudolf **May** 399
Weingut Götz **Meintzinger** & Söhne 401

Weingut **Mend** *403*
Weingut Max **Müller** I *431*
Weingut Ewald **Neder** *437*
Weingut Werner **Probst** *465*
Weingut Bruno **Reiss** *480*
Weingut **Römmert** *486*
Weingut Johann **Ruck** *490*
Weingut **Rudloff** *491*
Weingut Horst **Sauer** *500*
Weingut Rainer **Sauer** *502*
Weingut Egon **Schäffer** *509*
Weingut **Schmitt's Kinder** *524*
Weingut Roman **Schneider** *530*
Weingut **Schwab** *539*
Konrad **Schwarz** - Weingut Am Ölspiel *541*
Weingut Friedel **Simon** *554*
Winzerkeller **Sommerach** *558*
Weingut Schloss **Sommerhausen** *559*
Weingut Christoph **Steinmann** *572*
Weingut Josef **Störrlein** *577*
Weingut Josef **Walter** *604*
Weingut Wolfgang **Weltner** *622*
Weingut Hans **Wirsching** *635*
Weingut **Zehnthof** *642*

Hessische Bergstraße

Weingut der Stadt **Bensheim** *107*
Bergsträsser Winzer *112*
Domäne **Bergstraße** *113*
Weingut Werner **Edling** *176*
Weingut **Rothweiler** *489*
Weingut Tobias Georg **Seitz** *547*
Weingut **Simon-Bürkle** *555*

Mittelrhein

Weingut Bernhard **Didinger** *162*
Weingut Gotthard **Emmerich** *185*
Weingut **Fendel** *195*
Weinhaus **Heilig Grab** *261*
Weingut Peter **Hohn** *284*
Weingut Toni **Jost** - Hahnenhof *296*
Weingut Martina & Dr. Randolf **Kauer** *310*
Weingut **Kemmer** *318*
Weingut Albert **Lambrich** *366*
Wein- und Sektgut Goswin **Lambrich** *367*

Weingut **Lanius-Knab** *372*
Weingut **Mohr** & Söhne *417*
Weingut Matthias **Müller** *429*
Weingut Hermann **Ockenfels** *444*
Weingut Bernhard **Praß** *463*
Weingut **Ratzenberger** *470*
Weingut Gutsausschank Brennerei
   Zum **Rebstock** *476*
Weingut **Scheidgen** *513*
Weingut **Selt** *549*
Weingut **Weingart** *617*
Weingut Rugard **Zahn** *641*

Mosel-Saar-Ruwer

Weingut **Ackermann** *78*
Weingut Hubertus M. **Apel** *88*
Weingut **Bastgen** *99*
Weingut **Bauer** *101*
Weingut **Becker-Steinhauer** *106*
Weingut C.H. **Berres** *115*
Weingut Klaus **Berweiler-Merges** *116*
Weingut Erben von **Beulwitz** *116*
Bischöfliche Weingüter Trier *120*
Weingut Heribert **Boch** *122*
Weingut Hans Dieter **Bollig** & Sohn *123*
Weingut **Brauneberger Hof** *126*
Weingut Frank **Brohl** *132*
Weingut Clemens **Busch** *139*
Weingut Joh. Jos. **Christoffel-Erben** *142*
Weingut Ansgar **Clüsserath** *143*
Weingut Ernst **Clüsserath** *144*
Weingut **Clüsserath-Eifel** *145*
Weingut Dietmar **Clüsserath** - Hilt *146*
Weingut **Clüsserath-Weiler** *146*
Weingut **Dahmen-Kuhnen** *154*
Weingut **Deutschherrenhof** *160*
Weingut & Gutsstube Michael **Dixius** *166*
Weingut Matthias **Dostert** *169*
Weingut Bernhard **Eifel** *180*
Weingut Franz-Josef **Eifel** *181*
Weingut **Eifel-Pfeiffer** *182*
Sekt- und Weingut Stephan **Fischer** *199*
Weingut Reinhold **Franzen** *205*
Weingut Franz **Friedrich-Kern** *209*
Stiftung **Friedrich-Wilhelm-Gymnasium** *210*

Weingut **Fries** *211*
Markus **Fries** - Weingut *211*
Weingut Leo **Fuchs** *214*
Weingut Reinhold **Fuchs** *214*
Weingut **Geller-Steffen** *222*
Weingut Forstmeister **Geltz-Zilliken** *223*
Weingut Michael **Goerg** *233*
Weingut **Grans-Fassian** *236*
Weingut Theo **Grumbach**, Hermann Grumbach *241*
Weingut Fritz **Haag** *246*
Weingut Willi **Haag** *247*
Weingut Reinhold **Haart** *248*
Weingut Kurt **Hain** *252*
Weingut **Hauth-Kerpen** *255*
Weingut Freiherr von **Heddesdorff** *255*
Weingut Rainer **Heil** *261*
Weingut Ernst **Hein** *262*
Weingut Bernd **Hermes** *267*
Weingut **Heymann-Löwenstein** *272*
Weingut Matthias **Hild** / Johann Hild KG *274*
Weingut **Himmeroder** Hof *275*
Weingut von **Hövel** *278*
Weingut **Hoffmann-Simon** *279*
Weingut **Immich-Batterieberg** *289*
Weingut Klaus **Junk** *301*
Weingut Albert **Kallfelz** *303*
Weingut **Kanzlerhof** *305*
Weingut **Karlsmühle** *306*
Weingut **Karthäuserhof** *307*
Weingut **Kees-Kieren** *312*
Weingut Heribert **Kerpen** *318*
Reichsgraf von **Kesselstatt** *320*
Weingut **Kirsten** *324*
Weingut Reinhard & Beate **Knebel** *331*
Weingut **Knebel-Lehnigk** *333*
Weingut **Köwerich** *344*
Weingut **Kranz-Junk** *350*
Weingut Rüdiger **Kröber** *353*
Weingut Sybille **Kuntz** *362*
Weingut **Laurentiushof** *375*
Weingut **Lehnert-Veit** *375*
Weingut **Lenz-Dahm** *380*
Weingut Schloß **Lieser** *382*
Weingut Carl **Loewen** *384*
Weingut Dr. **Loosen** *387*

Weingut **Lorenz** *388*
Lubentiushof - Weingut Andreas Barth *389*
Weingut Gebr. **Ludwig** *390*
Weingut Hans-Josef **Maringer** *397*
Weingut **Melsheimer** *402*
Weingut Peter **Mentges** *403*
Weingut **Milz-Laurentiushof** *413*
Weingut **Mönchhof**, Robert Eymael *416*
Weingut **Molitor** - Haus Klosterberg *419*
Weingut **Molitor** - Rosenkreuz *422*
Weingut Martin **Müllen** *425*
Weingut Werner **Müller** *432*
Weingut Ingo **Norwig** *442*
Weingut **Ollinger-Gelz** *446*
Weingut von **Othegraven** *447*
Weingut **Paulinshof** *448*
Weingut Dr. **Pauly-Bergweiler** *449*
Weingut **Pauly-Bohn** *450*
Weingut Johannes **Peters** *451*
Weingut Karl O. **Pohl** *462*
Wein- und Sektgut **Probsthof** *466*
Weingut Joh. Jos. **Prüm** *467*
Weingut S. A. **Prüm** *467*
Weingut Familie **Rauen** *471*
Weingut Walter **Rauen** *471*
Weingut **REBENHOF** Johannes Schmitz *474*
Weingut Franz-Josef **Regnery** *476*
Weingut **Reh** *477*
Weingut Johann Peter **Reinert** *478*
Weingut Hans **Resch** *481*
Weingut Edmund **Reverchon** *482*
Weingut Max Ferd. **Richter** *483*
Weingut Richard **Richter** *483*
Weingut **Römerhof** *485*
Weingut Josef **Rosch** *487*
Weingut Schloß **Saarstein** *492*
Weingut St. **Nikolaus-Hof** *497*
Weingut **Sankt Urbans-Hof** *498*
Weingut Willi **Schaefer** *506*
Weingut Heinrich **Schmitges** *519*
Weingut Heinz **Schmitt** *521*
Weingut Niko **Schmitt** *522*
Weingut **Schmitt-Weber** *524*
Alois **Schneiders** Weingut Josefshof *530*
Weingut Martin **Schömann** *531*

C.v. **Schubert'sche** Gutsverwaltung
   Grünhaus *536*
Weingut **Selbach-Oster** *548*
Weingut Gebr. **Simon** *555*
Weingut **Später-Veit** *563*
Weingut **Staffelter Hof** *566*
Weingut Ernst **Steffens** *569*
Weingut **Steffens-Kess** *569*
Weingut **Studert-Prüm** – Maximinhof *578*
Weingut Peter **Terges** *581*
Weingut Wwe Dr. H. **Thanisch**,
   Erben Müller-Burggraef *584*
Weingut Wwe Dr. H. **Thanisch**,
   Erben Thanisch *585*
Weingut Ludwig **Thanisch** & Sohn *586*
Weingut Josef **Thielmann** *587*
Weingut **Van Volxem** *593*
Weingut **Vereinigte Hospitien** *595*
Weingut **Vollenweider** *596*
Weingut Dr. Heinz **Wagner**
Geheimrat J. **Wegeler** Erben,
   Gutshaus Bernkastel *610*
Weingut Dr. F. **Weins-Prüm** *619*
Weingut **Weis-Diel** *621*
Weingut O. **Werner** & Sohn *626*
Weingut **Willems-Willems** *633*
Weingut Ewald **Willwert** *633*

Nahe

Weingut Carl **Adelseck** *80*
Staatsweingut **Bad Kreuznach** *94*
Wein- und Sektgut Karl-Kurt **Bamberger** &
   Sohn *96*
Weingut Konrad **Closheim** *143*
Weingut Dr. **Crusius** *151*
Schlossgut **Diel** *163*
Weingut Hermann **Dönnhoff** *166*
Weingut Karl-Josef **Eckes** *175*
Weingut **Edelberg** *177*
Weingut **Emmerich-Koebernik** *186*
Weingut **Emrich-Schönleber** *187*
Weingut Helmut **Enk** *189*
Weingut **Göttelmann** *233*
Weingut **Graf-Binzel** *235*
Weingut Johannes **Haas** *248*

Weingut **Hahnmühle** *249*
Weingut Helmut **Hexamer** *269*
Weingut Gebr. **Kauer** *309*
Weingut **Korrell** – Johanneshof *348*
Weingut **Kruger-Rumpf** *354*
Weingut **Lersch** *382*
Weingut **Lindenhof** *383*
Weingut Sascha **Montigny** *423*
Gutsverwaltung **Niederhausen-
   Schloßböckelheim** *442*
Weingut **Rapp** *469*
Weingut **Rohr** *487*
Prinz zu **Salm-Dalberg'sches** Weingut *493*
Weingut Joh. Bapt. **Schäfer** *503*
Weingut **Schäfer-Fröhlich** *507*
Weingut **Schauß** & Sohn *512*
Weingut **Schmitt-Peitz** *523*
Weingut Jakob **Schneider** *527*
Weingut Meinolf **Schömehl** *531*
Weingut Bürgermeister Willi **Schweinhardt**
   Nachf. *542*
Weingut Rudolf **Sinß** *556*
Weingut Wilhelm **Sitzius** *557*
Weingut **Tesch** *582*
Weingut Udo **Weber** *607*
Weingut **Welker-Emmerich** *622*
Weingut **Wilhelmy** *631*

Pfalz

Weingut **Ackermann** *77*
Weingut Michael **Andres** *86*
Sektkellerei **Andres & Mugler** *87*
Weingut Peter **Argus** *88*
Weingut **Bach-Frobin** *93*
Weingut **Bärenhof** *95*
Weingut Gebrüder **Bart** *97*
Weingut Geh. Rat Dr. v. **Bassermann-Jordan**
   98
Weingut Gerhard **Beck** *103*
Weingut Fred **Becker** *104*
Weingut Friedrich **Becker** *105*
Weingut **Bergdolt** St. Lamprecht *111*
Weingut **Bergdolt-Reif & Nett** *112*
Wein- und Sektgut **Bernhart** *114*
Weingut **Brenneis-Koch** *126*

Weingut Dr. Bürklin-Wolf 135
Weingut Reichsrat von Buhl 136
Weingut Christmann 141
Weingut Corbet 149
Weingut Cuntz-Scheu 152
Weingut Kurt Darting 155
Weingut Dr. Deinhard 157
Weingut Dengler-Seyler 158
Weingut Dicker - Achim Doll 161
Weingut Doppler-Hertel 169
Weingut Eymann 193
Weingut Fader – Kastanienhof 194
Weingut Fippinger-Wick 197
Weingut Fitz-Ritter 200
Weingut Fluch-Gaul 202
Weingut Wilhelm Gabel 217
Weingut Karl-Heinz Gaul 218
Weingut Matthias Gaul - St. Stephanshof 218
Weingut Gehrig 219
Weingut Gies-Düppel 226
Weingut Familie Gnägy 230
Weingut Bernd Grimm 237
Weingut Bruno Grimm & Sohn 238
Weingut Walter Hensel 266
Weingut Christian Heußler 268
Weingut Hollerith 285
Wein- und Sektgut Immengarten Hof 289
Weingut Janson Bernhard 291
Staatsweingut mit Johannitergut 295
Weingut Jülg 297
Weingut Kaiserberghof 302
Winzergenossenschaft Kallstadt 304
Weingut Ernst Karst & Sohn 307
Weingut Kassner-Simon 308
Weingut Karl-Heinz Kaub 309
Wein- u. Sektgut Kissel 325
Weingut Gerhard Klein 327
Weingut Knipser 333
Wein- und Sektgut Bernhard Koch 339
Weingut Koehler-Ruprecht 341
Weingut Dr. Andreas Kopf 346
Weingut Familie Kranz 349
Weingut Philipp Kuhn 360
Weingut Langenwalter 371
Weingut Bruno Leiner 376

Weingut Jürgen Leiner 377
Weingut Leiningerhof, Fam. Benzinger 378
Weingut Lergenmüller 381
Weingut Lucashof 389
Weingut Margarethenhof, Franz Lucas 395
Weingut Herbert Meßmer 404
Weingut Edmund Meyer & Sohn 406
Stiftsweingut Frank Meyer 407
Weingut Ernst Minges 413
Weingut Theo Minges 414
Wein- und Sekthaus G.L. Möller 415
Weingut Georg Mosbacher 424
Weingut Eugen Müller 426
Weingut Fritz Müller 428
Weingut Herbert Müller Erben 429
Weingut Müller-Catoir 432
Weingut Müller-Ruprecht 433
Weingut Münzberg 434
Weingut Georg Naegele 435
Weingut K. Neckerauer 436
Weingut Ludi Neiss 439
Weingut Castel Peter 450
Weingut Petri 454
Weingut Karl Pfaffmann 456
Weingut Rolf Pfaffmann 457
Weingut Pfeffingen - Fuhrmann-Eymael 457
Weingut Pfirmann 458
Weingut Jakob Pfleger 459
Weingut Ökonomierat Rebholz 475
Weingut St. Annaberg 496
Weingut Heiner Sauer 499
Weingut Karl Schaefer 504
Weingut M. Schädler 503
Weinhof Scheu 515
Weingut Egon Schmitt 520
Weingut Reinhard & Esther Schmitt 522
Weingut Klaus Schneider 527
Weingut Scholler 534
Weingut Schumacher 537
Weingut Martin Schwab 540
Weingut Georg Siben Erben 551
Weingut Siegrist 552
Weingut Siener 553
Weingut Heinrich Spindler 564
Weingut Dr. Steiner - Johannishof 571
Weingut Günter und Markus Stentz 573

Weingut Jürgen **Stentz** 574
Weingut **Studier** 579
Weingut **Theodorhof** 586
Weingut **Ullrichshof**, Familie Faubel 590
Fritz **Völcker'sche** Gutsverwaltung 596
Winzerhof am Teufelsberg,
  Fam. H. **Wadle** 599
Weingut **Wageck-Pfaffmann** 600
Weingut Fritz **Walter** 603
Weingut **Weegmüller** 608
Weingut J. **Wegeler** Erben,
  Gutshaus Deidesheim 610
Weingut Karl **Wegner** & Sohn 611
Weingut Dr. **Wehrheim** 612
Weingut **Weik** 615
Wein- und Sektgut Ernst **Weisbrodt** 620
Weingut Hubert und Pirmin **Wilhelm** 629
Weingut **Wilhelmshof** 630
Weingut **Wilker** 632
Weingut **Wolf** 639
Weingut August **Ziegler** 644

Rheingau

Staatsweingut **Assmannshausen** 89
Wein- und Sektgut **Barth** 98
Weingut des **Bistums** Limburg 121
Weingut Georg **Breuer** 129
Weingut Dr. **Corvers-Kauter** 150
Diefenhardt'sches Weingut 163
Staatsweingüter Kloster **Eberbach** 174
Weingut **Egert** 177
Weingut Carl **Ehrhard** 179
Weingut August **Eser** 191
Weingut Friedr. **Fendel** Erben 196
Weingut Oek.Rat J. **Fischer** Erben 198
Weingut Joachim **Flick** 201
Winzergenossenschaft **Frauenstein** 206
Weingut Alexander **Freimuth** 207
Weingut **George** - J.&J. Wagenitz 224
Weingut Stefan **Gerhard** 225
Weingut Prinz von **Hessen** 268
Weingut Emmerich **Himmel** 274
Weinbaudomäne Schloss **Johannisberg** 293
Weingut **Johannishof** 293

Weingut Jakob **Jung** 300
Weingut Graf von **Kanitz** 304
Weingut August **Kesseler** 319
Weingut Freiherr zu **Knyphausen** 338
Weingut J. **Koegler**, Hof Bechtermünz 340
Weingut Robert **König** 343
Weingut Peter Jakob **Kühn** 357
Weingut Franz **Künstler** 359
Weingut Hans **Lang** 370
Langwerth von Simmern'sches Rentamt 372
Weingut Paul **Laquai** 373
Weingut Josef **Leitz** 379
Weingut Fürst **Löwenstein** 386
Weingut Wilhelm **Mohr** Erben 418
Weingut Karl-Joh. **Molitor** 419
Weingut Heinz **Nikolai** 442
Weingut Johannes **Ohlig** 445
Weingut **Prinz** 464
Weingut Wilfried **Querbach** 468
Schloß **Reinhartshausen** 479
Weingut Fritz **Rothenbach** 488
Weingut Ernst **Rußler** 492
Domänenweingut Schloß **Schönborn** 532
Wein- und Sektgut F.B. **Schönleber** 534
Weingut **Sohns** 558
Weingut Josef **Spreitzer** 565
Weingut **Troitzsch-Pusinelli** 589
Weingut Schloß **Vollrads** 597
Geheimrat J. **Wegeler** Erben 609
Weingut Robert **Weil** 615
Domdechant **Werner'sches** Weingut 626
Weingut der Landeshauptstadt **Wiesbaden** 628
Winzer von Erbach 635

Rheinhessen

Weingut **Ahnenhof** Hermann Müller Erben 82
Weingut Brüder Dr. **Becker** 103
Weingut **Bendehof** 107
Wein- und Sektgut Ch.W. **Bernhard** 114
Weingut Dr. **Booß** 124
Brenner'sches Weingut 127
Weingut **Dätwyl** 154

Verzeichnis der Weingüter

Weingut Kurt & Karin **Dautermann** 156
Weingut **Deheck** 157
Weingut **Dittewig-Bogen** 165
Weingut Frieder **Dreißigacker** 172
Weingut Udo & Timo **Eppelmann** 189
Weingut Kurt **Erbeldinger** & Sohn 190
Weingut **Espenhof** 192
Weingut **Evangelische Kirche** von Hessen und Nassau 193
Weingut Wilfried **Finkenauer** 196
Weingut **Fischborn-Schenk** 197
Weingut **Fogt** 203
Weingut **Gallé** 217
Weingut **Gehring** 219
Weingut **Geil** 220
Geil's Sekt und Weingut, Rudolf und Birgit Geil 221
Weingut Johann **Geil I Erben** 221
Weingut **Goehring** 232
Weingut **Goldschmidt** 234
Weingut K. F. **Groebe** 238
Weingut Hans-Ernst **Gröhl** 239
Weingut Heinrich **Groh** 240
Weingut **Gunderloch** 242
Weingut Louis **Guntrum** 243
Weingut Gerhard **Gutzler** 245
Weingut **Hauck** 254
Weingut **Hedesheimer Hof** 256
Weingut Dr. **Heyden** 271
Weingut Freiherr **Heyl zu Herrnsheim** 271
Weingut **Hiestand** 273
Weingut **Hirschhof** 276
Wein- und Sektgut **Hofmann** 282
Weingut **Johanninger** 292
Johannishof & Weingut der Stadt Mainz 294
Weingut **Julianenhof** 298
Weingut **Julius** 298
Weingut Georg **Jung** 300
Weingut **Kapellenhof** 306
Weingut Karlheinz **Keller** 314
Weingut Klaus **Keller** 315
Weingut Georg Jakob **Keth** 321
Weingut **Kissinger** 325
Weingut Klaus **Knobloch** 336
Wein- und Sektgut Axel **Kreichgauer** 351
Weingut **Kühling-Gillot** 356

Weingut **Landgraf** 367
Weingut **Lorch**, Westerheymer Hof 387
Weingut **Manz** 393
Margarethenhof - Weingut Bunn 394
Weingut **Marx** 398
Weingut J. **Mett** 404
Cisterzienser Weingut **Michel** 409
Weingut **Michel-Pfannebecker** 410
Weingut Karl-Hermann **Milch** 412
Weingut **Neef-Emmich** 438
Weingut Jakob **Neumer** 440
Staatliche Weinbaudomäne **Oppenheim** 446
Weingut Heinfried **Peth** 452
Weingut Wolfgang **Peth** 452
Weingut **Peth-Wetz** 453
Weingut **Posthof** - Doll & Göth 462
Weingut Gunther **Rauh** 472
Weingut **Riffel** 484
Weingut **Russbach** 491
Weingut **Sander** 495
Weingut **Schales** 510
Weingut Adolf **Schembs** Erben 513
Weingut **Scherner-Kleinhanss** 514
Weingut **Schlossmühlenhof** 517
Weingut W. **Schoeneck** 533
Weingut Eugen **Schönhals** 533
Weingut **Scultetus-Brüssel** 543
Weingut Heinrich **Seebrich** 544
Weingut **Seehof**, Ernst Fauth 546
Weingut Dr. Alex **Senfter** 549
Weingut **Stallmann-Hiestand** 567
Weingut **Stauffer** 568
Weingut **Steitz** 573
Weingut **Teschke** 583
Weingut P.J. **Valckenberg** 592
Weingut **Wagner-Stempel** 601
Weingut **Weedenbornhof** 608
Weingut E. **Weidenbach** 613
Weidenhof H.G. Schweickardt & Sohn 614
Weingut Willi **Weinbach** 617
Weingut Eckhard **Weitzel** 621
Weingut Dirk **Wendel** 623
Weingut Hermann **Wendel** 624
Weingut Klaus **Wendel** 624
Weingut Arndt F. **Werner** 625
Weingut Hans **Wernersbach** 627

Weingut Schloss **Westerhaus** 628
Weingut **Winter** 634
Weingut **Wittmann** 636
Weingut Peter **Wolf** 640

Saale-Unstrut

Winzerhof **Gussek** 244
Weingut U. **Lützkendorf** 391
Landesweingut Kloster **Pforta** 460
Thüringer Weingut Bad Sulza 588

Sachsen

Weingut Hof**Lössnitz** 280
Weingut Schloß **Proschwitz** -
   Prinz zur Lippe 466
Sächsisches Staatsweingut
   Schloss **Wackerbarth** 599

Württemberg

Weingut Graf **Adelmann** 79
Weingut Gerhard **Aldinger** 84
Weingut **Amalienhof** - Gerhard Strecker 85
Weingärtnergenossenschaft **Bad Cannstatt** 93
Weingut **Beurer** 117
Weingut **Birkert** 120
Weingärtnergenossenschaft **Brackenheim** 124
Weingut Fritz **Currle** 153
Weingut **Dautel** 155
Weingut **Drautz-Able** 170
Weingut **Drautz-Hengerer** 171
Weingut **Eberbach-Schäfer** 175
Weingut Bernhard **Ellwanger** 183
Weingut Jürgen **Ellwanger** 184
Weingärtner **Flein-Talheim** 201
Weingut **Forsthof** 203
Weingut **Gemmrich** 224
Weingut Karl **Haidle**, Inh. Hans Haidle 250
Weingut **Heid** 259
Weingut **Heinrich** 263
Weingut G.A. **Heinrich** 264
Schlossgut **Hohenbeilstein** 283

Weingut Fürst zu **Hohenlohe-Öhringen** 284
Weingut **Keck** 311
Weingut **Kistenmacher-Hengerer** 326
Weingut Wolfgang **Klopfer** 328
Weingut **Konzmann** 346
Weingut **Kuhnle** 361
Weingärtnergenossenschaft **Lauffen** 374
Weingut **Medinger** 400
Weingut des Grafen **Neipperg** 438
Weingut Reinhard **Schäfer** 505
Weingut **Schäfer-Heinrich** 508
Weingut Rainer **Schnaitmann** 525
Weingut Martin **Schropp** 535
Weingut Heinz J. **Schwab** 540
Weingut Albrecht **Schwegler** 541
Weingut Karl **Seyffer** 551
Weingut **Siglinger** 553
Weingut **Sonnenhof**, Bezner-Fischer 561
Weingut **Steinbachhof** 570
Weingut der Stadt **Stuttgart** 580
Weingut Andreas **Stutz** 580
Weingut **Ungerer** 591
Weingärtnergenossenschaft **Untertürkheim** 591
Weinbau **Wachtstetter** 598
Staatsweingut **Weinsberg** 618
Weingut **Wöhrwag** 638
Weingut Herzog von **Württemberg** 640
Weingut **Zimmerle** 644
Weingut **Zipf** 646

IV. Verzeichnis der Orte

A

Abtswind
Weingut Behringer
Achkarren
Winzergenossenschaft Achkarren
Weingut Engist
Weingut Michel
Adolzfurt
Weingut Birkert
Altenahr
Weingut Sermann-Kreuzberg
Alzenau-Wasserlos
Weingut Friedel Simon
Alzey-Weinheim
Weingut Marx
Appenheim
Wein- und Sektgut Hofmann
Weingut Weidenhof H.G. Schweickardt & Sohn
Assmannshausen
Weingut August Kesseler
Weingut Robert König
Auggen
Winzergenossenschaft Auggen
Privat-Sektkellerei Reinecker

B

Bacharach
Weingut Toni Jost – Hahnenhof
Weingut Martina & Dr. Randolf Kauer
Weingut Kemmer
Weingut Bernhard Praß
Weingut Ratzenberger
Weingut Zum Rebstock
Weingut Rugard Zahn
Bad Dürkheim
Weingut Bärenhof
Weingut Gebrüder Bart
Weingut Brenneis-Koch
Weingut Kurt Darting
Weingut Fitz-Ritter
Weingut Walter Hensel
Weingut Ernst Karst & Sohn
Weingut Castel Peter

Weingut Pfeffingen - Fuhrmann-Eymael
Weingut Egon Schmitt
Weingut Karl Schaefer
Weingut Karl Wegner & Sohn
Weingut Helmut Wolf
Bad Kösen
Landesweingut Kloster Pforta
Bad Kreuznach
Staatsweingut Bad Kreuznach
Weingut Korrell – Johanneshof
Bad Krozingen-Schlatt
Weingut Fritz Waßmer
Weingut Martin Waßmer
Bad Münster am Stein-Ebernburg
Weingut Rapp
Bad Neuenahr-Ahrweiler
Weingut J.J. Adeneuer
Ahr Winzer
Weingut Peter Lingen
Weingut Maibachfarm
Weingut Sonnenberg
Winzergenossenschaft Walporzheim
Bad Sulza
Thüringer Weingut Bad Sulza
Baden-Baden
Gut Nägelsförst
Weingut Schloß Neuweier
Winzergenossenschaft Varnhalt
Badenheim
Weingut Fogt
Bahlingen
Weingut Trautwein
Bechtheim
Brenner'sches Weingut
Weingut Frieder Dreißigacker
Weingut Kurt Erbeldinger & Sohn
Weingut Johann Geil I Erben
Weingut Heinrich Groh
Weingut W. Schoeneck
Weingut Scultetus-Brüssel
Beilstein
Schlossgut Hohenbeilstein
Bensheim
Weingut der Stadt Bensheim

Domäne Bergstraße
Bensheim-Auerbach
Weingut Rothweiler
Weingut Tobias Georg Seitz
Bermersheim
Geil's Sekt und Weingut, Rudolf und Birgit Geil
Weingut Neef-Emmich
Weingut Heinfried Peth
Weingut Peth-Wetz
Bermersheim vor der Höhe
Weingut Hauck
Bernkastel-Kues
Weingut Dr. Loosen
Weingut Dr. Pauly-Bergweiler
Weingut Wwe Dr. H. Thanisch, Erben Müller-Burggraef
Weingut Wwe Dr. H. Thanisch - Erben Thanisch
Geheimrat J. Wegeler Erben
Bernkastel-Wehlen
Weingut Fr. Friedrich-Kern
Weingut Geller-Steffen
Weingut Hauth-Kerpen
Weingut Heribert Kerpen
Weingut Molitor - Haus Klosterberg
Weingut Karl O. Pohl
Weingut S. A. Prüm
Weingut Joh. Jos. Prüm
Weingut Studert-Prüm – Maximinhof
Weingut Dr. F. Weins-Prüm
Bickensohl
Weingut Holger Koch
Biebelnheim
Weingut Eugen Schönhals
Biebelsheim
Weingut Fischborn-Schenk
Weingut Johanninger
Biebesheim
Weingut K. F. Groebe
Bingen
Weingut Riffel
Bingen-Büdesheim
Weingut Hermann Wendel
Binzen
Weingut Frick
Weingut Krebs
Birkweiler

Weingut Dicker - Achim Doll
Weingut Gies-Düppel
Weingut Scholler
Weingut Siener
Weingut Dr. Wehrheim
Bischoffingen
Weingut Abril
HOFGUT CONSEQUENCE
Weingut Karl H. Johner
Bissersheim
Weingut Wageck-Pfaffmann
Böchingen
Weingut Heiner Sauer
Weingut Martin Schwab
Bockenau
Weingut Schäfer-Fröhlich
Bodenheim
Weingut Kühling-Gillot
Weingut Lorch Westerheymer Hof
Bönnigheim
Weingut Dautel
Boppard
Weinhaus Heilig Grab
Bötzingen
Biologisches Weingut Schambachhof
Brackenheim
Weingärtnergenossenschaft Brackenheim
Brauneberg
Weingut Brauneberger Hof
Weingut Fritz Haag
Weingut Willi Haag
Weingut Rainer Heil
Weingut Kranz-Junk
Breisach
Weingut Gebrüder Müller
Bremm
Weingut Reinhold Franzen
Weingut Laurentiushof
Bretzfeld-Dimbach
Weingut Heinz J. Schwab
Bruchsal
Weingut Ulrich Klumpp
Bubenheim
Weingut Wilfried Finkenauer
Bühl
Affentaler Winzergenossenschaft Bühl
Weingut Jakob Duijn

Bürgstadt
Weingut Rudolf Fürst
Weingut Josef Walter
Bullay
Weingut Peter Mentges
Burg
Weingut Werner Müller
Burg Layen
Schloßgut Diel
Weingut Joh. Bapt. Schäfer
Burgen
Weingut Ingo Norwig
Weingut Pauly-Bohn
Burkheim
Weingut Bercher
Winzergenossenschaft Burkheim
Burrweiler
Weingut Herbert Meßmer
Weingut St. Annaberg

C

Castell
Fürstlich Castell'sches Domänenamt

D

Deidesheim
Weingut Michael Andres
Andres & Mugler
Weingut Geh. Rat Dr. v. Bassermann-Jordan
Weingut Reichsrat von Buhl
Weingut Dr. Deinhard
Weingut Georg Siben Erben
Weingut J. Wegeler Erben, Gutshaus Deidesheim
Dernau
Weingut Kreuzberg
Weingut Meyer-Näkel
Detzem
Weingut Lorenz
Weingut Walter Rauen
Dintesheim
Weingut Gunther Rauh
Dittelsheim-Hessloch
Weingut Deheck
Weingut Hans Wernersbach
Weingut Winter

Dorn-Dürkheim
Weingut Bendehof Herbert Kärcher
Wein- und Sektgut Axel Kreichgauer
Dorsheim
Weingut Meinolf Schömehl
Durbach
Weingut Andreas Laible
Weingut Heinrich Männle
Gräflich Wolff Metternich'sches Weingut
Weingut Markgraf v. Baden - Schloss Staufenberg

E

Eckelsheim
Weingut Peter Wolf
Edesheim
Weingut Ernst Minges
Efringen-Kirchen
Weingut Huck-Wagner
Ehrenkirchen-Scherzingen
Weingut Ernst Heinemann & Sohn
Ehrenstetten
Ehrenstetter Winzerkeller
Eibelstadt
Weingut Max Markert
Eichstetten
Weingut Friedrich Kiefer
Eimsheim
Weingut Geil
Ellerstadt
Weingut Klaus Schneider
Weingut Studier
Eltville
Staatsweingüter Kloster Eberbach
Weingut Oek.Rat J. Fischer Erben
Weingut J. Koegler - Hof Bechtermünz
Langwerth von Simmern'sches Rentamt
Schloß Reinhartshausen
Endingen
Weingut L. Bastian
Weinhaus L. Bastian
Winzergenossenschaft Kiechlinsbergen
Weingut Knab
Winzergenossenschaft Königschaffhausen
Weingut Leopold Schätzle
Weingut Reinhold & Cornelia Schneider
Enkirch
Weingut Immich-Batterieberg

Verzeichnis der Orte

Ensch
Weingut Ewald Willwert
Eppelsheim
Weingut Russbach
Erbach
Winzer von Erbach
Weingut Jakob Jung
Weingut Freiherr zu Knyphausen
Weingut Heinz Nikolai
Erden
Weingut Heinrich Schmitges
Erlenbach (Franken)
Weingut Josef Deppisch
Erlenbach (Württemberg)
Weingut Martin Schropp
Ernst
Weingut Josef Thielmann
Escherndorf
Bocksbeutel-Hof Escherndorf
Weingut Clemens Fröhlich
Weingut Michael Fröhlich
Weingut Horst Sauer
Weingut Rainer Sauer
Weingut Egon Schäffer
Essingen
Weingut Doppler-Hertel
Eußenheim
Weingut Werner Höfling

F

Fahr
Weingut Heinz Braun
Fellbach
Weingut Gerhard Aldinger
Weingut Heid
Weingut Rainer Schnaitmann
Flein
Weingärtner Flein-Talheim
Flemlingen
Weingut Theo Minges
Flomborn
Weingut Michel-Pfannebecker
Flonheim
Weingut Espenhof
Weingut Gallé
Flörsheim-Dalsheim
Weingut Goehring
Weingut Klaus Keller

Weingut Wolfgang Peth
Weingut Schales
Weingut Scherner-Kleinhanss
Flörsheim-Wicker
Weingut Joachim Flick
Forst
Weingut Lucashof
Weingut Margarethenhof - Franz Lucas
Weingut Georg Mosbacher
Weingut Eugen Müller
Weingut Heinrich Spindler
Frankweiler
Weingut Fritz Müller
Weingut Rolf Pfaffmann
Frei-Laubersheim
Wein- und Sektgut Ch.W. Bernhard
Freiburg-Munzingen
Weingut Clemens Lang
Freiburg-Waltershofen
Weingut Landmann
Freinsheim
Weingut Kassner-Simon
Wein- u. Sektgut Kissel
Frickenhausen
Weingut Bickel-Stumpf
Weingut Meintzinger

G

Gau-Algesheim
Weingut Teschke
Geisenheim
Weingut Alexander Freimuth
Weingut George - J.&J. Wagenitz
Weingut Prinz von Hessen
Weinbaudomäne Schloss Johannisberg
Weingut Johannishof
Weingut Sohns
Gleisweiler
Weingut Peter Argus
Winzerhof am Teufelsberg, Fam. H. Wadle
Gönnheim
Weingut Eymann
Gottenheim
Weingut Felix und Kilian Hunn
Graach
Weingut Kees-Kieren
Weingut Willi Schaefer

701

Grafschaft-Geisdorf
Brogsitter's Weingüter und Privatkellerei
Greuth
Weinbau Heinrich **Brügel**
Großwallstadt
Weingut Klaus **Giegerich**
Grünstadt-Asselheim
Weingut Matthias **Gaul** - St. Stephanshof
Grünstadt-Sausenheim
Weingut **Fluch-Gaul**
Weingut Karl-Heinz **Gaul**
Guldental
Weingut Helmut **Enk**
Gundheim
Weingut Gerhard **Gutzler**
Weingut **Julius**
Guntersblum
Weingut **Hiestand**

H

Hainfeld
Weingut Gerhard **Klein**
Wein- und Sektgut Bernhard **Koch**
Wein- und Sekthaus G.L. **Möller**
Weingut **Theodorhof**
Hallgarten
Weingut Fürst **Löwenstein**
Weingut **Prinz**
Hammerstein
Weingut **Scheidgen**

Hattenheim
Wein- und Sektgut **Barth**
Weingut Hans **Lang**
Weingut Stefan **Gerhard**
Weingut Karl-Joh. **Molitor**
Domänenweingut Schloß **Schönborn**
Heilbronn
Weingut **Amalienhof** - Gerhard Strecker
Weingut **Drautz-Able**
Weingut **Drautz-Hengerer**
Weingut G.A. **Heinrich**
Weingut **Kistenmacher-Hengerer**
Weingut **Schäfer-Heinrich**
Weingut Andreas **Stutz**
Heimersheim
Weingut **Nelles**

Heitersheim
Weingut Klaus-Martin **Marget** Heitersheim
Weingut Julius **Zotz**
Heppenheim
Bergsträsser **Winzer**
Heppingen
Weingut **Burggarten**
Herxheim am Berg
Weingut Wilhelm **Gabel**
Weingut **Petri**
Weingut Jakob **Pfleger**
Weingut **Schumacher**
Hessloch
Cisterzienser Weingut **Michel**
Heuchelheim-Klingen
Weingut Edmund **Meyer** & Sohn
Hochheim
Weingut Emmerich **Himmel**
Weingut Franz **Künstler**
Domdechant **Werner'sches** Weingut
Hohentengen am Hochrhein
Weingut **Engelhof**

I

Ihringen
Weingut Dr. **Heger**
Weinhaus Joachim. **Heger**
Weingut **Ingrosso**
Weingut **Konstanzer**
Weingut **PIX**
Weingut **Sonnenhof** - Michael Mattmüller
Weingut **Stigler**
Staatsweingut **Freiburg & Blankenhornsberg**
Ilbesheim
Weingut **Ackermann**
Weingut Fred **Becker**
Weingut **Kaiserberghof**
Weingut Familie **Kranz**
Weingut Jürgen **Leiner**
Weingut Reinhold & Esther **Schmitt**
Ingelheim
Weingut Kurt & Karin **Dautermann**
Weingut J. **Mett**
Weingut E. **Weidenbach**
Weingut Eckhard **Weitzel**
Weingut Arndt F. **Werner**
Weingut Schloss **Westerhaus**

Verzeichnis der Orte

Iphofen
Winzerhof Johann Arnold
Weingut Emmerich
Weingut Mend
Weingut Johann Ruck
Weingut Hans Wirsching

J

Jechtingen
Weingut Hermann Helde & Sohn

K

Kallstadt
Winzergenossenschaft Kallstadt
Weingut Koehler-Ruprecht
Weingut Müller-Ruprecht

Kanzem
Weingut von Othegraven
Weingut Johann Peter Reinert

Kappelrodeck
Winzerkeller Hex vom Dasenstein

Kenzingen-Bombach
Weingut Hügle - Kirchberghof

Kernen-Stetten
Weingut Beurer
Weingut Karl Haidle - Inh. Hans Haidle
Weingut Konzmann
Weingut Medinger

Kesten
Weingut Bastgen
Weingut Himmeroder Hof
Weingut Paulinshof

Kettenheim
Weingut Schlossmühlenhof

Kiedrich
Weingut Robert Weil

Kindenheim
Weingut Ludi Neiss

Kirchheim
Weingut Leiningerhof - Fam. Benzinger

Kirchhofen
Weingut Achim Jähnisch

Kleinbottwar (Steinheim)
Weingut Graf Adelmann
Weingut Forsthof
Weingut Reinhard Schäfer

Klingenberg

Weingut Wolfgang Kühn

Klingenmünster
Stiftsweingut Frank Meyer

Klüsserath
Weingut Kirsten
Weingut Franz-Josef Regnery

Kösen
Weingut U. Lützkendorf

Konz
Weingut von Hövel
Weingut Edmund Reverchon

Konz-Oberemmel
Weingut Willems-Willems

Korb
Weingut Albrecht Schwegler
Weingut Zimmerle

Kreuzwertheim
Weingut Fürst Löwenstein

Kröv
Weingut Bernd Hermes
Weingut Staffelter Hof

L

Lahr
Weingut Kramer - Inh. Harald Pfaff
Weingut Stadt Lahr - Familie Wöhrle

Landau-Godramstein
Weingut Münzberg
Weingut Günter und Markus Stentz

Landau-Mörzheim
Weingut Dr. Andreas Kopf
Weingut Jürgen Stentz

Landau-Nußdorf
Weingut Lergenmüller

Landau-Wollmesheim
Weingut Bruno Leiner
Weingut Pfirmann

Langenlonsheim
Weingut Konrad Closheim
Weingut Graf-Binzel
Weingut Johannes Haas
Weingut Lersch
Weingut Bürgermeister Willi Schweinhardt Nachf.
Weingut Wilhelm Sitzius
Weingut Tesch
Weingut Wilhelmy

Laubenheim
Weingut Sascha Montigny
Laufen
Privat-Weingut H. Schlumberger
Weingut Rainer Schlumberger
Lauffen
Weingut Eberbach-Schäfer
Weingärtnergenossenschaft Lauffen
Laumersheim
Weingut Knipser
Weingut Philipp Kuhn
Leimen
Weingut Adam Müller
Weingut Seeger
Leinsweiler
Weingut Siegrist
Leiwen
Weingut Klaus Berweiler-Merges
Weingut Grans-Fassian
Weingut Klaus Junk
Weingut Köwerich
Weingut Carl Loewen
Weingut Josef Rosch
Weingut St. Nikolaus-Hof
Weingut Sankt Urbans-Hof
Weingut Heinz Schmitt
Weingut Weis-Diel
Weingut O. Werner & Sohn
Leutesdorf
Weingut Gotthard Emmerich
Weingut Peter Hohn
Weingut Mohr & Söhne
Weingut Hermann Ockenfels
Weingut Selt
Lieser
Weingut Theo Grumbach, Inh. Hermann Grumbach
Weingut Sybille Kuntz
Weingut Schloß Lieser
Weingut Ludwig Thanisch & Sohn
Longen
Weingut Dahmen-Kuhnen
Lorch
Weingut Graf von Kanitz
Weingut Paul Laquai
Weingut Wilhelm Mohr Erben
Weingut Troitzsch-Pusinelli
Lösnich
Weingut Gebr. Simon
Löwenstein
Weingut Zipf
Ludwigsburg
Weingut des Hauses Württemberg
Ludwigshöhe
Weingut Brüder Dr. Becker

M

Maikammer
Weingut Dengler-Seyler
Weingut Hollerith
Wein- und Sektgut Immengarten Hof
Weingut M. Schädler
Weingut Ullrichshof, Familie Faubel
Weingut Hubert und Pirmin Wilhelm
Weingut August Ziegler
Mainz-Hechtsheim
Johannishof & Weingut der Stadt Mainz
Malsch
Wein & Sektgut Bernd Hummel
Malterdingen
Weingut Bernhard Huber
Mannweiler-Cölln
Weingut Hahnmühle
Maring-Noviand
Weingut Hans Dieter Bollig & Sohn
Markus Fries - Weingut -
Markt Nordheim
Weingut Werner Probst
Martinsthal
Diefenhardt'sches Weingut
Mauchen
Weingut Lämmlin-Schindler
Mayschoß
Weingut Deutzerhof - Cossmann-Hehle
Meddersheim
Wein- und Sektgut Karl-Kurt Bamberger
Weingut Helmut Hexamer
Meersburg
Weingut Aufricht
Staatsweingut Meersburg
Mehring-Lösch
Weingut & Gutsstube Michael Dixius
Meißen
Weingut Schloß Proschwitz - Prinz zur Lippe

Merdingen
Öko Wein & Sektgut Gretzmeier
Kalkbödele - Weingut der Gebrüder Mathis
Weingut St. Remigius
Mertesdorf
Weingut Erben von Beulwitz
Weingut Karlsmühle
C.v. Schubert'sche Gutsverwaltung Grünhaus
Mettenheim
Weingut Sander
Miltenberg
Weingut Otto Knapp
Minheim
Weingut Molitor - Rosenkreuz
Monsheim
Weingut Karl-Hermann Milch
Monzernheim
Weingut Weedenbornhof
Monzingen
Weingut Emrich-Schönleber
Weingut Schauß & Sohn
Weingut Udo Weber
Morscheid im Ruwertal
Reichsgraf von Kesselstatt
Mülheim
Weingut Bauer
Weingut Becker-Steinhauer
Weingut Max Ferd. Richter
Müllheim
Weingut Hermann Dörflinger
Weingut Schindler
Müllheim-Hügelheim
Weingut Emil Marget
Münster-Sarmsheim
Weingut Carl Adelseck
Weingut Göttelmann
Weingut Kruger-Rumpf

#

Nackenheim
Weingut Gunderloch
Naumburg
Winzerhof Gussek
Neumagen-Dhron
Weingut Michael Goerg
Neustadt-Diedesfeld
Weingut Corbet

Neustadt-Duttweiler
Weingut Bergdolt St. Lamprecht
Weingut Bergdolt-Reif & Nett
Neustadt-Gimmeldingen
Weingut Christmann
Neustadt-Haardt
Weingut Karl-Heinz Kaub
Weingut Herbert Müller Erben
Weingut Müller-Catoir
Weingut Weegmüller
Neustadt-Hambach
Weingut Georg Naegele
Neustadt-Mußbach
Staatsweingut mit Johannitergut
Fritz Völcker'sche Gutsverwaltung
Weingut Weik
Niederfell
Lubentiushof - Weingut Andreas Barth
Niedernhall
Weingut Keck
Niederhausen
Gutsverwaltung Niederhausen-Schloßböckelheim
Weingut Jakob Schneider
Niederheimbach
Weingut Fendel
Niederhorbach
Weingut Fritz Walter
Niederkirchen
Weingut Bach-Frobin
Wein- und Sektgut Ernst Weisbrodt
Nierstein
Weingut Dittewig-Bogen
Weingut Gehring
Weingut Louis Guntrum
Weingut Freiherr Heyl zu Herrnsheim
Weingut Julianenhof
Margarethenhof - Weingut Bunn
Weingut Heinrich Seebrich
Weingut Dr. Alex Senfter
Nimburg-Bottingen
Weingut Otto Fischer
Nittel
Weingut Hubertus M. Apel
Weingut Matthias Dostert
Nordheim
Weingut Ignaz Bunzelt
Weingut Glaser-Himmelstoß

Weingut **Rudloff**
Weingut Roman **Schneider**

O

Oberbergen (Vogtsburg)
Weingut Michael **Baumer**
Weingut Schwarzer Adler - Franz **Keller**
Winzergenossenschaft **Oberbergen**

Ober-Flörsheim
Weingut Klaus **Knobloch**

Oberhausen
Weingut Hermann **Dönnhoff**

Oberrotweil (Vogtsburg)
Weingut **Bercher-Schmidt**
Weingut Freiherr von **Gleichenstein**
Weingut **Salwey**

Obersulm-Sülzbach
Weingut **Heinrich**

Oberwesel
Weingut Albert **Lambrich**
Wein- und Sektgut Goswin **Lambrich**
Weingut **Lanius-Knab**

Oestrich-Winkel
Weingut Dr. **Corvers-Kauter**
Weingut **Egert**
Weingut August **Eser**
Weingut Peter Jakob **Kühn**
Weingut Johannes **Ohlig** & Sohn
Weingut Wilfried **Querbach**
Weingut Fritz **Rothenbach**
Wein- und Sektgut F.B. **Schönleber**
Weingut Josef **Spreitzer**
Weingut Schloss **Vollrads**
Geheimrat J. **Wegeler** Erben

Östringen
Thalsbach Weinkellerei

Offenburg
Weingut Freiherr von und zu **Franckenstein**
Winzergenossenschaft **Zell-Weierbach**

Offstein
Weingut Matthias **Keth**
Weingut Willi **Weinbach**

Öhringen
Fürst zu **Hohenlohe-Öhringen**

Oppenheim
Weingut Dr. **Heyden**
Staatliche Weinbaudomäne **Oppenheim**

Ortenberg

Weingut Schloss **Ortenberg**

Osterspai
Weingut Bernhard **Didinger**

Osthofen
Weingut **Ahnenhof** Hermann Müller Erben
Weingut Dr. **Booss**

Östringen-Tiefenbach
Weingut Albert **Heitlinger**

P

Perl
Weingut **Ollinger-Gelz**
Weingut **Schmitt-Weber**

Pfaffenhofen
Weinbau **Wachtstetter**

Pfaffenweiler
Winzergenossenschaft **Pfaffenweiler**

Piesport
Weingut Reinhold **Haart**
Weingut Kurt **Hain**
Weingut **Hoffmann-Simon**
Weingut **Lehnert-Veit**
Weingut **Später-Veit**

Pleisweiler-Oberhofen
Weingut **Wilker**

Pölich
Weingut **Kanzlerhof**

Pommern
Weingut Leo **Fuchs**
Weingut Reinhold **Fuchs**
Alois **Schneiders** Weingut Josefshof

Pünderich
Weingut Frank **Brohl**
Weingut Clemens **Busch**
Weingut **Lenz-Dahm**

R

Radebeul
Sächsisches Staatsweingut Schloss **Wackerbarth**
Weingut Hof**Lössnitz**

Ramsthal
Weingut **Baldauf**
Weingut Ewald **Neder**

Randersacker
Weingut Martin **Göbel**

Weingut **Schmitt's Kinder**
Weingut Josef **Störrlein**
Rauenthal
Weingut Ernst **Rußler**
Raumbach
Weingut **Rohr**
Rech
Weingut Jean **Stodden**
Reicholzheim
Weingut Konrad **Schlör**
Reil
Weingut **Melsheimer**
Weingut **Steffens-Kess**
Renchen-Erlach
Weinkellerei **Bimmerle**
Renzen
Weingut **Ungerer**
Retzstadt
Weingut Rudolf **May**
Rhodt unter Rietburg
Weingut **Fader** – Kastanienhof
Weingut Christian **Heußler**
Riol
Wein- und Sektgut **Probsthof**
Weingut **Römerhof**
Rödelsee
Weingut Wolfgang **Weltner**
Röttingen
Weinbau Alois **Hofmann**
Roßdorf
Weingut Werner **Edling**
Rüdesheim (Rheingau)
Staatsweingut **Assmannshausen**
Weingut des **Bistums** Limburg
Weingut Georg **Breuer**
Weingut Carl **Ehrhard**
Weingut Friedr. **Fendel** Erben
Weingut Josef **Leitz**
Rüdesheim (Nahe)
Weingut **Welker-Emmerich**

Saarburg
Weingut Forstmeister **Geltz-Zilliken**
Weingut Dr. Heinz **Wagner**
Sasbach

Winzergenossenschaft **Sasbach**
Sasbachwalden
Alde Gott Winzergenossenschaft
Saulheim
Weingut **Landgraf**
Schleich
Weingut **Reh**
Schliengen
Wein- und Sektgut **Harteneck**
Weingut **Zimmermann**
Schwaigern
Weingut des Grafen **Neipperg**
Schweigen-Rechtenbach
Weingut Gerhard **Beck**
Weingut Friedrich **Becker**
Wein- und Sektgut **Bernhart**
Weingut **Cuntz-Scheu**
Weingut Familie **Gnägy**
Weingut Bernd **Grimm**
Weingut Bruno **Grimm** & Sohn
Weingut **Jülg**
Weinhof **Scheu**
Selzen
Weingut **Kapellenhof**
Serrig
Weingut Schloß **Saarstein**
Siebeldingen
Weingut Ökonomierat **Rebholz**
Weingut Dr. **Steiner** - Johanneshof
Weingut **Wilhelmshof**
Siefersheim
Weingut **Wagner-Stempel**
Sinzheim-Ebenung
Weingut **Kopp**
Sommerach
Winzerkeller **Sommerach**
Sommerhausen
Konrad **Schwarz** - Weingut Am Ölspiel
Weingut Schloß **Sommerhausen**
Weingut Christoph **Steinmann**
Spay
Weingut Matthias **Müller**
Weingut **Weingart**
Stadecken-Elsheim
Weingut Udo & Timo **Eppelmann**
Weingut **Hedesheimer** Hof
Weingut **Posthof** - Doll & Göth

Staufen
Weingut Michael Wiesler
Staufen-Grunern
Weingut Eckhard Probst
Stein-Bockenheim
Weingut Steitz
Stuttgart
Weingut der Stadt Stuttgart
Weingärtnergenossenschaft Bad Cannstatt
Stuttgart-Uhlbach
Weingut Fritz Currle
Stuttgart-Untertürkheim
Weingut Wöhrwag
Weingärtnergenossenschaft Untertürkheim
Sulzfeld (Baden)
Weingut Thomas Hagenbucher
Weingut Burg Ravensburg
Sulzfeld (Franken)
Weingut Augustin
Weingut Brennfleck - Inh. Hugo Brennfleck
Weingut Zehnthof

T

Temmels
Weingut Ernst Hein
Teningen-Köndringen
Weingut & Brennerei Mößner
Thörnich
Weingut Gebr. Ludwig
Weingut Familie Rauen
Thüngersheim
Weingut Familie Hart
Weingut Schwab
Traben-Trarbach
Weingut Martin Müllen
Weingut Vollenweider
Traisen
Weingut Dr. Crusius
Trier
Bischöfliche Weingüter Trier
Weingut Deutschherrenhof
Stiftung Friedrich-Wilhelm-Gymnasium
Weingut Peter Terges
Weingut Vereinigte Hospitien
Trier-Eitelsbach
Karthäuserhof

Trittenheim
Weingut Heribert Boch
Weingut Ansgar Clüsserath
Weingut Ernst Clüsserath
Galerie - Riesling Weingut Clüsserath-Eifel
Weingut Dietmar Clüsserath - Hilt
Weingut Clüsserath-Weiler
Weingut Bernhard Eifel
Weingut Franz-Josef Eifel
Weingut Eifel-Pfeiffer
Weingut Hans-Josef Maringer
Weingut Milz-Laurentiushof
Weingut Niko Schmitt

U

Uelversheim
Weingut Kissinger
Weingut Jakob Neumer
Weingut Stallmann-Hiestand
Undenheim
Weingut Georg Jung
Untereisenheim
Weingut Hirn
Ürzig
Weingut C.H. Berres
Weingut Joh. Jos. Christoffel-Erben
Weingut Mönchhof - Robert Eymael
Weingut REBENHOF Johannes Schmitz

V

Vaihingen
Weingut Sonnenhof - Bezner-Fischer
Weingut Steinbachhof
Vogtsburg
Weingut Klaus Hermann
Volkach
Weingut Walter Erhard
Weingut Max Müller I
Weingut Römmert

W

Wachenheim
Weingut Dr. Bürklin-Wolf
Waldkirch-Buchholz
Weingut Hinn

Wallhausen
Weingut Karl-Josef Eckes
Prinz zu Salm-Dalberg'sches Weingut
Weingut Schmitt-Peitz

Walsheim
Weingut Karl Pfaffmann

Wasenweiler
Weingut Peter Briem
Winzergenossenschaft Wasenweiler

Weil am Rhein
Weingut Claus Schneider

Weiler
Weingut Edelberg

Weinolsheim
Weingut Evangelische Kirche von Hessen und Nassau
Weingut Hans-Ernst Gröhl
Weingut Manz

Weinsberg
Weingut Karl Seyffer
Staatsweingut Weinsberg

Weinstadt
Weingut Bernhard Ellwanger
Weingut Wolfgang Klopfer
Weingut Kuhnle
Weingut Siglinger

Weisenheim am Sand
Weingut Gehrig
Weingut Langenwalter
Weingut K. Neckerauer

Westhofen
Weingut Hirschhof
Weingut Seehof - Ernst Fauth
Weingut Wittmann

Wiesbaden
Weingut der Landeshauptstadt Wiesbaden

Wiesbaden-Frauenstein
Winzergenossenschaft Frauenstein

Wiltingen
Weingut Johannes Peters
Weingut Hans Resch
Weingut Van Volxem

Wincheringen
Weingut Matthias Hild / Johann Hild KG

Windesheim
Weingut Lindenhof

Weingut Rudolf Sinß

Winningen
Weingut Fries
Weingut Freiherr von Heddesdorff
Weingut Heymann-Löwenstein
Weingut Reinhard & Beate Knebel
Weingut Knebel-Lehnigk
Weingut Rüdiger Kröber
Weingut Richard Richter

Winterbach
Weingut Jürgen Ellwanger

Wintersheim
Weingut Dätwyl

Worms
Weingut Adolf Schembs Erben
Weingut P.J. Valckenberg

Worms-Pfeddersheim
Weingut Goldschmidt
Weingut Alfred & Klaus Wendel
Weingut Dirk Wendel

Worms-Pfiffligheim
Weingut Karlheinz Keller

Würzburg
Bürgerspital zum Heiligen Geist
Staatlicher Hofkeller Würzburg
Weingut Juliusspital Würzburg
Weingut Am Stein - Ludwig Knoll
Weingut Bruno Reiss

Z

Zeil am Main
Weingut Dr. Heigel

Zell
Sekt- und Weingut Stephan Fischer

Zell-Merl
Weingut Albert Kallfelz
Weingut Ernst Steffens

Zellertal
Weingut Fippinger-Wick
Weingut Janson Bernhard

Zeltingen
Weingut Ackermann
Weingut Martin Schömann
Weingut Selbach-Oster

Zwingenberg
Weingut Simon-Bürkle

„ein Buch, das ich in meiner Weinbibliothek nicht
mehr missen möchte"
    Werner Menner, Münchner Merkur

„das Buch ist Einkaufsführer und Nachschlagewerk
und bietet reichlich Lesevergnügen"
    Thomas Veigel, Rhein-Neckar-Zeitung

„Prädikat: füllig, konzentriert und nachhaltig."
    Stuttgarter Nachrichten Online

Gerhard Eichelmann / Steffen Maus: Toskana. Die 100
besten Weingüter. Die Stars von heute und morgen.
Mondo-Weinbliothek, Heidelberg, 277 Seiten, 29,90 €

Gerhard Eichelmann
Steffen Maus

DIE 100 BESTEN WEINGÜTER

DIE STARS VON
HEUTE UND MORGEN

Weinbibliothek

Mondo